KB175912

그리스, 크노소스 궁전 유적 크레타섬, 미노스 왕의 궁전. 미노스는 에게해의 해양제국이었다.

그리스, 올림포스 제우스 신전 아테네

수메르, 우르의 지구라트(재건중)
수메르의 가장 강력했던 도시국가 우르의 지구라트,
즉 탑 모양의 신전이며, 구약성경의 바벨탑은 이 지
구라트를 말한다.

아래는 남성 노예와 건물 매매 목록이 적힌 수메르
인의 점토판 문자

바빌로니아, 함무라비 법전 BC 18세기

점토판 문자 슈루팍, BC 2600년경

▲이집트, BC 2532년에 죽은 카프레왕의 피라미드
주변에는 쿠푸왕·멘카우레왕의 피라미드가 있다.

▶이집트, 제4왕조 멘카우레왕 신전에서 발견된 조각상
가운데는 멘카우레왕, 왕의 왼쪽은 하토르 여신, 오른
쪽에는 각 주를 의인화한 신

▼이집트, 헬리오폴리스의 라 하라크티 신과 하프를
연주하는 음악가

▲잉카, 마추픽추
페루의 안데스 지방 쿠스코 북서쪽 우루밤바 계곡에 있는 잉카 유적지. 잉카는 15~16세기 초까지 안데스 지방을 지배한 고대 제국이었다.

◀잉카, 키푸카마욕(키푸의 보관자)
잉카 왕조의 굵직한 사건들을 기록한 역사적인 키푸(매듭의 크기 색깔을 이용하여 수량을 기록한 것)

▼잉카, 천문관측을 위한 '인티우아타나'
해시계와 유사한 건축물이다.

세계사상전집048
Arnold Joseph Toynbee
A STUDY OF HISTORY

역사의 연구Ⅰ

아널드 조지프 토인비/홍사중 옮김

동서문화사

일러두기

1. 이 책은 일반 독자들의 이해를 돕기 위해 원본을 약 6분의 1로 요약한 《A Study of History : Abridgement of Volumes Ⅰ-Ⅵ》(with a preface by Toynbee) by D.C. Somervell(Oxford University Press, 1946), 《A Study of History : Abridgement of Volumes Ⅶ-Ⅹ》 by D.C. Somervell(Oxford University Press, 1957)을 완역한 것이다.

2. 주는 (본문 내에 병기한 짧은 풀이를 제외하고) 해당 쪽 아래에 각주로 넣었으며 인용 책명은 원어대로 밝혀두었다.

3. 인명 및 지명은 외래어표기법을 기준으로 원어 발음에 가깝도록 표기했으며, 시대 상황에 따라 구분되어야 할 '영국·브리튼·잉글랜드'는 통일하지 않고 그대로 두었다.

4. 이 책에서 토인비가 사용한 몇 가지 용어 외에도 우리말로 표현 불가능한 '기업심' 같은 것은 조어로 되어 있음을 밝혀둔다.

토인비 머리글

데이비드 처칠 서머벨(David Churchill Somervell)은 그의 머리글에서 내 저서 가운데 먼저 출간된 여섯 권에 대한 요약본을 쓰게 된 까닭을 설명하고 있다. 그러나 나는 이 사실을 알기에 앞서 특히 미국으로부터 많은 문의를 받았다. 그 이유인즉 이 저서의 나머지 부분을 간행하려고 했을 때 마침 일어난 전쟁 때문에 불가피하게 처음의 계획보다 훨씬 늦어지게 되었고, 그래서 모두들 이 여섯 권에 대한 요약본이 나올 수 있는지를 물어왔던 것이다. 나는 기다리고 있는 이들에게 답을 해줘야 했지만, 서머벨이 요약본 원고가 마무리되었다고 나에게 편지로 알려주기 전까지는, 전쟁에 대한 서술에 바빠 그럴 여유가 없었다. 걱정하던 문제가 해결되어서 다행이다.

서머벨이 나에게 원고를 보내왔을 때는, 내가 제1권에서 제3권까지 출판한 지 9년, 또 제4권에서 제6권까지 출판한 지 이미 4년이 지났을 때였다. 작가가 원고를 쓰고 있는 동안에는 그 작품은 작가 생활의 일부분이지만, 출판됨과 동시에 그 작품은 작가에게서 떨어져 나간다고 나는 생각한다. 더구나 우리의 환경과 직무에 변화를 가져다준 1939년부터 1945년까지의 전쟁은, 나와 나의 저서 사이에도 끼어들었던 것이다(제4~6권은 전쟁이 일어나기 41일 전에 간행되었다).

내가 쓴 어휘들을 살려준 서머벨의 재능에도 나는 그의 원고 교열을 하면서, 거의 다른 사람이 쓴 새로운 책을 대하는 것 같은 기분이 들었다. 그래서 나는 서머벨에게 허락을 얻어, 여기저기 내 방식대로 고쳐 썼고, 이제는 이 책이 충분히 내 것이란 느낌이 든다. 그러나 나는 이 축약본을 원본과 일일이 대조하지는 않았다. 나는 서머벨이 생략한 부분은 내가 줄인 것처럼 생각하고, 또 저자 자신이 작품에서 뺄 수 없는 부분과 뺄 수 있는 부분을 선택할 수 있는 가장 좋은 판단자는 아닐 거라고 믿으면서, 그가 생략한 부분은 어떤 것이라도 결코 다시 집어넣지 않았다.

재치 있는 요약본의 저자는 원저자를 위해 원저자의 손으로 쉽사리 할 수 없는 가장 가치 있는 일을 해준 것이다. 그리고 원저(原著)와 친숙한 독자라면 누구나 서머벨의 문학적인 기교가 참으로 재치에 넘친다는 나의 의견에 동의할 것이다.

　그는 이 책에서 논하고자 하는 중요한 내용의 맥락을 놓치지 않는 한편, 원본에서 사용한 말들을 최대한으로 살리면서도 동시에 여섯 권이나 되는 책을 한 권으로 간추린 것이다. 아마 내가 그 일을 손수 했더라도 그처럼 완벽하게 목적한 바를 이루지는 못했으리라.

　서머벨은 자신이 나를 위해 잘해 내었듯이 나 또한 그러리라 생각하고 그의 요약본 교열을 내게 가벼운 마음으로 부탁했지만, 나는 이 일에 처음 손을 대고 완성하기까지 2년이 넘는 시간을 끌었다. 교열이 거의 끝나갈 무렵 나는 여러 달 동안 손을 대지 못했는데, 전쟁에 대한 서술부터 먼저 마무리해야 했기 때문이다. 원저 제7권부터 나머지 원고는 고스란히 지금 뉴욕에 있는 외교협의회 금고 속에 안전하게 보관되어 있다(뮌헨 주일에 나는 원고를 친절하게 맡아준 협의회 간사 맬러리에게 보냈다). 그러므로 내가 살아 있는 한 그 일을 끝마칠 수 있는 희망이 있는 것이다.

　내가 무엇보다 서머벨에게 감사한 이유는, 이미 출판된 책들에 대한 그의 요약본 교열을 하는 동안에 내가 써야 할 글에 대한 관심이 되살아났기 때문이다. 그 덕분에 나는 의욕적으로 일에 몰두할 수 있었다.

　원저와 마찬가지로 요약본도 옥스퍼드대학교 출판부에서 나오게 된 것은 나에게는 무척 행복한 일이다. 그리고 내 저서 제1권에서 제3권까지와 제4권에서 제6권까지의 색인본을 위해 V. M. 볼터 양이 수고해 주었음은 아울러 다행스러운 일이다.

1946년

A.J. 토인비

엮은이 머리글

토인비의 《역사의 연구》는 문명이라는 사회 개념이 처음 나타난 이래 인류의 역사적 체험을, 본성과 그 본보기에 대해서 하나의 논지를 들어 일관되게 진술하고 있다. 그 논지는 오늘날 역사가에게 알려진 인류 역사와 물질의 본성이 허락하는 한, 인류 역사 전체에 걸쳐 깊이 있고 폭넓게 그려진 온갖 예증으로 설명되어 있다. 이 예증들 가운데 매우 상세하게 나와 있는 것도 있으나 올바르게 간추림이 이 책의 본질이며, 그 간추림은 편집인의 책무이다. 요점을 잘 간추린다는 것은, 비록 서술을 줄이더라도 그 논지를 고스란히 살리고 예증의 수를 어느 만큼은 줄이는 동시에 상세한 설명 또한 아주 잘 줄이는 일이다.

아직 모두 발간되지는 않았지만 이미 나온 토인비의 여섯 권에 실려 있는 그의 역사 철학을 이 요약본 속에 충분히 나타냈다고 믿는다. 이 책은 그의 역사 철학에 대한 하나의 적절한 소개서라고 생각하기 때문에, 만일 그의 역사 철학을 올바로 전하지 못하고 만족스러운 대용품으로만 여겨진다면 몹시 유감스러울 것이다. 이 요약본은 바쁜 사람들에게는 대용품이 되겠지만, 흥미를 위해서라면 만족하지 못할 것이다. 왜냐하면 원저의 가장 큰 매력은 사실 여유 있고 폭넓은 예증들에 있기 때문이다.

사람들은 대작만이 위대한 논제에 걸맞은 미적 가치를 지닌다고 생각한다. 그래서 나는 이 간추림이 잘되지 못한 것으로 알려지는 게 두려워서가 아니라, 이 책을 읽는 이들이 원작에 한결 더 마음이 끌리리란 것을 확신하고 있었기에 그처럼 대담하게 원작의 실제 문장과 단락들을 그대로 쓸 수 있었던 것이다.

나는 이 요약 작업을 토인비에게 알리지도 않았고, 어떤 출판상의 상식에 상관없이 나 자신의 취향대로 썼다. 그것이 내게는 시간을 유쾌하게 보내는 방법으로 생각되었다. 그래서 나는 이 일이 모두 끝났을 때에야 비로소 토인비에게 편지로 알리고, 그가 어떤 방법으로든 나중에 그것을 사용할 마음이 있다면 그의 뜻에 따르겠다고 말했다. 시작이 그러했기 때문에 경우에 따라 원작에도 없는 예증을 끼워 넣기도 했다. 마침내 그것은 "타작 일을 하는 소에게 부리망을 씌워서는 안 된다"라는 격이랄까.

이러한 나의 침범 정도는 많지 않았으며, 대수롭지 않은 것들이었다. 나의 첫 원고가 토인비의 용의주도한 검토 작업을 거쳤고, 내가 집어넣은 것들과 함께 그의 출판 '승인'도 흔쾌히 얻었으므로 여기서나 텍스트의 각주에서나 굳이 그 내용을 밝힐 필요까지는 없을 것이다.

나는 오로지 이 책을 읽는 이들이 이 요약본과 원작의 비교를 통해 그런 것을 발견하고 요약 작업이 엄정한 규칙에서 벗어나 있다고 느낄지도 모르기 때문에 밝혀두고자 할 뿐이다. 또한 원작이 출판된 뒤에 일어난 사건들을 참고해서 토인비나 나 자신이 문장을 조금 수정한 곳이 몇 군데 있음도 알려둔다. 그러나 처음 세 권이 1933년에 출판되었고, 나머지 세 권이 1939년에 출간된 것을 생각하면, 고쳐야 할 곳이 그토록 적었다는 사실은 매우 놀라운 일이라 할 수 있으리라.

D.C. 서머벨

역사의 연구 I II
차례

역사의 연구 II

제1편 서론

제1장 역사의 연구 단위

역사가는 일반적으로, 그들이 살고 일하는 그 사회의 사상을 바로잡는다기보다 오히려 실례를 들어 밝히는 사람이다. 최근 몇 세기 동안 특히 지난 몇 세대 동안에는 역사 연구의 기준 단위가, 이른바 자주적 국민 주권 국가의 발달과 함께 역사가들 또한 국가를 연구 영역으로 택했다.

그러나 유럽의 어느 국민, 어느 국가이건 독립적 개체로서 뚜렷한 역사를 밝혀낼 수 있는 나라는 없다. 만약에 굳이 그런 국가가 있다면, 그것은 대영 제국 정도일 것이다. 만일 대영 제국(또는 초기 잉글랜드)이 사실상 단독으로 이해가 될 만한 역사 연구의 영역을 구성할 수 없다면, 우리는 유럽의 다른 어느 근대 국민 국가도 이 순수한 독립성 여부의 심사에 합격하지 못한다고 자신 있게 말할 수 있다.

그렇다면 영국 역사는 어떻게 그 하나만으로 이해될 수 있는 것일까? 영국 국내사를 그 대외 관계와 연결시키지 않을 수 있다는 것인가? 연결시키지 않고 생각할 수 있을까? 만약 그렇다면, 남아 있는 다른 모든 대외 관계는 2차적인 중요성밖에는 없다는 것인가? 그리고 다시 이런 모든 대외 관계를 자세히 검토해 보면 그 2차적 중요성, 즉 영국에 끼친 외국의 영향이 외국에 끼친 영국의 영향보다 작다고 할 수 있을까? 이러한 물음에 대한 답이 모두 긍정적이라면, 다른 나라의 역사는 영국과 연결시키지 않고는 이해할 수가 없지만, 영국의 역사는 세계의 다른 부분을 끌어들이지 않아도 대체적으로 이해할 수 있다고 결론지어도 무방할 것이다.

이상의 문제에 대해 연구하는 가장 좋은 방법, 영국의 역사 과정을 뒤돌아보며 그 주요한 단계를 더듬어 올라가는 것이다. 이 단계를 살펴보면 다음과 같다.

(a) 산업 경제 체제의 성립(18세기 최후 사사분기 이후).

(b) 책임 의회 정치의 성립(17세기 최후 사사분기 이후).

(c) 해외 진출(16세기 삼사분기 해적 활동으로부터 시작해 그 뒤 조금씩 온 세계를 상대로 한 해외 무역, 열대 지역의 식민지 획득, 기후가 온난한 해외 여러 지역에 영어를 사용하는 사회를 건설하는 등등으로 발전해 나아갔다).

(d) 종교 개혁(16세기 이사분기 이후).

(e) 르네상스—예술과 학문 부문뿐만 아니라 정치와 경제 부문을 모두 포함(15세기 사사분기 이후).

(f) 봉건 제도 수립(11세기 이후).

(g) 영국인의 개종—이른바 '영웅시대'의 종교로부터 서유럽 그리스도교로 개종(6세기 끝 무렵 이후).

이렇게 현대로부터 더듬어 올라가며 영국의 역사 과정을 전반적으로 살펴보면, 시대를 거슬러 올라감에 따라 자족적 또는 고립적이었던 증거가 희박해지는 듯이 보인다. 왜냐하면 영국 역사의 진정한 출발점인 그리스도교의 개종은 오히려 그 정반대로서, 이때까지 고립해 있었던 5, 6개의 변방 민족 사회가 서로 융합되어 유럽 사회라는 공동 조직이 형성되는 움직임이었다.

봉건 제도에 대해서는, 비노그라도프[1]가 '노르만 정복' 이전에 이미 영국 땅에 그런 자족적 제도가 싹트고 있었다는 것을 훌륭하게 증명하고 있다. 그러나 비록 그렇다고는 해도, 그 싹은 밖으로부터 들어온 대외적 원인, 즉 덴마크인의 침략(8세기 끝~11세기 초)에 의해서 더욱 빨리 싹텄던 것이다. 이 침략은 그때 프랑스를 침략하여 이와 똑같은 종류의 발달을 재촉한 유럽 북부 스칸디나비아인들의 민족 이동의 일부였으며, 게다가 '노르만 정복'이 이 싹을 더욱 빨리 성숙시켜 열매 맺게 했음이 틀림없다.

르네상스에 대해서는, 문화나 정치 부문에 있어서 그것이 북이탈리아로부터 스며들어온 생명의 숨결이었다는 것은 널리 인정받고 있는 사실이다. 적어도 북이탈리아 휴머니즘과 절대주의자와의 세력 균형이, 대략 1275년에서 1475년에

---

1) 제정 러시아 태생의 영국 법학자·중세사가(1854~1925).

이르기까지 2세기 동안에 마치 비바람에 피해를 입지 않도록 보호받는 묘판의 묘목처럼 작은 형태로 키우지 않았다면, 르네상스는 도저히 1475년부터 알프스 북쪽의 여러 나라로 옮겨가지 못했을 것이다.

종교 개혁 또한 영국 특유의 현상이 아니라, 이미 사멸해 버린 세계로 계속 눈길을 주고 있는 남유럽의 굴레로부터 북서 유럽 전체 국가들이 벗어나려는 해방 운동이었다. 이 개혁의 주도권을 잡았던 것은 영국이 아니며, 또한 해외 신 대륙을 차지하기 위한 대서양 연안의 유럽 여러 나라들 간의 경쟁에서도 영국 은 주도권을 잡지 못했다. 영국은 비교적 늦게 이 경쟁에 끼어들어, 이전부터 서 로 승부를 겨루어오던 열강(列強)들과의 일련의 싸움에서 이김으로써 목적을 이룬 것이다.

나머지 단계는 가장 새로운 시대의 두 사건, 즉 의회 제도와 산업 경제 체제 의 성립을 살펴보면 되는데, 이 두 제도는 처음 영국에서 발달해 나중에 세계 다른 지역으로 퍼져 나간 것으로 보인다. 그러나 이 방면의 권위자들은 이러한 견해를 전면적으로 지지하지는 않는다.

의회 제도에 관해서는 액턴 경[2]이 말했다. "일반사(一般史)는 당연히 한 국민 에게만 한정되지 않고 좀 더 광범위한 원인으로부터 출발하는 힘의 상호 작용 에 달려 있다. 프랑스의 근대 왕권 출현은 영국과 똑같다. 부르봉 왕조와 스튜 어트 왕조의 결과는 서로 달랐지만, 동일한 법칙이 적용됐다."

다시 말해서 의회 제도는 비록 영국에 생긴 국지적인 결과이지만, 영국 특유 의 것이 아니라 영국과 프랑스에서 동시에 작용하는 어떤 힘의 결과물이었던 것이다.

영국에서 일어난 산업 혁명에 관해서는 해먼드 부부[3]를 넘어설 만한 권위자 가 없는데, 그들은 《근대 산업의 출현》이라는 저서의 머리말에서, 산업 혁명이 다른 나라가 아닌 바로 영국에서 발생한 사실을 가장 잘 설명하는 요소는, 18 세기 무렵 영국이 세계 속에서 차지한 일반적인 위치라고 밝혔다. 즉 대서양과 의 관계에서 본 그 지리적 위치와 유럽 여러 나라와의 세력 균형 관점에서 본 영국의 정치적 위치가 그런 사실을 여실히 증명한다는 것이다. 그렇다면 영국 국

2) 영국의 정치인·역사가(1834~1902). 케임브리지대학교 교수 역임.
3) 존 로런스 해먼드(1872~1949)와 루시 바버라 해먼드(1873~1961) 모두 영국의 경제사학자.

민의 역사는 외부의 다른 곳으로부터 고립해 '이해 가능한 역사 연구의 영역'이 되었던 일이 여태껏 한 번도 없었고, 앞으로도 그렇게 될 가능성은 거의 없을 것으로 여겨진다. 그리고 이 결론이 영국에 대해서 그러하다면 다른 나라는 더욱더 그럴 수밖에 없을 것이다.

끝내 부정적인 것이 되고 말았지만, 위와 같이 간단하게 영국 역사 고찰을 통해 하나의 실마리를 얻을 수 있다. 영국의 역사 과정을 돌이켜본 결과 눈에 띄는 점은, 영국의 역사를 하나의 이야기로 볼 때 단순히 커다란 사회의 일부에 지나지 않는 어떤 한 사회의 역사이며, 그것은 영국뿐만 아니라 다른 나라 또한 함께 겪은 경험이란 것이다. 사실 세계적 관점에서 '이해 가능한 역사 연구의 영역'은 영국과 같은 종류의 몇 개의 부분 사회─영국뿐만 아니라 프랑스·에스파냐·폴란드·스칸디나비아 제국 및 그 밖의 나라─를 포함한 사회인 듯싶다. 그리고 앞에서 액턴이 말한 구절은, 이러한 '부분'과 '전체'와의 관계를 지적해서 말한 것이다.

역사에 작용하는 힘은 한 국민뿐만 아니라 좀 더 넓은 범위에 걸친 원인으로부터 나오듯이, 사회 전체를 바라보며 그 작용을 관찰하지 않으면 개개의 부분적인 작용을 이해할 수가 없다. 똑같은 일반적인 원인에 따라 발생한 것인데도 각 지역이 서로 다른 영향을 받고 다른 귀결을 보이는 것은, 같은 원인에 대하여 저마다 다른 방식으로 반응하며 또한 이바지하기 때문이다.

한 사회는 그 존속 기간 동안 끊임없이 문제에 부닥치고, 그 사회를 구성하는 사람들은 제각기 최선의 방법으로 그러한 문제를 해결해 나가야만 한다. 한 가지 한 가지 문제의 출현이 어떤 하나의 시련을 받아들이기를 요구하는 도전이며, 그와 같은 일련의 시련을 겪는 동안에 그 사회의 구성원은 차츰 개인적 귀결의 정도를 강화해 나가는 것이다. 이 과정의 처음에서 끝까지 어느 특정한 구성원이 특정한 시련 속에서 취하는 행동의 의미는, 다른 구성원의 다른 행동 또는 비슷한 행동과 비교해 보지 않고는 이해할 수 없으며, 또한 차례차례로 나타나는 시련을 그 사회 전체의 존속 기간 중에 걸쳐 일어난 일련의 사건과 연결시키지 않고서는 이해할 수 없다.

이와 같은 역사적 사실의 해석 방법은, 기원전 725년부터 325년에 걸친 4세기 동안 고대 그리스 도시 국가들의 역사로부터 인용해 온 구체적인 예로 아마도 더욱 명백해질 수 있을 것이다.

지금 말한 기간이 시작되고 나서 얼마 안 되어 이 여러 도시 국가로 이루어져 있었던 사회는 점차 생존 수단과 인구의 불균형 문제에 부딪혔다. 당시 그리스 인들은 거의 대부분이 제각기 영토 안에서 다양한 농산물을 재배하여 생활을 유지하고 있었던 것으로 보인다. 이런 위기가 닥쳤을 때, 각 도시 국가들은 저마 다 다른 방법으로 이 문제와 싸워 나갔다.

어떤 나라들, 이를테면 코린트와 칼키스는 시칠리아, 남부 이탈리아, 트라키아 (트라케) 또는 그 밖의 곳에서 해외 농업용 영토를 거두어 식민지로 만듦으로써 과잉 인구 문제를 해결했다. 이와 같은 방법으로 세워진 그리스 식민지는 단순 히 헬라스(고대 그리스인이 자기 나라를 이르던 이름) 사회의 지리적 범위만 확대시켰을 뿐으로, 그 성격을 바꾸는 데까지는 이르지 못했다. 그러나 다른 두세 도시 국 가는 결과적으로 생활 양식을 바꿈으로써 해결책을 찾았다.

예를 들면 스파르타는 토지에 대한 시민의 갈망을 채워주기 위해 이웃에 있 는 그리스 도시 국가들을 공격하여 정복하는 길을 택했다. 그러나 결과적으로 스파르타는 자기 나라와 거의 비슷한 힘을 가진 인접 도시 국가들과 여러 번 끈질기게 전쟁을 되풀이한 후에야 비로소 새 영토를 얻을 수 있었다. 이와 같은 사태에 대응하기 위해 스파르타의 정치가들은 국민들의 생활을 위에서부터 아 래까지 모두 철저하게 군국화할 필요가 있었다. 그들은 그리스 도시 국가들에 공통된 어떤 원시적 사회 제도를—그 제도가 스파르타에 있어서도 다른 도시 국가들과 마찬가지로 소멸해 가고 있던 그 시기에—다시금 부활시켜 새로운 사 태에 적응하게 함으로써 군국화를 이루었다.

아테네는 또 다른 방법으로 인구 문제에 대처했다. 즉 수출을 목표로 삼아 농업 생산을 전문화하고, 역시 수출을 위한 제조업을 시작했는데, 이러한 경제 적 혁신의 결과로 나타난 새로운 계급에게 정당한 정치적 권력을 부여하는 정 치 제도를 발달시켰다. 즉 아테네의 정치가들은 정치적·경제적 혁명을 성공적으 로 완성함으로써 사회적 혁명을 꾀할 수가 있었으며, 모두에게 공통된 문제에 대하여 아테네식의 이러한 문제 해결 방법을 찾아냄으로써 뜻밖에도 헬라스 사회 전체를 위한 새로운 진보의 길을 열어놓았다. 페리클레스가 그 자신이 속 해 있는 도시(아테네)가 경제적인 위기에 처했을 때, 아테네야말로 '헬라스(그리스)의 교사'라고 말한 것은 이것을 의미했을 것이다.

아테네나 스파르타, 코린트, 또는 칼키스라는 개개의 국가를 하나하나 떼어 놓지 않고 헬라스 사회 전체로 보는 입장에 서면, 비로소 기원전 725년에서 325년까지의 도시 국가별 역사의 의미와 이 시대로부터 다음 시대로 옮아가는 과정의 의미를 모두 이해할 수가 있다. 그런 다음에 칼키스·코린트·스파르타 또는 아테네의 역사를 다른 것으로부터 따로 떼어 살펴보고, 그 속에서 이해할 수 있는 역사 연구의 영역을 찾아낸다면, 도저히 납득할 만한 답을 찾을 수 없었던 문제에 대한 해답을 이제 얻게 될 것이다.

또 다른 관점에서 보면, 칼키스와 코린트의 역사는 어떤 의미로는 정상적이라고 할 수 있지만, 스파르타와 아테네의 역사는 저마다 다른 방향으로 정상에서 벗어났다고 말할 수 있다. 어떤 과정을 거쳐 이러한 차이가 생겼는지에 대해 설명할 수가 없었으므로, 역사가들은 부득이 그리스 역사가 처음 시작된 때부터 스파르타인과 아테네인은 특별한 천성을 지니고 있었기 때문에 그 점에 있어 다른 그리스인과 달랐다는 가설을 내세우고 있다. 이를테면 역사가들이 스파르타와 아테네의 사회 발전을 설명하기 위해 이 두 그리스 국민이 줄곧 독특했을 뿐 전혀 발전이 없었다고 가정한 것이다.

그러나 이 가설은 오늘날 확인된 사실과 모순되는 점이 있다. 예를 들어 스파르타의 경우, 아테네에 있는 영국 고고학 연구소에서 행한 발굴 결과, 기원전 6세기 중간 무렵까지는 스파르타의 생활이 다른 그리스 도시 국가들의 생활과 그다지 빼어나게 다르지 않았다는 것을 보여주는 증거가 나왔다. 막다른 골목에 몰린 스파르타와는 달리, 대조적인 방향 전환을 한 아테네가 헬라스 세계 전체에 영향을 끼친 사실은, 아테네의 특성 또한 후천적으로 이루어졌다는 것을 말해 주기 때문에 그 기원은 전체적인 입장에 서서 보아야 비로소 이해할 수 있다.

이른바 중세의 베네치아·밀라노·제노바 등 그 밖의 북부 이탈리아 여러 도시의 개별적 분화나 좀 더 근세의 프랑스·에스파냐·네덜란드·영국, 그 밖의 서유럽 여러 국가들의 분화에서도 모두 마찬가지이다. 부분을 이해하기 위해 먼저 전체에 주의를 집중시켜야 한다. 이 전체야말로 그 개별적 자체를 이해할 수 있는 연구 영역이기 때문이다.

그럼 이 이해할 수 있는 연구 영역을 이루는 '전체'란 무엇인가? 어떤 형식으로 그 시간적 공간적 한계를 발견해야 하는가? 우리는 다시 한번 영국 역사의 주요한 사건의 개관으로 되돌아가, 어떤 큰 전체가 영국 역사를 하나의 부분으로서 포함하고 '이해 가능한 영역'으로 만드는지 살펴보자.

가장 새로운 사건인 산업주의 체계의 확립이라는 관점에서 보면, 이해 가능한 영역의 지리적 범위는 온 세계에 걸쳐 있음을 알 수 있다. 영국의 산업 혁명을 설명하기 위해서는 서부 유럽뿐만 아니라, 열대 아프리카와 러시아, 인도, 동아시아의 경제 사정까지 고려해야만 한다.

그런데 의회 제도를 살피며 거슬러 올라가 경제적인 면에서 정치적인 면으로 눈을 돌리면, 우리의 시야는 좁아진다. 프랑스와 영국에서 (액턴 경의 표현을 빌리면) '부르봉 왕조와 스튜어트 왕조가 채택한 법칙'은 러시아의 로마노프 왕조와 튀르크(터키. 오늘날 튀르키예)의 오스만 왕조, 인도의 티무르 왕조, 중국의 청 왕조, 일본의 도쿠가와 막부 등에는 그 힘이 미치지 않았다. 이러한 나라의 정치사가 영국과 똑같은 기준에서 설명될 수는 없다.

우리는 여기서 하나의 한계선에 부딪힌다. '부르봉 왕조와 스튜어트 왕조가 채택한 법칙'은, 서부 유럽의 다른 여러 나라와 서부 유럽의 식민지 개척자가 해외에 건설한 새로운 사회에 대해서는 영향을 미쳤지만 러시아와 튀르크의 서부 국경선 너머까지는 그 힘이 미치지 못했다. 그 국경선의 동쪽에서는 그 무렵 다른 정치 법칙이 지배해 다른 결과를 가져오고 있었던 것이다.

시대를 더욱 거슬러 올라가 앞서 열거했던 영국 역사상 일어난 일들을 살펴보면, 해외 발전에 대한 기록은 단순히 서부 유럽에만 한정되어 있으며, 또한 거의 모두 대서양 연안 여러 나라에 국한되어 있었다. 종교 개혁이나 르네상스 역사의 연구는 러시아나 튀르크의 종교적 문화적 발전을 무시하고서라도 좀 더 광범위하게 연구할 필요가 있다. 서부 유럽의 봉건 제도는 같은 시대의 비잔틴(동로마)이나 이슬람 사회 여러 나라에서 볼 수 있는 봉건적 현상과는 아무런 인과 관계도 없었다.

마지막으로 영국인은 서유럽의 그리스도교로 개종한 결과, 지금 사회 이외의 가능성은 잃게 되었다. 664년의 휘트비 종교 회의[4]가 열릴 때까지도 영국인은

---

4) 영국 교회를 아일랜드 교회가 아닌 로마 교회에 소속하기로 결정한 회의.

'켈트 외곽 지대'[5]의 '극서 그리스도교'로 개종할 가능성이 있었다. 그리고 만약 아우구스티누스[6]의 포교가 실패로 돌아갔다면, 영국인은 웨일스인이나 아일랜드인과 함께 로마와는 관계없는 새로운 그리스도교회─마치 그리스도교 세계에 있어서 극동(동아시아) 변경 지역의 네스토리우스파[7]처럼 전혀 다른 세계(alter orbis)─를 설립했을지도 모른다.

그리고 뒷날 이슬람교 아랍족이 대서양 연안에 모습을 나타냈을 때, 브리튼 제도의 여러 섬에 퍼져 있는 이들 극서 그리스도교도들은 아비시니아(에티오피아)나 중앙아시아의 그리스도교도들처럼 유럽 대륙의 신도들과의 접촉이 완전히 끊어졌을지도 모른다. 어쩌면 그들은 중동 지역이 아랍의 지배 아래 들어갔을 때 많은 그리스도 단성론자들[8]이나 네스토리우스교도들이 개종한 것처럼 쉽게 이슬람교로 개종했을지도 모른다.

이러한 가정의 결과는 단순한 공상으로 간과될지도 모르지만, 그 가능성을 생각해 보면, 597년 개종 결과로 영국인은 서유럽 그리스도교 세계의 일원이 되긴 했지만 온 인류와 일원이 되지는 않아서, 이 개종과 함께 다른 종교 및 종파 신봉자들과의 사이에 뚜렷한 하나의 선이 그어진 사실을 상기하는 데 도움이 된다.

이렇게 다시 한번 영국사의 개관에 대해 회고해 봄으로써 우리는 영국을 '이해할 수 있는 역사 연구의 영역'에 포함시키고 대영 제국에 관계되는 일에 한해서 사회의 각 시대에 걸친 공간적 횡단면을 조사하는 수단을 찾아낸 것이다. 이들 횡단면을 조사할 때는 사회생활의 다른 면, 즉 경제·정치·문화 면을 구별해 조사할 필요가 있다. 왜냐하면 위의 사례에서 보듯이 사회의 공간적 범위는 어느 면에 주의를 집중시켜야 하느냐에 따라서 많은 차이가 생기기 때문이다.

오늘날 경제 면에서, 영국을 포함한 사회는 의심할 여지도 없이 인간이 거주

---

5) 브르타뉴·콘월·웨일스·아일랜드·스코틀랜드 고원 지대 등 켈트 민족이 사는 지역.

6) 영국의 종교를 로마 가톨릭교로 개종시킨 수도사. 초대 캔터베리 대주교(?~604).

7) 네스토리우스(?~451)가 창시한 그리스도교의 한 파. 그리스도의 신성과 인성의 불일치를 주장하여 이단되었으나, 이란에서 세력을 얻어 인도로 전파된 뒤 중국의 당나라 시대에 흘러들어가 '경교'라고 불렸다.

8) 그리스도의 신성과 인성이 나눠져 있지 않고, 한 인격 아래 하나의 본성만 존재한다고 생각하는 사람들.

하고 여행할 수 있는 한 지구 전면에 걸쳐 퍼져 있다. 또한 이 사회가 현재 전 세계적인 점은 거의 마찬가지로 명백한 사실이다. 그러나 문화 면으로 살펴보면, 현재 영국이 속해 있는 문화적인 지리적 범위는 훨씬 작은 것 같다.

그것은 대체로 서유럽과 아메리카 및 남태평양에 퍼져 있는 가톨릭 또는 프로테스탄트를 신봉하는 국민이 사는 나라에 한정되어 있고, 이 사회에 또한 러시아 문학과 중국 회화, 인도 종교 등의 외래 문화가 다소 영향을 끼치고 있으며, 반대로 이 사회가 다른 사회, 즉 동방 정교회 교도나 이슬람교도, 힌두교도 사회 그리고 동아시아의 여러 민족이 사는 사회에 그보다 훨씬 강한 문화적 영향을 끼치고 있긴 하지만, 이들 사회가 모두 영국이 속해 있는 문화적 세계 밖에 있다는 사실 또한 변함이 없다.

지난 시대의 횡단면을 조사해 보면, 시대를 거슬러 올라감에 따라 우리가 고찰하고 있는 사회의 지리적 범위가 이 세 가지 면에 있어서 모두 조금씩 좁아짐을 알 수 있다. 1675년경의 횡단면을 보면, 경제에서는 (적어도 무역의 범위만 고려하고 양과 내용을 무시한다면) 그다지 줄어들지 않았지만, 정치에 있어서는 훨씬 좁아져서 오늘날의 문화 면의 영역과 일치한다. 1475년경의 횡단면을 보면, 세 가지 면이 모두 해외 부분에서 모습을 감추고 있으며, 경제조차도 범위가 좁아져 오늘날 서부 유럽과 중부 유럽에 한정되어 있는 문화 범위와 대체로 일치한다. 단 지중해 동해안에 몇 개의 전초 지점이 점점이 퍼져 있었지만, 그것조차도 조금 연대를 거슬러 올라가면 갑자기 모습이 보이지 않는다.

아주 옛날인 775년 무렵의 횡단면을 보면, 세 가지 면이 모두 범위가 더욱 좁아진다. 이 시기에 서부 유럽 사회의 영역은 그 무렵 샤를마뉴[9]의 영토로 되어 있던 지역과, 로마 제국의 '후계 국가'인 영국의 여러 왕국들에 거의 한정되어 있다. 이 범위 밖에서 이베리아반도(유럽 대륙 서남쪽 끝)가 그 당시 거의 이슬람교 아랍 칼리프의 세력 범위 안에 있었고, 북부 및 북동 유럽은 아직도 이교를 신봉하는 변방 민족이 살고 있었으며, 브리튼 제도가 있는 북서 변경 지역은 극서 그리스도교도들의 세력권 내에, 남부 이탈리아는 비잔틴의 지배 아래 있었다.

---

9) 프랑크 왕국의 왕(카롤링거 왕조)·서로마 제국의 황제(742?~814). 카롤루스 대제라고도 함. 게르만 민족을 통합하고 영토를 확대했다. 구교도를 보호하여 800년에 로마 교황으로부터 서로마 제국의 제관(帝冠)을 받았다.

이상과 같이 공간적 범위를 조사해 왔는데, 이 사회를 서유럽 그리스도교 사회(Western Christendom)라고 부르기로 하자. 그런데 이런 명칭을 붙이고 그 인상을 뚜렷하게 머릿속에 그려 넣자마자, 오늘날 세계에 대응하는 다른 몇 개 사회의 인상과 명칭이 함께 떠오른다. 문화 면에서 특히 그러한데, 분명 오늘날의 세계에 존재하는 우리(영국) 사회와 같은 종류, 즉 다음에 열거하는 적어도 4개의 사회가 더 현존한다는 사실이 확인된다.

(1) 동남 유럽과 러시아의 그리스 정교 사회.

(2) 북아프리카와 중동 지역을 가로질러 대서양으로부터 중국의 만리장성 바깥까지 뻗어 있는 건조 지대를 중심으로 하는 이슬람 사회.

(3) 인도의 아열대 대륙에 있는 힌두 사회.

(4) 건조 지대와 태평양 사이에 있는 아열대 및 온대 지역의 동아시아 사회.

더욱 면밀히 조사해 보면, 이제는 절멸해 버린 닮은꼴 사회의 화석이 되어 유물로 여겨지는 2개의 사회를 찾아낼 수가 있다. 즉 하나는 아르메니아·메소포타미아·이집트·아비시니아의 단성론자 그리스도교도와 쿠르디스탄의 네스토리우스파 그리스도교도, 말라바르(인도 남서부)의 옛 네스토리우스교도였던 사람들, 그리고 유대인과 파르시교도(페르시아계 조로아스터교도)들의 사회이다. 다른 하나는 티베트와 몽골의 대승 불교 갈래인 라마교도, 스리랑카·미얀마·타이(태국)·캄보디아의 소승 불교도, 그리고 인도의 자이나교도를 포함한 사회이다.

흥미롭게도, 775년 즈음 횡단면을 돌이켜보면 세계 지도상에 보이는 사회의 수와 종류가 오늘날과 거의 같다. 이런 종류의 사회가 형성하는 문화 지도는 우리 서유럽 사회(넓은 의미에서의 서유럽. 냉전 시기에 제1세계에 속했던 나라들을 포함하는 정치·경제적 의미의 서양)가 처음 나타난 이래 오늘날까지 거의 변하지 않았다. 그 뒤의 생존 경쟁에서 서유럽 사회는 같은 시대의 사회 구성원들을 궁지로 몰아 그 경제적·정치적 세력의 그물 속에 넣어버렸지만, 이들 사회의 고유문화를 빼앗을 수는 없었다. 이들 사회는 거센 압박에서도 여전히 그 정신만은 잃지 않고 있었다.

이제까지 말해 온 논의의 결론은 두 종류의 관계, 즉 동일한 사회 내부의 부분 사회(커뮤니티)들 간의 상호 관계와, 상이한 사회들 간의 상호 관계를 뚜렷이 구별해야 한다는 것이다.

이상으로 우리 서유럽 사회의 공간적인 범위를 모두 조사했으니 이번에는 그 시간적 범위를 살펴봐야겠는데, 시작하자마자 곧바로 부딪히는 문제는 우리가 서유럽 사회의 앞날을 알 수 없다는 점이다. 그래서 서유럽 사회이건, 현존하는 다른 어떤 사회이건 이들 사회의 성격을 규명하는 데에 도움이 될 개연성이 매우 제한되기 때문에 우리는 서유럽 사회의 시작을 연구하는 것으로 만족할 수밖에 없다.

843년 베르됭 조약으로 샤를마뉴의 영토가 3명의 손자에게 나뉠 때(루드비히 1세가 죽자 세 아들이 왕국을 분할하여 훗날 독일·프랑스·이탈리아의 기초가 되었다), 로타르는 맏이로 할아버지의 수도인 아헨과 로마를 모두 가지는 권리를 얻었다. 그리고 이 2개의 도시가 서로 연결되는 영토가 되도록, 테베레강과 포강 어귀로부터 라인강 어귀에 이르기까지 서부 유럽을 횡단하며 끝없이 이어지는 기다란 지역을 물려받았다. 로타르가 물려받은 지역은 일반적으로 역사 지리학상으로는 불가사의 중 하나로 여겨지지만, 카롤링거 왕조의 삼 형제가 이곳을 서유럽 세계에서 특히 중요한 지대라고 생각한 데는 마땅한 이유가 있었다. 그 미래야 어떻게 되었건, 그 지역에는 위대한 과거가 깃들어 있었던 것이다.

로타르와 그의 할아버지는 모두 '로마 황제'라는 칭호 아래 아헨에서 로마에 이르는 지역을 지배했는데, 로마에서 알프스산맥을 넘어 아헨까지 이어지는 선 (거기서부터 또한 영불 해협을 건너 로마 성벽에까지 이르는 선)이야말로 지난날 로마 제국의 중요한 방위선 가운데 하나였던 것이다.

로마인은 로마로부터 시작해 알프스를 넘어 북서로 향하는 병참선을 만들고 라인강 왼쪽 기슭에다 군사적 전선을 세웠으며, 나아가서는 남부 브리튼을 병합함으로써 그 기지의 왼쪽을 엄호하게 하여 알프스 너머의 서부 유럽 대륙과 분리시키고, 거의 지중해 연안 지대에 국한되어 있던 제국의 영토를 이곳까지 넓혔다. 이와 같이 로타르령(領)에 포함되어 있는 이 선은, 로타르 시대 이전에는 로마 제국의 지리적 구성 요소의 하나가 되어 있었고, 로타르 시대 이후에는 서유럽 사회의 지리적 구성 요소가 되었으나, 이 선의 구조상 기능은 로마 제국의 경우와 뒷날 서유럽 사회의 경우에 있어 서로 같지 않았다.

즉 로마 제국에 있어서는 그것이 최전선이었던 데 비해, 뒷날 서유럽 사회에 있어서는 그것이 그 양쪽으로 또는 모든 방향으로 확대되어 나가는 기본선이 되었다. 로마 제국이 무너지자 그 뒤 서유럽 사회가 혼돈 속에서 서서히 고개를 들기 시작할 때까지의 과도기적 동면기(약 375~675년)에 낡은 사회의 옆구리에서 갈비뼈가 하나 뽑혀 나와 같은 종류의 새로운 사회의 등뼈로 개조되었다.

서유럽 사회의 생애를 775년 이전으로 거슬러 올라가서 추적해 보면, 이후의 서유럽 사회와는 별개의 사회, 즉 로마 제국과 로마 제국에 속해 있던 사회가 우리 눈앞에 뚜렷한 모습을 드러낸다. 그와 동시에 서유럽 역사에서 또 다른 이전 사회로 거슬러 올라갈 수 있는 요소가 있다면, 그것은 이 2개의 다른 사회를 합친 시기와는 기능적인 면에서 전혀 별개의 요소였음을 알게 된다.

로타르령이 서유럽 사회의 기본선이 된 것은, 로마의 최전선을 향해 북상해 온 교회가 그 바깥쪽의 주인 없는 지대(국경 바깥쪽의 비어 있는 땅)로부터 같은 전선으로 남하해 온 변방 민족들과 만나 결국 새로운 사회를 탄생시켰기 때문이다. 따라서 서유럽 사회의 역사를 연구하는 사람이 이 지점에서 더 거슬러 올라간 과거에서 서유럽 사회의 근원을 찾으려고 한다면, 교회와 변방 민족의 역사에 집중하게 될 것이다. 그리고 이 두 역사는 또 한니발 전쟁(제2차 포에니 전쟁)으로 입은 큰 충격 때문에 그리스·로마 사회가 기원전 마지막 2세기 동안에 일으켜야만 했던 경제적·사회적·정치적 혁명에까지 그 변천 요소를 따지며 거슬러 올라가게 된다.

로마는 왜 한쪽 팔을 서북쪽으로 길게 뻗어 알프스 너머의 서부 유럽을 그 제국 안으로 끌어들인 것일까? 그것은 카르타고와의 생사를 건 싸움에서 그 지역으로 끌려들어갔기 때문이다. 그러면 왜 알프스를 넘고는 라인강에서 멈추어 섰는가? 로마는 아우구스투스 시대(기원전 27~기원후 14년)에 이르러, 지난 2세기 동안 줄곧 계속된 전쟁과 혁명으로 지칠 대로 지쳐 그 생기가 완전히 사라져버렸기 때문이다.

어떻게 변방 민족이 결국은 경계선을 넘어 들어오게 되었는가? 문명 수준이 높은 사회와 좀 더 낮은 사회와의 사이에 있는 경계선이 이동을 멈추었을 때에는, 그것으로 양쪽 힘이 안정된 평형 상태를 유지하는 것이 아니라, 시간이 흘러감에 따라 뒤떨어진 사회 쪽으로 유리하게 기울기 때문이다.

경계선을 뚫고 들어온 변방 민족들은 어째서 그 건너편에서 교회와 마주치게 되었는가? 한니발 전쟁 뒤 물질적인 면에서 경제적·사회적 혁명이 일어난 결과 동방 세계(줄여서 동방. 동양 또는 오리엔트)로부터 많은 노예가 끌려와 서방의 황폐한 지역에서 일을 하게 됨으로써 이 동방 노동자들의 뒤를 자연히 따라오게 된 동방의 갖가지 종교가 그리스·로마 사회에 평화적으로 들어왔기 때문이다. 또한 정신적인 면에서 '내세'에서 개인적인 구원을 약속하는 이들 종교가 그 무렵 그리스·로마 사회의 운명을 구제하는 데 실패한 '지배적 소수자'의 영혼 속에서 씨를 뿌릴 적당한 터를 발견했기 때문이다.

그러나 한편 그리스·로마 역사를 연구하는 사람의 관점에서 본다면, 그리스도교도나 변방 민족 모두 외부로부터 들어온 하층 사회의 인간—그는 이것을 말기 그리스·로마 사회(좀 더 적절한 이름을 붙인다면 헬라스 사회)의 내적 그리고 외적 프롤레타리아트(무산 계급)[10]로 부르리라—으로 보일 것이다. 그 역사가는 마르쿠스 아우렐리우스 같은 헬라스 문화의 위대한 지도자들이 이들의 존재를 거의 무시하고 있다고 지적할 것이다. 그는 그리스도교회와 변방족 군단 둘 다 헬라스 사회가 한니발 전쟁으로 영구히 약화된 틈을 타 나타난 병적 증상이라고 진단할 것이다.

이상의 조사에 의해 우리 서유럽 사회의 시간적 범위의 상한선에 관하여 명확한 결론을 끌어낼 수가 있었다. 이로써 이 사회의 수명은 그것이 소속하는 어느 국민의 수명보다야 조금 길겠지만, 서유럽 사회를 대표하는 종족이 존속해 온 기간에 비하면 그리 길지 않음을 알 수 있다. 서유럽 사회 역사의 기원으로 거슬러 올라가면, 틀림없이 더욱 먼 과거에 기원을 둔 다른 사회의 마지막 국면과 만난다. 흔히 말하는 역사의 연속성이란, 한 단일 개체의 일생에 나타나는 것과 같은 연속성은 아니다. 오히려 그것은 서로 잇달아 나타나는 몇 세대의 생애에서 이루어지는 연속성이어서, 서유럽 사회는 헬라스 사회에 대하여(불충분하긴 해도 편리한 비유를 인용해서 표현한다면) 어버이에 대한 자식의 관계에 비유할 수 있다.

이 장에서 이해할 수 있는 역사 연구의 단위는 국민 국가도 아니고 또한 그것과는 완전히 상반된 인류 전체도 아니며, 그것은 바로 우리가 '사회'라고 이름

---

10) '프롤레타리아트(Proletariat)'라는 단어는 여기서나 또는 앞으로 어떠한 시기에 있어서도 그 사회 속에 포함되지만, 어떤 점에서는 그 사회에 속하지 않는 사회적 요소 또는 집단이라는 뜻으로 사용하기도 한다.〔원주〕

붙인 어떤 종류의 '인간 집단'이라는 데 의견이 일치할 것이다. 우리는 그와 같은 사회가 5개나 존재한다는 것, 그 밖에도 화석의 형태로 이미 사멸해 버린 사회의 흔적을 남기고 있는 몇 개의 집단이 존재한다는 것을 발견했다.

그리고 이들 현존하는 사회 가운데 하나인 서유럽 사회의 탄생 과정을 조사해 나가는 동안에 또 하나 발견한 것은, 그렇게도 명확히 자식과도 같던 서유럽 사회가, 다시 말해서 '자식 국가'와도 같은 사회가 결국 '어버이 국가'의 임종을 맞고 있다는 것이다.

다음 장에서 우리는 지금까지 이 지구상에 존재한 이런 종류의 사회를 더듬어보고 완전한 일람표를 만들어 서로 간의 관계를 알아보기로 하자.

제2장 문명의 비교 연구

우리는 이미 서유럽 사회(또는 문명)가 그 이전에 존재했던 사회에 대해 '자식'의 관계에 놓여 있다는 것을 알았다. 우리는 이러한 확실한 방법으로 현존하고 있는 다른 표본, 즉 그리스 정교 사회와 이슬람 사회, 힌두 사회, 동아시아 사회에 대해 이들 사회에도 마찬가지로 '어버이'의 관계가 되는 사회가 있는지 조사해 보아야 할 것이다.

그러나 우리는 이러한 탐구를 시작하기 전에 무엇을 찾고 있는 것인지, 다시 말하자면 확실한 증거로서 받아들일 수 있는 부자 관계(apparentation-and-affiliation)의 징표가 무엇이냐 하는 것을 명확하게 해둘 필요가 있다. 서유럽 사회가 헬라스 사회에 대해 갖는 '자식'의 관계처럼 어떤 징표를 우리는 과연 발견할 수 있을 것인가?

그 징표의 실마리로서 최초로 눈에 띈 것은, 헬라스 역사의 마지막 국면에서 헬라스 사회 전체를 정치적 단일 공동체로 통합한 세계 국가(universal state : 로마 제국)이다. 로마 제국이 나타나기 전까지 헬라스 사회에 많은 지방 국가가 있었다는 사실과 어떤 대조를 이루고 있으며, 또한 서유럽 사회가 오늘날까지도 많은 지방 국가로 나누어진 상태를 지속해 오고 있다는 사실과도 좋은 대조를 보이고 있기 때문이다.

다음에 우리는 로마 제국이 나타나기 직전에 동란기가 있었다는 사실도 알았다. 이 동란기는 적어도 한니발 전쟁까지 거슬러 올라가는 것으로, 이 시기에 헬라스 사회는 이미 창조성을 잃고 뚜렷하게 쇠퇴의 길을 걷고 있었던 것이다. 이 쇠퇴는 로마 제국이 성립됨으로써 한때 주춤하긴 했지만, 결국 헬라스 사회와 마찬가지로 로마 제국의 목숨을 앗아간 불치병의 징조였던 것이다. 또한 로마 제국이 붕괴되고 난 후 헬라스 사회가 사라지고 서유럽 사회가 출현하기까지 일종의 공백 기간이 계속되었다.

이 공백기를 2개의 체제가 메웠다. 그 하나는 로마 제국 내부에서 만들어져 로마 제국이 멸망한 뒤에도 살아남은 그리스도교회이다. 다른 하나는 로마 제국 국경 너머 주인 없는 지역의 변방 민족이 이른바 민족 이동을 해온 결과, 지난날 제국의 영토였던 지역에 만들어진 단명한 많은 국가들이다. 우리는 이미 이 두 세력을 헬라스 사회의 내적 프롤레타리아트와 외적 프롤레타리아트라는 이름으로 부른 바 있다.

둘은 서로 다르지만 헬라스 사회의 지배적 소수자―방향을 잃고, 이미 지도자의 임무를 다할 수 없게 된 낡은 사회의 지도 계급―들과 다르다는 점은 똑같다. 사실 제국이 멸망했는데도 교회가 살아남은 것은, 교회가 민중을 지도하고 민중의 충성심을 얻은 데 비해, 제국은 이미 오래전부터 그 어느 쪽도 갖지 못했기 때문이었다. 그래서 죽어가는 사회 속에서 살아남은 교회는 마침내 거기에서 새로운 사회를 탄생시키는 모체가 되었던 것이다.

서유럽 사회가 헬라스 사회의 '자식' 사회로서 탄생될 때까지, 공백 기간 동안 또 하나의 특징인 민족 이동은 또 어떤 역할을 했을까? 이 이동은 낡은 사회의 경계선 너머에서 외적 프롤레타리아트가 홍수처럼 밀어닥친 것이다―북유럽 삼림 지대로부터는 게르만족과 슬라브족이, 유라시아의 초원 지대(스텝)로부터는 사르마트인과 훈족이, 아라비아반도로부터는 사라센인이, 아틀라스산맥(아프리카 서북부 해안과 평행한 산맥)과 사하라 사막으로부터는 베르베르인이 이동해 왔다.

이들 변방 민족이 세운 몇 개의 단명한 국가들이 교회와 어깨를 나란히 하며 공백기 또는 '영웅시대'[11]에 역사의 무대 위에서 활약한 셈인데, 교회에 비하면

---

11) 공백 기간은 변방 민족의 활약이라는 면에 중점을 두면, '영웅시대'라고도 할 수 있다.

변방 민족이 기여한 바는 보잘것없고 소극적인 것이었다. 그들 국가 대부분이 공백기가 끝나기 전에 전쟁으로 멸망해 버렸다. 반달족과 동고트족은 로마 제국의 반격을 받고서 쓰러졌다. 쇠퇴하긴 했어도 로마 제국의 마지막 불길은 이 보잘것없는 모기떼를 태워 죽이는 데는 충분한 힘을 지녔던 것이다.

다른 변방족들은 서로 자기들끼리 싸워 멸망하고 말았다. 예를 든다면 서고트족은 프랑크족에게 처음 일격을 받은 후, 아랍족의 마지막 일격을 받고 쓰러졌다. 피비린내 나는 이 생존 경쟁에서 살아남은 소수의 변방 민족은 몸을 망치고 무질서한 생활에 젖어 마침내는 무위무능한 패거리로서 목숨을 부지하다가, 창의적인 싹이 트고 있던 새로운 정치 세력에 의해 멸망하고 말았다. 샤를마뉴 제국의 건국자에게 멸망한 메로빙거 왕조와 롬바르드 왕조가 바로 그런 것이다. 로마 제국 이후 변방 민족들이 세운 '후계 국가'들로부터 이어진 직계 자손을 가지고 있다고 할 수 있는 근대 유럽의 국민 국가는 단 두 곳뿐, 즉 샤를마뉴의 프랑크 왕국 아우스트라시아[12]와 앨프레드 대왕의 웨섹스 왕국뿐이다.

이상 진술한 바와 같이, 민족 이동과 그것이 낳은 일시적인 산물은 교회나 로마 제국과 마찬가지로 서유럽 사회가 헬라스 사회에 대해 '자식'의 관계에 있다는 징표와 같은 것이다. 그런데 제국에 있어서 민족 이동은 자식 관계라 할 수 있지만, 교회에 있어서는 단순한 징표일 뿐 그 이상 아무것도 아니었다. 징후를 연구하고 나서 거슬러 올라가 원인을 연구하게 되면, 교회가 과거에 속하는 동시에 미래에도 속하는 것과는 달리 변방 민족이 세운 후계 국가는 로마 제국과 마찬가지로 전적으로 과거에 속해 있었다는 점이 밝혀진다. 후계 국가의 출현과 제국의 몰락은 종이의 앞뒤와도 같은 것으로, 제국의 몰락은 후계 국가의 몰락을 예고하는 움직일 수 없는 전조였던 것이다.

이처럼 서유럽 사회에 대한 변방 민족의 기여를 낮게 평가하는 태도는 한 세대 전의 역사가들(예를 들어 프리먼[13])을 틀림없이 아연케 했을 것이다. 이 역사가들은 책임 의회 정치 제도를, 튜턴족들이 주인 없는 지역으로부터 가지고 들어온 어떤 자치 제도가 발전한 것이라고 생각했다.

---

12) 7~9세기까지 계속된 프랑크 왕국. 오늘날의 프랑스 북동부, 독일 서부, 벨기에를 포함한다.
13) 영국의 역사가·건축예술가(1823~1892). 옥스퍼드대학교 교수 역임. 주저 《노르만의 영국 정복사》에서 앵글로·색슨적 자유를 크게 강조했다.

그러나 이들 원시적인 튜턴족의 제도는, 만일 실제로 존속했다 하더라도 거의 모든 시대 모든 장소에 살았던 원시인들의 예와 마찬가지로 매우 유치한 것이어서, 민족 이동 시기에 없어져버렸다. 변방 민족 전투체의 지도자들은 무력을 이용해 성공을 꿈꾸는 모험가들이었고, 후계 국가의 정치 체계는 그 무렵 로마 제국 자체가 그러했듯이 혁명에 의해 교체되는 전제 정치였다. 이들 변방 민족들의 마지막 전제 정치의 자취가 사라진 것은, 우리가 의회 제도라고 부르는 것이 서서히 이룩되어 새로운 발전을 실제로 시작한 시기보다는 몇 세기 전이었다.

실제로 변방 민족이 서유럽 사회의 정신적 본질을 만들어준 것이 아니라, 그들은 헬라스 사회가 숨이 다할 때 자리를 같이했다는 것 때문에 그 존재가 드러나긴 했지만, 헬라스 사회에 치명상을 입혔다는 영예마저도 자기 것이라고 요구할 수 없다. 그들이 등장했을 때, 이미 헬라스 사회는 몇 세기 전의 동란기 동안 입은 상처로 죽을 지경이었다. 그들은 썩은 고기를 쪼아 먹는 독수리나 시체 위를 기어다니는 구더기에 지나지 않았다. 그들의 영웅시대는 헬라스 역사의 마지막 장이지, 서유럽 역사의 서곡은 아니다.

이상과 같이 3개의 요인이 낡은 사회로부터 새로운 사회로 옮아가는 과도기의 특징으로 눈길을 끈다. 즉 낡은 사회의 마지막 단계에 있는 세계 국가와, 낡은 사회 속에서 새로운 사회를 발달시킨 교회와, 변방 민족의 침입으로 혼돈 상태에 빠진 영웅시대라는 세 가지이다. 이들 요인 중에서 두 번째 요인이 가장 중요하며 세 번째 요인은 가장 중요성이 덜하다.

헬라스 사회와 서유럽 사회를 '부자 관계'라고 인정함에 있어서 나타나는 또 하나의 증상을, 다른 '어버이' 사회를 발견하기 전에 지적해 두자. 그것은 새로운 사회의 요람지 또는 발상지가 선행 사회의 발상지와는 다르다는 점이다. 낡은 사회가 마주한 최전선이 새로운 사회의 중심이 되었다는 사실이 드러났다. 그러므로 다른 경우에도 비슷한 이동이 있을 것으로 예상해야 한다.

그리스 정교 사회

이 사회의 기원을 조사해 보면 우리가 찾고 있는 표본이 될 만한 사회는 아니다. 이 사회는 분명히 서유럽 사회와 함께 헬라스 사회에서 태어난 쌍둥이며, 단지 그 지리적 이동 방향이 서북쪽이 아니고 동북쪽이라는 점만 다를 뿐이다.

이 사회의 요람 또는 발상지는 비잔틴령의 아나톨리아이며, 경쟁 상대인 이슬람 사회가 팽창함으로 인해 몇 세기 동안이나 거기에 갇혀 있었지만 결국에는 북쪽과 동쪽으로 뻗어 나가 러시아 및 시베리아 전역에 걸쳐 퍼졌고, 이슬람 사회의 바깥쪽을 둘러싸고 동아시아 사회를 침범하게 되었다. 서유럽 그리스도교 사회와 그리스 정교 사회가 2개의 다른 사회로 나누어진 것은 공통의 번데기[14]였던 가톨릭교회가 로마 가톨릭과 그리스 정교 2개의 개체로 분열했기 때문이다.

이 분열은 3세기 넘게 행해졌는데, 8세기의 성상 파괴 논쟁으로부터 시작해 1054년의 신학상의 문제를 둘러싸고 벌어진 격렬한 다툼을 마지막으로 끝이 났다. 이 기간 동안에 빠르게 분열된 두 사회의 교회는 뚜렷이 대립되는 정치적 성격을 띠게 되었다. 서방의 가톨릭교회는 중세 교황제의 독립적인 권위 밑에서 중앙집권적으로 통일되었고, 그리스 정교회는 비잔틴 국가의 한 부분이 되었다.

이란 및 아랍 사회와 시리아 사회

다음에 조사해야 할 현존하는 사회는 이슬람 사회인데, 그 배경을 살펴보면 서유럽 사회와 그리스 사회처럼 공통적인 배경이라고 여기긴 힘들지만, 분명히 세계 국가와 세계 종교와 민족 이동이라는 비슷한 배경을 가지고 있다고 인정할 수 있다.

이슬람 사회의 세계 국가는 바그다드의 압바스 왕조인 칼리프국[15]이다. 세계 종교는 말할 것도 없이 바로 이슬람교 자체이다. 칼리프국의 몰락과 함께 영토를 침략해 민족 이동을 해온 것은 유라시아 초원 지대의 튀르크 및 몽골 유목민과 북아프리카의 베르베르 유목민, 그리고 아라비아반도의 아랍 유목민들이었다. 이 민족 이동으로 인해 거의 975년부터 1275년까지 3세기에 걸친 공백 기간이 생기는데, 1275년은 오늘날 우리가 볼 수 있는 이슬람 사회가 시작된 해라고 할 수 있다.

---

14) 새로운 사회를 낳는 모태로서의 교회.
15) 나중에 출현한 카이로의 압바스 왕조 칼리프국은 바그다드 칼리프국의 망령을 불러낸 것이었다. 즉 동로마 제국이나 신성 로마 제국과 똑같은 현상이었다. 이 세 경우는 모두 자식 사회가 어버이 사회인 세계 국가의 망령을 만들어냈거나 또는 보존한 예이다.(원주)

여기까지는 모든 것이 간단명료하지만, 이제부터 앞으로 더 나아가면 복잡한 현상이 나타난다. 첫째는 이슬람 사회의 선행자(그것은 지금으로서는 아직 확인하지 못했다)가 하나를 낳은 것이 아니라 쌍둥이를 낳았다는 점이다. 이 점은 역시 쌍둥이를 낳은 헬라스 사회와 닮은 데가 있다. 그러나 이 두 쌍의 쌍둥이의 행동은 몹시 다르다. 서유럽 사회와 그리스 정교 사회의 경우, 이 쌍둥이는 1000년 동안이나 공존해 왔지만, 지금 우리가 규명하려고 하는 이 '어버이' 사회가 낳은 쌍둥이는, 한쪽이 다른 한쪽을 삼켜버렸기 때문이다. 이 쌍둥이 이슬람 사회를 이란 사회와 아랍 사회라 부르기로 한다.

확인되지 않은 '자식' 사회가 분화된 이유는 헬라스 사회의 '자식' 사회가 분열한 것처럼 종교상의 문제는 아니었다. 그리스도교회가 로마 가톨릭교회와 그리스 정교의 2개로 나뉜 것처럼 이슬람교도 수니파와 시아파의 두 파로 분열됐는데, 이 이슬람교의 종교 분열은 모든 단계에 있어 이란 이슬람 사회와 아랍 이슬람 사회의 구분과는 달랐다.

그러나 16세기 일사분기에 시아파 이슬람교가 페르시아에 널리 퍼지게 되자 마침내 종파 분열이 이란 이슬람 사회를 분열시키고 말았다. 그 결과 시아파는 이란 이슬람 사회 주축이 되어(아프가니스탄에서 아나톨리아까지 동서로 달리고 있는) 한가운데에 자리를 잡고, 수니파는 이란 세계의 또 다른 극단에 있는 대립자로서 아랍 제국 남쪽과 서쪽을 지배하게 되었다.

2개의 이슬람 사회와 2개의 그리스도교 사회를 견주어볼 때, 페르시아—튀르크 지대 또는 이란 지대라 불리는 지역에 나타난 이슬람 사회는 서유럽 사회와 어느 정도 비슷한 데가 있으며, 아랍 지대라고 불리는 지역에 나타난 또 하나의 이슬람 사회는 그리스 정교 사회와 어느 정도 닮은 데가 있다는 것을 알 수 있다.

예를 들어 13세기에 카이로에서 맘루크[16] 왕조가 불러낸 바그다드 칼리프국의 망령(즉 카이로의 압바스 왕조 칼리프국)은 8세기에 콘스탄티노플에서 이사우리아 왕조의 레오에게 불려 나온 망령(즉 동로마 제국)을 연상시킨다. 맘루크가 건설한 제국은 레오처럼 영속적이었다. 이 점에 있어서, 서유럽의 샤를마뉴 제

---

16) 한때 이집트에서 실권을 잡고 있었던 무사 계급. 맘루크는 '왕이 소유한 노예' 또는 '왕의 소유물'이라는 뜻으로 '노예'를 뜻하는 아랍어(아라비아어)이다.

국처럼, 나타났다가 금방 모습을 감추어버린, 광대하고 종잡을 수 없고 생명이 짧았던 이웃 이란 지대의 티무르 제국과는 대조적이다.

그리고 아랍 지대에서 문화의 매개자가 되었던 고전어는, 바그다드 압바스 왕조 칼리프국의 문화적 언어였던 아랍어 자체였지만, 이란 지대에서의 새로운 문화는 페르시아어—그것은 마치 라틴어가 그리스에 접목되어 여기에서 양분을 빨아 먹고 성장한 것과 같은 언어였다—를 새로운 매개자로 했다.

마지막으로, 16세기에 이란 지대 이슬람 사회가 아랍 지대 이슬람 사회를 정복하고 병합한 것은 서유럽 그리스도교 사회가 그리스 정교 사회를 침략한 것과 꼭 같다. 서유럽 그리스도교 사회의 침략은 1204년에 제4차 십자군이 창끝을 콘스탄티노플로 돌려서 공격했을 때 최고조에 달했으며, 한때는 그리스 정교 사회가 그 자매 사회에게 정복당해 영원히 합병되는 것이 아닌가 하는 생각도 들었지만, 이것이야말로 약 3세기 뒤인 1517년에 아랍 사회에 닥친 운명이었다. 이해에 오스만 튀르크 제9대 왕인 셀림 1세에 의해 맘루크 정권이 타도되어 카이로의 압바스 왕조 칼리프국은 멸망하고 말았다.

이제 우리는 마치 로마 제국이 헬라스 사회의 최종 단계를 표시하는 징표였던 것과 마찬가지로, 바그다드의 압바스 왕조 칼리프국이 그 최후 단계를 표시한 징표가 된 이 미확인 사회가 무엇이었는가 하는 문제를 다뤄야 한다. 압바스 왕조 칼리프국에서 한 걸음 더 거슬러 올라가면, 헬라스 사회의 최후 두 번째 전 단계로 알려진 저 동란기에 해당하는 현상을 찾아낼 수 있을까?

답은 그렇지 않다는 것이다. 바그다드의 압바스 왕조 칼리프국의 배후에는 다마스쿠스의 우마이야 왕조 칼리프국이 있었고, 또 그 이면에는 1000년에 걸친 헬라스 사회의 침입이 있었다. 이것은 기원전 4세기 후반에 마케도니아의 알렉산드로스(알렉산더)가 원정을 개시함으로써 시작되어, 그 뒤 그리스계 셀레우코스 왕조 시리아 왕국, 폼페이우스의 출정과 로마 정복에 이어 기원후 7세기 초에 이슬람교 군대에 의해 행해진 동방 복수전을 끝으로 겨우 침략에 종지부를 찍었다. 초기 이슬람교 아랍인들의 큰 파도와 같은 정복은, 역사의 리듬 속에서 역시 파도와 같은 기세로 행해진 알렉산드로스의 정복에 대해 똑같은 가락으로 응수했던 듯싶다. 알렉산드로스의 경우와 마찬가지로 그들은 겨우 5, 6년 동안에 세계의 면모를 바꾸어놓았다.

그러나 그것은 원상을 형태도 남기지 않고 바꾸어놓은 것이 아니라, 마케도니아가 아케메네스 제국(즉 키루스와 그 후계자들이 세운 페르시아 제국)을 정복하고 분리해 헬레니즘(그리스 문화와 정신)의 씨앗을 뿌릴 바탕을 만들어두듯이, 아랍인(아라비아인)의 정복은 우마이야 왕조나 그 뒤를 이어받은 압바스 왕조가 아케메네스 제국과 같은 세계 국가를 재건할 길을 열어놓았다. 이 두 제국의 지도를 포개어서 보면 윤곽이 거의 겹치는 데 놀라지 않을 수 없다.

더욱이 마케도니아와 아랍족의 정복상의 이런 일치는 단순히 지형적인 일치에 그치는 것이 아니라, 통치 방법이나 좀 더 내면적인 사회생활, 그리고 정신생활의 여러 가지 사회 현상에 이르기까지 파급되어 있다는 것을 알 수 있다. 압바스 왕조 칼리프국의 역사적 역할은 아케메네스 제국의 재편성과 재개, 외부 세력의 충격에 의해 봉쇄당한 정치 조직의 재편성, 그리고 외래인의 침입 때문에 중단된 사회생활의 국면을 다시 열어놓은 데 있다고 할 수 있다. 압바스 왕조 칼리프국은 확인 사회의 마지막 국면이었던 세계 국가가 다시 열린 것으로 보아야겠고, 따라서 이 미확인 사회의 탐구는 헬라스 사회의 침입이 시작된 1000년 전으로 거슬러 올라가야 한다.

이제 우리는 압바스 왕조 칼리프국 이전 단계에서 발견할 수 없었던 사회 현상, 즉 헬라스 사회의 역사에 있어서 로마 제국을 세우기 직전에 있었던 동란기와 비슷한 것을 아케메네스 제국 직전의 시대에서 찾아내어 조사해야겠다.

아케메네스 제국 성립과 로마 제국 건립을 볼 때, 일반적으로 비슷한 점이 많다는 것은 명백한 사실이다. 세부적인 면에서 다른 점은, 헬라스 사회의 세계 국가는 그 전 동란기에 주된 파괴자 역할을 한 국가 그 자체로부터 건설되어 발달해 온 데 비해, 아케메네스 제국은 로마가 연속적으로 파괴적 역할과 건설적 역할을 했지만 결국에는 각각 다른 국가가 그 역할을 했다는 점이다.

파괴적 역할을 한 것은 아시리아였다. 그런데 아시리아는 조금만 더 있었더라면, 지속적으로 고난을 겪어온 사회를 세계 국가로 형성해 그 사업을 완성시킬 수 있는 단계에 있었는데, 지나친 군국주의 때문에 자멸하고 말았다. 대단원의 막이 내려지기 직전에(기원전 610년) 주역이 극적으로 쓰러지고 말았으니 그 역할을 이어받은 것은 뜻밖에도 그때까지 단역을 맡고 있던 자였다. 즉 아케메네스 왕조가 아시리아인이 뿌린 씨앗을 거두어들인 것이다. 그러나 이렇게 배역이 바꿰었다고 해서 연극 줄거리의 성질이 달라진 것은 아니다.

이와 같은 동란기가 확인되었으니 우리는 그럭저럭 우리가 찾고 있던 사회를 발견하게 되었다. 소극적으로는, 그것은 아시리아인이 속해 있던 사회와 같은 사회는 아니었다고 할 수 있다. 아시리아인은, 이 길고 긴 뒤얽힌 역사의 마지막 단계에 모습을 나타낸 마케도니아인과 마찬가지로 밖에서 들어왔다가 마침내 사라진 침입자로서의 역할을 했던 것이다.

아케메네스 제국에 의해 통일되었을 때, 이 미확인 선행 사회에서 아카드어와 설형 문자가 서서히 아람어와 아람 문자(Aramaic Alphabet)로 대치되었는데, 이 현상 속에서 아시리아에 의해 밀려 나간 문화 요소가 자연스럽게 사라지는 과정을 찾아볼 수 있다.

아시리아인들 자신은 말기에, 점토판에 찍거나 돌에 새겨 쓰던 전통적인 설형 문자 이외에, 양피지에 쓰기 위해 아람 문자를 사용하게 되었는데, 아람 문자를 사용한 이상 아람어도 사용하지 않았나 하는 생각이 든다. 어쨌든 아시리아 제국과 그 뒤에 나타나 단명한 신바빌로니아 제국(즉 네부카드네자르의 제국)이 멸망한 뒤에도 아람 문자와 아람어는 끊임없이 세력을 넓혀 진출했고, 기원전 1세기에 이르자 아카드어와 설형 문자는 마침내 그 고국인 메소포타미아 전역에서 모습을 감추고 말았다.

이와 비슷한 문화 요소의 소멸 과정은 아케메네스 제국의 지배 민족인 '메디아인과 페르시아인'의 언어로서 각광을 받게 된 이란어의 역사에서도 찾아볼 수가 있다. 고유의 문자를 갖지 않는 언어(이란어, 또는 고대 페르시아어)를 기록해야 하는 문제에 직면한 페르시아인은 돌에는 설형 문자로, 양피지에는 아람 문자로 기록했지만, 페르시아어를 기록한 글자로 후세에까지 남은 것은 결국 아람 문자뿐이었다.

사실 하나는 시리아로부터, 또 하나는 이란으로부터 들어온 2개의 문화 요소가 같은 시대에 저마다 자기주장을 내세우며 서로 더욱 긴밀한 관계를 맺게 되었다. 아케메네스 제국이 수립되기 이전에 있던 동란기 끝 무렵, 피정복자였던 아람인이 정복자인 아시리아인의 마음을 사로잡게 된 뒤부터는 두 문화 요소의 긴밀한 관계가 끊임없이 되풀이되었다. 같은 과정을 한층 앞 단계에서 찾아보고 싶다면 종교 면을 살펴보아야 할 것이다. 우리는 이 동란기가 이란의 예언

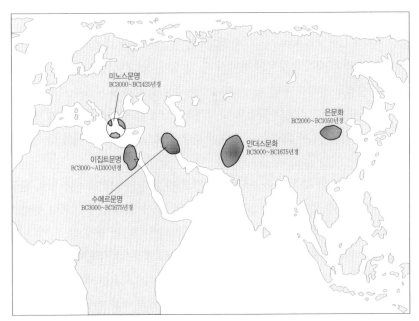

미노스문명
BC3000~BC1425년경

은문화
BC2000~BC1050년경

인더스문화
BC3000~BC1675년경

이집트문명
BC3000~AD300년경

수메르문명
BC3000~BC1675년경

세계 국가 제1세대의 모든 문명

자 자라투스트라(조로아스터)와 동시대의 이스라엘과 유대 예언자들에게 똑같이 영감을 불어넣어 주었다는 것을 알 수 있다.

전체적으로 보아, 이란적 요소보다는 아람적 또는 시리아적 요소 쪽이 더없이 큰 영향을 주었다고 보아야 옳을 것이다. 동란기 이전의 시기를 보아도 당시 이란적 요소는 없는 대신 솔로몬왕이나 동시대 히람왕(페니키아의 왕) 등이 활약하던 그 무렵 시리아는 이미 대서양과 인도양, 그리고 알파벳을 발견하는 등, 발전하는 사회의 모습을 보이고 있었다. 우리는 마침내 여기서 쌍둥이 이슬람 사회(나중에 하나로 된다)의 '어버이' 격인 사회를 찾아낸 셈인데, 이 사회를 시리아 사회라고 이름 붙이기로 한다.

이렇게 찾아낸 시리아 사회를 배경으로 다시 한번 이슬람교—시리아 사회가 그것을 매개체로 하여 결국 마지막으로 이란 사회와 아랍 사회라는 2개의 '자식' 사회를 갖게 된 세계 교회—를 검토해 보자. 그렇게 함으로써 이슬람교와 그리스도교의 발달 사이에 흥미로운 차이점이 있음을 알 수 있을 것이다.

앞서 말한 대로, 그리스도교 창조력의 싹은 헬라스 사회 자체의 것이 아니라 외부로부터 온 것(사실 우리는 지금에야 비로소 그것을 똑똑히 규명할 수 있는데, 그것은 시리아 사회 기원을 이루는 것)이었다. 그런데 그것과는 대조적으로 이슬람교의 창조적 싹은 시리아 사회의 밖에서 온 것이 아니라 시리아 사회 고유의 것이었다. 이슬람교 창시자 무함마드(마호메트)는 주로 순수하게 시리아 사회의 종교였던 유대교에서, 그리고 부차적으로 시리아적 요소가 헬라스적 요소에 대하여 또다시 우세를 차지한 그리스도교의 한 형태인 네스토리우스파에서 그 영감을 얻었다.

물론 세계 교회 같은 그런 큰 조직은 결코 단 하나의 사회를 배경으로 탄생하는 '순종'일 수 없다. 그리스도교 안에는 헬라스 사회의 신비 종교나 헬라스 사회의 철학에서 비롯한 헬라스적 요소가 포함되어 있다는 것을 알 수 있다. 마찬가지로, 훨씬 정도는 약하지만 이슬람교 속에도 헬라스적 영향이 미치고 있었다는 점을 찾아볼 수 있다. 그러나 대체적으로 그리스도교는 밖으로부터 들어온 씨앗에서 생겨나 세계 종교 역할을 한 것이었고 반대로 이슬람교는 토착의 씨앗으로부터 싹튼 것이다.

마지막으로 '자식' 사회인 이란 사회와 아랍 사회의 발상지가 그들의 '어버이' 사회인 시리아 사회의 발상지로부터 이동한 상황을 살펴보자. 아나톨리아에서 인도에 이르는 이란 이슬람 사회의 바탕선을 보면 크게 이동했다는 사실을 알 수 있다. 그러나 시리아와 이집트에 퍼져 있는 아랍 이슬람 사회의 본거지는 시리아 사회 전체에 걸쳐 있어, 이동이 비교적 적다는 것을 알 수 있다.

인도 사회

다음으로 검토해야 할 현존 사회는 힌두 사회인데, 여기서도 우리는 그 이면에 또 하나의 선행 사회가 있었다는 것을 나타내는 표준적인 표식을 찾아볼 수 있다. 이 힌두 사회의 세계 국가는 굽타 왕조(375~475년경)이며 세계 종교는 힌두교였다. 굽타 시대 이전 7세기 동안 인도 아(亞)대륙(인도반도)은 힌두교와 불교 공통의 요람이었다. 굽타 시대에 힌두교는 그 이전 7세기 동안 우세했던 불교를 제압하고 지배권을 잡았다.

쇠퇴기에 접어든 굽타 제국으로 옮겨온 민족은 유라시아 초원 지대의 훈족이었으며 그들은 동시에 로마 제국도 습격했다. 이 훈족의 활약과 몇몇 굽타 제국 후계 국가의 흥망이 지속된 공백 기간은 475년경부터 775년까지이다. 그 이후 현존하는 힌두 사회가 모습을 드러내기 시작한다. 힌두 철학의 아버지라고 불리는 샹카라가 활약한 것은 800년경이었다.

힌두 사회의 '어버이'에 해당하는 좀 더 오래된 사회를 찾아 과거로 거슬러 올라가면, 시리아 사회를 탐구할 때 번거로웠던 것과 같은 현상, 즉 헬라스 사회의 소규모 침입 현상이 나타난다.

인도 사회에 헬라스 침입이 시작된 것은 알렉산드로스가 정복전을 편 것처럼 그리 이른 시기는 아니었다. 인도 문화에 끼친 영향 면에서 보면 알렉산드로스의 원정은 어느 것도 영속적인 결과를 남겨놓진 못했다. 헬라스 사회가 실제 인도로 침입하기 시작한 것은 박트리아 왕국의 그리스인인 데메트리오스왕이 침략했을 때(기원전 183~182년경)였고, 굽타 제국이 건립된 연대로 추정되는 기원후 390년에 침략을 끝냈다. 그때는 어느 정도 헬레니즘화한 침입자의 마지막 후손들이 멸망해 버린 때였다.

시리아 사회를 추적할 때 사용한 방법에 따라, 인도의 경우도 서남아시아의 경우와 마찬가지로 굽타 제국이 헬라스 사회가 침입한 뒤에 다시 일어난 사회라고 볼 수 있으며, 헬라스 사회가 침입하기 이전 굽타 제국의 세계 국가를 찾아내야 하는데, 우리는 이것이 바로 기원전 323년 찬드라굽타에 의해 세워지고 다음 세기 아소카왕의 통치로 이름을 떨쳤으며, 기원전 185년 찬탈자 푸샤미트라에 의해 멸망한 마우리아 왕조였다는 것을 알 수 있다.

이 제국의 이면에는 지방 국가 사이에 파괴적인 전쟁이 잦았던 동란기가 있었다. 이 동란기에 싯다르타 가

힌두 사회의 배경

우타마, 즉 석가모니(부처 또는 붓다)도 있었다. 석가모니의 생애와 인생에 대한 태도는 그가 속해 있던 사회가 그 무렵 쇠운을 향하고 있었다는 가장 좋은 증거이다. 그리고 그 증거는 같은 시대 사람이자 자이나교의 창시자 마하비라의 인생관이나, 현세에 등을 돌리고 금욕 생활을 함으로써 내세로 향하는 길을 찾으려고 했던 같은 시대 다른 인도인들의 생애를 볼 때 더욱 뚜렷해진다.

이 동란기의 배경이 되는 지역, 가장 먼 곳에서 우리는 《베다》에 기록돼 있는 성장의 시기를 엿볼 수 있다. 즉 우리는 힌두 사회의 '어버이'에 해당하는 사회를 찾아내게 되는데 이 사회를 인도 사회라고 부르기로 한다. 인도 사회의 발상지는 인더스강과 갠지스강 상류 지역이며 거기서부터 인도 대륙 전체로 퍼져 나갔던 것이다. 따라서 그 지리적 위치는 후계 사회인 힌두 사회의 위치와 거의 일치한다.

중국 사회

이제 단 하나 남아 있는 현존 사회, 즉 동아시아에 본거지를 둔 사회의 배경을 조사하면 된다. 이곳의 세계 국가는 기원전 221년에 수립된 진·한(泰·漢)으로 이어진 제국이다. 세계 종교는 불교의 한 갈래인 대승 불교이며 한 제국에 전파되었고, 현대의 동아시아 사회가 탄생하는 유충 역할을 했다. 세계 국가가 몰락한 뒤에 유라시아 초원 지대의 유목민들에 의해 민족 이동이 이루어졌는데, 그들은 300년경에 한 제국의 영토를 침략했다. 실제로 한 제국 자체가 100년 전부터 공백 기간으로 들어가 있었던 것이다.

한 제국 이전을 살펴보면 매우 뚜렷한 동란기를 찾아볼 수 있다. 그것은 중국 역사에 있어 '전국시대'라 부르는 것으로, 기원전 479년 공자가 죽은 뒤로부터 2세기 반에 걸친 기간이다. 이 시대의 두 가지 두드러진 특징이라고 할 수 있는 자멸적인 국정 운영과 실제 생활 철학으로서의 활발한 지적 활동은, 마치 고대 그리스 사회에 있었던 스토아학파의 시조 제논의 시대로부터 동란기에 종지부를 찍었던 악티움(그리스 중서부) 해전 사이의 시기를 연상시킨다.

그리고 또한 중국에 있어서도 고대 그리스 사회와 마찬가지로 이 몇 세기 동안의 동란기는 조금 앞서 시작된 혼란이 최고조에 이른 시기였다고 할 수 있다. 공자가 죽은 뒤에 일어난 군국주의의 불길은 마침내는 스스로를 불태워버렸는데, 공자가 인생철학을 펴기 이전에 이미 이 불길은 점화되고 있었던 것이다. 공자의 현세적인 처세 철학과 노자의 현세 초월적인 무위의 가르침은 그들이 살고 있던 사회의 역사 속에서 성장이 이미 멈췄음을 깨닫고 있었다는 사실을 보여준다.

그 지나가버린 과거를 공자는 숭상하는 마음으로 돌아보았고, 노자는 마치 크리스천이 '파멸의 도시'를 떠날 때처럼(존 버니언의 《천로역정》 등을 돌려버렸다. 우리는 편의상 이 사회를 '중국 사회'로 부르기로 한다.

이 중국 사회로부터 오늘날의 동아시아 사회가 탄생하는 데 중매 역할을 한 대승 불교는 이 종교가 역할을 한 사회에 원래 있던 것이 아니고 다른 곳에서 온 것이라는 점에서 그리스도교와 비슷하지만, 이슬람교나 힌두교와는 다르다. 대승 불교는 인도 사회의 역대 그리스계 박트리아 국왕과 그 후계자로 반쯤 헬레니즘화한 쿠샨 왕조의 지배 아래 있던 지역에서 발생한 듯하며, 후한(後漢)이 다시 정권을 찾을 때까지 쿠샨 왕조가 전한(前漢)의 후계자로서 다스렸던 타림 분지의 쿠샨령에 뿌리를 두고 있었다는 점은 의심할 여지가 없다. 이런 유입 경로를 통해 대승 불교는 중국 사회에 스며들었고 중국 사회의 프롤레타리아트에 의해 그들 필요에 맞게 변형되었던 것이다.

중국 사회의 발상지는 황허강 유역이며 거기서부터 양쯔강 유역으로 번져 나갔다. 이 2개 유역은 모두 동아시아 사회의 발상지 속에 포함되어 있다. 동아시아 사회는 거기서부터 하나는 중국의 해안선을 따라 남서쪽으로 퍼졌고, 또 하나는 동북쪽으로 한국과 일본으로 퍼져 나갔다.

'화석' 사회

현존 사회의 '어버이' 사회를 탐색함으로써 이제까지 얻은 지식을 이용하면, '화석'을 분류하여 그것이 원래 속해 있던 전멸해 버린 사회로 귀속시킬 수가 있다. 유대인과 파르시인은 헬라스 사회가 침입하기 전 시리아 사회와 별반 다를 게 없는 시리아 사회의 화석이다. 그리스도 단성론자와 네스토리우스파 그리스도교는 헬라스 사회의 시리아 침입에 맞선 시리아 사회의 반발적 유물이며, 원래 시리아 사회의 종교였던 그리스도교가 헬레니즘화한 데 대하여 잇달아 모양을 바꾸어 행해진 저항이었다.

인도의 자이나교도와 스리랑카·미얀마·타이 그리고 캄보디아의 소승 불교도는 헬라스 사회가 인도 세계로 침입하기 이전에 있던 마우리아 왕조의 사라진 화석이다.

티베트와 몽골의 라마파 대승 불교도는 네스토리우스교도에 해당한다. 그들은 본래의 인도 사회적 형태에서 헬라스 사회와 시리아 사회의 영향을 받았고, 마침내 그런 형태로 중국 사회로 들어가게 되었으며, 그리하여 그 이후에 형성된 대승 불교의 변형에 대하여 실패한 반작용을 대표한다.

이러한 화석 중의 어느 하나도 지금까지 알아낸 것 이외의 사회를 찾아내는 데 실마리를 주지는 않는다. 그러나 다른 방법이 없는 것은 아니다. 우리는 더 먼 과거로 거슬러 올라가 현존 사회의 '어버이'로서 이미 확인됐던 이들 사회의 또 다른 '어버이'에 해당하는 사회를 찾아낼 수 있는 것이다.

미노스 사회

헬라스 사회의 배경에는 또 하나의 선행 사회가 있다는 징표가 뚜렷하게 보인다. 헬라스 사회 이전 이 세계 국가는 크레타섬을 거점으로 에게해의 재해권을 장악함으로써 유지되었던 해양 제국이었다. '미노스왕의 해상 지배'라는 이름으로 그리스 전통이 되었고, 또한 얼마 전에 크노소스와 파이스토스에서 발굴된 궁전 최상층 지표에는 그 흔적이 남아 있었다.

이 세계 국가가 존재한 뒤 민족 이동이 있었다는 증거는, 전통적인 서사시의 연금술에 의해 얼마간 모습이 바뀌긴 했지만 그리스 문학 최고(古)의 기념비라고 할 수 있는 《일리아드》와 《오디세이아》에서 볼 수 있고, 또한 그 조그마한 흔적을, 이쪽이 아마 역사적 사실에 더욱 가깝겠지만 같은 시대 이집트 제18~제20왕조의 공식 기록 속에서 찾아볼 수 있다.

이 민족 이동은 아카이아인과 그 밖의 변방 민족의 침입으로 인해 시작된 것으로 짐작된다. 그들은 에게해의 유럽 쪽 내륙으로부터 바다로 진출해 미노스의 본거지인 해상에서 크레타섬의 해양 왕국과 싸워 이겼다. 고고학적 증거에 따르면, 미노스인들은 고고학자들이 '후기 미노스 제2기'라고 부르는 시기 끝 무렵에 크레타섬 궁전(크노소스 궁전)을 파괴했다.

이 민족 이동은 에게해의 여러 민족이 정복자나 피정복자의 구별 없이 마치

'사람 사태'처럼 아나톨리아의 하티(히타이트) 제국(기원전 1670~1200년경)을 압도하여 공격했지만, 이집트의 '신왕국'을 완전히 파괴하지는 못했다. 학자들은 크레타섬의 크노소스 궁전 파괴의 연대를 기원전 1400년경으로 추정하고 있으며, 이집트 기록에 따르면 위의 '사람 사태'는 기원전 1230년부터 기원전 1190년 사이에 일어난 사건이었다는 것을 알 수 있다. 따라서 기원전 1425년부터 기원전 1125년까지를 선행 세계 국가의 민족 이동이 있던 공백기라고 생각할 수 있다.

좀 더 오래된 사회의 역사를 탐구하려고 할 때 크레타 문자를 해독할 수 없다는[17] 점이 장애이긴 하지만, 고고학적 증거에 의하면 크레타섬에서 발달한 물질문명이 기원전 17세기에 갑자기 에게해를 건너 아르골리스(펠로폰네소스반도의 동쪽 지방)로 전파되었고, 거기서부터 다음 2세기 동안 그리스의 다른 부분으로 서서히 퍼져 나갔다. 또한 크레타섬의 문명이 신석기 시대로 거슬러 올라가서까지 존재했었다는 증거가 있다. 이 사회를 '미노스 사회'라 부르기로 한다.

그러나 미노스 사회와 헬라스 사회와의 관계를, 헬라스 사회와 서유럽 사회와의 관계나 그 밖의 지금까지 우리가 확인한 '어버이와 자식' 관계로 맺어진 사회의 상호 관계와 같은 것으로 취급해도 좋을까? 다른 경우에는 모두 2개의 사회를 결합시키는 사회적 이음매가 세계 종교였다. 세계 종교는 낡은 사회의 내적 프롤레타리아트에 의해 창조되어, 나중에는 그 내부에서 새로운 사회가 점차 형태를 갖춰 나가는 번데기 역할을 했던 것이다.

그런데 헬레니즘 전체의 주요한 표현인 올림포스의 판테온(모든 신들을 위한 신전)에는 미노스적인 데가 전혀 없다. 이 신전은 호메로스의 서사시 속에서 고전적인 형태로 표현되어 있는데, 거기 나타나는 신들은 민족 이동 시기에 미노스 세계를 습격해 마침내는 그것을 멸망시킨 변방 민족과 똑같은 모습으로 그려진다.

제우스는 찬탈자로서 올림포스에 군림하는 아카이아 장군이며, 전임 지배자 크로노스를 힘으로 밀어내고 빼앗은 우주를 나누었는데, 같은 형제인 포세이돈과 하데스에게 바다와 땅을 각각 주었고 자신은 하늘을 가졌던 것이다. 이

---

17) 크레타섬에서 발견된 그림 문자·선 문자 A·선 문자 B의 세 문자 중 선 문자 B는 1952년에 영국의 젊은 건축가 마이클 벤트리스가 해독하는 데 성공하여, 이 문자가 음절 문자이며 이 문자로 쓰인 언어가 그리스어라는 것을 밝혀냈다.

신전은 완전히 침략자인 아카이아적인 것이었으며 미노스 사회 그 뒤에 속한다. 지배권을 빼앗긴 여러 신들에게서 미노스 사회에 존재했던 종교의 흔적조차도 찾아볼 수 없는데, 크로노스와 티탄족은 제우스의 전투단에 상응한다고 할 수 있다.

우리는 여기서 로마 제국으로 침입해 들어가기 전 대부분의 튜턴족이 버리고 간 종교를 떠올리게 된다. 그 종교는 스칸디나비아에 사는 그들의 동족이 보존하고 다듬은 종교로서, 그 스칸디나비아인 자신들도 5세기 또는 6세기 뒤에는 민족 이동(노르만족의 이동)을 했기 때문에 버리고 간 종교이다. 만약에 이방인들이 대거 습격해 온 시기의 미노스 사회에 뭔가 세계 종교적인 것이 존재했다면 그것은 마치 그리스도교가 오딘(게르만 민족의 최고신)이나 토르(북유럽 신화에서 천둥의 신) 같은 중간 신을 섬기는 것과는 다르듯이 올림포스 제신 숭배와는 다른 것이었으리라 생각한다.

그와 같은 종교가 과연 존재했을까? 이 분야 최고 권위자의 판단에 따르면 미약하나마 그런 종교가 존재했었다는 흔적이 있다고 한다.

"지금까지 고대 크레타섬에 신앙이 존재한 흔적을 찾아본 결과 정신적 요소가 우세했을 뿐만 아니라, 그 신봉자 속에는 과거 2000년 동안 잇달아 나타난 동방 종교, 즉 이란 종교와 그리스도교, 그리고 이슬람교 신앙과 유사한 것이 있었던 것으로 여겨진다. 말하자면 신자들이 그리스적 입장과는 상당히 먼, 독자적인 정신을 가지고 있었다는 것이다. ……고대 그리스인의 종교와 대략 비교해 보면 정신적 요소가 강했고 또 다른 면에서 보자면 좀 더 개인적인 성격이 강했다. '네스토르의 반지'에는 여신의 머리 위에 부활의 상징으로 번데기와 나비가 얹혀 있는데, 분명히 여신은 자신을 숭배하는 자가 죽은 뒤에도 그에게 생명을 줄 수 있는 힘을 가지고 있었다. 여신은 자신을 믿는 자 바로 곁에 있으며…… 자신의 어린 자식이 죽은 뒤에도 보호했다. ……그리스 종교에도 비밀히 행하는 의식은 있었다. 그러나 그리스의 신들은 남신, 여신 할 것 없이 대체적으로 미노스 신앙의 흔적이 보여주듯이, 신자와 그런 친밀한 관계는 갖지 않았다. 그리스 신들은 가문이나 집단 간 불화에 따라 그들의 형태와 속성이 다양하게 분화되어 있었다. 이와는 대조적으로, 미노스 세계 곳곳에서 똑같은 최고의 여신들이 계속해서 등장한다. ……일반적으로 여신의 형태로 최고의 지위에 있는

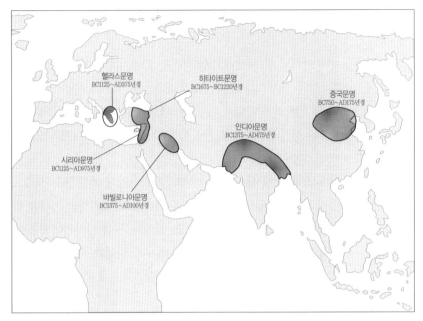

세계 국가 제2세대의 모든 문명

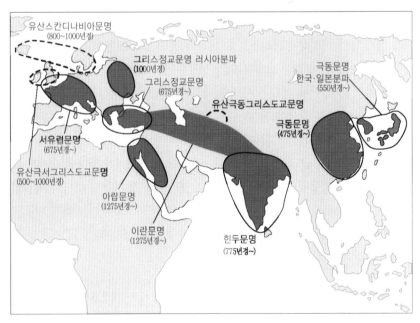

세계 국가 제3세대의 모든 문명

신이므로 크게 봐서 유일신교적인 숭배일 것이라고 결론지을 수 있다."[18]

고대 그리스 전통에서도 이 문제에 대한 증거를 조금이나마 찾아볼 수 있다. 그리스인은 크레타섬의 '제우스'의 전설을 보존하고는 있지만 이 제우스는 올림포스의 제우스와 동일한 신은 아니다. 이 크레타섬의 제우스는 왕국을 힘으로 정복하는 완전무장한 성인의 모습으로 등장하지 않고 갓 태어난 아기의 모습으로 나타난다.

아마도 그는 미노스 예술에서는, 어머니 신의 팔에 안겨 숭배를 받는 모습으로 그려진 어린아이와 동일시될 수 있을 것이고, 게다가 태어날 뿐만 아니라 죽기도 한다. 엘레우시스의 신비 의식[19]을 행하는 신이자, 원래 트라키아의 신이었던 디오니소스의 탄생과 죽음은 이 크레타의 제우스 탄생과 죽음을 재현한 것이었을까? 그리스 고전기의 신비 의식은 근대 유럽에서의 요술과 마찬가지로 매몰된 사회의 종교 흔적이었을까?

만일 그리스도교 세계가 바이킹 앞에 굴복했다면—바이킹의 지배를 받게 되어 바이킹을 그리스도교로 개종시킬 수 없었다고 가정한다면—아마도 아사(Asa) 신족(북유럽 신화의 신들) 숭배가 지배적 종교가 된 새로운 사회의 지하에서 여러 세기 동안 비밀리에 그리스도교 미사가 올려졌을 것이라고 상상해 볼 수 있다. 또 이 새로운 사회는 그들 사회가 성장하면서, 스칸디나비아 민족의 종교로는 만족할 수 없어서, 새로운 사회가 세워진 그 땅에서 정신적 생명의 양식을 구하게 되는 상태를 상상해 볼 수 있다. 그와 같은 정신적 기아 속에서 우리 서유럽 사회가 교회의 관심을 끌 때, 마법을 철저하게 근절한 것처럼 그렇게 철저히 바이킹 사회에서 근절되지 않고 남은, 옛 종교의 찌꺼기가 있다면 숨겨진 유물로서 재발견되었을지도 모른다. 그리고 누군가 종교적 천재가 나타나 매몰되어 있던 그리스도교의 의식과, 뒷날 핀족이나 마자르족으로부터 전래된 이들의 오르기아[20]를 색다르게 섞어 시대의 요구에 따랐는지도 모른다.

---

18) Evans, Sir Arthur : *The Earlier Religion of Greece in the Light of Creatan Discoveries*.〔원주〕
19) 고대 그리스 엘레우시스에서 여신 데메테르와 그의 딸 페르세포네에게 올리는 제사로서 2년에 한 번씩 열리는 비밀 종교 의식.
20) 원래는 디오니소스 신앙의 한 의식인데, 진탕 먹고 마시며 난잡하게 노는 것을 일컫는다.

이상의 가정으로 미루어 헬라스 세계의 종교사는, 예로부터 전해 내려오는 전통적인 엘레우시스의 신비 의식이 부활되고 트라키아의 디오니소스 제전(오르기아)과 크레타섬의 제우스의 탄생과 죽음을 제사 지내는 미노스 사회의 비밀 의식이 섞여 성립된 오르피즘—닐손[21]의 말을 빌리면, '종교적 천재에 의해 창조된 사변적 종교'—의 발명이었다고 할 수 있다.

엘레우시스의 신비 의식과 오르페우스교, 이 두 가지가 고전 시대 헬라스 사회에 공급한 정신은, 필요했으나 올림포스 제신 숭배 속에서는 찾아볼 수 없었던 정신적 자양분, 즉 동란기에 마땅히 기대되는 현세 초월적인 정신이며 쇠퇴기 내적 프롤레타리아트에 의해 만들어진 세계 종교의 특색으로 인정될 만한 정신이었다는 것은 의심할 여지가 없다.

따라서 엘레우시스의 신비 의식과 오르피즘이 미노스 사회 세계 교회의 망령이라고 보는 관점은 전혀 터무니없는 이야기는 아니다. 그러나 비록 이 추측이 맞다 해도, 그것이 헬라스 사회가 그 선행 사회의 진짜 '자식' 사회라고 여길 수 있는 근거가 되지는 못할 것이다. 선행 사회가 일단 죽임을 당하지 않은 이상 교회가 왜 죽음으로부터의 소생을 요구하는가? 그렇다면 이 선행 사회를 없앤 자는 미노스 세계를 휩쓸고 돌아다닌 이방인이 아니라면 대체 누구였단 말인가?

이들, 살육을 멋대로 한 아카이아인, 즉 '도시 약탈자'(호메로스의 표현) 아카이아인의 신들을 내 것으로 함으로써 헬라스 사회는 아카이아인을 양부모라고 선언했던 것이다. 헬라스 사회는 아카이아인이 범한 살인죄에 피의자가 되고, 스스로를 침략자 어버이를 죽인 정당방위자라고 선언함으로써 비로소 미노스 사회의 이복 '자식'으로 태어날 수 있었던 것이다.

이제 시리아 사회로 눈을 돌려보면, 헬라스 사회에서 발견할 수 있었던 것, 즉 미노스 사회 역사의 최종 단계에서 나타난, 세계 국가와 민족 이동을 발견할 수 있다. 미노스 사회가 몰락한 뒤에 일어난 마지막 민족 이동은 북쪽으로부터 몰려온 변방 민족의 물결로, 도리스인(도리아인)에게 쫓기어 고향을 잃은 사람들이 새로운 보금자리를 찾아 이동해 왔다. 이들 난민의 일부가 이집트에서 격퇴당하

---

21) 스웨덴 고전 문헌학자(1874~1967). 고대 그리스와 로마 종교사 연구의 권위자.

고 이집트 제국의 동북 연안 지대에 정착했던 것이다. 이것이 우리에게 낯익은 《구약성경》에 나오는 블레셋인, 즉 필리스티아인(또는 펠리시테인. 팔레스타인 지역의 고대 민족)이다.

미노스 세계에서 도망쳐 나온 필리스티아인은 여기에서, 아라비아의 주인 없는 지대의 이집트 속령이던 시리아 지역으로 흘러들어간 히브리 유목민과 만났다. 더 먼 북쪽에는 레바논산맥이 있는데, 이곳은 같은 시기에 침입해 온 아랍 유목민을 막아내는 역할을 했고, 필리스티아인의 공격으로부터 겨우 살아남은 해안 지대 페니키아인의 은신처가 되었다. 이러한 이유로 동요가 가라앉고 새로운 시리아 사회가 나타나게 되었다.

시리아 사회가 같은 종족으로서 친족 관계를 맺을 수 있는, 좀 더 오래된 사회가 있다면 그것은 미노스 사회인데, 그 관계는 헬라스와 미노스 사회의 관계와 비슷한 정도여서 그 이상으로 가깝거나 멀지 않았다. 시리아 사회가 미노스 사회로부터 이어받은 유산 중 하나는 알파벳이며(그러나 이 점은 확실하진 않다) 또 하나는 원거리 항해를 선호한다는 점이다.

시리아 사회가 미노스 사회로부터 비롯되었다는 것은 언뜻 보기에도 놀라운 이야기다. 오히려 시리아 사회의 배경이 되는 세계 국가는 이집트 '신왕국'이며, 유대 민족의 일신교는 이크나톤[22]의 일신교가 부활한 것이라고 밝혀지길 바라겠지만, 역사적 증거는 그러한 기대와는 정반대이다. 또한 시리아 사회가 다음에 검토할 아나톨리아의 하티(히타이트) 제국이나 우르의 수메르 왕조, 또 그 후계자인 아모르 왕조로 대표되는 어느 사회와도 '자식' 사회가 될 만한 증거는 없다.

수메르 사회

인도 사회로 눈을 돌려보면, 먼저 우리 눈을 끄는 것은 《베다》의 종교가 올림포스의 제신 숭배와 마찬가지로 민족 이동의 기간 중에 이방인들 사이에서 발생했다는 흔적이 보이고, 쇠퇴기 사회의 내적 프롤레타리아트에 의해 동란기 동안 창조된 종교의 특색은 하나도 없다는 것이다.

---

22) 고대 이집트 제18왕조의 왕 아멘호테프 4세. 재위 기간은 대략 기원전 1377~1358년. 종래의 신앙을 물리치고 태양신 아톤을 숭배하는 일신교를 세우려고 했다.

이 경우 변방 민족이란, 마치 헬라스 사회 역사의 여명기에 아카이아인이 에게해에 모습을 드러냈듯이, 인도 사회의 여명기에 서북 인도에 모습을 드러낸 아리아인이다. 헬라스 사회와 미노스 사회의 관계로 보아 인도 사회의 배경에도 역시 세계 국가가 있고, 그 국경 너머의 주인 없는 지대에는 아리아인의 선조들이 세계 국가가 쇠퇴해 침입할 수 있게 될 때까지 외적 프롤레타리아트로서 생활하고 있었던 게 아닌가 여겨진다.

그 세계 국가를 찾아내고 주인 없는 지대의 위치를 확인할 수 있을까? 우리는 먼저 다음의 다른 두 가지 질문을 제기함으로써 이 질문에 대한 답을 얻을 수 있을 것이다. 아리아인은 어디로부터 인도로 들어왔을까? 또 그들 동족 중 같은 곳에서 출발했으나 다른 곳에 도착한 사람들은 없을까? 아리아인은 유럽 어족에 속하는 언어를 쓰고 있었다. 그리고 한 그룹은 유럽에, 또 한 그룹은 인도와 이란에 있는 이 어족의 시대상 분포를 보면, 아리아인은 유라시아 초원 지대로부터 11세기 가즈니 왕조의 마흐무드나, 16세기 무굴 제국 창시자 바부르 등의 튀르크 계통 침략자와 그 후계자들이 밟은 경로를 그대로 따라 인도로 들어온 것으로 보인다.

그런데 튀르크인의 분포 상태를 보면 그들의 일부는 남동쪽으로 향하여 인도로 침입했고, 나머지는 서남쪽 방향으로 아나톨리아 및 시리아로 침입했다. 예를 들어 가즈니 왕조의 마흐무드와 같은 시대에 셀주크 튀르크의 침략이 있었는데, 셀주크 튀르크는 뒤에 십자군이라는 우리 서유럽 사회의 반격을 촉발하게 되었다. 고대 이집트의 기록을 보면, 아리아인은 기원전 2000년부터 기원전 1500년 사이에 유라시아 초원 지대에서 빠져나와, 3000년 뒤의 튀르크인처럼 각 지역으로 분산해 갔다는 것을 보여주고 있다.

자료에서 알 수 있듯이 일부는 인도로 들어갔고, 또 다른 일부는 이란·이라크·시리아 순서로 침략했으며, 마지막에는 이집트로 침입해 그곳에서 기원전 17세기에 이집트 역사에서 힉소스족이라고 알려진 변방 군단의 통치권을 세웠다.

아리아족의 민족 이동을 일으킨 원인은 무엇인가? 우리는 튀르크족의 민족 이동의 원인이 무엇이었던가 하는 문제를 생각함으로써 그 답을 얻을 수 있을 것이다. 이 두 번째 질문에 대한 답은 역사적 기록에서 얻을 수 있다. 그것은 바로 압바스 왕조 칼리프 체제의 쇠퇴인데, 튀르크족이 두 방향으로 나뉜 것은,

압바스 왕조 칼리프국의 약해질 대로 허약해진 육체가 자신들의 영토에서, 그리고 아주 멀리 떨어져 있는 인더스강 유역의 속령에서 좋은 먹잇감이 될 수 있었기 때문이다.

아리아족이 그와 같은 상태로 나뉜 사실을 이런 가설이 잘 설명해 줄 수 있을까? 가능하다. 기원전 2000년부터 기원전 1900년경의 서남아시아 정치 지도를 보면 우리는 이 지역이 바그다드 칼리프국과 마찬가지로 이라크에 있는 수도의 지배를 받으며, 그 뒤 같은 중심으로부터 같은 방향으로 퍼져 나간 세계 국가에 의해 점령당하고 있었다는 것을 발견할 수 있다.

이 세계 국가는 기원전 2298년경 우르 수메르 왕조의 우르 엔구르에 의해 건립되었고, 기원전 1947년 아모르 왕조의 함무라비에 의해 다시 회복된 수메르·아카드 제국이었다. 함무라비가 죽은 뒤 이 제국은 붕괴되었는데 그와 동시에 아리아인의 민족 이동이 시작되었던 것이다. 수메르·아카드 제국이 인도까지 퍼져 나갔다는 사실을 나타내는 직접적인 증거는 없지만, 최근 인더스강 유역에서 이라크의 수메르인의 문화와 매우 밀접한 어떤 문화(최초로 조사된 2개의 유적에 의해, 기원전 3250년경부터 기원전 2750년경의 것이었다고 추정된다)가 발굴된 것을 보아도 수메르인과 함께 아리아인의 분산 이동 가능성을 생각할 수 있다.

그 역사 속에서, 수메르·아카드 제국이 세계 국가의 역할을 했던 이 사회의 정체를 알아낼 수가 있을까? 이 제국 이전의 시대를 조사해 보면 아카드의 군국주의자 아가데 왕 사르곤이 눈부신 활약을 한 동란기가 있었다는 것을 보여 주는 증거를 찾을 수 있다. 더욱 과거로 거슬러 올라가면, 최근 우르의 발굴에서 밝혀진 성장과 창조의 시대를 찾아볼 수도 있다. 이 시대가 기원전 4000년을 기준으로 얼마나 덜 혹은 더 멀리 거슬러 갈지 확실하지는 않다. 지금 확인된 이 사회를 가장 오래된 '수메르 사회'라고 이름 짓기로 한다.

히타이트 및 바빌로니아 사회

수메르 사회를 확인한 뒤, 지금까지처럼 뒤의 사회에서 앞의 사회로 거슬러 올라가는 것이 아니라 그 반대로, 다른 두 사회를 확인할 수가 있다.

메소포타미아 남부 수메르 문명은 아나톨리아반도 동부, 즉 뒤에 카파도키아라고 부르게 된 지방으로까지 퍼져 나갔다. 카파도키아에서 발견된 설형 문자로 쓰인 상업용 문서를 찍은 점토판이 이 사실을 입증한다. 함무라비가 죽은 뒤 수메르 사회의 세계 국가가 쇠퇴했고, 그와 동시에 카파도키아 속령은 북서쪽에서 진출해 온 이방인들에게 점령당했으며 기원전 1750년경에는, 이 지역 최고(高) 후계 국가의 지배자였던 히타이트족 하티 왕 무르실리스 1세가 바빌론 본토를 습격하고 약탈했다. 이 약탈에서 노획물을 가지고 철수한 뒤 다른 이방인, 즉 이란에서 들어온 카시트족이 이라크에서 지배권을 확립했고 6세기 동안 지속되었다.

하티 제국은 히타이트 사회의 핵심이 되었는데, 이 사회에 대해 우리가 알고 있는 단편적인 지식은 대부분 이집트의 기록에서 얻은 것으로, 이집트는 토트메스 3세가 히타이트의 지배권을 시리아까지 넓힌 다음부터는 줄곧 히타이트와 싸우게 되었다. 민족 이동으로 크레타 제국이 제압된 것처럼 히타이트 제국 또한 민족 이동 때문에 멸망해 버렸다. 히타이트인은 수메르의 점복술(占卜術)을 이어받은 듯하나 고유의 종교를 지니고 있었고, 또한 그것으로 적어도 다섯 종류나 되는 히타이트어를 기록하는 일종의 상형 문자를 가지고 있었다.

기원전 15세기 이집트 기록에 따르면 수메르 사회와 친족 관계에 있던 또 다른 사회가 수메르 사회의 본거지였던 바빌로니아(이 나라에서 카시트족이 기원전 12세기까지 지배했다)와 아시리아, 엘람 땅에 존재했었다는 사실이 밝혀졌다. 수메르 사회의 영토 위에 등장한 후계 사회의 여러 제도는 거의 여러 가지 점에 있어 선행한 수메르 사회의 제도와 흡사하므로 그것을 별개의 사회로 여길 것인지, 아니면 수메르 사회의 연장으로 볼 것인지가 문제이다.

그러나 우리는, 의문의 여지가 있을 경우에는 유리한 해석을 취하는 원칙을 적용하여 이 사회를 바빌로니아 사회라 부르기로 한다. 이 사회는 그 말기에 해당되는 기원전 7세기 중에 내부에서 일어난 바빌로니아와 아시리아의 100년 동안이나 계속된 군사적 충돌로 격심한 타격을 받았다. 바빌로니아 사회는 아시리아가 멸망한 뒤 70년가량 더 이어졌지만 최후에는 세계 국가인 키루스의 아케메네스(페르시아) 제국에게 먹히고 말았다. 이 70년 동안에 네부카드네자르가 나라를 다스렸고, 유대인에 대한 '바빌론 유수(幽囚)'가 포함되어 있어 유대인에게 키루스는 하늘에서 내려보낸 해방자처럼 보였을 것이다.

이집트 사회

주목할 만한 이 이집트 사회는 기원전 4000년대 중에 나일강 하류 유역에 출현했으며 기원후 5세기에 멸망했다. 즉 이 사회는 서유럽 사회가 오늘날까지 이어져온 기간의 적어도 3배나 되는 기간 동안 지속된 셈이다. 이 사회에는 '어버이'도 없고 '자식'도 없다. 현존하는 어느 사회도 이것을 조상이라고 주장할 만한 사회가 없다.

무엇보다 더 두드러진 점은 이 사회가 돌 속에서 찾아낸 불멸성이다. 이미 5000년이 넘는 동안 스스로는 생명이 없지만 창조자의 존재를 말없이 보여주는 피라미드는 아마 앞으로 몇십만 년은 더 이어질 것이다. 이 피라미드가 인간이 완전히 사라진 뒤에도 남아 피라미드가 전하는 내용을 해독할 사람이 없는 세계에서도 여전히 "나는 아브라함이 태어나기 전부터 있었다"(《요한복음》 8 : 58)라고 계속해서 증언할지도 모른다.

이들 거대한 피라미드 분묘는 여러 가지 면에서 이집트 역사의 전형으로 여겨진다. 우리는 이 사회가 약 4000년 동안 계속되었다고 했는데, 그 전반기는 이집트 사회가 살아 있는 유기체라기보다 죽었으나 아직 묻히지 않은 상태에 있었다. 이집트 사회 역사의 절반 이상이 거대한 마지막 장인 것이다.

그 역사를 더듬어가면 전체의 4분의 1 이상의 기간이 성장기였다는 사실을 알 수 있다. 우선 처음에, 매우 감당하기 어려운 자연환경을 제어—전에 나일강의 하류 유역과 삼각주(델타 지대)를 차지하고 있던, 사람이 들어갈 수 없을 만큼 울창한 밀림·늪지대의 개척과 배수와 경작—하는 데 힘을 기울였고, 이어서 선(先)왕조 시대의 끝 무렵엔 예외적으로 빠르게 이집트 세계를 정치적으로 통일해 성장에 가속도가 붙었고, 제4왕조 시대에는 놀랄 만큼 물질문명이 발달해 최고조에 이르렀다.

이 왕조는 이집트 사회가 이룩한 독특한 위업, 즉 늪지대의 간척 사업으로부터 피라미드 건설에 이르기까지 거대한 토목 사업에 인간 노동력을 조직하는 능력이 그 절정에 달한 시기였다. 그리고 또 행정과 예술 면에 있어서도 절정에 이르렀다. "지혜는 고뇌로부터 탄생한다"는 종교의 영역에 있어서도, 이른바 '피라미드 문서'는 2개의 종교, 즉 태양신 숭배와 오시리스 숭배가 탄생해 충돌했고, 서로 간에 영향을 끼치는 첫 단계를 거치고 있었다는 증거를 확실히 보여주고 있다. 이 두 종교는 후에 이집트 사회가 쇠퇴기로 접어든 뒤에야 비로소 성숙기로 들어가게 된다.

제5왕조로부터 제6왕조로 옮아가는 시기, 즉 기원전 2424년경 전성기를 지나 쇠퇴기가 시작되는데, 이 시기부터 예의 쇠퇴의 징조가, 이제까지 다른 사회의 역사에서 보아온 순서대로 나타나기 시작한다. 이 시기 이집트 사회의 연합 왕조는 서로 싸움을 되풀이하여 몇 개의 작은 나라로 분열하는데, 이것이야말로 틀림없는 동란기의 징후인 것이다.

이 이집트 사회의 동란기가 지나고 나서 세계 국가가 나타난다. 이 세계 국가는 기원전 2070년경 테베의 지방 왕조에 의해 세워졌고, 제12왕조(기원전 2000~1788년경)에 의해 강력해졌다. 제12왕조가 몰락한 뒤 이 세계 국가는 쇠퇴했고, 그 뒤 계속되는 공백기 동안 힉소스족의 침입으로 민족 이동이 일어났던 것이다.

여기서 이 사회는 끝났다고 생각할지도 모른다. 예를 들어 우리가 종전대로의 방식에 따라 기원전 5세기경부터 출발하여 시대를 거꾸로 거슬러 올라가며 조사해 보면, 아마도 우리는 여기에 멈추어 서서 다음과 같이 말했을 것이다.

"우리는 그 마지막 발자취가 사라진 5세기부터 거꾸로 이집트 사회의 역사를 2100년 동안 거슬러 올라가면, 세계 국가가 몰락한 뒤에 나타나는 민족 이동과 만나게 된다. 우리는 이집트 사회의 기원을 찾아냈는데, 그 기원 저쪽에는 한 시대 전 사회의 종말이 엿보인다. 이 사회를 '나일' 사회라고 부르자"라고.

그러나 그렇게 말하고 싶지 않다. 왜냐하면 이 시점에 또다시 시대를 내려오며 조사해 보면 새로운 사회라고도 할 수 없는 전혀 다른 현상을 발견할 수 있기 때문이다. 이집트를 침입한 변방 민족들의 '후계 왕조'는 타도되고 힉소스족은 나라 밖으로 쫓겨난다. 그리고 테베에 수도를 둔 세계 국가가 의식적이고도 계획적으로 회복되는 것이다.

이런 점에서 볼 때, 세계 국가의 회복이라는 것이 기원전 16세기부터 기원후 5세기까지 이집트 사회 역사에 있어 가장 중요한 사건이었다(아크나톤이 일으켜 실패로 끝난 혁명을 제외하고). 그 뒤 2000년 동안 이집트 사회의 세계 국가는 여러 번 쓰러졌다 재건되고, 쓰러졌다 재건되며 이어졌다. 새로운 사회는 나타나지 않았다.

이집트 사회의 종교사를 살펴보면 공백기 뒤에는, 그 이전 쇠퇴기에 어떤 사회적 소수 지배자로부터 이어받은 종교가 널리 퍼져 있었다는 것을 알 수 있다. 그러나 노력도 하지 않고 그렇게 된 것은 아니며, 이집트 사회의 내적 프롤레타리아트가 쇠퇴기에 오시리스 종교로부터 창조해 낸 세계 종교와 타협함으로써 비로소 그 지위를 확보했던 것이다.

오시리스 종교는 이집트 사회의 정치사가 형성된 상(上)이집트(아스완과 카이로 남쪽 부근)가 아닌 삼각주로부터 들어온 종교였다. 이집트 사회의 종교사를 관통하는 중요한 날줄은 이 지상과 지하의 자연을 지배하는 신—교대로 지상에 모습을 나타냈다가는 지하로 모습을 감추는 식물의 정령—과 하늘을 지배하는 태양신 사이에 벌어지는 세력 다툼이었는데, 이 신학적인 싸움은 2개의 숭배 사상이 발생한 2개의 사회 부문에서 일어나는 정치적·사회적 싸움과 연결되어 있었으며 사실상 하늘을 지배하는 태양신의 신학적 표현이기도 했다. 태양신 레(Re) 또는 라(Ra) 숭배는 헬리오폴리스(카이로 동북쪽에 있는 도시) 신관들의 통제를 받았고, 레는 파라오(고대 이집트 왕)를 모델로 만들어졌다. 그와 달리 오시리스 숭배는 대중적인 종교였다. 그것은 국가 주도 종교와 개개의 신도들에게 주력하는 대중 종교 간의 대립이었다.

이 2개 종교의 원래 형태상의 결정적 차이는 신도에게 제공하는 사후 세계에 대한 견해 차이였다. 오시리스는 지하에 있는 이 지상과 같은 그림자 세계에서 죽은 자들을 지배한다. 레는 대가를 받고 신도를 죽음으로부터 구원하여 승천하게 한다. 그러나 이런 신격화는 대가를 지불하는 자에게만 가능했던 것이다. 그리고 그 대가는 끊임없이 인상되어 마침내 태양신이 주는 영생은, 사실상 파라오가 필요한 경비를 대주던 그의 신하들만의 독점물이 되고 말았다. 거대한 피라미드는 터무니없이 큰 건축물을 세움으로써 개인적인 영생을 얻으려는 노력의 기념비였던 것이다.

이러는 동안 오시리스교는 차츰 세력을 굳건히 해나갔다. 이 종교가 제시하는 영생이란 레가 지배하는 하늘에서 사는 일에 비하면 빈약한 것인지도 모른다. 그러나 주인에게 영원한 행복을 주기 위해 폭력적인 억압 아래 복종해야 하는 민중이 이 세상에서 기대할 수 있는 유일한 위안이었다. 이집트 사회는 소수 지배자와 내적 프롤레타리아트 양쪽으로 분열해 가고 있었다. 이런 위기에 직면한 헬리오폴리스의 신관들은 오시리스를 같은 편에 끌어들여 해를 입지 않으려고 했는데, 이 거래에서 오시리스는 자신이 준 것보다도 한결 더 많은 것을 얻는 데 성공했다.

파라오의 태양신 숭배 속으로 편입되면서 오시리스는 태양신이 제공하던 신격화와 함께 민중의 것이 되었던 것이다. 이 두 가지 종교 합체의 기념비가 이른바 《사자(死者)의 서(書)》이며, 이 책은 이집트 사회의 '마지막 장' 2000년 동안에 걸쳐 그 종교 생활을 지배한, '서민을 영생으로 이끄는 안내서'였다. 레는 피라미드보다도 올바른 행동을 더욱 요구한다는 생각이 널리 퍼지게 되었고, 오시리스는 죽은 자에게 지상에서 보낸 생활에 따라 운명을 적절히 정해 주는 저승의 심판관으로 그려졌다.

여기에서, 이집트 사회의 세계 국가 아래 내적 프롤레타리아트에 의해 창조된 표준 교회의 윤곽을 찾아볼 수 있다. 만약 이집트 사회의 세계 국가가 재건되지 않았더라면 이 오시리스교의 장래는 어떠했을까? 그것은 새로운 사회의 번데기가 되었을까?

무엇보다도 먼저 그리스도교가 이방인을 사로잡았듯이 오시리스교가 힉소스족을 사로잡은 것은 아닌가 하는 생각이 들 것이다. 그러나 그렇게 되지는 않았다. 오히려 힉소스족에 대한 증오 때문에 오시리스교는 소수 지배자의 죽은 종교와 부자연스러운 결합을 이루었으나 그 과정에서 오시리스교는 왜곡되고 타락했다. 영생이 다시 한번 상품으로 전락하고 말았다. 다만 그 대가는 이미 피라미드는 아니고 파피루스의 두루마리에 두세 가지의 소원을 적는 것으로 그치게 되었다. 우리는 다른 일들에서와 마찬가지로 이 일에서도 아주 적은 이윤을 내는 값싼 제품의 대량 생산이 생산자에게 최상의 대가를 가져왔다고 짐작할 수 있다.

이리하여 기원전 16세기의 '재건'은 단순히 세계 국가의 복원에 그치지는 않았다. 그것은 오시리스교의 살아 있는 조직과 소멸 직전의 이집트 사회의 죽은 조직을 섞어, 완전히 풍화하는 데 2000년이라는 세월이 필요했던 하나의 사회적 콘크리트 덩어리를 만들어내는 과정이었던 것이다.

복원된 이집트 사회가 생명이 없는 것이었다는 가장 큰 증거는 그것을 죽음으로부터 소생시키려던 유일한 시도가 완전히 실패한 일이다. 그때 인간 파라오

이크나톤이, 먼 옛날 수 세기에 걸친 동란기 중 내적 프롤레타리아트가 되풀이했으나 이루지 못했던 종교적인 창조를 단숨에 해치우려고 했던 것이다. 참으로 천재적인 수완을 발휘해 이크나톤은 새로운 신과 인간, 그리고 생명과 자연의 관념을 만들어냈고 그것을 새로운 예술과 시로 표현했다.

그러나 이와 같은 방법으로 죽은 사회를 살려낼 수는 없다. 그의 실패는, 기원전 16세기 이후 이집트 역사상에 나타난 1000년 이상의 사회적 여러 현상을, 새로운 사회의 요람으로부터 묘지까지의 역사가 아닌 그저 길고 긴 마지막 종장으로 보아도 무방하다는 것을 보여줬다.

안데스·유카텍·멕시코 및 마야 사회

에스파냐 정복자(conquistadors)가 오기 이전의 아메리카는 위와 같은 이름으로 4개의 사회가 있었다. 페루의 안데스 사회는 1530년 피사로에게 멸망당할 때 이미 세계 국가의 상태(잉카 제국)에 도달해 있었다. 멕시코 사회도 비슷한 상태에 있었고, 세계 국가로 예정되어 있었던 것은 아즈텍 제국이었다. 코르테스의 원정 때 조금이나마 유력하게 남아 있던 유일한 독립 세력은 도시 국가 틀락스칼라(멕시코 동쪽)였다. 따라서 틀락스칼라인은 코르테스를 지지했다. 유카탄반도의 유카텍 사회는 약 400년 전에 멕시코 사회에 흡수되었다.

멕시코 사회와 유카텍 사회는 모두 1세대 전 마야 사회의 '자식' 사회였는데, 마야 사회는 그 후계자들보다도 뛰어나고 훨씬 인간적인 문명을 이루고 있었던 것 같다. 마야 사회는 기원후 7세기에 갑자기 원인 불명의 최후를 맞았고, 지난날 이 사회가 존재했었다는 증거로 유카탄반도의 다습한 밀림 속에 몇몇 거대한 도시의 폐허가 남아 있다. 이 사회는 천문학에 뛰어났으며 그것을 실제 연대학의 체계에 응용했는데, 계산이 놀라울 만큼 정확했다.

코르테스가 멕시코에서 발견한 잔혹한 종교 의식은 마야족의 옛 종교가 극도로 야만화된 형태인 것으로 짐작된다.

이상의 조사에 의해 그 대부분이 하나 또는 그 이상의 사회와 어버이 또는 자식의 관계를 맺고 있는 19개의 사회를 발견했다. 즉 서유럽 사회, 그리스 정교 사회·이란 사회·아랍 사회(이란과 아랍 두 사회는 현재 통일된 이슬람 사회로 되어 있다)·힌두 사회·동아시아 사회·헬라스 사회·시리아 사회·인도 사회·중국 사회·미노스 사회·수메르 사회·히타이트 사회·바빌로니아 사회·이집트 사회·안데스 사회·멕시코 사회·유카텍 사회 그리고 마야 사회이다.

우리는 앞서 바빌로니아 사회가 수메르 사회와 별개로 존재했었는지 의심스럽다고 했는데, 이 밖에도 이집트 사회의 역사가 그렇듯이 2개의 분리된 사회가 아니라 에필로그(종장)가 붙은 단일 사회로 보아야 할지도 모른다. 그러나 분리 방법을 달리해야 할 충분한 이유가 발견되기까지는 이들을 저마다 독립된 사회로 보기로 한다.

사실은 그리스 정교 사회를 정교–비잔틴 사회와 정교–러시아 사회로 나누어야 하고, 동아시아 사회를 중국 사회와 한국·일본 사회로 나누어야 할지도 모른다. 그렇게 하면 우리의 사회의 수는 21개가 된다.

이 책을 쓰고 난 다음에 또한 22번째 사회가 발견되었다. 그것은 중국 문명에 앞선 황허강 유역의 문화다.

제3장 사회의 비교 가능성

1. 문명 사회와 원시 사회

이 책의 목적인 21개 사회의 조직적인 비교 연구로 들어가기 전에 이른바 처음부터 제기될 가능성이 있는 몇 가지 문제점을 먼저 살펴봐야 할 것이다.

우리가 선택하려는 방법에 대해 가장 먼저 그리고 단순하게 제기되는 반론은 다음과 같은 것이다. "이들 사회는 그 모두 '이해가 가능한 연구 영역'이라는 것 말고는 아무런 공통된 특성도 없지 않느냐, 그리고 이 특성이란 너무나 막연하고 지나치게 일반적이어서 실제로는 아무 쓸모가 없지 않느냐"는 것이다.

이에 대한 답은 '이해 가능한 연구 영역'인 사회는 하나의 유형을 이루고 있으며, 우리의 21개 표본은 그 유형 속에서도 하나의 특별한 종류를 구성한다고 할 수 있다. 또한 특별한 종류에 속하는 사회 또한 마찬가지로 '이해가 가능한 연구 영역'이며, 이 유형 속에서 또 하나의—사실상 하나밖에 없는 또 하나의 상대적인—종류를 형성하고 있는 원시 사회와 구별해서 일반적으로 문명이라고 부른다. 따라서 우리가 확인한 21개의 사회는 이들 사회만이 문명의 과정을 밟았다는 특징을 공유하고 있다.

동시에 이 두 종류 사이에는 또 하나의 차이가 눈에 띄는데, 그것은 이미 알려진 문명의 수는 적지만, 이미 알려진 원시 사회의 수는 훨씬 많다는 것이다. 1915년 3명의 인류학자(홉하우스·휠러·긴즈버그)들이 원시 사회의 비교 연구(《단순한 사람들의 물질문화와 사회 제도》)를 했는데 충분한 지식을 얻을 수 있는 것만으로 한정했는데도 약 650개의 원시 사회를 등록했다. 게다가 그 대부분은 현존하는 것들이었다. 아마 30만 년 이전에 처음으로 인류가 인간다워진 이래 이 세상에 나타났다가 모습을 감추어버린 원시 사회의 수는 짐작할 수도 없겠지만 숫자상으로 원시 사회가 문명 사회보다 압도적으로 많다는 것은 명백하다.

그 대신 개개의 규모에 있어서는 문명 사회 쪽이 원시 사회보다 압도적으로 우세하다. 원시 사회는 수는 많지만 비교적 단명하고 비교적 좁은 지리적 범위에 한정되어 있으며, 그 사회를 구성하던 사람의 수도 꽤 적다. 현존하는 5개의 문명 사회는 탄생한 이래 그다지 많은 세기를 거치지 않았지만 오늘날까지 이들 사회에 살았던 인간의 수를 만약 조사할 수 있다고 가정한다면, 이들 리바이어던(《구약성경》 속 거대한 바다 괴물로, 국가 유기체를 비유한 것)은 아마 각각 단독으로 비교해 보아도 인류가 출현한 이래 원시 사회를 모두 합친 것보다 더 많은 인간을 포함하고 있었다.

그러나 우리는 개인이 아니라 사회를 연구하는 것이므로 우리 목적에 있어 중요한 사실은, 지금까지 존재했음이 알려진 문명 사회의 수가 비교적 소수였다는 점이다.

2. '하나의 문명'이라는 학설의 잘못

우리가 21개의 문명을 비교할 수 있다는 가능성에 대한 두 번째 반론은 첫 번째 반론과는 정반대로, "21개의 각기 다른 종류의 사회 표본이 있는 것이 아니라, 있는 것은 오직 서유럽의 문명뿐이지 않느냐"라는 것이다.

이 문명 단일론은 근대의 서유럽 역사가들이 자신들의 사회적 환경의 영향으로 자신도 모르게 품게 된 잘못된 개념이다. 그들이 이런 생각을 하게 된 것은 근대에 있어 서유럽 문명이 온 세계를 그 경제 조직의 그물 속으로 완전히 집어

넣었기 때문이고 또한 이 서유럽을 바탕으로 하는 경제적 단일화에 이어, 마찬가지로 서유럽을 바탕으로 하는 정치적 단일화가 거의 같은 범위에 걸쳐 실현되었기 때문이다.

서유럽 군대와 정부의 정복이 서유럽 제조업자와 기술자의 정복만큼 넓은 범위로 퍼져 나가지는 못했고 또한 철저한 것도 아니었지만, 그럼에도 오늘날 세계의 모든 국가가 서유럽을 바탕으로 한 단일 정치 체제의 일부를 형성하고 있음은 사실이다.

이러한 것들은 틀림없는 사실이긴 하지만 그것을 문명의 단일성을 보여주는 증거로 생각하는 것은 너무나 피상적인 견해이다. 경제 지도와 정치 지도는 오늘날 서유럽화되어 있지만 문화 지도는 서유럽 사회가 경제적·정치적 정복을 개시하기 이전의 상태와 거의 다를 바 없다. 문화적인 면에 있어서는, 식견이 있는 사람에게는 4개의 비(非)서유럽 문명의 윤곽이 보일 것이다.

그러나 대부분 사람들은 그런 눈을 지니고 있지 않다. 이 사람들이 사물을 보는 방법은, 영어의 '원주민(natives)'이라는 말이나, 이에 해당하는 서유럽어의 단어에서 엿볼 수 있다.

서유럽인의 입장에서 어떤 사람을 가리켜 '원주민'이라고 부르면, 우리는 은연중에 문화적인 색채가 없는 사람으로 여기게 된다. 우리는 그들을 우연히 야생 동물이나 그 고장 특유의 일부 동식물로 보게 되지, 우리와 같은 감정을 지닌 인간으로는 보게 되지 않는다. 그들을 '원주민'이라고 생각하는 한 그들이 절멸될 것이라는 선입견이 든다. 아니 오늘날로 봐서 더 가능성이 있는 쪽은, 그들을 길들여 진심으로(전적으로 잘못 판단했다고만 할 수도 없다) 인간의 기량을 개량해 주려는 생각이라고 할지는 모르나 조금도 그들을 이해하고 있지는 않은 것이다.

물질의 영역에서, 서유럽 문명의 세계적 성공으로 말미암은 잘못된 생각 이외에 '단일 역사론'의 또 다른 오류—그것은 문명의 흐름은 오직 하나 서유럽 자신들의 문명이 있을 뿐 다른 문명은 모두 여기로 흘러들어오는 지류이거나 사막 속으로 사라져버린 모래라는 가정 위에 서 있다—가 있는데 그 오류는 다음과 같은 세 가지 이유에서 만들어졌을 것이다. 즉 자기중심적이며, '변하지 않는 동방', 그리고 진보는 직선적으로 진행되는 움직임이라고 보는 잘못된 생각에서 비롯되었을 것이다.

자기중심적 사고에 대해 이야기하자면, 그것은 지극히 자연적인 것으로, 서유럽인들만 이 미망에 사로잡힌 것은 아니었다고 할 수 있다. 유대인은 그들이 어떤 하나의 '선민'이 아니라 '유일한' 선민이라는 잘못된 생각에 사로잡혀 있었다. 우리가 '원주민'이라고 부르는 것을 그들은 '이교도(gentiles)'라고 불렀고 그리스인은 '야만인(barbarians)'이라고 불렀다.

그러나 자기중심주의가 가장 잘 나타난 예는 중국의 철인(哲人) 황제 건륭(청나라 고종)이 1793년 영국의 사신(조지 매카트니)을 통해 국왕 조지 3세에게 보낸 친서일 것이다.

"왕이시여, 귀하는 바다 건너 먼 곳에 있으면서 우리 문명의 혜택을 받고자 하는 충정에서 사신을 통해 정중히 청원서를 보냈습니다. ……짐은 돈독하고 공손하게 정성껏 쓴 당신의 청원서를 읽고 심사숙고해 보았습니다. ……귀하는 한 사람의 사신을 짐의 천조(天朝)로 보내와서, 교역을 관리할 수 있게 해달라고 간청했습니다만, 그 간청은 우리 천조의 나라 관례상 도저히 받아들일 수 없습니다. ……만일 천자의 조정을 우러러 사모하는 마음에서 우리 문명을 배우고자 하는 희망이라면, 우리에게는 나라 자체의 예법이 있어, 귀국과는 전혀 다르므로, 설령 귀국의 사신이 우리 문명의 기초를 익혔다 하더라도 도저히 우리 풍습을 귀하의 나라에는 이식할 수 없다고 할 수밖에 없습니다. 그러므로 사신이 아무리 그 풍습에 익숙해진다 해도 그로 인해 얻는 것이라고는 아무것도 없을 것입니다. ……광대한 세계를 지배하는 짐의 목표는, 단 하나, 즉 정치에 힘쓰고 정무를 수행하는 일에 전념할 뿐입니다. 따라서 진기한 물품이나 값비싼 보물에도 짐은 동요되지 않습니다. 귀하가 바친 공물을 받도록 명한 것은, 먼 길을 무릅쓰고 헌상하려는 귀하의 그 성심을 가상히 여겨 받아들인 데 불과합니다. 우리 천조의 도덕과 의리는 온 천하에 널리 퍼져, 만국의 왕이 육로와 해로를 거쳐 귀중한 공물을 헌상해 왔습니다. 귀하의 사신도 직접 목격했듯이 짐은 온갖 것을 다 소유하고 있습니다. 짐은 진귀하고 정교한 물품에 가치를 두지 않으니 귀하가 보낸 물건들도 필요가 없습니다."[23]

---

23) Whyte, A.F. : *China and Foreign Powers.* (원주)

이 친서가 쓰인 뒤로 1세기 동안 건륭에 대해 자국민들이 지녔던 자존심은 점점 희미해져 갔다. 그야말로 거만한 자, 오래가지 못한다는 속담 그대로였다.

이 '변하지 않는 동방'이라는 잘못된 생각은 분명히 학문적인 연구에 기초를 둔 개념은 아니었고 그 원인을 찾고자 하는 흥미나 중요성도 없이 많은 사람에게 잘못 인식되었다. 아마 그것은 '동방'—이 경우 동방이라는 것은 이집트에서 중국에 이르는 사이의 어느 지역이건 상관없다—이 지난날에는 서유럽 사회보다 한결 진보되어 있었지만 지금은 훨씬 뒤떨어져 있기 때문에, 그동안 서유럽이 끊임없이 전진해 오는 동안 동방은 틀림없이 정지해 있었을 것이라는 서유럽의 생각에서 온 것이리라.

특히 일반 서유럽인이 알고 있는 '동방' 고대사의 문헌은 《구약성경》의 이야기로 한정되어 있다는 점을 기억할 필요가 있다. 근대의 서유럽인은 성지를 여행하고, 요르단강 너머 아라비아 사막 부근에서 오늘날 영위하고 있는 생활이 〈창세기〉에 그려져 있는 이스라엘 선조들의 생활과 일일이 맞춘 듯이 일치하는 것을 보고는, 놀라움과 기쁨이 뒤섞인 감정을 품는 동시에 동방은 분명히 변하지 않는다고 믿게 되었던 것이다.

그러나 그와 같은 여행자가 본 것은 사실 '변하지 않는 동방'이 아니고 '변하지 않는 아라비아 초원 지대'였던 것이다. 이 초원 지대의 자연환경은 인간에게는 참으로 가혹한 시련이어서 인간의 적응 능력을 지극히 단순한 범위에 한정시키고 있었다. 그리고 대담하게도 거기에 정착하는 모든 시대의 모든 인간에게 냉혹하고 변화 없는 생활 양식을 강요한다.

이것을 '변하지 않는 동방'의 증거라고 생각하는 것은 참으로 어리석은 짓이다. 예를 들면 서양 세계에서도, 아직 현대 관광객이 찾아가지 않는 알프스의 골짜기에 사는 주민들은 아브라함 시대의 그들 선조가 영위했을 법한 생활을 하고 있다. 만일 앞서 말한 이유로 '변화하지 않는 동방'이라 한다면, 이곳을 보고는 사실 '변화하지 않는 서양'이라는 결론을 내려도 무방할 것이다.

진보가 직선적으로 진행된다는 오해는 인간 사고력을 지나치게 단순화한 한 예이다. 이른바 '시대 구분'을 하는 데 있어 서양의 역사가들은 시대를 한끝에서 다른 한끝으로 이어지는 한 줄의 계열로 늘어놓는다. 마치 하나하나의 시대를 대나무 마디와 마디 사이의 한 구획으로 또는 요즘 굴뚝 청소부가 막대기 끝에 솔을 달아 굴뚝을 쑤시는, 자루 부분이 길게 늘어날 수 있는 특허받은 도구의 마디에 해당한다고 생각하는 것이다.

근대 서양 역사가들이 이어받은 솔의 자루에는 원래 2개의 마디밖에 없었다. 즉 엄밀하지는 않지만 대체적으로 《구약성경》과 《신약성경》으로 구분하고, 또 기원전과 기원후로 등을 맞대는 이중의 연대 산정법으로 계산 시점을 정해 대응시키는 '고대'와 '근대'의 2개뿐이었다. 이 역사적 시간의 이분법은 헬라스 사회의 내적 프롤레타리아트가 보던 관점이다. 그들은 낡은 헬라스 사회의 체제와 그리스도교회의 체제 사이에 절대적인 대립 관계를 설치함으로써 헬라스 사회의 소수 지배자로부터 받는 소외 의식을 표현한 것이다. 이렇게 함으로써—내적 프롤레타리아트의 지식이 한정되어 있었다는 점을 생각하면 서유럽 그리스도교 사회의 죄가 훨씬 크겠지만—우리의 21개 사회 중의 하나로부터 다른 하나로의 이행을, 온 인류의 역사 전환점으로 다루는 자기중심적 착각에 빠져든 셈이다.[24)]

시간이 지남에 따라 우리 역사가들은 그들의 이음낚싯대식 솔 자루에다 셋째 마디를 덧붙여서 길게 하는 편이 편리하다는 것을 알았다. 그리고 그것을 다른 두 마디의 중간에 끼워서 '중세'라고 이름 지었다. 그러나 '고대'와 '근대'의 구분이 헬라스(그리스+헬라스+로마) 사회 역사와 서유럽 사회 역사를 구분하고 있지만, '중세'와 '근대'의 구분은 서유럽 사회 역사의 한 시기로부터 다른 시기로의 이행을 표시할 따름이다. 그러니 '고대+중세+근대'라는 식은 잘못이다. 그것은 '헬라스 사회+서유럽 사회(중세+근대)'라야만 한다.

하지만 그것으로도 아직 충분하지 않다. 서유럽 사회 역사에서 한 번의 직선적 시대 구분에는 경의를 표하고 독립된 '시대'로 존중하면서 어째서 다른 구분에 대해서는 모르는 체하고 같은 취급을 하지 않는가? 그것은 1475년경을 중심으로 하는 구분을 1075년경을 중심으로 하는 구분보다 특별히 더 중요시한 근

---

24) 마찬가지로 프랑스 공화국의 건설자들은 자기들이 새로운 역사의 기원을 열고 있는 것이며, 자기들 이전의 것들은 모두 묵은 시대라 생각하고 1792년 9월 21일부터 새로운 기원의 원년을 시작했다. 이 역법은 12년 뒤에 나폴레옹의 상식과 보수주의에 의해 폐지되었으나, 이 12년간에 대해서는, 지금도 아직 '결실의 달'(Fructidor, 혁명력의 제12월, 일반력의 8~9월)이니, '더위의 달'(Thermidor, 혁명력의 제11월, 일반력 7~8월)이니 하는 기묘한 호칭으로, 연구자들을 골치 아프게 하고 있다.〔원주〕

거가 없으며, 또한 최근 우리가 1875년 전후를 기점으로 하는 새로운 시기로 접어들게 되었다는 가정에도 충분한 이유가 된다. 그렇게 볼 때 서유럽 사회 역사는 다음 4개의 시기로 구분된다.

서유럽 제1기(암흑시대) 675~1075년
서유럽 제2기(중세) 1075~1475년
서유럽 제3기(근대) 1475~1875년
서유럽 제4기(후근대) 1875~?

그러나 우리는 논점에서 벗어나고 말았다. 우리가 말하려고 하는 점은 헬라스 사회와 서유럽 사회의 역사를 보편적 역사 그 자체—'고대사 및 근대사'라고 바꾸어 말해도 좋지만—와 동일시하는 것은 편협한 지역주의이며 지나친 자부심이라는 것이다.

그것은 마치 지리학자가 책을 쓰면서 지중해 연안과 유럽에 대한 것밖에 다루지 않았음에도 '세계 지리'라는 표제를 붙인 책을 내는 일과 같다.

그리고 오류가 있는 대중적·전통적 역사 단일성과 아주 비슷하나, 이제까지 논의된 이 책의 논지와 또 다른 새로운 역사 단일성의 개념이 있다. 이것은 시장의 우상[25] 따위와 부딪히는 것이 아니라 근대 인류학의 이론적 성과를 앞에 놓고 가늠하는 설로, 그래프턴 엘리엇 스미스의 《고대 이집트인과 문명의 기원》이나 윌리엄 제임스 페리의 《태양의 아이들 : 초기 문명사 연구》 등에서 진술되고 있는 문명 전파설이 바로 그것이다.

이들 학자들은 특수한 의미에서 유일한 문명인 서유럽 문명의 세계적 전파에 의해 실현된 어제나 내일로서가 아니라, 수천 년 전에 이집트 문명의 전파로 이루어진 사실로서 '문명의 단일성'을 믿고 있는 것이다(이집트 문명은 사멸한 문명의 하나로서 앞에서 우리는 그에 연유된 '자식' 문명을 밝혀내지 못했다).

그들의 생각으로는 이집트 사회는 외부로부터의 힘을 빌리지 않고 독립적으로 문명이라는 것을 만들어낸 유일한 사례이다. 그들은 다른 문명의 출현은 모

---

25) 프랜시스 베이컨이 주장한 네 가지 우상설(偶像說) 가운데 하나. 사람이 서로 거래하며 관련을 짓는 시장에서와 같이, 언어를 바로 그 사물 자체로 생각하는 데에서 생기는 오류를 이른다.

두가 이집트로부터 온 것이라고 말한다. 만일 이집트의 영향을 받았다면 반드시 하와이나 이스터섬을 경유했다고 생각해야만 하는 남북 두 아메리카의 여러 문명도 포함해서 말이다.

물론 알파벳에서부터 싱어 재봉틀에 이르는 많은 기술이나 기능·제도·사상이 전파라는 방법으로 한 사회에서 다른 사회로 전해진 것은 사실이다. 동아시아의 음료인 차와 아랍 사회의 음료인 커피, 중앙아메리카의 음료인 코코아, 아마존의 원료인 고무, 중앙아메리카의 담배 피우는 관습, 수메르 사회의 12진법, 그리고 본래는 힌두스타니어에서 왔다고 여겨지는 아라비아 숫자 등이 오늘날 세계 곳곳에서 쓰이는 것은 문화 전파의 덕분이리라.

그러나 소총이 특정 지역에서 발명되어 전 세계로 퍼져 나가 사용되었다고 해서, 태곳적 활과 화살도 이와 같이 전파되어 곳곳에서 사용되었다고 생각하기는 힘들다. 또한 방직 기계가 맨체스터에서 온 세계로 퍼져 나갔다고 해서 야금술(금속추출법) 또한 단 하나의 기원지로 거슬러 올라갈 수 있다고 할 수는 없다. 이 경우는, 오히려 정반대로 야금술이 맨체스터로 전파되어 들어갔다고 할 수 있다.

하지만 어쨌든 문명은, 근대 유물론의 왜곡된 개념에도 불구하고 앞에서 열거한 것들을 가지고 이른바 벽돌같이 쌓아 올린 것은 아니다. 문명은 재봉틀·담배·소총은 물론이거니와 알파벳·숫자 등으로부터 만들어진 것도 아니다. 무역을 통해 서유럽의 신기술이 세계로 전파되는 것은 아주 쉽다. 그러나 서유럽의 시인이나 종교적 성인이 벌써 서유럽 사회에 자리잡은 정신적 불길로 다른 사회 사람들을 정화시키기란 훨씬 어렵다.

전파에 대해서는 마땅히 영예를 베풀어야 하며, 또한 독창적인 창조가 인간의 역사에 있어 담당해 낸 역할을 강조해야 한다. 그리고 독창적인 창조의 불꽃이나 싹은 현상의 이면에 있는 자연의 항상성 덕분에 생명의 출현 때마다 활활 타오를 것이며 또한 꽃을 피운다는 것을 우리는 기억해야 한다. 적어도 인간이 성취한 어떤 특정한 업적이 과연 전파에 의한 것인지가 의심스럽다면 우리는 문명 전파론자들에게 입증의 책임을 지워도 될 것이다.

1873년에 프리먼은 다음과 같이 썼다.

"문명 생활의 가장 중요한 발명품 대부분은, 그 발명이 처음으로 필요해지는 일정한 사회적 진보의 단계에 이를 때마다 서로 다른 나라들이 시공간을 달리하여 발명해 왔다는 사실은 거의 의심할 여지가 없다. 예를 들면 인쇄술은 중국과 중세 유럽에서 각기 독자적으로 발명되었고, 또 고대 로마에서도 본질적으로 같은 과정이 여러 가지 목적을 위해 사용되었음이 잘 알려져 있다. 다만 갖가지 간단한 목적에 손쉽게 사용되었던 그 과정을 누군가 나서서 서적의 복제에 응용해 큰 진보를 이루지 않았을 뿐이다. 문자의 경우에도 이와 같은 상황이 벌어졌다고 볼 수 있으며, 또 한 가지 전혀 다른 종류의 기술에서도 예를 찾을 수가 있다. 이집트나 그리스, 이탈리아, 브리튼 제도의 초기 건축물 유적과 중앙 아메리카의 폐허가 된 도시에서 가장 오래된 건축의 유적을 비교해 보면, 아치와 돔의 위대한 발명이 인류 기술사에 있어 여러 번 이루어졌음을 의심할 여지는 없다. ……또 문명 생활의 가장 단순하고 가장 중요한 기술의 대부분—맷돌의 사용, 활의 사용, 말 길들이기, 통나무배를 파는 법 등—이 다른 시대, 다른 장소에서 반복되어 발견된 일을 의심하기는 어렵다. ……정치 제도 또한 마찬가지로 같은 제도에 있어서도 다른 시대, 다른 장소에서 되풀이해 나타나는데, 그것은 그 제도를 요구하는 상황이 서로 다른 시대와 장소에 발생했기 때문이다."[26]

현대의 한 인류학자도 이와 같은 생각을 밝히고 있다.

"인간의 사상과 관습의 유사점은, 어디서나 인간의 두뇌 구조는 비슷하기 때문에 인간 정신의 성질도 유사하다는 데에 있다. 이 두뇌 기관의 구조와 신경작용이 인류 역사의 어느 단계에서나 대체로 동일하듯이 정신도 일정한 보편적인 특성, 능력과 행동 양식을 유지하고 있다. ……이 두뇌 작용의 유사성은, 예를 들면 19세기에 다윈과 러셀 월리스[27]가 같은 자료로 연구 활동을 해서 동시에 진화론에 도달한 사실에서 알 수 있다. 또 이에 따라 같은 시대에 동일한 발명 또는 발견에 대해 우선권을 주장하는 사람이 여러 명 거듭 나타나는 수많은 사례들에 적절한 설명이 된다. 인류의 공통된 정신으로부터 나오는 유사한 정신 작용—그 자료는 단편적이며, 지력은 유치하고, 결과는 모호하지만—에 의

---

26) Freeman, E.A. : *Comparative Politics*. 〔원주〕
27) 영국의 박물학자·진화론자(1823~1913). 생물 분포상의 경계선인 '월리스선(線)'을 그었다.

해 토테미즘이나 족외혼제(族外婚制), 수많은 정죄 의식과 같은 신앙이나 제도가 가장 멀리 떨어진 민족이나 지역 곳곳에 출현하는 이유가 설명된다."[28]

3. 문명의 비교 가능성 근거

우리는 우리의 비교 연구에 대한 서로 용납될 수 없는 2개의 반론—하나는, 우리의 21개 사회는 '이해 가능한 역사 연구의 영역'이라는 것 이외에 공통의 특성이 없다는 이론이며, 또 하나는 이것과 반대로 의견상 여러 개로 보이는 문명이 결국 하나로 '문명의 단일성'이 되어버린다는 이론이다—을, 즉 본 장의 초입에서 제기한 너무나 막연하고 일반적인 '이해가 가능한 연구 영역'이라는 취약한 단일성의 논거를 '문명의 단일성'으로써 처리했다. 그러나 우리의 비판자는 이러한 반론에 대한 우리의 답을 인정하면서도 또 반발을 시도해 우리의 21개 문명이 동시대의 것이 아니라는 점을 근거로 동시다발 가능성을 부정할는지도 모른다.

이들 문명 중에서 7개는 아직 살아 있고, 14개는 사라졌다. 게다가 사라진 문명 중에서 적어도 3개—이집트 문명·수메르 문명·미노스 문명—는 '역사의 여명기'로까지 거슬러 올라간다. 이들 3개 문명은, 그리고 아마 다른 몇 개의 문명도 '역사적 시간'에 따라 현존하는 문명과 연대순으로 분리되어 있다.

반론에 대한 답은, 시간은 상대적인 것이어서, 이미 알려진 최고 문명의 출현과 현대 사이에 가로놓여 있는 6000년이 조금 못 되는 기간은 우리 연구의 목적을 위하여 적절한 시간적 척도인, 문명 자체의 존속 기간을 기준으로 하여 측정해야 한다. 그런데 문명의 시간적 관계를 조사해 본 결과 연이어 연속성을 나타낸 사회의 수는 3세대가 최고이며 더욱이 3대 문명을 인정하는 경우, 어느 것이든 그 3세대로서 6000년의 기간을 뒤덮고도 남음이 있다. 무슨 말인가 하면, 각각의 계열 마지막 장은 아직 살아 있는 문명이기 때문이다.

문명을 통틀어, 어느 경우에서도 3세대 이상 연속한 적이 없었다는 사실은 시간적 척도로 측정할 때 우리의 문명이 아직도 매우 젊다는 것을 뜻한다. 또한 현재까지 절대 연령은 자매인 원시 사회의 연령에 비해 매우 젊다. 원시 사회는

---

28) Murphy, J. : *Primitive Man : His Essential Quest.*(원주)

인류 그 자체와 같은 나이이며 따라서 평균적인 어림을 잡아보면 대충 30만 년 동안 존속해 온 셈이 된다.

우리가 역사라고 부르는 것이 '문명' 사회에서 인간의 역사인 이상 문명을 만드는 그 어떤 것이라도 '역사의 여명기'로까지 거슬러 올라갈 수 있는 것은 당연하다. 그러나 만약에 역사라는 말이 지구상에 인간이 살아온 기간을 뜻한다면 문명이 존재해 온 기간은 인간의 역사에서 겨우 2퍼센트, 인류 생존 기간의 50분의 1을 차지하는 데 불과하다. 따라서 우리의 문명은 우리의 목적에서 볼 때 두뇌 구조의 유사성과 인간 정신의 유사성 때문에 그 기간 동안 큰 차이 없이 그런대로 지금의 우리와 서로 동시대적이라고 여겨도 무방하다.

우리를 비판하는 이들은 이번에는 시간적인 격차는 그만두고 가치의 차이라는 점을 이유로 문명의 비교 가능성을 부정할지도 모른다. 문명이라고 주장해 온 것의 대부분은 거의 무가치하며 사실상 '미개'하기 때문에 그들의 경험과 '진짜' 문명(물론 우리 서유럽 문명과 같은)의 경험을 비교한다는 것 따위는 지적 에너지의 낭비임에 틀림없다는 식으로 말이다.

이 점에 대해 독자는 이 책을 끝까지 읽고, 우리가 독자에게 바라는 지적 노력으로부터 대체 무엇이 나오는가 하는 것을 알 때까지는 판단을 보류해 주기 바란다. 지금 여기서 가치는 시간과 마찬가지로 상대적인 개념이어서, 우리의 21개 사회를 모두 원시 사회를 기준으로 비교 측정한다면 상당한 정도로 발달한 것이지만, 이상적인 표준을 기준으로 측정한다면 아직도 그 표준에 이르지 못하고 있다. 그 점에서는 오십보백보여서 도저히 그 속의 하나가 다른 것을 향해 돌을 던질 수 없다는 점을 기억해 두기 바란다.

마지막으로 우리를 비판하는 이들—비록 여기까지 함께 따라오긴 했지만 여기서 작별하고 싶다—은 문명의 역사란 역사적 사실의 연속에 지나지 않으며 그 역사적 사실은 어느 것이건 모두 본질적으로 독자적인 것인데 어떻게 역사에 시공간적 반복이 있겠느냐고 말할지도 모른다.

이에 대한 답은, 당신 말대로 모든 역사적 사실은 개인 하나하나와 마찬가지로 어떤 점에 있어서는 독자적이어서 서로 비교할 수가 없다. 그러나 동시에 관점을 달리해 보면 그 역사적 사실 자체가 그것이 속한 부류의 구성원이며, 따라서 그 부류 속에 포함되어 있는 시공간적으로 같은 종류의 다른 구성원과 비교

될 수가 있다. 동물이건 식물이건 어느 생명체도 2개가 엄밀하게 동일하지 않다. 그렇다고 해서 생리학·생물학·식물학·동물학·민족학 등의 과학이 틀렸다는 것은 아니다.

인간의 정신은 더 복잡해서 종잡기 어렵지만 우리는 심리학이 존재하면서 활동할 권리가 있음을 인정한다. 비록 우리가 오늘날까지 심리학이 이룬 업적의 가치에 대해 아무리 의견이 다르더라도 말이다. 우리는 또한 인류학이라 불리는 원시 사회의 비교 연구를 인정하고 있다. 우리가 계획하고 있는 것은 인류학이 현재 원시 사회라고 분류해 놓은 것과 마찬가지로 문명 사회의 종류에 대해 분류하려는 것이다.

그러나 우리의 입장은 이 장의 마지막 절에서 더욱 명백해질 것이다.

4. 역사·과학·창작

우리의 사고 대상 중에서도 특히 인간 생활의 여러 현상을 바라보고, 드러내 보이는 방법에 서로 다른 세 가지 방법이 있다. 첫째는 사실을 확인하고 기록하는 일이며, 둘째는 확인된 사실의 비교 연구에 의해 일반적인 '법칙'을 설명하는 일이고, 셋째는 창작의 형태로 사실을 예술적으로 재생산하는 일이다.

일반적으로 사실의 확인과 기록은 역사의 기법이며, 이 기법 영역에 있는 일은 문명 사회의 모든 사회적 현상이다. 일반 법칙의 설명과 공식화는 과학의 기법이며, 인간 생활의 연구에서 과학은 인류학이고, 과학적 기법의 영역에 속하는 현상들은 원시 사회의 사회적 현상이다. 그리고 마지막으로 창작은 극과 소설의 기법으로 이 기법의 영역에 있는 현상은 인간 대 인간의 개인적 관계이다. 대체로 이상과 같은 견해가 아리스토텔레스의 저작 속에 수록되어 있다(예를 들면 《시학》에서 시인과 역사가의 차이를 설명한다).

그러나 이 세 가지 기법은 가정처럼 그리 질서 정연하게 세 부문이 잘 배분되어 있지는 않다. 예를 들면 역사는 인간 생활의 모든 사실을 기록하지는 않는다. 원시 사회의 생활을 발견하고 그 법칙을 설명하는 것은 인류학의 일이다. 또 개인 생활에 관한 모든 사실은 전기에 맡긴다. 그만한 가치가 있다고 생각되는 흥미 있고 중요한 개인 생활의 대부분은 원시 사회가 아니라, 일반적으로 역사의 영역이라고 간주하는 문명의 과정에 있는 어느 한 사회의 생활이며, 역사가 다루는 것은 인간 생활의 모든 사실 중 일부이지 전부는 아니다. 역사는 또 사실을 기록만 하는 것이 아니라 살을 붙이기도 하고 규칙을 이용하기도 한다.

역사는 연극이나 소설과 마찬가지로 신화에서 발달했다. 신화는 원시적인 인식을 표현한 형태라 아이들이 즐기는 동화나 어른들이 꾸는 꿈이 그러하듯이, 사실과 창작과의 경계가 분명하지 않다. 예를 들면, 자주 인용했듯이 《일리아드》를 역사를 읽듯 읽는 사람은 그것이 지어낸 이야기로 가득 차 있음을 발견하지만, 반대로 창작을 대하듯 읽는 사람은 그것이 역사로 가득 차 있음을 발견한다. 모든 역사는 창작적 요소를 완전히 배제할 수가 없다는 점에서 《일리아드》와 비슷하다. 먼저 사실의 선택·배열·표현 그 자체가 창작의 영역에 속하는 기술이다. 그러므로 위대한 예술가가 아니고서는 위대한 역사가라고 할 수 없다는 일반적 견해는 옳다. 에드워드 기번이나 토머스 매콜리[29]와 같은 역사가가 이런 직관적인 역사가의 부정확한 사실을 피하는 데만 급급했던 이른바 '지루한 역사가들'(월터 스콧 경이 만든 말로서, 그는 자신의 소설 속에서 역사가로서의 면모를 더 잘 발휘했다)보다 더 위대한 역사가라는 일반적인 의견은 잘못된 것이 아니다. 어쨌든 '영국', '프랑스', '보수당', '교회', '언론', '여론'이니 하는 허구적 의인화를 사용하지 않고 두 줄 이상 계속해서 역사적 서술을 하는 일은 거의 불가능하다.

투키디데스[30]는 '역사적' 인물을 통해 '가공'의 연설이나 대화를 극적으로 표현했다. 그러나 그가 사용한 직접 화법은 근대의 역사가가 여론의 합성사진을 보여주기 위해 사용하는 무리한 간접 화법에 비해 더욱 활기 있어 보였으며 더 사실적이었다.

한편 역사는 원시 사회가 아니라 문명 사회에 대해 일반적인 법칙을 공식화하는 경제학·정치학·사회학 등 몇 가지 보조 과학의 도움도 받는다.

인간 생활의 현상을 정확히 보여주는 매개체에 대한 지금의 비교 논의로 봐선 필요하지 않은 일이지만, 마치 역사가 과학이나 창작의 기법을 이용하는 일

---

29) 기번(1737~1794)은 계몽주의적 관점에서 역사를 서술했으며 《로마 제국 쇠망사》를 썼고, 매콜리(1800~1859)는 휘그식 역사 해석의 창시자로 《영국사》를 썼다.

30) 투키디데스는 일반적으로 사실을 엄격하게 기술한 최초의 가장 위대한 역사가의 한 사람이라고 평가한다. 그러나 프랜시스 콘퍼드는 《투키디데스 신화 역사》에서 그의 역사 기술 전체가 당시의 그리스 비극의 전통에 지배되어 있음을 지적했다.(원주)

이 있듯이 과학과 창작도 결코 저마다 고유한 수단만을 사용하는 것은 아니다. 과학은 지금 사실의 확인과 기록만 가능한 시기를 지나고 있고, 인류학은 가까스로 그 단계에서 벗어났다. 끝으로 연극이나 소설은 완전히 허구만을 보여주는 것은 아니며, 개인적 관계와 관련해서도 그렇다. 만일 완전한 허구를 보여준다면, 작품은 "역사보다도 진실하며 철학적이다"라는 아리스토텔레스의 칭찬을 받을 만한 이유가 없을 뿐 아니라 어리석고 참기 어려운 환상이 되어버릴 것이다.

　문학 작품을 창작품이라 할 때, 우리는 단순히 작중 인물이 실재 인물이 아니며, 극중 사건은 실제로 일어난 특정 사건이 아니라는 것을 뜻할 뿐 아니라, 그 배경이 실재적 사실이 아닐 수도 있음을 말하는 것이다. 그것은 너무도 당연해서, 새삼스레 말할 나위도 없다. 사실 우리가 뛰어난 문학 작품에 줄 수 있는 최고의 찬사는 "인생의 진실을 보여주고 있다" 또는 "인간성에 대해 깊은 이해를 그리고 있다"라는 것을 인정하고 있다. 좀 더 자세히 말해, 만일 그 소설이 가공된 요크셔의 모직물 제조업자 일가를 그리고 있다면, 우리는 그 작가를 보고, 이 작가는 명백히 그가 취급하고 있는 웨스트라이딩(요크셔주는 이스트라이딩·웨스트라이딩·노스라이딩의 세 행정 구역으로 나뉘어 있다)이라는 공업 도시의 일을 샅샅이 알고 있다고 칭찬하는 일일 것이다.

　그럼에도 아리스토텔레스가 세운 역사와 과학과 창작의 기법에 대한 구별은 대체적으로 타당하다고 여겨진다. 다시 한번 이 세 가지 기법을 검토해 보면 그 이유를 알 수 있다. 이 세 가지 기법은 서로 다른 양의 '자료'를 취급할 때의 적합성에서 차이가 나기 때문이다. 자료가 극히 소량인 연구 분야에서는 특정 사실의 확인과 기록만이 유일하고 가능한 기법이다. 자료를 일일이 목록에 열거하기에는 너무 많으나 전체를 한눈에 훑어볼 수 있을 정도는 아닐 경우에는, 법칙의 설명과 공식화가 가능한 동시에 필요하다. 자료가 무수히 많을 경우에는 창작이라 불리는 예술적 창조와 표현의 기법을 사용하기 적합하고 그럴 가치가 있는 유일한 기법이다. 이상과 같은 것이 세 가지 기법 간의 본질적이고 양적인 차이이다. 이 기법은 서로 다른 양의 자료를 처리할 때의 유용성에서 차이가 나는 것이다. 그러면 이런 차이를, 세 가지 연구 분야에 실제로 나타나는 자료의 양에서 파악할 수 있을까?

우선 창작의 영역인 개인적 관계 연구를 시작해 보면, 우리는 전기라 부르는 특정 개인에 대한 기록에서 주체가 될 만큼 흥미 있고 중요성을 갖는 개인적 관계를 보인 이는 많지 않았음을 알 수 있다. 이런 소수의 삶을 다룰 때, 인간 생활을 개인적 관계의 영역에서 연구하려는 사람들은 이런 소수자들에게서도 보편적이고 친숙한 경험의 예들을 무수히 발견해 낼 것이다. 그 예를 빠짐없이 기록하는 일은 불가능하다. 또 이를테면 그 예에서 '법칙'이 세워졌다 해도 그 법칙은 참을 수 없이 평범한 것이거나, 조잡한 것이 될 것이다. 따라서 이 경우에 자료는 한정된 표현 수단으로 무한한 직관에 연결해 주는 어떤 기발한 표현법 없이는 그것을 의미 있게 표현해 낼 수 없다. 그와 같은 표현법이 바로 창작이다.

이것으로써 양을 기준으로 한 개인적 관계의 연구에서, 보통 창작의 기법이 쓰인다는 사실을 부분적으로나마 설명했다. 이번에는 원시 사회의 연구에 주로 법칙 설정의 기법이 사용되고, 문명 연구에는 사실 발견의 기법이 사용되는데 이 또한 설명될 수 있는지 조사해 보자.

첫째로 유의할 점은, 원시 사회와 문명 사회의 연구는 둘 다 인간관계를 다루는 것이나 남녀나 연령의 차이를 구별하지 않고 모든 인간이 직접 경험하는, 흔히 말해 개인적 관계를 다루는 것은 아니다. 인간의 사회적 관계는 개인적 접촉으로 이를 수 있는 최대치를 넘어선 상태이고 이 개인적 관계는 제도라 불리는 사회 기구로써 유지되고 있다. 사회는 제도 없이 존재할 수 없다. 사실상 사회 자체가 고차원적인 제도에 불과하다. 사회의 연구와 제도적 관계의 연구는 완전히 동일한 사항이다.

그러므로 우리는 인간의 제도적 관계를 연구하는 사람이 취급하는 자료의 양은, 인간의 개인적 관계를 연구하는 사람이 다루는 양에 비해 훨씬 적다는 것을 알게 된다. 또 원시 사회의 제도적 관계 연구에 대한 기록의 양은 '문명' 사회의 제도적 관계 연구에 대한 양보다도 훨씬 많다는 것을 알게 된다. 이미 알려진 원시 사회의 수는 650개가 넘는 데 비해, 조사 결과 우리가 확인한 문명의 과정에 있는 사회는 고작 21개에 불과했다. 그러므로 650이라는 수의 표본은 창작의 기법을 사용할 만큼 많지는 않으나, 연구자가 법칙을 세우고 일에 착수하는 데는 충분한 양이다. 이에 반해, 겨우 10여 개나 20여 개 정도의 표본만 알려져 있는 현상을 연구하는 사람은 사실을 열거하는 것 이상은 할 수 없다. 앞서 말했듯이 이제까지의 '역사'는 이 단계에 머물러 있었다.

대단히 많은 자료에 짓눌려 있다고 현대의 역사가가 비명을 지르고 있는 상황에서 문명의 연구자가 이용할 수 있는 자료의 양이 적어 불편을 느낀다는 것은 언뜻 보기에 역설처럼 생각될지도 모른다. 그러나 '이해 가능한 연구 영역', 즉 역사의 비교 가능한 단위가 소수이므로 법칙을 정하고, 설명하고, 또 그것을 공식화하는 과학 기법을 적용하는 일이 불편하다는 것은 움직일 수 없는 사실이다. 그럼에도 우리는 어려움을 무릅쓰고 그 시도를 해보고자 한다. 그리고 그 결과가 이 책의 나머지 부분에서 계속 이야기된다.

제2편 문명의 발생

제4장 문제와 이제까지 해답의 오류

1. 명시된 문제

문명의 과정에서 사회는 왜, 또 어떻게 나타났는가 하는 문제에 접근할 경우 우리는 곧 우리가 열거한 21개의 문명 사회가 이 문제에 대해 한두 그룹으로 나뉜다는 사실을 알게 된다.

21개의 사회 중 15개는 같은 종류의 앞선 사회에 대해 '자식'의 관계에 있다. 이 15개 속의 몇 개는 사회와의 관계가 너무 가까워서 별개의 사회로 보아야 할지 논란의 대상이 될 정도이며, 한편 그와는 정반대로 관계가 너무 멀어 '자식' 관계라는 표현 속에 암시된 은유가 무리하게 느껴지는 것도 몇 개 있다. 그러나 이 점은 문제 삼지 말기로 하자.

이처럼 정도의 차이는 있지만 모두가 앞선 사회에서 비롯한 이들 15개의 사회는 우리가 조사한 바로는 직접 원시 사회로부터 출발한 나머지 6개의 사회와는 다른 그룹에 속한다. 지금 우리가 이야기하려는 것은 바로 이들 6개의 사회인데, 그것은 이집트·수메르·미노스·중국·마야 및 안데스 사회이다.

원시 사회와 고차원의 문명 사회의 본질적인 차이는 무엇인가? 그것은 제도의 유무에 있는 것은 아니다. 제도는 모든 사회 성립의 기본인 개개의 인간 사이에서 일어나는 비개인적 관계의 수단이며, 또한 아무리 작은 원시 사회라도 개인이 직접 관계를 맺어 형성되는 좁은 동아리보다는 넓은 기반 위에 구축되어 있기 때문이다. 제도는 모든 종류의 '사회'가 가지는 속성이므로 이들 원시 사회와 문명 사회의 공통적 소유물이다.

원시 사회에도 고유의 제도—해마다 되풀이되는 농경 주기와 관련된 종교, 토템 신앙과 족외혼 제도, 터부(금기)나 성년식, 또는 연령 계층이나 생애의 일정한 단계에서 남녀를 따로따로 공동 주거에 격리시키는 제도 등—가 있다. 이런 제도 가운데 어떤 것은 아주 정교하고 치밀하다.

문명은 또한 노동력의 분업화라는 점에서도 원시 사회와 구별되지 않는다. 원시 사회에도 최소한 분업의 초보적 형태로 인정되는 것이 있기 때문이다. 왕이나 마술사, 대장장이, 음유 시인은 모두가 '전문가'들이다. 하긴 헬라스 사회의 전설 속 대장장이 헤파이스토스가 한쪽 다리를 절고 헬라스 시인 호메로스도 앞을 보지 못한다는 사실은, 원시 사회는 전문성이라는 것이 비정상인으로 '만능인' 또는 '팔방미인'이 될 자격을 갖추지 못한 인간에게 국한되는 경향이 있음을 암시하고 있다.

문명과 '우리가 알고 있는 형태의' 원시 사회(언젠가 이 단서가 중요하다는 것이 판명된다) 사이의 본질적인 차이는 모방이 지향하는 방향이다. 모방은 모든 사회에서 볼 수 있는 포괄적인 특징이다. 원시 사회나 문명 사회를 가리지 않고 평범한 여성들이 유명한 영화배우의 스타일을 모방하는 것을 비롯하여 모든 사회 활동에서 찾아볼 수 있다. 그러나 이 두 사회에 있어서 모방은 서로 다른 방향으로 작동한다. 우리가 알고 있는 형태의 원시 사회에서 모방은 연장자와, 눈에 보이지는 않지만 살아 있는 연장자의 뒤에 서서 그 연장자의 위엄을 강화하는, 말하자면 죽은 조상들에게로 향한다. 이와 같이 모방이 과거를 향해 있는 사회에서는 관습이 사회를 지배해서 사회는 정적 상태에 머무른다. 이와는 달리 문명의 과정에 있는 사회에서 모방은 개척자이므로 자연히 추종자들이 모여드는 창조적 인물에게로 향해진다. 이와 같은 사회에서는 월터 배젓[1]이 《물리학과 정치학》에서 말한 '관습의 껍질'은 벗겨지고 사회는 변화와 성장의 길을 따라 역동적으로 움직인다.

하지만 이 원시 사회와 고차원 사회의 차이가 항구적인 것이며 또한 근본적인 것이냐고 묻는다면 아니라고 대답할 수밖에 없다. 우리가 알고 있는 원시 사회가 모두 정지 상태에 있는 것은, 그들 사회를 단순히 그 역사 최후의 국면에서 직접적인 관찰을 통해 알고 있는 데 지나지 않기 때문이다. 우리는 직접 관찰할 수는 없지만 몇 가지 추론에 의해, 원시 사회의 역사에는 이제까지 어느 문

---

1) 영국의 경제학자·사회학자·문예비평가(1826~1877). 정치학상 고전적 명저 《영국의 국가 구조》를 썼다.

명 사회가 움직여온 것보다 훨씬 역동적으로 움직이게 한 보다 이전의 국면이 틀림없이 있었을 것이라고 단정할 수 있다.

우리는 앞서 원시 사회는 인류만큼 오래된 것이라고 했는데, 좀 더 정확하게 말한다면 인류보다도 더 오래된 것이라고 해야 할 것이다. 인간 이외에 몇몇 고등 포유동물 사이에서도 사회생활과 그 제도를 인정할 수 있으며, 인간이 사회적 테두리 안에서가 아니면 사람이 될 수 없다는 것은 분명하다. 그 사정을 이야기해 주는 기록은 아무것도 없지만, 원시 사회의 후원 아래서 성취한 이 인간에로의 전환은 인간이 오늘날까지 문명의 후원 아래 이룬 어떤 진보보다도 뛰어난 근본적인 변화이며 위대한 성장의 첫걸음이었다.

우리가 직접적인 관찰에 의해 알고 있는 원시 사회는, 아래위로 절벽이 있는 산허리에 삐죽 나온 암반 위에 꼼짝도 않고 누워 있는 인간으로 비유할 수 있다. 문명은 암반 위에서 잠을 자다가 지금 막 일어나서 위에 솟아 있는 절벽을 기어오르기 시작하는 사람의 무리로 비유할 수 있다. 한편 시야가 암반과 그 위의 절벽과 아랫부분의 경사면에만 한정되어 있는 우리들 자신은 때마침 이 등산대원들이 각각 지금 진술한 것과 같은 자세와 위치를 취하고 올라가 있는 시점에서 이제 그 암반의 자리에 막 나타난 목격자에 비유할 수 있다.

처음 본 순간에 우리는 이 2개의 그룹을 완전히 구별하여, 절벽을 기어오르는 사람들을 운동가라고 칭찬하고 암반 위에 누워 있는 자들을 마비 환자라고 단정 지을지도 모른다. 그러나 조금 더 생각해 보면 결정을 미루는 편이 현명하다고 느낄 것이다.

결국에는 누워 있던 자들이 실제로 마비 환자일 리 없다. 그들이 이 암반 위에서 태어났을 리가 없으므로 그들은 자신들의 근육으로 아래 절벽을 기어올라 여기 휴식처까지 왔기 때문이다. 한편 지금 이 순간에 등반을 하고 있는 그들의 동료들은 이제 막, 같은 암반을 지나 그 위의 절벽을 기어오르기 시작한 것이다. 다음 암반은 보이지 않으므로 다음에 나타날 절벽이 어느 정도 높은지 또 어느 정도 힘든지 우리는 모른다. 오직 우리가 알 수 있는 것은 다음 암반이 어디에 있건 그곳에 도착할 때까지는 멈추어 서서 휴식할 수가 없다는 사실이다.

따라서 우리는 현재 올라가고 있는 인간들 각각의 체력과 기술, 담력을 짐작할 수 있다 해도 과연 그들 가운데 누가 그들이 현재 힘들게 이루려는 목표, 한 층 윗단의 암반까지 오를 가능성이 있는지 판단할 수는 없다. 그러나 그들 중 몇 명은 결코 거기에 닿을 수 없으리라는 것은 확실하다. 그리고 지금 힘을 쥐어 짜며 오르고 있는 모든 인간들 개개인은 그 2배에 해당하는 인간(즉 우리가 조사해 낸 사라진 문명)이 마침내 힘이 쇠진하여 암반 위로 떨어져 죽는 모습을 볼 수가 있다.

우리는 우리 탐구의 궁극적 목적이었던 원시 사회와 문명 사이의 변함없이 오래된 근본적 차이점을 발견할 수는 없었다. 하지만 뜻밖에도 이 단원의 궁극적 목적인 문명 발생의 본질에 대해 다소의 실마리는 얻었다. 원시 사회가 문명 사회로 전환하게 된 원인을 찾던 우리는 그 변화가 정적인 상태로부터 동적인 활동으로의 이행이라는 것을 발견했다. 그리고 마침내 이와 똑같은 설명이, 이전에 존재하던 문명의 내적 프롤레타리아트가 창조력을 잃어버린 소수 지배자로부터 떠나감으로써 새로운 문명이 나타나는 경우에도 가능하다는 점을 발견한 것이다.

이와 같은 소수 지배자는 당연히 정지해 있다. 성장기 문명의 창조적 소수자가 타락하거나 또는 퇴화해 해체기 문명의 지배적 소수자가 된다는 것은 그 사회가 동적인 활동으로부터 정적인 상태로 들어갔다는 말을 바꿔 이야기한 것이다. 이 정적인 상태에 대한 동적인 반동으로서 프롤레타리아트는 새로운 환경으로 이동한다. 우리는 이와 같은 관점에서, 프롤레타리아트가 지배적 소수자로부터 떠남으로써 새로운 문명이 탄생하는 것은, 원시 사회에서 문명이 탄생하는 전환의 경우와 마찬가지로 사회가 정적인 상태로부터 이를테면 기본 체제에 대한 혁명처럼 동적인 활동으로 옮겨가기 때문이라는 것을 알 수 있다.

모든 문명의 발생은—친족 관계가 있는 것, 없는 것을 통틀어—얀 스뮈츠 장군²⁾이 말한 "인류는 또다시 전진을 개시했다"로 표현할 수 있다.

이렇게 운동—정지—운동이라는 식으로 정(靜)과 동(動)이 번갈아 나타나는 리듬은 여러 시대 많은 관찰자들에 의해 우주의 본질 속에 포함되어 있는 어떤 근본적인 것으로 여겨졌다. 함축성이 풍부한 비유적 표현에 뛰어난 중국 사회

---

2) 남아프리카 연방의 정치가·군인·철학자(1870~1950). 제4대 수상을 지냈고, 국제연합과 국제연맹 창설에 기여했다.

의 현인들은 이를 음(陰)과 양(陽)—음은 정에 해당하고 양은 동에 해당한다—이라는 말로 표현했다. 음을 나타내는 한자의 속뜻은 검은 소나기구름이 태양을 가리고 있는 상태를 표현한 듯하고, 한편 양을 나타내는 한자의 속뜻은 구름이 깔려 있지 않아 태양이 팔방으로 광선을 발산하고 있는 상태를 표현한 듯싶다.

한자의 표현으로는 음을 항상 먼저 말하는데, 우리가 지금 다루고 있는 문제에 있어서도 우리는 인간이 30만 년 이전에 원시적 인간성의 '암반'에 도달한 뒤 문명이라는 양(陽)의 활동을 개시하기까지 전체의 98퍼센트에 해당하는 기간을 그 암반 위에서 휴식하고 있었다는 것을 알 수 있다.

우리는 이제야말로 그것이 무엇이든 인간 생활이 다시 활동하게 된 결정적인 요인을 탐구하지 않으면 안 된다. 먼저 두 방향으로 살펴볼 텐데, 이들은 결국 나중에 보니 막다른 방향이었다.

2. 인종론

과거 6000년 전 인류의 일부를 '암반 위에 누워 있는' 원시 사회의 음(陰)의 상태로부터 흔들어 깨워 '절벽을 기어오르는' 문명의 양(陽)의 상태로 옮기게 한 적극적인 요인은, 이 전환을 감행한 인간 속에 있는 어떤 특별한 자질이거나, 전환이 이루어진 그 환경 속에 어떤 특별한 특징이 있었거나, 아니면 이 2개 요소의 상호 작용이거나 이 셋 중의 하나라는 것은 확실하다.

우선 처음의 두 요인 중 어느 쪽이 우리가 찾고 있는 것을 줄 수 있는지 살펴보자. 우리는 문명의 발생을 '하나 혹은 몇몇 특정 인종의 덕으로 돌릴 수 있을까?'라는 의문에서 시작해 보자.

인종이라는 말은 특정 인간 집단 속에 어떤 특유한 유전적 자질이 있다는 것을 나타낼 때 사용된다. 여기서 우리에게 관계가 있는 인종적 속성이란, 어떤 사회에 선천적으로 내재해 있다고 생각할 수 있는 독특한 심적 내지 정신적 자질을 말하는 것이다. 그러나 심리학, 특히 사회심리학은 아직 발달되지 못한 학문이며, 문명을 낳는 요인이 인종에 있다는 설을 주장해 온 오늘날까지의 인종론은 모두 귀중한 심적 자질과 특정의 신체적 특징 사이에 상관관계가 있다는 가정 위에 서 있는 것이다.

가장 흔하게 서양의 인종론 지지자에 의해 강조되는 신체적 특징은 피부색이다. 생리학적으로는 상관이 없는데도 그들은, 흔히들 생각하듯이 정신이나 지적 우수성을 '피부색이 연한 편이냐 아니냐와 결부함으로써' 양자 간에 적극적인 상관관계가 있다고 주장하는 것이다.

그런데 문명 기원의 요인을 인종론에서 찾을 때 가장 널리 알려진 것은, 일부 사람들이 '북유럽인'이라고 불렀고 또 니체는 '금발의 야수'라고 불렀던 금발과 파란 눈의 두개골이 긴 백인종(homo leucodermaticus)을 우상으로 보는 설이다. 이 튜턴족이 가지고 있는 '시장의 우상'이 과연 얼마나 믿을 만한지 검토해 볼 만하다.

북유럽인을 비롯해 특정 인종을 우상으로 대좌 위에 올려놓은 사람은 19세기 초 프랑스 귀족인 고비노 백작[3]으로, 그의 '금발의 야수' 우상화는 프랑스 혁명으로 우연히 일어나게 되었다. 프랑스 귀족이 토지를 빼앗기거나 추방당하거나 또는 단두대에서 처형당할 때의 사건을 '고전'적 혁명 행위로 표현하고 싶었던 혁명파의 현학자들은, 14세기 동안 지배받아 오던 갈리아인들이, 그들을 정복한 프랑크족을 라인강 맞은편 그들의 민족 이동 이전에 살던 암흑세계로 쫓아내고, 그야말로 오랜 세월이 흐른 뒤에야 프랑스의 이민족들이 오랫동안 차지하고 절대로 내놓은 적 없었던 갈리아 땅을 되찾은 것이라고 선언했다.

이 어리석은 논리에 대해 고비노는 한결 더 어리석은 말로 다음과 같이 응수했다.

"나는 당신들의 그 같은 동일시를 인정한다. 프랑스의 민중은 갈리아인의 자손이며, 귀족은 프랑크족의 자손이라는 것, 이 두 인종은 모두 순수한 피를 유지해 온 것, 그리고 그들의 신체적 특성과 정신적 특성 사이에는 명확하고도 변함없는 상관관계가 있다는 것, 이상에 대해서는 우리의 의견이 일치한 것으로 해두자. 그런데 당신들은 정말로 갈리아인은 문명을 대표하고, 프랑크족은 야만을 대표한다고 생각하는가? 갈리아인이 가지고 있는 그 문명은 어디서 온 것인가? 5세기에 걸친 로마의 지배에서 온 것이다. 그러면 무엇이 로마를 위대하게 했나? 그것은 바로 프랑크족인 나의 혈관에 흐르고 있는 북유럽인의 피가 먼

---

3) 프랑스의 작가·외교관·민족학자(1816~1882). 나치스 민족 이론에 영향을 준 《인종 불평등론》을 썼다.

옛날에 주입되었기 때문이다. 최초의 로마인들은—그리고 그리스인인 호메로스 시대의 아카이아인들도 마찬가지로—활기찬 북방에서 내려와 무기력한 지중해의 연약한 원주민을 지배한 금발의 정복자였다. 그러나 결국 그들의 피는 흐려지고, 그들 종족도 약해져 버렸다. 그들의 권력과 영광도 쇠락해 갔다. 그래서 새로운 금발의 구조대가 북방에서 내려와 문명의 고동을 다시 울려야 할 때가 온 것이며 그 가운데 프랑크족이 포함되어 있는 것이다."

이상이, 헬라스 문명의 기원에 이어 서유럽 문명의 기원을 이야기하면서 우리가 완전히 다른 방식으로 다루었던 일련의 사실에 대한, 고비노의 유쾌한 설명이다. 고비노의 이 정치적 설명은 그 당시 발견된 사실 덕에 타당하게 여겨졌다. 그 무렵 유럽의 대부분 현대어와, 그리스어, 라틴어 그리고 페르시아 및 북부 인도의 현대어, 고전 이란어, 고전 산스크리트어가 하나의 거대한 어족의 구성원으로서 서로 인척 관계에 있음이 밝혀졌다. 이 어족에 속한 언어들은 모두 기원이 되는 원형의 '아리아어'나 '인도·유럽어'에서 파생되었다는 것으로 올바른 가정이었다. 그러나 그와 동시에 이런 동족 언어를 사용한 사실로 인해 모든 민족이 신체적으로도 언어와 같은 정도로 인척 관계에 있고, 이런 민족은 모두 원시적인 '아리아' 종족 또는 '인도·유럽' 종족에서 나왔다는 잘못된 견해가 생겨났으며, 이 원시 종족이 그 원주지로부터 동서남북으로 정복해 가며, 정복을 위한 정복을 위해 퍼져 나갔다는 잘못된 결론이 나왔다. 이 아리아인이 자라투스트라나 석가모니와 같은 종교적 천재와, 그리스의 예술적 천재, 로마의 정치적 천재를 낳고, 그리고—마치 그럴싸한 클라이맥스로서—고귀한 현대 서양인을 낳았다는 것이다. 그럼 이 종족만이 인류 문명의 모든 업적을 이루어냈다는 말이 된다.

활달하고 독립적인 프랑스인이 쫓아내려던 토끼를, 발이 무거운 독일 언어학자들이 쫓아가서 그들의 이름을 '인도·유럽어'에서 '인도·게르만어'로 고치고, 그 가상 종족의 고향을 프로이센(프러시아) 국왕의 영토 내로 설정했다.

제1차 세계대전(1914년) 직전에 독일에 반한 휴스턴 스튜어트 체임벌린이라는 영국인은 《19세기의 기초》라는 책을 썼는데 그 속에서 단테와 예수 그리스도를 인도·게르만족 속에 넣고 있다.

미국인들도 '북유럽인'을 여러 가지 형태로 이용했다. 1914년까지의 4반세기 동안 남유럽인의 이민에 위협을 느낀 매디슨 그랜트나 로스럽 스토더드 등의 문필가들은 이민 제한 실시를 요구했다. 그러나 그것은 미국의 사회적 표준을 유지하기 위해서가 아니라, 북유럽 인종의 미국 분파로서의 순수성을 지키기 위해서였다.

영국인의 이스라엘 기원설(예부터 앵글로·색슨족은 이스라엘의 '잃은 지족'의 자손이라는 전설을 믿는 영국인이 많다)도 별도의 서술 체계를 사용하고 가공의 역사를 색다른 신학으로 지지하고 있으나, 같은 부류에 속하는 설이다. 서양의 인종론자들이 흰 피부를 정신적 우월의 징표로 주장하고 다른 유럽인들 위에 있으려고 하는 동안, 일본인은 다른 신체적 특징을 기준으로 삼고 있는 점이 흥미롭다. 일본인은 이상하리만큼 털이 적다. 그러나 특히 북쪽 섬에는 그들 이웃이라고 하기에는 너무도 다른 종류의 원시 사회, 일반적인 유럽인과 비슷한 체격의 털이 많은 아이누족이 살고 있다. 그러므로 자연히 일본인은 털이 적다는 것을 정신적 우월로 결부시켜 생각한다. 그들의 주장은 흰 피부의 우월성을 설명하려는 서유럽의 주장처럼 근거가 없는 것인지 모르나 표면적으로는 이것이 한층 더 그럴듯해 보인다. 털이 적은 인간은 확실히 털이 적다는 이유로, 그들의 사촌뻘이 되는 원숭이와의 거리가 멀어진 것이 되기 때문이다.

인종학자들은 백인을 그 체형에 따라, 즉 머리가 길쭉하냐 둥그렇냐, 피부색이 희냐 검으냐 등의 기준에 의해 3개의 주요한 백색 '인종'으로 분류하여 저마다 북유럽 종족·알프스 종족·지중해 종족이라고 이름을 붙였다. 이 분류법의 옳고 그름은 제쳐두고, 위의 종족들이 각각 확실하게 기여해 온 문명의 수를 세어 보기로 하자.

북유럽 종족은 4개, 어쩌면 5개의 문명—인도, 헬라스, 서유럽, 러시아 그리스 정교, 그 위에 아마도 히타이트 문명—에 이바지했다. 알프스 종족은 7개, 어쩌면 9개의 문명—수메르, 히타이트, 헬라스, 서유럽, 그리스 정교 문명의 러시아 분파와 주류(비잔틴파) 양쪽, 이란 문명 등 7개, 그 위에 아마도 이집트 문명과 미노스 문명—에 기여했다. 지중해 종족은 10개의 문명—이집트 문명, 수메르 문명, 미노스 문명, 시리아 문명, 헬라스 문명, 서유럽 문명, 그리스 정교의 주류와 아랍, 바빌로니아 등 10개 문명—에 기여했다.

백인 이외의 종족 중 갈색 인종(인도의 드라비다계 여러 민족과 인도네시아의 말레이 종족을 가리킨다)은 2개의 문명—인도 문명, 힌두 문명—에 기여했다. 황색 인종은 3개의 문명에 기여했는데 중국 문명과 2개의 동아시아 문명, 즉 중국 주류와 일본 분파에 기여했다. 아메리카의 홍색 인종은 말할 것도 없이 4개의 아메리카 문명에 공헌한 유일한 인종이다. 어느 문명에도 적극적으로 기여하지 않은 것은 흑색 인종뿐이다. 적어도 '지금까지 이야기한 바'에 따르면 그렇다.

분명히 백색 인종이 우위를 차지하고 있다. 그러나 백인 속에도 흑인과 마찬가지로 다른 문명에 기여하지 않은 민족이 많다는 사실을 잊어서는 안 된다. 만일 이러한 분류법에서 뭔가 눈에 띄는 확실한 결과가 나온다면 그것은 우리의 21개 문명의 반수가 단 하나의 인종이 아니고 2개 이상 인종의 이바지 위에 이루어졌다는 것이다.

서유럽 문명과 헬라스 문명에 대해서는 저마다 3개의 종족이 기여하고 있다. 만일 황색 인종·갈색 인종·홍색 인종도 백색 인종처럼 하위 구분인 북유럽 종족·알프스 종족·지중해 종족과 같은 아인종(亞人種)으로 세분한다면 아마도 문명은 모두 복수의 인종 공헌자를 가지게 될 것이다. 이와 같은 하위 구분이 대체 어떤 가치를 지니는 것일까, 또는 그렇게 구분된 종족이 지난날 어느 시대에선가 역사적·사회적으로 뚜렷이 구별되는 민족(어버이 사회가 없었던 이집트처럼)을 대표한 일이 있을까 하는 것은 별개 문제이다. 이 점은 전체적으로 매우 모호하다.

하지만 지금까지 진술한 것으로 볼 때, 뛰어난 한 인종이 약 6000년 전부터 오늘날까지 세계 곳곳에서 일어난 음에서부터 양, 정(靜)에서부터 동(動)으로의 모든 변화에 원인이며 창조자였다는 설은 일축해 버리기에 충분하다.

3. 환경론

근대 서유럽인이 역사상 인종적 요인을 강조하고 또 강조한 까닭은, 과거 4세기 동안 서유럽 사회가 온 세계를 무대로 팽창해 나갔기 때문이다. 이 팽창의 결과 서유럽 여러 민족은 문화뿐만 아니라 모습도 자신들과는 다른 여러 민족과 접촉했고 때때로 적으로서 맞서게 되었다. 이와 같은 접촉으로 우수한 생물학적 종과 열등한 종의 개념이 마땅히 생기게 되었고, 찰스 다윈이나 그 밖의 자연과학자의 연구로 서유럽인이 생물학 분야에 관심이 생긴 19세기에 있어서는 특히 그러했다.

고대 그리스인들도 무역과 식민지 개척이라는 방법(막다른 골목의 돌파구로서)으로 주위의 세계로 퍼져 나갔다. 그러나 그 세계는 다양한 문화를 포함하고 있지만, 신체적 특징은 그다지 큰 변화가 없는 훨씬 작은 세계였다. 이집트인과 스키타이족은 그들을 관찰한 그리스인(예를 들어 헤로도토스)과 생활 양식은 매우 다르지만 신체적 특징은 서부 아프리카 흑인이나 아메리카의 홍색 인종을 유럽인과 비교할 때만큼 그렇게 심하게 차이 나지 않았다.

따라서 그리스인이 본 문명의 차이를 설명하기 위해 주위에서 본 생물학적 유전이, 즉 인종 이외의 다른 요인을 찾아낸 것은 마땅한 일이었다. 그들은 거주지와 토양, 기후의 차이에 의해 그것을 설명하려고 했다.[4]

기원전 5세기경, 히포크라테스학파 의학 전집 속에 수록되어 있는 《대기와 물과 위치의 영향》이라는 논문이 있는데, 이 논문을 보면 이 문제에 관한 그리스의 견해를 잘 알 수 있다. 이를테면 거기에는 다음과 같은 것이 쓰여 있다.

"인간은 얼굴 생김새에 따라 숲과 물이 풍부한 산지형, 물이 부족한 건조지형, 목초지와 늪이 많은 습지형, 개간과 배수가 잘 이루어진 저지형으로 나눌 수 있다. ……산이 많고 바위투성이의 물이 풍부한 고지는 계절에 따라 기후 변화의 폭이 크고, 그런 토지에 사는 주민은 체질적으로 용기와 인내심이 필요하고, 여기에 적합하도록 큰 체격이 되기 쉽다. ……그와 반대로 강물로 물을 대는 목초지로 둘러싸인 무더운 분지의 주민은 차가운 바람보다도 따뜻한 바람을 맞는 일이 많으며, 미지근한 물을 마시므로 몸집이 크거나 날씬하기는 어려우며 딱 벌어지고 살집이 좋은 몸에 머리털은 검고, 피부색도 희지 않고 가무잡잡하며 기질은 다혈질이다. 산악지형 주민만큼 용기와 인내가 있는 것은 아니지만 제도의 도움을 빌려 쉽게 체득할 수는 있다. ……바람과 습기가 많고 완만하게 경사진 지대이며 물이 풍부한 고산 지대에 사는 주민들은 몸집은 큼직하나, 개성이 뚜렷하지 않고, 겁이 많고 온순하다. ……대부분의 경우, 사람의 몸과 성격은 그

---

4) 이 점에서는 버나드 쇼도 그리스인과 같은 견해를 갖고 있다. 그는 《존 불의 다른 섬 *John Bull's Other Island*》의 서문에서 켈트족의 개념을 일소에 부친 채 잉글랜드인과 아일랜드인의 차이란 다만 그들 섬 풍토의 차이에 의한 것이라고 말하고 있다.(원주)

가 사는 지방의 성질에 따라 변화한다고 할 수 있다."

　그리스인이 가장 많이 인용하는 '환경론'의 실례는, 흔히 나일강 유역의 생활이 이집트인의 체격과 성격, 제도에 끼친 영향이 유라시아 초원 지대 스키타이족의 체격과 성격 및 제도에 끼친 영향과 완전히 다르다는 것이다.

　인종론이나 환경론 모두, 서로 다른 지역에 있는 인류의 여러 종족의 심적(지적 및 정신적) 습성과 행동으로부터 관찰되는 차이를 설명하려 할 때 사용되는데, 그것은 이 심적 차이가 자연적인 차이와 인과 관계에 의해 고정적·영구적으로 연관성이 있다는 가정이다. 인종론은 심적 차이를 만들어내는 원인을 인간의 신체적 차이 속에서 발견했고, 환경론은 서로 다른 사회가 영향받게 되는 기후 조건 및 지리적 조건의 차이 속에서 원인을 찾았다.

　이 두 이론의 본질은 두 쌍의 변수—인종론에서는 성격과 체격, 환경론에서는 성격과 환경—사이에 상관관계가 있다는 점에 있다. 이 상관관계가 성립되기 위해서는 이 관계가 고정되어 있고 영구적이라는 점이 먼저 밝혀야 한다. 우리는 이미 인종론이 이 점에서 성립되지 않는다는 것을 알았다. 이번에는, 환경론이 인종론만큼 황당무계하지는 않지만 마찬가지로 성립되지 않는다는 것을 밝혀보자. 그러기 위해서는 그리스인이 흔히 인용하는 유라시아 초원 지대와 나일강 유역 두 곳에 대한 그들의 이론을 음미해 보면 된다. 우리는 이 두 지역과 저마다 지리적으로나 기후적으로도 닮은, 지구상의 다른 지역을 찾아내야 한다. 만약 지역에서도, 성격이나 제도에 있어 스키타이인 또는 이집트인과 비슷한 주민이 살고 있다는 것이 밝혀지면 환경론은 정당성을 입증할 수 있지만 그렇지 않으면 논쟁거리가 될 수 없다.

　먼저 유라시아 초원 지대부터 보기로 하자. 이곳은 매우 드넓은 지역으로 그리스인이 알고 있던 것은 서남부의 한 구역에 지나지 않았다. 우리는 이 지역과 아라비아로부터 북아프리카를 횡단하며 퍼져 있는 아프라시아(Afrasia) 초원 지대를 비교해 볼 수가 있다. 유라시아 초원 지대와 대응하는 아프라시아 초원 지대 환경에서 나타나는 유사성을 이 두 지역의 인간 사회 속에서도 찾아낼 수 있을까? 답은 긍정적이라고 할 수 있다. 양쪽 모두 유목형 사회로서 예측된 유사점과 차이점(차이점이라면 예를 들어 사육하는 동물이 다른 점)을 보여주는 그런 유목 사회를 낳았다.

그러나 한 걸음 더 나아가 다른 예를 조사해 보면 이 상관관계는 성립하지 않는다. 유목업에 알맞은 자연환경을 갖고 있는 세계의 다른 지역, 북아메리카의 대초원이나 베네수엘라의 야노스(열대 초원), 아르헨티나의 팜파스(대초원), 오스트레일리아의 대초원 등에서 그들만의 고유한 유목 사회가 만들어지지 못했기 때문이다. 하지만 이들 지역이 환경적으로 그 가능성을 지니고 있었던 것은 의심할 여지가 없다.

마침내 현대에 이르러 서유럽 사회의 기업들이 그곳을 목축에 사용하게 되었기 때문이다. 앞으로 나아가는 쟁기와 기계 앞에 서서, 몇 세대 동안이나 버려둔 땅을 일궈온 서유럽 사회의 개척자적 목축업자들—북아메리카의 카우보이, 남아메리카의 카우초, 오스트레일리아의 소치는 사람들—은 스키타이인이나 타타르인, 아랍인과 마찬가지로 그 용맹하고 과감한 전진으로 사람들의 마음을 완전히 사로잡았다.

유목 생활의 전통 없이, 태어난 이래 여태껏 농업과 제조업으로만 생활해 온 개척자들이 단 한 세대 동안만이라도 유목 생활을 경험해 본다면 아메리카나 오스트레일리아 대초원에서의 가능성이란 참으로 대단한 것이었다. 최초의 서양 탐험가들이 이 지역에 왔을 때 이곳 사람들은 그때까지 한 번도 환경에 어울리게 유목 생활을 한 적이 없었으며, 이렇게 유목민에게는 낙원 같은 지역을 기껏 수렵장으로 이용하는 정도였으니 더욱 주목할 만한 일이다.

다음은 나일강 하류 지역과 비슷한 지역을 조사해 환경론의 타당성 여부를 검토하기로 하는데, 이 경우에도 우리는 똑같은 것을 경험하게 된다.

나일강 하류 유역은 아프라시아 대초원 지대의 풍광 속에 갑자기 모습을 드러내는 이른바 '돌연변이'와 같은 곳이다. 이집트는 주변을 둘러싸고 있는 광대한 초원 지대와 마찬가지로 건조 지대인데 예외적인 자산이 하나 있다. 그것은 대초원 지역 너머 비가 많이 오는 곳에서 발원한 물줄기가 큰 강을 이루면서 공급해 주는 넉넉한 물과 충적토이다.

이집트 문명의 창조자들은 이 자산을 이용해 인접 지역의 유목 생활과, 완전히 다른 사회를 만들어냈던 것이다. 그렇다면 나일강이 제공한 이집트의 특수한 환경이 이집트 문명 발생의 확실한 특성이었을까? 이 가설이 성립되기 위해서는 나일강과 같은 환경을 갖고 있는 다른 모든 지역에 같은 종류의 문명이 독립적으로 나타났다는 사실을 제시할 필요가 있다.

이집트 가까이에 필요한 조건이 갖추어진 지역, 즉 유프라테스강과 티그리스강의 하류 유역에서는 이 가설이 유효하다. 이 지역에서 우리는 비슷한 자연 조건과 사회, 즉 이집트와 닮은 수메르 사회를 발견한다. 규모는 훨씬 작지만 비슷한 조건을 가진 요르단강 유역에서는 이 설이 성립되지 않는다. 요르단강 유역은 여태껏 한 번도 문명의 중심지가 되어본 적이 없었다.

인더스강 유역에 있어서도 아마—만약에 수메르 사회 이주자들에 의해 이지역으로 인더스 문명이 완성된 형태로 들어왔다면—이집트 경우와 같은 문명창조는 아니었다고 봐야 할 것이다. 갠지스강 하류 유역은 지나치게 습기가 많고 열대 지역이라는 이유로, 또 양쯔강 하류 유역과 미시시피강 하류도 지나치게 습기가 많고 온대 지역이기 때문에 이집트와의 비교가 어렵겠지만, 아무리 남의 흠을 잘 들추어내는 비평가라 할지라도 미국의 리오그란데강과 콜로라도강 유역에 이집트나 메소포타미아와 같은 유리한 환경 조건이 있다는 것을 부정할 수는 없을 것이다.

미국의 이 두 하천은 대서양 반대편에서 기술을 갖고 건너온 근대 유럽 이주자의 손이 닿자, 나일강과 유프라테스강이 이집트 사회와 수메르 사회의 기술자에게 보여준 것과 같은 기적을 이루어냈다. 그러나 이 기적을 이룬 사람들은 콜로라도강이나 리오그란데강에서 처음 만들어낸 기술이 아니라 이미 다른 곳에서 습득해 숙달된 상태에서 이곳으로 들어온 것이다.

이런 이유로, 여기서는 환경적 요인이 결코 '하천' 문명을 탄생시키는 적극적인 요인이 될 수 없다. 환경 조건이 다른 몇몇 경우에, 어느 지역에서는 문명을 탄생시켰으나 다른 지역에서는 그렇지 못한 경우가 있다는 것을 볼 때, 이 결론은 한결 더 확실해진다.

안데스 문명은 고원 지대에 발생한 문명으로, 이 문명이 이룩해 놓은 위엄은 그 아래 아마존강 유역의 울창한 숲 깊숙이 있는 야만 생활과 뚜렷한 대조를 이루고 있다. 그렇다면 고원 지대라는 환경 조건이 안데스 사회가 미개한 이웃들을 앞지르고 나아간 이유였을까? 우리는 이 견해를 인정하기 전에 아프리카 적도(赤道) 부근에 있는 아프리카 고원을 살펴보자. 콩고강 유역의 삼림 지대 가장자리에 동아프리카 고원이 있는데, 아프리카에서 고원은 큰 강 유역의 열대림과 마찬가지로 '문명' 사회를 만들어내지는 못했다는 것을 알 수 있다.

마찬가지로 우리는 미노스 문명이 내해(內海)에 점점이 흩어져 지중해성 기후의 영향을 받는 여러 섬에서 생겨난 사실을 알 수 있는데, 일본의 내해 부근에서는 똑같은 환경인데도 다도해형 문명은 탄생하지 않았다. 일본에서는 독자적인 문명이 만들어지지는 않았고 중국 내륙에서 만들어진 대륙 문명의 한 갈래가 전파되었다.

중국 문명은 가끔 '황허강의 아들'이라 불리는데, 그것은 중국 문명이 우연히도 황허강 유역에서 만들어졌기 때문이다. 그러나 기후와 토양과 평지, 산악의 배합 상태가 거의 비슷한 다뉴브강(도나우강) 유역에서는 같은 종류의 문명이 탄생하지 않았다.

마야 문명은 과테말라와 영국령 온두라스의 열대성 폭우와 열대 식물 속에서 출현했다. 하지만 아마존강 유역과 콩고강 유역은 같은 조건인데도 그와 같은 문명은 야만 상태 속에서 나타나지 않았다. 그러나 마야 문명의 발상지가 북위 15도에 있는 데 비해 이 두 강 유역은 실제로 적도상에 위치하고 있는 것은 사실이다.

그래서 북위 15도를 따라 빙그르 돌아 지구의 반대쪽으로 더듬어가 보면 역시 열대성 폭우와 열대 식물이 우거진 곳에 우뚝 솟아 있는 캄보디아의 거대한 앙코르와트의 폐허와 만난다. 이것이 과연 폐허가 된 마야 문명의 도시 코판과 익쿤과 같은 것이 아닐까? 하지만 고고학적 자료에 따르면, 앙코르와트에 의해 대표되는 문명은 캄보디아 고유의 것이 아니고 인도에 출현한 힌두 문명의 한 분파였다.

우리는 이 문제를 더 연구해 나갈 수 있지만, 지금까지 진술한 것으로도 충분히 독자에게 인종이건 환경이건 어느 쪽도 한 가지 요인으로는, 과거 6000년 전 인류가 원시 사회의 단계에 머물러 휴식하던 상태에서 깨어나 문명을 추구하는 모험을 하도록 적극적으로 부추긴 요인이 되지 못했다는 것을 이해시켰으리라 생각한다. 어쨌든 이제까지 살펴본 결과 인종론과 환경론 어느 쪽도 인류 역사에 있어 이런 중대한 변환이 어떻게 특정한 장소에서 그리고 특정한 시기에만 이루어졌느냐 하는 데 대해 어떤 단서도 주지 못했고 또한 분명히 제시할 수도 없을 것이다.

제5장 도전, 그리고 비전과 응전

1. 신화가 주는 실마리

이제까지 우리가 문명 발생의 결정적 요인을 탐구하기 위해 사용한 방법은 근대 자연과학의 고전파와 같은 것이었다. 즉 우리는 추상적으로 생각하고, 인종과 환경이라는 생명이 없는 힘의 작용을 사용해 실험을 해왔다. 그런데 끝내 그것은 헛수고로 끝났으므로, 우리의 실패는 방법에 뭔가 문제가 있지 않았나 하고 반성해 볼 필요가 있다. 우리는 아마도 모르는 사이 19세기 이래 자연과학만능시대—그 시대는 바야흐로 지나가고 있지만—의 영향을 받아, 인간을 과학적 시각으로 보는 '반감상적(反感傷的) 오류'에 빠져들었는지도 모른다.

존 러스킨은 그 저서《근대 화가론》에서 상상만으로, 무생물에 생명을 부여하는 '감상적 오류'에 빠져드는 것을 경계하고 있는데, 우리는 생명 있는 인간의 연구인 역사적 사고에 생명 없는 자연 연구를 위해 고안된 과학적 방법을 적용하는 반대의 오류에 빠져들지 않도록 경계할 필요가 있다.

문명 발생의 수수께끼를 풀려는 우리의 마지막 노력으로 플라톤을 따라 다른 방법을 시도해 보자. 즉 잠시 동안 과학적 접근법은 접고 신화의 이야기에 귀를 기울여보자.

만일 문명의 발생이 인간의 생물학적 요인이나 지리적 환경이 단독적으로 작용한 결과가 아니라면, 그것은 틀림없이 이 두 요인이 어떤 종류의 상호 작용을 한 결과이다. 다시 말하면 우리가 찾고 있는 요인은 단일한 것이 아니고 복합적인 것, 즉 뭔가가 있는 개체가 아니고 관계를 말하는 것이다. 이 관계는 2개의 비인간적인 힘의 상호 작용이라고 해도 좋고 또는 2개의 초인적인 인격의 만남이라고 생각해도 좋다.

우리는 이 두 가지 구상 중 후자 쪽 인격의 만남을 다루어보기로 하자. 아마도 이 방법이 문제를 해결하는 방향으로 우리를 인도해 줄 것 같다.

2개의 초인간적 인격의 만남은 인간의 상상력이 만들어낸 가장 위대한 몇몇

극 속에 줄거리를 이룬다.

그중 하나는 야훼(여호와)와 뱀과의 만남이 〈창세기〉의 인간 타락 이야기로 연결되며, 다른 하나는 시리아 사회 사람들의 영혼이 차츰 진보되어 감에 따라 자신과 같이 변모한[5] 대립자를 만나게 되면서 이 두 번째 만남으로 생겨나는 충돌이 그리스도에 의해 속죄되는 이야기를 실은 《신약성경》의 줄거리이며, 또 주(신)와 사탄의 만남이 〈욥기〉의 줄거리이고, 하느님과 메피스토펠레스의 만남은 괴테의 《파우스트》의 줄거리이고, 신들과 악마들의 만남이 스칸디나비아의 〈뵐루스파〉[6]의 줄거리이며, 아르테미스와 아프로디테의 만남이 에우리피데스의 《히폴리토스》의 줄거리이다.

또 같은 줄거리인데 바꾸어 만든 것으로, 여러 곳에서 끊임없이 되풀이되어 나타나는 사건이 있다면 바로 '원시 시대로부터 계속 되풀이되는 이미지'라고도 할 수 있는 동정녀 마리아와 그 아이(예수)와 아버지(하느님)와의 만남을 줄거리로 한 신화이다. 이 신화의 주요 인물은 셀 수 없이 되풀이되며 다른 무대 위에서, 계속해서 그 이름을 바꾸어 주어진 역할을 해왔다. 다나에[7]와 황금 소나기, 에우로페[8]와 수소, 벼락을 맞는 대지의 세멜레[9]와 벼락을 던지는 하늘의 제우스, 에우리피데스의 비극 《이온》의 크레우사와 아폴론, 프시케와 에로스, 그레트헨과 파우스트 등이 이 예이다. 이 주제는 수태고지(受胎告知)에서는 변모된 모습으로 재등장한다.

오늘날의 서양 사회에서도 이 변화무쌍한 신화는 태양계의 발생에 대한 천문학자의 결론으로 재현되고 있다. 예를 들면 다음의 '신앙고백'에서도 알 수 있다.

---

5) 토인비가 '변모'라고 표현한 transfigure나 transfiguration이라는 말을 많이 사용하는 경우는 주로 〈마태복음〉에 쓰여 있는 그리스도의 변모에 의해 영적인 것으로의 변화라는 뉘앙스를 지니고 있다.

6) 운문 《에다》에 실려 있는 시. Völuspá, 곧 '무녀(巫女)의 예언'이라는 뜻이다.

7) 그리스 신화에 나오는 아크리시오스의 딸. 아버지에 의해 청동탑에 갇혔으나 황금 소나기로 변신한 제우스에 의해 페르세우스를 낳는다.

8) 그리스 신화에 나오는 페네키아의 왕녀. 수소로 변신한 제우스가 그녀를 크레타섬으로 데려갔는데, 이 소가 지나간 지역이 그녀의 이름(Europe)을 따서 유럽으로 불리게 되었다 한다.

9) 그리스 신화에 나오는 테베의 왕녀, 디오니소스의 어머니. 제우스의 총애를 질투한 헤라의 간계로 천둥과 벼락으로 변신한 제우스에 의해 벼락 맞아 죽었다.

"우리가 믿기로는…… 약 20억 년 전에…… 제2의 별이 이리저리 우주 공간을 헤매고 있는 동안에 가끔 태양 가까이 다가왔다. 태양과 달이 지구에 조수를 일으키듯 이 제2의 별도 태양의 표면에 조수를 일으켰을 것이다. 그러나 그것은 작은 달이 지구의 바다에 일으키는 작은 조수와는 전혀 다른 것이었으리라. 엄청난 조수의 물결이 태양의 표면을 통과해 갔을 것이다. 그 파도가 결국 높은 산을 만들었고, 그 산은 교란의 원인이 접근함에 따라 점점 높아졌으리라 생각된다. 그리고 제2의 별이 멀어지기 전에 그 조석의 인력이 대단히 팽팽해져서 그 산은 산산조각이 났고 마치 파도가 부서지듯 작은 파편이 되어 흩어졌다. 이 작은 파편들은 그 이후 줄곧, 어버이인 태양의 둘레를 계속 돌고 있다. 이것이 크고 작은 여러 가지 유성이며 우리 지구도 그중 하나이다."[10]

이처럼 수학적 천문학자의 입에서 모든 복잡한 계산이 끝난 다음에 천진한 어린아이의 입을 통해 계속 전해 내려온 귀에 익은 이야기, 즉 태양 여신과 그녀를 범한 자의 신화가 나오는 것이다.

우리가 지금 살펴보려는 문명 발생의 요인으로 이 이원 대립이 존재하고 큰 힘을 드러내고 있음을 현대 서유럽의 한 고고학자가 인정하고 있다. 이 학자는 처음에는 환경의 고찰에 전적으로 힘을 기울였으나, 결국 생명의 신비에 대한 직관에 도달한다.

"환경이…… 문화를 형성하는 원인의 전부는 아니다. ……그것은 확실히 가장 뚜렷한 단 하나의 요인이다. ……그러나 그 밖에 명백히 심리적인 성질의 것이라고 생각되는 뭐라 설명하기 힘든 요인이 있다. 그것은 솔직히 미지수 x로 나타내는 것이 가장 좋으리라 생각된다. ……x가 가장 두드러진 요인은 아니지만 운명적 요소를 가장 많이 지닌 요인임에는 틀림없다."[11]

오늘날 우리의 역사 연구에 있어서도 이 집요하고 초인적인 만남의 주제가 이미 얼굴을 내밀고 있다. 이 책 첫 부분에서 우리는 "한 사회는 그 존속 기간 동안 끊임없이 문제에 부닥친다"고 했고 또 "한 가지 한 가지 문제의 출현이 어

---

10) Jeans, Sir James : *The Mysterious Universe.*〔원주〕
11) Means, P.A. : *Ancient Civilizations of the Andes.*〔원주〕

떤 하나의 시련을 받아들이기를 요구하는 도전"이라고 말했다.

이와 같이 가지각색의 문맥에서 또 온갖 형태로 모양을 바꾸어 되풀이되는 이야기나 극의 줄거리를 좀 더 자세하게 분석해 보자.

먼저 두 가지의 일반적인 특징에서부터 시작해 보자. 첫째 이런 만남은 좀처럼 일어나지 않으며 완전히 특이하다는 점이고, 둘째 자연의 정해진 진로에서 벗어날수록 그것과 정비례해서 결과적 중요성도 커진다는 점이다.

신들이 아름다운 인간의 딸에 반해서 범하고는, 이들의 이름을 시 속에 죽 열거했었던 저 태평스러운 헬라스 사회의 신화에서도 그런 일은 큰 사건이어서 늘 영웅의 탄생이라는 결과를 낳았다. 만남의 주인공들이 모두 초인적 존재로 그려지고 있는 이야기에서는 이 사건의 희귀성과 중요성이 한결 더 돋보이게 된다. 〈욥기〉에 있는 "그날 신의 아들들이 와서 주 앞에 섰고 사탄도 그 속에 있었다"(1 : 6)는 분명히 이례적인 경우라고 여겨진다. 또 괴테의 《파우스트》 첫머리에 나오는 〈천상의 서곡〉에서 신과 악마 메피스토펠레스의 만남(물론 〈욥기〉 첫머리에서 암시를 받은 것)도 마찬가지다.

이 2개의 극 모두에서 하늘에서의 만남이 지상에 가져다주는 결과는 엄청났다. 욥과 파우스트의 개인적 시련은, 수없이 많은 인류의 시련을 직관적인 언어로 표현한 것이다. 그리고 신학적인 이야기에서 똑같이 어마어마한 결과가 〈창세기〉와 《신약성경》에 그려져 있는 초인간적인 만남 뒤에 일어나게 되어 있다. 야훼와 뱀이 서로 만난 뒤에 아담과 하와(이브)는 추방당하는데 이것이 바로 인간의 타락을 뜻하는 것이고, 《신약성경》에서 그리스도가 수난을 당하는 것은 바로 인간의 구원을 뜻하는 것이다.

앞서 말한 현대의 천문학자가 두 태양의 만남에서 태양계가 생겨나는 이야기를 한 뒤 고고학자는 "거의 상상할 수 없을 정도로 희귀한 사건"이라고 분명히 말하고 있다.

어느 경우에든 이야기는 완전한 음(陰)의 상태에서 시작된다. 파우스트는 지식에 있어서 완전했고, 욥은 선행과 행운에 있어 완전했으며, 아담과 하와는 순진과 안락이라는 점에서 완전했고, 그레트헨과 다나에 및 그 밖의 처녀들은 순결과 아름다움에 있어 완전했다. 음이 이처럼 완전할 때 그것은 양(陽)으로 옮겨갈 수 있는 상태에 있는 것이다. 그러나 그것들을 옮겨갈 수 있게 하는 것은 무엇인가? 정의하기로는 완전한 상태에서의 변화는 외부로부터 오는 충동 또는 동기가 있어야만 비로소 시작된다.

만일 그 상태가 물리적인 평형 상태라면 변화를 위해 충격을 가할 또 하나의 다른 물체를 가지고 와야 한다. 그것이 정신적인 더없는 행복 혹은 열반(涅槃, 번뇌가 소멸되고 진리를 깨달아 불생불멸의 법을 체득한 경지. 곧 니르바나)의 상태라면 또 한 사람의 배우—의문을 제시하고 정신에다 사고 활동을 일으키게 하는 비판자라든지, 고민이나 불만, 두려움, 반감을 주입시켜서 또다시 감정 활동을 일으키게 하는 적—를 등장시켜야만 한다. 이것이 〈창세기〉의 뱀, 〈욥기〉의 사탄, 《파우스트》의 메피스토펠레스, 스칸디나비아 신화의 로키(불·파괴·재난의 신), 처녀 신화에서 처녀를 사랑하는 신들의 역할이다.

과학 용어로 말한다면, 외부로부터 침입 또는 충격을 가하는 요인의 기능은 그 대상에 대해 가장 강력하고도 창조적인 변화를 일으킬 수 있도록 효과적으로 고안된 종류의 자극을 주는 일이라고 할 수 있다. 신화와 신학 분야를 말한다면, 완전한 음의 상태를 새로운 양의 활동으로 옮기게 하는 추동 또는 동기는 악마가 신의 세계로 침입함으로써 생겨난다. 이 일은 이와 같은 신화적 이미지로 설명하는 것이 가장 좋다. 그렇게 하면 설명을 논리적 표현으로 바꾸었을 때 생기는 모순과 맞닥뜨리지 않을 수 있기 때문이다.

논리적으로 만일 신의 세계가 완전한 상태라면 그 바깥에 악마가 있을 리 없고 만일 악마가 존재한다면 악마가 그 세계를 손상시키기 위해 온다는 이야기는, 바로 악마가 존재한다는 것 그 자체에 의해 이미 완전하지 못할 것이다. 논리적으로 해결될 수 없는 이 모순은 시인이나 예언자의 상징으로 직관적으로 극복될 수 있다. 시인과 예언자는 전능한 신에게 영광을 돌리면서도 또한 신이 다음과 같은 두 가지의 결정적인 논리적 한계를 갖고 있는 것도 마땅하게 받아들인다.

첫 번째 한계는, 신이 이미 창조해 놓은 세상이 완전하므로 더 이상 창조 활동을 계속할 기회가 없다는 것이다. 그러니 만일 신이 초월자라 하더라도 신의 창조 활동에 의해 만들어진 작품은 오늘도 옛날도 변함없이 영광에 빛나지만 "영광스러운 상태에서 더욱 영광스러운 상태로 옮아"갈 수는(〈고린도후서〉 3 : 18) 없다.

신의 힘에 대한 두 번째 한계는 새로운 창조의 기회가 외부로부터 제공되면 신은 그 기회를 받아들이지 않을 수 없다는 것이다. 악마가 신에게 도전해 올 때 신은 그 도전에 대한 응전을 거절할 수가 없다. 만일 거절한다면 신은 스스로의 본질을 부정하고, 신이라는 지위를 내놓는 결과가 되기 때문이다.

신은 이처럼 논리적으로 전능하지 않음에도 신화적으로는 여전히 무적일 수 있는가? 신이 악마의 도전에 응해야 한다면 이 싸움에서 반드시 이기게 되어 있는가?

에우리피데스의 《히폴리토스》에서는 신의 역은 아르테미스가 맡고 악마의 역은 아프로디테가 맡았는데, 아르테미스는 싸움을 거절할 수 없을 뿐만 아니라 처음부터 패배하도록 예정되어 있다.

올림포스 신들 간의 관계는 무법 상태이며, 아르테미스는 그 극의 끝부분에서 언젠가 자신이 악마의 역을 맡아 아프로디테에게 복수하겠다고 결심함으로써 겨우 스스로를 달래는 것이다. 그 결과는 창조가 아닌 파멸이었다.

스칸디나비아 신화에서도 마찬가지로 '신들과 악마들이 서로 죽고 죽이는' 라그나뢰크, 즉 '신들의 황혼'이라는 파멸로 이어진다. 그러나 〈뵐루스파〉의 비독특한 천재 작가는, 여자 예언자의 눈으로 어둠을 뚫고 있는 새로운 새벽녘의 빛을 보게 한다.

한편 피할 수 없는 도전을 받아들인 그 싸움에서 다른 형식을 취한 이야기가 있는데, 그것은 악마가 최초의 한 방을 쏘고 어김없이 상대를 넘어뜨리는 게 아니라 악마가 틀림없이 지게 되어 있는 내기 형식으로 되어 있다. 이 내기라는 '모티프'로 쓰인 고전 작품이 〈욥기〉와 괴테의 《파우스트》이다.

괴테의 희곡에서 이 점이 가장 분명하게 그려져 있다. 하늘에서 신이 메피스토펠레스와의 내기를 수락한 뒤 이번에는 지상에서 메피스토펠레스와 파우스트 사이에 다음과 같은 계약 조건이 만들어진다.

> 파우스트 : 안락과 평화! 어느 것도 바라지 않아.
> 내가 만일 이것으로 만족하며
> 게으름이 자리 위에 길게 드러눕는다면,
> 내 생명의 끝이 되어 그렇게 누워 쉬게 되리라.

자네가 그럴싸한 말로
나를 부추겨 자기만족의 미소를 띤다든지
쾌락으로 나를 속일 수 있다면
그것이 나의 최후의 날이다.
내기를 하자.
메피스토펠레스 : 좋다.
파우스트 : 이렇게 한 이상 다른 말은 있을 수 없다.
내가 어떤 순간을 향해
"멈추어라, 너는 참으로 아름다우니까"라고 말하면
자네가 나를 사슬로 묶어도 좋다.
나는 기꺼이 멸망해 주마.
장송의 종이 울려 퍼지고
자네는 종의 임무로부터 해방된다.
시계는 멈추고 바늘은 떨어진다.
나의 모든 것은 끝이 나는 것이다.

이 신화적 계약과 우리 문명 발생 간의 관련성은, 내기를 하는 순간 파우스트를 그때까지 암반 위에서 꼼짝도 하지 않고 누워 있다가 일어나 절벽을 기어오르기 시작한 '잠이 깬 사람들' 속의 한 사람으로 생각해 보면 뚜렷해진다. 우리의 비유 속으로 파우스트를 옮겨놓으면 그는 이렇게 말할 것이다.

"나는 이 암반을 떠나 위에 있는 다음 암반까지 기어오르기로 했다. 이 계획이 안전하지 못하다는 것은 알고 있다. 하지만 성공의 가능성을 위해서라면 떨어져 부서지는 위험도 감수하겠다."

괴테가 만든 이야기에서 대담한 등반자는 목숨이 달린 온갖 위험과 절망적인 시련 끝에 마침내 보기 좋게 절벽을 기어오르는 일에 성공한다. 〈창세기〉 원전에서는 《히폴리토스》의 아르테미스와 아프로디테 사이의 싸움과 같은 식으로 끝이 났던 야훼와 뱀과의 싸움이, 《신약성경》에서는 두 적수의 두 번째 결투에서 신의 계시를 받고 《파우스트》와 똑같은 성공의 결말을 내고 있다.

〈욥기〉나 《파우스트》, 그리고 《신약성경》에서도 내기는 악마의 승리로 끝날 리가 없다는 것, 악마는 신의 일에 간섭은 하지만 그 목적을 방해할 수 없고 오히려 그것을 위해 봉사하는 셈이라는 것, 신은 언제나 재치 있게 난국을 극복하며 악마에게 스스로 목을 매도록 밧줄을 제시한다는 것이 암시되어 있거나 명백히 언급되어 있다. 그렇다면 악마는 속임수에 넘어간 것인가, 신은 절대로 지지 않을 것을 알면서 내기를 수락했는가?

말하기 어려운 문제이다. 만일 그렇다면 계약 전체가 가짜인 셈이 된다. 가짜 결투는 절대로 결투의 결과—음으로부터 양으로의 전환이라는 광대한 우주적 결과—를 낳을 수 없기 때문이다. 악마가 제의하고 신이 수락하는 내기는 신의 창조적 동기에서 일부분인데도 너무나 위험한 상황으로 몰고 간다. 그러나 그 위험이 전체에 영향을 끼칠 수 없는 것도 사실이다.

부분이 위험하다고 전체가 다 위험해지는 것은 아니지만 부분적으로 빠져드는 위험과 변화는 아무래도 전체에 영향을 끼치지 않을 수 없다. 신화적으로 표현한다면, 신이 이미 창조해 낸 것 중의 하나가 악마의 유혹을 받으면 그것 때문에 바로 신 자신이 세계를 다시 창조해야만 한다. 악마의 간섭은 특정한 쟁점에 대해 성공을 하든, 실패를 하든—어느 쪽 결과도 가능성은 있다—신이 간절히 바라고 있던 음으로부터 양으로의 전환을 이루는 셈이 된다.

극의 주역을 맡은 인간에게는, 그 역할을 하는 사람이 예수이건 욥이건 또는 파우스트, 아니면 아담과 하와이건 모두 고민하는 것이 기본 원칙이다. 에덴 동산의 아담과 하와의 모습(즉 인류상의 단계)은 원시인이 지구상의 다른 동식물에 대한 지배적 위치를 확립한 뒤 식물 채취 경제 단계에 도달한 음의 상태, 즉 정적인 상태의 회상이다. 지혜의 선악과(善惡果)를 따 먹으라는 유혹에 반응한 인간의 타락은, 먼저 이룩한 이 완전 상태를 버리고 새로운 완전 상태를 이룰 수 있을지 없을지도 모르는 새로운 변화를 향해 나아가려는 도전을 받아들였다는 것이다.

낙원에서 냉혹한 세계로 쫓거나, 거기서 여자는 잉태하는 고통을 겪고, 남자는 평생 동안 이마에 땀을 흘리며 빵을 구해야 하지만 그것은 뱀의 도전을 받아들임으로써 마땅히 겪어야 할 시련이다. 그 뒤 아담과 하와의 성교는 사회 창조의 행위로, 그 결과 2개의 새로운 문명을 낳는데 이들의 의인적 상징이 양을 치는 아벨과 땅을 가는 카인이다.

　인간 생활의 자연환경 연구자로서 가장 유명하고 창조적인 현대 학자 한 사람도 똑같은 이야기를 자신의 방식대로 다음과 같이 말하고 있다.

　"옛날 옛적에 벌거벗고 집도 없고 불도 모르던 야만인들이 봄이 시작되면서부터 여름이 끝날 무렵까지 따뜻한 고향에서 나와 차츰 북쪽으로 이동해 갔다. 9월로 접어들자 밤의 추위가 온몸으로 스며들었고, 그제야 그들은 자신들이 떠나온 나라는 늘 따뜻했다는 걸 깨닫게 되었다. 점점 더 추위는 심해졌다. 이유도 모르는 채 그들은 이리저리 옮겨 다녔다. 일부는 남쪽으로 갔으나 오직 몇 명만 예전 집으로 돌아갔다. 이들은 거기서 전과 같은 생활을 다시 시작했다. 그리고 그 자손은 오늘날에도 원시 야만의 상태에 머무르고 있다. ……다른 방향으로 헤매고 다니던 무리들은 다 죽고 아주 작은 무리만 남았다. 이 작은 집단의 사람들은 살을 에는 듯한 추위를 피할 수 없다는 것을 알고, 인간의 재능 중에 가장 높은 단계인 능력을 발휘했다. 땅속에 구멍을 파서 피난처를 찾으려는 사람도 있었고, 어떤 이는 나뭇가지나 나뭇잎을 모아 오두막과 따뜻한 잠자리를 만들었고, 어떤 이는 잡은 짐승의 가죽으로 몸을 감쌌다. ……잠깐 동안에 이들 야만인들은 문명으로 성큼 다가섰다. 벌거벗고 있던 이는 옷을 입게 되었고, 집이 없던 이는 살 곳이 생겼으며, 하루살이 생활을 하던 이들이 고기를 말리고 나무 열매를 저장해 겨울에 대비하게 되었다. 마지막으로 열을 얻기 위해 불을 지피는 방법도 발견했다. 이렇게 그들은 처음에는 도저히 견디지 못하리라 여겼던 곳에서 오래도록 살게 되었다. 그리고 가혹한 환경에 적응해 나가는 과정을 통해 어마어마한 진보를 이뤄내며 열대 지방 사람들보다 훨씬 앞서가게 되었다."[12]

　고전학자의 한 사람도 마찬가지로 이 이야기를 현대의 과학적 용어로 바꾸어 다음과 같이 말하고 있다.

　"필요가 발명의 어머니라면 끈기는 발명의 아버지이다. 적당히 단념하고 손쉽게 살 수 있는 곳으로 옮겨가는 것보다 불리한 역경 속에서도 살아야겠다는 의

---

12) Huntington, Ellsworth : *Civilization and Climate.*〔원주〕

지가 진보의 역설적 진리이다. 즉 네 번 되풀이되었던 빙하 시대의 혹독한 추위와 동식물의 이변 속에서 우리가 알고 있는 형태의 문명이 시작되었다는 것은 결코 우연이 아니었다. ……울창한 숲이 말라 죽는 상태가 되었을 때 '달아난 원시인들'은 자연법칙에 그저 순종하는 종으로서 자연을 정복하려고 하지 않았다. 난관을 뚫고 나가 인간이 된 이들은, 이미 쉴 숲조차도 없어진 그 자리에 버티고 있던 무리였고, 또한 나무 열매가 익지 않자 그 대신 고기를 먹었던 무리들, 햇볕을 쫓아가는 대신 불과 의복을 만든 무리들, 거처를 튼튼하게 손보고 아이들에게 잘 가르쳐 분별없는 거친 세계에 합리성을 부여한 무리들이었다."[13]

이러한 주인공인 인간이 겪는 시련의 첫 단계는 역동적인 도전으로 음의 상태에서 양의 상태로 변환하는 것이다. 이 변환은 악마의 유혹을 받은 인간이 하게 되는데, 이것으로 신은 또다시 창조 활동을 시작하게 된다. 그러나 이 진보에는 대가를 지불해야만 한다. 그리고 그 대가를 지불하는 것은 신이 아니고 신의 종인 씨 뿌리는 인간(《마태복음》 25 : 24)이다.

수많은 우여곡절을 겪은 뒤 마침내 승리한 수난자는 개척자로서의 임무를 수행한다. 종교극에서 주역을 맡은 인간은 신에게 재창조의 기회를 줌으로써 신에게 봉사할 뿐만 아니라, 다른 사람들이 뒤따라가야 할 길을 제시해 같은 인간에게도 봉사하는 것이다.

2. 문명 발생 문제에 응용된 신화

예측할 수 없는 요소

신화의 도움으로 우리는 도전과 응전의 성격에 대해 어느 정도 알게 되었다. 창조가 결전의 결과이며, 문명의 기원이 어떤 상호 작용의 결과라는 것을 알았다. 여기서 우리의 탐구 과제인, 과거 6000년 동안에 인류의 일부를 흔들어 세워 '관습적 통합'에서 '문명의 분화'로 향하게 한 적극적인 요소를 찾는 작업으로 다시 돌아가자. 우리의 21개 문명의 기원을 조사해 보고 경험적 사실에 비춰

---

13) Myres, J.L. : *Who Were the Greeks.*(원주)

볼 때, 과연 '도전과 응전'으로 보는 방법이 이미 살펴본 결과 불충분하다고 밝혀진 인종론이나 환경론보다 더 나은 답을 줄 수 있는지 확인해 보자.

이 새로운 조사에서도 인종이나 환경이 중요 문제가 된다. 그러나 우리는 그것을 새로운 관점에서 보게 될 것이다. 언제 어디서나 완전히 똑같은 결과가 나오는 그런 단순한 문명 발생의 원인을 찾고 있는 것이 아니다.

우리는 이미 인종이나 같은 환경이 어느 경우에는 문명을 낳지만, 어떤 경우에는 그렇지 않다는 것을 알게 되었다. 사실 우리는 '자연의 균일성'이라는, 무생물의 놀이에서나 들어맞는 과학적 용어를 더 이상 고집하지 않겠다. 그리고 지금 과학적으로 설명할 수 있는 인종적·환경적, 그리고 기타 자료를 모두 정확하게 알고 있다 해도 이들 자료가 대표적으로 보여주는 몇 가지 상호 작용의 결과를 예측할 수는 없다. 그것은 마치 군사 전문가가, 아무리 우수한 참모본부로부터 설비와 자원에 관한 '내부 정보'를 제공받았다 해도 전투나 작전의 결과를 예측할 수 없고, 혹은 도박의 명수가 모든 사람이 가지고 있는 카드에 대해 잘 알고 있다 해도 게임의 결과를 예측할 수 없는 것과 마찬가지이다.

비유로 인용한 이 두 가지 경우에 있어 '내부 정보'를 가지고 있어도 결과를 정확하게 혹은 확신을 가지고 예측하지 못하는 것은 '내부 정보'가 말하자면 완전한 정보가 아니기 때문이다. 아무리 정보에 통달한 사람이라 해도 전투를 하고 있는 당사자, 즉 승부를 겨루고 있는 당사자가 아니기 때문에 아무래도 미지수로 남는 부분이 있다. 그리고 이 미지수야말로 답을 내는 연산자가 풀어야 할 방정식의 가장 중요한 항목이다.

이 미지수란 시련이 실제로 시작되었을 때 그 시련에 대해 행동을 일으키는 인간의 반응이다. 이러한 심리적 운동량은 원래 무게를 달거나 길이를 잴 수는 없고, 따라서 미리 과학적으로 평가할 수도 없는 것이어서 이것이야말로 서로 맞닥뜨렸을 때 실제로 문제를 푸는 힘이다.

아무리 뛰어난 군사적 천재라 해도, 그들의 승리에서 계산 불가능한 요소가 들어 있는 것을 인정할 것이다. 그들이 종교인이었다면 크롬웰처럼 승리를 신에게 돌렸을 터이고, 미신을 믿는 사람이라면 나폴레옹처럼 그들 '별'의 운이 좋았다고 했을 것이다.

이집트 문명의 발생

앞 장에서 환경론을 다룰 때 그리스의 환경론자도 가정했듯이 환경은 정적(靜的)인 요인이라 했다.

특히 아프라시아 초원 지대와 나일강 유역이 인간에게 주는 자연 조건은 '역사' 시대를 통해 그리스인이 이들 지역에 대해 환경론을 주장했던 2400년 전이나 오늘이나 늘 같다고 가정했다. 그런데 사실은 그렇지 않았다는 것을 우리는 알고 있다.

"북유럽의 하르츠 산지(독일 중부)까지 얼음으로 덮여 있고 알프스와 피레네산맥이 빙하를 뒤집어쓰고 있는 동안은 북극 고기압이 대서양에서 불어오는 폭풍우를 남쪽으로 기울게 했다. 오늘날 중부 유럽을 지나는 온대성 저기압이 그때는 지중해 연안과 사하라 사막 북부를 통과하고 있었다. 그리고 레바논의 고지와 맞부딪쳐도 수분을 잃지 않고 메소포타미아와 아라비아를 넘어 페르시아 및 인도까지 연속 이동했던 것이다. 오늘날 바짝 마른 사하라 사막에도 규칙적으로 비가 왔고, 그 동쪽은 오늘날보다도 많은 비가 왔으며 겨울철에만 치우치지 않고 1년에 걸쳐 모두 내렸다.

북아프리카나 아라비아·페르시아·인더스강 유역에는 오늘날 지중해 북쪽에 있는 초원 지대와 비슷한 파크랜드(parkland)나 사바나(savanna)가 있었던 것으로 여겨진다. ……프랑스나 남잉글랜드에는 매머드나 털에 뒤덮인 무소나 순록이 풀을 뜯고 있었으며, 북아프리카에는 오늘날 로디지아(지금의 짐바브웨)의 잠베지강 부근에서 볼 수 있는 동물이 서식하고 있었다. 북아프리카와 남아시아의 쾌적한 초원 지대에는 유럽의 얼어붙은 초원 지대와 마찬가지로 많은 인간들이 살고 있었다. 그리고 이 쾌적하고도 생기 있는 환경 속에서 인간은 당연히 얼음으로 둘러싸인 북쪽에 비해 커다란 진보를 이루었다고 보아도 좋다."[14]

그런데 빙하 시대가 끝나자 아프라시아 지역은 건조화가 진행되면서 자연 조건이 크게 변하기 시작했다. 그와 동시에 예전 인간이 살던 다른 모든 지역과 마찬가지로, 구석기 단계인 원시 사회가 차지하고 있던 지역에 둘이나 그 이상

---

14) Childe, V.G. : *The Most Ancient East.*(원주)

의 문명이 발생했다. 고고학자는 아프라시아의 건조화가 하나의 도전이라고 보고, 문명이란 그에 대한 응전으로 탄생한 것이라는 우리의 주장을 뒷받침한다.

"이제 인간은 위대한 혁명의 바로 앞에 있으며 곧 가축을 소유하고 곡식을 경작함으로써 식량 공급을 스스로 관리하는 사람들을 만나게 된다. 이 혁명은 북쪽의 빙하가 녹고, 그 결과 유럽을 뒤덮고 있던 북극 고기압이 후퇴하고 대서양 저기압이 남지중해 연안으로부터 현재의 중부 유럽을 통과하는 경로로 바뀌면서 생긴 위기와 관련이 있다고 생각된다.

이 사건은 확실히 지난날 초원 지대에 살던 주민들에게도 창의성을 극도로 발휘하게끔 했을 것이다. ……유럽의 빙하 지대가 줄어들면서 대서양 온대성 저기압대가 또다시 북쪽으로 이동했고, 서서히 건조화가 진행되면서 그때까지 수렵 생활을 해오던 주민들은 다음의 세 가지 중 하나를 택해야만 했다. 익숙하던 기후대를 찾아 짐승들을 데리고 북쪽이나 남쪽으로 이동하든지, 아니면 살던 땅에 머물며 건조한 기후에도 살아남는 새나 짐승을 잡으며 그럭저럭 버텨나가든지, 아니면—고국을 떠나지 않고—동물을 사육하고 농사를 지음으로써 변덕스러운 환경에 의존하는 상태로부터 자신들을 해방시켜야 했다."[15]

거주지도 생활 양식도 바꾸지 않은 사람들은 건조화의 도전에 응하지 않은 셈이어서 사라지는 운명을 맞았다. 생활 양식을 바꿔 수렵인에서 양치기가 되고 살던 곳에서 계속 머물던 사람들은 아프라시아 초원 지대의 유목민이 되었다. 이들이 이뤄낸 것과 그들 운명에 대해서는 다른 부분에서 이야기하기로 한다.

생활 양식은 바꾸지 않고 거주지를 바꾸려 가뭄을 피해 북쪽으로 이동하는 저기압대를 따라간 사람들은 뜻밖에 북쪽의 계절성 추위라는 새로운 도전을 받게 되었고, 이것은 도전에 굴복하지 않는 이들 사이에 새로운 창조적 응전을 불러일으켰다.

한편 가뭄을 피해 남쪽의 몬순(계절풍) 지대로 이동한 사람들은 열대의 변화 없이 단조로운 기후 덕에 일종의 최면 상태에 빠지게 되었다.

마지막으로 가뭄이라는 도전을 받아들여 거주지와 생활 양식 모두를 바꾼

---

15) 같은 책.(원주)

이들이 있었다. 그리고 거주지와 생활 양식 반응이 바로 사라지는 아프라시아 초원 지대에 자리한 몇몇 원시 사회로부터 이집트 문명과 수메르 문명을 창조하게 했던 것이다.

이들 창조적인 무리의 생활 양식에 일어난 변화는 식물 채취자나 수렵인의 생활에서 경작자의 생활로 완전히 바뀐 일이었다. 변화가 일어난 지역이 거리상으로 봤을 때는 원래 살던 곳에서 멀리 있지는 않았으나 그들이 버리고 온 초원과 이주해 온 새로운 자연환경의 차이는 매우 컸다.

나일강 하류 유역을 굽어보던 초원 지대가 리비아 사막으로 변했고, 유프라테스강과 티그리스강의 하류 유역을 내려다보던 초원 지대가 룹알할리 사막(아라비아반도 남부)과 루트 사막(이란고원 중앙부)으로 변했을 때, 이들 영웅적인 개척자들은 용감해서인지 자포자기의 심정이었는지, 아니면 이 지역에도 가뭄이 올 것이라는 예측 때문인지 일찍이 누구도 발을 들여놓지 않은 골짜기 밑바닥의 늪지로 뛰어들었다. 그들의 적극적인 행동은, 버려진 그곳을 이집트 땅과 시나이 땅으로 바꾸어놓았던 것이다.

다른 길을 택한 그들의 이웃들이 볼 때 그들의 모험은 뻔히 알면서도 죽음으로 뛰어드는 무모한 행동으로 보였을 것이다. 왜냐하면 지금 아프라시아 초원 지대로 변하기 시작한 그곳이 아직도 지상 낙원이었던 그 옛날, 나일강과 메소포타미아의 정글 늪지대는 사람의 접근이 어려운 완전히 버려진 곳이었다.

그런데 그 모험은 개척자들이 가졌던 어떤 낙관적 기대보다도 더욱 큰 성공을 거두었다. 인간은 변덕스러운 자연을 정복하고 말았다. 일정한 형태를 갖추지 못하던 정글 늪지대는 정연하게 배치된 수로와 제방과 논밭으로 바뀌면서 형태를 갖춰갔다. 개간된 황무지는 이집트와 시나이의 국토가 되었고, 이집트와 수메르 사회가 그 위대한 모험을 시작하게 되었다.

이들 개척자들이 뛰어들었던 무렵의 나일강 하류 유역과 6000년에 걸쳐 인간의 숙련된 노동이 그 흔적을 남긴 오늘날, 우리가 보는 그 지역은 완전히 다르다. 이 개척자들의 시대로부터 비교적 나중에 건립된 고왕국(古王國)이나 중왕국(中王國) 시대—즉 개척 시대로부터 수천 년이 지난 뒤—에도 오늘날 나일강의 제1폭포 하류에서는 볼 수 없는 하마나 악어, 그리고 몇 종류의 들새들이 하류 유역 일대에 흔히 있었다는 사실이 현존하는 그즈음 조각이나 회화를 통해 보여진다.

식물의 경우도 새나 동물과 마찬가지라고 할 수 있다. 가뭄이 시작되고 있었지만, 아직도 이집트에는 비가 내렸으며 삼각주는 물에 젖은 습지였다. 아마 당시의 삼각주로부터 위의 나일강 하류까지는 나일강 상류의 수단 적도 지방에 있는 바르알자발(Bahr-al-Jabal)강 지역과 비슷했고, 삼각주 자체는 바르알자발강과 바르알가잘(Bahr-al-Ghazal)강이 합류하는 노(No) 호수 주변과 비슷했으리라. 다음은 이 황량한 지역을 묘사한 글이다.

"수드(부유 식물) 지대를 통과하며 흐르는 바르알자발강 부근의 풍경은 매우 단조롭다. 2, 3개의 고립된 지점을 제외하고는 물가에 솟아오른 등성이인 강둑도 찾아볼 수 없다. 양쪽에는 갈대가 무성한 늪지가 몇십 킬로미터에 걸쳐 펼쳐져 있다. 이 일면의 늪지 곳곳에 갈대가 돋아 있지 않는 늪이 빠끔히 모습을 드러내고 있다. 늪지의 수면은 최저 수위일 때도 강보다 겨우 몇 센티미터 높을 뿐이어서 50센티만 물이 불어도 매우 멀리까지 범람한다. 이러한 늪지는 빽빽이 돋아난 물풀로 뒤덮여 있으며, 곳곳으로 지평선까지 끝없이 펼쳐져 있다. 이 지역 전체에서 특히 보르(Bor) 마을과 노 호수 사이에서는 사람이 살고 있는 흔적을 찾기가 매우 힘들다. ……이 지역 전체는 도저히 말로 표현할 수 없을 만큼 황량하다. 실제로 보지 않고는 이해할 수 없다."[16]

이 지역에 사람이 살지 않는 것은 그 주변에 사는 사람들이, 이집트 문명의 시조들이 6000년 전 나일강 하류 유역에 웅크리고 있을 때 그랬던 것처럼, 지상 낙원으로부터 살기에 적합하지 않은 사막으로 환경이 변화하는 과정에서 선조들의 거주지에 매달리거나, 접근하기 힘든 수드 지대로 뛰어들거나 하는 어려운 상황과 맞닥뜨리지 않아서이다. 학자의 추측이 옳다면 현재 수단의 수드 지대 주변에 살고 있는 사람들의 선조는, 이집트 문명의 창시자가 사막화라는 도전에 대한 응전으로서 그 중대한 선택을 하던 무렵 바로 이웃이던 리비아 초원 지대에 살다가 초원이 사막화되자, 이집트 선조의 이동 대열 저만치 앞에서 수드 지대로 향해 가고 있었던 것이다.

---

16) Garstin, Sir William : *Report upon the Basin of the Upper Nile*, 1904.〔원주〕

사막화가 시작되었을 때, 현대의 딩카족과 실루크족의 선조들은 그들의 용감한 이웃과 헤어져 최소한의 위험만 감수하면서 익숙한 환경과 비슷한 자연환경 속에서 생활 양식을 바꾸지 않고도 살 수 있던 이 지역에 살게 된 것으로 보인다. 그들은 적도성 강우권인 열대 수단 지방에 정착했다. 그리고 그곳에서 그들의 자손은 오늘날까지도 먼 옛날 그들의 선조들과 똑같은 생활을 하고 있다. 이 새로운 거주지에서 이 게으르고 야심 없는 이주자들은 그들이 갈망하던 것을 찾은 것이다.

"오늘날 나일강 상류 지방에 살고 있는 사람들은 용모와 키, 두지수(두개골 비율), 언어, 복장에 있어서 고대 이집트인과 같은 종류의 사람들이다. 이 사람들은 비를 내리게 하는 주술사 또는 최근까지도 의식에 의해 죽임을 당하는 신성왕(神聖王)의 지배를 받아왔으며 부족은 토템 씨족으로 조직되어 있다. ……사실 나일강 상류 지방 이들 부족의 사회적 발전 정도는, 이집트인이 역사를 시작하기 전 단계에 머물러 있는 듯 보인다. 바로 살아 있는 박물관인 셈이다. 그들은 선사 시대의 유물을 전시하는 진열장 속에 부족한 수집품을 보충해 주고, 또한 그것은 살아 있는 유물을 보여주고 있다."[17]

나일강 유역의 예전 자연환경과 유사한 지역이 오늘날 다른 곳에 있다고 가정해 보자. 나일강 유역의 현재 적도 강우권 밖에 있는 지역 주민들에게 사막화라는 도전이 없었다고 가정한다면, 삼각주와 나일강 하류 유역은 원래의 자연 상태 그대로 방치되어 있었을까? 그래도 이집트 문명은 발생했을까? 이 지역의 주민이 현재 실루크족과 딩카족이 바르알자발강 기슭에 모여 있듯이 길들여지지 않는 채로 지금까지 나일강 하류 유역에 모여 있을까?

또, 이번에는 과거가 아니라 미래에 대해 가정해 보자. 우주의 시간적 개념은 말할 것도 없고 지구나 생명, 인류의 시간 개념으로 재어보아도 6000년이라는 세월은 무시해도 좋을 정도로 짧은 시간이다. 그렇다면 바로 어제에 해당하는 빙하기의 끝 무렵에, 나일강 하류 유역 주민 앞에 나타난 도전처럼 감당하기 어려운 도전이 내일, 6000년, 아니 그보다 몇천 년이 더 지난 뒤에 나일강 상류 유

---

17) Childe, V.G. : *The Most Ancient East.*(원주)

역의 현재 '살아 있는 박물관 부족' 앞에 나타난다고 하자. 그들이 그 도전에도 창조적 결과를 만드는 그런 적극적인 응전을 하지 않을 것이라 생각하는가?

우리는 이 실루크족과 딩카족이 받을 도전이 이집트 문명의 창시자 앞에 나타났던 도전과 같은 종류여야 한다고 조건을 붙일 필요는 없다. 그 도전이 자연 환경에서 일어난 기후의 변화가 아니라 다른 문명의 침입으로 일어났다고 한번 가정해 보자. 그런데 이것은 오늘날 우리 눈앞에서 실제로 일어나고 있는 서유럽 문명의 침입―이것이 현재 지구상에 남아 있는 모든 문명과 모든 원시 사회에 대해 신화에 나오는 메피스토펠레스의 역할을 담당하는 인간적 요인이다―으로 아프리카의 원주민에게 닥친 도전은 아닐까?

이 도전은 매우 최근에 시작된 것이어서, 도전을 받고 있는 나일강 상류 지대의 어느 사회인가가 마지막에 받아들일 응전이 어떤 것인지 지금으로서는 예측할 수 없다. 우리는 다만 그들의 선조가 어떤 도전에 응하지 못했다고 해서 그 자손도 그들의 차례가 왔을 때 그 도전에 맞설 수 없다고는 말할 수 없다.

수메르 문명의 발생

수메르의 경우는 간단히 다룰 수 있는데, 그것은 여기서도 이집트 문명의 창시자가 마주했던 동일한 도전과 응전을 볼 수 있기 때문이다. 수메르 문명의 창시자로 하여금 티그리스강과 유프라테스강 하류 유역의 정글 늪지대와 씨름해 그것을 시나이 땅으로 바꾸게 한 것도 아프라시아의 사막화였다. 이집트·수메르 두 문명 발생의 물질적 측면은 거의 일치한다. 그러나 그 결과 탄생한 두 문명의 정신적 특성은 종교와 예술은 물론 사회생활에 있어서도 그리 비슷하지 않다. 여기서 우리는 우리의 연구 분야에 있어 원인이 같으면 결과도 같다고 지레짐작해서는 안 된다.

수메르 문명의 시조들이 겪은 시련은 수메르 사회의 전설 속에 그 흔적이 남아 있다. 용(龍) 티아마트가 마르두크 신에게 죽임을 당하자 그 유해에서 세계가 창조되어 나왔다는 이야기는 강물을 운하로 끌어들이고 토지의 물 빠짐을 좋게 함으로써 태곳적부터 내려오던 황무지를 개간해 시나이 땅을 창조한 것을 상징한다. 또한 홍수 설화는 인간의 무모함이 자연에 가한 속박에 자연이 반격한 이야기이다.

이 홍수 설화는 바빌론 강가에서 포로 생활을 한 유대인의 입을 통해 성경 속에서 이야기되었고 이 '홍수'라는 말은 서유럽 사회에서는 누구나 아는 단어가 되었다. 현대의 고고학자들이 이 설화의 원형을 발견했고, 나아가서는 지난날 유례없이 엄청난 홍수가 있었다는 직접적인 증거로서, 수메르 문명이 번영했던 몇몇 도시의 유적에서 인간의 거주 지역에서 남은 가장 오래된 퇴적층과 그 뒤 만들어진 위층 사이에 끼어 있는 두꺼운 홍적점토층(신생대 제4기의 전반 기원전 200만 년~1만 년에 이루어진 지층)을 발견했다.

티그리스강·유프라테스강 유역도 나일강 유역과 마찬가지로 인간이 완전히 모습을 바꿔버린 이 황무지의 생기 없는 원래 모습을 간직하고 있으며, 또한 수메르 사회의 첫 개척자가 이 황무지에서 영위한 생활을 살펴볼 수 있는 '박물관'이 되었다. 그러나 메소포타미아의 경우, 이 박물관은 나일강 유역처럼 상류로 거슬러 올라가 발견되는 것은 아니다. 그것은 티그리스강·유프라테스강 하류의 페르시아만 가장자리에서 수메르 문명이 발생했다 멸망하고 또 이를 이어받은 바빌로니아 문명도 사라진 뒤 흔적으로 남았으며, 두 강이 합류하면서 쌓인 새로운 삼각주에 자리한다.

과거 2000년 또는 3000년 동안에 서서히 만들어진 이 늪지대가 오늘날까지 처녀지 그대로 방치되어 온 것은 이 늪지대를 정복하고자 하는 인간 사회가 없었기 때문이다. 1914년에서 1918년 사이에 일어난 제1차 세계대전 중 영국 군인들이 이 부근에 사는 늪지대 주민들을 만나 '물갈퀴 발'이라고 별명을 지어준 대로 이들은 이 환경에 수동적으로 적응하는 방법만 배웠을 뿐, 가까이에 있는 비슷한 지역에서 5000년, 6000년 전 수메르 문명을 일군 사람들이 했던, 늪지대를 운하와 경작지로 그물처럼 연결하는 일에는 한 번도 덤벼들지 못했다.

중국 문명의 발생

황허강 하류 유역에서 중국 문명의 발생을 조사하다 보면, 티그리스강·유프라테스강 지역이나 나일강 지역보다도 더 혹독했을 듯한 자연의 도전과 이에 대처한 인간의 응전을 찾아볼 수 있다. 뒤에 인간이 중국 문명의 요람으로 바꾸어놓았지만, 늪지와 덤불과 홍수라는 시련 말고도 여름에는 기온이 견디기 어려울 만큼 높았다가 겨울이면 또 극한으로 떨어지는 이런 시련이 더 있었다.

중국 문명의 시조들은 남쪽 및 남서쪽에 있는 황허강에서 (티베트의) 브라마 푸트라강까지, 그리고 티베트고원에서 중국해에 걸쳐 드넓은 지역에 살고 있던 사람들과 인종적으로 다르지 않아 보인다. 만일 이 넓은 지역에 퍼져 있는 종족 일부는 문명을 창조했는데 나머지는 문화적으로 불모 상태에 있었다면, 그것은 모든 성원이 똑같이 창조적 능력을 잠재적으로는 가지고 있었지만 어떤 지역의 사람들만이 그러한 도전을 받고 자극되었다고 설명할 수 있을 것이다.

이 도전이 어떤 성질의 것이었는지 지금까지 밝혀진 바로는 정확히 알 수 없다. 그러나 황허강 유역 부근에 살던 중국 문명의 시조들은 우리가 흔히 생각하듯이 이웃해 있는 다른 사람들보다 더 수월한 자연환경—그것이 정말 도움이 되었는지는 의심스럽지만—에서 생활하지는 않았음이 확실하다.

실제로 이 문명의 발생지가 아닌 남부 지역, 예를 들어 양쯔강 유역에 사는 동족들을 보아도 살기 위해 그들처럼 악전고투했다고는 여겨지지 않는다.

마야 문명과 안데스 문명의 발생

마야 문명이 발생한 계기가 된 도전이라면 빽빽이 들어찬 열대 밀림이었다.

"마야 문명이 발생할 수 있었던 것은, 자연 상태의 울창한 밀림을 조직적으로 관리해 무성한 저지대를 농사에 알맞도록 만들었기 때문이다. 고지대는 나무가 우거지지도 않아 관개 시설만 잘 관리하면 토지가 비교적 쉽게 만들어졌다. 그런데 저지대는 큰 나무들을 잘라 쓰러뜨려야 했으며, 빠르게 자라는 덤불숲을 쉬지 않고 잘라내야만 했다. 그러나 자연은 일단 길들여지기만 하면 대담한 농부에게 몇 갑절 더 보상을 해준다. 광활한 지역을 뒤덮고 있던 숲이 사라지자 밀림 아래서 열악했던 생활 조건이 많이 좋아졌으리라 짐작된다."[18]

파나마 지협의 북쪽에서 마야 문명을 낳게 한 이런 도전에 대해 남쪽에서는 어떤 대응도 하지 않았다. 남아메리카에서 발생한 문명은 2개의 전혀 다른 도전—하나는 안데스고원으로부터, 또 하나는 그것과 인접한 태평양 연안으로부터의 도전—에 대한 응전이었다. 안데스 문명의 시조들은 고원의 혹독한 기후

---

18) Spinden, H.J. : *Ancient Civilization of Mexico and Central America*.〔원주〕

와 메마른 땅이라는 도전을 받았고, 태평양 연안에서는 수면과 같은 높이에 있는 적도 사막의 폭염과 가뭄이라는 도전을 받았다. 이곳은 인간의 노력이 있어야만 장미가 꽃을 피우듯 결실 맺을 수 있는 곳이었다. 태평양 연안에 살고 있었던 이 문명의 개척자는 고원의 서쪽 경사면으로 흘러내리는 아주 적은 물을 모아 평지로 보내 사막 속의 오아시스를 만들었다. 고원에 살고 있던 개척자는 흙이 무너져 내리지 않도록 돌담을 공들여 곳곳에 둘러침으로써 단구(段丘 : 계단 모양의 지형)를 보호했으며 그 위에다 얼마 안 되는 흙을 모아 밭을 만들었다.

미노스 문명의 발생

우리는 '어버이' 문명을 갖지 않는 6개의 문명 가운데 5개 문명이 자연환경으로부터 받은 도전에 대한 대응으로 발생했다고 설명했다. 이번 문명은 이제까지 살펴보지 못했던 해양이라는 자연적 도전에 대한 응전이다.

크레타섬 중심의 '미노스 해양 왕국' 개척자들은 어디서 왔을까? 유럽일까, 아시아일까, 아니면 아프리카일까? 지도를 보면 유럽이나 아시아에서 온 듯하다. 왜냐하면 이들 섬들은 바닷속에 잠긴 산맥의 봉우리여서 만일 선사 시대에 바닷물이 흘러들어오지 않고 산맥이 잠기지 않았다면, 이 산맥들이 아나톨리아에서 그리스에 걸쳐 연결되어 있을 것이고 지중해 남쪽에 면한 북아프리카보다 양 대륙 쪽에 훨씬 더 가깝기 때문이다.

그러나 우리는 고고학자들이 인간의 거주지 중에서 가장 오래된 유적을 그리스와 아나톨리아에서 상당히 떨어진 크레타섬에서 발견했다는 당황스러운 사실을 직면하게 되는데, 여기에는 의심할 여지가 없는 증거가 있다. 그래도 아프리카와의 거리에 비하면 크레타섬이 더 가깝기는 하다. 인종학도 고고학이 제시하는 설을 지지한다. 왜냐하면 에게해(그리스 본토 쪽)와 맞닿은 대륙의 주민들은 어떤 뚜렷한 신체적 차이가 틀림없이 있었다고 여겨지기 때문이다.

이미 알려진 아나톨리아와 그리스의 최고(最古)의 주민은 '광두족(廣頭族)'이며 아프라시아 초원 지대에서는 '장두족(長頭族)'이었는데, 크레타섬의 가장 오래된 유골을 분석해 본 결과 이 섬은 처음에는 완전히 또는 거의 '장두족'이 차지했고 '광두족'은 마지막에 가서야 다수를 차지하게 되었다. 처음에는 크레타섬의 거주민 속에 아나톨리아·그리스의 광두족이 전혀 없었던지, 있었다 해도 아주 소수에 지나지 않았던 것 같다. 이 인종학적 증거는 에게해 여러 섬의 어딘가에 발 디딘 최초의 인간이 아프라시아 초원 지대의 사막화를 피해서 이주해 온 자들이었다는 결론을 뒷받침한다.

여기서 우리는 앞서 진술한 사막화에 대한 다섯 가지의 응전에 또 하나 여섯 번째의 응전을 덧붙여야겠다. 원래 살던 장소에 머물다 사라진 사람들, 그곳에 살다 유목민이 된 사람들, 딩카족이나 실루크족처럼 남쪽으로 이주해 본래의 생활 양식을 고수한 사람들, 북쪽으로 이주해 유럽 대륙의 신석기 시대 농경민이 된 사람들, 정글 늪에 뛰어들어 이집트 문명과 수메르 문명을 만든 사람들이 있었고 여기에다 그때도 있었던 지협이나 해협 같은 비교적 쉬운 통로 말고 북쪽으로 향해 위협하는 듯한 지중해의 망망대해 속으로 뛰어든, 이 새로운 도전을 받아들이고 넓은 바다를 정복함으로써 미노스 문명을 만들어낸 사람들을 덧붙여야겠다.

만일 이상의 분석이 옳다면, 이것은 문명의 발생에서 도전과 응전의 상호 작용이라는 것이 다른 어떤 요인—이 경우는 지리적 근접성을 말한다—보다도 중요한 요인이라는 것을 밝히는 새로운 실례가 된다.

만일 지리적으로 근접해 있었다는 것이 에게해 섬에 정착하는 결정적인 요인이었다면 가장 가까운 유럽 대륙과 아시아 대륙에서 온 사람들이 가장 먼저 에게해의 여러 섬에 정착했을 것이다. 에게해의 여러 섬 중 대부분은 이 두 대륙에서 그야말로 '돌을 던지면 닿을' 거리에 있는 데 비해, 크레타섬은 아프리카의 가장 가까운 지점에서도 320킬로미터 거리에 있다. 그럼에도 유럽과 아시아에 가장 가까운 섬들은 크레타섬보다 훨씬 나중에서야 사람들이 살기 시작했으며 '장두족'과 '광두족'이 동시에 정착한 것으로 여겨진다.

이 일은 아프라시아인이 미노스 문명의 기초를 놓은 뒤에 다른 광두족이 그 활동을 시작한 것으로, 이 사람들은 단순히 미노스 개척자를 모방했거나 아니면 크레타섬에 처음으로 정착한 아프라시아인처럼, 정확하게 그 성격을 규명할 수 없는 어떤 압박이나 도전을 받아 그 때문에 응전을 했던 것으로 보인다.

'자식' 문명의 발생

원시 사회의 어둠 상태에서 발생해 '어버이'를 갖지 않는 문명을 잠시 접어두고, 그 뒤에 발생한 문명에 눈을 돌려보면, 이들은 다양한 형태와 정도로 선행했던 문명과 관계를 맺는데 이들 '자식' 문명은 자연환경의 도전이 또한 어느 정도 자극을 주었겠지만 중요하고 본질적인 도전은 '어버이' 사회와의 관계로부터 생긴 인간적 도전이었다는 것이 분명하다.

이 도전은 '어버이' 사회와의 관계 자체 속에 내포되어 있는 것으로서 그것은 분화로부터 시작되어 분리에서 정점을 이룬다. 분화는 앞선 문명이 일찍이 그 성장기에 있어 내부의 사람들이나 외부인들의 마음을 사로잡아 복종시키는 창의력을 잃기 시작하자 그 내부에서 일어난다. 이 창의력은 문화가 성장기에 있을 때는 내부나 외부인들에게 자발적 충성심을 불러일으켰다. 그러나 창의력을 잃은 문명은 체력 감퇴라는 후유증으로 이미 민중을 이끌 능력을 잃게 된다. 그러면 차츰 탄압의 정도를 높여 지배하는 소수 지배자와 이 도전에 대한 응전으로서 자신의 존재를 자각하고 그 영혼을 잃지 않으려고 결의하는 프롤레타리아트(내적 및 외적)로 분열된다.

소수 지배자의 억압하려는 의지가 프롤레타리아트에게 독립하려는 의지를 불러일으킨다. 그리고 두 의지의 충돌은 쇠퇴기 문명이 몰락을 향해 걸어가는 내내 계속되지만, 마침내 그 문명이 숨을 거두는 순간 결국 프롤레타리아트는 지난날 그 정신의 근거지였던 그러나 이제는 감옥으로 변한, 그리고 마지막에는 '멸망의 도시'가 된 사회로부터 탈출한다. 이 프롤레타리아트와 소수 지배자의 충돌은 처음 발생해서 끝까지 진행되는 과정 속에서 저 우주의 생명들이 그러하듯 가을의 정체로부터 겨울의 고통을 거쳐 봄의 왕성한 활동으로 이어지는, 창조성을 다시금 회복하는 극적인 정신적 접촉의 한 예로 파악될 수 있다. 프롤레타리아트의 분리 독립은 도전에 응해 음에서부터 양으로의 전환을 이루는 역동적인 행위이다. 그리고 이 역동적인 분리에 의해 '자식' 문명이 탄생한다.

'자식' 문명이 발생할 때 인간적 도전 말고 자연적 도전 또한 인정할 수 있을까? 우리는 앞서 '자식' 문명이 앞선 문명과 비교했을 때 지리적 위치에서는 제각기 관련 정도가 다르다고 했다.

극단적인 예는 바빌로니아 문명으로, 이 문명은 완전히 그 선행자인 수메르 사회의 본거지 내부에서 성장했다. 이 두 문명 사이의 공백 기간 중에 공동의 문명 발상지가 자연환경의 도전을 받고 다소 본래의 원시적 상태로 되돌아감으로써 뒤에 온 문명의 창시자들이 그들의 선행자가 처음 이룬 일을 되풀이하도록 도전했는지 모른다. 그러나 극단적인 예가 아니라면 자연환경의 도전이 새로운 문명 발생에 영향을 줬다고는 생각지 않는다.

하지만 '자식' 문명이 새로운 토지를 개척해 부분적으로 또는 완전히 앞선 문명의 영역 밖에 본거지를 두었을 경우에는 아직 인간에게 길들여지지 않은 새로운 자연환경으로부터 도전을 받았으리라 여겨진다. 예를 들어 서유럽 문명은 발생하면 앞선 헬라스 문명이 겪지 않았던 알프스 이북 유럽의 삼림과 우기와 서리라는 도전을 받았다. 인더스 문명은 그 발생지가 인더스강 유역이었으나 앞선 수메르 문명은 그로부터 멀리 떨어진 영토로부터 왔고, 또한 인더스 문명은 수메르 문명과 비슷한 문명[19]이 겪지 않았던 갠지스강 유역의 습기가 많은 열대림으로부터 도전을 받았다. 히타이트 문명은, 그 발생에 있어 선행자인 수메르 문명과는 발생지가 다를 뿐 아니라 수메르 문명이 겪지 않았던 아나톨리아고원의 환경적 도전을 받았다.

헬라스 문명이 발생할 때 맞닥뜨린 '해양이라는 도전'은 앞선 미노스 문명이 직면했던 도전과 꼭 같은 것이었다. 그러나 이 도전은 '미노스 해양 왕국'의 유럽 쪽 국경 저 너머에 있는 이 헬라스 지역에 외적 프롤레타리아트에게는 전혀 새로운 것이었다. 그리고 미노스 문명이 멸망하고 발생한 민족 이동 때 아프라시아인을 포함한 대륙의 이방인이 바다로 진출할 때 지난날 미노스 문명의 개척자들이 맞서서 이겨냈던 것과 똑같은 커다란 시련에 직면했고 이를 극복했던 것이다.

아메리카에서는, 유카텍 문명이 유카탄반도의 물도 나무도 또한 흙도 거의 없는 석회암질의 지층이라는 도전을 받았고, 멕시코 문명은 멕시코고원의 도전을 받았는데, 앞선 마야 문명은 이 두 가지 가운데 어느 도전도 받지 않았다.

뒤에 남은 것은 힌두 문명, 동아시아 문명, 그리스 정교 문명, 아랍 및 이란 문명인데, 이들 문명은 특별히 자연적인 도전을 받은 것 같지는 않다. 이들 문명의 본거지는 바빌로니아 문명의 경우처럼 앞선 문명의 본거지와 동일하지 않았다.

---

19) 여기서 우리는 토인비가 이 책의 첫머리에서 다루었던 인더스 유역 문화가 별개의 문명인가, 수메르 문명의 한 지역인가 하는 문제의 논의를 생략했다. 그는 이 점을 미해결로 남겨 두었지만, 제2장에서는 '인더스 유역 문화'를 수메르 사회의 한 부분으로 다룬 바 있다.(엮은이주)

그러나 이미 그 앞선 문명 단계에서 도전을 받았거나 또는 다른 문명에 의해 제압되었다. 우리는 앞서 그리스 정교 문명과 동아시아 문명을 더욱 작게 나누어야 할 이유를 말했다. 그리스 정교 문명의 러시아 분파는 서유럽 문명이 씨름했던 것보다 한결 더 가혹한 삼림과 우기와 서리의 도전을 받았다. 동아시아 문명의 한국·일본 분파는 중국 문명의 개척자가 직면했던 도전과는 전혀 다른 바다로부터의 도전을 받았다.

이상으로 우리는 '자식' 문명은 모두가 선행하는 '어버이' 문명의 해체라는 단계 속에 이미 포함되어 있는 인간적 도전을 반드시 받는데, 그중 어떤 것은 보통 '자식' 문명의 경우와는 달리, '어버이' 문명을 갖지 않는 문명이 받는 자연환경으로부터의 도전도 받았다는 것을 밝혀냈다.

우리가 이 연구 단계를 마무리 짓기 위해 '어버이' 문명을 갖지 않는 문명이 자연적 도전 말고도 원시 사회로부터의 분화 때문에 인간적 도전을 받았는지 물어야겠지만, 예상할 수 있듯이 이 점에 대해서는 역사적 증거가 절대적으로 부족하다. 어쩌면 '어버이'를 갖지 않는 6개의 문명도 역시 그 발생 과정이 숨겨진 채, 역사 이전의 어느 과거에 앞선 사회의 지배적 소수자로부터 폭압과 도전 같은 종류의 인간적 도전을 당했는지도 모른다. 그러나 이 문제를 깊이 파고든다는 것은 아무 의미 없는 일이 될 것이다.

제6장 역경의 효능[20]

보다 엄밀한 검토

결국 문명은 사람이 살기에 매우 쉬운 환경에서 발생한다는 속설을 깨고, 정반대의 견해를 지지하는 주장을 제기하게 되었다. 예를 들어 이집트 문명을 바라보는 현대인은 보통—이런 면에서 고대 그리스인도 우리와 마찬가지로 '현대인'이었다—인간이 만들어놓은 토지를 처음부터 개간된 상태 그대로 물려받았고, 개척자가 처음으로 그 토지를 일구기 시작했을 때도 그랬었다고 가정하는

---

20) 토인비는 이 장에서 그리스어로 '칼레파 타 칼라'라는 표제를 붙이고 있다. 이것은 '아름다운 것은 어렵다' 또는 '뛰어난 품질은 공이 든다'라는 뜻이다.(엮은이주)

데서 그런 너그러운 환경론이 생겨난 것이다. 우리는 나일강 상류 유역의 한두 지방을 살펴보고 개척자가 처음으로 그곳을 일구어갈 무렵 나일강 하류 유역이 실제로 어떠했었느냐를 보여주려 했다. 그러나 아무래도 지리적 위치가 다르므로 우리가 든 예는 설득력이 충분하지 않았는지 모른다. 그러므로 이 장에서는 어떤 문명이 어느 지역에서 처음에는 성공했는데 그 뒤에는 실패하여, 이집트의 경우와는 달리 본래의 원시적인 자연 상태로 되돌아간 예를 들어 우리의 주장을 펼쳐보겠다.

중앙아메리카

한 가지 주목해야 할 예는 마야 문명의 발생지이다. 여기서 우리는 현재 사람들이 사는 거주지에서 많이 떨어진 깊은 열대림 속에 여전히 남아 있는 거대하고 장엄한 공공건물들의 잔해를 찾아볼 수 있다. 울창한 삼림이 보아뱀처럼 문자 그대로 그 유적들을 삼킨 후 느긋하게 먹고 있는 듯하다. 그 구부러진 뿌리와 덩굴은 보기 좋게 잘린 뒤 빈틈없이 메워진 돌들을 으스러뜨릴 듯하다. 이 지역의 현재 모습과, 마야 문명이 번성하던 시대의 모습은 상상하기 어려울 만큼 차이가 크다. 이 거대한 공공건물들이 인가 많은 대도시의 중심에 서 있었고, 또 그 도시가 넓은 경작지의 한가운데에 세워졌던 시대가 있었던 것이다. 울창한 삼림이 처음에는 농경지를 덮고, 그다음 사람들이 살던 집을, 마지막으로 궁전이나 신전까지 다 삼켜버리자, 인간이 이룬 업적의 덧없음과 인간들의 염원이 허망하다는 것이 여실히 다 드러났다. 그러나 이것이 코판이나 티칼·팔렝케를 보면서 배울 수 있는 가장 중요한 교훈은 아니다. 이 도시들의 잔해는 마야 문명의 창시자들이 치렀을 자연과의 싸움이 얼마나 격렬했던가를 너무도 분명히 말해 준다. 그 섬뜩한 자연의 힘을 유감없이 발휘한 복수와 함께, 열대의 자연은 잠깐 동안이었지만 자연을 달아나게 하고 가까이 오지 못하게 만들었던 사람들의 용기와 힘을 증언해 주고 있다.

실론(스리랑카)

실론의 건조한 평지를 일궈 농지로 바꾼 일도 마찬가지로 어려운 일이었다. 그것은 부서진 댐과 풀이 무성한 저수지 바닥을 보면 알 수 있는데 인도 문명의 소승 불교 철학에 귀의한 실론인이 원래 비 많은 언덕 지대에 대규모로 세웠다.

"이 같은 저수지가 어떻게 만들어졌는지 알기 위해 랑카(실론의 별칭)의 역사를 어느 정도 알아둘 필요가 있다. 저수지를 만들었던 의도는 단순하나 참 위대했다. 왕들은 산악 지대에 많이 내리는 비 한 방울이라도, 내리는 도중 인간에게 유용하게 쓰이지 않고 바다로 흘러드는 일이 없도록 하려 했다. ……실론섬 남반부의 중앙에는 넓은 산악 지대가 있고, 그 동쪽과 북쪽의 건조한 평야가 수천 제곱미터에 이르는데 현재는 인구가 매우 희박하다. 계절풍이 한창일 때에 매일 폭풍우에 밀려 구름 덩어리가 힘껏 언덕에 부딪히지만 비는 그곳을 통과할 수는 없다. 자연적으로 선이 생기게 됐다. ……강우 지대와 건조 지대를 나누는 경계선이 대단히 좁아 불과 1.6킬로미터밖에 떨어져 있지 않은데, 마치 다른 나라에 들어온 것 같은 느낌이 든다. ……이 선은 곡선을 그리며 바다에서 바다로 이어지고 고정되어 있어, 예를 들면 삼림을 베어내는 등 인간이 바꾸려 해도 전혀 영향을 받지 않는 것으로 보인다."[21]

그런데 실론에 인도 문명을 전파한 사람들은 원래 계절풍이 몰아치는 고지의 메마르고 황폐한 땅을 개간해 물과 생명과 비옥함이 있는 곳으로 만들었다.

"골짜기의 물이 산기슭의 거대한 저수지—개중에는 크기가 16제곱킬로미터나 되는 것도 있었다—로 모였다. 거기서부터 수로가 연장되어 언덕 지대에서 좀 떨어진 더 큰 저수지까지 이르고, 거기서부터 더 먼 저수지로 연결된다. 큰 저수지와 큰 수로 아래쪽에는 수백 개나 되는 작은 저수지가 있어 그 하나하나가 마을의 중심을 이루고 있었는데, 모든 저수지가 결국은 비가 많은 산악 지대로부터 물을 공급받고 있던 것이다. 고대 실론 사람들은 이런 식으로, 오늘날은 사람이 거의 살지 않는 평야 지대를 거의 모두 정복했었다."[22]

실론섬의 현재의 모습에서 두 가지 두드러진 특색을 살펴볼 수 있는데, 이는 원래 불모지였던 이 평지를 유지하려면 얼마나 많은 노력을 기울여야 하는가를

---

21) Still, John : *The Jungle Tide*.(원주)
22) 같은 책.(원주)

보여준다. 하나는 예전에는 관개 사업이 잘 이루어지고 인구도 많았던 지역이 원시 상태의 불모지로 되돌아가 버린 사실이며, 또 하나는 현대의 차·커피·고무 재배 산업이 불모지를 피해 비가 오는 이 섬의 나머지 절반에 집중해 있다는 사실이다.

아라비아 사막 북부

우리 주제를 묘사할 때 너무도 유명하고 곧잘 인용되는 것은 페트라(요르단 남부의 고대 도시)와 팔미라(시리아 중부의 고대 도시)의 현상으로, 볼네[23]의 저서 《폐허》(1791년) 이래 수많은 역사 철학의 논문이 나오게 되었다. 오늘날 이 시리아 문명의 옛 땅은 마야 문명의 옛 땅과 같은 상태였다. 물론 다시 예전 상태로 돌아가는 것으로 복수를 해준 환경은 열대성 삼림이 아니라 아프라시아 초원 지대이긴 하지만, 그 폐허는 정교하게 만들어진 신전이나 주랑, 무덤이 온전히 서 있었을 때에는 대도시에 광채를 더해 주는 장식물이었을 것이다. 마야 문명을 그려볼 수 있는 우리의 유일한 수단인 고고학적 증거가, 여기서는 역사적 기록으로 한결 더 보강된다. 사막에서 이런 도시들을 만들어낸 시리아 문명의 개척자들은 시리아의 전설에서 모세가 일으킨 그 기적을 이뤄낸 사람들이었다.

이런 사람들은 말라붙은 바위에서 물이 솟아나게 하고, 사람의 발길이 닿지 않은 황야를 가로질러 나아가는 법을 알고 있었다. 그 전성기에 페트라와 팔미라는 아직도 다마스쿠스의 주위를 에워싸고 있는 것처럼, 관개 시설이 잘된 큰 전답 한 가운데 서 있었다. 그러나 오늘날의 다마스쿠스(시리아의 수도)와 마찬가지로 그 무렵 페트라와 팔미라의 부호는 토지의 경작자가 아니라 상인으로, 이들은 중간의 초원 지대나 사막 지대를 횡단하며 한 지역에서 다른 지역으로 끊임없이 오가면서 오아시스와 오아시스, 대륙과 대륙 간의 교류를 하고 있었다. 이 두 도시의 현재 모습은 인간에 대한 사막의 최종적 승리일 뿐 아니라, 동시에 사막을 극복해 낸 관점에서 인간 승리를 보여주고 있다.

---

23) 프랑스의 사상가(1757~1820). 프랑스 혁명을 이론적으로 변호했다.

남태평양의 이스터섬

장면을 바꿔 이스터섬의 상황에서도 폴리네시아 문명의 기원에 대해 또한 같은 결론을 내릴 수 있다. 근대에 이스터섬이 발견되었을 때, 이 태평양의 외딴섬에는 두 종류의 부족이 살고 있었다. 그것은 살과 피를 가진 부족과 돌의 부족, 즉 명백히 원시적인 생활을 하는 폴리네시아형 체구의 원주민과, 아주 섬세하게 조각된 석상들이었다. 발견 무렵 이곳 주민은, 이같이 세련된 석상을 조각할 기술도 없었고 폴리네시아 제도의 가장 가까운 자매 섬까지 수천 킬로미터를 항해할 지식도 없었다. 유럽의 항해자가 발견할 때까지 이 섬은, 세계의 다른 지역으로부터 아주 오랫동안 고립되어 있었다. 그럼에도 이 섬의 살아 있는 주민들과 석상들은, 팔미라나 코판의 잔해와 마찬가지로 현재와 전혀 달랐을 흘러간 과거의 존재를 분명하게 증언하고 있다.

이곳에서 이런 인간을 낳고 이런 석상을 조각한 존재는 지도도 없고, 나침반도, 지붕도 없는 빈약한 카누를 타고 태평양을 횡단한 폴리네시아인 항해자였음에 틀림없다. 더구나 단 한 번의 요행으로 작은 배가 개척자를 가득히 싣고 이스터섬으로 운반해 왔고, 단 한 번의 모험으로 항해를 끝냈다고는 생각할 수 없다. 석상이 대단히 많은 것으로 보아 그것을 만들어내는 데는 몇 세대가 걸렸을 것이다. 따라서 그 수천 킬로미터의 항해는 오랜 기간에 걸쳐 정기적으로 이루어졌으리라 생각된다. 결국은 알 수 없는 어떤 이유로 인해 마치 사막이 팔미라를 가둬버리고 삼림이 코판을 가둬버렸듯이, 인간이 멋지게 정복했던 바다가 이스터섬을 가둬버렸다. 석상들은 앨프리드 에드워드 하우스먼의 시 속에 나오는 조상(彫像)처럼, 돌처럼 변함없이 처신했으나[24] 피와 살을 가진 인간은 세대를 거듭함에 따라 점점 미개하고 무능한 자손을 낳았다.

이스터섬은 물론 서양인이 일반적으로 남태평양 제도에 대해 가지고 있는 견해를 정면으로 부정한다. 그곳은 지상의 낙원이며, 주민은 타락 이전의 아담과 하와 상태의 순수한 아이들과 같다는 생각은 폴리네시아 환경 일부분을 그 전체로 생각하기 때문이다. 실제로 자연환경이란 육지뿐만 아니라, 바다도 포함한다. 더구나 바다는 폴리네시아인들보다 더 나은 항해 방법 없이 건너려 한다면

---

24) 이 부분은 원판에는 없고, 요약판의 편집자로 인해 생긴 부분인데 무슨 뜻인지 잘 알 수 없다. 옛날과 변함이 없다는 뜻일까?

어마어마한 도전이다. 이 개척자들이 마치 하늘의 별처럼 태평양의 망망대해에 흩어져 있는 건조한 섬 위에 정착할 수 있었던 것은 '소금기와 섬을 격리시키는 바다'의 도전에 대담하고 멋지게 응전하여 기발하게도 섬과 섬 사이에 정기적인 항로를 개척했기 때문이다.

뉴잉글랜드

원시 상태로 되돌아간 사례의 검토를 마치기 전에, 필자가 이따금 직접 목격했던 두 가지 예—하나는 좀 보기 드문 예이고, 또 하나는 누구나 알고 있는 예—를 들기로 한다.

나는 전에 뉴잉글랜드의 코네티컷주의 시골을 여행하다 한 폐촌에 이르게 되었다. 그 근처에서 그러한 폐촌은 그리 드물지 않다는 이야기를 듣긴 했지만, 그래도 유럽인에게는 뜻하지 않은 기막힌 광경이었다. 아마 약 200년 동안 타운힐—그 마을의 이름이었다—은 마을의 공유지 한가운데에 있는 목조 건물인 조지 왕조 시대(1714년 이후)풍의 교회를 중심으로 주위에 농가와 과수원, 그리고 옥수수밭을 끼고 있었던 모양이다. 그중 교회만은 기념비적 건축물처럼 보존된 채 아직도 서 있었다. 그러나 인가는 사라지고, 과수원은 야생 상태로 돌아갔으며, 옥수수밭은 사라져버렸다.

과거 100년 동안, 뉴잉글랜드인들은 대서양에서 태평양에 이르기까지 아메리카 대륙 전체를 야생 그대로인 자연의 손에서 빼앗아, 엄청난 역할을 해왔다. 하지만 동시에 그들은 그들 선조가 200년 동안 살았던 고향 한복판에 있는 이 황폐한 마을은 자연이 되찾아가도록 그냥 내버려두었다.

인간이 지배의 손을 늦추자마자, 다시 자연이 타운힐을 지배하게 된 그 속도와 철저함과 분방함은 그 척박한 땅을 길들이기 위해 들인 인간의 노력이 얼마나 컸던가를 알게 해주었다. 타운힐의 개척에 들였던 만큼 그렇게 강력한 힘을 기울임으로써 비로소 '서부의 정복'이 이루어졌던 것이다.

사람이 살지 않는 이 버려진 곳을 보고 오하이오주·일리노이주·콜로라도주·캘리포니아주의 여러 도시가 우후죽순처럼 나타난 기적을 이해할 수 있다.

로마의 캄파냐

타운힐을 보고 내가 느꼈던 것을 리비우스[25]도 로마의 캄파냐에서 느꼈다. 리비우스는 그때—현재도 그렇지만[26]—척박한 회색 고원 지대와 열병의 근원지 같은 무성한 늪지로 이루어진 황무지였던 이 지역에, 많은 자작농 군인들이 살고 있었던 것을 알고 감탄했다. 이때의 황량함은 원래 라틴족과 볼스키족(라티움 남부에 살던 종족. 기원전 304년에 로마에 정복되었다) 개척자들이 잘 일궈서 사람이 많이 사는 지역으로 바꿔놓은 토지가, 이제는 인간이 살기 힘든 원시 상태로 되돌아간 것이다. 그리고 이렇게 꽤 까다로운 조건을 갖고 있던 이탈리아의 한 작은 지역을 개척하는 과정에서 생겨난 힘이 뒷날 이집트에서 영국에 이르는 세계를 정복하는 힘이 된 것이다.

카푸아의 배신

이제까지 우리는 실제로 문명의 발생 또는 인간이 이룬 눈부신 업적의 무대가 되었던 몇몇 환경들의 특성을 살펴보았고, 그 환경이 인간에게 절대 쉽지만은 않았으며 오히려 그 반대였음을 알게 되었다. 그러므로 이제 보충적인 연구를 하기로 하자. 즉 쉬운 조건의 몇몇 다른 환경들을 살펴보고, 이들 환경이 인간 생활에 어떠한 영향을 주었는지 조사해 보자. 이 연구를 하면서 우리는 두 가지 경우를 구분해야 한다. 첫째는 사람들이 어려운 환경 속에서 생활한 뒤 안락한 환경으로 옮겨가는 경우이고, 둘째는 익숙한 환경 속에서만 살아와 우리가 알기로 그들의 선조들이 비로소 인간이 된 이래 한 번도 어려운 환경에 노출된 적이 없는 사람들의 경우이다.

다시 말해 안락한 환경이 문명화되는 과정에서 인간에게 끼친 영향과 원시인에게 끼친 영향을 구별해 보자는 것이다.

고전 시대의 이탈리아 로마와 대조되는 곳이 카푸아(이탈리아 남부에 있는 도시)이다. 로마 평원이 인간이 살기에 꽤 까다로웠던 만큼 카푸아 평원은 인간에게 아주 생활하기 좋은 곳이었다. 로마인은 그 살기 어려운 고국 땅을 벗어나 차례차례 이웃 나라를 정복한 데 비해, 카푸아인은 그들의 본거지에 가만히 앉아

---

25) 고대 로마의 역사가(기원전 59?~기원후 17). 《로마 건국사》 142권을 저술(그중 35권 현존)했다.
26) 오늘날은 그렇지 않다. 무솔리니 정부가 이 지역 개발에 힘을 기울여 성공했기 때문이다.(원주)

이웃 나라에 차례차례 정복당하고 있었다. 최후의 정복자인 삼니움인(고대 이탈리아반도의 주민)으로부터 카푸아가 해방된 것은 카푸아 스스로 로마에 섭정을 요청했기 때문이다.

그런데 그 뒤 로마 역사상 가장 중대한 전쟁의 가장 결정적인 순간, 즉 칸나에 전투(기원전 216년) 다음 날 카푸아는 한니발에게 성문을 열어줌으로써 로마의 은혜를 배신으로 되갚았다. 로마도 한니발도 카푸아의 선택이 전투에 있어 가장 중요한 변수이며, 또 전쟁 그 자체의 운명을 결정하는 요인이라고 보았다. 한니발은 카푸아에 입성해 그곳을 겨울 주둔지로 삼았다. 그러자 참으로 뜻밖의 일이 일어났다. 한겨울을 카푸아에서 보낸 한니발 군대는 사기가 완전히 해이해져 두 번 다시 옛날처럼 승리할 수 없었다.

아르템바레스의 탄원

헤로도토스의 《역사》에는 이 일에 대해 참으로 적절한 이야기가 나온다. 아르템바레스라는 사람이 친구와 함께 키루스를 찾아가 다음과 같이 말했다.

"이제야말로 제우스 신께서 아스티아게스[27]를 왕좌에서 쫓아내고 그 영토를 페르시아 국민과 폐하 한 분께 주셨는데, 현재 우리가 살고 있는 이 좁다란 바위투성이의 국토에서 떠나 더 좋은 토지로 이주하는 게 어떻습니까? 바로 가까운 곳에도, 또 조금 먼 곳에도 적당한 땅이 얼마든지 있습니다. 우리가 좋은 곳을 택하기만 하면 지금보다 더욱 세상에 우리 국위를 떨칠 수가 있습니다. 이것이야말로 우리 제국의 백성을 위해 마땅히 취해야 할 정책이며, 많은 국민들과 아시아 대륙 전체를 지배할 수 있는 최고의 기회는 바로 지금입니다."

이 말이 그닥 마음에 들지 않았던 국왕 키루스는 이들에게 원하는 대로 하라고 했다. 그러나 동시에, 지금의 피정복자들과 자리를 바꿀 각오를 하라고 말했다. 그러면서 키루스왕은 그들에게 유순한 땅은 반드시 유순한 인간을 만들어낸다고 덧붙였다.

---

27) 메디아 제국의 마지막 왕(재위 기원전 585~550). 고대 페르시아 제국의 건설자·아케메네스 왕조 창건자인 키루스 2세에게 폐위되었다.

《오디세이아》와 〈출애굽기〉

헤로도토스의 《역사》보다도 더 유명한 고대 문학으로 눈을 돌리면, 오디세우스를 위험에 빠지게 한 것은 키클롭스(눈이 하나인 거인)나 그 밖의 공격적인 적대자라기보다 오디세우스를 안락한 생활로 유혹한 사람들이었다.—음식을 대접한 뒤에 오디세우스의 부하를 돼지로 바꾼 키르케, 후대의 시인(테니슨)의 입을 빌리자면, 그 나라에서는 '언제나 나른한 오후였던' 로터스(벌꿀처럼 단 과일이 열리는 공상의 식물. 먹으면 만사를 잊는다)를 먹는 사람들, 그 황홀한 목소리가 들리지 않도록 납으로 선원들의 귀를 막은 다음, 그의 몸을 돛대에 잡아매도록 명령하게 했던 그 세이레네스(세이렌), 게다가 아내인 페넬로페보다 여신답게 훨씬 아름다웠으나, 죽어야 할 인간의 반려자로서는 비인간적으로 어울리지 않았던 칼립소 등의 유혹이었다.

〈출애굽기〉의 이스라엘 민족의 경우, 엄숙한 모세 5경(《구약성경》의 처음 다섯 권)에는 이스라엘 민족을 그릇된 길로 가도록 세이레네스나 키르케는 나오지 않으나, 이스라엘 민족이 늘 '이집트와 고기 가마(솥)'(《출애굽기》 16 : 3)를 동경했던 일이 기록되어 있다. 만일 그들이 방종의 길을 걸었다면(BC 5세기경 페르시아가 바빌로니아를 정복함으로써, 유폐되었던 이스라엘 민족이 해방되었다) 그들은 결코 《구약성경》을 내놓지 못했을 것이다. 성경에 나오듯 이스라엘 민족을 구하러 갔던 모세는 다행히도 페르시아의 키루스와 같은 생각을 가진 사람이었다.

안일로 지내는 사람들

우리가 지금 이야기한 몇 개의 예는 지나치게 설득력이 없다고 말하는 비평가가 있을지도 모른다. 그는 이렇게 말할 것이다.—어려운 생활 환경에서 쉬운 환경으로 옮겨간 사람들은 물론 굶주린 인간처럼 한꺼번에 잔뜩 먹어 '못쓰게' 될 수도 있다. 그러나 처음부터 훨씬 쉬운 조건에서 살아온 사람들은 이러한 이점을 잘 이용하리라 생각된다. 그러므로 우리는 위에서 구분한 두 경우 중 후자, 곧 수월한 환경 속에만 있었으며, 우리가 알기로 아직 다른 환경에 몸을 내맡긴 일이 없는 사람들에게로 눈을 돌릴 필요가 있다. 이 경우, 다른 환경으로 옮아간다는 방해 요소가 없다면 우리는 쉬운 환경 조건이 만들어내는 결과를 순수한 상태로 연구할 수 있다. 다음 사례는 약 50년 전 서양 관찰자의 눈에 비친 니아살랜드(말라위)에서의 쉬운 환경 조건이 미치는 영향에 대해 있는 그대로 묘사한 글이다.

"이 끝없는 숲속의 새 둥지처럼 서로 두려워하고, 또 공통의 적인 노예 상인을 두려워하는 작은 토민 부락이 여러 군데 자리잡고 있다. 그곳에는 옷도 없고, 문명도 없고, 학문도 없고, 종교도 없는 원시인, 그리고 생각하는 일도 없으며, 걱정도 없는 만족하는 자연의 아이들이 천진난만하게 살아가고 있다. 이 사람들은 정말 행복하고 부족한 것도 없다. ……아프리카인은 때때로 게으르다고 비난을 받지만 그것은 잘못된 이야기이다. 그는 일할 필요가 없을 뿐이다. 그처럼 풍요한 자연 속에 있으면서 더 할 일이 뭐가 있겠는가. 그러므로 그들의 게으름은 그의 납작한 코처럼 그 자신의 한 부분으로, 거북이의 느린 동작이 비난 대상이 아닌 것처럼 그들도 비난 대상이 되지 않는다."[28]

빅토리아 시대의, 남서풍보다도 북동풍을 좋아하는—영국에선 남서풍이 부는 계절이 가장 좋은 계절, 북동풍이 부는 때는 그 반대—고군분투하는 삶을 살았던 찰스 킹즐리[29]는 《근면한 나라에서 도망쳐 나온 위대하고 유명한 나라의 역사》라는 소설을 썼다. 이 태평한 자들은 종일 피리를 불며 놀고 싶었으므로 근면한 나라에서 도망쳐 나왔고 벌을 받아 고릴라로 퇴화되었다.

로터스를 먹으며 안락하게 지내는 사람들에 대해 그리스의 시인들과 근대 서유럽의 도덕가들이 서로 다른 입장을 보여줬는데 이것은 흥미 있는 일이다. 그리스의 시인에게는 로터스를 먹는 사람들과 로터스국(國)이 가장 매력적이며, 문명화하는 그리스인 앞에 놓인 악마의 덫이었다. 이에 반해 킹즐리는 이 태평한 자를 모멸과 비난의 눈으로 바라보고, 전혀 매력을 느끼지 않는, 마치 근대 영국인다운 태도를 보이고 있다. 그는 안락한 생활을 찾아 이동하는 이들을, 서유럽 이익을 위해서가 아니라 그들 자신의 이익을 위해 영국에 병합해, 그들에게 바지를 입히고 성경을 주는 일이 절대적인 의무라고 생각했다.

우리의 일이란 찬성하는 것도, 반대하는 것도 아닌 이해하는 것이다. 이러한 교훈은 〈창세기〉 처음 몇 장에서 볼 수 있다. 그리고 아담과 하와가 그들의 로

---

28) Drummond, H・*Tropical Africa*.〔원주〕
29) 영국의 성직자・소설가(1819~1875). 그리스도교적 사회주의를 주장했다.

터스국이었던 에덴동산에서 추방된 뒤 비로소 그들의 자손들이 농경과 도금술과 악기를 발명하게 된 것이다.

제7장 환경의 도전

1. 척박한 땅이 주는 자극

연구 방침

우리는 안락함이 문명의 적이라는 사실을 확립했다. 그렇다면 한 발짝 더 나아가 문명의 발생을 촉진하는 자극은, 환경이 어려워짐에 따라 꼭 더 강해진다고 할 수 있을까? 먼저 이 주장을 뒷받침하는 증거를 살펴보고 다음으로 그것에 반대하는 증거를 살펴본 다음, 어떤 결론이 나오는지 살펴보자. 환경의 난이도와 자극이 똑같이 커진다는 것을 나타내는 증거는 쉽게 찾을 수 있다. 오히려 곧 머릿속에 떠오르는 예가 너무 많아서 난처할 지경이다. 이런 예들은 대부분 비교의 형태로 제시된다. 우리는 이러한 예를 저마다 자연환경과 인간 환경에 관계되는 두 부류로 나눠 비교하고, 우선 자연환경의 부류로부터 살펴보자. 이 부류는 다시 두 가지로 나눌 수 있다. 즉 난이도가 다른 각각의 자연환경이 주는 자극적 효과의 비교와, 지역의 고유 성질과는 별개로 새로운 땅이냐 아니면 오래된 땅이냐에 따라 달라지는 자극적 효과의 비교이다.

황허강과 양쯔강

첫째 예로서 중국의 2개의 큰 강 하류 지역이 보여주는 생존의 난이도에 대해 생각해 보자. 인간이 처음으로 혼탁한 황허강 하류 유역을 관리하기 시작했을 때, 황허강은 어느 계절이든 항해할 수 없었다. 겨울철에는 얼어붙거나, 또는 떠 있는 얼음덩어리로 물길이 막혔으며, 봄마다 이 얼음이 녹으면서 큰 피해를 내는 홍수가 일어났고, 해마다 물길이 새로 생기면서 물의 흐름이 바뀌어 옛 수로는 정글로 뒤덮인 늪지로 변했다. 3000년, 4000년에 걸친 인간의 노력으로 늪지에서 물을 빼내고, 강물은 둑 안에 가두긴 했지만 오늘날까지도 홍수의 피해는 여전히 남아 있다. 바로 1852년에도 황허강 하류의 수로가 완전히 바뀌어 하구가 산동반도의 남쪽에서 북쪽으로 160킬로미터나 이동했다. 양쯔강은 항상 항해가 가능했으며 홍수 때문에 간혹 큰 피해를 주긴 했지만, 황허강만큼 빈번하지는 않았다. 또한 양쯔강 유역은 겨울철 추위가 그다지 심하지 않았다. 그럼에도 중국 문명이 발생한 곳은 황허강 유역이지 양쯔강 유역은 아니었다.

아티카와 보이오티아

해로가 아닌 반도 내륙 지역 육로를 통해 그리스로 들어가거나 나가는 여행자라면 누구나 헬라스 문명의 발상지가 고유한 문명을 만들어내지 못한 저 북쪽 나라보다 바위도 많고, '메마르고 험하다'는 인상을 받는다. 그러나 에게해 지역 내부에도 그와 같은 대조가 나타난다.

예를 들면 기차로 아테네에서 살로니카(테살로니키)를 거쳐 중앙 유럽에 이르는 길을 여행하면 서유럽이나 중앙 유럽에서 온 여행자들은 여정에서부터 낯익은 풍경을 쉽게 보게 된다. 열차가 파르네스산(아테네 바로 북쪽)의 동쪽 경사면을 돌아 작은 소나무와 들쭉날쭉한 석회암산으로 이루어진 전형적인 에게해적 풍경 속을 몇 시간이나 서서히 올라간 다음 이번에는 평평한 심토(心土 : 속흙)로 이루어진 저지대의 경작지로 내려갈 때 여행자는 놀라게 된다.

물론 이 풍경은 '돌연변이'이다. 여행자는 니시(세르비아의 모라바강 상류 지역)를 뒤로하고, 중부 다뉴브강을 향해 모라바강을 내려갈 때까지 또다시 그런 풍경을 볼 수는 없다. 문명에서는 이 예외적인 지역을 어떻게 불렀을까? 그것은 '보이오티아'라 불리고 있었다. 그리고 그리스인에게 '보이오티아인'이라는 말은 아주 특별한 뉘앙스를 주었다. 그것은 촌스럽고 둔감하고 상상력이 없고 난폭한 정신―요컨대 그때의 일반적인 헬라스 문화의 주요한 특징과 조화되지 않았다. 이 부조화는 키타이론산맥의 바로 뒤쪽, 오늘날 철도가 돌아 지나가는 파르네스산 모퉁이를 돌아가면 바로 그곳에 '헬라스 속의 헬라스'인 험준한 아티카가 있었기 때문에 한층 더 지리적으로 대조를 이루었다. 참으로 헬레니즘의 정수라할 정신을 갖춘 나라와, 보편적 그리스인의 감성과 전혀 어울리지 않는 나라가바로 눈앞에 있었던 것이다. 이 대조는 '보이오티아의 돼지'와 '아티카의 소금'이라는 신랄한 표현 속에 요약되었다.

본 연구에서 흥미로운 점은, 그리스인의 의식에 이만큼 선명한 차이를 만든 문화적 대조가 지리적 차이에 따른 자연환경적 대조와 놀랍게도 일치한다는 점이다. 아티카는 그 영혼에 있어 '헬라스 속의 헬라스'였을 뿐 아니라 그 자연에 있어서도 '헬라스 속의 헬라스'였다. 에게해 지역의 나라들이 에게해 밖의 여러 먼 나라들과 대조되듯이 아티카는 에게해의 다른 나라들과 대조된다. 만일 서쪽으로부터 그리스로 다가가 코린트만(灣)을 통해 그리스로 들어간다면 깊숙이 절개된 코린트 운하의 깎아지른 양쪽 기슭으로 인해 시야가 가려지기 전에 그리스의 풍경—그것은 아름다우나 가까이할 수 없는 느낌이 든다—에 익숙해지게 될 것이다. 그러나 기선이 살로니카만으로 나오는 순간, 코린트 지협의 동쪽 경치가 예상도 못 할 만큼 험준한 데 새삼 눈이 휘둥그레질 것이다. 그 험준함은 살라미스섬을 돌아 아티카가 눈앞에 펼쳐질 때 절정에 달한다. 산의 뼈대로부터 표층의 흙이 바다로 씻겨 내려 바다에 쌓이는 표면 침식 현상이, 토양이 이상하게 가볍고 돌이 많은 아티카에서 《크리티아스》(플라톤의 대화편의 하나) 속의 그림을 보는 것 같은 묘사로 증명되듯 플라톤 시대에 이미 끝나 있었는데, 보이오티아에서는 오늘에 이르기까지 이런 침식이 보이지 않고 있다.

아테네인은 이 척박한 땅을 어떻게 했는가? 그들은 아테네를 '헬라스의 교육장'으로 만들기 시작했다. 아티카의 초원이 바싹 마르고 농지가 황폐해지자, 아티카의 주민들은 그 무렵 그리스의 주요 산업이던 목축과 곡물 재배를 그만두고 그들이 독특하게 생각해 낸 올리브 재배와 심토 개발로 전환했다. 여신 아테나를 상징하는 이 품위 있는 나무는 바위 위에서도 견디며 잘 자란다. 그러나 사람은 그 기름만으로는 살아갈 수 없다. 올리브 숲으로 생계를 꾸리려면 아테네인들은 아티카의 올리브기름을 스키타이의 곡물과 교환해야만 한다. 기름을 스키타이 시장에 내놓으려면 그것을 항아리에 담아 바다를 건너 수송해야 한다. 이런 활동이 아티카의 도기와 상선(商船), 그리고 거래에는 화폐가 필요했으므로 아티카의 은광이 개발되었다. 하지만 이런 부는 단순히 아테네가 헬라스의 교육장이 되고, 보이오티아의 동물성과 정반대인 '아티카의 소금' 구실을 하게 한 정치적·예술적·지적 문화의 경제적 기초에 불과했다. 정치에서의 결과물은 아테네 제국이었다. 예술에서는 도자기 산업의 융성이 아티카의 도기 화공에게 새로운 미의 형식을 만들어내도록 했고, 2000년 뒤 영국 시인 존 키츠를 매혹시키기도 했다(키츠의 시 〈그리스 항아리에 부치는 노래〉). 또 아티카에는 숲이 거의 없었기 때문에 아테네의 건축가들은 어쩔 수 없이 목재 대신 돌을 재료로 쓰게 되었고, 그 결과 파르테논 신전이 만들어졌다.

비잔티움과 칼케돈

그 원인에 대해선 제1장에서 이미 언급한 헬라스 세계의 확장이 우리의 주제를 보여주는 또 다른 예가 된다. 그것은 두 군데의 그리스 식민지 칼케돈(그리스인들은 카르타고인을 칼케돈, 로마인은 포에니라 불렀다)과 비잔티움의 대조인데, 칼케돈은 마르마라해에서 보스포루스 해협으로 들어가는 입구의 아시아 쪽에, 비잔티움은 유럽 쪽에 설치된 식민지이다.

헤로도토스에 따르면 이 두 도시가 건설된 지 1세기쯤 지나서 페르시아인 총독 메가바주스가 다음과 같이 말했는데 이 말은 헬레스폰투스(다르다넬스) 지역의 그리스인 사이에서 두고두고 회자된다.

"총독이 비잔티움에서 듣기로, 칼케돈인이 비잔틴인(비잔티움인)보다 17년 앞서 자신들의 도시를 지었다고 했다. 총독은 그 이야기를 듣자마자 '칼케돈인은 그때 분명히 맹인이었을 것이다'라고 말했다. 이 말은 칼케돈인은 마음대로 좋은 땅을 가질 수도 있었는데 일부러 척박한 땅을 골랐으니 맹인이 아니고서야 어찌 그럴 수 있겠느냐는 것이다."

그러나 일이 끝나고 나서야 모든 게 분명해지듯, 페르시아인의 그리스 침략기인 메가바주스 통치기에 벌써 이 두 도시 국가의 운명이 정해졌다. 칼케돈은 처음부터 평범한 농업 식민지였으며, 그런 면에서 보면 이 도시 국가가 차지한 땅은 비잔티움 지역보다 훨씬 나았고 요즘도 마찬가지이다. 비잔틴인은 나중에 왔고 나머지 땅을 손에 넣었다. 그들은 계속 트라키아인들의 침입을 받았기 때문인지 농업 사회로서는 실패했다. 하지만 그들의 항구인 '골든혼'만은 마치 우연히 금광을 파낸 격이었는데, 보스포루스 해협을 따라 내려오는 해류가 있어, 어느 방향에서 배가 오더라도 모두 '골든혼'으로 들어가기 쉽게 되어 있었다. 기원전 2세기경, 곧 그리스인의 식민지가 건설된 지 약 500년 뒤이며, 또 그것이 세계 국가의 수도로 승격해 콘스탄티노플이 되기 500년 전에 쓰인 책에서 폴리비우스는 다음과 같이 말하고 있다.

"비잔틴인이 살던 지역은 안전과 번영이라는 두 가지 면에서 보면 바다 쪽으로는 헬라스 제국에서 어디에서나 접근하기 가장 편리한 곳에 위치하고 있으나, 육지 쪽으로는 통행이 불편한 지역이었다. 비잔티움은 바다 쪽으로는 완전히 흑해의 어귀에 있어 비잔틴인의 비위를 거스르고는 어떤 상선도 흑해에 들어가고 나올 수 없다."

메가바주스는 그 말 덕택에 분에 넘치는 영예를 얻었다. 만일 비잔티움을 고른 식민지 개척자가 20년 더 빨리 찾아왔더라면, 그들은 그 무렵, 비어 있던 칼케돈에 정착했을 것이다. 그리고 트라키아인 침략자들이 칼케돈인이 농업에 전념하도록 방해를 하지 않았다면, 이곳이 이렇게 상업적으로 번성하지는 못했을 것이다.

이스라엘인과 페니키아인 그리고 필리스티아인

헬라스 문명의 역사에서 시리아 문명의 역사로 눈을 돌리면, 미노스 문명 바로 뒤의 민족 이동 시기에 시리아에 들어왔거나 거기서 견뎌냈던 여러 정착민들의 구성은 그 후 그들이 자리잡은 지역의 자연환경적 어려움에 정확히 비례해 구별되기 시작했다. 시리아 문명 발달에 주역을 맡은 사람들은, '다마스쿠스의 아바나강과 발바르강'(《열왕기하》 5 : 12)의 아랍인도 아니며, 훨씬 뒷날 그리스계의 셀레우코스 왕조가 안티오키아에 수도를 세우고 오론테스강 기슭에 정착했던 또 다른 아랍인도 아니고, 또 요르단강의 동쪽에 머무르며 길르앗의 훌륭한 목초지에서 '바산의 소들(숫양, 염소)'(《신명기》 32 : 14, 〈에제키엘서〉 39 : 18)을 살찌우던 이스라엘의 부족도 아니었다. 그중 가장 주목할 만한 것은 시리아 세계의 지도권이 이방인으로서가 아니라 미노스 문명의 계승자로서 에게해로부터 시리아로 들어온 유민들, 이들은 카르멜산의 남쪽 항구와 저지대에 자리를 잡았는데, 이들 필리스티아인이 이 지도권을 갖지 못했다는 점이다. 그리스인 사이에서 보이오티아인의 이름이 그러했듯이 이 민족의 이름도 모멸적인 뜻을 갖게 되었다. 보이오티아인이나 필리스티아인이 평판만큼 사악하지 않았고 또 이 두 민족에 대한 우리의 지식 거의 대부분이 그들의 경쟁 상대로부터 얻은 것이라 해도 이처럼 나쁜 말을 듣는다는 것은 결국 그들의 경쟁 상대가 그들보다 우세했고 그들 두 민족의 희생을 딛고 후세의 관심을 받게 됐다는 뜻이 아닌가.

시리아 문명의 업적은, 세 가지 대사업을 수행한 일이다. 그들은 알파벳을 만들고, 대서양을 발견했으며, 유대교·조로아스터교·그리스도교·이슬람교와 공통점이 있으며, 이집트·수메르·인도·헬라스 각 문명의 종교 사상과는 사뭇 다른 독특한 신의 개념에 도달했다는 것이다. 이 위업을 수행한 것은 시리아 사회였다.

알파벳에 대해서는 정확히 알 수 없다. 예부터 알파벳을 만든 사람은 페니키아인으로 알려졌지만, 어쩌면 필리스티아인이 그 원형을 미노스 문명 세계로부터 전한 것인지도 모른다. 따라서 알파벳을 만든 공을 누구에게 돌려야 하는지 아직까지는 밝혀지지 않았다. 그러면 두 가지 다른 업적으로 옮겨가도록 하자.

지중해의 끝 '헤라클레스의 기둥'(지브롤터 해협의 동단의 두 바위)이 있는 곳까지, 다시 그 너머까지 겁 없이 항해를 한 사람들은 누구였나? 필리스티아인은 아니었다. 그들은 바다를 등지고, 에스드라엘론(성경의 이스르엘)과 셰펠라(이 지역 서쪽에 팔레스타인 평원의 가장 큰 도시 게제르가 있다)의 비옥한 평원을 손에 넣으려고, 그들보다도 강한 에브라임과 유대 언덕 지대의 이스라엘인과 싸워서 패했다. 대서양을 발견한 사람들은 티루스(오늘날 티레)와 시돈에 살던 페니키아인이었다.

이들 페니키아인들은 필리스티아인과 히브리인들이 침입하기 이전에 살던 가나안족의 후예로 이것은 〈창세기〉 앞 장에서 계보의 형태로, "가나안(노아의 손자이자 함의 아들)에게서 태어난 첫아들은 시돈이었다"(〈창세기〉 10 : 15)라고 표현되어 있다. 그들이 살아남은 이유는 시리아 해안 가운데인 그들의 땅이 침략자를 끌어들일 만큼 매력 있는 곳이 아니었기 때문이다. 필리스티아인이 손을 대지 않고 남겨둔 이 연안 지대의 페니키아 땅은 필리스티아인이 살던 셰펠라 지역과는 아주 대조적으로, 비옥한 평야가 전혀 없다. 레바논산맥이 바다로부터 곧장 솟아 너무 험준하기 때문에 도로나 철도를 놓기도 어렵다. 페니키아는 도시끼리도, 해로를 통하지 않고서는 서로 연락하기도 쉽지 않다. 그리고 그중에서도 가장 유명한 티루스는, 마치 갈매기 둥지처럼, 바위투성이인 섬 위에 위치하고 있다. 비옥한 땅에서 필리스티아인이 풀밭의 양 떼처럼 한가로이 사는 동안, 그때까지 해상의 활동 무대가 비블로스(티로스·시돈과 나란히 있다)와 이집트 간의 근거리 연안 항로로 한정되어 있던 페니키아인은 바야흐로 미노스인과 마찬가지로 넓은 바다로 나가 지중해 서쪽의 아프리카와 에스파냐의 연안 지대에 그들 특유의 시리아 문명을 위해 제2의 근거지를 건설했다. 이 페니키아인이 해외에 개척한 세계의 수도 카르타고(아프리카 북부)는 필리스티아인이 스스로 선택한 지역에서의 전투에 있어서도 필리스티아인을 넘어섰다. 필리스티아인 중 가장 유명한 전사는 가드 사람 골리앗(《사무엘상》 17 : 23)이나, 그 골리앗도 페니키아인의 한니발과 비교하면 초라하다.

그러나 업적 중 대서양이라는 지역적 발견을 훨씬 뛰어넘는 것은, 유일신(唯一神)의 개념을 만들어낸 정신적 측면이라 하겠다. 그리고 이것은 민족 이동의 결과, 페니키아 해안보다도 더 척박한 자연환경, 곧 에브라임과 유대의 언덕 지대로 쫓겨난 시리아 사회의 한 집단에 의해 이루어졌다. 이 메마른 숲인 언덕 지대는 기원전 14세기 및 그 이후 이집트의 '신왕국' 쇠퇴 후 공백 기간 중에 아라비아의 초원 지대 북부로부터 시리아 주변으로 흘러들어온 히브리 유목민의 선발대가 거주하게 되기까지 사람이 살고 있지 않은 것이 확실하다. 여기서 히브리인은 유목민에서 돌투성이의 땅을 일구는 정착농으로 변해 시리아 문명의 전성기가 끝날 때까지 세상에 알려지지 않고 살아가고 있었다. 구약의 대예언자들 대부분이 이미 죽은 기원전 5세기에도 헤로도토스는 이스라엘의 이름조차 모르고 있었으며, 그가 시리아 세계를 살펴보았을 때도 이스라엘이란 나라는 필리스티아인의 뒤에 가려져 있었다. 헤로도토스는 이 지역을 '필리스티아인의 나라'라고 썼다. 그리고 이 명칭이 오늘날까지 필라스틴(아랍어의 형태) 또는 팔레스티나라는 이름으로 남아 있다.

시리아의 전설에 보면 이스라엘인의 신 야훼가 인간에게 할 수 있는 가장 엄한 방법으로 이스라엘 왕을 시험한 이야기가 있다.

"하느님이 꿈에 솔로몬에게 나타나 말씀하셨다. "내가 너에게 무엇을 해주면 좋겠는가?" 솔로몬이 대답했다. "……지혜를 종에게 내려주소서." 솔로몬의 청이 하느님의 마음에 들었다. 그래서 하느님이 그에게 말씀하셨다. "네가 구하되 자신을 위한 장수를 구하지 않고, 또 자신을 위해 부를 구하지 않고, 또 자기 적들의 생명도 구하지 않고, 오직 송사(訟事)를 분별하는 지혜를 구했기 때문에 나는 너의 말대로 지혜롭고 현명한 마음을 주노라…… 너와 같은 이는 전에도 없었고, 앞으로도 없을 것이다. 그리하여 네가 구하지 않은 부와 명예도 주겠노라. 네 평생에 왕들 중에 너와 같은 자가 없을 것이라.〟(《열왕기상》 3 : 11~13)

솔로몬왕의 선택에 대한 이 전설은 '선민(選民)'의 역사를 비유한 이야기이다. 정신적 이해력이라는 점에서 이스라엘은 필리스티아인의 군사적 기량과 페니키아인의 해양적 기량을 능가했다. 그들은 이교도들이 얻으려 하는 것을 추구하지 않고 신의 나라를 먼저 구했다. 그러자 구하지 않은 모든 것이 그들에게 저절로 주어졌다.(《마태복음》 6 : 31~33, 《누가복음》 12 : 29~31) 적들의 생명에 대해서라면, 필리스티아인이 이스라엘의 손안에 들어갔다. 부에 대해서라면, 유대인은 티루스와 카르타고의 유산을 이어받았고, 페니키아인이 미처 알지 못했던 대륙에서 페니키아인이 꿈에도 생각지 못한 대규모 상거래를 하게 되었다. 장수에 대해 말하자면, 페니키아인이나 필리스티아인이 정체성을 잃어버린 지 오랜 세월이 흐른 지금도 그들을 몰아낸 유대인은 그때와 똑같이 그들 민족의 고유성을 간직하며 살아가고 있다. 고대 시리아에서 그들의 이웃들은 세상의 용광로 속으로 들어가, 새로운 모습과 이름으로 다시 주조되었으나, 이스라엘은 이교도들을 거의 다 굴복시킨 세계 국가들과 세계 종교들, 또 민족의 이동이라는 도가니 속에서 '역사'에 의해 이루어진 이 연금술에 전혀 휘둘리지 않았다.

브란덴부르크와 라인란트

아티카나 이스라엘에서 갑자기 독일의 브란덴부르크로 뛰어넘는 것은 공간적으로나 시간적으로 너무 동떨어진 느낌이 들지 모르나, 브란덴부르크는 그 나름대로 동일한 법칙의 예시가 될 수 있다. 프리드리히 대왕(재위 1740~1786년)의 본래 영토였던 솔숲과 모래밭의 브란덴부르크와 포메라니아, 동프로이센 지역을 여행하면 마치 유라시아 초원 지대의 벽촌 지방을 지나고 있는 듯한 착각을 할지도 모른다. 거기서 벗어나면, 덴마크의 목장이라든가 너도밤나무 숲, 리투아니아의 흑토(黑土) 지대나, 라인란트의 포도밭 등 어느 방향으로 가든 살기에 안락한 땅으로 느껴진다. 그럼에도 이 '거친 땅(자갈이 많은 황무지)'에 정착했던 중세의 인쇄 활자 사용자의 자손이 서유럽 사회의 역사에서도 뛰어난 역할을 한 것이다. 그들은 단순히 19세기에는 독일을 굴복시키고 20세기에는 독일 국민을 이끌며 서유럽 사회에 세계 국가를 실현시키려 했던 것만은 아니다. 프로이센인은 그들의 이웃 나라에 인공 비료를 주어 모래땅에서 곡물을 생산하는 방법을 가르치고, 의무 교육 제도와 의무적인 건강, 실업 보험 제도 등으로 이전보다 높은 수준의 사회적 보장을 국민에게 제공하는 방법을 가르쳤다. 프로이센인을 좋아하지 않더라도 프로이센인으로부터 중요하고 귀중한 교훈을 얻었음은 부정할 수 없다.

스코틀랜드와 잉글랜드

스코틀랜드가 잉글랜드보다도 열악한 땅이라는 것은 말할 필요도 없고, 또 전통적인 스코틀랜드인과 잉글랜드인과의 유명한 기질적 차이도 굳이 말할 필요는 없다. 스코틀랜드인은 근엄하고, 인색하며, 꼼꼼하고, 끈기 있으며, 주의 깊고, 건실하며, 교육을 중요시하는 데 비해, 잉글랜드인은 사치스럽고, 요령이 없으며, 즉흥적이고, 부주의하며, 쾌활하고, 학문적 소양이 얕다라는 것이다. 잉글랜드인은 이 전통적인 비교를 오히려 농담이라고 생각할지 모른다. 그들은 대개 이 일을 농담으로 돌려버린다. 그러나 스코틀랜드인은 그렇지 않다. 새뮤얼 존슨[30]은 스코틀랜드인의 눈에 비친 가장 아름다운 풍경은 잉글랜드로 가는 길이라는 이 경구를 자주 되풀이하며 제임스 보즈웰[31]을 놀려댔다. 또 존슨이 태어나기 전 앤 여왕 시대(1702~1714년)의 어느 재담가는 만일 카인이 스코틀랜드인이었더라면 세상을 떠돌며 방황하는 형벌 대신 고향에 머무는 벌을 받았을 것이라 했다. 대영 제국의 건설과 교회, 국가의 높은 지위 확보에 있어, 스코틀랜드인이 그 수에 비해 큰 역할을 했다는 일반적인 생각은 충분히 근거가 있다. 빅토리아 여왕 시대(1837~1901년)의 영국 의회에서의 고전적 논쟁은 순수한 스코틀랜드인(글래드스턴)과 순수한 유대인(디즈레일리)의 논쟁이었으며, 대영 제국 수상 자리는 글래드스턴의 뒤를 이어받아 오늘날까지 총리 자리에 오른 사람들 반수 가까이가 스코틀랜드인이었다.[32]

---

30) 영국의 시인·비평가(1709~1784). 보즈웰의 안내로 스코틀랜드를 여행한 뒤, 《스코틀랜드 서쪽 섬 여행기》를 썼다.
31) 영국의 작가(1740~1795). 전기 문학의 걸작인 《새뮤얼 존슨전(傳)》으로 유명하다.
32) 로즈버리·밸푸어·캠벨배너먼·맥도널드 등 네 사람, 그리고 스코틀랜드계 아일랜드인 출신의

북아메리카 쟁탈전

서유럽 문명의 역사에서 중요하게 다루어온 환경에 대한 도전의 전형적인 예시는 5, 6개 정도의 개척 이민 집단 사이에서 이루어진 북아메리카의 지배권 쟁탈 경쟁의 결과이다. 이 경쟁의 승자는 뉴잉글랜드(미국 동북부 대서양 연안 지역)인이었는데, 우리는 이미 앞에서 아메리카 대륙의 최종적인 지배자가 된 사람들이 처음으로 정착한 지역의 환경이 대단히 험난했다고 말했다. 타운힐이 좋은 본보기가 되는 이 뉴잉글랜드의 자연환경과 뉴잉글랜드인과 경쟁하여 패한 네덜란드인·프랑스인·에스파냐인, 게다가 대서양 연안의 남부 버지니아와 그 주위에 자리잡았던 다른 영국인 식민자들이 처음 정착했던 다른 미국 지역의 자연환경을 비교해 보자.

이들 집단이 모두 아메리카 대륙의 외각에 최초의 발판을 마련한 17세기 중엽 무렵에는 언젠가 이 집단 간에 내륙의 소유권을 두고 충돌이 있으리라는 게 쉽게 예상되었지만, 당시 사람들 중 아무리 선견지명이 있는 사람이라도 1650년 그때에 그 경쟁의 승자를 맞혀보라 했다면 아마 엉뚱한 대답을 했을 것이다. 그 관찰자는 어쩌면 에스파냐가 승리를 위한 두 가지 명백한 이점을 갖고 있음에도 에스파냐인을 승자에서 제외할 만한 안목을 갖고 있었을지도 모른다. 그 두 가지 이점이란 하나는 북아메리카의 유일한 문명 개발 지역인 멕시코를 점령하고 있었으며, 또 하나는 황금기보다 기울었지만 여전히 에스파냐가 유럽 열강 사이에서 명성을 떨치고 있었다는 사실이다. 또 그 관찰자는, 멕시코는 위치상 중심에서 떨어져 있다는 이유로, 또 에스파냐의 명성은 그 무렵에 끝난 유럽 전쟁(30년 전쟁. 1618~1648년)에서 에스파냐가 거듭 패했다는 이유로 제외했을지 모른다. 그리고 그는 덧붙여 다음과 같이 말했을지도 모른다.

"유럽에서 에스파냐의 육군으로서의 패권을 이어받은 것은 프랑스이며, 해군과 상업에서의 패권은 네덜란드와 영국이 이어받을 것이다. 그러므로 북아메리카의 쟁탈전은 네덜란드·프랑스·영국의 3국 간에 벌어질 것이다. 단기적으로 보면 네덜란드가 가장 유망하다고 생각될지도 모른다. 네덜란드는 해상 세력으로서 영국이나 프랑스보다도 우세하고, 또 미국에서 내륙으로 물이 드나드는 홀

캐나다 태생으로서 어머니는 순수한 스코틀랜드인이며, 글래스고에 정주한 보너 로를 추가해도 된다. 그렇게 되면 다섯 사람이 된다. 스코틀랜드인 이외의 수상은 일곱 사람이다.(엮은이주)

륭한 수문(水門)인 허드슨강 유역을 쥐고 있다. 그러나 장기적 관점에서 보면, 프랑스가 승리자가 될 것 같다. 프랑스는 훨씬 더 괜찮은 수문인 세인트로렌스강을 차지하고 있으며, 또 압도적으로 우세한 군사력으로 네덜란드 본국을 약화하고, 병력의 이동을 불가능하게 할 수 있다.

하지만 두 영국인 개척 집단을 자신 있게 제외시킬 수 있다. 남부의 영국인 식민지는 비교적 부드러운 토양과 온화한 기후 덕에 어쩌면 미시시피강 유역을 차지할 프랑스인이나, 네덜란드인에게서 멀리 떨어져 소수 민족으로 살아남을지도 모른다. 그러나 한 가지만은 확실히 말할 수 있다. 즉 황량한 불모의 뉴잉글랜드 지역에 사는 작은 정착민촌은 허드슨강의 네덜란드인 때문에 같은 민족 집단에서 떨어져 있게 되고, 한편으로는 프랑스인이 세인트로렌스강(하류가 뉴욕 동부의 허드슨강과 연결된다) 방면부터 침입해 압박을 가하고 있으므로 마침내 소멸될 운명에 있다는 것이다."

이 가상의 관찰자가 세기가 바뀔 때까지 살아서 그 무렵의 형세를 지켜보았다고 하자. 1701년에는 프랑스 쪽이 네덜란드보다도 유망하다고 예측한 일은 기뻐했을 것이다. 왜냐하면 네덜란드인이 1664년에 허드슨강을 순순히 경쟁 상대인 영국인에게 양도한 데 비해, 프랑스인은 그동안 세인트로렌스강을 거슬러 올라가 5대호 지방에 이르렀고, 다시 거기서 육로를 거쳐 미시시피강 유역에 다다랐기 때문이다. 로베르 드 라살[33]은 미시시피강을 타고 강어귀까지 내려가 그곳에 새로운 프랑스 식민지 루이지애나를 건설했다. 그리고 이 루이지애나의 항구인 뉴올리언스는 희망찬 미래를 눈앞에 두고 있었다. 프랑스와 영국의 관계에 있어서 우리 관찰자는 예측을 바꿀 아무런 이유도 찾지 못할 것이다. 뉴잉글랜드인은 뉴욕을 차지함으로써 겨우 살아남을 테지만, 남쪽의 그들 동족과 마찬가지로 실낱같은 희망을 가질 뿐이었다. 아메리카 대륙의 미래는 프랑스가 승리하는 것으로 사실상 결정된 듯했다.

우리는 그 가상의 관찰자가 1803년의 정세를 살피도록 그에게 다시 초인적인 수명을 부여하기로 하자. 만일 그때까지 관찰자가 산다면, 그는 자신의 지혜

---

33) 프랑스의 탐험가(1643~1687). 미시시피강 유역을 '루이지애나'(국왕 루이 14세의 이름을 본뜸)라 명명하고 왕에게 바쳤다.

가 오래 사는 것만큼 쌓이진 않았음을 인정해야 할 것이다. 1803년 끝 무렵, 프랑스의 국기는 북아메리카의 정치 지도 위에서 완전히 모습을 감춰버렸다. 캐나다가 영국령이 된 지 40년이 지났고, 한편 루이지애나는 먼저 프랑스로부터 에스파냐에 넘어갔다가 다시 프랑스에 반환된 뒤 그 무렵 나폴레옹에 의해 아메리카 합중국(미합중국)—13개 주의 영국 식민지로 설립된 새로운 대국—에 팔린다.

이 1803년이라는 해에는 미합중국(미국)이 이 대륙을 완전히 손에 넣었고, 이제 예상의 범위가 좁아졌다. 남은 것은 이 합중국의 어느 지역이 이 광대한 땅을 보다 많이 차지하느냐를 맞히는 일이었다. 이번에야말로 제대로 맞힐 것이다. 남부 여러 주가 미합중국의 명백한 지배자이다. 현재 남부의 여러 주가 어떻게 서부 획득을 둘러싼 경쟁의 막판 싸움을 전개하는지 보자. 켄터키주를 건설한 것은 다름 아닌 버지니아 구석의 개척민들이었는데, 켄터키주는 오랫동안 프랑스인과 더불어 영국인 개척자들이 내륙으로 들어오는 것을 막고 있던 산맥(애팔래치아산맥)의 서쪽에 세워진 최초의 새로운 주였다. 켄터키주는 오하이오강을 따라 있으며 오하이오강은 미시시피강으로 이어진다. 또 랭커셔에 새로 등장한 방적 공장들은 키우기에 알맞은 땅과 좋은 기후 덕택으로, 남부 개척민들에게 전에 없이 커진 면화 시장을 마련해 주었다.

또 1807년에 그는 남부 사람들이 "우리의 양키 사촌은 최근, 미시시피강을 거슬러 오르는 기선을 발명하고, 또 면화를 손질하고 세척하는 기계를 발명했다. 그들의 '양키적 고안'은 솜씨 있는 발명자 자신을 이롭게 하기보다는 우리를 더 이롭게 한다"고 말하는 소리를 들을 것이다.

예상이 하나도 들어맞지 않았던 늙은 그 가상의 예견자가 그즈음 남부 여러 주에 살던 개척민 스스로가 예상했던 대로 이뤄질 것이라 생각한다면 잘못 판단하는 것이다. 왜냐하면 이 경쟁의 마지막 단계에서 남부 사람들은 앞서 네덜란드인과 프랑스인이 영국인에게 당한 것과 마찬가지로 신속하고도 참담한 패배를 할 운명이었다.

1865년에 이미 형세는 1807년 그때와는 완전히 다르게 변해 버렸다. 서부 획득 경쟁에서, 남부의 농장 경영자들은 경쟁 상대인 북부인에게 추월당하고 그들의 공격을 받고 있었다. 인디애나주를 지나, 거의 5대호 지방까지 진출하고 어려움 속에서도 미주리주를 손에 넣은(1821년) 다음에 남부인은 캔자스주에서 결정적인 패배를 당해(1854~1860년) 결국 태평양에 이를 수 없게 되었다. 바야흐로 뉴잉글랜드인이 시애틀에서 로스앤젤레스에 이르는 태평양 연안 일대의 지배자가 되었다. 남부인들은 미시시피의 기선이 서부 전체를 그들 남부의 경제적·정치적 체제 속으로 끌어올 것이라고 기대를 하고 있었다.

그러나 '양키적 고안'은 멈춘 게 아니다. 철도 기관차가 기선에 이어 등장했고, 기선이 남부인에게 준 것보다 더 많은 것을 남부인으로부터 빼앗아갔다. 허드슨 유역과 뉴욕이라는 대서양에서 서부에 이르는 관문으로서의 잠재 가치가 마침내 철도 시대가 되자 현실화되었기 때문이다. 시카고에서 뉴욕까지의 철도 교통이 세인트루이스에서 뉴올리언스에 이르는 기선 교통을 능가하게 되었다. 대륙 내부의 교통 노선은 수직 방향에서 수평 방향으로 바뀌었고 서북부는 남부에서 떨어져 나와 이해관계 때문에 또 정서적인 면에서 동북부와 결합하게 되었다.

남부에 기선과 면화 기계를 전한 동부인은, 이제 두 가지 선물로 서북부인의 마음을 사로잡았다. 그들은 오른손에는 기관차, 왼손에는 곡물을 베어 단으로 묶어내는 기계를 들고 서북부인들의 골칫거리이던 수송과 노동력 문제를 단번에 해결해 주었다. 이 두 가지 '양키적 고안'품으로 서북부가 어느 쪽에 붙느냐 하는 것은 이미 결정되었으며, 남북 전쟁(1861~1865년)은 싸우기도 전에 이미 남부의 패배가 예정되어 있었다. 경제적 패배를 군사적 반격으로 만회하려 무기를 들고 일어섰을 때, 그것은 이미 피할 수 없게 된 남부의 붕괴를 재촉할 뿐이었다.

북아메리카의 여러 개척민 집단들은 모두 환경의 거센 도전을 받았다고 할 수 있다. 프랑스인은 캐나다에서 거의 극지와 다름없는 겨울을 겪어야 했으며, 루이지애나에서는 환경의 비교에서 보았듯이 최초 중국 황허강에서처럼 엄청난 재해를 일으키는 강물의 범람을 겪어야만 했다. 어쨌든 토양과 기후, 교통, 그 밖의 모든 면에서 뉴잉글랜드인이 최초로 정착한 땅이 가장 험난했음은 부정할 수 없다. 이처럼 북아메리카의 역사는 고난이 크면 클수록 극복해 내려는 의지를 더욱 자극한다는 주장을 뒷받침해 주고 있다.

2. 새로운 땅이 주는 자극

이것으로 각기 다른 자연환경에서 그 어려움의 정도에 따라 어떤 결과가 만들어지는지 서로 충분히 비교했으리라 생각한다. 이번에는 같은 문제를 다른 각도에서 살펴볼 텐데 어느 지역의 고유한 특성이라는 데서 벗어나, 익숙한 환경과 새로운 환경이 주는 자극의 결과를 비교해 보자.

처녀지를 개척하려는 노력이 그 자체로서 자극제가 될 수 있을까? 이 물음에 대해 에덴동산에서 쫓겨나는 신화와, 이집트로부터 탈출하는 신화가 긍정적인 답을 주고 있다. 낙원에서 생계를 위한 세계로 추락한 아담과 하와는 원시의 채취 경제를 벗어나 농경과 목축 문명의 선조를 낳는다. 이집트에서 탈출한 이스라엘 백성들은 시리아 문명의 기초를 다지는 데 이바지한 세대를 낳는다. 신화에서 종교 역사로 눈을 돌리면, 거기서도 이러한 직관이 뒷받침됨을 알 수 있다. 예를 들어 우리는—"나사렛에서 무슨 선한 것이 날 수 있느냐"(《요한복음》1 : 46) 묻는 사람에게는 참으로 놀라운 일이지만, 예수 탄생보다 100여 년 앞선 시기에, 마카베오(마카비)[34] 집안이 정복한 외진, 이름 없는 처녀지 '이방인의 갈릴리'에서 유대 민족의 메시아가 태어났다. 그리고 온갖 어려움에도 굽힘 없이 성장한 이 갈릴리의 한 알 씨앗은 유대인의 놀라움이 적극적인 반감으로 바뀌고 또한 유대 본국뿐 아니라 유대인 디아스포라(여러 나라에 흩어져 사는 유대인)에도 미치자, 이 새로운 신앙의 포교자들은 일부러 '방향을 바꿔 이방인에게 향하여' 마카베오 왕국의 국경 저 너머에 있는 지역에서 그리스도교를 위한 새로운 세계 정복을 시작한 것이다. 불교의 역사에서도 마찬가지로 인도 문명의 결정적 종교 승리는 인도 문명의 옛터에서 이뤄낸 것이 아니다.

소승 불교는 인도 문명의 식민지였던 실론에서 길을 찾는다. 대승 불교는 시리아 문명과 헬라스 문명의 영향을 받은 인도의 펀자브 지방을 먼저 차지하고, 동아시아에서 미래의 영토를 향해, 우회하며 먼 길을 가기 시작한다. 시리아 문명과 인도 문명의 종교적 비범함이 최고조로 그 결실을 보게 되는 것은 이 낯선 세계의 새로운 땅에서이며, 이 일은 "선지자도 자기 고향과 자기 집에서만은 존경을 받지 못한다"(《마태복음》13 : 57)라는 진리를 증언하는 것이다.

이런 사회적 법칙을 경험을 통해 쉽게 알 수 있는데, 어느 정도는 앞선 문명이 이미 차지하고 있던 익숙한 땅 위에 세워진 '자식' 문명에서 볼 수 있고 또 어

---

34) 기원전 2세기경 유대 민족의 지도자. 제사장 맛다디아의 아들로 본명은 유다.

느 정도는 자식 문명이 자신의 고유한 지역에서 이뤄졌다는 것을 알 수 있다. 우리는 이 '자식' 문명의 역사를 조사해 가장 뛰어난 성과물이 익숙한 땅에서인지, 새로운 땅에서 이루어졌는지를 관찰함으로써 각 환경이 주는 자극의 효과를 측정해 볼 수 있다.

우선 힌두 문명을 살펴 힌두 사회의 중심이었고, 또 가장 중요한 활동이었던 종교에 있어 새로운 창조적 발원지였던 곳으로 눈을 돌리자. 우리는 이 발원지를 남부에서 발견하는데, 이곳은 힌두교의 모든 독특한 특징이 형태를 갖추게 된 것이다. 곧 물질적인 대상 또는 우상으로 구체화되어 신전 속에 모셔진 신들의 숭배, 믿는 자와 특정한 신과의 개인적이고도 정서적인 개인 관계, 우상 숭배의 형이상학적 승화와 지적으로 가장 정교한 종교라는 것이 힌두교의 특징 (힌두교 신학의 창시자인 샹카라는 788년경 말라바르에서 태어났다)이라 하겠다. 그러면 남인도는 옛 땅이었을까 아니면 새로운 땅이었을까? 그것은 인도 문명의 말기에 인도 문명의 '세계 국가'였던 마우리아 왕조 시대(기원전 322~185년경)가 되어서야 겨우 인도 사회로 편입된 새로운 땅이었다.

한편 시리아 사회는 아랍 사회와 이란 사회라는 두 '자식' 사회를 낳았으나, 앞서 보았듯이 이란 사회가 발전해 마침내 자매 사회를 흡수해 버렸다. 이란 문명이 가장 눈부시게 번영했던 곳은 어느 지역이었을까? 군사·정치·건축 및 문학에 있어 위대한 업적은 거의 다 이란 세계의 양극의 어느 한쪽, 즉 힌두스탄이나 아나톨리아에서 이뤄진 것으로 각기 무굴 제국(1526~1857년)과 오스만 제국(오토만 제국)에서 절정에 달했다. 무굴 제국과 오스만 제국이 차지한 지역은 모두 앞선 시리아 문명의 경계를 넘어선 새로운 땅이며, 무굴 제국은 힌두 사회에서, 오스만 제국은 그리스 정교 사회에서 얻어낸 땅이다. 이에 비해 시리아 문명에서 이어받은 오래된 근거지인 중앙 지역, 예를 들면 이란 그 자체의 문명의 역사는 아주 평범한 것이었다.

그리스 정교 문명이 가장 왕성했던 곳은 어느 지역이었을까? 그 역사를 보면, 이 문명의 사회적 중심이 시대에 따라 다르다는 것을 알 수 있다. 헬라스 문명 직후의 공백 기간에 발생한 뒤, 초기 그리스 정교 사회의 활동이 가장 활발했던 곳은 아나톨리아(튀르키예의 중부 지역) 고원의 중앙부 및 동북부였다. 그 후 9세기 중엽 이래로, 중심은 해협의 아시아 쪽에서 유럽 쪽으로 옮겨졌으나 그리스 정교 사회의 본거지만은 그 뒤에도 발칸반도에 머물고 있다. 그러나 근대에 이르러 이 그리스 정교 사회의 중심은 역사적 중요성이라는 면에서, 러시아로 퍼져 나간 강력한 지엽적 줄기에 훨씬 뒤떨어지게 되었다.

이상에서 말한 세 지역을 오래된 근거지로 볼 것인가, 아니면 새로운 땅으로 볼 것인가? 러시아의 경우는 이 물음에 거의 대답할 필요가 없다. 중앙부 및 동북 아나톨리아는 2000년 이전에 히타이트 문명의 본거지였으나 그리스 정교 사회로 봤을 때는 확실히 새로운 땅이었다. 이 지역에서의 헬레니즘화는 늦어졌고, 늘 불완전했다. 이 지역의 헬라스 문화에 대한 처음이자 유일한 공헌은 헬라스 사회의 존속 기간 중 마지막 단계에 해당하는 4세기에 카파도키아의 덕망 있는 신학자들이 행한 것이다.

그리스 정교 사회의 또 다른 중심지는 발칸반도의 내륙 지역으로, 역시 새로운 땅이었다. 로마 제국의 존속 기간 중 이 지역 위에 씌운 라틴 문화를 입힌 헬라스 문명의 얄팍한 도금은 로마 제국 멸망이 뒤따랐던 공백 기간 중에 완전히 벗겨져 흔적도 없이 사라졌기 때문이다. 그 파괴는 브리튼을 제외한 로마 제국의 어느 서방 속령보다도 철저했다. 이 로마 속령에서는 그리스도교가 변방 이교도의 침입자에게 정복되었을 뿐 아니라, 거의 전멸하게 되었다. 그리고 이 변방 민족들은 모든 지방적 문화 요소를 흔적도 없이 뿌리 뽑아버렸으므로 그들 자손이 선조의 악행을 후회하고, 3세기 후에 다시 문화를 만들어내고자 했을 때는 새로운 씨앗을 외부에서 가져와야만 했다. 그래서 이 땅은 아우구스티누스의 포교 활동이 이루어질 때까지, 브리튼이 그냥 내버려뒀던 시간의 2배나 오래 내버려졌다. 따라서 그리스 정교 문명이 두 번째로 중심지로 삼은 지역은 황무지 상태에서 개척된 아주 새로운 땅이었다.

이와 같이 그리스 정교 사회가 특히 번성했던 세 지역은 모두 새로운 땅이었다. 그리고 다시 주목할 일은, 앞선 문명의 중심이었던 그리스 자체는 18세기에 서유럽 문명의 영향이 그리스 정교 세계로 침입하는 수문이 될 때까지 그리스 정교 사회의 역사에 있어 보잘것없는 역할밖에 하지 못했다는 사실이다.

다음으로 헬라스 사회의 역사에서 연속적으로 주도권을 잡은 두 지역, 곧 아시아의 에게해 연안과 유럽의 그리스반도에 대해 같은 의문을 가져보자. 헬라스 문명의 꽃을 피운 이 두 지역은 앞선 미노스 문명의 입장에서 보면 새로운 땅인가, 아니면 오래된 근거지인가? 여기서도 마찬가지로 답은 새로운 땅이었다. 유럽 그리스반도에서의 미노스 문명은 그것이 최고로 확장되었을 때도 남쪽과 동쪽의 해안선에만 점점이 요새를 가지고 있을 뿐, 동쪽 아나톨리아의 해안에서는 현대 고고학자에 의하면 미노스 문명이 존재했던 흔적은 고사하고 영향을 받았다는 흔적조차도 발견할 수가 없다. 이것은 참으로 주목할 만한 일로 도저히 우연이라고는 생각되지 않으며 어떤 이유로 이 해안이 미노스 문명에서 제외되어 있었음을 나타내는 것으로 생각된다. 그와 반대로, 미노스 문명의 한 중심지였던 키클라데스 제도(크레타섬의 북쪽)는 헬라스 문명의 역사에서 잇따라 에게해의 지배자가 된 사람들의 천한 종으로서 그리스 문명의 종속적인 역할을 했다. 미노스 문명의 가장 오래되고 또 가장 중요한 중심지였던 크레타섬 자체가 헬라스 문명의 역사에서 수행한 역할은 한결 더 의외인 것으로 생각된다.

크레타섬은 단순히 미노스 문화가 최고로 융성했던 곳이라는 역사적 이유뿐만 아니라 지리적 이유에서 보아도 마땅히 중요한 곳으로 여겨질 것이다. 사실 크레타섬은 에게해 군도 중에서 가장 큰 섬이며, 헬라스 세계의 가장 중요한 두 항로를 횡단하는 교차점에 위치해 있었다. 그리고 피레우스(피레에프스)로부터 지중해 서쪽의 시칠리아로 향하는 배는 반드시 크레타섬의 서단과, 라코니아 사이를 통과하지 않으면 안 되었고, 피레우스에서 지중해 동쪽의 이집트로 향하는 배는 반드시 크레타섬의 동단과 로도스섬 사이를 지나야만 했다. 그러나 라코니아와 로도스섬이 각기 헬라스 문명 역사에서 주요한 역할을 했던 것에 반해 크레타섬은 줄곧 외톨이로 눈에 띄지 않은 채 미개척 상태로 있었다. 주위의 헬라스가 정치가·예술가·철학자를 속속 세상에 내보내고 있을 때, 크레타섬은 기껏해야 치료주술사와 용병과 해적을 배출할 정도였고, 그때의 크레타인은 보이오티아인과 마찬가지로 헬라스 사회의 웃음거리가 되었다. 현재 크레타인 자신이 스스로를 비판한 6음보격의 시가 성경 속에 수록되어 있다.

"그들 중의 한 사람이 '우리 크레타 사람들은 언제나 거짓말쟁이이고 몹쓸 짐승이고 먹는 것밖에 모르는 게으름쟁이다' 하고 말했다.[35]

---

35) 이 시의 작자는 에피메니데스(그리스의 전설적 시인·예언자, 그리스 7현인의 한 사람. 크레타섬 태생)라고 한다(〈디도서〉 1 : 12).(원주) 한편 성경에서는 티투스를 디도, 크레타를 그레데로 지칭한다.

마지막으로 중국 사회의 '자식 사회'인 동아시아 사회에 같은 내용으로, 자식이 나은지 어버이가 나은지를 살펴보자. 그 사회 어느 지역에서 동아시아 사회의 가장 왕성한 활기를 볼 수 있는가? 일본과 광둥(廣東)이 오늘날 가장 눈에 띄게 왕성한 열기를 보여주며 두 곳 모두 동아시아 사회를 연구하는 역사가 입장에서 볼 때 새로운 땅이라 할 수 있다. 중국의 동남 해안이 '어버이' 사회인 중국 사회의 영역에 편입된 것은 중국 역사의 후반에 들어가면서부터이다. 그것도 매우 피상적인 정치 면에 있어 한(漢) 제국의 변경 지방이 된 데 불과하며, 주민들은 여전히 이방인들이었다. 일본 열도로 말하자면 6세기와 7세기에, 한국을 통해 옮겨진 동아시아 문명의 지엽적 줄기는 앞선 문화가 존재한 흔적이 전혀 없던 땅에서 자라났다. 일본이라는 처녀지에 옮겨진 동아시아 문명 줄기의 힘찬 성장은 아나톨리아고원에서 러시아의 처녀지에 이식된 그리스 정교 문명의 성장에 비유할 수 있다.

우리가 제시한 증거가 보여주듯, 새로운 땅은 오래된 근거지보다 활동에 더 큰 자극이 된다는 것이 사실이라면, 오래된 땅과 새로운 땅으로 이동할 때 바다를 건너는 경우라면 그와 같은 자극은 특히 두드러질 것이다. 바다 건너 식민지라는 이 같은 특별한 자극은 레반트(동지중해 연안의 총칭)의 세 가지 다른 문명에서 온 바다의 개척자가 다투어 서부 해역에서 경쟁적으로 식민지를 건설하고 있던 기원전 마지막 1000년기 전반(기원전 1000~500년)의 지중해 역사 속에 분명히 나타나 있다.

그것은 예를 들어, 이 식민지 가운데 가장 컸던 시리아인이 건설한 카르타고와 그리스인이 세운 시라쿠사(시칠리아섬 남동부)의 두 도시가 본래의 근거지였던 티루스와 코린트를 훨씬 능가한 사실에서 찾아볼 수 있다. 마그나 그라이키아(이탈리아 남부와 시칠리아섬)의 아카이아인 식민지들은 번화한 상업지나 빛나는 사상의 중심지가 되었지만, 펠로폰네소스반도의 북쪽 해안에 있는 어버이의 아카이아 거리는 헬라스 문명의 전성기가 지나갈 때까지 침체해 있었다. 마찬가지로 서방 사람으로 불리는 이탈리아의 로크리스(고대 그리스 코린트만 북안 지방)인은 그리스 본국에 남은 로크리스인을 훨씬 앞섰다.

가장 놀라운 사례는 페니키아인이나 그리스인과 경쟁하며 서지중해에 식민지를 건설했던 제3세력인 에트루리아(이탈리아 중부 지방)인의 경우이다. 서쪽으로 향한 에트루리아인은 그리스인이나 페니키아인과는 달리 그들이 건너온 바다가 보이는 장소에 머무는 것으로 만족하지 않았다. 그들은 이탈리아 서해안에서 대륙으로 들어가 아펜니노산맥과 포강을 건너서, 알프스의 산기슭까지 진출했다. 그런데 본국에 머문 에트루리아인은, 밑바닥까지 몰락했는지 이집트의 기록에는 초기의 에트루리아인이 아카이아인과 함께 미노스 문명 멸망 뒤 민족 이동기에 그들의 활동 근거지를 레반트의 아시아 쪽 해안 어딘가에 두었던 것을 보여주고는 있으나, 이름이 밝혀져 있지 않고, 또 그들 본거지의 정확한 위치를 나타내는 기록이 없다.

해양 횡단 효과가 가장 큰 것은 민족 이동 중에 일어난 바다를 건넌 이동일 것이다. 그러나 이런 예는 드문데, 이 연구에서 필자가 생각했던 것은 미노스 문명 직후의 민족 이동 중에 테우크리스인(트로이인)과 아이올리스인·이오니아인·도리스인이 에게해를 건너 아나톨리아의 서해안으로의 이동과 테우크리스인과 필리스티아인의 시리아 연안 지방으로의 이동, 헬라스 문명 직후의 민족 이동 중에 일어난 앵글족과 주트족의 브리튼섬으로의 이동, 그 결과 영불 해협을 건너 뒷날 브르타뉴라 불리게 된 지역에 이른 브리턴족의 이동, 그와 같은 시대의 아일랜드 스코트족의 아가일(스코틀랜드 서부 연안)로의 이동, 또 로마 제국의 망령을 불러내려고 했던 카롤링거 왕조의 시도가 무산된 뒤에 일어난 민족 이동 중 스칸디나비아의 바이킹족의 이동 등 여섯 예를 들 수 있을 뿐이다. 이 중 필리스티아인의 이동은 앞서 말한 것같이 눈에 띄지 않게 이스라엘의 뒤에 머물러 있었기에 비교적 성과가 적었고 이동 후 브르타뉴인의 역사도 볼만한 것이 없었으나, 다른 네 가지 해외 이동은 사례가 훨씬 더 많은 육로 이동에서는 볼수 없는 몇 가지 주목할 만한 현상을 보여준다.

해외 이동은 한 가지 단순한 공통점이 있다. 그것은 해외 이동을 할 때, 이주자들은 원래 거주지를 떠나기 전 공동의 생활 장비를 꾸려 배에 싣고 항해가 끝나면 다시 풀어야 한다는 일이다. 모든 종류의 장비를 이렇게 가져가야 하는데, 여기에는 인간도 재산도 기술도 사상도 모두 이 법칙에 따른다. 항해하는 데 가지고 갈 수 없는 것은 남겨놓고 가야 하며, 또 어떤 물질로 된 것뿐 아니라, 이주자가 가지고 가야 할 대부분의 것은 낱낱이 분해해서 가져가야 한다. 그러므로 아마 원래 모습으로 조립할 수는 없을 것이다.

짐을 풀어보면 그것들이 '바다를 건너는 동안 변해서 더 쓸모 있어지거나 혹은 이상한 것'(셰익스피어 《폭풍우》)으로 변해 있을 것이다. 이와 같은 민족 이동 과정에서 바다를 건너는 도전은 더욱 두려운 것이 되며, 자극은 더욱더 강렬해진다. 왜냐하면 응전하는 사회는 앞서 말한 그리스나 페니키아 식민 개척자처럼 이미 사회적으로 전진하고 있는 사회가 아니라, 여전히 최후의 혼란 상태인 원시의 정적 상태에 있는 사회이기 때문이다. 민족 이동에 있어 이렇게 활동이 멈춘 상태로부터 갑자기 이른바 '슈투름 운트 드랑'의 질풍노도의 격동 속으로 들어가면, 어떠한 사회 집단도 역동적인 영향을 받게 마련인데 이 영향은 육로를 통해 이주하는 경우보다 배를 타고 이주하는 경우가 훨씬 더 격렬하다. 바다를 건널 때는 버리고 가야 할 많은 공동 장비를, 육로로 이동하는 경우에는 그대로 운반하기 때문이다.

"배를 타고 이동한 뒤 나타난 이런 변화가 신과 인간에 대한 새로운 사고방식을 낳았다. 숭배자의 거주 지역에 한정되어 있던 지역적 신의 개념은 전 세계를 지배하는 신들의 연합체로 대체되었다. 지상 세계(본래 '중간 뜰'을 뜻하는 말. 게르만 민족 사이에서 지상 세계는 하늘과 지하 명계의 중간에 있다고 생각되었다)의 중심을 이루고 있던 성소(聖所)는 높은 곳에 세워져 신들의 집으로 바뀌었다. 서로 독립적인 신들의 행적을 보여주는 무질서한 태고의 신화는 고대의 바이킹 종족이라고도 할 수 있는 호메로스 시대의 그리스인이 행한 것과 같은 방법으로 일관된 시적인 신화 체계, 신들의 전설로 정리되었다. 이 종교가 인간의 지도자이며, 전장의 주재자인 오딘이라는 새로운 신을 낳았다."[36]

이와 조금 비슷한 방법으로 스코트족이 아일랜드에서 브리튼 북부로 이동하며 새로운 종교가 들어오는 길을 마련했다.

아일랜드에서 바다 건너 쪽에 있는 달리아다(스코틀랜드 서남부에 있었던 중세기 초의 왕국)가 아이오나섬(스코틀랜드 서해안의 작은 섬)에 중심을 둔 성 콜룸바(픽트 족의 사도, 아일랜드 및 스코틀랜드의 수호성인)의 포교 활동 본부가 된 것은 결코 우연이 아니다.

---

36) Grönbech, V. : *The Culture of the Teutons.*(원주)

해외 이주에서 볼 수 있는 한 가지 특수한 현상은 여러 민족이 섞이는 일이다. 배로 이동할 경우 먼저 버리고 가야 할 공동 장비는 원시 사회의 혈족이다. 배의 수용 인원은 한정되어 있고 안전을 위해 여러 배가 함께 항해하며, 또 몇 군데의 다른 지역에서 온 몇 척의 배와 새로운 땅에서 합류하는 경우를 충분히 생각할 수 있다. 이것이 육로에 의한 이동과 크게 다른 점으로, 혈족 집단 전체가 소가 끄는 수레에 부녀자와 가재도구를 싣고 대지 위를 달팽이처럼 느릿느릿 무리를 이루어 이동하는 육로 이동의 경우와 대조된다.

해외 이동에 따른 또 한 가지 특수한 현상은 점차 사회의식이 뚜렷해진 결과 경제·정치·종교·예술이 각각 분화되기 이전, 분리되지 않은 사회생활을 가장 잘 보여주던 원시적 제도, 즉 '에니아우토스 다이몬'(해마다 태어나 죽어가는 신)과 이 신의 연례행사가 쇠퇴한 일이다. 스칸디나비아 세계에서 이 의식이 가장 왕성히 치러지던 시기, 이 의식의 모습을 살펴보려면 본국에 계속 남은 스칸디나비아인 사이에서 성행한 의식을 조사해 보면 된다.

"그 반대로 아이슬란드에서는 5월제 놀이나 축제 행사로서 혼례식이나 구혼극이 이주와 동시에 없어진 것으로 보인다. 이는 아마도 이주자의 대부분이 여행을 하면서 견문이 넓어졌고 계몽된 계급에 속했기 때문이며, 또 야외에서 하는 이 의식은 농업에 관계된 것이었기 때문에 아이슬란드에서는 절대로 중요한 행동 양식이 될 수 없었다."[37]

하지만 전혀 농업 생산이 없었던 것은 아니므로, 우리는 여기 제시되어 있는 두 가지 중, 앞의 이유가 더 중요하다고 봐야 할 것이다.

지금 인용한 글의 요지는, 아이슬란드어로 쓰인 《옛 에다 *The Elder Edda*》라는 시가집의 스칸디나비아 시가는 구전으로 전해지는 원시 스칸디나비아 풍요극에서 비롯한 것이므로, 이것은 이주자들이 의식을 통해 고향 땅 깊이 박혀 있던 지역적 뿌리를 잘라내고 배에 싣고 올 수 있었던 유일한 것이라는 점이다. 이런 주장에 따르면 해외로 옮긴 스칸디나비아인 사이에서 원시적 의례가 극으로 발전하지 못했다는 말이 된다. 그리고 이 설은 헬라스 문명 역사에서 볼 수 있

---

37) Phillpotts, B.S. : *The Elder Edda and Ancient Scandinavian Drama.*(원주)

는 비슷한 사실로 뒷받침된다. 즉 헬라스 문명은 바다 건너 이오니아에서 최초로 꽃피었으나 원시 의례를 기본으로 한 헬라스 연극은 그리스반도라는 대륙에서 발생했다고 하는 것이 움직일 수 없는 사실이다. 헬라스에서 웁살라의 성소에 대응하는 것은 아테네의 디오니소스 극장이었다. 이에 비해 해외 이주자인 그리스인과 스칸디나비아인과 앵글로·색슨족이 호메로스의 서사시, 《에다》와 《베어울프》를 나오게 한 것은 이오니아와 아이슬란드와 브리튼에서였다.

영웅의 무용담이나 서사시는 새로운 정신적 요구와 강한 개성, 중요한 공공의 사건에 대한 새로운 자각에 따라 만들어진다. 호메로스는 "가장 새롭게 들리는 노래가 사람들에게 가장 칭찬을 받게 된다"(《오디세이아》)고 말한다. 그러나 서사시에는 새로움보다도 더 높이 찬양되어야 할 것이 있다. 그것은 이야기 자체가 지닌 인간적 관심이다. 당대에 대한 관심은 영웅시대와 같은 질풍노도가 계속되는 동안만 세력을 떨친다. 하지만 이 사회적 격동은 일시적인 것으로 폭풍우가 가라앉음에 따라 서사시와 무용담의 애호가들은 자신들 시대의 생활이 비교적 단조로운 것이 되었다고 느낀다. 더 이상 새로운 시가를 좋아하지 않게 되고, 후대의 음유 시인들은 듣는 사람의 기분에 맞추어 옛 시대의 웅장한 이야기를 반복하고 윤색한다. 서사시와 영웅담의 기교가 문학으로서 절정에 이른 것은 비교적 나중의 일이었다. 그렇지만 최초의 해외 이주에서 겪은 시련이라는 자극이 없었다면 결코 이런 위대한 작품은 나오지 않았을 것이다. 그러므로 우리는 "연극은 본국에서 발달하고, 서사시는 이주민들 사이에서 발달한다"[38]는 공식에 도달할 수 있다.

민족 이동 중 해상을 통해 이동을 한 사람들의 시련에서 나타나는 또 하나의 확실한 산물은 문학이 아니라 정치적인 것이다. 이 새로운 종류의 정신적 산물인 정치 조직은 혈연관계가 아니라 계약에 따라 만들어졌다는 것이다.

가장 유명한 예는, 아마 그리스인 해외 이주자가 아나톨리아 해안에 설치한 도시 국가로, 뒤에 아이올리스·이오니아·도리스의 이름으로 알려지게 된 지역이다. 그리스 헌정사에 대한 약간의 기록에 의하면, 관습과 혈연관계 대신 법과 거주지별로 조직하는 원칙이 비로소 나타난 것은 이 해외의 그리스인 식민지에서

---

38) Phillpotts, B.S. : *The Elder Edda.*〔원주〕

였고, 그 뒤 유럽이나 그리스 본국에서 모방된 것 같다고 생각되기 때문이다. 이렇게 하여 건설한 해외의 도시 국가에서는 새로운 정치 조직의 '세포'가 친족보다는 같은 배를 타고 온 동료 이주자였을 것이다. 바다를 건너는 위험 속에서 '같은 배를 탄' 인간이면 누구나 그렇듯이 바다 위에서 서로 협력한 그들은 가까스로 손에 넣은 해안의 땅을 내륙 지역의 적의 위협에서 지켜야만 했을 것이고, 땅에서도 똑같이 느끼고 똑같이 행동했을 것이다. 땅에서도 바다와 마찬가지로 동료애가 혈연보다 중요하며 동료 가운데서 뽑힌 믿을 만한 지도자의 명령이 관습상의 운영보다 우선시되었을 것이다. 사실상 바다 건너 새로운 거주지를 개척하기 위해 힘을 합쳐 여러 척의 배에 올라탄 사람들은 어느 겨를에 자연스럽게 지역별 '집단'이 되었으며, 그들에 의해 선출된 행정관이 다스리는 도시 국가로 변했을 것이다.

스칸디나비아인의 민족 이동에 있어서도 비슷한 정치적 발전의 조짐을 확인할 수 있다. 꽃피지 못한 스칸디나비아 문명이 서유럽 문명에 귀속되지 않고 활짝 피었다면, 원래 그리스의 아이올리스와 이오니아 같은 도시 국가가 했던 역할을 아일랜드 해안 지대에 있는 오스만의 다섯 도시 국가나 덴마크인이 그들 점령지 머시아(영국 중부 지방의 옛 이름)의 내륙쪽 경계선을 지키기 위해 만든 5개 도시, 곧 링컨·스탬퍼드·레스터·더비·노팅엄이 대신했을 것이다. 그러나 스칸디나비아인이 해외에 건설한 가장 훌륭한 정치적 조직체는 가장 가까운 스칸디나비아인의 근거지인 페로 제도에서도 800킬로미터나 떨어져 있는 가능성이 전혀 없어 보이는 극지의 섬에 건설된 아이슬란드 공화국이었다.

앵글족과 주트족이 브리튼섬으로 바다를 건너 이동한 것은 정치적 결과를 두고 보자면, 서유럽 역사의 여명기에 원시적인 친족 집단의 족쇄를 끊고 바다를 건너온 이주자들이 섬을 차지한 뒤 거기서 서유럽 사회의 가장 중요한 몇몇 정치적 진보를 이루게 되었다는 점에서 단순히 우연 이상의 의의를 찾아볼 수 있겠다. 앵글족이 이 섬에 침입하고 그 뒤 영국의 정치 발전에 이바지한 덴마크인과 노르만인도 똑같이 족쇄를 끊는 경험을 했다. 이와 같이 여러 민족이 섞이자 정치적 발전에 보기 드문 좋은 환경이 만들어졌다. 서유럽 사회가 영국에서 처음으로 '국왕의 평화'를 만들어내고, 이어서 의회 정치를 만든 데 반해 유럽 대륙에서는 초기에 해상 이동으로 친족 중심 사회에서 벗어나지 못한 프랑크인과 롬바르드인 사이에 여전히 혈족 집단이 남아 있어 서유럽의 정치적 발전이 지연되었다.

3. 충격이라는 자극

이상으로 자연환경의 자극에 대한 고찰이 끝났으므로 이번에는 인간적 환경을 같은 식으로 조사해서 이 부분의 연구를 완성하려고 한다. 우리는 먼저 어느 사회에 영향을 주는 인간적 환경을 지리적으로 그 사회 밖에서 자극을 받는 경우와 지리적으로 그 사회 내부에 섞여 자극을 주는 경우로 구분할 수 있다.

첫 번째 경우는, 저마다 다른 지역에 있는 두 사회 또는 국가의 한쪽이 다른 쪽으로 영향을 주는 경우이다. 그와 같은 사회적 교류에서 받아들이는 조직의 입장에서 보면 그런 인간 환경은 '외적' 내지는 '대외적'인 것이다.

두 번째 경우는 가장 넓은 뜻으로 '계급'이라는 말을 사용해, 함께 동일한 지역에 사는 두 사회 계급의 한쪽이 다른 쪽에 영향을 주는 경우이다. 이 경우에 관계는 '내적' 내지는 '대내적'이라고 한다.

이 내적인 인간 환경은 나중에 살펴보기로 하고 처음의 외적 세력의 영향을 다시 세분하여 그것이 갑작스러운 타격으로 나타나는 경우와 계속해서 압력을 가하는 경우로 나누기로 한다. 그래서 우리가 연구할 주제는 외적인 타격, 외적인 압력, 내적인 제재의 세 가지이다.

갑작스런 타격은 어떤 결과를 가져오는가? "도전이 크면 클수록 자극도 크다"는 우리의 명제가 여기서도 적용될까? 먼저 자연스럽게 떠오르는 예는 이웃과 끊임없는 싸움으로 자극을 받은 군사 세력이 전에 한 번도 맞싸워본 적이 없는 적에게 갑자기 무너진 경우이다. 제국 건설 사업에 들어간 사람들이 이처럼 도중에 극적으로 전복되었을 경우에는 어떤 일이 일어나는가? 그들은 보통 시스라 장군(《사사기》 4 : 1~24)처럼 쓰러진 곳에 그대로 누워 있을 것인가, 아니면 그리스 신화의 거인 안타이오스처럼 힘을 강화해 쓰러진 땅에서 다시 일어설까? 역사상 예들은 보통 힘을 강화해서 다시 일어서는 쪽이다.

예를 들어 알리아의 패배(기원전 309년)가 로마의 운명에 어떤 영향을 주었던가? 이 재앙이 로마를 덮친 것은 로마가 에트루리아의 도시 베이와 오랜 기간 벌인 전투에서 승리해 겨우 라티움 지방의 패권을 잡은 지 고작 5년 뒤의 일이었다. 등 뒤에서 쳐들어온 이방인에 의해 로마군이 알리아강 전투에서 패배해 다름 아닌 로마가 점령당했으며, 이 패배로 가졌던 권력과 명예가 한꺼번에 날 아가는 줄 알았을 것이다. 그러나 그와 반대로 로마는 갈리아인에게서 받은 재 앙을 빨리 극복하고 그로부터 반세기도 되기 전에 이탈리아의 인접 제국과 다시 오랜 기간에 걸친, 아주 어려운 싸움을 벌인 끝에 마침내 승리했고 이탈리아 전체에 그 힘을 떨쳤다.

또 티무르 렌크('절름발이 티무르'라는 뜻, 다른 이름 타메를란)가 앙고라(오늘날 앙 카라)의 싸움에서 바예지드 일데림(술탄 바야제트)을 생포했을 때, 그것은 오스만 튀르크 제국의 운명에 어떤 영향을 주었던가? 이 티무르가 대군을 이끌고 오스 만을 침략했을 때 오스만족(Osmanli)은 마침 발칸반도에서 그리스 정교 사회의 본거지를 완전히 정복해 완결 지으려던 참이었다. 이 중요한 순간에 그들은 길 고 좁은 바다로 아시아 쪽에서 전격적으로 쳐들어오는 티무르 군대에 무너졌는 데, 이로 인해 완성 직전에 이르렀던 그들 제국이 완전히 붕괴될 것으로 예상되 었지만 그렇게 되지는 않았고 반세기 뒤 정복자 메흐메드(오스만 튀르크의 제7대 술탄)가 콘스탄티노플을 손에 넣으면서 바예지드의 사업이 완성되었다.

로마에 패한 경쟁자들 역사를 보면, 참담하게 패한 뒤 더욱 결단력 있게 분 기하는 것을 볼 수 있는데, 심지어 더 완강히 저항하다 다시 패배해 자신들의 목표가 좌절될 때에도 마찬가지였다.

제1차 포에니 전쟁(기원전 264~241년)의 패배로 자극을 받은 카르타고의 하밀 카르는 에스파냐 정복에 나서 시칠리아에서 잃은 것보다도 훨씬 많은 땅을 빼 앗았다.

제2차 포에니 전쟁(기원전 218~201년)에서 한니발이 패한 뒤부터 완전히 멸망할 때까지 50년 동안 카르타고는 두 차례나 세계를 놀라게 했다. 첫째는 전쟁의 배 상금을 갚고 빠른 시일 내에 상업적 번영을 이뤄냈으며, 둘째는 한니발이 죽은 뒤에 제3차 포에니 전쟁(기원전 149~146년)에서 남자는 물론 여자나 아이들까지 온 국민이 한 사람도 빠짐없이 전쟁에 나가 장렬하게 싸우다 최후를 맞았다는 것이다.

또 그때까지 조금은 변변찮은 국왕이었던 마케도니아 왕 필리포스 5세는 키 노스케팔라이에서 로마군에게 패하자 분기하여 마케도니아를 아주 막강한 나라로 바꾸어놓았고, 그 덕에 아들 페르세우스(마케도니아 최후의 왕)가 단독으로 로마에 도전할 수 있었다. 페르세우스는 거의 로마군을 무찌를 뻔했으나 피드나(그리스 동북부의 고대 도시)에서 완강하게 저항했음에도 끝내 패하고 말았다.

결말은 다르지만 같은 예로서, 오스트리아가 프랑스 혁명과 나폴레옹 전쟁에 5회에 걸쳐 참전한 일을 들 수 있다. 오스트리아는 처음 3회까지 패해 완전히 면목을 잃었다. 그러나 아우스테를리츠(1805년, 러시아·오스트리아 연합군이 나폴레옹에게 패한 곳)에서 패한 뒤에 오스트리아는 허리띠를 고쳐 맸다. 오스트리아에게 아우스테를리츠가 키노스케팔라이였다면 바그람(1809년, 오스트리아군이 프랑스군과 싸움에서 패한 곳)은 피드나였다. 하지만 다행히 마케도니아와는 달리 오스트리아는 1813년에 다시 한번 참전해 이번에는 승리를 얻을 수가 있었다.

그보다 더 놀라운 일은, 몇 차례에 걸친 전쟁에서 보여준 프로이센의 성과였다. 예나(1806년, 나폴레옹이 프로이센군을 격파한 곳)에서 크게 패하고 곧 항복한 뒤 14년간 프로이센은 별다른 정책을 펴지 못하고 있었다. 그 뒤 아일라우(동프로이센의 도시. 1807년, 러시아·프로이센 연합군이 나폴레옹과 싸운 곳)의 겨울 전투에서 용감히 싸웠지만, 틸지트(1807년, 나폴레옹과 러시아·프로이센이 평화 조약을 맺은 곳)에서 강제로 체결된 조약이 너무 가혹해 예나의 충격보다 훨씬 강한 자극을 받았다. 이 자극은 프로이센을 완전히 각성시켜 놓았다. 그래서 프로이센 군대뿐만 아니라 행정부와 교육 체계도 새로 정립하게 되었다. 그 결과 프로이센은 독일 민족주의라는 새로운 술을 담을 그릇으로 바뀌었고 그것은 슈타인·하르덴베르크·훔볼트를 거쳐 비스마르크까지 이어졌다.

이와 같은 순환은 새삼 말할 필요도 없이 생소하지 않은 너무도 고통스러운 형태로 반복되었다.

1914~1918년의 제1차 세계대전에서 독일이 패한 뒤 패전의 아픔이 가시기도 전 1923~1924년 프랑스군이 독일의 루르 지방을 점령해, 결국 실패로 끝나기는 했으나 이것이 독일의 상처를 더욱 악화시켜 악마적인 나치스 복수[39]라는 결과

---

39) 토인비가 이 부분을 쓴 것은 1931년 여름이었다. 그때는 브뤼닝 박사가 독일 수상 자리에 있었으나, 나치스가 이미 1930년 9월의 총선거에서 눈부신 활약으로 그때까지 491석 중에서 불과 12석이었던 의석을 107석으로 늘렸다. 이로써 나치스는 돌풍을 일으키면서, 동시에 불길한 전조를 보여주었다. 토인비는 이 부분을 이렇게 썼다. "1918년 휴전 이래, 차례차례로 독일에 가

를 낳았다.

그러나 충격이 주는 자극의 효과에 대해 들 수 있는 전형적인 예는 기원전 480~479년 시리아 사회의 세계 국가인 페르시아 제국이 대정복을 시작해 소아시아 연안의 많은 그리스 국가들을 공격하자 헬라스 전체, 특히 아테네가 반격에 나선 것이다.

아테네의 두드러진 반격은 아테네가 겪은 고통의 정도에 정비례했다. 보이오티아의 기름진 땅은 그 소유자가 그리스를 배신해 겨우 보전되었고 라케다이몬(스파르타의 공식 명칭)의 기름진 땅은 용감한 아테네 함대가 지켰으나 아티카의 척박한 땅은 수확기에 조직적으로 두 번이나 수난을 당했다. 그리고 아테네 자체가 점령되어 신전이 파괴되었다. 아티카인이 모두 아티카를 떠나 바다를 건너서 펠로폰네소스반도로 향하지 않으면 안 되었다.

그리고 아테네 함대의 살라미스 해전(기원전 480년)에서의 승리는 바로 이런 상황에서였다.

아테네인에게 이 같은 불굴의 정신을 싹틔운 그 충격이야말로 인류 역사상 너무도 뛰어나고 다양했던 그 독특한 업적을 만들어낸 서곡이었음은 확실하다. 아테네인에게 신전 재건은 그들 조국의 부활을 알리는 상징이었으며 페리클레스 시대의 아테네인은 1918년 이후의 프랑스인보다 훨씬 더 활력이 넘쳤다. 프랑스인은 산산이 부서진 프랑스 랭스 대성당을 되찾기 위해 부서진 돌, 깨어진 조각상을 일일이 충실하게 복원했다. 아테네인은 헤카톰페돈(아크로폴리스에 있었던 신전)이 완전히 타버려 초석만 남자 그 토대는 그대로 놔두고 새로운 장소에 파르테논 신전을 세우기 시작했다.[40]

충격이 주는 자극에 대한 가장 확실한 예는 군사적 패배에 대한 반응에서 볼 수 있지만, 다른 분야에서도 예를 들고자 한다면 없는 것은 아니다. 여기서는 〈사도행전〉에 나타나 있는 종교 분야에 있어서 더없이 중요한 예를 하나만

해진 충격이 1세기 이전인 1806~1807년 프로이센에 가해진 충격과 같은 자극적 효과를 미치리라는 것은 이미 자명하다.(엮은이주)

40) 1666년의 대화재 뒤 런던도 원상태로 고딕풍 사원을 재건하는 대신, 대담하게 그 무렵의 건축 양식을 채용하고, 크리스토퍼 렌(영국의 건축가, 1632~1723)이 세인트 폴 성당을 세웠다. 만일 독일군의 폭격으로 웨스트민스터 사원이나, 렌의 성바오로 성당이 파괴되었다면 오늘날의 런던인은 무엇을 했을까?(엮은이주)

들기로 하자. 헬라스 사회 전체를 그리스도교에 안겨주게 된 사도들의 역동적인 움직임은 그들의 스승인 그리스도가 기적적으로 부활하자마자 홀연히 모습을 감췄기 때문에 사도들이 정신적으로 충격을 받은 바로 그 순간에 만들어졌다. 이 두 번째 상실은 그리스도가 십자가 위에서 죽었을 때보다도 더 괴롭게 느껴졌을지 모른다. 그럼에도 이 충격이 오히려 그들 영혼 속에, 그에 비례해 강한 심리적 반응을 불러일으켰다. 그 일이 〈사도행전〉 속에는 흰옷을 입은 두 사람의 출현으로 신화적으로 그려지며 오순절(부활절 후 50일째 되는 날의 축일) 불타는 혀의 강림(열렬한 설파)이라는 형태로 표현되었다. 사도들은 성령으로 가득 차서, 단순히 유대 민중에게뿐만 아니라, 산헤드린(고대 유대 사회의 최고 법원)에 대해서도 당당히 십자가에 못 박혀 사라진 예수의 신성(神性)을 전도했다. 그리고 그로부터 3세기도 지나지 않아 결국 로마 정부까지 사도들이 가장 퇴조를 보일 때 세운 교회에 굴복했다.

4. 압력이 주는 자극

다음으로 우리는 끊임없이 누르는 외부의 압력이라는 자극을 조사해 보자. 정치 지리학적으로 말하면 그런 압력을 받는 민족, 국가, 도시는 거의 변경 지역이라 불린다. 그리고 이런 종류의 압력을 경험적으로 연구하는 가장 좋은 방법은 외부의 침입을 받은 변경 지역과 외부의 침입에서 보호된 지역의 역할을 비교하여 보는 일이다.

이집트 세계

이집트 문명 역사에서 세 번의 중대한 사건이 있었는데 모두 이집트 남부의 고위층이 지휘한 것이다. 기원전 3200년경의 연합 왕국 건설, 기원전 2070년경의 세계 국가 건설, 기원전 1580년경의 국가 재건은 모두 이 좁은 지역 출신자에 의해 이루어졌다. 실제로 이집트 사회의 기본이 된 것은 누비아족(아프리카 동북부)의 압박을 받고 있던 이집트의 남쪽 변경이었던 것이다. 그런데 이집트 문명 역사의 후반기—신왕국이 몰락하고 기원후 5세기에 이윽고 이집트 사회가 소멸할 때까지의 16세기 동안—에 그 전에도 2000년간 언제나 남부 변경 지역이 정치권력을 장악하던 것처럼 북아프리카와 서남아시아 쪽 변경인 삼각주로 정치

권력이 넘어갔다. 이처럼 이집트 세계의 정치사는 처음부터 끝까지 모든 시대에 걸쳐 저마다 남과 북의 변경 지역에 놓여 있던 두 정치권력 사이의 긴장으로 이루어졌음을 알 수 있다. 변경 쪽이 아닌 내륙 지역에서 중대한 정치적 사건이 발생한 예는 없다.

그러면 이집트 역사의 전반에는 남방 변경 지역의 세력이 앞서고 후반에는 북방 변경 지역의 세력이 우세한 이유는 무엇인가? 그것은 토트메스 1세 시대(기원전 1557~1505년경)에 누비아인들이 군사적으로 정복당해 문화적으로 동화된 이래 남방 변경에 대한 압력이 느슨해졌거나 소멸한 데 반해, 그 무렵에 리비아의 이민족과 서남아시아 왕국들이 삼각주에 압력을 증대했기 때문이라고 생각된다. 이처럼 변경 지역의 세력이 이집트 정치사에 있어 중앙 지역의 세력보다 우세할 뿐 아니라, 어느 시기에 있어서나 가장 중요한 영향력을 행사해 왔던 것이다.

이란 세계

전혀 다른 상황에서 같은 결과가 생겨났는데 14세기에 이란 세계의 서쪽 요새인 아나톨리아 일부를 점거한 튀르크계의 두 부족 오스만족과 카라만족(Qaramanli)의 대조적인 역사가 이를 보여주고 있다.

이 두 사회는 모두 아나톨리아의 셀주크 왕국의 '후계 국가'였다. 셀주크 왕국은 십자군 전쟁이 시작되기 직전 11세기에 셀주크 튀르크의 개척자들이 아나톨리아에 세운 이슬람교 튀르크 국가이며, 그들은 이처럼 그리스 정교 사회를 굴복시켜 이슬람 세계의 국경선을 넓힘으로써 현세의 생활과 내세의 생활에 대비한 것이다. 이 이슬람 왕국이 13세기에 붕괴되었을 때, 셀주크의 후계자 중에서 카라만족 앞날이 가장 밝아 보였고 오스만족은 가장 불투명해 보였다. 카라만족은 수도 코니아(이코니움)가 있는 옛 셀주크령의 알맹이에 해당하는 지역을 차지했고 오스만족은 껍데기만 받은 격이었다.

오스만족은 셀주크 왕국의 찌꺼기만 할당받았는데, 이들은 가장 늦게 이 땅에 들어왔으며 그때의 상황이 참으로 초라했기 때문이다. 그들의 이름이 된 오스만(오스만 튀르크 제국의 초대 군주)은 이름도 없는 난민의 무리를 이끌고 온 에르토그룰이라는 사람의 아들이었으며, 이들 난민은 유라시아 초원 지대의 중심에서 이란 사회의 동북 변경 지대로 밀려온 몽골족의 영향으로 이슬람 세계의 가장 끝에 떠돌다 정착한 보잘것없는 집단이었다. 아나톨리아 셀주크의 최후의 최고지도자 술탄은 난민으로 찾아왔던 이 오스만족의 선조들에게 아나톨리아 고원 서북단의 셀주크령과, 그 무렵 비잔틴 제국이 마르마라해의 아시아 쪽 연안 일대에 가지고 있던 영토의 경계에 인접한 지역을 나눠주었다. 그것은 '술탄의 외뉘', 곧 술탄의 최전선이라 불리기에 알맞은 외적에 노출되기 쉬운 지역이었다. 오스만족은 아마 카라만족의 행운을 부러워했겠지만, 거지 신세인지라 선택권이 없는 처지였다. 오스만은 그 운명을 받아들이는 대신 이웃 그리스 정교 세계를 정복해 영토를 넓히는 일에 들어갔다. 첫 번째 목표는 비잔틴의 도시 부르사였다. 부르사 공략은 9년(1317~1326)동안 계속되었다. 오스만족이 그의 이름을 붙인 것은 옳았다. 왜냐하면 바로 이 오스만이 오스만 튀르크 제국의 진정한 건국자가 되었기 때문이다.

부르사를 함락한 지 30년도 되기 전에 오스만 튀르크 제국은 에게해 연안, 다르다넬스 해협의 유럽 쪽 연안에 발판을 마련했고 그들은 유럽을 공략해 나갔다. 한 세기가 끝나기도 전에 그들은 세르비아인·그리스인·불가리아인을 거느림과 동시에 아나톨리아의 카라만인과 나머지 튀르크 사회를 정복했다.

이와 같은 결과를 가져온 것은 정치적으로 변경 지역이 갖는 자극 때문이었다. 그 전 시대를 조사해 보면 아나톨리아에서 오스만족의 최초 군사적 기지는 지리적 환경으로 볼 때 카라만족의 지역과는 대조적이었다. 모험심이 없어 필연적으로 잊힌 카라만족의 지역은 이 장의 첫 절에서 다룬 '술탄의 외뉘'처럼 특별한 영웅을 출현시킬 만한 조건이 하나도 없었다. 11세기 후반 셀주크 튀르크족이 침입하기 이전 아나톨리아가 아직 동로마 제국의 영토였던 시대를 돌아보면, 뒷날 카라만족이 차지한 지역은 일찍이 그리스 정교 사회 역사 초기에 동로마군의 군단 내에서 최정예였던 아나톨리아 군단이 주둔했던 지방과 거의 완전히 일치됨을 알 수 있다. 즉 카라만족 이전에 코니아 지방에 살고 있던 동로마인은 '술탄의 외뉘'의 주민인 오스만족이 뒷날 장악한 아나톨리아 지방의 패권을 초기에 장악하고 있었다. 그 이유는 그즈음 코니아 지방은 아랍 칼리프국과 마주 보는 동로마 제국의 변경 지역이었으나 뒷날 오스만족이 차지하게 되었을 때는 이 지역이 평온무사한 내륙의 외딴 시골이 되었기 때문이다.

러시아의 정교회 세계

여기서도 우리는 마찬가지로 각기 변경 지역에 가해진 갖가지 외적 압력에 대해 상대적으로 강도가 변함에 따라 사회의 활동력도 차례차례로 바뀌어가는 것을 발견했다. 그리스 정교 문명이 콘스탄티노플에서 흑해와 유라시아 초원 지대를 넘어 러시아 지역으로 옮겨졌을 때 최초로 뿌리를 내린 곳은 드네프르강(드니프로강) 상류 지방이었다. 그곳에서부터 변경 주민들이 동북쪽 삼림 지대에 살던 미개의 이교도 민족을 몰아내고 그쪽 방면으로 계속 영토를 넓혀 12세기에 이 문명을 볼가강 상류 지방으로 옮겼다. 그런데 그 바로 뒤 유라시아 초원 지대의 유목민이 거세게 압박해 들어온 까닭에 이에 대항하기 위해 활동의 중심을 드네프르강 하류 지역으로 옮겼다. 1237년 몽골의 바투[41]가 원정길에서 갑자기 러시아인에게 가한 이 압력은 대단했으며 오랜 기간 계속되었다. 그리고 다른 경우와 마찬가지로 엄청난 도전이, 흥미롭게도 두드러지게 독창적이고 창조적인 응전을 불러왔다.

그 응전이란 바로 새로운 생활 양식과 사회 조직의 발달이었다. 그로 인해 사상 처음으로 정착 사회가 만들어져 유라시아의 유목민에 대항해 일시적인 토벌군을 만들어 그들을 괴롭혔다. 그뿐만 아니라 유목민의 땅을 정복해 유목지를 농민의 농경지로 바꾸고, 이동식 움집을 영구적인 촌락 형태로 바꿈으로써 경관을 완전히 바꿔놓았다. 이전에 없던 위업을 이룬 카자흐(코사크)인은 그 뒤 2세기 동안 유라시아의 유목민(바투의 '황금 군단', 바투의 천막이 금빛 찬란했으므로 Golden Horde라고 불리었다)과의 국경 분쟁을 치르며 러시아 사회의 변경 지역에 살았다. 그들의 활약으로 전설이 된 카자흐라는 이름은 적이 붙여준 이름이었다. 그것은 '정통인' 유목민 군주의 권위에 복종치 않는 불순한 무리들을 뜻하는 튀르크어 '카자크(qazaq)'[42]에서 온 것이다.

---

41) 킵차크한국의 시조(1207~1255). 몽골 제국의 제1대 왕 칭기즈 칸(테무친)의 손자.

42) 사실 튀르크어인 '카자크'의 뜻은 잉글랜드어인 '토리'(왕당을 뜻하는 말인데, 나중에 왕당의 이름을 내세워 금품을 빼앗는 깡패란 뜻으로 쓰이게 되었다)의 뜻과 비슷하다고 본다. 그러나 '카자크'의 문자가 뜻하는 것은 '(땅을) 파는 사람'이라는 뜻인 것 같다. 초원 지대의 주변에서 유목민에게 공물을 바치고 있던 땅 경작자, 따라서 자연히 때때로 유목민의 명령에 반항적이었던 사람들을 가리키게 된 모양이다. 다시 말해 '카자크'는 유목민의 입장에서 본 카인과 아벨(제3편 제9장 1을 보라) 중 카인의 이야기이다.(원주)

이 본래의 카자흐인은 헬라스 사회에 있어 스파르타 형제단이나 십자군 기사단과 비슷한 사람들로서 거의 민족적으로는 성직자의 위치에 있는 군사적 혈족집단이었다. 유목민과의 끊임없는 싸움을 위해 여러 방법을 시도하는 동안 그들은 문명사회가 야만인과 싸워 승리하려면 야만인이 갖지 않은 무기와 자원을 써서 싸워야 한다는 것을 깨달았다. 근대 서유럽의 제국 건설자가 산업주의라는 뛰어난 수단으로 원시적인 적을 제압한 것처럼 카자흐인은 농업이라는 뛰어난 자원으로 유목민을 압도했다. 또 근대 서유럽의 작전이 철도나 자동차, 비행기 등의 기계로 상대편의 기동력을 눌러 유목민을 그들의 땅에서 군사적으로 꼼짝 못 하게 한 것처럼, 카자흐인은 카자흐 특유의 방법으로 하천을 장악함으로써 유목민을 군사적으로 꼼짝 못 하게 했다.

사실 하천은 초원 지대에서 유목민이 관리하지 않던 자연환경이었고 유목민에게는 불필요했다. 기마 유목민의 입장에서 보면 하천은 귀찮은 장해물이며 운송 수단으로 쓸모없는 것이었으나, 농부나 벌목인인 러시아 사람들은 하천 항해에 익숙해 있었다. 따라서 카자흐인은 기마술에 있어서도 그들의 적인 유목민과 대등할 정도로 익혔고 동시에 여전히 뱃사람임을 잊지 않았다. 그들은 결국 유라시아를 지배하게 되었는데, 그것은 항해로 이룬 것이지 말을 타고 이룬 것은 아니었다. 그들은 드네프르강에서 돈강으로, 돈강에서 볼가강으로 전진해 갔다. 1586년에는 또다시 볼가강과 오비(Ob)강 사이의 분수령인 우랄산맥을 넘어 시베리아의 여러 하천을 탐험하고 1638년에는 오호츠크해에 이르렀다.

이처럼 카자흐인이 동남쪽 유목민의 압력에 맞서 빛나는 승리를 거둔 같은 세기에, 또 다른 변경 지역이 외부의 압력을 받을 정도로 중요한 곳이 되었으며, 러시아인에게도 주요 활동의 중심지가 되었다. 17세기에 러시아는 역사가 시작된 이래 처음으로 서유럽 세계의 엄청난 압력을 경험했는데, 폴란드군이 2년간 (1610~1612) 모스크바를 점령했고, 또 그 직후에는 구스타브 아돌프(구스타브 2세)가 이끄는 스웨덴이 러시아를 발트해에서 봉쇄해 버렸다. 그 무렵 발트해는 리가에서 고작 몇 킬로미터 거리로, 스웨덴이 핀란드에서 폴란드의 북부 국경에 이르는 이 일대의 지배자가 되었던 것이다.

그러나 그 세기가 끝나기도 전에 표트르 대제는 서유럽 사회에 반격을 가해 1703년에 스웨덴에서 되찾은 땅에 페테르부르크를 세우고, 또 발트해 위에 서유

럽식 러시아 해군의 깃발을 휘날렸다

대륙 변경민과 접한 서유럽 세계

서유럽 사회의 역사를 보면, 최초에는 으레 중앙 유럽의 야만족과 서로 대치되는 동쪽의(즉 육지의) 변경 지대가 가장 강한 외적 압력을 받았다. 이 변경 지대는 성공적으로 지켜졌을 뿐 아니라 계속 앞으로 밀고 나가 마침내 야만족은 무대에서 모습을 감춰버렸다. 그 뒤 결국 서유럽 문명은 그 동쪽 변경에서 야만족이 아니라 서유럽 문명에 대등한 문명과 접촉하게 되었다. 여기서는 최초의 변경 지대에서 있었던 압박에 대한 자극적 효과가 어떠했는지 예를 들기로 한다.

서유럽 역사가 시작되면서 대륙의 이방인들이 압박해 왔는데 이런 자극으로 나타난 결과는 아직 문명적으로 미개한 수준이던 프랑크족이 왕국이라는 새로운 사회 구조를 만들어낸 일이다. 프랑크 왕국(481~987년)의 첫 왕조였던 메로빙거의 정치 체제는 과거의 로마 제국으로 얼굴을 돌리고 있었으나, 뒤를 이은 카롤링거 왕조는 미래 지향적이다. 카롤링거 왕조는 우연히 로마 제국의 망령을 불러내긴 했으나, 그것은 "죽은 자들이여 일어나라"(제1차 세계대전 중 부아 브륄레 전투에서 독일군 공격으로 거의 전원이 전사하거나 중상을 입은 참호 속에서 어떤 프랑스 부관이 외친 말)라는 외침과 같은 정신으로 살아 있는 자가 일을 해나가도록 사기를 돋우기 위해서였다. 그런데 이 퇴폐적이고 '나태한' 메로빙거 왕조를 대신해 생기발랄하고 적극적인 카롤링거 왕조는 프랑크 영토 어디에서 모습을 드러냈던가?

그것은 왕국의 내부가 아니라 변경 지역에서였다. 즉 고대 로마의 문화로 풍성해지고 이방인의 침입으로부터 안전한 네우스트리아(대체로 현재의 북프랑스에 해당)가 아니라, 로마 변경에 있어 북유럽 삼림 지대의 색슨족과 유라시아 초원 지대의 아바르족(튀르크계 종족)의 공격을 계속 받고 있던 아우스트라시아(오늘날 독일의 라인란트)에서였다. 이 외적 압력이 얼마나 큰 자극을 주었는가는 18회에 걸친 색슨족 토벌과 아바르족의 섬멸, 서유럽 사회에 있어 최초의 문화적 지적 활동이 나타났던 '카롤링거 왕조의 르네상스'기 샤를마뉴의 위업을 보면 알 수 있다.

그러나 압력이 주는 자극에 대한 아우스트라시아의 이 활기찬 반응은 중도에서 정지되어 원상태로 되돌아갔다. 그 뒤를 이어 색슨족이 자극에 반응하게 되는데 약 2세기 뒤 오토 1세(신성 로마 제국의 창시자) 때에 절정에 달했다. 샤를마뉴가 지속적으로 힘쓴 일은 색슨족의 영역을 서유럽 그리스도교 사회 속으로 포섭해 들인 일이었다. 이로써 그 자극에 대한 반응으로 서유럽 사회의 변경 지역을 아우스트라시아에서 정복된 색스니(작센)로 옮기는 길을 연 것이다.

오토 시대의 작센에는 샤를마뉴 시대의 아우스트라시아와 동일한 반응이 일어났다. 샤를마뉴가 색슨족을 정벌한 것과 마찬가지로 오토는 벤드족(슬라브계 종족)을 정벌했다. 그리고 그 뒤 서유럽 그리스도교 세계의 경계선은 계속 동쪽으로 확장되어 갔다.

13세기와 14세기에는 마지막 남은 대륙의 이민족이 서유럽화될 때는 이미 샤를마뉴나 오토처럼 로마 황제라 불리는 세습 군주의 지휘 아래 이루어지는 게 아니라, 도시 국가와 전투적인 종교 단체라는 두 새로운 기관에 의해 이루어지게 되었는데, 그것은 한자 동맹(중세 북유럽 상권을 잡고 있던 북독일 중심의 도시 동맹)의 도시들과 튜턴족 기사단 같은 형태로서 서유럽 그리스도교 세계의 경계를 오데르강에서 드비나강으로 넓혔다. 몇천 년을 두고 계속된 싸움이 이제 막바지에 이르렀고, 3000년에 걸쳐 세 문명, 미노스·헬라스·서유럽 문명의 변경에서 압력을 가해 온 대륙의 이민족은 14세기가 끝나기 전에 사라지게 되었다. 1400년경에는 그때까지 중간에 이민족이 끼어 있어 서로 완전히 격리되어 있던 서유럽 그리스도교 세계와 그리스 정교 세계가 아드리아해에서 북극해에 걸쳐 대륙의 전폭을 가로지르는 선을 사이에 두고 서로 경계에 접하게 되었다.

이 전진해 가는 문명과 후퇴하는 야만 문명 사이에서 신축적으로 이동하는 경계선은 오토 1세가 샤를마뉴의 위업을 계승했을 때부터는 계속되는 압력 쪽으로 역전되어 결국 서유럽 사회에 가하는 자극이 이동함에 따라 반격과 경계선도 차츰 옮겨간 것은 흥미로운 일이다. 예를 들어 2세기 전 샤를마뉴가 색슨족을 정복한 다음에 아우스트라시아의 세력이 약해진 것처럼, 오토가 벤드족을 정복한 다음 작센 공국은 점차 세력이 약해졌다. 작센은 1024년에 패권을 잃고 60년 뒤에는 끝내 분열해 버렸다. 그러나 작센 왕조의 뒤를 이은 왕조는 작센 왕조가 카롤링거 왕조의 동쪽에서 일어난 것처럼 또다시 동쪽 변경 지역에서 일어나지는 않았다. 반대로 프랑코니아(프랑켄) 왕조와 황제의 칭호를 이어받은 호엔슈타우펜가와 룩셈부르크가, 합스부르크가 왕조는 모두 라인강이 합류하는 어느 지점에서 일어났다(프랑코니아가는 마인강, 호엔슈타우펜가는 네카어강, 룩셈부르크가는 모젤강, 합스부르크가는 아레강). 이제는 멀리 떨어지게 된 변경 지역은 제위를 이어받은 이들 왕조에게는 아무런 자극을 주지 못했다. 따라서 더러는 '붉은 수염왕' 프리드리히(재위 1152~1190년)와 같은 뛰어난 황제도 나왔으나 11세기 후반 이후, 황권이 특별한 업적 없이 차츰 약해지게 된 것도 놀랄 일은 아니다.

샤를마뉴가 부활시킨 제국은 확실히 '신성하지도 않고, 로마도 아니고, 제국도 아닌' 이른바 망령의 망령이었지만, 하여간 오랫동안 서유럽 사회의 정치에서 다시 한번 중요한 역할을 하게 되었다. 신성 로마 제국이 생기를 되찾은 것은, 중세 말 일련의 왕조 간의 협정과 우발적 사건으로 라인의 합스부르크가(헝가리 왕조)가 오스트리아를 손안에 넣었고 결국 완전히 새로운 변경을 방위해야 하는 임무를 맡게 되었으며 그 임무가 주는 새로운 자극에 응하게 되었기 때문이었다. 다음은 이 문제를 살펴보기로 하자.

오스만 제국과 접한 서유럽 세계에 있어서

오스만 튀르크와 서유럽 사회의 충돌이 본격적으로 시작된 것은 오스만족과 헝가리 사이의 100년 전쟁 때이며, 이 전쟁은 모하치(헝가리 남부) 전투(1526년)에서 중세 헝가리 왕국이 멸망함과 동시에 종지부를 찍었다. 헝가리의 후냐디 야노스 장군과 그의 아들 마티아스 코르비누스(헝가리 왕) 지휘 아래 필사의 저항을 계속하던 헝가리는 오스만족이 그때까지 만난 적 중에서 가장 완강했다. 그러나 교전하는 두 나라의 병력에는 큰 차이가 있어 헝가리는 1490년 이후 보헤미아와의 연합으로 보강되기는 했으나 도저히 방어할 수 있는 전력은 아니었다. 모하치 전투의 결과가 이것을 여실히 보여주었다.

하지만 이 큰 재난은 엄청난 심리적 효과를 일으켜 헝가리가 1440년 이래 오스트리아를 지배해 온 합스부르크가 아래 보헤미아(독일어로 뵈멘), 오스트리아와 함께 긴밀하고 영속적인 연합을 하도록 했다. 이 연합은 400년 가까이 계속되다가 4세기 전, 모하치에서 그렇게 심한 타격을 준 오스만 제국이 멸망한 1918년에 이르러서야 겨우 해체되었다.

실제로 다뉴브강 유역의 합스부르크 왕국은 처음부터 오스만 제국을 방어하려는 목적에서 세워졌기에 왕국의 운명도 이 제국의 운명을 따를 수밖에 없었다. 성쇠의 뒤를 좇았다. 다뉴브 왕국의 영웅시대는 서유럽 세계가 오스만 제국의 압력을 가장 많이 받은 시기와 일치했다. 이 영웅시대는 1529년 실패로 끝난 오스만의 제1차 빈 포위 공격과 함께 시작되어, 1682~1683년의 제2차 포위 공격과 함께 끝나는 것으로 보면 될 것이다. 이 두 번에 걸친 큰 시련에서 오스트리아의 수도는 오스만이 서유럽 세계로 들어오는 관문을 필사적으로 방어하는 역할을 했는데, 이는 마치 1914~1918년 세계대전 중에 독일 공격에 대한 프랑스의 저항에서 베르됭이 파리를 지킨 것과 같은 역할을 한 셈이다. 빈 포위 공격은 두 번 다 오스만의 병력에 있어서 전환점이 되었다. 첫 번째 실패로 그때까지 1세기 동안 다뉴브강 유역의 아래에서 위로 조수처럼 밀려온 오스만의 정복이 일단 정지되었다. 그리고 두 번째 포위 공격의 실패로 오스만 세력은 후퇴하기 시작했는데 그 후퇴는 도중에서 몇 번 멈추기도 하고 오르락내리락하면서 1529년까지 튀르크의 국경이 빈의 동남 교외에서 아드리아노플(오늘날 에디르네)의 서북 교외로 밀려갈 때까지 계속되었다.

그러나 오스만 튀르크 제국의 손실이 다뉴브강 유역 합스부르크 왕국의 이익이 된 것은 아니다. 왜냐하면 다뉴브 왕국의 영웅시대도 오스만 제국의 쇠퇴와 함께 끝났기 때문이다. 오스만 세력이 무너짐으로써 유럽 남동쪽에 다른 세력이 자유로이 들어갈 수 있는 땅이 생겼으며, 그와 동시에 다뉴브 왕국은 계속되던 자극에서 해방되었다. 다뉴브 왕국은 왕국이 만들어지도록 끊임없이 자극을 준 세력을 따라 쇠퇴해 결국 오스만 튀르크 제국과 운명을 같이했다.

한때는 두려워할 강국이었던 오스만이 '유럽의 병자'가 되어버린 19세기 오스트리아 제국을 살펴보면, 무력해진 두 가지 이유를 발견할 수 있다. 첫째로 이 시대에 오스트리아는 이미 변경 국가가 아니었다. 그리고 16세기부터 17세기에 걸친 오스만의 도전에 효과적인 응전이 되었던 그 초민족적 조직이 이제 19세기의 새로운 민족주의적 이상에 장해가 되었다. 합스부르크 왕국은 생애 마지막 한 세기 동안에 민족주의적인 왕가가 통치하던 기존의 틀을 지키려고 애썼으나 이런 변화는 피할 수 없는 것이었고, 모든 시도는 실패로 끝났다. 독일의 지배권과 이탈리아 안에 가지고 있던 영토를 포기해 오스트리아는 용케도 새로운 독일 제국이나, 이탈리아 왕국과 함께 존속할 수가 있었다. 또 1867년의 오스트리아와 헝가리 간의 대타협(아우스글라이히)과 그 결과 이루어진 갈리시아(에스파냐 북서단 지방)에서의 오스트리아와 폴란드 사이의 협정을 받아들임으로써 자신의 이해와 그 영토 내의 독일인뿐 아니라 마자르인, 폴란드인에 얽힌 민족적 이해를 통일하는 데에 성공했다. 그러나 오스트리아는 그 영토 내의 루마니아인·체코슬로바키아인·유고슬라비아인과는 화해하려 하지 않았으며, 또 하려 했어도 뜻대로 되지 않았다. 그리고 사라예보(보스니아·헤르체고비나의 수도)에 울린 몇 발의 권총소리가 결국은 지도상에서 오스트리아 제국을 지워버리는 신호가 되었다.

끝으로 제1차 세계대전과 제2차 세계대전 사이에 오스트리아와 튀르크의 대조적인 태도를 살펴보기로 하자. 1914~1918년 대전 후 그들은 함께 공화국으로 새로 탄생했으며, 한때 서로 이웃이기도, 적이기도 했던 제국의 모습을 벗어버렸다. 그러나 비슷한 것은 그것으로 끝이었다. 오스트리아인은 전쟁에 패한 5개국 중에서 가장 심한 타격을 받았으나 가장 순순히 상황을 감내했다. 그들은 더할 수 없는 체념과 회한으로 새 질서를 받아들였다. 이에 반해 튀르크인은 패전 5개국 중 유일하게 휴전 뒤 1년도 안 되어 다시 무기를 들고 승전국과 싸움을 일으켜, 승전국이 그들에게 강요하려던 강화 조약의 근본적 개정을 요구하고 그 목적을 이룬 유일한 국민이었다. 그와 동시에 튀르크인은 젊음을 되찾고 자신들의 운명을 바꿨다. 그들은 이미 쇠락한 오스만 왕조 아래서 버려진 제국의 한두 지역을 지키려고 싸우는 것은 아니었다. 왕조로부터 버림을 받자 그들은 다시 한번 변경을 두고 싸우는 전쟁을 시도했고, 초대 술탄 오스만처럼 실력으로 뽑힌 지도자를 따르고 있었다. 더구나 그것은 그들 조국을 넓히려는 것이 아니고 보존하기 위해서였다. 1919~1922년의 그리스·튀르크 전쟁의 결전장이 되었던 인 외뉘(아나톨리아고원의 서북단에 있는 도시)는 600년 전에 셀주크족의 마지막 왕이 오스만 왕조의 첫 왕에게 나눠준 원래의 영토, 바로 그 '술탄의 새로운 시작의 땅 안'에 있다. 수레바퀴가 완전히 한 바퀴 돈 셈이다.

서유럽 세계의 서방 변경 지역

초기의 서유럽 사회는 단순히 대륙의 동쪽 경계선뿐 아니라 서쪽에서도 삼면에서 압력을 받았다. 즉 브리튼 제도와 브르타뉴에서의 이른바 '켈트 외곽 지대'의 압력과, 브리튼 제도와 유럽 대륙 대서양 연안 지역에서의 스칸디나비아 바이킹의 압력, 거기다 이베리아반도의 초기 이슬람교 정복자로 대표되는 시리아 문명의 압박이었다. 우리는 먼저 '켈트 외곽 지대'의 압력에 대해 살펴보기로 하자.

원시적이고 수명이 짧았던 이른바 이방인들의 '7왕국(Heptarchy : 앵글로·색슨족이 잉글랜드에 세운 일곱 왕국인 켄트·에섹스·서섹스·웨섹스·이스트앵글리아·머시아·노섬브리아)' 간의 생존 경쟁이 어떻게 서유럽 사회의 정치 체제에 속하는 2개의 진보적이고 영속적인 국가의 출현이라는 결과를 낳았는가? 잉글랜드 및 스코틀랜드 두 왕국이 '7왕국' 대신 등장하는 과정을 보면 그 과정의 각 단계마다 결정적 요인은 언제나 외적 압력이 만든 도전에 대한 응전이었다. 스코틀랜드 왕국의 발생은 픽트족과 스코트족이 앵글로·색슨의 노섬브리아 왕국에 도전한 일에까지 거슬러 올라간다. 현재 스코틀랜드의 수도 에든버러는 노섬브리아의 국경 요새로서 에드윈왕이 에든버러 근처 포스만(灣) 맞은쪽의 픽트족과 스코틀랜드 서북부를 포함한 중세 스트래스클라이드의 브리턴족을 막기 위해 건설한 것이다. 954년에 픽트족과 스코트족은 에든버러를 정복하고 로디언을 통째로 그들에게 양보하라고 강요했다. 곧 이 영토 양도는 다음과 같은 문제를 일으켰다. 이제 서유럽 그리스도교 세계의 변경 지역은 정치 체제의 변화에도 서유럽 그리스도교 문화를 보존하고 유지할 것인가, 아니면 정복자인 켈트 민족의 이질적인 '극서' 문화를 인정할 것인가? 로디언 지방은 인정하기는커녕 이 도전에 대한 응전으로 정복되었던 그리스가 로마를 생포한 것처럼 정복자를 생포해 버렸다.

정복된 이 지역의 문화에 스코틀랜드 왕들이 완전히 매혹되어 그들은 에든버러를 그들의 수도로 정하고는 마치 로디언 지방이 그들의 고향이며, 하일랜드 (스코틀랜드 북서쪽의 고지대)는 그들 영토에서 멀리 떨어진 낯선 곳인 것처럼 생각하고 행동했다. 그러는 사이 결과적으로 켈트계 지배자의 도움으로 로디언 출신 잉글랜드인 개척자가 스코틀랜드의 동해안을 머리만(灣)까지 식민지화하여 원래 스코틀랜드 왕의 동족인 켈트계 주민이 희생되고 '하일랜드선(線)'은 뒤로 밀려났다. 또한 명칭이 바뀌는 현상이 일어나 '스코틀랜드어'는 원래 스코트족이 말하는 게일어 방언(켈트어의 일종)에서 로디언 지방에서 쓰이고 있는 영어 방언을 뜻하게 되었다. 스코트족과 픽트족의 로디언 지방 정복의 궁극적인 결과는 서유럽 그리스도교 세계의 서북 경계를 포스강에서 트위드강까지 후퇴시킨 것이 아니라 반대로 그레이트브리튼섬 전체를 포함하며 확장시킨 일이었다.

이리하여 영국 '7왕국' 중 한 왕국의 정복된 어느 한 지역이 스코틀랜드 왕국의 중심이 되었으며 스코틀랜드의 수도가 된 노섬브리아 왕국의 일부분은 트위드강과 포스강과의 중간 지대인 변경 지역이지, 트위드강과 험버강과의 중간 지대인 내부 즉 후방 지역이 아니었음에 주목해야 한다. 어떤 명민한 여행자가 10세기에 로디언 지역이 스코트족과 픽트족에게 넘어가기 전에 노섬브리아를 방문했다고 가정해 보자. 그는 틀림없이 에든버러의 미래는 대단치 않을 것 같다면서 노섬브리아의 도시에서 앞으로 '문명' 국가의 영구적인 수도가 탄생한다면, 그 도시는 아마 요크가 될 것이라 말했을 것이다. 브리튼섬 북부의 농경지로 적합한 가장 광대한 평야 한가운데 있는 요크 일대는, 이미 로마 점령 무렵이 지방의 군사적 중심지였고, 가톨릭 대주교가 있었다. 또 얼마 전에는 수명이 짧았던 스칸디나비아 왕국 '데인로'의 수도였다. 그러나 이 데인로는 920년에 웨섹스 왕에게 굴복했고, 그 뒤로 요크는 영국의 한 지방 도시로 격하되었다. 오늘날에는 요크셔가 잉글랜드의 주 가운데 유난히 크다는 사실 말고는 무엇 하나 요크의 미래가 가장 유망해 보였다는 걸 떠올릴 만한 것은 없다.

'7왕국' 중 험버강 남쪽에 있었던 왕국 가운데 어디가 주도권을 잡고 앞으로 잉글랜드 왕국의 중심이 되었을까? 8세기 무렵의 주요한 경쟁자는 대륙에서 가까운 왕국들이 아니라 웨일스와 콘월의 거센 켈트인으로부터 자극을 받아오던 머시아와 웨섹스의 변경 지역이었음이 금세 드러난다. 또한 경쟁의 초기에는 머시아가 선두에 서 있었음도 알게 된다. 머시아의 오파왕(재위 757~796년경)은 그즈음 웨섹스의 어느 왕보다도 세력이 막강했다. 그것은 웨일스가 머시아에 가한 압력이, 콘월이 웨섹스에 가한 압력보다 컸기 때문이다. 콘월의 '서부 웨일스인'의 저항은 아서왕 전설 속에 지워지지 않는 흔적을 남기고 있으나, 이 저항은 서부 색슨족이 비교적 쉽게 극복한 것으로 보인다. 그러나 머시아에 가해진 압박이 심했다는 사실은 언어적으로는 머시아라는 명칭 자체(Mercia는 'the March' 즉 '변경'을 의미)에 의해 입증되고 있으며, 또 고고학적으로는 디(Dee)강 하구에서 세번강 하구에 걸쳐 길게 뻗어 있는 '오파의 제방'이라 불리는 흙으로 쌓은 둑의 유적이 입증하고 있다. 이 단계에서 미래는 웨섹스가 아니라 머시아와 함께 있는 것처럼 보였을 것이다.

그런데 9세기가 되면서 '켈트 외곽 지대'로부터의 도전보다 훨씬 강대한 스칸디나비아로부터의 도전이 시작되면서, 그런 예상은 완전히 빗나간다. 이번에는 머시아가 아니라 웨섹스가 앨프레드 대왕의 지휘 아래 성공적으로 응전해 잉글랜드 왕국의 중심이 되었다.

서유럽 세계의 대서양 연안에 가해진 스칸디나비아인의 압력으로 '7왕국'이 모두 합병해 케르딕 왕가(케르딕은 웨섹스 왕국의 창시자)의 통솔 아래 잉글랜드 왕국이 만들어졌을 뿐 아니라, 샤를마뉴 제국은 버려졌던 서쪽 영토를 통합하여 카페 왕조 아래 프랑스 왕국이 생겨나게 되었다. 이 압력을 받던 잉글랜드는 수도를 스칸디나비아의 위험에서 비교적 멀리 떨어진 서웨일스나 웨섹스의 원체스터에 두지 않고, 격동과 치우침 없는 문명의 어우러짐이 계속되던 895년에, 런던으로 정했는데 이곳은 덴마크 함대가 시도한 템스강을 거슬러 올라가는 작전을 격퇴함으로써 장기간의 싸움에 결정적인 변화를 가져다준 곳이었다. 마찬가지로 프랑스는 수도를 카롤링거 왕조의 마지막 수도였던 랑(Laon : 프랑스 북동부)이 아니라 카페 왕조가 초대 국왕의 아버지 시대에 센강을 거슬러 올라오던 바이킹족을 앞장서 막아냈던 파리에 정했다.

이처럼 해상으로부터 자극해 오는 스칸디나비아의 도전에 대한 서유럽 그리스도교 세계의 응전이 잉글랜드와 프랑스라는 새로운 왕국을 탄생시켰다. 또 적을 물리치는 과정에서 프랑스인과 잉글랜드인은 봉건 제도라는 강력한 군사, 사회적 제도를 만들어냈고, 한편 잉글랜드인은 이 커다란 시련에서 받은 감동을 예술적으로 표현하여 갑자기 새로운 서사시가 융성하게 되었다. 오늘날 남아 있는 《몰던 전투의 노래》는 그 예술적 서사시의 한 부분이다.

또한 우리는 잉글랜드인이 로디언 지방에서 이룬 것을 프랑스가 노르망디에서 이루어 노르망디의 정복자인 스칸디나비아인이 피정복자의 문명에 매혹되어 동화된 일에 주목해야 한다. 롤로(노르망디 공국 건설자)와 그의 동료가 '카롤루스 단순왕' 샤를(3세. 카롤링거가의 프랑스 왕)과 조약을 맺고, 프랑스가 대서양 해안에 영구 식민지를 획득(912년)한 지 약 1세기 뒤에 그들의 자손들은 지중해에서 그리스 정교 세계와 이슬람 세계를 굴복시키고 서유럽 그리스도교 세계의 범위를 넓히고 있었다. 또한 그들은 프랑스에 빛나고 있던 서유럽 문명의 빛을 그때 아직도 여명 속에 있었던 잉글랜드와 스코틀랜드의 섬나라 왕국에까지 확산시키고 있었다. 노르만족의 영국 정복은 이전에 좌절된 바이킹족의 야망이 이루어진 것으로 볼 수 있으나 문화적으로 그러한 해석은 완전히 말이 안 되는 이야기이다.

노르만인은 잉글랜드에서 서유럽 그리스도교 사회의 율법을 폐지하기 위해서가 아니라 완성하기 위해 온(《마태복음》 5 : 17) 것이며, 그렇게 함으로써 그들 스칸디나비아의 이교도적 과거를 버린 셈이다.

헤이스팅스 전투(1066년 노르망디 공작 윌리엄이 잉글랜드 국왕 해럴드 2세의 군대를 격파한 싸움)에서, 노르만인의 종군 시인 타이유페르가 노르만인 기사들의 선두에서 노래하며 진군해 갔을 때, 그들 입에 즐겨 오르내리던 말은 노르만어가 아니라 프랑스어였고 그가 지은 노래의 내용은 시구르(니벨룽겐의 지크프리트에 해당되는 영웅)의 무용담이 아니라 샤를마뉴의 기사 《롤랑의 노래》(이슬람교도 토벌에 나선 롤랑이 주인공. 중세 프랑스 최고 무훈시)였다. 서유럽 그리스도교 문명이 이처럼 침략자 스칸디나비아인의 마음을 사로잡았다면 이 문명이, 스칸디나비아 자체에서 꽃피지 못한 스칸디나비아 문명을 대신해 완전히 승리한 것은 조금도 이상할 것 없다. 나중에 '실패한' 문명을 비교 연구할 때 다시 한번 이 문제를 다루기로 한다.

우리는 시간적으로 가장 먼저이며 강도(强度)에 있어서도 다른 걸 넘어서며 그즈음 생긴 지 얼마 안 되어 아직 나약했던 서유럽 문명에 비하면 힘에 있어서도 압도적인 것으로 생각되던 변경 지역이 갖는 압력을 가장 뒤로 돌렸다. 사학자 기번의 판단으로 하마터면 서유럽 사회를 실패한 문명의 자리에 넣을 뻔했다.[43]

갓 태어난 서유럽 문명에 대한 아랍인의 맹렬한 공격은 헬라스 사회가 오랜 시간에 걸쳐 시리아 사회로 침입해 오자, 시리아 사회가 일으킨 마지막 반격이었다. 아랍인들이 이슬람 덕으로 이 일에 뛰어들었고 가장 광대했던 시대에 시리아가 지배했던 지역 전부를 회복하고 나서야 비로소 멈추었다.

원래 아케메네스 왕조는 페르시아 제국이라는 형태로 이룩한 시리아 사회의

---

43) "파죽지세로 진군한 거리는 지브롤터의 바위에서 루아르강 기슭까지 1600킬로미터 이상이나 되었다. 다시 한번 그만한 거리를 진군했다면 사라센군은 폴란드나 스코틀랜드 고원 지대까지 진격했을 것이다. ……아마 지금쯤은 《코란》의 해석이 옥스퍼드의 여러 학교에서 강의되었을 것이고, 또 강단에선 할례받은 민중을 향해 무함마드의 계시의 신성함과 진리를 논증하게 되었을지도 모른다"(기번 《로마 제국 쇠망사》).(원주)

세계 국가를 아랍 제국으로 부흥시키는 것만으로는 만족치 않고 더 나아가 아프리카와 에스파냐로 눈을 돌려 고대 페니키아인이 차지했던 카르타고 영토를 다시 정복하려 했던 것이다.

에스파냐로 향한 아랍인은 713년에 카르타고의 하밀카르와 그 아들 한니발의 발자취를 따라 지브롤터 해협을 건넜을 뿐 아니라 피레네산맥도 넘었는데, 론강을 건너고 알프스를 넘지는 않았으나 한니발이 한 번도 들어간 적 없던 땅에 침입해 루아르강까지 병사를 진군시켰다.

아랍군이 732년 투르 전투에서 샤를마뉴의 조부(샤를 마르텔)가 이끄는 프랑크군에게 대패한 것은, 확실히 역사를 바꾼 결정적인 사건이었다. 시리아 사회가 압력을 가하자, 압력에 대한 서유럽 사회의 반발은 이 전선에서 전혀 수그러짐 없이 차츰 커져갈 뿐이었다. 마침내 약 7, 8세기 뒤, 서유럽 그리스도교 사회의 첨병인 포르투갈이 이베리아반도에서 튀어나와 해상으로 아프리카를 우회하여 고아·말라카(오늘날 믈라카)·마카오까지 진출했고, 또 다른 첨병인 에스파냐 카스티야 선발대가 대서양을 건너 멕시코로, 거기서 다시 태평양을 건너 마닐라까지 진출하게 되었다. 이들 이베리아반도 개척자는 서유럽 그리스도교 사회를 위해 유례없는 공헌을 했다. 그들은 그들이 대표하는 사회의 문명을 싣고 지구상의 거주 가능한 육지와 항해 가능한 해양으로 문명의 지배 영역을 확대한 것이다. 서유럽 그리스도교 사회는 우화에 나온 겨자씨(《마태복음》 13 : 31~32, 《마가복음》 4 : 30~32, 《누가복음》 13 : 18~19)처럼 성장하여 '거대한 사회'가 되었고, 지구상의 모든 국민이 와서 그 가지에 머물 정도의 나무가 된 것은 무엇보다도 이베리아인의 활동력 덕분이다.

이베리아반도에서 그리스도교의 활동력이 무어인(아프리카 서북부의 고왕국 마우레타니아의 주민 베르베르인과 아랍인의 혼혈)이 가한 압력에 자극받아 일어났음은, 무어인의 압력이 사라지자마자 그 활동력이 모두 쇠퇴해 버린 사실로 입증된다. 17세기에 포르투갈인과 에스파냐 카스티야인은 그들이 개척한 신세계로 나중에 들어온 피레네산맥 이북의 서유럽 그리스도교 세계로부터의 침입자인 네덜란드인·영국인·프랑스인에게 밀려났는데, 해외에서 이 패배의 시기는 연대적으로 이베리아반도에 남아 있던 '모리스코스'(에스파냐와 포르투갈의 무어인)가 대량 학살이나, 추방 또는 강제 개종으로 모두 사라져 본국 내에 역사적인 자극이 제거된 시기와 일치한다.

따라서 이베리아반도 국가들과 이 변경 지역의 무어인과의 관계는 다뉴브강 유역의 합스부르크 왕국과 오스만의 관계와 유사하다고 본다. 에스파냐, 포르투갈, 오스트리아 모두 변경 지대에 외세의 압력이 강한 동안에는 활기에 차 있다가 압력이 약해지자마자 쇠퇴하기 시작해 서유럽 세계의 경쟁 세력 사이에 유지되어 오던 균형적 주도권을 잃게 되었다.

5. 제재가 주는 자극

절름발이 대장장이와 맹인 시인

살아 있는 유기체는 특정한 기관이나 기능을 사용할 수 없어 같은 종류의 다른 유기체에 비해 불리한 상태에 있게 되면, 이를 극복하기 위해 다른 기관 또는 기능을 특별히 많이 사용하게 되므로, 결국 2차적인 활동 분야에서 그 능력이 동료를 능가하게 되어 1차적인 활동의 장애를 메워주게 된다.

예를 들어 맹인은 시력이 정상적인 사람보다 한결 더 촉각이 예민한 경향이 있다.

이것과 거의 비슷한 현상이 사회 전체에서 발견된다. 우연이든 자신의 의지이든 또는 몸담고 있는 사회의 다른 성원에 의해서든 사회적으로 제재를 받고 있는 집단 또는 계급은 어떤 종류의 활동 분야에서 불리한 조건에 놓여지거나 그 분야에서 완전히 축출당할 수도 있는 그런 도전적인 상황에서, 그 활동력을 다른 분야에 집중함으로써 다른 집단을 능가하는 식으로 응전하는 수가 많다.

가장 간단한 예를 드는 것이 편리하겠다. 어떤 신체적 결함 때문에 자신이 속한 사회의 일반적인 직업에 종사할 수 없는 사람의 경우를 생각해 보자. 예를 들어 맹인이나 절름발이는 남자라면 유사시에 무조건 전쟁에 나가야만 하는 미개 사회에서 얼마나 곤란한 입장일지 생각해 보자.

그 절름발이는 어떤 반응을 보일 것인가? 다리가 말을 듣지 않으니 전쟁터에 나갈 수는 없지만 동족들이 사용할 무기나 갑옷을 만들 수는 있다. 그래서 그는 수공예품을 만드는 기술을 익혀 그가 동족에게 의지하듯이 그의 동족도 그에게 의지하게 된다.

그는 신화에 나오는 절름발이 헤파이스토스(로마 신화에서는 불카누스)나 빌란드(북유럽 신화에서는 '대장장이 웨일랜드')가 현실로 나타난 존재이다. 그러면 그중 맹인은 어떤 반응을 보일까? 그는 더 불리하여 손을 움직여 무엇을 만들 수도 없다. 그러나 손을 움직여 하프를 켜며 노래 부르고, 또 두뇌를 써서 직접 할 수 없는 행동을 시로 읊을 수는 있다.

동료 병사들이 전쟁터에서의 이야기를 그에게 들려주면 그는 노래로 부르게 되는 것이다. 그는 야만족의 전사가 원하는 대로 그들 명성이 사라지지 않도록 후세에 전하는 일을 하게 된다.

> 용감하고 강한 영웅의 일족이
> 아트레이데스(그리스 신화의 아트레우스. 아가멤논과 메넬라오스의 아버지) 이전에
> 싸워 죽었노라.
> 호메로스가 없었으므로 그의 공로를
> 기리는 성스러운 노래도 없었다.
> 이름도 없이, 눈물 흘리는 사람도 없이
> 알아주는 사람이 없이 그들은 죽어갔노라.
> 끝없는 밤하늘의 구름에 둘러싸인 채
> 그들의 이름을
> 영광으로 밝혀줄 시인도 하나 없었노라.[44]

노예 상태

자연적인 우연이 아닌 인간이 가하는 형벌 가운데 누가 봐도 가장 일반적이며 가혹한 것은 노예가 되는 것이었다.

예를 들어 한니발 전쟁이 끝나고 아우구스투스의 평화가 정착할 때까지 공포의 2세기 동안, 지중해 부근 국가에서 이탈리아로 끌려간 수많은 노예의 이민 기록을 보면 알 것이다.

이들 노예 이민자들이 새로운 생활을 시작했을 무렵에 겪어야 했던 불리한

---

44) Horace : *Ode.*[원주]

조건은 상상을 초월한다. 그들 가운데 어떤 자는 헬라스 문명의 문화적 유산의 계승자였는데, 이 사람들은 그들의 도시가 약탈당하고 그들 자신과 그들 동족이 노예 시장으로 끌려갈 때 그들의 정신적·물질적 세계 전부가 허물어지는 것을 목격했던 것이다. 또 어떤 자들은 동양의 헬라스 문명의 '내적 프롤레타리아트' 출신으로 이미 사회적 유산은 잃어버렸지만, 노예 생활이 주는 견디기 어려운 고통을 느끼는 능력까지 잃지는 않았다.

고대 그리스 격언에 "노예가 될 때 인간은 인간성의 절반은 박탈당한다"(《오디세이아》의 돼지치기 에우마이오스가 한 말)는 말이 있는데, 이 격언이 그대로 이루어져서 노예의 자손인 로마의 도시 프롤레타리아트가 타락했다. 그들은 기원전 2세기부터 기원후 6세기까지 빵만이 아니라 '빵과 유희'(유베날리스의 풍자시)로 소일하며 환락가가 무너지고, 그들이 지구상에서 모습을 감출 때까지 살아갔던 것이다.

오랜 시간에 걸친 죽음과도 같은 생활은 노예화라는 도전에 대해 응전하지 않은 벌인데, 헬라스 역사에서 최악의 시대에 집단으로 노예로 전락했던 온갖 잡다한 출신과 내력을 가진 사람들 다수가 그와 같은 멸망으로의 넓은 길을 다 같이 걸어갔으리라는 것은 의심할 여지가 없다.

그러나 그들 중에는 도전에 맞서 무슨 방법으로든 '교묘하게 뚫고 나가' 성공한 사람들이 있었다.

어떤 자는 하인 신분에서 차츰 성공해 큰 소유지의 관리 책임자가 되었다. 카이사르의 토지는 헬라스 사회가 세계 국가로 발전한 뒤에도 계속 카이사르의 해방 노예가 관리했다. 어떤 자는 주인으로부터 소규모로 장사할 것을 허락받고 모은 돈으로 자유를 되찾아 마침내 로마의 실업계에서 부와 명성을 떨치게 되었다. 그런가 하면 어떤 자는 내세에서 철인왕 또는 교회의 사제가 되기 위해, 현세에서는 그대로 노예로 지낸 자들도 있었다. 그리고 나르키소스와 같은 자아도취에 빠진 불법적인 권력과 트리말키오(페트로니우스의 풍자 소설 《사티리콘》에 나오는 인물)처럼 영화를 누리는 젊은 부자의 화려한 생활을 거리낌 없이 경멸한 정통적인 로마 사람들도, 절름발이 노예 에픽테토스[45]의 조용하고도 맑은 지혜

---

45) 로마의 스토아 철학자(55?~135?). 철학적 추방령으로 그리스로 가서 학교를 세웠다.

에 대해서는 진심으로 존경했다. 또한 이름도 없는 수많은 노예나 산이라도 옮길 듯한 해방 노예의 열렬한 신앙에는 경탄하지 않을 수 없었다.

한니발 전쟁으로부터 콘스탄티누스 대제의 그리스도교 개종까지 5세기 동안 로마의 위정자들은 힘으로 제지하려 하여도 그들 눈앞에서 이 노예들의 신앙심이 기적을 행하고 되풀이되는 것을 보았다. 그리고 마침내 그들 자신도 여기에 굴복하고 말았다.

왜냐하면 노예 이민자들은 집을 잃고, 가족도 잃고, 재산까지 잃었는데도 절대 신앙심을 잃지 않았기 때문이다. 그리스인들은 바카날리아(바쿠스, 곧 디오니소스의 축제)를, 아나톨리아인은 키벨레('에페수스의 디아나'라고도 하며, 자신이 잉태된 히타이트 사회보다 오래 산 여신)를 숭배했고, 이집트인들은 이시스(최고의 여신)를, 바빌로니아인들은 별을, 이란인들은 미트라(고대 페르시아 신화에서 빛·진실·맹약의 신)를 숭배했으며, 시리아인은 그리스도교를 믿었다. "시리아의 오론테스강 물은 테베레강으로 흘러갔다"고 유베날리스가 기원 2세기에 썼는데 이 말은 2개의 강이 합류되는 것은 노예가 주인에게 복종하는 데도 뚜렷한 한계가 있다는 점을 제기한 것이다.

그 문제란 옮겨진 내적 프롤레타리아트의 이민 종교가 헬라스 사회의 소수 지배자 고유의 종교를 압도했느냐 아니냐에 관한 것이었다. 두 강이 합류한 이상 섞이지 않을 수 없다. 섞인 이상 자연적인 흐름을 특별한 기술이나 힘으로 방해하지 않는 한 어느 한쪽이 우세하리라는 것은 거의 의심할 여지가 없다.

왜냐하면 헬라스 세계의 수호신들은 지난날 그 숭배자들에게 군림하며 이루었던 밀접하고도 생명력을 주는 영적인 교류에서 물러난 반면 프롤레타리아트의 신들은 그 숭배자의 "피난처이자 힘이며, 괴로울 때 가장 큰 힘"(〈시편〉 46 : 1)이었다는 것을 실제로 보여주었기 때문이다.

외래의 종교를 공격할 것인가, 아니면 그것을 받아들여 신자가 될 것인가. 로마 위정자들은 5세기 동안 이 두 가지 사이에서 망설였다. 로마 지배 계급의 특정 집단은 새로운 신들에게 끌렸다. 군인들은 미트라를, 여성들은 이시스를, 지식 계급은 천체 신앙을, 그리스를 좋아하는 사람들은 디오니소스를, 물신 숭배자들은 키벨레를 좋아했다.

기원전 205년, 한니발 전쟁이 위기에 놓였을 때 로마 원로원은 그리스도교를 받아들인 콘스탄티누스 대제보다 5세기나 앞선 이때, 하늘에서 떨어진 키벨레의 신성을 간직한 마법의 돌(운석)을 아나톨리아의 페시누스(갈라티아의 도시. 키벨레를 모신 신전이 있었다)로부터 운반해 부적으로서 공식적인 예절을 갖추어 맞이했다.

그런데 그로부터 20년 뒤, 이번에는 그리스도교도를 박해한 디오클레티아누스(로마 황제)보다 앞서 그리스의 전통적인 바쿠스 제전을 금지시켰다. 이 장기간 계속된 신들 사이의 싸움은 실은 노예 이민자와 주인인 로마 사람들 간의 세속적 싸움을 의미했다. 그리고 이 이중적인 싸움에서 결국 노예의 정신문명과 그들의 신이 승리한 것이다.

제재가 주는 자극은 힌두 사회의 카스트 제도 속에서도 전형적인 예를 볼 수 있으며 인종적 차별 대우가 그것을 입증하고 있다. 여기서 우리는 어떤 종류의 직업에서 제외된 인종이나 계층이 다른 직업에서 성공하는 것을 볼 수 있다. 그러나 오늘날의 북아메리카 흑인 노예 이민자들은 인종적 차별 대우와 법률상의 예속이라는 이중 제재를 받았다.

그리고 이 두 가지 불리한 점 중 법률적 구속이 제거되고 자유를 찾은 지 80년이 지난 오늘날도 아직 차별 대우라는 불리한 점이 이들 해방된 흑인들을 무겁게 짓누르고 있는 것이다.

유럽과 아메리카의 노예 상인과 노예 주인들이 흑인들에게 가한 온갖 끔찍하고도 잔혹한 일에 대해 여기서 새삼스럽게 진술할 필요는 없을 것이다.

헬라스 사회도 그와 비슷한 일을 했다는 것을 안 뒤로는 그리 놀랄 것도 없지만 우리가 주목해야 할 것은 아메리카의 흑인들은 이 세상에서는 아무리 해도 그들의 운명이 영원히, 그리고 어떻게 해볼 도리 없이 자신들에게는 불리하다는 것을 알고 내세를 내다보며 위안을 찾은 일이다.

돌이켜보면 흑인들은 서유럽의 거대한 도전에 대하여, 결국 고대 동양인들이 그들의 주인인 로마인들에 대해 응전한 것과 맞먹는 종교적 응전을 하고 있는 것으로 보인다. 사실 흑인들은 아메리카 백인을 사로잡을 만한 토착 신앙을 아프리카로부터 가져오지는 못했다. 그들이 이어받은 원시적인 사회적 유산은 매우 취약한 것이어서 서유럽 문명과 부딪치자마자 몇 조각을 제외하고는 완전히 산산조각이 나고 말았다.

이와 같이 그들이 아메리카로 건너왔을 때는 신체적, 정신적으로 벌거숭이여서 그들을 노예로 만든 백인들이 벗어 던져준 옷으로 몸을 감싸지 않을 수 없었다. 흑인들은 그리스도교 속에서 서유럽 그리스도교 사회가 오랫동안 무시해온 본래의 어떤 의미와 가치를 재발견함으로써 새로운 사회적 환경에 적응한 것이다.

그들은 소박하고도 예민한 마음으로 복음서를 받아들였고, 예수가 권력 있는 자의 지위를 굳건히 하기 위해서가 아니라 비천하고도 순종적인 자들을 높여주기 위해 이 세상에 나타난 예언자라는 것을 발견했다. 지난날 그리스도교를 로마 시대였던 이탈리아에 가져간 시리아 문명의 노예 이민자들처럼, 생명력을 잃은 낡은 종교 대신 살아 있는 새 종교를 세우는 기적을 이뤄냈던 것이다.

아메리카에서 그리스도교와 만난 흑인 노예 이민자들은 죽은 자를 살려내는 더 위대한 기적을 이뤄낼지도 모른다. 어린애 같은 정신적 직관력과 정서적인 종교적 경험에 자연적으로 흘러나오는 미학적 표현을 덧붙일 줄 아는 천재적 능력을 가진 그들은 아마 우리에게서 얻은 그리스도교의 식어빠진 재에다 불을 붙임으로써 또다시 그들의 마음속에 신성한 불길을 일으킬 수 있을 것이다.

그리스도교가 죽어가는 문명에 다시 한번 생명력 있는 종교가 될 수 있다면, 그것은 불꽃의 씨앗이 다시 아메리카 대륙에 닿아 이룩된 것이리라. 만일 이러한 기적이 정말로 아메리카의 흑인 교회에 의해 이뤄진다면 그것은 사회적 제재라는 도전에 대해 이제까지 인간이 한 가장 강력한 응전이라고 할 수 있을 것이다.

파나리오트[46]·카잔인(Qazanli) 및 레반트인

단일 종교이거나 유사 종교 사회에서 종교적 소수자가 겪는 사회적 제재에 대해서는 너무도 잘 알려져 있기 때문에 밝힐 필요도 없다. 17세기의 영국 청교도(퓨리턴)들이 이런 종류의 도전에 대해 강력하게 응전한 것을 모르는 사람은 없을 것이다. 즉 영국 본토에 있던 청교도들이 어떻게 해서 처음에 하원을 손아귀에 넣고 나중에는 크롬웰의 철기병(갑옷을 입은 기마병)을 손아귀에 넣었는지,

---

46) 파나르 사람, 즉 파나리오트 또는 파나리오테스는 콘스탄티노플의 파나르 지구에 거주했던 그리스인을 가리킨다.

그리고 어떻게 영국의 정치 조직을 뒤엎어 궁극적으로 의원내각제를 성공시켰으며, 또 바다를 건너간 청교도들이 어떻게 미국의 기초를 세웠는지 말이다.

또 알려지진 않았으나 훨씬 더 흥미로운 일이 있는데 그것은 특권이 주어진 교파와 박해받는 교파 모두 저항할 수 없는 지배적 소수자의 강제력으로 동일한 정치 체제에 묶여 있으면서도, 한편으로는 알게 모르게 다른 문명에 예속되어 있었던 경우인데 여기서 그 예를 들어보기로 한다.

오스만 제국은 그리스 정교 세계 국가였는데, 이는 이교적 신앙과 문화를 지닌 로마 제국의 동쪽에서 동로마 제국이 콘스탄티노플을 수도로 정하면서 세워진 것으로 스스로 제국을 건설할 수 없었다. 그래서 그리스 정교도들은 사회적으로 무능했기 때문에 타인의 지배를 받아야만 했다. 그리스 정교 사회에 '오스만의 평화'를 확립하고 유지해 온 옛 오스만 제국의 이슬람 정복자들은 피지배자인 그리스도교도에게 그들을 정치적으로 관리해 주는 대가로 종교적 차별을 하게 된 셈이다. 그리고 여기서도 마찬가지로 박해받는 교파에 속하는 사람들은 그들의 활동 영역이 한정되어 있기 때문에 가능한 분야에 매달려 전문가가 되는 것으로 이 도전에 응했던 것이다.

옛 오스만 제국에서는 오스만족이 아닌 사람은 정치가나 군인이 될 수 없었고, 또 제국의 대규모 토지는 소유권과 경작권이 피지배자인 그리스도교도로부터 이슬람교도인 지배자의 손으로 넘어갔다. 이 같은 상황에서 그리스 정교 사회의 여러 민족들은 그들 역사상 처음이자 마지막이긴 했지만 서로 타협이나 계획 없이도 효과적으로 합의를 이뤄냈다. 그들은 밥 먹듯 하던 내란도 일으키지 않았으며 자유직업에 종사할 수도 없었기 때문에 묵묵히 천한 일거리를 나누어 더러는 장사꾼이 되고 더러는 직공이 되어 '정복자' 메흐메드(오스만 튀르크 제국 제7대 술탄)의 계획적인 작전으로 일괄적으로 쫓겨났던 제국의 수도 안으로 들어가 다시 설 자리를 마련했던 것이다. 루멜리아고원(해협의 유럽 쪽에 있는 오스만 제국의 한 지방)에서 온 블라크인(또는 왈라키아인)은 식료품 상인으로 도회지에 정착했다. 그리스어를 쓰며 에게해 제도에 사는 사람들과 튀르크어를 쓰며 육지로 둘러싸인 아나톨리아 카라만에 사는 이들은 조금 더 큰 규모의 장사를 시작했으며, 알바니아인은 석공이 되었다. 몬테네그로(과거 유고슬라비아의 일부 지방)인은 사환이나 문지기가 되었다. 시골 사람인 불가리아인도 마부가 되거나 채소를 재배하며 교외에서 생계를 꾸려 나갔다.

　그리고 콘스탄티노플에 살게 된 그리스 정교도 중에 파나리오트라는 그리스인의 집단이 있었다. 그들은 엄청난 제재가 주는 도전에 자극을 받아 능동적으로 대처해 제국의 행정과 관리 면에서 오스만 왕조의 실질적인 협력자가 되어 가능한 범위 안에서 오스만을 대신하게 되었다. 이 야심적인 그리스인 가계의 이름이 된 파나르(근대 그리스어의 '등대'라는 뜻)는 오스만 정부가 수도에 사는 그리스 정교도에게 게토(유대인 거주 지역)처럼 살도록 내준 스탬불(이스탄불과 같은 콘스탄티노플의 튀르크명) 서북부의 구석진 지역이었다. 이 지역에서 소피아 교회가 모스크(이슬람교 사원)로 바뀐 뒤, 총대주교(그리스 정교회 최고의 직책)가 옮겨왔다. 이와 같이 얼핏 보아 앞날에 희망이 없는 후퇴를 했는데도 총대주교청은 상업으로 성공한 그리스 정교도의 집결점이자 중심이 되었다. 이들 파나리오트는 두 가지 특별한 성과를 이뤄냈다. 하나는 대규모 상인으로서 서유럽 세계와 통상 관계를 맺었고, 다른 하나는 서유럽 사회의 풍속과 습관, 언어를 연구했다는 점이다. 옛 오스만 제국에서 대주교는 교구의 모든 행정의 관리자로서 오스만 정부와 여러 지방의 다른 언어를 쓰는 모든 그리스 정교도 사이에서 공적인 정치적 매개자 역할을 했다. 오스만 제국과 서유럽 세계 사이의 장기간에 걸친 이 전쟁에서 오스만 왕조가 1682~1683년 두 번째 빈 포위 작전에서 실패하자 이제 파나리오트의 두 가지 능력이 행운의 기회를 갖게 된다.

　오스트리아 공격 실패라는 군사적 변화와 함께 오스만 제국은 굉장히 복잡해졌다. 1683년 실패 이전 오스만 왕조는 실력을 행사하기만 하면 서유럽 여러 나라와의 관계가 해결되었다. 그런데 군사력이 약해지자 그들은 새로운 두 가지 문제와 직면하게 되었다. 그들은 이제부터 전쟁터에서 물리칠 수 없는 서유럽 여러 나라와 회의석상에서 타협해야 했고 한편 이미 억압할 수 없는 피지배자 그리스도교도의 감정도 고려해야 했다. 다시 말해서 이제는 노련한 외교관과 행정관 없이는 일을 처리할 수 없게 되었는데 오스만 왕조 자신이 갖추지 못한 필요한 경험을 갖추고 있는 것은 그들의 피지배자 중에서 파나리오트뿐이었다. 따라서 오스만 왕조는 부득이 선례를 무시하고 그들의 정치적 원칙을 바꾸어 때마침 필요한 자격을 갖추고 있던 파나리오트에게 오스만 제국의 새로운 정치 체제에서 가장 중요한 4개의 핵심 요직(외무장관, 해군장관, 왈라키아·몰다비아 두 자치령의 태수직)을 내주어야 했다. 이와 같이 하여 18세기에 파나리오트의 정치적 권력은 점차 커졌으며, 서유럽 사회의 압력으로 오스만 제국에서 몇 세기 동안 인종적·종교적 차별이라는 제재를 받아온 사람들 사이에, 이제 새 지배 계급이 등장하는 게 아닌가 하는 생각이 들었다.

그런데 마지막에 이르러 파나리오트는 그들의 '명백한 운명'을 이루지 못했다. 그것은 18세기 끝 무렵 서유럽 사회의 압력이 더 심해지자, 오스만 제국 사회 체제의 성격이 갑자기 변화했기 때문이었다. 오스만 제국의 피지배자 가운데 서유럽과 처음으로 밀접한 관계를 가졌던 그리스 사람들은 또한 민족주의라는 서유럽의 새로운 바이러스, 곧 프랑스 혁명이 주는 충격의 여파에 가장 먼저 감염되었다. 프랑스 혁명 발발로부터 그리스 독립 전쟁에 이르기까지 그리스인들은 어울리지 않는 서로 다른 두 가지 야망에 사로잡혀 있었다. 그들은 오스만족의 유산을 고스란히 물려받되 그대로 그리스인들의 관리 밑에서 '성업 중인 기업'으로 유지시켜 보려는 파나리오트의 야심을 버리지 않았던 것이다. 그와 동시에 주권을 가진 독립적인 그들 자신의 민족국가—프랑스가 프랑스인들의 나라인 것처럼, 그리스인의 나라인 그리스—를 세우려는 야심을 품었다. 이 두 가지 열망이 서로 어울릴 수 없다는 것은 1821년 그들이 이 두 가지 야망을 동시에 이루려 시도했을 때 여실히 드러났다.

파나리오트의 입실란티 공이 오스만 제국의 지배자가 되기 위해 그의 러시아 근거지에서 프루트강(브코비나에서 흑해의 서북쪽으로 흐르는 강)을 건너왔을 때, 마니오트[47]의 우두머리인 페트로베이 마브로미할리스가 독립국 그리스를 세우기 위해 모레아(펠로폰네소스반도의 중세 이후의 명칭)인의 요새에서 내려왔을 때 그 결과는 보지 않고도 알 수 있었다. 무력에 대한 의존이 이들의 야망을 산산조각냈다. 오스만 왕조는 1세기 이상이나 기르고 있던 개에게 손을 물리자 이 배반에 크게 분노해서 어떤 희생을 치르더라도 믿을 수 없는 다른 민족은 모두 끊고 스스로 일어나겠다고 결심했다. 오스만 왕조는 1683년부터 파나리오트가 평화적으로 자신들을 위해 세운 권력 조직을 단 한 번에 무너뜨림으로써 입실란티 공의 반란에 대한 보복을 했다. 그리고 이것이 옛 오스만 제국에서 튀르크인 이

---

47) 마니 또는 마니나에 거주하는 그리스인. 마니는 펠레폰네소스반도 남단에 돌출된 3개의 작은 반도 가운데 하나이다.

외의 다른 민족을 지배층에서 완전히 제거하는 과정의 시작이었다. 1922년에 그리스 정교 소수 민족이 아나톨리아에서 추방당하는 과정이 그 절정이었으며 그리스 민족주의의 순수한 민족애의 폭발이 튀르크 민족주의에 불을 지피게 된 셈이었다.

결국 파나리오트는 확실시되던 오스만 제국의 '사장' 자리를 바로 직전에 잃고 말았다. 그러나 그들이 성공 직전까지 갈 수 있었다는 사실은 사회적 제재라는 도전에 얼마나 적극적으로 응전했는지 보여준다. 파나리오트와 오스만족의 관계는 '도전 대 응전'이라는 사회적 '법칙'을 가장 잘 보여준 예이다. 그렇게도 커다란 관심과 증오심을 불러일으켰던 그리스인과 튀르크인의 대립은 이 법칙으로 비로소 설명될 수 있는 것이지, 흔히 하듯이 인종이나 종교적 차이를 논쟁으로 삼아서는 설명할 수 없다. 튀르크와 그리스 어느 편이든 그리스인 그리스도교도와 튀르크인 이슬람교도 사이의 기질상 역사적 차이는 떼어버릴 수 없는 인종적 특질이나 각인된 종교 때문이라는 점에서는 일치한다. 그러나 이들 두 편에 부여한 발생하지 않은 사회적 가치를 서로 뒤집어놓을 때에만 서로 의견이 맞지 않는다. 그리스 편을 드는 사람은 그리스인의 피와 그리스 정교에 미덕이 내재하며 튀르크인의 피와 이슬람교 안에는 악덕이 내재한다고 가정한다. 튀르크 편을 드는 사람은 악덕과 미덕의 자리를 다시 바꾸어놓는다. 이 2개의 밑바닥에 깔린 공통적인 가정은 의심할 수 없는 사실로 부정된다.

예를 들어 인종에 대해 말한다면, 에르토그룰이 말하듯이 근대 튀르크인의 혈관 속에는 튀르크인의 피가 아주 조금밖에 흐르지 않는다. 오스만 튀르크족은 과거 6세기 동안 그리스 정교도 주민 사이에서 동화된 하나의 민족으로 성장했던 것이다. 오늘날에 이르러 이주민인 오스만 튀르크인과 비잔틴계 그리스 정교도들은 인종적으로 거의 다를 바가 없다.

이 같은 사실로 그리스인과 튀르크인을 대조하는 선험적인 인종적 설명에 반박할 수 있으며, 또한 오스만 튀르크인의 경우보다는 오스만 왕조의 지배 아래 있던 그 무렵 그리스 정교도의 경우처럼 오랫동안 지배를 받아온, 그리고 현재까지도 이런 생활을 하고 있는 다른 튀르크인 이슬람교 민족을 살펴보면 선험적인 종교적 설명에 반박할 수 있다고 생각한다. 볼가강 유역에 카잔족이라는 튀르크계 이슬람교 민족이 살고 있다. 이 민족은 몇 세기 동안 러시아 그리스 정교 정부의 지배 아래 살아왔고, 오스만 왕조가 그리스 정교도에게 했던 것과 비슷한 인종적·종교적 차별 대우를 받아왔다. 그럼 이 카잔족이란 어떤 민족일까? 어떤 보고서에 의하면 그들은 다음과 같다.

"진지하고, 정직하고, 검소하고, 근면한 것이 특색이다. ……카잔 튀르크인의 주요 직업은 상공업이다. ……그들의 주요 산업은 비누 제조와 방적과 직조술이다. ……그들은 신발 제조와 마차를 모는 일에 능했다. ……16세기 끝 무렵까지 카잔에서는 이슬람 사원을 세울 수 없었으며 타타르인(여기서는 남부 러시아 일대에 흩어져 있는 튀르크계 민족을 가리킴)은 격리된 지역에서만 살도록 강요되었다. 그러나 이슬람교도가 차츰 세력을 얻게 되었다."[48]

이 차르(제정 러시아 때 황제의 칭호) 시대에 러시아 사람들의 압제 아래서 생활한 튀르크인에 대한 묘사는 거의 그대로 오스만 제국 전성시대에 튀르크인들로부터 제재를 받은 그리스 정교도의 묘사라 해도 좋다. 모두 종교적 이유로 제재를 받게 되는 공통적인 경험이 이 두 사회가 발전한 지배적 요인이었다. 그리고 수 세기에 걸쳐 똑같은 경험을 하고 또 똑같은 반응을 하는 동안 두 집단 사이에는 자연스레 '가족 같은 유사점'이 생겨났고, 그 때문에 그리스 정교와 이슬람교라는 원래 뚜렷했던 서로의 표지가 완전히 지워지고 말았다.

그런데 이 '가족 같은 유사점'으로 어떤 새로운 교파가 생겨나면서 그 종교적 충성 때문에 박해를 받았으니, 그에 대해 똑같이 응전해 온 다른 몇 개 교파의 신봉자들도 마찬가지였다. 예를 들어 옛 오스만 제국 내에 살고 있던 로마 가톨릭교 신봉자 '레반트인' 같은 경우 이들도 파나리오트와 마찬가지로 그들 종교를 버리고 그들의 지배자의 종교를 받아들이면 박해를 피할 수 있었다. 그러나 그 길을 택한 사람은 거의 없었고 파나리오트처럼 그들에게 강요되는 부당한 제재 아래서 겨우 잡을 수 있는 조그마한 기회를 잡으려 했다. 그래서 그들은 호기심이 있으나 유쾌하지 않은 모습으로 강인함을 보여줬으며, 같은 입장에 놓인 사회 집단의 특징인 아첨하는 태도를 보여주게 되었다. 이 점은 레반트인이 신체적으로 서유럽 그리스도교 세계에서 가장 호전적이고, 교만하고, 의지가 넘

---

48) The British Admiralty : *Manual on the Turanians and Pan-Turanianism.*(원주)

치는 민족 가운데, 곧 중세 베네치아인이나 제노바인, 또는 근대 프랑스인이나 네덜란드인, 잉글랜드인 중 어느 한 사람의 후예일지라도 마찬가지였을 것이다. 오스만이 지정해 준 거류지의 숨 막힐 듯한 분위기 속에서 그들은 종교적 차별 대우라는 도전에 응전하든지 아니면 굴복하든지 해야 했다. 마찬가지로 똑같은 박해를 받고 있는, 다른 민족의 동료들처럼 말이다.

오스만족은 자기들이 지배하던 초기 수 세기 동안은 그들이 프랑크인이라 불렀던 서유럽 그리스도교 세계의 사람들을 그 대표자인 레반트인을 통해서만 알고 있었으므로 서유럽 주민들은 모두 이와 같이 '법을 지키지 않는 시시한 종족'이라고 생각했다. 차츰 경험이 쌓이면서 오스만족은 이런 견해를 바꾸어 '담수 프랑크인'과 '해수 프랑크인'으로 뚜렷이 구별했다. '담수 프랑크인'이란 튀르크의 레반트적인 분위기 속에서 태어나고 자라 그 응전으로 레반트인적인 성격이 발달한 집단을 말한다. '해수 프랑크인'이란 본국의 프랑크 땅(서유럽)에서 태어나고 자라 이미 성격이 형성된 성인으로 튀르크에 들어온 집단을 말한다. 튀르크인들은 바다를 건너온 프랑크인들과 교섭하게 되었을 때, 예전부터 튀르크인들과 함께 살아온 '담수 프랑크인'과 튀르크인 자신들 사이에 있는 커다란 심리적인 차이가 오히려 이 바다 건너온 프랑크인들과 자기들 사이에는 없다는 것을 알고 당황했다. 지리적으로 그들의 이웃 사람인 프랑크인과 또 같은 나라에 살던 프랑크인 둘 다 심리적으로 외국인임에도 오히려 먼 나라에서 온 프랑크인이 그들과 같은 열정을 가진 인간이라는 것을 알았던 것이다.

그러나 그 이유는 사실 아주 간단했다. 튀르크인과 '해수 프랑크인'이 서로 이해할 수 있었던 것은 각각의 사회적 배경 사이에는 넓은 뜻에서 유사점이 있었기 때문이었다. 둘 모두 내 집의 주인으로 행동할 수 있는 환경에서 자랐던 것이다. 이와는 반대로 둘은 '담수 프랑크인'은 이해하거나 존경하기 힘들다고 느꼈는데, 그것은 '담수 프랑크인'이 둘, 곧 해수 프랑크인이나 튀르크인과는 전혀 다른 사회적 배경을 가지고 있었기 때문이다. 그들은 자신의 집에서가 아니라 격리된 집단 거주지에서 학대받으며 살아왔기에 '프랑크 땅'에서 자라난 프랑크인들과 튀르크에서 자라난 튀르크인에게서는 찾아볼 수 없는 독특한 기질이 발달했던 것이다.

유대인

우리는 간단하게나마 잘 알려져 있는 몇 개의 예 가운데, 잉글랜드 청교도의 예를 들어 제재를 받는 쪽이 가하는 세력과 같은 사회에 속해 있을 경우 종교적 차별의 결과에 대해 이야기했다. 그리고 오스만 제국의 역사에서 몇 가지 예를 들어, 종교적 차별을 받는 사람들이 차별하는 세력과 서로 다른 문명에 속해 있을 경우에 대해서는 좀 더 자세히 살펴보았다. 그리고 종교적 차별을 받은 사람들이 화석으로만 남아 있을 뿐, 이미 사라져버린 사회에 대해서는 아직 이야기하지 않았다. 앞에서 이런 화석에 대해 목록을 제시한 대로 모두 이런 제재가 주는 결과를 보여주는 예가 될 수 있다. 그러나 무엇보다 가장 확실한 예는 시리아 사회에 남아 있는 화석 중 하나인 유대인이라 할 수 있다. 아직도 막이 내리지 않은 이 길고 긴 비극[49]을 살펴보기 앞서 시리아 사회의 또 다른 유물인 페르시아 사람을 살펴볼 텐데, 이들은 힌두 사회에서 상업이나 고리대금업으로 성장했으며, 이는 유대인이 다른 곳에서 했던 역할과 같은 것이었다. 그리고 또 다른 화석 유물인 시리아 사회 아르메니아의 그레고리우스파 그리스도교 단성론자(그레고리우스는 아르메니아의 사도, '광명을 주는 사람')도 이슬람 세계에서 거의 같은 역할을 했다.

박해를 받고 있는 유대인의 특징은 잘 알려져 있다. 여기서 우리가 살펴보려고 하는 것은 이러한 성질이 과연 흔히 생각하듯 인종 또는 종교적인 면에서 '유대적 특징'인지 아니면 단순히 박해의 영향 때문에 만들어진 것인지를 알아보려는 것이다. 이제까지 살펴본 여러 예로 미루어 우리는 처음부터 박해에 의한 결과로 보고 싶지만, 어디까지나 공정하게 역사적 사실에 접근해 보기로 하자. 역사적 사실을 두 가지로 검토해 볼 수 있다. 하나는 종교적으로 혹독한 압제를 받을 때 유대인들이 보여주는 특질과 그 제재가 완화되거나 또는 완전히 없어진 뒤의 특질을 비교해 보는 것이다. 또 다른 하나는 지금 제재를 받고 있거나 받은 적이 있는 유대인과 아직까지 한 번도 제재를 받은 적이 없는 다른 유대인 사회의 특질을 비교해 보는 일이다.

현재 일반적으로 유대인적인 특징이라 불리며 또 비유대인이 봤을 때 언제 어

---

49) 이 부분은 토인비가 나치스의 유대인 추방 이전에 썼기 때문에 그 같은 내용에 대해 언급하지 않았다.(엮은이주)

디서나 이것은 두드러지는 유대인 특징이라고 할 만한 것을 가장 잘 보여주는 이들은 동유럽의 아슈케나지 유대인(독일·폴란드·러시아계 유대인)이다. 이들은 루마니아와 러시아 제국의 이른바 '유대인 거주 지역'이었던 곳과 인접한 지역에 살았으며 우연히 함께 살게 된 쇠퇴하는 그리스도교 국가들이 법적으로 강요한 것은 아니지만 사실상 게토 안에 갇혀 있었던 것이다. 그렇지만 네덜란드·영국·프랑스와 미국에 있는 자유로운 유대인들에게서는 이런 유대인 기질이 그다지 두드러지게 나타나지 않았다. 그리고 이런 나라에서 유대인들의 법적 자유가 보장된 지 얼마 되지 않은 점과 비교적 진보된 서유럽의 여러 나라에서조차 실질적으로 완전히 속박에서 벗어나려면 아직 먼 이야기라는 사실을 생각할 때 이미 여기에 명백하게 나타난 특질의 변화를 결코 가볍게 보아서는 안 된다.[50]

그리고 같은 서유럽의 해방된 유대인들 중 '유대인 거주 지역'에서 온 아슈케나지 계통의 유대인이 원래 다르 알 이슬람에서 온 소수의 세파르딤(에스파냐와 포르투갈계 유대인)보다 훨씬 더 '유대적 기질'이 뚜렷한데 이는 이 두 유대인 사회의 역사적 차이 때문이라고 할 수 있다.

아슈케나짐(아슈케나지 유대인)은 로마인이 이룩한 유럽 개발을 기회로 삼아 알프스 너머 여러 지역에서 아직 미개한 상태에 있던 사람들을 상대로 소매업으로 돈을 번 유대인의 자손이다. 로마 제국의 개종과 붕괴 이후, 이들 아슈케나짐은 그리스도교회의 광신적 태도와 이방인의 적대감이라는 두 가지 어려움을 겪어야 했다. 이방인들은 아주 이질적인 생활을 하는 이민족이 자기들로서는 도저히 해낼 수 없는 능력으로 돈을 벌고 있는 것을 그냥 내버려둘 수는 없었다. 이런 감정 때문에 서유럽 그리스도교도들은 유대인이 그들에게 필요한 동안은 그들에게 제재를 가하고 그들 없이도 해나갈 만하다 싶을 때에는 유대인을 추방했다. 그래서 서유럽 그리스도교 세계가 융성해지고 확장되자 아슈케나짐은 차츰 동쪽으로, 곧 고대 로마 제국의 변방이었던 독일의 라인란트에서 근대 서유럽 그리스도교 세계의 변방 지역이었던 '유대인 거주 지역'으로 흘러들어갔다.

---

50) 나(엮은이)는 공립학교 교사로서, 유대인 학생이 학교에서 유명한 운동선수가 되어 친구들로부터 존중을 받게 되면 다른 유대인 학생보다 유대인 기질이 훨씬 적게 나타남을 경험했다. 일반 '이교도' 학생들은, 그들의 이름이나 용모에 관계없이 그들을 유대인이라고 전혀 생각하고 있지 않다.(엮은이주)

점차 확장되는 서유럽 그리스도교 세계에서 서유럽 여러 나라 국민이 잇달아 일정한 경제 수준에 이르자 유대인은 한 나라에서 또 다른 나라로 줄지어 쫓겨났다. 한 예로, 잉글랜드에서 에드워드 1세(재위 1272~1307년) 때의 추방을 들 수 있다. 그러나 대륙 쪽 변경 지역에서는 서유럽 내부로부터 추방되어 오는 이들 유대인을 오히려 서유럽화 초기 단계에 필요한 상업적 개척자로서 앞을 다투어 맞이했으며 때로는 일부러 불러들이기까지 했다. 그러나 그들은 마찬가지로 제재를 받으며, 그들의 일시적인 피난처였던 이 지역 경제에 필요 없는 존재가 되면 곧 다시 추방당하는 것이었다.

이렇게 서쪽에서 동쪽으로의 긴 이동을 하던 아슈케나지 유대인은 '유대인 거주 지역'에 이르러 멈추게 되지만, 동시에 그들의 고난은 절정에 이른다. 왜냐하면 이 지역은 서유럽 사회와 러시아 그리스 정교 사회가 마주치는 곳으로서 유대인은 두 세력 사이에 끼어 심한 박해를 받게 되기 때문이다. 여기서 더욱 동쪽으로 이동하려 해도 '신성(神聖) 러시아'가 앞길을 가로막고 있었다. 그런데 아슈케나짐으로서는 참으로 다행스럽게도 이 무렵, 중세에 앞장서 유대인을 추방했던 서유럽 국가들은 이미 유대인과의 경쟁을 두려워할 필요가 없을 만큼 경제력이 성장해 있었다. 예를 들어 공화정 시대(1649년 찰스 1세의 사형 집행 뒤부터 1660년 왕정복고까지)의 잉글랜드가 그러했다. 이 시대에 크롬웰(1653~1658년까지 정권을 장악)은 유대인을 잉글랜드로 다시 불러들였다. 유대인의 동쪽으로 향한 표류가 '신성 러시아'의 서부 국경에 부딪쳐 꼼짝 못 하고 있을 때, 마침 서유럽에서 일어난 유대인 해방은 '유대인 거주 지역'의 아슈케나짐을 서쪽으로 향하게 하는 출구가 되었다. 과거 1세기 동안의 아슈케나짐의 이동 방향은 이제 바뀌어 동쪽에서 서쪽으로, '유대인 거주 지역'에서 잉글랜드로 더 나아가 아메리카 합중국으로 향했던 것이다. 이런 역사 때문에, 이 역이동의 결과 서방에 흩어진 아슈케나짐이 더 살기 좋은 환경을 거쳐온 같은 종교의 세파르디 유대인(세파르딤)에 비해 훨씬 더 뚜렷한 유대인 기질을 드러내는 것은 놀랄 일이 아니다.

에스파냐와 포르투갈에서 이주해 온 세파르디 유대인에게서 그다지 뚜렷한 '유대인 기질'을 찾아볼 수 없다는 사실은 다르 알 이슬람에서의 세파르딤 내력을 보면 이해가 갈 것이다. 아랍인이 차지한 페르시아와 로마 제국에 살던 유대인 디아스포라의 대표자는 비교적 나은 편이라 할 수 있다. 아바스 왕조 칼리프치하에서의 그들의 지위는 분명히 오늘날 해방된 서유럽 여러 나라의 유대인의 지위와 비교해도 그리 불리한 것은 아니었다. 세파르딤의 역사적 재앙은 바로 이베리아반도가 무어인으로부터 15세기 말 종결된 서유럽 그리스도교 사회로 점진적으로 바뀌게 되었다는 것이다. 세파르디 유대인들은 무어인을 정복한 에스파냐와 포르투갈의 그리스도교로부터 죽든지, 떠나든지, 개종하든지 세 가지 중 하나를 택하도록 강요당했다.

우리는 추방과 개종 두 가지 중 하나를 택함으로써 죽음을 벗어나고, 그 자손이 오늘날까지도 살고 있는 이베리아반도의 세파르딤의 그 뒤 여정을 살펴보기로 한다. 다른 나라로 떠난 유대인은 가톨릭 국가인 에스파냐와 포르투갈의 적국, 곧 네덜란드나 튀르크, 토스카나에 피난처를 마련했다. 튀르크로 간 무리들은 그들을 보호해 준 오스만인의 권고에 따라 전에 도시 중산층이었던 그리스인이 추방되거나 죽으면서 비어 있던 자리를 채우기 위해 콘스탄티노플이나 살로니카, 루밀리(루멜리아) 등 작은 도시 중심에 정착했다. 이처럼 오스만 제국의 이로운 환경으로 이주해 간 세파르디 유대인들은 아슈케나짐적인 기질을 개발할 필요 없이 상업에 전념하여 성공을 거두었던 것이다.

4, 5세기 전 그리스도교를 따르기로 한 이베리아반도의 유대인은 그들 특유의 유대인 기질이 거의 보이지 않을 정도로 약화되어 있었다. 오늘날의 에스파냐 및 포르투갈에 있는 이베리아인의 피 속에는, 특히 상류 계급의 피 속에는 이들 유대인 개종자의 피가 다분히 섞여 있다고 생각하기에 충분한 근거가 있다. 그런데 아무리 예리한 정신분석학자라 할지라도 현재 살아 있는 상류 계급의 에스파냐인과 포르투갈인의 표본에서 유대인 선조를 찾아내기는 어려울 것이다.

오늘날, 서유럽의 해방된 유대인 중에는 굳이 그들의 사회에다 근대 서유럽식 민족 국가를 세움으로써 해방을 완성하려 하는 사람들이 있다. 이를테면 팔레스타인(팔레스티나) 땅에 쫓겨났던 유대인을 복귀시키고자 하는 독자적 시온주의자(유대민족주의자)의 궁극의 목적은 몇 세기에 걸친 박해 때문에 생긴 특수한 심리적 열등감으로부터 유대 민족을 해방시키려는 데 있었다. 이 궁극의 목적으로 본다면 시온주의자들도 이와 반대 의견을 가진 해방 유대인 사상과 일치한다. 시온주의자나 동화주의자(同化主義者)나 모두 '특수 민족'이라는 생각으로부터 빠져나오려는 염원은 같은 것이다. 그러나 시온주의자가 동화주의자와 의견을 달리하는 이유는 동화주의자가 내세우는 방침이 적절하지 않다고 생각하기 때문이다.

동화주의자의 이상은 네덜란드나 잉글랜드, 또는 아메리카에 사는 유대인들이 그대로 '유대교를 신봉하되 단순히' 네덜란드인·잉글랜드인·아메리카인으로서 살아야 한다는 데 있다. 그들은 문명국에 사는 유대인이 일요일에 교회에 가는 대신 토요일에 유대교 회당(시너고그)에 간다고 해서 그 나라에 만족하는 완전히 동화된 국민이 아니라고 할 수 없다고 주장한다. 이에 대해 시온주의자들은 두 가지 대답을 한다. 첫째, 동화주의자의 방침이 그 지지자의 주장과 같은 결과를 낳는다 해도 그것은 문명국에서만 해당될 뿐이며 실제로 문명국의 국민이 되는 행운을 가진 유대인의 수는 온 세계에 퍼져 있는 유대인 가운데 극히 일부에 지나지 않는다고 그들은 지적한다. 둘째, 가장 좋은 환경에 있다 하더라도 유대인이라는 것은 단지 '유대교를 신봉하는' 인간으로 그치는 것이 아니라, 그 이상의 뜻을 가지는 것이므로 그런 방법으로는 유대인 문제를 해결할 수 없다고 주장한다.

시온주의자의 눈으로 볼 때, 네덜란드인·잉글랜드인·아메리카인이 되려고 노력하는 유대인은 다만 공연히 그 유대인적 성격을 손상시킬 뿐 그들이 선택한 국적이 네덜란드이건 다른 어떤 이방의 나라이건 그 나라 사람의 성격을 완전히 몸에 지닐 가망성은 전혀 없는 것이다. 만일 유대인이 '다른 모든 민족들처럼' 되려면 동화의 과정은 개인적 기초 위에서가 아니라 민족적 기초 위에서 이루어 나가야 한다는 것이 시온주의자들의 주장이다. 개개의 유대인이 저마다 잉글랜드인 또는 네덜란드인으로 동화하려는 헛된 노력을 하는 대신 유대 민족은 잉글랜드인이 잉글랜드에서 그러하듯이 유대인이 내 집의 주인으로서 행동할 수 있는 민족의 근거지를 얻거나 회복함으로써 이루어질 수 있다.

시온주의 운동이 실제적인 활동을 한 지 불과 반세기밖에 되지 않았지만, 생각이 옳다는 것은 실제 결과로 증명되고 있다. 팔레스타인의 유대인 농업 정착지에서 지난날 '게토'의 자손들이 완전히 새롭게 변신하여 '이방인'의 식민지 개척이라는 특성을 다분히 보여주는 개척적인 농민이 되었다. 그러나 이 실험의 비극적 불행이라면 이 지역에 전부터 거주하고 있던 아랍 사람과 화해할 수 없다는 데 있다.

마지막으로 역사적으로 한 번도 자극을 받지 않았고 그다지 사람들에게 알려져 있지도 않은 유대인 집단에 대해 이야기하기로 한다. 이들 집단은 모두 변방에서 '성채' 안에 틀어박혀 살며 그곳에서 완고한 농부로 또는 거친 고지 주민의 특성을 유감없이 드러내고 있다. 아라비아반도의 서남단 야만(예멘)의 유대인이나 아비시니아의 팔라샤인, 캅카스(영어로 코카서스)의 유대계 고지 주민, 크리미아(크림)반도의 튀르크어를 쓰는 유대계 크림차크인이 바로 그들이다.

제8장 중용

1. 충분과 과잉

이제야 비로소 우리는 지금까지의 토론에 결론을 내릴 수 있는 단계에 이르렀다. 우리는 문명이라는 것이 좋은 환경이 아니라 대단히 좋지 못한 환경에서 발생한다는 것을 확인했다. 그리고 이 사실로부터 "어려움이 클수록 더 큰 자극이 된다"는 공식으로 표현할 수 있는 어떤 사회 법칙에 이르렀고, 그 법칙을 보여주는 적당한 예인지에 대해 이야기해 왔다. 우리는 척박한 지역, 낯선 환경, 타격(공격), 압력(압박), 제재(압제)라는 다섯 가지 자극으로 인해 일어난 응전을 살펴보았다. 그리고 그 결과 이 다섯 가지 면에서 이 법칙이 모두 타당하다는 것을 알았다. 그러나 우리는 아직 이 법칙의 타당성이 절대적인 것인지 아닌지는 확인하지 못했다. 도전의 가혹함을 무한히 증대시키면 거기에 따라 받는 자극도 무한히 커질 것인가, 또한 도전이 성공적으로 이루어지면 이 응전의 힘은 무한히 커질 수 있을까? 아니면 어느 지점부터는, 도전의 혹독함이 증가해도 응전은 약해지는 것일까? 그리고 이 한계점을 넘어 계속 앞으로 나가면 그때는 응전의 가능성이 완전히 사라지는 전혀 다른 지점에 이르는 것이 아닐까? 만일 그렇다면 법칙은 "최대의 자극을 주는 도전은 과잉과 부족의 중간 지점에서 찾을 수 있다"로 바뀌게 된다.

대체 지나친 도전이라는 것이 있을까? 우리는 여태껏 그런 예와 만난 적은 한 번도 없지만 지금까지 살펴보지 않은 도전과 응전의 극단적인 예는 몇 개 있다. 베네치아를 그 예로 들 수 있는데, 베네치아는 바닷물이 괴어 있는 진흙의 개펄 위에 말뚝을 박아 집을 세워 만들어진 도시로, 포강의 비옥한 대지 위에 세워진 어떤 도시보다도 더 큰 부와 힘과 영예를 얻었다. 네덜란드 또한 그러하다. 네덜란드는 실은 바다에서 건져낸 국가라 할 수 있는데 역사상 북유럽 평원에 있는 비슷한 크기의 다른 어느 나라보다도 눈부신 활약을 했다. 그리고 또 터무니없이 큰 산을 짊어진 스위스가 그렇다. 이러한 예로 볼 때, 서부 유럽에서 가장 가혹한 3개의 땅은 그 주민을 자극해 각각 다른 방향이긴 하지만 이제까지 서유럽 그리스도교 세계의 어느 국민도 이루지 못한 높은 수준의 사회적 업적을 이룬 것으로 보인다.

그러나 여기에도 고려해야 할 점이 있다. 이 세 군데의 도전은 과연 그 정도에 있어서는 극심한 것이었지만, 그 어려움은 사회 환경을 구성하는 2개의 영역 중 한쪽에 한정되어 있다. 분명히 가혹한 땅의 도전을 받았지만 타격·압박·제재라는 인간적 도전 면에서 볼 때 자연적 환경의 가혹함은 도전이라기보다도 오히려 구원이었다. 왜냐하면 인접 나라들이 모두 인간적 시련에 노출될 때 이런 자연환경이 이 지역을 지키는 방패의 역할을 해냈기 때문이다. 진흙 둑 위에 세워진 베네치아는 개펄이 대륙으로의 길을 가로막았기 때문에 거의 1000년 동안 (810~1797년)이나 외국의 군사적 점령을 피할 수 있었다. 네덜란드도 여러 번 자기들 나라의 존재를 유지시키는 장치를 일시적으로 역이용, '수로를 열어' 가장 중요한 중심 지역을 여러 번 구했다. 베네치아의 이웃 롬바르디아와 네덜란드의 이웃 플랑드르가 유럽의 단골 전쟁터가 된 데 비하면 얼마나 대조적인가?

물론 특정한 도전에 응전하다가 실패한 사회의 단기적 예를 들기는 쉽다. 그러나 그것은 아무것도 증명하지 못한다. 최종적 단계에서 승리하는 응전은 살펴본 결과 거의 모두가 링 위에서 승리할 때까지 수백, 수천 번 수많은 사람들의 도전을 받고 싸우다 쓰러지곤 했다는 것을 알 수 있다. 이것은 누구나 알고 있는 그야말로 '자연의 낭비'의 예이며 그러한 실례는 얼마든지 있다.

예를 들어 북유럽 삼림의 자연적 도전은 원시인을 주춤하게 했다. 숲의 나무를 베어 넘어뜨릴 도구는 없고 설혹 나무를 넘어뜨렸다 해도 그 밑의 비옥한 땅을 경작하여 이용할 줄 몰랐기에, 원시인들은 숲을 버리고 백악질 언덕에 가서 웅크리고 살았다. 이 언덕은 모래언덕인데, 오늘날 돌멩이나 부싯돌 채석장, 그 밖의 유적을 발견할 수 있다. 이들은 뒤에 삼림을 개간한 후세 사람들이 '척박한 땅'이라 비웃던 땅을 찾아갔던 것이다.

원시인에게는 사실 온대성 삼림 지대의 도전은 얼어붙은 툰드라 지대의 도전보다도 무서웠다. 실제로 북아메리카에서 원시인들은 최소저항선을 따라간 결과 마침내 삼림 지대의 북쪽 끝을 넘어 더욱 전진하여 북극권에 이르렀으며 그 도전에 응전한 에스키모 문화를 창조했던 것이다. 그러나 원시인들이 그때 했던 응전이, 북유럽 삼림의 도전이 가혹해서 도저히 그것과 맞서 유리한 응전을 할 수 없다는 의미에서인지는 알 수 없다.

왜냐하면 원시인의 뒤를 따라온 야만족은 그들이 접촉했던 북유럽 삼림 문명에서 배운 도구와 기술의 힘을 빌려 어느 정도 효과를 보았고, 드디어 시기가 무르익어 서유럽 문명과 러시아 정교 문명의 개척자들은 그야말로 "왔노라! 보았노라! 이겼노라!"(율리우스 카이사르의 전승 보고서)고 외치듯 멋진 승리를 거두었던 것이다.

기원전 2세기에 포강 유역까지 뻗어 있던 북유럽의 삼림 지대는 예부터 로마인보다 앞서 이 지역에 살고 있던 사람들을 주춤하게 했으며 마침내 로마인 개척자에 의해 정복되었다. 숲이 개간된 직후에 이 지방을 방문한 그리스의 역사가 폴리비오스는 그 무렵 마지막 생존자로, 알프스의 여전한 산 밑 미개척지에서 옛날 그대로의 생활을 하고 있던 로마인의 선배 격이자 프랑스인 조상이며 기원 5세기까지 로마 지배 아래 있었던 금발의 갈리아인을 만나보았다. 그는 갈리아인의 무능하고 가난한 생활과 그들과 바로 이웃해 있는 로마인의 편안하고 윤택한 생활을 눈에 띄게 대조해 묘사했다. 19세기 초엽에도 가끔 켄터키주나 오하이오주 원시림의 아메리칸 인디언의 비참한 생활과 앵글로 아메리칸의 생기 발랄한 생활을 대조시킨 비슷한 묘사들이 있었다.

자연적 환경에서 인간적 환경으로 눈을 돌리면 여기서도 우리는 같은 사실을 발견할 수 있다. 한 사람의 응전자를 패하게 한 도전은 바로 그 뒤에 맞서 싸워 훌륭한 승리를 거둔 다른 응전자가 나타남으로써 결코 이겨내기 어려운 싸움이 아니라는 것을 증명했던 것이다.

예를 들어 헬라스 사회와 북유럽 변경 지역의 이방인들의 관계를 생각해 보자. 이 경우 둘은 서로 압력을 가해 오는데, 여기서는 헬라스 사회가 변경의 이방인에게 가한 압력에 대해서만 주목해 보기로 한다. 헬라스 문명이 대륙의 내부로 차츰 깊숙이 침투해 감에 따라 변경민은 잇달아 살아남거나 아니면 죽어야 했다. 과연 그들은 이 강대한 외래 세력의 충격에 굴복해 사회 조직이 해체되고 결국 헬라스 사회의 체제로 동화될 것인가? 아니면 동화되기를 거부하고 헬라스 사회의 반항아인 외적 프롤레타리아트와 합류하여, 끝내 막을 내리게 되는 헬라스 사회의 '임종'에서 남긴 유산을 걸신들린 듯이 먹어치울 것인가? 이쪽이 죽느냐 아니면 상대편을 전리품으로 먹어치우는 독수리가 되느냐 하는 도전이 처음에는 켈트족에게 그다음은 튜턴족에게 주어졌다. 그리고 켈트족은 오랫동안 약육강식의 등위 매김으로 마침내 힘이 다해 쓰러졌으나 튜턴족은 응전에 성공했다.

켈트족의 붕괴는 뜻밖이었다. 그들은 출발이 좋아 처음 얼마 동안은 기세가 등등했고 그래서 처음에는 이런 극적인 이득을 많이 보았다. 그들은 에트루리아인의 전술 착오로 승리할 기회를 얻었다. 원래 히타이트 사회에 속하는 민족으로 서부 지중해 개발의 경쟁 상대인 헬라스 사회 문화로 방향을 돌린 에트루리아인은 이탈리아 서해안에 설 자리를 마련한 것만으로는 만족하지 못했으므로, 그들의 선봉대는 무모하게도 아펜니노산맥을 넘어 내륙 지역으로 나아가 포강 유역의 광대한 지역에 넓게 흩어졌다. 거기에서 그들은 자신들의 한계를 넘어서면서까지 무리를 했고 켈트족을 자극했다. 그 결과 약 2세기 동안 계속된 '켈트족의 분노'가 시작되었고 켈트족은 아펜니노산맥을 넘어 밀물처럼 로마로 쳐들어왔으며(기원전 390년의 '알리아의 패배') 마케도니아(기원전 279~276년)와 그리스, 그리고 동방의 아나톨리아까지 나아가 거기에 그들의 흔적과 '갈라티아인'이라는 이름을 남겼다. 한니발은 포강 유역을 정복한 켈트족을 동맹자로 이용했지만 실패했고, '켈트족의 분노'는 로마 제국의 응전을 재촉했다. 그 결과 리미니(아드리아해 서북쪽 연안 항구 도시)로부터 라인강과 타인강(잉글랜드 북부)에 있는 그들의 서쪽 '생활권'이나 다뉴브강과 할리스강(오늘날 튀르키예의 키즈을막강) 유역의 전초 기지에서도 켈트족은 로마 제국에 산산이 조각난 뒤 먹혀서 마침내 그들 배 속에서 소화되고 말았다.

유럽 미개 사회의 가장 바깥층을 이루고 있던 켈트족이 이처럼 붕괴되었기 때문에 이번에는 그 뒤에 있던 튜턴족이 같은 도전을 받게 되었다.

마리우스[51]에 의해 완전히 무산된 '튜턴족(게르만족)의 분노'를 보았으며 카이사르가 튜턴족인 아리오비스투스(기원전 1세기경 수에비족의 왕)를 갈리아에서 꼼짝 못 하게 하고 쫓아내었을 때 이것을 목격한 아우구스투스 황제 시대의 역사가들은 튜턴족의 미래를 어떻게 보았을까? 그들은 아마 튜턴족도 켈트족과 같은 길을 걸을 것이며, 켈트족보다 더 쉽게 멸망할 것이라고 예언했을 것이다. 그러나 그것은 잘못된 예상이었다. 로마의 국경이 엘베강까지 이르렀던 것은 잠시뿐이었고 얼마 안 가서 라인·다뉴브선(線)으로 후퇴해 거기에 머무르게 되었다. 그런데 문명과 야만의 경계선이 고정되면 시간은 늘 야만인 편을 드는 법이다. 튜턴족은 켈트족과는 달리 군인이나 상인, 또는 전도사에 의해 행해졌던 헬라스 문화 공세에 대한 반증에 지나지 않았다. 그러므로 고트족과 반달족이 펠로폰네소스반도를 휩쓸고 다니며 로마를 휘어잡고 배상금을 강요하며 갈리아와 에스파냐와 아프리카를 차지한 5세기 무렵에 켈트족이 실패한 곳에서 튜턴족이 성공했다는 사실은 특별한 일이 아니었다. 이러한 사실은 헬라스 문명의 압력이 그것에 대항하는 응전이 성공할 만큼 격심하지 않았다는 것을 증명한다.

또 알렉산드로스 대왕의 결과물인 시리아 사회에 대한 헬레니즘의 침입은 시리아 사회에 지속적인 도전이 되었다. 밖으로부터 침입해 오는 이 문명에 대항하여 싸워 축출할 것인가? 이런 도전과 마주한 시리아 사회는 몇 번이나 응전을 시도했는데 모두 공통적인 특징이 있었다. 어느 경우이건 헬라스 문명에 반하는 반응은 종교 운동으로 나타났다. 그럼에도 이들 반응 가운데 앞의 네 번과 마지막 한 번은 근본적으로 달랐다. 조로아스터교·유대교·네스토리우스교, 그리고 그리스도교 단성론의 반격은 모두 실패로 끝났지만 이슬람교도의 반격만은 성공했다.

조로아스터교와 유대교의 반응은 헬라스 문명의 침입 이전부터 이미 시리아 세계에 퍼져 있던 종교의 힘을 빌려 헬레니즘의 지배와 싸우려는 시도였다. 시리아 문명의 지배 세력인 동부의 이란인은 조로아스터교의 힘을 믿고 헬레니즘에 반기를 들고 일어나 알렉산드로스가 죽은 지(알렉산드로스는 기원전 323년 사망) 2세기도 지나지 않아 유프라테스강 동쪽의 모든 지역으로부터 헬레니즘을 몰아

---

51) 고대 로마의 장군·정치가(기원전 157?~86). 평민당 영수로 유구르타 전쟁과 게르만의 침입을 막았다.

냈다. 그러나 조로아스터교의 반격은 여기에서 한계에 이르렀고, 알렉산드로스가 정복했던 지역의 나머지 부분은 로마가 헬레니즘을 위해 구출했다. 마카베오 왕조 주도하에 이뤄진 유대교의 반격은 내부로부터 봉기하여 지중해를 바라보는 시리아 문명의 본거지를 회복하려는 대담한 시도였지만, 이것 또한 성공하지는 못했다. 셀레우코스 왕조에 대해 승리하긴 했지만, 그것은 잠시 동안이었을 뿐 곧 로마에게 보복당했다. 기원후 66~70년 사이의 로마와 유대의 격렬한 전쟁에서 팔레스타인의 유대인 사회는 완전히 박살났고, 지난날 마카베오 왕조가 예루살렘의 대사원에서 몰아냈던 '멸망의 가증한 것'(〈마태복음〉 24 : 15)은 하드리아누스 황제(재위 117~138년)가 예루살렘 땅에 식민지 아일리아 카피톨리나를 세우자 다시 제자리로 돌아왔던 것이다.

네스토리우스파와 그리스도 단성론자의 반격은 어떠했는가? 이들은 침입해온 문명에서 헬라스적 요소와 시리아적 요소를 섞어 자신을 위한 무기를 만들어 그들에게 맞서보려 했다. 원시 그리스도교라는 혼합 종교에 있어 시리아 사회의 종교적 정신의 본질은 완전히 헬레니즘화되었고, 따라서 헬라스인과는 맞았지만 시리아인의 마음에는 들지 않았다. 네스토리우스파와 그리스도 단성론이라는 두 이단은 모두 그리스도교로부터 헬라스적 요소를 제거하려 시도는 했으나 헬라스 사회의 침입을 막아내는 데는 둘 다 실패했다. 네스토리우스파는 불명예스럽게도 유프라테스강 동쪽으로 쫓겨났다. 단성론자는 헬레니즘화된 적이 없던 농민의 마음을 얻어 시리아와 이집트, 아르메니아에서 위치를 굳혔지만, 도시의 성안에 살고 있던 소수 지배자를 그리스 정교와 헬라스 문화로부터 떼어놓지는 못했다.

동로마 제국은 페르시아의 사산 왕조와 싸워 막바지 힘겨루기에서 승리했고 또 그리스 정교의 권력이 네스토리우스파 및 단성론 이단자와 싸워 승리하는 것을 목격한 헤라클리우스 황제와 동시대의 그리스인은 630년경, 아마 이것을 완전한 승리라고 믿고 로마와 가톨릭, 헬레니즘으로 이루어지는 지상의 삼위일체를 이루어준 하느님에게 감사드렸는지도 모른다. 그러나 바로 그때 시리아 사회의 헬레니즘에 대한 다섯 번째 반격이 막 일어나려던 참이었다. 운명의 장난인지 이번에는 헤라클리우스가 이슬람의 예언자 무함마드의 후계자인 우마르가 헤라클리우스 왕국에 쳐들어와서 알렉산드로스 이래 시리아 사회의 여러 지역을 헬레니즘화한 사람들 모두의 업적을 철저하고도 완전히 파괴해 버리는 것을 봐야만 하는 처지가 되었던 것이다. 이슬람교는 앞선 이들이 실패한 바로 그 자리에서 성공해 헬레니즘을 완전히 시리아 세계에서 몰아냈다. 이슬람은 아랍 칼리프 왕조 시대에 아직 헬레니즘을 꽃피우지 못한 페르시아의 아케메네스 왕조를 알렉산드로스가 타도하고 무자비하게 중도에서 중단시켜 버린 시리아 사회의 세계 국가를 재건했다. 그리고 마침내 시리아 사회에 토착의 세계 종교를 세웠다. 덕분에 시리아 사회는 그 뒤 몇 세기 동안 생기 없는 삶을 이어 나가다가(아바스 왕조가 멸망한 것은 13세기였다) 이 세상을 떠나더라도 뒤에 자손이 남는다는 안도감을 품은 채 숨을 거둘 수 있었다. 왜냐하면 이슬람 교회당은 아랍 문명과 이란 문명이라는 새로운 문명이 탄생하는 번데기 역할을 했기 때문이다.

이제까지 열거한 예로서 우리는 도전이 지나쳤다는 것을 증명하는 확실한 사례를 찾아야 하는데, 아직 이 문제를 다룰 적절한 방법을 생각해 내지 못했다는 것을 알았다. 이제 방향을 바꾸어 이 문제에 접근해 보아야겠다.

2. 세 가지 항목의 비교

새로운 문제 접근법

좀 더 좋은 결과를 얻을 수 있는 다른 조사 방법은 없을까? 반대쪽에서 출발해 조사해 가면 어떤 결과가 나오는지 보자. 지금까지는 응전자를 패배하게 한 도전에서 출발했었다. 이번에는 도전이 효과적인 자극을 주어 성공적인 응전을 일으키는 경우부터 시작하자. 앞 장의 여러 부분에서 우리는 이런 종류의 예를 수없이 살펴보았고 또 유사한 경우에 같은 집단이나 역량이 비슷한 집단이 도전에 응했는데도 도전의 정도가 심하지 않았기 때문에 그다지 큰 성공을 거두지 못한 경우를 비교해 보았다. 여기서는 이렇게 2개의 항을 비교하는 식의 예를 몇 개 골라 다시 살펴보고 비교의 항을 2, 3개 더 늘릴 수 있는지 알아보자.

각각의 경우 우리가 출발한 상황보다 더 혹독한 제3의 역사적 상황은 없었는지 알아보기로 한다. 만일 그런 제3의 항목이 발견된다면 우리가 출발한 성공한 응전을 불러일으킨 상황은 두 극한 가운데에 끼게 된다. 이 2개의 극한 상황에서 도전의 정도는 평균보다 각각 작거나 또는 크다고 하겠다. 도전의 성공도는 어떠한가? 도전의 정도가 작을 경우 응전도 작다는 것을 우리는 이미 알았다. 그러나 지금 처음으로 이야기하는 제3의 상황은 어떤가? 도전의 정도가 가장 높은 이곳에서 응전의 성공도도 최고에 이르는가? 실제로 조사해 봤더니 도전의 정도가 커지다가 중간을 넘은 뒤부터는 응전의 성공도가 늘지 않고 오히려 줄어들었다고 가정해 보자. 이런 결과가 나온다면 도전과 응전의 상호 작용은 '수확 체감의 법칙'에 따르게 된다. 우리는 자극이 최고도에 이르는 중간 범위가 있다는 결론을 내리고, 그것을 최고도와 구별하여 최적 조건이라 부르기로 하자.

노르웨이·아이슬란드·그린란드

성숙기 전에 무산된 스칸디나비아 문명이 문학과 정치에 있어 최대의 성과를 올린 것은 노르웨이나 스웨덴 또는 덴마크가 아니라 아이슬란드에서였다. 이 업적은 이중으로 주는 자극, 곧 해외 이주와 이들 스칸디나비아인 항해자들이 떠나온 땅보다도 한결 더 추운 척박한 지역이 주는 자극에 대한 응전이었다. 이와 같은 도전이 2배의 강도로 되풀이되었다고 가정해 보자.

이들 북유럽인들이 북쪽으로 800킬로미터를 더 항해해 아이슬란드가 노르웨이보다 한결 추운 그만큼 아이슬란드보다 더 추운 지역에 정착했다고 가정해 보자. 그럴 경우, 이 '툴레'(극북, 세계의 끝)보다 더 먼 '툴레'(그린란드에는 실제로 툴레라는 곳이 있다)는 문학과 정치 분야에 있어 아이슬란드에 정착한 사람들보다 2배 더 훌륭한 성과를 이뤄낼 것인가? 이 물음은 단순히 가설적이지만은 않다. 왜냐하면 스칸디나비아인 항해자가 그린란드로 진출했을 때 우리가 가정한 조건이 실제로 충족되었기 때문이다. 그리고 이 물음에 대한 답은 의심할 여지가 없다. 그린란드의 정착은 실패로 끝났다. 500년 조금 못 되는 기간 동안 아무리 그린란드인이라 할지라도 지나치게 가혹한 자연을 상대로 하는 이 싸움에 비극적인 패배를 맛보고는 서서히 물러섰던 것이다.

딕시·매사추세츠·메인

우리는 앞에서 잉글랜드계 아메리카 이주자에 대하여 뉴잉글랜드의 격심한 기후와 자갈 많은 땅이 주는 자연적 도전의 가혹함을 버지니아와 남북 두 캐롤라이나의 비교적 덜 가혹한 자연적 도전과 비교하면서, 대륙의 지배권 쟁탈전에서 뉴잉글랜드인이 모든 경쟁 상대를 이겨낸 과정을 살펴보았다. '메이슨·딕슨선'(펜실베이니아·메릴랜드·버지니아 세 주의 경계선)은 최적 조건의 도전 범위였던 이 지역의 남쪽 한계와 거의 일치했음이 확실하다. 이번에는 이 최고도의 기후적 자극의 범위에 또 다른 북쪽 한계가 있는가를 살펴봐야겠다. 그리고 이 물음에 대한 답은 두말할 것도 없이 긍정적이라는 사실을 알 수 있다.

최적의 기후권 내에서 북쪽 한계는 실제로 뉴잉글랜드를 둘로 갈라놓고 있다. 그러나 뉴잉글랜드의 아메리카 역사상 역할에 대해 논할 때, 뉴잉글랜드의 작은 6개 주 중 실제는 매사추세츠·코네티컷·로드아일랜드 등 세 주를 일컬으며 뉴햄프셔·버몬트·메인주를 제외하는 데는 이유가 있다. 매사추세츠는 내내 북아메리카 대륙에서 주도적으로 영어를 사용한 사회 중 하나였다. 18세기에는 영국의 식민지 정책에 대한 저항 운동에서 주도적 역할을 했고, 그 이후 오늘날까지 미국은 거대한 발전을 이룩했으며 그에 못지않게 지적 분야에 있어서도, 또 어느 정도는 상공업 분야에서도 그 위치를 유지해 왔다.

여기에 비해 메인주는 1820년에 독립주가 될 때까지 매사추세츠주의 일부였지만 내내 이렇다 할 활약도 없이, 오늘날에는 나무꾼·뱃사공·사냥꾼들이 살고 있던 17세기 뉴잉글랜드의 유물인 박물관의 진열품처럼 존재하고 있다. 이 가혹한 땅의 자손들은 아르카디아(고대 그리스의 명승지, 목가적 이상향으로 친다)적 전원 지역으로 휴가를 즐기러 북아메리카의 여러 도시에서 찾아오는 관광객을 안내하며 겨우 생계를 유지하고 있는데, 그것은 단적으로 말해 메인주의 거의 모든 도시가 아직 황무지에서 벗어나기 이전 상태에 머물러 있다는 것을 뜻한다. 오늘날의 메인주는 미국에서도 가장 역사 깊은 개척 이주 지역의 하나이면서도 가장 도시화되지 않고 세속적이지 않은 지역의 하나이다.

메인주와 매사추세츠주의 이 대조적인 차이를 어떻게 설명할 것인가? 그것은 가혹한 뉴잉글랜드 환경의 정도가 매사추세츠에서는 최적 상태이지만, 메인주에서는 최적 상태를 넘는 정도여서 인간 응전의 '수확 체감의 법칙'이 성립되는 것으로 보인다. 이 추측은 좀 더 북쪽으로 조사를 진행시켜 나가면 확인될 것이다. 뉴브런즈윅주·노바스코샤주·프린스에드워드섬은 캐나다 자치령 가운데 가장 가난하고 뒤떨어진 지역들이다. 더 북쪽인 뉴펀들랜드는 근세에 이르러 자립하고자 하는 감당할 수 없는 노력을 버리고 표면상으로는 대영 제국의 원조를 받지 않는 자치령의 일부로 되어 있지만 실제로는 영국 직할 식민지 통치를 받아들였다. 더 북북인 래브라도반도로 가면 우리는 그린란드에서 북유럽인 식민자들이 만난 것과 똑같은 조건, 곧 최적은 고사하고 가혹한 '최악'의 환경이라 할 수 있는 가장 혹독한 도전에 직면한다.

브라질·라플라타·파타고니아

남아메리카의 대서양 연안에서도 비슷한 현상이 뚜렷이 나타난다. 예를 들어 브라질에서는 이 나라의 부(富)·시설·인구·동력 대부분이 광대한 국토 남위 20도 이남의 아주 작은 부분에 집중되어 있는 것이다. 그리고 이 남부 브라질 자체는 남쪽에 있는 라플라타강 하구 양쪽 지역, 곧 우루과이 공화국과 아르헨티나의 부에노스아이레스주에 비해 문명이 뒤떨어져 있다. 남아메리카 대서양 연안의 적도 지대는 자극을 주기보다는 조건 없이 인간을 이완시키고 나태하게 만들어 그보다 좀 더 기온이 낮고 라플라타강 하구의 온대성 기후가 자극을 주는 최적 조건임이 확실하다. 다시 말해 해안선을 따라 더욱 남하해 가면 틀림없이 '압력'이 증가하지만, 그보다 더 내려가 황량한 파타고니아의 고원을 지나면서부터는 응전이 줄어들기 때문이다. 더 내려가면 더욱 혹독해져 티에라델푸에고(남아메리카의 남단에 있는 섬)의 얼음 속에서 그럭저럭 살고 있는 멍하고 굶주린 야만인을 보게 될 것이다.

갤러웨이·얼스터·애팔래치아

이번에는 도전이 전적으로 자연적이었던 경우 말고 자연적 도전과 인간적 도전이 함께 일어난 경우를 살펴보기로 한다.

오늘날 얼스터 지역과 아일랜드의 나머지 부분 사이에는 그 유명한 대조를 찾아볼 수 있다. 남아일랜드는 옛날 방식의 농업 지대인 데 반해 얼스터는 현대 서유럽 세계에서도 가장 활발한 공업 지대의 하나이다. 벨파스트는 글래스고나 뉴캐슬·함부르크·디트로이트 등과 어깨를 나란히 하는 공업 도시인데, 현대의 얼스터인은 불친절하다는 평을 듣긴 하지만 그만큼 유능하다는 평도 받고 있다. 어떤 도전을 받아 얼스터인이 현재와 같이 되었을까? 그들은 스코틀랜드에서 바다를 건너 이주해야 했으며 얼스터에 도착한 뒤 이미 그곳에 살고 있던 토착 아일랜드인으로부터 그 땅을 뺏기 위해 싸워야 하는 이중의 도전에 응했던 것이다. 이 두 가지 시련이 가져다준 자극적 효과는, 오늘날 얼스터의 부와 힘을 증대시켰다. 스코틀랜드와 잉글랜드의 경계선 지역 중에서도 스코틀랜드 쪽 '하일랜드선'과 로랜드(남동쪽의 평야 지대)의 접경 지역으로부터 17세기 초엽에 처음 얼스터로 이주해 온 스코틀랜드인이 원래 살던 여러 지역에서 비교적 부진했었던 사실을 견주어보면 대충 짐작할 수 있다.

　그러나 오늘날 생존해 있는 이 종족의 해외 이주자들이 얼스터인뿐만은 아니다. 얼스터로 이주해 온 스코틀랜드인 개척자의 자손이 18세기에 또다시 얼스터에서 북아메리카로 이주하여 '스코치 아이리시'(스코틀랜드계 아일랜드인)라 불렸는데, 이들은 오늘날 펜실베이니아로부터 조지아에 걸쳐 미국의 5, 6개 주를 관통하고 있는 고원 지대인 애팔래치아 요새의 산채에 틀어박혀 살고 있다. 이 두 번째 이주가 준 효과는 어떤 것이었을까? 17세기에는 제임스왕의 신하가 세인트조지 해협을 건너 야만적인 하일랜드 주민 대신 야만적인 북아일랜드인과 싸워야 했던 것이다. 18세기에는 그들의 증손들이 대서양을 건너가 아메리카의 미개척 삼림 지대에서 '인디언 토벌자'가 되었다. 이 아메리카의 도전은 확실히 자연적 도전과 인간적 도전 두 면에 있어 북아일랜드의 도전보다 가혹한 것이었다. 더욱 큰 이 도전은 더욱 큰 응전을 불러왔을까? 서로 헤어진 지 2세기가 지난 오늘날 얼스터인과 애팔래치아인을 비교해 볼 때 우리는 그 답이 부정적이라는 것을 알 수 있다. 현대의 애팔래치아인은 얼스터인에 비해 조금도 나아진 면이 없으며 오히려 그들은 본래의 상태를 유지하지도 못하고 더 나빠지고 말았다. 사실 오늘날 애팔래치아의 '산사람'은 야만인과 별 차이가 없다. 그들은 문맹 상태로 되돌아갔고, 미신에 빠졌다. 그들은 가난과 불결함과 건강의 약화를 겪고 있다. 그들은 오늘날 구세계에 머무르고 있는 야만인들 곧 리프족(모로코의 산악 지대에 사는 베르베르족)이나, 알바니아인·쿠르드족(쿠르디스탄 지방에 사는 유목민)·파슈툰족(파탄족 또는 아프간족. 아프가니스탄 전역에서 파키스탄 서북부에 거주)·아이누인 등의 백인 미개인과 맞먹는 아메리카의 백인 미개인이다. 그러나 지금 열거한 종족이 고대 미개 사회의 후손인 데 비해 애팔래치아인은 일단 문명을 받아들였다가 그것을 상실한 인간의 한심스러운 모습을 보여주고 있는 것이다.

전쟁의 참화에 대한 반발

얼스터와 애팔래치아의 경우는 도전이 자연적 도전과 인간적 도전의 복합이었는데, '수확 체감의 법칙'은 인간적 도전의 형태를 취하는 다른 예에서도 분명히 드러난다. 예를 들어 전쟁으로 완전히 삶의 터전이 파괴되었을 때, 그런 도전이 주는 효과를 살펴보기로 하자. 우리는 이미 이런 종류의 혹독한 도전에 응하여 승리한 두 가지 예를 이야기했다. 페르시아의 침략으로 파괴된 아테네는 응전하여 '헬라스의 교사'가 되었고, 프로이센은 나폴레옹의 침입으로 입은 피해에 응전하여 비스마르크의 독일이 되었다. 우리는 이런 종류의 도전이 너무도 혹독했던 예, 곧 전쟁이 가져다준 상처가 곪아서 끝내 목숨을 앗아간 예를 찾아낼 수 있을까? 찾아낼 수 있다.

한니발이 이탈리아에 가져다준 전쟁의 황폐함은 뜻밖에 좋은 결과를 가져오는 그런 것은 아니었다. 황폐해진 남이탈리아의 경작지는 일부는 방목지로 일부는 포도밭과 올리브 과수원으로 바뀌었다. 재배나 목축 같은 새로운 농촌 경제는 모두 한니발의 사병들이 농민의 주택까지 태워버림으로써 잡초와 가시덤불이 우거졌으며 이전에 그 땅을 경작하던 자유농민을 대신하여 노예 노동에 의해 경영하게 되었다.

이 자급자족 농업에서 판매용으로 생산되는 농업으로, 자가 영농에서 노예 노동력 사용으로의 혁명적 변화는 얼마 동안 토지 생산물의 금전적 가치를 증대시킨 것은 사실이었다. 그러나 이익보다는 해악이 더 많았는데 농촌의 인구 감소와 이전에는 농민이었던 빈곤한 프롤레타리아트의 도시 집중으로 나타났다.

한니발이 이탈리아에서 철수한 지 7, 8년 뒤에 그라쿠스 형제[52]가 법으로 이 해악을 막아보려 했지만 그것은 경제 혁명을 막지는 못하고 정치 혁명만 부추겨 로마 공화국의 병을 더 악화시킬 뿐이었다. 정치적 분쟁의 불길은 타오르는 내란으로 발전했다. 그리고 티베리우스 그라쿠스가 호민관으로 취임한 지 100년 뒤에 로마인은 절망적인 사태를 구하는 극단적인 치료법으로서 아우구스투스의 영구적인 독재 제도의 수립을 묵인해 버렸다.

이와 같이 한니발이 가져다준 이탈리아의 황폐화는 페르시아 왕 크세르크

---

52) 둘 다 고대 로마의 정치가. 형 티베리우스는 기원전 133년에, 동생 가이우스는 123년 및 122년에 호민관이 되어 토지 개혁법, 곡물법을 제정했다.

세스가 가져온 아티카의 황폐함이 예전 아테네인을 자극한 것과는 다르게 로마 국민에게 자극을 준 것이 아니라, 끝내 회복할 수 없는 충격을 주었던 것이다. 전쟁으로 인한 황폐함이 주는 도전의 정도는 페르시아 전쟁 정도의 타격에는 자극이 될 수 있지만, 포에니 전쟁 정도로 격렬해지면 치명적이 되어버린다.

국외 이주라는 도전에 대한 중국인의 반응

우리는 이미 각기 다른 자연적 도전이, 같은 영국인 이민자들 집단에 미친 효과를 비교했다. 이제 여기서는 중국인 이민이 인간적 도전의 정도에 따라 각각 어떻게 반응했는가를 살펴보기로 하자. 중국인 노동자가 영국 속령 말라야(말레이)와 네덜란드 속령 동인도에 이주해 사업을 하고 성공하는 일이 많다. 그들은 정든 고국을 떠나 낯선 사회적 환경과 시련을 마주하면, 오랜 세월 그들을 무기력하게 했던 사회적 전통과 경제적 환경에서 벗어나, 그들의 지위를 자극하는 경제적 환경에 적응함으로써 흔히 부를 만들어낸다. 그러나 경제적 기회의 대가를 얻기 위한 어떤 사회적 시련이 더 거세진다면 어떻게 될까? 그들을 말라야나 인도네시아 대신 오스트레일리아나 캘리포니아로 보내면 어떻게 될까? 진취적인 우리의 중국인 노동자는 먼저 이러한 '백인의 나라'에 들어갈 수 있는가도 문제이지만, 입국이 허가된다 해도 엄청나게 가혹한 시련을 받게 된다. 단순히 자기가 다른 나라에 온 이방인이라는 걸 느끼며 말라야에서처럼 법 자체가 이들을 도와주는 것이 아니라 법으로 의도적인 차별이 이루어지는 것을 참고 견디어야만 한다. 말라야에서는 법률이 그들을 도와 호의적인 식민지 정부가 '화교 보호관'을 정식으로 임명했다. 더 혹독한 이러한 사회적 시련이 그에 비례하여 활발한 경제적 응전을 불러일으킬 것인가? 그렇지 않다. 그것은 이들 중국인이 말라야와 인도네시아에서 이뤘던 정도의 성공과 오스트레일리아와 캘리포니아에서 중국인 노동자가 이룬 수준을 비교해 보면 바로 알 수 있다.

슬라브족·아카이아인·튜턴족·켈트족

이번에는 문명이 미개 사회에 던지는 도전은 어떤 것인지 다시 생각해 보자. 그것은 예전에는 암흑세계였던 유럽 내부에 여러 문명이 비추기 시작하면서 각각의 시대마다 연속적으로 미개인들의 층을 이루면서 도전이 있어왔다.

문명과 야만이라는 이 드라마를 살펴보면 특별히 눈길을 끄는 빛나는 도전과 응전의 예로서 헬라스 문명을 볼 수 있다. 헬라스 문명은 오늘날까지 있었던 문명 가운데 가장 훌륭한 꽃이지만, 그것은 미노스 문명에 도전한 유럽의 미개 민족이 응전으로서 만들어낸 것이다. 바다를 지배하는 미노스 문명이 크레타섬 건너 그리스반도에까지 발판을 마련할 때, 반도 깊숙이 내륙의 아카이아 미개인들은 다 없어지지도 않았고, 복종하지도 않았으며, 동화되지도 않았다. 그들은 오히려 궁지에 몰려 쫓겨 들어가면서도 결코 접근을 허락하지 않았던 문명으로부터 기술을 빠짐없이 배워 미노스 해양 왕국의 외적 프롤레타리아트로서 자신의 존재를 세웠다. 이윽고 때가 오자 그들은 바다로 나가 해양 지배자를 그들의 본거지인 바다 위에서 제압한 뒤 헬라스 문명의 참된 창시자가 되었다. 아카이아인이 헬레니즘의 어버이라는 사실은, 앞에서 살펴본 대로 종교를 보면 뚜렷하게 알 수 있다. 올림포스 판테온의 신들은 외관상 아카이아인들에게서 비롯한 것이 확실히 드러나지만 미노스 세계에서 유래한 교회의 흔적은 남아 있다 하더라도 헬라스 사회의 신들을 받드는 신전의 부속 교회당이라든지 지하 예배소, 어떤 종류의 지역적 종교 집단, 은밀하게 소수만 이해하는 비밀스러운 신앙으로만 인정될 뿐이다.

 아카이아인이 크레타섬 사람들로부터 받은 자극의 정도는 헬레니즘의 현란함을 보면 알 수 있다. 그러나 우리는 그 자극의 세기가 어느 정도였는지를 다른 방법으로 곧 이 미개 민족 아카이아인 사회의 운명을, 아무런 문명의 영향도 받지 못했던 다른 미개 민족 사회의 운명과 비교를 통해 추측할 수도 있다. 멀리 떨어진 변방 지역에 숨어 있었기 때문에 아카이아인이 미노스 문명의 도전을 받고 일어서, 그 빛나는 응전을 하고 난 뒤에도 2000년 동안 이들 다른 야만족들은 실제로 아무런 문명의 영향도 받지 않았다. 이들은 바로, 북유럽 일대를 뒤덮고 있었던 빙하가 북쪽으로 물러가면서 대륙의 찌꺼기로 남은 프리퍄티 늪지대(프리퍄티는 우크라이나 북서부와 벨라루스 남부에 걸친 강)가 인간에게 맡겨졌을 때 이 지역에 들어온 슬라브족을 말한다. 그들은 여기서 몇 세기 동안 유럽 미개인 사회의 원시생활을 계속했다. 그리하여 튜턴족의 민족 이동이 아카이아인의 민족 이동과 함께 시작되어 오랜 헬라스 문명의 드라마가 끝날 때에도 이들 슬라브족은 여전히 그곳에 있었다.

이미 유럽의 미개 사회가 끝나려는 시기에 슬라브인을 그 '요새'에서 쫓아낸 것은 아바르족이었는데, 이들은 튜턴족이 로마 제국을 빼앗고 파괴하는 일에 이끌려 이들과 한 무리가 되기 위해 태어난 고향 유라시아 초원 지대 밖으로 뛰쳐나온 유목민이었다. 길 잃은 이 초원인들은 농경 세계라는 낯선 환경 속에서 이제까지의 생활 양식을 새로운 환경에 적응시키려고 노력했다. 아바르족은 초원 지대에서는 가축 사육으로 생계를 꾸려가고 있었다. 이제 이들 목축업자는 지금 그들이 침입한 농경지에 알맞은 것은 농민이라는 사실을 알았다. 그래서 그들은 합리적이게도 사람을 키우기로 한 것 같다. 예전에 늘 인접한 유목민의 가축을 약탈해서 새로 빼앗은 목초지를 채웠듯이, 사람이 없는 로마 제국의 영지를 얻으면 사람을 채우기 위해 주변에서 사람을 찾았다. 그들은 슬라브족에서 그들이 탐내는 것을 발견하고 슬라브족을 끌어모아 몇 개의 집단으로 나누어, 그들이 천막을 세운 광대한 헝가리 평원 내에 빙 둘러 배치했다. 이상이 슬라브 민족의 서쪽 선두인 오늘날의 체코인, 슬로바키아인, 유고슬라브인의 선조가 뒤늦게 그리고 굴욕적으로 역사에 처음으로 등장하게 된 과정이었다고 생각된다.

미노스의 도전을 받은 아카이아인과, 아카이아인의 도전을 받은 슬라브족의 대조적인 차이를 보면서, 미개 사회에 있어 문명과의 만남이라는 도전을 완전히 외면한다면 그것은 큰 장애가 된다는 사실을 알았다. 그리고 이 도전의 강도가 어느 정도일 때는 자극적 효과가 있었음을 보여주고 있다. 그러나 이 도전의 강도가 훨씬 더 심했고, 미노스 문명이 주위에 내뿜는 힘이 더 강했었다고 가정해보자. 그랬다면 헬라스 문명을 탄생시킨 아카이아인의 응전보다 더 빛나는 응전을 볼 수 있었을까? 아니면 여기서도 '수확 체감의 법칙'이 적용되었을까? 이 점이라면 우리는 더 이상 가상의 추측을 할 필요가 없을 것 같다. 아카이아인과 슬라브족 사이에, 정도가 다른 문명의 영향을 받은 몇 개의 다른 야만족층이 있다. 이들 야만족은 어떻게 되었을까?

유럽의 야만족이 파괴적인 힘의 분사에 굴복했던 한 가지 실례에 대해서는 이미 살펴보았다. 우리는 카르타고와의 연합을 거절하고 독자적으로 에트루리아와 로마 제국에 도전했고, 켈트족 가운데 북이탈리아의 켈트족이 에트루리아인을 통해 받았던 자극에 대한 응전으로 아주 잠시 동안 폭발적인 활동을 한 뒤 끝내 사라지거나 복종하거나 동화되는 과정을 보았다. 우리는 켈트족의 궁극적 실패와 기원전 4세기경 변화무쌍한 헬라스 사회의 영향에 반대하며 자기 입장을 지킨 튜턴족의 상대적 성공의 차이를 지적했다. 우리는 아직 체제를 갖추지 못한 유럽 야만족 중 튜턴족이 켈트족 사회와 달리 헬레니즘의 파괴를 효과적으로 견디어냄으로써 헬라스 세계의 외적 프롤레타리아트가 되어 소수 계급을 떠나 새로운 세계에 합류함으로써, 죽음의 괴로움을 겪고 있는 헬라스 사회를 재빠르게 처리했다는 것을 이야기했다.

켈트족의 '붕괴'와는 대조적으로, 이 튜턴족의 반격은 성공이었다. 그러나 튜턴족의 업적을 아카이아인의 업적과 비교해 보면, 튜턴족이 얻은 것은 '피로스의 승리'(피로스는 그리스 에피루스의 왕. 로마와 싸워 이겼으나 많은 희생을 치러야 했다)에 불과하다는 것을 우리는 알 수 있다. 그들은 헬라스 사회의 임종을 지켜봤지만, 이번에는 숨을 거둔 사회의 상속권을 다투는 다른 프롤레타리아트로부터 자신이 치명적인 타격을 받게 되었다. 이 싸움의 승리자는 튜턴족의 전투 단체가 아니라, 헬라스 사회의 내적 프롤레타리아트에 의해 조직된 로마 가톨릭교회였다.

로마 영토에 침입했던 아리우스파 또는 이교를 신봉하는 튜턴족 전투 단체는 7세기가 끝나기 전에 모두 가톨릭교로 개종하거나 아니면 제거되었다. 헬라스 문명과 연결된 새로운 문명은 앞선 문명과 외적 프롤레타리아트가 아닌 내적 프롤레타리아트를 통해 연결되었다. 서유럽 그리스도교 문명은 본질적으로 가톨릭교회에 의하여 창조된 것이었으므로, 그 점에 있어 아카이아인이 창조한 헬라스 문명과 본질적으로 다르다.

이번에는 지금 여기서 문제 삼았던 일련의 도전들을, 그 강도에 따라 살펴보자. 야만족 아카이아인의 남하와 미노스 문명의 충돌, 곧 만남을 전환점으로 하여 튜턴족과 아바르족 민족 이동 시기에 발견될 때까지 슬라브족은 오랫동안 도전을 받은 적이 전혀 없었고, 그래서 자극도 받지 않았던 탓에 패했다. 아카이아인은 응전을 보았을 때 최적 조건이라 할 만한 도전을 받았다. 튜턴족은 헬라스 문명의 도전에 맞섰지만, 그 뒤 가톨릭교의 도전으로 멸망했다.

켈트족은 쇠퇴기의 헬라스 사회와 충돌했던 튜턴족과 달리 가장 번성기의 헬라스 사회와 부딪쳐 제압되고 말았다. 슬라브족과 켈트족은 한편으로는 따분한 무자극의 상태, 다른 한편으로는 압도적인 돌격이라는 두 극단을 경험했다.

어느 정도 성공적으로 응전하다가 마지막 결승 리그에서 참패한 아카이아인과 튜턴족은, 이번에는 3개가 아닌 4개의 항목 가운데 각기 '중간 정도'의 위치를 차지했지만, 가장 최적의 경험이라는 의미로서 중간은 아카이아인 편이었다.

3. 유산된 두 문명

튜턴족 이동의 후위대

주위에 영향을 미친 문명과 유럽 야만족 사이의 일련의 도전에서, '수확 체감의 법칙'이 작용하기 시작하는 정도의 지점을 더욱 정밀하게 밝히는 일이 가능한가? 가능하다. 왜냐하면 이제까지 고려하지 않았던 두 가지 예가 있기 때문인데, 하나는 서유럽 사회를 탄생시킨 어버이인 로마 교회와 과격한 켈트족의 '켈트 외곽 지대'에서 무산된 극서(極西) 그리스도교 사회의 충돌이며 또 하나는 초기의 서유럽 사회와 바이킹족의 극북 사회인 스칸디나비아 사회의 충돌이다. 이러한 두 가지 충돌에 있어 튜턴족은 마지막 타자로서 로마와 맞섰으며, 이때 결국은 자기가 멸망하게 되었지만 헬라스 사회를 멸망시키기 위하여 거의 죽어가는 헬라스 사회의 몸을 칼로 찔렀을 때에도 이들 두 민족은 계속 로마의 지배 범위 밖에 머무르며 예비로 남겨져 있던 야만족의 '후위 부대'였다. 더욱이 이 마지막 결전에 선 두 후위대는 아카이아인의 성공에는 미치지 못했지만 어느 정도 성공을 거두고 지금 바로 말했던 4개 항목에서 중간인 2개 항목을 차지한 튜턴족의 성공을 훨씬 넘어섰다. 아카이아인은 그들이 공격했던 미노스 문명을 대신하는 위대한 문명을 만들어내는 데 성공했다. 튜턴족 전위 부대는 마음 내키는 대로 실컷 부수며 일시적인 '즐거움'을 누렸지만, 긍정적인 가치가 있는 것은 전혀 또는 거의 무엇 하나 이루지 못했다. 이에 비해 켈트족의 극서 그리스도교도와 스칸디나비아의 극북 바이킹족은 둘 다 문명을 잉태는 했지만, 그 문명의 태아는 너무도 혹독한 도전을 만나 유산되고 말았다. 이미 몇 번이나 유산된 문명의 존재에 대해 언급하면서도 그것을 우리의 첫 번째 목록에 넣지 않았던 것은, 문명의 본질은 성숙하여 이룬 성과에서 찾을 수 있으며 이들 유산된 문명은 '영아 사망'의 희생자이기 때문이다. 논의상 마침 좋은 기회이므로,

여기서 이 2개의 문명을 살펴보기로 하자.[53]

유산된 극서 그리스도교 문명

그리스도교에 대한 '켈트 외곽 지대'의 반응은 아주 독특한 것이었다. 켈트족은 아리우스파로 개종했던 고트족이나 가톨릭교로 개종했던 앵글로·색슨족과는 달리, 외래 종교를 보이는 그대로 받아들이지는 않았다. 외래 종교가 고유한 전통을 파괴하는 것을 내버려두는 대신, 그들은 그것을 자기들의 야만 사회에 계속 이어져 내려오는 전통에 들어맞도록 다시 만들어냈다. "그리스도교를 받아들이는 방식에 있어, 이들만큼 독창성을 발휘한 종족은 없다"고 르낭[54]은 말한다. 이것은 로마가 지배하고 있었던 시대에 그리스도교로 개종했던 브리튼섬 켈트족에서도 찾아볼 수 있다. 이때 켈트족의 경우에 대해서는 그다지 잘 알려져 있지 않지만, 그 뒤 6세기에 들어 계속되는 게르만족의 침입에 응전해 켈트족인 아서왕이 영웅으로 나타나 활약하고 브리튼을 통일한다. 한편 로마 지배 당시 그리스도교 세계를 뒤흔들었던 이단설을 제창한 펠라기우스(원죄설을 부정하고 인간 의지의 자유를 강조)가 그들 가운데서 나왔다는 사실을 알고 있다. 그러나 결국 펠라기우스설보다도 더 중요했던 것은, 그리스도교를 로마 세계를 넘어 아일랜드에 전한 패트릭(아일랜드의 사도, 수호성인)의 업적이었다. 그는 펠라기우스와 같은 나라, 같은 시대 사람이다.

영국인이 바다를 건너 민족 이동(앵글로·색슨족의 브리튼섬 침략)을 한 것은 브리튼섬의 켈트족에게는 치명적인 타격을 주었지만, 아일랜드의 켈트족에게는 행운이었다. 그리스도교의 씨가 막 뿌려진 그 시기에, 로마를 본뜬 새로운 그리스도교 문명이 발달했던 서유럽의 여러 로마 영토로부터 아일랜드를 격리시켰기 때문이다. 그래서 아일랜드에 중심을 둔 '극서 그리스도교 사회'라는 하나의 독립된 문명의 태아가 신생 대륙 서유럽 그리스도교 세계의 출현과 때를 같이하여 나타날 수 있었다. 이 극서 그리스도교 세계의 독창성은 그 교회 조직과 그

---

53) 다음 장에서 우리는 '성장 정지 문명'이라는 또 하나의 그룹과 만난다. 이들 문명은 '영아 사망'의 희생자가 아니라 '소아마비'의 희생자로 밝혀진다. 이는 태어나기는 했지만, 동화 속의 주인공(예컨대 피터 팬)처럼 성장이 멈추어버린 문명이다.(원주)

54) 프랑스의 종교사가·작가·철학자(1823~1892). 25년에 걸쳐 《기독교 기원사》를 완성했다.

의식, 성인전(聖人傳)에서, 그리고 문학과 예술에서도 한결같이 드러난다.

성 패트릭의 전도 활동(432~461년)으로부터 100년도 지나지 않아 아일랜드 교회는 독자적인 특징이 발달했을 뿐만 아니라, 여러 면에서 대륙의 가톨릭에 앞섰다. 이러한 사실은, 격리가 끝나면서 아일랜드인 선교사와 학자들이 브리튼과 대륙에서 환영받았던 일이나 브리튼과 대륙의 학생이 열심히 아일랜드의 학교에서 공부하기를 원했던 것으로도 잘 알 수 있다. 아일랜드가 문화적으로 앞섰던 시기는, 548년 클론먹노이즈(아일랜드 중부에 있는 도시)에 수도원 대학이 설립되었던 때부터 1090년 라티스본(독일의 바이에른주에 있는 도시. 레겐스부르크의 프랑스 이름)에 아일랜드계 성 제임스 수도원이 세워졌던 때까지이다. 그러나 아일랜드의 그리스도교 사회와 대륙 그리스도교 사회 사이에 다시 시작된 접촉은 문화 전달에 그치지 않았다. 또 다른 결과는 바로 세력 다툼이었다. 이 다툼의 쟁점은, 서유럽 사회의 미래 문명이 아일랜드와 로마 가운데 어느 배아로부터 나올 것인가 하는 문제였다. 그리고 이 쟁점에 있어 아일랜드인은 그 문화적인 우월성을 잃기 훨씬 전에 이미 패해 쓰러지고 말았다.

이 다툼은 7세기에 캔터베리의 성 아우구스티누스의 제자들과 아이오나의 성 콜룸바 제자들 사이에 있었던 노섬브리아 앵글로족의 개종을 둘러싼 경쟁에서 절정에 이르렀다. 두 파의 대표가 휘트비 종교 회의(664년)에서 극적인 대결로 노섬브리아 왕(오스위)이 로마파의 성 윌프리드(노섬브리아 태생의 요크 대주교)를 지지하는 결정을 내린다. 로마파가 승리하자, 곧 타르수스의 테오도라가 캔터베리 대주교로 대륙에서 건너왔다. 그리고 잉글랜드 교회를 로마 교회의 교구 관할 구역으로 분류해 조직하고 캔터베리와 요크에 대주교 관구를 둠으로써 승리자 로마파의 위치를 흔들림 없게 했다. 그 뒤 반세기 동안 켈트 외곽 지대의 모든 종족들인 픽트인·아일랜드인·웨일스인·브르타뉴인, 그리고 아이오나인이 휘트비 회의에서 공식적으로 쟁점이 되었던 로마 교회풍의 두발과 부활제 날의 산출법을 받아들이게 되었다. 그러나 12세기 전까지는 교회 관습에 차이가 있었다.

휘트비 종교 회의에 이어 아일랜드의 극서 그리스도교 문명은 고립되어 곧 사라질 운명이었다. 9세기에는, 바이킹의 침략으로 엄청난 타격을 받았는데 아일랜드의 수도원 가운데 약탈당하지 않은 곳은 하나도 없을 정도였다. 9세기에는 대륙으로 피했던 아일랜드인 학자의 활동이 가장 왕성했던 시기인데도 우리들이 알기로 아일랜드에서는 라틴어 책이 한 권도 집필되지 않았다. 스칸디나비아의 침략이라는 도전이 잉글랜드인과 프랑스인에게는 가장 적절한 자극이 되어 문자 그대로 잉글랜드와 프랑스의 체제를 완성시킨 반면 다시 고립 상태에 빠져 있던 아일랜드인에게는 그 도전이 너무도 혹독해서, 아일랜드는 클론타프(더블린 교외) 전투에서 브라이언 보루가 침략자를 쳐부순 피로스의 승리를 겨우 얻었을 뿐이었다. 아일랜드가 결정적으로 무너진 것은 12세기 중반 앙주 왕가의 헨리 2세(앙주 왕가의 최초의 잉글랜드 왕. 재위 1154~1189년)가 교황의 승인을 받으며 시작했던 앵글로·노르만의 아일랜드 정복이었다. '켈트 외곽 지대'의 정신적 개척자들은 그들 자신의 새로운 문명을 세우려 했으나 독립적인 권리를 빼앗기고, 결국은 경쟁 상대의 문명에 이바지하는 셈이 되었다. 스칸디나비아인의 습격을 피해 떠났던 아일랜드 학자들은 프랑스 카롤링거 왕조의 르네상스에 힘을 쏟았는데, 물론 그 최고 주연은 의심할 여지 없이 헬레니즘 연구자이자 철학자이며 신학자인 아일랜드 사람 요하네스 스코투스 에리우게나(신플라톤주의의 추종자)였다. 이렇게 아일랜드의 학문은 대륙 서유럽 문명의 발전에 이바지했던 것이다.

유산된 스칸디나비아 문명

새로운 서유럽 문명 창조자라는 영광을 두고 로마와 아일랜드 사이에 벌어졌던 쟁탈전에서 로마는 겨우 우위에 설 수 있었다. 그런데 한숨 돌릴 새도 없이 신생 서유럽 그리스도교 사회는 아직 유년기도 벗어나지 못한 상태로 이번에는 스칸디나비아에 대기하고 있던 북유럽 야만족 튜턴족의 후위 부대를 만나 똑같은 이유로 두 번째 쟁탈전을 벌이지 않으면 안 되었다. 이번에는 형세가 전보다 더 험악했다. 이 싸움은 문화적인 것뿐만 아니라 군사적인 충돌도 있어 서로 싸우는 이 두 사회는 2세기 전 대립했던 미래 서유럽 그리스도교 사회의 아일랜드와 로마의 태아보다 한결 더 강력하고 또 이질적이었다.

서유럽 그리스도교 사회와의 싸움이 시작되기 전 스칸디나비아인과 아일랜드인의 역사는, 둘 모두 오랫동안 고립되어 있다가 상대와 맞서게 되었다는 점에서 비슷하다. 아일랜드의 그리스도교도는 이교도인 앵글로·색슨족이 잉글랜드에 침입하면서부터 고립되기 시작했다. 그리고 6세기 끝까지, 니멘강에서 엘베강 연안에 이르는 발트해 남단에 육로로 이동해 온 이교도 슬라브족 때문에 스칸디나비아인은 그리스도교 문명으로부터 고립되어 있었다. 당시 이 지역은 미개상태의 스칸디나비아인이 그들의 고향에 그대로 머물러 있는 동안 헬라스 사회가 붕괴하자 민족 이동에 휩쓸려 튜턴족이 떠난 자리였다. 이곳으로 슬라브인이 흘러들어온 것이다.

이와 같이 아일랜드인은 같은 그리스도교도들로부터, 스칸디나비아인은 자기들 사이에 끼어든 자기들보다 더 미개한 침입자에 의해 같은 튜턴족으로부터 고립되었다.

그러나 근본적으로 다른 점이 하나 있었다. 아일랜드인의 경우에는 앵글로·색슨 이전에 이미 로마 제국으로부터 받은 열로 그리스도교의 불꽃이 옮겨붙어 고립 중에도 활활 타올랐던 데 비해, 스칸디나비아인은 이교도인 채 그대로 있었다.

스칸디나비아인의 민족 이동은 다른 민족 이동과 마찬가지로 문명의 충격에 대한 야만 사회의 반응이었는데, 이 야만 사회의 이동과 도전의 구체적 결과가 프랑스의 샤를마뉴 제국이었다. 그런데 이 제국은 거창하기만 하고 완전히 성숙하지 못했기 때문에 끝내 망하고 말았다. 그 원인은 아직 덜 발달된 사회, 경제적 기초 위에 무모하게 쌓아 올린 야심적인 정치적 상부 구조였다. 그리고 그 불안정성을 무엇보다 잘 보여주는 실례는, 샤를마뉴의 작센 정복이라는 '걸작'이었다. 샤를마뉴는 772년에 작센을 군사적으로 정복해 로마 그리스도교 세계에 독일의 작센을 보태는 일을 시작했는데, 그것은 과거 1세기 동안 아일랜드와 잉글랜드가 선교사를 보내 바이에른인, 튀링겐인과 헤센인, 프리슬란트인을 개종시킴으로써 그리스도교 세계를 넓히는 효과를 올리려던 평화적 침입 정책과 상반되었기 때문에 결국 재앙을 가져오게 되었다. 프랑스 왕국과 작센 사이에 일어난 30년 전쟁의 시련은, 신생 서유럽 사회의 아직 취약한 조직을 과도하게 긴장시켰고 스칸디나비아인의 영혼 속에 '야만족의 분노', 곧 예전 에트루리아인의 영토를 확장하려는 야심이 알프스 기슭에 정지했을 때 켈트인 가슴에 일었던 분노와 같은 것이었다.

기원후 8세기에서 11세기에 걸친 스칸디나비아인의 팽창은, 그 범위와 강도에 있어 기원전 5세기에서 3세기에 있었던 켈트족의 팽창보다 뛰어났다. 오른쪽 날개를 에스파냐 중심부에 왼쪽 날개를 소아시아 중심부에 펴고서 서유럽 대륙 쪽의 헬라스 사회를 에워싸려고 했던 켈트족의 계획은 실패로 끝났고, 왼쪽 날개를 러시아에 오른쪽 날개를 북아메리카에 펴면서 남쪽의 서유럽 그리스도교 세계뿐만 아니라 그리스 정교 세계에까지 위협을 준 바이킹족의 작전에 비하면 켈트족의 계획은 훨씬 더 작아 보인다. 더욱이 바이킹족이 템스강, 센강, 보스포루스 해협을 따라 런던, 파리, 콘스탄티노플을 지나며 침입했을 때 그리스 정교와 서유럽 그리스도교 이 두 문명에게 닥친 위험은 잉글랜드의 켈트족이 일시적으로 로마와 마케도니아의 지배자가 되었을 때 헬라스 문명이 처했던 상황보다 훨씬 더 위험스러웠다. 또한 바이킹들의 얼음처럼 차가운 아름다움은 그리스도교의 따뜻한 입김에 녹아들어, 형태를 잃어버리기 전 결국 무산되고 말았지만, 아이슬란드에서 스칸디나비아 문명은 실제 이룬 결과물이나 발전 가능성에 있어서 현대의 고고학자들이 발견한 켈트 문화 유적[55]을 훨씬 뛰어넘고 있었다.

　　동일한 역사적 사건을 다른 맥락에서 되풀이해 이야기하는 것이 이 연구가 사용하는 방식이다. 우리는 앞에서 스칸디나비아인의 침략이 잉글랜드인과 프랑스인에게 준 도전에 대해 이야기했고, 그들이 그 도전에 이겨 그들 민족의 통일을 이룩했을 뿐만 아니라 스칸디나비아 이주민을 개종시키고 그들을 자신의 문명 속에 동화시키는 것을 보았다. 마치 켈트족의 그리스도교 문화가 로마파 교회에 패한 뒤, 켈트인이 로마 그리스도교 문화를 풍성하게 했듯이, 노르만인은 2세기 뒤 라틴 문화를 공격하는 세력의 선봉이 되었다.

　　오늘날 어떤 역사가는 제1차 십자군 전쟁에 대하여 이렇게 말한다. "그들은 멋들어진 모순어법('천천히 서두르라'는 말과 같이 서로 모순되는 말을 합친 어휘)을 사용해 그리스도교로 개종한 바이킹의 원정이다." 또한 우리는 무산된 스칸디나비아 문명이 태어날 때 아이슬란드에게 도전의 고통을 주고 함께 새 세상을 맛보았던 이교도 스칸디나비아인이 아카이아인에 맞먹는 성과로 그리스도교를 지하로 내쫓고, 서유럽 곳곳에 그들의 이교적 문화로 헬라스 문명을 잇게 한다고 가정할 때 예상되는 결과를 생각해 보았다. 그러나 스칸디나비아 문명이 그 본

---

55) 이 문화는 '라텐(La Tène) 문화'라고 불리는데, 이것은 스위스 북부의 뇌샤텔호(湖)에서 물이 새어 나오는 곳의 이름을 따 지은 것으로 이곳에서 처음으로 주목할 만한 유적이 발견되었다.(원주)

토에서 정복당하고 사라졌던 과정에 대해서는 이야기하지 않았으므로, 이제부터 그것을 살펴보기로 한다.

이 정복은 샤를마뉴가 포기했던, 평화 전술로 복귀함으로써 이루어졌다. 서유럽 그리스도교 세계의 자기방어는 부득이 무력을 써서 이루어졌다. 하지만 무력에 의한 서유럽의 방어가 스칸디나비아인의 무력 공세를 저지하자 서유럽인은 다시 평화적 침략 전술로 되돌아갔다. 스칸디나비아인을 개종시켜 원래 그들이 살던 문화로부터 끌어낸 다음, 서유럽 그리스도교 사회는 본토에 머물러 있던 스칸디나비아인에게도 같은 전술을 사용했다. 그런데 뜻밖에도 스칸디나비아인의 뛰어난 장점들 중 하나가 그들의 파멸을 도왔다. 그들의 장점은 수용성인데, 그즈음 서유럽 그리스도교 사회의 어느 학자가 그것에 주목하면서 그다지 훌륭하지는 못하지만 2행의 6보격 시로 다음과 같이 표현하고 있다.

"그들은 너나없이 그들의 기치 아래 모이는 사람들의 풍습과 언어를 자기네 것으로 받아들여 하나의 종족이 되려고 한다."[56]

예를 들면 스칸디나비아인 지배자들은 그리스도교로 개종하기 이전부터 샤를마뉴를 영웅시하고 그들의 자식에게 '카롤루스'나 '마그누스'라는 이름을 붙이는 경향이 있었다. 같은 세대의 서유럽 그리스도교 사회 지배자들 사이에 '무함마드'라든지 '우마르'라는 이름을 짓는 일이 유행했다면, 우리는 이 새로운 유행이 이슬람과의 투쟁에서 서유럽 그리스도교의 앞날에 불길한 징후라고 결론지었을 것이다.

러시아, 덴마크, 노르웨이 세 스칸디나비아 왕국에서는, 10세기 끝 무렵 때를 같이하여 이 왕국의 군주가 저마다 공식적인 법령으로 모든 국민에게 그리스도교로 개종하라고 강요했다. 노르웨이에서는 처음에 강한 저항이 있었지만, 덴마크와 러시아는 겉으로는 아무런 저항 없이 조용하게 받아들였다. 그 결과 스칸디나비아 사회는 단순히 정복만 당한 게 아니라 분할되게 되었다. 왜냐하면 바이킹의 습격을 함께 받았던 서유럽 그리스도교 사회와 마찬가지로 그리스 정교 사회 또한 그 뒤 종교적·문화적 반격을 가했기 때문이다.

---

56) Muratori, *Scriptores Rerum Italicarum* 속 William of Apulia, *De Gestis Normanorum*에서.〔원주〕

"러시아(스칸디나비아인 왕국)의 사절과 상인들은 숲속에서의 우상 숭배와 콘스탄티노플의 우아한 미신을 비교했다. 그들은 성 소피아 대성당의 우아한 둥근 지붕과 성도와 순교자의 살아 있는 듯한 그림, 제단 위의 풍성함, 성직자 수와 제의(祭衣), 화려하고 정연한 의식 등을 경탄하며 바라보았다. 그들은 번갈아 되풀이되는 경건한 침묵과 잘 조화되는 성가에 고양되었다. 천사의 합창대가 날마다 천국에서 내려와 그리스도교도의 예배에 참가한다고 그들이 믿게 하는 일도 어렵지 않았다."[57]

바로 뒤이어 기원후 1000년에는 스칸디나비아의 아이슬란드가 개종했는데 그것이 아이슬란드 문화가 사라지는 발단이 되었다. 북유럽 전설을 문자로 기록하고 《에다》의 시를 모으고, 스칸디나비아 신화와 계보, 법률의 훌륭한 적요(摘要)를 만들었던 아이슬란드 학자들은 북유럽의 문화와 함께 그리스도교 문화를 몸에 익혀갔다. 이 학자들은 개종 뒤 약 150년에서 250년 사이에 그들의 일을 완수했던 것이다. 그러나 이 '회고적' 연구가 아이슬란드 천재들의 마지막 업적이었다. 우리는 이것을 헬라스 사회의 역사에서 호메로스의 시가 한 역할과 대비해 볼 수 있다. 호메로스의 시들 또한 시에 영감을 준 영웅시대가 끝난 뒤에 비로소 호메로스에 의해 문학적 형태로 나타났다는 점에서는 '뒤쪽으로 향한 학문' 작업이었다. 하지만 헬라스 사회의 천재들은 서사시를 완성한 뒤 더욱 전진하여 여러 다른 영역에 있어서도 마찬가지의 위대한 업적을 이루었는데, 이에 비해 아이슬란드가 세운 업적은 1150~1250년 무렵에 호메로스적 절정에 이른 다음 차츰 쇠퇴하여 사라졌다.

4. 그리스도교 사회에 가해진 이슬람의 충격

이 편의 연구를 마치면서 이슬람이 그리스도교 사회에 가한 충격이 이미 독자에게 낯익은 '세 항목 비교' 방식을 위해 또 한 가지 예를 추가할 수 있는지 살펴보기로 하자. 우리는 앞에서 다른 문제를 살펴볼 때에 가장 훌륭한 응전을 불러왔던 이슬람의 도전에 대해 서술했다. 8세기에 프랑크족이 받은 도전으로 프

---

57) 에드워드 기번의 《로마 제국 쇠망사》.(원주)

랑크족은 몇 세기에 걸쳐 반격했으며, 그 공격으로 이슬람 신봉자들이 이베리아 반도에서 쫓겨났을 뿐만 아니라 처음의 목적보다 더 앞으로 진격해 가 에스파냐인과 포르투갈인이 바다를 건너 세계의 모든 대륙으로 나아가게 했다. 이 경우에도 우리는 극서 문명과 스칸디나비아 문명을 살펴볼 때에 발견했던 것과 같은 현상을 볼 수가 있다. 이베리아반도의 이슬람 문화는 완전히 뿌리 뽑혀 사라지기 전에 승리한 적의 이익을 위해 사용되었고, 이슬람교 시대의 에스파냐 학자들은 저도 모르는 사이에 중세 서유럽 그리스도교 사회의 스콜라 학자들이 세운 철학 체계에 이바지하게 되었다. 그리스 철학자 아리스토텔레스의 저작 몇 개가 서유럽 그리스도교 세계에 전해진 것은 아랍어 번역을 통해서였다. 또한 서유럽 문화에 미친 많은 '동양적인' 영향도, 시리아 제국의 십자군 전쟁 참전국에서가 아니라 사실은 이슬람 시대에 이베리아반도에서 왔음이 확실하다.

이베리아반도를 지나 피레네산맥을 넘어 서유럽 그리스도교 세계에 가해진 이슬람교도의 공격은, 이 전선과 서남아시아에 있는 이슬람의 활동력 근원지 사이의 군 통신선이 멀었기 때문에 보기보다 그리 두려워할 만한 것은 아니었다. 양쪽 전선 사이의 통신선이 짧아지면 이슬람교도의 공격이 더욱 거세진 것을 흔히 볼 수 있었다. 그 지역은 당시 그리스 정교 문명의 요새였던 아나톨리아이다. 공격의 첫 단계에서 아랍인 침략자들은 아나톨리아를 곧장 가로질러 아나톨리아 제국의 수도에 직접 공격을 가함으로써 그들이 로마라는 의미로 불렀던 '룸(Rūm)'을 활동 불능 상태로 만들고 그리스 정교 세계를 완전히 전복하려 했다. 그러나 이슬람교도에 의해 673~677년과 717~718년 두 차례 있었던 콘스탄티노플 포위 공격은 성공하지 못하고 끝났다. 두 번째 포위 공격이 실패한 뒤 두 세력의 경계선이 토로스산맥을 따라 고정되었을 때에도, 아나톨리아에 남아 있던 그리스 정교의 영토는 으레 1년에 두 번씩 이슬람교도의 침략을 받았다.

아나톨리아의 그리스 정교도는 이 이슬람교도들의 압력에 대해 정치적 수단으로 응전했다. 그리고 이 응전은 단기적인 면에서 보면 아랍인을 접근 못 하게 하는 데 성공했으나, 장기적으로 보면 그리스 정교 사회의 내부 생활과 성장에 나쁜 결과를 가져왔으므로 불행한 일이었다. 그리스 정교도가 어떤 정치적 수단으로 응전했느냐 하면, '시리아 태생'의 레오가 그리스 정교 세계에 로마 제국의 '망령'을 불러일으킨 것인데, 그것은 마침 서유럽에서 샤를마뉴가 뒷날 루이

14세와 같은 뛰어난 문화 부흥을 서유럽 문명 최초로 시도했다가 실패한(따라서 아무런 효과는 없었다) 약 2세기 전에 해당하며 또한 그와 비슷한 문화 부흥의 시도였다. 시리아인 레오가 불러온 가장 큰 재앙은 정교회를 희생해 비잔틴 제국을 강화했던 일이며, 그 때문에 동로마 제국과 그 총대주교 권력, 그리고 불가리아 제국과 불가리아 총대주교 권력이 모두 멸망하는 '100년 전쟁'이 일어난 일이었다. 스스로 가한 이 깊은 상처로 그리스 정교 사회는 죽음을 맞이했다. 이러한 사실은 그리스 정교 세계에 가해진 이슬람교의 충격이 서유럽 그리스도교 세계에의 도전보다 훨씬 컸음을 보여주고도 남는다.

이슬람의 충격이 그다지 엄격하지 못했기 때문에 자극을 받을 수 없었던 경우를 발견할 수 있을까? 물론 가능한데, 우리는 그 결과를 오늘도 아비시니아(에티오피아)에서 볼 수 있기 때문이다. 아프리카의 '요새' 속에 살아 있는 이 단성론 그리스도교 사회는 첫째 이슬람교 아랍 민족이 지금으로부터 13세기 전에 이집트를 정복한 이래 다른 그리스도교 사회와 완전히 고립되어 생존해 왔다는 것과, 둘째 문화 수준이 아주 낮다는 이유로 세계적으로 사회적 호기심을 불러일으켰다. 국제 연맹은 조금은 주저하면서도 이 그리스도교 나라인 아비시니아의 가입을 승인했지만, 아비시니아는 무질서와 야만적인 행태로 공격을 받았는데, 봉건적이며 부족적인 무정부 상태의 무질서와 노예 매매를 하는 등의 야만성을 보여준다. 사실 라이베리아를 제외하고는 그 무렵 완전한 독립을 유지하고 있는 유일한 아프리카 국가였던 이 아비시니아가 보인 모습은, 유럽의 열강들이 아프리카의 나머지 부분을 서로 나누어 갖던 시기에 독립을 유지할 수 있었다.

잘 생각해 보면, 아비시니아의 특수성인 독립 유지와 문화 침체는 모두 같은 원인, 곧 이 화석적인 사회가 숨어 있는 고지대의 '요새'가 전혀 외적의 침입을 받지 않았다는 사실에 그 원인이 있음을 알 수 있다. 이슬람의 물결과 그보다 더 강력한 우리 서유럽 문명의 물결은 절벽 아래만 씻고 순간적으로 파도가 절벽 꼭대기를 넘어 부서져 떨어지면서도 한 번도 절벽 꼭대기를 물속에 잠기게 할 수는 없었다.

이 적대적인 물결이 고지대 위까지 밀려왔던 적은 거의 없었거나 있어도 아주 짧았다. 아비시니아는 16세기 전반에 홍해 연안 저지대에 사는 이슬람교도가 아비시니아보다 먼저 화기를 손에 넣었을 때 이슬람교도에게 정복당할 위기에 처했다. 그런데 소말리족이 오스만족으로부터 들여온 신식 무기는, 마침 이 때에 포르투갈인으로부터 아비시니아인에게 전해져 아비시니아인을 간신히 파멸에서 구했다. 그 뒤 이번에는 포르투갈인이 아비시니아인을 그리스도 단성론에서 가톨릭으로 개종시키려 하자 아비시니아인은 그들을 기피했고, 이때 서양식 그리스도교를 탄압했으며 이 나라에 와 있던 서유럽인을 모두 쫓아냈다. 그때는 1630년대로 그즈음 일본도 이와 똑같은 정책을 펼치고 있었다.

1868년에 있었던 영국의 아비시니아 원정은 완전히 성공했지만, 다른 성과는 없었다. 이보다 15년 앞서 있었던 아메리카 해군에 의한 '일본 개국'과는 결과가 달랐던 것이다. 그러나 19세기 끝 무렵 '아프리카 쟁탈전' 때 유럽의 강국들이 아비시니아를 공격한 것은 어쩔 수 없었으며 이탈리아가 공격을 시도했다. 2세기 반 전 16세기에 포르투갈이 한 역할을 프랑스가 했다. 프랑스는 메넬리크 황제에게 후장총(탄알을 총신 뒤쪽에서 장전하도록 만든 총)을 공급해 주었고, 메넬리크는 그 총으로 1896년 아두와(Aduwa) 전투에서 이탈리아 침략자를 철저하게 쳐부술 수 있었다. 1935년 이번에는 악의를 가지고 계획적으로 스스로 신야만주의를 길러 강화된 이탈리아인이 전보다도 훨씬 더 강한 결의를 품고 다시 공격해 왔을 때, 처음 얼마 동안은 이탈리아가 예부터의 무적이던 아비시니아를 또 고뇌하는 서유럽 세계를 위해, 갓 태어난 집단 안전 보장 약속에 마침표를 찍는 것처럼 여겨졌다. 그러나 에티오피아를 이탈리아령으로 선언한 지 4년도 지나지 않아 무솔리니가 1939~1945년의 제2차 세계대전에 참가하자, 1935~1936년 사이에 국제 연맹을 수호하기 위해 아비시니아 지원을 삼가고 있던 영국이 자신의 위기를 극복하려고 1941~1942년에 마침내 아비시니아의 위기에 종교 문화적으로 개입하여 예전 프랑스와 포르투갈이 했던 것과 같은 은혜를 아비시니아에 베풀게 되었다.

그리스도교를 받아들인 이래 16세기 동안 아비시니아가 마주했던 외적 침입은 이 네 번이 전부이며, 처음 세 번은 모두 자극을 받을 틈도 없을 정도로 빨리 격퇴되었다. 이것 말고는, 아비시니아가 겪은 외적 침입은 하나도 없었다. 그리고 그것은, "역사를 갖지 않는 국민은 행복하다"는 속담을 반박하는 증거로 쓰일지도 모르겠다. 아비시니아의 기록에는, '아파티(apathy)'를 배경으로 하는 단조롭고 무의미한 폭력이 있을 뿐 그 말고는 무엇 하나 기록되어 있지 않다. 이

'아파티'라는 말의 그리스어 원뜻[58]은 경험이 주는 고통에 대해 상처를 받지 않는다는, 자극에 대한 '무감각'을 뜻한다. 1946년 황제 하일레 셀라시에와 그의 자유 활달한 각료들이 용감하게 개혁을 위해 노력했으나 네 번째의 외적 공격이 예전 세 번의 공격에 비해 더 큰 자극을 주었는지는 아직 알 수 없다.

---

58) 무감동과 무반응의 철학적 이상(理想)에 대해서는 이 책 19장의 1 참조.[원주]

제3편 문명의 성장

제9장 성장이 정지된 문명

1. 폴리네시아인·에스키모인 및 유목민

앞에서 우리는 '문명이란 어떻게 생겨나는가?' 하는 어려운 문제에 대해 고민하며 여기까지 왔다. 그런데 지금 우리 앞에 놓인 문제는 너무 쉬워 일부러 문제 삼아 살펴볼 필요조차 없는 것으로 여겨질지도 모른다. 한번 문명이 생겨난 이상 우리가 유산된 문명[1]이라고 이름 붙였던 문명의 운명이 그러했듯이, 싹이 나왔을 때 잘라내지 않는 한 마땅히 그 자연스런 성장을 기대할 수 있는 게 아닐까?

이 물음에 대한 답을 찾기 위해 또 다른 질문을 던져보는 게 가장 좋은 방법일 것이다. 출생의 위기와 유아기의 잇따른 위험을 모두 뛰어넘은 문명은 반드시 성장해 '성년'에 이른다는 것이 역사적 사실로서 인정될 것인가? 바꾸어 말하면 그런 문명은 마땅히 그 환경과 생활 양식을 통제하게 되어, 완전한 문명으로 이 책 제2장 문명 목록에 오를 수 있을 것인가? 대답은 그렇지 못한 문명도 있다는 것이다.

이미 언급한 발달된 문명과 유산된 문명이라는 두 가지 말고, 성장이 정지된 문명이라 불러야 하는 제3의 문명이 있었다. 따라서 성장의 문제를 살펴봐야 하는 까닭은, 살아 있긴 했으나 성장하지 못한 채 정지된 문명이 있기 때문이다. 처음에 손에 넣을 수 있는 이런 부류의 문명 표본을 모아 조사해 보기로 하자.

이런 부류의 문명 표본으로 쉽게 예를 들 수 있는 게 5개쯤 있다. 자연환경적

---

1) 토인비는 태어나자마자 압력적인 강대한 도전으로 죽어 없어진 문명을 '유산 문명'이라는 이름으로 부르며, 그 실례로서 아일랜드를 중심으로 하는 '극서 그리스도교 문명'과 '스칸디나비아 문명' 두 가지를 들고 있다.

도전에 응전해 태어난 문명으로는 폴리네시아인과 에스키모인, 유목민의 문명이 있고, 인간적 도전에 응해 만들어진 문명으로는 일반적인 인간적 도전이 특수한 사정으로 강화되어 이상하리만큼 가혹함에 이르렀을 때 생겨난 그리스 정교 세계의 오스만족과 헬라스 세계의 스파르타인 같은 특수한 사회가 있다.

성장이 멈춘 이들 문명은 모두 '역작(力作)'을 만들어낸 뒤 움직임이 멎어버린 것이다. 그들은 더 높은 단계로의 발달과 실패 사이의 경계선에서 일어나는 거센 도전에 대한 응전에서 실패한 것이다. 앞서 인용한 절벽을 기어오르는 등반가에 비유하자면, 도중에서 꼼짝 못 하게 되어 뒤로 물러서지도 앞으로 나아가지도 못하게 된 등반자와 같은 것이다. 이 상태는 극도로 긴장된 위험한 운동 정지 상태여서 위에 든 다섯 문명 가운데 넷이 패하여 뒤로 물러서지 않을 수 없었고, 오직 하나 에스키모 문화만이 가까스로 멸망하지 않고 오늘날까지 남아 있다.

예를 들어 폴리네시아인은 원양 항해라는 매우 담대한 '뛰어난 곡예'를 시도했다. 그들의 특기는 그리 튼튼하지 않은 지붕 없는 카누에 몸을 싣고 참으로 엄청난 대항해를 하는 것이었다. 그들이 받은 시련은 어느 정도의 시간이 걸렸는지는 모르지만, 틀림없이 아주 오랜 시간 막막하고 텅 빈 태평양을 가까스로 건너면서 조금도 긴장을 풀 수 없는 상태를 유지해야 했다. 이 참을 수 없는 긴장에서 벗어나면 섬에 닿자마자 완전히 기운이 빠져버린다. 그 결과, 예전에는 미노스인이며 바이킹에 맞먹을 만큼 용감했던 폴리네시아인이 타락해 '로터스를 먹는 사람'이나 '태평양의 정력적인 석상'의 사람들처럼 땅에 사는 상체만 거대한 인간이 되어 바다를 지배하는 힘을 잃고, 서유럽의 항해자들이 몰려올 때까지 저마다 외딴섬의 낙원에 고립되는 운명을 감수해야 했다. 폴리네시아인의 마지막에 대해서는 이스터섬에 대해서 썼을 때 이미 언급했으므로 여기에서는 상세히 설명할 필요가 없다.

에스키모에 대해 말하면 그들의 문화는 북아메리카의 인디언 생활 양식을 특별히 북극해 연안 지대의 조건에 알맞도록 발달시킨 것이다. 에스키모가 이룬 '뛰어난 문화적 곡예'는 겨울 동안 얼음 주위에 머무르며 바다표범을 잡는 일이었다. 역사적 원인이 무엇이었든지, 그 역사의 어떤 시점에 있어 에스키모의 선조가 대담하게 극지대에 이르러 그곳의 환경과 싸우며 뛰어난 기량으로 그들의 생활을 새로운 환경에 맞도록 적응시킨 것이 분명하다.

이 주장을 입증하려면, 에스키모가 머리를 짜내어 완성했거나 또는 발명한 물질적 기구를 늘어놓는 것으로 충분하다. 카약(바다표범 가죽을 붙이고 가운데 노 젓는 사람이 앉는 구멍을 뚫은 작은 배), 우미악(카약보다 폭이 넓고 윗면을 덮지 않는 배), 작살, 발사대가 있는 새 잡는 창, 물고기 잡는 삼지창, 힘줄로 지지해 주는 활, 개 썰매, 장화, 고래기름 램프와 마루가 깔린 겨울 오두막집과 얼음집(이글루), 여름 천막, 마지막으로 가죽옷이 그것이다.

이것들은 기지와 의지력이 만들어낸 눈으로 볼 수 있는 놀라운 성과물이다.

"어느 면에서, 이를테면 에스키모인은 사회 조직에서는 조금 뒤떨어져 있다. 그러나 이처럼 사회적 문화가 뒤처진 이유가 그들이 미개하기 때문인지 아니면 에스키모가 태고 이래 생활해 온 자연 조건의 결과인지는 의문이다. 에스키모 문화에 대해 특별히 잘 알지 못해도 그것이 생계를 꾸려가는 수단을 개발하는 일에만 정력의 대부분을 소모해야만 했던 문화임을 알 수 있다."[2]

대담하게 극지대 환경과 싸운 에스키모는 해마다 반복되는 극지대 기후에 엄밀하게 따르며 살아야 했다. 부족 구성원은 모두 계절에 따라 다른 일을 해야 했고, 극지대 자연이 주는 스트레스는 '과학적 관리'라는 명목으로 공장 노동자에게 부과하는 인간적 스트레스와 거의 같은 정도의 가혹한 노동과 시간을 소모하게 했다. 정말로 우리는 에스키모가 극지대 자연의 주인인지 아니면 자연의 노예인지 스스로에게 물어보고 싶을 정도이다. 스파르타인과 오스만족의 생활을 살펴볼 때에도 비슷한 의문이 생겼고 그것에 답하기가 똑같이 어렵다고 생각했었다. 그러나 그 전에 먼저 에스키모 문명과 마찬가지로 자연적 도전으로 자극받은 또 하나의 성장(또는 발육) 정지 문명의 운명을 살펴보기로 하자.

에스키모인은 얼음과 싸웠고 폴리네시아인은 바다와 싸웠지만, 초원의 도전을 받던 유목민도 마찬가지로 다루기 힘든 자연과 대담하게 싸웠다. 사실 풀과 자갈로 뒤덮인 초원 지대는 인간에게는 가래와 괭이로 경작하는 대지보다 '수확 없는 바다'(호메로스는 바다를 늘 이렇게 불렀다)와 더 많이 닮았다.

---

2) Steensby, H.P. : *An Anthropological Study of the Origin of the Eskimo Culture.*(원주)

초원 지대와 바다의 표면은 둘 다 방랑자나 잠시 머무는 사람으로만 가까이 갈 수 있다는 공통점이 있다. 거기에는 섬과 오아시스를 제외하고는 그 드넓은 표면 어디에도 인간이 머물러 정착할 만한 곳이 없다. 초원과 바다 둘 다 인간이 영구적인 거주지로 삼고 있는 지구상의 다른 지역보다는 여행과 수송에 있어 한결 편리하지만, 이곳을 드나드는 대가로 끊임없이 앞으로 이동하든지 아니면 그곳을 떠나 근처 연안의 육지로 가기를 요구하는 것이다.

이처럼 해마다 같은 경로를 따라 여름 목초지와 겨울 목초지로 이동하는 유목민 집단과 계절에 따라 이 어장에서 저 어장으로 순항하는 어선단(漁船團), 바다 양쪽 해안의 물건을 교환하는 장삿배와 초원 지대 양쪽 지역을 서로 연결하는 낙타 대상들, 해적과 사막의 약탈자 그리고 미노스인과 북유럽인을 몰아서 배에 태워 마치 해일처럼 유럽과 레반트 연안으로 몰려들게 한 폭발적인 지중해 해양 민족 이동과, 유목 아랍인, 스키타이인, 튀르크인, 몽골 유목민을 몰아 매년 가던 이동 궤도를 벗어나 맹렬하고도 갑작스럽게 이집트, 이라크, 러시아, 인도, 중국으로 몰려들게 한 이동 사이에는 확실히 서로 닮은 점이 있다.

자연의 도전에 대한 유목민의 응전이 폴리네시아인이나 에스키모인의 응전과 마찬가지로 '뛰어난 곡예'였음은 분명하지만, 이 경우는 폴리네시아인이나 에스키모인과는 달리 그 역사적 동기를 추측만으로 파악할 수 있는 것이 아니다. 우리는 유목 생활이 이집트와 수메르, 미노스의 각 문명을 자극했고, 또한 딩카족과 실루크족을 적도 지역으로 몰아낸 사막화 같은 도전이라고 추론해도 무방하다. 유목 생활의 기원에 대해 오늘날 우리가 가지고 있는 가장 확실한 자료는 펌펠리(미국의 지질학자) 탐험대가 트랜스카스피아(카스피해 동쪽 지역)의 오아시스 지대 아나우에서 한 조사이다.

여기서 우리는, 서유럽과 서남아시아의 온난화, 사막화가 진행되면서 그때까지 수렵 생활에서 초보 형태의 농업을 시작했던 두세 사회가 자극되어 더 불리한 조건 속에서 생계를 유지하게 되었음을 알 수 있다. 그 자료는 이러한 농업 생활의 단계가 틀림없이 유목 생활에 앞서 있었음을 나타내고 있다.

농업은 이러한 옛 수렵 생활의 사회사(社會史)에 간접적이긴 하나 그와 마찬가지로 중요한 또 하나의 결과를 가져다주었다. 다시 말해 농업은 사람들에게 야생 동물과 전혀 새로운 관계를 맺는 기회를 주었던 것이다. 야생 동물을 길들이는 기술은 직업의 특성상 수렵자들에게는 어느 정도 한계가 있었지만, 이들이 농사를 짓는 것은 얼마든지 가능했다.

수렵자는 때로 서로 먹이를 빼앗기도 하고 나누기도 하는 늑대나 자칼을 길들여 사냥할 때 동료로 삼을 수 있을지는 모르지만, 사냥감이던 동물을 기르며 길들인다는 것은 도저히 생각할 수 없는 일이었을 것이다. 목동과 양 치는 개를 생각해 내어 한 걸음 진보된 변화를 이룬 것은, 사냥개를 거느린 수렵자로서가 아니라 집에서 개를 기르게 된 농경자로서이다. 또 농경자들은 개처럼 고기를 던져주고 끌어온 가축 말고도, 소와 양 같은 초식 동물을 먹이로 유인하여 길렀다.

아나우의 고고학적 자료에 따르면, 이렇게 한 걸음 더 나아간 사회적 진화가 트랜스카스피아에서 이뤄진 것은 자연적으로 사막화가 더 심해졌기 때문임을 알 수 있다. 되새김 동물이 가축이 되면서 유라시아인은 앞서 수렵인에서 경작인으로 변신할 때 잃었던 기동성을 잠재적으로 회복했기 때문에, 사막화라는 자연적 도전이 더욱 격심해지자 새로이 손에 넣은 기동력을 두 가지 전혀 다른 용도에 썼다.

트랜스카스피아의 어느 오아시스 경작자들은, 그들의 기동력을 여기저기로 옮겨가는 데에만 사용했다. 그들은 건조화가 더 심해지자 예전의 기후를 따라 이제까지의 생활 양식을 유지할 수 있는 곳으로 계속 이동했다. 한편 다른 사람들은 그들과 헤어져 더욱 대담하게 자연의 도전에 응했다. 다른 도전을 한 이 유라시아인도 이미 살 수 없게 된 오아시스를 버리고 가족들과 가축을 끌고 정착할 곳 없는 초원으로 나선 것이다.

그러나 이들은 더 먼 해안을 찾으려는 도망자로 초원의 바다에 나선 것은 아니다. 그들은 자기들의 옛 선조가 수렵 생활을 포기했던 것과 마찬가지로 농경 생활을 버리고, 새로 얻은 기술, 곧 가축 기르는 일에 생계를 걸게 되었다. 그들이 초원 지대에서 이동하는 것은, 도전의 범위 밖으로 피하려는 것이 아니라 그곳을 거주지로 삼기 위해서였다. 결국 그렇게 그들은 유목민이 되었던 것이다. 농업을 버리고 초원 지대에 터를 잡은 유목민의 문명과 거주지를 바꾸며 아버지와 할아버지로부터 물려받은 농업을 지켜 나간 그들 동포의 문명을 비교해 보면 유목 생활 쪽이 몇 가지 점에 있어서 나은 것을 알 수 있다. 첫째, 동물을 길들이는 일이 식물을 길들이는 것보다 잘 순종하지 않는 대상에 대한 인간의 지혜와 의지력의 승리이므로, 확실히 훨씬 더 뛰어난 기술이다. 양치기는 농부보다 뛰어난 기술의 소유자이다. 그리고 이 진리는 시리아 신화에 나오는 구절로 널리 알려져 있다.

"아담이 그의 아내 하와와 동침하매 하와가 임신하여 카인(가인)을 낳고……그가 또 카인의 아우 아벨을 낳았는데 아벨은 양 치는 자였고 카인은 농사하는 자였더라. 세월이 지난 후에 카인은 땅의 소산으로 제물을 삼아 야훼께 드렸고 아벨은 자기도 양의 첫 새끼와 그 기름을 드렸더니 야훼께서 아벨과 그 제물은 받으셨으나 카인과 그 제물은 받지 아니하신지라."(《창세기》 4 : 1~5)

실제로 유목민의 생활은 인간이 지닌 기술의 승리이다. 유목민들은 자신이 먹을 수 없는 거친 풀을 길들인 가축의 우유와 고기로 바꾸어 생활을 유지한다. 그리고 제철이든 아니든 헐벗고 메마른 초원 지대의 자생 식물에서 가축의 먹이를 얻어야만 하므로, 그들의 생활과 행동을 변화하는 계절적 시간표에 세심하고 정확하게 맞추지 않으면 안 된다.

실제로 유목 문화의 '역작'은 엄밀히 높은 수준을 지닌 성격과 행동을 요구한다. 그리고 그 때문에 유목민이 치르는 대가는 에스키모의 경우와 본질적으로 같다. 그들이 성공적으로 정복한 힘겨운 환경은 어느새 그들을 노예로 만들고 말았다. 유목민은 에스키모와 마찬가지로 기후와 식물의 성장 연주기(年周期)의 포로가 되었다. 그들은 초원에서 주도권을 잡음으로써 온 세계의 주도권을 잃어버렸던 것이다. 물론 그들은 몇몇 문명의 역사에 흔적을 남겨놓았다. 그들은 때때로 그들 영토에서 뛰어나가 부근에 있는 정착 문명 지역에 침입했고, 그 가운데 몇 번은 거침없는 기세로 진격했었다.

그러나 이런 돌발적인 출현은 자발적인 것이 아니었다. 유목민이 초원 지대에서 나와 경작지의 농경 지대에 침입한 것은, 습관적인 주기에서 벗어나려고 일부러 계획한 것은 아니다. 도저히 제어할 수 없는 힘에 기계적으로 반응한 것일 뿐이다.

유목민을 지배하는 외적인 힘은 두 가지가 있는데, 하나는 밀어내는 힘이고, 또 하나는 끌어들이는 힘이다. 다시 말하면 어떤 때에는 그들이 이제까지 살던 거주지에서 도저히 계속 살 수 없을 만큼 심해진 사막화에 밀려 초원 지대 밖으로 나온다. 또 어떤 때에는 정착 문명이 쇠퇴하여 그 결과로 민족 이동 같은 역사적 과정의 작용(이들 원인은 유목민 자신의 경험과는 전혀 관계없는 것이다)에 따라 인접한 정착 사회 지역에 생긴 사회적 진공 상태의 흡인력에 끌려 초원 지대 밖으로 나온다. 유목민이 정착 사회의 역사에 개입한 중대한 역사적 사건의 예를 조사해 보면, 모두 앞서 말한 두 가지 원인의 어느 쪽인가에 해당한다.[3]

따라서 때때로 이처럼 역사적 사건에 개입했음에도, 유목 사회는 본질적으로 역사를 갖지 않는 사회이다. 일단 연주기의 궤도에 오르면, 유목민의 집단은 그 자연의 궤도를 따라 이동하며, 유목 사회로서는 막을 도리가 없는 외적인 힘이 그 집단의 이동을 정지시키거나 그 생명이 끊어지게 하지 않는 한 언제까지나 계속 순회 이동할 가능성이 있다. 그 힘은 주위의 정착 문명이 가하는 압력이다.

야훼는 아벨과 그 제물은 받아들이고 카인과 그 제물은 받아들이지 않았다 해도, 어떠한 힘으로도 카인이 아벨을 죽이는 것을 막을 수는 없었다.

"최근의 기상학적 연구는 아마 전 세계적으로 일어나는 현상이라 생각되는데, 비교적 건조기와 습윤기가 주기적으로 나타나 그것이 농민과 유목민이 번갈아 상대 영역에 침범하는 원인이 되고 있다. 건조한 정도가 심해져서 더 이상 초원이 유목민이 방목하는 가축을 다 먹일 만한 목초지가 만들어지지 않을 정도에 이르면 가축 사육자는 해마다 이동하는 평소의 궤도에서 벗어나 가축과 그들의 양식을 찾아 주위의 경작 지역에 침입한다. 반대로 기후의 추(錘)가 흔들려 초원 지대에 습윤기가 와서 근채류나 곡류를 재배할 수 있는 시기가 되면, 이번에는 농민이 역습해 유목민의 목초지에 침입한다. 둘의 공격 방법은 완전히 다르다. 유목민의 진격은 기병의 돌격처럼 급하다. 농민의 진격은 보병의 전진이다. 한 걸음 나아갈 때마다 곡괭이나 증기 가래로 땅을 파서 몸을 숨기고 도로나 철도를 만들어 교통을 확보한다.

기록에 남아 있는 가장 눈에 띄는 유목민의 침략의 예는 지구상의 기후 변화 중 마지막에서 두 번째 건조기에 일어난 튀르크족과 몽골족의 침입이다.

뒤이어 일어난 농민 침략의 예는 러시아가 동쪽으로 팽창한 일이다. 두 가

---

3) 이 책에는 수록하지 않았지만, 이 장에 붙여진 긴 부록에서 토인비는 원본의 철저한 조사를 하고 있다.(엮은이주)

지 다 정상적인 것이 아니며 피해를 입는 쪽에게는 힘든 일이다. 그러나 농민과 유목민 모두 단순히 조절할 수 없는 자연적 원인에 기인한다는 점에서는 동일하다.

……피해의 정도를 본다면, 끈질긴 경작자의 압력 쪽이 결국에는 유목민의 잔인한 습격보다도 더 큰 고통을 불러올 것이다. 몽골족의 침략은 2, 3세대로 끝났다. 그런데 그 보복으로 러시아는 400년 동안이나 식민화가 진행되었다. 처음에는 북쪽에서 목초지를 차지하고 차츰 그 포위망을 좁히며 전진해 카자흐선(線)의 후방에 닿자, 다음에는 목초지 남쪽 경계선을 둘러싸고 촉수를 뻗쳐 트랜스카스피아 철도를 따라 침입했다. 유목민 관점에서 보면, 러시아와 같은 농업국은 서유럽 사회의 산업주의가 달궈진 쇠를 가지고 자기가 좋아하는 모양으로 만들기 위해 사용하는 압연기나 분쇄기와 비슷하다. 그것에 잡히면 유목민은 분쇄되어 없어지든지 정착 생활의 거푸집 속으로 밀려들어가든지 둘 중 하나이며, 또 침투 과정도 늘 평화적이라고는 할 수 없다. 트랜스카스피아 철도의 개통은 괴크테페에서 튀르크인의 대량 살육이라는 희생을 치르고 개통되었다. 그러나 유목민의 처절한 절규는 좀처럼 사람의 귀에는 들리지 않는다. 유럽 대전 중 영국 사람들이 오스만 튀르크인의 조상이 60만 명의 아르메니아인을 살육한 이유를 설명하기 위해 그들의 선조가 유목민이었던 것을 들추어내고 있었을 때에, 튀르크어를 쓰는 50만 명의 중앙아시아 키르기스카자크 연맹 유목민이 마찬가지로 상부의 명령에 따라 '인류 가운데서 가장 의로운 인간'인 러시아 농민(무지크)에 의해 죽어가고 있었다."[4]

유라시아 유목민의 운명은, 17세기에 모스크바 제국과 만주(청) 제국이라는 두 정착 민족의 제국이 서로 반대되는 양방향에서 유라시아 초원 지대 주위로 손을 뻗쳐오면서 결국 끝장이 났다. 오늘날 온 지구 위에 손을 뻗친 우리 서구 문명이, 예부터 이어져온 여러 유목 사회를 완전히 없애버리고 있다. 케냐에서는 마사이족의 목초지가 유럽인 농업 경영자에게 길을 양보하기 위해 분할되고 줄어들었다. 사하라 사막에서는 이제까지 남의 침입을 허용하지 않았던 이모샤그

---

4) Toynbee, A.J. : *The Western Question in Greece and Turkey*.〔원주〕

족의 사막 요새가 비행기와 대형 트럭의 침략을 받고 있다. 아프라시아 유목 사회의 전형적 본거지인 아라비아에 있어서조차, 베두인족이 강제로 농민으로 바뀌고 있다. 더욱이 그것은 바깥 세력에 의해서가 아니라, 아랍인 중의 아랍인인 압둘아지즈 알사우드(사우디아라비아의 왕, 이븐 사우드) 곧 나지드(네지드)와 히자즈(헤자즈)의 왕으로, 청교도적인 이슬람교 광신자 집단 와하브파의 세속적 우두머리의 계획적 정책에 의한 것이다. 아라비아 한가운데에서 지배자 와하브파가 장갑차로 그 권력을 강화하고, 석유 펌프와 땅속 깊이 괸 우물의 채굴권을 아메리카 석유업자에게 넘김으로써 경제 문제를 해결하려고 하는 이때, 바로 유목 사회의 마지막 순간이 왔음이 분명해진다.

아벨은 카인에게 살해당한 것인데, 그 뒤 과연 유목민의 살해자에게도 단순히 카인이 받았던 것과 같은 저주가 내려졌는지 여부를 조사하기만 하면 된다.

"땅이 그 입을 벌려 네 손에서부터 네 아우의 피를 받았은즉 네가 땅에서 저주를 받으리니. 네가 밭을 갈아도 땅이 다시는 그 효력을 네게 주지 아니할 것이요 너는 땅에서 피하며 떠도는 자가 되리라."(《창세기》 4 : 11~12)

카인에 대한 저주의 첫 구절은 역사에서 아직 명확히 밝혀지지는 않았다. 물론 오아시스 경작은 건조한 초원의 땅에서 수확을 올릴 수 없어 기후 조건이 좋은 땅으로 이주해 들어갔고, 거기에서 산업주의의 추진력에 힘입어 아벨의 목초지까지 자기 것으로 하기 위해 되돌아왔기 때문이다. 카인이 그가 창조한 산업주의의 주인이 되느냐 희생자가 되느냐 하는 것은 현재로서는 알 수 없다. 이 새로운 경제적 세계 질서가 붕괴와 해체의 위험에 직면해 있던 1933년에, 아벨이 마침내 복수한다는 가능성, 빈사 상태에 있는 '호모 노마스'(유목인)가 죽을 것 같으면서 좀처럼 죽지 않고 자기를 살해한 '호모 파베르'(공작인)가 미쳐 시올(히브리 사람의 저승)에 내려가는 것을 볼 가능성이 전혀 사라진 것이 아니다.[5]

2. 오스만족

자연적 도전에 '역작'으로 응전함으로써 그 벌로 성장을 저지당한 문명에 대

---

5) 토인비가 1945년에 썼더라면 다시 쓸 필요를 느꼈을 것이다.(엮은이주)

한 연구는 이것으로 끝내고, 이번에는 매우 강한 인간적 도전 때문에 성장의 가능성을 빼앗긴 경우로 옮겨가기로 한다.

오스만 체제가 응전한 것이 다시 유목 사회에 또 다른 도전을 가져왔고 그래서 원래 살던 초원 지대의 환경에서 지리적으로 새로운 다른 환경으로 옮겨가 그곳에서 유목 사회가 이질적인 다른 사회를 지배하는 새로운 문제에 부닥친 것이었다. 앞서 우리는 초원의 방목지에서 쫓겨나 농경 지역에 이르렀을 때 아바르족 유목민이 그들이 정복한 정착 주민을 마치 인간 가축인 것처럼 다루고, 그들 자신을 양의 사육자에서 인간 사육자로 바꾸려 했다고 이야기했다. 동물을 길들인다는 변화된 방법으로 초원 지대의 동물로 생활을 유지하는 대신, 아바르족은 (같은 일을 한 다른 많은 유목민 집단과 마찬가지로) 이번에는 동물을 소화시키는 작용이 아니라 인간의 노동을 수단으로 하여 경작지의 재배 작물로 생활을 유지하려 했다. 그러나 실제로 이 교묘한 방법에는 거의 치명적인 결함이 하나 있다.

초원에서는 유목민과 가축 무리가 섞여 있어 그러한 자연환경에 가장 적절히 대처할 수 있다. 그렇다 해도 유목민은 엄밀하게는 '인간이 아닌 협력자'에게 붙어사는 기생충은 아니다. 둘은 서로 적절히 도우며 살아간다. 가축은 유목민에게 우유와 고기의 공급원이며 유목민은 가축이 자랄 환경을 마련해 준다. 초원 지대에서는 유목민과 가축이 공생하며 살아간다.

이와 반대로 농지나 도시에서 이주해 온 유목민과 토착민인 '인간 가축'이 섞여 있는 사회는 경제적으로 부적절하다. 왜냐하면 '인간 목자'는 정치적으로 꼭 그렇다 할 순 없지만 경제적으로는 늘 남아도는 존재로 피지배층에게 의지하며 살아야 하기 때문이다.

경제적인 면에서 보면, 그들은 이미 양 떼를 지키는 목자가 아니라 일벌을 착취하는 수벌이 되었던 것이다. 생산적인 노동자는 이런 비생산적인 지배 계급이 없다면 경제적으로 더 윤택해질 것이다.

그래서 유목민 정복자가 세운 제국은 빠르게 쇠퇴해 멸망해 버리고 말았다. 마그레브(아프리카 서북부 지역)의 위대한 역사가 이븐할둔(1332~1406년)은 제국의 평균 수명은 3대 즉 120년을 넘지 않는다고 말하고 있는데, 그는 바로 유목민 제국을 기준으로 셈했던 것이다. 정복이 끝나면 정복자인 유목민은 이제까지 살던 환경에서 벗어나 경제적으로 불필요한 잉여 인간이 되기 때문에 퇴보하지만, 그들의 '인간 가축'은 원래 살던 곳에 머무르며 여전히 경제적으로 생산 활동을 하며 차츰 세력을 되찾는다. '인간 가축'은 그들의 목자인 지배자를 나라 밖으로 추방하거나 동화시키며 자신들이 인간임을 분명히 한다.

아바르족이 슬라브족을 지배했던 기간은 50년도 채 되지 않았는데, 그것은 슬라브족은 발전하고 아바르족은 몰락해 가는 과정이었다. 아틸라가 세운 서부 훈(Hun) 제국, 이란과 이라크의 몽골 계통 일한국(일칸국), 남중국의 한국(汗國) 등도 모두 생명이 매우 짧았다.

이집트의 힉소스 제국은 고작 1세기 동안만 지속되었다. 그러나 지방 세력을 모은 금나라와, 그 뒤 칭기즈 칸의 대제국에 이어 원나라의 몽골족이 북중국에 군림했던 2세기 이상의 기간(1142~1368년)은 예외였고, 또한 파르티아 왕조가 이란과 이라크를 그보다 더 오랜 3세기 반 이상(기원전 140년경~기원후 226년 또는 232년) 지배한 것도 분명히 예외적이었다.

이에 비해 오스만 제국이 그리스 정교 세계를 지배했던 기간은 뜻밖에 길었다. 1372년 마케도니아 정복을 제국이 성립된 해로 보고 1774년 러시아와 튀르크 사이에 맺어진 퀴취크 카이나르카 조약을 멸망의 시작으로 본다면 나라가 융성하기까지 그리고 몰락하는 데 걸린 기간을 계산에 넣지 않고도 4세기 동안이나 이어진 셈이다. 오스만 제국이 비교적 오래 계속된 까닭은 무엇인가?

부분적으로는 오스만족이 처음 이주해 올 때는 경제적으로 분명 큰 부담이었지만 그 지역에서 스스로는 이룰 수 없던 세계 국가를 그리스 정교 사회에 가져다주어 정치적으로는 긍정적이었다는 것이다. 우리는 좀 더 깊이 설명해 보도록 하자.

아바르족이나 그와 같은 종족은 사막에서 경작지로 침입했을 때 '인간 목자'로서 새로운 상황에 대처하려다 실패했다. 농경 지대에 제국을 세우려다 실패한 유목민은 함께 섞여 사는 초원 생활에서 꼭 필요했던 협력자를 정착 사회의 인간에게서 구하려 하지 않았으니 마땅한 결과라 할 수 있다.

초원 지대는 단순히 가축을 기르는 인간과 가축 무리만으로 이루어진 것은 아니다. 초원 지역에서 나오는 생산물로 살아가려면 기르는 동물 말고도 일에 도움이 되도록 개, 낙타, 말 등도 기르고 있었다. 보조 역할을 하는 이런 동물은 유목 문명이 만들어낸 뛰어난 점이며 이 문명이 성공할 수 있는 핵심이기도 했다. 양이나 소는 그냥 키우기만 하면 인간에게 도움이 된다(하긴 이것만도 충분히 힘들고 어려운 일이기는 하지만). 그러나 개나 낙타, 말은 키우는 건 물론이고 훈련까지 시켜야 어려운 그들의 임무를 잘 해낼 수 있다. 동물 보조자를 훈련시킨 일이야말로, 유목민이 해낸 가장 훌륭한 성과이다.

그런데 오스만 제국이 아바르 제국과 달리 훨씬 오래 계속되었던 까닭은, 이렇게 뛰어난 유목민의 기술을 정착 사회의 조건에 알맞게 적용시킨 점이다. 오스만의 파디샤(통치자)들은 노예를 훈련하여, '인간 가축' 사이에서 질서를 유지하는 인간 보조자로 만들어 그들 제국을 지탱해 나갔던 것이다.

노예를 군인이나 행정관으로 삼는, 이러한 제도는 아주 놀라우며, 우리에게는 맞지 않지만, 유목민들에게는 알맞았다. 이 제도는 오스만족이 만들어낸 것은 아닌데, 정착 민족을 지배했던 다른 몇 개의 유목민 제국에서 발견할 수 있다. 그리고 정확히 말하자면 그런 제국 중 가장 오래 지속된 제국에서 찾아볼 수 있다.

기원전 3세기 시리아 왕국으로부터 독립한 파르티아 제국에 노예 군대가 존재했던 흔적이 있다. 그것은 기원전 4세기 알렉산드로스 대왕을 모방하려던 마르쿠스 안토니우스의 야망[6]을 좌절시킨 군대 중 하나는, 모두 5만 명의 병력 가운데 자유인이 400명밖에 없었다고 전해지기 때문이다.

1000년 뒤 아바스 왕조의 칼리프들도 똑같이 초원 지대에서 튀르크인 노예를 사들여, 이들을 훈련시켜 군인과 행정관으로 삼아 그들 권력을 유지했다. 코르도바의 옴미아드 왕조 칼리프들은, 이웃 나라의 프랑크인이 그들을 위해 조직해 준 노예 친위대가 있었다. 프랑크인은 프랑크 국왕의 영토 코르도바와 반대쪽 국경을 넘어 노예 사냥을 해와서는 코르도바의 노예 시장에 공급했다. 이렇게 붙잡혀 온 미개인들이 바로 슬라브족이었다. 여기에서 영어의 'slave(노예)'라는 말이 생겨났다.

이와 같은 현상 중 가장 유명한 예는, 이집트의 맘루크 정치 체제였다. '맘루크'는 아랍어로 '소유물'이라는 뜻인데, 맘루크는 원래 살라딘이 세운 아이유브

---

6) 고대 로마 군인·정치가(기원전 82~30). 안토니우스가 결혼한 클레오파트라의 이집트 프톨레마이오스 왕조는 알렉산드로스의 부하 중 한 사람이 세웠다.

왕조의 노예 전사였다. 그런데 1250년에 이 노예들이 주인을 쫓아내고, 이번에는 그들이 이 노예제를 지배하여 그들의 자식 대신 외국에서 노예를 사들여 그들 군단을 보충했다.

칼리프 왕조를 겉에 내세우고 뒤에서 그것을 조종하며 스스로의 소유자가 되었던 이 노예 집안은 1250~1517년에 걸쳐 이집트와 시리아를 다스리고 무서운 몽골족을 유프라테스강 경계선에서 막아냈지만, 1517년에 그들은 도저히 이길 수 없는 오스만족이라는 또 다른 노예 가문을 만나게 됐다.

그러나 이것으로 그들이 완전히 멸망한 것은 아니다. 이집트의 오스만 정권 밑에서 그들은 여전히 전과 같은 방법으로 훈련하고 똑같은 보급원에서 보충을 받아가며 존속했다. 오스만의 세력이 쇠퇴하자 맘루크는 세력을 되찾았으며, 18세기에는 이집트가 튀르크에 정복되기 전 카이로의 아바스 왕조 칼리프들이 그러했듯이 오스만의 이집트 총독이 맘루크에게 구금되어 죄수 신세가 되었다.

18세기에서 19세기로 옮아갈 무렵, 이집트에 있는 오스만령이 원래대로 맘루크의 손에 들어가느냐, 그렇지 않으면 나폴레옹이 다스리는 프랑스라든지 또는 영국 같은 유럽 강국의 손에 들어가느냐 하는 것이 문제가 되었다. 이 두 가지 가능성이 모두 알바니아 이슬람교도인 모험가 무함마드 알리의 비범한 수완 덕에 모두 제거되었지만, 무함마드 알리는 잉글랜드인과 프랑스인을 막는 일보다 맘루크를 처리하는 게 훨씬 더 어려웠다. 500년 이상 끊임없이 유라시아와 캅카스의 인적 자원을 흡수하면서 낯선 이집트에 계속 생존해 온, 강인한 노예 군단을 모조리 없애기 위해서는 그의 모든 능력을 쏟으며 가차 없이 제거해야 했다.

그러나 규율과 조직 면에서 맘루크를 훨씬 넘어서는 무사 계통이 있었으며, 그것은 맘루크보다 역사는 짧지만 오스만 왕조가 그리스 정교 세계에 대한 지배를 확립하고 유지하기 위해 만들었던 노예 집단이었다.

다른 문명 사회 전반을 지배한다는 것은 확실히 유목인 정복자로서는 가장 힘들고 어려운 임무였으므로, 이 대담한 기획은 오스만(1세. 재위 1299~1326년)을 선두로 가장 전성기를 누린 술레이만 대제(재위 1520~1566년)에 이르러 오스만의 후계자들에게 유목민의 사회적 능력을 최고도로 발휘할 것을 요구했다.

오스만 노예 집단의 일반적인 성격은, 어느 미국인 학자의 훌륭한 연구에서 인용한 다음의 구절이 잘 전해 준다.

"오스만의 통치 제도 안에는 술탄(왕)과 그의 가족, 제국 왕실의 여러 관리, 정부 행정 관리, 기병과 보병으로 이루어지는 상비군, 군인, 궁내관, 정부 관리가 되기 위해 교육을 받고 있는 많은 젊은이들이 포함되어 있었다. 이 사람들이 칼과 펜과 왕홀(王笏)을 휘둘렀던 것이다. 그들은 종교법의 관할에 속하는 사법권과 비이슬람교도인 피지배자, 외국인 집단에 위임된 몇몇 제한된 직무를 제외한 나라의 모든 일을 처리했다. 이 집단에서 가장 중요하고 특색 있는 점은, 첫째 주도적 집행 요원이 몇몇을 제외하고는 모두 그리스도교인 부모에게서 태어난 사람이거나 또는 그러한 사람의 자식이었고 둘째는 이 집단의 거의 모두가 술탄의 노예로 들어오게 되는데, 그들이 설령 많은 재력과 높은 권력을 얻는다 하더라도, 위대한 업적을 이룬다 하더라도 평생 술탄의 노예로 있어야 했다.

왕족도 노예 가계 안에 넣어도 무방할 것이다. 왜냐하면 술탄의 아이를 낳은 여자들이 노예였고, 술탄 자신도 노예의 자식이었기 때문이다. 실제 술레이만 시대 훨씬 전부터 술탄은, 왕족 신분의 신부를 맞아들이는 것이라든가 자기 자식의 어머니에게 황후 칭호를 내리는 것도 중지하고 있었다. 오스만 체제는 계획적으로 노예를 데려다 관리로 삼았다. 양을 몰거나 농지를 일구는 일을 하던 소년을 데려다 신하나 왕녀의 남편으로 삼았다. 여러 세기 동안 그리스도교도의 이름을 이어받은 집안의 젊은이를 데려다 이슬람 국가의 최고 통치자로 삼았으며, 또 십자가를 꺾고 초승달이 그려진 깃발을 높이 쳐드는 것을 최대의 목적으로 하는 무적 군대의 병사와 장군으로 만들었다. '인간 본성'이라 불리는 기본적 관습의 조직과, 삶 그 자체만큼 뿌리 깊은 것으로 여겨지는 종교적·사회적 선입견을 당당히 무시하고, 오스만 체제는 부모에게서 자식을 영원히 빼앗아, 그들이 한창 일할 수 있는 동안 처자식을 생각하지 못하게 했으며, 재산을 가질 권리를 인정하지 않았고, 그들의 성공과 희생에 대해 나라에서 혜택을 준다거나 부를 보장해 주거나 그들 자녀에게 혜택이 돌아갈 것이라는 명확한 약속을 해 주지 않았고, 집안이나 이전의 업적과는 전혀 관계없이 지위를 높여주거나 낮추었으며, 색다른 법률과 윤리와 종교를 가르쳤고, 머리 위에 칼이 드리워져 있어 언제 어느 때 이제까지의 순조롭기만 했던 빛나는 경력이 한순간에 사라질지 모른다는 것을 늘 그들이 의식하게 했다."[7]

이 체제 아래서 자유인인 오스만 귀족이 정치에서 제외되어 있는 점이 우리에게 이상한 부분이지만 결과로 봤을 때는 이 방침이 옳았음이 밝혀졌다. 술레이만의 통치 후반에 이슬람교도인 자유민이 결국 노예 가게 안으로 들어가자 곧 체제가 무너지기 시작해 오스만 제국은 쇠퇴기에 접어들었다.

이 체제가 건재한 동안은 필요한 인원이 여러 이교도의 공급원으로부터 이를테면 국외로부터 온 전쟁 포로나 노예 시장에서 사들여 오거나 지원한 자를 받아들여 보충되었고, 또 국내에서는 정기적인 강제 징발로 젊은이들을 모아 보충되었다. 그리고 새로 징집된 사람들은 준비된 교육을 받았다. 단계마다 엄격했고 처벌은 극도로 냉혹했지만 한편 끊임없이 계획적으로 야심을 북돋아주었다. 오스만 파디샤의 노예 집단에 들어온 모든 소년들은 앞으로 재상이 되는 길이 열려 있었으며, 그들의 미래가 훈련 기간 동안 얼마나 용기를 보여주느냐에 달려 있다는 것을 알고 있었다.

이 교육 제도의 전성기에 대한 기록은, 플랑드르 태생의 학자이며 외교관으로 술레이만에게 파견된 합스부르크 궁정(오스트리아의 페르디난트 1세)의 사절이었던 오기에르 기슬랭 드 뷔스베크가 직접 관찰하여 생생하고 상세한 기술을 남기고 있다. 그의 결론은 오스만 왕국을 격찬하고 반대로 그때의 서유럽 그리스도교 세계의 교육 방법을 비판하고 있다. 그는 이렇게 말하고 있다.

"나는 튀르크인이 이 같은 제도를 갖고 있는 것이 부럽다. 비범한 재능이 있는 인간을 손에 넣으면 마치 아주 값진 진주를 발견한 것처럼 기뻐하고 정신 차릴 줄 모르는 것이 튀르크인의 상례이다. 그리고 그 인간 속에 있는 타고난 능력을 여지없이 드러내기 위해 온갖 노력과 배려를 기울인다. 군사적 재능이 엿보일 때에는 특히 그렇다. 우리 서유럽의 방식은 얼마나 다른가? 서유럽에서 우리는 좋은 개나 매나 말을 입수하면 매우 기뻐하여 그 짐승이 할 수 있는 최고도에 이르게 하려고 모든 노력을 기울인다. 그런데 인간의 경우는 우연히 뛰어난 천분을 가진 인간을 보더라도 그러한 노력은 전혀 하지 않으며 그 인간의 교육을 우리의 일로는 생각지 않는다. 그래서 서유럽인은 잘 훈련된 말이나 개나 매에게서 갖가지 새로운 즐거움과 봉사를 받지만, 튀르크인은 교육에 의해 품성이 갖

7) Lybyer, A.H. : *The Government of the Ottoman Empire in the Time of Suleiman the Magnificent.*[원주]

쳐진 인간이 다른 어느 동물보다도 훨씬 뛰어나고 탁월하므로 한결 커다란 보답을 받는다."[8]

결국 이 제도도 모든 인간이 그 특권을 받으려고 물밀듯이 밀려들면서 사라지고 말았다. 16세기 끝 무렵에는, 흑인을 제외한 모든 이슬람교도 자유민에게 예니체리[9] 군단의 문호가 개방되었다. 그 결과 인원은 늘어났지만, 규율과 능률은 저하되었다. 17세기 중간 무렵 이들 인간 감시인들은 자연으로 돌아갔으나 파수꾼으로서 파디샤의 인간 가축을 지키고 질서를 유지하는 대신 그것을 괴롭히는 늑대로 되돌아가 버렸다.

원래 그리스 정교를 신봉하는 피지배 민족이 순순히 오스만의 멍에에 복종하게 되었던 것은, 오스만이 평화를 유지해 주었기 때문인데 이제 그 '오스만 평화'가 거짓 속임수가 되어버렸던 것이다. 1682~1699년에 오스만 제국과 서유럽 그리스도교 여러 국가 사이에 있었던 큰 싸움에서 오스만은 패배했으며 그 뒤 1922년까지 오스만은 계속 영토를 잃어갔는데, 이 싸움을 계기로 규율과 실력의 우월성은 결정적으로 오스만에서 서유럽으로 넘어갔다.

오스만 노예 집단의 부패에 뒤따라 이 제도의 치명적인 결함이었던 극복할 수 없는 경직성이 속속 드러났다. 상태가 나빠지자, 그것은 수리도 할 수 없었다. 이 제도는 유해무익한 무거운 짐이 되어 후대의 튀르크 지배자는 적인 서유럽 여러 나라의 방식을 모방하게 되었다. 하지만 이 정책은 오랜 기간 건성으로 실시되었고 효과도 신통치 않았다. 그러나 마침내 현대에 이르러 무스타파 케말[10]이 과감하게 시행하게 되었다.

이 일은 표면적으로는 그런대로 초기 오스만의 위정자가 노예 집단을 만든 것처럼 훌륭한 역작이었다. 그러나 이 두 사업의 결과를 비교하면, 뒤의 것은 비교적 평범한 사업이었음을 알 수 있다. 오스만 노예 집단 제도를 만든 사람은 태어난 고향 초원 지대에서 쫓겨난 작은 유목민 집단으로 낯선 세계에 자기 위

---

8) Busbecq, O.G. : *Exclamatio, sive de Re militari contra Turcam instituenda Consilium*(Leyden, 1633).(원주)
9) 오스만 튀르크가 정복한 유럽의 그리스도교 소년들을 이슬람교도로 개종시킨 뒤 군사 훈련을 통해 만든 술탄의 친위대.
10) 케말 파샤(1881~1938)라고도 한다. 1923년 터키 공화국을 설립하고 초대 대통령이 되었다.

치를 확보했을 뿐만 아니라 해체기에 들어선 거대한 그리스도교 사회에 평화와 질서를 가져왔고, 더욱이 뒷날 온 인류에게 영향을 미치게 된 더 거대해진 그리스도교 사회(서유럽 사회)의 생명을 위협할 수 있는 수단을 만들어냈던 것이다. 하지만 뒷날 이 공화정의 위정자는, 옛 오스만 제국의 비할 데 없이 뛰어난 대건축물이 사라졌기 때문에 근동 지방에 발생한 공백을 메우기 위하여 황폐한 대지에 튀르크 민족 국가라는 표준 서유럽형의 기성 '창고'를 하나 세울 수 있을 뿐이었다.

이 평범한 '별장' 속에서 성장이 멈춘 오스만 문명의 상속인인 터키인은 오늘날 이웃에 사는 화석화한 시리아 문명의 상속인인 유대 민족주의자나 이웃 동네에 사는 유산된 극서 문명을 상속한 아일랜드인과 마찬가지로, '특수 민족'이라는 더는 참기 어려운 지위에서 벗어나 지금까지 편안하고 평범한 생활을 하는 데에 만족하고 있다.

노예 그 자체는, 성질이 나빠져 양을 몹시 괴롭히던 양치기 개가 마땅히 짊어져야 할 운명이지만, 1826년 그리스·튀르크 전쟁이 한창일 때 마흐무드 2세(제30대 술탄. 제국의 근대화를 위한 개혁 단행)에 의해 단호히 폐지되었다. 그것은 맘루크의 유사한 제도가 마흐무드의 명목상의 신하로, 때로는 동맹자이고 때로는 적이었던 이집트의 무함마드 알리가 없앤 지 15년 뒤의 일이었다.

3. 스파르타인

오스만의 제도는 플라톤이 '국가'의 이상을 아마도 가장 완벽에 가까운 형태로 실생활에 실현한 것이었지만, 플라톤 자신은 그의 유토피아를 생각했을 때 스파르타에서 실제로 행해지고 있었던 여러 제도를 염두에 두고 있었음이 틀림없다. 그리고 오스만과 스파르타는 서로 규모에서 차이는 있지만 두 국민이 저마다 자기의 '역작'을 만들기 위해 마련했던 '특수한 제도'는 아주 비슷했다.

이 연구의 첫 부분 사례에서 살펴본 대로 스파르타인은 기원전 8세기에 헬라스의 인구가 증가하여 생활이 어려워지자 헬라스 사회의 모든 국가가 겪었던 이 공통의 도전에 대해 특수한 응전을 했다. 이 공통의 문제를 해결하기 위하여 가장 보편적인 방법으로는 식민지 개척 곧 해외에 새로운 토지를 찾아내거나, 그 새로운 토지에 살던 야만인을 희생시켜 토지를 빼앗거나, 그곳으로 이주하여 헬라스 사회의 영역을 넓히는 일이었다. 이 일은 야만족의 저항이 무력했기 때문에 비교적 쉽게 이루어졌다.

그런데 스파르타는 중요한 그리스 도시 국가 가운데 바다에 면해 있지 않은 유일한 나라였기 때문에, 같은 그리스인인 이웃 메세니아(펠레폰네소스반도 서남단)를 정복하게 되었다. 이 때문에 스파르타인은 보기 드물게 혹독한 도전에 맞닥뜨리게 되었다.

제1차 스파르타·메세니아 전쟁(기원전 736~720년 무렵)은 제2차 전쟁(기원전 650~620년 무렵)에 비하면 마치 어린아이 장난과 같았지만, 제2차 전쟁에서는 역경에 단련된 피정복자인 메세니아인들이 그들의 정복자에 대항해 무기를 들고 일어섰다. 그들은 그들 자신의 자유를 쟁취하는 일에는 실패했지만, 스파르타의 발전 방향을 완전히 한쪽으로 치우치게 하는 데 성공했다. 메세니아의 저항은 실로 무서운 경험이어서 스파르타 사회를 '괴로움과 무쇠로 몸을 꼼짝할 수 없게 결박 지었다.' 그로부터 스파르타인은 잠시도 마음을 늦추지 못했으며, 전쟁 뒤의 반동에서 벗어날 수가 없었다. 꼭 에스키모인이 극지대 환경을 정복함으로써 그 노예가 되고 말았던 것과 마찬가지로, 스파르타인은 메세니아를 정복하고도 메세니아인의 포로가 되었다.

에스키모가 생활의 엄격한 연주기에 얽매여 있듯이, 스파르타인은 그들의 농노(헬롯)인 메세니아인을 억누르는 임무에 얽매었다는 말이다.

스파르타인은 그들의 '뛰어난 곡예'를 행하기 위해 오스만족과 같은 방법을 채택했고 기존의 여러 제도를 새로운 요구에 맞도록 개조했다. 그러나 오스만족은 유목 생활의 풍부한 사회적 유산에 의존할 수 있었던 것과는 달리, 스파르타의 제도는 미노스 문명 멸망 후에 있었던 민족 이동 때 그리스로 침입해 온 도리스 야만족의 아주 원시적인 사회 제도를 응용한 것이었다.

헬라스 사회에서 전해지는 말에 따르면 이 사업을 이룩한 것은 리쿠르고스(고대 스파르타의 전설적 입법자)라고 한다. 하지만 리쿠르고스는 인간이 아니고 신이었던 것이다. 실제로 이 일을 한 인간은 아마 그리 오래전 사람들이 아닐 것이며, 기원전 6세기 무렵에 살고 있던 정치가 계층이었으리라 생각된다.

스파르타의 제도도 오스만과 마찬가지로 아주 효율적이었지만 동시에 지나치게 경직되어서 결국 무너지고 말았는데, 두드러진 특징이라면 인간 본성을 완전히 무시했다는 데에 있었다. 스파르타인의 '아고게'(학년제·학급제로 편성된 청소년 교육 기관)는 오스만의 노예 집단만큼 극단적으로 태생과 문벌을 무시하지는 않았다. 스파르타의 자유민 지주는 오스만 제국의 이슬람교도인 지주 귀족과는 정반대 입장에 있었다. 속령 메세니아에 대한 스파르타의 지배권을 유지하는 임무가 거의 모든 이들에게 있었다.

동시에 스파르타의 시민 내부에서는 평등의 원칙이 엄격히 적용되었다. 스파르타인은 모두 국가로부터 크기가 같거나 생산력이 비슷한 토지를 나눠 받았다. 그리고 이와 같이 할당받은 땅은 저마다 메세니아인 농노(헬롯)가 위임받아 경작했는데, 그럼으로써 소유자인 스파르타인과 그 가족을 부양하기에 충분한 식량을 공급해 주었다. 그래서 스파르타인은 남는 에너지를 모두 전쟁 기술에 바칠 수 있었다. 스파르타의 자녀는 허약하다는 이유로 병역을 유예받고 버림받아 죽임을 당하지 않는 한 누구나 7세 이후부터 스파르타식 군사 교육을 받아야만 했다. 예외는 있을 수 없어 여자아이도 남자아이도 똑같이 신체적 훈련을 받았다. 여자도 남자와 마찬가지로 남자들이 보는 앞에서 벌거벗은 채 경기를 했다. 스파르타인은 그런 점에 있어서는 현대의 일본인과 마찬가지로 성적 자제, 또는 무관심의 경지에 도달해 있었던 것 같다.

스파르타에서는 우생학적 측면에서 철저하게 산아 제한을 했고 만일 남편이 허약하면 자신보다 튼튼한 남자를 데려다 그 집의 아이를 낳게 하는 종마 역할을 장려했다. 플루타르코스에 따르면 스파르타인은 이렇게 생각하고 있었다.

"스파르타인은 다른 나라 사람들이 암캐와 암말에게는 타인에게서 빌려오거나 또는 돈을 주고 사오거나 하여 될 수 있는 대로 우수한 수컷을 붙여주도록 애쓰면서도, 자기 여자는 집 안에 가두어놓고 끊임없이 감시하며 만일 남편이 저능하거나 늙었거나 장애가 있다 할지라도 그것이 남편의 신성한 권리이기나 한 듯 남편 말고는 누구의 아이도 낳지 못하게 하는 성적 관습을 지적 장애이며 쓸모없는 것으로 생각했다."

스파르타 체제의 주요한 특색은 오스만의 경우와 마찬가지로 감독, 도태, 전문화, 경쟁심 등이었다. 그리고 어느 경우에도 이런 특색은 단순히 교육의 단계에만 국한되지 않았다. 스파르타인은 53년 동안 현역으로 복무했다. 어떤 점에서는 스파르타인에게 주어지는 요구가 예니체리 병사에게 부과되는 요구보다 가혹했다.

예니체리 병사는 결혼이 어려웠지만, 그래도 결혼하면 기혼자 숙소에서 살도록 허용해 주었다. 그런데 스파르타인은 결혼은 강요당하면서 가정 생활은 금지되어 있었다. 결혼 뒤에도 여전히 병영에서 식사를 하고 자야만 했다. 그 결과 거의 믿기 어려울 만큼, 그리고 확실하게 공공 정신이 높아졌다.

그것은 영국인에게는 전쟁 중이라도 더없이 싫은 일이며 평상시 같으면 절대 참을 수 없는 일이어서, 그때부터 이처럼 개인을 완전히 희생하며 공적인 일에 봉사하는 극단적인 애국심을 '스파르타 정신'이라 이름 붙였다. 이 정신이 〈테르모필레의 300명의 용사〉[11]나 〈소년과 여우〉[12] 이야기에 나타나 있다.

그러나 스파르타 소년 교육의 마지막 2년은 일반적으로 '비밀 복무'를 한다는 데 주목해야 한다. 그것은 바로 공인된 살인단으로, 그들은 밤에 지방을 순회하며 어떤 농노든 반항의 기미가 보이거나 어떤 형태로든 부적절한 점이나 반란의 조짐이 보이면 죽이는 일이었다.

스파르타의 '일방적' 성격은 오늘날 스파르타 박물관을 찾아보면 쉽게 알 수 있다. 스파르타 박물관의 유물은 다른 박물관의 소장품들과 전혀 다르기 때문이다. 다른 박물관에서 사람들은 대체로 기원전 5세기에서 기원전 4세기에 해당되는 고전 시대 걸작을 찾게 되고, 또 그것을 발견하면 그 자리에 못 박힌 듯 서 있다. 그러나 스파르타 박물관에서는 고전 시대의 미술품이 전혀 없다는 점이 우리의 눈길을 끌 뿐이다. 고전 시대 이전의 유물을 보면 그 뒤 미래를 엿볼 수 있는데 그 뒤 속편을 찾으려 해도 더 이상 아무것도 보이지 않는다. 연속성에 완전히 틈이 생겨 뒤에 오는 것은 헬레니즘 시대와 로마 시대의 평범하고도 독창성 없는 작품들뿐이다.

초기 스파르타 예술이 중단된 시기는 대체적으로 킬론이 장관직을 맡고 있었

---

11) 테르모필레는 그리스 중부에서 테살리아로 통하는 해안을 따라 나 있는 좁은 길. 테르모필레에서 페르시아 군대를 맞아 격퇴시키고 마지막 남은 스파르타군 300명과 함께 전사했지만 적에게 큰 타격을 주었다.

12) 여우를 훔친 소년이 셔츠 밑에 숨긴 여우에게 배를 물려 마침내 숨이 끊어질 때까지 절대로 자백하지 않은 이야기(플루타르코스 《영웅전》의 〈리쿠르고스전(傳)〉에 나오는 이야기).

던 시기와 일치한다. 그 때문에 가끔 이 정치가가 스파르타 체제의 창시자 가운데 한 사람이었다고 추측하게 되는 것이다. 쇠퇴기로 접어든 뒤 중단된 때와 거의 같은 방법으로 갑자기 예술 제작이 다시 시작되는데, 그것은 스파르타 체제가 외부 정복자에 의해 강제적으로 폐지된 기원전 189~188년 이후의 일이었다.

이 체제가 그 '존재 이유'가 소멸한 뒤에도, 곧 메세니아가 영원히 사라지고 난 뒤에도 2세기 동안 이어졌다는 사실은, 이 체제가 얼마나 견고했는가를 보여주는 흥미 있는 증거이다. 이보다 앞서 아리스토텔레스는《정치학》에서 일반적 명제 형식으로 스파르타의 묘비명을 썼다.

"복종시킬 이유도 없는 이웃인 그리스인을 지배할 목적으로 전쟁 기술을 연마해서는 안 된다. 이웃인 그리스인은 '야만인'이라 부르는 '태생이 천한 무법자'들이 아니기 때문이다. 어떠한 사회 조직이건 군사 제도도 다른 제도와 마찬가지로 군인이 임무를 수행하지 않아도 되는 평상시의 상태를 목표로 구성해야 한다."

4. 일반적 특징

이제까지 이야기해 온 성장이 멈춘 사회가 공통적으로 갖는 특성으로 두 가지 점이 두드러진다. 바로 그 사회의 계급과 일의 전문화라는 특징인데, 이 두 가지 요소를 하나의 일반적 특징으로 유추해 보면 다음과 같이 말할 수 있다. 모든 성장 정지 사회에 속한 개개의 구성원은 모두 하나의 범주가 아닌 둘 또는 셋의 전혀 다른 범주로 나눌 수 있다.

에스키모 사회에는 인간과 보조자인 개라는 2개의 계급이 있다. 유목 사회는 목자인 인간과 그를 돕는 동물, 그리고 가축이라는 3개의 계급이 있다. 오스만 사회에서는 인간이 동물을 대신해 보조자 역할을 할 뿐 유목 사회의 3개의 계급과 비슷하다. 유목 사회의 다중형 사회 체제는 서로 상대의 협력 없이는 초원 지대에서 살아갈 수 없는 인간과 동물이 단일 사회를 이루는 데 비해, 오스만의 다중형 사회 체제는 원래는 같은 종(種)인 인간이 종류가 다른 동물인 듯 몇 개의 종으로 나눠져 신분적 역할을 차별화하도록 구성되었다.

그러나 성장 정지 사회의 공통적 특징을 찾으려는 탐구 목적을 위해 이 차이는 무시하기로 하자. 에스키모의 개, 그리고 유목민의 말과 낙타는, 인간에 대한 협력자로서 반(半)인간화되어 있고, 오스만의 피지배인인 '라이예'(가축의 '무리'를 뜻하는 말로 오스만 치하의 비이슬람교도 주민의 총칭)와 라코니아(이 도시 국가의 수도가 스파르타)의 '농노'는 가축과 같은 대우를 받음으로써 비인간화되어 갔다.

이들 사회를 보조하는 인간 협력자는 전문화된 '괴물(또는 인간 가축)'이 되고, 완전한 스파르타인은 '군신(軍神)'과 같으며 완전한 예니체리 병사는 '수도사'와 같고 완전한 유목민은 '켄타우로스'(반인반마의 그리스 신)와 같으며 완전한 에스키모인은 '인어'와 같은 것이었다.

페리클레스가 추도 연설에서 말한 대로 아테네인과 스파르타인의 대조적인 차이는, 아테네인이 신을 본떠 만들어진 인간인 데 비해 스파르타인은 전쟁 로봇이라는 점이다.

에스키모와 유목민에 대해 관찰자들은, 에스키모인들의 전문가로서의 기술은 '사람과 개의 일체'이고 유목민은 '사람과 말(馬)의 일체'가 되는 경지에 이르렀다고 의견을 모았다.

이와 같이 에스키모, 유목민, 오스만족과 스파르타인은 인간 본성의 무한한 다양성을 버리고 대신 융통성 없는 동물 본성을 취하여 그들로 살아갔던 것이다. 그래서 그들은 퇴보의 길을 걷게 된 것이다. 생물학에서는 아주 특수한 환경에 지나치게 잘 적응한 동물은 진화의 과정에서 막다른 곳에 이르러 미래가 없다고 하는데, 그것이 바로 성장 정지 문명의 운명이다.

그와 비슷한 운명으로 유토피아로 불리는 공상적 인간 사회가 있으며, 또 하나는 사회성 곤충으로 조직된 실제 사회이다. 비교해 보면 플라톤의 《국가》나 올더스 헉슬리의 《멋진 신세계》(과학의 발전에 따른 미래의 사회를 그린 소설)에서와 마찬가지로, 개미탑이나 벌집에서도 모든 성장 정지 문명에서 본 두드러진 특징인 계급제와 전문화라는 특징이 발견된다.

사회성 곤충들이 현재의 사회적 발전 단계에 도달한 후 그 단계에서 영원히 정지한 것은 '호모 사피엔스' 종이 낮은 수준의 척추동물 목(目)에서 두각을 나타내기 몇백만 년 이전의 일이었다. 유토피아는 가설에서부터 정지되어 있다. 이들 작품은 예외 없이 공상 사회를 통해 보여주려는 내용을 위장하며, 이들 작품이 일깨우려는 행동은 거의 늘 어느 일정한 수준에 현실 사회를 고정시키는 일이다. 이 사회는 이미 쇠락기에 들어가 있어 인위적으로 막지 않는다면 마침내 멸망해 버릴 것이기 때문이다. 어떠한 사회든 유토피아가 기록되는 것은 주로 그 사회의 성원들이 그 이상 진보하리라는 기대를 잃어버린 뒤의 일이므로, 더 이상의 퇴보를 막는 것이 대다수의 유토피아가 염원하는 최대치일 것이다. 따라서 이런 문학 장르 전체를 부르는 데 기원이 된 한 영국 천재의 주목할 만한 작품(토머스 모어 《유토피아》)을 제외하고, 거의 모든 유토피아가 뜻하는 변하지 않는 절대적 균형 상태라는 것은 모든 다른 사회적 목적이 이르지 못할 이상적 상태로서 언제나 이들보다 상위에 있어, 필요하면 모든 사회적 목적은 희생될 수도 있는 것이다.

아테네에서 펠로폰네소스 전쟁이라는 재앙 바로 뒤에 등장한 여러 철학파가 생각한 헬라스 사회의 유토피아는 그러했다. 이들 작품이 끼친 부정적 영향은 아테네의 민주 정치에 대한 심한 반감이다. 왜냐하면 페리클레스가 죽은 뒤 민주 정치는 아테네 문화와의 빛나는 제휴를 멈추고 아테네 문화가 번성했던 세계를 파괴한 광적인 군국주의를 발달시켰으며, 전쟁에 패하면서 소크라테스에게 부당한 사형 판결을 내려 죽임으로써 정점을 찍었기 때문이다.

전쟁이 끝난 뒤 아테네 철학자들의 가장 중요한 관심사는 과거 2세기 동안 아테네를 정치적으로 위대하게 한 모든 것을 거부하는 일이었다. 그들은 헬라스를 구하는 길은 아테네의 철학과 스파르타의 사회 제도를 합치는 일 말고는 없다고 생각했다. 스파르타의 제도를 자신들 사상에 적용시킬 때 그들은 두 가지 방법으로 개선하려 했다. 첫째 논리적으로 궁극에까지 이르려 했고, 둘째 아테네의 철학자 스스로를 형상화한 최고의 학자 카스트(플라톤이 말하는 '수호자')를, 유토피아라는 오케스트라에서는 제2바이올린 주자의 역할을 해야 하는 스파르타의 군인 계급 위에 두는 것이었다.

계급제 용인, 전문화 경향, 어떠한 희생을 치르더라도 균형을 이루려는 열정이라는 다양한 논리에서 볼 때, 기원전 4세기 아테네의 철학자들은 기원전 6세기 스파르타 정치가의 유순한 제자였다는 것을 알 수 있다. 계급 문제에 대한 플라톤이나 아리스토텔레스의 사상은 최근 우리 서유럽 사회가 쉽게 빠지게 되는 죄악의 하나인 인종적 편견에 오염되어 있었다. 플라톤의 '고귀한 거짓말'(《국가》 3권)이 비유하는 것은 무엇인가. 그것은 서로 다른 동물종 사이에 존재하는 차이만큼 인간과 인간 사이에도 큰 차이가 있을 수 있음을 보여주는 것이다. 아리스토텔레스의 노예 제도 옹호도 같은 맥락이라 할 수 있다. 그는 어떤 인간은 태어나면서부터 노예가 되도록 정해져 있다고 주장한다. 물론 실제로는 자유인이어야 할 많은 인간이 노예로 되고 노예이어야 할 인간이 자유인으로 있는 것을 인정하고 있지만 말이다.

플라톤의 유토피아(《국가》와 《법률》)와 아리스토텔레스의 유토피아(《정치학》의 마지막 두 권)에서 이 둘의 목표는 개인의 행복이 아니라 사회의 안정이다. 플라톤은 마치 스파르타의 감찰관 입에서나 나올 듯한 시인 추방령을 선언하여, 후대의 공산주의 러시아나 나치 독일, 파시스트 이탈리아, 신도(神道) 일본 등의 규제 조치와 비슷한 '불온 사상'에 대한 전면적 검열 제도를 지지했다.

아테네의 스파르타적 유토피아의 계획도 헬라스 사회를 구해 낼 수 없었다. 그리고 그것이 아무 소용 없는 희망이었음은 헬라스 사회가 망하기 전 유토피아의 계율을 그대로 실행하며 인위적으로 만들어진 많은 국가들이 별 성과 없이 끝난 것으로 실제 증명되었다. 플라톤의 《법률》에서 가상으로 그려진 크레타섬의 황무지 한구석에 있었던 단일 연합체는 로마인이 야만족 지역에 건설한 현실의 도시 국가 형태로 다음 4세기 동안, 알렉산드로스와 셀레우코스 왕조가 동양의 여러 지역에 건설했듯이 1000배 정도로 불어났다. 이들 '현실화된 유토피아'에 다행히 들어가 살 수 있었던 소수의 그리스인이나 이탈리아인 집단은, 그들을 위해 천한 일을 해주는 무수히 많은 '원주민'의 노동력 덕분에 잡다한 일에서 벗어나 주위의 암흑을 향해 헬레니즘의 빛을 함께 비추는 문화적 임무에 전념할 수 있었다. 갈리아 지역의 한 로마 식민지는 어느 야만 부족의 땅과 그 부족 구성원 모두를 받기도 했다.

기원후 2세기는, 그즈음 사람들은 물론 후세 사람들도 오랫동안 그것을 황금 시대로 잘못 생각했을 정도로 이 시기에는 플라톤의 가장 엉뚱한 희망이 실현되고도 남은 것처럼 여겨졌다. 기원후 96년부터 180년에 걸쳐 연이어 철인왕이 전체 헬라스 세계에 군림하여(네르바, 트라야누스, 하드리아누스, 안토니누스 피우스, 마르쿠스 아우렐리우스에 이르는 다섯 황제) 이들 철인 황제의 비호 아래 1000개가 넘는 도시 국가가 나란히 평화와 화합을 유지하고 있었다. 그러나 이 평온은 일시적인 휴식이어서 내막은 그리 평온하다 할 수 없었다. 황제의 명령보다 더 효과적인 보이지 않는 사회적 분위기가 학문적·예술적 활력을 철저히 죽여, 만일 플라톤이 되살아난다면 그의 변덕스런 권고가 너무도 글자 그대로 실현되고 있는 것을 보고 당황했으리라 싶을 정도였다. 그리고 이렇게 기원후 2세기의 감동 없는 굉장한 번영의 시대가 끝나고 3세기에는 농노들이 주인을 뒤엎고 산산조각 낸 광적인 혼돈의 시대였다. 4세기에 접어들자, 형세는 완전히 바뀌어 전에 권력을 제멋대로 휘두르던 로마 자치 도시의 지배 계급은 아직 살아남아 있다면 어디에서나 쇠사슬에 묶이게 되었다. 개집에 묶인 채 꼬리를 감추고 움츠린 다 죽어가는 로마 제국의 원로원 의원의 모습이란, 플라톤의 당당한 '인간 감시견(犬)'의 사상적 후예로는 도저히 생각할 수 없는 꼴이었다.

마지막으로 수많은 근대 유토피아 가운데 두서넛을 살펴보면 역시 같은 플라톤적 특성이 보인다. 올더스 헉슬리의 《멋진 신세계》는 풍자적인 작품으로 독자의 마음을 끌기보다는 오히려 혐오심을 일으키게 하려고 썼는데 근대 산업주의는 '태어나면서'의 계급을 엄격히 구분함으로써 유지된다는 가정에서 출발한다. 이러한 계급제 구분 사상은 생물학의 눈부신 발달과 심리학적 기술이 덧붙어 이루어진다. 그 결과 알파, 베타, 감마, 델타, 엡실론 계급으로 나뉘는 계층 사회가 나타나는데 그것은 플라톤의 공상 사회나 오스만족이 실제로 만든 사회를 극단으로 밀고 나간 꼴이 되었고, 차이점이라면 헉슬리의 알파벳식 계급제는 유목 사회에서 협력하던 인간과 개와 초식 동물처럼 다른 '동물'종이 되도록 결정된다는 것이다. 천한 일을 하는 엡실론 계급의 민족은 정말로 그 일을 좋아하고 다른 일을 하려 하지 않는다. 그들은 생식 실험실에서 태어날 때부터 그렇게 만들어진 것이다. 허버트 조지 웰스의 《달의 첫 인간》에 그려진 사회에서는 "저마다의 시민이 자기 지위를 알고 있다. 그는 태어나면서부터 그 지위를 갖도록 정해져 있다. 그리고 그가 받는 훈련과 교육과 외과 수술로 정교하게 단련되어 완전히 지위에 적합한 상태가 되므로 그 이외의 목적을 추구하기 위한 생각도 기관도 갖지 않는다."

그리고 다소 다른 관점에서 전형적이며 흥미를 끈 새뮤얼 버틀러의 《에레혼》(Eerhwon, utopia의 뜻을 영어로 푼 nowhere를 거꾸로 쓴 것)이 있다. 이야기하는 사람이 방문하기 400년 전, 에레혼 주민은 그들이 발명한 기계의 노예가 되어가고 있음을 깨달았다. 인간 기계의 조합이 에스키모의 인간 개의 조합이나, 유목민의 인간 말의 조합과 마찬가지로 유사 인간이 되어가고 있었다. 그래서 그들은 기계를 버리고 그들의 세계를 산업 시대 이전 단계로 고정시켰다.

보충 설명:언어 전달체로서의 바다와 초원 지대

유목 사회 편 첫머리에서 초원 지대가 '수확 없는 바다'처럼 정착하려는 인간에게 알맞은 장소는 아니지만 여행자 수송에는 농지보다 훨씬 편리하다고 이야기했다. 바다와 초원의 이런 유사점은 둘의 언어 전달체라는 기능으로 예증된다. 항해술에 뛰어난 민족이 종종 해양의 연안 지대에 정착해 자신들의 언어를 전파하는 일은 이미 다 아는 사실이다. 고대 그리스인 항해자는 그리스어를 지중해 일대에 퍼뜨렸다. 말레이 민족의 뛰어난 항해술은 말레이어를 한쪽은 마다가스카르섬에, 다른 쪽은 필리핀 제도까지 넓은 지역에 보급시켰다. 태평양에서는 폴리네시아어가 피지(Fiji)에서 이스터섬에 걸쳐, 또 뉴질랜드에서 하와이에 걸쳐 전달되었는데, 드넓은 바다를 정기적으로 항해하던 폴리네시아인의 카누가 자취를 감춘 지 몇 세대가 지났는데도 여전히 놀라울 정도로 동일한 언어를 쓰고 있다. 또 근세 영어가 온 세계에 통용되는 언어로 된 것도 '대영 제국이 해양을 지배했기' 때문이다.

또한 유목민 초원 지대 '항해자'의 왕래로 초원 '연안'의 경작 지대에 언어가 보급된 것은, 사용하고 있는 네 가지 언어나 언어군(群)인 베르베르어, 아랍어, 튀르크어 및 인도·유럽어의 지리적 분포를 보면 알 수 있다.

베르베르어는 오늘날 사하라 사막의 유목민뿐만 아니라, 사하라 사막 남북 해안의 정착민들이 사용하고 있다. 이 어족의 남북 양 분파는 과거에 사막에서 나와 남과 북의 경작 지대로 침입한 베르베르어를 사용하던 유목민에 의해 현재의 지역에 퍼지게 된 것이라고 추정하는 것이 자연스럽다.

아랍어도 마찬가지로 오늘날 아라비아 초원 지대의 북쪽 접경인 시리아와 이라크뿐만 아니라, 남쪽 접경인 하드라마우트와 예멘 지방, 서쪽 접경의 나일강 유역에서 통용되고 있다. 아랍어는 또 나일강 유역에서 더 서쪽으로 베르베르어 영역에도 퍼져서 현재 멀리 북아프리카의 대서양 연안이나 차드호(湖) 북안에서도 사용된다.

튀르크어는 유라시아 초원 지대 주변에 전파되어 현재 각각 다른 방언의 형태로 카스피해 연안에서 로프노르(뭐부포)호에 걸쳐, 또 이란고원의 북쪽 비탈

면에서 알타이산맥 서쪽 밑에 걸친 중앙아시아 일대에서 사용되고 있다.

이 튀르크어파의 오늘날 분포를 살펴보면 인도·유럽어족의 현재 분포를 알 수 있는 열쇠가 되는데, 이름이 암시하듯 한쪽은 유럽, 다른 쪽은 이란과 인도로 이상하게도 서로 고립된 2개의 지리적 집단으로 분리되어 있다. 현재의 인도·유럽어족의 지리적 분포는 튀르크어를 퍼뜨린 민족이 정착하기 이전에 유라시아 초원 지대를 차지하고 있었던 유목민이, 본래 인도·유럽어족에 속하는 여러 언어를 퍼뜨렸다고 가정할 수 있다. 유럽과 이란 모두 유라시아 초원 지대에 면한 '해안'을 갖고 있어 그물 없는 거대한 대양은 이들 두 지역의 자연적 중개자가 되었다. 이 경우가 앞에서 든 세 가지와 다른 점이라면 인도·유럽어족은 위치상 중간 초원 지대에 대한 지배력을 잃고 있다는 것이다.

제10장 문명 성장의 성격

1. 신뢰할 수 없는 두 가지 기준

우리는 살펴본 결과, 가장 큰 자극을 주는 도전은 혹독함의 정도가 지나치지도 부족하지도 않은 중간 정도일 때라는 걸 알았다.[13] 정도에 못 미치는 도전은 인간을 전혀 자극하지 못하며, 반대로 정도가 지나치면 사기를 완전히 꺾을 수 있기 때문이다. 그러면 감당해 낼 수 있는 도전이란 어떤 것인가?

단순하게 생각해 보면 상상할 수 있는 범위 내에서 최대의 자극을 주는 도전이다. 폴리네시아인과 에스키모, 유목민, 오스만족, 그리고 스파르타인 등의 구체적인 예를 봐도, 우리는 그와 같은 도전이 '뛰어난 곡예'를 불러일으키는 경향이 있음을 알 수 있다. 그러나 그다음 장에서, 우리는 이 '뛰어난 곡예'가 인간에게 성장 정지라는 치명적인 대가를 지불하는 것을 보아왔다. 그러므로 길게 봤을 때, 전체적으로 그리고 최종적으로는 가장 즉각적인 응전을 불러오는 것이다.

---

13) 일반적으로 문명이 생겨나는 것은 용이한 환경이 아니라, 어려운 환경에서라는 것, 그러면서도 환경의 가혹함에는 이른바 '중용'이라는 정도가 있어, 그 정도를 지나치면 응전에 성공하는 가능성이 소멸된다는 법칙을 구체적인 많은 예를 들어 설명하고 있다.

참된 최적 조건의 도전이란, 도전받는 인간이 단 한 번으로 성공하게끔 자극하는 도전이 아니라 한 발짝 더 나아갈 수 있도록 자극하는 도전이며 한 가지 일이 이루어지면 또 새로운 노력을 하게 하고, 한 문제가 해결되면 또 다른 문제가 생겨 음에서 다시 양으로 전진하게 하는 도전이다.

단 한 번의 운동만으로 균형을 잃은 상태를 원래대로 돌이키는 것은 불가능하며, 그것만으로는 문명의 성장을 이어 나아갈 수 없다.

이 운동을 몇 번이고 반복하는 순환 운동으로 전환시키려면, 앙리 베르그송의 말처럼 '생의 약동'이 있어야만 한다. 도전을 받는 이는 '생의 약동'으로 균형을 넘어서 다시 불균형 상태에 이르고, 그 때문에 새로운 도전을 만난다. 그 도전에 응해 다시 균형 회복을 위한 새로운 응전을 하게 되는데, 그 응전도 너무 지나쳐 또 균형을 잃는다. 이렇게 가능한 한도 안에서 끊임없이 이어지는 도전과 응전이 반복된다.

불균형을 거쳐 진행되는 '생의 약동'은 헬라스 문명 발생부터 기원전 5세기의 전성기에 이르는 과정에서 찾아볼 수 있다.

초기 헬라스 문명이 직면한 도전은 태곳적 혼돈과 어둠이라는 도전이었다. '어버이' 문명인 미노스 사회는 해체되고, 외딴섬에 홀로 남게 된 미노스인, 좌초하여 꼼짝할 수 없게 된 아카이아인과 도리스인 등이 혼란한 사회적 잔해를 뒤에 남겼다. 낡은 문명의 침전물은 새로운 야만의 급류가 흘러넘치면서 밀려 내려온 자갈 밑에 파묻혀버릴 것인가? 아카이아의 풍경 속에서 점점이 흩어져 있는 저지대는 그 주위를 둘러싼 고지대의 황폐함에 압도당하고 마는 것일까? 평지의 평화로운 경작자는 산지의 목자와 산적에게 당하고 마는 것일까?

최초의 이 도전은 훌륭하게 극복되었다. 헬라스를 촌락이 아니라 도시로, 목축이 아니라 농업 세계로 만들었으며 무질서가 아니라 질서의 세계가 이루어지게 했다. 그런데 이 최초의 도전에 대한 응전의 성공이 승리자를 두 번째 도전과 맞닥뜨리게 했다. 저지대에서 평화롭게 농사를 짓게 되자 인구가 늘어났다. 인구는 계속 불어나 헬라스 사회의 농업이 감당할 수 없는 한계점에 다다른 것이다.

이리하여 최초의 도전에 대한 응전의 성공이 유아기의 헬라스 사회를 두 번째 도전에 직면케 했는데, 헬라스 사회는 이 맬서스 이론 곧 인구 과잉의 도전에 응전하여 혼돈의 도전에 응전했을 때와 마찬가지로 성공을 거두었다.

인구 과잉이라는 도전에 대한 헬라스 사회의 응전은 몇 개의 다른 실험의 형태로 이루어졌다. 가장 쉽고도 확실한 방법이 먼저 적용되어 수확 체감 현상이 있을 때까지 계속되었고, 이 처음 방법이 이미 기대했던 만큼의 효과를 올리지 못하게 되자 좀 더 어렵고 확실함이 덜한 방법이 적용되었으며, 이번에도 문제가 훌륭하게 해결되었다.

처음의 방법은 헬라스의 저지대 주민이 인접한 고지대 주민을 따르게 하는 과정에서 만들어낸 기술과 제도를, 해외에 새로운 헬라스 영토를 획득하는 데 이용하는 일이었다. 호플리테스(밀집 대형 전술을 구성하는 중무장 보병)라는 군사 기구와 도시 국가라는 정치적 수단을 이용하여 다수의 헬라스 사회 개척자가 이탈리아 영토에서 장화 발끝 지역에, 야만족인 이탈리아인과 코오네스인을 누르고 마그나 그라이키아를 건설하고, 시칠리아에서는 야만족 시켈인을 누르고 신(新)펠로폰네소스를, 키레나이카(리비아 동북쪽 지역)에서는 야만족 리비아인을 복속하여 새로운 헬라스 다섯 도시를, 에게해의 북안에 있는 야만족 트라키아인의 희생으로 칼키디케를 세웠다.

그런데 응전에 성공하자, 승리자에게 새로운 도전이 또 나타났다. 그들이 했던 일 자체가 다른 여러 지중해 민족에 대한 도전이었기 때문이다. 헬라스인으로부터 받아들인 기술과 무기로 헬라스인의 침공에 저항했다. 또한 이들 지중해 민족들은 그들의 힘을 합쳐 헬라스인이 할 수 있는 역량보다 더 강한 연합을 조직해 헬라스의 팽창을 막았다. 이리하여 기원전 8세기에 시작된 헬라스 사회의 팽창은 6세기 중엽에는 정지 상태에 이르고 말았다. 그런데 헬라스 사회는 여전히 인구 과잉이라는 도전에 맞닥뜨리고 있었다.

헬라스 역사에서 새로운 위기를 맞이한 아테네는 필연적인 발견을 하게 되는데, 그것은 헬라스 사회의 발전을 광범위한 방식에서 집중시키는 집약적 방식으로 전환해야겠다는 깨달음이었다. 이러한 방식을 이웃에게 가르침으로써 '헬라스의 교사'가 되었다. 이 아테네의 응전에 대해서는 이미 앞에서 말했으므로, 여기서는 다시 되풀이해서 설명할 필요가 없다.

이 성장 운동을 감지한 월트 휘트먼은 "그것이 무엇이든 어느 한 가지 성공이 달성되면 거기에서 더욱 큰 노력을 필요로 하는 무엇인가가 생겨나는 것이 사물의 본질 속에 갖추어져 있다"고 썼으며, 그와 동시대의 빅토리아 왕조 시인 윌리엄 모리스도 이에 대해 언급했다. 그러나 이쪽은 조금 비관적인 태도로 "나는 깊이 생각에 잠기고 말았다. ……사람들이 어떻게 싸우고 또 싸움에 지는지 또 패배했지만 목적이 이루어지기도 하고 그것이 이루어지고 보면 얼마나 의도한 것과 달라지는지 그리고 다른 사람들이 다른 명목으로 그들이 의도하고 있었던 것을 위해 싸워야 하는지"라고 썼다.

문명은 도전으로부터 응전을 거쳐 새로운 도전으로 이어지는 '약동'으로 성장하는 것처럼 생각되나, 이 성장에는 외면과 내면이 있다. '마크로코스모스'(대우주, 외면적 세계)에서의 성장은 외적 환경에 대한 지배의 점진적 증대라는 형태로 나타나고, '미크로코스모스'(소우주, 내면적 세계)에서는 점진적인 자기결정 또는 비약을 위한 자기표현[14]이라는 형태로 나타난다. 이 중 어느 하나의 출현이 '약동' 자체의 전진을 측정하는 기준이 될지도 모른다. 그러면 이런 관점에서 이 두 가지의 출현을 차례대로 조사하기로 하자.

먼저 외면적 세계를 점진적으로 정복하려는 경우를 살펴보면, 어느 사회나 인간 사회와의 접촉에서 성립되는 인간적 환경과, 인간 이외의 자연과의 접촉에서 이루어지는 자연적 환경으로 나누는 편이 편리하다는 사실을 알게 된다. 인간적 환경의 점진적 정복은 지리적 팽창이라는 형태로 나타나나, 비인간적 환경의 점진적 정복은 흔히 기술 향상이라는 형태로 나타난다. 우리는 전자, 곧 지리적 팽창으로부터 시작해서 어디까지 그것이 문명의 참된 성장을 측정하는 적절한 기준이 되느냐에 대해 조사해 보기로 하자.

이를테면 방대하고 강력한 실례를 열거할 시간을 생략하고 단도직입적으로 '지도를 빨갛게 칠해 버리는 일', 즉 지리적 팽창은 전혀 문명의 참된 성장의 기준이 될 수 없다고 단언하더라도 거기에 대해 이의를 제기할 독자는 아마 없으리라 본다. 지리적 팽창의 시기가 질적 진보와 시대적으로 일치했거나, 부분적으로 질적 진보를 이루었던 경우가 없지는 않다(앞서 말한 초기의 헬라스 사회 팽창의 경우처럼).

그러나 흔히 지리적 팽창은 쇠퇴와 함께하는 현상이 되어왔으며, 쇠퇴와 해

---

14) 미분화로 혼돈되어 있던 것이 각기 명확한 특징을 갖춘 부분으로 분화되는 일을 말한다.

체 단계는 세계 국가 시대와 일치한다. 그 이유는 간단하다. 혼란한 시대는 인간 정신을 상호 살육이란 그릇된 방법에 빠뜨리는 군국주의를 낳고, 가장 성공한 군국주의자가 흔히 세계 국가의 창설자가 된다. 지리적 팽창이란 이러한 군국주의의 부산물이며, 강력한 무력을 가진 자가 그들 자신 사회 안에 있는 경쟁 상대에게 하던 공격을 잠시 중지하고, 외부로 눈을 돌려 인접 사회에 공격을 가하는 막간이다.

이 책 뒷부분에서 살펴보겠지만, 군국주의는 오늘날 기록에 남아 있는 20여 개가 넘는 문명의 쇠퇴가 일어난 과거 4000년에서 5000년 사이 가장 보편적인 문명 쇠퇴의 원인이었다. 군국주의가 문명 쇠퇴의 원인이 되는 것은 그 사회가 분화해서 성립한 몇몇 지방 국가들이 대립하여 서로를 파괴하기 때문이다. 이 자살과도 같은 과정에서 그 사회 조직 전체가 몰록(서부 셈족의 최고신. 어린이를 불속에 던져 제사 지냈다)의 황동 가슴속 화염의 연료가 된다. 단 한 가지, 전쟁의 기술만이 갖가지 평화의 기술을 누르고 진보한다. 그리고 이 죽음의 의식으로 군국주의 숭배자들이 모조리 죽어버리기 전에 군국주의자들은 잠시 동안 광적인 살육 축제를 멈추고 그동안 완전히 사용에 숙달된 살인 무기를 이민족의 가슴에 겨누어 거침없이 진격하는 경향이 있다.

헬라스 사회의 역사를 조사해 보면 내부 지향적 성향을 발견하게 되는데, 우리가 얻어낸 결론과 정반대의 결론에 다다르게 된다. 이미 말했듯이 헬라스 사회는 그 역사의 어느 단계에서 인구 과잉의 도전에 대처하기 위해 지리적 팽창을 해나갔다. 그리고 이 시도는 약 2세기 동안(기원전 750~550년경) 계속된 뒤 주위의 비(非)헬라스 세력에 의해 중지되었다. 그러고 난 뒤 헬라스 사회는 수세에 몰리게 되어, 본국에서는 동쪽에서 온 페르시아에게 공격당하고, 비교적 새로 얻은 영토에서는 서쪽에서 온 카르타고의 공격을 받았다.

이 기간 중 투키디데스가 말했듯이 "헬라스는 장기간에 걸쳐 곳곳에서 압박받았다."(《펠로폰네소스 전쟁사》 1권 17장) 그리고 헤로도토스가 말했듯이 "그 이전의 20세대에 걸친 기간보다도 많은 동란으로 점철되었다."(《역사》 6권 98장) 현대인들은 그리스의 뛰어난 두 역사가의 위와 같은 우울한 문장을 헬라스 문명의 절정으로 기억되는 위대한 시대, 즉 헬라스 사회의 천재가 사회의 모든 분야에 있어 헬레니즘을 불멸의 것으로 만들었던 위대한 창조 활동의 시대에 대한 묘사라고는 믿기 어렵다. 헤로도토스와 투키디데스가 이 창조적인 시대에 대해 그렇게 느낀 이유는 단지 그 이전 시대와 달리 헬라스의 지리적 팽창이 멈추었기 때문이다.

그러나 이 2세기 동안 헬라스 문명의 성장 특징이었던 '비약(élan)' 현상이 그 전후의 어느 시기보다도 컸다는 데는 반론의 여지가 없다. 그리고 만일 이 두 역사가가 초인간적 수명을 타고나 그 뒤의 시대를 관찰할 수 있었다면, 그들은 아테네·펠로폰네소스 전쟁의 발발을 계기로 헬라스 사회가 쇠퇴기로 들어간 뒤에, 그 외형적 규모에 있어 전에 있던 해로를 통한 헬라스의 팽창을 한결 능가하는 새로운 지리적 팽창, 알렉산드로스에 의해 시작된 육로를 통한 헬레니즘 팽창이 일어난 것을 봤다면 깜짝 놀랐을 것이다.

알렉산드로스가 헬레스폰투스를 건너간 2세기 동안에 헬레니즘과 맞닥뜨린 시리아, 이집트, 바빌로니아, 인도 문명을 침식하며 아시아와 나일강 유역으로 팽창해 나갔다. 그 뒤로도 약 2세기 동안 로마 세력의 보호를 받으며 계속 넓혀 나가 유럽과 아프리카 북서부의 야만족이 사는 구석까지 확대되었다. 그러나 이 때는 헬라스 문명이 해체의 과정을 밟고 있음이 명백해진 시대였다.

대부분 문명의 역사는, 지리적 확장이 질적 퇴보와 함께 일어난 실례가 된다. 그 가운데에서 둘만 이야기해 보기로 하자.

미노스 문명이 최고로 확장된 것은 현대의 고고학자가 '후기 미노스 제3기'라는 명칭을 붙인 시기인데, 이때는 기원전 1425년경 민족 이동의 물결로 북부 야만족 아카이아족이 내려와 크노소스를 약탈한 뒤였다. 다시 말해 그 확장은 미노스 사회의 세계 국가인 '미노스 해양 왕국'이 붕괴하고 미노스 사회가 몰락한 공백기가 왔는데 이것이 지리적 확장으로 대체된 파국과도 같은 상황이었다. 이 후기 미노스 제3기에 속하는 미노스 문화의 유물들은 이전의 어느 시기보다도 넓은 지리적 분포를 보여주고 있으며 퇴보의 뚜렷한 낙인이 눈에 들어온다. 생산량의 증가가 기술의 질적 저하라는 대가를 치른 것으로 여겨질 정도이다.

현재 동아시아 사회의 선행 사회인 중국 사회의 역사도 거의 마찬가지다. 성장기 동안 중국 문명의 지배 영역은 황허강 유역의 범위를 벗어나지 않았다. 중국 문명 세계가 남쪽의 변덕스런 양쯔강 유역과 북쪽인 하이허강(허베이성에 있는 강)보다 더 먼 평원 지대를 병합한 것은 중국인이 '전국 시대'라 부르고 있는 중국 사회의 동란 시기에 있었던 일이다. 중국 사회의 세계 국가 건설자 진(秦)나라 시황제는 그의 정치적 경계선을 오늘도 남아 있는 길고 긴 장성까지로 정하고 그 선까지 진출했으며 그곳에 성을 쌓았다. 시황제의 유업을 이은 한(漢)왕조는 더욱 멀리 남쪽으로 진출했다. 이와 같이 중국 사회의 역사에서도 지리적 확장의 시기와 사회적 해체의 시기가 때를 같이하고 있는 것이다.

끝으로 우리 서유럽 문명의 아직 끝나지 않은 역사로 눈을 돌려 극서 문명과 스칸디나비아 문명을 누르고 이룬 그 초기의 확장, 다음에 북유럽의 야만 사회를 정복하며 라인강에서 비스와강까지, 유라시아 유목 사회의 선발대인 헝가리 슬라브족을 누르고 알프스산맥에서 카르파티아산맥으로의 확장, 나아가서는 뒤에 간결하게 '십자군'이라 불린 무장 순례단이 넓은 지역에서 단기간에 정복과 교역을 하며 지브롤터 해협에서부터 나일강·돈강 두 어귀까지 지중해 전역으로 해로를 넓혔다. 이를 보면, 헬라스 초기 해로에 의한 확장처럼 서유럽 문명 성장을 막은 지리적 팽창의 사례가 아닌 점에는 동의할 것이다. 그러나 서유럽 세계가 근대 수 세기 동안 다시 시작한 그리고 이번에는 온 세계적으로 이뤄지는 팽창을 바라보면 우리는 그저 주저하며 어리둥절할 뿐이다. 이 문제는 우리와 아주 밀접한 관계가 있지만 지금으로서는 확실한 해답을 주기는 어렵다.

그럼 두 번째 문제로 넘어가 기술 향상에 따른 자연환경 정복이 과연 참된 문명 성장의 타당한 기준이 되는가를 생각해 보자. 기술 향상과 사회적 성장 사이에 과연 긍정적 관계가 있을까?

현대의 고고학자가 고안한 분류법대로라면 이 관계는 마땅한 일로 여겨져 여기에 해당하는 물질적 기술 향상 단계들이 정해지고 그에 대응하는 문명의 진보를 단계적으로 나타내도록 하고 있다. 이 분류법에 따르면 인류의 진보는 구석기, 신석기, 금석병용기, 동기, 청동기, 철기, 우리 자신이 특권을 누리는 기계 시대까지 기술적 명칭에 의해 구별되는 여러 '시대'로 나누어진다.

이 분류법은 널리 일반적으로 사용하는 분류법이지만, 그래도 그것이 문명 진보의 단계를 나타낸다는 주장에 대해서는 비판적으로 검토해 봐야 한다. 실재 검증이 필요할 뿐 아니라, 단순히 우리가 알고 있는 것을 바탕으로 생각해 보아도 몇 가지 의문이 들기 때문이다.

첫째, 이 분류법이 일반적인 것으로 여겨지는 그 자체부터가 의문이다. 왜냐하면 이 분류법은, 최근에 이룬 스스로의 기술적 승리에 도취된 어느 사회의 선입견에 정확히 영합하기 때문이다. 이 분류법이 많이 쓰인다는 것은, 시대마다 그 시대 고유의 사고 흐름에 따라 과거의 역사를 평가하는 경향이 있음을 나타내는 한 예이다.

둘째, 사회적 진보의 기술적 분류법에 의문을 갖는 이유는 연구자가 우연히 입수한 특정 연구 자료의 노예가 될 가능성이 많다는 것이다. 과학적 관점에서 보면, '선사 시대'의 인간이 사용하던 물질적 도구는 현재까지 자료로 남아 있지만 제도나 사상 같은 정신적 도구는 사라져버렸다. 실제 같은 이들 정신적 도구는 그것이 사용되고 있는 동안은 인간 생활에 있어 어떤 물질적 도구보다 훨씬 중요한 역할을 한다.

그럼에도 사용하지 않는 물질적 도구는 유물의 조각으로 남지만, 한편 정신적 도구는 사라지고 만다. 그래서 인류의 역사에 관한 지식을 거기서 끄집어내고, 인간이 남긴 유물을 다루는 것이 고고학자의 일이기에, 자칫하면 고고학자는 '호모 사피엔스'로서의 사유하는 인간을 그 부차적인 '호모 파베르'의 생산하는 인간으로 생각하기 쉬워진다. 그러나 실제로는 문명이 정지하고 쇠퇴하는데도 기술이 향상되는 경우가 있는가 하면, 그 반대로 문명이 전진하고 후퇴하는 경우를 모두 포함해서 계속 어떤 활동을 하는데도 기술이 정지하는 경우도 있다.

예를 들어 성장이 멈춘 문명은 모두 고도의 기술을 발달시켰다. 폴리네시아인은 항해자로서, 에스키모인은 어부로서, 스파르타인은 군인으로서, 유목민은 말의 조련자로서, 오스만족은 인간 조련자로서 저마다 뛰어났다. 이들은 모두 기술이 향상되었음에도 문명이 정지되었던 예이다.

문명이 쇠퇴해 가는데도 기술이 향상되는 예로는 유럽의 구석기 시대 후기와 기술적 진보의 계열상 바로 그 뒤를 잇는 신석기 시대 전기 사이에 보이는 대조적 차이를 들 수 있다. 구석기 시대 후기 사회는 조잡한 도구에 만족하고 있었으나, 섬세한 미적 감각을 발달시켜 거기에 회화적 표현을 하는 단순한 방법을 발견했다. 구석기인이 살던 동굴 벽에 남아 있는, 살아 있는 것처럼 생생하게 그려진 동물의 목탄화는 우리에게 찬사를 자아내게 한다.

신석기 시대 전기에는 정교하게 연마된 석기를 만들어냈다. 그리고 이것을 구석기 시대인과의 생존 경쟁에 사용하는 데 전념했던 탓인지 호모 픽토르(화가적 소질을 타고난 인간)는 자취를 감추고, 호모 파베르가 승리자로 남았다. 어쨌든 기술 면에서는 놀랄 만한 진보인 이 변화는 문명이라는 면에서는 퇴보가 확실하다. 구석기 시대 후기 예술은 그들과 함께 사라진 것이다.

또 마야 문명은 기술적으로는 석기 시대를 벗어나지 못했다. 이와 달리 그 '자식' 문명인 멕시코 문명과 유카텍 문명은 에스파냐인이 정복하기 앞서 500년간 각종 금속 가공법을 놀랄 만큼 발전시켰다. 하지만 마야 사회가 그 '자식' 사회에 속하는 이류의 두 사회보다 훨씬 뛰어난 문명을 이룬 것은 의심할 여지가 없다.

위대한 헬라스 역사가들 가운데 마지막 역사가인 카이사레아의 프로코피우스는 실제 헬라스 사회의 죽음을 알리는 조종(弔鐘)이 된 유스티니아누스 황제(동로마 황제)가 일으킨 전쟁들을 기술하면서 책 서문에서, 그때의 군사 기술은 이전 어느 전쟁에서 사용한 기술보다 뛰어나므로 그의 책이 선조가 쓴 같은 주제의 다른 책보다 뛰어나다고 주장하고 있다. 물론 헬라스 사회의 역사라는 하나의 굵은 밧줄을 구성하고 있는 꼰 실 중에서 전쟁 기술의 역사라는 한 가닥의 실만 빼서 본다면 헬라스 문명이 끊임없이 진보하고 있는 것이 보인다. 또 이 전쟁 기술의 진보가 각 단계마다 문명에 재앙이 된 사건들에 자극받았다는 것도 알 수 있다.

먼저 헬라스 사회의 귀중한 첫 군사적 진보는 기록에 남아 있는 스파르타의 밀집 대형(팔랑크스)인데, 이것은 스파르타에서 헬라스 문명을 때아닌 정지 상태에 몰아넣은 제2차 스파르타·메세니아 전쟁의 산물이었다.

그다음 중요한 진보는 헬라스 사회의 보병이 마케도니아의 밀집 부대병(팔랑기테스. 중무장하고 밀집 대형을 이룬 장창병)과 아테네의 경보병(펠타스트. 펠타라 불리는 작은 방패를 가진 투창병)이라는 두 극단적인 형태로 분화한 일이었다. 한 손을 쓰는 짧은 창 대신, 두 손을 쓰는 긴 창으로 무장한 마케도니아의 밀집 부대는, 스파르타의 밀집 부대보다 공격력이 뛰어났으나 동시에 다루기가 힘들고 일단 전투 대형이 흐트러지면 공격을 받기 쉬웠다. 그것은 사병들 가운데서 뽑아 소규모 접전을 하도록 훈련받은 경보병대로 이런 새로운 형태의 보병이 양 옆구리를 지켜주지 않으면 안전하게 싸울 수가 없었기 때문이다. 이 두 번째 진보는 헬라스 문명이 와해하게 된 아테네·펠로폰네소스 전쟁 발발부터 카이로네이아(보이오티아 북서부의 도시)의 마케도니아가 테베·아테네 연합군에게 승리한 1세기에 걸친(기원전 431~338년) 치명적인 전쟁의 산물이었다.

그다음 귀중한 진보는, 로마인이 경보병과 밀집 부대병 둘의 장점을 취하고 결점은 버려 군단병(레기오나리우스)의 전술과 장비를 만들어내면서 이루어졌다. 군단병은 투창 2개와 찌르는 칼 1개로 무장하고 산개 대형으로 2선이 되어 전투에 참가했다. 그리고 예전의 밀집 부대병과 같은 방식으로 무장한 대형이 제3선으로 대기하고 있었다.

로마가 응용한 이 세 번째 진보는 기원전 220년의 한니발 전쟁 발발로부터 기원전 168년의 제3차 로마·마케도니아 전쟁 종결까지 한차례 휩쓸고 간 치명적인 전쟁의 산물이었다.

네 번째이자 마지막 진보는 군단의 완성인데, 그것은 마리우스로부터 시작되어 카이사르에 의해 완료되었으며, 헬라스 사회의 세계 국가로 로마 제국이 세워지면서 끝이 난 1세기에 걸친 로마의 혁명과 내란의 소산이었다. 프로코피우스가 그의 독자에게 헬라스 사회 군사 기술의 '걸작'으로 묘사하고 있는 갑옷을 두르고 말을 탄 동로마 제국의 황제 유스티니아누스의 철기병(鐵器兵)은 헬라스 사회 고유의 발전 단계에서 다음 단계를 나타내는 것은 아니다. 철기병은 기원전 55년에 카레(메소포타미아 서북부 바빌로니아의 도시. 오늘날 튀르키예의 하란)에서 크라수스를 쳐부수고 로마인에게 용맹을 떨친 쇠퇴기의 헬라스 사회 말기에 그 시대 그들의 이웃이며 적이던 이란인에게서 가져온 군사적 기구를 수정하여 사용한 것이다.

사회 체제 전체의 진보와 반대 방향으로 발전하는 기술은 전쟁 기술만은 아니다. 이번에는 전쟁 기술과 아주 동떨어진, 일반적으로 특별히 최고의 평화적 기술로 여겨지는 농업 기술을 다루어보자. 다시 한번 헬라스 사회 역사로 되돌아가면 이 기술의 진보가 문명의 쇠퇴와 함께 일어난 현상이라는 것을 알게 된다.

처음에는 전혀 다른 이야기인 듯하다. 헬라스 사회에서 전쟁 기술이 처음으로 발달하게 되었을 때, 이것은 이 기술이 탄생한 특정 사회의 성장이 정지되는 대가를 치루었으나 이와는 달리 헬라스 사회에서 농업 기술의 진보는 더 나은 결과를 가져왔다. 솔론의 주도 아래 아티카(그리스 중남부)에서 이제까지 해오던 혼합 농업에서 수출용의 특화된 농업 체제로 전환했을 때, 이 기술적 진보는 아티카 생활의 나은 영역에서 폭발적인 활동과 성장이라는 결과를 불러왔다. 그런데 이 이야기의 다음 장은 이것과는 다른 불길한 쪽으로 방향을 돌린다. 기술적 진보의 다음 단계는 노예 노동에 바탕을 둔 대량 생산 방식으로 작업 규모가 커졌다. 이러한 진보는 시칠리아의 헬라스 식민 사회, 그중에서도 아마 아그리젠토(시칠리아 남쪽 도시. 그리스명은 아크라가스)에서 처음 시작된 것으로 생각된다. 시칠리아의 그리스인은 부근의 야만족 사이에 그들의 포도주와 올리브유를 팔 시장이 커질 것으로 전망했기 때문이다.

이와 같은 기술 진보는 중대한 사회적 퇴보로 상쇄되었는데 이 새로운 농장 노예 제도는 예전의 가정 노예 제도보다도 한결 큰 사회악이었기 때문이다. 농장 노예 제도는 도덕적으로나 통계적으로 훨씬 심각한 사회악이었다. 그것은 비인격적이며 비인간적이었고 더구나 큰 규모로 실시되었다. 결국 그것은 시칠리아의 그리스 식민지로부터, 한니발 전쟁 때문에 버려져 황폐해진 남부 이탈리아의 광활한 지역으로 퍼져갔다. 새로운 노예 제도가 실시된 곳은 어디서나 토지의 생산성과 자본가의 이윤은 뚜렷하게 증가했으나 토지는 사회적인 불모 상태와도 같았다. 그도 그럴 것이 노예 농장이 있는 곳은 어디나 악화가 양화를 몰아내듯 노예 농장이 언제나 자영 농민을 밀어내고 빈민으로 만들었기 때문이다. 이 결과, 사회적으로 농촌 지대의 인구 격감, 도시 특히 로마에 기생해 사는 도시 프롤레타리아트를 만들었다. 그라쿠스 형제 이래 역대 로마 개혁자가 온갖 노력을 기울였지만 로마 사회에서 농업 기술의 최종적 진보가 불러온 이 사회적 병폐를 제거할 수 없었다. 농장 노예 제도는 그것에 기대 이익을 올리고 있던 화폐 경제가 몰락하자 자연히 무너져버렸다. 이 금융 경제의 붕괴는 기원후 3세기의 일반적인 사회적 와해의 일부였다. 그리고 이 와해는 부분적으로는 의심할 바 없이 그 전 4세기 동안 로마의 사회 체제를 갉아먹어 온 농촌 병폐 때문이었다. 그래서 이 사회적 암은 결국 그것이 달라붙은 사회의 생명을 빼앗음으로써 겨우 자취를 감춘 것이다.

영국에서 면제품 제조 기술이 발전한 결과 미국의 면화 재배에 농장 노예 제도가 발달한 것도 같은 종류의 예인데, 그것은 사람들에게 잘 알려져 있다. 미국의 남북 전쟁은 단지 노예 제도 폐지라는 점에서는 암을 절제했으나, 유럽 태생으로 구성된 미국 사회 한복판에 아프리카계 해방 노예 종족이 존재하는 데서 일어나는 온갖 사회적 병폐를 어떻게도 근절할 수 없었다.

기술 진보와 문명 진보가 서로 무관하게 전개된다는 것은 앞에서 살펴본 대로 문명이 정지하거나 퇴보한 시기에 기술은 진보하기도 하고, 또 문명이 진보하거나 퇴보하는데도 기술은 정지 상태에 있었던 예로 증명된다.

예를 들어 구석기 시대 전기와 후기 사이에 유럽에서는 인류의 거대한 진보가 이루어졌다.

"구석기 시대 후기의 문화는 제4빙하기 종료와 관계가 있다. 네안데르탈인(인류와 유인원의 중간 형질)의 유물 대신에 우리는 여러 종류의 다른 인체 유물을 발견할 수 있는데, 네안데르탈인과 유사한 것은 하나도 없다. 그렇지만 그들은 모두 조금이나마 근대인에 가깝다. 유럽의 이 시기 화석 유물을 관찰하면, 인간 체형만큼은 단번에 근대로 건너뛰며 변화한 것처럼 보인다."[15]

구석기 시대 중반에 일어난 인체의 변화는 어쩌면 인류 역사의 과정에서 가장 획기적인 일인지도 모른다. 왜냐하면 이 시기에 인간은 비로소 인간다워졌으며 그에 비해 현재 인간은 미개한 인간이 이룬 진보가 인간을 인간답게 한 이래 매우 오랜 시간이 흘렀는데도 아직도 초인간적인 단계에 이르지 못했다고 할 수 있다. 이 비교를 보면 호모 네안데르탈렌시스(네안데르탈인)의 단계를 넘어 호모 사피엔스가 나타났을 때 이룬 정신적 진보가 얼마나 큰 것이었는가를 알 수 있다. 그런데 이 거대한 정신적 혁명은 그에 알맞은 기술적 혁명이 따르지는 않았다. 그 때문에 기술적 분류법으로 보면 우리가 지금도 구석기 시대 후기 동굴에 살았던 감탄할 만한 훌륭한 그림을 그린 그 예민한 감각의 예술가를 이른바 연결고리에서 행방불명된 부분, 곧 갑자기 체형이 크게 발달하기 바로 전 인류(유인원과 인류와의 중간으로 상정됨)와 혼동하지 않을 수 없다. 그러나 실제로 이 구석기 시대 후기인과 구석기 시대 전기인은 마치 구석기 전기인이 오늘날의 '호모 메카니쿠스'(기계적인 인간)와 차이가 나는 것만큼이나 둘은 서로 차이가 크다.

---

15) Carr—Saunders, A.M. : *The Population Problem.*(원주)

사회가 진보했음에도 기술이 정지해 있던 사례와, 기술이 정체하고 있는데도 사회가 퇴보하는 예를 보도록 하자. 예를 들어 제철 기술은 미노스 사회가 멸망하는 커다란 사회적 퇴보 시기에 비로소 에게해로 도입되었지만, 미노스 문명에 이어 헬라스 문명도 같은 운명을 걷게 된 큰 사회적 퇴보기에 기술이 향상도 퇴보도 하지 않고 정지 상태에 머물러 있었다.

서유럽 세계는 로마 세계로부터 이 제철술을 고스란히 이어받았고, 동시에 라틴 문자와 그리스 수학도 이어받았다. 사회적으로는 이 사이에 큰 변동이 있었다. 헬라스 문명이 붕괴하고, 그 뒤 정치적 공백기가 이어졌으며, 그 공백 기간 중간 무렵 마침내 새로운 서유럽 문명이 탄생했다. 그렇지만 이상 세 종류의 기술은 단절 없이 계속 이어졌다.

2. 자기결정을 하는 방향으로의 진보

기술 발달의 역사는 지리적 팽창의 역사와 마찬가지로 문명의 성장 기준이 되지 못했다. 그러나 그것은 혁신적인 단순화의 법칙이 기술의 진보를 지배한다는 원칙은 보여주었다. 정성껏 만들어진 '영구적인 길'(철도 궤도) 위를 달리는 무겁고 몸집이 큰 증기 기관차 대신에 속도는 기차와 같으면서도, 보행자와 거의 다름없이 자유롭게 도로를 달릴 수 있는 아담하고 다루기 쉬운 내연 기관차가 등장했다. 유선 전신 대신 무선 전신이 나타났고, 중국과 이집트의 아주 복잡한 문자 체계 대신 정연하고 편리한 라틴 문자가 만들어졌다. 언어 그 자체가 그런 단순화의 경향을 보여줬는데, 인도·유럽어족에 속한 여러 언어사를 비교해 보면 어형 변화형을 버리고, 대신 보조사를 쓰게 되었다. 남아 있는 이 어족 최고 (最古) 표본인 산스크리트어는 놀라울 만큼 어미 변화가 다양하지만 동시에 부사나 전치사 같은 불변화사는 아주 적다. 이와는 달리 다른 쪽 극단에 있는 근대 영어는 어형 변화가 거의 없고, 대신 전치사와 조동사가 발달해 그 빈자리를 메웠다. 고전 그리스어는 다양한 어형 변화와 전치사 발달이라는 이 두 극단 가운데에 위치한다.

그러면 고대 서유럽 세계의 의복은 어떠했는가? 엘리자베스 왕조 시대의 복잡한 양식에서 오늘날과 같은 소박한 양식으로 단순화되어 왔다. 천동설을 대신한 지동설은 훨씬 단순한 기하학적 표현으로 더 넓은 범위의 천체 운행에 관해 논리 정연하게 설명한다.

'단순화'라는 말이 이런 변화를 표현하기에 정확하거나, 적절하지 않을 수도 있다. 단순화란 부정적인 말로 생략과 제거라는 뜻을 내포한다. 그런데 위에서 든 각 예들은 실제로는 실용적 효율성이나, 미적 만족, 또는 지적 이해의 감소가 아니라 증진이다. 곧 결과는 손실이 아니라 이득이다. 그리고 이런 이득은 단순화의 과정이 그때까지 물질적인 매체 속에 갇혀 있던 힘을 해방시켜 보다 가볍고 여린 매체 속에서 더 큰 힘을 갖고 자유롭게 작동되도록 한 결과이다. 그것은 간단히 장치의 단순화를 뜻할 뿐 아니라, 그 결과 차원이 낮은 존재나 활동 영역에서 고차원 영역으로 에너지가 전환하거나 무게중심이 이동하는 것이다. 단순화라 부르기보다 질적인 풍성화라고 부르는 편이 이 과정의 성격을 더욱 적절히 표현하는 것이 될 것이다.

인간이 자연을 지배한다는 점에서, 현대의 한 인류학자는 이런 발전에 대해 상상력을 발휘해 다음처럼 서술한다.

"우리는 땅을 떠나 접촉을 끊고 우리의 발자취는 차츰 희미해져 간다. 부싯돌은 영구적으로 존속하고, 구리는 한 문명이 계속되는 동안, 쇠는 수 세대를, 강철은 한 사람 생애 동안 견딘다. 현재의 '이동 시대'가 끝났을 때 누가 과연 런던—베이징 간 특급 항공편 노선을 지도 위에 그릴 수 있을까? 또는 누가 과연 오늘날 라디오를 통해 방송되며 수신되는 통신로를 알아맞힐 수 있을까? 그런데 아득한 옛날에 사라진 아주 작은 이케니(잉글랜드 동부 지방에 살았던 켈트족) 왕국의 국경은 사라진 왕국을 수호하듯 간척된 늪지에서 벌채된 숲까지 동부 잉글랜드 남쪽 경계선을 가로질러 지금도 뻗어 있다."[16]

위에 든 몇 가지 예로 보아, 우리가 구하고 있는 성장의 기준은 무엇인가? 우리가 찾던 성장의 기준은 인간적, 자연적 환경과 같은 외적 환경의 정복에서 발견할 수 없었으며 오히려 도전과 응전이 충돌하는 두 영역의 경계점 중 한쪽에서 다른 쪽으로 차츰 중심이 바뀌어 활동 무대가 이동되는 점에 따른다는 것을 암시한다. 이 다른 영역에서 도전은 외부에서 오는 것이 아니라 내부에서 발생

---

16) Heard, Gerald : *The Ascent of Humanity.*(원주)

하는 것이며, 그것을 이기는 응전은 외적 장해를 극복한다든지 외부의 적을 정복하는 형태가 아니라, 내면적인 자기표현 또는 자기결정이란 형태로 나타난다.

저마다의 인간 또는 개개의 사회가 계속 출현하는 도전에 끊임없이 응전하는 것을 보고, 과연 이 특정한 도전에 연속으로 응전하는 것을 성장의 실현이라 볼 수 있느냐 했을 때, 도전과 응전의 연속이 진행되면서 활동이 그 두 영역 중 한쪽에서 다른 쪽으로 옮겨가는지를 살펴보면 답을 얻을 수 있게 된다. 이러한 일이 진리라는 것은 처음부터 끝까지 오로지 외면적 영역을 기준으로 성장 과정을 기술하려고 노력하는 역사적 저서들을 보면 참으로 분명해진다.

저마다 천재의 작품으로서 이런 관점에 따라 쓰인 두 저술을 예로 들자면, 그것은 에드몽 드몰랭의 《경로가 어떻게 사회 유형을 만들어내는가》와 허버트 조지 웰스의 《역사의 개요》이다.

드몰랭은 서문에서 환경설을 다음과 같이 단호하고 간결하게 이야기한다.

"지구 위에 무한히 다양한 민족이 살고 있다. 이 다양성은 어디서 오는가? ......수많은 종족이 생겨나는 첫 번째이자 결정적 원인은 민족마다 더듬어온 경로이다. 종족과 사회 유형 둘을 만들어내는 것은 그들이 걸어온 길이다."

이 도발적인 선언이 의도한 대로 우리가 그것에 자극받아 저자의 논지를 읽어보면 미개 사회를 인용하는 부분에서는 그의 주장이 훌륭하다는 사실을 알 수 있다. 그 사회의 성격은 외적 환경에서 오는 도전에 대한 그 응전으로 완전히 설명된다. 물론 말할 나위 없이 이것은 성장에 대한 설명은 아니다. 왜냐하면 이러한 사회는 현재 정지해 있으니까. 드몰랭도 마찬가지로 성장 정지된 문명의 특성을 잘 설명하고 있다. 그러나 저자가 그의 공식을 가부장제 마을 공동체에 적용하게 되자, 독자는 점차 불안해하기 시작한다. 카르타고와 베네치아 대목에서 저자는 카르타고의 이탈리아 식민지에서, 악조건 지역에다 소금 무역을 한 베네치아를 빼놓았는데 거기에 확실히 뭔가 빠뜨린 게 있다. 더구나 그 빠뜨린 것이 무엇인지 아마 말할 수 없었던 듯하다. 저자가 피타고라스 철학을 이탈리아반도의 장화 발끝을 가로지르는 육로 수송 면에서 설명하는 부분에서는 터져 나오는 웃음을 참을 수가 없다. 하지만 '고원의 길—알바니아형(型)과 그리스형'이라는 제목의 장에서 독자는 마침내 포기하고 만다. 알바니아의 야만 사회와 헬라스 문명을 함께 묶어 다루어서는 안 된다. 이들 각 사회의 지도자가 그 옛날 우연히 같은 지역을 지나 저마다 목적지에 이르렀기 때문에 그렇게 결론 내는 것은 무리이다. 또 우리가 헬레니즘의 이름으로 부르고 있는 위대한 인간의 모험을 발칸반도의 고원에서 함께했던 우발적인 부산물로 축소해 버리다니! 이 불운한 장에서 작가는 이치에 맞지 않는 말을 억지로 끌어 붙여 이야기하려다 스스로 오류를 입증하고 만다. 문명도 헬라스 문명 수준에 이르면 그 성장을 외적 환경이 주는 도전에 대한 응전이라는 것으로만 기술하려는 시도는 분명히 당찮은 일이다.

웰스도 원시적인 단계가 아니라 성숙한 단계에 이르면 안정감을 잃는 듯하다. 상상력을 구사해 태고의 지질 시대에 일어난 극적인 사건을 재구성하는 일에 있어서 그는 유감없이 자신의 능력을 발휘한다. '이 작은 수형(獸形) 동물, 포유류의 선조들'이 살아남고 너무 커진 파충류가 멸망하는 과정에 대해 그가 서술한 이야기는 성경의 다윗과 골리앗의 영웅 이야기와 거의 맞먹을 정도다. 이 수형 동물이 구석기 시대의 수렵자나 유라시아의 유목민이 될 때에도 웰스는 드몰랭과 마찬가지로 우리 기대를 저버리지 않는다. 그런데 우리 서유럽 사회의 역사로 들어가 그 수형 동물이 비길 데 없이 문명이 풍성해지는 윌리엄 에와트 글래드스턴[17]으로 커지는 단계에 들어서면 그는 슬픔에 부닥친다. 그는 이야기가 진행되면서 차츰 논리를 거대화, 곧 대우주에서 소우주로 전환시키는 데에 실패했다. 그리하여 이런 검증의 실패로 《역사의 개요》라는 훌륭한 지적 성과물의 한계가 드러나게 되었다.

웰스의 실패는 똑같은 문제를 해결한 셰익스피어의 성공과 비교해 볼 수 있다. 위대한 셰익스피어의 작품 속에 등장하는 주요 인물들은 내용의 비중에 따라 그 중요도가 정해지고 또 극작가의 기법이 인물의 행동으로 성격을 분명히 드러내는 데 있다는 것을 염두에 둔다면, 관객의 인물 판단 기준이 낮은 수준에서 높은 수준으로 올라감에 따라 셰익스피어가 각 주인공의 행동 영역을 끊임없이 이동시켜 차차 소우주에 무대를 대부분 할애하고 대우주를 멀리 배경 쪽으로 밀어내는 것을 알 수 있을 것이다. 《헨리 5세》《맥베스》《햄릿》의 순서로

---

17) 영국의 정치가(1809~1898). 자유당 당수로서 수상직을 네 차례 지냈다. 윈스턴 처칠과 함께 가장 위대한 영국의 수상으로 평가된다.

더듬어가면 이런 사실을 확인할 수 있다. 비교적 단순한 인물인 헨리 5세의 성격은 거의 그를 둘러싸고 있는 인간적 환경에서 받는 도전에 대한 응전으로, 즉 그의 술친구와 아버지와의 관계, 아쟁쿠르의 싸움 날 아침 갑옷 입은 전우에게 자기의 고매한 결의를 전하는 장면, 캐서린 공주(샤를 6세의 딸 카트린)에 대한 열렬한 구애 등으로 나타나 있다. 《맥베스》의 경우에는 행동 장면이 바뀌면서 맥베스와 맬컴 또는 맥더프와의 관계, 나아가서 자기 아내와의 관계를 통해 주인공이 자기 내면에 가지는 무게를 표현한다. 끝으로 《햄릿》의 경우에는 대우주가 거의 자취를 감추고, 주인공과 그 아버지 살해자와의 관계, 연인 오필리아와의 관계, 더 이상 조언자가 될 수 없게 된 호레이쇼와의 관계가 주인공 자신의 영혼 속에서 진행되는 내면적인 갈등 속에 흡수되고 만다. 《햄릿》의 행동 영역은 완전히 대우주에서 소우주로 옮겨가고 있다. 이 셰익스피어 예술의 걸작에서는 아이스킬로스의 《결박당한 프로메테우스》나 로버트 브라우닝의 극적 독백(연극 독백 형식을 이용하여 한 인물이 이야기하는 식으로 쓴 시) 작품들의 경우와 마찬가지로 단 한 인물이 거의 무대를 독점하고, 이 한 사람의 가슴속에 소용돌이치는 온갖 정신적인 힘이 보다 자유롭게 활동할 수 있는 여지가 주어져 있다.

셰익스피어 극 가운데 극적 독백이 계속되는 주인공을 정신적 성장이 고조되는 순서, 즉 소우주로 가는 순서로 배열했을 때 알 수 있는 행동 영역의 이동과 동일한 현상은 문명의 역사에서도 인식할 수 있다. 여기에서도 도전에 대한 응전들이 거듭되어 성장이 이루어지는 경우에, 성장이 진행되면서 행동 영역이 끊임없이 늘 외적 환경에서 그 사회의 사회 체제 내부로 옮겨가는 것을 볼 수 있다.

예를 들어 서유럽인의 선조가 스칸디나비아의 습격을 격퇴해 냈을 때, 그들이 이 인간적 환경에 대한 승리를 얻게 된 방법 중 하나는 봉건 제도라는 강력한 군사적·사회적 도구를 만들어낸 것이었다. 그런데 서유럽 역사의 다음 단계에서는 봉건 제도의 결과로 생긴 계급의 사회·경제·정치적 분화가 여러 가지 충돌을 불러왔고, 이번에는 이 마찰이 성장기의 서유럽 사회에 또 다음 도전을 안겨주었다.

서유럽 그리스도교 세계는 바이킹족을 무찌르고 거의 쉴 사이도 없이 다음 문제에 부딪히게 되는데, 계급 간의 여러 관계로 이루어지는 봉건 제도 대신 주권 국가와 그 시민 개개인 간의 여러 관계를 이루는 새로운 제도를 확립해야 하는 문제에 직면했다. 이처럼 연달아 일어난 두 도전으로부터 외적 영역에서 내적 영역으로 행동 장면이 이동했음이 명백히 드러난다.

앞서 다른 문제와 관련지어 살펴본 다른 역사적 과정에서도 같은 경향이 관찰된다. 예를 들어 헬라스 사회 역사에서 초기의 도전은 우리가 보아온 대로 모두가 외적 환경에서 온 것이었다. 헬라스 자체에 대한 고지대 야만 사회의 도전이 그러했고, 인구 과잉이라는 도전은 해외로 영토를 팽창하는 방법으로 대책이 강구되었으나, 그 결과 헬라스 사회가 진출한 각 지역의 야만족과 헬라스 사회와 경쟁하는 문명으로부터의 도전을 초래했다. 이 뒤의 도전은 기원전 5세기의 초엽에 카르타고와 페르시아가 반격해 옴으로써 정점에 이르렀다.

그러나 인간적 환경으로부터 오는 이 가공할 만한 도전은 알렉산드로스가 헬레스폰투스를 통과함으로써 시작되어, 로마의 승리가 이어졌던 4세기 동안 훌륭하게 극복되었다. 이 승리 덕택으로 헬라스 사회는 거의 5, 6세기 동안 외적 환경에서 오는 심각한 도전은 하나도 없었기에 휴식기가 계속되었다. 하지만 이것이 그 수 세기 동안 헬라스 사회가 완전히 도전에서 벗어나 있었다는 것을 뜻하는 것은 아니었다. 반대로 이미 살펴봤듯이 이 세기는 쇠퇴의 시기이며 헬라스 사회는 여러 도전에 맞섰으나 계속해서 제대로 응전해 내지 못하고 있었다.

우리는 이런 도전들이 어떤 것이었는지를 보아왔고, 만약에 우리가 그것들을 다시 연구해 본다면, 봉건 제도가 우리 서유럽 사회에 던졌던 도전이 그 이전에 바이킹족이라는 외적인 도전에 대한 응전으로 발전시킨 봉건 제도에 비롯된 도전이었던 것처럼, 모든 내적인 도전은 그보다 앞선 외적인 도전을 이겨내고자 하는 반응에서 비롯된 것이었음을 알게 될 것이다.

예를 들어 페르시아와 카르타고가 가한 군사적 압박은 헬라스 사회를 자극해, 자국 방위를 위해 아테네 해군과, 시라쿠사의 참주정(tyrannis)이라는 두 가지 강력한 사회적·군사적 장치를 만들어내게 했다. 이 두 가지 장치가 다음 시대에 헬라스 사회의 사회 체제 속에 내부 압력이 생기게 했고, 이번에는 이 압력들이 아테네·펠로폰네소스 전쟁을 일으켰으며, 정복한 야만족과 그리스 동맹자들의 반발을 낳았다. 그리고 이 동란들이 헬라스 사회가 쇠퇴하는 발단이 된 것이다.

헬라스 사회의 역사에서 그 뒤 알렉산드로스와 스키피오[18]가(家)의 정복 때 외부로 향했던 무기가 마침내 내부로 향하게 되어 서로 세력 다툼을 하는 마케도니아의 '후계자'들이나 로마의 '집정관'들 간의 내전이 일어났다. 마찬가지로 서지중해의 지배권을 얻기 위한 헬라스 사회와 시리아 사회의 경제적 경쟁은 시리아 사회가 경쟁에서 패하고 난 뒤 헬라스 사회의 내부에서 동양 출신의 농장 노예들과, 그들의 주인인 시켈리오트인이나 로마인과의 사이에 훨씬 더 파괴적인 싸움이 다시 등장했다.

헬레니즘과 시리아, 이집트, 바빌로니아, 인도의 동방 여러 문명 간의 문화적 갈등이 원래 헬라스 사회 내부의 위기나 헬레니즘화된 사람들의 영혼 속에서 내면적 위기로 재현되었다. 즉 이시스 숭배나 점성술, 미트라교, 그리스도교, 기타 다수의 혼합 종교 출현이란 형태로 나타난 위기가 바로 그것이다.

> 멈추지 않고 싸우는 동과 서는,
> 내 가슴의 경계 지대에서.[19]

오늘날까지도 서유럽 사회의 역사에서 같은 경향을 찾아볼 수 있다. 서유럽 사회의 초기 단계에서 가장 눈에 띄는 도전은 인간적 환경에 의해 주어진 것이며, 그것은 에스파냐의 아랍인과 스칸디나비아인의 도전으로 시작되어 오스만족의 도전으로 끝나고 있다. 그 뒤 근대 서유럽 사회의 팽창이 문자 그대로 전 세계로 확산되었다. 그리고 적어도 당장은 이 팽창이 그때까지 계속 신경을 써야 했던 다른 이방인 사회로부터의 도전이라는 불안에서 서유럽을 완전히 해방시켜 주었다.

오스만족의 두 번에 걸친 빈(Wien) 공략이 실패한 뒤, 서유럽 사회에 가해진 외부로부터의 유일하고 실질적인 도전은 레닌과 그 무리가 러시아 제국의 지배자가 된 1917년 이래 서유럽 사회가 직면하게 된 볼셰비즘의 도전이다. 그러나

---

18) 로마 장군·정치가 스키피오(기원전 236~184)는 제2차 포에니 전쟁에서 한니발을 격파했고, 그의 양자인 스키피오(기원전 185~129)는 제3차 포에니 전쟁을 종결시켰다. 각각 대(大)스키피오, 소(小)스키피오라고도 한다.

19) Housman, A.E. : *A Shropshire Lad*.[원주]

볼셰비즘은 현재로 보아 소비에트 연방(소련)의 국경을 멀리 넘어 서유럽 문명의 우세를 위협하는 정도에는 이르지 않았다. 어느 날 러시아 공산주의자의 희망이 실현되어 공산주의 체제가 전 지구상에 퍼지게 되더라도 온 세계에 걸친 공산주의의 자본주의에 대한 승리는 이질적인 그들 문명의 승리는 아니다. 공산주의는 이슬람교와 달리 그 자체가 서유럽 사회에서 도래한 것으로, 서유럽 자본주의를 투쟁 상대로 하여 그 반동과 비판에서 생겨난 것이기 때문이다. 이 외래 사상인 서유럽의 교리가 20세기 러시아의 혁명 신조로서 채택되었다는 것은 서유럽 문화가 위험에 빠졌다기보다는, 오히려 그 지배력이 얼마나 막강한지를 보여주는 것이다.

레닌의 생애에 드러난 볼셰비즘의 본질에는 매우 모호한 점이 있다. 레닌은 표트르 대제의 과업(러시아의 서유럽화)을 완성하기 위해 온 것인가, 아니면 파괴하기 위해 온 것인가? 러시아의 수도를 표트르가 정한 변경 요새(페테르부르크)에서 그 전대로 내륙의 중심부(모스크바)로 옮긴 것을 보면, 레닌은 스스로를 대주교 아바쿰[20]과 '추종자' 및 슬라브주의자들의 후계자라고 선언하고 있는 것 같다. 이런 면에서는 서유럽 문명에 대항해 러시아 혼의 응전을 구현한 신성 러시아의 선지자를 내세웠다고 생각해도 좋다.

그런데 레닌은 자기 교리를 찾아 나섰을 때, 그것을 서유럽화된 유대계 독일인 카를 마르크스에게서 빌려왔다. 확실히 마르크스주의는 20세기 러시아 선지자가 택할 수 있었던 다른 어떤 서유럽 기원의 교리보다도 거의 완전하게 서유럽적 사회 질서를 부인하는 것이다. 서유럽의 마르크스주의가 한 러시아 혁명가의 마음을 끌었던 이유는 그 교리 속에 있는 긍정적 요소가 아니라 부정적 요소 때문이었다.

그리고 이 점이 1917년 러시아에서 여전히 외래 제도였던 서유럽식 자본주의가 같은 외래 사상인 서유럽의 반자본주의적 교리에 전복된 이유가 된다. 이는 현실적으로 마르크스 철학이 러시아적 분위기 속에서 겪고 있는 듯한 변화로 확실해진다.

마르크스주의는 러시아에서 그리스 정교를 대신하는 감정적·사상적 대용품

---

20) 그 무렵의 모스크바 총주교 니콘의 개혁에 반대해 수백만 명의 '구신도'와 함께 라스콜니키(분리파)를 형성했다.

이 되어갔으며, 마르크스가 모세 대신, 레닌이 메시아 대신, 그리고 마르크스·레닌 전집이 이 새로운 무신론적인 전투적 교회에서 성서의 지위를 차지하려 하고 있다. 그러나 믿음에서 실제의 사업에 눈을 돌려, 레닌과 그 후계자가 러시아 국민에 대해 현실적으로 무엇을 해왔는지를 조사해 보면 이 현상은 다른 양상을 띠게 된다.

스탈린 5개년 계획의 의의는 무엇이냐고 묻는다면, 그것은 산업과 교통뿐만 아니라, 농업까지 기계화하려는 노력, 즉 오래된 러시아를 새로운 미국으로 변화시키려는 노력이었다고 대답할 수밖에 없다. 다시 말해 그것은 표트르 대제의 사업을 아주 야심차고 급진적으로 그리고 가차 없이 수행하려는 새로운 서유럽화의 시도였다. 이제 러시아 지배자들은 초인적인 에너지를 쏟으며 전 세계를 향해 비난을 퍼붓던 바로 그 문명이 러시아에서 승리할 수 있도록 초인적으로 노력하고 있는 것이다. 아마 그들은 미국적 장비와, 러시아적 영혼이 합쳐진 새로운 사회의 창조를 꿈꾸고 있는 모양이다.

이것은 유물사관을 신조로 하고 있는 정치가가 꾸는 꿈으로서는 참으로 이상한 꿈이다. 마르크스주의의 엄격한 정신적 통제 원리에 따르면, 러시아의 농민이 미국의 기계공과 같은 생활을 하도록 교육된다면, 그들은 미국의 기계공과 똑같이 생각하고, 똑같이 느끼고, 똑같은 일을 원하게 될 것이다. 현실적으로 러시아에서 우리가 목격하는 이 레닌의 이상과 포드의 방법 간의 줄다리기 경쟁에 있어, 드디어 러시아 문명에 대한 서유럽 문명의 우세가 역설적으로 확인될 날이 닥쳐올 것이라고 기대해도 무방하다.

같은 모호함이 본의 아니게도, 세계 어디에서나 똑같은 서유럽화의 과정이 촉진되는 중에 훨씬 더 모순적인 결과가 간디의 생애 속에서도 나타났다. 이 힌두 사회의 예언자는 인도를 서유럽 세계의 망 속에 얽히게 한 무명실을 끊어내려고 했던 것이다.[21] "우리 인도인의 손으로 인도의 목화를 짜도록 하라"고 그는 설파했다. "서유럽의 동력 직기로 만들어진 옷을 입지 마라. 또 여러분에게 호소하니 인도 땅에 새로운 서양식 동력 직기를 설치함으로써 이 외국 제품들을 몰아내려고도 하지 마라." 이것이 간디가 전하려고 했던 참된 가르침이었으나 그

---

21) 경제적 독립을 목표로 삼고, 외국 제품 불매를 호소한 스와데시 운동을 가리킨다.

의 민족은 받아들이지 않았다.

그들은 간디를 성인으로 숭배하고 있으나 간디가 마지못해 그들을 서유럽화 방향으로 이끄는 한에서만 그의 지도를 따랐을 뿐이다. 이리하여 간디는 오늘날 회의, 투표, 정견 발표, 신문, 선전 등, 모든 서유럽적 정치 수단을 동원해 인도를 독립 주권 의회주의 국가로 바꾼다는 서유럽식 정치 강령을 내세우는 정치 운동의 추진자가 된 것이다. 예언자의 운동에서 겉으로는 나타나지 않았으나 가장 유력한 지지자는 공교롭게도 이 예언자의 참된 가르침을 뒤집어엎었던 인도의 산업가들, 즉 인도 땅에 산업주의의 기술을 넘겨준 사람들이었다.

마찬가지로 외적 도전에서 내적 도전으로의 변화라는 현상이 물질적 환경에 대한 서유럽 문명의 승리 뒤에 일어났다. 기술 분야에서 이른바 '산업 혁명'의 성공은 다 알다시피 경제적·사회적 영역에서 수많은 문제를 일으켰으나, 이것은 상당히 복잡한 널리 알려진 문제이므로 여기서 상세히 말할 필요는 없다.

급작스럽게 기억에서 사라져가는 기계 시대 이전의 도로 모습을 한번 떠올려보도록 하자. 이 옛날식의 도로는 온갖 종류의 초기 이동 수단들로 혼잡했다. 손수레, 인력거, 소달구지, 이륜마차 등이 여기저기 있고, 머지않아 닥쳐올 미래의 전조로서 걸작품인 근육으로 끌어당기는 역마차와, 발로 추진하는 자전거가 섞여 있다. 이미 도로는 매우 혼잡했으므로 어느 정도의 충돌 사고가 있었다. 그러나 대체적으로 큰 부상자는 없었고, 교통 혼잡 때문에 방해를 받는 일도 거의 없었으므로 그다지 신경을 쓰는 사람도 없다.

실제로 충돌은 대수로운 일이 아니었기 때문이다. 차의 속도가 느리고 추진력이 약했으므로 큰일이 벌어질 수는 없었다. 도로에서 일어난 '교통 문제'는 어떻게 해서 충돌을 막느냐가 아닌, 과연 무사히 목적지에 다다를 수 있느냐였다. 따라서 교통 통제라는 것은 전혀 없고, 교통경찰이 교통정리를 하거나 길거리에 교통 신호등을 설치하거나 하는 일도 없었다.

이번에는 기계화된 차량들이 쏜살같이 요란한 소리를 내며 달리는 오늘날 도로로 눈을 돌리자. 여러 대의 운반차를 뒤에 거느리고 돌격하는 코끼리보다 더 맹렬한 속도로 땅을 울리며 밀어닥치는 화물 자동차나, 총알처럼 빨리 달려가는 스포츠카를 보면 알 수 있듯 오늘날 도로에서 속도와 수송의 문제는 이미 해결되었다.

그러나 그와 동시에 교통 문제라고 하면 바로 충돌 사고를 뜻하게 되었다. 따라서 오늘날 교통 문제는 이미 기술적 문제가 아니라 심리적 문제이다. 물리적 거리라는 예전의 공간적 도전에 응전하여 공간적 거리 문제를 해결하는 방법을 배우자마자, 운전자 서로 간의 인간관계를 오히려 멀리 떼어놓는 새로운 도전으로 변화했다.

위와 같은 교통 문제 성격 변화는 말할 필요도 없이 문자 그대로의 뜻 말고도 상징적인 뜻을 지니고 있다. 그것은 산업주의와, 민주주의라는 근대의 두 지배적인 사회적 세력의 출현 이래 서유럽 사회생활 전반에 일어난 일반적인 변화를 상징한다. 자연 에너지를 마음대로 이용하고, 수많은 인간을 일치된 행동으로 조직하며 근대에 우리 발명가가 이룬 눈에 띄는 진보 덕분에, 현재 우리 사회에서 벌어지는 일은 모두 좋든 나쁘든 어쩔 수 없이 무시무시한 추진력을 갖게 되었다.

이러한 새로운 조직과 추진력으로 행동이 가져올 물질적 결과와 행위자의 도덕적 책임이 이제까지보다 훨씬 더 커지고 있다. 어떤 사회 어떤 시대에 있어서나 도덕적 문제가 언제나 그 사회의 미래를 결정하는 도전이 되는지도 모른다. 그러나 오늘날 우리가 직면하고 있는 도전은 자연적 도전이 아닌 도덕적 도전이라는 것은 확실하다.

"기계적 발전이라 불리는 현상에 대해 오늘날 사상가들이 어떤 태도를 취하는지 보면 변화가 생긴 것을 알 수 있다. 칭찬은 비판으로 주춤하고 자기만족은 의혹에 길을 양보하고, 의혹은 공포가 되어가고 있다. 먼 길을 걸어왔는데 막다른 길모퉁이에서 결국 잘못된 길로 왔다는 것을 깨닫게 된 사람처럼 당황하고 실망하는 빛이 뚜렷하다. 이제 너무 많이 온 길을 새삼 되돌아갈 수는 없다. 어떻게 해야 하는가? 이 길 저 길을 더듬어가면 어디에 도착할 것인가? 늙은 응용 기계공학자가 지금 길가에 서서 눈앞을 무서운 속력으로 지나쳐 가는, 전에는 한없는 기쁨으로 바라보던 발견과 발명품의 행렬을 지켜보면서 환멸감을 드러내 보였다 하더라도 그의 마음을 이해하게 될 것이다. 그는 두려움으로 물을 것이다. 무서운 속력을 내는 이 중단 없는 행렬은 어디로 가는 것인가? 마지막 목적지는 어디인가? 인류의 미래는 어떻게 될 것인가?"

가슴을 뭉클하게 하는 이 말은 아주 오래전부터 우리 모두의 가슴속에 머리를 쳐들고 있던 의문을 뚜렷이 표현한 것이다. 더구나 그것은 영국과학진흥협회의 회장(제임스 알프레드 유잉 경)이 유서 깊은 이 단체의 제101회 연차 총회 개회식에서 권위자로서 했던 연설의 일부분이다. 산업주의와 민주주의라는 새로운 사회적 추진력을 어디에 사용하려는 것인가? 서유럽화된 세계를 하나의 세계적인 사회로 조직하는 위대한 건설에 사용하려는가, 아니면 우리의 새로운 힘을 우리 스스로를 파멸시키는 데 사용하려는가?

좀 더 단순한 형태이긴 했지만, 전에 고대 이집트 지배자들도 똑같은 궁지에 빠진 적이 있다. 이집트 사회의 개척자들이 처음의 자연적 도전에 성공적으로 응전해서 인간의 의지가 나일강 하류 지역의 물과 땅과 식물을 굴복시키자 그와 함께, 이집트의 지배자들과 이집트인들에게는 언제나 마음대로 움직일 수 있는 감탄할 만한 인간 조직을 어떻게 이용하느냐 하는 문제가 제기되었다. 그것은 하나의 도덕적 도전이었다. 그는 그의 손아귀에 있는 물력과 인력을 백성들의 운명을 개선하기 위해 이용할까, 아니면 이미 국왕과 소수의 귀족이 누리고 있는 수준으로 국민의 복지 수준을 높일까? 또는 아이스킬로스의 극(《결박당한 프로메테우스》) 속의 관대한 프로메테우스 역을 맡을까, 아니면 폭압적인 제우스 역을 맡을까? 그러나 우리는 그 대답을 이미 알고 있다. 그는 피라미드를 세웠다. 그리고 피라미드는 이들 독재자의 치적을 영원하도록 했는데, 그것은 영원히 사는 신으로서가 아니라, "백성을 짓밟으며 가난한 자의 얼굴에 맷돌질"하는 자(빈민의 착취자. 〈이사야〉 3 : 15)로서였다. 그들의 악명은 이집트 사회의 민간에서 전해져 마침내 헤로도토스의 붓에 올라 불후의 기록으로 남았다. 그들이 잘못 선택한 '네메시스'(복수의 신)로, 성장의 자극이 되는 도전이 외적 영역에서 내적 영역으로 옮겨졌고 바로 그 순간 죽음이 그 얼음같이 싸늘한 손으로 이 성장기 문명의 생명을 눌렀던 것이다. 산업주의의 도전이 기술의 영역에서 도덕의 영역으로 변천해 가고 있는 오늘날의 우리 서유럽 세계 문명도 이와 조금은 비슷한 상황이라 할 수 있으며 새로운 환경에 대한 우리의 반응이 아직 결정되어 있지 않으므로 결과는 미지수이다.

이제 우리는 이 장에서 이야기하던 논쟁의 종착점에 도달했다. 우리는 연이어 나타나는 도전에 대한 응전들이 성공을 거둘 경우, 도전에 대한 응전의 연속이 진행함에 따라 행동 영역이 자연적 환경과 인간적 환경 같은 외적 환경으로부터 성장하고 있는 인격 또는 문명의 내심(內心 : 양심의 의미)으로 옮겨간다면 그것을 성공적인 성장의 징후로 해석해도 좋다는 결론을 내린다. 인격이나 문명이 성장을 지속한다면 외적인 세력의 끊임없는 도전에 응해 꾸준히 외적인 싸움터에 나가는 일은 차츰 감소되고, 내적인 싸움터에서 자기 스스로가 스스로에게 가하는 도전의 필요성이 점점 커진다.

성장이란, 성장하는 인격 또는 문명이 점차 스스로가 환경이 되고, 스스로가 도전자가 되며, 스스로의 행동 영역이 되어가는 일을 뜻한다. 다시 말해 성장의 기준은 자기결정을 하는 방향으로의 진보이다. 그리고 자기결정을 하는 방향으로의 진보란, 내면적 생명이 내면적 왕국에 들어가는 기적을 묘사하는 평범한 표현인 것이다.

제11장 성장의 분석

1. 사회와 개인

결국 우리는 그렇게 생각할 수밖에 없겠지만, 자기결정이란 것이 성장의 기준이 된다면 더구나 자기결정이 자기표현을 뜻하는 거라면, 성장기의 문명이 점차 자기를 표현하여 내면화해 가는 과정을 조사하면 그 문명 자체의 실질적 성장 과정을 분석하게 될 것이다. 일반적으로 문명의 과정에 있는 사회는 그 사회에 '속하는' 개인 또는 그 사회가 '속하는' 개인을 통해 자기를 표현한다는 것이 명백하다. 우리는 사회와 개인의 관계를, 서로 모순되지만 이상의 두 가지 표현 방법 중 하나로 표현할 수 있다.

그렇지만 이 모호함은 이 두 가지 표현이 모두 불충분하다는 것, 또 새로운 탐구를 시작하기 전에 사회와 개인과는 서로 어떤 관계, 어떤 차이가 있는지를 생각해 봐야 분명해질 것 같다.

이 문제는 물론 흔히 알려진 사회적 문제 중 하나인데, 그에 대한 대답 또한 널리 알려진 두 가지가 있다. 하나, 개인이야말로 존재하고 인식할 수 있는 실재자이며, 사회는 원자 상태인 개인의 집합체에 불과하다는 설이다. 또 하나는 사회야말로 실재자이고 완전하며 이해가 가능한 전체인데, 이와는 달리 개인은 이 전체의 부분에 지나지 않고 다른 자격이나 배경 아래에서는 존재할 수도 존재한다고 생각할 수도 없다는 설이다. 그러나 이 두 견해는 다 검토해 볼 만한 가치가 없다는 것을 알 수 있다.

가상적인 원자 상태의 개인의 모습에 대한 고전적 묘사는 플라톤이 지금 여기서 우리가 인용하는 것과 같은 목적으로 인용하고 있는《법률》호메로스의 거인 키클롭스에 대한 묘사이다.

> 그들은 모임을 갖는 일도, 법률도 없다.
> 저마다 높은 산꼭대기에 있는 동굴에 살며,
> 각각 자기 마음대로의 규칙을 아내와 아이들에게 적용하고,
> 동료의 존재를 완전히 무시하고 있다.

이 원자 같은 생활 양식이 일반적인 것으로 묘사되지 않은 점이 의미심장하다. 실제로 키클롭스적인 방식으로 생활한 인간은 아직 없다. 인간은 본질적으로 사회적 동물이며, 사회생활이야말로 미개한 인간에서 인간으로 진화하기 위한 전제 조건이며, 그것 없이는 도저히 진화가 이루어졌다고 볼 수 없다.

그러면 인간을 단순히 사회 전체의 부분으로 보는 또 다른 대답은 어떤가?

"꿀벌이나 개미 공동체와 같은 사회가 있다. 그와 같은 사회에서는 구성원 사이에 실체적인 연속성은 없으나, 모든 성원은 자기를 위해서가 아니라 전체를 위해 일하고, 개개의 성원은 사회로부터 떨어져 나가면 죽게 마련이다. ……또한 산호충이나 히드로충 폴립과 같은 군집 생물체가 있다. 그와 같은 군집 사회에서는 하나하나를 떼면 바로, 독립적 개체라 부를 수 있는 일정 수의 동물이 유기적으로 연결되어 있다. ……그럼 도대체 어느 쪽이 개체인가?

여기서부터는 조직학이 이어받아 가장 주요한 개체인 인간을 포함해, 대다수의 동물이 일정 수의 단위, 이른바 세포로 이루어져 있다는 것을 보여준다. 이 세포 단위 중 어떤 것은 매우 독립적이다. 그리고 머지않아 우리는 그것들이 전체에 대해 산호충 폴립 군집체의 개체, 또는 그편이 보다 적절한 예인지도 모르지만, 해파리 군집체의 개체가 전체에 대해 갖는 관계와 크게 다르지 않다는 사

실을 인정할 수밖에 없게 된다. 이 결론은, 다른 것으로부터 떨어져 나와 독립해 생존한다는 점을 빼면 인체를 이루는 단위와 모든 본질적인 점에 있어 대응하는, 가장 단순한 형태를 포함한 다수의 독립생활 영위 동물, 즉 원시 동물(프로토조아)의 존재와 거의 같다는 사실이 한층 타당성을 갖게 된다. ……어떤 의미에서는…… 작은 세포가 얽힌 유기적 세계 전체가 하나의 큰 개체를 구성하고 있다. 그것은 모호하고, 잘 조직되어 있다고는 할 수 없지만, 그럼에도 서로 의존하는 부분으로 이루어진 전체이다. 만일 우연히 녹색 식물, 또는 박테리아가 전부 없어졌다고 하면, 나머지 생물은 생존할 수 없게 될 것이다."[22]

이런 유기적 성격이 인류에게도 적용될까? 개개의 인간은 키클롭스와 같은 독립성을 갖기는커녕 실제로는 사회라는 몸에서 하나의 세포, 또는 더 넓게 보면 '유기적인 세계'로 이루어지는 '하나의 거대한 개체'에서 어마어마한 신체 속에 있는 작은 세포에 불과한가?

홉스의 《리바이어던》의 초판 속표지 그림에는, 마치 사회적 계약이 키클롭스를 세포로 만들어버리는 마법이라도 부리는 것처럼 인간의 사회체를 저마다의 인간에 해당되는 무수한 아낙사고라스의 '호모이오메레이아'[23]로 이루어지는 유기체로 묘사하고 있다.

19세기에는 허버트 스펜서가, 또 20세기에는 오스발트 슈펭글러가 인간 사회를 진지하게 사회적 유기체로 기술하고 있다. 슈펭글러의 말을 인용하여 본다.

"우리가 말하는 문명(Kultur)은 원래 영구적으로 유아적이고 원시적인 인류의 심적 상태 속에서 강력한 영혼이 깨어나 탈출할 때 생겨난다. 즉 형태가 없는 것에서 형태가 생기고 무한히 영속적인 것에서 유한한 일시적인 존재가 출현할 때 문명이 생긴다. 이 영혼은 경계가 명확히 한정된 지역의 토양 위에서 꽃을 피우고 식물처럼 그곳에 정착한다. 반대로 이 정신이 민족·언어·신앙·예술·국가·학문의 형태로 그 가능성을 남김없이 실현해 버리면 문명은 사멸하여, 본래의

---

22) Huxley, J.S. : *The Individual in the Animal Kingdom.*〔원주〕
23) 고대 그리스의 철학자 아낙사고라스(기원전 500?~428?)는, 지구는 무수한 형질(호모이오스) 부분(메로스)으로 이루어진다고 했으며, 그 요소를 '호모이오메레이아'라고 이름 붙였다.

원시적 심성으로 되돌아간다."[24]

이런 설에 대한 효과적인 비판이 우연히 슈펭글러의 저서와 같은 해에 나온 어떤 영국인 학자의 저서 속에서 발견된다.

"지금까지 사회이론가들은 종종 연구 대상에 적합한 방법과 용어를 착실히 찾아내어 사용하지 않고, 다른 이론이나 학문의 용어를 사용해 사회적 사실과 가치를 표현하려고 했다. 그들은 물리학에서 유추하여 사회를 기계 장치로 분석, 설명하려고 노력했고, 생물학의 비유로 사회를 유기체로 봐야 한다고 주장했으며, 심리학 혹은 철학에서 유추해 사회를 사람으로 취급해야 한다고 했고, 때로는 종교에 따라 사회를 거의 신과 동일시하게 되었다."[25]

생물학적 비유와 심리학적 비유를 미개 사회나 성장 정지 문명에 적용한 경우에 그나마 가장 해가 적고 잘못될 우려가 적을지 모르나, 성장기 문명의 개개 성원에 대한 관계를 표현하기에는 부적당하다.

그와 같은 비유를 사용하는 경향은 이미 언급한 대로 역사가가 신화를 만들거나 창작해 내는 것과 같이 약점이 될 뿐이다. 즉 '영국' '프랑스' '교회' '언론계' '경마' 등의 집단이나 제도를 인격화하고 명칭을 붙여 이들 추상적 개념을 인간과 같이 다루는 한 예일 뿐이다. 사회를 인격 또는 유기체로서 표현하는 것은 사회와 그 구성원의 관계를 적절히 표현하지 못한다는 것이 아주 명백하다.

그러면 인간 사회와 개인의 관계는 어떻게 말해야 올바른 표현일까? 인간 사회 자체는 여러 관계 체계, 즉 단순히 개인끼리의 관계뿐 아니라, 상호 관계 없이는 존재할 수 없다는 의미에서 사회적 동물인 인간 사이의, 여러 관계에 대한 체계라고 생각된다. 사회는 개인 간의 여러 관계의 산물이며, 개인 간의 관계는 개인 저마다의 행동 영역이 일치하는 데서 생긴다고 해도 무방하다. 이 일치가 개개인의 범위를 결합해 하나의 공통된 기반을 만들어낸다. 그리고 이 공통된 기반이 우리가 바로 사회라는 이름으로 부르고 있는 것이다.

만일 이 정의가 인정된다면 명백한 일이지만, 거기서 하나의 필연적인 결과가

---

24) Spengler, O. : *Der Untergang des Abendlandes.*(원주)
25) Cole, G.D.H. : *Social Theory.*(원주)

나오게 된다. 그것은 사회는 '행동 영역'이긴 하지만, 모든 행동의 근원은 사회를 구성하는 개인 속에 있다는 것이다. 이 진리를 베르그송이 강력히 주장하고 있다.

"우리는 역사에 있어 '무의식'(의 요인)을 믿지 않는다. 최근 흔히 입에 담는 '밑바닥에 깔린 생각의 흐름'이라는 것은 많은 사람이 그들 동료 중 한 사람, 또는 몇 사람으로부터 영향이나 작용을 받음으로써 비로소 내면에 흐르기 시작하는 것이다. ……(사회의 진보는) 그 사회의 어떤 역사적 시기의 정신적 상황에 의해 저절로, 그리고 서서히 일어난다고 주장한다면 그것은 소용없는 일이다. 사실 사회적 진보는 사회가 실험을 해보려고 결심했을 때 비로소 행해지는 비약적 전진이다. 그 사회가 진보했다는 것은 사회가 적극적으로 설득되었거나, 아니면 적어도 자극을 받은 것으로 생각된다는 뜻이다. 그리고 그처럼 자극을 가하는 것은 언제나 누구인가 개인에게서 시작되는 것이다."[26]

이처럼 자기가 '속한' 사회를 성장시키는 개인은 단순한 인간 이상이다. 그가 인간의 눈으로 보아 기적이라 생각되는 일을 할 수 있는 것은 단순히 비유적인 뜻에서가 아니라, 그들이 문자 그대로 초인이기 때문이다.

"인간에게 인간이 사회적 동물이 되기 위해 필요한 적당한 도덕적 능력을 줌으로써 틀림없이 인류를 위해 할 수 있는 모든 일을 한 것이다. 그러나 인간 지성의 한계를 넓히는 천재의 출현이 그러하듯…… 자기 집단의 한계 내에 머물며 자연에 의해 세워진(한정된) 공동의 연대감을 고수하는 대신, 자신의 영혼과 지성이 모든 영혼과 관계가 있다고 보고 사랑의 '비약'을 행하여 전 인류를 불러낸 영광스러운 영혼이 출현했다. 이들 영혼의 출현은 마치 오직 하나뿐인 인간으로 구성된 새로운 종의 창조라고 칭할 만했다."[27]

미개인 사회생활의 악순환을 멈추게 하고, 창조 활동을 재개하는 이런 희귀한 초인간적 영혼의 새로운 특징을 인격이라 불러도 무방할 것이다. 개인이 외면적인 행동 영역의 인간 사회를 성장시키는 창조적 행위를 행할 수 있다면 그

---

26) Bergson, H. : *Les Deux Sources de la morale et de la Religion*.〔원주〕
27) 같은 책.〔원주〕

것은 인격의 내면적 발전에 의한 것이다.

베르그송에게는 선의의 초인적 창조자는 신비가처럼 보였기에 그는 창조 행위의 본질을 신비적 체험의 극치에 달한 순간 속에서 발견한다.

그의 분석을 베르그송 자신의 말로 알아본다.

"위대한 신비가의 영혼은 (신비적) 황홀 상태에 달한 뒤, 마치 여행 목적지에 도착한 것처럼 정지하는 것은 아니다. 과연 황홀 상태는 찰나의 정지라 불러도 좋을지 모르나, 그것은 증기의 압력이 가해진 채, 긴장 없는 긴장 상태로 정거장에 서 있는 기관차의 멈춤이므로, 새로운 돌진의 순간을 기다리는 동안에도 운동은 그 자리에서 정지된 채 작은 진동을 계속하고 있다. (역사에 이런 찰나가 있었는가. 그렇다면 그것은 얼마 동안 지속될 수 있었는지 돌이켜볼 일이다.) ······위대한 신비는 진리라는 엔진의 힘으로 천재와 모든 인간 문명의 작은 진동 속에 흐르고 있음을 느낀다. ······그의 소원은 신의 도움을 받아 인류의 창조를 완전한 것으로 만드는 일이다. ······신비가가 목표하는 방향은 본래 '비약'의 방향 그 자체인 것이다. 이 '비약'이 그대로 고스란히, 특히 영광스러운 인간에게 전달됨으로써 그 사람들은 인류 전체 위에 '비약'의 각인을 찍고, 그리고—그 모순을 알아내어—본질적으로 피조물이라고 할 수 있는 형태의 생물이 창조적 노력에 몰두하게 하여 이름상으로의 정지를 운동으로 바꾸기 원하는 것이다."

내면적 신비 상태, 즉 긴장 없는 긴장의 상태가 개인적인 것일 때 그것만으로는 진정한 의미로 베르그송적 천재가 체험하는 신비의 극치라고 할 수 없다. 이런 모순이 신비적 영감을 받은 인격의 출현과 아울러 인간 사이에 생기는 동적 사회관계의 가장 중요한 부분이다. 창조적 인격은 그의 동료인 인간을 그 자신의 모습과 비슷한 것으로 다시 만듦으로써, 창조의 협력자로 변화시키려고 한다. 신비가의 소우주 속에서 일어난 창조적 변화는 그것이 완전한 것이나 확실한 것이 되기 위해서 다시 대우주에 적용되기를 요구한다.

그런데 가설상 변화한 인격의 대우주는 또한 변화하지 않은 동료들의 대우주이기도 하다. 그러므로 신비가가 그 자신의 변화에 맞도록 변화시키려는 노력은, 대우주를 그대로 유지하여 변화하지 않은 자아와 조화시키려는 동료의 타성적인 저항을 받을 것이다.

이 같은 사회적 상황이 딜레마를 초래한다. 만일 창조적 천재가 그 자신의 내부에서 이뤄진 변화를 그의 환경 속에 실현할 수 없다면, 그의 창조성은 그에게 치명적일 것이다. 그는 그의 행동 영역에서 힘을 잃게 된다. 그리고 활동 능력을 상실함으로써 살아갈 의욕을 잃고 만다. 이를테면 떼를 지어 사는 동물이나 곤충의 고정된 사회에서 개미나 벌, 가축이나 짐승 떼의 변종이 동료에게 죽임을 당하는 것처럼, 이전의 동료들에게 죽게 되는 일은 없다 하더라도 살 의욕을 잃어버리고 만다.

한편 이 천재가 이전 동료의 타성 또는 적대감을 극복하는 데 성공하고 그 사회 환경까지도 자아의 변모에 알맞은 새로운 질서로 바꿀 수 있었다 하더라도, 평범한 대중이 그들 스스로 크게 성공한 천재의 능수능란한 창조적 의지로 자신들에게 주어진 새로운 사회 환경에 적응하지 못한다면 오히려 그 천재는 평범한 사람들의 삶을 견디기 힘들게 할 수도 있다.

복음서에 나오는 예수의 아래 말이 이를 잘 표현했다.

"내가 세상에 화평을 주러 온 줄로 생각하지 말라. 화평이 아니라 칼을 주려고 왔노라. 내가 온 것은 사람이 그 아버지와, 딸이 어머니와, 며느리가 시어미와 불화하게 하려 함이니."《마태복음》10 : 34)

천재의 돌진으로 어지러워진 사회적 균형은 어떻게 돌이킬 수 있을까?

가장 쉬운 해결법은 사회의 모든 구성원이 그 운동량이나 방향에 있어서 똑같은 돌진을 독립적으로 하는 것이다. 그렇게 한다면 조금도 무리나 긴장 없이 성장이 이루어질 것이다. 말할 필요도 없지만, 창조적 천재의 출현 요구에 그 같이 100퍼센트의 응답이 나온다는 것은 실제로는 있을 수 없는 일이다.

종교적이든 과학적이든 어떤 발상에 대한 기운이 감돌 때, 그런 생각은 영감을 받은 몇몇 인간의 머릿속에서 그 발상이 독립적이면서도, 거의 동시에 형체를 잡아간다는 사실을 역사에서 얼마든지 찾아볼 수 있다. 그러나 가장 놀랄 만한 경우라도 그 요구에 반응하지 않는 수천, 수만의 사람들에 비하면 이들 독립적으로 동시에 자극받은 사람들은 다수라 하더라도 소수로 여겨진다.

어떤 창조 행위라도 본질적으로는 독특하고 개별적이라서, 이 본질이 모든 개인이 가능한 창조자이며, 또한 똑같은 분위기 속에서 살고 있다는 점에서 생기는 동일한 형태에 대한 경향으로 인해 독특하고 개별적인 본질이 저해받는다 하더라도 그것은 고작 사소한 정도에서 멈춘다는 게 사실이다. 따라서 창조자가 출현할 때는, 다행히도 뜻을 함께하는 소수의 동료를 얻을 수 있더라도 늘 다수의 활기 없는 비창조적인 대중이 압도적으로 많음을 보게 된다.

사회적 창조 행위는 모두 개인 창조자나, 기껏해야 창조적인 소수가 이룬다. 그리고 전진할 때마다 사회 성원 대다수는 뒤에 남게 된다.

오늘날 세계에 현존하는 위대한 종교 단체, 즉 그리스도교·이슬람교·힌두교를 바라보면, 명목상의 신자인 그들 대다수는 혀끝으로만 신앙을 말하면서, 교리가 아무리 훌륭하다 하더라도 종교에 관한 한 단순한 이교 신앙과 별 차이가 없는 정신적 분위기 속에서 살고 있다. 최근의 물질문명의 성과에 대해서도 마찬가지이다.

우리 서유럽 사회의 과학 지식과, 그 지식을 실제로 응용하는 기술은 위험할 정도로 소수만 이해할 수 있게 난해하다. 민주주의와 산업주의라는 크고 새로운 사회적 세력은 몇몇의 창조적 소수자가 불러일으킨 것으로, 대다수의 인간은 표면적 민주주의와 산업주의 인식 수준에 남아 있어 여전히 이 거대하고 새로운 사회 세력이 나타나기 시작한 이전과 거의 같은 지적·도덕적 수준에 머물고 있다. 실제로 '땅의 소금'을 자부하는 서유럽인이 오늘날 그 풍미를 잃는 위험에 빠진 주요한 이유는 서유럽 사회의 사회 체제를 이루는 대다수의 인간에게 전혀 소금이 스며들지 않았기 때문이다.

문명의 성장이 창조적 개인·또는 창조적 소수자에 의해 이루어지는 일이라는 사실은, 결국 선구자가 있는 힘을 다해 전진할 때, 느린 후위 부대를 함께 끌고 가는 무슨 수단을 찾지 않는 한 비창조적인 다수자는 뒤에 남게 된다는 것을 뜻한다. 그리고 이 점을 고려하면 지금까지 그에 따라 살펴본 문명과, 미개 사회의 차이에 대한 정의를 수정할 필요를 느낀다.

이 책의 처음 부분에서 우리는 우리가 알고 있는 형태의 원시 사회가 정지 상태로 있는 데 비해 성장 정지 문명을 제외한 문명은 역동적인 운동을 하고 있다고 말했다. 그러나 이제야말로 우리는 성장기의 문명은 그 사회체 안에 있는 창조적 개인의 힘찬 운동에 의해 이루어진다는 점에서 정적인 원시 사회와 다르다고 바꿔 말해야 한다. 그리고 이런 창조적 사람은 수가 가장 많을 때에도 결국은 소수자에 지나지 않는다는 것도 덧붙여야 한다.

　대부분의 성장기 문명은 참여자의 대다수가 정적인 원시 사회의 성원과 마찬가지로 침체된 휴지 상태에 있다. 게다가 성장기 문명 참여자 중 대다수는 겉치레로 칠해진 교육이라는 도금을 벗기면 미개인과 똑같은 감정을 지닌 인간이다. 인간의 본질은 절대 변하지 않는다는 속담에서 이 진리를 찾아볼 수 있다. 천재라 부르든 신비가라 부르든 혹은 초인이라 부르든 이런 뛰어난 사람들은 평범한 인간성 덩어리 속에 던져진 효모와 같다.

　다음으로 우리는 우리 자신의 '습관의 굴레'를 깨버리는 데 성공한 역동적인 사람들이 어떻게 더 나아가 그 사회적 환경에서 개인적 승리를 굳건히 하여, 그것이 사회적 패배가 되지 않게 하는지를 살펴봐야 한다.

　이 문제를 해결하기 위해서는 이중의 노력이 필요하다.

　"이중의 노력, 즉 누군가가 새로운 발견을 하는 노력과, 남은 자 전부가 그것을 받아들여 그에 순응하는 노력이 필요하다. 이 솔선하는 행위와 복종하는 태도가 어느 사회 속에 동시에 발견되면 그 사회를 곧 문명이라 부를 수 있다. 사실, 제2조건 즉 다수의 인식력이 제1조건 즉 천재의 등장보다 보장되기 힘들다. 그러므로 원시 사회가 뜻대로 할 수 없었던 필수 요소를 생각해 보면 아무래도 뛰어난 천재성이 없어서는 아니었다(자연이 언제나 어디서나 몇 사람의 그 같은 변종을 만들어냈다는 것을 부정할 이유는 없는 것으로 보인다). 모자랐던 요소는 오히려 이런 뛰어난 인간이 우수함을 드러낼 수 있는 기회가 적었던 것이며 또 다른 인간이 그의 지도에 따르려는 마음의 준비가 부족했던 것이다."[28]

　어떻게 보면 비창조적인 다수를 창조적 소수의 지도에 따르게 하는 데는 실제적이고 또 이상적인 두 가지 해결법이 있는 것 같다.

　"하나는 훈련에 의한 방법이며…… 다른 하나는 신비주의에 의한 방법이다. ……첫 번째 방법은 비인격적인 습관으로 이루어진 도덕적 습성을 강제적으로 주입시킨다. 두 번째 방법은 다른 인격을 모방하고 다시 그와 정신적으로 하나가 되어 많든 적든 완전히 그와 동일화되는 것이다."[29]

---

28) 베르그송, 같은 책.(원주)
29) 같은 책.(원주)

영혼에서 영혼으로, 직접 창조적 에너지의 불을 붙여가는 일이 확실히 이상적인 방법이긴 하나, 거기에만 의존하는 것은 실행 불가능한 이상에 불과하다. 비창조적인 대중을 창조적인 선구자들과 보조를 맞추는 일은 인간 본질 가운데 조금 낮은 능력이고, 영감보다 훈련의 요소가 더 많은 순수한 모방의 능력을 발휘하지 않는 한 사회적 규모에서는 실제로 해결할 수가 없다.

모방을 활성화하는 것이 당면한 목적을 위해 필요한 이유는 어쨌든 모방이 원초적 인간의 일반적 능력의 하나이기 때문이다. 앞서 말했듯이 모방은 미개 사회와 문명 사회를 통해 사회생활이 공통으로 지니고 있는 특성이지만, 두 종류의 사회에서 각각 다른 방향으로 작용한다. 정적인 미개 사회에서 모방의 대상은 '습관의 굴레'의 화신인 살아 있는 성원 중에서도 낡은 세대나 죽은 자에게로 향하게 된다. 그런데 문명의 과정에 있는 사회에서는 모방의 대상은 새로운 경지를 연 창조적 사람에게로 향한다. 능력은 같으나 각각 보수형과 첨단형이라는 반대 방향으로 향하게 되는 것이다.

이렇게 모습을 바꾼 원시적인 사회적 훈련, 즉 기계적이고 거의 자동적인 '우로 나란히, 좌로 나란히'식의 훈련이 진정한 인간으로부터 다른 인간에게 철학을 전달하는 유일한 방법이라고 플라톤은 단언하고 있다.《제7서한》 이런 훈련이 '친밀한 개인적 교제와 용의주도한 지적 교제'의 유효한 대용품 역할을 할 수 있을까?

이에 대해 지금까지 플라톤식의 방법으로는 타성이 실제 극복된 적이 없다는 것, 활발치 못한 다수를 활동적인 소수 뒤에 따라오게 하면서 한 사람 한 사람에게 직접 친밀한 영감을 준다는 이상적인 방법은 언제나 많은 인간을 한 묶음으로 하여 사회적 훈련을 시킨다는 실제적 방법에 의해 보충할 필요가 있다는 것이다. 그것은 미개인이 사용하고 있는 방법으로, 새로운 지도자가 지휘를 하고 새로운 전진 명령을 내릴 때에는 사회의 진보를 위해 도움이 될 수 있다.

그 사회적 '자산'인 재능·감정·사상은 모방을 통해 그런 자산을 만들지 않은 사람이 배우게 되는데 그 자산을 창조한 인간을 만나 그를 모방하지 않았다면 결코 그 자산의 소유자가 될 수 없었을 것이다. 사실 모방은 하나의 지름길이다. 이 지름길은 필요한 목적지에 이르기 위해 반드시 가야 하는 길인지 모르나, 동시에 성장기의 문명을 불가피하게 쇠퇴의 위험에 노출시킬 수도 있는 의심스러운 방책이다. 그러나 지금 여기서 그 위험에 대해 논하는 것은 시기상조이다.

2. 후퇴와 복귀-개인

위에서 우리는 창조적 인물들이 최고의 정신적 수준에 있는 신비주의자의 길을 선택한 경우에 받는 도전에 대해 살펴보았다. 우리는 그들이 먼저 행동에서 황홀 상태로 옮아가고, 이어서 황홀 상태에서 새롭고 보다 높은 차원의 행동으로 옮아가는 것을 보았다. 이 말은 창조적 운동은 창조적 인물의 심적 체험에 근거한다는 것이다. 창조적인 사람이 소속된 사회에서 외면적으로 이루는 창조적 운동의 이중성을 표현한다면, 우리는 그것을 후퇴(Withdrawal)와 복귀(Return)라고 부를 수 있다.

후퇴는 창조적 인물이 사회적 노역과 구속에서 한동안 해방되지 않았다면, 잠든 채로 있었을지도 모를 능력을 그 자신의 내부에서 실현할 수 있게 한다. 그와 같은 후퇴는 창조적 인간이 스스로 행하는 수도 있고, 어쩔 수 없는 사정에 몰려 강요되는 수도 있으나, 어느 경우나 다 후퇴는 은둔자로 변화하는 데 좋은 기회이며, 또한 필요조건이기도 하다. 'anchorite(은둔자)'는 그리스어로 '이탈해 가는 자'이다.

그러나 혼자인 상태에서 변화해 봐야 그 변화한 인격이 처음 나온 그 사회로 되돌아가는 복귀의 서곡이 되지 않는 한 아무 소용이 없으며, 아무런 의미도 없다. 사회 환경이야말로 사회적 동물인 인간이 태어난 환경이며, 만일 영원히 그곳에서 떠나려고 한다면, 인간은 인간성을 버리고 아리스토텔레스의 표현을 빌린다면, '짐승이거나 신'이거나 어느 하나가 되지 않으면 안 된다. 복귀야말로 이 운동 전체의 본질이며 목적이다.

모세가 홀로 시나이산에 오르는 이야기를 전하는 시리아 사회의 신화에서 이상과 같은 점을 뚜렷이 엿볼 수 있다. 모세는 야훼의 부름을 받아 야훼를 만나기 위해 산에 오른다. 부름을 받은 것은 모세 한 사람뿐이며 다른 이스라엘의 자손들은 떨어져 있도록 명령받는다. 그러나 야훼가 모세를 산 위로 부른 목적은 산에 올라 신과 직접 말을 나눌 수 없었던 다른 사람들에게 새로운 규칙을 전하도록 다시 모세를 사자로서 산에서 내려가게 하기 위해서였다.

"모세가 하느님 앞에 올라가니 야훼께서 산에서 그를 불러 말씀하시되 너는 이같이 야곱의 집에 말하고 이스라엘 자손들에게 말하라. 야훼께서 시나이산 위에서 모세에게 이르시기를 마치신 때에 증거판(법) 둘을 모세에게 주시니 이는 돌판이요, 하느님이 쓰신 것이더라."《출애굽기》 19 : 3, 31 : 18)

14세기 아랍 사회의 철학자 이븐할둔이 쓴 예언자의 경험 및 사명에 관한 기술도 복귀를 강력히 강조하고 있다.

"인간의 영혼은, 눈 깜짝할 정도로 재빠르게 왔다 가는 그 짧은 한순간에 인간 본성을 벗어버리고, 천사의 성질을 몸에 걸치는 천성적인 소질을 지니고 있다. 그리고 천사의 세계에서 영혼은 동료인 인간에게 전할 사명을 받은 다음 다시 인간 본성으로 돌아간다."《역사 서설(序說)》

이 이슬람 예언 교리에 대한 철학적 해석에서 우리는 헬라스 사회 철학의 유명한 한 구절, 즉 플라톤의 '동굴의 비유'《국가》의 메아리를 들을 수 있다.

그 글에서, 플라톤은 보통의 인간들을 등 뒤에 빛을 지고, 그들의 뒤에서 움직이는 그들의 실재가 벽 위에 비쳐 생기는 그림자를 바라보며 앉아 있는 동굴 속의 죄수로 비유했다.

죄수들은 동굴 속 벽 위에 보이는 그림자를 궁극의 실재로 믿는다. 그들은 그것밖에 보지 못했기 때문이다. 플라톤은 그때 한 사람의 죄수가 갑자기 풀려나 뒤돌아서 빛을 향해 동굴 밖으로 걸어 나가라는 명령을 받았다고 가정한다. 이처럼 갑자기 해방된 죄수는 처음에는 눈이 부셔 당황하지만 그것은 그리 오래 계속되지는 않는다. 그의 눈은 차차 시력을 회복하고 그는 실재 세계의 본질을 인식한다. 그러고 나서 동굴로 되돌아가게 된다. 이번에는 어둠 때문에 좀 전에 햇빛 속에 나갔을 때처럼 눈이 안 보여 또다시 당황한다. 좀 전에 햇빛 속에 나간 일을 후회했듯이, 이번에는 다시 어둠 속으로 들어온 일을 후회하는데 그 이유는 전보다 훨씬 더 절박하다. 한 번도 햇빛을 본 적 없는 동굴 속 친구들 곁으로 돌아왔지만 그는 친구들에게 적대시될 위험에 처한다.

"친구들은 틀림없이 비웃을 것이며, 그들은 지상에 나가서 눈만 완전히 버리고 돌아왔다는 말을 할 것이다. 지상으로 나갈 생각을 하는 놈은 바보라는 교훈을 얻는다. '이렇게 해방시켜 높은 곳으로 데리고 나가려고 참견하는 놈은 잡아서 죽일 기회가 있다면, 꼭 그렇게 하겠다.'"

로버트 브라우닝 시의 애독자라면 여기서 그가 쓴 〈나사로의 환상〉을 떠올릴 것이다. 브라우닝은 죽은 지 나흘 만에 부활한 나사로가 다른 사람이 되어 '동굴'로 돌아갔으리라고 상상한다. 그리고 그는 이 독특한 체험을 하고 난 40년 뒤 노인이 된 이 베다니의 나사로 모습을 카르시시라는 아랍인 의사가 여행을 하면서 자기가 속한 조합의 우두머리에게 정기적으로 보고서를 쓴 '편지'에서 묘사하고 있다. 카르시시에 의하면 베다니의 촌민은 불쌍한 나사로가 말하는 것을 전혀 이해하지 못한다. 나사로는 아무 쓸모 없는 마을의 백치 취급을 받고 있다. 그러나 카르시시는 나사로의 이야기를 듣고 어쩐지 그렇게는 여기지 않았다.

브라우닝은 나사로의 '복귀'를 효과적인 형태로 묘사하지 못했다. 나사로는 예언자도 순교자도 되지 못하고 대신 복귀한 플라톤의 철학자와 마찬가지로 내쫓기지는 않지만 완전히 무시당하는 비교적 쉬운 그러한 운명을 감수했다. 플라톤 자신이 복귀의 시련을 묘사할 때 흥미롭지 못한 표현법을 쓰고 있으므로, 플라톤이 선택된 몇몇 철학자들에게 사정없이 복귀의 의무를 부과하는 것을 보면 놀라지 않을 수 없다. 하지만 선택된 사람들이 철학을 배워야 한다는 것이 플라톤 사상 체계의 본질이라면, 선택된 사람들은 철학을 배운 뒤 단순한 철학자로 머물러 있어서는 안 된다는 것도 마찬가지로 본질적인 점이다.

그들을 깨우치게 하려는 목적과 의의는 그들이 철인 정치를 하는 왕이 되게 하는 것이다. 플라톤이 그들을 위해 설정해 놓은 길은 틀림없이 그리스도교 신비주의자들이 걸어온 길과 같다.

그러나 길은 같아도 그 길을 걸어간 헬라스 사회의 철학자와 그리스도교적 정신은 같지 않다. 플라톤이 생각하기에, 깨달음을 얻고 자유로워진 철학자의 개인적 이익과 욕구는 여전히 "암흑과 죽음의 그늘에 앉아 있으며…… 괴로움과 쇠사슬에 묶여 있는"(《시편》 107 : 10) 그의 많은 동료들의 것과는 마땅히 다를 수밖에 없었다. 플라톤에 따르면, 동굴 속 죄수들의 이해관계가 무엇이든 철학자는 자기 자신의 행복과 완성을 희생하지 않고서는 인류의 요구에 봉사할 수가 없다. 왜냐하면 깨달음을 얻게 되면, 철학자에게 가장 좋은 일은 동굴 밖 빛 속에 머물며 언제까지나 거기서 행복하게 사는 것이기 때문이다.

헬라스 사회 철학의 근본적인 가르침 가운데 하나는, 가장 좋은 생활 상태는 관조 또는 '바라보는 상태'라는 것이었다. 피타고라스는 관조하는 삶을 행동하는 삶보다 위에 두고 있으나, 이런 원칙이 헬라스 사회 철학의 전통이 되어, 헬라스 사회가 마침내 해체되려 하던 끝 무렵에 살던 신플라톤파 철학자에게까지 이어지고 있다. 플라톤은 그의 철학자들이 단순히 의무감으로라도 세속적인 일에 동의한다고 믿는 듯하지만, 실제로 그들은 동의하지 않았던 것이다.

결국 이 철학자들의 거부가 왜 플라톤 앞 세대부터 시작된 헬라스 문명의 쇠퇴가 플라톤 시대에 와서도 회복되지 않았는지를 설명하는 하나의 이유가 된다. 또 왜 헬라스 사회 철학자들이 '위대한 거부'를 했는지 그 이유도 분명하다. 그들의 도덕적 한계는 잘못된 신념의 당연한 결과였다. 그들은 복귀가 아니라 황홀 상태야말로 그들이 시작한 정신적 편력의 전부이며 결말이라고 믿었으므로, 실제로 복귀가 그들이 하고 있는 운동의 목적이며 정점인데도 황홀 상태로부터 고통을 수반하는 복귀로의 이행을 오로지 의무의 제단 위에 희생물을 바치는 일이라고만 생각했다. 그리고 그들의 신비주의적 체험에는 그리스도교의 기본적 덕인 사랑이 결여되어 있었다. 그러나 그리스도교의 신비주의자들은 그렇지 않았다. 그들은 사랑의 작용으로 높은 영적인 접촉 뒤 곧장 내려와 아직 구제되지 않은 속세와 도덕적이고도 물질적인 교류를 했다.

이 '후퇴와 복귀'의 운동은 인간 사이에서만 볼 수 있는 인간 생활 특유의 현상은 아니다. 그것은 일반적으로 모든 생명의 특색이다. 인간이 농업을 시작하면서 식물의 성장에 관심을 기울이기 시작하자, 이 움직임은 식물의 성장에도 드러났다. 이것은 신화에 나타난 인간의 상상력과 희망, 불안이 농업과 관계가 있는 이유이다. 매년 되풀이되는 곡물의 수확과 파종이 제사나 신화 속에서 의인화된 표현으로 바꾸어 이를테면 코레나 페르세포네의 약탈과 반환, 디오니소스·아도니스·오시리스 그 외 고장마다 갖가지 이름으로 불리고 있는 보편적인 곡물의 영혼 또는 시간의 신이 죽음과 부활로 나타나 있고, 틀에 박힌 같은 인물이 갖가지 다른 이름으로 똑같은 비극적 드라마를 반복하는 데도 이런 신전의 제사와 신화는 농업 그 자체와 마찬가지로 널리 유포되어 있었다.

그와 마찬가지로 인간의 상상력은 또 식물의 생명에 나타나는 후퇴와 복귀의 현상 속에 인간 생활의 추상적 개념을 구체적 이미지인 우화로 표현하고, 이 풍자에 의해 성장기의 문명이 뛰어난 인물이 대중에게서 이탈하기 시작한 순간부터 인간을 괴롭히기 시작한 죽음이라는 문제와 싸워왔다.

"누가 묻기를, 죽은 자들이 어떻게 다시 살아나며 어떤 몸으로 오느냐 하리니, 어리석은 자여 네가 뿌리는 씨가 죽지 않으면 살아나지 못하겠고, 또 네가 뿌리는 것은 장래의 형체를 뿌리는 것이 아니요 다만 밀이나 다른 것의 알맹이뿐이므로, 하느님이 그 뜻대로 형체를 주시되 각 종자에게 형체를 주시느니라.

……기록된 바 첫 사람 아담은 생령(살아 있는 생명)이 되었지만 마지막 아담은 살려주는 영혼이 되었다. 그러나 먼저는 신령한 사람이 아니요 육체의 사람이고, 그다음이 신령한 사람이니라. 첫 사람은 땅에서 났으니 흙에 속한 자이고, 둘째 사람은 하늘에서 나셨느니라."(〈고린도전서〉 15 : 35~38, 42~47)

이 〈고린도전서〉의 구절에 네 가지 생각이 잇달아, 더구나 소리가 점점 커지는 형태로 제시되어 있다. 첫째는 가을에 자취를 감춘(후퇴한) 곡물이 봄에 복귀하는 것을 볼 때 부활을 눈앞에 보고 있다는 생각이다. 둘째는 곡물의 부활은 죽은 인간의 부활의 증거라는 생각으로, 이것은 오래전 헬라스의 밀교에서 설교된 가르침을 재확인하는 것이다. 셋째는 인간의 부활은 죽음과 생명에 복귀하는 중간 대기 기간 중에 신의 역사(役事)로 인간 본성이 어떤 종류의 변화를 하여 비로소 가능해지며 잉태될 수 있다는 생각이다. 이때 죽은 자가 변화하는 증거는 누구의 눈에도 명백하듯 씨가 꽃이 되고 열매가 되는 과정이다. 인간성에 일어나는 이 변화는 인내심이 더 커지고, 더 아름다워지고 더 힘이 세지며, 더욱 정신적이 되는 변화이어야 한다. 넷째는 가장 결정적이며 가장 숭고한 생각이다. '처음 사람'과 '두 번째 사람'이라는 개념에서 죽음의 문제는 잊히고 인간 개개의 부활이라는 문제에 대한 관심도 잠시 보류된다. '하늘에서 온 주(主)인' 둘째 사람의 강림에 의해 이 '제2의 신'인 개인이 만들어낼 새로운 씨가 창조된 일, 즉 '제2의 신'에게서 부여된 영감을 동료에게 불어넣음으로써 인류 모두를 초인의 단계로 끌어올리는 것을 사명으로 하는 '신의 보좌자'가 창조되었다고 바울(바울로)은 외치고 있는 것이다.

그러면 이와 같이 후퇴, 변화, 그리고 영광과 힘으로 가득한 복귀로 진행하는 과정에서 최초의 원천적 동력원은 신비주의 정신적 체험 속에서도 식물계의 자연적 생명 속에서도, 죽음과 불멸에 관한 인간의 사상 중에서도 어느 것이나 그것은 명백히 널리 우주 전체에 미치는 '모티프'이며, 보편적 진리를 인식하고 직관적으로 표현하는 신화 형식의 태곳적 이미지 중 하나인 불멸에 대한 염원 즉 시간의 한계이다.

　이 '모티프'의 신화적 변형에 버려진 아이에 대한 이야기가 있다. 왕위를 이을 자로 태어난 아이가 어렸을 때부터 버려진다. 때로는 오이디푸스나 페르세우스의 이야기처럼 꿈속에서 혹은 신탁에 의해 그 아이가 왕위를 빼앗을 운명을 타고났다는 예언을 듣고 아이의 아버지나 할아버지에 의해 버려지고, 때로는 로물루스의 이야기처럼 그 아이의 아버지로부터 왕위를 빼앗은 찬탈자가 아이가 커서 복수할 것이 두려워 버려지고, 이아손이나 오레스테스·제우스·호루스·모세·키루스의 이야기와 같이 악인의 살해 음모로부터 아이를 지키려는 동정자에 의해 버려지기도 한다. 이야기의 다음 단계에서는 운명의 아이가 훌륭하게 자라 그가 지나온 고난으로 영웅적 기질이 넘쳐 힘과 영광 속에 그의 왕국으로 돌아간다.

　예수의 이야기 속에 후퇴와 복귀의 모티프가 끊임없이 되풀이해서 나타난다. 예수는 다윗의 후예 또는 신의 아들로 왕위를 이을 아이인데 어렸을 때 버려지게 된다. 그는 하늘에서 내려와 다윗의 도성 베들레헴에서 태어났는데 묵을 방이 없어 모세가 방주(성서에서는 파피루스로 만든 광주리) 속에, 페르세우스가 상자 속에 있었던 것처럼 말구유 속에 누워 있었다. 로물루스는 이리가 지켜보고 키루스는 개가 지켜보았듯이 마구간 안에서, 그는 유순한 동물이 지켜보는 가운데 태어났다. 그는 또 목자들에게 둘러싸여 로물루스나 키루스, 오이디푸스와 마찬가지로 천한 태생인 양아버지에게 키워진다. 그 뒤 모세가 갈대 속에 숨어 파라오의 살해 음모에서 벗어나고 이아손이 펠리온산(그리스 테살리아 동부에 있는 산)의 요새에 숨어 펠리아스왕의 손길을 피한 것처럼 그는 남몰래 이집트로 도망가 헤롯의 살해 음모에서 벗어나게 된다. 그리고 이야기의 마지막에 그는 다른 영웅들이 복귀하듯이 되돌아와 그의 왕국에 들어간다. 당나귀를 타고 예루살렘에 입성해 군중들로부터 다윗의 아들로 환호성을 받으며 유다 왕국에 들어간다. 그리고 승천해 하늘의 왕국으로 들어간다.

위에서 살펴본 대로 예수의 이야기는 버려진 아이 이야기의 일반적인 양식과 일치한다. 그러나 복음서 속에는 후퇴와 복귀라는 기본적 모티프가 다른 형태로 나타난다. 그것은 예수의 신성(神性)이 차츰 구체적으로 나타나면서, 잇달아 일어나는 영적 경험의 세계 하나하나에서 모습을 드러낸다. 예수는 요한에게서 세례를 받고 자기 사명을 깨닫게 되자, 40일간 광야로 나가 악마의 시련을 겪은 뒤, 성령의 능력으로(《누가복음》 4 : 14) 돌아온다. 그 후 자기가 전하는 교리 때문에 죽음을 피하지 못할 것을 깨닫자 예수는 다시 '따로 높은 산'(《마태복음》 17 : 1)에 올라가 거기에서 '변화'를 겪은 뒤 죽음에 대한 관념을 깨닫고 다짐하면서 복귀한다. 그리고 그는 '십자가 위의 죽음'을 겪고 마땅히 죽어야만 하는 인간의 죽음을 감수하고 무덤으로 내려갔다가 이번에는 불멸의 몸으로, '부활'(자기단절에 의해 들어간 내면의 세계에서 변모하여 이룬 성장의 부활)을 통해 불사자로서 거기에서 일어선다. 그리고 최후의 '승천' 때 영광스럽게 재림하여, 산 자와 죽은 자를 심판하고 영원한 왕국을 쌓기(325년의 니케아 공의회에서 정해진 이른바 '니케아 신조'의 한 구절) 위해 지상에서 천국으로 올려진다.

이와 같이 예수 이야기 속에 여러 번 후퇴와 복귀의 모티프에도 유례가 있다. 예수가 황야로 물러난 일은 모세가 미디안에 도피(《출애굽기》 2 : 16 이하)한 일의 재현이다. '따로 높은 산' 위로의 후퇴 뒤 '변신'은 모세가 시나이산 위에서 변화한 일의 재현이다. 신성을 갖춘 자의 죽음과 부활은 그리스 사회의 비밀 종교 의식 속에 선례가 있다. 현세의 질서가 끝날 세계의 종말에 출현하여 지배권을 장악할 놀라운 인물은 조로아스터교 신화 속에 나타나는 구세주나, 유대교 신화 속에 나타나는 메시아 또는 '사람의 아들' 속에서 선례를 볼 수 있다. 그러나 그리스도교 신화는 아무 데서도 전례를 찾을 수 없다는 특징이 있다. 그것은 미래의 구세주 또는 메시아의 도래를 이미 인간으로서 지상에 생활한 적 있는 역사적 인물이 미래에 복귀하는 것으로 해석한 점이다. 이 번득이는 직관으로 업둥이 신화의 변치 않는 과거와, 농경 의식의 변치 않는 현실성이, 인간의 노력이라는 목표에 도달하기 위한 인류 역사의 분투 속으로 옮겨진다. '재림'이라는 개념에서 후퇴와 복귀의 모티프는 가장 깊은 정신적 의미에 도달한다.

그리스도교의 재림 사상을 낳은 번득이는 직관은 분명히 그 시대 그 장소의 어느 특수한 도전에 대한 막다른 응전으로 떠올랐을 것이다. 그런데 사물이란 태어난 자궁 속에 있었던 것 이상은 아니라고 생각함으로써 오류를 범하는 비평가는 이 그리스도교의 교리가 실망 속에서 태어났다는 이유로 그 가치를 얕잡아 볼 것이다. 그 실망이란 원시 그리스도교도들이 그들의 주님이 자기들이 바라는 성과를 하나도 남기지 않고 세상을 떠난 것을 깨달았을 때의 실망이다.

예수는 사형에 처해졌다. 그리하여 그의 죽음은 전도의 희망을 완전히 잃은 상태의 제자들을 뒤에 남겼을 것이다. 예수의 가르침을 이어받을 용기를 찾기 위해서 그들은 예수의 생애를 과거에서 미래로 비춤으로써 그 생애에서 실패의 가시를 뽑아내야만 했다. 예수는 힘과 영광으로 충만하여 재림한다고 주장해야 했다.

물론 이 재림의 교리가 그 뒤, 다시 절망 또는 실의의 상태에 빠진 다른 사회 집단이 차용한 것은 사실이다. 이를테면 역사적 인물인 아서왕이 침략자이자 야만족인 잉글랜드인의 궁극적 승리를 막지 못하여 결국 브리턴족이 정복되자 이들은 아서왕의 재림 신화를 통해서 자신을 위로했다. 중세 후기 독일인은 서유럽 그리스도교 세계의 패권주의, 즉 헤게모니를 유지할 수 없었던 것을 프리드리히 바르바로사 황제(재위 1152~1190년)의 재림 신화를 통해서 자위했다.

"잘츠부르크의 바위산 주위를 둘러싼 푸른 평야 서남쪽에 운터스베르크의 거대한 바윗덩이가, 베르히테스가덴의 협곡과 호수까지 길고도 좁은 길을 따라 위용을 드러내고 있다. 거기에서 훨씬 위쪽의 험준한 바위, 거의 사람이 다가갈 수 없을 만한 장소에 동굴 하나가 검은 입을 벌리고 있다. 그 부근의 골짜기에 사는 농민은 여행자에게 실없이 말한다. 그 속에 바르바로사가 그의 기사와 함께 마법에 걸려 잠들어 있다고, 그리고 까마귀가 산봉우리를 맴돌다 멈추고 골짜기에 배꽃이 피기를 기다려 그때가 되면 바르바로사가 십자군 전사를 데리고 산을 내려가 다시 독일에 평화와 힘과 통일의 황금시대를 가져온다고."[30]

마찬가지로 이슬람교 세계의 시아파도 싸움에 패하고 박해받는 종파가 되었을 때, 제12대 이맘(예언자 무함마드의 사위인 알리의 12대 직계 자손. 이맘은 이슬람 교단

30) Bryce, James : *The Holy Roman Empire.*〔원주〕

의 지도자)은 죽은 것이 아니라 동굴 속으로 자취를 감추었을 뿐 여전히 그의 백성에게 정신적·세속적 사항에 대해서 지도를 하고 있으며 언젠가 다시 약속된 마디(세계의 종말에 나타난다는 이슬람교 구세주)로서 나타나 오랜 세월의 폭압을 끝낼 것이라고 그들은 믿었다.

그러나 다시 그리스도교의 전형적인 재림 교리로 눈을 돌리면, 그것은 예수가 육체적으로 죽었지만 사도들의 마음속에 모습을 드러내게 된 정신적 복귀를 육체의 비유를 빌려 신화적으로 미래에 투사한 것임을 알 수 있다. 전에 예수가 그들에게 준 커다란 사명을 수행할 결의를 하고 그들은 자취를 감춘 예수의 복귀를 서둘렀다. 환멸과 절망이 있고 한 시기 뒤에 일어난 이 창조적인 사도들의 용기와 신앙의 회복이 〈사도행전〉 속에서는 다시 신화적 표현을 빌려 오순절 날의 성령 강림의 비유로 세밀히 서술되고 있다.

이제까지 후퇴와 복귀의 참뜻을 파악하는 데 노력했거니와 그것에 따라 우리는 창조적 인물은 창조적 소수자, 그리고 그 동지들과의 상호 작용을 통해 이뤄지는 인간 역사에서 이 운동의 실증적 조사를 쉽게 할 수 있었다. 이 운동의 유명한 역사적 사례는 인생의 여러 면에 걸쳐 존재한다. 신비주의자나 성도·정치가·역사가·군인·철학자·시인 등의 생애에 있어서나, 또 국민이나 국가나 교회의 역사에 있어서도 그 사례가 있다. 월터 배젓은 우리가 확립하려는 진리를 "위대한 국민은 모두 숨겨져 비밀리 준비되었다. 모든 일에서 멀리 떨어진 곳에서 만들어졌다"《물리학과 정치학》고 표현했다.

이제 우리는 창조적 개인으로부터 시작된 갖가지 예를 빠르게 훑어보기로 하자.

성 바울

타르수스의 바울은 시리아 사회에 가해진 헬레니즘의 충격이, 아무래도 회피할 수 없는 도전이 되고 있었던 시대에 유대인으로 태어났다. 그는 그의 생애 전반기에는 유대인들을 박해했는데, 그 이유는 그가 유대교의 젤롯파(로마의 지배에 항거하여 조직된 급진파 유대인 단체. 젤롯당 또는 열심당) 신자로 볼 때 예수가 유대인의 발걸음을 흩뜨리는 것처럼 여겨졌기 때문이었다.

그런데 후반기에는 그 노력을 전혀 다른 방향으로 돌려, 그리스인과 유대인,

세례받은 자와 세례받지 않은 자, 미개한 사람, 스키타이인, 노예, 그리고 자유인의 차별이 없는 새로운 체제를 설교하며 돌아다녔다. 게다가 이 화해의 교리를 이전에 박해한 종파의 이름으로 설교한 것이다.

이 후반기가 바울 생애의 창조적인 시기라고 할 수 있으며 전반기는 잘못된 출발이었다. 그리고 두 시기 사이에는 심연이 놓여 있다.

다마스쿠스로 가는 길에 갑자기 계시를 받은 바울은 '혈육과 의논하지 않고' 아라비아 사막에 들어갔다. 그러고 나서 3년 뒤 비로소 그는 다시 실천적 활동을 시작하기 위하여 예루살렘에 올라가서 최초의 사도들을 만났다.(《갈라디아서》 1 : 15~18)

성 베네딕트

누르시아(이탈리아 중부 움브리아에 있는 도시)의 베네딕트가 살아 있던 시대 (480~543년)는 헬라스 사회가 마지막 몸부림을 치던 시기였다. 그는 어렸을 때에 전통적인 원로 계급의 고전 교육을 받기 위해 움브리아의 고향에서 로마에 나오게 되었는데, 그곳 생활에 싫증이 나서 아직 어린 나이임에도 광야로 물러나 3년간 완전히 고독한 생활을 했으나, 성인이 됨과 동시에 사회생활에 복귀해 처음에는 수비아코 골짜기에서, 이어 몬테카시노산에서 수도원장을 맡으면서 그의 인생의 전환점이 찾아왔다. 인생의 나머지 반인 이 창조적 시기에 이 성도는 어렸을 때 자신이 포기한 낡은 교육법을 대신하는 새로운 교육을 창시했다. 그리하여 몬테카시노의 베네딕트회 수도원은 자꾸만 수가 늘어나 마침내 서유럽 구석구석까지 베네딕트회 규칙이 퍼지게 되었고, 또 많은 수도원의 모태가 되었다. 이렇게 하여 실제로 이 규칙이 결국 서유럽 그리스도교 세계 헬라스 사회 구질서의 폐허 위에 세워진 새로운 사회 구조의 주요한 초석 중 하나가 되었던 것이다.

베네딕트회 규칙의 가장 중요한 특색 중 하나는 육체노동을 명하고 있는 점인데, 그것은 농장에서의 노동을 가장 중요하게 여겼다. 베네딕트회의 운동은 경제적인 면에서는 농업 부흥이며, 더욱이 한니발 전쟁으로 이탈리아의 농민 경제가 파괴된 이래 이탈리아에서 최초로 성공한 농업 부흥이었다. 이렇게 베네딕트가 창시한 새로운 교육 사상이 베네딕트회 규칙으로 그라쿠스 형제의 농지법이나 로마 제국의 알리멘타(가난한 아이들을 위한 지원 제도)로 이루지 못했던 것을 실현했다. 그것이 나라의 시책처럼 위에서 아래로 작용한 것이 아니라 아래에서 위로, 인간 개개인의 종교적 정열을 이용해 각자의 자발적 활동을 각성시킨다는 형태로 작용했기 때문이다. 이 정신적 '비약'으로 베네딕트 수도회는 이탈리아를 경제 생활의 퇴조로부터 구해 냈을 뿐 아니라, 중세 알프스 너머 유럽에서 마치 북아메리카에서 프랑스인이나 영국인 개척자가 한 것처럼 삼림을 개척하고 소택지를 조성해 농지와 목초지를 만드는 불굴의 개척 사업을 수행토록 했던 것이다.

그레고리우스 대교황

베네딕트가 죽은 지 30년쯤 지났을 때 로마시 '지사'였던 그레고리우스는 도저히 실행 불가능한 과제에 직면했다. 기원 572년 무렵의 로마시는 1920년의 오스트리아 빈과 비슷하게 곤란한 상태에 있었다. 몇 세기 동안이나 대제국의 수도로서 거대한 도시였던 로마는 이제 갑자기 이전의 속령들이 떨어져 나가 그 역사적 기능을 상실하고 자체 자원만으로 자족 생활을 해야 했다. 그레고리우스가 지사가 되던 해에 '로마 영지'는 약 9세기 전에 그 옛날 로마인이 삼니움인과 이탈리아의 패권 쟁탈전을 시작하기 이전과 거의 같은 면적으로 줄었다. 그러나 그때는 그 면적에 형성된 작은 시장 거리 정도를 지탱하면 되었는데, 이제는 거대한 위성 도시를 지탱해야만 했다. 지금까지의 체제로는 새로운 사태를 도저히 감당할 수가 없다는 것을 그즈음 '지사'직을 맡고 있었던 로마 고관은 절실히 느꼈을 것이다. 그리고 그 후 고된 경험으로 2년 뒤 그레고리우스가 속세에서 완전히 떠난 것은 충분히 설명되리라 생각한다.

그의 후퇴는 바울과 마찬가지로 3년간 이어졌다. 그리고 나중에 대리인에게 시킨 것이지만 이 기간 마지막에 이교도인 영국인을 개종하기 위한 포교 활동을 스스로 하려고 계획하고 있었는데, 그때 교황에게 소환되어 로마로 돌아왔다. 로마에서는 교회의 요직을 역임하고 마침내 교황직에 올랐다. 이 동안 세 가지 대사업을 완성했다. 그는 이탈리아와 이탈리아 밖에 있는 로마 교회령의 관리 체계에 일대 개혁을 단행했다. 그리고 이탈리아 로마 제국 당국과 침략자 롬바르드인 사이에 합의를 이끌어냈다. 폐허가 된 낡은 제국 대신 새로운 로마 제국의 기초를 무력이 아닌, 새로운 체계에 대한 선교적 열정으로 마침내 건설했다. 그리하여 로마군이 한 번도 발을 디딘 일이 없고, 스키피오나 카이사르 같은 이들은 그러한 세계가 있다는 것조차 알지 못했던 새로운 세계를 정복하며 새로운 로마 제국의 기초를 다졌다.

석가모니

석가모니(싯다르타 가우타마)는 동란 시대의 인도 세계에서 태어났다. 그는 그가 태어난 도시 국가 카필라바스투가 약탈당할 때 동족인 샤카족이 대량으로 학살되는 것을 보았다. 초기 인도 세계의 군소 귀족 공화국들은 석가모니가 살던 시대에 큰 규모의 신흥 전제 군주국에 잇달아 굴복했는데, 그중 하나가 샤카족 사회였다. 석가모니가 샤카의 귀족으로 태어났을 때는 이처럼 귀족 체제가 사회 신흥 세력의 도전을 받고 있던 시기였다.

이 도전에 대한 석가모니의 개인적 응수는 그들과 같은 귀족에게 살기 어려워져 가는 세상을 버리는 일이었다. 7년 동안 그는 고행을 거듭하며 깨달음을 구했다. 깨달음을 얻은 것은 단식을 그만두고 세상으로 복귀하기 위해 첫발을 내딛기 시작한 뒤의 일이었다. 그리고 스스로 깨달음을 얻은 뒤 그 광명을 같은 동료 인간들에게 전하느라 나머지 생애를 보냈다. 그는 깨달음을 효과적으로 전하기 위하여 그의 주위에 제자들이 모이도록 했고, 그는 교단의 중심이 되고 지도자가 되었다.

무함마드

무함마드가 로마 제국의 외적 프롤레타리아트 아랍인으로 태어난 것은 로마 제국과 아라비아의 관계가 위기에 처해 있던 시대였다. 6세기에서 7세기로 넘어가는 시기에 로마 제국이 아라비아에 미친 문화적 영향은 포화점에 이르렀다. 아라비아의 응전은 힘의 역방출 형태로 무엇이든 반작용이 불가피한 상황이었다.

이 응전의 형태를 결정한 것이 무함마드인데, 무함마드의 생애 가운데 가장 중요한 두 가지 결정적인 전환점, 즉 로마 문명의 침입과 아랍 문명의 반작용에 후퇴와 복귀의 운동이 전주곡 역할을 했다.

무함마드 시대 로마 제국의 사회생활 가운데는, 아랍인의 마음에 특히 깊은 인상을 준 두 가지 특징이 있었다. 아라비아에는 그것 두 가지가 다 결여되어 있었으므로 더욱 인상적이었을 것이다. 첫 번째 특징은 로마의 종교가 일신교라는 것이며, 두 번째는 통치에 있어서의 법과 질서였다. 무함마드의 일생일대의 업적은 로마의 사회 조직 속에 포함되어 있는 이들 요소 하나하나를 아라비아화하여, 일신교와 통치 체제를 단일한 지배 기구—모든 것을 포괄하는 이슬람 제도—로 통합한 일이었다. 그는 이 지배 기구로 거대한 추진력을 만들어냈다. 원래 아라비아 야만족의 요구를 충족하기 위해 만들어진 이 새로운 제도는 아라비아반도를 넘어 대서양 연안에서 유라시아 초원 지대의 '연안'에 이르는 시리아세계 전체를 사로잡았다.

이 필생의 사업을 무함마드가 시작한 것은 그가 40세 정도이던 때(609년경)로 보이며 그것은 두 가지 단계를 거쳐 이루어졌다. 첫째 단계에서 무함마드는 오직 종교를 널리 포교하는 일에만 몰두했으며, 둘째 단계에서는 포교 활동과 함께 정치적 사업에 주로 전념했다. 무함마드가 순수하게 종교적인 활동을 처음 시작한 것은, 약 15년 정도 북아라비아 초원 주변을 따라 있는 로마 제국의 시리아 '사막 항구'와 아라비아의 오아시스 사이를 오가면서 대상(隊商) 생활을 한 이 부분적인 후퇴 뒤 아라비아의 교구 생활에 복귀한 다음의 일이었다. 무함마드 생애의 제2기, 즉 정치적·종교적 활동의 시기는 이 선지자가 태어난 고향이자 오아시스 도시인 메카에서, 그것에 경쟁하는 오아시스 도시 야트리브로 후퇴했던 '헤지라'('도망'의 뜻)와 함께 시작되었다. 그때부터 야트리브는, '메디나'(예언자의 도시)로 불리게 되었다. 헤지라는 이슬람교도가 그것을 이슬람 기원이 시작되는 해로 삼고 있을 만큼 중요한 사건인데, 이때 무함마드는 쫓기는 도망자로서 메카를 떠났다. 7년(622~629년) 동안의 은둔 생활이 끝나고서 그는 사면받은 망명자로서가 아니라 아라비아의 반을 차지한 지배자로서 메카로 돌아왔다.

마키아벨리

마키아벨리는 피렌체 시민이며 1494년에 프랑스의 샤를 8세가 프랑스군을 이끌고 알프스를 넘어 이탈리아를 침략했을 때 스물다섯 살이었다. 그는 아직 '야만인의 침략'을 받지 않았을 무렵인 이탈리아를 그럭저럭 체험하며 그 시대에 살고 있었던 것이며, 또 살아 있는 동안 알프스 너머 또는 바다 너머의 강국들이 이탈리아반도를 국제적 힘겨루기 무대로 삼아 서로 쟁탈하는 것을 보았다. 번갈아 획득한 승리의 포상과 상징으로 독립해 있던 이탈리아의 도시 국가들에 대한 압제적인 지배권을 놓고 쟁탈전을 벌였던 것이다. 이탈리아가 아닌 이런 비이탈리아권 제국의 압박은 마키아벨리 시대 사람들이 맞닥뜨린 도전이며 이를 통해 살아가야 했던 경험이었다. 더구나 이 경험은 그 시대 이탈리아인에게 있어 그때까지 거의 2세기 반 동안 그들이나 그들 선조들이 겪어보지 못했던 경험이어서 더욱 힘들었다.

마키아벨리는 타고난 정치적 재능이 있었을 뿐만 아니라 지칠 줄 모르는 열정도 있었다. 운명이 그를 도와 반도의 주요 도시 국가 중 하나인 피렌체의 시민으로서 29세의 젊은 나이에 자신의 실력으로 장관의 지위에 오르게 했다. 첫 번째 프랑스 침략이 있고 4년 뒤인 1498년에 이 요직에 임명된 마키아벨리는 직무를 수행하는 중에 자연스럽게 새로운 '야만적인' 국가들에 대한 직접적인 지식을 얻었다. 마키아벨리는 14년 동안의 경험을 통해 이탈리아를 정치적으로 구제해야 하는 긴박한 임무를 맡는 데 아마 이탈리아인 가운데 누구보다도 알맞은 자격을 갖추고 있었다. 그런데 그때 피렌체 내부의 정치 정세가 갑자기 변해 그는 실제적인 활동 무대에서 쫓겨나게 되었다. 1512년 그는 장관직을 박탈당하고 그다음 해에는 투옥과 고문의 쓴잔을 마셨다. 다행히 죽음을 면하여 출옥하는 대가로 영원히 피렌체의 그의 시골 농장에서 종신 칩거 생활을 하지 않으면 안 되었다. 그의 실각은 완전했다. 이처럼 운명이 개인적 도전에 대해 심한 시련을 주었지만 마키아벨리는 결코 그로 인해 힘을 잃거나 효과적인 응전을 포기하지는 않았다.

칩거 생활에 들어간 지 얼마 안 되어 옛 동료였던 친구에게 써 보낸 편지에서, 그는 스스로 정해 놓은 일과로서 생활 방식을 아주 자세히, 게다가 거의 유머러스하다고 할 만큼 초연한 태도로 담담히 적고 있다. 동틀 녘 일어나 낮에는 그가 어쩔 수 없이 받아들여야 하는 생활 방식에 알맞은 단조로운 사회적 활동과 야외의 심심풀이 소일거리로 보냈다. 그러나 그것만으로 그의 하루가 끝나는 것이 아니다.

"저녁이 되면 나는 집으로 돌아가 서재에 들어간다. 그리고 입구에서 흙투성이의 작업복을 벗어 던지고 궁정복을 입는다. 이렇게 단정한 복장으로 갈아입고 는 고대 사람들의 옛 저택으로 들어가는 것이다. 거기서 나는 그 집 주인으로부 터 자애로운 환대를 받는데, 그것만이 나의 참된 영양분이라고 생각되며 또한 내 몸을 유지하기 위해 음식을 마음껏 즐겁게 먹는다."

이러한 학구적인 탐색과 사색의 시간에 《군주론》을 구상하고 쓰게 된 것인데, 이 유명한 논문 가운데 '이탈리아를 야만인에게서 해방시키기 위한 권고'라는 제목의 가장 마지막 장을 보면, 이 논문을 쓰기 위해 붓을 들었을 때에 마키아 벨리가 품고 있었던 의도가 분명해진다. 그가 다시 한번 그 무렵 이탈리아의 사 활이 걸린 최대 정치 문제와 맞붙은 것은 실천의 배설구를 빼앗긴 에너지를 창 조적인 사색으로 전환함으로써 지금이라도 그 문제 해결에 힘을 실어줄 수 있 다는 희망을 품고 있었기 때문이다.

말할 필요도 없이 《군주론》에 생명을 불어넣고 있는 이 정치적 희망은 완전 히 기대에 어긋나고 말았다. 이 책은 저자의 직접적 목적을 이룰 수 없었다. 그렇 지만 《군주론》이 실패작이었느냐 하면 그것은 아니다. 왜냐하면 문필로써 실제 정치를 추구하는 것이 매일 낮 매일 밤 궁벽한 시골집에서 옛 벗의 저택을 드나 들면서 꾸준히 행한 일의 본질은 아니었기 때문이다. 마키아벨리는 자신의 글 을 통해 좀 더 영적인 면에서 세상에 복귀할 수 있었는데, 이 면에 있어 그는 실 제 정치 직무로 피렌체의 장관이 할 수 있는 어떠한 위대한 치적보다도 훨씬 커 다란 영향을 미쳤다. 내면의 고뇌를 뛰어넘은 그 마법과 같은 카타르시스의 시 간에 마키아벨리는 실질적 에너지를 근대 서유럽의 정치 철학의 모태가 된 일 련의 위대한 지적 작품—《군주론》《리비우스론》《로마사론》《전술론》《피렌체 사》—으로 변형시키는 일에 성공했다.

단테
마키아벨리보다 200년 전 같은 도시의 역사에 아주 꼭 닮은 예를 보여주는 사람이 있었다. 그가 바로 단테이다. 단테는 그가 태어난 도시 피렌체에서 쫓겨 난 뒤에야 그의 필생의 작업을 완성했다. 피렌체에서 단테는 베아트리체와 사랑 에 빠졌으나, 그녀는 다른 사람의 아내였으며 단테보다 먼저 세상을 떠났다.

피렌체에서 단테는 정계에 몸을 던졌으나 추방 선고를 받고 결국 다시는 돌아오지 못했다. 그러나 단테는 피렌체에서 살 수 있는 권리를 잃음으로써 세계의 시민권을 얻게 되었다. 그도 그럴 것이 실연을 당한 데다 또 정계 진출도 막힌 이 천재는 《신곡》 창작에서 자신의 필생의 일을 찾아냈기 때문이다.

3. 후퇴와 복귀-창조적 소수자

헬라스 사회의 성장 제2기에 있어서의 아테네

다른 문제와의 관련으로 우리의 주의를 끈 후퇴와 복귀에 대한 확실한 예는 기원전 8세기에 인구 과잉이라는 도전으로 헬라스 사회가 위기에 처했을 때 아테네인의 행동이다.

이 인구 과잉의 문제에 대한 아테네의 첫 반응은 표면상 소극적인 것이었다. 아테네는 다른 이웃 나라들처럼 해외에 식민지를 건설하지 않았다. 또 스파르타처럼 인접한 그리스 도시 국가의 영토를 빼앗고 그 주민을 농노로 만들려고도 하지 않았다. 이 시대에는 이웃 나라가 간섭하지 않고 가만히 놔두기만 하면 아테네는 온순하고 수동적인 태도를 취하려 했다.

아테네의 초인적 잠재력은 스파르타 왕 클레오메네스 1세(기원전 510년 아테네에 출정했다)가 아테네를 라케다이몬의 지배 아래 두려 하자, 거센 반항으로 응전하며 처음으로 잠깐 모습을 보였다. 식민지 운동에 불참하면서 그 뒤 이 라케다이몬에 대한 맹렬한 응전을 위해 아테네는 2세기 이상, 많든 적든 늘 긴장해 의식적으로 헬라스 세계의 다른 국가들로부터 따로 떨어져 있었다. 그러나 이 2세기 동안 아테네가 아무런 활동을 하지 않은 것은 아니었다.

오히려 아테네는 이렇게 오랜 은둔 기간을 헬라스 사회 전체가 맞닥뜨린 문제를 독자적 방법으로 해결하는 데 전념했다. 식민지 건설에 의한 해결법과 스파르타적 해결법이 점차 수확 체감의 현상을 보일 때에도 여전히 효과를 내며 그 우수성을 입증한 아테네 특유의 방법, 즉 주변국과의 활발한 무역·상공업으로 혼돈기 헬라스 사회에서 돌파구를 마련했던 것이다. 아테네가 겨우 경쟁의 장에 복귀한 것은 아테네 자신의 준비가 완료됐을 때, 즉 전통적인 여러 제도를 새로운 생활 양식에 맞도록 개혁한 뒤였다. 드디어 복귀하게 되자, 아테네는 헬라스 사회 역사상 유례가 없는 추진력을 보였다.

아테네는 페르시아 제국에 도전하는 놀라운 행동으로 복귀를 선언했다. 기원전 499년에 반란을 일으킨 아시아의 그리스인에게 아테네는 응전했으나 스파르타는 망설였다. 그리고 그 뒤 아테네는 헬라스와 시리아 사이에 있었던 50년 전쟁의 주인공으로 두각을 나타냈다. 기원전 5세기 이후 2세기 동안 헬라스 사회에서 아테네의 역할은 기원전 5세기 이전의 2세기 동안의 역할과는 정반대였다. 이 제2의 기간 동안 아테네는 늘 헬라스 사회 도시 국가들 간의 전쟁 그 한가운데에 있었다. 아테네는 알렉산드로스의 동방 원정의 결과 나타난 새로운 거인족에게 압도당해 그것에 반격할 가망이 없어져서야 할 수 없이 헬라스 사회에서 대국의 지위와 책임을 포기하게 되었다. 그러나 기원전 262년 마케도니아가 최종적으로 정복한 뒤 아테네가 후퇴함으로써 아테네의 헬라스 사회 역사에의 적극적 참여가 막을 내린 것은 아니다.

군사적·정치적 경쟁에서 낙오되기 훨씬 전부터, 아테네는 그 이외 다른 분야에서 '헬라스의 교사'가 되어왔다. 아테네는 헬라스 문화에 아테네적 특징을 남겼다. 그것은 후세 사람들의 눈에도 흔적이 남는 영속적인 아테네적 특질이다.

서유럽 사회의 성장 제2기에서의 이탈리아

앞에서 마키아벨리에 대해 언급하면서 우리는 이탈리아가 13세기 중엽 호엔슈타우펜 왕가의 멸망에서 15세기 말의 프랑스군의 침입까지, 알프스 너머 유럽에서는 봉건 시대 반(半)야만 사회들의 소동이 끊일 사이 없었던 이 2세기 동안 그 건너편에 꼼짝 않고 틀어박혀 있었다는 사실을 알았다. 외적의 침입을 피한 2세기 반 동안 이탈리아 천재들이 이룩한 최대 업적은 내면적이고 정신적인 것이었다. 건축·조각·회화·문학, 그 밖의 예술 및 일반 문화 영역에 속하는 모든 분야에서 이탈리아인은 기원전 5세기에서 4세기에 걸쳐 2세기간에 그리스 아테네인들이 방어 응전에만 몰두하며 틀어박혀 이룩했던 업적과 견줄 만한 창조 활동을 했다.

사실 이탈리아인은 이 고대 그리스인의 천재로부터 영감을 얻고자 했으며 그것은 완전하고 표준적이며, 또한 고전적인 것으로 그리스 문화를 되돌아보고 사라진 헬라스 문화의 망령을 다시 일깨우는 것이었다. 그리고 서유럽 사회도

이 이탈리아인의 선례를 본떠 '고전' 교육의 체계를 마련했다. 물론 이 고전 교육은 최근에 와서는 현대 기술의 요구 앞에 무너져가고 있기는 하다. 요컨대 이탈리아인은 외국의 지배를 받지 않은 덕에 외부의 폭풍으로부터 보호받고 있는 반도 내부에 이탈리아 세계를 창조했다. 여기에서 서유럽 문명은 다른 지역보다도 더 빨리 정도의 차이가 질의 차이가 될 만큼 높은 단계로 끌어 올려졌다. 15세기 말경, 그들은 다른 서유럽인보다 한결 우수하다고 생각하고 반은 자만에서 반은 진심으로 '바르바로이'(야만인)라는 말을 부활시켜 알프스 북방과 티레니아해(이탈리아반도의 서쪽 바다) 사람을 그렇게 불렀을 정도였다. 그 뒤 이 근대의 '야만인'은 그야말로 그 역할에 알맞게 그들이 정치적·군사적으로 이들, 문명의 아들이라고 자칭하는 이탈리아인들보다 뛰어나다는 것을 보여주기 시작했다.

새로운 이탈리아 문화는 반도에서 모든 방향으로 그 빛을 퍼뜨려 주위 제국의 문화적 성장을 촉진시켰는데, 맨 처음에 활발해진 것은 방사의 효과가 언제나 가장 빨리 나타나는 정치 조직이나 군사 기술과 같은 비교적 규모가 큰 문화 요소였다. 그리고 '야만인'들은 이들 이탈리아의 기술을 습득하면 그것을 이탈리아의 도시 국가 규모보다도 훨씬 큰 규모에 적용할 수 있었다.

알프스 북쪽 서유럽 '야만인'들이 이탈리아인으로서는 도저히 미치지 못하는 그런 규모의 조직을 만들어내는 데 성공한 이유는, '야만인'이 이탈리아인보다도 훨씬 용이한 정세와 상황에서 이탈리아인으로부터 배운 교훈을 적용했기 때문이다. 이탈리아인의 정치력은 불리해졌고 '야만인'의 정치는 유리해졌는데, '힘의 균형'이라는 일반적인 법칙에 따른 작용이었다.

균형은 한 사회가 몇 개의 서로 독립된 지방 국가로 분화할 때면 반드시 발동되는 정치 역학 장치이다. 나머지 서유럽 그리스도교 세계와 구별되는 이탈리아 사회는 동시에 지금 말한 대로의 정치 형태로 변화했다. 저마다 지방적·자치적 권리를 주장하는 다수의 도시 국가에 의해, 이탈리아를 신성 로마 제국에서 해방시키려는 운동이 이루어졌다. 즉 격리된 이탈리아 세계 창조와 이 세계로 다수 국가로 분화되는 일이 동시에 일어났다. 이러한 세계에서는 힘의 균형이 국가의 정치적인 힘을 측정하기 위한 영토, 인구, 부 같은 모든 기준에서 평균 자질을 가장 낮은 수준으로 유지하도록 한다. 그 자질이 평균 이상으로 올라갈 우려가 있는 국가는 거의 자동적으로 인근의 다른 국가로부터 압력을 받게 되기 때문이다. 그리고 이 압력은 국가들의 중앙부에 최대로 가해지며 주변부에서는 최소가 된다는 것이 힘의 균형의 여러 법칙 중 하나이다.

중앙부에서 어느 한 국가가 영토 확장을 목표로 어떠한 움직임을 보이면 주위의 모든 국가에서 빈틈없이 감시하여 빠르게 대응 조치를 취한다. 그리고 겨우 수 평방킬로미터의 토지 소유권을 놓고 가장 집요하게 싸움을 하게 된다. 그런데 주변부에서는 반대로 경쟁이 치열하지 않아 작은 노력으로 큰 성과를 얻는 경우가 있다. 미국은 대서양에서 태평양까지 야단스럽지 않게 확장해 나갔고, 러시아는 발트해에서 태평양까지 팽창할 수 있었으나, 프랑스나 독일은 아무리 노력해도 알자스나 포즈난(폴란드 중서부) 소유권을 도전받지 않고는 가능하지 않았다.

러시아나 미국이 오늘날 서유럽의 오래되고 비좁은 민족 국가들과 갖는 관계가 400년 전 루이 11세에 의해 정치적으로 이탈리아화된 프랑스와, 아라곤의 페르난도(시칠리아 왕·카스티야 왕·아라곤 왕·나폴리 왕)에 의해 정치적으로 이탈리아화된 에스파냐 및 튜더가(家) 초기의 국왕들에 의해 정치적으로 이탈리아화된 영국 등의 국가와 피렌체·베네치아·밀라노 같은 그즈음 이탈리아의 도시 국가와의 관계와 같다.

비교해 보면 기원전 8~6세기의 아테네의 후퇴와 기원후 13~15세기의 이탈리아의 후퇴는 서로 매우 유사하다는 것을 알 수 있다. 두 국가의 후퇴는 정치적으로 완전하고 영속적이었다. 둘 다 다른 국가들로부터 고립되어 있었던 소수자로서, 전체 사회가 직면한 문제에 대한 해결법을 찾으려고 온 힘을 기울였다.

그리고 이들 창조적 소수자는 때가 되면 창조적인 일을 이룩하는 동시에 잠시 떨어져 있었던 내부 사회에 복귀해 사회 전체에 커다란 영향을 미쳤다. 또 아테네와 이탈리아가 물러나 있는 동안 해결한 문제는 거의 비슷했다.

마치 헬라스 세계의 아티카와 마찬가지로 서유럽 그리스도교 세계의 롬바르디아나 토스카나는 지역적으로 자급자족하는 농업 사회를 국제적 상호 의존 관계의 상공업 사회로 바꾸는 실험을 성공적으로 해냄으로써 격리된 사회적 실험실의 역할을 다했다.

또 이탈리아의 경우도 아테네와 마찬가지로 새로운 생활 양식에 맞도록 전통적인 여러 제도를 근본적으로 개혁했다. 상업화되고 산업화한 아테네는 정치에 있어 출생에 기초한 귀족 제도에서 재산에 기초를 두는 부르주아 체제로 옮겨 갔다. 상업화되고 산업화한 밀라노·볼로냐·피렌체·시에나는 서유럽 그리스도교 세계 전체에 널리 퍼져 있던 봉건 제도에서 새로운 제도로 옮겨갔다. 새로운 제도는 시민 개개인과 그 주권이 시민 자체에 귀속되며, 정부는 지방에 주권을 직접적으로 행사한다. 이들 구체적인 경제적·정치적 창안이 이탈리아인 천재에 의해 태어났다. 그리하여 무형의 창조물과 함께 15세기 말 이후 이탈리아에서 알프스 너머 유럽 제국에 전해진 것이다.

그런데 이 단계에서 서유럽 사회 역사와 헬라스 사회 역사는 저마다 걷는 방향이 달라진다. 그것은 서유럽 그리스도교 세계 가운데에서 이탈리아의 도시 국가가 차지했던 지위와, 헬라스 가운데에서 아테네가 차지하고 있었던 지위 사이에는 한 가지 본질적으로 다른 점이 있었기 때문이다. 아테네는 여러 도시 국가로 구성되어 있고 이런 세계에 복귀한 도시 국가였다. 그런데 중세 사이에 있던 이탈리아는 이른바 세계 속의 세계이지만 아테네를 본떠서 조직한 도시 국가 형식은 서유럽 그리스도교 세계가 택한 사회 제도의 기초는 원래 아니었다. 본래의 기초는 봉건 제도였으므로 이탈리아의 수많은 도시 국가가 다시 서유럽 사회의 본체에 합병된 15세기 말에도 서유럽 그리스도교 세계의 대부분은 봉건 제도에 의해 조직되고 있었다.

이는, 이론적으로 말하면 두 가지 방법 가운데 하나를 선택해 해결해야 하는 상황이었다. 즉 이탈리아가 제공할 수 있는 여러 새로운 사회적 고안을 채택하려면, 알프스 너머의 유럽은 그 봉건적 과거와 관계를 끊고 도시 국가의 기초 위에 철저한 자기분화를 하든지 아니면 이탈리아의 창안을 손질해서 봉건 제도의 기초 위에 적합하도록 하든지, 또는 왕국제 국가의 규모로도 실행 가능한 형태로 고치든지 해야 했다. 스위스·슈바벤·프랑켄·네덜란드, 나아가서 한자 동맹군이 내륙 수로와 해상 수로를 지배하는 요충지를 차지하고 있는 북독일 평원에서는 도시 국가제가 꽤 성공을 거두었으나, 알프스 너머의 여러 국가에서 일반적으로 채택된 것은 도시 국가제가 아니었다. 그리고 서유럽 사회 역사는 다음 시기로 들어간다. 주목할 만한 그리고 풍성한 수확이 많았던 후퇴와 복귀가 나타나는 것이다.

서유럽 사회의 성장 제3기에서의 영국

그때 서유럽 사회가 직면한 문제는 어떻게 하면 도시 국가제를 채택하지 않고도 농업을 주로 하는 귀족적 생활 양식에서 상공업 중심의 민주적 생활 양식으로 옮겨가느냐 하는 문제였다. 이 도전에 응한 스위스와 네덜란드, 잉글랜드 가운데 결국 잉글랜드가 해결안을 찾아주었다. 이 3국은 모두 유럽 전체의 생활과는 다른 고립적 상황에 있었는데 그것은 어느 정도 지리적 환경에 기인한 것이다. 곧 스위스는 산맥에 의해, 네덜란드는 제방에 의해, 잉글랜드는 영국 해협으로 보호를 받고 있었다. 스위스는 중세 끝 무렵 도시 국가 세계의 위기를 연방 조직을 세움으로써 무사히 극복했다. 그리고 처음에는 합스부르크가, 다음에는 부르고뉴가의 세력에 저항하면서 독립을 유지했다. 네덜란드는 에스파냐와 싸워 독립을 이루며 7주 연합이라는 연방을 만들었고, 잉글랜드는 100년 전쟁에 결국 실패하여 대륙의 속국을 정복하려는 야망을 버렸다. 그리고 네덜란드와 마찬가지로 엘리자베스 여왕 시대에 가톨릭 국가인 에스파냐의 공격을 물리쳤다. 그때부터 1914~1918년의 제1차 세계대전에 이르기까지 대륙 문제에 휘말리는 것을 피하는 것이 잉글랜드 외교 정책의 기본이며 일관적인 목표였다.

그러나 소수자인 이 세 국가가 다 함께 고립적인 공통의 정책을 실행하기 좋았던 것은 아니다. 스위스의 산맥이나 네덜란드의 제방이라는 장벽은 영국 해협보다는 더 잘 막아내지 못했다. 네덜란드는 루이 14세와의 전쟁에서 완전히 재기할 수 없었고, 네덜란드와 스위스는 한때 나폴레옹 제국에 병합되었다. 게다가 스위스와 네덜란드는 또 다른 점에서, 앞서 말한 문제 해결 방안을 찾는 데 불리한 처지에 놓여 있었다. 스위스와 네덜란드는 둘 다 완전한 중앙 집권 민족 국가가 아니고 느슨하게 결합된 '주(Canton)'나 도시 연합에 불과했다. 이런 이유로 1707년 잉글랜드·스코틀랜드 두 왕국이 통합하자 대(大)브리튼 왕국(대영 제국)이 서유럽 그리스도교 세계 역사에서 제2기에 이탈리아가 했던 역할을 제3기에 맡게 되었다.

주목할 만한 것은 이 무렵 이탈리아 스스로가 도시 국가 단위의 한계를 초월하여 움직이기 시작했으며, 그 고립기 마지막 무렵에는 약 70, 80개의 독립된 도시 국가들이 정복 사업을 하여 8개나 10개의 비교적 큰 연합체로 줄어들었다는 점이다. 그러나 결과는 두 가지 점에서 충분하지 못한 것이었다. 첫째 이들 새로운 이탈리아의 정치 단위는 이전에 비하면 커졌으나 그래도 침략기가 시작되었을 때 '야만인'에게 맞서 자기 자신을 지키기에는 너무 작았다. 둘째 새로 등장한 좀 더 커진 이들 국가에 발달한 정치 형태는 늘 전제 정치였으며, 이로 인해 도시 국가제의 정치적 장점이 상실되었다. 알프스 북쪽에 있는 커다란 정치 단위에 손쉽게 적용된 것도 새로이 발달한 이러한 이탈리아식 전제 체제였다. 곧 합스부르크가가 에스파냐에서, 발루아가와 부르봉가가 프랑스에서, 다시 합스부르크가가 오스트리아에서, 그리고 마지막에 호엔촐레른가가 프로이센에서 채용했다. 그러나 겉으로 보기에 발전이라 여겨진 이 방향은 끝내 막다른 길에 이르렀다. 어떤 형태든 정치적 민주주의를 실현하지 않는 한 알프스 너머의 나라들이 이전의 이탈리아의 경제적 성과물인 도시 국가 체제 이탈리아에서 이룬 농업에서 상공업으로의 진보를 모방하는 것이 어려웠기 때문이다.

영국에서는 프랑스나 에스파냐와 달리, 전제 군주제의 발달이 효과적인 응전을 불러일으키는 자극제가 되었다. 영국의 응전은 알프스 너머에 있는 정치 조직체의 전통적인 제도에 새로운 생명을 불어넣고 새로운 기능을 하게 했다. 이 정치 조직체는 서유럽 그리스도교라는 공통적인 과거에서 남겨진 영국, 프랑스, 에스파냐의 유산이었다. 알프스 너머 멀리 떨어진 유럽의 전통적인 제도 중 하나는 불만을 표현하고, 근거 있는 불만은 반드시 개선한다고 국왕이 서약해 주는 대신 국왕을 위해 필요한 경비를 지출하는 것인데, 이런 두 가지 목적을 위해 정기적으로 열리는 국왕과 국민 여러 계층 사이의 의회나 회의 방식이었다. 이 제도가 점차 발달해 가면서 알프스 너머의 여러 왕국들은 전원 참가가 곤란하다는 수와 거리의 문제 같은 지역 간의 물리적 규모의 문제점을 '대표제'라는 방식으로 법안을 고안하거나 재적용하여 극복했다.

의회에서 심의되는 사항에 관계 있는 모든 사람이 직접 스스로의 의사를 표현하며 참가할 의무 또는 권리는 도시 국가에서 너무도 당연한 의무 또는 권리인데 이들 방대한 봉건 왕국에서는, 참가하는 대리인이 대표권을 가지고 의회가 열리는 장소까지 이동하는 의무를 가지는 것으로 약화되었다.

정기적으로 대표자가 모여 협의하는 이 봉건 시대의 집회 제도는 국왕과 백성들 사이의 연락 기관 역할을 하던 원래의 목적에는 아주 알맞은 제도였다. 그러나 국왕의 기능을 인수해 국왕을 밀어내고 정치권력의 주요한 원동력으로서 대체하기에는 처음부터 적합하지 않았다. 그런데도 17세기 영국에서는 이 제도가 성공적으로 적용되었다.

영국이 같은 시대 알프스 너머 멀리 떨어진 다른 왕국들의 거센 도전을 멋지게 극복한 것은 무슨 이유인가?

이 물음에 대한 대답은 영국이 대륙의 봉건 제도를 벗어나 국민 국가를 이루었다는 사실에서 찾아볼 수 있다. 서유럽 그리스도교 사회 역사의 제2기, 즉 중세에 강력했던 영국의 군주 정치를 제3기에 와서 의회 정치가 대체하게 되었다 해도 단순한 역설이라고 할 수 없다. 제2기에 다른 어떤 나라도 정복왕 윌리엄이나 헨리 1세, 2세, 그리고 에드워드 1세, 3세가 휘두른 것과 같은 강력한 권력과 준엄한 지배력을 경험한 나라는 없었다. 이런 강력한 통치자 밑에서 영국은 프랑스나 에스파냐, 독일보다 먼저 국민적으로 통일되어 있었다.

왕정을 대신할 수 있는 강력한 공화정이 국민적 통일에 이바지할 수 있었던 또 하나의 원인은 런던의 우월성이었다. 알프스 너머 어느 왕국에도 단 하나의 도시가 다른 도시를 이토록 완전히 압도해 버린 예는 없었다. 17세기 말에는 영국의 인구가 아직 프랑스나 독일에 비하면 문제가 되지 않았고, 에스파냐나 이탈리아에 미치지 못했음에도 런던은 이미 유럽에서 거의 가장 큰 도시가 되었다.

사실 영국이 이탈리아의 도시 국가 체제를 전 국민적 규모의 시민 생활에 적용시킬 수 있었던 것은, 좁은 국토와 확고해진 국경, 강력한 국왕, 그리고 대도시 하나의 우월성 등으로 인해 도시 국가의 협약과 국민적 자각을 이루었기 때문이라고 단언해도 무방하다.

그러나 이런 유리한 조건을 충분히 고려한다 하더라도 영국이 르네상스 시대 이탈리아의 행정 능력이라는 새로운 술을 중세 알프스 너머 제국의 의회 제도라는 낡은 가죽 부대에 가득 넣고도, 그 낡은 가죽 부대가 터지지 않게 막은 것은 감탄할 만한 '역작'이라 할 수 있다. 이것은 바로 정치적 승리였다.

그리고 이 의회 기관의 성격이 정치 비판에서 정치 집행 기관으로 전환한다는 정치적 '역작'을 영국의 창조적 소수가 서유럽 사회를 위해 만들어낸 것은, 영국이 대륙 문제에 휘말리기를 피하고 있었던 은둔의 제1기, 즉 엘리자베스 왕조 시대와 17세기의 대부분에 걸친 기간이었다.

루이 14세의 도전에 응하여 말버러 공의 멋진 지휘 아래 영국이 부분적으로 그리고 잠깐 대륙의 싸움터에 복귀했을 때, 대륙의 여러 국민들은 이 섬나라의 주민이 이룩한 것에 주목하기 시작했다. 이제 프랑스인이 '영국 심취(Anglomanie) 시대'라고 부른 시대가 시작되었다. 몽테스키외는 영국인의 공업을 칭찬했으나 잘못이었다.

입헌 군주제 예찬을 상징하는 '영국 심취'가 프랑스 혁명을 폭발시킨 한 도화선이 되었다. 그리고 19세기에서 20세기로 넘어가는 동안 점차 정치적 부작용에 의한 혐오스런 군더더기가 생기기 시작하자 동시대 지구상의 모든 국민들은 그 정치적 나신(裸身)을 의회 제도라는 무화과 잎으로 감출 수 있으리라는 희망을 품게 되었다.

이 서유럽 사회 역사의 제3기 마지막에 널리 행해진 영국의 정치 제도 찬양은 분명 제2기의 마지막, 즉 15세기에서 16세기에 있었던 이탈리아 찬양에 대응하는 것인데, 영국인이 이탈리아를 찬양했다는 가장 뚜렷한 예는 셰익스피어의 극들 중 가공의 소재를 다룬 극의 4분의 3 이상이 이탈리아의 이야기를 배경으로 하고 있다는 사실이다. 실제로 셰익스피어는 《리처드 2세》에서 자신이 주제로 선택한 '이탈리아 심취'에 대해 언급하며 그것을 비꼬고 있다. 그는 멋진 요크 노공의 입을 통해, 우매한 젊은 국왕이 뽐내는 이탈리아 유행에 현혹되어 있다고 말하고 있다. 그리고 국민들은 느림보이고 남의 흉내만 내고 싶어하며 여전히 그 풍속을 뒤쫓고 한심한 모방에 허송세월을 보낸다고 말한다.

셰익스피어는 그가 늘 능란하고 태평스럽게 사용하는 시대에 뒤진 방식으로 오히려 그 자신의 시대의 특징이었던 현상을 제프리 초서 시대의 일이었던 듯 빗대어 말하고 있는 것이다(리처드 2세의 재위 기간). 물론 초서와 그 시대가 이탈리아 심취의 시작이기는 했다.

영국인이 만들어낸 의회 정부라는 정치 제도가 나중에 산업주의를 위해 참으로 안성맞춤인 사회적 배경을 제공했다. 행정 담당자가 국민의 대표인 의회에 대해서 책임을 지는 정치 조직이라는 의미로서의 '민주주의'와, 공장에 집중한 '손'(노동자)에 의한 대량 생산 조직이라는 의미로서의 '산업주의'는 가장 주요한 현대의 두 가지 제도이다.

민주주의와 산업주의, 이 두 가지 제도가 널리 행해지게 된 것은 이탈리아의 도시 국가 문화가 이룬 정치적·경제적 사업을 도시 국가적 규모에서 왕국적 규모로 옮기는 문제를 위해 서유럽 사회가 그 무렵 찾아낼 수 있었던 가장 좋은 해결법이었기 때문이다. 그리고 이 두 가지 해결법은 모두 후세의 영국 정치가 한 사람이 '영광스런 고립'이라 부른 시대의 영국에서 성취되었던 것이다.

서유럽 세계 역사에서의 러시아의 역할

위대한 사회로 발전한 서유럽 그리스도교 사회의 현대 역사 가운데에도 한 시대가 균형을 잃고 다음 시대로 쓰러지는 경향이, 그리고 사회 전체가 여전히 과거 문제에 매달려 있는 동안 한 부분만이 떨어져서 미래의 문제를 해결하려는 경향이 아직도 남아 있을까? 즉 성장의 과정이 오늘도 계속되고 있는 것을 보여주는 흔적이 있을까? 이전의 문제를 이탈리아가 해결했고 그로 인해 다시 우리 앞에 제출된 문제를 영국이 해결했다. 이번에는 이 영국이 내린 해결이 새롭게 또 다른 문제를 일으킬 것인가?

우리는 현대에 있어 이미 민주주의와 산업주의의 승리로 두 가지 새로운 도전 앞에 직면해 있다. 특히 각 나라가 세계 시장을 목표로 특수한 제품을 고도의 숙련 기술과 거액의 자본을 투입해 생산하는 경제 제도를 의미하는 산업주의는 어떤 종류의 세계 질서를 필요로 한다.

그리고 일반적으로 산업주의나 민주주의나 모두 사회적 동물로서의 인간이 이제까지 행해 온 것보다 더 뛰어난 개인적 자기조절력과 상호 간의 관용과 공공 협동 정신을 요구한다. 이 두 가지 새로운 체제는 인간의 모든 사회적 활동에 전에 없던 강력한 추진력을 주었기 때문이다. 누구나 인정하듯이, 오늘날 우리가 처해 있는 사회적·기술적 환경에서 우리의 문명이 과연 존속할 수 있느냐 없느냐 하는 것은 의견의 차이를 해결하는 방법으로 전쟁이 사용되는 것을 막을 수 있느냐에 달려 있다. 그러나 여기에서는 이러한 도전이 후퇴를 부르고 다시 복귀로 이어지는 새로운 예를 만들어내는지를 관찰하는 데 그칠까 한다.

분명히 아직 갓 시작한 단계에 있는 현재의 역사적 시기에 대해서 단정적인 의견을 서술하는 것은 시기상조지만, 현재의 러시아 정교 사회의 태도를 앞에서 서술한 관점에서 설명할 수 있을지 살펴보자. 우리는 앞서 러시아의 공산주의 운동이 광신도적인, 즉 젤롯파적인 노력이라고 지적했다. 그것은 서유럽화의 가면을 뒤집어쓴 시기, 즉 2세기 전에 표트르 대제가 러시아에 강요하면서 서유럽화에서 이탈하려던 노력이었다. 그와 함께 이 가면이 가면에 그치지 않고 싫든 좋든 실제 서유럽화로 이행되었다고 이야기한 바 있다. 그리고 마지못해 서유럽화된 러시아가 서유럽에 대항한 표시로 채택한 서유럽적인 혁명 운동은 재래의 어떠한 서유럽의 사회적 교리보다도 더 강력한 러시아 서유럽화의 원동력이 되었다는 결론을 내렸다. 그리고 우리는 러시아와 서유럽 사이의 사회적 교류로 인해 생겨난 가장 새로운 결과를 위대한 사회 내부의 경험으로 변형된 형태로 표현했다. 전에는 두 별개 사회의 외면적인 접촉이었던 것이 바야흐로 러시아 내부에서 통합되었던 것이다.

그러면 내부적으로 유럽 사상에 통합된 이후 어떻게 되었는지 한 걸음 더 나아가보자. 러시아는 오늘날 위대한 사회 속에 포함되어 있으며 동시에 위대한 사회가 오늘날 갖고 있는 문제들을 해결하려는 창조적인 소수의 역할을 하기 위해 일반적인 삶으로부터 후퇴하고 있다고 말할 수 있을까? 러시아가 언젠가 이 창조적 역할을 위해 위대한 사회로 복귀할 가능성이 전혀 없다고 생각할 수는 없으며, 사실 현재 러시아의 실험을 칭찬하는 많은 사람들은 그렇게 믿고 있다.

제12장 성장에 의한 분화

이상으로 문명이 성장하는 과정에 대한 연구를 마쳤고, 우리가 조사한 온갖 예들은 그 과정에 있어서는 아주 동일한 것같이 생각된다. 개인이나 소수자, 또는 사회 전체가 하나의 어떤 도전에 응전하면, 그것이 최초의 도전으로 그치지 않고 다시 다음 응전을 행하도록 요구하는 새로운 도전을 불러온다. 이런 경우에 성장이 이루어진다. 그러나 성장 과정은 한결같아도 도전을 받는 여러 인간의 경험은 동일하지 않다.

공통된 도전이 계속되면서 인간은 저마다 다른 경험을 한다. 동일한 사회의 분화된 부분에 상당하는 다른 몇 개 사회의 부분적 분화 경험을 비교해 보면 확실히 알 수 있다. 어떤 것은 극복하고, 어떤 것은 후퇴·복귀의 창조적인 운동을 통해 응전에 성공한다. 또 어떤 것은 굴복도 하지 않고 응전에 성공하는 일도 없이, 성공한 성원이 그들에게 새로운 진로를 제시할 때까지 어떻게든지 살아남아서 조용히 선구자의 뒤를 따라 그 길을 걸어 나아간다.

이렇게 해서 계속 도전이 나타날 때마다 그 사회 내부가 분화된다. 그리고 이 분화는 도전이 오래되면 될수록 세포 분열처럼 개인적 경험에 의해 차츰 분명하고 구체적인 것이 된다. 모든 성원에게 똑같은 도전이 주어지는 하나의 사회 안에서도 이 같은 분화가 일어나는데, 도전 자체의 성질이 다른 한 성장 사회와 다른 성장 사회 사이에서는 그 과정에 큰 차이가 나타나는 것은 마땅하다.

그 분명한 예를 예술의 영역에서도 볼 수 있다. 일반적으로 모든 문명이 고유한 예술 양식을 만들어내는 것으로 알려져 있다. 어떤 특정 문명의 공간적이거나 시간적인 한계를 확인하려 한다면 예술을 보는 것이 가장 확실하고 정밀한 방법이다.

예를 들어 이집트에서 각 시대를 풍미한 예술 양식을 보면, 왕조 시대 이전의 예술은 아직 이집트의 독특한 특색이 없고, 콥트 시대[31]의 예술은 이집트다운 맛을 잃어버렸음을 알 수 있다. 이 사실을 근거로 이집트 문명의 시작과 끝 사이의 시간적 거리를 확인할 수 있다. 마찬가지로 헬라스 문명이 미노스 문명의 잔해 위에 세워진 연대와, 붕괴하여 그리스 정교 사회에 길을 양보한 연대를 확인할 수 있다. 또 미노스 문명의 공예품 양식을 기반으로 하여 그 역사의 각 단계별로 미노스 문명이 지속된 기간을 알 수 있다.

모든 문명이 예술 부분에 있어 독특한 양식을 갖는다면 양식의 본질인 질적 독특함이 각 문명의 모든 부분과 기관, 제도, 활동 속에는 스며들지 않고 예술 영역에만 나타날 수 있는지를 조사해야만 한다. 이에 대해 대대적인 조사를 하지 않더라도 우리는 서로 다른 문명이 특히 중점을 두는 활동 분야가 서로 다르다는 사실을 주장할 수가 있다.

예를 들어 헬라스 문명은 인간의 삶을 심미적인 관점에서 바라보는 경향이

---

31) 로마의 동서 분열로 이집트가 동로마 제국의 지배하에 들어간 5세기 초부터 아랍인에게 정복된 642년까지의 시기. 정통파 교회에서 분리되어 독립된 교회를 세운 이집트의 그리스도교교도—콥트교도—가 은연한 세력을 지니고 특히 예술 면에서 독자적인 양식을 전개했으므로 미술사상 '콥트 시대'라고 부른다.

뚜렷하다. 그것은 본래 심미적으로 아름다운 것을 나타내는 그리스어의 '카로스'라는 형용사가 도덕적인 '선'을 나타내는 데 구별 없이 사용된다는 사실로도 알 수 있다. 이에 대해 인도 문명과 그 '자식 문명'인 힌두 문명은 주로 종교적인 관점에서 인생을 바라보는 경향이 있다는 점에서 분명 같다는 사실을 알 수 있다.

서유럽 문명으로 오면 우리는 서유럽 문명 자신의 취향이나 편견을 쉽게 발견한다. 말할 나위도 없이 그것은 기계 중시의 경향, 자동차나 손목시계나 폭탄과 같은 물질적 기관과, 의회 제도나 사회 보장 제도나 군사 동원 계획 같은 사회적 잠재력 기관 등 이런 정교한 물질적·사회적 '태엽 장치'를 만들어냄으로써 자연과학의 여러 발견을 물질적인 목적에 응용하는 일에 관심과 노력과 재능을 집중하는 경향이다.

더구나 이 경향은 우리가 일반적으로 상상하는 이상으로 예부터 볼 수 있는 것이다. 서유럽인은 이른바 '기계 시대' 훨씬 전부터 다른 문명의 교양 있는 엘리트로부터 혐오해야 할 물질주의자로 인식되고 있었다. 역사가가 된 비잔틴의 왕녀 안나 콤네나[32]는 11세기경의 우리 선조를 그렇게 보았고, 서유럽 사회의 신예 무기였던 정교한 십자군의 석궁을 공포와 경멸이 뒤섞인 눈길로 보았다. 언제나 재빨리 살해 도구가 발명되는 일이 통례이지만, 이 석궁 또한 중세 서유럽인의 기계를 좋아하는 경향으로 먼저 만들어졌다. 전쟁에 비해 덜 매력적인 평화적 기술로 만든 걸작인 '태엽 장치'가 나타나기 수 세기 전에 발명되었던 것이다.

근대 서유럽에 있어 몇 사람의 저술가, 특히 슈펭글러가 여러 문명의 '특성'이란 문제를 다루고 있는데, 그 논의는 냉정한 진단을 벗어나 마음대로 공상으로 달리고 있다.

따라서 어떤 종류의 분화가 일어난다는 사실은 충분히 확증되었지만, 만일 그와 마찬가지로 확실하면서 더 중요한 사실인 인간의 생활과 제도에 표면적으로 나타나는 다양성은 밑바닥에 숨어 있는 동일성을 해치는 일 없이, 그 표면을 덮고 있는 피상적인 현상이라는 사실을 그냥 지나친다면 겉과 속의 비례감을 잃어버려 혼돈의 위험에 빠질 것이다.

---

32) 동로마 황제 알렉시오스 1세의 딸(1083~1148). 아버지 치세의 역사서 《알렉시아스》를 썼다.

앞서 우리는 문명을, 바위를 기어오르는 사람들에게 비유했다. 이 비유에 따르면 바위를 오르는 사람들은 저마다 별개의 인간이지만 다 같은 일에 매달려 있다. 그들은 모두 밑에 있는 같은 바위로부터 출발해 위에 있는 같은 바위를 향해 같은 절벽을 기어오르려 하고 있다. 근본적으로는 모두 동일한 것이다. 다른 비유로 문명의 성장을 '씨 뿌리는 이야기'로 생각해 보아도 마찬가지이다. 뿌려지는 씨는 한 알씩 별개이고 저마다 독자적인 운명을 지니고 있다. 그러나 씨는 모두 똑같은 종류이며, 똑같은 수확을 기대하며 똑같은 사람이 뿌린다.

제4편 문명의 쇠퇴

제13장 문제의 성격

문명의 쇠퇴는 성장의 문제보다도 설명이 분명하다. 그것은 기원의 문제만큼 확실하다. 문명의 기원은 종류가 다른 문명이 출현했다는 사실과 그 문명을 대표하는 사회의 수가 26개나 있다는 사실 그 자체로도 저마다 문명에 대한 설명과 이해가 필요하다. 이 가운데 5개는 성장 정지 문명이고 유산 문명은 포함되지 않는다. 그리고 더 나아가 26개 중 16개까지가 이미 죽어 묻혀버렸음을 알 수 있다.

살아 있는 10개 문명은 우리 서유럽 사회, 근동 지방의 그리스 정교 사회 본체와 러시아 분파, 이슬람·힌두·중국의 동아시아 사회 본체와 일본 분파, 거기에 폴리네시아인·에스키모인·유목민 이 3개의 성장 정지 문명이 그것이다. 이 10개의 현존 사회를 다시 더 자세히 살펴보면 폴리네시아인과 유목민 사회는 거의 마지막 고통 속에 신음하고 있으며, 다른 8개 사회 중 7개는 정도의 차이는 있지만 여덟 번째 문명인 서유럽 문명 때문에 소멸되거나 동화의 위협에 처해 있다. 게다가 7개 중 6개마저도 유아기에 성장이 정지된 에스키모 문명을 제외하고는 이미 쇠퇴하여 해체기에 들어간 흔적이 보인다.

앞서 살펴본 대로 해체에 대한 가장 뚜렷한 특징은, 쇠퇴와 몰락이라는 마지막 바로 전 단계에 나타나는데, 해체기의 문명은 세계 국가의 강제적인 정치 통합에 복종하는 대가로 일시적인 유예를 받는다. 서유럽의 연구자를 위한 전형적인 예는 헬라스 사회 역사의 마지막에서 두 번째 전 시기에 힘으로 헬라스 사회를 통일한 로마 제국이다.

지금 우리 서유럽 문명이 아닌 다른 현존하는 문명 하나하나를 살펴보면, 그리스 정교 사회의 본체는 이미 오스만 제국이라는 형태로 세계 국가의 끝을 맺었으며 그리스 정교의 러시아 분파는 15세기 끝 무렵 모스크바 공국과 노브고로드 공국의 정치적 통일 이후 세계 국가의 시기에 접어들었다. 또 힌두 문명은 무굴 제국에서 그 후계자인 영국령 인도 제국으로, 동아시아 문명의 본체는 몽골 제국(원나라)에서 이것을 부활시킨 만주 제국의 청(淸)으로, 또 동아시아 문명의 일본 분파는 도쿠가와 막부라는 세계 국가가 있었음을 알 수 있다. 이슬람 사회에 대해서는 저 문화의 범이슬람 운동이 세계 국가 출현의 이데올로기적 전조인지도 모른다.

만일 이 세계 국가의 이념적 전조를 쇠퇴의 징표로 본다면, 오늘날 살아남아 있는 서유럽이 아닌 다른 6개 문명은 모두 외부로부터 서유럽 문명의 세력이 밀어닥치기 이전에 이미 내부적으로 쇠퇴기에 들어가 있었다는 결론이 된다. 이 책의 뒷부분에서 밖으로부터의 침입이 성공하여 어떤 문명이 그 희생물이 되었다고 한다면, 사실 그 문명은 이미 내부적으로 쇠퇴기에 들어가 이미 성장의 상태에 있지 않다는 것을 믿게 할 이유를 말해야겠으나, 여기서는 현존하는 문명 가운데 서유럽 문명을 제외한 다른 문명은 모두 이미 쇠퇴하여 해체 과정을 밟고 있음을 지적하는 것만으로도 충분하다.

그러면 서유럽 문명은 어떠한가? 아직 세계 국가의 단계에 이르지 못한 것이 틀림없다. 그러나 앞서 말한 대로, 세계 국가는 해체의 마지막 단계도 맨 처음 단계도 아니다. 세계 국가 뒤에 우리가 '공백 기간'이라 부르는 시기가 오며, 또 세계 국가 앞에는 우리가 '동란 시대'라 부르는 시기가 나타나 이 시기는 보통 몇 세기 동안이나 이어지는 듯하다.

그리고 만일 현대의 우리가 우리들 자신의 시대에 대해 완전히 주관적인 감정으로 판단할 수 있다면, 가장 정확하게 판단하는 사람이라면 이미 '동란 시대'가 의심할 여지 없이 우리 앞에 와 있다고 선언할지도 모른다. 그러나 이 문제는 잠시 그냥 두기로 하자.

세계 문명 쇠퇴의 내적 특징이 무엇인지 이미 정의했다. 그것은 미개인 수준에서 어떤 종류의 초인간적 생활의 수준으로 오르려는 대담한 계획이 실패한 것이며, 우리는 이 엄청난 계획을 실천하는 과정에 일어나는 위험을 갖가지 비유로 설명했다. 이를테면 우리는 바위를 타는 사람이 새 휴식 장소인 암반에 이르지도 못한 채 자신이 막 출발한 암반 위에 떨어져 추락사하거나 죽은 목숨과 같은 상태가 되는 것으로 비유했다. 다시 쇠퇴의 특징을 비물질적인 면으로 설명하면, 이것은 창조적 개인이나 소수자의 정신에서 창조력이 상실되는 것이라고 말했다.

창조력을 잃어버리면 이러한 사람들은 비창조적 대중의 정신을 감화할 수 있는 마법의 힘을 빼앗긴다. 창조가 이루어지지 않는 곳에는 모방도 일어나지 않는다. 피리 부는 능력을 상실한 사람은 이미 마력을 잃어 군중을 춤추게 할 수 없다. 만일 분노와 공포로, 훈련 부사관 또는 노예 사역자로 변신해, 이제까지 했던 것처럼 사람을 끌어당기는 매력이 아니라 힘으로 사람들을 누르려 한다면, 더욱더 확실하고도 재빠르게 자신의 의도를 번복하는 꼴이 된다. 추종자들은 천상에서 나는 듯한 음악이 멈추자 춤추는 발이 시들해지고 보조를 맞추지 못하게 되었다. 그런데 이번에는 회초리가 자극을 하니 추종자들은 적극적으로 반항하게 되는 것이다.

사실 어떤 사회의 역사에서도 창조적 소수자가 지배적 소수자로 타락해 이미 합당치 않게 된 지위를 힘으로 유지하려고 들면 이 지배 요소는 성격이 변하며 다른 쪽에서는 이미 지배자를 존경하지도 모방하지도 않으며 예속 상태에 반항하는 프롤레타리아트의 분리가 일어나게 된다. 이 프롤레타리아트는 자기 존재를 주장할 때 처음부터 2개의 다른 부분으로 갈라진다. 표면적으로는 온순하게 엎드려 있으나 고집스럽게 반항하는 내적 프롤레타리아트와 폭력으로 병합을 거부하는 국경 너머의 외적 프롤레타리아트가 그것이다.

이처럼 문명 쇠퇴의 특징은 소수의 창조적 능력 상실, 거기에 호응하는 다수의 모방 철회, 그 결과 사회 전체의 사회적 통합의 상실 등 세 가지로 요약할 수 있다. 이러한 쇠퇴의 특징을 마음속에 그리면서 원인 탐구에 들어가기로 하자. 그러면 우리가 연구하는 이 편의 나머지 전부를 쇠퇴의 원인 탐구에 할애하게 되는 셈이다.

제14장 결정론적 해답

문명의 쇠퇴 원인은 무엇일까? 관련된 구체적인 역사적 사실을 열거해 가는 것이 우리의 연구 방법이지만, 그 방법의 적용에 앞서 멀고 높은 곳에서 원인을 찾고 증명할 수 없는 신조나 인간 역사의 영역 밖 사물에 의존해서 찾은 이 문제에 대한 몇 개의 해답을 검토해 보는 편이 좋을 것이다.

인간이 반복하는 병폐 중 하나는 자기 실패를 자기로서도 어찌할 수 없는 힘의 탓으로 돌리는 일이다. 이러한 사고방식은 쇠퇴기의 감수성이 예민한 사람들이 특히 매력을 느끼는 것인지라 헬라스 문명의 쇠퇴기에 있어서도 통탄스럽기는 하나 도저히 막을 길 없는 사회적 쇠퇴를, 모든 면에 침투하는 '우주적 노화'에 부수적으로 일어난 피할 수 없는 결과라고 설명하는 것이 여러 철학자들의 통설이었다.

헬라스 사회의 동란 시대 가장 마지막 세대에 속하는 루크레티우스의 철학(《만물의 본성에 대하여》 제2권 11장 참조)이 그러했고, 그로부터 300년 뒤 헬라스 사회의 세계 국가가 무너지기 시작한 때에, 서유럽 그리스도교 교부의 한 사람인 성 키프리아누스(카르타고의 주교)가 종교적 논쟁을 위해 쓴 글에서도 같은 논지가 되풀이되어 있다. 키프리아누스는 이렇게 썼다.

"당신들은 이 시대가 노쇠해 있음을 알아야 한다. 이미 이전에 꼿꼿이 세우고 있던 체력을 갖고 있지 못하며, 또 이전에 체력을 강하게 해주던 원기와 씩씩함을 잃었다. ……흙 속의 종자에 영양을 줄 수 있던 겨울의 양분이 감소했고, 비도 줄어들었으며, 작물을 성숙시키는 여름의 더위도 사그라들었다. ……태어난 것은 죽고 성장한 것은 늙어야 한다는 것이 세상에 내려진 판결이며 신의 율법이다."

현대의 자연과학은 적어도 현존하는 문명에 관한 한 이 이론의 근거를 무너뜨려 버렸다. 현대의 물리학자는 상상할 수 없이 먼 미래에는 물질의 방사선 때문에 피할 수 없는 결과로 '우주의 시계가 멈추는' 날이 올 것을 예견하고 있다. 그러나 그 미래는 방금 말한 대로 상상할 수 없을 만큼 먼 앞날인 것이다. 제임스 진스 경은 다음과 같이 기록하고 있다.

"인류의 앞날에 대해서 매우 암담한 시각에서 앞으로 지구가 이제까지 지내온 햇수에 상응하는 20억 년밖에 지속할 수 없다고 가정해 보자. 그럴 경우 인류 전체를 70년의 수명을 가진 한 사람으로 가정하면 지구가 태어난 지 70년 됐지만, 인류의 상태는 고작 생후 3일밖에 되지 않은 것이 된다. ……우리들은 전혀 경험이 없는 상태이며, 겨우 문명의 빛이 비치기 시작한 지점에 있는 것이다. ……이윽고 아침 해의 눈부심은 평범한 낮의 빛으로 희미해져 갈 것이다. 그리고 이 낮의 빛은 언젠가 먼 미래에, 영원한 밤을 예고하는 마지막 밤의 황혼에 자리를 넘겨줄 것이다. 그러나 우리들 여명의 아들은 먼 앞날의 일몰을 그다지 마음에 둘 필요는 없다.”[1]

그러나 오늘날 서유럽의 문명 쇠퇴를 예정론적 내지는 결정론적으로 설명하려는 사람들은 인간 제도의 운명을 물리적 우주 전체의 운명과 결부시키려 하지는 않는다. 대신 그들은 지구상의 생물 전체를 지배한다고 일컬어지는, 좀 더 파장이 짧은 노화와 죽음의 법칙에 호소한다.

슈펭글러는 처음에 은유(隱喩)를 설정하고, 그것이 마치 관찰된 현상을 바탕으로 한 법칙인 것처럼 주장을 펼쳐 나가는 것이 장기인데, 모든 문명은 한 인간의 일생과도 같은 시기를 차례차례로 밟고 가는 것이라 선언한다.

하지만 그의 웅변은 어디서도 증명이 되어 있지 않다. 앞서 살펴본 대로 사회는 어떠한 의미에서도 살아 있는 유기체는 아니다. 사회는 주관적으로 말하면 역사 연구에서 이해가 가능한 영역이며, 객관적으로 말하면 다수의 개별적 인간이 저마다 행동하는 영역 사이에 있는 공통의 기반이다. 개별적 인간은 살아 있는 유기체이지만, 그들은 자신의 그림자의 교차점에서 그들과 같은 모습을 한 거인이 나타나게 하여 이 실체가 없는 몸에 그들 자신의 생명의 입김을 불어넣을 수는 없다.

하나의 사회에서 이른바 ‘구성원’을 이루는 모든 인간의 생명력인 개개의 에너지 작용은 그 존속 기간까지도 포함해서 그 사회의 역사를 만들어내게 된다. 모든 사회는 미리 정해진 수명을 갖는다고 독단적으로 선언하는 것은 연극에 반드시 막(幕)이 여럿 있어야 한다고 선언하는 것과 마찬가지로 어리석은 일이다.

문명은 생물학적 법칙의 지배를 받는 단순한 유기체 또는 실재물이 아니므

---

1) Jeans, Sir J. : Eos : *or the Wider Aspects of Cosmogony.*〔원주〕한편 진스는 영국의 물리학자·수학자 (1877~1946)로 열복사에 대한 레일리·진스 법칙을 발견, 우주 진화론에 대한 독자적 학설을 내세웠다.

로, 우리는 모든 문명이 그 생물학적 수명의 마지막에 가까워질 때 쇠퇴가 일어난다는 이론은 무시해도 좋다. 그러나 또 다른 이론이 있는데 설명할 수 없는 어떤 이유 때문에 그 상호 간의 관계로 문명이 구성되는 개개인의 생물학적 자질은 일정한 수나 불확실한 수의 세대를 지나면 이상하게도 생명력이 감소한다. 즉 문명의 경험은 결국 본질적으로 손을 쓸 수도 없이 열성적(劣性的)이라고 주장하는 설이 있다.

> 조부모보다 못한 부모가
> 그보다 못한 우리를 낳았다.
> 그런 우리가 얼마 안 가 우리보다 못한
> 자손을 낳는다.[2]

이렇게 본말이 전도되면, 사회 쇠퇴의 결과와 원인이 혼동된다. 사회의 쇠퇴기에 있어 사회 성원은 성장기의 그들 조상이 당당한 체구와 멋진 활동을 한 것과는 대조적으로 위축되어 소인 아니면 불구가 되어 있고 행동의 자유마저 잃은 것처럼 보일지 모르나, 이 병을 퇴화의 탓으로 돌리는 것은 잘못된 진단이다. 자손의 생물학적 유전 형질은 조상의 그것과 같은 것이므로 선조의 노력과 공적은 모두 잠정적으로 자손의 능력 범위 내에 있다.

쇠퇴기 사람들의 활동을 억누르는 병은 그들의 생득 능력의 마비가 아니라 그들의 사회적 유산의 붕괴이다. 그 때문에 그들 능력은 손상되지 않았음에도 충분히 드러나지 못하고 효과적이고 창조적인 사회적 활동을 할 수 없는 것이다.

종족 퇴화를 사회 쇠퇴의 원인으로 보는 이 지지하기 어려운 가설은, 때때로 와해된 사회의 최종적 해체와 그 '자식'에 속하는 신생 사회의 출현 사이의 공백 기간 중에 종족의 민족 이동이 일어나고, 그 민족 이동 때 두 사회가 주거지를 함께함으로써 '새로운 피'를 수혈받는다는 사실로 볼 때 받아들일 수 없게 된다.

'뒤에 일어난 일은 앞에 일어난 일의 결과'(시간적으로 먼저 일어났기 때문에, 나중

---

2) 호라티우스, 《서정시집》 제3권. 아주 시적이지는 않지만 깔끔하게 표현되어 있다.(원주)

에 생긴 것의 원인이라고 생각하는 것)에 원리의 근거를 두고, 신생 문명이 성장 과정에서 새로운 창조력을 발휘하는 것은 '원시적인 야만 종족'의 '순수한 원천'에서 온 이 '새로운 피'의 덕택이라 할 수 있다. 그리고 그 뒤 선행 문명의 생애에서 오히려 창조력이 사라지는 현상은 새로이 건강한 피를 수혈하는 것 말고는 치료 방법이 없는 하나의 종족적 빈혈증 또는 농혈증 탓이 틀림없다고 추론한다.

이 견해를 지지한 가장 좋은 예로 들 수 있는 것이 바로 이탈리아 역사에 관한 것이다. 이탈리아 주민이 기원전 마지막 4세기 동안, 그리고 그 뒤 또 한 번 기원후 11세기에서 16세기에 걸친 약 6세기 동안 탁월한 창조력의 부활을 보였다는 일이다. 이 두 시기 사이, 즉 뛰어난 자질이 이탈리아인에게 완전히 없어져 버린 시기로 생각되던 1000년에 걸친 쇠퇴기에는 탈진과 회복이 이루어지던 시기였음이 지적된다. 이탈리아 역사에서 볼 수 있는 이러한 두드러진 성쇠의 교체는 이탈리아가 위대한 성과를 이룬 2개의 위대한 시대 사이에 침입해 온 고트족과 롬바르드족의 새로운 피가 이탈리아인의 혈관에 수혈된 일 말고는 다른 이유를 찾을 수 없다고 인종론자는 말한다.

이 생명의 묘약이 이윽고 몇 세기의 잠복 기간 뒤 이탈리아의 재생, 즉 르네상스를 낳았다. 로마 제국 아래서 이탈리아가 생기를 잃고 쇠퇴한 것은 새로운 혈액이 모자랐기 때문이다. 또한 로마 공화정의 출현과 함께 폭발적인 활동으로 나타난 이 에너지는 의심할 여지도 없이 그 앞에 헬라스 문명 탄생 이전의 민족 이동 시기에 신선한 야만인의 피가 주입되었기 때문에 태어났다는 것이다.

이상 16세기까지의 이탈리아 역사로 본 인종론적 설명은 16세기라는 시점에서 멈춘다면 표면적으로는 그럴듯하게 보인다. 그러나 16세기부터 다시 현대까지를 생각하면 17세기와 18세기 제2의 쇠퇴기 이후 19세기에 다시 이탈리아가 세 번째 부활의 무대에 선 것을 볼 수 있다. 19세기의 이 부활은 참으로 극적인 것으로서 부활을 뜻하는 이탈리아어 '리소르지멘토'가 이제는 수식어 없이 오로지 중세 이탈리아가 경험한 현대적 '되풀이'를 가리킬 정도이다.

그런데 과연 이 마지막의 이탈리아 에너지 폭발에 앞서 순수한 야만인의 피가 수혈된 적이 있었을까? 대답은 물론 "그런 수혈은 없었다"이다. 19세기 이탈리아의 '리소르지멘토'(국가 통일 운동과 독립운동)의 직접적 주요 원인은 역사가들의 의견이 일치하는 것으로 생각되는데, 혁명기의 프랑스와 나폴레옹 시대의 프랑스에 정복되어 한동안 지배를 받은 고통스런 경험으로 이탈리아에 불어닥친 동요와 도전이었다.

기원후 2세기 초반 이탈리아의 앞선 부흥과, 기원전 마지막 2세기 동안의 훨씬 빠른 쇠퇴에서 비인종론적 설명을 찾아내는 일도 그다지 어려운 일은 아니다. 이 마지막 쇠퇴는 분명히 로마 군국주의가 마땅히 받아야 할 벌이며, 이 군국주의가 한니발 전쟁 뒤에 일어난 모든 끔찍한 사회악을 이탈리아에 가져온 것이다. 헬라스 문명 멸망 뒤 공백기에 시작된 이탈리아 사회의 회복도 마찬가지로 확실히 옛 이탈리아 종족에 속한 창조적 인물, 특히 단순히 중세의 젊어진 이탈리아의 어버이로서뿐만 아니라 중세 이탈리아인이 참가한 새로운 서유럽 문명의 어버이이기도 한 성 베네딕트와 그레고리우스 대교황의 과업으로까지 거슬러 올라갈 수 있다.

한편 '순수한 피'였던 롬바르드족이 휩쓸고 간 이탈리아의 여러 지방을 조사해 보면, 그중에 베네치아나 로마, 그 밖에 이탈리아 르네상스 무렵 이들 2개의 도시와 비슷하게 중요한 역할을 했고, 롬바르드족의 세력 중심지로 알려져 있는 파비아·베네벤토·스폴레토보다도 한결 중요한 역할을 했던 지역들도 빠져 있음을 알 수 있다.

만일 이탈리아 역사의 인종론적 설명에 빛을 더할 생각이라면, 우리는 롬바르드족의 피는 묘약이 아니라 병독이었음을 보여주는 증거를 아주 쉽게 제시할 수 있다.

로마의 공화정 탄생을 비인종론적으로 설명할 수 있다면, 우리는 인종론자의 단 하나 남은 이탈리아의 역사라는 요새에서 그들을 쫓아낼 수 있다. 로마 공화정의 출현은 그리스인과 에트루리아인의 식민지 사업이라는 도전에 대한 응전으로 설명할 수 있다. 이탈리아반도의 원주민들은 시칠리아섬에 사는 그들 사촌들에게 했듯, 또 에트루리아인이 움브리아의 원주민에게 했듯이 멸망과 예속, 동화 가운데 고르도록 하는 이런 강요를 따를 것인가, 아니면 일본이 서유럽 문명을 들여왔을 때처럼 스스로 선택한 조건으로 헬라스 문명을 도입함으로써 침입자에 맞서 자신들을 지키면서 스스로를 그리스인이나 에트루리아인과 같은 효율적인 수준으로 끌어올릴 것인가 하는 것이었다. 로마인은 둘 가운데 후자를 선택해 응전함으로써 뒤에 이어지는 위대한 길을 열었던 것이다.

이상 우리는 문명의 쇠퇴를 설명하는 세 종류의 결정론적 이론을 이야기했다. 첫째, 문명의 쇠퇴는 우주의 '태엽 장치'가 '정지'하거나 지구의 노화에 따른다는 설이다. 둘째, 문명은 살아 있는 유기체와 마찬가지로 고유의 생물학적 법칙에 따라 미리 정해진 수명이 있다는 설이다. 셋째, 쇠퇴는 문명에 참여하는 개인의 자질이 그 순수 혈통이라는 명목에 얽매여 너무나 오랫동안 '문명화'된 조상이 끊임없이 이어진 결과 퇴화됐기 때문이라는 설이다. 우리는 또 하나 일반적으로 역사 '순환설'의 이름으로 불리고 있는 가설을 살펴보지 않으면 안 된다.

인류 역사 순환설이 나오게 된 것은 기원전 8세기에서 6세기까지의 어느 시기에 바빌로니아 사회에서 이루어진 것으로 생각되는 놀라운 천문학적 발견, 즉 누구나 알고 있는 세 가지 두드러진 순환, 곧 밤낮의 바뀜, 태음월과 태양년 같은 순환만이 천체 운동의 반복을 나타내는 예가 아니라, 지구와 달과 태양은 물론 모든 유성을 포함하는 천체 운동에 더욱 거대한 질서가 있다는 사실, 그리고 이 천체의 합창으로 만들어지는 '천체의 음악'은 태양년 따위는 문제도 안 될 만큼 웅대한 대순환을 하면서 완전한 화음을 되풀이한다는 것이다.

이 천문학적 발견은 분명히 태양 주기에 따라 해마다 되풀이되는 식물의 탄생과 죽음에 대응하는 좀 더 규모가 큰 우주적 주기가 있으리라는 추론이었다. 모든 사물의 탄생과 죽음이 되풀이되어 일어난다고 추론되었던 것이다. 인간의 역사가 이처럼 순환한다는 설은 확실히 플라톤을 매료시켰고(《티마이오스》와 《정치가》 참조), 또 베르길리우스는 《전원시》 제4권에서 이렇게 노래한다.

> 쿠마이(나폴리 인근의 그리스 식민 도시)의 예언자가 이야기한 말세가 왔노라.
> 여러 대에 걸쳐 위대했던 질서가 새로 닥쳐오느니
> 성 처녀와 황금시대가 돌아오고
> 이제 새로운 종족이 천상에서 내려오려 하나니……
> 여기에 선발된 영웅들을 태우려 티피스(키잡이)와
> 아르고호(號)가 나타나리라.
> 옛 싸움이 되풀이되고, 한 번 더 위대한 아킬레우스가 트로이에 보내지리라.

베르길리우스는, 아우구스투스가 헬라스 세계에 가져온 평화에 감동해서 만든 낙천적인 찬가를 장식하기 위해 순환설을 인용해 쓰고 있는 것이다. 그러나 "옛 싸움이 되풀이된다"는 것이 과연 기뻐할 만한 일일까? 성공적이고 행복한 삶을 살았음에도, 그 삶을 되풀이하는 것은 바라지 않는다는 사람이 많은데, 개인의 평균적인 생활에 비해 일반적으로 역사가 되풀이할 가치가 더 있을 것인가? 이 점은 베르길리우스가 물어보지 않았지만 퍼시 셸리가 《헬라스》의 마지막 합창곡에서 그 답을 주고 있다. 이 합창곡은 베르길리우스적인 회상에서 시작하여 모두 셸리적인 독특한 가락으로 끝맺고 있다.

세상의 위대한 시대가 또다시 시작되고,
황금시대가 돌아왔으니
대지는 뱀 허물처럼
겨울옷을 벗어버리리라.
하늘은 미소 짓고, 모든 신앙과 제국이
사라지는 꿈의 파편처럼 희미하게 빛나네……

보다 거대한 아르고호가 새로운 노획물을 싣고,
망망한 바다를 가르며 나아간다.
또 다른 오르페우스가 또다시 노래하며
사랑하고 탄식하며 죽어간다.
새로운 오디세우스가 다시 또 한 번
칼립소를 뒤에 남기고 고국 땅으로 향한다.

아아, 더 이상 트로이의 이야기는 쓰지 말아다오.
만일 대지가 죽은 자들의 명부(지하 세계)가 되지 아니한다면
더 영리해진 스핑크스가 또다시
테베가 몰랐던 죽음의 수수께끼를 던진다 하더라도
자유인의 머리 위에 빛나기 시작한 기쁨에
라이안(테베)의 노여움을 섞지 말아다오……

아아, 그만! 증오와 죽음이 돌아와야만 하는가?

그만두오! 인간은 죽이고, 죽지 않으면 안 되는 것이냐?

그만두오! 쓰디쓴 예언의 단지를

밑바닥까지 다 마셔버리지 않도록!

세계는 과거에 지쳤노라.

아아, 세계는 안식하든지 아니면 사멸하라!

만일 우주의 법칙이 정말이지 "변하고 또 변한다 해도, 결국은 그게 그것일 뿐"(19세기 프랑스의 풍자가 알퐁스 카르가 한 말)으로 우리를 조롱하는 법칙이라면, 셸리의 시(詩)도 결국 불교의 정조로 보면 존재의 끊임없는 회전에서 벗어나기를 염원하는 것으로 이 운행이 단순히 별들을 이끄는 것이라면 아름다운 일일지 모르나 우리 인간의 다리로는 견딜 수 없는 답차(옛날 감옥에서 징벌로 밟게 한 수레)와도 같은 것이다.

별이 인간의 운명을 지배한다는 믿음 따위에서 벗어나서 합리적으로 생각할 경우에 우리는 인간 역사에 순환 운동이 있다고 믿어야 할 것인가? 이 연구에서 우리 스스로 그러한 가설을 부추긴 것이 아닌가? 우리가 설명해 온 음과 양, 도전과 응전, 후퇴와 복귀, 어버이 문명의 죽음과 자식 문명의 탄생 등의 운동은 대체 무엇인가? 이들 운동은 "역사는 되풀이된다"는 낡고 지루한 주제의 변형은 아닌가? 인간의 역사를 엮는 이들 힘의 운동에는 틀림없이 반복의 요소가 있다. 그러나 끊임없이 좌우로 오가면서 '시간'의 베틀 위를 날듯이 왔다 갔다 하는 북은 같은 무늬의 반복이 아니라, 분명 무늬가 더욱 화려한 여러 가지 색깔이 섞인 옷감을 짜고 있는 것이다. '윤회' 사상에서 볼 수 있듯이 곧잘 역사의 주기적 반복을 비유할 때 쓰이는 수레바퀴 자체가 반복과 전진이 나란히 일어날 수 있음을 보여준다.

바퀴의 운동은 차축과의 관계로 보면 반복 운동이지만, 바퀴가 만들어져서 차축에 부착될 때는 단순히 차량의 일부분으로 차량을 움직이게 하기 위해서다. 바퀴는 차량을 위해서 필요한 것이며, 차량은 차축의 주위를 회전하는 바퀴의 원운동에 의해 비로소 움직일 수 있다. 그렇다고 해서 차량 자체도 회전목마처럼 원 궤도를 그리며 뱅뱅 돌아야 하는 것은 아니다.

반복하는 소운동 위, 날개에서 태어난 되돌아갈 수 없는 대운동, 이 두 가지 서로 다른 운동이 조화를 이루는 것이 아마 우리가 리듬이라는 이름으로 부르는 것의 본질이리라. 그리고 우리는 이 힘의 작용을 차량의 견인력이나 현대의 기계류뿐 아니라, 생명의 유기적 리듬에 있어서도 마찬가지로 찾아볼 수 있다. 식물의 후퇴(수확)와 복귀(파종)를 수반하는 반복된 계절 진행이 몇천 년에 걸쳐 식물계의 진화를 가능케 하고, 탄생과 생식과 죽음의 우울한 순환이 인간에 이르기까지의 모든 고등 동물의 진화를 가능하게 했다.

두 다리를 번갈아 움직임으로써, 보행자는 먼 거리를 갈 수가 있다. 폐와 심장의 반복적인 펌프 운동에 의해서 동물은 삶을 살아간다. 음악의 소절, 시의 운율과 연을 사용해 작곡가와 시인은 주제를 전개할 수가 있다. 아마도 천체 순환설의 기원이라 생각되는 행성의 '대년(Great Year) 또는 플라톤년'(천체의 운행이 일순하는 주기 약 26,000년) 그 자체는 이제 궁극적이고 포괄적인 성군(星群) 우주 운동과 혼동되는 일이 없다. 바야흐로 현대 서양 천문학의 강력한 확대 렌즈를 통해 우리 태양계는 한 조각 티끌처럼 아주 작은 것이 되어버렸다. 반복되는 '천체의 음악'은, 믿을 수 없을 정도의 속도로 서로 멀어지고 있는 듯한 수많은 성군으로 이루어져 있다. 차츰 확장되는 우주에서는 소리가 점차 작아지고, 단순한 덧붙임의 반주, 하나의 '알베르티 저음'[3]이 된다. 한편 시간과 공간의 상대성이 다시는 원상으로 돌이킬 수 없는 역사적 독자성을 부여한다. 드넓은 시공에 빼곡히 정렬되어 있는 별자리들처럼, 그리고 인간이 배우로서 활약하는 방대한 드라마의 촘촘한 장면처럼 말이다.

이상과 같이 문명의 과정을 분석해서 발견해 낼 수 있는 주기적 반복 운동은 문명의 과정 그 자체도 같이 순환한다는 것을 뜻하지는 않는다. 이들 소운동의 주기적 성격에서 어떤 의미를 끌어내도 무방하다면, 우리는 오히려 이들 소운동에 의해 이루어지는 대운동은 반복 운동이 아닌 전진 운동이란 결론을 내릴 수 있다. 인간은 영원히 수레에 묶인 익시온[4]도 아니고, 같은 산꼭대기까지 바위를 굴려 올리고 그 바위가 다시 굴러떨어지는 것을 속수무책으로 바라보고 있는

---

3) 18세기 건반 음악에서 널리 연주되던 '디들디들'의 반주 음악 용어이다.(엮은이주)

4) 그리스 신화에서, 헤라를 범하려다 제우스의 노여움을 사 지옥의 밑바닥에서 불타는 수레바퀴에 묶인 채 끝없이 회전을 계속하는 형벌을 받았다

시시포스⁵⁾도 아니다.

이것은 오늘날 주위에 부서진 문명의 파편들을 뒤로하고 홀로 표류를 계속하고 있는 서유럽 문명의 자식들에게 용기를 북돋우는 신탁의 말씀이다. 모든 이에게 평등하게 찾아오는 죽음이 서유럽 문명 위에도 그 얼음처럼 차가운 손을 얹게 될지도 모른다. 그러나 서유럽 문명 앞에 '잔인한 운명의 여신'이 버티고 서 있는 것은 아니다. 사멸한 문명은 운명적으로 또는 '자연의 순서'에 따라 사멸한 것도 아니다. 따라서 살아 있는 우리의 문명도 미리 '죽은 문명의 축에 들어간다'고 정해져 있는 것은 아니다.

우리가 알기로 이미 16개의 문명이 멸망하고 다른 9개의 문명도 바야흐로 죽음에 직면하고 있으나, 26번째인 서유럽 문명은 운명의 수수께끼를 맹목적인 통계 숫자의 심판에 맡겨야 하는 것은 아니다. 우리들 안에는 창조력의 성스러운 불씨가 아직 꺼지지 않고 남아 있다. 만일 그것을 활활 불타오르게 한다면, 그때는 저마다의 궤도를 운행하는 별들도 목표에 이르려는 우리들 인간의 노력을 쓰러뜨릴 수 없을 것이다.

제15장 환경을 지배하는 힘의 상실

1. 자연적 환경

문명의 쇠퇴는 인간의 지배 밖에 있는 우주적인 힘의 작용으로 일어나는 것이 아님은 이상으로 충분히 밝혀졌으나, 아직 우리는 이 재앙의 참된 원인을 찾아내지는 못했다. 그러므로 먼저 사회의 쇠퇴는 환경을 다스리는 힘을 상실했기 때문이 아닌지 생각해 보자. 이 문제를 해결할 때 전에 사용했던 구분 방식을 적용해 자연적 환경과 인간적 환경 두 가지로 나누어 다루기로 한다.

문명의 쇠퇴는 자연적 환경에 대한 지배력의 상실로 일어나는 것일까? 어떤 사회가 자연적 환경에 대해 어느 정도의 지배력을 갖고 있느냐 하는 것은 앞서

---

5) 그리스 신화 속 코린토스(코린트)의 왕으로, 가장 교활한 인물로 유명하다. 제우스가 보낸 죽음의 신을 기만한 죄로 커다란 바위를 산꼭대기로 밀어 올리는 형벌을 받았는데, 꼭대기에 다다른 바위는 다시 아래로 굴러떨어져 형벌은 영원히 되풀이된다.

살펴본 대로 그 사회의 기술로 측정할 수 있다.

그런데 앞서 '성장'의 문제를 살펴보면서 확인한 대로 하나는 문명의 성쇠를 나타내고, 또 하나는 기술의 성쇠를 나타내는 두 쌍의 곡선을 그려보면, 두 쌍의 곡선은 일치하지도 않을뿐더러 큰 차이를 보여준다. 문명이 정지하거나 쇠퇴해 감에도 기술이 향상하는 경우와, 어떤 때는 문명이 앞 또는 뒤로 움직이고 있는데도 큰 기술이 정지하는 경우가 있었다(제10장 참조).

따라서 자연적 환경에 대한 지배력의 상실이라는 것은, 문명의 쇠퇴를 판정하는 기준이 되지 않음을 증명한 셈이 된다. 그러나 우리의 증명을 완전한 것으로 만들기 위해서는 문명의 쇠퇴와 기술의 퇴보가 함께 일어나는 경우에 대해, 기술의 퇴보가 문명 쇠퇴의 원인이 아님을 뚜렷이 할 필요가 있다. 우리는 사실 기술의 퇴보가 다른 요소의 원인이 아니라 실질적 결과 또는 징후였음을 알 수 있다.

문명이 쇠퇴기에 들어가면, 성장기 동안은 실행 가능해 이익을 가져왔던 어떤 특정 기술이 사회적 장애물에 부딪혀 그 경제적 이익이 감소하기 시작하는 일이 있다. 이익이 오르지 않는다는 것이 분명해지면, 의식적으로 포기하는 일이 있을 수 있다. 그러한 경우에 방금 말한 것과 같은 사정으로 그 기술을 포기하는 것은 그 기술을 실행할 능력이 상실되었기 때문이며, 그 기술적 능력의 상실이 문명 쇠퇴의 원인이었다고 주장하는 것은 분명히 원인과 결과의 일반적 순서를 완전히 바꾸는 것이 된다.

명백한 예는 서유럽에서의 버려진 로마 도로들인데, 그것은 분명히 로마 제국의 쇠퇴 원인이 아니라 결과였다. 로마 도로가 버려진 것은 기술적 능력이 감퇴했기 때문이 아니라 군사·상업상의 목적으로 이들 도로를 필요로 하던 이 도로를 만든 사회가 무너졌기 때문이다. 도로 건설의 기술뿐 아니라, 경제생활의 기술 전체를 살펴보아도 헬라스 세계의 쇠퇴와 몰락의 원인을 기술의 퇴화 속에서 발견할 수는 없다.

"고대 세계의 쇠퇴를 경제적으로 설명하려는 것은 지양해야 한다. ……고대 생활의 경제적 단순화는 우리가 고대 세계의 쇠퇴라 부르는 것의 원인이 아니고, 좀 더 일반적인 현상의 한 측면에 지나지 않았다."[6]

---

6) Rostovtzeff, M. : *The Social and Economic History of the Roman Empire.*(원주)

더 일반적인 현상은, '관리의 실패와 중산 계급의 몰락'이다.

로마 도로를 방치하는 것과 비슷한 예는 거의 비슷한 시기에 일어난 티그리스강·유프라테스강 유역의 퇴적층 삼각주에 있는 관개 시설의 부분적 방치이다. 이 관개 체계는 로마 도로보다도 훨씬 역사가 깊다. 7세기에 이들 수리(水利) 시설은 이라크 남서부의 광활한 지역에 일어났던 홍수에 파괴되어 쓸모없어진 뒤 보수되지 않고 그대로 방치되었다(이 홍수는 그때까지 4000년 동안 거듭 일어난 많은 홍수에 비해 특히 심한 피해를 주었다고는 생각되지 않는다). 그 뒤 13세기에는 이라크의 관개 시설 전체가 황폐화된 채 그대로 버려졌다. 왜 이라크 주민들은 이때 그들 조상이 수천 년 동안 늘 훌륭하게 유지해 온 시설이자, 이 나라 농업의 생산성과 다수 인구의 생활을 지탱해 준 시설을 포기했는가? 이 기술적인 문제에서의 과실은 사실 인구와 번영의 쇠퇴가 원인이 아니며, 온갖 사회적 원인으로 말미암은 것이다.

7세기와 13세기는 다 같이 이라크에서 시리아 문명이 많이 쇠퇴한 시기였다. 그 결과 전반적으로 극도의 불안 상태가 만들어져 아무도 치수 관개 사업에 투자할 경제력도 없었으며 에너지를 쏟아부을 동기조차 찾기 힘들었다. 7세기 기술적 쇠퇴의 진정한 원인은 기원후 603~628년의 로마·페르시아 전쟁이었고, 그 뒤 잇따른 초기 이슬람교 아랍족의 이라크 침략이었다. 그리고 13세기의 경우 1258년에 시리아 사회에 마지막 일격을 가한 몽골족의 침략이 있었다.

실론섬에서 실제 관찰 결과 발견된 주목할 만한 유적을 조사하면, 같은 결론에 이른다. 오늘날 실론에서 인도 문명의 폐허가 있는 유적지는 끊임없이 가뭄에 시달렸으며, 현재 말라리아 발생지와도 일치한다. 이처럼 오늘날도 급수 상황이 기껏해야 아노펠레스(학질모기, 말라리아를 매개하는 모기)가 살기에는 충분하지만 농작물을 재배하는 데는 부족한 곳인데, 일찍이 문명이 번성했다는 것은 얼핏 보기에 이상할 수 있다. 실론섬의 인도 문명 개척자가 감탄할 만한 급수 시설을 지을 때, 이미 말라리아가 널리 퍼졌다고는 도저히 생각할 수 없다. 사실 말라리아는 관개 시설이 파괴되면서 생겨났으며 그 전에는 없었다는 것이 입증된다. 실론섬의 이 지역이 말라리아 발생지가 된 것은 관개 시설이 무너지면서 지난날 인공적 수로가 더러운 물웅덩이로 차츰 바뀌자, 흐르는 물에 살면서 장구벌레의 발생을 막아주던 물고기가 그 모습을 감추었기 때문이다.

그러면 인도 사회의 관개 시설이 버려진 것은 무엇 때문일까? 끊임없는 전쟁 중에 제방이 파괴되고 수로는 막혔다. 이들 시설은 군사 목적을 달성하는 지름길이기 때문에 침략자가 일부러 무너뜨렸다. 그래서 전쟁에 지친 이 지방 주민들은 앞으로도 전쟁이 있으면 또 파괴될 제방을 다시 지을 기력이 생기지 않았다. 이처럼 이 경우에도 기술적 요인은 결국 사회적 원인으로 거슬러 올라가는 사회적 인과 관계들이 이루어지는 과정에서 나타나는 부수적·종속적인 요소에 지나지 않았다.

실론섬의 인도 문명 역사에 일어난 이상의 사건과 아주 비슷한 예가 헬라스 문명의 역사에도 있었다. 여기에서도 이미 소멸한 이 문명이 한때 가장 화려한 생활을 유지하고, 가장 활발한 활동을 했던 여러 지역이, 말라리아의 늪지로 변했다가 다시 개간된 사실이 발견된다. 적어도 2000년 동안 역병을 일으키는 늪지대를 1887년 영국의 한 회사가 간척한 코파이스 습지(그리스 동부 보이오티아 지방에 있는 코파이스호 주변)는 한때는 '풍요한 오르코메노스'(보이오티아 동부에 있는 고대 도시)의 시민들을 먹여 살린 경작지였다. 또 오랫동안 황무지로 버려져 있다가 무솔리니 정권 때 간척되어, 또다시 사람이 살게 된 폼프티노 습지(로마의 남동부)는 한때 볼스키족의 도시와 라틴 식민지가 있었다. 현재도 헬라스 문명 쇠퇴의 원인인 '기력의 상실'(길버트 머리 교수의 말)은 헬라스 문명의 두 근원지에 말라리아가 침입했기 때문이라고 생각하는 사람이 있을 정도다. 그러나 이탈리아의 이 두 지역에서도 인도의 실론처럼 말라리아가 들끓게 된 것은, 이들 지역의 융성했던 문명이 전성기를 지내고 난 다음의 일이었다고 할 만한 근거가 있다. 이 문제를 전문적으로 연구하고 있는 현대의 어떤 권위자[7]는 그리스에서 말라리아가 풍토병이 된 것은 펠로폰네소스 전쟁 이후의 일이었다고 결론을 내린다.

라티움에서 이 병이 맹위를 떨치게 된 것도, 한니발 전쟁 이후의 일이라고 생각된다. 알렉산드로스 시대 바로 뒤 그리스인과 스키피오 형제, 그리고 카이사르 부자 시대의 로마인이 기술적으로 그들보다 열등했던 조상들이 해결한 코파이스와 폼프티노 습지의 배수 문제를 기술적 무능 탓으로 돌린다는 이야기는 사리에 맞지 않는 말이다. 이 그릇된 설명에 대한 반박은 기술 면에서가 아

---

7) Jones, W.H.S. : *Malaria and Greek History*.(원주)

니라 사회 면에서 찾아낼 수 있다. 한니발 전쟁과 그 뒤 이어지는 2세기 동안 있었던 로마의 침략 전쟁과 내전은, 이탈리아의 사회생활을 완전히 무너뜨리는 결과를 가져왔다. 농민 문화와 농민 경제가 가장 먼저 약화되고 그 위에 한니발이 가져온 황폐화와 끊임없는 농민 병역 동원, 자급자족 농민의 소규모 농업을 대신하는 노예 노동에 의한 대규모 농업이 출현한 농업 혁명, 농촌을 떠나 기생하는 삶을 살기 위해 도시로 대량 이주 등, 온갖 나쁜 원인들이 쌓여 사회가 무너지게 되었다. 이들 사회악의 결합이 한니발 시대로부터 성 베네딕트 시대에 걸친 7세기 동안, 이탈리아에서 인간이 후퇴하고 모기가 진출한 이유를 충분히 설명하고 있다.

그리스의 경우에는 펠로폰네소스 전쟁 때와 비슷한 사회악이 겹치게 된 것은 폴리비오스 시대(기원전 206~128년)로, 그 뒤 이탈리아에서의 인구 감소보다 훨씬 극심하게 인구가 줄었다. 폴리비오스는 그의 유명한 글귀에서(《역사》 제36권 17장), 낙태나 영아 살해에 의한 가족 수 제한을 그즈음 그리스의 사회·정치적 몰락의 주요 원인으로 들고 있다. 따라서 코파이스 평야가 폼프티노 평야와 같이 곡창 지대에서 모기 소굴로 변한 이유는 토목 기술의 퇴보와 같은 것으로 설명할 수 없음이 확실하다.

토목 공사와 같은 실제적 기술에서 눈을 돌려 건축·조각·회화·서예·문학 같은 예술적 기술을 살펴보아도 우리는 같은 결론에 이른다. 이를테면 헬라스 사회의 건축 양식은 왜 기원후 4세기부터 7세기 사이에는 사용되지 않게 되었는가? 오스만 튀르크인은 왜 1928년에 아랍 문자(아라비아 문자)를 버렸는가? 왜거의 대부분의 비서유럽 사회들이 오늘날에 와서 그들의 전통적인 복장과 예술을 버리려고 하는가? 이 문제를 확실히 하기 위해서 우리 서유럽에 먼저 적용해, 왜 서유럽의 전통적 음악·무용·회화·조각 양식이 많은 젊은 세대에게 버림받고 있는지 생각해 보자.

서유럽인의 경우, 예술적 기술을 잊어버린 것이 그 이유일까? 역사의 제2기로부터 제3기에 걸쳐 이탈리아나 다른 나라의 창조적 소수자가 발견한 리듬이나 대위법, 원근법, 비례 규칙을 잊은 것일까? 분명히 그렇지는 않다.

서유럽의 예술적 전통을 버리려는 경향은 기술적 능력의 부족에서 오는 결과는 아니다. 그것은 젊은 사람들에게 차츰 매력을 잃어가고 있는 양식의 의식적 포기이다. 젊은 사람들은 이미 전통적인 서유럽의 방식에 따라 심미적 감각을 기르지 않게 되었다.

서유럽인들은 그들 정신 속에서 조상들로부터 사랑받아 오던 위대한 거장들을 일부러 몰아냈다. 그리고 스스로 만들어낸 정신적 공허를 스스로 도취되어 감탄하고 있는 동안 음악과 무용, 조각에 있어서 열대 아프리카적인 정신이 그림, 얕은 돋을새김(조각품)에 있어 사이비 비잔틴 정신과 위험한 동맹을 맺고, '말끔히 치워지고 정돈된 빈 집'(《마태복음》 12 : 43~45)에 들어와서 살게 된 것이다.

쇠퇴의 원인은 기술적인 것이 아니라 정신적인 것이다. 서유럽 문명 고유의 예술적 전통을 버림으로써 자신의 능력을 영양 실조와 불모의 상태에 빠뜨리고 다오메이(오늘날 베냉. 서아프리카 기니만에 면한 나라)의 이국적인 원시적 예술에, 마치 그것이 광야에 내린 만나(《출애굽기》 16 : 14~36)인 것처럼 게걸스럽게 먹어치움으로써 서유럽인들은 모든 사람 앞에 스스로의 정신적 상속권을 포기했음을 고백하는 것이다. 서유럽 문명의 전통적인 예술적 기술을 포기한 일은 틀림없이 서유럽 문명에 일어난 어떤 종류의 정신적 쇠퇴의 결과이다. 그리고 이 정신적 쇠퇴의 원인을 그 결과의 하나인 현상 속에서 찾아낼 수 없음은 분명하다.

터키인이 얼마 전에, 아랍 문자를 폐지하고 라틴 문자를 채택하게 된 일도 마찬가지로 설명할 수 있다. 무스타파 케말 아타튀르크와 그 신봉자들은 이슬람 세계 내부에서 철저히 서유럽화한 사람들이다. 그들은 자신들 문명의 전통에 대한 신념을 잃어버렸다. 그 결과 그들의 문명을 전해 오던 문자를 버리고 만 것이다. 더 오래전 죽어가던 문명의 전통적인 문자를 폐지했던 일, 이를테면 이집트에서 상형 문자가 폐지되고 바빌로니아에서 설형 문자가 폐지된 것도 같은 이유로 설명이 된다. 오늘날 중국과 일본에서도 한자를 폐지하려는 움직임이 보이고 있다.

하나의 기술을 대체하는 흥미로운 예는 헬라스 문명의 건축 양식이 폐기되고 신식의 비잔틴 양식이 사용된 예이다. 이 경우 이제 숨을 거두려 하고 있는 사회의 건축가들은 비교적 간단한 원기둥 위에 큰 테를 얹던 구조로 짓지 않고 십자형 건물의 상부에 원형 돔을 얹는 아주 어려운 방식의 실험을 시도했다. 따라서 기술적 능력의 퇴보 따위는 있을 수 없었다.

유스티니아누스 황제를 위해 건축된 하기아 소피아(Hagia Sophia) 성당의 구조상의 여러 문제를 훌륭히 해결한 이오니아 건축가들이 고전 그리스 양식 사원을 세우는 것이 전제 군주의 뜻이며 그들 자신의 뜻이었는데도 그리스 양식 사원을 세울 능력이 없어 짓지 못했다고 한다면 그것을 믿을 수 있겠는가? 유스티니아누스와 그의 건축가들이 새로운 양식을 채택한 것은 옛날 양식이 이미 죽어 썩어가는 과거의 잔해를 떠오르게 하기 때문에 그들의 기호에 맞지 않아서이다.

조사 결과 전통적 예술 양식의 포기는 그 양식과 연결되어 있는 문명이 훨씬 전부터 쇠퇴해 이제 해체의 길에 접어들었음을 보여주는 증거라 생각한다. 기존의 기술이 쓰이지 않게 되는 경우와 마찬가지로 그것은 쇠퇴의 결과이지 원인은 아닌 것이다.

2. 인간적 환경

앞서 문명의 성장을 살펴볼 때 우리는 어떤 한 사회가 그 역사의 어느 단계에서 인간적 환경에 대해 어느 정도의 지배력을 갖고 있는가 하는 것은 지리적 팽창을 기준으로 측정할 수 있다는 것을 알았다. 또한 실례를 조사해 본 결과 지리적 팽창이 곧잘 사회의 해체와 동시에 일어남도 알았다.

그렇다면 이 쇠퇴와 해체의 원인이 정반대의 경향, 곧 외래 세력이 침입해 들어옴으로써 그 정도를 잴 수 있는 인간적 환경에 대한 지배력 감소에서 발견되는 일은 도저히 있을 수 없는 것으로 여겨진다. 그럼에도 문명은 미개 사회와 마찬가지로 외부 세력의 공격을 받고 생명을 잃는다고 하는 견해가 널리 통용되어 왔다. 그리고 이 견해를 전형적으로 기술한 것이 에드워드 기번의 《로마 제국 쇠망사》이다.

이 책의 주제는 기번이 그의 이야기를 회고해 단 한 줄의 글로 요약한 "나는 야만과 종교의 승리를 서술했다"는 말에 잘 표현되어 있다. 안토니누스 황제 시대를 전성기로 하며 로마 제국으로 상징되는 헬라스 사회는 2개의 전선에서 동시에 공격해 온 두 외적에게 전복되었다고 말하고 있다. 외적이란 다뉴브강과 라인강 너머 사람이 살지 않는 지대에서 온 북유럽 야만족과, 굴복하긴 했지만 결코 동화되지 않았던 동방 속주로부터 온 그리스도교회였다.

기번은 안토니누스 시대가 헬라스 사회 역사의 여름(전성기)이 아니라 '인디언의 여름'(회춘기)에 지나지 않았다는 점은 생각지도 못했던 것이다. 그가 어떻게 착각했는지는 그의 위대한 저술의 이름《로마 제국 쇠망사》그 자체에 이미 잘 나타나 있다. 그러한 제목을 붙여 2세기에서부터 쓰기 시작한 역사의 저자는 분명히 안토니누스의 이야기를 실제 헬라스 사회 이야기가 슬슬 마지막에 가까워진 시점에서 시작한 셈이 된다. 왜냐하면 기번이 다루고 있는 역사 연구의 '이해 가능한 영역'은 로마 제국이 아니라 헬라스 문명이기 때문이다. 로마 제국의 존립 자체는 헬라스 문명의 해체가 많이 진행되었음을 보여주는 징후에 지나지 않았다.

이야기 전체를 고려해 보면 안토니누스 시대 이후 로마 제국의 급속한 쇠퇴는 조금도 놀라운 것이 아님을 알 수 있다. 오히려 로마 제국이 계속되었다면 그야말로 놀라운 일이었으리라. 이 제국은 성립되기 전부터 이미 멸망할 운명이었던 것이다. 그것은 이 세계 국가의 성립은 이미 회복 불능인 헬라스 사회의 파멸을 연기할 수는 있었지만 계속 막을 수는 없는 일시적인 회복에 지나지 않았기 때문에 끝내 멸망하게 될 운명이었다.

이를테면 기번이 이 긴 이야기를 발단부터 쓰려 했다면, 그는 '야만과 종교의 승리'가 이 이야기의 중심이 아니라, 이 이야기의 맺음말에 지나지 않는다는 사실을 알았을 것이다. 곧 이교도와의 성공적 병합(이집트 클레오파트라와의 합류)은 쇠퇴의 원인이 아니라 긴 해체 과정의 마지막에 반드시 일어나기 마련인, 멸망에 따르는 피할 수 없는 사건이었음을 알게 되었을 것이다. 그뿐 아니라 승리한 교회와 야만족은 결국 외부 세력이 아니라 사실 페리클레스 시대의 쇠퇴기와 로마 삼두 정치에서 살아남은 아우구스투스 시대 사이 동란기에 지배적 소수자로부터 정신적으로 소원해진 헬라스 사회의 자식이었음도 알게 되었을 것이다.

사실 기번이 비극의 참된 발단에까지 거슬러 올라갔더라면, 아마도 그는 전혀 다른 판단을 해야 했을 것이다. 곧 그는 헬라스 사회는 자살자이며 이미 생명을 건질 가망이 없어졌을 때 스스로에게 가한 폭력의 치명적인 결과를 회피하려 했지만, 아우구스투스 시대의 회복기는 이미 3세기에 와서 병상 악화로 대체되고 이 환자가 스스로 가한 옛 상처의 후유증으로 죽어가던 시기에 결국 학대받고 소외당하던 자기 자식에게 마지막 일격을 당했다고 기록하지 않으면 안 되었을 것이다.

따라서 헬라스 사회 검시관의 역할을 맡은 역사가는 헬라스 사회 역사의 맺음말에만 눈을 돌릴 것이 아니라, 이 자살자가 언제 어떻게 처음 스스로에게 폭력을 가했는지를 정확하게 밝히는 노력을 해야 할 것이다. 연대를 추정할 때에도 그는 아마 기원전 431년의 펠로폰네소스 전쟁 발발을 지적할 것이다. 그것은 그 무렵 투키디데스가 그의 비극에 등장하는 인물 중 한 사람의 입을 빌려 '헬라스 대재앙의 시작'이라고 선언한 사회적 대이변이었다.

헬라스 사회의 성원이 어떻게 자멸적 범죄를 저질렀는지를 이야기하면서 기번은 아마도 국가 간의 싸움과 계급 간의 싸움이라고 하는 쌍둥이 죄악을 똑같이 중시할 것이다. 그는 아마 투키디데스의 선례대로 이들 쌍둥이 악에 대한 분명한 예로, 아테네가 정복한 밀로스(그리스의 키클라데스 제도에 속하는 섬)인에 가한 전율할 만한 처벌(기원전 416년)과 코르키라(오늘날 케르키라. 이오니아에 있는 섬)에서의 끔찍한 계급전(기원전 427~425년)을 들 것이다. 어쨌든 치명적인 타격이 된 것은 기번이 추정한 시기보다 600년이나 전에 일어난 펠로폰네소스 전쟁이었지, 기원전 30년 무렵 안토니누스와 야만족 종교의 승리나 패배가 아니었다고 할 것이다. 그리고 그 하수인은 피해자 자신이었다고 똑똑히 말할 것이다.

우리의 역사에 대한 시야를 확대하여 오늘날 의심할 여지 없이 소멸해 버렸거나 소멸 직전에 있는 다른 문명으로 눈을 돌리면, 역시 같은 판결을 내릴 수 있다. 이를테면 수메르 사회의 쇠퇴와 멸망의 과정에서, 《케임브리지 고대사》에서 불리는 대로 '함무라비의 황금시대'(기원전 18세기)는 같은 '인디언의 여름'이라도 안토니누스 시대보다 훨씬 이전의 국면을 보여준다. 왜냐하면 수메르 사회 역사상 함무라비는 로마 오현제 중 하나인 트라야누스(로마 제국 최대의 판도를 이룸)라기보다는 오히려 디오클레티아누스(전제 군주정 확립)에 해당하기 때문이다. 따라서 우리는 기원전 18세기에 국경을 넘어 '사해(四海) 왕국'을 습격한 야만족을 수메르 문명의 살해자로 보지는 않는다. 그보다 약 900년 전에 일어난 사건인 라가시(수메르의 도시 국가) 왕 우르카기나와 라가시의 신관 세력과의 계급전과, 우르카기나를 정복한 루갈작기시(바빌로니아의 우루크 제3왕조의 왕)의 군국주의야말로 치명적 타격이라 생각된다. 까마득한 옛날에 일어난 이들 재앙이 수메르 사회 동란기의 진정한 발단이었기 때문이다.

중국 사회의 쇠퇴 과정에 있어, '야만과 종교의 승리'는 무엇인가? 승리한 야만에 해당하는 것은 기원 300년경 황허강 유역에 있었던 유라시아 유목민 국가들이었고, 승리한 종교는 같은 시대에 중국 세계 국가의 후계 제국을 세울 무렵 대승 불교가 중국 세계에 침입했는데 서북 지역 중국 사회의 내적 프롤레타리아트 종교 중 하나였다. 그러나 이들 승리는 로마 제국에서 '야만과 종교의 승리'와 마찬가지로 죽어가는 사회의 외적 프롤레타리아트와 내적 프롤레타리아트의 승리에 불과하다. 전체 이야기 중 마지막 장일 뿐이다. 중국 사회의 세계 국가 자체는 중국 사회가 분화해서 생긴, 많은 지방 국가 간의 동포끼리 서로 다투는 싸움으로 중국 문명의 사회 체제가 갈기갈기 찢어진 동란 시대 후에 나타난 사회적 반등이었다. 중국 사회의 역사에서 헬라스 사회의 기원전 431년에 해당하는 치명적 연대는 옛날부터 이른바 '전국 시대'의 출발 시점이라고 전해져 왔다. 이때가 기원전 479년이다. 그러나 이 전설적 연대는 아마도 실제 사건보다 약 250년 뒤라고 생각된다. 이 연대가 중국 사회에서 동란 시대가 시작된 때라고 여겨지는 까닭은 공자가 죽었다고 전해지는 해이기 때문이다.

바그다드의 아바스 칼리프국 아래에서 '인디언의 여름'을 즐기고, 유목 튀르크족의 침입을 겪고 튀르크족의 토착 종교인 이슬람교로의 개종이라는 형태로 '야만과 종교의 승리'를 경험한 시리아 사회의 경우, 이 책 앞부분에서 확인한 사실, 즉 시리아 사회의 쇠망 과정이 헬라스 사회의 침입에 의해서 1000년 동안 정지되었다는 사실, 아바스 칼리프국은 기원전 4세기에 아케메네스 왕국에 의해 도중에서 내던져질 상황에 있던, 시리아 사회 역사를 다시 주워 올려 이어지도록 한 것에 불과하다는 사실을 기억해야 한다(제2장 참조). 따라서 우리의 조사는 키루스에 의해 확립된 '아케메네스의 평화' 이전 시리아 사회의 동란 시대까지 거슬러 올라가야 한다.

동란 시대에 앞서 짧은 성장기 동안 일신교(一神敎)와 알파벳과 대서양을 발견하는 위대한 위업의 달성으로 그 천재적인 자질이 입증되고, 발랄한 생기를 보인 이 문명이 쇠퇴하게 된 원인은 무엇일까? 우리는 여기서 틀림없이 외부적인 인간의 힘에 몰락한 문명이었던 것으로 생각할지도 모른다. 시리아 문명은 기원전 9, 8, 7세기에 아시리아의 군국주의가 가한 계속적인 타격 때문에 붕괴한 것이 아닐까? 그렇게 생각될 수도 있다. 그러나 자세히 조사해 보면, '아시리아 사람이 양의 우리를 습격하는 늑대처럼 내습해 왔을' 때 벌써 시리아 세계는 '한 목동'의 보호를 받고 있는 '하나의 양 떼'(《요한복음》 10 : 16)가 아니었다는 것이 밝혀진다. 바빌로니아 세계와 이집트 세계의 중간에 존재하는 히브리·페네키아·아람·히타이트 등 작은 나라의 무리를 이스라엘의 주도 아래 정치적으로 통일하려는 기원전 10세기의 시도는 실패로 끝났다.

그 결과 일어난 시리아 사회 내부의 동포들 간의 내전은 아시리아인에게 기회를 주었다. 시리아 문명의 쇠퇴는 앗수르 나지르팔(아시리아 왕)이 비로소 유프라테스강을 건넌 기원전 876년에 시작한 것이 아니고, 기원전 937년 솔로몬이 죽은 뒤 솔로몬 왕국이 해체된 시기에서부터 찾아야 한다.

또 기번은 동로마 제국이 입은 장기간에 걸친 시련을 거대한 맺음말의 주제로 삼기도 했는데 때때로 그리스 정교 문명의 '비잔틴' 시대 정치 형태인 '동로마 제국'은 오스만 튀르크에 멸망되었다고 전해지기도 한다. 그리고 이에 더하여 이슬람교 튀르크인이 이 사회에 최후의 일격을 가한 것이다. 사회는 벌써 그 전에 불경스럽게도, 제4차 십자군이라는 이름으로 가면을 쓰고 반세기 동안(1204~1261년)에 걸쳐 비잔틴에서 비잔틴 황제의 존재를 없애버린 서유럽 그리스도교의 침략에 의해 치명적인 타격을 입고 있었다고 한다. 그러나 이 라틴족의 습격이나 그 뒤 튀르크족의 습격은 피해를 입은 사회의 밖으로부터 온 것이다. 따라서 우리의 연구를 여기에서 멈추는 데에 만족한다면, 그리고 이제까지 계속 자살이라는 진단을 내려온 사망자 명단을 보고 비로소 틀림없는 타살이라는 진단을 내리지 않는다면 그리스 정교 사회 역사의 치명적인 전환점은 14, 15세기 튀르크족의 습격도 아니고, 13세기 라틴족의 공격도 아니며, 그 앞 11세기 초 튀르크족 침략자(셀주크족)의 내습에 의한 아나톨리아의 중심 지역 정복도 아니었다. 동로마 제국 멸망의 근본적 원인은 이들보다 앞섰던 순전히 내부적인 사건으로 977~1019년의 동로마와 불가리아 전쟁이었다. 이 그리스 정교 세계의 양대 세력 사이에 일어난 내전은, 한쪽이 정치적으로 존재가 없어지고 다른 한쪽은 영원히 회복될 수 없는 깊은 상처를 입었다.

1453년, 오스만의 왕 메흐메드 2세가 콘스탄티노플을 정복했지만 그리스 정교 문명이 종말을 고하지는 않았다. 기묘한 역설로 이 이방인 정복자는 자기가 정복한 사회에 세계 국가를 접목하기에 이르렀다. 그리스도교회인 하기아 소피아는 이슬람 모스크가 되어버리고 말았지만, 그리스 정교 문명은 여전히 생존한다. 마치 힌두 문명이 1세기 뒤 무굴인 아크바르가 건설한 튀르크계의 세계 국가 통치 아래에서도 오래 살았던 것과 같고, 또한 무굴 제국보다 이국적이라고 할 수는 없지만 영국의 통치 아래에서도 유지된 것과 같다. 그러나 이윽고 오스만 튀르크 제국과 그리스 정교 사회 영역이 일치하는 부분에서 해체의 움직임과 민족 이동의 단서가 나타나기 시작했다. 그리스인과 세르비아인, 알바니아인은 18세기 끝 무렵 전에 뚜렷하게 흔들리기 시작했다. 이들의 이런 움직임이 우리가 보아온 헬라스, 중국, 그리고 다른 사회의 말기처럼 '야만과 종교의 승리'라는 결과를 낳지 않은 것은 무엇 때문일까?

그것은 한없이 확대되는 서유럽 문명의 거센 진격이 그리스 정교 사회의 후계자가 되지 못했던 이들 오스만 야만족을 짓밟고 있었기 때문이다. 오스만 제국의 붕괴가 가져온 것은 야만과 종교의 승리가 아니라, 서유럽화의 승리였다. 오스만 제국을 뒤이은 나라는 '영웅시대' 특유의 야만족 후계국의 형태를 취하는 대신, 출현하자마자 서유럽의 영향을 받아 마침 그 무렵, 민족주의에 기초를 두고 널리 조직되어 가고 있었던 서유럽 세계의 민족 국가 체제를 본떴다. 어떤 경우에는 생긴 지 얼마 안 되는 야만족 후계 국가들이 바로 이와 같은 서유럽풍의 새로운 민족 국가로 탈바꿈하기도 했다. 세르비아와 그리스가 그 예이다. 이와는 달리 아직 서유럽 문명의 영향을 적게 받아 그들의 활동을 서유럽적인 민족주의 노선으로 전환하지 못한 야만족은 '늦어서 버스에 못 타는' 벌을 받았다. 알바니아인은 18세기에는 그리스인·세르비아인·불가리아인보다 더 훌륭한 유산을 가지고 있었지만 19세기에 들어 그 위치를 빼앗겼으며, 20세기가 되면서 간신히 물려받은 재산으로 서유럽의 민족 국가 일원이 될 수 있었다.

이와 같이 그리스 정교 사회 역사의 최후는 '야만과 종교의 승리'가 아니라 외래 문화의 승리로서 이 외래 문화는 죽어가는 사회를 통째로 삼켜, 그 조직을 자기의 사회적 조직 속에 동화시켜 버렸다.

우리는 여기서 한 문명이 그 독자성을 잃어버리는 또 다른 과정에 봉착한 것이다. '야만과 종교의 승리'는 스스로의 외적 프롤레타리아트와 내적 프롤레타리아트의 우상 파괴적 반란에 의해서 죽어가는 사회가 이들의 반란 세력이 어느 것이든 새로운 사회를 위한 자유로운 활동 무대를 얻기 위해서 쓰레기통에 버려진 것을 의미한다. 이 경우 낡은 사회는 멸망하지만 어떤 의미에서 우리들이 자식으로 삼은 관계에 의해서 새로운 문명의 생애가 대신해 계속 생존한다. 그런데 낡은 사회가 '자식' 문명에 자리를 물려주기 위해서 쓰레기통에 버려지는 것이 아니고, 동시대의 한 문명에 흡수되어 동화된다. 또 다른 경우, 독자성을 잃는다는 것은 분명히 어떤 의미에서는 그다지 완전하지 않지만 다른 의미에서는 훨씬 더 완전한 것이다. 죽어가는 사회를 구성하는 분화된 사회는 극단의 사회 해체라는 괴로움을 맛보지 않아도 된다. 오래된 사회 체제로부터 새로운 사회 체제로 절대 단절되는 일 없이 역사가 연속될 수 있다. 이를테면 근대 그리스인이 4세기 동안 오스만의 '밀레트'(오스만 제국이 인정한 비이슬람교도 주민)로 생활했는데, 그 뒤 서유럽 세계의 한 국민으로 변한 경우가 하나의 예다. 그러나 다른 관점에서 보면, 독자성 상실은 더욱 완전한 것으로 가볍게 볼 수 없다. 왜냐하면 다른 사회 속에 삼켜져 사라지는 사회는, 우리만의 독자적인 사회(서유럽 사회를 가리킴)가 아주 참된 의미에서 헬라스 사회를 대신하고, 힌두 사회가 인도 사회를 대신하며, 동아시아 사회가 중국 사회를 대신하는 것처럼 다음 세대에 어버이 사회를 대신하는 자식 사회를 만들 수 있는 기회를 완전히 희생하는 대신에 유형적 조직의 영속성을 어느 정도는 유지할 수 있기 때문이다.

이 동화에 의한 소멸 과정의 예로서 우리의 주의를 끈 것은 그리스 정교 사회의 본체가 서유럽 문명의 사회 체제 속에 편입된 예였다. 그러나 우리들은 곧바로 다른 현존 문명도 모두 같은 길을 가고 있다는 것을 알게 된다. 그리스 정교 사회의 러시아 분파·이슬람 사회·힌두 사회, 게다가 동아시아 사회의 2개 분파 등의 현대 역사가 그런 것이다. 현존하는 3개의 성장 정지된 사회, 곧 에스키모·유목민·폴리네시아인 사회는 모두 같은 것으로서 서유럽 문명의 사회적 영향으로 즉시 파괴하지 않는 한 서유럽 사회 속에 병합되어 가고 있다. 또 현재 사라진 여러 문명도 같은 방식으로 그들의 정체성을 잃어버렸다는 것을 알 수 있다. 17세기 말엽에 그리스 정교 사회를 공격하기 시작한 서유럽화의 과정은 그로부터 약 2세기 전에 신세계의 멕시코 사회와 안데스 사회에 밀려들어 왔다. 그리고 이 두 사회의 경우에도 그 진행이 사실상 끝난 것으로 보인다. 바빌로니아 사회는 기원전 마지막 세기에 시리아 사회에 병합되고, 이집트 사회는 그로부터 수 세기 후에 같은 시리아의 사회체 속에 흡수되었다. 이제까지 출현한 문명 가운데 가장 수명이 길고 또 가장 강한 결속과 통일이 유지되던 문명인 이집트 사회가 시리아 사회에 동화된 것이야말로, 아마도 지금까지 알려져 있는 사례 가운데 가장 엄청난 업적이리라.

그런데 현재 서유럽 문명에 동화되어 가고 있는 한 무리의 현존 문명을 살펴보면, 우리들은 그 동화 과정이 영역마다 다른 속도로 진행되고 있다는 것을 알게 된다.

이들 사회는 경제 면에서 보면 완전히 그물 속에 걸렸다. 인간이 거주하는 세계에, 근대 서유럽 산업주의의 망이 펼쳐져 있기 때문이다.

그들 일을 잘 아는 자들이
서양인의 불빛을 보고 경배하러 왔네.[8]

정치 면에서도 확실히 죽어가는 모든 문명의 자식들은 여러 방면의 통로를 통해 서유럽의 국제 사회 속에 숨어들어 그 한 구성원이 되려고 노력해 왔다. 그러나 문화 면에서는 그것에 대응하는 일률적인 경향은 찾아볼 수 없다. 그리스 정교 사회의 본체에 있어 일찍이 오스만 제국의 '라이예'(인간 가축)였던 그리스인이라든지 세르비아인·루마니아인·불가리아인은 정치·경제 면에서만이 아니고 문화 면에 있어서도, 쌍수를 들어 서유럽화를 환영한 것처럼 보인다. 또 그들의 과거 지배자였고 주인이었던 현재 지도자 튀르크인도 그들의 예에 따랐다. 하지만 이런 경우는 예외인 것으로 생각된다. 아랍인이라든지 페르시아인·힌두인·중국인, 게다가 일본인까지도 서유럽 문명을 받아들일 때는 일단 의식적으로 어떤 종류의 사상이나 도덕 관념을 배제하고 있다. 서유럽 문명을 받아들이되 주로 서유럽의 도덕 관념은 배제하는 것이다. 서유럽의 도전에 대한 러시아인의 응전이 모호한 것에 대해서는, 앞서 다룬 서유럽 그리스·로마의 스토아학파 마르쿠스 아우렐리우스와 러시아의 이데올로기의 관계를 다룬 내용에서 살펴보았다.

---

8) Bridges, R. : *The Testament of Beauty.*(원주)

이렇게 보면 현재의 경제·정치·문화 세 가지 면 모두에서 세계가 서유럽 사회의 틀 속에서 통일되어 가는 경향은 맨 처음 보여졌던 만큼 진행되지 않고, 또 틀림없이 최후에 성공한다고도 장담할 수 없는 결론이 나온다. 한편 멕시코·안데스·바빌로니아·이집트 사회처럼 동화를 통해 독자성을 잃어버린 경우가, 헬리스·인도·중국·수메르·미노스 사회처럼 사회 해체라는 대안의 과정을 통해 막을 내렸듯이 완전한 것이 될 수 있음을 증명하기에 충분한 것이다. 그래서 이번에는 이 장의 본래 목적으로 되돌아가서 이들 사회가 만났던 운명, 또는 현재 만나려고 하는 운명, 즉 인접 사회에 의한 병합과 동화라고 하는 것이 쇠퇴의 참된 원인이었던가, 아니면 그보다 먼저 검토한 또 다른 집단처럼 병합과 동화의 과정이 시작되기 이전에 쇠퇴가 실제로 일어나고 있었던가 하는 것을 살펴보지 않으면 안 된다. 만일 이 후자의 결론에 도달한다면 우리들은 하고 있는 조사를 완료한 것이 된다. 그것이 자연적 환경이든 인간적 환경이든 사회가 놓여 있는 환경에 대한 지배력을 상실한다면 그것은 우리가 탐구하고 있는 쇠퇴의 주요한 원인은 아니라고 해도 좋은 것이다.

이를테면 그리스 정교 사회의 본체가 병합의 과정으로 독자성을 잃어버린 것은 그 세계 국가의 운명이 다해서 공백기로 들어가버린 뒤의 일이고, 서유럽화의 징조가 나타나기 시작한 800년 이전에 있었던 로마·불가리아 전쟁과 함께 진정한 쇠퇴가 시작됐다는 것을 알았다. 이집트 사회의 쇠퇴와 병합 사이의 기간은 그보다도 훨씬 더 길다. 그리고 우리들은 이 사회의 쇠퇴를 살펴보기 위해 제5왕조부터 제6왕조로 넘어가는 시기 곧 기원전 2424년경까지 멀리 거슬러 올라가야 하는데, 이때에 피라미드 건설자들의 죄가 그 후계자에게까지 전해지고 '고왕국'의 불안정한 정치 구조가 무너졌기 때문이다. 동아시아 사회의 경우 쇠퇴로부터 병합의 과정이 시작되기까지의 기간은 이집트 사회의 역사만큼 길지 않지만, 그리스 정교 사회보다는 좀 더 길다. 동아시아 사회의 쇠퇴기는 기원후 9세기의 마지막 4분기(分期)에 있었던 당(唐) 왕조의 쇠퇴와 그 결과 동란 시대가 시작되었던 때라고 보아야 한다. 동란 시대를 전후해서 두 번 야만족에 의해 제국 형태의 세계 국가가 세워졌다. 이 세계 국가 가운데 맨 먼저 세워진 쿠빌라이 칸의 '몽골족의 평화'(원나라)는 아크바르가 힌두 사회에, '정복자' 메흐메드가 그리스 정교 사회에 끼쳤던 '유목인의 평화'만큼은 잘 유지되지 못했다. 중국인은, "나는 그들이 이익이 될 때도 그리스인을 두려워한다"(베르길리우스 《아이네이스》 제2권)는 원칙에 따라 행동하여 이집트인이 힉소스인을 쫓아냈듯 똑같이 몽골족을 쫓아냈다. 그러나 서유럽화의 막이 열리기 전에 한 번 더 만주족의 등장을 보아야만 했던 것이다.

러시아와 일본에서는 저마다를 대표하는 문명이 쇠퇴하기 훨씬 전부터 서유럽 문명이 영향을 미쳤다. 하지만 두 나라 모두 이미 쇠퇴기에 접어들었기 때문에 표트르 대제나 일본의 '메이지 유신' 창시자들은 저마다 그것을 변형시켜 서유럽 사회의 민족 국가로 개조하려 애썼다. 러시아 로마노프가(家)는 200년 이상, 일본의 도쿠가와가의 쇼군제는 300년 이상 지속된 세계 국가였다. 이 두 경우 표트르 대제나 일본 지도자들이 이룬 업적을 쇠퇴로 여겨야 한다고 말하는 사람은 아마 없을 것이다. 이와는 달리 이들의 업적은 모든 면에서 대단히 성공적이었기 때문에 많은 관찰자는 이런 근본적인 변화가 계획적으로 이뤄졌거나, 적어도 개혁이 진행되는 동안 아무런 문제 없이 진행된 사회는 한결 더 왕성하게 성장의 비약을 하고 있었음이 틀림없다고 보아야 할 것이다. 어쨌든 러시아인과 일본인의 응전은, 같은 도전에 대해 오스만인·힌두인·중국인·아즈텍인·잉카인이 보여준 무력함과 두드러진 대조를 보인다. 폴란드인·스웨덴인·독일인 그리고 미국인 등 서방 이웃들이 보여준 강제적인 서유럽화 대신, 러시아인과 일본인은 자신들 손으로 사회적 개혁을 이루고 이를 통해 식민지적 속국이나 '가난한 친척'(귀찮은 존재)으로서가 아니라 서유럽 열강과 대등한 자격으로 서유럽의 국가 대열에 들어갈 수 있었다.

표트르 대제가 다스리기 약 100년 전 그리고 '메이지 유신'이 시작되기 250년 전인 17세기 초, 러시아와 일본 두 나라가 다른 지역에서와 같은 방법으로 행해진 서유럽 사회의 침략을 경험하고 물리친 일은 눈여겨볼 만하다. 러시아의 경우, 서유럽 세력은 노골적인 형태를 취했다. 본격적인 군사적 침략과 러시아의 제위를 노리고 스스로를 왕이라고 칭한 '가짜 드미트리 1세'를 지지한다는 구실 아래 러시아의 서쪽 인접국 폴란드·리투아니아 연합 왕국의 군대가 모스크바를 일시적으로 차지한 것이다. 일본의 경우에는 서유럽의 영향이 좀 더 정신적인 형태로 침투했다. 에스파냐인과 포르투갈인 선교사에 의해 수십만의 일본인이 가톨릭으로 개종했으며, 열렬한 신앙에 불타는 이들 그리스도교도의 소수자가 필리핀에 기지를 둔 에스파냐 함대의 지원을 얻어 일본의 지배자가 되고자 꾀할 가능성마저 있었다. 그러나 러시아인은 폴란드인을 내쫓았고, 일본인은 그곳에 머물러 있던 선교사와 상인을 모조리 국외로 추방했다. 그 뒤 굴욕적인 조건으로 허가를 받은 소수의 네덜란드 상인 말고는 서양인이 일본의 영토를 밟는 것이 금지되었고, 게다가 무자비한 박해로 일본 가톨릭교도를 전멸시킴으로써 '백인의 화'를 면했다. 이렇게 '서유럽화 문제'를 해결한 러시아인과 일본인은 다 함께 자기 껍질 속에 틀어박혀 '앞으로 행복하게 살면' 될 것이라고 생각했다. 하지만 시간이 흐르자 그래서는 안 되겠다는 것을 절실히 알게 되었고, 그들은 위에서 말한 독창적이고 적극적인 응전을 하기에 이르렀던 것이다.

그러나 첫 번째 포르투갈 선박이 나가사키에 내항하고, 영국 선박이 처음으로 아르한겔스크에 내항하기(이것이 폴란드인의 모스크바 침입보다 먼저 러시아에 온 서유럽 사회의 선도자였다) 전에, 일본의 동아시아 문명도 러시아의 그리스 정교 문명도 이미 쇠퇴기의 징후를 보이고 있었다.

러시아 역사에서 진정한 의미의 '동란 시대', 곧 이 연구에서 의미하는 동란 시대는 러시아인 스스로 말하는 17세기 초엽의 무정부 시대는 아니다. 그것은 러시아 세계 국가의 제1기와 제2기 사이로서 헬라스 세계의 안토니누스 시대에 이어 디오클레티아누스 즉위까지 기원후 3세기의 무정부 시대에 해당하는 것이다. 헬라스 사회 역사의 펠로폰네소스 전쟁과 '아우구스투스의 평화' 시기에 해당하는 러시아 역사의 동란 시대는 1478년 모스크바 공국과 노브고로드 공국의 연합으로 러시아의 세계 국가가 수립되기 전에 있었던 고난 시대이다.

마찬가지로 일본의 역사에서 동란 시대는 노부나가(信長)와 히데요시(秀吉), 이에야스(家康)가 이룬 강제적인 통일과 평화, 그리고 이보다 앞선 가마쿠라(鎌倉) 시대와 아시카가(足利) 시대의 봉건적 무정부 상태가 동란 시대에 해당하는 시기였다. 일반적으로 인정된 연대를 기준으로 하면, 이 두 시기가 연속된 동란 시대는 1184년부터 1597년까지이다.

이들 두 시기가 정말 러시아와 일본의 동란 시대라면, 그것이 어떤 자살적 행위로 촉발되었는지 아니면 외적의 공격 때문이었는지를 조사해야 한다. 러시아의 경우에는 서유럽의 중세에 해당하는 시기에 일어난 쇠퇴에 대해 일반적인 설명은, 유라시아 초원 지대로부터의 몽골 유목민의 침공이 그 원인이었다는 설이다. 하지만 다른 예에서, 이를테면 그리스 정교 사회의 더 오래된 분파의 예에서 유라시아 유목민이 여러 가지 연극에서 악역을 맡았다는 주장을 하며 중세에 쇠퇴가 시작되었다는 설을 물리쳤었다. 러시아에서도 마찬가지로 그리스 정교 사회는 1238년에 몽골족이 볼가강을 건너기 이전에 이미 스스로의 행위로 쇠퇴가 시작되고 있었던 것은 아닐까? 이 물음에 대한 답은 바로 12세기에 원시적인 러시아의 키예프(키이우) 공국이 붕괴하면서 다수의 호전적 후계 국가로 분열했던 것에서 찾을 수 있다.

일본의 경우는 상황이 더욱 확실하다. 여기서는 결코 쇠퇴의 원인을 1281년에 일본인이 그들의 해안에서 격퇴한 몽골족의 침입 탓이라고 할 수는 없다. 마라톤 전투의 승리(기원전 490년에 그리스가 페르시아의 대군을 무찌른 승리)에 비교할 만한 승리의 원인을 조사해 보려 한다면, 어느 정도는 일본이 섬나라라고 하는 지리적 이점이 작용한 것은 사실이지만 그보다 더 근거 있는 사실은, 그때까지 이미 100년 이상 그들을 괴롭힌 동란기의 파벌적 싸움이었고 그 와중에 발달한 군사적 역량이 그 이유가 될 수 있다.

힌두·바빌로니아·안데스 세 사회의 역사에서도 러시아나 일본의 경우와 같이 쇠퇴기에 다른 사회로부터 군사적 정복을 당했다. 세계 국가의 단계에 있을 때, 다른 사회에 의한 병합 과정이 가장 불행한 방향으로 가게 마련이다. 힌두 사회는 영국에 정복되기 이전에 이슬람교 튀르크인에 의해 정복되었지만, 그것은 저 '대무굴 제국' 시대 훨씬 전인 기원후 1191~1204년까지의 침략기로 거슬러 올라간다. 그리고 최초로 이민족이 침입했던 시기에 이미 알고 있듯이, 그 뒤를 이은 무굴과 영국에 의한 정복처럼 그 무렵 힌두 사회가 만성적인 무정부 상태에 있었다는 사실에 근거한다.

바빌로니아 사회는 그 세계 국가인 네부카드네자르 제국이 페르시아인 키루스에게 정복되어 시리아 사회로 흡수되었다. 그 뒤 바빌로니아 문화는 차츰 시리아 문화에 동화되었다. 시리아의 첫 세계 국가는 아케메네스 제국이었다. 바빌로니아가 쇠퇴한 원인은, 과도한 아시리아의 군국주의에 있었다.

안데스 사회에서 잉카 제국이 에스파냐 정복자의 침략으로 멸망했다는 것은 뚜렷한 사실로, 만일 서유럽 세계 사람들이 대서양을 건너오지 않았다고 하면 아마도 잉카 제국은 수 세기 동안 계속 이어졌을 것이다. 그러나 잉카 제국의 멸망과 안데스 문명의 쇠퇴는 동일하지 않다. 우리들이 현재 알고 있는 지식으로도 안데스 사회의 해체는 훨씬 이전부터 일어나고 있었으며, 에스파냐의 정복이 있기 바로 앞 세기에 잉카인의 군사·정치적 발흥은 안데스 문명의 문화적 발흥과 다르고 실은 쇠퇴기에 일어난 때늦은 사건이었다는 점을 알 수 있다.

멕시코 문명이 콩키스타도르('정복자'라는 뜻. 16세기에 중남미를 침입한 에스파냐인을 지칭)와의 전쟁에서 굴복한 것은 조금 더 이른 단계로, 이미 확실히 멕시코 문명 사회의 세계 국가가 될 운명이었던 아즈텍 제국이 그 정복을 완전히 이룩하기 전에 함락되었다. 우리들은 이를 안데스 사회는 안토니누스 시대에 정복되고, 멕시코 사회는 스키피오 시대에 정복되었다고 하는 식으로 말할 수 있다. 그러나 '스키피오 시대'는 동란 시대의 한 국면이라고 할 수 있으므로 앞선 쇠퇴기 이후의 결과를 뜻한다.

한편 이슬람 세계에서는 이슬람 사회의 세계 국가가 출현하기 이전에 서유럽화가 두드러졌다. 그리고 오늘날 페르시아·이라크·사우디아라비아·이집트·시리아·레바논과 나머지 제국들은 서유럽 국가들 속에 '가난한 친척'이라는 불리한 처지에도 어떻게든 사태를 수습하려고 노력하고 있다. 범이슬람 운동은 무위로 끝난 듯하다.

완전히 성장한 문명뿐 아니라 성장 정지된 문명이라든지, 유산 문명까지 포함해서 그 밖의 여러 문명을 한번 훑어봐도 좋다. 그러나 완전히 성장한 문명 가운데, 이를테면 미노스 문명이나 마야 문명의 역사는 지금까지의 연구로는 완전하게 밝혀지지 않았기 때문에 그들에게서 어떠한 결론을 끌어내는 것은 조금 이른 것이리라.

또 성장 정지된 문명은 발생은 했지만 발달할 수 없었던 문명이므로 여기에서 다루고자 하는 성장과 쇠퇴의 원인 탐구에 아무런 도움도 되지 않았다. 하물며 유산된 문명은 조금의 도움도 안 될 것이다.

3. 소극적 결론

헬라스 사회 이외의 어느 사회를 조사해 보아도, 문명 쇠퇴의 원인은 외래 세력의 침입이라는 사실에서 추측할 수 있는 인간적 환경에 대한 지배력을 상실했다는 면에서는 발견할 수 없다는 결론을 내려도 무방하다. 외적이 한 일은 기껏해야 막 숨을 거두려는 자살자에게 마지막 일격을 가하는 일이었다. 외래 세력의 침입이 무력에 의한 공격의 형태를 취하는 경우, 공격받은 문명은 역사의 최종 단계, 즉 죽음의 순간에 있지 않을 때에는 파괴가 아니라 긍정적인 자극제가 된다.

헬라스 사회는 기원전 5세기 초 페르시아의 공격에 자극되어 그 천재적 능력을 최고도로 발휘했다. 서유럽 사회는 9세기의 노르만족과 마자르족의 공격에 자극되어 용맹과 정치적 수완을 유감없이 드러낸 결과 영국과 프랑스 두 왕국 건설과 색슨족에 의한 신성 로마 제국 재건이라는 큰 업적을 이룩했다. 중세의 북이탈리아 도시 국가는 호엔슈타우펜가의 침입에 자극받았고, 근대 영국과 네덜란드는 에스파냐의 공격으로 자극받았으며, 유아기의 힌두 사회는 8세기 초 이슬람교도 아랍족의 습격으로 자극을 받았다.

방금 든 예는 모두 공격을 받은 쪽이 아직 성장의 단계에 있던 경우이지만, 우리는 그와 같이 여러 번의 외적 공격이 이미 어느 사회가 쇠퇴기에 들어간 뒤에도 일시적인 자극을 준 사례를 들 수 있다. 그 쇠퇴기는 그 사회 스스로 취한 그릇된 조치로 이미 붕괴되고 있었던 것인데, 전형적인 예는 이 잘못된 자극에 대해 거듭 응전한 이집트 사회이다.

이집트 사회의 응전은 2000년이라는 긴 시간에 걸쳐 몇 번이나 반복되었다. 그리고 이집트 사회 역사의 길고 긴 마지막 장은 이집트 사회가 이미 세계 국가의 단계를 지나 급속한 해체의 서막으로 생각된 공백 기간에 들어간 뒤에 시작되었던 것이다. 이 마지막 단계에서도 이집트 사회는 자극을 받아 침략자인 힉소스 왕을 쫓아내고, 또 훨씬 뒤의 일이지만 연달아 폭발적인 에너지를 발휘해 해적 아시리아인과 아케메네스인을 격퇴하고, 마지막으로 알렉산드로스와 프톨레마이오스 왕조가 이집트에 강요한 헬레니즘화에 완강히 저항해 성공을 거두었다.

중국의 동아시아 문명 역사에 있어서도 외부로부터의 타격과 압력에 대해 똑같은 저항들이 있었다. 명(明) 왕조가 몽골족을 쫓아낸 일은, '신왕국'을 건설한 테베인들이 150년 동안 이방인 '신왕국' 힉소스 왕조를 쫓아낸 일을 상기시킨다. 헬레니즘화에 대한 이집트 사회의 저항에 상응하는 중국의 역사적 사건은 1900년의 권비의 난(의화단 운동)이며, 또 1925~1927년에 러시아 공산주의의 무기를 빌려, 지는 전쟁을 최후까지 싸워내려 한 중국인의 서양인 배척 운동이다.

이러한 예는 외부로부터의 타격과 압력의 효과는 보통 자극제이지, 파괴하는 것이 아니라는 우리의 주장을 지지하기에 충분하다고 생각한다.

그리고 만일 이 주장이 일리 있는 것이라고 하면 그것은 인간적 환경에 대한 지배력의 상실이 문명 쇠퇴의 마지막 일격이지 원인은 아니라고 하는 우리의 결론을 확립하는 것이 된다.

제16장 자기결정 능력의 저하

1. 모방의 기계성

문명 쇠퇴의 원인을 탐구하면서 이제까지 우리가 다다른 결론은 어느 것이나 소극적인 것이었다. 우리는 쇠퇴가—적어도 법률가가 이런 표현에 붙이는 의미에서 '어쩔 수 없는 불가항력'인 신이 마음대로 할 수 있는—'신의 것'이 아닐 뿐 아니라 그저 무의미한 자연법칙의 공허한 반복도 아니라는 것을 알았다.

또한 쇠퇴의 원인을 자연적 환경이든 인간적 환경이든 환경을 지배할 힘의 상실로 돌릴 수도 없음을 알았다. 쇠퇴는 산업적 기술이나 예술적 기술이 저하된 탓도 아니며, 또는 외적의 살육적 공격 때문도 아니다.

우리는 지지할 수 없는 이런 설명을 차례차례 논박해 왔고, 아직 우리 탐구의 목적에 이르지는 못했다. 그러나 지금 위에서 든 오류 가운데 마지막에서 우연히 하나의 단서를 얻었다. 우리는 쇠퇴한 문명이 죽게 된 것은 자객의 습격을 받아서가 아님을 증명했으나, 그 문명이 습격을 받아 폭력의 희생이 되어 쓰러졌다는 주장에 반대할 어떤 이유도 발견하지 못했다. 그리하여 거의 모든 경우에 자살이라는 판정을 내렸다. 우리의 탐구에서 조금이나마 적극적인 방향으로 나아가기 위해 이 단서를 좇아가는 도리밖에 다른 방법이 없다.

그런데 자살적 해체가 원인이라는 판정을 내리고 보면 곧 눈에 띄는 특징이 있는데, 그것은 이 판정이 전혀 새로운 사실이 아니라는 점이다. 우리들이 매우 고생을 하면서 탐구해 겨우 도달한 이 결론을 근대 서유럽의 한 시인은 확실한 직관력으로 단번에 알아냈다.

비극적 삶은 신께서 알고 계시니
악역은 필요 없다.
줄거리를 만드는 것은 격정이리니
우리는 우리들 속에 있는
거짓된 진실 때문에 배반당하는 것을.

이 직관적 통찰(영국의 소설가이며 시인인 메러디스의 《사랑의 무덤》에서 인용)은 새로운 발견은 아니었다. 우리는 그것을 메러디스 이전의 권위 있는 사람들에게서도 찾아볼 수 있다. 이를테면 셰익스피어의 《존왕》의 마지막 몇 줄 속에서도 찾을 수 있다.

이 영국이 오만한 정복자의 발밑에 엎드린 것은
전에도 없었고 또 앞으로도 없으리라.
먼저 힘쓰지 않는 한 스스로 다치게 되므로
……우리를 슬프게 할 자 아무도 없다.
영국이 오직 스스로에게 충실할 수 있다면.

또 예수의 말 속에도 드러나 있다.
"입으로 들어가는 모든 것은 배로 들어가서 뒤로 내버려지는 줄 알지 못하느냐. 입에서 나오는 것들은 마음에서 나오나니 이것이야말로 사람을 더럽게 하느니라. 마음에서 나오는 것은 악한 생각과 살인과 간음과 음란과 도둑질과 거짓 증언과 비방이니 이런 것들이 사람을 더럽게 하는 것이요 씻지 않은 손으로 먹는 것은 사람을 더럽게 하지 못하느니라."(마태복음) 15 : 17~20)

성장을 계속해 온 문명을 도중에 좌절시키고 프로메테우스의 비약을 막는 약점은 무엇인가? 그 약점은 어떤 근본적인 것임이 틀림없다. 왜냐하면 쇠퇴라는 재앙은 가능성이지 반드시 일어난다고 정해진 것은 아니지만, 그 가능성의 정도가 틀림없이 높기 때문이다.
우리 앞에는 지금까지 태어나서 성장한 21개 문명 중 13개가 죽어서 묻히고 나머지 8개 중 7개는 확실히 쇠퇴기에 있으며, 여덟 번째인 서유럽 문명도 현재 우리가 아는 한에서 이미 전성기를 지났는지도 모른다는 것이다. 실례를 조사해 보면, 성장하는 문명의 생애가 위험을 잉태하고 있음이 뚜렷해질 것이다. 그리고 앞서 했던 성장의 분석을 떠올린다면, 그 위험은 성장기의 문명이 꼭 밟게 될 과정의 본성 그 자체에 들어 있음을 알 수 있다.

성장은 창조적 개인과 창조적 소수자에 의해 이뤄지지만 어떠한 방법으로든 동료를 함께 전진시키지 않는 한, 창조적 소수자 자신도 전진을 이어 나갈 수가 없다. 그런데 창조력이 없는 일반 대중은 늘 압도적으로 다수이기 때문에 전체가 한꺼번에 변화해 빠른 시일에 그들의 지도자와 어깨를 나란히 할 수는 없다. 그것은 실제로 불가능한 일이다. 암울한 영혼이 성자와의 교제로 불타오르는 내면적인 정신적 은총을 받는다는 것은 성자 자신이 세상에 나온 기적과 거의 같은 정도로 흔하지 않은 일이다.

지도자의 임무는 그의 동료로 하여금 따라오게 만드는 것이다. 그래서 인류 전체를, 인류를 초월해 저편에 있는 목표로 움직이게 할 수 있는 유일한 수단은 원시적이며 보편적인 모방의 능력을 이용하는 것이다. 말하자면 이 모방은 하나의 사회적 훈련이다. 이 세상의 소리와는 다른 오묘한 오르페우스의 하프 선율이 들리지 않는 둔한 귀에도 훈련 부사관의 호령은 잘 들린다. 하멜른(독일 서북부 니더작센주의 도시)의 피리 부는 사람이 프로이센 왕 프리드리히 빌헬름의 소리를 흉내 내면, 그때까지 멈춰 서 있던 대중은 갑자기 기계적으로 움직이기 시작한다. 이처럼 대중을 유인하여 따르도록 시키는 운동으로 대중을 따라오게 할 수 있다.

그러나 대중은 질러가지 않으면 지도자를 따라갈 수 없으므로 파멸에 이르는 넓은 지름길 위에 몰려서야 비로소 대오를 정비해 행진하게 되는 것이다. 생명을 구하기 위해 할 수 없이 파멸의 길을 걸어야만 한다면, 이런 식의 추구가 흔히 불행한 결과로 끝난다고 해도 놀랄 것이 못 되리라. 또한 모방의 능력을 이용하는 방법과는 별도로 모방을 실제로 이행하는 데는 하나의 약점이 숨어 있다. 왜냐하면 모방은 하나의 훈련 과정이기 때문에 개개인의 상황이 적용되지 않은 비창조적 모방은 인간 생활과 운동의 기계화에 불과하기 때문이다.

'정교한 기계 장치'라든지, '숙련된 기계공'이라고 하는 경우, 이 말들은 물질에 대한 생명의 승리, 자연의 장해에 대한 인간 기능의 승리라는 것을 생각하게 한다. 현대의 축음기나 비행기에서 옛날로 거슬러 올라가, 최초의 수제품이나 최초의 통나무배 같은 구체적 사물의 예도 같은 생각을 하게 한다. 이런 발명품들을 만들어냄으로써 생명을 갖지 않은 사물이 인간의 목적을 수행하도록 하며, 또 그것으로 인간의 환경을 지배하는 힘을 확대했다. 그것은 훈련병을 교육시키는 부사관의 명령이 기계화된 부하에 의해서 실행되는 것과 비슷하다. 부사관이 자기 소대를 훈련시켜 자기 영역을 확대하면 브리아레오스(그리스 신화에서 100개의 팔을 가진 거인)가 된다. 100개의 팔다리가 마치 그의 몸의 일부분이나 되는 것처럼 빠르게 그의 명령에 따른다. 이와 같이 망원경은 인간의 눈을 확장해 주고 나팔은 사람의 목소리를 확대해 주며, 목마는 사람의 다리가 연장된 것이며 검(劍)은 인간의 팔이 연장된 것이다. 자연은 인간보다 한발 앞서 기계 장치를 마련함으로써 내재적으로는 인간의 발명하는 재주에 경의를 표해 온 셈이다. 자연은 자연의 걸작인 인체라는 광범위한 기계 장치를 마련한 것이다. 심장과 폐는 모범적인 자동 조절 기계이다.

자연은 이 2개의 기관을 비롯한 다른 여러 기관을 자동적으로 움직이게 조정함으로써 우리의 에너지를 이들 기관이 행하는 단조로운 반복적 임무에서 해방시켜, 우리가 걸어 다니고 이야기하는 일, 한마디로 21개의 문명을 만들어내는 일로 향하게 했던 것이다.

자연은 유기체 기능의 90퍼센트 정도까지 자동적 순환 운동 원리에 따라 최소의 에너지로 가동될 수 있게 했다. 그 덕택에 에너지를 최대한 절약해서 그 에너지로 자연 스스로가 새로이 전진하는 길을 모색하도록 나머지 10퍼센트의 기능에 집중할 수 있도록 하고 있다. 사실 자연의 유기체도 인간 사회와 마찬가지로 창조적인 소수 '성원'과 비창조적인 다수 '성원'으로 이루어지고 있다.

그리고 성장 중인 건전한 유기체도 성장해 가는 건전한 사회와 마찬가지로 다수자는 소수자의 지도에 기계적으로 따르도록 훈련되고 있다.

그런데 자연과 인간이 만든 기계의 승리를 신이 나서 찬미하면서도, '기계로 만든 제품'이라든지 '기계적 행동'이라는 냉소적인 표현이 나돌고 있는 것은, 이렇게 표현할 때 기계라는 말의 의미는, 정반대로 물질에 대한 정신의 승리가 아니라 생명에 대한 물질의 승리를 의미하는 것이 불안감을 갖게 하기 때문이다.

기계는 인간의 노예가 되어야 하는 것이지만 인간이 자기가 만든 기계의 노예가 되는 수도 있다. 90퍼센트 기계화된 살아 있는 유기체는 50퍼센트밖에 기계화되지 않은 유기체보다 창조성을 드러낼 기회나 능력이 크다. 소크라테스가 자신의 식사를 자신이 조리할 필요가 없으면 그만큼 우주의 비밀을 발견하기 위한 시간과 기회가 많아지는 것과 같다. 그러나 100퍼센트 기계화한 유기체라면 이미 로봇이라 할 수 있다.

이처럼 인간의 사회적 관계에서 기계화 수단인 모방 능력을 이용하는 데에는 파국의 위험이 숨어 있다. 그래서 정적인 사회보다 역동적인 운동을 하고 있는 사회에서 모방이 이루어질 때 파국의 위험이 더 큰 것이다. 모방이 갖고 있는 약점은 그것이 밖으로부터의 제안에 대한 기계적인 반응이기 때문에, 행위자의 자발적 의사에 의해서는 결코 실행되지 않는 행위라는 점에 있다. 즉 모방에 의한 행위는 자기결정에 따르는 것은 아니다. 모방에 대한 가장 좋은 안전장치는, 능력은 습관이나 관습으로 견고해져야 한다는 것이다. '음'의 상태에 있는 원시사회에서처럼 말이다. 그러나 '관습의 껍질'이 깨어지면 그때까지 뒤를 향해 변하지 않는 사회적 전통의 화신이라 할 수 있는 연장자나 조상에게로 향했던 모방 능력이 방향을 바꿔 동료들을 저 앞 약속의 땅으로 이끌려 하는 창조적 인간에게로 향해진다. 이때부터 성장하는 사회는 위험한 생활을 하지 않을 수 없다.

그뿐만 아니라 위험이 늘 가까이에 와 있다. 왜냐하면 성장 유지에 필요한 조건은 끊임없는 유연성과 자발성이지만, 이와는 달리 성장의 전제가 되는 효과적인 모방에 필요한 조건은 상당 부분 기계적 자동성이기 때문이다. 월터 배젓이 기발한 방식으로 영국인 독자를 향해 영국이 위대한 국가로 성공한 것은 그들이 '바보'였던 덕분이라 말했는데 그는 모방을 염두에 두고 한 말이다. 영국인이 성공한 것은 지도자가 훌륭했기 때문인가? 그렇다. 그러나 많은 사람들이 온갖 사물을 스스로 생각하기로 결정했다면 좋은 지도자는 좋은 추종자를 얻을 수 없었을 것이다. 하지만 모두 '바보'라면 이번에는 도대체 누가 지도자가 된단 말인가? 사실 문명의 선두에 서서 모방이라는 장치를 이용하는 창조적 인간은 적극적이든 소극적이든 모두 실패의 위험을 안고 있다.

일어날 수 있는 소극적인 실패는 지도자들이 추종자들에게 유도한 최면술에 스스로 빠지게 되는 일이다. 그렇게 되면 병사의 유순함은 장교의 자발성 상실이라는 불행한 대가를 지불하고 얻게 되는 것이다. 그것이 성장 정지된 문명에서 일어나는 일이며, 또 그 밖의 문명 역사의 정체기로 볼 수 있는 모든 시대에 일어난 일들이다.

그러나 보통 이 소극적인 실패로 이야기는 끝나지 않는다. 지도자가 지도할 능력을 잃으면 그들이 가진 권력은 남용된다. 병사는 반항하고 장교는 힘으로 질서를 회복하려 든다. 하프를 잃어버렸거나 아니면 하프의 주법을 잊어버린 오르페우스는 이제 크세르크세스의 매를 휘두르며 주위를 후려친다. 끔찍한 대혼란이 벌어지며 부대의 형태는 완전히 무너지고 수습할 수 없는 상태에 빠진다. 이것은 적극적인 실패이다. 우리는 오늘날까지 여러 번 그것을 다른 이름으로 불러왔다.

곧 쇠퇴한 문명의 '해체'가 바로 그것이며, 문명의 해체는 '지배적 소수자'로 타락한 한 무리 지도자로부터 '프롤레타리아트의 이탈'이라는 형태로 나타난다.

지도자로부터 추종자들이 떠나는 현상을 사회를 구성하는 서로 간의 부분적 조화 상실로 보아도 좋다. 부분들로 이루어진 전체에서 부분들 서로의 조화가 깨지면, 그 대상 전체가 자기결정 능력을 잃는다. 자기결정 능력을 잃는다는 것은 쇠퇴를 가늠하는 궁극적 판별 기준이다. 그리고 이 결론은 앞서 이 연구에서 도달한 자기결정 능력의 증대가 성장의 기준이라는 결론과 정반대가 된다는 것을 알면 놀랄 일도 아니다. 이번에는 이 조화가 깨지면서 자기결정 능력을 잃고 나타나는 형태 가운데 몇 가지를 조사해 보기로 하자.

2. 낡은 가죽 부대에 넣은 포도주

적응·혁명·사회악

사회를 이루는 온갖 제도 사이에 부조화를 만드는 한 가지 원천은 이제까지 제도가 기존의 사회를 짊어질 수 없도록 새로운 사회적 세력, 이를테면 새로운 적성과 감정과 사상이 도입되는 것이다. 새로운 것과 낡은 것이 서로 조화되지 않고 대립하면 파괴적인 결과가 나타나게 되는데, 예수의 가장 유명한 말 속에도 언급되어 있다.

"생베 조각을 낡은 옷에 붙이는 자가 없나니 이는 기운 것이 그 옷을 당기어 해어짐이 더하게 됨이요, 새 포도주를 낡은 가죽 부대에 넣지 아니하나니 그렇게 하면 부대가 터져 포도주도 쏟아지고 부대도 버리게 됨이라. 새 포도주는 새 부대에 넣어야 둘이 다 보전되느니라."(《마태복음》 9 : 16~17)

이 비유의 근본적 본보기인 가정 경제에서는 물론 그 가르침을 문자대로 실행할 수 있다. 그러나 사회는 포도주를 넣는 가죽 부대나 옷처럼 개인의 소유물이 아니라, 많은 인간이 활동하는 공통의 기반이기 때문에 인간이 이성적 계획에 따라 마음대로 일을 처리하는 능력이 매우 제한된다.

물론 이상적으로는 새로운 역동적인 힘의 도입은 현존하는 제도 전체의 복원과 함께 진행되어야 하며, 실제로 성장하는 사회에서는 끊임없이 뚜렷하게 드러나는 시대착오적인 것들이 계속 재조정되기도 한다. 하지만 어느 시대든 사람의 타성(惰性)이 작용하기 때문에 새로운 세력과의 부조화가 더욱더 깊어짐에도 현상대로 머물게 되는 경향이 있다. 그때 새로운 세력은 동시에 완전히 반대되는 두 방법으로 작용한다.

하나는 새로운 힘은 스스로 설립한 새로운 제도나 목적에 맞도록 개조한 낡은 제도를 통해 창조적인 일을 수행한다. 그리고 그런 낡은 제도와 조화된 물길로 흘러들어감으로써 사회 복지를 증진시킨다.

그러나 그와 동시에 그들은 자기 길 위에 놓인 것이면 어떤 제도든 가리지 않고 비집고 들어간다. 마치 기관실 안에 침입한 강력한 증기압이 거기 장치되어 있는 어떤 낡은 기관의 엔진을 움직여 돌아가게 하는 것과 마찬가지이다.

그때 2개의 재앙 중 어느 한쪽이 일어날 가능성이 있다. 하나는 새로운 증기압이 낡은 기관을 산산조각 내거나, 아니면 그 낡은 기관이 이럭저럭 견뎌내면서 두려움과 파괴성을 드러낼 새 방식으로 움직이기 시작하거나 둘 가운데 하나이다.

이 증기 기관의 비유를 사회생활에 적용해 보면 새로운 압력에 견딜 수 없는 낡은 엔진의 폭발 또는 새 포도주의 발효에 견디지 못한 낡은 가죽 부대의 파열에 해당하는 것은 가끔 시대착오적인 제도를 앞지르는 혁명이다. 한편 본래의 목적과 전혀 다른 움직임으로 긴장한 낡은 기관의 유해한 움직임에 해당하는 것은 '끝까지 저항을 계속하는' 제도상의 시대착오성이 흔히 만들어내는 범죄적 사회악이다.

혁명이란, 지연되었기 때문에 그만큼 격렬한 모방 행위로 정의할 수가 있다. 모방은 혁명의 본질적 요소이다. 모든 혁명이 이미 어딘가 다른 곳에서 일어난 사건과 관계를 가지고 있다. 혁명을 그 역사적 배경 속에서 조사해 보면, 언제나 그 전에 작용한 외부의 힘 때문에 일어나는 것이지 결코 저절로 일어나는 것이 아님을 알게 된다.

그 뚜렷한 예는 1789년의 프랑스 혁명이다. 프랑스 혁명은 두 사건의 영향으로 일어났는데, 하나는 바로 전에 영국령 아메리카에서 일어난 사건으로 참으로 자살적인 행위라고 말할 수밖에 없지만, 앙시앵 레짐('구체제'라는 말. 혁명 이전의 절대 군주 정체를 지칭)의 프랑스 정부는 이 사건을 지원했다. 그리고 또 하나는 1세기 전에 영국이 이룩한 업적이 몽테스키외로부터 2세대에 걸쳐 프랑스의 '철학자들'에 의해 대중화되고 찬미된 데서 영향을 받았다.

지연도 마찬가지로 혁명에 본질적 요소이며, 그것에 의해 혁명의 가장 두드러진 특징인 폭력적 성격이 설명된다. 혁명은 집요한 구체제가 한동안 새로운 생명의 표현을 방해하고 억누름으로써 낡은 제도의 수명이 끈질기게 연기되었으며, 낡은 제도에 눌려 있던 새 사회적 세력이 그만큼 강력하게 승리했기 때문에 폭력적이다. 차단이 오래 계속되면 될수록 배출이 막혀 있는 힘의 압력은 커진다. 그리고 압력이 커짐에 따라 갇혀 있던 힘이 마침내 장애물을 뚫고 나올 때의 폭발력은 더 거세진다.

혁명 대신에 나타나는 사회악은 한 사회가 낡은 제도를 새로운 사회적 세력에 조화시켜야 할 모방의 행위를 지연하거나 좌절시켰을 때 사회가 치러야 하는 형벌이라고 정의 내릴 수 있다.

따라서 어느 사회에서 기존의 제도적 구조가 새로운 사회 세력의 도전을 받았을 경우에, 기존 구조의 힘에 조화롭게 조정이 되거나, 혁명(즉 지연된 부조화의 조정)이 일어나거나, 범죄적인 사회악이라는 세 가지 결과 가운데 한 가지가 일어날 것이 틀림없다.

또한 세 가지 결과 중 각각 또는 그 모두가 동일한 사회의 다른 부분, 이를테면 그 사회가 민족 국가로 분화되어 있는 경우에 다른 민족 국가로서 실현되는 일이 있다는 것 또한 명백하다. 조정이 조화를 이루어 진행되면 그 사회는 성장을 계속한다. 혁명이 지배적이면 그 사회의 성장은 차츰 위험해진다. 범죄적 사회악이 두드러지면 쇠퇴기로 진단해도 무방하다. 방금 제기한 공식을 입증하는 몇 가지 예를 들어보기로 한다.

산업주의가 노예 제도에 미친 영향

과거 2세기 동안에 산업주의와 민주주의라고 하는 두 가지 새로운 역동적인 사회적 힘이 활동하기 시작했고 이 두 가지 힘에 부닥친 낡은 제도의 하나가 노예 제도였다.

헬라스 사회의 쇠퇴와 몰락의 주요 원인 중 하나가 된 이 유해한 제도는 우리 서유럽 사회의 본거지에서는 한 번도 확고한 기반을 얻지 못했지만, 서유럽 그리스도교 사회가 해외로 퍼져갔던 16세기 이후 서유럽이 새로이 손에 넣은 아메리카 등지의 해외 영토 몇 지역에서는 기반을 잡게 되었다. 그러나 부활한 이 농장 노예 제도의 규모는 오랫동안 그다지 엄청난 것은 아니었다.

18세기 끝 무렵에 새로운 민주주의와 산업주의의 힘이 영국에서 서유럽 세계의 다른 여러 나라로 퍼져갔을 때에도 노예 제도는 여전히 실제로는 서유럽 세계의 변두리에 있는 식민지에 한정되어 있었으며, 게다가 거기서도 노예 제도가 행해지는 범위는 줄어들고 있었다. 조지 워싱턴이나 토머스 제퍼슨과 같은 정치가는 자기 자신이 노예 소유자이면서도 이 제도를 개탄했으며 다가오는 세기에는 평화롭게 자취를 감출 것이라는 무척 낙관적인 희망을 갖고 있었다.

그런데 영국에서 산업 혁명이 일어나고 노예 노동이 생산하는 원재료의 수요가 엄청나게 늘어나자 이 가능성이 사라지고 말았다. 곧 차츰 쇠퇴해 가던 시대착오적인 노예 제도의 수명을 산업주의의 힘이 연장시켜 준 것이다. 이제 서유럽 사회는 바로 적극적인 조치를 취해 노예 제도를 끝내느냐 아니면 산업주의라는 새로운 추진력으로, 예로부터의 사회악이 서유럽 사회의 생명을 위협하면서 치명적인 위험이 되는 것을 완곡하게 모른 척하여 새롭고 더 생산적인 사회로 나아가느냐 하는 선택 앞에 서게 되었다.

이러한 상황 아래서 서유럽 세계의 많은 민족 국가에서는 노예제 폐지 운동이 일어나 얼마간 평화적 성공을 거두었다. 그러나 노예제 폐지 운동이 평화적으로 전개되지 않은 중요한 지역이 하나 있었다. 그것은 미합중국의 남부 여러 주에 펼쳐져 있는 '면화 지대'였다. 여기서는 노예 제도 옹호자들이 한 세대나 더 권력을 잡고 있었다. 대영 제국에서 노예제가 폐지된 1833년부터 미합중국에서 폐지되는 1863년까지의 30년이라는 짧은 기간 동안 남부 여러 주에서 이 '특수한 제도'는 산업주의의 추진력에 몰려 거대한 괴물로 자라났다.

그 뒤 이 괴물은 막다른 골목까지 쫓겨 퇴치되었으나 지연되고 있는 미국의 노예 제도를 뿌리 뽑는 데는 파괴적인 혁명이라는 대가를 치르지 않으면 안 되었다. 그 상처가 오늘날도 우리 눈에 띈다. 그렇게 이 특수한 모방이 지연됨으로써 비싼 대가를 치른 것이었다.

서유럽 사회는 이러한 대가를 지불해야 했지만, 노예 제도라는 사회적 해악을 그 서유럽 사회 속의 마지막 요새에서 근절시킨 것에 축하해야 한다. 그리고 이 행운을 우리에게 가져다준 것은 산업주의보다 조금 빨리 서유럽 세계에 나타난 민주주의라는 새로운 힘이었다. 노예 제도를 서유럽 사회의 마지막 요새에서 뿌리 뽑는 주인공 역할을 한 에이브러햄 링컨이 널리, 또 정당하게 최대의 민주적 정치가로 지목되고 있는데 이는 결코 우연한 일은 아니다.

민주주의는 인도주의의 정치적 표현이며, 인도주의와 노예 제도는 숙명적인 적이기 때문에 인도주의가 제도에 추진력을 준 바로 그 시기에 노예제 폐지 운동이 추진된 것이고, 만일 산업주의의 추진력이 민주주의의 추진력에 의해 중화되지 않았다면, 서유럽 세계는 그리 쉽게 노예 제도를 뿌리 뽑지 못했을 것이라고 말해도 무방하리라.

민주주의와 산업주의가 전쟁에 끼친 영향

산업주의의 영향으로 노예 제도의 비참함이 심해졌듯이 전쟁의 공포가 심화됐다는 것은 새삼 말할 필요도 없는 일이다. 전쟁은 노예 제도만큼 도덕적 이유로 널리 비난받는 또 다른 오랜 시대착오적인 현상이다. 엄격히 지적인 근거로 본다면 전쟁은 노예 제도와 마찬가지로 이익의 수단으로 이용되고 있다고 생각하는 사람들조차도 '수지맞지 않는' 일이라고 주장하는 견해가 널리 퍼져 있다.

미국 남북 전쟁 바로 전에 힌턴 로언 헬퍼라는 남부인이 노예 제도는 노예 소유자에게 이익이 되지 않는다는 것을 증명하기 위해 《남부의 임박한 위기》라는 제목의 책을 썼지만, 상식을 벗어난 일인데도 쉽게 설명할 수 있다는 잘못된 생각으로 말미암아 그가 그들의 진정한 이익에 대해 깨우쳐주려 했던 계급으로부터 오히려 비난을 받았다. 똑같이 1914~1918년의 제1차 세계대전 바로 전에 노먼 에인절(1933년 노벨 평화상 수상자)이 《유럽의 착시 현상》이라는 책에서 피력한 바로는, 전쟁이란 패자는 말할 것도 없고 승자에게도 모두 손해라는 것을 증명했지만, 이 이단설의 저자만큼 평화 유지를 걱정하던 많은 대중으로부터 비난을 받았다.

그렇다면 도대체 무엇 때문에 우리 사회는 노예 제도 폐지에는 성공했음에도 전쟁에서는 순조로운 성과를 거둘 수가 없는가? 대답은 분명하다. 전쟁의 경우에는 노예 제도와 달리 민주주의와 산업주의라는 2개의 추진력이 동시에 같은 방향으로 영향을 미쳤기 때문이다. 산업주의와 민주주의가 출현하기 바로 전의 서유럽 세계 상태를 되돌아보면, 그것은 18세기 중엽의 일이지만 그 무렵 전쟁은 노예 제도와 거의 같은 상태에 있었음을 알 수 있다. 곧 전쟁은 분명히 내리막이었다. 그런데 이는 전쟁의 횟수가 줄었다는 것이 아니라[9] 물론 통계적으로 증명하려 하면 안 될 것도 없지만, 전보다 온건하게 치러졌다는 의미이다. 18세기 서유럽 합리주의자들은 전쟁이 종교적 광신주의에 쫓겨 무섭고 격렬했던 가까운 과거를 혐오스럽게 돌아보았다. 종교적 열광이라는 이 악마는 17세기 후반에 쫓겨났고, 그 직접적 결과로서 전쟁이라는 해악이 서유럽 사회 역사 그 이전, 또는 이후의 어느 시기에도 이르지 못했던 최소한의 상태로 억제되었다. 상대적으로 '문명화된 전쟁'도 18세기 말에 끝나고, 전쟁은 이제 민주주의와 산업주의의 영향으로 다시 한번 가열되었다.

지난 150년간에 걸친 격렬한 전쟁 끝에, 2개의 힘 중 어느 쪽이 더 중요한 역할을 했는가 하고 물으면, 아마도 산업주의 쪽이라고 말하고 싶을 것이다. 그러나 그것은 잘못이다. 이런 의미로, 최초의 근대 전쟁은 프랑스 혁명을 계기로 시작된 일련의 전쟁이었고 이들 전쟁에 가해진 산업주의의 힘은 보잘것없는 것이며 민주주의 곧 프랑스의 혁명적 민주주의가 준 영향이 가장 컸다.

혁명이 일어나지 않았던 대륙 세력의 18세기적 구식 방어 시설을 마치 칼로

---

9) 소로킨은 자신이 작성한 통계적 증거에서, 서유럽 세계에서 18세기보다는 오히려 19세기에서 전쟁 발발이 줄고 있음을 보여주었다. P.A. Sorokin : *Social and Cultural Dynamics*.(원주)

버터를 자르듯 힘 안 들이고 격파해 유럽 전체에 프랑스군을 진출시켰다. 나폴레옹이 군사적 천재여서라기보다는 차라리 새로운 프랑스 군대의 혁명적 열광이었다. 만일 이 주장을 지지할 증거가 필요하다면, 그것은 경험이 없던 소집된 프랑스 군대가, 나폴레옹 등장 이전 루이 14세의 직업 군대도 해내지 못한 어려운 일을 해낸 사실에서 알 수 있다.

또 로마나 아시리아, 그 밖에 오래전 고도로 발달한 군국주의적 열강들이 기계화된 장비의 도움을 받지 않고, 16세기의 화승총 병사의 눈에도 매우 유치해 보이는 무기를 써서 문명을 파괴시켰던 일을 생각해도 좋다.

18세기에 그 전후 시대에 비해 전쟁이 덜 끔찍해진 근본적 이유는 전쟁이 종교적 광신주의 무기에서 벗어났으며 아직 민족주의적 광신주의에 의한 것도 아니었기 때문이다. 이 과도기의 전쟁은 단순히 '왕들의 놀이'였다. 도덕적으로는 그러한 경박한 목적에 전쟁을 이용하는 것이 훨씬 더 충격적인 일인지 모르나 전쟁의 물질적인 참상을 경감하는 효과가 있었음은 부인할 수 없다.

전쟁놀이를 하는 국왕들은 국민이 그들에게 허용하는 범위를 알고 있었기 때문에 그 범위 안에서 움직이려 했다. 그들의 군대는 징병제로 모인 것은 아니었다. 그들은 종교 전쟁 때의 군대처럼 점령한 나라를 황폐하게 하지도 않았고, 또 20세기의 군대처럼 평화로운 시대에 만들어놓은 시설을 모조리 파괴해 버리지도 않았다. 그들은 군사적 게임의 규칙을 지켰고 설정한 목적은 온당했으며, 패배한 적에게 재기 불능의 조건을 강요하지도 않았다. 드물지만 어쩌다 이러한 관례가 깨어진 경우 이를테면 루이 14세가 1674년과 1689년에 팔츠 지방을 황폐화한 적이 있는데 그런 잔혹한 행위는 피해자뿐 아니라 중립적인 대중으로부터도 거센 비난을 받았다.

에드워드 기번은 《로마 제국 쇠망사》에서 이러한 사건에 대해 전형적인 묘사를 한다.

"유럽 제국에서 무력이 행사되는 전쟁은, 승패가 적절히 결정되지 않을 때 일어난다. 세력이 균형을 이루기 위해 앞으로도 계속 동요할 것이므로, 영국이나 이웃 나라의 번영에도 부침이 있을 수 있다. 그러나 일반적으로 이러한 부분적인 사건은 행복한 상태를 근본적으로 다치게 하지는 못한다. 유럽인과 그 식민지 개척자들은 다른 종족보다 우수한 존재로 구별되는 예술·법률·풍속의 체계를 가지고 있는 것이다."

참을 수 없을 만큼 자기만족적인 이 구절을 쓴 기번은 만년에 가서 그의 판
단을 무색하게 만드는 새로운 전쟁이 잇달아 일어나면서 충격을 받았다.

마치 산업주의의 힘에 의해 노예 제도가 강화됨으로써 노예제 폐지 운동이
일어났듯이, 뒤에는 물론 산업주의의 힘이 가해지지만 민주주의의 힘에 의해 전
쟁이 심화되자 반전(反戰) 운동이 일어나게 되었다. 1914~1918년 제1차 세계대전
이 끝난 뒤 반전 운동을 처음으로 구체화하면서 탄생한 국제 연맹도 세계가 다
시 1939~1945년 제2차 세계대전을 치르는 것을 막을 수는 없었다. 이 거듭된 고
난을 겪고 우리는 이제 겨우 살아남은 마지막 한 강국이 힘으로 세계 국가를
수립하는 형태, 이런 이야기는 너무 지겹고 때늦었지만, 이런 국가 대신에 협력
적인 세계 정치 체제를 통해 전쟁을 없애는 어려운 일을 시험하는 새로운 기회
를 얻었다. 우리가 우리의 세계에서 이제까지 어떤 문명도 이루지 못했던 이 일
을 무사히 해낼 수 있을지는 신만이 알 것이다.

민주주의와 산업주의가 지역 국가에 미친 영향

민주주의 찬미자들은 때때로 민주주의가 그리스도교의 마땅한 결과라고 말
한다. 그리고 노예 제도에 대한 태도로 보아 이 고상한 주장이 그다지 틀린 말
이 아니라는 것이 증명되었다면 명백한 해악인 전쟁에 훨씬 더 나쁜 영향을 끼
치는 이유는 무엇인가? 그 답은 민주주의가 전쟁이라는 것과 충돌하기 전에 지
역 국가라는 제도와 충돌한 사실에서 찾을 수 있다.

민주주의와 산업주의라는 새로운 추진력이 지역 국가라는 낡은 제도에 도입
되었기 때문에 정치적 민족주의와 경제적 민족주의라고 하는 쌍둥이 죄악을
만들어냈다. 민주주의의 고매한 정신이 이질적인 매체를 통과하면서 이처럼 거
칠고 천한 형태로 변해 버렸기에 민주주의는 전쟁을 막는 대신 오히려 부채질
하는 것이 되고 말았다.

여기서도 서유럽 사회는 18세기에 민족주의가 출현하기 전보다 행복한 상태
에 놓여 있었다. 한두 가지 주목할 만한 예외는 별도로 하고 그 무렵 서유럽 세
계의 지역 국가는 국민 전체의 의사가 반영되는 기관이 아니라 사실상 왕가의

사유 재산이었다. 왕가 사이의 전쟁과 혼인은 재산 일부를 한 가문에서 다른 가문으로 옮기는 방법이었으며, 이 두 가지 방법 가운데서는 확실히 왕가 사이의 혼인이 즐겨 쓰였다.

그래서 "전쟁은 다른 이들에게 맡겨라. 행복한 오스트리아여, 그대는 혼인하라"와 같은 합스부르크가의 외교 정책을 칭찬한 유명한 말이 탄생하게 되었다. 18세기 전반의 주요한 세 전쟁, 에스파냐 왕위 계승 전쟁, 폴란드 왕위 계승 전쟁, 오스트리아 왕위 계승 전쟁 모두 혼인 협정이 뒤얽혀서 어찌할 도리가 없게 되자 일어났던 것이다.

이 혼인 외교에는 분명히 야비하고 치사한 면이 있었다. 왕가 사이의 협약에 따라 영토와 주민을 마치 토지와 가축을 함께 양도하듯 한 소유자로부터로 다른 소유자에게 양도한다는 것은 민주주의 시대의 감수성으로 보면 참으로 혐오스러운 일이다. 그러나 18세기 방식에는 그것을 합리화할 보상이 있었다. 그것은 애국심이라는 번쩍이는 명분을 빼앗았으나 그와 함께 생명을 위협하는 독침도 뽑아버렸다.

잘 알려진 로렌스 스턴의 《감상적인 여행》 구절 가운데 영국과 프랑스가 7년 전쟁을 하고 있는 가운데 저자가 전쟁 중임을 깜빡 잊고 프랑스로 가는 이야기가 있다. 그는 프랑스 경찰과 아주 조금 옥신각신했을 뿐 그 뒤 초대한 프랑스 귀족의 알선으로 더는 조금도 불편하지 않게 여행을 계속할 수 있었다.

그로부터 40년 후 아미앵 조약이 결렬됐을 때 나폴레옹은 그즈음 프랑스에 머무르고 있던 18세에서 60세까지의 영국인을 모조리 억류하라고 명령했다. 그의 이런 행위는 코르시카인은 잔인하다는 실례가 되었고, 나중에 아서 웰즐리 웰링턴이 했던 "그는 신사가 아니다"라는 말을 뒷받침하는 예가 되었다. 실제로 나폴레옹도 자신이 취한 조치에 대해 변명을 하고 있다.

그러나 그것은 오늘날 아무리 인도적이고 관대한 정부라도 당연하고도 일반적인 일로 취하는 조치이다. 이제 전쟁은 '총력전'이 되고 있다. 그것은 지역 국가들이 민족주의적 민주주의 국가가 되었기 때문이다.

총력전이란 전투원이 육군·해군이라는 선택된 '체스의 말'일뿐 아니라, 전쟁을 하는 나라의 국민 전체가 전투원으로 여겨지는 그러한 전쟁이다. 이런 새로운 전쟁관은 언제부터 시작되었는가? 독립 전쟁이 끝났을 때, 승리한 영국계 미국인 개척자들이 모국 영국 편을 든 사람들에 대해 취한 조치가 아마도 그 시초라 생각된다.

이들 '영국 충성파'들은 전쟁이 끝난 뒤 남자·여자·아이들 할 것 없이 그들의 집에서 추방되었다. 그들이 받은 이 조치는 20년 전 정복된 프랑스계 캐나다인에 대해 영국이 취한 조치와 크게 다르다. 프랑스계 캐나다인은 그들의 집을 잃지도 않았으며, 그들의 법과 종교 조직을 계속 사용할 수도 있었다. '전체주의'의 이 첫 예는 의미 깊은 것이다. 왜냐하면 승리한 미국 정착자들이야말로 우리 서유럽 사회 최초로 민주화된 국민이었기 때문이다.[10]

정치적 민족주의와 마찬가지로 커다란 해악이 된 경제적 민족주의 또한 같은 지역 국가의 비좁은 틀 속에서 왜곡된 산업주의가 작용해 탄생한 것이다.

물론 산업주의 이전 시대의 국제 정치에 있어서도 경제적 야심과 경쟁이 없었던 것은 아니다. 사실 18세기의 '중상주의'(보호 무역주의 입장에서의 상업 중심주의) 가운데 경제적 민족주의의 전형적인 실현을 볼 수 있고, 또한 에스파냐령을 통한 미국 식민지의 노예 매매 독점권을 영국에게 내어준 위트레흐트 조약의 저 유명한 조항이 가리키듯, 시장과 독점권 획득이라는 것이 18세기의 전쟁 목적 중에 포함되어 있었다.

그러나 18세기의 경제적 갈등은 소수 계층과 이해관계가 있는 한정된 집단에게만 영향을 미쳤다. 나라나 마을 단위로 생활필수품의 대부분을 생산해 내던 농업을 주로 하던 시대에 영국이 시장 획득을 위해 치른 전쟁은 대륙의 영토 획득 전쟁을 '왕들의 놀이'라 불렀듯이 '상인들의 놀이'로 불러도 무방할 만한 것이었다.

규모가 작고, 갈등이 적었던 전반적인 경제적 평형 상태를 심하게 교란시킨 것은 산업주의의 출현이었다. 그것은 산업주의가 민주주의와 마찬가지로 본질적으로 전 세계적으로 작용하기 때문이다.

만일 민주주의의 참된 본질이 프랑스 혁명의 기만적 선언처럼 우애의 정신이라면, 산업주의가 잠재력을 완전히 드러내기 위해 꼭 필요한 요건은 전 세계적

---

10) 실제로 그보다 빠른 예가 있다. 즉 7년 전쟁의 개시와 더불어 영국 정부는 노바스코샤에서 프랑스계 아카디아인을 쫓아냈다. 그러나 이것은 18세기적 기준에서 본다면 잔인하긴 해도 규모가 큰 것은 아니었으며, 거기에는 또 전략적인 이유가 있거나 있었다고 생각된다.(원주)

인 협력이다.

산업주의가 요구하는 사회 체제는 18세기의 새로운 기술 개척자들이 외친 유명한 표어 "자유롭게 만들게 하라! 자유롭게 맞바꾸게 하라!" 곧 제조와 교환의 자유라는 말에 정확히 나타나 있다. 세계가 작은 경제 단위로 나뉘어 있는 것을 보고, 산업주의는 150년 전에 다 같이 세계적 통일로 향하던 두 가지 방식으로 세계의 경제 구조를 고치는 일에 들어갔다. 산업주의는 경제 단위의 수를 줄임으로써 규모를 크게 하는 동시에, 상호 간의 장벽을 낮추도록 한 것이다.

이런 노력의 역사를 살펴보면 지난 세기 60년대와 70년대쯤에 전환기가 있었음을 알 수 있다. 이때까지의 산업주의는 민주주의의 도움으로 경제 단위의 수를 낮추고 장벽을 낮게 하는 노력을 해왔다. 그러나 그 뒤로부터 산업주의와 민주주의는 둘 다 정책을 뒤집어 반대 방향으로 실행시켰다.

먼저 경제 단위의 크기를 살펴보면, 18세기 말에는 영국이 서유럽 세계 최대의 자유 교역 지역이었던 것을 알 수 있다. 이 사실로 산업 혁명이 다른 어느 나라도 아닌 영국에서 처음으로 일어난 이유를 충분히 알 수 있다. 하지만 1788년 북아메리카의 옛 영국령 식민지들이 필라델피아 헌법을 채택함으로써 각 주 사이의 모든 통상 장벽이 완전히 철폐됐다. 그러자 얼마 안 있어 자연히 교역이 확대되었고 세계 최대의 자유 교역지가 된다. 따라서 그 직접적 결과로서 가장 강대한 기초가 마련되었다.

그로부터 수년 뒤 이번에는 프랑스 혁명이 일어나서 그때까지 프랑스의 경제적 통일을 방해하고 있던 지방 간의 관세 장벽이 모두 철폐되었다. 19세기의 제2분기에는 독일이 '관세 동맹'의 형태로 경제적 통일을 실현해 그것이 정치적 통일의 선구가 되었다. 제3분기에는 이탈리아가 정치적 통일을 이룩하고 그와 동시에 경제적 통일을 이루었다.

계획의 나머지 절반, 곧 국가 간의 교역을 방해하는 관세와 그 밖의 지방적 장벽을 낮추려는 노력을 살펴보면, 애덤 스미스의 제자라 자처한 윌리엄 피트가 자유 무역 촉진 운동을 시작했고, 그것이 19세기 중엽 로버트 필·리처드 코브던·윌리엄 글래드스턴 등에 의해 완성되었다. 또 미국도 고관세 정책을 시험해 본 뒤로는 1832년에서 1860년에 걸쳐 꾸준히 자유 무역 방향으로 나아갔다. 그리고 루이 필리프와 나폴레옹 3세 시대의 프랑스, 비스마르크 이전의 독일도 같은 길을 걸었다.

그러나 형세가 급변한다. 독일과 이탈리아에서는 다수의 소국이 하나로 통일되는 민주주의적 민족주의가 이때부터 계속 합스부르크 제국과 오스만 제국, 러시아 제국 등의 다민족 국가를 해체하기 시작했다. 1914~1918년 제1차 세계대전 후에는 원래 하나의 자유 교역권이었던 다뉴브 왕국이 저마다 경제적 자급자족을 필사적으로 따르는 몇 개의 후계 국가로 분열했으며 다 같이 영토가 잘려 작아진 독일과 러시아의 사이에 새로운 경제 구역으로 나눠진 다른 신생국들이 끼어들게 되었다.

한편 약 30년 전부터 자유 무역으로의 움직임은 후계 국가로 한 나라 한 나라 분열하는 식으로 역행을 다시 시작해, 1931년에는 마침내 '중상주의'의 역류가 영국에까지 미쳤다.

자유 무역 정책을 포기한 원인은 쉽게 규명할 수 있다. 자유 무역은 그 무렵 '세계의 공장'이었던 영국에는 알맞았다. 1832~1860년 사이에 미국 정부를 좌우하던, 면화 수출을 하던 여러 주에도 적합했다. 같은 시기의 프랑스와 독일에서도 여러 가지 이유로 잘 적용되었다. 그러나 각국이 차례차례로 산업화되어 감에 따라 단기적으로는 이웃한 다른 나라와 격렬한 산업 경쟁을 하는 것이 각 지역 국가 이익에 맞는 듯했다. 지역 국가가 저마다 주권을 갖고 있는 체제 아래서 과연 누가 그것을 안 된다 할 수 있겠는가?

코브던과 그 신봉자들은 크게 착각을 했던 것이다. 그들은 세계의 여러 국민과 국가가 영국을 중심으로 산업주의의 젊은 에너지를 투입하면서 새롭고도 전례가 없는 전 세계적 경제 관계의 보이지 않는 거미줄에 의해 단일 사회로 끌려들어올 것을 기대했다. 빅토리아 시대의 영국 자유 무역 운동을 단순히 총명한 이기주의가 낳은 걸작에 지나지 않는다고 일축하는 것은 코브던 일파에게는 공평하지 못한 견해일 것이다.

그 운동은 또한 도덕적 관념의 표현이자 건설적인 국제 정책의 표현이었다. 존경받아야 할 그 운동의 대표자들은 영국을 세계 시장의 지배자로 만든다는 목적 그 이상을 지향하고 있었다. 그들은 새로운 경제적 세계 질서가 번영할 수 있는 그러한 정치적 세계 질서도 차츰 발전하기를 바랐다. 재화와 용역의 교환이 전 세계적으로 평화롭고 안전하게 이루어지는 정치적 분위기를 만들어냄으로써 더욱더 안전하게, 그래서 인류 전체의 생활 수준을 한 단계 높여줄 것을 바랐던 것이다.

코브던이 잘못 생각했던 이유는 민주주의와 산업주의의 힘이 지역 국가 서로 간의 경쟁을 촉진한다는 것을 예측하지 못했던 데에 있다. 그는 이 거대한 두 시스템이, 18세기와 마찬가지로 19세기에도 가만히 얌전하게 있으리라 생각했던 것이다. 끊임없이 부지런히 세계적인 산업주의의 거미줄을 치고 있는 인간이 거대한 두 시스템을 완전히 거미줄로 묶어버릴 때까지 말이다. 그는 민주주의가 우애를 대표하고 산업주의가 협력을 대표하는 본래의 민주주의와 산업주의가 낳을 결과에 기대를 걸었던 것이다. 그것은 속박되지 않은 민주주의와 산업주의가 비로소 이룰 수 있는 통일과 평화의 기대이다.

그는 이 같은 2개의 힘이 새로운 '증기압'을 지역 국가라고 하는 낡은 기관 속에 막무가내로 집어넣어 그 결과 분열과 세계적 무정부 상태를 일으킬 가능성은 계산하지 못했던 것이다. 그는 프랑스 혁명의 대변자가 가르치는 우애의 복음이 근대의 첫 민족주의 전쟁을 일으켰던 일을 생각하지 못했다. 오히려 그는 그 전쟁이 이런 종류의 처음이자 마지막 전쟁이 될 것으로 믿고 있었다.

그는 18세기의 제한된 중상주의적 소수 집권층이 그 무렵 국제 교역에서 주로 취급되던 비교적 덜 중요한 사치품의 무역을 촉진하기 위해 전쟁을 일으킬 수 있었다고 하면, 그렇다면 산업 혁명이 국제 교역을 사치품 교환에서 생활필수품 교환으로 바꾼 시대에는 민주화된 여러 국민이 경제 목적을 이루기 위해 훨씬 더 서로 철저히 싸우게 되리라는 것을 깨닫지 못했다.

결국 맨체스터학파(자유방임주의와 자유 무역 주장)는 인간의 본성을 오인하고 있었던 것이다. 그들은 경제적 세계 질서라 해도 단순히 경제적 기반 위에만 구축되는 것이 아님을 이해하지 못했다. 그들은 참된 이상주의자였음에도 "사람은 빵만으로 살 수 없다"는 것을 깨닫지 못했다.

빅토리아 시대 영국 이상주의의 궁극적 원천인 그레고리우스 대교황과 그 밖의 서유럽 그리스도교 사회의 창시자들은 결코 이러한 치명적인 오류를 범하지 않았다. 초현세적인 목적에 온 힘을 쏟은 이러한 사람들은 의식적으로 하나의 세계 질서를 세우려고 계획하지는 않았다. 그들의 현세적인 목적이라면 파괴된 사회(헬라스 사회)에서 살아남은 생명을 살리겠다는 좀 더 소박한 양심에서 우러난 것이었다.

그레고리우스와 그의 동료들이 성가시고 짐스러운 필요로 세운 경제 조직은 분명히 임시방편이었다. 그럼에도 경제 조직을 세움에 있어 그들은 경제라는 모래 위가 아니라, 종교라는 바위 위에 세우려 노력했다. 그래서 그들이 힘쓴 덕으로 서유럽 사회 조직은 견고한 종교의 기초 위에서 안정을 찾았고, 1400년도 채 안 되는 동안 처음에는 남의 눈에 띄지 않는 한쪽 구석에서 대수롭지 않게 시작한 경제 사회 조직이 오늘날과 같이 전 세계로 확장되는 대사회로 성장한 것이다.

만일 그레고리우스의 자그마한 경제적 건물에 견고한 종교적 기초가 필요했다면, 오늘날 우리가 건설을 맡은 세계 질서라는 훨씬 더 거대한 건물은 단순한 경제적 이익이라는 돌무더기의 토대 위에서는 도저히 안전하게 세워질 것 같지 않다.

산업주의가 사유 재산제에 준 영향

사유 재산제란 개개의 가정이나 세대가 경제 활동의 일반적 단위인 사회에 만들어지는 제도로, 그런 사회에서는 아마도 사유 재산제가 부의 분배를 지배하는 가장 알맞은 제도일 것이다. 그러나 오늘날 경제 활동에서 현실적인 단위는 이미 단일한 가정이나 단일한 마을, 단일한 민족 국가도 아니고, 현재 살고 있는 '인류' 전체이다. 산업주의가 나타난 이래 현대의 서유럽 사회 경제는 사실상 가족 단위를 초월했다. 따라서 논리적으로 가족 단위의 사유 재산 제도를 넘어섰다. 그럼에도 실질적으로 이 오랜 가족 단위의 제도는 여전히 시행되고 있다. 이런 사정으로 산업주의는 사유 재산제에 강력한 추진력을 주어 재산가의 사회적 힘을 증대시킴과 동시에 사회적 책임을 감소시켰다. 그 결과, 산업주의 이전 시대에는 이익을 만들어내던 사유 재산 제도가 여러 면에서 노예 제도에 이어 또다시 사회적 해악의 특성을 드러내기에 이르렀다.

그래서 오늘날 우리 사회는 오래된 사유 재산 제도를 새로운 산업주의의 힘과 조화되도록 조정해야 하는 과제에 직면해 있다. 평화적으로 조정하는 방법은 국가의 힘으로 사유 재산을 계획적·합리적으로 또 공정하게 관리해 재분배함으로써 산업주의가 어쩔 수 없이 만들어내는 사유 재산의 불평등한 분배를 막는 것이다. 기간산업을 관리함으로써, 국가는 그런 사유 재산의 불평등한 분배로 인해 어느 한 인간이 다른 인간의 생활에 지나치게 지배력을 행사하는 것을 억제하고 한편 부자에 대한 높은 과세로 경비가 조달되는 각종 사회사업을 벌임으로써 빈곤의 비참한 결과를 완화할 수 있다. 이 방법은 국가를 이제까지는 가장 눈에 띄는 국가 기능이었던 전쟁을 일으키는 기계에서 사회 복지를 증진시키는 기관으로 바꾼다는 부수적인 사회적 이점을 지녔다.

만일 이 평화적인 정책이 잘 실행되지 않는다면 대신 혁명적인 방법이 취해질 것이다. 아마도 공산주의 형태가 될 것이고 사유 재산이 거의 없어지는 단계까지 가리라는 것이 확실하다. 이것이 조정에 실패하는 경우 감수해야 할 유일하고 실제적인 결과라 생각된다. 왜냐하면 산업주의의 힘에 따른 사유 재산의 불평등한 분배는 사회사업과 높은 세금으로 완화되지 않는 한 견딜 수 없는 상황에 이르기 때문이다. 그러나 러시아의 실험이 보여주듯 공산주의라는 혁명적 요법은 병 그 자체만큼 치명적이다. 사유 재산제는 산업주의 이전 시대의 사회적 유산 가운데 가장 좋은 것들과 아주 가깝게 관련되어 있다. 그래서 이를 함부로 폐지하게 되면 우리 서유럽 사회의 사회적 전통에 불행한 단절이 생기는 것은 확실하다.

민주주의가 교육에 준 영향

민주주의의 출현으로 생긴 가장 큰 사회적 변화 가운데 하나는 교육의 보급이었다. 선진 국가에서는 보편적인 의무교육 제도가 채택되어 교육은 모든 아동의 기본 권리가 되었다. 이것은 교육이 소수의 특권 계급에 독점되던 민주주의 이전 시대의 교육의 역할과는 매우 큰 차이가 있다. 이 새로운 교육 제도는 현대의 국제 사회에서 명예로운 지위를 갖고자 하는 모든 국가에 주요한 사회적 이상의 하나였다.

보편 교육이 처음 시작되었을 때 그즈음의 자유주의자들은 이를 정의와 개화의 승리로 환영했다. 그리고 인류를 위한 행복과 안녕의 새 시대를 열어줄 것으로 기대했다. 그러나 오늘날 생각해 보면 이러한 기대는, 행복한 이상의 시대에 이르는 큰길 위에 몇 개의 거치적거리는 장애물이 가로놓여 있다는 것은 계산에 넣지 않고 했었던 것임을 알 수 있다. 그리고 이 점에 대해서도 그 밖의 여러 경우와 마찬가지로 예견하지 못했던 요소가 결국 가장 중요한 것임이 드러났다.

첫 번째 장애물은 전통적인 문화적 배경에서 분리하는 대가로 교육을 '대중화'하는 데서 생기는 피할 수 없는 교육 내용의 빈약화였다. 민주주의의 선한 의도라 해도 빵과 물고기의 기적(《마태복음》 15 : 32~39)을 행하는 신통력을 가지고 있지 않다. 대량 생산하는 지적 양식에는 풍미나 영양이 들어 있지 않다. 두 번째 장애물은 교육이 모든 인간에게 주어지지만 동시에 그 성과가 자칫하면 공리적으로 이용되는 경향이 있다는 점이다. 교육이 사회적 특권으로서의 권리를 물려받거나 특별히 근면하거나 지능이 뛰어나서 교육받을 수 있는 사람들에게만 그 권리가 국한되는 사회에서는, 교육이란 돼지에게 던져준 진주(《마태복음》 7 : 6)든 아니면 그것을 발견한 사람이 자신의 전 재산을 팔아 구하는 값비싼 진주든(《마태복음》 13 : 46) 둘 중 하나이다. 어느 쪽이든 교육은 목적을 위한 수단이거나 세속적인 야망 또는 경박한 오락의 도구는 아니다. 교육을 대중오락의 수단으로 이용하는 가능성에 따라서 그런 오락을 제공하는 기업가가 이윤을 올리는 수단으로 쓰는 가능성이 생긴 것은 보편적인 초등 교육이 시작되고 난 이후의 일이다. 그리고 이렇게 기업가의 새로운 이윤 추구 수단으로 이용됨으로써 세 번째 최대 장애물이 생기게 되는데 이 세 번째가 가장 큰 장애물이라 할 수 있다. 보편 교육이라는 빵이 물 위에 던져(《전도서》 11 : 1)지자마자 바닷속으로부터 상어 떼가 올라와서 교육자의 눈앞에서 아이들의 빵을 빼앗아 먹어버린다. 보편적인 초등 교육 제도는 주로 1870년 포스터법(法)에 의해서 완성되었지만, 그로부터 약 20년 뒤—다시 말해 초등 교육이 시작된 초기의 어린 학생들이 충분한 구매력을 가지게 되자마자—박애주의적인 교육자의 사랑의 노고를 잘 이용한 기업가 신문왕(新聞王)은 막대한 이익을 취했고, 그런 사실을 재빨리 알아챈 무책임한 인간은 뒤이어 천재적 수완으로 황색 신문(흥미 위주의 선정적 신문)을 만들어냈다.

민주주의가 교육에 미친 영향에 대해 대중적 반응이 걱정할 만큼 대단하자 현대의 전체주의를 표방하는 국민 국가의 지배자들이 관심을 갖게 되었다. 출판왕이 어중간하게 교육받은 인간들에게 쓸모도 없는 오락을 제공하고 수백만 파운드의 큰돈을 벌어들였다고 한다면, 착실한 정치가 또한 이러한 언론 경제의 대중화를 이용하려 들 것이다. 만약 돈은 벌리지 않는다고 해도 권력을 끄집어 낼 수는 있을 것이다. 현대의 독재자들은 신문왕 위에 군림하면서 조잡하고 저속한 개인적 오락 대신, 조잡하고 저속한 국가적 선전 조직을 만들어냈다. 영국과 미국의 자유방임 체제 아래에서 개인적 이익을 위해 어중간한 교육을 받은 인간들을 집단적으로 노예화하기 위해 정교하고도 기발하게 만들어진 조직을 국가 지배자가 그대로 접수해서 이들 정신적인 조직을 영화나 라디오로 보강해 그들의 나쁜 목적을 위해 썼다. 비스카운트 노스클리프[11]에 이어 히틀러가 등장했다.

이와 같이 민주적 교육이 도입된 나라의 국민은 이윤을 추구하는 사기업이라든지 정부 당국에 의해 조종되는 지적인 전제 정치 체제 아래 놓이는 위험에 처했다. 국민의 정신을 구하려 한다면, 대중 교육의 수준을 높여 피교육자가 적어도 영리주의나 선전의 저급한 형태에 걸려들지 않도록 하는 것이 유일한 방법이지만 전적으로 의지할 방법은 못 된다. 다행히도 오늘날 서유럽 사회에는 이 문제와 관련해 이해를 넘어서는 유력한 교육 기관이 몇 개 존재하는데, 영국의 노동자 교육 협회라든지, 영국 방송 협회(BBC) 등이 그것이다.

이탈리아의 정치 능력이 알프스 너머의 정치 체제에 준 영향

이제까지의 예는 모두 서유럽 사회 역사의 가장 새로운 국면에서 인용된 것이었다. 서유럽 사회 초기에 새로운 힘이 오랜 제도에 가한 충격 때문에 제기된 문제에 대해서는 단지 앞 장(章)의 기억을 되새기는 것으로 족하다. 그 이유는 우리들은 이미 다른 논점으로 이 예를 검토한 적이 있기 때문이다. 제시된 문제는 어떻게 하면 알프스 너머 나라들의 봉건 군주제를 르네상스 시대의 이탈리아의 도시 국가에서 만들어낸 새로운 산업주의 정치적 효율성의 영향과 조화할 수가 있을까 하는 문제였다. 알프스 이북 나라들은 비교적 쉽지만 그다지 신통치 않은 조정 방법을 채택했다. 군주제 그 자체를 강화함으로써 이탈리아 도시 국가의 대부분이 이미 굴복한 전제 군주제를 또 다른 독재제 또는 전제 군주제로 전향하는 것이었다.

---

11) 영국의 신문 경영자(1865~1922). 《데일리 메일》을 창간하여 신문의 대중화를 이끌고 《타임스》 등을 인수했다.

그것보다도 힘들기는 하나 더 나은 방법은 알프스 북방 여러 왕국의 중세적 삼부회를 강화해 그즈음의 이탈리아 전제 군주제처럼 효율적이며 적어도 정치적으로는 동시에 최전성기 무렵의 이탈리아 도시 국가의 자치 제도가 가졌던 것과 같은 정도의 대폭적인 자치권을 전국적인 규모로 조성한 것인데, 말하자면 대의(代議) 정치 기관이었다.

앞서 말한 것과 같은 이유에서 이런 조정이 가장 잘 조화를 이룬 곳은 영국이다. 따라서 이탈리아가 전 단계에서 그러했듯 서유럽의 개척자가 되고 창조적 소수자가 되었다. 그래서 전국 통일의 뜻을 품었던 튜더 왕조 시대에는 군주제가 전제 정치로 발전하기 시작했지만, 비운의 스튜어트 왕조에 이르러서는 의회가 왕권을 뒤쫓다가 마침내는 그것을 추월하기에 이르렀다. 그러나 정치 체계적 조화를 이룩하기 위해 두 번의 혁명이 뒤따랐으며, 이들 혁명은 다른 혁명에 비해 훨씬 진지하고 온건하게 수행되었다. 프랑스에서는 전제적 경향이 한결 오래 계속되고 정도도 심했다. 아주 거센 혁명이 일어났으며 그와 함께 비롯된 정치적 불안정의 시대는 끝날 기미도 보이지 않았다. 에스파냐나 독일에서는 지금까지도 계속해서 전제 정치로 향하는 추세이며, 그것에 대항하는 민주주의 운동은 지나치게 지연되어 이 장에서 서술해 온 것처럼 미래의 여러 역사적 사건에 휘말리게 되었다.

솔론의 혁명이 헬라스 사회의 도시 국가에 준 영향

서유럽 사회 역사의 제2기에서 제3기까지의 과도기에 알프스 북방의 서유럽 세계에 영향을 미친 이탈리아의 정치적 능력에 맞먹는 헬라스 사회의 역사 사건은 기원전 7~6세기에 헬라스 세계의 몇몇 국가에서 인구 문제의 압력 아래 이룩된 경제적 능력이다. 그 이유는 이 새로운 산업주의 경제 능률은 그것이 만들어진 교역국 아테네 지역과 그 밖의 국가 내부에 국한되어 있지 않고 외부로 퍼져 나가, 많은 도시 국가로 이루어진 헬라스 세계 전체의 국내와 국제 정치 둘 모두에 영향을 주었기 때문이다.

앞에서 이미 말한 이 새로운 경제적 발전을 '솔론의 혁명'이라고 이름 붙일 수 있을 것이다. 그것은 요컨대 자급자족의 농업에서 상공업의 발달을 동반하는 환금 작물 농업으로의 전환이었다. 한정된 토지 면적에 대한 인구의 압력이라는 경제 문제의 해결이 2개의 새로운 정치 문제를 낳았다. 하나는 이 경제 혁명은 한편으로 도시의 상공업 종사자인 직공·선원 등의 새로운 사회 계급을 출현시켰지만, 이들 계급에 대해서도 정치 조직 속에 일정한 위치를 주어야만 했다. 또 다른 하나는 경제 면에서 도시 국가는 이제까지의 고립 상태로부터 상호 의존 관계로 이행하게 되었지만, 이와 같이 몇몇 도시 국가가 경제적으로 의존하게 된 이상, 불행한 결과를 동반하지 않고서는 이제 예전처럼 정치적으로 고립 상태를 지속해 갈 수 없게 되었다. 이 두 가지 문제 중 전자, 즉 산업 국가 내부의 새로운 계층과 정치의 연계성은 빅토리아 왕조 시대의 영국이 일련의 의회 제도 개혁 법안으로 해결한 문제와 비슷하고, 후자, 즉 교역에 따른 국가 간의 정치 문제는 같은 시대의 영국이 자유 무역 운동으로 해결하려 했던 문제와 비슷하다. 이 두 문제를 따로따로 지금 말한 순서대로 살펴보도록 하자.

헬라스 사회 도시 국가의 국내 정치에서 새로 나타난 계급에 참정권을 주기 위해서는 정치적 통합의 기초를 근본적으로 고쳐야 했다. 전통적인 혈족 관계를 기초로 하는 공민권 제도를, 재산을 기초로 하는 새로운 참정권 제도로 바꿀 필요가 있었다. 아테네 시대에는 이 전환이 효과적으로, 또 거의 원활하게 솔론 시대부터 페리클레스 시대에 걸쳐 일련의 정치 조직 발전으로 이행되었다. 이 전환이 비교적 순조롭게, 또 효과적으로 이루어졌다는 것은 '참주정'이라는 것이 아테네 역사에서 그 역할이 미미했었던 사실로 증명된다. 그 이유는 이들 도시 국가의 정치 조직 역사에서 선진 국가의 예에 따르려 하는 과정이 너무 오래 지체되면 '스타시스'(혁명적인 계급투쟁) 상태가 되고, '참주(tyrant)' 또는 로마에서 빌려온 오늘의 정치 용어로 말한다면 '딕타토르'(로마 공화정 시대의 최고 관직인 독재관)가 등장하지 않는다면 도저히 해결할 수 없다는 게 통례였기 때문이다.

아테네에서도 다른 나라처럼 조정 과정에서 피할 수 없는 하나의 단계로서 독재 정치가 행해졌던 시기가 있지만, 아테네의 페이시스트라토스와 그 자식들의 참주 정치는 솔론의 개혁과 클레이스테네스의 개혁과의 중간에 있었던 짧은 막간극에 지나지 않았다.

다른 그리스 도시 국가에서는 조정이 그리 잘 이루어지지 않았다. 코린트에서는 장기간에 걸쳐, 시라쿠사에서는 여러 번 되풀이해 독재 정부가 있었고, 코르키라에서는 포악한 '스타시스'가 일어나 그 참혹함이 투키디데스의 글로 영원히 전해지고 있다.

마지막으로 기원전 725~525년 사이에 헬라스 문명이 지리적으로 확대된 결과, 헬라스 세계 속에 끌려들어간 비그리스인 국가로서 로마의 경우를 들어보자. 로마가 헬라스 사회의 도시 국가라든지 헬레니즘화한 도시가 걸어온 보통의 경로였던 경제적·정치적 발전의 과정을 밟기 시작한 것은 문화적 전환이 있은 뒤의 일이었다. 그 결과 로마는 이 시기에 아테네를 약 150년 동안의 시간적인 지체를 유지하면서 아테네가 거쳤던 모든 단계를 지났다. 이 시간상의 차이 때문에 로마는 태어나면서부터 권력을 독점한 귀족 계급 간의 극단적이고도 격렬한 대립과 '스타시스' 상태를 경험해야만 했다. 이 로마의 '스타시스' 상태는 기원전 5세기부터 3세기까지 이어졌지만, 그 사이에 여러 번 평민들은 실제 귀족에게서 분리독립해 다른 지역에 은둔하는 극단의 경우에까지 갔고, 또 적법한 공화 정권 내부에 대립하는 서민 정권을 만들어 고유의 제도, 의회와 담당자를 갖추고 있었다. 그러나 로마의 정치력이 기원전 287년 정통 정권과 대립 정권을 화해시켜 일단 정치적인 통일을 실현함으로써 이상한 정치 체제에 대처할 수 있었던 것은 외부의 압력 덕분이었다. 그 뒤 1세기 반 동안의 제국주의 시대가 지나자 기원전 287년의 협의는 임시변통이었음이 바로 드러났다. 로마 당대 3인의 권력자가 로마인이 갓 시작한 새로운 공화제를 받아들였다. 담금질하지 않은 귀족제와 평민제의 혼합물은 새로운 사회 정세에 적응하기 위한 정치적 수완으로서는 매우 부적절했다. 이는 하나의 3인 권력 분립 체제로서, 그 뒤 그라쿠스 형제의 폭력적이며 실패로 끝난 개혁에 의해 전보다도 훨씬 악화된 제2의 '스타시스'(기원전 131~31년)가 시작되었다. 그리고 한 세기 동안 자기분열을 겪은 뒤, 로마의 정치는 영구적인 독재 정치에 굴복하게 되었다. 그리고 그 무렵, 이미 로마군은 헬라스 세계의 정복을 끝내고 있었기에 아우구스투스와 그 후계자에 의한 로마의 '참주정'이 뜻하지 않게 헬라스 사회에 세계 국가를 만들게 했다.

로마인은 줄곧 내정 문제를 처리하는 일에 서툴렀는데 그들이 다른 나라를 정복하고, 그 영토를 유지하며 조직하는 일에 뛰어난 능력을 발휘한 것과 아주 큰 대조를 이룬다. 그와 반대로 아테네인은 내정 분야에서 '스타시스' 상태를 해소하는 일에서 비교할 사람이 없을 만큼 성공했는데도 기원전 5세기 무렵 절실히 필요했던 국제 질서를 세우는 데는 보기 좋게 실패했는데, 로마인이 400년 뒤 그 일에 성공한 것은 주목할 만하다.

아테네인 솔론의 민간 경제법 혁명은 이렇게 내정에 성공했으나, 국제적으로는 적용되지 못했으므로 국제적 과업에서 실패했던 것이다. 헬라스 사회가 국제 무역을 하는 데 필요로 했던 국제적·정치적 안전을 방해한 장애물은 도시 국가가 주권을 쥐고 있었던 전통적인 정치 제도였다. 기원전 5세기 초 이후의 헬라스 사회의 정치사는 도시 국가 주권제를 초월하려는 노력과, 이 노력이 불러일으킨 저항의 역사라는 식으로 표현할 수 있다. 기원전 5세기가 끝나기 전 이 노력에 대한 완강한 저항 때문에 헬라스 문명은 쇠퇴하기 시작했다. 그리고 문제는 로마에 의해 그럭저럭 해결되었지만, 그 해결은 벌써 시기를 놓쳐 헬라스 사회 해체의 과정이 최후 붕괴까지 이르는 것을 멈추게 할 수는 없었다.

문제를 이상적으로 해결하기 위해서는 도시 국가의 주권이 도시 국가 사이의 자발적인 협정에 의해 영구적으로 통제될 수 있어야만 가능한 것이었다. 불행히도 그런 시도 속에서 가장 눈에 띄는 것은 델로스 동맹으로 승리한 페르시아에 대한 반격 중 아테네와 에게해 여러 나라의 동맹자들에 의해 맺어졌다. 이 동맹은 한결 더 오래된 헬라스 사회의 전통인 '패권', 즉 강제적으로 맺어진 동맹의 지도적 가맹국에 의해 부당하게 이용되면서 손상되었다. 델로스 동맹은 아테네가 패권을 쥐는 아테네 제국이 되어버렸고 이 아테네 제국이 펠로폰네소스 전쟁을 유발했다. 4세기 뒤 아테네가 실패한 일에 로마는 성공했다. 그러나 아테네의 제국주의가 그 협소한 세계에 가한 채찍질은, 한니발 전쟁에 이어 아우구스투스의 평화 확립 기간이었던 2세기 동안 엄청나게 커진 헬라스 사회와 헬레니즘화한 사회에 로마 제국주의가 가한 쇠사슬의 채찍질에 비한다면 대수로운 것이 아니었다.

지역주의가 서유럽 그리스도교회에 준 영향

헬라스 사회는 전통적인 지역주의를 극복할 시기를 잃었기 때문에 무너진 것이지만, 서유럽 사회는 아마 그 본래의 기본 재산 중에서도 가장 귀중한 부분이었던 사회적 연대 유지 상태를 잃었기 때문에 실패했으리라(결과는 좀 더 두고 봐야 알 수 있다). 서유럽 사회의 역사가 중세에서 근대로 넘어오는 시기에 나타난 가장 중요한 사회적 변화는 지역주의였다. 오늘날 이 지역주의는 벌써 시대착오적인 유물이 되어 우리들에게 커다란 해악을 끼치고 있어서, 이 변화는 감정을 개입시키지 않고 냉정하게 바라보기 어렵다. 그러나 5세기 이전에는 중세적인 세계주의를 포기할 이유가 다분히 있었다. 세계주의는 도덕적으로는 훌륭하지만 과거의 망령인 헬라스 사회, 즉 동란 시대의 산물인 세계 국가가 물려준 유산이다. 그리고 끊임없이 종교를 내세운 세계주의 이념의 이론상의 지배와 실제적인 중세적 봉건 사회의 무정부 상태 간에 곱지 않은 이권 싸움의 불화가 있었다. 그러나 새로이 나타난 지역주의는 어느 정도 분별 있는 겸손한 주장에 일치하는 행동을 하는 데는 성공했다. 어쨌든 이 새로운 힘을 얻어 정치 면에서는 복수 주권 국가가 나타나고, 문학 분야에서는 새로운 자국어 문학의 형태가 나타났으며, 종교의 영역에서는 중세적인 서유럽 교회와 충돌했다.

이 최후의 충돌이 그처럼 심했던 것은 교회가 교황의 종교적 권력 아래 참으로 교묘하게 조직되었으며 중세적 체제 중 가장 중요한 제도였기 때문이다. 만일 교황 권력이 앞서 전성기에 시도했던 것처럼 조정을 했었다면 아마도 문제 해결의 가능성이 있었다고 생각된다. 이를테면 이전에 예배 용어로서 라틴어 대신 자국어를 사용하고 싶다고 여러 교구에서 요구해 오자 로마 교회는 크로아티아인에게 기도서를 자국어로 번역해도 좋다고 허가해 준 일이 있다. 그것은 이 변경 지역에서 로마는 대항 세력인 동방 정교회와 경쟁하고 있었는데 동방 정교회는 그리스도교로 개종한 그리스인이 아닌 다른 민족에게 그리스어를 예배 용어로 채택하도록 강제하는 따위는 하지 않았고, 기도문을 여러 나라 말로 번역하는 관대한 정책을 시행했기 때문이다. 그 뒤 교황은 근대 주권 국가로 발전하는 중세 지역 국가와의 교섭에서 신성 로마 제국 황제의 전체주의적 권리 주장에 대항하여 이른바 사활이 걸린 싸움을 하고 있었다. 교황은 저마다 자국의 교회 조직에 대해서 감독권을 행사하려는 영국·프랑스·카스티야, 그리고 여러 지역 국가의 지역주의적 요구에 대해 훨씬 융통성 있는 태도를 보였다. 이와 같이 교황청은 충분히 성장한 지역주의적인 신제국주의가 자신을 주장하기 시작했을 무렵 이미 어느 정도 전제 군주의 몫은 전제 군주에게 되돌려줘야 한다는 것을 알고 있었다. 이른바 종교 개혁이 일어나기 전(前) 세기에는 교황 세력이 많이 약해져 교회 조직에 대한 지배권을 로마와 지역 국가의 지배자가 서로 나눈다는 협약을 세속적 군주와 체결하는 단계까지 이르렀다. 이 협약의 체계는

15세기 전반에 콘스탄츠(1414~1418년, 독일의 남서부 도시)와 바젤(1431~1449년, 스위스 북부의 도시)에서 열렸으나 실패로 끝난 세계 그리스도교회 공의회가 우연히 얻게 된 소득이었다.

공의회 운동은 봉건 시대에 이미 중세 국왕들의 행동을 억제하는 수단으로 유용함이 입증된 지방 자치 제도를 본떠 그리스도교의 의회주의 체계를 전 세계적 규모로 확대함으로써, 스스로를 '그리스도의 대리자'라 부르는 교황이 권력을 악용하지 못하도록 제한하려는 건설적인 노력이었다. 그러나 공의회 운동이 무르익자 교황의 태도는 완전히 굳어졌다. 그리고 불행하게도 이런 교황의 비타협적인 태도가 성공하게 되었다. 즉 공의회 운동은 원점으로 돌아갔고, 이렇게 조정의 마지막 기회를 거부함으로써 서유럽 그리스도교 세계를 전통적 유산인 세계주의와 새로운 지역주의 간의 심한 내적 불화로 분열되는 운명으로 몰아갔다.

그 결과 참으로 어이없는 혁명과 사회악이 되풀이되었다. 혁명의 예로는, 교회가 적대적인 몇몇 교회로 나누어져 서로 반그리스도 집단이라 헐뜯으며 전쟁과 박해를 해나간 것을 지적하는 것만으로도 충분하다. 사회악에 대해서는 교황에게 속해 있다고 생각했던 '신성한 권리'를 세속적 군주가 중간에서 빼앗은 사실을 들 수 있다. 이 신성한 권리가 요즘도 국민 주권 국가의 이교적인 숭배라는 무서운 형태로 서유럽 세계에 커다란 재앙을 가져오려 한다. 문학가인 새뮤얼 존슨 박사가 이를 '악당들의 마지막 은신처'라 표현했고, 간호사인 에디스 캐벌이 좀 더 그 본질을 들추어내 그것으로는 '불충분하다'고 말한 애국심이야말로 서유럽 세계의 종교로서, 거의 그리스도교를 대신해 왔다. 어쨌든 지역주의가 서유럽 그리스도교회에 압력을 준 결과로 생긴 애국주의라는 이 괴물보다 다른 역사적 고등 종교와 함께 그리스도교의 본질적인 가르침에 더 분명하게 모순되는 것을 생각해 내기는 어려울 것이다.

통일 의식이 종교에 준 영향

온 인류에게 가르침을 전하려는 '고등 종교'는 비교적 최근에 인류 역사의 무대에 등장했다. 그래서 미개 사회에서는 찾아볼 수 없으며, 문명의 과정에 있는 사회에서도 여러 문명이 쇠퇴하고 해체가 꽤 많이 진행되었을 때야 겨우 나타나게 된 것이다. 이들 고등 종교의 출현은 문명의 해체가 준 도전에 대한 응전으로 나타나게 된 것이다. 직계 문명을 가지지 못한 문명의 종교적 기구는 미개 사회의 종교적 기구처럼 사회의 세속적 기구와 밀접히 연결되어 그 이상은 아무 것도 보지 않는다. 고차원의 정신적 관점에서 보면, 그런 종교는 완전히 부적절하지만, 나름대로 중요한 장점이 하나 있다. 그것은 한 종교와 다른 종교 사이에 '서로 자기 방식대로 살아가는' 정신, 즉 관용의 정신을 기른다는 것이다. 그런 상황에서 세상에 많은 신과 종교가 있는 것은 다수의 국가와 문명이 있다는 것으로 당연한 것이라 할 수 있다.

이러한 사회적 상황에서 인간 영혼은 자신의 신이 유일하며 전능하다는 사실에는 맹목적이지만, 다른 신을 섬기는 인간을 만날 경우에도 관용을 베풀 수 있게 된다. 신은 하나이고, 인류는 동포라는 인식을 종교에 불어넣었던 그런 깨달음이 동시에, 관용하지 않고 오히려 더욱 거세게 박해했다는 사실은 인간 역사의 역설이라 하겠다. 이유는 말할 것도 없이 정신적 개척자들이 종교에 적용한 통일(통합)의 개념을 다른 어떤 것보다도 아주 월등히 중요하게 여겨 자신의 이상이 조금이라도 빨리 실현될 성싶은 지름길이 있다면, 거기로 뛰어드는 경향이 있기 때문이다. 이제까지 고등 종교가 전파될 때는 언제 어디서든, 어김없이 이런 무관용과 박해라는 사회악이 그 혐오스러운 얼굴을 드러내곤 했다. 이 광신적 격정은 기원전 14세기에 자신의 일신교적 환영을 이집트 세계에 강제하려 했다 실패한 이크나톤 황제의 획책에서 확 불타올랐다. 시리아 사회와 같은 계통의 여러 민족이 숭배하던 것을 맹렬하게 배격하는 것이 야훼를 숭배하는 한 지방의 신앙을 영성화해서, 일신교적인 종교로 승화시킨 히브리 예언자들의 적극적이고 숭고한 정신적 위업의 또 다른 면이었다. 그리스도교의 역사에서도 그 내부 분열과 이교와의 만남이라는 두 면에 있어서, 같은 정신이 거듭 일어났던 것을 볼 수 있다.

이처럼 통일 의식이 종교에 작용하면 정신적 해악이 생기기 쉽고 그것에 대처하는 도덕적 조정법은 관용의 덕을 실천하는 것이다. 관용을 베푸는 참된 이유는, 모든 종교는 공통의 정신적 목표를 찾아내는 탐구라는 전제 아래, 그 탐구가 다른 것에 비해서 앞서 있다 해도, 또 보다 옳은 방향으로 향해 있다 해도 자칭 '올바른' 종교가 '그릇된' 종교를 박해하는 것은 틀림없는 논리 모순이며 그래서 '올바른' 종교는 스스로가 잘못이라는 것을 밝힘으로써 자신의 신임장을 스스로 부정하게 된다는 것을 깨닫는 것이다.

이러한 고차원적인 근거에서 신봉자들에게 관용을 베풀기를 명한 주목할 만한 사례가 적어도 한 가지 있다. 무함마드는 정치적으로 이슬람의 세속 권력에 굴복한 유대교도와 그리스도교도에 대해 종교적 관용을 명했지만, 이 명령은 무함마드 자신이 뚜렷하게 언명하고 있는 것처럼, 2개의 비이슬람교도적인 종교 단체는 이슬람교도와 같이, '성전의 백성'이라는 것을 전제한 것이었다. 그러나 그 뒤 무함마드의 분명한 승인이 없음에도 사실상 마찬가지로 이슬람교도의 지배에 복종하게 된 조로아스터교도에까지 이런 관대함이 확장된 것은 원시 이슬람교를 움직이고 있던 관용의 정신을 보인 것으로 의미심장하다.

17세기 후반에 시작된 서유럽 그리스도교 세계에서 종교적 관용의 시기는 좀 더 냉소적인 분위기에서 시작했다. 그것은 종교를 믿고 싶은 자는 믿도록 내버려두라고 하는 의미에서 '종교적 관용'이라 불릴 수 있으며 그 동기를 물으면 오히려 비종교적 관용이라고 불러야 할 것이다. 19세기 후반 가톨릭과 프로테스탄트파가 뜻밖이라고 생각될 만큼 갑자기 싸움을 중지한 것은 다른 종교에 대해 편협한 그들의 죄를 자각했기 때문이 아니라, 이미 둘 다 크게 상대를 넘어설 수가 없다는 것을 깨달았기 때문이었다. 동시에 그들은 더 이상 희생을 자초할 정도의 신학적인 경쟁은 그만해야겠다고 깨달은 것으로 생각된다. 그들은 전통적인 '열광'(이 말은 어원적으로는 신의 정신이 가득히 채워진다는 의미이다)의 덕을 부인하고, 그 뒤 그것을 악덕으로 보게 되었던 것이다. 18세기 영국의 주교가 마찬가지로 같은 18세기 영국의 선교사를 '불쌍한 열광자'라고 묘사한 것은, 이와 같은 정신에서 나온 말이다.

그럼에도 통일 의식이 종교에 작용함으로써 생기기 쉬운 광신적 태도에 대한 최상의 해독제는 그 동기가 무엇이든 '관용'이다. 관용이 결여됨으로써 나타나는 것은 박해라는 사회악, 아니면 종교 그 자체에 대한 혁명적 반감 중 어느 하나였다. 그런 혐오감이 루크레티우스의 시 가운데 가장 유명한 한 구절에 "이처럼 많은 사회악을 종교는 선동할 수가 있었다"라든지, 볼테르의 "파렴치한을 무찔러라", 레옹 강베타의 "성직 지상주의(교권주의), 그것이 적이다"라는 말로 표현되어 있다.

종교가 카스트 제도에 끼친 영향

종교는 그 자체가 죄악이며 아마도 인간 세계에서 근본 죄악일 것이라는 루크레티우스나 볼테르의 견해를 뒷받침하는 예는, 인도 문명과 힌두 문명의 역사에서 종교가 카스트 제도에 미친 혐오스러운 영향이라 할 수 있다.

지리학적으로 혼합된 인간 집단을 둘 또는 그 이상으로 분리하는 이 제도는 종속된 공동체를 전멸시키거나 자신들의 사회로 동화시키지 않고 언제 어디서나 그 공동체를 지배하게 되기 쉽다. 이를테면 아메리카 합중국에서는 다수의 백인 지배자와 소수의 흑인 사이에, 남아프리카에서는 소수의 백인 지배자와 다수의 흑인 사이에 카스트적인 구분이 생겼다. 인도 아대륙에서는 유라시아 유목민 아리아족이 기원전 2000년의 전반기에 이른바 인더스 문화의 옛 영토에 침입해 온 것을 계기로 해서 카스트 제도가 발생한 듯하다.

이때의 카스트 제도는 종교와 본질적으로는 관련이 없다는 것을 알 수 있다. 흑인들이 조상 전래의 종교를 버리고, 지배자인 유럽인의 그리스도교를 받아들이고 있는 아메리카나 남아프리카에서는, 교파의 구분과 인종 구분이 완전히 다르다. 단, 각 교파에서 흑인 교인과 백인 교인은, 종교적 예배 때에 다른 사회 활동 분야와 마찬가지로 서로 분리되어 있지만, 교파 사이의 구분은 인종 사이의 구분과는 상관없다. 이와 반대로 인도의 카스트는 처음부터 종교적 관습의 차이로 인해 생겨났다. 그러나 이 종교적 구별은 인도 문명이 그 후계자인 힌두 문명에 전해진 뒤 종교적인 경향이 한결 더 강해졌을 때 두드러졌음에 틀림없다. 또한 이 종교적 독실함이 카스트 제도에 미친 영향력은 카스트 제도의 해악을 훨씬 더 악화했을 것이다. 카스트 제도는 늘 조금만 삐끗해도 사회적 해악에 빠질 염려가 있지만, 종교적 해석과 종교적 승인에 따라 강화되면 괴물로 자라게 되어 있다.

사실 인도에서는 종교가 카스트 제도에 영향을 끼친 결과 '불가촉천민'이라는, 전혀 유례가 없는 사회적인 악폐가 생겼다. 게다가 이제까지 카스트 체제 전체의 지배자인 승려 계급 브라만의 손으로 '천민 제도'를 폐지한 적이 없었고, 또한 폐지는 아니더라도 그것을 누그러뜨리기 위해서 유효한 조치가 취해진 예가 없었기 때문에 여전히 이런 악습이 존속하고 있다. 다만 이제까지 여러 번 혁명의 공격을 받기는 했지만 말이다.

카스트 제도에 대해 알려진 가장 이른 저항은 모두 기원전 500년경에 있었는데, 하나는 자이나교의 시조 마하비라이고 또 하나는 석가모니에 의해서 행해졌다. 불교든 자이나교든 인도 문명 세계를 사로잡는 데 성공했다면, 어쩌면 카스트 제도는 폐지됐을지 모른다. 그런데 사실 인도 문명이 쇠망하는 마지막 장에서 세계 교회의 역할을 한 것은 힌두교였다. 힌두교는 새로운 것과 낡은 것이 혼합되어 성장한 종교였다. 그리고 힌두교가 수명을 연장해 준 낡은 것 중 하나가 카스트 제도였다. 힌두교는 단순히 옛날부터의 악폐를 보존하는 것으로 만족하지 않고 거기에 박차를 가했다. 그래서 처음부터 앞선 시대의 인도 문명보다 훨씬 무거운 카스트 제도의 짐을 지게 됐던 것이다.

힌두 문명의 역사에서 카스트 제도에 대한 저항은 외래 종교에 끌리어 힌두교로부터 분리 독립의 방식으로 표출되었다. 분리 독립된 어떤 것은 힌두교 개혁가들이 힌두교의 단점을 없애고 거기에다 외래 요소를 가미해서 새로운 교단을 만들었다. 이를테면 시크교의 교주 나나크(1469~1538년)는 이슬람교의 요소를 끌어들였고, 람 모한 로이(1772~1833년)는 힌두교와 그리스도교를 결합해서 종교 단체인 브라흐마 사마지를 창설했다. 이 두 종교는 카스트 제도를 부인했다. 또 어떤 경우에 분리파들은 힌두교와 완전히 인연을 끊고 이슬람 또는 그리스도교로 들어갔다. 그리고 이와 같은 개종은 지위가 낮은 카스트나 억압되어 있는 계급에 속한 사람들의 비율이 높은 지역에서 가장 대규모로 일어났다.

이것은 종교가 카스트 제도에 영향을 주면서 생긴 '불가촉천민'이라는 사회적 악습에 대한 혁명적인 응보이다. 그리고 인도의 대중이 서유럽화되면서 경제적·사상적·도덕적 자극을 더욱더 많이 받아 동요하기 시작한 오늘날 마하트마 간디의 종교적·정치적 이상을 존경하는 힌두 사회의 성원들이 브라만의 반대에 맞서서 종교적·사회적 조직의 조화 있는 확립을 이룩하지 않는다면 아직 개종을 제대로 하지 못한 하층민들이 갑자기 둑이 터진 것처럼 개종으로 몰릴 가능성이 다분히 있다.

문명이 분업에 끼친 영향

미개 사회에 분업이 전혀 없었던 것은 아니고, 대장장이나 음유 시인, 성직자, 치료 주술사 등 전문화가 이루어졌음을 이미 앞에서 살펴보았다. 그러나 문명의 힘이 분업에 작용하면, 일반적으로 분화를 극단적으로 밀고 나가, 분업에 따른 사회적 이익이 오히려 감소되기 시작할 뿐 아니라 실제로 반사회적인 작용을 할 우려가 있다. 그리고 그 효과는 창조적 소수자와 비창조적 다수자가 서로 교류하는 생활 가운데에서 나타난다. 창조자들끼리는 신비주의(밀교)에 빠지게 되고, 일반 대중은 한쪽으로 치우치게 된다.

신비주의라는 것은 창조적 개인의 생애에 나타나는 실패의 징조로서, 후퇴와 복귀의 리듬적 운동이 전반 부분만 강조되어, 복귀까지의 전체 과정을 완료하는 데 실패하는 현상을 말한다. 그리스인은 이런 형태로 실패한 인간을, '이디오테스'라 부르며 비난했다. 이디오테스라는 것은 기원전 5세기 무렵 그리스어 용법으로는 뛰어난 재능을 지녔으면서도 그 재능을 공공의 복지에 이롭게 쓰지 않고, 자기 혼자만 만족하는 생활을 하는 사회적 범법 행위를 한 인간을 가리켰다. 그런 행동이 페리클레스 시대의 아테네에서는 어떻게 보였는지, 오늘날 우리들이 쓰는 말 가운데 이디오테스라는 그리스 단어에서 파생된 단어(idiot)가 백치(바보)를 의미하는 것을 보아도 대강 짐작할 수 있다. 그러나 오늘날 서유럽 사회의 참된 '이디오타이'(이디오테스의 복수형)는 지적 장애인 수용 시설에서 볼 수 없다. 그들 가운데 하나는 전문화되고 분해되어 '호모 에코노미쿠스(경제인)'가 된 '호모 사피엔스'로서 디킨스가 풍자의 대상으로 삼고 있는 그래드그라인드와 바운더비(《어려운 시절》 속 인물들) 같은 정(情)이 없는 인간상이다. 또 다른 창조적 개인은 자신은 그것과는 반대쪽 끝에 있으며 '빛의 아들'이라고 믿고 있지만, 실은 같은 비난을 받지 않으면 안 될 친구들로서, 자기들의 예술을 '예술을 위한 예술'이라고 여기는 아니꼬운 태도로 거드름을 피우는 지적·예술적 속물, 즉 윌리엄 슈웽크 길버트가 풍자의 대상으로 삼고 있는 번손(《페이션스》 속 인물)의 무리들이 그것이다. 디킨스와 길버트의 시대 차이는 아마도 디킨스적 집단이 빅토리아 왕조 초기에 영국에서 두드러졌던 존재들이고 길버트적 집단은 빅토리아 왕조 후기에 더 두드러졌던 자들이었다는 것이다. 두 집단은 북극과 남극의 차이처럼 완전히 다르지만, 누군가가 말했듯이 북극과 남극은 사실상 멀리 떨어져 있기는 해도 기후적으로 같은 결점을 가지고 있다.

다음으로 우리가 불균형이라고 이름 붙인 문명 속의 분업 현상이 비창조적 다수자의 생활에 미치는 효과를 살펴보는 일이 남았다.

후퇴에서 복귀해서 또다시 한 무리의 대중과 섞이려 하는 창조자를 기다리고 있는 사회의 문제는, 창조자가 평균 수준의 대중들을 자신이 다다른 높은 수준으로 끌어올릴 수 있을 것인가의 문제인데 창조자는 이 일에 들어가자마자, 대부분 일반 대중은 감정, 의지, 정신, 체력 면에서 온 힘을 다해도 그런 높은 수준에서 살 수 없다는 현실에 부닥친다. 그런 경우 창조자는 자칫하면 지름길을 택하게 된다. 전인적으로 끌어올리는 것을 단념하고, 어느 것이든 하나의 능력만 그 높은 수준까지 올려놓으려는 유혹이 생기기 쉽다. 말할 것도 없이 이것은 인간에게 불균형한 발달을 강요하게 된다. 좀 더 쉽게 그런 결과를 얻을 수 있는 것은 기계 기술 분야에서인데, 그것은 모든 문화 요소 가운데서 기계적 재능만큼은 다른 것에서 분리하기 쉽고, 또 전달하기도 쉽기 때문이다.

모든 면에서 원시적인 야만의 상태에 있는 인간을 기계 분야에서만큼은 유능한 기계공이 되게 하는 것은 힘들지 않다. 그러나 그 밖의 능력도 마찬가지로 전문화해서 발달시킬 수 있다. 매슈 아널드는 《교양과 무질서》(1969년)에서, '히브리화된 지적 침체' 속에 있는 경건한 중산 계급의 비국교파 영국 실리주의자에 대해서 평하기를, 그들은 이것이 그리스도교라고 잘못 믿고 확고부동한 생각에 빠져 있기 때문에, 균형이 잡힌 인격을 형성하는 그 밖의 헬레니즘적인 가치를 돌보지 않는다고 말하고 있다.

앞에서 압제의 도전에 대해 소수자가 행하는 응전을 조사하면서 우리들은 이미 이 불균형의 현상에 부닥쳤다. 우리는 비정하게도 인격 있는 시민으로서의 자격을 인정받지 못했던 이들 소수자가 그것에 자극되어 그들에게 허용된 활동 분야에서 성공을 거두는 것을 보았고, 또 이들 소수자가 여러 '대단한 업적'을 이룩하여 인간성은 쉽사리 굴하는 것이 아니라는 것을 직접 보여주는 데에 감탄했다. 그러나 그와 동시에, 이들 소수자 중에서도 또 몇 사람 레반트인·파나르인·그리스인·아르메니아인·유대인 등이 좋든 싫든 '다른 사람과 같지 않다'는 평판을 받고 있다는 사실을 그냥 지나칠 수 없다. 유대인과 이교도 사이의 불행한 관계가 전형적인 경우이지만, 자신의 동료 '고임'(이교도인을 의미하는 히브리어)이 반유대적인 행동을 하는 것을 혐오하고 부끄럽게 생각하고 있던 어느 이교도는 유대인을 학대하는 인간이 자신의 비인간적 행위를 정당화하기 위해서 그려내는 풍자화에 어느 정도 진실한 요소가 있다는 점을 인정하지 않을 수 없어서 당황한다. 이 비극의 핵심은 소수자를 자극해서 대담한 응전을 하게 하는 압제가 그와 함께 그들의 인간성을 왜곡한다는 것이다. 그리고 사회적으로 압제를 받은 소수자에 대해 말하자면 분명 오늘 우리가 여기서 다루는, 기술적으로 전문화된 소수자에게도 적용된다. 이 점은 이제까지 교양 과목을 중심으로 하는 너무도 비실용적인 과정이었는지는 모르지만 '자유로운' 교육 과정이 점차 기술적인 과목을 주로 하는 과정으로 바뀌고 있는 오늘날 더욱 조심해야 할 사항인 것이다.

기원전 5세기의 그리스인은 이러한 불균형을 표현하면서 '바나우시아'라는 단어를 사용하고 있었다. 이것은 어느 특정한 기술에만 전념함으로써 그 활동만 전문화되고 사회적 동물로서의 원만한 발달은 이루어지지 않은 인간을 말하는 것이다. 이 단어를 쓸 때, 보통 그리스인이 염두에 두었던 기술은 개인적 이익을 위해 종사했던 수공업이나 기계적 기술이었다. 그렇지만 고대 그리스인의 '바나우시아'에 대한 경멸은 그것에 그치지 않고 모든 종류의 전문화를 경멸했다. 이를테면 스파르타의 군사적 기술 편중은 바나우시아의 한 예였다. 조국을 구한 위대한 정치가라도 생활 기술의 전반적인 이해가 결여되어 있다면 같은 비난을 면할 수가 없었다.

"세련되고 교양이 있는 사회에서 테미스토클레스는 교양이 없기 때문에 이른바 교양 교육을 받은 사람들로부터, '무능한 인간'으로 놀림을 받았다. 그래서 그다지 훌륭한 변명은 아니지만, '나에게 악기를 주면 아무것도 못하지만, 이름도 없는 작은 국가를 한번 맡겨보시오. 틀림없이 그 나라를 유명한 대국으로 만들어 보이겠소'라고 항변하는 것이 고작이었다."[12]

위의 예보다는 정도가 가벼운 '바나우시아'의 예로서 하이든·모짜르트·베토벤 등이 활약하던 전성기의 빈을 들 수 있다. 합스부르크가의 황제와 재상이 자유로운 시간을 가질 때면, 그들은 현악 사중주의 연주에 몰두하는 것이 보통이었다.

헬라스 사회는 '바나우시아'의 위험에 대해 민감하게 반응했는데, 다른 사회

---

12) Plutarch : *Life of Themistocles*.〔원주〕한편 아테네의 정치가·군인 테미스토클레스(기원전 524?~460?)는 살라미스 해전의 승리자인 명장.

기관에서도 마찬가지였다. 예를 들면 유대교의 안식일과 그리스도교의 일요일은, 6일 동안 생계를 위해 일한 사람들이 적어도 7일 중 하루만은 창조주를 떠올리며 완전한 인간 영혼으로 보낼 수 있도록 하는 기능을 했다. 또 영국에서는 산업주의의 출현과 함께 조직적인 경기와 온갖 스포츠가 아주 인기 있었는데 이런 일은 결코 우연이 아니다. 이런 스포츠는 산업주의하의 분업에 필연적으로 따르는 인간 영혼을 파괴하는 전문화에 대항한 의식적인 노력이기 때문이다.

그러나 불행하게도 스포츠를 통해 생활을 산업주의에 적응하려는 이런 시도는 산업주의의 정신과 리듬이 스포츠 그 자체에까지 침입해서 감염시켜 버렸기 때문에 부분적으로는 실패했다. 오늘날의 서유럽 사회에는 공업 기술보다도 훨씬 더 전문화되고 엄청난 보수를 받는 직업적 운동가가 있어, 놀랄 만한 '바나우시아'적 표본의 극치를 보여준다. 이 연구의 저자는 미국의 두 대학을 방문했는데, 각 대학의 축구 경기장을 기억한다. 하나는 밤낮으로 교대로 축구 선수를 길러낼 수 있도록 조명 장치가 완벽하게 설치되어 있었다. 다른 하나는 날씨에 관계없이 연습할 수 있도록 지붕이 있었다. 그것은 세계에서도 가장 큰 지붕으로 이를 만드는 데 막대한 비용이 든 모양이다. 주위에는 지치거나 부상당한 전사를 수용하는 침대가 줄지어 있었다. 이 2개 운동장에서 축구를 하는 인원은 전 학생 가운데 고작 몇 사람 안 된다는 것을 알았다. 또 학생들은 시합에 출전하기 전에 그들의 형뻘 되는 청년들이 1918년 참호로 들어갈 때에 느낀 것과 비슷하게 불안해한다는 말을 들었다. 사실, 그때 앵글로·색슨인의 축구는 결코 놀이가 아니었던 것이다.

그것에 상당하는 발전을 헬라스 세계 역사에서도 찾아볼 수 있다. 처음 운동 경기를 했던 사람들은 귀족의 아마추어 운동가로서 이들 아마추어 선수의 승리가 핀다로스의 송시(頌詩) 속에서도 찬양되고 있었는데, 차츰 직업 운동가로 자리를 바꾸게 되었다. 한편 알렉산드로스 시대 이후에 파르티아에서 에스파냐에 걸쳐 '디오니소스 연예단'('예술가 협회'라고 할 수 있는 것)이 순회하며 선보인 것은 아테네의 디오니소스 극장에서 상연된 연극과는 전혀 다른 것이다. 마치 음악당(뮤직홀)의 레뷰(볼거리 위주의 풍자극)가 중세의 신비극(그리스도나 성도의 사적을 다룬 종교극)과 전혀 다른 것처럼 말이다.

사회적 해악이 이처럼 손을 댈 수 없을 만큼 조정이 어려워지면 철학자가 그런 현상을 해소하기 위해 혁명을 꿈꾸는 것도 무리가 아니다. 헬라스 사회가 쇠퇴기에 들어간 뒤 저술 활동을 했던 플라톤은 해상 무역도 어렵고 자급자족형 농업 말고는 경제 활동도 거의 필요 없는 벽지에 유토피아를 세움으로써, '바나우시아'의 뿌리를 잘라버리려 했다. 유감스럽게도 잘못된 길로 들어간 미국 이상주의의 원천이었던 토머스 제퍼슨도 19세기 초에 같은 꿈을 꾸었다. 그는 "만일 내 지론대로 될 수 있다면, 나는 미국이 무역도 항해도 하지 않고 유럽에 대해서 꼭 중국과 같은 입장에 서기를 바란다"[13]고 쓰고 있다(중국은 1840년에 영국의 무력에 의해 강제적으로 개항을 하게 될 때까지 유럽 여러 나라와의 무역에 대해서 문호를 닫고 있었다). 또한 새뮤얼 버틀러는 기계의 노예가 되지 않는 유일한 방법으로, 에레혼(새뮤얼 버틀러의 동명 소설 속 나라) 사람들이 계획적·조직적으로 기계를 파괴시키기를 꿈꾸기도 했다.

문명이 모방에 끼친 영향

미개 사회가 문명 사회로 변화하면서, 지금까지 연장자에게로 향했던 모방 능력이 개척자 쪽으로 향하게 된 것은 비창조적인 대중을 개척자가 도달한 새로운 수준으로 끌어올리려는 목표를 지향한다. 그러나 이처럼 모방에 의지하는 것은 지름길일 뿐 진짜가 아닌 '싸구려 대용품'이기 때문에 얼핏 보기에는 목적이 이루어진 듯 보이지만 실제로는 환상이기 쉽다. 대중을 '성인들의 성찬식'에 섞어 넣을 수는 없다. 많은 경우, 자연 그대로의 미개인이 그저 저급한 대중이 될 뿐이다. 즉 문명의 힘이 모방에 작용한 결과 여러 면에서 미개한 선조보다도 훨씬 열등한 가짜 교육을 받은 도시의 대중이라는 이상 현상이 생긴다. 아리스토파네스는 냉소적인 언어를 무기로 아티카의 연극 무대에서 클레온과 싸웠지만, 무대 밖에서는 클레온이 승리했다. 기원전 5세기가 끝나기 전 클레온과 같은 인간을 추종하는 '시정인(市井人)' 곧 일반인이 헬라스 사회 역사의 무대에 모습을 나타낸 것은 사회적인 쇠퇴가 시작됐음을 보이는 징조 중 하나이며, 결국 이 '일반인'은 알맹이가 없는 껍질로 배를 채워줄 뿐 정신적인 허기를 채워주지 못하는 문화를 깨끗이 버림으로써 그 영혼을 구제했다. 즉 그는 지배자를 떠난

---

13) Woodward, W.E. : *A New American History.*〔원주〕

프롤레타리아트로서 정신적으로 각성한 어린애처럼 고등 종교를 발견하면서 결국 자신의 구원을 이루어냈다.

이상에 든 몇 가지 예는 새로운 사회 세력에 끈질기게 저항해 얻는 영혼의 구원으로 성서의 표현을 빌려 말하면 새 포도주를 담을 그릇으로서 부적당한 낡은 가죽 부대가 문명의 쇠퇴기에 맡은 역할을 보여주는 데 충분할 것이다.

3. 창조성의 응보-일시적인 자아의 우상화

역할의 역전

우리는 문명 쇠퇴의 원인으로 생각되는 자기결정 능력의 상실에 대해 두 가지 면에서 알아보았다. 바로 모방의 기계적 성질과 유연성 없는 제도의 어려움을 살펴보았다. 이번에는 창조성이 뚜렷이 드러나는 인과응보를 살펴보고 이 연구의 결론으로 삼기로 하자.

문명의 역사에서 동일한 창조적 소수자가 둘 또는 그 이상 연달아 나타나는 도전에 대해 성공적인 응전을 하게 되는 일은 흔치 않은 것으로 생각된다. 사실 하나의 도전을 처리함으로써 이름을 높인 자도 다음 도전에서는 보기 좋게 실패하는 일이 많다. 유감스럽게도 인간의 운명이란 무상한 것이 분명하며, 이것이 아티카 드라마의 주요 '모티프' 중 하나이다. 아리스토텔레스는 그런 인간의 운명을 《시학》에서 '페리페테이아', 즉 '역할의 역전'이라는 이름으로 논하기도 했다. 그것은 또 《신약성경》의 주요한 주제이기도 하다.

《신약성경》의 드라마 속에는 그리스도가 땅 위에 태어나서 유대 민족에게 구세주로서의 희망을 주었지만 율법학자들과 바리새인으로부터 배척을 받았다. 이들은 2, 3세대 전에, 거침없는 기세로 진행하는 헬레니즘화에 대해 장렬히 반대했다. 그때 선두에 서서 이름을 떨친 율법학자와 바리새인의 통찰력과 강직함이 절실히 필요한 이 중요한 위기에 그들 곁을 떠났으며, 이에 응전할 수 있었던 유대인은 '세금징수관이나 창녀'였다. 메시아 자신은 '이방의 갈릴리' 출신이었고, 메시아의 초대 계승자도 옛날부터 '약속의 땅'으로 불려온 지역 밖에서 헬레니즘화한 이교의 도시, 타르수스 출신의 유대인이었다. 만일 이 드라마를 조금 다른 각도에서, 그리고 좀 더 넓은 무대 위에 놓고 바라본다면, 바리새인의 역할을 〈요한복음〉에서 다루고 있는 것처럼, 유대인 전체에 적당히 나누어줄 수 있고, 세금징수관이나 창녀 역할은 유대인이 받아들이지 않는 성 바울의 가르침을 받아들이는 이방인에게 배당할 수 있다.

'역할의 역전'이라는 같은 모티프가 복음서에 서술된 여러 가지 비유나 부차적인 사건의 주제이다. 부자와 나사로의 이야기(〈누가복음〉 16 : 19~31)나 바리새인과 세금징수관(세리) 이야기(〈누가복음〉 18 : 10~14), 율법교사와 레위인과 대조되는 사마리아인의 이야기(〈누가복음〉 10 : 25~37), 품행이 단정한 형과 대조되는 방탕한 아들의 우화가 그것이다. 같은 주제가, 예수가 로마의 백인대장(百人隊長)을 만나고 가나안 여자와 상봉(〈마태복음〉 15 : 21~28)하는 데에서도 되풀이된다. 구약과 신약을 한 맥락에서 살펴보면 《구약성경》의 에서(Esau)가 맏이의 권리를 야곱에게 파는 이야기(〈창세기〉 25 : 29~34)에 대응하는 이야기가 《신약성경》에 서술되어 있다. 그리스도를 거부했기 때문에 야곱의 자손(유대인)이 생득권을 잃어버리는 이야기는 역할 역전의 예이다. 같은 모티프가 예수의 말 속에 계속 나타난다. "누구든지 자기를 높이는 자는 낮아지리라."(〈마태복음〉 23 : 12) "나중 된 자로서 먼저 되고 먼저 된 자로서 나중 되리라."(〈마태복음〉 20 : 16) "진실로 너희에게 이르노니 너희가 돌이켜 어린아이들과 같이 되지 아니하면 결단코 천국에 들어가지 못하리라."(〈마태복음〉 18 : 3)" 또한 예수는 〈시편〉 118 : 22절을 인용해서, 이 교훈을 그 자신의 사명으로 적용시키고 있다. "건축자가 버린 돌이 집 모퉁이의 머릿돌이 되었나니."

같은 사상이 그리스 문학의 위대한 작품들 속에 흐르고 있으며, '휴브리스 아티', 즉 '오만은 파멸의 근원'이라는 공식으로 요약적으로 표현되어 있다. 헤로도토스는 크세르크세스와 크로이소스(리디아 최후의 왕. 재위 기원전 560?~546년), 폴리크라테스(사모스섬의 참주)의 전기에서 이 교훈을 강조하고 있다. 사실 헤로도토스의 역사 주제 전체가 아케메네스(페르시아) 제국의 오만과 멸망의 이야기라고 해도 좋을 것이다.

그보다 한 세대 뒤에 분명히 좀 더 객관적이고 '과학적인' 정신으로 역사를 쓰고 있는 투키디데스는 '역사의 아버지'로서의 뚜렷한 편향성을 버리고 있는 만큼 훨씬 더 인상적으로 아테네의 오만과 멸망을 그려낸다.

중국 사회 쇠퇴기의 한 시인도 같은 사상을 다음과 같이 표현하고 있다.

발끝으로 서는 자는 든든하게 설 수 없으며
황새걸음을 걷는 자는 빨리 걸을 수 없다……
자만하는 자는 아무것도 이루지 못하며
자기가 한 일을 자랑하는 자는 끈덕지게 일을 해내지 못한다.(노자 《도덕경》)

창조성에 대한 정의로운 응보란 이상과 같은 것이다. 만일 이런 비극이 참으로 흔한 것이어서 어느 한 단계에서 성공한 창조자가 다음 단계에서 또다시 창조적인 역할을 하려 할 때, 전에 성공한 일 자체가 오히려 커다란 장애물이 되어 늘 형세가 '우승 후보자'에게 불리하고 '예상 밖의 실력자'에게 이롭게 되는 것이 사실이라면, 틀림없이 우리는 문명 쇠퇴의 유력한 원인을 알아낸 것이 된다.

창조성에 대한 응보는 두 가지 다른 방법으로 사회적 쇠퇴를 일으킨다는 것을 알 수 있다. 하나는 앞의 도전에 대해 응전에 성공한 자를 제외함으로써 다음 도전부터는 창조자 자격을 갖춘 인간의 수를 감소시킨다. 또 다른 하나는 이처럼 앞 세대에 창조자의 역할을 한 사람들이 창조자의 자격을 잃고 새로운 도전에 현재 응전하고 있는 인간에 대해 반대하는 운동의 선두에 서게 된다.

더구나 이들 지난날의 창조자는 이전에 창조력을 드러냈었다는 이유로 새로운 창조자가 될 가능성이 있는 사람들과 함께 속해 있는 사회에서 권력과 영향력을 행사하는 핵심 지위를 차지하고 있다. 그러한 지위에 있으면서도 이미 그들은 사회를 전진시키는 일에 아무런 도움이 되지 않는다. 그들은 '노 젓던 손을 쉬는' 상태에 있는 것이다.

'노 젓던 손을 쉬는' 태도는 창조성의 응보에 굴복하는 수동적인 형식이라고 해도 좋으나, 이 심적 상태가 소극적이라고 해서 도덕적으로 잘못이 없다는 것은 아니다. 현재에 대해 속수무책으로 수동적 태도를 취하는 것은 과거에 심취해 있기 때문이며, 이러한 태도는 우상 숭배의 죄를 범하는 것이다. 왜냐하면 우상 숭배는 창조자가 아니라 피창조물에 대한 숭배로서, 지적·도덕적으로 맹목적인 숭배라 정의할 수 있기 때문이다.

어떤 경우에 그것은 생명의 본질인 도전과 응전을 거쳐 다시 새로운 도전을 향해 끝없이 계속되어 가는 운동 가운데 어떤 정지된 국면에서 취하는 자기 인격 또는 사회의 우상화라 할 수 있다. 또 어떤 경우에는 좀 더 제한된, 이전에 쓰였던 어느 특정한 제도 또는 기술의 우상화일 수도 있다. 이 두 가지 다른 우상 숭배의 형태를 따로 살펴보는 편이 용이하므로, 먼저 자아의 우상화부터 시작해 보기로 하자. 이것은 앞으로 조사하려는 죄악에 대해 가장 뚜렷한 예가 되기 때문이다.

> 인간은 죽은 자아를 발판으로 삼아
> 보다 높은 경지로 올라간다.[14]

만일 앨프리드 테니슨의 이 말이 진실이라면, 죽은 자아를 디딤돌이 아니라 가장 높은 자리로 생각하는 죄를 범하는 우상 숭배자는, 동료들로부터 떠나 외로운 섬에 스스로를 고립시키는, 기둥 위에 올라가 수행한 주상(柱上)고행자처럼 인생으로부터 고립되는 것이다. 서언은 이쯤 해두고 맞닥뜨린 주제, 즉 죽은 자아를 우상화하는 몇 가지 역사적 사례를 살펴보기로 하자.

유대인

일시적인 자아의 우상화에 있어 가장 유명한 역사적 사례는 《신약성경》에 나와 있는 유대인이 범한 과오이다. 시리아 문명의 유아기에 시작되어 예언자 시대에 절정에 이르면서 이스라엘과 유대 국민은 일신교의 사상에 도달함으로써 주위의 시리아 여러 민족 중에서 마땅히 두각을 나타내게 되었다. 자신이 어떤 존재인지를 종교에서 강하게 의식하자, 당연한 일이지만 그것을 자랑으로 삼은 그들은 정신적 성장에서 그 유명하고도 과도적인 단계인 우상화에 빠지게 되었다. 그들은 확실히 정신적 통찰력에 있어서는 독보적이었다. 그러나 절대적이고도 영원한 진리를 발견한 뒤 일시적으로 상대적 자아 상승, 즉 반쪽짜리 진실의 포로가 되어버린 것이다. 그들은 이스라엘의 '단 하나의 참된 신'을 발견한 일이 곧 이스라엘 스스로가 '신의 선민'이란 것을 명백히 한 것이라 생각했다. 그리고 이런 반쪽짜리 진실에 속아 어려움 끝에 겨우 얻은 일시적인 정신적 명성을 영

---

14) Tennyson : *In Memoriam*.〔원주〕

원한 계약에 따라 신이 그들에게 준 특권이라 여기는 치명적인 과오를 범하게 되었다. 주어진 재능으로 얻은 보물을 어리석게도 땅속에 숨겨놓고 그것을 활용할 줄 몰랐던(《마태복음》 25 : 14~30) 이들은 신이 나사렛 예수를 출현시키는 것으로 그들에게 준 더 큰 보물을 거부했다.

아테네

이스라엘이 자신들을 '선택받은 민족'으로 우상화함으로써 창조성의 응보에 굴복당했다면 아테네는 자신을 '헬라스의 교사'로 우상화함으로써 같은 응보에 굴복했다. 우리는 이미 아테네가 솔론 시대부터 페리클레스 시대까지 이룩한 그들의 업적으로 이 영광스러운 칭호를 얻는 일시적인 권리를 획득한 경로에 대해 말했다. 그러나 이런 '헬라스의 교사'라는 칭호는 아테네가 낳은 뛰어난 인재가 그 이름을 붙임으로써 아테네가 이룩한 것이 불완전한 사업이었다는 것을 이미 나타냈으며, 앞으로도 그럴 것이다. 이 칭호를 만들어낸 사람은 페리클레스였으며, 투키디데스에 따르면 헬라스 사회의 정신적 쇠퇴를 나타내는 외면적 징후였던 전쟁 첫해에 아테네의 전사자를 칭송하는 연설의 조사(弔辭)에서 처음으로 이렇게 칭했다 한다. 치명적인 전쟁이 일어난 것은 솔론의 경제 혁명에 의해 제기됐던 문제들, 즉 헬라스 세계 전체의 정치적 질서를 만들어낸다는 문제가 기원전 5세기 무렵 아테네인의 도덕적 능력의 범위를 넘어섰기 때문이다.

기원전 404년 아테네의 군사적 패배, 그리고 부활한 아테네인의 민주 정치는 5년 후에 소크라테스를 처형함으로써 스스로에게 더 큰 도덕적 패배를 안겼다. 그로 인해 다음 세대에 플라톤이 분개하고, 페리클레스 시대의 아테네와 대부분의 업적이 배척당하게 되었다. 그러나 플라톤의 태도는 성급하기도 하고 고의적인 데가 있어 아테네 시민들에게 깊은 인상을 주지는 못했다. 그리고 아테네를 '헬라스의 교사'로 이끈 아테네 개척자들의 후예는 스스로가 가르치기 어려운 사람임을 드러내면서 잘못된 방법으로 잃어버린 칭호의 권리를 밝히려 했다.

이 상태는 마케도니아가 패권을 쥐고 있던 시대 내내 이어졌고, 그동안 일관성 없이 무용한 정책들이 되풀이되고 있었으며, 그 역사의 마지막 장에 이르자 결국 침체되기 시작해 로마 제국의 이름 없는 한 지방 도시로 전락해 버렸다.

그 뒤 새로운 문화의 빛이 이전 헬라스 사회의 자유 도시 국가 위에 비치지만 씨앗이 뿌려진 좋은 땅은 아테네가 아니었다. 〈사도행전〉에 나오는(17 : 16~24) 아테네인과 성 바울의 만남에 대한 기록에 따르면, 이 이방인들에게 가르침을 전하는 이 사도가 그 무렵 헬라스 세계의 옥스퍼드였던 아테네의 '학구적'인 분위기를 느끼지 않았음이 암시된다. '마르스(그리스 신화에서는 아레스)의 언덕'(아테네의 대법정이 있었던 아레오파고스를 말함) 위에서 학자들을 향해 연설할 때, 이 특별하고 학구적인 청중이 알아듣기 쉽도록 하기 위해 최선을 다했다.

그럼에도 성서에 기록된 것을 보면 아테네에서 한 그의 설교는 좋은 결과를 내지 못한 것 같다. 그리고 그 뒤에도 그가 그리스 여러 도시에 설립한 교회들에 편지를 보냈으나, 우리가 알기로 아테네인들은 그가 입으로 한 말을 받아들이지 않았다. 사도는 이런 아테네인을 굳이 글로 개종시키려고 하지는 않았으므로 이 새로운 문화의 도입 또한 실패로 끝나고 말았다.

이탈리아

기원전 5세기의 아테네가 '헬라스의 교사'라 불릴 만한 자격을 충분히 갖추고 있었다면, 근대 서유럽 세계는 르네상스 시대에 이룬 위업에 비추어 그에 맞는 이름을 북이탈리아의 도시 국가에 주어야 했을 것이다. 15세기 후반부터 19세기 후반에 이르는 400년 동안의 서유럽 역사를 조사해 보면, 근대 서유럽 사회의 경제적·정치적 효율성과 예술적·학문적 문화는 분명 이탈리아가 기원이란 것을 알게 된다. 서유럽 역사의 근대적 움직임은 이탈리아에 의해 시작되었으며, 그 추동력은 그 전 시대 이탈리아의 문화에서 영향을 받은 것이었다. 사실 서유럽 역사의 근대는 '이탈리아 문화 시대'라 불러도 좋을 정도이다. 그것은 헬라스 사회 역사로 본다면, 이른바 헬레니즘 시대에, 기원전 5세기의 아테네 문화가 알렉산드로스의 원정군 뒤를 쫓아 지중해 연안 지대에서, 몰락한 아케메네스 제국의 내륙 먼 국경까지 전파된 때의 헬라스 역사를 헬라스 문화 시대라 부르는 것과 같다. 그런데 우리는 여기서도 똑같은 '역할의 역전'이라는 역설에 부딪힌다. 왜냐하면 마치 헬레니즘 시대에 아테네가 했던 역할이 쓸모없게 된 것과 마찬가지로, 근대 서유럽 사회 전반에 이바지한 이탈리아의 역할도, 이전에 이탈리아를 스승으로 모시던 모든 알프스 북방 국가들에 비하면 두드러지게 빈약했기 때문이다.

근대를 통틀어 이탈리아의 비교적 부진한 활약이, 중세 이탈리아 문화의 중심지였던 피렌체·베네치아·밀라노·시에나·볼로냐·파도바 등지에서 뚜렷이 드러난다. 특히 근대의 마지막에 다시 주목할 만한 일이 일어났는데 알프스 이북의 나라들도 그들이 중세 이탈리아로부터 진 빚을 갚을 능력을 갖추게 된 것이다. 18세기부터 19세기로 넘어갈 때는 새로운 문화적 빛이 알프스를 넘었고 이번에는 반대로 이 빛이 이탈리아를 향해 비추기 시작했다. 그리고 알프스 북방에 있는 나라들로부터 이탈리아로 유입된 이 영향으로 이탈리아 '리소르지멘토'의 첫 불씨가 지펴졌다.

이탈리아가 알프스 너머에서 강한 정치적 자극을 처음으로 받자 이탈리아는 일시적으로 나폴레옹 제국에 병합되게 되었다. 또 경제적으로 크게 자극되어 지중해를 지나 인도에까지 무역로를 재개하게 되었다. 그것은 수에즈 운하 개통에 앞서 나폴레옹이 이집트를 원정한 결과 간접적으로 생긴 것이었다. 그러나 알프스를 넘어온 자극이 그 효과를 충분히 드러내게 된 것은, 활동의 주체가 된 이탈리아인에게 전해진 뒤의 일이며 '리소르지멘토'가 결실을 맺은 곳은 중세 이탈리아 문화가 번성한 곳은 아니었다.

예를 들어 경제 분야에서 근대 서유럽 사회의 해상 무역에서 중요해진 첫 이탈리아 항구는 베네치아도 아니고 제노바나 피사도 아닌 리보르노였다. 그리고 리보르노는 르네상스 이후, 에스파냐와 포르투갈에서 신분을 숨기고 들어온 유대인들이 정착하도록 하기 위해 토스카나 대공이 건설했다. 리보르노는 피사에서 고작 몇 킬로미터밖에 떨어지지 않은 땅에 세워졌지만 이 도시를 번성하게 한 이들은 서부 지중해 연안에서 온 불굴의 난민들이었지 중세 피사의 무기력한 뱃사람들의 자손이 아니었다.

정치 분야에서 이탈리아의 통일을 이룩한 것은 원래 알프스 북방의 한 공국이었다. 이 나라는 11세기 이전에는 프랑스어가 쓰이고 있는 발레다오스타 지역 너머 이탈리아 쪽에는 아무런 기반이 없었다. 사보이 왕가의 중심이 알프스의 이탈리아 쪽으로 이동하게 된 것은 이탈리아 도시 국가의 자유와 이탈리아 르네상스의 천재들이 연달아 사라진 뒤의 일이었다. 더구나 사르데냐 왕이라 불리게 된 사보이 왕가의 지배기에 나폴레옹 전쟁이 끝나고 제노바가 병합될 때까지 그 영토 내에는 르네상스기에 가장 중요한 지위를 차지하고 있던 이탈리아

도시가 하나도 포함되어 있지 않았다. 사보이 왕가의 기풍은 제노바 병합 당시 아직 도시 국가 제노바의 전통과 상당히 달랐으므로, 제노바인은 이 왕가가 민족주의 운동의 선두에 서서 마침내 이탈리아반도의 모든 지역에서 지지를 얻게 된 1848년까지, 사르데냐 왕의 지배에 복종하지 않고 처음부터 끝까지 마찰을 일으키고 있었다.

1848년, 롬바르디아와 베네치아를 지배하고 있던 오스트리아 정권은 피에몬테의 침략과 함께 오스트리아 정권의 영토 내에 있는 베네치아·밀라노, 기타 이탈리아 도시의 봉기로 위협을 받았다. 동시에 표면화된 이 두 가지는, 이탈리아 해방이라는 공통의 목적을 위해 일어난 큰 사건이며 반오스트리아 운동이었다. 이 두 사건이 갖는 역사적 중요성의 차이를 생각해 보는 것은 흥미로운 일이다. 베네치아와 밀라노의 봉기는 확실히 자유를 위한 행동이었다. 그러나 그들을 고무한 자유의 이상은 중세적 과거에 대한 회상으로, 이 두 도시는 속으로는 중세의 호엔슈타우펜가에 대한 투쟁을 다시 시작하고 있었던 것이다.

확실히 장렬했던 그들의 실패와 비교해 1848~1849년 피에몬테의 군사 행동은 결코 칭찬할 것이 못 되었다. 그들은 애써 정한 휴전 협정을 무책임하게 파기했기 때문에 노바라에서 굴욕적인 패배를 당하게 되었다. 하지만 피에몬테의 불명예 쪽이 결국 베네치아나 밀라노의 영광스러운 방어보다 이탈리아에 더 유익했다. 왜냐하면 10년 뒤 피에몬테 군대는 밀라노 부근 도시인 마젠타에서 훌륭히 복수했고(프랑스의 엄청난 지원이 있긴 했지만), 1848년에 카를로 알베르토(사르데냐 왕)에 의해 승인된 새로운 영국식 의회주의적 정치 체제가 1860년 통일 이탈리아의 정치 체제가 되었기 때문이다. 그러나 1848년 밀라노와 베네치아가 이뤘던 눈부신 활약은 두 번 다시 되풀이되지 않았다.

그 뒤 오래된 이 두 도시는 다시 씌워진 멍에에 순순히 굴복해야 했다. 그러다 피에몬테의 무력과 외교 수완으로 결정적인 해방을 얻게 되었다.

이와 같은 차이는, 1848년 베네치아와 밀라노의 위업은 그 배경에 있던 정신적 추진력이 근대적인 민족주의가 아니라, 중세적인 도시 국가로의 죽은 자아를 우상화했기 때문에 처음부터 실패할 운명이었다고 생각된다. 1848년 다니엘레 마닌(이탈리아의 애국적 정치가)에게 부응해 준 19세기의 베네치아인은 베네치아만을 위해 싸운 것이지, 시대에 뒤떨어진 베네치아 공화제를 부흥하여 통일 이탈리아를 창조하려 싸운 것은 아니었다.

이와는 달리 피에몬테인은 그들의 과거에는 우상화할 자아가 없었으므로 시대에 뒤처진 일시적인 자아를 우상으로 삼으려는 유혹에 빠지지 않았다.

이 차이는 마닌과 카보우르를 예로 들어 요약 설명할 수 있다. 마닌은 14세기에 태어났더라도 편안하게 지낼 수 있는 베네치아인임에 틀림없었다. 프랑스어를 모국어로 사용했고 빅토리아적인 사상의 소유자였던 카밀로 카보우르는 14세기의 이탈리아 도시 국가에 놓였다면, 알프스 북방의 동시대인인 로버트 필(1788~1850년)이나 루이 아돌프 티에르(1797~1877년)와 마찬가지로 완전히 상황이 달랐을 것이다. 만일 운명이 그를 3세기 전 이탈리아가 아니라 19세기의 영국이나 프랑스의 지주로 등장시켰다면 의회 정치와 외교적 재능, 과학적 농업, 그리고 철도 건설 사업에 대한 흥미를 똑같이 충분히 활용했을 것이다.

이처럼 1848~1849년의 봉기가 이탈리아의 '리소르지멘토'에서 한 역할은 본질적으로 소극적인 것으로서 실패했지만, 1859~1870년의 성공에 있어 귀중한 사실상 없어서는 안 될 준비였던 것이다. 1848년 중세적 밀라노와 중세적 베네치아라는 낡은 우상은 완전히 부서져 아주 못 쓰게 되었고, 그제야 숭배자의 영혼을 붙들고 있던 치명적인 영향력을 상실했다.

그리고 가까스로 과거를 지워버림으로써, 중세를 기억하는 장애 없이 하나의 이탈리아 국가가 건설적인 지도력을 발휘하는 장이 마련되었다.

사우스캐롤라이나주

구세계에서 신세계로 조사를 확대해 가면, 미합중국의 역사 속에서도 같은 창조성의 응보 현상을 찾아볼 수 있다. 1861~1865년 남북 전쟁 무렵 남부 동맹에 가입한 이른바 '오래된 남부'는 전쟁에서 패배하게 되었는데, 남북 전쟁 이후에 각 주(州)의 역사가 어떻게 전개되었는지를 비교해 보면, 공통된 재난에서 회복됐지만 제기된 문제의 정도는 주에 따라 두드러진 차이가 있는 것을 알 수 있다. 그리고 이 차이가 남북 전쟁 이전에 이들 주 사이에 야기되었던 문제들의 차이와는 정반대임을 알 수 있다.

1940년대에 '오래된 남부'를 방문한 외국인 관찰자가 있었다면, 버지니아와 사우스캐롤라이나 이 두 주를 회복의 징후나 가능성이 가장 낮은 주로 골랐을 것이다. 그리고 이들 두 주가 입은 큰 사회적 재난의 영향이 그토록 오랫동안, 그처럼 강하게 지속되고 있음에 놀랐을 것이다. 이곳에서는 파국적인 기억이 지금도 마치 어제 일어난 사건처럼 생생히 남아 있어, 아직도 '전쟁'이라는 말이 버지니아인이나 사우스캐롤라이나인의 입에 오를 때면 그 뒤 두 번이나 무서운 전쟁이 일어났음에도 대부분의 경우 남북 전쟁을 뜻할 정도이다. 사실 20세기의 버지니아나 사우스캐롤라이나는 마치 주문에 짓눌린 나머지 시간이 정지한 듯한 지역이라는 고통스런 인상을 준다. 이런 인상은 양쪽 주의 중간에 있는 다른 주를 찾아가, 그와 비교하면 훨씬 더 강렬해진다. 노스캐롤라이나에 가면 최신식 산업을 볼 수 있고 신흥 대학이 있으며, 북부의 '양키' 특유의 활동적인 기풍을 볼 수 있다. 또 노스캐롤라이나는 남북 전쟁 이후 정력적으로 성공한 실업가 외에도 월터 페이지와 같은 우수한 20세기의 정치가를 낳았음을 알게 된다.

노스캐롤라이나에는 봄이 찾아온 것처럼 활기가 넘쳐나는데, 양옆의 두 주는 여전히 언제 끝날지 모르는 불만의 '겨울' 속에 깊숙이 잠겨 있는 것은 무엇 때문일까? 그 이유를 알기 위해 과거로 눈을 돌리면, 남북 전쟁까지는 노스캐롤라이나는 사회적으로 척박했다. 이에 비해 버지니아와 사우스캐롤라이나는 예외적으로 활발한 활약을 하고 있었던 사실을 발견하고는 전보다 더 당황한다. 미합중국이 성립된 이래, 처음 40년간 버지니아는 비교할 수 없을 만큼 앞서가는 주였으며 최초 5인의 대통령 중 4인을 배출했고, 필라델피아 의회에서 작성된 '한 장의 종잇조각'(미국 헌법)에 불과한 문서를 미국적 현실에 맞도록 적용하는 데 누구보다도 큰 공헌을 한 존 마셜을 낳았다. 1825년 이후 버지니아가 세력을 잃자 이번에는 사우스캐롤라이나가 존 캘훈(1782~1850년, 애덤스·잭슨 두 대통령의 부통령)의 지휘 아래 남부의 여러 주를 결국 난파하게 한 남북 전쟁으로 몰아넣었다. 그동안 노스캐롤라이나는 소문 없이 아주 조용히 있었다. 노스캐롤라이나주는 토지가 메마른 데다 항구도 없었다. 대부분이 버지니아나 사우스캐롤라이나에서 성공하지 못한 불법 이민자(토지 불하를 기대하고 관유지에 무단히 들어오는 이민의 자손)들이었던 노스캐롤라이나의 가난한 소농민들은 버지니아의 지주나 사우스캐롤라이나의 면화 재배자와는 전혀 비교가 되지 않았다.

그렇다면 이전에 노스캐롤라이나주가 양옆의 두 주와 비교했을 때 활발치 못했던 이유는 쉽게 설명이 된다. 그러나 그 뒤 버지니아와 사우스캐롤라이나 두 주가 부진해지고 노스캐롤라이나가 역전하여 가장 성공하게 된 것은 어떻게 설명하면 좋을까? 그것은 노스캐롤라이나는 피에몬테인처럼 한때의 영광스런 과거라는 우상화에 구속되지 않았기 때문이고 원래부터 잃어버릴 것도 없었으며 결과적으로 남북 전쟁의 패배에서 잃은 것도, 또 사라져버린 것도 얼마되지 않았으므로 전쟁의 충격에서 발생하는 어려움도 상대적으로 훨씬 적었다는 사실로 설명된다.

오래된 문제에 대한 새로운 견해

이제까지 창조성의 응보에 대한 실례는 앞서 이 연구에서 다른 '새로운 땅의 자극'이라 일컫는 현상을 새로운 관점에서 본 셈이다. 왜냐하면 앞에서 든 유대인에 대비되는 갈릴리인과 이방인, 밀라노와 베네치아에 대비되는 피에몬테, 그리고 남북 양쪽 이웃에 대비되는 노스캐롤라이나 등의 예에서 계속 이 현상이 나타나기 때문이다. 한편 우리가 아테네에 대해 같은 조사를 했다면, 기원전 3세기와 2세기의 그리스인이, 팽창한 헬라스 세계의 주변부에 나타난 거대한 신흥 세력에 대항해 결국 실패로 끝나기는 했으나 독립을 유지하려고 했을 때, 도시 국가의 연합 조직을 만든다는 감당할 수 없는 문제를 거의 해결 단계까지 끌고 간 것은 아티카에서가 아니라, 아카이아에서였다는 점은 이미 지적한 바 있다. 이제야 우리는 새로운 땅이 뛰어나게 비옥한 것이 전적으로 처녀지를 개척한 노고의 대가로 설명되는 것은 아니라는 점을 이해할 수 있다. 새로운 땅이 생산적인 것은 적극적인 이유 외에 소극적인 이유도 있다. 즉 새로운 땅은 이미 유해무익한 것이 된 씻을 수 없는 전통이나 지난 기억의 악몽에 사로잡히는 일이 없다는 것이다. 그리고 또 하나의 사회적 현상, 앞서 이 연구에서 사회의 쇠퇴와 해체의 뚜렷한 징후로 지적된 바 있는 창조적 소수자가 지배적 소수자로 타락하는 현상의 원인을 이해할 수 있다. 확실히 창조적 소수자가 처음부터 이런 식으로 타락한다고 정해진 것은 아니지만, 창조자는 창조성이 있다는 바로 그 사실에 의해 이 방향으로 이끌리기 쉬운 것이다. 창조적 능력이 처음에 발동될 때에는 하나의 도전을 훌륭히 극복하는 응전이 나타나지만, 다음에는 재능을 모두 발휘한 이 인간에게 감당할 수 없는 더 큰 새로운 도전이 나타난다.

4. 창조성의 응보—일시적인 제도의 우상화

헬라스 사회의 도시 국가

헬라스 사회의 쇠퇴와 해체에 있어 도시 국가 제도는 본래의 영역 안에서는 참으로 빛나는 성공을 거두었으나, 동시에 인간이 만든 것이 늘 그렇듯 일시적인 것이 되고 말았다. 이 체제의 우상화가 한 역할을 조사할 때, 사회적 문제를 해결함에 있어 이 우상화가 장애물이 된 경우를 두 가지로 구별해 다뤄야 한다.

두 가지 중 첫 번째 중대한 문제는 이미 앞에서 다른 문제와 관련지어 검토했으므로 여기서는 간단히 끝낼 수 있다. 먼저 우리가 솔론의 경제 혁명이라 일컫는 개혁은 필연적으로 어떤 형태든지 헬라스 사회와의 정치적 연합을 필요로 했다. 그러나 그것을 실현하려던 아테네의 계획은 실패로 끝나서 헬라스 사회의 쇠퇴라 진단한 것과 같은 결과가 초래되었다. 이 실패의 원인은 관계자 모두 도시 국가의 주권을 미래로 끌고 나가지 못한 점에 있음은 명백하다. 그런데 이 피해 갈 수 없는 중요한 문제가 해결되지 않고 남아 있던 기원전 4세기부터 3세기로 넘어서는 시기에 헬라스 사회의 역사가 제2기에서 제3기로 이행하면서 헬라스 사회의 지배적 소수자가 스스로 구한 부차적인 문제가 나타났다.

이 시기의 주요한 외면적 징후는 헬라스 사회에 대한 물리적 규모의 급격한 증대였다. 그때까지 지중해 연안에 국한되어 있던 해상 세계가 다르다넬스 해협으로부터 인도에까지 이르고, 올림포스산이나 아펜니노산맥으로부터 다뉴브강이나 라인강까지 육로를 거쳐 넓어졌다. 구성 단위인 도시 국가 상호 간에 법과 질서를 세운다는 정신적인 문제를 해결하지 않은 채로 이처럼 큰 규모로 팽창한 사회에서는 주권을 가진 도시 국가의 제도가 너무도 작아 이미 정치 생활의 단위로 쓸모가 없게 되었다. 이 자체가 불행한 일은 아니었다. 그뿐만 아니라 이 전통적인 헬라스 사회의 지방 주권 형태가 시대에 뒤떨어지게 된 것은 지방 주권이라는 성가신 것을 완전히 떨쳐버릴 수 있는, 하늘에서 준 좋은 기회라 생각할 수도 있었다.

만일 알렉산드로스가 좀 더 오래 살아 제논이나 에피쿠로스와 손을 잡았다면, 아마 헬라스는 도시 국가에서 곧장 '세계 도시'로 옮겨갈 수 있었을지도 모른다. 그래서 헬라스 세계는 다시 창조적 생명을 연장하는 새로운 계약을 얻어냈을 것이다. 그러나 알렉산드로스가 예상외로 빨리 세상을 떠났기 때문에, 헬라스 세계를 마음대로 하게 되었고 서로 다투는 마케도니아의 무장들이 각축전을 벌였으므로, 알렉산드로스가 열어놓은 새로운 시대에도 여전히 지방적 주권 제도가 존속하게 되었다. 하지만 새로운 헬라스 사회의 물리적 규모에 있어 하나의 조건을 갖추지 않으면 지역 국가의 주권제를 보존할 수가 없었다. 말하자면 주권을 가진 도시 국가는 더 큰 규모의 새로운 국가에 길을 양보해야만 했다.

이러한 새로운 국가들은 순조롭게 발전하고 있었다. 그러나 기원전 220년에서 168년에 걸쳐 로마가 모든 경쟁 상대에게 준 치명적인 타격의 결과, 이런 국가의 수가 갑자기 하나로 줄어버렸다. 자발적인 연합 조직을 만들 기회를 놓친 헬라스 사회는 세계 국가의 테두리에 묶이는 처지가 되었다. 하지만 우리의 현재 탐구 목적으로 보아 흥미로운 점은, 페리클레스 시대의 아테네가 헬라스 사회의 도전을 물리치자 이번에는 다시 로마가 응전했고, 또한 그 응전을 하게 만든 로마 이외의 다른 세력에 의해 이루어진 모든 예비적 공헌도 모두 도시 국가 주권제라는 우상에 마음을 빼앗기지 않은 헬라스 사회의 성원에 의해 이루어졌다는 사실이다.

로마 국가의 구조적 원칙은 그와 같은 헬라스 사회 체제의 우상화와는 전혀 거리가 먼 것이었다. 왜냐하면 그 구조적 원리는 이른바 '이중 시민권'으로, 각 시민은 그가 태어난 지방의 도시 국가에 충성을 바침과 동시에 로마가 창설한 가장 큰 정치 조직에 충성해야 했기 때문이다. 이러한 이중 시민권과 이중의 충성심을 잘 극복해 갈 수 있는 창조적인 타협은 심리적으로 도시 국가에 대한 우상화가 시민의 목을 조르지 않는 지역 사회에서만이 비로소 심리적으로 가능했다.

헬라스 세계에서의 지방 주권과 오늘날 서유럽 세계의 지방 주권 문제와의 유사점을 지금 여기서 특별히 강조할 필요는 없다. 다만 다음 사항만을 말해 두자. 헬라스 사회의 역사에 비추어 만일 현재 서유럽 사회의 문제가 해결될 수 있다면, 그것은 국가적 주권 제도가 우상적 숭배의 중심이 되어 지방 주권 숭배의 발목을 잡고 있지 않은 곳에서 해결이 될 것이라고 생각해도 무방하다.

정치적 사상과 정서가 모두 영광된 과거의 상징인 지방 주권에 결부되어 있는 서유럽의 역사적인 국민 국가에서 구제할 수단이 나타나리라고는 생각되지 않는다. 서유럽 사회가 꼭 필요한 지방 주권을 한 단계 높은 법의 규제 아래 둠으로써, 피할 수 없는 치명적 타격으로 맞이할 절멸의 비운을 미리 막을 수 있는 새로운 형태의 국제적 연합을 갖게 되리라는 기대를 가질 수 있을 것이다. 그러나 그것은 이와 같이 에피메테우스적(뒤늦게 생각하는)인 심리적 환경에 있는 나라에서는 아닐 것이다. 만일 이상과 같은 발견이 이루어진다면, 그 구체적인 형태로 국제적인 연합이 실현되는 정치적 실험이 이뤄지는 실험실은 오랜 역사를 가진 유럽 국민 국가의 경험과 해외의 몇몇 신흥국의 유연함이 결합된 영국 연방과 같은 정치 조직이거나, 아니면 많은 비서양 민족을 서유럽의 혁명 사상(예를 들면 마르크스의 철학 사상을 도입한 일)에 기초한 완전히 새로운 종류의 사회에 조직하려는 소비에트 연방과 같은 정치 조직일 것이다.

소비에트 연방은 셀레우코스 제국과 비슷하며, 대영 제국은 로마 제국과 비슷하다.

과연 이런 것 혹은 현대 서유럽 세계 주변에서 발견되는 이와 비슷한 정치 조직이, 제2차 세계대전 중에 국제 연맹이라는 형태로 첫 시도를 했던 그 역할을 대신해 두 번째 시도로 이제 시작 단계인 국제 조직을 좀 더 중요하게 하는 정치 구조를 더 늦기 전에 만들어낼 수 있을까? 그 점에 대해서는 뭐라 말할 수 없다. 그러나 만일 이들 개척자가 실패한다면 국민 주권을 우상으로 떠받들고 있는, 융통성 없는 우상 숭배자가 이 임무를 완수할 수 없다는 것은 너무도 분명하다.

동로마 제국

한 사회를 비탄에 빠지게 하는 제도 우상화의 전형적인 예는 그리스 정교 사회이다. 이 사회는 어버이 사회에 해당하는 헬라스 사회의 세계 국가의 역할을 함으로써 그 역사적 기능을 완수하고 수명을 다한, 로마 제국이라는 오래된 제도의 망령에게 붙들렸다.

표면적으로 동로마 제국은 콘스탄티누스 대제가 콘스탄티노플을 건설한 이래 11세기가 훨씬 지난 1453년에 수도가 오스만 투르크에게 정복될 때까지 또는 적어도 1204년에 콘스탄티노플이 라틴 제국의 십자군에게 점령되어 동로마 제국의 정부가 잠시 축출될 때까지 줄곧 하나의 같은 제도로서 지속했던 것으로 보이나, 사실 중간의 공백 기간에 의해 시간적으로 격리된 두 가지 다른 제도로 보는 편이 적당하다. 헬라스 사회의 세계 국가 역할을 했던 본래의 로마 제국은 서유럽의 암흑시대 중에 명백히 끝이 났다.

실질적으로는 4세기에서 5세기로 넘어가는 시기에, 공식적으로는 이탈리아의 마지막 꼭두각시 황제가 야만족 출신의 용병대장(오도아케르)에 의해 폐위되고, 그 군벌이 콘스탄티노플 황제의 이름으로 권력을 행사하게 된 476년에, 그렇게 뚜렷이 눈에 띄지는 않으나 본래의 로마 제국은 동방에서도 마찬가지로 암흑시대 중에 같은 종말의 운명을 맞이했다. 동방의 해체는 565년 유스티니아누스 황제의 긴장이 끊이지 않던 불행한 치세의 종말과 동일하다고 봐도 좋다. 그 뒤 동방에서는 1세기 반의 공백 기간이 계속된다. 그러나 사실 이 동안 로마 황제라 칭하면서 콘스탄티노플에서 지배했거나 지배하려 한 사람이 없었다는 뜻이 아니라, 그것은 해체된 사회의 유물이 완전히 사라지고 그 뒤를 잇는 계승자의 기초가 세워지는 해체와 부화의 시대였던 것이다. 하지만 죽은 로마 제국의 망령이 그 뒤 8세기 전반에 시리아인에 의해 불려 나왔다. 그리스 정교 사회의 초기 역사를 보면, 레오 3세(레오 시루스. 재위 717~741년)는 성공한 샤를마뉴의 불운을 닮은 듯하고, 반대로 샤를마뉴는 성공하지 못한 레오였다. 샤를마뉴의 실패는 서유럽 그리스도교회와 여러 서유럽 지역 국가가 중세 동안, 이미 우리가 잘 알고 있는 일련의 발전을 이룰 수 있는 기회를 주었다. 레오의 성공은 아직 제대로 손발을 쓸 줄도 모르는 갓 태어난 그리스 정교 사회에, 부활시킨 세계 국가라는 구속의 옷을 입혀 꼼짝 못 하게 했다. 그러나 결과가 이처럼 대조적이라고 해서 목적이 달랐다고는 볼 수 없다. 샤를마뉴와 레오는 둘 다 똑같이 수명이 짧고 시대에 뒤떨어진 제도를 섬기는 우상 숭배자였으니 말이다.

그리스 정교 사회가 서유럽 사회에서 정치적 구성력에 있어 치명적일 정도로 조숙하게 그 우수성을 드러낸 이유는 무엇이었을까? 한 가지 중요한 원인은 이슬람교 아랍족의 공격이 동시에 이 두 그리스도교 사회에 가한 압력의 정도 차이였다. 멀리 떨어진 서유럽을 공격할 때, 아랍족은 시리아 사회가 차지했다 잃어버린 북아프리카와 에스파냐의 식민지 영토를 되찾는 일에 전력을 기울였다. 피레네산맥을 넘어 이제 갓 생긴 서유럽 사회의 중심부를 공격할 무렵이 되자,

그들의 공격력은 거의 바닥이 났다. 그리고 지중해의 남쪽 연안과 북쪽 연안을 사납게 진격해 투르에서 오스트리아의 견고한 벽에 부딪혔을 때, 그들은 그곳을 돌파하지 못하고 옆으로 피해 갔다. 하지만 이처럼 지친 공격자와 싸우지 않고 이긴 것이 오스트리아 왕조 융성의 바탕이 되었다. 아직 제대로 발달하지 못한 서유럽 그리스도교 사회에서 오스트리아가 지도자로서 두각을 나타내게 된 것은 바로 732년 투르에서 승리한 뒤의 일이다. 아랍족이 가한 아주 미약한 충격이 카롤링거 왕조의 출현을 유발했다면, 그리스 정교 세계에 동로마 제국이라는 견고한 조직이 생겨난 것은 놀랄 일이 아니다. 훨씬 더 맹렬하고 한결 더 오래 지속된 이슬람 세계의 공격에 저항하자면 그것은 마땅한 결과였다.

이런 이유나 그 밖의 이유들로 레오 3세와 그 후계자들은 서유럽 세계에서 샤를마뉴나 오토 1세, 헨리 3세가 이룰 수 없었던 목표를 이루는 데 성공했다. 더욱이 그것은 교황의 반대에 부딪쳐 황제들이 도저히 달성할 수 없었던 목표였던 것이다. 동로마 제국 황제들은 그 영토 내에서 교회를 국가 부서의 하나로 하고, 총주교의 지위를 교회 사무를 관장하는 차관과 같은 지위로 바꿔서, 콘스탄티누스가 세운 이래 유스티니아누스에 이르는 역대 황제에 의해 유지되어 온 교회와 국가 간의 관계를 회복했다. 이 위업의 결과는 일반적인 형태와 특수한 형태로 나타났다.

일반적인 결과는 그리스 정교 사회에서 다양성과 신축성, 실험과 창조성 등의 경향을 저지하고 죽여버린 일이다. 그것이 얼마나 큰 해를 주었느냐 하는 것은, 서유럽의 자매 문명에 의해 이루어진 그리스 정교 문명에는 서유럽 문명에서 볼 수 없는 몇 가지가 있었다는 것으로 대강 짐작이 간다. 그리스 정교 사회에는 힐데브란트 교황(그레고리우스 7세) 같은 직위가 없을 뿐 아니라 자치권을 가진 대학 및 도시 국가의 출현과 확산도 볼 수 없다.

둘째로 특수한 결과는, 부활한 제국의 정부가 정부의 대표 문명이 퍼진 지역 내에 독립된 '야만국'의 존재를 끝까지 인정하려 들지 않았던 일이었다. 이러한 정치적 편협함이 10세기의 로마·불가리아 전쟁을 일으켰으며, 이 전쟁에서 동로마 제국은 겉보기에는 승자가 되었으나 회복할 수 없는 상처를 입었다. 그리고 이 전쟁은 이미 지적한 대로, 그리스 정교 사회의 쇠퇴의 원인이 되었다.

국왕·의회·관료 체제

우상 숭배의 대상이 된 정치 제도는 도시 국가이건 제국이건, 어떤 종류의 국가에 한정되어 있는 것은 아니다. 한 나라의 주권자인 '신성한' 국왕 또는 '전능한' 의회 혹은 국가의 존립이 소수자의 능력 또는 기량에 달려 있는 듯 생각되는 카스트나 계급, 또는 전문적 직업도 마찬가지로 우상 숭배의 대상이 되어 같은 결과를 불러왔다.

한 인간 속에 정치적 주권의 우상화가 구현된 전형적인 예는 고왕국 시대 이집트 사회에서 볼 수 있다. 앞서 다른 문제와 관련지어 말했듯이 이집트 연합왕국의 주권자가 신으로 추앙되는 것을 받아들인 일이 그러한 정치 주권 우상화의 한 사례이며, 또한 보다 고차원적인 사명 수행이라는 제2의 도전에 응전하지 않음으로써 폭넓은 내적 문명을 고양하는 임무를 저버린 일이다. 그러한 의무의 불이행이 이집트 문명에 빠른 쇠퇴를 가져와 그 조숙한 청년기 중에 갑자기 삶을 끝내는 원인이 된 것이다. 이런 인간 우상들이 이집트 사회에 부과한 참담한 악령이 완벽하게 드러나는 것이 피라미드이다. 피라미드를 짓게 한 건설자를 주술적으로 영원히 살게 하기 위해, 백성들이 강제 노동에 동원되었던 것이다. 이집트 사회 전체의 이익을 위해, 자연환경을 지배하고 확대하는 일에 모든 힘을 사용해야 함에도 거대한 세계 국가의 엄청난 기량과 자본과 노동력이 우상화의 잘못된 방향으로 향하게 된 것이다.

한 인간 속에 구현된 정치 주권의 우상화는 이집트 사회 이외에서도 예를 볼 수 있는 일탈 현상이다. 근대 서유럽 사회의 역사에서 비슷한 예를 찾아보면, 우리는 쉽게 프랑스의 '태양왕' 루이 14세 속에 '태양신 레의 아들'이었던 이집트 왕의 속화된 모습을 볼 수 있다. 서유럽 사회의 태양왕의 베르사유 궁전은 기자(또는 기제. 이집트 북동부, 나일강 서쪽에 있는 옛 도시)의 피라미드가 이집트에 지운 것과 같은 무거운 부담을 프랑스 땅에 지웠다. "짐이 바로 국가이다"라는 말은 쿠푸(고왕국 제4왕조의 2대 파라오)가 할 듯한 말이며, "내가 죽은 뒤에 홍수가 나든 말든"이라는 말은, 페피 2세(고왕국 제6왕조의 5대 파라오)가 할 법하다. 그러나 근대 서유럽 세계에서 볼 수 있는 가장 흥미 있는 주권 우상화의 예는, 아직 현 단계로서는 그에 대해 역사적 판단을 내릴 수 없는 것이다.

웨스트민스터의 '의회의 어머니'(영국 의회를 말함)를 신격화함에 있어 우상화의 대상은 개인이 아니라 위원회이다. 위원회의 어쩔 수 없는 현실적 경향이 서로 어울려 이 의회 우상화를 일정한 한도로 억눌러 왔다. 만일 영국인이 1938년 세계 정세를 살펴봤다면 자신의 정치적 신성함에 대한 온건한 신앙이 충분한 보답을 받고 있다고 주장했을 것이다. '의회의 어머니'에 대한 충성을 지켜온 영국인 쪽이, 다른 신들에게 정신을 빼앗긴 나라들보다도 행복한 상태에 있지 않은가? 대륙의 '잃어버린 10지파'는 '두체'(무솔리니의 칭호) '퓌러'(히틀러의 칭호) '코미사르'(소련의 인민위원) 등 이상한 신을 열광적으로 예찬함으로써, 평안과 번영을 얻을 수 있었는가? 그러나 동시에, 영국인은 예부터 섬나라인 영국에서 행해졌던 이 의회 정치라는 제도가 이 제도를 어머니로 해서 최근 태어난 그들 대륙인들에게 정치적 구원의 강력한 묘약이 되어주지 못했고 또 전쟁의 산물인 독재 체제에 맞설 수 없었던 일을 인정해야만 했을 것이다.

영국인이 존경과 애착을 가지고 꼭 붙들고 있는 비결이 된 이 웨스트민스터 의회의 특색 그 자체가, 결국 이 유서 깊은 영국의 제도를 전 세계의 정치적 만병통치약으로 삼는 일을 방해하는 장애물이 되었다는 것은 숨길 수 없는 사실일 것이다. 앞서 우리가 지적한 법칙인 하나의 도전에 대한 응전에 성공한 인간은 다음 도전에 대해 응전하는 데 불리한 입장에 놓인다는 법칙에 따라, 이제야 종말을 고한 '근대'의 요구에 맞도록 자기를 고쳐 바꿈으로써 중세 이후까지 살아남은 웨스트민스터 의회의 비할 바 없는 성공이 현재 우리 위에 지워진 후근대(포스트모던) 시대의 도전에 대처하기 위해 제2의 창조적 변신을 하는 데 어려움을 주고 있다.

의회의 구성을 보면, 그것이 본질적으로 지역별 선거구를 대표하는 집합임을 알 수 있다. 이는 이 제도가 발생한 시대와 장소로 볼 때 마땅히 예상할 수 있는 일이다. 왜냐하면 중세 서유럽 왕국은 모두 군데군데 소도시가 흩어져 있는 마을 공동체의 집합체였기 때문이다. 그와 같은 정치 체제에서는 정치적·경제적 목적으로 중요한 집단이 이웃이었다. 그리고 그런 식으로 구성된 사회에 있어서는 지리적인 집단이 자연적인 정치 조직의 단위이기도 하다. 그러나 이 중세적인 의회 대표제의 기초는 산업주의의 충격에 의해 기반이 약화되었다. 오늘날 지역적 유대는 다른 목적과 마찬가지로 정치적인 면에 있어서도 중요성을 잃고 있다. 현대의 영국 유권자에게 그의 이웃이 누구냐고 묻는다면, 그는 아마 "랜

즈엔드(영국 서남쪽 콘월주에 있는 땅끝 지역)에서 존오그로우츠(스코틀랜드 최북단에 있는 마을) 사이에 살고 있는 나의 동료 철도원(또는 광부)"이라 대답할 것이다. 실제 선거구는 이미 지역이 아니라 직능에 따라 나뉘게 되었다. 직능 대표제는 정치 제도상 미개척 영역인데, 이제 모든 세월을 지나 안락한 노후 생활을 하고 있는 '의회의 어머니'는 새삼스럽게 그러한 미개척 세계를 탐험하려 하지 않을 것이다.

물론 이에 대해 20세기 영국의 의회 제도 예찬자는 당연히 "그 문제는 실험으로 해결된다"고 대답할지도 모른다. 개략적으로 그는 13세기의 대의원 제도는 20세기 사회에 부적절하다는 것을 인정할지 모르나, 이론적으로 부적절한 것이 현실적으로는 잘 돌아가고 있음을 지적할 것이다. "우리 영국인은" 하고 그는 설명할 것이다. "우리가 만들어낸 모든 제도가 완전히 성숙해 있으므로 우리나라에서는 또 우리 자신들 사이에서는 어떤 상태에서라도 이 제도를 잘 운용해 나갈 수가 있다. 물론 외국인은……"이라고 여기까지 말하고 그는 어깨를 움츠린다.

영국인이 자국의 정치적 전통에 대해 품고 있는 자신감은 앞으로도 계속 정당화될지 모른다. 전에 이 제도를 정치적 만병통치약으로 알고 단번에 먹어버려 심한 소화불량을 앓고 난 뒤 끔찍이 배척하게 된 '법을 지니지 않은 열등한 종족'을 깜짝 놀라게 할지도 모른다. 그러나 동시에 영국은 다시 한번 새로운 시대가 요구하는 새로운 정치 제도의 창조자가 되어 17세기의 위업을 이행할 가망성은 없는 듯 보이기도 한다. 새로운 것을 발견해야 한다면 길은 두 가지밖에 없다. 즉 창조나 모방 둘 중 어느 하나이다. 더구나 새로운 사회에 대한 모방은 누군가가 모방의 대상이 되는 창조적인 행위를 하지 않는 한 작동하지 않는다. 이미 시작되고 있는 서유럽 사회 역사의 제4기에는 누가 새로운 정치적 창조자가 될까? 현재로 봐서는 특히 이렇다 할 가능성 높은 후보자는 눈에 띄지 않으나, 조금 확신을 갖고 예언할 수 있는 것은 '의회의 어머니'를 섬기는 자가 새로운 정치적 창조자가 될 수는 없으리라는 점이다.

마지막으로 카스트와 계급, 직업에 대한 우상 숭배를 훑어보고 이 제도적 우상에 대한 훑어봄을 마치기로 하자. 그런데 우리는 이미 이 점에 대해 조금의 관련성을 지니고 있다. 앞서 성장 정지 문명을 살펴봤을 때 사실상 집단적 우상이나 신격화된 리바이어던이었던 카스트가 가장 중요한 지위를 차지하고 있던 두 종류의 사회 곧 스파르타인과 오스만족을 다룬 바 있다. 카스트를 우상화하는 일탈로 인해 문명의 성장이 막힐 수 있다고 한다면, 문명의 쇠퇴 또한 초래될 수 있을 것이다. 그리고 이런 관련성을 놓고 다시 한번 이집트 사회의 쇠퇴를 살펴본다면, '고왕국' 시대 농민의 어깨를 무겁게 누르고 있던 우상은 '신'으로 떠받들던 국왕만이 아니란 것을 알게 된다. 이집트의 농민들은 지식층인 관료 계급의 무거운 짐도 짊어져야만 했다.

사실 왕이 신으로 숭배를 받으려면, 교육받은 학자 계급(비서진)의 존재가 필요조건이 된다. 그러한 뒷받침이 없으면 왕은 대좌 위에 조각상인 양 앉아 있을 수 없다. 이처럼 이집트 사회의 학자들은 국왕의 숨은 세력이며, 시간적으로는 국왕보다 앞선 시대까지 떠맡아야 하는 것이었다. 학자들은 없어서는 안 될 존재였으며, 또 자신들도 그것을 잘 알고 있었다. 이들은 이를 이용하며 "무거운 짐을 묶어 사람의 어깨에 지우되 자기는 이것을 한 손가락으로도 움직이려 하지 않았다."(《마태복음》 23 : 4) 학자들이 땀 흘리며 일하는 일반 국민들의 운명에서 면제되는 특권을 받던 일이, 이집트 사회의 모든 시대를 통해 관료 계급이 자기를 예찬하는 주제가 되었다. 이집트 사회의 동란 시대에 집필된 것으로, 1000년 뒤에 '신왕국'의 학생이 습자 연습용으로 옮겨 쓴 몇 종류의 사본 형태로 오늘날까지 보존되어 있는 《두아우프의 교훈》이라는 책 속에서도 싫증날 만큼 그 점이 강조되어 있다. 이 책은 '케티의 아들 두아우프가, 그의 아들 페피가 대관 자제들 사이에 끼어 서기 학교에 입학하기 위해 유학길에 오를 때 쓴 글'로 이 교훈 속에서 야심적인 아버지가 출세하려는 아들에게 한 훈계의 요지는 다음과 같은 것이다.

"나는 매 맞는 자를 보았다. 맞는 자를. 너는 오로지 책에만 마음을 쏟기 바란다. 나는 강제 노동에서 면제된 자를 보았다. 봐라, 책보다 뛰어난 것은 없다. ……돌에 글을 새기는 직업은 흙을 파는 것보다 힘이 든다. ……석공은 모든 종류의 단단한 돌 위에서 일을 한다. 일을 마치고 나면 팔은 힘이 빠지고 녹초가 되어버린다. ……들일을 하는…… 자, 그도 품삯을 제대로 받지 못하고 이루 말할 수 없을 정도로 피로해진다. ……작업장의 직공은 어떤 여자보다도 불행하다. 그의 두 다리는 배에 붙어 숨도 쉴 수 없다. ……또 어부의 생활에 대해 말하마.

그는 악어가 득실거리는 강물 위에서 일하고 있지 않느냐? ……봐라, 학자[라
는 직업]를 제외하고는 지휘자 없는 직업은 없으니, 학자야말로 지휘자인 것이
다……"

　이집트 사회의 '학자 정치'와 비슷한 것으로서, 동아시아 세계에도 앞선 중국
사회의 말기로부터 이어받은 만다린(신해혁명 이전의 고급 관리) 계급이 존재한다.
유학자(儒學者)들은 붓을 잡는 일 말고는 어떤 일에도 손을 사용할 수 없도록
손톱을 길게 기름으로써, 노역에 괴로워하는 몇백만 민중의 무거운 짐을 가볍
게 하기 위해 손가락 하나 움직이려 들지 않는 냉혹한 태도를 뽐냈다. 그래서 동
아시아 사회 역사의 모든 변천을 거치는 동안 이집트 사회의 같은 계층과 마찬
가지로 끈기 있게 그 압제적인 지위를 유지해 왔다. 서유럽 문명의 충격도 그들
을 그 지위에서 물러나게 할 수는 없었고, 유교 고전의 시험은 없지만 시카고대
학교나 런던대학교 정경학부의 졸업증서를 자랑하며 옛날 그대로 효과적으로
농민들을 억압하고 있다.
　이집트 사회의 역사가 진행됨에 따라, 차츰 국왕의 권력이 인간화되어 가고,
너무 늦었지만 그에 따라 오랫동안 압제로 괴로워했던 민중의 부담이 조금 덜
어졌다. 이렇게 해서 부담이 조금 줄어들었지만 잇따른 기생적 계급의 출현으로
헛일이 되어버렸다. 관료 계급을 짊어지는 일만으로는 아직 짐이 가볍다는 듯이,
이들은 강력한 전 이집트적 단체로서 '신왕국' 시대 테베에서 황제 토트메스 3
세(기원전 1479~1425년)에 의해 조직된 '아몬레(Amon-Re)'의 제사장을 머리에 인 신
관 계급의 짐까지 짊어지게 되었다. 그 뒤 이집트 관료들은 이집트적 브라만 형
태의 신관과 함께 민중의 등에 올라탔다. 그래서 두 사람을 등에 태우고 지친
서커스 말은 비틀거리면서 계속 빙빙 돌게 되었는데, 그러는 동안 마침내 학자
와 신관 말고도 '영예의 영웅'이 더해져 두 사람에서 세 사람으로 불어났다.
　이집트 사회는 생존 기간 동안 성장기의 그리스 정교 사회처럼 군국주의를
모면했으나, 힉소스족과의 충돌을 계기로 동로마 제국이 불가리아와 충돌한 경
우와 똑같이 군국주의 방향으로 몰리게 되었다. 제18왕조의 황제들은 힉소스
족을 이집트 세계의 밖으로 쫓아내는 일로 만족하지 않고, 유혹에 굴복해 자기
방어에서 침략으로 노선을 바꾸며 아시아에서 이집트의 영토를 개척해 나갔다.

이 무모한 모험은 그 일에 손을 대기는 쉬웠으나 손을 떼는 일은 어려웠다. 형세가 불리해지자, 제19왕조의 황제들은 이집트 본국을 보전하기 위해 급속히 쇠퇴해 가는 이집트 사회에 힘을 동원해야만 했다.

제20왕조 시대에 이렇게 오랫동안 고통을 받을 대로 받은 사회는 미노스 사회 멸망(기원전 14세기경) 후 민족 이동의 여세로 이집트로 밀려든 유럽·아프리카·아시아 야만족의 연합군이 이집트를 공격해 오자, 마지막으로 역작을 만들어낸 뒤 마비 상태에 빠졌다. 이집트 사회가 이처럼 땅바닥에 엎드려 꼼짝도 못하게 되었을 때, 여전히 안장에 달라붙어 손가락 하나 까딱하지 않았던 토착의 학자와 신관들은 전에 이집트 사회의 마지막 위업으로 국외로 쫓아냈던 리비아인 침략자의 자손을 끌어들여 이번에는 그들을 용병으로 이집트 세계로 들어오게 했다. 기원전 11세기 리비아 용병으로 태어난 그들은 그 뒤로 수천 년 동안 이집트 사회에 기병으로 된 군벌 계급이 되었는데 전쟁터의 적에게는 예니체리 병사(술탄의 친위대)나 스파르타 병사만큼 두려운 상대가 못 되었지만, 그 발치에 놓여 있는 국내 농민들에게는 조금도 덜하지 않은 무거운 짐이었을 것이다.

5. 창조성의 응보—일시적인 기술의 우상화

어류·파충류·포유류

이제 기술의 우상화를 살펴보도록 하겠다. 이미 앞에서 다루었지만 이 우상화 때문에 극단적인 압제를 받게 된 예를 상기해 보도록 하자. 오스만과 스파르타의 사회 체제에서는 인간 가축의 사육이나 인간 사냥의 포획 기술이 이런 행위를 수행하기 위한 모든 제도와 함께 우상화되었다. 또한 인간적 도전으로 환기된 성장 정지된 문명에서 물리적 자연의 도전으로 환기된 성장 정지 문명으로 눈을 돌리면, 기술에 대한 우상 숭배가 그 문명에서 비극의 전부를 이루고 있음을 알 수 있다. 유목민이나 에스키모가 성장 정지의 운명을 맞은 까닭은 가축 사육이나 수렵 기술에 모든 능력을 지나치게 집중했기 때문이다. 한쪽으로밖에 나아가지 못하는 생활이 그들을 동물적인 생활에 머물게 하고 인간다운 융통성을 잃게 한 것이다. 또 지구상 생명의 역사에서 인간 출현 이전의 단계를 돌아다보면 거기서도 같은 법칙의 실례를 찾아볼 수 있다.

인간계와 인간 이외의 생물계에 있어 이 법칙이 적용된 예를 비교 연구한 현대 서유럽의 어떤 학자는 다음과 같이 설명한다.

"생명은 바닷속에서 시작된다. 바닷속에서 생명의 능률화는 매우 높은 수준에 이른다. 예를 들면 상어처럼 오늘날까지 모습이 바뀌지 않고 살아 있는 그런 종류들이 생기게 되었다. 그러나 계속 높은 단계로 진화하지는 않았다. 진화의 면에서 보면 '성공만큼 실패하는 것은 없다'고 하는 윌리엄 랠프 잉 박사의 경구가 언제나 맞는 듯하다. 환경에 완전히 적응한 생물, 그 능력과 생명력의 모두를, 바로 지금 살아가는 일에 집중하고 소모해 버리는 동물은 갑작스러운 변화가 생겼을 때 그 변화에 적응할 여력을 전혀 갖지 못하게 된다. 그러한 생물은 차츰 현재의 반복적인 상황에 자신의 에너지를 더 효율적으로 쓰게 된다. 그래서 결국에는 전혀 의식적인 노력을 하지 않고 또 불필요한 부수적 운동도 하지 않고 생존에 필요한 활동만을 할 수 있게 된다. 그래서 특수한 환경에서 경쟁자들을 모두 물리치게 된다. 그러나 환경이 변하면 어떻게 될까? 그렇게 되면 그들은 멸종할 수밖에 없을 것이다. 이렇듯 습관적 기능화에 성공하는 일이 오히려 많은 종이 멸종한 원인이 된 것으로 생각된다. 기후 조건이 변했다. 그들은 변하기 전의 기후 조건에 적응하기 위해 그들의 모든 에너지원을 완전히 써버렸다. 예의 미련한 처녀(《마태복음》 25 : 1~13)처럼 새로운 환경에 적응을 하기 위한 여분의 연료를 남겨놓지 않았던 것이다. 그들은 하나에 너무 집착한 나머지 새로운 적응을 할 여력이 없어 끝내 사라져버린 것이다."[15]

육지에 사는 동물이 출현하기 이전의 해상 생활에서 어류가 자연환경에 완전히 적응함으로써 기술적 성공을 했는데, 결국 그것이 어류에게 치명적인 것이 되었다는 설을 같은 학자가 같은 문맥 속에서 이야기하고 있다.

"생명체는 바다에서만 살고 있었는데 어류가 진화해 가는 과정 중 척추가 발달했고 그때로서는 최고로 진화된 척추동물을 대표하는 형태가 만들어졌다. 머리 부분을 돕기 위해 척추에서 양쪽에 부채꼴로 된 더듬이가 뻗어 나와 그것이 어류의 가슴지느러미가 되었다. 상어와 거의 대부분의 어류는 이 촉수가 특

---

15) Heard, Gerald : *The Source of Civilization.* (원주)

수화되어 이미 더듬이가 아니라 물을 헤쳐 나가는 노(櫓), 곧장 먹이를 향해 뛰어들기 좋게 된 아주 유능한 지느러미로 변했다. 민첩한 반응이 무엇보다 중요하며 지루한 교섭은 아무런 소용도 없었다. 이 지느러미는 시험해 보고 더듬어 보고, 조사해 보는 기관이 아니며 점점 수중 운동을 하는 데 효과적이었으며, 그 밖에는 아무 데도 쓰이지 않았다. 어류 이전, 척추동물 이전의 생물체는 따뜻하고 얕은 물속에 살며, 마치 오늘날의 성대(몸길이가 길고 가는 바닷물고기)가 더듬이로 물 밑의 단단한 바닥 부분에 붙어 사는 것과 같다. 그러나 민첩하고 순간적인 운동이 중요해지자, 어류는 특수화되어 바닥으로부터 수중으로 옮겨 살게 되었다. 그리고 물 밑바닥을 비롯해 딱딱한 모든 물질들과 접촉하지 않게 되었다. ……물…… 이것이 그들의 유일한 활동 영역이 되었다. 이는 새로운 환경으로 말미암아 자극을 받던 그들의 능력이 엄청나게 제한된 것을 뜻한다. 다른 진화 단계가 있었다면, 어류는 이런 극단적인 지느러미의 특수화라는 길은 택하지 않았을 것이다. 그랬다면 어류는 첫째로는 물 밑바닥에 살면서 고체적 환경과 계속 접하면서 더 다양한 자극을 끊임없이 받아온 생물이 되었을 것이다. 둘째 위와 같은 이유로 완전히 물을 헤치는 데 온 힘을 기울여 지느러미로 특수화하지 않고, 얕은 물에 살면서 좀 더 일반적으로 '비능률적'인 탐색과 더듬이 기관의 성격을 유지하며 앞다리 발달 생물이 되었을 것이다. 그와 같은 생물의 골격이 발견되었는데 앞다리는 정상적인 지느러미라기보다 어설픈 손이라고 말하는 게 좋을 정도이다. 이러한 신체 기관을 통해 만조 때 얕은 물에서 물에 잠기는 물가로 이동하게 되었다. 그래서 생물이 심해를 떠나 육지로 올라오게 되어 마침내 양서류가 나타나게 된 것으로 보인다."[16]

이와 같이 서투른 양서류가 재빠르고 과감한 어류와의 경쟁에서 승리한 사실에서 계속 그때마다 배역을 바꾸어 다시 상연되는 초기 드라마를 볼 수 있다. 우리 주의를 끈 다음 상연에서 어류의 역을 맡은 것은 양서류의 자손인 파충류이며, 다음 상연 때 양서류의 역을 맡은 것은 나중에 인간을 낳게 하는 포유동물의 선조였다. 원시 포유류는 약하고 보잘것없는 동물이었는데 뜻하지 않게 지

---

16) Heard, Gerald : *The Source of Civilization.*(원주)

상의 지배자가 된 것은 그때까지 만물의 주인이었던 거대한 파충류가 지구를 남겨두고 그만 멸종해 버렸기 때문이다. 중생대의 파충류는 에스키모나 유목민과 마찬가지로 지구의 정복자였는데 지나치게 특수화된 막다른 길로 잘못 들어감으로써 표적을 잃은 정복자였던 것이다.

"너무도 갑작스런 파충류의 전멸은 의심할 바 없이 인류 출현 이전의 지구 역사 전체를 통해 가장 눈에 띄는 점이다. 이것은 아마도 장기적이고 변화가 적은 온난 기후의 시기가 끝난 뒤 새로 맞은 겨울이 몹시 춥고, 여름은 짧지만 더웠는데, 이런 혹독한 기후와 관련이 있다. 중생대의 생물은 동식물 모두 온난한 기후에 적응해 있었기 때문에 추위에 대한 저항력이 거의 없었다. 이와는 달리 새로 나타난 생물은 무엇보다도 먼저 커다란 기온의 변화에 적응하는 능력을 갖고 있었다. ……적응력이 약해진 파충류와 경쟁하여 그것을 내쫓은 포유류는…… 그와 같은 직접적 경쟁의 증거는 전혀 찾아볼 수 없다. ……중생대 후기에 완전히 포유류적 특징을 갖춘 몇 가지 작은 턱뼈가 발견된다. 그러나 공룡에 정면으로 맞설 수 있는 중생대의 포유동물이 서식하고 있었다는 것을 암시하는 뼈 한 조각도 찾을 수 없다. ……(그것들은) 모두 쥐만 한 크기로, 눈에 띄지 않는 작은 짐승이었던 것 같다."[17]

웰스의 주장은, 지금까지는 일반적으로 받아들여지는 듯하다. 파충류가 포유류에게 밀려 나간 것은 이들 덩치 큰 괴물이 새로운 환경에 적응할 능력을 잃었기 때문이다. 그러나 파충류를 굴복시킨 시련 속에서 포유류는 어떻게 살아남게 되었는가? 이렇게 매우 흥미 있는 문제에 대해 지금까지 우리가 인용해 왔던 두 저자의 의견은 서로 다르다. 웰스에 따르면 아직 제대로 발달하지 못한 포유류가 살아남은 것은 털이 있어 닥쳐온 추위를 막아낼 수 있었기 때문이다. 만일 이것이 이유의 전부라면, 우리는 어떤 환경에서 모피가 비늘보다 더 효과적인 갑옷이 된다는 것을 알기만 하면 되는 것이다. 그런데 제럴드 허드는 포유류의 생명을 구한 갑옷은 물리적인 것이 아니고 정신적인 것이었다는 것, 그리고 이 정신적 방어의 장점은 물리적 방어 능력이 없을 경우 유효하다고 주장한다. 즉

---

17) Wells, H.G. : *The Outline of History.*〔원주〕

우리가 정기화(精氣化)라 부른 그 성장 원리에 의한 인간 출현 전의 실례를 볼 수 있다고 주장하고 있다.

"거대한 파충류는 포유류 출현 전부터 절망적일 정도로 쇠퇴해 있었다. …… 그들은 처음에는 작고 기민하게 움직이는 활발한 동물이었으나 갑자기 성장하여 마치 장갑함과 같은 모습이 되어 거동도 제대로 못 하는 꼴이 되었다. ……뇌는 없는 거나 마찬가지였다. ……머리는 잠망경, 호흡관, 집게의 역할을 하는 데 지나지 않았다. 파충류가 서서히 커지고 둔감해져서 파멸의 운명으로 가는 동안…… 그 무렵의 생물 앞에 놓여 있었던 한계를 뛰어넘어 새로운 활동과 의식의 단계를 시작하게 되는 생물이 이미 만들어지고 있었다. 생물은 민감함과 지각을 가짐으로써 진화한다는 원칙을 이토록 오롯이 보여주는 예는 없다. 그리고 보호되어 있는 것이 아니라 노출되어 있는 것으로, 힘이 아니라 알몸의 무방비 상태로, 큰 것이 아니라 작은 것으로 진화한다는 원칙 또한 알 수 있다. 포유류의 선구자는 ……작은 쥐를 닮은 동물이었다. 거대한 괴물이 제멋대로 날뛰고 있는 세계에서 늘 다른 동물의 동정에 주의를 돌리고 다른 동물을 피해야만 했던 동물에게 미래가 주어졌던 것이다. 이 동물은 무방비 상태이며 비늘 대신 털이 있었다. 아직 특정 분야에 특수화되어 있지 않고 끊임없이 자극을 전하는 민감한 촉각을 갖춘 앞다리와 얼굴과 머리에 나 있는 긴 털이 더듬이 역할을 하게 되어 있었다. 귀와 눈이 고도로 발달했고, 온혈 동물이었으며, 그래서 파충류가 감각을 잃고 혼수 상태에 빠지는 겨울 동안 끊임없이 자극을 받아 추위를 자각하게 되었다. ……이와 같이 해서 의식이 싹트고 발달했다. 끊임없이 온갖 자극을 주는 물질에 대해 여러 가지 대응법으로 반응하게 되었다. 왜냐하면 포유류는 선례가 없는 아주 새로운 생물이어서 한 가지 반응이 아니라 많은 반응을 할 수 있었고, 게다가 그중의 어느 하나도 문제를 만족스럽게 해결할 수가 없었기 때문이다."[18]

만일 이것이 우리 선조의 모습을 충실히 전하고 있는 것이라면, 우리는 그들에게 긍지를 가져야 하며 동시에 우리가 늘 그들만큼의 역량을 보여주는 것이

18) Heard, Gerald : *The Source of Civilization.*〔원주〕

아니란 점도 인정해야 할 것이다.

산업에 있어서의 응보

100년 전 대영 제국은 세계의 공장이라 스스로 칭했을 뿐만 아니라 실제로도 그랬다. 그러나 오늘날의 영국은 서로 경쟁하는 세계의 공장 가운데 하나이며, 더구나 영국의 몫은 훨씬 이전부터 상대적으로 줄어들고 있다. "대영 제국은 이제 끝났는가?" 하는 문제를 헤아릴 수 없이 많은 사람들이 논의하고 갖가지 대답이 나왔다. 온갖 요인을 고려해 봤을 때 과거 70년간 영국인은 대체적으로 기대 이상으로 잘해 온 편이다. 물론 이 점은 새뮤얼 버틀러가 즐겨 해온 대로, 일부러 말 순서를 뒤죽박죽으로 한 인용구 속에서 가장 재치 있는 것 하나를 집어 말하듯이, 사물을 비관적으로 관찰하고 한 가지를 붙잡아 트집 잡는 것을 전문으로 하는 예언자에게 불평을 들을 여지가 다분히 있지만 말이다. 그런데 영국인이 해온 것 가운데 가장 잘못되어 있었던 점을 지적한다고 하면, 영국 산업계의 지도자들이 그들의 조부가 이뤘지만 시대에 뒤떨어진 기술을 우상화해 보수적 태도를 취한 일을 들 수 있을 것이다.

영국만큼 일반적인 것이 아니므로 더욱 참고가 될 만한 것은 미국의 예이다. 19세기 중엽, 산업적 발명이 다양해지고 독창적이 되며, 또 그러한 발명을 계속 실용화하는 적극적 태도에서 미국인이 다른 국민들보다 뛰어났던 것은 부정할 수 없다. 재봉틀과 타자기, 기계를 응용한 구두 제조업, 매코믹 수확 기계 등이 이들 '양키적 고안' 가운데에서 맨 처음 머리에 떠오른 것이다. 그런데 오직 하나 미국인이 영국인에 비해 확실히 뒤진 발명품이 있다. 더구나 이 경우 미국인이 등한시하여 영국에 뒤진 이 발명품은, 19세기 초에 미국인 자신이 발명했던 기선을 개량한 것이어서 더욱 우리의 주의를 끈다. 미국의 외륜선(外輪船)은 수천 킬로미터에 이르는 북미의 항해 가능한 내륙 수로를 따라 급속하게 팽창하는 수송기관에 부가된 아주 중요한 교통수단이었다. 그 뒤 대양 항해용으로 고안된 나선형 추진기 사용은 영국인보다 훨씬 뒤처졌는데 이는 의심할 여지 없이 이제까지 서술한 대로 미국인이 외륜선의 성공에 도취된 직접적 결과였다. 이 점에서 미국인은 일시적인 기술 우상화의 유혹에 빠진 셈이다.

전쟁에 있어서의 응보

군사적인 면에서 부드러운 털에 덮인 아주 작은 포유류와 딱딱한 갑주에 덮인 거대한 파충류 사이의 생물학적 경쟁에 대응하는 것은 다윗과 골리앗의 결투 이야기이다.

이스라엘 군대에 도전하는 운명의 날이 오기까지 골리앗은 베틀의 도투마리 같은 자루와 무게 600세겔(유대의 무게 단위, 1세겔=11.42그램)의 쇠로 만든 창으로 크게 승리해 왔다. 그리고 투구와 몸통 갑옷과 경갑으로 되어 있는 그의 장비는 적의 무기가 전혀 뚫고 들어올 수 없었으므로, 그는 더 이상 다른 갑옷으로 바꿔야겠다는 생각을 할 수 없었고, 그 갑옷을 입고 있으면 무적이라고 믿었다. 그의 도전을 받아들일 만한 담력을 가진 이스라엘인은 역시 같은 모양으로 머리 꼭대기부터 발끝까지 완전히 무장한 창병일 것이라고, 그리고 자신과 같은 정도의 장비를 가진 상대라면 그를 당하지 못하리라고 확신하고 있었다. 그렇게 굳게 믿고 있었으므로, 다윗이 갑옷도 입지 않고 지팡이 말고는 무엇 하나 눈에 띄는 것 없이 그와 대항하기 위해 나오는 것을 보자 경계하는 대신 화를 내며 외쳤다. "지팡이를 들고 덤비다니 내가 개란 말이냐?" 골리앗은 이 젊은이의 건방진 태도가 신중히 계획된 작전이라는 것을 전혀 알지 못했다. 골리앗과 같은 정도의 장구를 착용해서는 도저히 승산이 없다는 사실을 다윗은 골리앗만큼 이미 똑똑히 알고 있었으므로 사울왕이 강요한 갑옷을 거절하고 나왔는데 골리앗은 이를 몰랐다. 골리앗은 다윗의 투석기도 눈치채지 못했고, 양치기 부대 속에 어떤 위험이 숨겨져 있는지 전혀 의심하지도 않았다. 그래서 이 운수 나쁜 필리스티아인(팔레스타인 지역의 고대 민족)인 트리케라톱스(3개의 뿔이 있는 공룡)는 상대를 완전히 멸시하고 몹시 뽐내며 자기 파멸을 향해 전진했던 것이다.

그러나 역사적 사실로서 미노스 문명 해체 후 민족 이동 시기의 개개의 중무장한 보병들, 이를테면 가드의 골리앗이나 트로이의 헥토르[19]는 다윗의 돌팔매질이나 필록테테스[20]의 활에 진 것이 아니라 뮈르미도네스(트로이 전쟁 때 아킬레

---

19) 트로이 왕 프리아모스의 아들이자 트로이군 총사령관. 지략과 용기를 겸비했으나 그리스 맹장 아킬레우스와의 결투에서 죽음을 맞았다.

20) 그리스 신화에 나오는 영웅. 헤라클레스가 준 화살로 트로이 왕자인 파리스를 쏜 활의 명수이다.

우스 휘하의 군대)의 밀집 대형에 굴복했다. 이 밀집 대형은 중무장 보병이 어깨와 어깨, 방패와 방패를 서로 접하고 있는 거대한 괴물이었다. 밀집 대형에 있는 한 사람 한 사람의 창병 장비는 헥토르나 골리앗과 같았으나 정신에 있어서는 호메로스에 나오는 중무장 보병과는 하늘과 땅 차이로 거리가 있었다. 밀집 대형의 본질은 단순한 오합지졸에 지나지 않던 전사 개개인의 집단을 군사적 규율에 따라 질서 정연하게 행동하는 부대로 바꾼 점에 있고, 같은 수로 똑같이 잘 무장한 전사들이 대형 없이 개개로 흩어져 쏟는 노력의 10배나 되는 효과를 올릴 수 있었다.

이 새로운 군사 기술은 이미 《일리아드》 속에서 조금이나마 예고 비슷하게 보이지만 명확히 역사 무대에 등장한 것은 티르타이오스(기원전 7세기 무렵 그리스의 시인)의 시를 노래하면서, 결국은 스파르타의 불행의 원인이 된 제2차 스파르타·메세니아 전쟁에서 승리하면서였다. 그러나 이들은 성공으로 이야기를 마무리 짓지 못했다. 적을 완전히 전장에서 쫓아버린 뒤 스파르타의 밀집 대형은 '노 젓던 손을 쉬었다.' 그리고 기원전 4세기 중에 먼저 스파르타 밀집 대형이 도저히 상대할 수 없었던 수많은 다윗의 무리인 아테네의 큰 방패 부대에 참패했고, 이어 테베의 종대(縱隊)라는 새로운 전술 때문에 비참한 패배를 맞았다. 그런데 아테네와 테베의 군사 기술도 기원전 338년 마케도니아의 부대 편성에 의해 단번에 시대에 뒤떨어지고 열등한 것이 되고 말았다. 마케도니아의 편대는 고도로 분화된 산병(散兵)과 밀집 부대병이 교묘히 통합되어 단일한 중기병대(重騎兵隊)로 편성한 것이었다.

알렉산드로스의 아케메네스 제국 정복은 마케도니아의 전투 대형이 초기에 아주 효과적이었다는 거점력을 나타냈다는 증거이다. 그리고 그 뒤 170년 동안 마케도니아식 밀집 대형은 최신식 군사 기술의 위치에 있었다. 그것은 그리스 도시 국가의 시민군 우위에 마침표를 찍었던 카이로네이아 전투로부터 로마와의 마케도니아 3차 전쟁, 즉 피드나 전투에서의 패배에 이르는 기간으로, 이번에는 피드나 전투에서 마케도니아의 밀집 대형이 로마의 레기온(군단) 앞에 굴복했던 것이다. 이렇듯 남달리 눈에 띄는 마케도니아의 군사적 운명이 된 '페리페테이아'(역할의 역전)의 원인은 마케도니아가 언제까지나 망령들의 한때 기술에 연연했기 때문이다. 이와 달리 마케도니아인이 서쪽 변경 지역을 제외한 헬라스 세계 전역에서 무적의 지배자로 노 젓던 손을 쉬는 동안 로마인은 한니발과의 사투에서 맛본 고통을 통해 전쟁 기술의 혁명을 이룩했던 것이다.

로마의 군단이 마케도니아의 밀집 대형에 이긴 것은, 경장병과 긴 창을 가진 창병과의 종합 진형을 훨씬 앞에까지 추진시켰기 때문이다. 즉 로마인은 새로운 유형의 대형과 장비를 고안해 그것으로 어느 병사나 마음대로 경장 보병의 역할이나 중무장 보병의 역할을 할 수 있고, 또 어느 부대에서나 적 앞에서 한 가지 전술에서 다른 전술로 바로 바꿀 수 있도록 했던 것이다.

피드나 전투 무렵, 이 유능한 로마군은 태어난 지 아직 30년 정도밖에 되지 않았다. 헬라스 세계의 변두리 지역에 해당하는 이탈리아에서는 마케도니아 유형 이전의 구식 밀집 대형이 칸나에 전투(기원전 214년) 때까지 전장에 보였다. 이 싸움에서 구식 스파르타적 밀집 대형을 이루고 있었던 로마의 중무장 보병은 한니발이 이끄는 에스파냐와 갈리아의 중기병으로부터 뒤에서 기습을 받았고, 양 측면에서 공격해 온 아프리카 중보병에게 마치 가축처럼 도살당했다. 이 불행은 전의 트라시메누스호(오늘날 트라시메노호. 기원전 217년 로마군이 한니발에게 패한 곳)의 패전에 충격을 받고 있던 로마군의 수뇌부를 덮쳤던 것이다. 칸나에 전투에서 크게 패한 로마인은 이제 본격적으로 보병 전법 개량에 들어갔고 그 결과 로마군은 단번에 헬라스 세계의 최강 군대가 되었다. 그러고 나서 자마(카르타고 서남부의 도시)와 키노스케팔라이, 피드나에서 승리하고, 또 나아가 로마인과 야만족 사이에, 그리고 로마인 사이에 잇따른 전쟁이 있었다. 이러한 전쟁에서 마리우스로부터 카이사르에 이르는 명장 밑에서 싸운 군단은 화약 무기가 발명되기 전 보병 부대가 얻을 수 있는 최고의 효율성을 보여주었다. 그런데 이 군단의 병력이 같은 종류의 병사력으로서는 완벽하다 할 수 있게 된 바로 그 순간에, 최후에 군단을 전장에서 몰아내게 되는 두 종류의 무장 기병들에게 먼저 패한 뒤, 그 후로도 계속 패전을 거듭했다. 무장 기병들의 이 전법은 로마군과는 전혀 다른 것이었다.

기원전 53년 카레에서 (파르티아의) 궁기병들이 로마 군단을 무찌른 것은, 로마의 보병 전법이 절정에 달했다고 생각되는 파르살루스(테살리아의 도시. 기원전 48년에 카이사르가 폼페이우스를 결정적으로 격파한 곳)에서 로마 군단끼리 싸움을 벌이기 5년 전의 일이었다. 카레에서의 불길한 전조는 400년이 지난 뒤, 즉 기원후

378년에 아드리아노플 전투에서 사실로 나타나 쇠사슬 옷을 입고 창을 든 중무장 창기병이 로마 군단에 마지막 일격을 가했다. 그 무렵 로마의 역사가이며 동시에 군인이기도 했던 암미아누스 마르켈리누스는 사상자가 싸움에 참가한 로마 군사의 3분의 2에 달했다고 증언했고, 한니발과의 칸나에 전투 이래 로마군이 이토록 크게 패한 적은 없다고 말하고 있다.

기원전 2세기 피드나 전투와 서고트족 이주민과의 불화로 치른 아드리아노플 전투 사이 6세기 동안 적어도 후반의 4세기 내내 로마인은 '노 젓던 손을 쉬고' 있으며, 카레에서의 패배와 페르시아군의 공격으로 기원후 260년 발레리아누스의 패배, 그리고 363년 율리아누스의 패배를 거치며 되풀이된 경고에도 아랑곳하지 않았다. 위의 페르시아군은 378년 로마 황제 발렌스와 그의 군단에 마지막 일격을 가한 고트족 창기병의 원형이었다.

아드리아노플 전투의 참패 뒤 테오도시우스 황제(1세)는 로마 보병대를 말살한 야만족 기병을 용병으로 삼아 이들이 로마군에게 낸 커다란 구멍을 메웠다. 그리고 로마 정부는 이러한 근시안적 정책의 불가피한 대가를 치르고, 이들 야만족 용병이 서방의 여러 영토를 분할하고, 야만족 '후계 국가'를 만들게 된 뒤에도 동방의 여러 영토가 같은 운명이 되지 않도록 마지막에 막아낸 새로운 로마 토착군은 야만족 부대와 같은 장비를 착용한 기병 부대였다. 이 중무장 창기병은 1000년 이상 계속 우위를 지켰다. 그리고 그 분포 범위는 훨씬 더 놀랍다.

크리미아의 무덤에서 발견된 1세기경의 프레스코화나 파르스(이란 남부의 지방. 페르시아인의 고향)의 절벽에 사산 왕조의 왕이 새긴 3~6세기의 부조나 당나라 왕조의 군대였던 동아시아 무장 병사의 모습을 나타낸 점토 입상, 또는 정복왕 윌리엄[21]의 노르만 기사들이 그즈음 영국의 구식 보병이 격파당하는 상황을 묘사한 11세기의 바이외(프랑스 북서부. 바이외 태피스트리 박물관이 있다) 벽걸이 장식품에서 볼 수 있는 모습도 모두 같은 창기병임을 알 수 있다.

이처럼 중무장 창기병이 장수하며 곳곳에서 발견되는 것은 놀랄 만한 일이지만, 여러 지역에 채택되면서 동시에 퇴보해 간 사실이 주목할 만하다. 중무장 창

---

21) 영국 노르만 왕조의 초대 왕(1208?~1087). 원래 노르망디 공(公)이었으나 1066년 영국을 정복하여 정복왕이라 불렸다.

기병의 완패를 눈앞에서 본 어느 목격자는 다음과 같이 서술하고 있다.

"이슬람 교력 656년(1258년) 전쟁 때, 아군이 평화의 도시(바그다드) 서쪽에서 타타르군을 무찌르기 위해 진군했을 때, 나는 그 군에 있었다. 우리는 두자일(유프라테스강·티그리스강을 잇는 운하) 지류의 하나인 바시르강 근처에서 적과 맞닥뜨렸다. 우리의 전열에는 1대 1로 싸우기 위해 완전히 무장하고 아라비아산(産) 말을 탄 기사가 나갔다. 그것은 사람과 말이 하나가 되어 마치 커다란 산처럼 듬직했다. 그에 맞서 몽골군은 당나귀 같은 말을 타고 손에는 마치 회전축 같은 창을 들고, 긴 옷도 갑옷도 입지 않은 기마병 모습을 하고 나타났으므로 그것을 본 사람들은 모두 웃음을 터뜨렸을 정도였다. 그런데 해가 저물기도 전에 승리는 그들의 것이 되고, 우리는 크게 패했다. 그리고 이 패배가 '재앙의 열쇠'가 되어 그 뒤에 그 같은 불운이 우리에게 닥쳤던 것이다."[22]

이와 같이 시리아 역사의 여명기에 골리앗과 다윗의 전설적인 만남이 약 2300년 뒤 어느 날, 해 저물기 전 다시 한번 되풀이되었던 것이다. 그리고 이 전투에서 거인과 소인은, 모두 말을 타고 있었으나 결과는 똑같았다.

이라크 창기병을 이기고 바드다드를 약탈해 아바스 왕조 칼리프를 굶겨 죽인 승전 무적의 타타르족 경기병들은, 기원전 8세기부터 7세기까지의 전환기에 킴메르족과 스키타이족의 침입이라는 형태로 비로소 서남아시아에 모습을 드러냈다. 사람들을 두려움에 떨게 한 불굴의 유목 사회형 궁기병이었다. 만일 타타르족이 유라시아 초원에서 침입해 온 초기에 말 탄 다윗이 말 탄 골리앗을 눌렀다고 하면, 같은 이야기의 되풀이 속에서 둘의 만남에 대한 이 후일담도 원래 있었던 이야기와 꼭 같게 된다.

우리들은 앞서 다윗의 돌에 맞아 쓰러진 장갑 보병과, 그 뒤 이를 다윗 자신이 아닌 훈련된 골리앗의 밀집 대형이 대체했다는 것을 말했다. 훌라구 칸의 몽골 경기병대는 바그다드 성벽 아래에서 아바스 왕조 칼리프의 기사들을 정복했지만, 그 뒤 이집트의 지배자인 맘루크족에게 몇 번이나 되풀이해서 패배했다. 장비 면에서 맘루크 병사들은 바그다드 성벽 밖에서 쓰러진 그들 동료인 이슬

---

22) Browne, E.G. : *A Literary History of Persia.*(원주)

람교도 기사들과 거의 비슷했지만, 전술 면에서는 일사불란하게 집단적으로 통제되고 있었고, 이 때문에 그들은 몽골족 저격병과 프랑크족 십자군도 누를 수 있었던 것이다. 몽골군이 맘루크군 때문에 처음으로 어려움을 겪기 10년 전에 성왕(聖王) 루이(9세)의 기사들이 만수라(카이로의 북쪽)에서 맘루크군에게 패배했다.

프랑크족과 몽골족 두 진영에 대해 우위를 차지한 맘루크군은 13세기 끝 무렵에, 피드나 전투 이후 로마 군단이 그랬던 것처럼 그 세력 범위 내에서 도전받지 않는 무적의 군사적 우세를 자랑하고 있었다. 뛰어나지만 사기를 떨어뜨릴 수 있는 상황에서 맘루크군도 할 수 없이 로마 군단처럼 '노 젓던 손을 쉬게 되었다.' 또 참으로 놀라운 우연이긴 하지만 새로운 전법을 터득한 옛날의 적들에게 습격을 받게 되기까지 맘루크군이 '노 젓기를 쉬고' 있었던 기간은 로마 군단이 쉰 기간과 거의 똑같다. 피드나 전투와 아드리아노플 전투 사이의 간격은 546년이고, 맘루크군이 성왕 루이에게 승리한 이후 성왕 루이의 후계자인 나폴레옹에게 패하기까지의 기간은 548년이 된다. 이렇게 같은 5세기 반 동안에 또다시 보병대가 전력을 가다듬고 침략해 왔다. 첫 1세기가 지나기 전에, 크레시(프랑스 북쪽, 영국 해협에 가까운 마을)에서 큰 활을 든 다윗처럼 무장하지 않은 영국 보병들이 골리앗처럼 중무장한 기병대를 무찌를 수 있었고, 결과적으로 화기의 발명과 예니체리군으로부터 빌려온 규율제 덕에 흔들림 없는 전력이 확립되었다.

맘루크군의 마지막에 대해서는, 나폴레옹의 습격과 13년 뒤 무함마드 알리에 의한 결정적인 참패에서 살아남은 병사들이 나일강 상류 지역에 물러나서 그 장비와 전술을 수단의 지배자 마디(무함마드 아흐마드가 마디, 즉 구세주로 자칭했다)의 장갑 기병에게 전해 주었다. 그러나 이들 기병들은 1898년 옴두르만에서, 영국 보병대의 총화 아래 굴복했다.

맘루크군을 쓰러뜨린 프랑스군은 이미 예니체리군을 모방한 초기 서유럽의 군대와는 매우 달랐다. 그것은 프랑스의 국민 징병 제도에 의해 새롭게 짜인 군대였고, 수는 적지만 프리드리히 대왕이 완성한 잘 훈련된 뛰어난 신식 군대를 양적으로 증대시킴으로써 결국 적은 수를 극복하는 데에도 성공했다. 그러나 예나에서 프로이센의 구식 군대가 나폴레옹에게 전복되자, 프로이센의 천재적 군인·정치가 집단을 자극해 구식 훈련에다 새로운 전력을 결합하여 한 걸음 앞선 전술을 이룩함으로써 프랑스군을 넘어서기에 이르렀다.

그 결과는 1813년(유럽 해방 전쟁)에 징후가 보이더니, 1870년(프로이센·프랑스 전쟁)에 프로이센이 승리함으로써 뚜렷이 나타났다. 그런데 다음 라운드에서 프로이센의 전쟁 기계는 유례가 없던 대규모 포위 공격이라는 예상하지 못했던 응전으로 독일과 그 동맹국들과 함께 패배를 맞게 되었다. 1870년의 방식이 1918년의 참호전과 경제 봉쇄라는 새로운 방법 앞에 굴복하고 말았다. 이번에는 1914~1918년 제1차 세계대전에서 승리한 기술이 한없이 뻗어 나아가는 쇠사슬의 마지막 고리가 아니라는 것이 1945년에 또다시 증명되었다. 쇠사슬의 고리 하나하나는 발명·승리·게으름·참패로 이어지는 주기 운동이었다. 그리고 골리앗과 다윗의 정면 대결로 시작해, 기계화된 창기병의 진격, 날개가 달린 말을 탄 궁수의 정확하기 이를 데 없는 사격으로 마지노선이나 서부 요새선(프랑스의 마지노선에 대치한 이른바 '지크프리트선') 돌파에 이르기까지 3000년 군사 역사의 선례에 비추어, 인류가 그 과오를 고치지 않고 계속 전쟁 기술을 개발하는 한 우리들의 국제 관계를 보여주는 새로운 실례가 앞으로도 끊임없이 나오리라고 생각한다.

6. 군국주의의 자멸성

코로스·휴브리스·아테

이로써 창조성의 응보에 수동적으로 굴복하는 '노 젓던 손을 쉬는' 예의 조사를 마쳤기 때문에, 이번에는 그리스어의 '코로스' '휴브리스' '아테'라는 세 단어로 표현되는 능동적인 과오를 조사할 것이다. 이 말은 객관적인 의미와 함께 주관적인 의미도 담고 있다. 객관적으로 '코로스'는 '포식', '휴브리스'는 '무분별한 행위', '아테'는 '재난'을 의미한다. 주관적으로 코로스는 성공에 의해서 높아진 심리 상태를 의미한다. 휴브리스는 그 결과로서 일어나는 정신적·도덕적 균형의 상실을 뜻한다. 그리고 아테는 평형을 잃어버린 마음을 불가능한 시도로 몰아세우는, 맹목적이고 완고하며 제어할 수 없는 충동을 뜻한다. 이 3막으로 이뤄지는 능동적인 심리적 재난은 현존하는 소수의 걸작으로 판단해 볼 때 기원전

5세기의 아테네 비극에서 가장 평범한 주제가 되었던 것이다. 아이스킬로스의 《아가멤논》에서의 아가멤논 이야기라든지, 《페르시아인》에서의 크세르크세스 이야기, 소포클레스의 희곡 《아이아스》에서의 아이아스 이야기, 마찬가지로 그의 《오이디푸스왕》에서의 오이디푸스 이야기, 《안티고네》에서의 크레온 이야기 그리고 에우리피데스의 《디오니소스의 여신자들》에서의 펜테우스 이야기 등등이 모두 이런 내용을 담고 있다. 플라톤의 이야기에 따르면 이렇다.

"만일 비례 법칙에 반해 작은 사람에게 큰 것을 가지게 하면 혹은 작은 배에 큰 돛을, 작은 몸에 너무 많은 음식을, 소인배에게 큰 권력을 주면 결과는 틀림없이 배탈이 나게 되어 있다. 휴브리스(성공에 대한 과신·과욕)의 폭발로 과식을 하게 되면 몸은 병이 들게 되고 또 권력을 내세우는 소인 관리는 휴브리스가 낳는 부정을 향해서 돌진한다."[23]

파멸로 이르는 수동적인 방식과 능동적인 방식의 차이를 명백히 하기 위해 이제 막 끝난 '노 젓기를 쉬는' 예와 함께 군사 분야의 '코로스—휴브리스—아테'의 예를 보도록 하자.

골리앗의 행동 속에 두 가지 방식이 모두 예시되어 있다. 하나는 앞서 본 것처럼 그가 스스로 파멸한 이유는, 일찍이 무적의 중무장 보병으로 개인적 기술만 믿고 다윗이 그에게 대항하며 보여준 새롭고 뛰어난 기술을 예견도 하지 못했고, 미연에 막지도 못했기 때문이다. 그와 함께 만일 진취적이지 못한 그의 기술에, 이에 어울리는 수용적 기질이 동반되어 있었다면, 그는 다윗의 손에 쓰러지는 운명을 피할 수 있었으리라. 그런데 불행하게도 골리앗이 가진 군인으로서의 기술적인 보수성이 그런 수용적인 태도를 취하지 못하게 했다. 오히려 싸움을 걸어 일부러 재앙을 자초했다. 그는 침략적이지만 준비가 충분하지 않은 군국주의의 상징이다. 그런 군국주의자는 자기의 주장을 관철할 능력을 믿고 있기 때문에 모든 분쟁을 무력으로 해결하려고 한다. 그가 예상했던 대로 무력이 그에게 유리한 방향으로 기울어지면, 그는 자기의 성공을 자기 힘이 전능하다는 것을 증명하는 결정적인 증거로 과시할 수 있다.

---

23) Platon : *Laws.*(원주)

그런데 그다음 단계로 가면 오직 무력밖에는 관심을 가지지 않는 것, 곧 몸뚱이만을 가지고는 자기 명제의 정당성을 증명할 수 없음이 드러나게 된다. 그는 자신보다 강한 군국주의자에게 타도되며, 마침내 그가 생각하지 못했던 "칼을 가지는 자는 다 칼로 망하느니라"(〈마태복음〉 26 : 52)고 하는 명제의 정당성을 입증하고 말았다. 이상을 전제로 시리아 사회의 전설적인 결투 이야기로부터 역사에서 찾을 수 있는 두서너 가지 실례를 살펴보자.

아시리아

세계 대제국을 세운 아시리아 군사 세력의 숨통을 기원전 614~610년에 칼데아인들이 끊었고(구바빌로니아 왕국을 계승한), 이 재앙은 역사상 가장 처참한 패배의 하나였다. 그것은 아시리아의 전쟁 기계를 파괴했을 뿐 아니라 아시리아라는 국가와 국민을 사라지게 했다. 2000년 이상 이어지고 약 2세기 반 동안 서남아시아에서 가장 지배적인 역할을 해온 나라가 거의 완전히 사라진 것이다. 210년 뒤 소(小)키루스(페르시아의 왕자)의 1만 명 그리스인 용병들이 쿠낙사(바빌로니아 서북부의 도시)의 전장에서 흑해 연안 쪽으로 티그리스강 유역으로 후퇴해 갔을 때, 칼라(한때 아시리아의 수도)와 니네베(아시리아의 수도)의 유적을 차례차례로 지나면서 놀라지 않을 수 없었다. 그들을 놀라게 한 것은 요새의 견고함이나 요새가 차지하는 면적이 넓어서가 아니라 오히려 그런 거대한 인간의 구조물이 아무도 살지 않는 상태로 방치되어 있는 광경이었다. 생명을 갖지 않는 물질의 내구력 덕에 사라진 생명들의 지난날 활동력을 증언하는 이들 공허한 뼈대에 서린 무시무시함이 그 경험을 기록한 그리스인 원정대원의 붓으로 생생하게 전해지고 있다.

그런데 오늘날의 고고학자들이 연구해 낸 아시리아의 운명을 아는 현대인들은 크세노폰의 이야기를 읽으며 더욱 놀라게 되는데, 그것은 크세노폰이 버려진 이 군사 도시의 정확한 역사에 대해 아주 초보적인 사실도 배우지 못했다는 사실이다. 크세노폰이 그곳을 통과하기 겨우 2세기 이전에 이들 도시의 주인들이 예루살렘에서 아라라트산(튀르키예 동쪽 끝 이란과 아르메니아 국경 부근에 있는 산)까지 또 엘람에서 리디아까지 서남아시아 전역을 지배하는 세계 제국을 이뤘음에도 그가 가까스로 이들 도시의 주인들에 대해 이야기할 수 있는 부분도 정확한 역사와는 아무런 관계가 없으며, 그는 아시리아라는 이름 자체도 알지 못했던 것이다.

언뜻 보기에 아시리아의 멸망은 이해할 수 없는 것처럼 생각된다. 왜냐하면 아시리아의 군국주의자들은 결코 마케도니아, 로마, 맘루크처럼 '노 젓는 손을 쉬지' 않았기 때문이다. 아시리아 이외의 이들 여러 나라의 전쟁 기계가 운명적인 사고를 맞았을 때, 그들은 이미 손을 쓸 수도 없을 만큼 시대에 뒤져 도저히 고칠 수 없는 상태가 되어 있었다. 이와는 달리 아시리아의 전쟁 기계는 최종적으로 파괴되는 그날까지 늘 점검과 수리와 보강이 이루어졌다.

아시리아가 처음으로 서남아시아 제패를 계획하기 바로 전인 기원전 14세기에 장갑 보병의 원형을 만들고, 또 아시리아 자신이 멸망하기 바로 전인 기원전 7세기에 무장한 궁기병의 원형을 만들어낸 군사적 천재들은 그 사이 700년 동안 계속 연구를 했다. 전쟁 기술에 접목하기 좋아하는 후기 아시리아인의 특징이었던 정력적인 창의성과 끊임없는 개량의 노력은 왕궁 안에서 순서대로 발견되는 얇은 부조들에 의해 의심할 여지 없이 입증되고 있다.

이들 얇은 부조에는 아시리아 역사의 마지막 300년 동안의 군사적 장비와 기술 발전의 각 단계가 참으로 정성스럽게, 또 상세하게 회화적으로 기록되어 있다. 우리는 거기에서 몸통 갑옷과 전차의 설계, 공격 병기, 특수 목적을 위한 특수 부대의 분립 진형 등에 관해 끊임없는 실험과 개량의 자취가 기록되어 있음을 본다. 그러면 도대체 무엇이 아시리아 멸망의 원인이 되었는가?

첫째로 끊임없이 공격을 취한 정책과 이 정책을 실행하기 위해 강력한 기구를 갖고 있었던 일이 아시리아의 장수들에게 그들 군국주의의 네 번째이며 마지막 공격기에 공격과 전력 투입의 범위를 그들 전임자가 지키던 한계를 훨씬 넘어 확대하기에 이르렀다. 그리고 한편으로는 자그로스산맥(이란고원에 있는 산맥)과 토로스산맥(아나톨리아고원 남부)의 고원 지대에 사는 야만족으로부터, 다른 한편으로는 시리아 문명의 선봉인 아람인으로부터 바빌론 세계를 지키는 변경의 파수꾼 역할을 다하기 위해 늘 무력을 행사해야 했다.

앞의 세 번에 걸친 군국주의의 도발에서 아시리아는 이 2개의 전선, 즉 고원지대 야만인과 시리아 북부의 아람인에 대한 방위 전선에서 수세에서 공세로 바뀌었으나 그 공세를 극한까지 밀고 나가지도 않았고, 또 그 세력을 다른 면으로 분산시키지도 않았다. 그리고 기원전 9세기의 중간 50년간을 차지하는 세 번째 공격은 시리아였는데, 기원전 853년에 아시리아의 진격을 카르카르(시리아의 도시)에서 일시적으로 막아낸 시리아 제국의 연합을 촉진했고, 또 아르메니아에서는 우라르투 왕국의 가공할 만한 반격을 받기도 했다.

이러한 경고가 있었음에도 아시리아의 티글라트필레세르 3세(재위 기원전 746~727년)는 마지막으로 가장 큰 규모의 공세를 시작했고, 정치적 야심을 품고서 아시리아와 충돌하는 새로운 세 적수를 목표로 했다. 그러나 바빌로니아, 엘람, 이집트 이 세 나라는 아시리아 자체와 같은 수준으로 강대한 군사적 열강이 될 잠재력을 갖추고 있었다.

티글라트필레세르 3세는 시리아의 작은 국가들을 완전히 정복하려고 했으며, 이것이 그의 후계자들이 이집트와 충돌하는 이유가 되었다. 왜냐하면 이집트는 아시리아 제국이 자신의 국경선 가까이까지 넓혀오는 것을 무심하게 보아 넘길 수 없었으며, 동시에 아시리아가 이집트를 정복하려는 훨씬 더 힘든 사업에 들어갈 비장의 결심을 하지 않는다면, 위치상으로 이집트가 아시리아 제국 건설자의 사업을 좌절시키거나 아니면 뒤엎을 수 있었기 때문이다.

기원전 734년 티글라트필레세르 3세가 이룬 대담한 필리스티아(팔레스타인의 해안 지대) 점령은, 기원전 733년 일시적 사마리아의 항복과 기원전 732년 다마스쿠스 함락이라는 결과를 가져오게 한 점으로 보아 전략상 대성공이었는지 모른다. 그러나 그것은 기원전 720년 사르곤 2세(아시리아 왕)와 이집트군이 충돌하게 했으며 700년 센나케리브왕(사르곤 2세의 아들)과 이집트군이 충돌하게 했으며, 이번에는 승부가 나지 않는 이러한 충돌이 675년과 674년, 671년에 원정에서 에사르하돈(센나케리브의 아들)이 이집트를 정복하고 차지하도록 했다.

거기서 아시리아군은 이집트군을 완패시켜 이집트 국토를 차지할 수 있었으며, 이러한 사업을 반복할 힘도 갖고 있었으나 이집트를 계속 제압해 둘 힘은 없었다. 에사르하돈왕이 몸소 기원전 669년에 한 번 더 이집트를 향해 진격했으나 도중에 죽고 말았다. 또 667년 이집트 반란은 아슈르바니팔왕(에사르하돈의 아들. 사르곤 왕조의 마지막 왕)이 진압했으나, 그는 663년에 다시 이집트를 정복하지 않을 수 없게 되었다.

이즈음 아시리아 정부는 이미 이집트 정복이란 마치 '저승길 삼도천 가장자리에 '돌 쌓기'라는 것을 깨달았음이 분명하다.

이집트의 왕 프사메티코스가 기원전 658~651년에 드러나지 않게 조용히 아시리아의 주둔군을 쫓아냈을 때 아슈르바니팔은 보고도 못 본 체하고 있었다. 이처럼 이집트에서의 손실을 모른 체한 아시리아 왕은 분명 지혜로웠다. 그러나 이런 지혜는 다섯 번에 걸친 이집트 원정에 소비된 에너지가 헛된 낭비였음을 인정하는 것이었다. 그뿐만 아니라 이집트에서의 손실은 다음 세대에 시리아를 상실하는 서곡이 되었다.

티글라트필레세르가 바빌로니아에 끼어든 결과는 전에 그가 시리아에 취한 공격적인 정책의 결과보다 훨씬 심각했다. 왜냐하면 그것은 직접적 인과 관계의 연쇄적 반응으로 인해 기원전 614~610년의 파국을 불러왔기 때문이다.

바빌로니아에 대한 아시리아의 군사 공세의 초기 단계에는 어느 정도 정치적 온건주의가 행해진 흔적을 찾을 수 있다. 정복자는 노골적인 병합 정책을 펴지 않고 토착 원주민 출신 꼭두각시 군주가 지배하는 보호국을 세우는 길을 선택했다. 그러므로 아시리아의 센나케리브가 그의 아들이자 공식 후계자인 에사르하돈을 바빌로니아 총독으로 임명하고 바빌로니아의 독립에 정식으로 종지부를 찍은 것은 기원전 694~689년의 칼데아(바빌로니아의 남부 지방)의 대반란 뒤의 일이었다. 그러나 이 온건 정책은 칼데아인의 환심을 사기는커녕 오히려 그들의 반항을 돋우어 더욱 아시리아의 군사적 도전을 일으킬 따름이었다.

아시리아 군국주의의 맹공격을 받은 칼데아인은 자국의 무정부 상태를 재정비하고 이웃인 엘람 왕국과 동맹을 맺었다. 그리하여 그다음 단계에는 정치적 온건주의를 포기하고 기원전 689년 바빌론 공략으로 이어져 의도된 것과는 반대되는 교훈을 피정복민들에게 주게 되었다. 밖으로부터 침입해 온 유목민인 칼데아인뿐 아니라, 도시 주민 사이에서도 아시리아의 폭압이 불러일으킨 증오심 때문에 시민과 부족들은 상호 반감을 씻고, 새로운 바빌로니아인으로 융합해 압제자를 쓰러뜨리기까지는 결코 만족할 수 없었던 것이다.

하지만 아시리아가 피할 수 없는 '아테'(파멸)의 일격은, 아시리아의 전쟁 기계가 여전히 효율적이었기 때문에 1세기 동안은 연기되었다. 이를테면 기원전 639년에는 엘람이 전멸당했고, 유기된 영토는 동쪽의 국경 방면에서 온 페르시아인 고원 주민의 지배 아래 들어가서 1세기 뒤에 아케메네스 왕조가 서남아시아의 지배자가 되었을 때, 그 도약의 근거지가 되었다.

그러나 626년에 아슈르바니팔왕이 죽자, 바빌로니아는 곧 엘람보다도 더욱 유력한 신메디아 왕국이라는 동맹자를 얻은 나보폴라사르의 지휘 아래 다시 반란을 일으켰다. 그리하여 그로부터 16년도 지나지 않아 아시리아는 지도상에서 완전히 사라지고 말았다.

기원전 745년 티글라트필레세르가 즉위한 해에 시작되어 기원전 603년 카르케미시(히타이트의 식민지)에서 바빌로니아 왕 네부카드네자르가 이집트 왕 네코에게 승리함으로써 막을 내리는 150년 동안 더욱더 거셌던 전쟁의 역사를 되돌아볼 때, 맨 처음 눈에 띄는 일은 아시리아가 모든 사회를 파괴하고 주민을 포로로 잡아 가면서 많은 나라들을 연이어 철저히 전멸시킨 것이다.

기원전 732년에는 다마스쿠스를, 기원전 722년에는 사마리아를, 기원전 714년에는 무사시르(아시리아 동북에 있던 공국의 수도)를, 기원전 689년에는 바빌론을, 기원전 677년에는 시돈을, 기원전 671년에는 멤피스를, 기원전 663년에는 테베를, 기원전 639년경에는 수사(엘람의 수도)를 차례로 전멸시켰다.

아시리아의 힘이 미치는 범위 내에 있던 모든 국가의 수도들 중에 기원전 612년 니네베가 약탈당했을 때에 파괴되지 않은 채로 남아 있던 것은 티레와 예루살렘뿐이었다.

아시리아가 이웃 나라에 입힌 손실과 비극은 짐작도 할 수 없을 정도였다. 그러나 학생을 매로 때린 교사가 점잔을 빼며 말했다고 전해지는 "맞은 너보다 때리는 내가 더 아프다"는 전통적인 말은 아시리아의 장수들이 자기 업적을 자랑스럽게 늘어놓는 철면피하고 잔인한, 또는 우직한 자화자찬의 이야기보다도 더 알맞게 아시리아의 군사적 활동을 비판하는 말이다. 위에서 열거한 아시리아에 희생된 도시는 어려움 끝에 모두 다시 살아났고, 그 가운데에는 위대한 미래를 맞은 도시 국가도 있었다. 하지만 니네베만은 무너진 후 다시는 일어서지 못했다.

운명이 이렇게 대조적인 이유는 쉽게 알 수 있다. 화려한 군사적 승리의 그늘에서 아시리아는 서서히 자살 행위를 하고 있었던 것이다. 지금 여기서 살펴보고 있는 아시리아의 역사에 대해 우리가 알고 있는 모든 일들이 정치적 불안과 경제적 파탄, 문화의 쇠퇴, 일반적인 인구 감소를 예기하는 결정적 증거를 제공한다.

아시리아 역사의 마지막 150년 동안 아시리아의 본토에는 고유의 아카드어를 밀어내고 아람어가 퍼져 있었음이 분명히 입증되는데 이것은 아시리아가 군사력이 절정에 있던 시대에, 아시리아의 활과 창의 포로가 되었던 사람들이 평화적인 방법으로 차츰 아시리아 국민으로 대체되어 갔음을 보여준다.

기원전 612년에, 니네베가 함락될 때 이곳에서 궁지에 몰렸던 불굴의 전사는 '갑옷을 입은 시체'였으며, 그렇게 서 있을 수 있었던 이유는 이 자살자를 스스로 질식하게 한 군사적 장비가 튼튼했다는 이유 말고 아무것도 없었다. 메디아와 바빌로니아에서 밀어닥친 군사들이 위협적인 모습으로 버티고 서 있는 군사들에게 돌진하여 굉장한 소리와 함께 허물어진 벽돌을 밑에 있는 운하로 밀어 넣는 순간에도, 이 위협적인 모습의 적이 그들의 대담하고도 결정적인 타격을 가한 그 순간에 이미 살아 있는 인간이 아니었음을 알아채지 못했던 것이다.

아시리아가 처한 운명은 그런 종류의 파멸의 전형적인 예이다. '갑옷을 입은 시체' 그림은 기원전 371년의 레욱트라(그리스의 보이오티아 지방 마을) 전쟁터에 나타난 스파르타의 밀집 대형이나, 기원후 1683년의 빈 근교 참호 속의 예니체리 부대의 환영을 떠올리게 한다. 그리고 무턱대고 전쟁을 일으켜 이웃 나라를 멸망시키고 그것이 뜻하지 않게 자기 자신의 파멸을 불러오는 군국주의자의 야릇한 운명은 카롤링거 왕조나 티무르 왕조가 스스로 초래한 운명을 상기시킨다. 그들은 작센과 페르시아를 희생시켜 희생자의 고통으로 대제국을 세우긴 했지만, 그 제국주의의 보복으로 겨우 당대에 쇠퇴해 버리고, 마침 그때 나타나 기회를 잡은 스칸디나비아인과 우즈베크인의 모험가들에게 전리품을 나눠주었다.

아시리아의 예에서 생각나는 또 다른 형태의 자살은, 세계 국가 또는 그 밖의 대제국에 쳐들어감으로써, 야만인이든 문명인이든 상관없이 이들 대제국의 보호를 받으며 어느 시기 동안 평화를 유지해 온 많은 민족과 국토까지 파괴하는 군국주의자적 행위로 자멸하는 일이다. 정복자는 무자비하게 제왕의 망토를 갈가리 찢고 그 망토 아래 보호받고 있던 몇백만이라는 인간을 암흑의 공포와 죽음의 그림자 앞에 내몰지만, 그 같은 그림자는 피해자뿐 아니라 가해자

위에도 어김없이 드리우게 마련이다.

터무니없이 큰 먹이를 손에 넣고 도덕적으로 부패한 이를 강탈한 세계의 새로운 지배자들은 '킬케니의 고양이'(아일랜드 전설에 나오는 고양이 두 마리. 꼬리만 남을 때까지 싸웠다고 함)와 다름없이 서로 동족상잔을 치르고 결국은 약탈한 것을 마음껏 즐길 자가 한 사람도 남지 않는 상태가 된다.

우리는 마케도니아인이 아케메네스 제국을 휩쓸고 가장 먼 국경의 건너편인 인도에까지 침입한 뒤 다음에는 그 무기를 똑같이 광폭하게 동지들에게 돌렸는데 알렉산드로스가 죽은 기원전 323년에서 리시마코스(알렉산드로스의 후계자 중 한 사람)가 코루페디움(리디아 지명)에서 전사한 기원전 281년까지의 42년간을 주목해 볼 수 있다. 이런 잔인한 행위는 1000년 뒤 다시 한번 반복되었다. 이번에는 원시 이슬람교도 아랍족이 마케도니아인의 대원정 사업에 도전해 그렇게 함으로써 본래 상태로 되돌린 셈이 되지만 전에 알렉산드로스가 11년 동안 정복한 지역만큼 드넓은 지역에 걸쳐 서남아시아에서의 로마와 사산 왕조의 영토를 12년 동안 침략해 더듬어 올라갔던 것이다. 아랍족이 12년간 정복을 한 뒤에도 24년 간 동족상잔의 시기가 이어졌다.

또다시 정복자들은 서로의 칼에 의해 쓰러졌고, 시리아 사회의 세계 국가 재건의 영예와 이익은 아주 빠른 정복으로 그 길을 닦은 예언자 무함마드의 동지나 후예에게 돌아가지 않고 찬탈자인 옴미아드 왕조와 주제넘게 끼어든 아바스 왕조의 손에 돌아갔다.

아시리아를 본래의 역사적 배경에 놓고, 우리가 바빌로니아 사회로 이름 지은 보다 큰 사회 체제의 일부로 여기면 마찬가지로 아시리아의 군국주의 가운데 그 원형을 찾을 수 있는 다른 종류의 군국주의적 일탈이 있다. 바빌로니아 사회에서 아시리아는 변경이며, 아시리아의 특수한 임무는 북쪽과 동쪽의 약탈을 일삼는 고지 주민과 남쪽과 서쪽의 침략 기회를 엿보는 시리아 사회의 침략자로부터 자신뿐 아니라 자신이 속하는 세계의 다른 부분을 방어하는 일이었다.

원래 구분이 되지 않았던 사회 조직에서 이러한 임무를 짊어진 변경 지역을 뚜렷이 구별하여 특수화함으로써 사회는 모든 성원을 이롭게 한다. 왜냐하면 변경은 외부로부터의 압력에 저항해야 하는 특수한 도전에 적절히 응전하며 늘 자극을 받게 되는 데 비해 내륙 지역은 압력으로부터 해방되기 때문에 다른 도전을 받아 다른 임무를 수행할 수 있기 때문이다.

이런 분업 형태는 변경이 외부인에게 행사하던 무력을 같은 사회의 내륙민을 희생시켜 야망을 이루는 수단으로 바꾸면 허물어진다. 그 결과는 바로 내란으로 기원전 745년에 티글라트필레세르 3세가 아시리아의 창끝을 돌려 바빌로니아로 향했을 때 이 공격이 낳은 궁극적인 결과의 중대함이 설명된다.

변경 지역에서 내륙으로 창끝을 돌리는 일은 필연적으로 사회 전체에 재앙을 가져오며 공격하는 변경민 자신에게도 그것은 자살 행위이다. 그의 행위는 마치 오른팔이 쥐고 있는 칼끝을 자신의 몸에 찌르는 것과 같다. 아니면 어느 나무꾼이 자기가 걸터앉아 있는 가지를 톱으로 잘라내어 가지가 잘린 나무둥치는 그대로 두고 땅 위에 털썩 떨어지는 것과 마찬가지이다.

샤를마뉴

앞서 이야기했듯이 아마 옳지 못한 방향으로 힘을 행사한 잘못을 직감하고 불안을 느낀 탓이겠지만, 754년 아우스트라시아 프랑크족의 군 지도자 피핀이 교황 스테파누스 3세의 요청에 따라 동포인 랑고바르드족(롬바르드족)을 토벌하려고 결의했을 때 신하들이 거세게 반대했다. 교황청은 알프스 북방의 세력으로 눈을 돌려 749년 피핀에게 왕관을 씌워주고 그의 실질적인 권력을 정식으로 인정함으로써 교황청 자신과 피핀의 유럽 통일에 대한 야심을 부채질했다. 그 이유는 아우스트라시아가 피핀 시대에 이미 2개의 전선 즉 라인강 너머의 이교도인 작센인과 이베리아반도를 정복함으로써, 뒤에 아들 샤를마뉴가 프랑스·이탈리아·독일·에스파냐 등 영국을 제외한 유럽을 통일하는 기반을 마련했으며 피레네산맥을 넘어 침입해 오는 이슬람교도 아랍족에 대항하는 또 다른 전선에서 변경의 파수꾼 역할로 두각을 나타냈기 때문이다.

754년 아우스트라시아인은 교황청의 정치적 야망을 방해하는 롬바르드족을 말살하기 위해, 막 찾아낸 진정한 사명으로부터 그 힘을 다른 방향으로 돌리도록 요청을 받았던 것이다. 결국 이 원정에 대해 일반 아우스트라시아인이 가졌던 불안이 그들의 지도자가 생각했던 것보다 옳았음을 입증해 주었다. 왜냐하면 부하들의 반대를 무릅쓰고 원정을 단행한 피핀은 아우스트라시아가 정치적·군사적으로 이탈리아의 쇠사슬에 더욱더 강하게 얽매이도록 만들고, 이로써 피핀의 원정에 이어 샤를마뉴가 또 이탈리아 원정을 해야 할 상황이 되었다. 또한 이 때문에 샤를마뉴는 시작한 지 얼마 되지 않은 작센 정복을 중도에서 그만두어야 했다. 그 뒤 30년 동안 그들은 작센을 공격하는 데에 큰 어려움이 있었는데, 어느 때는 장기간, 어느 때는 단기간 그들이 필요했던 이탈리아 공격은, 색슨족과 에스파냐 공격 등을 무리하게 계속 감행하는 위기가 도중에 일어남으로써 네 번이나 중단되었다. 서로 모순되는 샤를마뉴의 두 가지 야심이 국민에게 부가한 무거운 짐은 아우스트라시아로 하여금 한계점까지 이르게 하는 과중한 부담을 주었던 것이다.

티무르 렌크

티무르도 마찬가지로 유라시아의 유목민에게 평화를 유지해 줘야 하는 그 본래의 사명에 집중하지 않고 트란스옥시아나의 미약한 국력을 이란·이라크·인도·아나톨리아·시리아 등으로의 목적 없는 원정에 낭비함으로써 트란스옥시아나에 과중한 부담을 주었다. 트란스옥시아나는, 정착 사회인 이란 사회가 유라시아의 유목 세계에 대항하는 변경 지역으로, 티무르의 치세하에서 처음 19년 동안(1362~1380년)은 변경의 파수꾼으로 본래 사명에 전념하여 처음에는 차가타이(칭기즈 칸의 둘째 아들이자 차가타이한국의 시조) 유목민을 격퇴만 하다가, 나중에는 공격했다. 또 옥수스강(오늘날 아무다리야강) 하류의 흐와리즘 지방의 오아시스를 주치(칭기즈 칸의 맏아들이자 킵차크한국의 시조)가 속령의 유목민으로부터 해방시켜 그 자신의 영토를 완성했다. 1380년에 이 대사업을 마쳤을 때, 티무르의 눈앞에는 더 큰 사냥감이 놓여 있었다. 그것은 칭기즈 칸(1167~1227년)의 유라시아 대제국을 잇는 계승권이었다. 티무르 시대에 사막 지대와 경작 지대 사이의 긴 경계선 지역에서 모든 유목민은 물러나 있었고, 유라시아 역사의 다음 단계는, 기운을 회복한 주위의 정착 민족들이 칭기즈 칸의 유산을 놓고 경쟁을 벌이는 시기가 된다는 것은 필연적이었다. 몰다비아인과 리투아니아인은 너무 떨어져 있어 이 경쟁에 참여할 수 없었고, 모스크바인은 숲에서, 중국인은 경작지에서 떠나려 하지 않았다. 고유의 정착민적인 생활 양식의 기초를 포기하지 않고 초원 지대에 정착하는 데 성공한 경쟁자는 카자흐인과 트란스옥시아나인뿐이었는데, 이 두 경쟁자 중에서 트란스옥시아나인 쪽이 더 유력한 것 같았다. 더 강했고, 초원 중심부에 보다 가까웠으며, 맨 먼저 경쟁에 참가했을 뿐만 아니라 이슬람의 전통인 순나(Sunnah)를 옹호함으로써 초원의 반대편 해안에 있던 전초 기지인 정착 이슬람교도 공동체들을 자기편으로 끌어들일 가능성이 있었다.

얼마 동안 티무르는 더할 나위 없이 좋은 기회를 맞아 그 기회를 잡으려 결심한 듯했다. 그러나 두세 가지 대담하고 눈부신 예비적 조치만 취하고는 방향을 다시 바꾸어 이란 세계 내부를 향해 군대를 출동시켰다. 그러고는 생애의 마지막 24년을 대부분 이 분야의 무익한 파괴적 전쟁에 바쳤던 것이다. 그의 승리는 세상을 떠들썩하게 했지만 그 결과는 자살과도 같은 것이었다.

티무르가 스스로 초래한 파탄은 군국주의의 자멸성을 보여주는 가장 좋은 예이다. 그의 제국은 그의 죽음과 함께 모습을 감추었을 뿐만 아니라 어느 것에도 긍정적인 영향을 주지 못했다. 한결같이 부정적인 것들만 확인이 가능할 뿐이었다. 티무르의 제국주의는 길에 놓여 있는 것을 모조리 쓰러뜨리고 곧장 자멸의 길로 돌진했기에 서남아시아에 정치적·사회적 진공 상태를 만들어냈을 뿐이다. 그리고 이 진공 상태는 마침내 이미 상처를 입고 있던 이란 사회에 치명적 타격을 준 오스만 왕조와 사파비 왕조(1502~1722년 이란의 이슬람 왕조)의 충돌을 불러왔다.

이란 사회가 유목민 세계의 유산을 계승할 기회가 없었다는 사실이 무엇보다 종교 면에서 뚜렷하게 나타났다. 티무르 시대까지 400년 동안 이슬람교는 유라시아 초원 주변의 여러 정착 민족에게 계속 퍼져 나갔을 뿐만 아니라, 유목민들이 사막 지대에서 경작 지대로 침입할 때마다 이슬람교에 매혹되었다. 14세기에는 어떤 방해도 없이 온 유라시아가 이슬람교를 믿게 되었다. 그런데 티무르의 생애가 막을 내린 뒤 유라시아에서의 이슬람교 확장도 함께 막을 내렸고, 그로부터 200년 뒤에는 몽골족과 칼미크족(볼가강 근처의 북방 몽골계 종족)이 대승 불교의 한 형태인 라마교로 개종했다. 이와 같이 이미 오래전에 죽어 화석화된 인도 문명의 종교적 유물이 승리했다는 사실은 놀랄 만한 일인데, 이것으로 티무르 시대 이후 2세기 동안, 유라시아 유목민의 눈에 비친 이슬람교의 신망이 얼마나 떨어졌는지를 어느 정도 추측할 수 있다.

정치 면에서도 티무르가 처음 얼마 동안은 옹호자의 역할을 하다가 나중에는 배반해 버린 이란 문명이 똑같이 파탄에 빠지고 말았다. 유라시아의 유목 민족을 정치적으로 순화한다는 위업을 마침내 이뤄낸 정착 사회는 러시아와 중국이었다. 유목 사회 역사의 끝없이 되풀이되는 정복과 이동, 멸망이라는 지루한 드라마가 끝이 가까워진 동시에 앞날을 예측할 수 있게 된 것은, 17세기 중엽 모스크바 공국의 하인 격인 카자흐족과 중국의 주인인 만주족이 서로 반대 방향에서 초원 지대의 북쪽 가장자리로 오다가 아무르강 상류의 칭기즈 칸 선조들이 살던 목초지 근방에서 충돌해 유라시아 땅을 서로 차지하려고 전쟁을 했을 때였는데, 그로부터 1세기 후 이 두 민족의 전투로 유라시아의 분할이 끝나게 되었다.

만일 티무르가 1381년에 유라시아에 등을 돌려 이란을 공격하지 않았다면 트란스옥시아나와 러시아의 현재 관계는 실제로는 반대가 되었을지도 모른다. 이런 가정 아래 본다면 러시아는 오늘날 아마도 지리적으로는 현재의 러시아 연방과 거의 비슷한 면적이지만, 제국의 무게 중심은 사뭇 달라서 모스크바가 사마르칸트(티무르 제국의 수도. 현재 우스베키스탄 동부)를 지배하는 것이 아니라 거꾸로 사마르칸트가 모스크바를 다스리는 형세의 제국이 되어 있었을지도 모른다. 이런 상상도는 550년 동안에 일어난 실제 과정이 전혀 달랐기 때문에 매우 이상하게 느껴질지도 모른다. 그러나 샤를마뉴의 맹렬하지도 치명적이지도 않은 군사력의 방향 전환이, 티무르의 방향 전환이 이란 문명에 끼친 것과 같은 커다란 재앙을 서유럽 문명에 불러왔다고 가정하면, 서유럽 사회의 역사가 걸어온 과정은 아무래도 이상하게 느껴질 것이다. 이란 사회의 예로 미루어 보아 우리는 10세기 암흑시대의 아우스트라시아가 마자르족의 지배 아래, 그리고 네우스트리아가 바이킹의 지배 아래, 그리고 그 뒤 카롤링거 제국의 중심부가 야만족의 지배 아래 들어가, 14세기에 오스만 왕조가 와서 이들 서유럽 그리스도교 세계의 내버려진 변경 지역을 조금이나마 더 나은 이방인의 권력 아래 복속시킬 때까지 야만족 밑에 있는 상태를 그려보아야 할 것이다.

하지만 티무르가 한 모든 파괴 행위 중 가장 엄청난 것은 스스로에게 가한 것이었다. 그는 후세 사람들의 마음속에 남을 공적인 기억을 깨끗이 지워버리는 대가로 자신의 이름을 영원히 죽지 않는 것으로 만들었다. 오늘날 그리스도교 세계나 이슬람의 누군가가 티무르라는 이름을 들었을 때, 야만에 맞서 문명을 옹호한 인간, 자기 나라의 성직자와 국민의 독립을 위해 19년 동안이나 악전

고투한 끝에 겨우 승리로 이끈 인간상을 생각해 내겠는가? 티무르 렌크 또는 타메를란(유럽에서 일반적으로 부르는 이름)이라는 이름에서 어떤 의미를 찾으려는 사람에게 그 이름은 24년 동안 시리아의 마지막 다섯 왕이 120년 동안에 했던 잔혹한 행위와 똑같은 일을 홀로 해낸 한 군국주의자를 떠올릴 뿐이다. 우리는 1381년에 이스파라인을 철저히 몰살하고, 1383년에는 사브자와르에서 2000명의 포로를 산 채로 쌓아 올려놓고 벽돌로 생매장했으며, 같은 해에 지리호(湖)에서 5000명의 사람 머리로 미너렛(이슬람 사원의 외곽에 설치하는 첨탑)을 쌓아 올렸다. 1386년에는 루리인 포로들을 산 채로 절벽 위에서 밀어 떨어뜨렸고, 1387년에는 이스파한에서 7만 명을 학살해 그 머리로 탑을 쌓았다. 또 1400년에는 시바스 (아나톨리아고원의 중심부)의 수비병 항복 후 4000명의 그리스도교도 포로를 생매 장했고, 1400년과 1401년에 시리아에서 두개골로 탑을 20개나 만들었던 것을 생 각해 낼 수 있다.

이런 행위로만 그를 알고 있는 사람들에게, 티무르는 초원 지대의 식인 괴물 들인 칭기즈 칸이나 아틸라와 혼동될 수밖에 없다. 그의 생애에서 성스러운 전 쟁을 해나갔던 보다 나은 전반부 절반은 식인 괴물에 덮여버린 것이다. 가공할 만한 무력의 남용으로 군사력의 강대함만을 인류의 심상에 새기려 했던 이 살 인광의 터무니없는 과대망상은 영국 시인 크리스토퍼 말로에 의해 그의 타메를 란의 입으로 거창하게 표현되었다.

전쟁의 신도 내게 자리를 내준다.
나를 세계의 우두머리로 삼기 위해.
유피테르는 무장한 나를 보고 새파랗게 질린다.
내가 자기를 옥좌에서 끌어내리지나 않을까 하고,
내가 가는 곳 어디서든
운명의 여신은 진땀 흘리고 슬픈 죽음은 바삐 뛰어다닌다.
나의 칼에 끊임없는 경의를 표하기 위해
……몇백만이라는 넓이 스틱스강(지상과 저승의 경계) 둔덕에 늘어서서
카론(스틱스의 나루지기)의 배가 오기를 애타게 기다린다.
천국도 지옥도 인간의 망령으로 붐빈다.

그들은 지상에도 천상에도 나의 명성을 퍼뜨리라고
온갖 전쟁터에서 내가 보낸 망령들이다.[24]

약탈자가 된 변경의 관리

티무르와 샤를마뉴, 그리고 후기 아시리아 왕들의 생애를 살펴본 결과 우리
는 이 세 경우 모두에서 똑같은 현상이 있음을 발견했다.

한 사회가 외적의 침입을 막기 위해 변경민들에게 군사력을 키우도록 하는데
이 군사력이 본래 영토인 변경 바깥쪽의 주인 없는 지대에서 자신들의 형제인
내부로 향하게 되면 군국주의라는 도덕적 병폐로 바뀌어 재앙을 불러오게 된
다. 이런 사회적 해악의 몇 가지 다른 예가 곧 우리들 머리에 떠오른다.

우리는 머시아(앵글로·색슨 시대 7왕국 중 하나)가 잉글랜드의 변방으로서 웨일스
에 대항하던 본래 임무를 수행하기 위해 연마한 무기를 같은 브리튼에 있던 로
마 제국 잉글랜드계 '후계 국가'들에게 돌린 예가 있으며, 플랜태저넷 집안의 잉
글랜드 왕국이 공통의 어머니에 해당하는 라틴 그리스도교 세계의 확장을 위
해 '켈트 외곽 지대'를 희생해야 하는 본래 임무에서 '100년 전쟁'을 일으켜 자매
왕국인 프랑스를 정복하려던 예, 시칠리아의 노르만인 왕 루제루(2세로 추정됨)
는 정교 그리스도교 세계와 이슬람 세계를 희생해 가면서까지 지중해에서 서유
럽 그리스도교 세계의 범위를 확대해야 하는 그의 조상의 사업을 수행하다가
자기 영토 확장을 위해 이탈리아에서 무력을 행사한 예를 우리는 기억한다. 마
찬가지로 유럽 대륙에서 미노스 문명의 전초 기지였던 미케네인도 대륙의 야만
족에 대항하기 위해 쌓은 기량을 악용해, 그들의 어머니 격인 크레타로 방향을
돌려 그곳을 산산조각 냈다.

이집트 세계에서는 '제1폭포' 바로 밑에 있는 나일강 유역을 차지한 전형적인
남부 변방이, 상류의 누비아 야만족의 침입을 막는 임무를 수행하면서 기른 무
력을 내부의 여러 민족으로 방향을 돌려 잔혹하게 무력으로 상하 두 왕이 다스
리는 이집트 연합 왕국을 세웠다. 이러한 군국주의적 행위는 지금까지 발견된
가장 오래된 이집트 문명 기록 속에서 보이는데 이런 기록들은 가해자들의 자

---

24) Marlowe, Christopher : *Tamburlaine the Great*, II.〔원주〕

아도취적 자세를 노골적으로 드러냈다. 나르메르의 화장용 석판에는 상이집트 왕이 하이집트를 정복하고 의기양양하게 개선하는 모습이 부조되어 있다. 초인적인 몸으로 그려진 정복왕이 으스대며 걷고 있는 기수의 대열 뒤에 두 줄로 늘어선 포로 쪽을 향해 걸어가고 있다. 그 밑에는, 황소 모습을 한 그가 쓰러진 적을 짓밟으며 요새화한 도시의 성벽을 무너뜨리고 있다. 여기에 새겨진 글자에는 전리품으로 포로 12만 명, 소 40만 마리, 양과 산양 142만 2000마리라고 기록되어 있다.

이런 끔찍한 고대 이집트 예술 작품 속에 나르메르 이후 몇 번이나 되풀이하여 연출된 군국주의의 비극 전체가 집중적으로 표현되어 있다. 여러 번 되풀이된 이 비극 가운데서 가장 심각한 것은 아테네가 '헬라스의 해방자'에서 '압제자의 도시'로 바뀐 예일 것이다. 아테네가 범한 이 과오는 아테네 자신뿐만 아니라 헬라스 사회 전체에 마침내 돌이킬 수 없는 재앙이 되는 아테네·펠로폰네소스 전쟁을 초래했던 것이다. 이 장에서 우리가 살펴봤던 군사 분야는 코로스(포식)–휴브리스(무분별)–아테(재난)의 숙명적 연쇄 고리 연구에 가장 좋은 예가 된다. 군사적 기술과 용감성은 예리한 칼과 같아서 그것을 잘못 사용하면 인간에게 치명적인 상해를 입히게 된다. 그러나 군사 활동 분야에서 참인 것은 비교적 위험성이 적은 인간의 다른 분야에서도 참이라 이런 분야에서 코로스와 휴브리스를 거쳐 아테에 이르는 연속된 화약은 그다지 폭발력이 강하지 않다. 인간의 능력이 무엇이든 그리고 그 능력이 미치는 범위가 어디까지든 어떤 능력이 본래의 분야에서 어떤 일정 임무를 달성했다고 해서 다른 상황에서도 비상한 효과를 올릴 수 있다고 생각하는 것은 지적·도덕적 미망에 지나지 않으며, 틀림없이 재앙을 불러일으킬 뿐이다. 다음은 이 같은 원인과 결과가 비군사적 분야에서 작용하는 예를 살펴보기로 하자.

7. 승리의 도취

교황제

코로스–휴브리스–아테의 비극이 보여주는 보다 일반적인 형태는 승리의 도취이다. 그리고 이 치명적인 사냥감을 얻는 투쟁은 무력에 의한 전쟁일 때도 있고, 또한 정신적인 힘의 충돌일 때도 있다. 이 드라마의 두 가지 변형은 모두 로마 역사에서 그 예를 들 수 있다. 즉 군사적 승리의 도취는 기원전 2세기 공화정의 몰락에서, 그리고 정신적 승리의 도취는 기원후 13세기 교황권의 몰락에서 그 예를 찾을 수 있다. 그러나 로마 공화정의 몰락에 대해서는 앞에서 이미 다른 문제와 관련해 다뤘으므로 여기서는 뒤의 문제만 살펴보기로 한다. 서양의 모든 제도 가운데서 가장 중요한 로마 교황제 역사 중 우리는 신성 로마 제국 황제 하인리히 3세가 수트리 회의를 개최한 1046년 12월 20일부터 최초의 이탈리아 왕 비토리오 에마누엘레 2세의 군대가 로마를 점령했던 1870년 9월 20일까지만 살펴보기로 한다.

교황을 중심으로 하는 '그리스도교 공화국'은 인간이 만든 모든 제도 가운데 독특한 위치를 차지하고 있다. 여러 사회에서 발달한 다른 제도와 비교하여 그 성격을 명확히 하려 해도 제도의 특성이 근본적으로 달라 비교가 아무런 소용이 없다는 것을 알게 된다. 가장 좋은 방법은 소극적인 설명인데, 그것은 황제-교황 체제의 권력 서열이 완전히 뒤바뀐 것으로, 기존 체제에 대한 사회적 반동이었고 정신적 항거였다고 할 수 있다. 그리고 이것이 다른 어떤 설명보다도, 힐데브란트(교황 그레고리우스 7세)가 이룩한 위업이 얼마나 위대했던가를 잘 나타내고 있다.

토스카나 출신의 힐데브란트가 정착한 11세기 중엽의 로마는 비잔틴 사회가 퇴화되면서 분열되었고 그중 한 지역을 차지한 동로마 제국의 내버려진 전초 기지였다. 이 무렵 로마인은 군사적으로는 멸시당하는 처지가 되었고, 사회적으로는 끊임없이 흔들리고 있었다. 그리고 재정적·정신적으로는 파산 상태에 있었다. 그들은 이웃인 롬바르드인에게 대항할 수 없었고, 국내외 교황 소속의 영토를 모조리 잃고 말았다. 게다가 수도원 생활의 수준을 올리자는 문제가 제기되었을 때도 알프스 북방인 클뤼니(수도원)의 지도를 청해야만 했다. 교황제를 쇄신하려는 첫 시도는 로마인을 제외하고 알프스 북방 사람들을 교황으로 임명해야 한다는 것이었다. 힐데브란트와 그 후계자들은 이와 같이 괄시를 받는 상태에서, 이방인의 세력이 미치던 로마에 서유럽 그리스도교 세계의 가장 중요한 기구를 성공적으로 만들어냈다. 그는 안토니누스 시대의 로마 제국보다도 훨씬 더 강하게 사람들 마음을 지배하는 교황이 다스리는 로마를 이룩했다. 또 단순히 물질 면에서도 아우구스투스나 마르쿠스 아우렐리우스의 군대가 한 번도 발을 들여놓은 적이 없는 라인강·다뉴브강 너머 서유럽의 드넓은 영토를 싸안 아 같은 교황이 다스리는 제국으로 통일하는 대성공을 거두었다.

이와 같이 교황제가 승리할 수 있었던 이유는 역대 교황이 차츰 그 범위를 넓혀간 그리스도교 공화국의 구조 덕분이었는데, 그것은 적대감 대신 믿음을 얻었기 때문이다. 그리스도교 공화국의 교회 조직은 중앙집권적이고 획일적이지 만 정치 조직은 다양성과 분권화의 조합을 바탕으로 했기 때문이다. 그리고 정 신적 권력이 세속적 권력보다 위에 있어야 한다는 것이 교리의 기본점이었으므 로, 이 결합은 청년기에 이른 서유럽 사회로부터 성장에 꼭 필요한 자유와 탄력 성이라는 요소를 빼앗지 않고도 통합을 이뤄냈던 것이다. 교황제가 종교적 권 력뿐만 아니라 세속적 권력까지도 요구한 중부 이탈리아의 여러 지역에서도 12 세기의 교황들은 자치적인 도시 국가를 확립하는 움직임을 장려했다. 이탈리아 에서 도시 자치권 획득 움직임이 가장 활발했고, 동시에 서유럽 그리스도교 세 계 전체에 대한 교황의 권위가 절정에 이르던 12세기에서 13세기로 옮겨갈 무렵, 한 웨일스 시인이 이렇게 말하고 있다. "로마에서는 무엇 하나 움직일 수 없는 교황의 말이 다른 곳에서는 왕홀(王笏)을 떨게 하다니, 참 이상한 일이다……" 기랄두스 캄브렌시스는 풍자시의 주제가 될 만한 역설을 폭로했다고 생각했던 것이다. 그러나 이 시대의 서유럽 그리스도교 세계의 군주와 대다수의 도시 국 가가 거의 이의를 제기하지 않고 교황의 지상권을 승인한 것은 그 무렵의 교황 이 세속적 권력의 영역을 침해할 우려가 없었기 때문이다.

이처럼 정책적으로는 매우 현명하게도 세속적 야심이나 영토적 야심에는 개 입하지 않는 방침을 취했을 뿐 아니라, 전성기의 교황은 비잔틴이 로마 교황에 게 양도한 행정 능력을 정력적으로 대담하게 사용했다. 그리스 정교 사회는 행 정 능력을 부활시킨 로마 제국의 망령에다 생명을 불러일으키는 뛰어난 재주를 부렸으나, 그 때문에 청년기 그리스 정교 사회가 과중한 제도를 짊어지고 짓눌 러버리는 불행한 결과를 불러온 데 비해 그리스도교 공화국을 만들어낸 로마 교황은 그 행정 능력을 더욱 잘 사용해 더 넓은 기초 위에 새로운 설계로 훨씬 더 가벼운 건물을 세웠던 것이다. 교황이 만든 거미줄은 처음 만들어질 때는 눈 에 띄지 않을 정도로 가늘었으며 중세의 서유럽 그리스도교의 결속을 유지했고, 부분적으로나 전체적으로 똑같이 이익이 되는 강제성 없는 통합을 이루었다. 그로부터 한참 뒤 명주실이 쇠사슬로 변했고, 갈등의 압력이 굳어지자 각국의 군주와 국민들은 마침내 일어나 그들을 구속하는 속박을 끊어버리고 스스로를 해방시켰다. 그리고 교황제가 확립된 이래 유지해 온 전체적인 통합을 파괴하는 결과에도 전혀 개의치 않게 되었다.

통합된 서유럽 그리스도교 사회를 만드는 교황청의 사업에서 가장 핵심적인 창조력은 행정 능력도 영토적 야심도 아니었다. 교황제가 창조력을 드러낼 수 있었던 것은 차츰 각성해 가는 청년기 그리스도교 사회가 염원하는, 보다 안정된 생활과 괄목할 만한 성장을 위해 지도하고 나서서 조직하는 일에 주저하지 않고 모든 것을 바쳐 몰두했기 때문이다. 교황청은 이러한 희망에 대해 구체적인 형태로 신망을 주었고, 개개의 소수자와 고립된 개인의 백일몽을 추구할 가치가 있는 무엇보다 중요한 공통의 큰 목적으로 바꾸어놓았다. 그리고 이러한 큰 목적은 교황청의 운명을 맡고 있는 교황의 설교를 들을 때, 사람들을 북돋는 힘이 되었다. 그리스도교 공화국의 승리는 교황이 앞장서서 주장한 부정한 행위와 금전적 부패에 기인하는 성직자의 두 가지 도덕적 악습을 정화하는 운동과 교회 생활을 세속적 권력의 간섭으로부터 해방하는 운동, 그리고 이슬람의 옹호자인 튀르크인이 점령하고 있는 동방의 그리스도교도와 성지를 구출하는 교황의 투쟁으로 얻을 수 있었다.

그러나 이것이 힐데브란트의 교황권 사업의 전부는 아니었다. 상황이 가장 긴박한 시대에도 이런 '성전'을 이끈 위대한 교황들은 교화를 통해 가장 훌륭히 진가를 발휘했고, 가장 창조적인 활동을 전개하던 평화적 사업, 즉 초기의 대학과 새로운 형식의 수도 생활 그리고 탁발 수도회 등에 뜻을 두거나 의지를 드러내는 여유가 있었다.

힐데브란트적 교회의 몰락은 그 출현과 마찬가지로 굉장한 것이었다. 왜냐하면 힐데브란트 교회를 전성기로 이끌었던 모든 덕목이 교회의 몰락과 함께 그대로 정반대로 바뀌었기 때문이다. 물질적인 힘에 맞서 정신적 자유를 지키려는 싸움에서 승리한 이 신성한 제도가 이제는 축출하려고 애써왔던 바로 그 악덕에 감염되었던 것이다. 성직 매매의 악습을 박멸하는 운동을 지도해 온 교황은, 이제까지 지방 군주로부터 돈으로 사는 것을 금지해 왔던 고위 성직으로의 진급을 허락해 주는 대신 로마 측에 수수료를 지불하도록 성직자에게 요구하게 되었다. 그때까지 도덕적이고 지적 진보의 선두에 서 있던 로마 교황청은 정신적 보수주의의 요새로 변했다. 교황의 지상권은 그 지배에 복종하고 있던 지방 세속 권력인 신흥 지방 국가의 군주에게 교황 스스로 그 권위를 효과적으로 유지하기 위해 고안해 낸 재정·행정 수단 중 가장 좋은 부분이 넘어가고 말았다. 마침내 교황은 교황령의 한 지방 군주로 전락해 그가 잃어버린 자신의 제국을 이어받은 '후계 국가' 속에서도 가장 작은 하나에 주권을 행사하는 것으로 겨우 만족해야만 했다. 대체 이렇듯 엄청나게 신을 모독하는 기구를 신이 적에게 줄 수 있을까? 이것은 분명 지금까지 이 연구에서 다룬 창조성의 응보 중 가장 극단적인 예이다. 어떤 과정을 밟고 또 어떻게 그렇게 되었는지 살펴보자.

그 과정에 대해서는 기록에 남아 있듯이 힐데브란트의 공적 중 조치 속에 이미 그 조짐이 엿보인다.

11세기에 그리스도교 공화국을 수립했고 서유럽 사회를 봉건적 무정부 상태로부터 구출하려고 했던 로마 교회의 창조적 인물은 오늘날 국제적 무정부 상태를 해소하여 세계 질서를 세우려고 한 그들의 정신적 후계자와 같은 궁지에 빠져 있다. 그들 목적의 본질은 정신적 권위로 물리적인 힘을 배제하며 정신적 칼이 그들의 더할 나위 없는 승리를 가능하게 하는 무기였다. 그러나 물리적인 힘을 믿는 기존 체제가 정신적인 칼을 태연히 무시하는 경우가 때때로 있었다. 그리고 이런 정신적 위기에 로마 교회의 투사들은 스핑크스의 수수께끼에 대해 답을 하라는 도전을 받았다. 신의 병사는 비록 더 이상 나아갈 수 없는 위험에 부닥치더라도 결코 정신적 무기 이외의 무기를 사용해서는 안 되는 것일까? 아니면 악마에게 맞서는 신의 싸움을 위해 상대편과 같은 무기를 쓸 것인가? 힐데브란트는 그레고리우스 6세(재위 1045~1046년)로부터 교황청 재산의 관리인으로 임명되었을 때, 교황청의 재산이 끊임없이 도둑에게 빼앗기는 것을 보고 후자를 택해 군대를 모집하고 무력으로 도둑을 몰아냈다.

힐데브란트가 이런 조치를 취했을 때, 그가 한 일의 내적인 도덕적 성격은 파악하기 힘들었다. 그러나 40년 뒤 그의 마지막 시기에 마침내 이 수수께끼에 대한 답이 어느 정도는 드러났다.

1058년 힐데브란트가 교황으로 살레르노(이탈리아 남부의 도시)에서 망명 중에 숨을 거두려 할 때, 로마는 교황의 정책이 가져온 끔찍한 재앙에 짓눌리고 있었다. 이때 로마는 교황이 원조를 청한 적이 있던 노르만인에게 교황청의 보물 창고인 성 베드로 성당의 제단 층계에서부터 차츰 확대되어 마침내 서유럽 그리스도교 세계 전체를 휩쓸었던 이들의 군사적 투쟁 때문에 약탈당하고 불타버린 뒤였다. 힐데브란트와 신성 로마 제국 황제 하인리히 4세의 싸움은 150년이 지난 뒤 인노켄티우스 4세와 프리드리히 2세의 가장 치명적이고 가장 큰 재앙을 불러왔던 싸움의 예고가 되었던 것이다.

그리고 법률가에서 군국주의자로 돌변한 인노켄티우스 4세(재위 1243~1254년)의 시대에 이르러 이미 우리의 의심은 완전히 사라지고 만다. 힐데브란트는 그의 적인 현세와 육체 그리고 악마가 그가 지상에 세우려고 노력했던 신의 나라에서 더는 승리하지 못하도록 하고 힐데브란트 교회를 세운 것이다.

> 정치는 믿지도 믿은 적도 없다.
> 가르치는 자는 교회조차 믿지 않는다.
> 교회마저 교권 조직이 비밀회의를 거듭하여
> 성 베드로를 황제의 자리에 앉혀놓고, 그것으로
> 사람들이 그리스도를 사랑하고 숭배해 온 약속을
> 인간을 위해 얻으려고 꾸미며,
> 교회의 지상에서의 지배권을 확대하기 위해 그리스도
> 천국의 계율을 늦추었다.[25]

교황청이 어떻게 자신이 물리치려고 했던 물리적 폭력의 악마에게 사로잡히게 되었는지를 설명할 수 있었다면, 우리는 또한 교황청의 미덕이 악덕으로 바뀌게 된 다른 이유들도 설명할 수 있을 것이다. 물질적인 칼이 정신적인 칼을 대신하게 되었다는 것이 근본적인 변화이며, 그 뒤는 모두 그로 인해 비롯된 결과이기 때문이다. 예를 들면 교황청은 성직자의 재정 문제에 관해 11세기에는 주로 성직 매매의 근절에 관심을 쏟고 있었으며, 13세기에는 고급 성직을 사기 위

---

25) Bridges, Robert : *The Testament of Beauty,* iv, II.(원주)

해 부정하게 세속적인 권력에 교회의 수입을 넘기는 악습의 뿌리를 애써 뽑아내고 교황청에서 서임된 성직자들을 위해 그 수입을 나누어주었는데, 14세기에 와서 교황청 자신을 위해 세금을 부과하게 된 것은 무슨 까닭인가? 답은 간단하다. 교황청은 군국주의적으로 변했고 전쟁에는 돈이 필요하기 때문이었다.

13세기의 역대 교황들과 독일의 호엔슈타우펜 왕가 사이에 일어난 대전쟁의 결과는, 끝장을 보고야 마는 전쟁에서 흔히 볼 수 있는 그대로였다. 승리자는 패배자에게 결정타를 날렸지만, 자신도 치명적인 상처를 입었다. 그리고 이 전투의 참된 승리자는 어느 쪽에도 가담하지 않고 어부지리를 얻은 프랑스의 필리프 4세였다. 프리드리히 2세가 죽고 50년이 지난 뒤 교황 보니파키우스 8세(재위 1294~1304년)가 앞서 신성 로마 제국 황제를 쓰러뜨린 교황의 분노를 이제 프랑스 국왕에게 뒤집어씌웠을 때, 1227~1268의 사투 결과 교황청은 패배한 신성 로마 제국과 똑같이 세력이 약화되었다. 이와는 달리 프랑스 왕국은 패배 이전에 결탁한 교황과 신성 로마 제국처럼 강해졌다. 필리프 4세는 그들 국민과 성직자 전체의 찬성으로 노트르담 성당 앞에서 교황 칙서를 불태워버리고 교황을 잡아들여, 포로가 된 교황이 죽은 뒤에는 교황청 소재지를 로마에서 프랑스 아비뇽으로 옮겼다. 그리하여 그 뒤로 교황의 '아비뇽 유수 시대(1305~1378년)와 교회의 대분열 시대(1379~1415년)'가 이어졌다.

이제 지방 자치 시대의 세속 군주가 저마다 자기들의 영토 내에서 교황이 자기 자신을 위해 서서히 쌓아 올려온 행정·재정상의 조직과 권력을 어부지리로 송두리째 이어받게 될 것이 확실해졌다. 넘기는 과정은 이제 단순히 시간문제였다. 이런 추세를 나타내는 표시로 대두된 것이 잉글랜드의 성직 후보자 서임 법령(1351년)과 교황 존신죄(尊信罪)법(1353년)의 성립, 그리고 1세기 뒤 그즈음 교회 체계에 반기를 든 세력 때문에 소집된 바젤 종교 회의를 철회하는 대가로 교황청이 프랑스와 독일의 세속 권력을 인정해야만 했던 양보 사항들, 1516년에 있었던 프랑스와 교황청의 협약, 1534년에 통과한 영국 왕의 수장령(首長令) 등을 들 수 있다. 교황청의 특권을 세속적 정부로 넘기는 일은 종교 개혁이 일어나기 200년 전부터 시작되고 있었으며, 또한 그것은 프로테스탄트로 개종한 나라뿐만 아니라, 가톨릭을 믿고 있던 나라에서도 행해졌다. 이러한 특권 이양 과정은 16세기에 완료되었다. 이로써 같은 16세기 근대 서유럽 세계에 '전체주의적'인 국가의 기초가 세워진 것은 결코 우연한 일이 아니다.

외면적인 몇 가지 과정에서 가장 중요한 요소는, 이제까지 세계 교회로 향하던 노력과 헌신이 세속적인 지방 국가로 향해지게 된 사실이었다.

사람들의 마음을 사려는 노력이나 관심이야말로, 이들 후계 국가가 약탈한 것 중 어느 것보다 위대하고 고귀한 전리품이다. 왜냐하면 이들 후계 국가는 세입을 늘리고 군대를 모으는 일보다 국민의 충성심에 호소함으로써 생명을 유지해 왔기 때문이다. 같은 이유에서 한때는 해롭기는커녕 이롭던 이러한 지방 국가 제도를, 오늘날의 현실처럼, 문명에 대한 위협으로 변화시킨 것도 역시 이 힐데브란트 교회로부터 이어진 교회사의 종교적 유산이다. 헌신적인 정신은 '신의 나라(Civitas Dei)'를 통해 신 자신에게 향해 있는 동안은 유익한 창조력이었지만, 본래의 대상에서 벗어나 인간의 손으로 만들어진 우상에게 바쳐지게 되면서 파괴적인 힘으로 변질했기 때문이다. 중세에 우리 선조가 운영하던 지방 국가는 쓸모 있고 꼭 필요한 것이었다. 오늘날 우리가 지방 자치제나 주의회(州議會)를 통해 하고 있는 것처럼 성실하게, 그러나 그것을 위해 생명을 바친다는 식으로 열중하지는 않고 그저 담담한 태도로 조그마한 사회적 의무를 완수하는, 인간이 만든 제도이다. 하지만 이러한 사회 기구도 우상화하면 반드시 재앙을 불러오게 된다.

이제 우리는 교황청이 어떻게 예기치 않게 엄청난 페리페테이아(역할의 역전)를 겪게 되었는가 하는 문제에 대해 어느 정도 답을 얻었다고 생각한다. 그러나 우리는 교황과 황제가 자신들이 초래한 분열을 또다시 결탁과 권력 다툼으로 극복해 가는 과정을 기술했을 뿐 아직 원인은 설명하지 않았다.

중세의 교황이 자기가 만들어낸 도구의 노예가 되어 물질적 수단을 이용하고 있는 동안 자신도 모르는 사이에 원래 그러한 수단이 봉사할 예정이었던 정신적 목적에서 벗어난 것은 무슨 이유일까? 원인은 최초의 승리가 가져다준 불행한 결과에 있다고 생각된다. 힘과 힘이 겨루는 위험한 불장난을 직관적으로 아는 일은 가능하지만 뚜렷하게 규정하기는 한계가 있다. 하지만 처음에 너무도 멋지게 성공했기 때문에 결과가 치명적이었던 것이다. 신성 로마 제국과의 싸움 초기 단계에 스스로 취한 위험한 전권적 정책으로 하인리히 4세 황제를 축출하는 데 성공한 그레고리우스 7세(힐데브란트)와 그 후계자들은 계속 이런 무력을 사용해, 마침내 이러한 비정신적인 면에서 승리하는 일 자체가 목적이 되어 버렸다. 그리하여 그레고리우스 7세가 교회 개혁에 대한 장애를 제거하기 위해 신성 로마 제국과 싸웠던 데 비해, 인노켄티우스 4세는 신성 로마 제국의 세속적 권력을 파괴하려고 신성 로마 제국과 싸웠던 것이다.

힐데브란트 교회가 '궤도를 벗어난', 또는 전통적인 표현법으로는 좁은 길(《마태복음》 7 : 14)에서 벗어나 있었다고 이야기할 수 있는가? 교회가 옳지 못한 길로 들어간 것이 어디서부터인지 살펴보기로 하자.

1075년 즈음에는 이미 성직자들의 성적 부패와 재정적 부패에 맞서는 이중적 십자군 운동이 서유럽 세계 구석구석까지 추진되었다. 고작 반세기 전만 해도 교회의 모든 추문 중에서도 가장 좋지 못한 행위를 제멋대로 하던 교황청이 도덕적 과감성으로 귀중한 승리를 얻어낸 바 있다. 이 승리는 힐데브란트 개인의 작품이었다. 그는 알프스 북방 프랑스와 독일에서 그리고 교황의 뒤에서 싸웠고, 그 싸움이 마침내 그가 오욕 속에서 구출한 교황 자리에 그를 앉혔다. 그는 정신적 무기에서부터 물질적 무기까지 쓸 수 있는 모든 무기를 이용해 싸웠다.

두 쪽 모두 그럴듯한데, 그의 옹호자들은 그것이 피할 수 없는 일이었다고 변호하고, 그를 비난하는 자들은 불가피한 재앙을 불러일으키는 원인이 되었다고 비난하는 바로 그 조치를 취한 것은 힐데브란트가 그레고리우스 7세로 교황 자리에 오른 지 3년째 되던 해로, 위의 승리가 있던 바로 그때였다. 이해에 힐데브란트는, 이의를 제기할 여지도 없는 성직자들이 첩을 두는 행위와 성직 매매 문제로부터 시작해 논쟁이 되고 있던 성직자 서임권 문제로까지 조치를 확대했던 것이다.

논리적으로 세 가지 문제에 대한 싸움을 교회 해방을 지향하는 단일한 투쟁으로 본다면, 서임권을 둘러싼 다툼은 축첩과 성직 매매의 악습을 둘러싼 다툼의 피할 수 없는 속편으로 보아야 할 것이다. 생애의 중대한 국면에 선 힐데브란트로서는, 교회를 베누스와 맘몬(부·물욕의 의인화)의 노예 상태로부터 애써 해방했는데 교회권을 세속적인 권력에 정치적으로 족쇄가 채워진 채로 내버려 두면 허사라 생각했는지 모른다. 이 제3의 족쇄가 교회에 무겁게 채워져 있는 한, 교회는 신이 명령한 인류 갱생의 사명을 다할 수 없는 게 아닌가? 그러나 이 논제는 힐데브란트를 비판하는 사람들이 일의 성격상 비록 결정적인 대답은 할 수 없다 하더라도 마땅히 제기했어야 할 재앙의 위험성 문제를 회피하고 있다. 1075년의 사태는 아무리 명민하고 결단력이 있는 사람이 교황 자리에 있다 하더라도, 로마 교황으로 대표되는 교회 안의 개혁파와 신성 로마 제국으로 대표되는 그리스도교 공화국의 세속적 권력은 진실하고 유익한 협력이 가능하지 않게 된 것일까? 이 문제에 대해 힐데브란트파 사람들은 적어도 두 가지 이유에서 더욱 이해할 만한 설명을 해줄 의무가 있다.

첫째로 평신도의 서임권을 금지한 교령이 발표되기 이전이든 이후든 힐데브란트 자신이나 힐데브란트파 사람들은 세속적 권력자들이 교황을 비롯하여 아래 직위까지 교회 성직자들의 선출에 대해 정당한 권리를 지니는 것에 대해 이의를 제기한 일이 없었다.

둘째로 1075년까지 30년 동안, 계속 문제가 되어오던 축첩과 성직 매매의 악습을 둘러싼 다툼에서 로마 교황청은 신성 로마 제국과 협력해 왔다. 이러한 일에 대한 제국의 협력은, 하인리히 3세가 죽은 뒤 그 아들 하인리히 4세가 아직 미성년이었던 동안에 흔들리기 시작해 기대했던 대로 되지 않았다. 또 1069년에 성년에 이른 하인리히 4세의 행동이 의외로 만족스럽지 못했다는 사실을 인정해야 한다. 교황청이 성직자의 임명에 대한 세속 권력자의 간섭을 제한하거나 금지하는 정책을 편 것은 이러한 사정에서였다. 그것은 부득이한 일이었는지도 모르지만 아주 혁명적인 조치였다는 것을 인정해야 한다.

그러나 자극하는 일이 많았더라도, 힐데브란트가 참고 1075년에 도전장을 보내지 않았더라면 혹시 우호 관계가 회복되었을지도 모른다. 아무래도 힐데브란트는 저도 모르는 사이에 '휴브리스'의 특징 중 하나인 성급함의 과오에 빠져 있었다는 생각을 피할 수 없다. 게다가 그의 숭고한 동기 속에는, 1046년 수트리의 종교 회의에서 그 무렵 밑바닥까지 추락했던 교황청이 받은 굴욕을 신성 로마 제국에 갚아주려는 불순한 욕망이 뒤섞여 있었던 듯한 생각을 지울 수 없다. 후자, 즉 설욕에 가깝다는 생각은 힐데브란트가 교황 자리에 오를 때 예전에 수트리 회의에서 폐위된 교황이 쓰고 있던 그레고리우스라는 이름을 채택한 사실로 보아 한결 더 설득력이 강해진다.

신성 로마 제국과 교황청 사이에 불화를 일으킬 전투적인 태도로 성직자 서임권이라는 새로운 문제를 제기하는 일은 얼마 전에 제국과 교황 양쪽이 완전히 합의한 다른 문제들에 비하여 모호한 점이 많았던 만큼 훨씬 위험한 것이 었다.

모호성의 원인 중 한 가지는 힐데브란트 시대에는 주교급 성직자의 임명에 있어 몇몇 다른 단체의 동의를 구하는 일이 이미 관례로 되어 있었다는 점이다. 주교는 관할 교구의 성직자와 주민에 의해 선출되고, 또 대주교 관할 구역의 정족수에 따라 임명된다는 것이 예부터 교회의 정해진 법이었다. 그리고 콘스탄티누스 황제의 가톨릭으로의 개종으로 문제가 제기된 이래 세속적 권력자들은 주교들의 의식상 특권을 가로채려 하거나 성직자와 주민의 선거권에 대해 적어도 이론상으로는 이의를 제기한 일이 한 번도 없었다. 명목상으로는 어떠했는지 문제 삼을 것 없이 세속적 권력자들이 사실상 해온 역할은 후보자를 지명하고, 선거 결과에 대해 거부권을 행사하는 일이었다. 힐데브란트 자신도 때에 따라 몇 번 이 권리를 인정한다고 언명했다.

더욱이 11세기 무렵에는 성직자의 임명에 대한 세속적 권력의 통제라는 전통적인 주장이, 실제적인 이유로 더욱 강화되었다. 왜냐하면 성직자는 오랫동안, 나날이 늘어나는 교회와 관련된 일뿐만 아니라 더 많은 세속적 임무도 해왔기 때문이다. 1075년 무렵에는 서유럽 그리스도교 사회의 민간 행정의 많은 부분이 봉건적 토지 소유권으로 세속적 권한을 쥔 성직자의 손에 있었다. 따라서 성직자의 임명을 세속적인 세력이 한다면, 세속적 권력은 원래 자신의 영역에 속하는 드넓은 지역에 대해 지배권을 잃게 되고, 교회는 단순히 종교적인 면뿐만 아니라 세속의 일에서까지 '제국 내의 제국'이 되어버린다. 그렇다면 이러한 행정적인 임무는 세속적인 행정관에게 넘겨주는 게 좋지 않은가, 말해 보았자 쓸데없는 소리이다. 분쟁을 하고 있던 당사자들은 모두 그러한 임무를 맡은 세속적인 행정가가 사실상 없다는 것을 이미 잘 알고 있었다.

1075년 교황 힐데브란트가 한 행동이 중요한 것은 그 결과로 일어난 재앙의 정도를 보면 알 수 있다. 힐데브란트는 이 서임권 문제에, 그 이전의 30년 동안 그가 쟁취했던 교황제의 도덕적 명망을 모두 걸었다. 그리고 힐데브란트는 알프스 북방 독일의 하인리히 4세가 통치하는 영토 내에 있는 '그리스도교도들'의 양심을 꽉 쥐고 있었기 때문에, 그것이 작센의 무력과 합쳐지자 황제를 카노사에서 굴복시킬 수 있었다(카노사의 굴욕). 카노사 사건이 제국의 존엄성에 재기할 수 없는 타격을 주었는지 모르지만, 싸움은 끝나지 않고 다시 시작되었다. 50년 동안 이어진 싸움은 교황청과 제국 사이에 다툼의 원인이 된 문제가 어떠한 정치적 타협에 이른다 해도 도저히 메울 수 없을 만큼의 크고 깊은 틈이 생기게 했다. 1122년 협약 이후 서임권을 둘러싼 분쟁은 수습되었지만, 그로 인해 생겨난 적대감은 그 뒤 계속 커져서 완고한 사람들의 마음과 사악한 야심 속에서 끊임없이 새로운 문제를 만들어갔다.

우리는 1075년에 있었던 힐데브란트의 결정을 꽤 상세히 살펴보았는데, 그것은 다음 사건의 추이를 좌우하는 중대한 결정이었다고 생각되기 때문이다. 힐데브란트는 승리에 취해 그 자신이 불명예의 밑바닥에서 위엄의 꼭대기로 끌어올렸던 제도를 다시 사이비 제도로 떨어뜨렸다. 그리고 그를 따르는 어느 후계자도 그것을 바른길로 되돌릴 수 없었던 것이다. 우리는 이 이야기를 더 이상 상세히 할 필요는 없다. 인노켄티우스 3세(재위 1198~1216년) 시대는 힐데브란트 교황청의 안토니누스 시대 즉 '상황이 조금 나아진' 시대라고 할 수 있지만, 교황권이 우세했던 것은 때마침 호엔슈타우펜에 어린 주인이 다스리던 시대가 오랫동안 계속된 우연 때문이었다. 그의 생애는 단순히 훌륭한 행정관이라고는 할 수 있어도 위정자로서는 너무도 평범했다는 사실을 증명했다. 그 뒤 교황청과 프리드리히 2세, 그리고 그 자식 사이의 철저한 항쟁, 황제가 당한 카노사의 굴욕 등에 대해 세속적 군사력의 야비한 보복이었던 아나니의 비극,[26] 교황 타락과 교회 분열, 성공하지 못한 공의회 운동과 의회주의의 실패, 이탈리아 르네상스 시기의 바티칸의 이교화, 종교 개혁에 의한 가톨릭교회의 분열, 반종교 개혁 운동에 의해 시작된 승부 없는 격렬한 싸움, 18세기 교황청 권력의 점진적 축소와 정신적 무력감, 그리고 왕권 강화에 이은 19세기의 적극적인 반자유주의 투쟁으로 차례차례 불행한 사건이 잇달아 일어났다.

그러나 이 유일무이한 제도는 오늘날도 여전히 이어지고 있다.[27] 그리고 지금

---

26) 1303년 9월에 로마 동남쪽의 아나니에서 프랑스 왕 필리프 4세가 교황 보니파키우스 8세를 감금하고 퇴위를 강요한 사건.

27) 로마 가톨릭 신자인 어느 저명한 학자가 사적인 자리에서 다음과 같이 말했다. "나는 가톨릭 교회가 신이 만든 제도라고 믿는다. 그 증거로 그것이 만일 단순한 인간적 제도라면, 그렇게 어리석은 방법으로 운영되다가는 단 두 주일도 유지되지 못했으리라는 것이다."(엮은이주)

결단을 요하는 우리가 살고 있는 이 시기에도 '그리스도교 세례를 받아서' '약속에 의한 후계자'가 된 모든 인간과 서유럽적인 생활 양식을 받아들여 '함께 약속에 참여하는 자'가 되고 '함께 하나의 몸을 갖추는 자'가 된 모든 이방인이 교황에게 '그리스도의 대리자'라는 굉장한 호칭에 어울리는 행동을 하도록 요구하는 것은 마땅하고도 정당한 일이다. 베드로의 스승은 베드로에게 "많이 받은 자에게는 많이 요구할 것이요, 많이 맡은 자에게는 많이 달라 할 것이니라"(〈누가복음〉 12 : 48)고 말하지 않았던가.

로마에 있는 사도에게 우리 선조들은 그들의 모든 재산인 서유럽 그리스도교 세계의 운명을 맡겼다. 그리고 "주인의 뜻을 알고도 준비하지 아니하고 그 뜻대로 행하지 아니한 종은 많이 맞을 것이요"(〈누가복음〉 12 : 47) 당연한 벌로 매를 흠씬 맞을 때 '하느님의 종 중의 종'(교황의 칭호)에게 영혼을 맡기고 있는 '남녀 종들'에게도 마찬가지로 심한 타격이 가해졌다. 분별없는 하인인 '휴브리스'에게 내려진 벌이 우리에게도 내려진 것이다. 우리가 가톨릭이든 프로테스탄트든, 신자든 비신자든 우리를 이런 궁지에 몰아넣은 교황은 여기에서 우리를 구해주어야 할 책임이 있다. 이 중대한 시기에 만일 제2의 힐데브란트가 나타난다면, 이번만큼은 고뇌 속에서 만들어진 지혜로 우리의 구제자는 교황 그레고리우스 7세의 대사업을 망치게 한 치명적인 승리의 도취에 빠지지 않도록 처음부터 조심할 것인가?

제5편 문명의 해체

제17장 해체의 성질

1. 개관

문명의 쇠퇴에서 해체로 이어짐에 있어서, 우리는 앞서 문명의 발생에서 성장으로 이행할 때 직면한 것과 똑같은 문제에 마주치게 된다. 해체는 별도로 고찰해야 하는 새로운 문제인가, 아니면 쇠퇴에 이른 이상 불가피한 결과로서 새삼스레 문제 삼을 것이 못 되는가?

앞에서 성장은 발생의 문제와는 별개의 새로운 문제인지 아닌지를 살펴봤을 때 결국 발생과 성장은 별개의 문제라는 대답을 주었지만, 그것은 발생의 문제는 해결했으나 성장의 문제를 해결할 수 없었던 성장 정지된 문명이 존재하는 것을 실제로 발견했기 때문이다. 지금 이 책의 다음 단계에 있어서도 어떤 문명이 쇠퇴한 뒤 그와 비슷하게 진행을 멈추고 길고 긴 석화(石化) 기간을 겪었다는 사실을 지적함으로써, 쇠퇴와 해체 단계는 별개라는 점을 말하고 있다.

석화된 문명에는 전형적인 예가 있다. 이집트 역사의 한 국면이 바로 그것인데, 이집트 사회가 피라미드 건설자들에 의해 견딜 수 없는 무거운 짐을 지고 쇠퇴기에 접어든 뒤 해체한 3개의 상황—동란 시대, 세계 국가, 공백 기간—가운데 첫째와 둘째의 시기를 거쳐 셋째 시기에 들어갔을 때 어느 면으로 보나 빈사 상태에 있던 이 사회는 거의 수명이 다했다고 생각된 순간에 갑자기 뜻하지 않은 국면을 보였다. 이 해체의 세 국면이 처음으로 우리의 주목을 끌었던 헬라스 사회의 예를 기준으로 하면, 먼저 표준형으로 보아도 무방한 길을 걷지 않고 다른 방향으로 빗나감에 있다.

즉 이 시점에 이르러 이집트 사회는 갑자기 사멸하기를 거부하고 그 수명을 갑절로 늘리기 시작했다. 기원전 16세기 전반에 힉소스족의 침공에 대해 거센 저항을 시도한 뒤 기원후 5세기에 이집트 문화의 최후의 형적이 소멸한 때까지의 햇수를 계산하면 2000년이라는 기간인데, 또한 기원전 16세기에 격렬하게 자기를 재주장한 시기로부터 기원전 3000년대의 최초 문명이 싹튼 시기까지 거꾸로 헤아리면, 이집트 문명의 탄생·성장·쇠퇴를 모두 합한 기간이 해체에 걸린 기간과 거의 같음을 알 수 있다.

그러나 그 해체기의 후반 2000년 동안, 이집트 사회의 생활은 '죽음 속의 삶'이었다. 이전에는 그처럼 활동적이고 의미 있는 생활을 누린 문명이 여분의 2000년 동안 걸음을 멈추고 다만 타성으로 연명했다. 즉 꽃핀 문명이 석화함으로써 목숨을 연장했던 것이다.

이와 같은 예는 오직 이집트 하나뿐만이 아니다. 중국의 동아시아 사회 역사로 눈을 돌리면, 이 사회가 쇠퇴하기 시작한 것은 기원후 9세기 끝 무렵에 당나라가 붕괴한 시기로 생각해도 좋을 것이다. 하지만 그 뒤 해체 과정을 살펴보면 문명의 해체는 '동란 시대'를 거쳐 세계 국가로 들어가기까지 비슷한 길을 걸었다고 할 수 있다. 그러나 힉소스족의 침공에 대한 이집트 사회의 저항과 마찬가지로 갑작스러운 거센 저항을 받고 해체의 진행이 멈추고 말았다.

13세기 초 야만족 몽골인에 의해 수립된 동아시아 사회의 세계 국가에 맞서 명조(明朝)의 창시자 홍무(명나라 제1대 황제 주원장 때의 연호)가 주도한 남중국의 반란을 이집트사에 비유하면, 멸망한 세계 국가인 이집트 사회의 유기된 영토 일부에 야만족 힉소스인이 건설한 '후계 국가'에 맞서 제18왕조 창시자 아모시스(아흐모세)가 주도한 테베의 반란과 비슷하다. 즉 동아시아 사회 또한 세계 국가가 종말을 고하고 공백 기간으로 들어간 뒤 급속히 해체 단계를 거쳐 사멸하는 대신 석화된 상태로 오늘날까지 목숨을 이어온 것이다.

이상의 두 가지 보기 말고도 주목을 끄는 갖가지 절멸했을 문명이 화석화된 파편들로 남아 있는 예는 더 들 수가 있다. 인도의 자이나교도, 스리랑카·미얀마·타이·캄보디아의 소승 불교도, 티베트와 몽골의 대승 불교 일파인 라마교도 등은 모두 인도 문명이 화석화된 단편의 예이고, 유대교도, 조로아스터교도, 네스토리우스교도, 그리스도 단성론 신자 등은 시리아 문명의 화석화된 단편을 예로 든 것이라 할 수 있다.

더 이상 새로운 예를 추가할 수는 없다 하더라도 적어도 매콜리의 판단에 따르면, 헬라스 문명도 기원후 3세기와 4세기경에 자칫하면 다른 종족을 지배 세력으로 품고 문명의 중도 정체 상태에서 생명을 연장하는 비슷한 경험을 할 뻔했다는 사실을 지적할 수 있다.

"고대에 가장 유명한 두 국민의 정신은 매우 배타적인 것이었다. ······사실, 그리스인은 자기만을 존경하고 로마인은 자기와 그리스인만을 존경한 것 같다. ······그 결과는 사고방식의 편협화와 동질성인 듯하다. 그들의 정신은, 만일 이런 말이 허락된다면, 근친 결혼을 반복하고 그 때문에 불임과 퇴화의 보복을 받은 것 같다. ······모든 민족적 특이성을 서서히 씻어버리고 로마 제국의 아무리 먼 거리에 있는 속령까지도 서로 동화시켜 버린 역대 카이사르의 거대한 독재제가 이 폐해를 한결 더 큰 것으로 만들었다. 3세기의 끝 무렵에 인류의 전도는 대단히 암담한 것이었다. ······그즈음 그 거대한 사회는 국민을 자주 습격하는 치명적이고 급격한 열병보다도 훨씬 두려워할 재난—비틀거리고 침을 흘리며 중풍에 걸려 언제까지나 살아가는 긴 생명, 스트럴드브러그인(《걸리버 여행기》에 나오는 불사의 종족)의 불사를 경험하는 위험, 중국 문명과 같은 운명—을 겪을 뻔했다. 디오클레티아누스 치하의 로마인과 중국 제국의 국민들의 유사점을 찾아내는 일이다. 중국은 여러 세기에 걸쳐 무엇 하나 새로 배운 것도 없으며 낡은 것을 버린 일도 없는 나라, 정치와 교육이 생활의 체계 전체를 형식화해 버린 나라, 그리고 지식이 늘거나 크게 자라지도 않고, 땅속에 묻힌 달란트나 보자기에 싸서 넣어둔 파운드화처럼, 줄거나 늘지도 않는 나라의 국민 간의 유사점을 지적하려면 얼마든지 쉽게 지적할 수 있다. 이 마비 상태는 2개의 커다란 혁명에 의해 깨졌다. 하나는 도덕적 혁명, 즉 안으로부터의 혁명이며 다른 하나는 정치적 혁명 즉 밖으로부터의 혁명이었다."[1]

매콜리의 설명에 따르면, 제정 시대의 헬라스 사회는 다행히 교회와 야만족에게 숨통을 끊긴 덕으로 그런 무서운 운명에서 벗어났는데 그것은 비교적 행복한 결말이었다. 그러나 언제나 그렇게 된다고는 할 수 없다. 생명이 지속하는 한, 언제나 클로토[2]의 가혹하면서도 고마운 가위로 뚝 끊기는 대신 '죽음 속의

---

[1] Macaulay, Lord : *Essay on History.*(원주)
[2] 그리스 신화에 나오는 운명의 여신들인 모에라이. 세 자매 가운데 첫째 클로토는 운명의 실을

삶' 같은 마비 상태로 빠질 가능성이 있는 것이다. 그리고 서유럽 사회가 이 같은 운명에 빠지는 게 아닌가 하는 것이 적어도 한 사람의 뛰어난 현대 역사가의 마음을 괴롭힌 문제이다.

"나는 우리 앞길에 가로놓인 위험은 무정부 상태가 아니라 폭정이며, 정신적 자유의 상실, 전체주의 국가, 그것도 아마 세계적인 전체주의 국가라고 생각한다. 국가 간이나 계급 간 분쟁의 결과로서 국부적이고 일시적인 무정부 상태가 출현하는 일이 있을지 모르나 그것은 과도적인 국면에 불과하다. 무정부 상태라는 것은 본질적으로 약한 것으로, 무정부적인 세계에서는 합리적인 조직과 과학적인 지식을 갖춘 강력한 조직체가 나타나면 다른 자를 지배할 수 있다. 그리고 세계는 그런 무정부 상태를 대신하는 것으로 독재 정권을 환영할 것이므로 정신적 '석화' 상태로 들어갈 우려가 있는데, 그것은 인간 정신의 고차적인 여러 활동에 있어서는 그야말로 죽음을 뜻하는 무서운 사태이다. 로마 제국의 석화 상태나, 중국의 석화 상태도 이에 비하면 덜한 편이다. 왜냐하면 서유럽의 경우, 지배층은 지배 수단으로 훨씬 더 뛰어난 과학적 수단을 소유하고 있기 때문이다.

(당신은 매콜리의 《역사론》을 아는가? 그는 야만족의 침입이 석화 상태를 면해 주었으므로 결국 축복이라고 논한다. "유럽은 중국과도 같은 운명을 모면하기 위해 1000년간 야만 상태를 견뎌내야만 했다." 그러나 미래 세계에는 전체주의 국가를 타파하는 야만 종족은 없을 것이다.)

그와 같은 전제주의 상태에서는 철학이나 시는 쇠퇴하겠지만, 과학적 연구는 계속 진보되어 차례차례 새로운 발견이 이루어질 것이다. 프톨레마이오스 왕국은(마케도니아에서 건너온) 그리스 과학의 진보를 방해하지 않았다. 일반적으로 말해 자연과학은 전제 정치 아래서도 번영한다고 생각한다. 권력의 수단 증대를 북돋는 일은 지배 집단의 이익에 들어맞는 일이다. 하지만 이런 일이—무정부 상태가 아니라—현재 서로를 망치는 싸움을 그만두지 않는 한 우리 앞날에 무서운 운명이 기다리고 있다고 생각한다. 그러나 한 가지 기대를 걸 수 있는 요소는 그리스도교회가 엄연히 존재하는 일이다. 미래의 세계 국가에 있어 교

짜고, 두 동생이 이를 잡아 가위로 자른다.

회는 또는 세계 국가 로마에서는 부득이하게 형식적으로라도 그리스도의 행로를 따라 순교의 길을 걸어야 하며, 그 길을 통해 미래의 과학적 합리주의적 세계 국가를 정복할 수 있을 것이다."[3]

이런 반향은 우리 문명의 해체에 대한 연구에 한 가지 문제점을 제공한다.

우리가 문명의 성장을 고찰했을 때, 문명의 성장은 도전과 응전의 드라마가 연속으로 상연되는 형태로 나타난다고 분석할 수 있음을 발견했다. 또한 같은 드라마가 연달아 상연되는 것은 응전의 하나하나가 단순히 도전에 응해 성공할 뿐만 아니라 새로운 도전을 유발하는 계기가 되기 때문이며, 성공한 응전이 새로운 사태를 만들어낼 때마다 거기서 다시 새로운 도전이 출현한다는 것을 알았다. 즉 문명 성장의 본질은 하나의 '비약'인 것이니, 이 '비약'이 도전을 받은 사람을 몰아내고 성공한 응전으로 이룬 평형을 거쳐서 또다시 불균형이 일어나게 한다. 그리고 이 불균형이 새로운 도전의 빌미를 제공하는 것이다.

해체의 개념 안에도 이 도전의 반복 또는 순환이 포함되어 있다. 그러나 해체의 경우 응전은 점진적으로 실패하는 것이다. 따라서 각자가 응전이 잘되고, 과거의 역사 속으로 묻혀버린 이전의 도전과 성질을 달리하는 일련의 도전 대신 동일한 도전이 되풀이되어 나타난다.

이를테면 헬라스 세계의 국제 정치 역사에 있어 솔론(아테네의 정치가·시인)의 경제 혁명이 헬라스 사회에 처음으로 정치적 세계 질서 수립의 과제를 부각한 이래 델로스 동맹으로 문제를 해결하려고 한 아테네가 실패하자 마케도니아의 필립포스가 이를 코린트 동맹의 수단으로 해결하려 한 사실이 드러난다. 그러나 필립포스도 실패하자 프린키파투스(로마의 민주정과 공화정의 절충적 정치 형태)의 지지 아래 아우구스투스가 '로마의 평화'에 의해 해결하려 했다.

이런 동일한 도전의 반복은 사태의 성질 그 자체에 기인하고 있다. 연달은 만남의 결과가 모두 승리가 아닌 패배로 끝날 때, 해결되지 못한 도전은 결코 정리될 수 없는 해묵은 문제로 남아 있거나, 불완전한 해답을 얻어 끝내 효과적으로 응전하는 능력이 없음을 드러낸 사회가 파멸을 초래하기까지 몇 번이나 거듭하

---

3) Dr. Edwyn Bevan, in a letter to the writer.(원주)

여 그 모습을 나타낼 것이 분명하다.

문명의 성장을 살펴보면서 우리는 과정의 분석을 시도하기 전에 먼저 성장의 기준을 탐구했다. 해체의 고찰에서도 같은 방침을 따르기로 하되, 논의를 나아감에 있어 단 한 가지 생략해도 무방한 단계가 있다. 우리는 이미 성장의 기준은 인간적 환경 또는 자연적 환경에 대한 지배력이 커지는 것에 있지 않다는 단정을 내렸으므로, 그러한 지배력의 상실은 해체의 원인이 되지 않는다고 단정해도 무방하다.

사실 온갖 증거가 보여주는 바에 의하면, 환경에 대한 지배력의 증대는 성장보다는 오히려 해체에 따르는 현상으로 생각된다. 쇠퇴와 해체의 공통 특징인 군국주의는 흔히 다른 형태의 현존 사회와 생명이 없는 자연의 여러 힘에 대해 어느 한 사회의 지배력을 증대할 수 있는 효과를 가져온다.

쇠퇴한 문명의 내리막에 있어서 이오니아의 철학자 헤라클레이토스의 "전쟁은 만물의 아버지이다"라는 말이 진리일 수 있으며 일반 대중의 성장 척도는 인간의 번영과 권세, 부의 정도이므로 때때로 어느 사회의 비극적인 쇠퇴가 시작되는 시기가, 한편으로 민중에게는 훌륭한 성장의 개선 시기로 받아들여진다.

그러나 조만간 반드시 환멸이 찾아온다. 왜냐하면 이미 구할 길 없는 자기분열에 빠진 사회는 전쟁에 의해 우연히 손에 들어온 여분의 인적·물적 자원의 대부분을 거듭 전쟁이라는 사업으로 환원시킬 것이 거의 확실하기 때문이다. 이를테면 알렉산드로스의 정복에 의해 얻어진 금력과 인력은 알렉산드로스의 후계자들이 저지른 내전에 쏟아부어졌으며, 기원전 2세기의 로마 정복에 의해 얻어진 금력과 인력은 기원전 마지막 세기의 내전에 모두 쓰여진 게 그것이다.

우리의 해체 과정 기준은 다른 곳에서 찾아내야 한다. 해체의 단서를 나타내주는 것은 사회 내부의 분열과 불화의 모습이다. 환경에 대한 지배력의 증대라는 것도 흔히 이 분열과 불화에 기인한다. 이것은 마땅히 예기되는 일로서 앞서 본 바와 같이 해체에 앞서는 쇠퇴기의 궁극 기준이 되고 근본 원인이 되는 것은 사회가 자기결정 능력을 잃게 되는 내부 불화의 발발이기 때문이다.

이 불화의 일부는 사회 분열의 형태로 나타남과 동시에 2개의 다른 차원으로 쇠퇴한 사회를 분열시킨다. 즉 지리적으로 분리되어 있는 사회 공동체 상호 간의 수직적 분열과, 지리적으로는 섞여 있으나 사회적으로 분리되어 있는 계급

상호 간의 수평적 분열이 생긴다.

수직적 분열에 대해서는 이미 국가 간의 전쟁이라는 범죄에 무모하게 빠져들어 가는 것이 거의 자살 행위로 가는 길임을 우리는 흔히 보았다. 그러나 이 수직적 분열은 문명의 쇠퇴를 가져오는 가장 특징적인 불화의 현상은 아니다. 왜냐하면 사회적·지역적 공동체로 분열된다는 것은, 요컨대 문명 사회와 비문명 사회를 포함해 인간 사회의 유전체에 공통되는 특징이며, 국가 간의 전쟁은 어떠한 시대의 어떠한 사회에 있어서도 손쉽게 자멸하는 위험을 잉태하는 수단을 남용하는 것 이외의 아무것도 아니기 때문이다.

이와 달리 계급의 선(線)에 따른 사회의 수평적 분열은 단순히 문명 사회에 특유할 뿐 아니라, 문명 쇠퇴기에 나타나는 현상이나, 발생과 성장의 시기에는 볼 수 없는, 쇠퇴와 해체 시기를 다른 단계와 구별하는 특이한 징표인 것이다.

우리는 이미 이전에 이 수평적 분열을 살펴본 적이 있다. 서유럽 사회를 시간의 단계별로 거꾸로 더듬어 올라갔던 때인데, 우리는 그리스도교회와 서유럽의 로마 제국 북방 경계선 내에서 교회와 부닥친 몇 개의 야만족 전투 단체와 겨우 만난다. 그리고 이 야만족 전투 단체와 교회라는 두 제도가 서유럽 사회체(社會體)의 분열에서 창조된 것이 아니라, 함께 있었던 다른 사회, 즉 헬라스 사회로서 비로소 설명될 수 있는 사회 집단을 창조한 것임을 알았다. 우리는 그리스도교회의 창조자를 헬라스 사회의 내적 프롤레타리아트라고 기술했고, 야만족 전투 단체의 창조자를 외적 프롤레타리아트라 이름 지었다.

연구를 거슬러 올라간 결과 이들 프롤레타리아트는 모두 헬라스 사회 자체가 분명히 이제는 창조성을 잃고 이미 내리막을 향한 '동란 시대' 중에 헬라스 사회로부터 분리되어 출현한 것임을 알았다. 그리고 다시 더 옛날로 조사를 소급해 본 결과 이러한 분리가 일어난 것은 그에 앞서 헬라스 사회의 지배 계급의 성격이 변질됐기 때문임을 알았다.

이전에 창조성의 특권인 인심을 매료하는 힘으로 창조력이 없는 대중의 자발적인 추종을 얻고 있던 '창조적 소수자'가 이제 비창조적이기에 대중의 마음을 사로잡을 힘을 잃은 '지배적 소수자'로 변해 버린 것이다. 그리하여 이 지배적 소수자는 힘으로써 그 특권적 지위를 유지했다. 결국 프롤레타리아트가 지배적 소수자를 떠나 전투 단체와 그리스도교회의 창조라는 결과를 낳게 된 분리는 이 압제에 대한 반발이었다.

그러나 우리의 눈에 띈 지배적 소수자의 사업은 이와 같이 그릇된 방법으로 통일을 유지하려고 사회를 분열시킴으로써 스스로의 의도를 분쇄한 것뿐만이 아니라 로마 제국이라는 기념비 또한 남겼다.

그런데 로마 제국은 단지 교회보다는 북방으로부터의 야만족 전투 단체보다 먼저 이루어졌다는 역할의 의미만 갖는 것이 아니라, 프롤레타리아트가 낳은 새로운 질서가 발달되어 간 세계를 품고 있었던 강대한 제국이기도 했다는 사실은 두 가지 기존 사회, 즉 교회와 야만족 사회를 살펴볼 때 도저히 무시할 수 없는 요소이다. 헬라스 사회의 지배적 소수자가 몸을 감싼 이 세계 국가는 거대한 거북 등딱지와 같은 것이었다. 그리고 교회가 그 보호 밑에서 자라나는 동안 야만족은 이 거북 등딱지 표면에 창끝을 갈아 전투 단체를 훈련시켰던 것이다.

끝으로 우리는 이 책의 좀 더 뒷부분에서 지배적 소수자의 창조적 능력의 상실과, 다수자와 힘의 관계를 더욱 명료하게 밝히려고 한다. 또한 우리는 이미 앞에서 성장 단계의 소수자와 다수자의 관계에 약점이 있다는 것과, 그 약점으로 인해 창조적 소수자가 비창조적인 다수자를 협력하게 하는 지름길로서 사회적 훈련이라는 편의적 수단을 이용했다는 사실을 발견했다.

그리고 보면 결국 프롤레타리아트의 분리라는 결말이 된 소수자와 다수자 사이의 불화는 성장기에 잘 훈련된 모방의 능력을 이용해 겨우 유지되어 오던 관계가 단절되었기 때문에 생기는 결과이다. 성장기에서조차 이 모방의 고리는 마음을 놓을 수 없는 이중성―강요당하는 노예의 복수―때문에 언제나 절단의 위험에 직면하고 있음을 생각하면, 비록 그것이 기계적 고안의 본성일지라도 지도자의 창조성이 다함과 동시에 모방성이 정지하는 것은 놀라운 일이 아니다.

이상이 이미 우리가 현재 논의 중인 수평적 분열을 연구해 나가기 위한 실마리가 된다. 그리고 이들 실마리를 꼬아 합쳐서 하나의 굵은 밧줄로 만드는 것이 우리의 연구를 진전시키는, 아마 가장 유망한 방법일 것이다.

첫째로 헬라스 사회의 예로 보거나 또 이제까지 이 책에서 훑어본 다른 몇 가지 예로 보아도 쇠퇴한 사회는 수평적 분열에 의해 그 조직이 찢기면, 지배적 소수자와 내적 프롤레타리아트 및 외적 프롤레타리아트 이렇게 3개의 단편으로 분열하는 것으로 생각되는데, 이에 대해 면밀하게 연구해 보기로 한다.

다음은 성장을 연구할 때 한 것처럼 대우주에서 소우주로 눈을 돌려보기로 하자. 일단 영혼의 착란이 증대된 해체 단계의 국면이 발견될 것이다. 이 두 가지 방법에 의한 연구로 해체의 과정은 적어도 부분적으로 그 해체의 본성과 논리적으로 서로 용납하지 않는 결과, 즉 '탄생의 되풀이' 또는 '재생'이라는 결과가 된다는, 언뜻 봐서 역설적인 발견에 도달할 것이다.

분석을 마쳤을 때 분명해질 일이지만, 해체가 가져오는 질적 변화는 성장의 결과 생기는 질적 변화와 성격이 정반대이다. 앞서 본 바와 같이 발전 과정에서 성장하는 문명은 서로 더욱더 이질적인 것으로 분화해 간다. 그러나 우리가 논하는 해체의 질적 결과는 거꾸로 표준화라고 하는 것임을 발견한다.

이 표준화 경향은 극복해야 할 기존의 다양성이 큰 만큼 한결 더 주목할 만하다. 쇠퇴한 문명이 해체기에 들어갈 때에는 이미 성장기 동안에 저마다 획득한 매우 다양한 경향—예술적 경향, 기계적 편중의 경향, 또는 그 밖의 갖가지 경향—을 띠고 있다. 더욱이 이들 문명은 쇠퇴가 시작된 시기에 이미 커다란 차이가 벌어져 있다는 사실로 말미암아 해체기에는 더욱더 상호 간에 이질적인 것이 된다.

이를테면 시리아 문명은 솔로몬의 사후, 즉 기원전 937년경에 쇠퇴하기 시작한 것이지만, 그것은 이 문명이 미노스 사회 멸망 후의 공백 기간에 출현한 지 채 200년도 되기 전의 시기였다. 이에 반해 같은 공백 기간에 동시에 나타난 자매 문명인 헬라스 문명의 쇠퇴가 시작된 것은 그로부터 500년 후의 아테네·펠로폰네소스 전쟁 때였다. 또한 그리스 정교 문명은 로마·불가리아 전쟁이 발발한 기원후 977년부터 쇠퇴가 시작되었으나, 그 자매 문명인 서유럽 문명은 의심할 여지 없이 그 뒤 몇 세기 동안이나 성장을 계속했으며, 현재 우리가 알고 있듯이 아직까지도 쇠퇴기에 들어가 있지 않은지도 모른다.

자매 문명마저 이렇게 성장기의 길이가 다르다면, 문명의 성장 지속 기간이 미리 획일적으로 정해져 있는 것이 아님은 명백하다. 사실 문명이 성장기에 들어간 뒤, 언제까지나 제한 없이 성장을 계속해서는 안 된다는 어떠한 이유도 발견하지 못했다. 이러한 점을 비추어 생각하면 성장기 문명 상호 간의 차이가 넓고도 깊은 것임은 뚜렷하다. 그럼에도 얼마 뒤에 볼 수 있듯 해체의 과정은 어느 경우든 하나의 표준적인 형을 따르는 경향이 있다. 즉 수평적 분열이 앞서 말한 3개의 단편, 즉 헬라스 문명과 그리스 정교 문명, 서유럽 문명으로 사회를 분열시키고, 이 3개의 단편이 저마다 특유한 제도—세계 국가와 세계 교회와 아직 체계를 갖추지 못한 서유럽 야만족의 전투 단체—를 만들어내는 것이다.

문명 해체의 연구를 포괄적인 것으로 하기 위해서는 이들 제도의 각각의 창조자뿐 아니라, 제도 그 자체에도 주목할 필요가 있을 것이다. 하지만 이들 제도 그 자체를 대상으로 하는 '연구'는 가능한 한 이 책의 다른 편에서 행하는 것이 낫다. 왜냐하면 이 3개의 제도는 단순히 해체 과정의 산물일 뿐 아니라 하나의 문명과 다른 문명과의 관계에 있어서 뚜렷한 역할을 담당하는 일이 있기 때문이다.

세계 국가를 조사해 보면, 과연 교회가 역사적으로 출현하는 문명의 역사의 틀 속에서 참으로 그 전체를 이해할 수 있을 것인가 하는 의문, 또는 '교회'는 '문명'이라는 이름의 사회 요소와는 별개인, 적어도 문명이 미개 사회와 다른 것만큼 매우 이질적인 사회 요소를 나타내는 것으로 보아야 하지 않을까 하는 의문이다.

이 문제는 역사의 연구가 우리에게 제출하는 가장 중대한 문제의 하나가 될 것이다. 그러나 그것은 우리가 지금 대강의 윤곽을 서술한 연구의 마지막에 이르러서야 나오는 문제이다.

2. 분열과 재생

독일계 유대인 카를 마르크스(1818~1983년)는 자기가 거절한 종교적 전통의 묵시록적 통찰력으로부터 빌려온 색깔을 써서 프롤레타리아트의 분리와 그 결과 일어나는 계급투쟁을 무서운 정경으로 그려냈다. 마르크스의 유물론적 묵시록이 수백만 사람들에게 아주 큰 감명을 준 데는, 마르크스적 도식의 정치적 투쟁성도 어느 정도는 영향을 미치고 있다. 이 '청사진'은 한 가지 일반적인 역사 철학의 핵심을 이루는 것인 동시에 혁명적인 명령이기도 하기 때문이다. 이 마르크스의 계급투쟁 방식이 착안되어 유행하게 된 것을, 서유럽 사회가 이미 해체의 과정에 발을 내딛는 증거로 볼 것인가 아닌가 하는 문제는 이 연구의 뒷부분에서 서유럽 문명의 앞날을 생각할 때 다루기로 한다.

여기서 마르크스의 이름을 끄집어낸 것은 다른 이유에 따른 것이다. 즉 첫째로 그는 우리 시대 서유럽 세계에서 대표적인 계급투쟁론자이기 때문이며, 둘째로 그의 방식은 굉장한 최고의 경지 저편에 부드러운 대단원의 환상을 드러내놓고 있다는 점에서 조로아스터교나 유대교, 그리스도교의 전통적인 묵시록적 유형과 일치하고 있기 때문이다.

이 공산주의 예언자가 부리는 마귀인 '사적 유물론' 또는 '결정론'의 작용에 대한 직관에 따르면 계급투쟁은 반드시 프롤레타리아 혁명의 승리로 끝난다. 그것도 피비린내 나는 정점에 달할 때 투쟁이 종말을 고하는 것이다. 왜냐하면 프롤레타리아트의 승리는 결정적·최종적인 것이며, 또 혁명 뒤에 승리의 성과를 거둬들이기 위해 수립되는 '프롤레타리아트의 독재'가 영속적인 제도가 될 수 없기 때문이다. 독재가 필요 없을 만큼 충분히 성숙할 때, 나면서부터 누구에게나 계급이 없는 새 사회가 찾아오는 것이다. 최후로 찾아오는 항구적인 행복을 결정할 때 '마르크스의 천년 왕국'의 새로운 사회는 프롤레타리아트의 독재제뿐 아니라 다른 모든 제도적인 지배—국가 자체까지 포함해—를 버릴 수 있게 된다는 것이다.

마르크스의 종말론이 우리가 맞닥뜨린 탐구에 있어 흥미가 있는 것은, 정치 분야에 아직도 남아 있는 소멸한 종교적 신앙의 망령이 쇠퇴한 사회에서의 계급투쟁 또는 수평적 분열이 불러온 실제의 역사적 과정을 정확하게 묘사하고 있다는 뜻밖의 사실에 의한다. 역사의 해체 현상 속에는 어김없이 전쟁을 통해 평화로 이르는 운동, '양'을 통해 '음'에 이르는 운동이 나타난다. 그것은 귀중한 사물이, 보기에 순리대로인 것 같고 잔인한 파괴를 통해 새로운 것이 창조되는 운동이며 이렇게 해서 새로이 만들어내는 사물들의 특질은 그 속에서 성장한 모든 것을 태워버리는 작열의 불꽃에 힘입는 일이 많은 것으로 생각된다.

분열 그 자체는 어느 쪽이나 사악한 정념을 동기로 하여 두 분열체가 행하는 소극적인 운동의 산물이다. 첫째로, 지배적 소수자는 이미 값어치가 없는 특권적 지위를 힘을 다해 보전하려고 시도한다. 이어서 프롤레타리아트는 부정에는 분노로써, 공포에는 증오로써, 폭력에는 폭력으로써 보복한다. 그럼에도 이 운동 전체는 적극적인 창조 활동, 즉 세계 국가·세계 교회·야만족 전투 단체의 창조로 끝나게 된다.

이처럼 사회적 분열이 단순한 분열로 끝나는 것은 아니다. 그것을 운동 에너지로 파악할 때, 우리는 그것을 '분열과 재생'으로 말해야 된다는 것을 알 수 있다. 그리고 분리는 명백히 후퇴의 한 특수한 양상이므로 우리는 이 분열과 재생의 이중 운동을 앞서 '후퇴와 복귀'라는 제목 아래 좀 더 일반적인 면에서 연구했던 현상과 같은 맥락이라고 볼 수 있다.

후퇴와 복귀에 대한 이 새로운 변증은 앞서 살펴본 예와 다른 것처럼 보이는 점이 한 가지 있다. 앞서 고찰한 예는 모두가 창조적 소수자나 창조적 개인들의 업적이었다. 그러나 분리된 프롤레타리아트는 지배적 소수자에 대립하는 다수자가 아닌? 조금만 생각해 보면 알 수 있는 일이지만, 진실한 모습이 무엇인가를 분명히 알 수 있다. 지배적 소수자로부터의 분리는 다수자가 한 일이지만, 세계 교회 설립이라는 창조 행위는 다수자인 프롤레타리아트 중 소수의 창조적 개인 또는 창조적 집단이 한 일이다. 이 경우 비창조적 다수자는 지배적 소수자와 창조적 개인을 제외한 나머지 프롤레타리아트에 의해 구성된다. 한편 또 앞서 보았듯이 성장기에 있어서는 이른바 창조적 소수자의 창조적 사업은 소수자 전체의 사업이 아니라, 언제나 그 내부에 있는 어느 한 집단의 사업이나 또 다른 집단의 사업임을 떠올리게 된다. 두 경우의 서로 다른 점은 성장기의 비창조적 다수자는 모방에 의해 지도자의 뒤를 따라가는 감동받기 쉬운 대중으로 이루어지고, 해체기의 다른 일부는 감동하기 쉬운 대중(창조적 소수를 제외한 프롤레타리아트)이며, 일부는 소수의 예외적인 개인의 반응은 별도로 완고한 거드름을 피우며 높은 곳에 자리 잡고 있는 지배적 소수자로 이루어진다는 것이다.

제18장 사회체의 분열

1. 지배적 소수자

어느 정도의 고정성과 일관성이라는 기질이 지배적 소수자의 특징이지만, 그 지배적 소수자에게도 다양성의 내적인 요소가 존재한다.

지배적 소수자는 자멸을 되풀이하는 자기 진영을 재건하기 위해 늘 새로운 요소를 보충하여 그의 '연대 의식'에 동화시켜 비창조적 인간으로 만들어버리는 놀라운 재주를 부리지만, 인간의 창조력을 막을 수는 없는 세계 국가를 만들게 될 뿐 아니라 철학의 유파를 만들어내게 된다. 따라서 지배적 소수자 중에는 자기가 속하는 폐쇄적 단체의 전형적인 유형과 뚜렷이 다른 성향이 약간 섞여 있는 경우가 많다.

지배적 소수자의 전형적인 유형이란 군국주의와 군국주의자의 뒤를 따라다니는 더욱 야비한 착취자를 말한다. 새삼스럽게 고대 그리스 역사에서 사례를 찾을 필요는 없다. 우리는 알렉산드로스를 통해서 최선의 군국주의자를, 키케로의 수많은 연설이나 논문으로 악정이 드러난 베레스(시칠리아 총독을 지낸 로마의 정치가)를 통해서 최악의 착취자를 본다.

그러나 세계 국가로서의 로마가 그처럼 오래 존속할 수 있었던 것은 군국주의자와 착취자 이후에 아우구스투스가 평정을 한 뒤 대부분 무명이지만 무수한 군인과 관리가 나온 덕택이다. 이들은 죽음에 이른 사회로 하여금 몇 세기 동안을 희미한 햇빛 아래 '인디언의 여름' 같은 한가로움을 즐기게 함으로써 약탈을 일삼던 그들 선조들의 무도한 행위를 부분적으로나마 속죄했던 것이다.

또한 그렇다고 해서 로마의 관리가 헬라스 사회의 지배적 소수자로서 남을 이롭게 하는 역할을 짊어진 것도 아니었고 게다가 가장 먼저 관리가 된 것도 아니었다.

2명의 세베루스 황제 시대(2~3세기)는 스토아학파의 철인 황제 마르쿠스 아우렐리우스의 치세가 이미 로마사를 완성한 업적이 되었으며, 스토아학파 법률학자들이 금욕주의적 정신을 로마법 속에 담아 넣던 시기였는데, 이처럼 로마의 탐욕스런 호색한들을 플라톤적인 수호자로 바꾸는 기적을 이룩한 것은 그리스 철학의 힘이었음이 틀림없다.

로마의 행정가가 헬라스 사회의 지배적 소수자의 실제적 능력을 모든 사람들을 위해 활용한 인간이었다면, 그리스 철학자는 그보다도 더한층 고상한 지배적 소수자로서 지적 능력의 대표자였다.

그리고 생전에 로마의 관료 조직이 무너지는 것을 직접 눈으로 본 플로티노스(205?~270년. 신플라톤학파의 창시자)에서 끝나는 창조적인 그리스 철학자의 황금의 사슬은 헬라스 문명이 쇠퇴하기 시작한 때 이미 성인이 되어 있던 소크라테스(기원전 470~399년)와 함께 시작된 것이다. 쇠퇴의 비극적인 결과를 원상태로 회복하거나 아니면 완화하는 일이 로마 행정관들은 물론이고 그리스 철학자들의 필생의 사업이었다.

그런데 철학자의 노력은 해체되는 사회생활의 물리적 조직 속에 행정가들만큼 밀접하게 짜 넣어져 있지 않았다는 바로 그 이유 때문에 행정관의 노력보다도 더 가치 있고 영속적인 결과를 낳았다. 로마 행정관들은 헬라스 사회의 세계 국가를 세웠지만, 철학자들은 후세에 아카데메이아학파(플라톤학파)와 소요학파(아리스토텔레스학파), 스토아학파와 정원학파(에피쿠로스학파), 키니코스학파(견유학파)의 공공의 도의와 마을의 잡목 울타리 사이를 거니는 자유와 신플라톤학파의 초현세적인 '이상국' 따위의 형태로 '크테마 에스 아에이'(영원한 재산)를 선사한 것이다.

관찰의 범위를 넓혀 다시 또 다른 쇠퇴한 문명으로 눈을 돌려보아도 마찬가지로 군국주의자와 착취자의 잔인하고 비열한 발자취와 나란히 고결한 공익 정신이 함께한 경향이 인정된다.

이를테면 한나라(기원전 202~기원후 221년) 아래서 중국 사회의 세계 국가 행정책을 맡았던 유교적 교양을 몸에 갖춘 지식 계급은, 그들이 활약한 기간의 후반에 세계의 반대쪽에서 때를 같이해 활동한 로마 관리와 같은 도덕 수준에 선 훌륭한 행정관이 되어 고매한 '연대 의식'을 획득했다.

표트르 대제의 치세 이래 2세기에 걸쳐 러시아의 그리스 정교 사회에서 세계 국가 행정을 담당하면서 무능과 부패 때문에 서유럽뿐 아니라 본국에서도 웃음거리가 된, 치노브니크(러시아에서 관리나 관료를 얕잡아 부르던 말)마저도 흔히 상상되는 만큼 형편없었던 것은 아니어서, 모스크바 공국을 파멸에서 지키는 동시에 그것을 서유럽식 근대 국가로 바꾸는 2개의 대사업과 씨름했던 것이다.

그리스 정교 사회의 중심부에서는 '라이예'(오스만 제국 지배하의 그리스도교도)를 극단적으로 억압했기에 역시 악평의 상대가 되었던 오스만 왕조의 노예 가족 제도도 정교 사회를 위해 적어도 한 가지는 뚜렷한 공헌을 했다. 즉 끊임없는 내란 등으로 괴로워하는 세계에 전후 두 번의 무정부 시대를 거치면서 태평의 기간을 준 저 '오스만의 평화'를 수립한 제도를 기억하게 될 것이다.

동아시아 사회의 일본에서는 도쿠가와 막부가 수립되기 전까지의 400년 동안 서로 약육강식의 싸움을 되풀이하여 사회를 괴롭혀온 봉건 영주인 '다이묘'와 그 부하인 '사무라이'는, 봉건적 무정부 상태를 봉건적 질서로 전환한 이에야스의 건설적인 사업에 힘을 바침으로써 과거 죄업에 대한 보상을 했다. 그리고 일본 역사의 다음 장이 시작되는 시기에는 그들은 거의 숭고하다고 할 만큼의 높은 자기억제의 경지에 이르렀다. 이미 밖에서 초연하게 있을 수 없게 되니 서유럽화된 세계 환경 속에서 일본이 독립을 유지해 가기 위해서는, 스스로 희생하지 않으면 안 된다고 확신하고 스스로 그 특권을 포기한 것이다.

일본의 '사무라이'에게서 볼 수 있는 이 고결함이 다른 두 지배적 소수자 즉 안데스 사회의 세계 국가의 지배자였던 잉카족과 아케메네스 제국 왕의 대리자로서 시리아 사회의 세계 국가를 통치한 페르시아 귀족들의 미덕은, 그들의 적들까지도 인정하고 있는 바이다. 남아메리카를 차지한 에스파냐인(콩키스타도르)은 잉카족의 갖가지 미덕을 증언하고 있다. 그리스인이 페르시아인의 풍모에 대해 전하는 바를 보면, 페르시아의 소년 교육을 요약한 예의 헤로도토스의 유명한 말—"5세에서 20세에 걸쳐 그들은 세 가지 기술만을 소년들에게 가르친다. 말타기와 활쏘기, 거짓말하지 않기이다"—이 있는데 이와 대등한 것으로 성인이 된 같은 페르시아인의 모습을 묘사한 헤로도토스의 이야기를 보면 그런 교육이 그럴듯하다고 여겨진다. 페르시아의 왕이 항해 중 폭풍을 만났을 때였다. 크세르크세스왕을 따르는 자들이 주군에게 절을 한 번 한 다음 배의 짐을 덜기 위한 목적으로 바닷속으로 몸을 던졌다는 이야기가 전해지고 있다.

그러나 그리스인이 페르시아인의 미덕을 증언하는 것 가운데 가장 인상적인 점은 알렉산드로스 대왕의 예사롭지 않은 행위이다. 그는 페르시아인을 알고 난 다음부터 어떻게 그들을 존경하게 되었는지를 단순히 쉬운 말로 한 게 아니라, 결코 쉽지 않은 행동으로 드러냈다. 알렉산드로스 대왕은 도저히 대항할 수 없는 큰 재난에 직면했을 때, 페르시아인이 취한 태도를 목격하고 그 진가를 알자마자 부하인 마케도니아인을 분개시킬지라도 또는 고의로 부하의 감정을 상하게 할지라도, 그가 계획한 그 목적을 이루는 데 가장 확실한 방법으로 생각되는 일을 실행했다.

그것은 마케도니아인의 용맹으로써 페르시아인의 손에서 빼앗은 지 얼마 안 되는 제국의 통치에 페르시아인을 협력자로서 참가시키기로 결정한 일이었다. 더욱이 이 정책을 참으로 그다운 철저한 방법으로 행했다. 그는 죽은 페르시아 고위층의 딸을 아내로 맞고 마케도니아의 장군들을 매수하거나 위협하거나 하여 자기를 본보기로 따르게 했다. 또 페르시아 병사를 마케도니아 부대에 편입시켰다. 아버지 때부터 숙적으로 알아오던 통솔자로부터 이러한 파격적인 상찬을—더구나 철저한 패배를 맛본 바로 뒤에—받을 수 있었던 페르시아 병사들또한 어김없이 '지배당하는 민족'의 전형적 미덕을 갖추고 있었을 것이다.

이상 우리는 지배적 소수자가 칭찬할 만한 지배 계급을 탄생시키는 능력을 갖추고 있음을 보여주는 증거를 들었으나 그러한 증거는 그들이 창건한 세계 국가의 수에 의해 뒷받침된다. 쇠퇴한 20개 문명 가운데 적어도 15개는 멸망으로 가는 길에서 이 단계를 지났다.

우리는 헬라스 문명의 세계 국가를 로마 제국 속에서, 안데스 문명의 세계 국가를 잉카 제국 속에서, 중국 문명의 세계 국가를 진·한 왕조의 제국 속에서, 미노스 문명의 세계 국가를 '미노스 해양 왕국' 속에서, 수메르 문명의 세계 국가를 수메르·아카드 제국 속에서, 바빌로니아 문명의 세계 국가를 네부카드네자르의 신바빌로니아 제국 속에서, 마야 문명의 세계 국가를 마야족의 '구제국' 속에서, 이집트 문명의 세계 국가를 제11 및 제12왕조의 '중왕국' 속에서, 시리아 문명의 세계 국가를 아케메네스 제국 속에서, 인도 문명의 세계 국가를 마우리아 제국 속에서, 힌두 문명의 세계 국가를 무굴 제국 속에서, 러시아의 그리스정교 문명의 세계 국가를 모스크바 제국 속에서, 그리스 정교 문명 본체의 세계국가를 오스만 제국 속에서, 동아시아 문명의 세계 국가를 중국의 몽골 제국과일본의 도쿠가와 막부 속에서 인정할 수 있다.

지배적 소수자가 공통적으로 지닌 창조력은 이런 정치적 능력만이 아니다. 헬라스 사회의 지배적 소수자가 단순히 로마의 행정 조직을 낳았을 뿐 아니라 그리스 철학을 탄생시켰음은 앞서 본 대로인데, 지배적 소수자에 의해 철학이 생기게 된 예를 적어도 세 가지 더 찾아낼 수 있다.

이를테면 바빌로니아 사회의 역사에서 바빌로니아와 아시리아 사이에 '100년 전쟁'이 시작된 저 무서운 기원전 8세기는 또한 천문학적 지식이 갑자기 크게 발전한 시기였다. 이 시대에 바빌로니아 과학자들은 태고로부터 낮과 밤의 갈마듦, 달의 차고 기욺, 태양의 연주기(年週期)에서 뚜렷이 볼 수 있는 주기적 순환의 리듬이 유성의 운동 가운데 더욱 드넓은 규모로 이루어지는 것을 발견했다. 일견 정해진 궤도가 없는 듯이 보였기 때문에 전통적으로 '방랑자'로 불려오던 이 별들이 이제 '대년(大年)'이라는 우주적 주기 안에서 태양과 달과 천공의 '항성'과 마찬가지로 엄격한 규율에 묶여 있는 것임을 확신했다. 그리고 이 위대한 바빌로니아 사회의 발견은 최근 서유럽 사회의 과학적 발견과 마찬가지로 발견자들의 우주관에 커다란 영향을 미쳤다.

이처럼 별과 우주의 모든 신기한 운동에 영향을 미치면서 결코 깨지지 않고 절대로 변하지 않는 질서가 발견되었고, 이번에는 이 질서가 물질계와 정신계, 무생물계와 생물계를 같이 포함하는 우주 전체를 지배한다고 생각되기에 이르렀다.

일식이나 금성의 자오선 통과 시간을 몇백 년 전이거나 몇백 년 후이거나 정확하게 알 수만 있다면, 인간 생활 또한 그와 마찬가지로 엄격하게 정해진 것이고 또한 정확하게 계산할 수 있는 것이라고 가정하는 것이 마땅하지 않을까? 더구나 우주적 규칙이라는 것 중에 완전한 조화를 유지하면서 운동하는 우주의 성원들은 모두 서로 '교감'하고 있음 — 긴밀한 관계로 맺어져 있음 — 을 당연히 뜻하고 있으므로 그 무렵 새로 발견된 천체 운동의 형상은 인간 운명의 수수께끼를 푸는 열쇠였고, 따라서 이 천문학적 단서를 잡고 있는 관측자는 이웃 사람이 태어난 일시를 알기만 하면 그 인간의 운명을 예언할 수 있다고 생각했는데 그것은 불합리한 일일까?

이치에 맞든 그렇지 않든, 위와 같은 억측이 활발하게 행해졌다. 그리고 이렇게 해서 눈부신 과학상의 발견이 차례차례로 다른 사회의 상상력을 사로잡아 약 2700년이 지난 오늘날까지도 일부 사람들이 믿고 있는 그릇된 결정론적 철학을 낳은 것이다.

점성술의 매력은 '우주의 구조'를 전체적으로 설명하는 이론이라는 점인데, 지식이 없는 사람들도 이 이론에 상상력을 결합할 수 있는 점에 있다. 이 이중적 매력 덕분에 바빌로니아 사회의 철학은 기원전 최후의 세기에 바빌로니아 사회가 절멸한 뒤에까지도 이어질 수가 있었다.

피폐한 헬라스 사회에 점성술을 받아들이게 한 칼데아의 점성술사는 바로 얼마 전까지도 볼 수 있었는데, 그들은 베이징 궁정의 점성술사들이나 이스탄불의 무네짐 바쉬(점성가)들이다.

우리가 이 바빌로니아 사회의 결정론적 철학에 대해 상세히 기술한 것은 그것이 헬라스 사회 철학의 어느 유파보다도 현재 데카르트의 서유럽 세계에서 매우 친숙한 아직은 풋내 나는 철학 사상과 뚜렷한 유사점을 나타내기 때문이다. 이에 반해 인도 세계와 중국 세계의 철학 중에는 헬라스 사회 철학의 거의 모든 유파에 대응하는 것이 보인다.

해체기 인도 문명의 지배적 소수자는 마하비라의 제자들인 자이나교와 가우타마 싯다르타(석가모니)의 초기 제자들의 원시 불교가 변형된 대승 불교(대승 불교와 그 원형으로 인정되고 있는 원시 불교의 차이는 적어도 신플라톤주의와 기원전 4세기 소크라테스학파 철학의 차이만큼 큰 것이다)와, 불교 이후의 힌두교 사상 체계의 일부분이 되어 있는 갖가지 불교 철학을 낳았다.

해체기 중국 문명의 지배적 소수자는 공자의 도덕화된 의례와 의례화된 도덕론, 전설적 천재인 노자가 창시했다는 '도'의 역설적 철학을 낳았다.

2. 내적 프롤레타리아트

헬라스 사회의 원형

지배적 소수자로부터 프롤레타리아트로 옮겨 사실을 면밀히 조사하면 해체하는 사회의 분열된 단편 각 내부에 여러 가지 유형이 있다는 우리의 첫인상이 한층 더 굳어진다. 동시에 그런 정신적 다양성의 폭이 있다는 점에서 내적 프롤레타리아트와 외적 프롤레타리아트가 서로 반대의 양극에 있음을 알 수 있다. 외적 프롤레타리아트의 다양성의 폭은 지배적 소수자의 폭보다 좁으나 내적 프롤레타리아트 쪽은 지배적 소수자보다도 다양성의 폭이 훨씬 넓다. 먼저 다양성이 큰 쪽부터 살펴보기로 한다.

헬라스 사회의 내적 프롤레타리아트의 발생을 맹아기부터 더듬어 나가려고 생각한다면, 투키디데스의 다음 한 구절을 인용하는 것이 가장 좋은 방법이다. 그 가운데서 이 헬라스 사회 쇠퇴기의 역사가는 쇠퇴의 결과로서 생긴 사회적 분열의 가장 초기 광경, 즉 코르키라에서 처음으로 사회적 분열이 일어난 때의 상태를 그리고 있다.

"코르키라의 계급투쟁(스타시스)은 발전해 감에 따라 야만적인 것이 되었다. 그리고 이 계급투쟁이 최초의 것이었던 만큼 더욱더 심각한 인상을 주었다(결국

이 계급투쟁은 나중에 헬라스 세계 거의 전체에 번졌던 것이지만). ……어느 나라에서 나 프롤레타리아트의 지도자와 반대자는 다투어 저마다 아테네와 라케다이몬 (스파르타)의 중재를 받으려고 노력했다. 평화로울 때라면 외국인을 불러들일 기회도 없고 그러한 희망도 품지 않았을 것이나, 어쨌든 지금은 전쟁 중이었다. 그리고 양방의 혁명적 정신의 소유자가 타국과 동맹을 맺고 그것으로 상대편의 세력을 꺾고 거꾸로 자파(自派)의 강화를 도모하기는 쉬운 일이었다. ……이 계급투쟁의 변덕스런 발작이 헬라스의 나라들에게 잇달아 재앙을 가져왔다. 그리고 그러한 재앙은 사정의 변화에 따라 어쩌면 악화되고 어쩌면 완화되고 어쩌면 제한될지도 모르지만, 인간의 본성이 변하지 않는 한 반드시 일어날 것이며 또 계속해서 일어날 것이다. ……평화기의 좋은 조건 아래서는 위급한 사태에 몰리는 일이 없으므로 나라나 개인이나 모두 온건하고 사려 깊고 분별 있는 태도를 보인다. 그러나 전쟁은 정상적인 생활의 여지를 가차 없이 잠식하고, 그 야만적인 훈련에 의해 대다수 인간의 성질이 새로운 환경에 맞추어 변질되도록 한다. ……이렇게 해서 헬라스의 여러 나라에 계급투쟁이 전염되어 가고 연달아 일어나는 소란은 모두 다음 소란에 부가적인 영향을 미쳤다."[4]

이러한 사태로 인해 최초로 나타난 사회적 결과는 '나라 없는' 망명자라는 유동 인구를 더욱더 수없이 만들어내는 일이었다. 헬라스 사회 역사의 성장기에서 그러한 사태는 좀처럼 일어나지 않는 일이었기 때문에 무서운 이변으로 여겨졌다.

이 재앙은 알렉산드로스가 각 도시 국가의 지배적 당파를 설득해, 국외로 추방된 반대파 사람들이 무사히 고국에 돌아오는 것을 받아들이도록 권유했으나 이를 극복할 수가 없었다.

그리고 이 불은 끊임없이 스스로 새로운 땔감을 만들어내었다. 왜냐하면 국외 추방자가 얻을 수 있는 유일한 직업은 용병이 되는 것이었기 때문이다. 그리고 이렇게 하여 충원이 용이하게 되면 그것이 전쟁에 새로운 추진력을 주게 되어 그 결과 또 새로운 국외 추방자가 생기고, 또다시 용병의 수는 더욱더 늘어

---

4) Thucydides : Bk. Ⅲ, ch. 82.(원주)

가는 순환이 반복되었다.

전쟁이라는 악마는 헬라스의 백성들을 떠돌게 함으로써 가져온 도덕적 황폐에 직접적인 결과를 주었고 전쟁으로 약해진 경제적인 힘을 한층 더 약하게 만들었다.

이를테면 서남아시아에서의 알렉산드로스와 그 후계자들의 전쟁은 다수의 집 없는 그리스인에게 군인이라는 일자리를 제공했으나, 그 반면 다른 많은 그리스인들은 유민이 되기에 이르렀다. 왜냐하면 용병의 급료는 2세기 동안 아케메네스 제국의 국고에 축적된 금을 통화로 바꾸어 지불되어 온 것인데, 이 통화의 급격한 증가가 농민과 장인(匠人)들 사이에 대공황을 불러왔기 때문이다. 물가는 뛰어오르고, 재정적 혁명은 그때까지 비교적 안정된 생활을 즐겨오던 사회 체제의 성원들을 빈민의 지위로 떨어지게 만들었다.

이러한 빈민화 현상이 100년 뒤에 한니발 전쟁의 경제적 결과에 의해 다시 일어났다. 이때 농민 계급은 처음에는 한니발군의 전화로 인한 직접적인 황폐 때문에, 다음에는 로마군의 의무 복무 기간이 차츰 장기화되어 갔기 때문에 이탈리아의 땅에서 쫓겨나게 되었다. 이러한 재난을 당하고 본의 아니게 고향에서 쫓겨난 이탈리아 농민의 빈민화된 자손들은 그들의 조상들에게는 부역으로 과해지던 병역을, 대를 이어 직업으로 선택하는 것 외에 달리 도리가 없었다.

이런 비참한 '부랑화' 과정으로 헬라스 사회의 내적 프롤레타리아트가 발생했음은 의심할 여지가 없다. 그리고 이 과정의 희생자 중에 적어도 초기에는 이따금 귀족 출신자가 포함되어 있었기 때문이라고 하는 것 또한 진실이다. 왜냐하면 '프롤레타리아트'는 외면적인 환경 문제의 결과가 아니라 하나의 어떤 감정 상태의 표출이기 때문이다.

맨 처음 프롤레타리아트라는 말을 썼을 때, 우리는 그것을 우리의 특별한 용어로서, 어떠한 사회 역사의 어떠한 시기에 있어서나 그 사회 '안'에 속해 있기는 하나 어떤 점에 있어서 '속하지 않는' 사회적 요소, 또는 집단이라는 뜻으로 정의했다. 이 정의에 따르면 프톨레마이오스나 마리우스 휘하 용병으로서 참가한 가장 신분이 낮고 일거리를 잃은 노동자뿐 아니라, 망명한 스파르타인 장군 클레아르코스와 그 밖의 귀족 출신인 소(小)키루스의 그리스인 용병 부대의 대장들(이러한 사람들의 신원을 크세노폰이 우리를 위해 써서 남겨놓았다)까지도 프롤레타리아트에 속한다.

프롤레타리아트의 참된 징표는 가난함이 아니다. 그것은 출신의 미천함도 아니고, 선조 전래의 사회적 지위를 이을 권리를 빼앗겼다는 의식과 그 의식이 만들어내는 원한이다.

이처럼 헬라스 사회의 내적 프롤레타리아트에는 먼저 해체기 헬라스 사회 정치 체제의 자유 시민에서 보충되었고, 이어 귀족에서도 보충되었다. 이들 처음 보충 구성원은 먼저 탄생부터의 정신적 기득권을 빼앗김으로써 상속권을 박탈당한 사람들이었다. 그러나 말할 것도 없이 그들의 정신적 빈곤화는 거의 언제나 그 뒤에 물질 면에서의 빈곤화가 따랐다.

그리하여 얼마 가지 않아 처음부터 물질적으로나 정신적으로나 프롤레타리아트였던 다른 계급 출신의 보충원에 의해 보강되었다. 헬라스 사회의 내적 프롤레타리아트의 수는 시리아·이집트·바빌로니아의 각 사회를 모조리 헬라스 사회의 지배적 소수자의 그물 속에 넣은 마케도니아가 전쟁을 멈춤으로써 매우 크게 부풀어 올랐다. 한편 그 뒤의 로마 정복에 의해 유럽과 북아프리카의 야만족 절반이 포섭되었다.

본의 아니게 헬라스 사회의 내적 프롤레타리아트에 속하게 된 이들 이방인은, 처음에는 한 가지 점에 있어서 헬라스 사회 태생의 동료 프롤레타리아트에 비해 그래도 행복했다고 생각된다. 외국인들은 정신적으로 상속권이 박탈되고 물질적으로 약탈당하기는 했지만, 아직 신체적으로 고향에서 쫓겨나는 데까지 이르지 않았던 것이다. 그러나 정복자의 뒤를 노예 무역이 따라 들어갔다. 기원전 마지막 2세기 동안에 지중해 연안 일대의 모든 주민들―서유럽의 야만족이든, 문명화된 동방의 주민이든―이 지칠 줄 모르는 이탈리아 노예 시장의 수요를 채우기 위해 끊임없이 징발되어 갔다.

이로써 알 수 있듯이, 해체기 헬라스 사회의 내적 프롤레타리아트는 세 가지의 각기 다른 요소로 구성되어 있었다. 첫째는 상속권을 박탈당하고 살던 고장에서 쫓겨난 사회 자체의 성원이고, 둘째는 부분적으로 상속권을 빼앗긴 다른 문명과 미개 사회의 성원인데, 이들은 정복되고 착취당했으나 살던 고장에서 쫓겨나지는 않은 사람들이다. 셋째는 이 피정복 민족 가운데서 강제 징용된 사람들로, 살던 고장에서 쫓겨났을 뿐 아니라 노예로서 먼 타향의 농장에 보내져 혹독한 노역과 함께 이중으로 권리가 박탈된 사람들이다. 이들 세 경우의 내적 프롤레타리아트가 받은 피해는 그들의 출신이 다르듯이 저마다 달랐다. 그러나 그들은 그러한 차이를 초월하는 듯, 그들이 사회적 상속권을 박탈당하고 착취당하는 추방민으로 전락했다는 공통의 저항할 수 없는 경험에 부닥쳤던 것이다.

부당하게 희생된 이들이 자기 운명에 어떻게 반응했는가를 조사해 보면, 그 흉포함의 측면에서 그들의 압제자나 착취자의 냉혹함을 능가하는 만행의 폭발이 있었다 하더라도 놀랄 일은 아니다. 결사적인 프롤레타리아트의 폭동이 일어날 때마다 언제나 같은 분노의 가락이 울려 퍼진다.

그 선율은 착취를 자행한 프톨레마이오스 정권에 맞서 일으킨 이집트 사회의 일련의 반란 속에서도 찾아볼 수 있고, 기원전 166년 유다 마카베오(유대의 애국자)의 반란 속에서도, 기원후 132~135년 바르 코크바의 지휘 아래 행해진 마지막 결사대에 이르는 셀레우코스 왕조와 로마 제국의 헬레니즘화 정책에 맞서 일으킨 일련의 유대인 반란 속에서도, 또한 반은 헬레니즘화하여 문명도가 높았던 소아시아 서부의 토착민이 일으킨 두 번의 반란 속에서도—기원전 132년에는 아탈로스 왕가의 아리스토니코스의 지휘 아래, 또 기원전 88년에는 폰토스 왕 미트리다테스의 지휘 아래—로마의 보복을 받게 만든 무모한 분노 속에서도 들을 수 있다.

또한 시칠리아와 남이탈리아에서도, 일련의 노예 반란이 일어나 달아난 트라키아인 검투사 스파르타쿠스의 결사적인 저항에서 그 절정에 이르렀다. 스파르타쿠스는 기원전 73년에서 71년에 걸쳐 이탈리아반도를 누비며, 그 본거지에 뛰어들어 로마의 늑대에게 덤벼들었다.

이와 같은 격심한 분노의 폭발은 프롤레타리아트 내에 미친 외적 요소에만 한정되었던 것은 아니다. 여러 차례의 내전에서 로마의 금권 정치를 뒤엎었을 때 로마 시민 출신 프롤레타리아트의 흉포함은 유다 마카베오나 스파르타쿠스의 흉포함에 조금도 뒤지지 않았다.

불타오르는 세계의 화염을 배경으로 그 무시무시한 실루엣을 뚜렷이 나타낸 검은 모습 가운데서도 가장 악마적인 것은, 기구한 운명에 의해 원로원 의원 계급의 지위에서 쫓겨난 세르토리우스, 섹스투스 폼페이우스, 마리우스, 카틸리나

(이상 4명 로마의 장군) 같은 로마의 혁명 지도자들이었다.

그러나 자살적인 폭력만이 헬라스 사회의 내적 프롤레타리아트가 행한 유일한 응전은 아니다. 또 다른 응전은 그리스도교에서 최상급의 표현을 통해서 이루어졌다. 이 온화한 또 하나의 전혀 다른 응전이 행해지게 되는데 그것은 비폭력적인 응전이지만, 폭력적인 응전과 마찬가지로 틀림없는 분리 의지의 표현이다.

현재 〈마카베오기(記) 하권〉(가톨릭교에서 인정한 구약의 제2정경) 중에 전해지는 저 온순한 순교자들―늙은 율법학자 엘르아살과 7인의 형제 및 그들의 어머니 (안티오코스의 박해에 굴하지 않고 죽음을 택함)―이 고지식한 바리새인의 정신적 조상이었다. 바리새는 '분리된 자'라는 뜻으로 그들이 스스로 칭한 이름이다. 헬라스 사회에서 동양 출신의 내적 프롤레타리아트의 역사를 보면 기원전 2세기 이래 폭력과 온유가 서로 사람들의 영혼을 지배하려고 다투지만, 결국 폭력은 자멸하고 온유만이 남았음을 볼 수 있다.

폭력을 택하느냐 온유를 택하느냐 하는 것은 처음부터 문제가 되었다. 기원전 167년 초기의 순교자들이 취한 온화한 태도는 곧 성급한 유다에 의해 버려졌다. 그리고 이 프롤레타리아트의 '무장한 힘 있는 사람'이 거둔 직접적인 물질적 성공이―그것은 표면적일 뿐 가짜요, 일시적인 것이었음에도―후세 사람들의 눈을 현혹했다. 예수의 가장 가까운 제자들마저도 그들의 스승이 자신의 운명을 예언하는 것을 듣고 분개했으며, 그 예언이 실현됨에 이르러서는 일어설 기운조차 없을 정도였다. 그러나 예수가 십자가에 못 박힌 지 불과 몇 개월 뒤에 가말리엘(예루살렘의 율법학자)이 처형된 예수의 제자들이 기적적으로 기운을 회복하는 것을 보고는 신이 그들의 옆에 있는지도 모른다고 말했다. 그리고 다시 몇 년이 지난 뒤 가말리엘의 제자 바울이 십자가에 못 박힌 그리스도를 선전하기에 이르렀다.

초대 그리스도교도가 이렇듯 폭력에서 온유로 전향하는 데에는 물질에 대한 그들의 욕망을 떨쳐버림으로써 얻어진 것이었다. 그리고 십자가 위에서 죽음으로써 예수의 제자들에게 일어난 부활에 대한 신앙과 같은 일이, 기원후 70년 예루살렘의 파괴를 기점으로 정통파 유대교의 유대인들에게도 일어났다.

'하느님의 나라는 이제 막 실현되려는 어떤 외면적 관념'을 부정한 새로운 유대교의 일파가 나타난다. 유대인의 폭력주의가 문학적으로 표현되어 있는 묵시록적 문서는 〈다니엘〉 하나만 빼놓고 이제 율법과 예언자의 시로 이루어지는 유대교 경전에서 추방되어 버렸다.

그리고 인간의 활약으로 신의 의지를 이 세상에서 실현·촉진하려는 일체의 노력을 삼간다는 그와 반대의 원칙이 유대교의 전통 속에 단단하게 뿌리를 박게 되었다. 현재에도 엄격하게 유대교의 정통을 지키는 '아구다스 이스라엘'파는 시온주의자의 운동을 옆눈으로 흘겨보기만 할 뿐 20세기의 팔레스타인 유대인의 '민족 국가'를 건설하는 시온주의 사업에 전혀 참가하지 않고 있다.

정통파 유대교도에게 일어난 보수적 믿음이 유대 민족을 화석의 형태로 존속하게 했지만, 예수의 제자들에게 일어난 그와 같은 믿음은 그리스도교를 위해 더욱 큰 승리로 가는 길을 열어주었다. 박해의 도전에 대해 그리스도교회는 엘르아살이나 '7인의 형제'의 온화한 방법으로 응전하여 그 대가로서 헬라스 사회의 지배적 소수자를 개종시키고, 또 나중에는 외적 프롤레타리아트의 야만족 전투 단체를 개종시킬 수 있었다.

성장하는 여러 세기 동안 그리스도교의 직접적 적대자는 가장 새로운 형태를 한 헬라스 사회의 원시 부족 종교였는데, 그것인즉 '신성한 카이사르'의 인격에 의해 대표되는 헬라스 사회의 세계 국가에 대한 우상 숭배였다. 교회가 잇달아 당국의 박해를 받으면서도 결국 로마 정부가 도저히 누를 수 없었던 정신적인 힘으로 로마 정부를 굴복시킨 것은, 모든 성원에게 온화하면서도 어디까지나 완강하게, 단지 단편적 형식일지라도 우상 숭배를 허용하지 않았던 단호한 태도 때문이다.

그러나 이 로마 제국의 원시적인 국가 종교는 정부가 전력을 기울여 유지하고 강제했음에도 거의 인심을 얻을 수 없었다. 로마 당국자가 그리스도교도에 대해 어떤 일정 의식을 행함으로써 표명하도록 명한 형식적인 존경이 이 국가 종교의 시작이자 마지막이었다. 비그리스도교도에게 있어서는 형식적인 것 이상 아무 의미도 두지 않았으므로, 그들은 의무를 마땅한 것으로 실행했고, 그리스도교도가 어찌하여 생명을 희생하면서까지 별것 아닌 관습 따르기를 거부하는지 이해할 수 없었다.

신앙 자체에 있어서—왜냐하면 정치적 강제의 뒷받침을 필요로 하지 않는 선천적인 인심을 끄는 힘에 의한다는 의미에서—유력한 그리스도교의 경쟁 상대는, 이 국가 종교도 다른 어떠한 형태의 원시 종교도 아니고, 그리스도교 자체와 마찬가지로 헬라스 사회의 내적 프롤레타리아트 안에서 발생한 몇 개의 '고등 종교'였다.

우리는 헬라스 사회의 내적 프롤레타리아트 중 한 집단을 형성하고 있던 동양인의 갖가지 출신을 상기함으로써, 그리스도교와 서로 경쟁적인 '고등 종교'를 추측할 수 있다. 그리스도교는 시리아 사회에 속하는 사람들이 민족 이동 중 도전의 과정에서 오히려 그 문명에 포섭되어 후세에 전한 것이다. 시리아 세계의 절반을 이루고 있던 이란은 미트라교를 전했다. 이시스 숭배는 이집트 세계의 헬라스 문명 밑에 매몰된 북반부에서 전래한 것이다.

아나톨리아의 대모신 키벨레의 숭배는 아마 그 무렵 종교를 제외한 다른 모든 사회적 활동 면에서는 사멸한 상태로 이미 오랜 시간을 지나온 히타이트 사회가 가져온 것으로 보인다. 그렇긴 하지만 이 대모신의 궁극적 기원을 찾아가면 아나톨리아의 페시누스에서 키벨레가 되고, 히에라폴리스(튀르키예 남부의 고대 도시)에서 데아 시리라(시리아 여신이라는 의미)가 되기 전에, 멀리 떨어진 북해나 발트해의 '신성한 섬' 숲속에서 게르만어를 쓰는 사람들에게 숭배되는 지모신이 되기 이전에는 원래 수메르 세계에서 이슈타르(사랑과 전쟁의 신)라는 이름으로 불리던 여신이었음을 알 수 있다.

미노스 문명의 유물적 증거 결여, 히타이트 문명의 부진한 흔적

다른 해체기 사회에서 내적 프롤레타리아트의 역사를 찾아보면 증거가 미비하거나, 전혀 없는 경우도 있다. 예를 들어 마야 사회의 내적 프롤레타리아트에 대해서는 아무것도 알 수 없다. 미노스 사회의 경우에는 앞서 말했듯이 아무래도 기원전 6세기 이후 헬라스 사회의 역사 위에 모습을 나타내는 오르페우스 교단의 이교적 요소 속에 미노스 사회의 세계 교회라고 불러야 할 어떤 흔적이 남아 있을 듯한 기분이 든다. 그러나 애석하게도 오르페우스교의 의식이나 신앙 속에서 이것이야말로 미노스 사회의 종교에서 나온 것이라고 확신할 만한 것은 아무것도 없다. 예외 없이 너무 일찍 멸망한 히타이트 문명의 내적 프롤레타리아트에 대해서도 '전혀' 모르고 있다. 오로지 우리가 말할 수 있는 것은 히타이트 사회의 잔해의 일부는 헬라스 사회 속에, 또 일부는 시리아 사회 속에 서서히 흡수되어 갔으며, 그로 인해 히타이트 사회 체제의 흔적을 발견하려면 또다시 이 2개의 다른 사회 역사를 조사하지 않으면 안 된다.

히타이트 사회는 해체 과정이 아직 완료되기 전에 인접 사회에 병합된 몇 개의 해체기 사회 중 하나이다. 이런 경우 내적 프롤레타리아트는 지배적 소수자에게 닥치는 비운을 무관심한 태도로, 때로는 만족스런 미소까지 띠고 방관하는 것이 상례이다. 그 사실을 확실히 나타내는 예는 에스파냐 정복자들이 갑자기 침입해 왔을 때 안데스 사회의 세계 국가에서 내적 프롤레타리아트가 보인 태도이다. 귀족 계급은 어느 해체기 사회에서도 예를 볼 수 없을 정도로 자비로운 지배적 소수자였는데, 그들의 자비도 재난의 날에는 아무 도움이 되지 못했다. 그들이 마음을 써서 자애롭게 길러놓은 민중들은 에스파냐가 정복해 오자, 전에 '잉카의 평화'를 받아들였을 때처럼 무관심한 태도로 유순하게 받아들였다.

그리고 또 내적 프롤레타리아트가 지배적 소수자로 들어서는 정복자를 적극적으로 환영한 몇 가지 예를 지적할 수 있다. 유대인을 포로로 잡아간 신바빌로니아 제국을 정복한 페르시아인에 대한 유대인의 웅변적인 찬가 〈제2이사야〉 속에 이 환영의 기분이 표현되어 있다.

그 뒤 200년이 지나서 이번에는 바빌로니아인이 자기들을 아케메네스 제국의 멍에에서 해방해 준 헬라스 사회의 알렉산드로스를 환영했다.

일본의 내적 프롤레타리아트

서유럽 사회에 병합되기 이전에 이미 동란 시대를 거쳐, 세계 국가의 단계에 들어갔던 동아시아 사회의 역사 속에 일본의 내적 프롤레타리아트가 분리해 나간 흔적을 나타내는 몇 가지 뚜렷한 증거를 발견할 수 있다. 예를 들어 기원전 431년에 시작된 일련의 전쟁과 혁명의 결과 고향에서 쫓겨나 용병이라는 불행한 활로를 발견한 헬라스 사회의 도시 국가 시민에 상응하는 경우를 찾아보면, 일본의 동란 시대 중에 봉건적 무정부 상태로 인해 생긴 '로닌'—섬길 주인 없는 실업 무사—이 그에 해당한다고 할 수 있다. 또 오늘날 일본 사회에서 쫓겨난 자로 살아남은 '에타'라 불리는 천민은 일본 본토에 살던 아이누 야만인으로 아직 완전히 동화하지 않은 소외 계급으로 볼 수 있다. 이 사람들은 유럽이나 북아프리카의 야만족이 로마의 무력에 의해 헬라스 사회의 내적 프롤레타리아트 속에 편입된 것과 마찬가지로, 강제적으로 일본의 내적 프롤레타리아트 속에 편입된 것이다. 한편 일본의 종교 속에 남아 있는 흔적을 보면 헬라스 사회의 내적 프롤레타리아트가 그들이 참아내야 했던 고난에 대한 가장 효과적인 응전을 찾다가 발견한 '고등 종교'에 대응하는 일본 종교를 발견할 수 있다.

그것은 모두가 1175년 이후 1세기 안에 창시된 정토종·정토진종·법화종·선종이었다. 이 네 종교는 모두 대승 불교의 변형인데, 외래 종교라는 점에서 헬라스 사회의 고등 종교와 비슷하다. 또 4개 중 3개는 남녀의 영적 평등을 설파했다는 점에서만은 그리스도교와 비슷하다. 교육을 받지 못한 소박한 민중에게 가르침을 설득하는 데 있어, 이들 종교의 사도들은 한문 사용을 금하고 문자를 쓸 필요가 있을 경우에는 비교적 쉬운 문자로 일본어를 썼다. 종교 창시자로서 그들의 주요한 약점은 가능한 한 많은 민중을 구제하려고 염원한 나머지, 그들의 요구의 정도를 너무 낮추었다는 점이다. 어떤 자는 신도들에게 염불이나 되풀이하기만 하면 된다고 하고, 또 어떤 자는 그 제자들에게 전혀 도덕적 요구를 하지 않았다. 한편 그리스도교의 근본 교의는 모든 죄의 용서인데도, 여러 시대 온갖 경우에서 그리스도교의 지도자라 자칭하는 사람들에 의해 교의가 실제적으로는 오용되고 오인되었으므로, 그 지도자들은 이런 잘못뿐만 아니라 결국 일본처럼 도덕적 요구를 하지 않은 것이나 마찬가지라는 이중의 비난을 모두 받아야 한다는 것을 상기해야 할 것이다. 예를 들어 루터는 그 무렵 로마 교회에 의해 행해지고 있던 면죄부 판매를 종교적 외형을 띤 상거래로, 즉 그리스도교의 회개를 대신하는 것이라고 공격했으나, 그와 동시에 바울의 "오직 믿음으로써 의롭게 된다"를 잘못 해석했다는 점과 "담대하게 죄를 지어라"라는 가르침에 의해 도덕을 아무렇게나 취급하고 있다는 비난을 받았다.

외래적 세계 국가 속에 있는 내적 프롤레타리아트

어떤 유형의 해체기 문명은 고유한 지배적 소수자가 절멸하거나 정복된 뒤에도 표면적인 사건의 추이만은 여전히 정상적인 진로를 더듬어 나간다는 기묘한 상황을 이룬다. 3개의 사회—힌두 사회, 중국의 동아시아 사회, 서아시아의 그리스 정교 사회—는 모두 쇠퇴에서 해체에 이르는 도중에 순조로이 세계 국가의 단계를 통과했으나, 이 세계 국가는 스스로 건설한 것이 아니다. 외래인으로부터 주어진 것이나 강요한 것으로 이어받은 것이다. 그리스 정교 사회 본체에 오스만 제국이라는 세계 국가를 주고, 또 힌두 세계에 티무르(무굴) 제국이라는 또 다른 세계 국가를 주었다. 그 뒤 이 날림의 무굴 제국을 그 기초로부터 완전히 다시 세운 것은 영국인이었다. 중국에 있어 오스만족 또는 무굴족의 역할을 이행한 것은 몽골족이었다. 한편 영국인이 인도에서 한 것 같은 더욱 견고한 기초 위에 다시 세우는 일이, 중국에서는 만주족의 손으로 이루어졌다.

해체기의 사회가 이처럼 외래 건설자에게 그들의 세계 국가를 만들어달라고 한 것은, 그 사회 고유의 지배적 소수자가 전적으로 무능해져 창조력을 잃은 것을 말하는 것이다. 그리고 이 피할 수 없는 노쇠 현상에 대한 형벌은 굴욕적인 권리 상실이었다. 지배적 소수자의 일을 하기 위해 찾아오는 외국인은 아주 당연한 과정으로서 현지에서 지배적 소수자의 특권을 가로챈다. 이리하여 외래인이 건설한 세계 국가의 토착민인 지배적 소수자는 모두 내적 프롤레타리아트와 같은 지위로 떨어진다.

몽골인이나 만주인의 칸(군주 칭호), 오스만의 파디샤, 무굴인이나 영국인 인도 황제처럼, 편의상 각자 중국인 유학자나 그리스계 파나르인 그리고 힌두교도 브라만을 관리로 고용하는 일이 편리하다고 생각할 수도 있다. 그러나 그렇게 되더라도 뒤에 이들은 외래 권력의 대행자로서의 지위뿐 아니라 영혼까지 상실했다는 사실은 숨길 수 없을 것이다. 이처럼 지배적 소수자가 전에 그들이 경멸했던 내적 프롤레타리아트와 같은 천한 신분으로 떨어질 경우에는 해체의 과정이 정상적인 진행을 하고 있지 않다는 것이 명백하다.

오늘날 힌두 사회의 내적 프롤레타리아트에 있어서는 뱅골의 전투적인 혁명가 무리에 의해 이루어지는 암살과, 구제라티 마하트마 간디에 의해 설파되는 비폭력 무저항주의로 대조되는 폭력과 온유에 대한 프롤레타리아트의 이중적인 반응을 파악할 수 있다. 그리고 이렇게 상반되는 두 경향을 대표하는 몇 가지 종교 운동이 존재하는 곳에서 프롤레타리아트의 활동이 오래전부터 시작되고 있음을 알 수 있다. 즉 우리는 시크교가 취하는 힌두교와 이슬람교의 전투적 프롤레타리아트의 절충 형태로써 알 수 있고, 또한 브라흐마 사마지 교단이 취하는 힌두교와 자유주의적인 프로테스탄트 그리스도교의 비폭력적인 절충 형태로써 알 수 있다. 만주족의 지배 아래 있었던 중국 동아시아 사회의 내적 프롤레타리아트는 19세기 중엽에 사회적 무대를 지배한 태평천국 운동을 통해 프로테스탄트 그리스도교의 영향을 받고 있었다는 점에서는 브라흐마 사마지 교단과 비슷하고, 전투적인 점에서는 시크교와 비슷한 내적 프롤레타리아트 활동을 했음을 알 수 있다.

그리스 정교 사회 본체의 내적 프롤레타리아트는, 1450년대에 살로니카에서 발발한 '젤롯파' 혁명에서 볼 수 있는데, 이 혁명은 그리스 정교 사회의 동란 시대 중 가장 어두운 시기, 즉 정복자인 오스만족의 강제력으로 그리스 정교 사회가 세계 국가 속으로 쫓기기 직전의 시기에 폭력적인 프롤레타리아트의 반응을 보였던 것이다. 그에 대응하는 온화한 반응은 그리 큰 진전을 보이지 않았으나 만일 18세기에서 19세기로 넘어가는 시기에 그처럼 오스만 제국 붕괴의 바로 뒤를 쫓아 서유럽화의 과정이 일어나지 않았다면, 아마 지금쯤은 벡타쉬(이슬람교의 신비주의적 경향을 띤 수피즘의 종단) 운동이 서아시아 전역에 걸쳐 현재 알바니아의 입지와 같은 지위를 획득했을지도 모른다.

바빌로니아 사회와 시리아 사회의 내적 프롤레타리아트

다음으로 바빌로니아 세계로 옮겨가면, 심각한 고뇌를 맛보고 있는 프롤레타리아트의 영혼 속에 종교적 체험과 종교적 발견의 기운이 나타났다. 이 체험은 기원전 8세기와 7세기에 세계 국가 건설을 향한 영토 확장과 무차별적 공격을 감행한 아시리아 때문에 공포에 싸여 있었던 서남아시아에서 다시 그런 종교적 기운이 나타났는데, 이것은 그로부터 약 6세기 후 로마 공포하에 놓인 헬레니즘화된 지중해 연안 여러 지역의 경우와 마찬가지로 심각한 종교적 체험이 있었던 상황과 비슷하다.

마치 해체기의 헬라스 사회 문명이 마케도니아와 로마의 정복에 의해 팽창한 것과 마찬가지로, 해체기의 바빌로니아 사회 문명은 아시리아의 무력을 통해 지리적으로 두 방향을 향해 팽창해 갔다. 아시리아인은 동쪽으로 이란의 자그로스산맥을 넘어 들어가, 뒷날 아펜니노산맥을 넘어 유럽 여러 지역을 평정한 로마인보다 앞질러 수많은 미개 사회를 정복하고 문명을 전했다. 서쪽으로는 유프라테스강을 건너, 뒷날 다르다넬스 해협의 아시아 쪽 여러 지역을 평정한 마케도니아인보다 앞서 두 문명을 따르게 했다. 이 두 외래 문명, 즉 시리아 문명과 이집트 문명이야말로 뒷날 알렉산드로스가 전쟁을 멈춘 뒤 헬라스 사회의 내적 프롤레타리아트 속에 병합된 4개의 문명 중 2개였다. 또 바빌로니아 사회에서 군국주의의 피해자가 된 바빌로니아 문명 소속자들은 정복됨과 동시에 고국에서 쫓겨났다. 피정복 민족 추방의 전형적인 예는 이스라엘의 '잃어버린 10지파'가 아시리아 무장 사르곤 때문에, 또 유대인이 신바빌로니아 제국의 무장 네부카드네자르 때문에 바빌로니아 세계의 중심에 해당하는 바빌로니아 땅으로 끌려간 사건이다.

주민의 강제적 교체란 것이 바빌로니아 제국주의가 피정복 민족의 기력을 꺾기 위해 채용한 가장 주요한 방책이었는데, 이 잔악 행위는 결코 외국인이나 야만족들에게만 가해진 것은 아니다. 골육상쟁에 있어 바빌로니아 세계의 지배 세력들은 양심의 가책도 없이 서로 상대를 같은 방법으로 괴롭히는 일을 조금도 꺼리지 않았다. 사마리아인—고작 몇백 명밖에 안 되었지만 아직 그리심산(가나안에 있는 산) 근처에 살아남아 있다—사회는 바빌로니아 자체와 바빌로니아의 몇몇 도시로부터 추방된 사람들이 아시리아인에 의해 시리아로 이주당한 사건의 기념이다.

바빌로니아 사회에 내적 프롤레타리아트가 생긴 것은(바빌로니아 내부에 대한 유화 정책에 실패한) '아시리아의 분노'가 아직 가라앉기 전의 일이었는데, 그것의 기원과 구성, 그리고 만난 경험 등에 있어 헬라스 사회의 내적 프롤레타리아트와 매우 비슷하다. 이 두 그루의 나무는 같은 결실을 보았다. 뒷날 시리아 사회가 헬라스 사회의 내적 프롤레타리아트에 편입되었을 때는 유대교에서 그리스도교가 탄생한다는 결과가 생긴 것인데, 앞서 이 같은 시리아 사회가 바빌로니아 사회의 내적 프롤레타리아트에 편입되었을 때에는 시리아 사회가 분열되어 성립한 많은 지방 사회 중 하나인 원시 종교에서 유대교가 탄생되는 결과가 생겼다.

유대교와 그리스도교는 양자를 단순히 두 외래 사회가 역사의 비슷한 단계에 생겨난 산물로 보는 한, 두 종교는 '철학적으로 시대가 같고 가치가 같은 것'으로 간주되지만 다른 각도에서 보면 같은 정신적 각성 과정을 전후해서 일어난 2개의 다른 단계임을 뚜렷이 알 수 있다. 정신적 각성 과정에서 일어났다는 후자의 방법으로 보면, 둘 다 이스라엘의 원시 종교의 영역보다 훨씬 뛰어난 것으로, 그리스도교는 유대교와 어깨를 나란히 하고 서 있는 것이 아니라 유대교 어깨 위에 서 있는 셈이 된다. 또 기원전 8세기와 그 이후의 이스라엘 및 유대 예언자들의 각성이 그리스도교와 원시적인 야훼 숭배의 연대적·정신적 차이의 중간 수준에 있다는 기록 또는 암시 중 남아 있는 유일한 것은 아닌 셈이다.

성서는 예언자 이전에 예언자보다도 낮은 단계에 있는 자로서 모세라는 인물과 그리고 그 전에 아브라함이라는 인물을 등장시킨다. 확실치 않은 이들 인물의 역사적 확실성에 대해 어떠한 견해를 취하든 간에 아브라함과 모세 두 사람을 예언자나 그리스도와 같은 역사적 배경 속에 둔 점이 주목할 만하다. 즉 모세가 출현한 것은 이집트 '신왕국'의 쇠퇴와 같은 시기였고, 아브라함이 출현한 것은 수메르 사회의 세계 국가가 잠깐 동안 함무라비에 의해 재건된 다음 멸망하려고 하는 마지막 날과 같은 시기였다. 이처럼 아브라함·모세·예언자·예수에 의해 대표되는 4개 단계는 모두 문명 해체와 새로운 종교 탄생의 관계를 입증한다.

고등 종교로서의 유대교 발생에 대해서는 추방 전의 이스라엘과 유대 예언자의 모든 책 속에 비할 수 없을 정도로 풍부하고 명료한 기록이 남아 있다. 그리고 이 거대한 정신적 고뇌를 낱낱이 묘사하고 있는 기록 속에 우리가 다른 곳에서 만난 문제, 즉 시련에 대처하는 방법으로서 폭력적 수단과 온화한 수단 중 어느 쪽을 택하느냐 하는 문제가 뜨거운 논쟁의 목적이 되고 있음을 본다. 그뿐만 아니라 이 경우에서도 차츰, 온유가 폭력을 압승해 갔다. 왜냐하면 동란 시대가 절정에 이르고, 그 절정을 통과해 감과 동시에 잇달아 심한 타격을 입었기 때문에 그렇게도 목숨을 아끼지 않는 유대의 저항자들도 폭력에 대해 폭력으로 대하는 일이 무익함을 깨달았기 때문이다. 기원전 8세기의 시리아에서도 아시리아의 쇠망치에 두들겨 맞은 시리아인 사회 사이에서 새로운 '고등 종교'가 태어났고, 그 시리아인들이 고국에서 쫓겨남으로써 기원전 6세기와 5세기의 바빌로니아에서 성숙해 갔다.

로마 시대의 이탈리아로 추방된 동방 출신의 노예들과 마찬가지로 네부카드네자르 시대의 바빌로니아에 추방된 유대인도 쉽게 정복자의 기풍에 융화하지 못했다.

예루살렘이여, 만일 내가 당신을 잊어버린다면
내 오른손을 못 쓰게 하십시오.
만일 내가 당신을 기억해 내지 못한다면……
내 혀를 입천장에 붙게 하십시오.

그러나 이들 추방자들이 이국의 땅에서 계속 품어온 고향의 기억은 다만 단순한 소극적인 감상은 아니었다. 그것은 원대한 꿈의 묘사였으며 새로운 창조에 대한 영감에 꽉 찬 적극적인 창조 활동이었다. 눈물 어린 눈으로 이 초현세적인 유령의 나라에 비추어 보면, 허물어진 성채는 지옥문도 이겨낼 수 없는 견고한 바위 위에 세워진 신성한 도시로 변모했다. 그리고 그들을 포로로 한 사람들의 뜻을 환영하기 위한 시온의 노래를 불러 기쁘게 해주기를 완고히 거부하고, 유프라테스강 기슭의 버드나무 가지에 그들의 하프를 걸어놓았다. 그 순간에 그들을 마음의 악기로 눈에 보이지 않고 귀에 들리지 않는 하프 선율에 실어 새로운 음을 만들어내고 있었다.

바빌로니아의 강가에 앉아
시온을 생각하고 눈물을 흘렸다.
오, 시온아.

바로 그 눈물 속에 유대인의 종교적 각성이 이루어진 것이다. 이질적인 사회의 내적 프롤레타리아트 대열에 끼인 시리아계 민족이 차례차례 종교적 반응을 나타냈다는 점에서 바빌로니아 사회와 헬라스 사회의 역사가 분명 비슷하다는 것은 이제 명백한 일이다. 그러나 바빌로니아 사회의 자극적 도전에 의해 일어난 응전은 문명에 속하는 희생자들 사이에서뿐 아니라 동시에 야만족 희생자들 사이에서도 일어났다. 로마의 무력에 정복된 유럽이나 북아프리카의 야만족이 무엇 하나 독자적인 종교적 발견을 하지 못하고 단순히 같은 프롤레타리아트 동료의 동방 출신자가 그들 사이에 뿌린 씨를 받아들였을 뿐인 데 반해, 아시리아로부터 약탈을 당한 이란의 야만족은 조로아스터라는 고유한 예언자를 낳았고, 이 예언자가 조로아스터교 창시자가 되었다. 조로아스터의 연대는 논의

할 여지가 있고, 또 그의 종교적 발견이 과연 아시리아의 도전에 대한 독자적인 응전이었는지 아니면 그의 목소리가 '메디아 사람의 여러 고을'(《열왕기하》 17 : 6)에서 추방으로, 길 잃은 이스라엘 예언자들의 외침의 단순한 메아리였는지, 확실한 말은 할 수 없다. 그러나 이 두 가지 '고등 종교'의 본래의 관계가 가령 어떠했건 조로아스터교와 유대교는 성숙된 모습에 있어 대등한 종교로 보인 것만은 명백하다. 하여간 바빌로니아 사회의 동란 시대가 아시리아 멸망과 함께 종말을 고하고 바빌로니아 세계가 신바빌로니아 제국이라는 세계 국가의 단계로 이행한 무렵에, 유대교와 조로아스터교는 이 정치적 테두리 속에서 세계 교회를 설립하는 특권을 획득하기 위해 경쟁한 것 같다. 마치 그리스도교와 미트라교가 로마 제국의 테두리 속에서 같은 특권을 얻으려고 경쟁한 것처럼 말이다.

하지만 그렇게 실현되지는 않았다. 세계 국가의 신바빌로니아 제국이 로마에 비해 극히 단명했다는 것만으로도 충분한 이유가 된다. 바빌로니아의 네부카드네자르는 로마의 아우구스투스에 가까운 인물이다. 그러나 그 뒤 몇십 년 또는 몇백 년의 간격을 두고 세베루스·트라야누스·콘스탄티누스와 같은 식으로 뛰어난 지배자가 바빌로니아에서는 이어지지 않았다. 네부카드네자르의 바로 다음 후계자인 나보니두스나 벨샤자르(나보니두스의 아들)는 어느 쪽인가 하면 오히려 율리아누스나 발렌스에 견줄 만한 인물이었다. 1세기 되기 전에 신바빌로니아 제국은 이란계 '메디아와 페르시아 사람에게 주기로'(《다니엘》 5 : 28) 되어 있었으나, 이 아케메네스 제국(페르시아)은 정치적으로는 이란적이고, 문화적으로는 시리아적 성격이었다. 그리고 지배적 소수자와 내적 프롤레타리아트의 역할이 역전된 것이다.

이 같은 상황에서 유대교와 조로아스터교의 승리는 한층 더 확실하고 빠른 것으로 생각되었는지도 모른다. 하지만 200년 뒤에 또다시 운명의 여신이 개입하여 사건의 추이는 뜻하지 않은 방향으로 흐르게 되었다. 메디아 왕국과 페르시아 왕국이 정복자 마케도니아인의 손에 넘겨진 것이다. 시리아 세계를 향한 헬라스 사회의 폭력적 침입으로 인해 시리아 사회의 세계 국가는 그 역할이 완전히 이행되기 훨씬 이전에 지리멸렬 상태에 빠지게 되었다. 그와 함께 그때까지 아케메네스 제국의 비호 아래 평화적으로 세력을 확장해 온 이 2개의 고등 종교는 본래의 종교적 기능을 정치적 역할로 대신한다는 불행한 길로 쫓겨 들어간 듯하다.

이들 종교는 영토를 침입해 온 헬레니즘에 대한 투쟁에서 시리아 문명 옹호자의 역할을 했다. 서쪽으로 치우친 지중해를 바라보는 위치에 있었던 유대교는 용감하게 결사대의 역할을 떠맡고 나오게 되었으며, 당연한 과정인 기원후 66~70년과 115~117년, 132~135년의 로마 대 유대의 싸움에서 로마의 무력에 부딪쳐 장렬히 전사했다. 자그로스산맥의 동쪽 성채에 들어박힌 조로아스터교는 3세기에 유대교보다 덜 절망적인 조건에서 싸웠다. 조로아스터교는 유대교가 이용한 조그만 마카베오 왕국보다도 더 강력한 사산 왕국을 이용해 훨씬 강력한 반헬라스 문명의 십자군의 무기를 쓸 수가 있었다. 그리고 사산 왕조는 572~591년 및 603~628년의 로마·페르시아 전쟁을 정점으로 하는 400년간의 싸움에서 서서히 로마 제국의 힘을 약화시켰다. 그럼에도 사산 왕국은 결국 헬레니즘을 아시아와 아프리카에서 쫓아내는 일을 완성할 수 없었다. 한편 조로아스터교도 결국 정치적 사업에 부담을 주었기 때문에 유대교나 마찬가지로 심한 보복을 받아야만 했다. 오늘날 조로아스터교도들은 유대교도처럼 단순히 '디아스포라'(흩어진 민족)로서 살아남아 있음에 불과하다. 그리고 이 두 가지 석화된 종교는 곳곳으로 흩어진 두 교단의 성원들을 아직도 강력하게 결속시키고 있으나, 인류에게 전해야 할 사명을 잃고 전멸한 시리아 사회의 화석으로 굳어버렸다.

외래 사회의 문화적 세력이 침입함으로 인해 단순히 이 '고등 종교'를 정치적 방향으로 벗어나게 했을 뿐 아니라 다시 그것을 분열케 했다. 유대교와 조로아스터교가 정치적 반항의 도구로 변질된 뒤에, 시리아 사회의 종교적 자질은 시리아 사회의 주민 중 헬라스 사회의 도전에 대해 폭력적인 방법이 아니라 온화한 방법으로 반응을 보이던 시리아 주민들 사이에 깃들게 되었다. 그리고 시리아 사회의 종교는 헬라스 사회의 내적 프롤레타리아트의 신종교 갈망의 기운에 대해 그리스도교와 미트라교를 낳는 공헌을 했으나, 그로 인해 유대교와 조로아스터교가 배척한 종교관이 새로운 표현을 찾아주었다. 이번에는 그리스도교도와 시리아 세계를 정복한 헬라스 사회의 사람들의 마음을 온유의 힘으로 잡은 다음, 3개의 교파로 분열했다. 즉 헬레니즘과 동맹을 맺은 가톨릭교회와 두 이단인 네스토리우스파, 그리스도 단성론자로서, 그 뒤의 두 종파는 조로아스터교나 유대교의 전투적인 역할을 이어받아 시리아 사회의 영역에서 헬레니즘을 쫓아내려고 했으나 역시 결정적인 성공을 거둘 수 없었다.

그러나 두 번 계속된 실패에도 시리아 사회의 전투적인 헬레니즘 반대파는 허탈과 절망에 빠져들지 않았다. 마침내 세 번째의 시도가 이루어졌고 이번에는 훌륭히 성공을 거두었다. 그리고 이 헬레니즘에 대한 시리아 사회의 최종적인 정치적 승리는 시리아 사회에서 생긴 또 하나의 종교에 의해 이행되었다. 마지막으로 서남아시아와 북아프리카에 있어 로마 제국의 지배를 타도함으로써 재건된 시리아 사회 세계 국가의 아바스 칼리프국에 이슬람교가 세계 교회를 제공한 것이다.

인도 사회와 중국 사회의 내적 프롤레타리아트

인도 사회도 시리아 사회나 마찬가지로 해체 과정 도중에서 헬라스 사회의 심한 침략을 받았다. 이런 경우 비슷한 도전이 어느 정도까지 비슷한 응전을 불러냈느냐를 살펴보는 것은 흥미로운 일이다.

인도 사회와 헬라스 사회가 처음으로 접촉한 무렵—그것은 알렉산드로스의 인더스강 유역 침략의 결과—인도 사회는 바야흐로 세계 국가의 단계에 들어가려는 참이었다. 그리고 그 지배적 소수자는 오래전부터 자이나교와 불교라는 두 철학의 유파를 창조해 해체의 시련에 응전하고 있었다. 하지만 그 내적 프롤레타리아트가 '고등 종교'를 배출했다는 증거는 전혀 없다. 기원전 237~232년에 걸쳐 인도 사회의 세계 국가에서 왕위에 있던 불교도의 철인왕 아소카는 이웃 헬라스 사회를 그의 철학으로 전향시키려 했으나 결국 실패로 끝났다. 불교가 알렉산드로스 시대 이후 헬라스 세계의 중심에서 멀리 떨어진 위치에 있으나 광대하고 중요한, 그리고 그리스 문화가 섞인 박트리아 왕국이 차지하고 있는 지방을 급습해 빼앗은 것은 훨씬 뒤의 일이었다.

그러나 불교가 이처럼 정신적인 역정복에 성공한 것은, 가우타마 싯다르타 초기 제자들의 낡은 철학[5]이 대승 불교라는 새로운 종교로 전환된 뒤의 일이었다.

---

5) 불교 철학이, 러시아 학자가 쓴 다음 구절에서 말해 주듯이, 대승불교에 반대해 기우타마 싯다르타 자신의 가르침을 그대로 받아들였는지 또는 싯다르타의 가르침을 달리 해석했는지에 대해서는 오늘날 단정적으로 대답할 수 없는 하나의 쟁점이 되고 있다. 어떤 철학자들은, 소승 불

"대승 불교는 초기 불교와는 근본적으로 다른 완전히 새로운 종교로서, 그 선행자인 원시 불교와 후대의 브라만계 종교와도 많은 접촉점을 나타낸다. …… 새로운 정신이—그렇다고 해도 그것은 오랫동안 불교 교단 속에 잠복해 있었다—기원후 여러 세기 동안에 완전히 꽃피었을 때, 어떤 과격한 혁명이 불교 교단을 일변시켰느냐 하는 점에 대해서는 지금까지도 충분히 이해되지 않고 있다. 개인의 궁극적 영혼 구제에 이르는 길은 삶의 절대적 소멸과 세상을 떠난 교조에 대한 단순한 숭배 속에 있다고 하는 무신론적이며 영혼을 부정하는 철학적 교설이다. 그러한 가르침이 숭고한 성자의 무리에 휩싸인 최고신을 지니는 장구한 고(高)교회파(종교 개혁 뒤에 생긴 영국 국교회의 한 파)가 삶을 지닌 모든 것의 보편적 구제, 제불(諸佛)과 제보살의 자비에 의한 구제, 절멸이 아니라 영원한 생명에서의 구제를 이상으로 하는 대단히 경건하고 매우 의식적이며 교권주의적인 종교로 대치되는 것을 볼때, 이 정도로 심한 신구 간의 단절이 여전히 같은 교조의 법통을 잇는다고 종교 내부에서 주장하는 일은 종교사에서 거의 예가 없던 일이라고 단언해도 될 것이다."[6]

면목을 일신하여 확대된 헬라스 세계의 동북쪽에서 개화하게 된 이 불교야말로 참으로 인도 사회의 '고등 종교'이며, 같은 시대에 헬라스 사회의 중심부에 침입하기 시작한 다른 몇몇 고등 종교에 견줄 만한 것이었다. 대승 불교의 특색이며, 동시에 그 성공의 비결이기도 했던 이 인격적 종교는 어디서 왔을까? 불교 정신을 근본적으로 변화시킨 이 새로운 효모는 헬라스 사회의 철학 특질과는 거리가 먼 것처럼, 인도 사회 고유 철학의 특질과도 인연이 없는 것이었다. 그것은 인도 사회의 내적 프롤레타리아트의 체험에 대한 소산이었는지, 아니면 이미 그보다 앞서 조로아스터교와 유대교를 타오르게 한 시리아 사회의 불꽃에서 비화된 불꽃이었는지 어느 견해건 그것을 지지하는 증거를 들려고 하면 들 수

교 경전이라는 체계화된 철학에서 붓다의 개인적 가르침들은 붓다 자신이 실재 세계와 영혼 불멸성을 부인하지 않았다고 주장한다. 또한 영적 실현의 목적으로서 열반은 절대적 소멸 상태로서, 우리가 삶에 집착하는 한 삶 자체와는 거리가 먼 생각들에 휩싸이게 되어 완전히 충족된 삶을 살 수 없음을 가르친다고 주장한다.〔원주〕

6) Stcherbatsky, F. Th. : *The Conception of Buddhist Nirvana*.〔원주〕

있지만, 우리는 사실상 어느 것이라고 결정할 자격이 없다. 단지 이 불교적인 '고등 종교'의 등장과 함께 인도 사회의 종교사는 앞서 본 시리아 사회의 종교사와 동일한 과정을 더듬기 시작한다는 것만으로 만족하자.

대승 불교는 헬레니즘화된 세계에 복음을 전하기 위해 원래 그것이 발생한 사회의 호주머니에서 나온 '고등 종교'라는 점에서 명백히 그리스도교나 미트라교에 가까운 인도 사회의 종교이다. 그리고 이 일을 실마리로 하여 우리는 헬레니즘이라는 프리즘이 중간에 놓였기 때문에 시리아 사회의 종교의 빛이 회절하면서 성질이 다른 분광이 생겨난 것이라고 할 수 있는 인도 사회의 모든 종파를 확인할 수가 있다. 유대교와 파르시교 속에 남아 있는 시리아 사회의 헬레니즘 침입 이전의 '화석들'에 가까운 것을 인도 사회 속에서 찾는다면, 우리는 오늘날 스리랑카, 미얀마, 타이, 캄보디아에 남아 있는 대승 불교 이전 불교 철학의 영향인 소승 불교 속에서 그것을 발견한다. 또 시리아 사회가 헬레니즘을 쫓아내기 위한 효과적 수단으로서 도움이 될 종교를 갖기 위해 이슬람교의 출현을 기다려야만 했던 것과 마찬가지로, 인도 사회에 침입했던 헬레니즘의 정신을 완전히 최종적으로 쫓아낸 것은 대승 불교가 아니라 순수하게 인도적이며 완전히 비헬레니즘적이었던 불교 시대 이후의 힌두교 종교 운동이었음을 발견하게 된다.

대승 불교의 역사는 지금까지로 보아, 탄생지인 비헬라스 사회를 개종시키는 대신 헬라스 세계 속에서 활동 무대를 찾아냈다는 점에서 가톨릭교의 역사와 일치한다. 그런데 대승 불교의 역사에는, 그리스도교회의 역사에서는 볼 수 없는 다른 하나의 시기가 그 앞에 있다. 즉 그리스도교는 죽어가는 헬라스 사회의 영역 속에 자리를 정하고 그곳에 머무르며 헬라스 사회 멸망 후까지 살아 있다. 그리하여 마침내 헬라스 문명의 자식에 해당하는 두 가지 새로운 문명—서유럽 문명과 그리스 정교 문명—을 위해 세계 교회를 제공했다. 그러나 대승 불교 쪽은 단명으로 끝난 헬라스 사회의 박트리아 왕국을 지나 중앙아시아의 고원 지대를 횡단하고 죽어가는 중국 문명 세계로 들어갔다. 이처럼 발상지로부터 두 번 자리를 옮기며 중국 사회에서 내적 프롤레타리아트의 세계 교회가 된 것이다.

수메르 사회의 내적 프롤레타리아트의 유산

바빌로니아와 히타이트 사회는 수메르 사회의 자식에 해당하지만, 수메르 사회의 내적 프롤레타리아트 속에서 태어나 자식 문명에 유산으로서 전해진 세계 교회는 전혀 발견할 수 없다. 바빌로니아 사회는 수메르 사회의 지배적 소수자의 종교를 이어받은 것 같으며, 히타이트 사회의 종교도 일부는 같은 수메르 사회로부터 온 듯하다. 그러나 수메르 세계의 종교사에 대해서는 아주 조금밖에 모른다. 우리가 말할 수 있는 것은 만일 탐무즈(아시리아와 바빌로니아에서 봄과 식물의 신)와 이슈타르의 숭배가 참으로 수메르 사회의 내적 프롤레타리아트의 체험 기념물이라면, 이 종교의 시도는 수메르 사회 자체에 있어서는 실패로 끝나고 다른 세계에서 겨우 결실을 보았다는 것뿐이다.

이 수메르 사회의 남녀 두 신은 실제로 그 뒤 대단히 오랜 생애를 더듬어, 먼 나라들을 편력하며 걸어다니게 되었다. 그리고 이 두 신의 그 뒤 역사에서 한 가지 흥미 있는 점은, 두 신의 지위에서 상대적 중요함이 변화하는 점이다. 히타이트 사회의 이 두 신에 대한 숭배는 여신 쪽이 위대해져 남신을 완전히 압도해 버렸고, 남신은 여신에 대해 아들인 동시에 애인, 피보호자인 동시에 피해자라는 식으로 이질적이고 특히 서로 모순되는 역할을 연출한다. 그리하여 키벨레–이슈타르에 비하면, 아티스–탐무즈는 하잘것없는 조그만 존재가 되었다. 그리고 먼 서북 끝 오케아노스(그리스 신화의 물의 신)의 흐름에 씻기는 섬의 성소에서는 네르투스(게르만 신화에서 대지와 풍요의 여신)–이슈타르가 배후자인 남신 없이 다만 혼자서 위엄을 유지했던 것으로 생각된다. 그런데 이 두 신이 서남쪽을 향해 시리아와 이집트로 옮겨가는 동안에 차츰 탐무즈의 중요성이 더해지고, 이와 달리 이슈타르는 중요성을 잃어간다. 밤비체(오늘날 시리아 북부의 도시 만비즈)에서 아스칼론(팔레스타인 서남부의 고대 도시)에 걸쳐 숭배되고 있던 아타르가티스 여신은 그 이름으로 추측하여 단지 아티스의 배우자 역할을 이행한다는 것만으로 숭배되고 있던 이슈타르였던 모양이다. 페니키아에서는 아도니스–탐무즈가 '주님'이고, 해마다 그 죽음을 아스타르테(풍요와 생식의 여신)–이슈타르라는 신이 애도한다. 그리고 이집트 세계에서는 오시리스–탐무즈가 그 여동생인 동시에 아내이기도 한 이시스를 단연코 억누르고 있었다. 특히 뒷날 이시스가 헬라스 사회의 내적 프롤레타리아트의 마음속에 자기 왕국을 획득한 것처럼 이번에는 이시스가 단연 오시리스를 억압하게 되었지만, 애도하는 여신이 아니라 죽어가는 남신을 숭배자이자 신앙의 대상으로 삼는 수메르 사회의 신앙이 변형된 형태로 멀리 스칸디나비아의 야만족 사이에까지 퍼져간 것으로 생각된다. 거기서는 발데르(북유럽 신화에서 태양의 신)—탐무즈가 '주님'이라 불리는 한편 배우자인 난나(달의 신) 쪽은 완전히 정체를 잃었으나, 그래도 여전히 수메르 사회의 모신의 이름만큼은 보존하고 있었다.

3. 서유럽 사회의 내적 프롤레타리아트

내적 프롤레타리아트에 대한 대체적인 관점을 완전한 것으로 하기 위해 가장 가까운 곳에 있는 경우를 조사해 보아야겠다. 서유럽의 역사에도 이런 특색 있는 현상이 나타나고 있을까? 서유럽 사회의 내적 프롤레타리아트의 존재 증거를 찾으면 '너무 많아 곤란'할 정도이다. 서유럽 사회는 내적 프롤레타리아트의 공급원 중 하나를 터무니없이 큰 규모로 흔히 이용해 왔다. 적어도 10개의 해체기 문명의 인적 자원이 과거 400년 동안에 서유럽 문명 사회체 안에 편입되었다. 이렇게 해서 그들은 서유럽 사회에서 내적 프롤레타리아트의 성원이라는 공통의 지위로 끌어내려진 것이지만, 그 공통의 수준에서 표준화 과정이 작용함으로써 이전에 이들 잡다한 집단을 구별하고 있던 특색이 많이 옅어져 그 가운데에는 완전히 지워진 것도 있다.

또한 서유럽 사회는 동류의 '문명' 사회를 먹이로 삼는 것만으로는 만족하지 않고, 현재 살아남아 있는 미개 사회의 거의 모두를 뭉쳐놓았다. 그리하여 이들 미개 사회 중의 태즈메이니아족이나 북아메리카의 인디언 부족의 대부분은 충격을 받아 죽었지만, 열대 아프리카 흑인들은 겨우 살아남아 아메리카에서 니제르강의 물을 허드슨강으로, 콩고강의 물을 미시시피강으로 흘려 넣었다. 마치 같은 서유럽 사회라는 괴물이 다른 활동을 통해 양쯔강의 물을 말라카 해협에 흘려 넣었던 것[7]처럼 말이다.

바다를 건너 미국에 보내진 흑인 노예와 인도양의 적도 또는 남반구 연안 여러 지역에 보내진 타밀인이나 중국인 쿨리(하층의 중국인·인도인 육체노동자)들은 기

---

7) 로마 시인 유베날리스가 기원전 2세기경에 반(半)헬레니즘화한 시리아인이 동방에서 로마로 유입한 것을 "오론테스강의 물이 테베레강으로 흘러들었다"라고 기술한 말.(원주)

원전 마지막 2세기 동안에 지중해 연안 각지에서 동원되어 이탈리아 로마의 목장과 농장에 보내진 노예에 속한다.

서유럽 사회의 내적 프롤레타리아트 중에는 이 문명에 편입되어 들어온 또 다른 외래 집단이 있다. 이 집단은 물리적으로 선조 전래의 향토에서 추방된 것은 아니나 정신적으로 부랑화하여 방향을 잃은 종족이다. 외래 문명의 흐름에 발맞춰 삶을 적용시키는 문제를 해결하고자 하는 사회라면, 즉 흐르는 전류를 그 장소마다 맞는 전압으로 바꾸어줄 수 있는 '변압기' 역할을 하는 능력을 갖춘 특별한 사회 계급이 필요하다. 그리고 이 요구에 따라 생기는—이따금 단시일 내에 인위적으로 만들어지기도 하지만—계급은 그것을 표현하는 러시아어의 특별한 명칭으로 일반적으로 인텔리겐치아라는 이름으로 불리게 되었다.

인텔리겐치아는, 전통적인 생활이 쇠퇴해 가고 차츰 더 외부로부터 문명이 침입해 들어오면서 침입자가 강요하는 양식에 따라 생활해 가도록 바뀌는 사회적 환경 속에서 피지배국이 침략국의 중개에 의해 위치를 유지하기 위해 낯설게 다가온 문명을 필요한 만큼 그 나라의 생활 방식에 맞게 습득하게 하고 사용하게 하는 일종의 연락 장교 계급이다.

처음으로 이 인텔리겐치아 안에 포함시킬 수 있는 자들은 육해군 장교의 직급이었다. 이들은 표트르 대제 시대의 러시아가 서유럽 사회에 속하는 스웨덴에 정복되는 것을 막기 위해, 또한 그 이후 시대의 튀르크와 일본이 그즈음 이미 자력으로 일련의 침략을 행할 만큼 서유럽화되어 있던 러시아에 정복되지 않기 위한 목적으로 필요한 만큼 침략국의 전쟁 기술을 습득했다. 다음으로는 전쟁에 진 경우 자기 나라에 강요되는 조건에 대해 서유럽 제국 정부와 절충하는 방법을 습득하는 외교관이다. 오스만족은 한층 더 사태가 긴박해져서 스스로 이런 마지못한 외교 업무에 숙달하지 않으면 안 될 때까지 '라이예'에게 외교 업무를 맡겼다. 그다음에 편입해 들어온 것은 상인이다. 광둥의 무역상이나 오스만 파디샤 영내의 레반트인, 그리고 그리스인과 아르메니아 상인이 거기 속한다. 그리고 마지막으로, 서유럽 문명의 효모 또는 바이러스가 동화되어 가는 사회의 생활 안에 점점 더 깊숙이 파고듦에 따라 인텔리겐치아는 가장 특징적인 형태로 발전했다. 예를 들어 서유럽적인 학과를 가르치는 기술을 배운 교사와 서유럽적인 형식에 따라 행정 사무를 수행하는 방법을 습득한 관리, 프랑스식

공공법 절차에 따라 나폴레옹 법전의 재탕을 적용하는 요령을 익힌 법률가가 그들이다.

인텔리겐치아가 존재하는 경우에는 언제나 2개의 문명이 단순히 접촉했을 뿐 아니라, 두 문명 가운데 한쪽이 다른 한쪽의 내적 프롤레타리아트 안에 흡수되는 과정에 있다고 추론해도 틀림이 없다.

그와 동시에 인텔리겐치아의 생활에 역력히 나타나 있는 또 하나의 사실을 알아낼 수 있다. 그것은 인텔리겐치아는 태어나면서부터 불행하다는 점이다.

이 연락 장교 계급은 자기를 낳은 부모가 속하는 종족의 어느 쪽에서도 따돌림을 받는 혼혈아의 운명적인 불행을 맛보아야만 한다. 인텔리겐치아가 자국민으로부터 소외당하고 멸시당하는 것은 인텔리겐치아의 존재 자체가 치욕으로 느껴지기 때문이다. 그들 가운데 인텔리겐치아가 있었다는 사실이, 그 문명 사회는 익살을 떨고 비위를 맞추어야 하는 싫어도 복종을 피할 수 없는 사회였음을 상기시키는 실마리가 된다. 바리새인은 로마의 세리와 얼굴을 마주칠 때마다, 젤롯당원은 헤롯당원(친로마 정책을 편 헤롯의 지배를 따른 유대인)과 얼굴을 마주칠 때마다 그런 상황이었을 것이라고 상기하게 된다.

이처럼 인텔리겐치아는 본국에서 사랑을 받지 못하는 동시에 그 풍습과 기술을 그처럼 힘들여 재치 있게 숙달한 바로 상대국으로부터도 존경받지 못했다. 저 역사적인 인도와 영국과의 초기 관계에서 영국령의 인도 당국이 행정상의 편의를 위해 양성한 힌두교의 인텔리겐치아는 언제나 영국인의 조소의 대상이 된 게 그 좋은 예이다. '영국적 교육을 받은 인도인'인 '바부'가 유창하게 영어를 구사하면 할수록 인도인이 볼 때 유럽인, 특히 영국인인 '사히브'들은 한층 더 심술궂게, 아무래도 지울 수 없는 잘못된 영어의 미묘한 부조화를 웃음거리로 삼는 것이었다.[8] 그리고 그러한 웃음은 설령 별로 악의가 없는 것이라 하더라도 상대방의 마음을 상하게 하는 것이었다.

이처럼 인텔리겐치아는 이중으로 우리가 정의한 프롤레타리아트에 합치한다. 그들은 하나의 사회가 아닌 두 가지 사회 '안에' 있으면서 그 어느 '쪽에도 속하

---

8) 이 시절 '사히브'들은 라틴어와 그리스어로 고전 교육을 받은 것 같았다. 왜냐하면 그들이 그리스어와 라틴어로 지은 시(詩)에서 부활된 그리스어나 로마어를 대하는 듯한 느낌을 받았기 때문이다.

지 않는' 것이다. 더구나 그 역사의 처음 단계에서는 이런 두 가지 사회 체제 모두에서 없어서는 안 될 기관이라고 느낌으로써 스스로를 위로할 수도 있으나, 시간이 흐름에 따라 이러한 위로마저 빼앗기고 만다. 왜냐하면 인적 자원 자체가 상품화된 곳에서는 공급을 수요에 맞추는 것은 거의 마땅한 일로서 때가 되면 인텔리겐치아는 생산 과잉과 실업으로 고민하게 되기 때문이다.

표트르 대제는 많은 러시아 관리를 필요로 했고, 동인도 회사는 많은 수의 서기를, 무함마드 알리도 일정수의 이집트인 방적공과 조선공(造船工)을 필요로 했다. 그렇게 되면 도공들이 인간 점토를 빚어 그들을 제조하기 시작한다. 인텔리겐치아 제조 과정은 그리 쉬운 일이 아니어서 시작하기보다 그만두는 것이 어렵다.

왜냐하면 이 연락 장교 계급은 그들이 봉사해서 이익을 얻은 사람들에게서조차 경멸받지만, 그 일원이 되는 자격을 갖춘 사람의 눈으로 보면 인텔리겐치아가 무척 명망이 있어 보이기 때문에 그 직업의 단점은 없어지게 된다. 지망자 수가 고용 기회와 전혀 균형이 맞지 않게 증가하여 일자리를 얻은 최초의 인텔리겐치아 주위에는 일자리를 얻지 못하고 인생에서 퇴보한 데다가 세상에서 소외당한 지적 프롤레타리아트의 무리가 우글거리게 된다. 소수의 러시아 관리에 무수한 '허무주의자'가 합치고, 소수의 하급 서기에 무수한 '탈락한 학사'들이 무리를 짓는다.

인텔리겐치아의 고뇌는 이전보다 이후의 상태에서 비교도 되지 않을 만큼 크다. 사실 우리는 인텔리겐치아가 운명적으로 짊어지고 있는 불행은 시간의 산술 급수적 진행에 비해 기하급수적 비율로 늘어난다고 하는 하나의 사회적 '법칙'을 세워도 좋을 정도이다.

17세기 끝 무렵부터 모습을 나타내는 러시아의 인텔리겐치아는 이미 1917년의 모든 것을 파괴하는 볼셰비키 혁명 때에 쌓인 원한을 뱉어냈다. 18세기 후반부터 모습을 나타내는 벵골의 인텔리겐치아는 오늘날 인텔리겐치아의 출현이 50년 또는 100년쯤 뒤진 영국령 인도의 다른 지방에서는 아직 볼 수 없는 혁명적인 과격함의 경향을 보이고 있다.

그러나 이 사회적 잡초가 번식하는 것은 원래 그것이 발생한 땅에만 한정되는 것이 아니다. 최근에 그것은 반서유럽화한 주변의 나라들뿐 아니라, 서유럽 세계의 한가운데까지 모습을 나타내게 되었다. 중등 교육과 대학 교육까지 받앉으면서 훈련된 능력의 적당한 배출구를 얻지 못한 하층 중산 계급이 20세기 이탈리아의 파시스트당과 독일의 국가사회당(나치스)의 주축이 되었다.

무솔리니와 히틀러 정권에서 자리를 잡은 악마적인 추진력은, 모처럼 노력해서 자기를 향상시킨다 해도 그것만으로는 도저히 조직 자본가와 조직 노동자라는 위아래 맷돌 사이에 끼여 깔려 죽을 운명을 면할 수 없다는 것을 알고는 화가 났고, 그리하여 과격한 지적 프롤레타리아트가 생겨났다.

사실 서유럽 사회의 프롤레타리아트 속에 서유럽 사회체 본래의 조직이 편입된 것은 금세기에 시작된 것은 아니다. 서유럽 세계에서도 헬라스 세계의 경우와 마찬가지로 정복 문명으로 인해 인간이 부랑하는 사태를 만들었다. 16세기부터 17세기에 걸친 종교 전쟁 결과 프로테스탄트파가 권력을 잡고 있는 모든 나라에서 가톨릭교도가, 또한 가톨릭파가 권력을 잡고 있는 모든 나라에서 프로테스탄트 교도가 학대 또는 추방의 고통을 겪었다. 프랑스의 위그노(프로테스탄트파) 자손이 프로이센에서 남아프리카에 걸쳐 흩어지고 아일랜드의 가톨릭교도 자손이 오스트리아에서 칠레에 걸쳐 흩어져 있는 것은 이런 종교적 학대 때문이다.

그뿐 아니라 사람들이 잇단 전쟁에 지치고 신앙의 열도 식어, 가까스로 종교 전쟁이 종결되어 평화가 회복된 뒤에도 아직 이 재액은 그치지 않았다. 프랑스 혁명 이후에는 그때까지 종교적 반목이라는 형태를 취하고 있던 증오가 이번에는 정치적 계급투쟁이라는 형태를 취함으로써 수많은 새로운 망명자가 국외로 쫓겨나기에 이르렀다. 1789년(프랑스 혁명의 해)에 프랑스의 귀족 망명자, 1848년(유럽 각지에 혁명이 일어난 해)에 유럽의 자유주의자 망명자, 1917년(러시아 혁명의 해)에 '백계(白系)' 러시아인 망명자, 1922년과 1933년에 이탈리아와 독일의 민주주의자 망명자, 1938년에 오스트리아의 가톨릭교도와 유대인의 망명자, 1939~1945년에는 제2차 세계대전과 그 여파로 인한 전쟁 희생자 수백만 명을 말한다.

또한 헬라스 사회를 동란 시대 중에 시칠리아섬과 이탈리아에서 행해진 농업 경영에서 경제 혁명으로 자급을 위한 소규모의 혼작 농업이 전문 농장 노예에 의한 특정 농산물의 대량 생산 방식으로 전환되었기 때문에 자유민이 전원 지대로부터 쫓겨나 도시로 몰리게 되었다. 그와 같은 재앙이 미합중국의 '면화 지대'에서는 백인 자유민의 혼작 농업 대신 흑인 노예가 경작하는 면화 대농장이 출현한 농촌 경제 혁명 속에서 거의 똑같은 형태로 되풀이되었다.

이 과정에서 프롤레타리아트의 지위로 전락한 '백인 부랑자'는 로마 시대에 이탈리아 재산을 빼앗기고 빈민화한 '자유민 부랑자'와 같은 성질의 무리였다. 더구나 이 흑인 노예와 백인 빈민 계급이라는 두 가지 사회 병폐를 품고 행해진 북아메리카의 농촌 경제 혁명은 영국의 역사에서 3세기 이상에 걸쳐 행해진 농촌 경제 혁명과 똑같은 것으로서 단지 더 빠르게, 또한 가차 없이 적용되었을 따름인 것이다.

영국인은 노예 노동을 도입하는 일만은 하지 않았으나 소수자의 경제적 이익을 위해 자유 농민을 철거시켜 농지를 목장으로 바꾸고 공유지를 울타리로 경계 지음으로써 로마인의 전례를 본받아 미국의 농장 경영자와 목축업자에게 선례를 보였다.

그러나 근대 서유럽 사회의 농촌 경제 혁명이 세계의 전원 인구를 도시로 유입되게 한 주된 원인은 아니었다. 그 배후에 작용한 주된 원동력은 농민의 보유지를 '대토지 소유제'로 바꿔놓은 농업 혁명의 밀어내는 힘—척력—이 아니라 수공업을 증기로 움직이는 기계로 바꿔놓은 산업 혁명의 끌어당기는 힘이었던 것이다.

이 서유럽 사회의 산업 혁명이 약 150년 전 처음 영국 땅에 일어난 무렵에는 그것이 가져오는 이익은 헤아릴 수 없을 만큼 크게 보였으므로, 열성적인 '진보주의자'는 이 변화를 매우 환영하고 축복했다. 부인과 어린이를 포함한 초기 공장 노동자들은 긴 노동 시간으로 공장과 가정 양쪽의 쫓기는 듯한 바쁘고 새로운 생활이 참혹한 것이라고 한탄하는 가운데, 한편 산업 혁명 예찬자는 이러한 것들은 과도적인 해악으로서 제거할 수 있는 것이며 곧 그렇게 될 것이라고 확신하고 있었다.

결과는 모순되게도, 이 낙관적인 예언이 대부분 이루어지기는 했으나 그처럼 확신을 가지고 예언되었던 지상 낙원의 행복은 1세기 전의 낙관론자나 비관론자나 다 예견할 수 없었던 저주받은 부작용 때문에 근대에 와서 허사가 되어가고 있다.[9] 한편으로는 어린이 노동은 폐지되고 여성 노동은 여성의 체력에 맞도

---

9) 낙관론과 비관론에 대한 설명은 로버트 사우디의 《사회에 관한 대화 *Colloquies on Society*》에 대해 토머스 매콜리가 쓴 논문에 나와 있다.(엮은이주)

록 경감되었으며, 노동 시간은 단축되고 가정과 공장에서의 생활과 노동의 여러 조건은 옛날의 열악한 흔적을 전혀 남기지 않을 만큼 나아졌다.

그러나 마력을 가진 공업 기계가 척척 만들어내는 부(富)를 포식한 세계는 동시에 또 실업이라는 요괴스런 검은 그림자로 덮이기 시작했다. 도시의 프롤레타리아트는 '실업 수당'을 받을 때마다 자기가 사회 안에 있긴 하나 거기에 '속해' 있지 않음을 뼈저리게 느끼게 된 것이다.

근대 서유럽 사회에서 내적 프롤레타리아트가 생겨나게 된 내력 가운데 몇 가지는 이제까지 말해 온 것으로도 충분하다. 이번에는 여기서도 다른 사회의 경우와 마찬가지로 내적 프롤레타리아트가 그 시련에 반응하는 방법 중에 폭력과 온유의 두 가지 경향을 찾을 수 있는가 없는가, 만약에 이 두 가지 기질이 함께 나타나 있다면, 둘 가운데 어느 쪽이 우세한가 하는 것을 문제 삼아야 할 것이다.

금방 눈에 띄는 것은 서유럽 사회 하층 계급의 전투적 기질의 유래이다. 과거 150년간의 갖가지 피투성이 혁명을 새삼스럽게 늘어놓을 필요는 없다. 하지만 수많은 적에게 대항한 건설적이고 온건한 정신을 찾아보면 좀처럼 눈에 띄지 않는다.

이 절의 첫 부분에 든 폭력 행위의 희생자들—망명한 종교적·정치적 박해의 희생자와 해외에 이송된 아프리카인 노예, 추방자들, 땅을 빼앗긴 농민—의 대부분은 초대에는 무리일지 모르나 2대째 또는 3대째가 되어서는 강요된 새로운 환경 속에서도 훌륭하게 성공을 거두었다. 그러나 이 일은 문명의 회복력을 보여주는 예가 되기는 해도, 우리가 찾는 건설적이고 온화한 정신의 흔적은 아니다. 이러한 프롤레타리아트 문제의 해결법은 프롤레타리아트의 환경 조건에서 탈출함으로써 폭력적으로 응전을 하느냐, 온화하게 응전을 하느냐 하는 선택에서 벗어나는 것이다.

근대 서유럽 사회의 온화한 응전을 찾다가 우리가 발견하게 되는 것은 영국의 '퀘이커교도'와 모라비아에 망명한 독일의 재세례파와 네덜란드의 메노파(재세례파 교회의 한 파) 정도이다. 그뿐만 아니라 이들 얼마 안 되는 예마저도 자칫하면 우리의 손가락 사이로 빠져나갈 것 같다. 왜냐하면 다음에 말하듯이 그들은 이미 프롤레타리아트의 성원이 아니기 때문이다.

영국의 프렌드파(퀘이커파의 정식 명칭) 역사에서, 초기에 이 종파는 폭력적 경향을 보이면서 노골적인 예언을 하거나 소란을 일으켜 교회 예배의 엄숙함을 깨뜨렸으므로 그 교도는 영국이나 매사추세츠주에서 심한 박해를 받았다. 그러나 이 폭력주의는 곧 항구적인 온건주의로 대체되어 퀘이커교도 특유의 생활 원칙이 되었다. 그리고 한때 프렌드파는 서유럽 세계에서 원시 그리스도교가 한 것과 같은 고전적인 역할을 하는 듯이 보였다. 사실 그들은 〈사도행전〉에 기술되어 있는 대로의 원시 그리스도교회 정신과 실천을 모델로 하여 경건한 생활을 영위했던 것이다.

그리고 프렌드파는 온건주의 원칙을 결코 벗어나지는 않았으나 오랫동안 프롤레타리아트와는 전혀 다른 길을 걸어왔다. 그리고 어느 의미에서 그들은 그들 장점의 희생자가 되었다. 그들은 스스로의 의도와 무관하게 물질적 번영을 획득했다고 말할 수 있다. 왜냐하면 그들의 사업 성공의 대부분은 그들이 이윤 때문이 아니라 양심이 명하는 대로 행한 중대한 결단 때문이었다고 할 수 있다. 그들은 시골에서 도시로 이주했을 때, 전혀 아무 생각 없이 물질적 번영의 신전을 향해 의도하지 않은 순례의 첫발을 내디딘 것이었으나, 그것은 도시의 이윤에 이끌렸기 때문이 아니라, 그렇게 함으로써 감독 교회에 십일조를 지불하는 데 대한 반대와 십일조 징수인에게 폭력으로 저항하는 데 대한 반대를 양심적으로 조화하는 가장 확실한 방법이었기 때문이다.

그 뒤 퀘이커교도의 양조업자가 알코올 음료를 나쁘다 하여 코코아 제조를 시작했고, 또한 퀘이커파 소매 상인은 "살 사람이 값을 깎는다"고 하여 물건 값 바꾸기를 싫어해 상품에 정찰가를 붙이게 되었다. 이것은 신앙 때문에 기꺼이 그들의 이익을 희생시켰던 것이다.

그런데 결국 그들은 단지 "정직이 최선의 정책이다"라는 속담의 진리와 "온유한 자는 복이 있나니 그들이 땅을 기업으로 받을 것이요"(〈마태복음〉 5 : 5)라고 한 산상수훈(신앙생활의 근본 원리에 대한 예수의 가르침) 속에서 약속된 더없는 행복을 실증했을 뿐이다. 그와 동시에 그들은 그들의 신앙을 프롤레타리아트의 종교에서 빼게 된 것이다. 그들은 그들이 모범으로 삼은 사도들과 달리 단 한 번도 열렬한 전도자였던 적이 없다. 그들은 시종 선택된 집단에 머물러 있었다. 그리고 퀘이커교도 이외의 사람과 결혼하면 프렌드파 회원의 자격을 잃는다는 규칙 때문에 그들의 수준을 높이 유지하는 동시에 그 수를 제한했다.

재세례파의 두 분파(독일과 네덜란드)의 역사는 여러 점에서 퀘이커파의 역사와 매우 다르지만, 우리가 오늘 살펴보고 있는 점에 대해서는 거의 같다. 폭력 행사 뒤에 온건주의를 채용하게 되었으나 그 뒤 얼마 안 있어 그들도 프롤레타리아트에서 벗어나게 되었다.

이때까지 우리는 서유럽 사회의 내적 프롤레타리아트의 체험을 반영하는 새로운 종교를 발견하지 못했으나, 여기서 중국 사회의 내적 프롤레타리아트가 이전의 불교 철학을 몰라볼 정도로 탈바꿈시킨 대승 불교를 그들의 종교로 삼은 일을 돌이켜보자. 현대 서유럽 역사에서 폭력의 길을 간 예를 들자면, 마르크스 공산주의를 말할 수 있다. 마르크스의 공산주의는 우리들 일생 동안에 근대 서유럽 철학에서 프롤레타리아트의 종교로 완전히 모습을 바꾸어 러시아의 평원 위에 그의 '신(新)예루살렘'을 새기고 있다.

예를 들어 카를 마르크스가 빅토리아 시대의 풍기 검열관에게 정신적 성명과 주소를 심문당했다고 하면, 그는 자기를 헤겔의 제자이며 헤겔의 변증법을 현대의 경제적·정치적 현상에 적용시키려 하고 있다고 어려운 대답을 할 것이다. 그러나 공산주의를 폭발적인 힘으로 만든 요소는 (절대자, 즉 이성의 본질은 자유이고 자유는 대중의 자유로 발전해 간다고 말한) 헤겔이 만들어낸 것은 아니다.

그러한 요소의 표면에는 서유럽 사회의 조상 때부터 전래의 종교적 신앙 즉 그리스도교로서, 합리주의적 데카르트로부터 철학적 도전을 받은 이래 300년이 지난 그때에 있어서도 여전히, 모든 서유럽인이 어린 시절부터 먹고 자라는 어머니의 젖이나 호흡하는 공기와 마찬가지인 그리스도교에서 온 것임이 신원 증명에 또렷하게 나타나 있다.

또한 그리스도교로 거슬러 올라가도 찾을 수 없는 요소는, 고국을 잃고 세계의 여러 곳에 제각기 분산한 유대인 디아스포라에 의해 보존되었고, 마르크스의 조부모 시대에 유대인 거주 지구인 게토의 개방, 그리고 서유럽의 유대인 해방과 더불어 증발해 버린 종교, 그리스도교의 '화석'이 된 어버이 종교인 유대교에서 찾을 수 있다.

마르크스는 야훼 대신 '역사적 필연성'을 그의 신으로 삼고 유대 민족 대신 서유럽 세계의 내적 프롤레타리아트를 그의 선민으로 삼았으며, 그의 메시아 왕국은 '프롤레타리아트 독재'라는 형태로 구상되고 있다. 그러나 이 속살이 들여다보이는 얇은 의복 아래로 유대교 묵시록의 특색이 내다보이고 있다.

하지만 공산주의의 변화 과정에서 이 종교적 국면은 아마도 일시적인 것으로 끝날 모양이다. 스탈린의 보수적인 국가주의적 공산주의는 러시아의 싸움터에서 트로츠키의 혁명적인 세계 공산주의를 결정적으로 패배시킨 것처럼 보인다. 소비에트 연방은 이제 불법 사회도 아니고 세계의 다른 나라들과 절교 상태에 있는, 다시 말해 따돌림받는 사회는 아니다. 소련은 표트르 대제 또는 니콜라이 황제 시대의 러시아 제국과 같은 상태로 복귀했다. 즉 이데올로기와는 관계없이 국가적 이유에 의해 동맹국과 적국을 선택하는 열강의 하나가 되어 있다.

그리고 러시아가 오른쪽으로 기울어졌다고 한다면, 러시아의 이웃 나라는 왼쪽으로 기울어졌다. 불꽃놀이식으로 끝난 독일의 국가 사회주의나 이탈리아의 파시즘뿐 아니라, 이전에 전혀 무통제였던 민주주의 제국의 경제 속에도 분명한 불가항력의 계획화가 침입하고 있었는데, 이것은 모든 나라의 사회 구조가 가까운 미래에 국가주의적인 동시에 사회주의적인 것이 될 가능성이 있음을 암시했다. 단순히 자본주의 체제와 공산주의 체제가 어깨를 나란히 하여 존속할 것으로 생각될 뿐 아니라, 자본주의와 공산주의란 거의 다를 바가 없는 것으로서 명칭만 달리 되어가는 중인지도 모른다. 만약에 그렇다고 하면 공산주의는 혁명적인 프롤레타리아트의 종교가 될 가능성을 잃었다고 단정해야 한다. 그것은 첫째로 전 인류를 위한 혁명적인 만병통치약의 지위에서 탈락해 단순한 지방적인 국가주의의 하나가 되어버리기 때문이며, 둘째로 공산주의를 예전처럼 멸시하던 특정한 나라도 차츰 최신의 표준형에 가까워짐으로써 현대 세계의 다른 여러 국가와 동화되어 가고 있기 때문이다.

우리의 당면한 탐구 결과로서, 내적 프롤레타리아트 형성의 증거는 최근 서유럽 세계의 역사 가운데 적어도 다른 어느 문명의 역사에도 뒤지지 않을 만큼 풍부하게 있으나, 이에 반해 프롤레타리아트가 세계 교회의 기초를 세웠다는 증거나 프롤레타리아트 사이에서 강력한 '고등 종교'가 나타났다는 증거는 현재까지 사회의 역사에서는 이상하게도 거의 찾아볼 수 없었다. 이 사실은 어떻게 해석해야 좋겠는가?

이제까지 서유럽의 사회와 헬라스 사회 사이에 비슷한 점이 많다고 수없이

들어왔으나 근본적으로 다른 점이 하나 있다. 헬라스 사회는 그 선행자인 미노스 사회에서 세계 교회를 이어받지 않았다. 기원전 5세기에 헬라스 사회가 쇠퇴기에 들어간 그때의 지방적 이교 신봉의 상태가 바로 그대로 헬라스 사회가 탄생한 무렵의 상태였다. 그러나 이전에 서유럽 그리스도교 사회로 칭할 자격을 갖추고 있던 서유럽 문명의 최초 상태는 설령 현상이 종교 형태에 가까워지는 중이라고 해도 결코 지방적 이교 신봉의 상태는 아니었다.

그뿐 아니라, 혹 우리가 드디어 그리스도교의 전통을 벗어나는 데 성공했다고 하더라도 배신의 과정은 몹시 시간이 걸리고 힘드는 일이다. 앞으로 우리가 아무리 진지한 노력을 기울여도 그 과정이 희망대로 되지는 않을 것 같다. 뭐니 뭐니 해도 오늘부터 1200년 이상이나 전에 서유럽 그리스도교 사회가 교회의 태내에서 가냘픈 갓난아이로서 탄생한 이래 우리와 우리의 조상이 그 안에서 태어나 성장해 온 전통을 버린다는 것은 쉬운 일이 아니다.

데카르트·볼테르·마르크스·마키아벨리·홉스·무솔리니·히틀러 등이 우리 서유럽 사회생활을 비그리스도화하는 데 온 힘을 기울여왔으나 그들의 청소나 소독은 단지 부분적인 효과를 올린 데 불과한 것으로 생각된다. 그리스도교의 바이러스 또는 만병통치약이 서유럽 사회의 혈액 속에 들어 있는─그것이 저 불가결한 액체(혈액을 말함) 바로 그 자체의 별칭이 아닌 한─서유럽 사회의 정신 구조에서 완전히 제거되고 헬라스 사회처럼 순수한 이교 사회가 된다고 생각하기는 어렵다.

게다가 우리의 조직 안에 있는 그리스도교적 요소는 단순히 모든 곳에 널리 퍼져 있을 뿐 아니라, 프로테우스(그리스 신화에서 바다의 신)처럼 자유자재로 변신한다. 그의 장기의 하나는 그것을 박멸하기 위해 쓰이는 강력한 살균제 그 자체 속에 자기의 본질을 농후하게 숨어들게 함으로써 절멸을 면하는 점이다. 우리는 이미 반그리스도교적 근대 서유럽 철학의 반그리스도교적 적용을 지향하는 공산주의 속에도 그리스도교적 요소가 들어가 있음을 지적했다. 현대의 반서유럽적인 온화한 예언자들인 톨스토이나 간디도 그들의 사상이 그리스도교에서 자극을 얻은 것임을 결코 숨기려 하지 않았다.

상속권을 박탈당하고 서유럽 사회의 내적 프롤레타리아트에 편입되는 시련을 겪은 여러 집단 중에서도 가장 참혹한 꼴을 당한 것은 노예로서 미국으로 끌려온 미개한 아프리카 흑인들이었다. 우리는 그들이 기원전 최후의 2세기 동안에 다른 모든 지중해 연안 제국에서 로마 시대의 이탈리아로 휩쓸리듯 끌려온 노예 이민과 닮은 것임을 알았다. 또한 미국에 끌려온 아프리카인 농장 노예는 이탈리아로 끌려온 동양인 농장 노예와 마찬가지로 그들에게 가해지는 거대한 사회적 도전에 종교적 응전으로 대처했음을 살펴보았다.

이처럼 둘 사이에는 유사점이 인정되나 중대한 차이점이 하나 있다. 이집트와 시리아와 아나톨리아에서 이탈리아로 끌려온 노예 이민은 자기네들이 가져온 종교 안에서 위안을 찾았으나, 미국의 아프리카인 노예는 그들 주인의 세습 종교 안에서 위안을 얻었다.

이 차이는 어떻게 설명해야 할까? 부분적으로는 분명히 이 두 경우 각 노예의 사회적 전력(前歷)의 차이에 의해 설명이 된다. 로마 시대의 이탈리아 농장 노예는 주로 역사가 길고 교양이 깊은 동양 사람들이었다. 따라서 그 자손들이 그들의 문화적 전통에 집착할 것은 당연히 예기되는 바이지만, 이에 반해 아프리카 흑인들의 선조 전래의 종교는—그들 문화의 다른 어느 요소도 마찬가지지만—도저히 그들의 주인인 백인들의 앞선 문명에 대항할 수 있는 것이 못 되었다.

이 차이점이 바로 서로 다른 결과에 대한 부분적인 설명이 되지만, 그 차이를 완전하게 설명하려고 한다면, 이번에는 양쪽 주인의 문화적 차이도 고려하지 않으면 안 된다.

로마 시대의 이탈리아에서 동양인 노예는 그들의 주인인 로마인이 종교적 진공 상태에서 생활하고 있었으므로, 실제로 그들 자신의 종교적 유산 이외에는 달리 위안을 얻을 것이 없었다. 그들의 경우 값비싼 진주는 노예의 유산 속에 있었지 주인의 유산 속에 있는 것이 아니었다. 그리고 서유럽 사회의 경우 세속적인 부와 권세는 물론이거니와 정신적 재보 또한 노예를 혹사하는 지배적 소수자의 손에 쥐어져 있었다.

그러나 정신적 재보를 소유하는 것과 그것을 남에게 나눠주는 것은 전혀 다른 일이다. 이것을 생각하면 할수록, 점차 그리스도교 신자가 된 노예 소유자의 손이, 같은 인간을 노예로 한다는 모독 행위로 그 신성한 정신적 양식을 더럽히기는 했지만 그것을 원시적 이교를 신봉하는 그들의 희생자에게 전할 수 있었다는 것이 한층 더 놀라운 현상으로 생각된다. 노예를 혹사하는 복음 전도자는 도대체 어떻게 하여 그처럼 지독한 학대를 가하여 정신적으로 떠난 노예의 마음을 그렇게 감동시킬 수 있었던 것일까?

그러한 상황에서도 개종자가 생겨났다면 확실히 그리스도교는 무엇에도 굴하지 않는 생명력을 가졌음에 틀림없다. 그리고 종교란 이 지상에서 인간의 영혼 이외에는 거처를 갖지 않으므로 서유럽의 신이교(新異教) 세계(그리스도교 이전 시대의 고대 종교 상태로 돌아간 세계)에도 아직 여기저기에 그리스도교 신앙을 가지고 있는 사람이 있음이 분명하다는 것이 된다. 그리하여 "그 성중에 의인 50명이 있을지라도"[10] 사실 미국의 노예 전도(傳道)를 보면 어디까지나 신앙을 버리지 않는 그리스도교도 몇 사람이 활약했음을 알 수 있다. 미국의 흑인 노예가 그리스도교로 개종한 것은 말할 것도 없이 사실은 한 손에 성경을 들고 한 손에 매를 든 농장의 노예 감독의 전도 사업에 의한 것은 아니다. 그것은 존 그레그피, 페테르 클라베르 같은 사람들의 적극적인 노력으로 된 일이다.

이는 노예가 주인의 종교로 개종한다고 하는 기적으로부터 생긴 결과로서, 내적 프롤레타리아트와 지배적 소수자 사이에 늘 볼 수 있는 분열이 서유럽 사회의 사회체에서는 지배적 소수자가 포기하려고 해온 그리스도교에 의해 치유되어 가는 사실을 볼 수 있다. 더구나 미국 흑인의 개종은 근대의 그리스도교 전도 활동이 거둔 수많은 승리의 하나에 불과한 것이다. 바로 얼마 전까지 환하게 빛나 보이던 신이교적인 지배적 소수자의 전도가 급속히 빛을 잃고 계속되는 전란으로 고민하는 우리 시대에 있어, 서유럽 그리스도교 세계의 모든 가지 속을 다시 생명의 수액이 맥맥이 흐르기 시작하고 있음이 분명히 눈에 보인다.

이러한 정경을 보면 서유럽 사회 역사의 다음 장은 결국 헬라스 사회 역사의 마지막 단계와는 다른 방향을 걸을 것이라는 생각이 든다. 내적 프롤레타리아트가 일구어놓은 문명의 흙 속에서 새로운 교회가 싹트고 쇠퇴하고 해체되는 한편, 그런 문명에서 프롤레타리아트가 유언 집행인과 유산 수령인의 역할을 한다는 것은 아니다. 혼자서 서려고 노력하다가 실패한 문명이 뜻하지 않게도 이제까지 뿌리치고 밀어내려 하던 선조 전래의 교회의 팔에 결국 안기게 되

---

10) 아브라함이 야훼에게 소돔을 용서해 줄 것을 비는 말 속에서 볼 수 있다(《창세기》 18 : 24).(원주)

어 치명적인 전락을 면하게 될 것 같다.

만일 그러한 결과가 된다면 여태까지 괘씸하게도 자연에 대한 화려한 승리에 취해서 자연으로부터의 약탈물을 신을 위해 바치지 않고 자신을 위해 재물을 쌓다가, 차츰 흔들리기 시작한 문명은 스스로 초래한 '코로스'—'휴브리스'—'아 테'의 비극적인 길을 최후까지 걷는 형의 집행을 유예받을지도 모른다.

이 세 그리스어의 표현을 그리스도교적 표현으로 고쳐 말하면, 신앙을 버린 서유럽 그리스도교 사회는 이 사회 이전의 보다 나은 목표였던 '그리스도교 공화국'으로서 다시 태어나는 은총을 입을지도 모른다.

그러한 정신적 재생이 가능할 것인가? 만약에 니고데모와 함께 인간은 "다시 한번 어머니 배 속에 들어가서 태어날 수가 있겠습니까?" 묻는다면, 우리는 그의 스승의 말을 빌려 이렇게 대답할 수가 있다—"진실로 진실로 네게 이르노니 사람이 물과 성령으로 나지 아니하면 하느님의 나라에 들어갈 수 없느니라."(《요한복음》 3 : 5)

4. 외적 프롤레타리아트

외적 프롤레타리아트도 내적 프롤레타리아트와 마찬가지로 쇠퇴한 문명의 지배적 소수자로부터 분리해 탄생되는 것인데, 분리의 결과 생기는 균열은 이 경우 매우 뚜렷하다. 왜냐하면 내적 프롤레타리아트가 지배적 소수자와 정신적으로 격리되어 있지만 지리적으로는 여전히 함께 살고 있는 데 대하여, 외적 프롤레타리아트는 정신적으로 떨어져 있을 뿐만 아니라 지도상으로 흔적을 더듬을 수 있는 경계선에 의해 지배적 소수자와 물리적으로도 분리되어 있기 때문이다.

경계선의 고정이라는 것이 실제로 그와 같은 쇠퇴기 문명의 외적 분리를 나타내는 확실한 징후이다. 왜냐하면 문명이 여전히 성장기에 있는 동안에는 고정된 경계선을 갖지 않기 때문이다. 단지 우연히 같은 종류의 다른 문명과 충돌이 생긴 전선은 예외이다. 문명이 미개 사회라는 다른 종류의 사회와 인접할 경우에는, 성장을 계속하는 한 경계선이 확정되어 있지 않음을 발견한다. 성장기 문명의 중심에 서서 거기서부터 바깥쪽을 향하여 마침내 완전히 미개 환경에 이를 때까지 여행을 계속해 간다고 한다면, 그 여행 도중 어느 지점에서도 멈추어서 거기에 하나의 줄을 긋고 "여기서 문명이 끝나고 여기서부터 미개 세계로 들어간다"고 말할 수 있는 곳은 없다.

실제로 창조적 소수자가 성장기 문명의 생활 속에서 그 역할을 훌륭히 다함으로써 자신들이 켠 등불이 "집 안 모든 사람에게 비추고"(《마태복음》 5 : 15) 있을 때 그 등불은 집의 벽에 의해 차단되는 일이 없다. 왜냐하면 그 집안사람들에게 있어 실은 벽이 전혀 없고, 등불은 바깥에 있는 이웃 사람으로부터 숨겨지는 일이 없기 때문이다. 등불은 마땅히 소멸점에 다다를 때까지 그 등불의 빛이 닿는 모든 범위를 비춘다. 밝기의 정도 변화는 매우 미세하여, 최후의 미광이 꺼지고 그 후부터는 완전한 어둠이 지배하는 하나의 선을 긋는다는 것은 불가능하다.

사실 성장기 문명이 발하는 빛의 도달력은 아주 큰 것이며, 문명은 상대적으로 보아 가장 최근에 인류가 이룩한 사업임에도 아주 오래전부터 잔존하던 모든 미개 사회 속에 침투하는 데 어느 정도는 성공했다. 어떤 문명의 영향도 전혀 받지 않는 미개 사회는 어디서도 발견할 수 없다.

이와 같이 문명의 영향이 잔존하는 미개 사회의 구석구석까지 미치고 있음이 절실하게 느껴지는 것은 이 현상을 미개 사회의 관점에서 본 경우이다. 그러나 한편 문명의 입장에서 바라본 경우 안타깝게 느껴지는 것은 문명의 강도는 거리가 멀어짐에 따라 감소한다는 사실이다. 기원전 마지막 세기에 브리튼에서 주조된 화폐나, 기원후 1세기에 아프가니스탄에서 조각된 석관에서 헬라스 사회 예술의 영향을 인정하고 놀라움을 금할 수 없는데, 브리튼 화폐는 원형인 마케도니아 화폐의 회화처럼 보이고, 아프가니스탄의 석관은 '상업 예술'의 모조품임을 알 수 있다. 문명 성장의 중심으로부터 멀리 옮겨오는 동안 '모방'은 마침내 회화화되고 만다.

모방은 매력에 의해 늘 기억되는 것이다. 그리고 우리는 현재 문명의 성장기에서 잇달아 출현하는 창조적 소수자가 발휘하는 매력이 단순히 문명의 내부 분열을 막을 뿐만 아니라, 이웃으로부터의—적어도 이웃이 미개 사회인 한—공격을 방지하는 것임을 이해할 수 있다. 성장기의 문명이 미개 사회와 접촉하고 있는 경우에, 언제든지 그 문명의 창조적 소수자는 비창조적 다수자의 모방 유도와 동시에 미개 사회의 모방을 유발한다. 그러나 이와 같은 것이, 문명의 성장기에 있는 어느 문명과 주위의 미개 사회 사이의 보통 관계라고 한다면, 문명이 쇠퇴해 해체기에 들어가면 근본적인 변화가 생긴다. 그때까지 그 창조성이 발휘하는 매력에 의해 자발적인 순정을 취해 온 창조적 소수자를 대신하여 매력 없고 힘에 의지하는 지배적 소수자가 출현한다. 주위의 미개인은 이미 매혹되지 않고, 반대로 반발을 느끼게 된다. 그리하여 성장기 문명의 유순한 제자였던 이들 미개인은 제자가 되는 것을 그만두고, 문명의 이른바 외적 프롤레타리아트가 된다. 그들은 쇠퇴한 문명 '속에' 있게 되자 이미 그것을 떠나 '속하지 않게' 되는 것이다.[11]

어떤 문명의 전파든 경제·정치·문화 등 세 가지 요소로 나누어 생각할 수 있는데, 한 사회가 성장 상태에 있는 동안 이들 요소는 세 가지가 다 똑같은 힘으로 내뻗치거나 또는 물리적 표현이 아니라 인간적 표현을 빌리자면, 똑같은 매력을 드러내는 것으로 생각된다. 그러나 문명의 성장이 멎자마자 문화의 매력은 소멸된다. 경제와 정치의 방사력은 한층 더 급속히 증대할 가능성이 있다. 아니 사실 그렇게 되는 경우가 많다.

하지만 문화적 요소야말로 문명의 본질이며, 경제적·정치적 요소는 문명이 안에 지니고 있는 생명의, 비교적 말초적인 표현이므로 경제나 정치력의 방사가 아무리 눈부신 승리를 거두었다고 하더라도 그것은 불완전하고 또 믿을 수 없는 승리인 것이다.

미개인의 입장에서 본다면, 그런 변화의 진리를 다음과 같이 표현할 수 있을 것이다. 미개인은 쇠퇴한 문명의 평화적 기술에 대한 모방을 끝낸 뒤에도 여전히 산업·군사·정치의 진보적 기술—기술적 발명—을 계속 모방한다. 그러나 그것은 문명이 그들의 마음을 사로잡았던 동안에 그들이 원했던 것처럼 문명과 일체가 되기 위해서가 아니라, 지금 문명의 가장 뚜렷한 특징이 된 폭력에 대항해 한층 더 효과적으로 자기를 방어하기 위해서이다.

앞서 내적 프롤레타리아트의 경험과 반응을 살펴보았을 때 폭력이 그들을 유혹했고, 그와 동시에 그 유혹에 지는 한 공연히 재난만을 초래할 뿐임을 알

---

11) '속에' 있다는 말은 지리적 의미가 아니다. 만일 그렇다면 그들은 바깥에 있는 것이고 안에 있는 것은 아니다. 따라서 이 말은 싫건 좋건 그들은 그 문명과 활발한 관계를 갖는 상태에 있다는 뜻이다.(원주)

았다. 유대의 무력 항쟁 지도자인 드다(Theudas)나 유다의 무리는 반드시 검에 의해 망할 수밖에 없다. 내적 프롤레타리아트가 정복자를 포로로 삼을 기회를 갖는 것은 다만 온화한 예언자의 말을 따를 경우에만 한정된다. 외적 프롤레타리아트는 비록 폭력에 의해 반항하는 길을 택했다고 하더라도 그런 불리한 입장에는 놓이지 않는다.

내적 프롤레타리아트는 처음부터 국내에서 모두가 지배적 소수자의 세력 범위 안에 놓여 있으며, 이에 반하여 외적 프롤레타리아트의 일부는 지배적 소수자의 군사 행동이 미치지 않는 위험 범위 밖에 있을 가능성이 있다. 그렇게 되면 쇠퇴한 문명은 모방을 유인하는 대신 무력을 방사한다. 이와 같은 상황에서 외적 프롤레타리아트 중 근접한 지역에 있는 성원은 정복당해 내적 프롤레타리아트 속에 넣어질 염려가 있으나, 이윽고 지배적 소수자의 군사력은 병참선의 길이가 점차 길어짐에 따라 그 질적 우위가 상쇄되는 점에 도달한다.

이 단계에 도달함과 동시에 문제의 문명과 인접한 야만족이 접촉하는 성질이 완전히 변화한다. 문명이 성장기에 있는 동안에는 그 문명이 완전히 지배하고 있는 지역은 앞서 말한 바 있듯이, 문명이 기다란 일련의 미묘한 변화에 의해 차츰 야만 속에 용해되어 가는 넓고 낮은 문턱 지대, 또는 완충 지대가 개입해 있기 때문에, 전혀 순화되지 않은 야만의 충격으로부터 보호받는다. 그러나 이와 반대로 문명이 쇠퇴하여 분열 상태에 빠지고, 그 결과 일어나는 지배적 소수자와 외적 프롤레타리아트 사이의 전투가 이동전이 아니라 교착된 참호전의 형태를 취하게 되면 완충 지대가 없어진다.

문명으로부터 지리적 이동이 이제는 완만하지 않고 갑작스런 충격이나 변화가 된다. 문명과 야만의 접촉에 의해 발생되는 공통점과 차이점을 동시에 표현하는 적당한 라틴어의 단어를 사용하여 말한다면 '리멘(limen)', 즉 하나의 지대를 이루고 있던 문턱이 자취를 감추고 그 대신 '리메스(limes)', 즉 길이뿐인 폭 없는 하나의 넓은 선이 된 군사적 경계선이 나타난다. 이 선을 가운데 두고 공격에 지친 지배적 소수자와 정복되지 않은 외적 프롤레타리아트가 무장하여 대치한다. 그리하여 이 군사적 전선은 군사적 기술을 제외한 모든 사회적 영향력이 통과하지 못하도록 방해하는 장벽이 된다. 그런데 군사적 기술이라는 것은 그것이 사회적으로 교환되면, 제공하는 쪽과 받는 쪽 사이의 전쟁에 도움은 될망

정 결코 평화에 도움이 되는 것은 아니다.

이 싸움이 '리메스', 즉 직선적 경계선에 고정된 경우에 일어나는 갖가지 사회적 현상은 뒤에서 다루기로 하겠다(제8편 참조). 여기서는 다만 이 일시적이고 불안정한 힘의 균형 상태가 시간이 흐름에 따라 반드시 야만족에게 유리한 방향으로 기울게 된다는 기본적인 사실을 지적하는 것만으로 그치겠다.

헬라스 사회의 경우

헬라스 사회의 역사 성장기에는 건전하게 성장하는 문명의 본거지 주위에 '리멘', 즉 완충 지대가 둘러지는 경향이 있음을 나타내는 예가 무수히 있다.

헬라스의 순수한 헬라스 문명은 유럽 대륙을 향해서는 테르모필레의 북부에서 반쯤 헬레니즘화한 테살리아 속에, 그리고 델포이의 서부에서는 마찬가지로 반쯤 헬레니즘화한 아이톨리아 속에 동화되었다. 또한 테살리아와 아이톨리아는 이번에는 4분의 1쯤 헬레니즘화한 완충 지대, 즉 마케도니아와 에피루스에 의해 순수한 야만국인 트라키아와 일리리아로부터 보호받고 있었다. 그리고 소아시아 방면에서는 아시아 쪽 지중해 연안, 그리스의 여러 도시 배후 지역에 위치해 차차 헬레니즘이 사라져가는 여러 지대가 있는데, 대표적으로 카리아와 리디아, 프리기아 등이다.

이 소아시아 변경 지대에서 헬라스 문화가 처음으로 야만족 정복자를 사로잡았던 일을 역사에서 뚜렷하게 볼 수 있다.

헬라스 문화의 매력은 매우 강한 것이었으며, 기원전 6세기 중반에 친헬레니즘파와 반헬레니즘파의 싸움에서 리디아의 왕위를 노린 친헬레니즘파였던 판탈레온이 배다른 동생인 크로이소스에게 타도되었을 때에도 반헬레니즘파의 수령인 크로이소스는 친헬레니즘적 세태를 거스를 수 없었으며, 그리스의 여러 신을 모신 신전의 인심 좋은 후원자로서, 그리고 때때로 그리스의 신들을 제사 지내는, 그 신탁을 믿고 행동하는 사람으로서 점점 유명해졌다.

해외 식민지의 배후 지역에서도 평화적 관계와 문명도의 점차적 이행이 통례였던 것으로 생각된다. 헬라스 문화는 이탈리아의 마그나 그라이키아의 배후지에 급속히 퍼졌다. 현존하는 문헌 속에 최초로 로마의 이름이 나오는 것은 플라톤의 제자이자 폰토스 출신인 헤라클레이데스가 쓴 상실된 미완본 저작에서이지만, 거기서 이 라틴족의 나라는 '헬라스의 한 도시 로마'라 불리고 있다.

이와 같이 성장기 헬라스 세계와 맞닿은 모든 지방에서 오르페우스의 우아한 모습에 주위의 야만인들이 흠뻑 매료되었을 것이다. 그뿐 아니라 야만인들이 그들의 서툰 악기 연주로 더욱 뒤떨어지고 한층 미개한 민족에게 오르페우스 마법의 음악을 가르치는 광경을 마치 눈앞에 두고 보는 듯한 느낌이 든다. 그러나 이 따뜻한 목가적 광경은 헬라스 문명의 쇠퇴와 함께 순식간에 낯선 풍경으로 변한다. 조화가 깨지고 불협화음이 울려 퍼지자 이제까지 무엇에 홀린 것처럼 넋을 잃고 듣고 있던 청중이 갑자기 제정신이 든다. 그리하여 본래의 사나운 성질로 돌아간 청중이 온화한 예언자의 옷자락 뒤에 모습을 나타낸 흉악한 병사를 향해 사납게 덤벼든다.

헬라스 문명의 쇠퇴기에 있어 외적 프롤레타리아트의 전투적인 반응은 브루티움(오늘날 칼라브리아) 및 루카니아(오늘날 바실리카타)의 주민이 그리스인의 여러 도시를 공격하여 그곳을 잇달아 차지하기 시작한 마그나 그라이키아에서 가장 맹렬했고, 또한 가장 커다란 효과를 거두었다. '헬라스의 커다란 재액의 발단'이 된 전쟁(아테네의 세력 팽창에 대한 스파르타의 견제로 발발한 펠로폰네소스 전쟁)이 시작된 기원전 431년부터 채 100년도 안 지난 동안에, 한때 번영을 누렸던 마그나 그라이키아의 여러 도시 중에서 겨우 살아남은 소수의 도시들은 바닷속으로 떨어뜨려지는 운명을 모면하기 위해 그리스 본토에서 용병대장의 응원을 요청하는 형편이 되었다.

그런데 떠돌이 증원병은 밀물처럼 들이닥치는 오스크족을 막아내는 데는 거의 아무런 쓸모가 없었으며, 또한 오스크족과 같은 계통의 민족인 헬레니즘화한 로마 사람의 개입으로 이 전쟁이 갑자기 끝났을 때, 이미 밀어닥친 야만족은 메시나 해협을 건너가버렸다. 로마의 정치적 수완과 무력은 단순히 마그나 그라이키아를 구제했을 뿐만 아니라, 오스크족의 배후에서 공격하여 이탈리아의 야만족과 남이탈리아의 식민지 그리스인과 마찬가지로 로마에 평화를 가져다줌으로써 이탈리아반도 전체에 헬라스 문화를 구제했다.

이렇게 하여 이탈리아 남부의 헬라스 문화와 야만족 사이의 전선이 소멸되었으며, 잇달아 벌어진 로마의 정복 전쟁에 의해 헬라스 사회의 지배적 소수자 세력 범위를 앞서 마케도니아의 알렉산드로스가 아시아에서 확대한 것과 같은 정도로 널리 그리고 멀리까지 유럽 대륙과 아프리카 서북부에서 확대되었다. 그러나 군사적 확대의 결과는 결코 야만족과 대치하는 전선을 없애지는 못하고 그 길이를 연장했을 뿐이며, 세력 중심에서의 거리를 증대했을 뿐이다. 몇 세기 동안 이들 전선은 안정되어 있었으나 헬라스 사회의 해체가 진행되는 동안 마침내 마지막으로 야만족이 전선을 돌파하게 되었다.

이번에는 헬라스 사회의 지배적 소수자의 압박에 대한 외적 프롤레타리아트의 반응 속에서 폭력적인 응전뿐만 아니라, 온건한 응전을 볼 수 있는지, 그리고 외적 프롤레타리아트가 어떤 창조적인 활동을 했는지에 대해 문제 삼아 보기로 하자.

처음에 얼핏 보았을 때는 아마 적어도 헬라스 사회의 경우, 이 두 가지 물음에 대한 답이 틀림없이 부정적이라고 생각될 것이다. 헬라스 사회에 저항하는 야만인은 갖가지 태도로 여러 가지 정세 속에서 모습을 나타낸다. 아리오비스투스(수에비족의 왕)로서 모습을 나타내고는 카이사르에 의해 싸움으로부터 추방당하고, 아르미니우스(케루스키족의 왕)로서 모습을 나타내고는 아우구스티누스와 싸워 비기고, 오도아케르(게르만 출신의 용병대장)로서 모습을 나타내고는 로물루스 아우구스툴루스(서로마 제국 마지막 황제. 재위 475~476년)에게 복수한다. 그러나 모든 전쟁은 패배, 무승부, 승리 세 가지 가운데 하나의 결과로 끝나는 것이며, 결과가 어떻든 한결같이 폭력이 지배하는 것이지, 창조성은 문제가 되지 않는다.

하지만 내적 프롤레타리아트 또한 초기의 반응에서는 흔히 폭력성과 똑같은 불모성을 나타낸 것을 상기하는 한편 '고등 종교'와 세계 교회처럼 거대한 온유가 우위를 차지하게 되려면, 시간과 노고가 필요하다는 것을 염두에 두고 좀 더 참고 살펴보기로 하자.

예를 들어 온유에 대해서 보면, 야만족 전투 단체의 폭력 정도에도 조금의 차이가 있음을 알 수 있다. 기원후 410년에 4분의 1쯤 헬레니즘화된 서고트족인 알라리크(370~410년)가 로마를 공략했을 때, 그 잔인성은 그 뒤 455년에 반달족과 베르베르족이 행한 로마 공략이나, 자칫했으면 로마가 약탈당할 뻔한 406년의 라다가이수스(고트족의 왕)에 의한 공략에 비하면 덜 잔인한 것이었다. 서고트족 알라리크가 비교적 온화했다는 데 대해 성 아우구스티누스는 다음처럼 말하고 있다.

"두렵게 여겨지던 야만인의 잔학성은 사실 별것 아니었다. 정복자들은 충분한 넓이의 교회를 난민 수용소로 지정하여, 이러한 성소에서는 아무도 죽여서는 안 되며 또한 포로로 끌어가도 안 된다는 명령을 내렸다. 사실 수많은 포로가 인정 많은 적에 의해 이러한 교회로 이끌려와서 자유의 몸이 되었으며, 반면 무자비한 적에게 끌려가 노예로 된 자는 한 사람도 없었다."[12]

또한 알라리크의 의제(義弟)로서 그의 후계자가 된 아타울프(아타울푸스)에 대해 아우구스티누스의 제자인 오로시우스(5세기 전반의 교회 저술가)가 전하는 아주 진귀한 증인이 있다. 오로시우스는 이 이야기를 '나르본 태생의 신사로서 테오도시우스 황제 아래서 무훈을 세운 사람'으로부터 들었다고 말하고 있다.

"이 신사가 우리에게 이야기한 바에 따르면, 그는 나르본에서 아타울프와 매우 친해졌는데, 이따금 아타울프의 입을 통해서 직접 그 신상 이야기를 들었다.—이 점은 마치 법정에서 증인이 증언할 때와 같이 진지하므로 사실이라고 단언했다—기력과 체력이 모두 왕성하고 풍부했지만 천분을 타고난 이 야만인은 때때로 자기 경력을 말했다. 아타울프가 이야기하기를, 처음에는 로마의 이름을 상기시키는 것은 무엇이든 말살하고 로마 전 영토가 고트족 제국으로 알려질 것을 염원했다는 것이다. ……그러나 차츰 경험을 쌓음에 따라 한편으로 고트족은 통제가 어려운 야만성 때문에 법의 지배 아래 생활할 자격이 전혀 없다는 사실과, 다른 한편으로 법의 지배가 끝나면 국가는 이미 국가가 아닌 것이 되므로 국가의 생활에서 법의 지배를 추방하는 것은 죄악이라고 믿게 되었다. 이 진리를 깨친 아타울프는 어쨌든 고트족의 왕성한 활동력을 이용하여 로마의 이름을 옛날과 같이 위대한, 아니 어쩌면 옛날보다 더욱 위대한 위치로 복귀시키는 사업을 성취하여 영예를 얻겠다는 결심을 했다."

이 구절은 헬라스 사회에서 외적 프롤레타리아트의 기풍이 폭력성으로부터 온화함으로 변화했음을 보여주는 전형적인 대목으로, 이것으로 우리는 그 야

___
12) 성 아우구스티누스, 《신국론》 제1권 제17장.(원주)

만인의 영혼이 부분적으로 개화하여 변화에 따른 응전 과정에서 종교적 창조성 내지 몇 가지 독창성의 징후를 나타냈음을 인정할 수가 있다.

이를테면 아타울프 자신도 그의 의형인 알라리크와 마찬가지로 그리스도교도였다. 그러나 그의 그리스도교는 성 아우구스티누스와 가톨릭교회의 그리스도교회는 아니었다. 그 무렵 유럽의 전선에 침략을 감행한 야만인은 여전히 이교를 신봉하는 자는 별도로 하고 모두 아리우스교도였다. 더구나 그들이 최초에 가톨릭교가 아니라 아리우스교로 개종한 것은 우연한 결과였지만, 그 뒤 그리스도교로 교화한 헬라스 세계에서 이 이단설이 일시적인 인기를 잃은 후에도 여전히 아리우스교의 신앙을 충실하게 지킨 것은 고의로 선택한 결과였다.

그들의 아리우스교는 일부러 몸에 달아서 자랑하는 정복자와 피정복자를 사회적으로 구별하는 배지였다. 튜턴족의 로마 제국 후계 국가에서 대다수가 믿고 있던 이 아리우스교는 375~675년에 걸친 공백 기간의 대부분을 통해 존속되었다.

그레고리우스는 다른 누구보다도 공허와 혼돈 속에서 출현한 새로운 서유럽 그리스도교 사회의 건설자로서 공적이 있었던 사람이며, 더욱이 롬바르드족의 여왕 테오델린다를 가톨릭교로 개종시켜 이 야만족 역사의 아리우스교 시대를 끝내는 데 일익을 담당했다.

프랑크족은 아리우스교도가 되지 않고 클로비스의 개종과 랭스에서의 세례(496년)와 더불어 이교에서 곧바로 가톨릭교로 이행했는데, 이러한 그들의 선택 덕분에 공백 기간을 무사히 지내고 새로운 문명의 정치적 초석이 된 국가를 건설하는 데 커다란 도움을 주었다.

이와 같이 야만족 개종자들이 마침 눈에 띄는 대로 채용한 아리우스교가 결국 이들 야만족 집단을 다른 집단과 구별하는 특색이 되었으나, 그 밖에 로마 제국의 다른 변경 지역에서는 단순히 자기의 신분을 과시하려는 의도에서, 또는 더욱 적극적인 동기에 자극되어 이 종교를 활용함으로써 어떤 독창성을 보인 야만족이 있었다.

브리튼 제도의 변경에서는 '켈트 외곽 지대'의 야만족이 아리우스파 그리스도교가 아니라 가톨릭교로 개종했으나, 그 가톨릭교를 그들 자신의 민족적 전통에 맞도록 개조했으며, 아프라시아 초원의 일부인 아라비아와 맞닿은 지역에서는 경계선의 저쪽 야만족이 더욱 높은 정도의 독창성을 발휘했다. 즉 무함마드의 창조적인 정신 속에서 유대교와 그리스도교의 전파가 변질되어 이슬람교라는 새로운 '고등 종교'를 낳는 정신적인 힘이 되었다.

다시 한 단계 시대를 거슬러 올라가서 연구해 보면, 위에 기술한 것 같은 종교적 반응은 이들 미개 민족이 헬라스 문명의 전파에 의해 받아들인 최초의 종교적 반응이 아님을 알 수 있다. 순수하고 완전하게 미개의 종교는 모두 어떠한 형태로서든 풍요 숭배이다. 미개 사회는 자녀의 출산과 식량 생산에 의해 표시되는 자기 생산력을 주로 숭배하는 것이므로 파괴적인 힘의 숭배는 전혀 볼 수 없거나, 아니면 종속적인 지위에 놓여 있는 것이다.

그러나 미개인의 종교는 언제나 미개인이 놓여 있는 사회 상태의 충실한 반영이므로 근접한 적대 관계에 있는 다른 사회체와 접촉해 사회생활이 심히 흐트러져 그 사회가 변하면 미개인의 종교에 반드시 혁명적 변화가 생긴다. 이것이 바로 지금까지 서서히, 또한 평화롭게 성장기 문명의 이로운 영양을 흡수해 온 미개 사회가 비극적으로 하프를 든 매혹적인 오르페우스의 우아한 모습을 잃어버리고, 그 대신 쇠퇴한 문명의 지배적 소수자가 그 못생기고 흉악한 얼굴을 갑자기 자기 눈앞에 불쑥 나타냈을 때에 일으키는 현상이다.

그 결과 미개 사회는 외적 프롤레타리아트의 일부분으로 변화한다. 그렇게 되면 야만인의 사회생활 속에서의 생산적 활동과 파괴적 활동과의 상대적 중요성이 역전된다. 이제는 전쟁이 그 집단의 모든 것을 잊고 열중하는 일거리가 된다. 그리고 이처럼 전쟁이 시시한 일상생활과 평범한 식량 획득 임무보다 훨씬 자극이 강하고 게다가 이로운 일거리가 될 때 어떻게 데메테르나 아프로디테가 전쟁의 신 아레스 앞에 최고의 신성한 표시로서의 지위를 유지할 수 있겠는가?

그래서 최고신은 이제 신들로 구성된 전투 단체의 우두머리라는 형태로 고쳐진다. 미노스 해양 왕국의 외적 프롤레타리아트, 즉 북쪽 변방으로부터의 야만적 침략자였던 아카이아인이 숭배한 올림포스 제신들 중에서 이러한 야만적인 경향을 가진 신들을 우리는 볼 수 있으며, 또한 카롤링거 왕조의 외적 프롤레타리아트였던 스칸디나비아인이 숭배한 아스가르드(북유럽 신화에서 신들이 사는 세계)의 주인들이 올림포스 제신과 마찬가지로 도적이 신격화된 것임을 알 수 있다.

로마 제국이 유럽과 맞닿은 지대 저쪽의 튜턴 야만족은 아리우스교나 가톨릭교로 개종하기 전에 그러한 전쟁의 신과 비슷한 신들의 집단을 섬기고 있었다. 그리고 이러한 약탈적인 신들을, 전투 단체 숭배자인 자신의 모습을 본떠서 만들어낸 점이 헬라스 사회의 외적 프롤레타리아트인 튜턴족의 공로로 돌려야 되는 창조적 사업이라고 보아야 할 것이다.

이상으로 우리는 종교의 영역에서 많지 않은 창조적 활동의 예를 들어온 것인데, 이 빈약한 수확을 다시 한번 유추함으로써 그것을 조금이라도 풍부하게 할 수 있을 것이다. 내적 프롤레타리아트의 빛나는 발견인 '고등 종교'는 아는 바와 같이 예술의 영역에서 일군의 창조적 활동과 결부되어 있다. 외적 프롤레타리아트의 '하등 종교'에도 무언가 그것과 대응할 만한 예술 작품이 따르고 있는 것일까?

대답은 확실히 긍정적이다. 왜냐하면 우리는 올림포스 신들의 모습을 눈앞에서 그려보려고 하자마자, 호메로스의 서사시 속에 묘사되어 있는 모습을 상기하기 때문이다. 마치 그레고리오 평조 성가와 고딕 건축이 중세의 서유럽 가톨릭교와 연관된 것과 마찬가지로 호메로스의 서사시는 올림포스 제신 숭배와 결부되어 있다.

그리고 이 이오니아의 그리스 서사시에 해당하는 것이 영국의 튜턴족 서사시와 아이슬란드의 스칸디나비아 무용담이다. 호메로스의 서사시가 올림포스와 연관되어 있듯이, 스칸디나비아의 무용담은 아스가르드와 결부되고, 영국의 서사시—《베어울프》가 영국의 현존하는 최대의 걸작이다—는 보덴(북유럽의 오딘과 같음)과 그를 둘러싼 부하 신들과 결부되어 있다.

사실 서사시야말로 외적 프롤레타리아트가 생산하는 가장 특색 있고 또한 가장 뛰어난 산물이며, 그들이 경험한 시련을 인류에게 유산으로서 남긴 유일한 '크테마 에스 아에이'(영원한 재산)다. 문명이 낳은 어떠한 시도 호메로스의 '싫증나지 않는 장려함과 냉혹한 신랄함'[13]을 넘어서지는 못할 것이다.

우리는 위에서 서사시의 예를 세 가지 들었으나 그 밖의 예를 쉽게 더 들 수 있으며, 또 그 예들은 모두 충돌한 문명에 대한 외적 프롤레타리아트의 반응임

---

13) Lewis, C.S. : *A Preface to Paradise Lost.* (원주)

을 밝히기도 쉽다. 예를 들어 《롤랑의 노래》는 시리아 사회의 세계 국가에서 외적 프롤레타리아트의 일익이었던 유럽인이 지어 부른 것인데, 그들은 11세기에 안달루시아 옴미아드 칼리프국의 피레네 전선을 돌파한 프랑스의 반(半)야만인 십자군들이다. 그리고 그 뒤 서유럽 여러 나라의 모국어로 쓰인 시가(詩歌)의 어머니가 된 것이다. 《롤랑의 노래》는 《베어울프》보다 문학적 가치에 있어 단연코 뛰어났을 뿐 아니라, 역사적 중요함에 있어서도 한결 앞선다.[14]

5. 서유럽 세계의 외적 프롤레타리아트

서유럽 문명 세계와 그 세계가 만난 미개 사회의 관계 역사에 눈을 돌리면, 초기 단계에서 서유럽 그리스도교 사회가 성장기 헬라스 사회와 마찬가지로 주위의 미개 사회를 매료하여 잇따라 개종자를 낸 시기가 있었음이 인정된다.

이들 초기 개종자 중에 가장 눈에 띄는 종족은 성장 정지된 스칸디나비아 문명에 속한 종족들로서, 그들은 데인로(잉글랜드 북동부 지역)나 노르망디와 같이 북유럽의 그들 본거지와 더욱 멀리 떨어진 아이슬란드의 식민지까지 공격했으나, 그곳 그리스도교 문명의 정신적 용기에 결국 지고 말았던 것이다. 같은 시기에 행해진 유목민 마자르인과 삼림 거주자 폴란드인의 개종 또한 자발적인 것이었다.

그러나 이러한 초기 서유럽 사회의 팽창은 폭력적인 침략이 그 특색이었으며, 동시에 또 초기 헬라스인들이 때때로 범한 인접 미개인의 정복과 추방을 훨씬 능가하는 것이었다. 샤를마뉴의 작센인에 대한 십자군 원정(전후 5회에 걸침)과 그 2세기 뒤의 엘베강과 오데르강의 중간에 사는 슬라브족에 대한 작센인의 십자군 원정이 그 예이다. 그리고 이러한 잔학 행위는 13~14세기에 걸쳐 튜턴족 기

---

14) 토인비는 자신의 저서 《역사의 연구》에서 역사적인 증거를 구할 수 있는 범위 안에서는 모든 문명에서의 외적 프롤레타리아트를 다루었다. 나는 다른 문명에서의 외적 프롤레타리아트에 관한 내용은 모두 생략하고 곧바로 우리 서유럽 사회의 외적 프롤레타리아트에 대한 결론 부분만을 다루었다. 그 사실에 대해 생각을 말한다거나 사과할 필요는 없다고 본다. 왜냐하면 비록 철저하지는 못하더라도 다른 데서 토인비가 한 것과 비슷하게나마 계획에 따라 다루었기 때문이다. 예를 들어 내적 프롤레타리아트에 대해 다룬 장에서 토인비는 모든 내적 프롤레타리아트에 관해 살펴봤지만 나는 그들 가운데 반 정도는 생략했고, 가장 흥미롭고 특색이 있는 것처럼 보이는 나머지 반만 있는 그대로 다루었다.(엮은이주)

사단이 비스와강 반대편에 사는 프로이센을 절멸시킴으로써 최고조에 달했다.

그리스도교 세계 서북 변경 지대에서도 같은 이야기가 되풀이된다. 최초의 장은 일단의 로마인 선교사에 의한 영국인의 평화적 개종이겠으나, 그 뒤 664년의 휘트비 종교 회의에서 비롯되어 1171년에 잉글랜드 왕 헨리 2세가 교황의 인가 아래 아일랜드를 무력 침략함으로써 정점에 이르렀고, 그 뒤 일련의 강압 수단에 의한 극서 그리스도교도 탄압이 계속되었다. 그러나 아직 이것으로 이야기가 끝난 것은 아니다. 스코틀랜드의 하일랜드와 아일랜드의 늪지대에서 '켈트 외곽 지대'의 생존자에 대한 침략 공세가 오래 지속된 결과 완전히 '영국인의 습성'이 되어버린 '강경 정책'은 대서양을 건너 북아메리카의 인디언을 희생시키는 데 작용했다.

최근 수백 년 동안 서유럽 문명은 온 세계적으로 팽창했는 바, 팽창하는 사회체의 세력이 너무 강한 나머지 저항하는 미개 사회와의 실력 차이가 극단적으로 커져서 불안정한 경계선(리메스)을 만든 것이 아니라, 자연적 경계라고 하는 종점(테르미누스)에 이르기까지 거침없이 진행되어 간 것이다. 이렇듯 전 세계적인 서유럽 사회가 미개 사회의 후방 공세에 있어서는 절멸이냐 추방이냐 하는 강압적인 양자택일이 통례이고 자발적 복종은 예외였다. 사실 근대 서유럽 사회가 협력자로서 끌어들인 미개 사회의 수는 한쪽 손으로 셀 수 있을 정도이다. 예를 들면 중세 서유럽 그리스도교 세계에서 근대 세계에 인계된 약간의 훈화되지 않은 야만족의 먼 영토 중 하나였던 스코틀랜드 하일랜드 주민, 뉴질랜드 마오리족, 에스파냐의 잉카 제국 정복 뒤 에스파냐인이 관계를 갖게 된 안데스 사회의 세계 국가 칠레의 미개한 오지에 사는 아라우칸족 정도이다.

그중에서도 첫 시험대는 스코틀랜드 하일랜드 주민이, 최후의 저항이었던 1745년의 자코바이트(제임스 2세와 그 자손을 받들고 왕위 부활을 꾀한 정치 세력) 반란에 실패하고 난 뒤 이들 백인 야만족이 병합되었던 역사이다. 사실 존슨 박사(새뮤얼 존슨)나 호러스 월폴[15]과 같은 인물, 그리고 찰리 왕자(제임스 2세의 맏손자)를 내세워 더비까지 공격했을 때, 전투 단체들 간의 사회적인 매우 심한 차이는 뉴질랜드와 칠레의 유럽인 개척자와 원주민인 마오리족 또는 아라우칸족 사이의

---

15) 영국의 소설가(1717~1797). 최초의 공포 소설 《오트란토성(城)》과 방대한 서간집으로 유명하다.

차이만큼이나 어려웠다. 그럼에도 찰리 왕자의 털북숭이 병사의 45대째 후예가 200년 전 마지막 싸움에서 승리를 거두었던 그 가발을 쓰고 머릿기름 바른 로랜드 사람들이나, 오늘날에는 잉글랜드인의 자손과 조금도 다르지 않은 표준화된 사회적 실체가 되었음은 의심할 여지가 없다. 그 결과 이 싸움의 성질 그 자체까지 일반인이 알기로는 마치 별다른 것으로 해석되고 있을 정도이다. 스코틀랜드인 자신은 오늘날 그렇게 생각하지 않을지도 모르나, 잉글랜드인들의 눈에는 그들 스코틀랜드의 국민적 복장이 거의 완전하게, 옛날 하일랜드의 타탄(체크무늬 모직물)—1700년경의 에든버러 시민은 그것을 같은 무렵의 보스턴 시민이 인디언의 추장이 머리에 쓰는 깃털 달린 모자를 보는 거나 다름없는 눈으로 바라보았다—복장처럼 보였다. 현재 로랜드의 과자집에서는 '에든버러 록'(봉 모양의 캔디)을 타탄 모양의 종이 상자에 넣어서 팔고 있다.

오늘날의 서유럽화된 세계에 야만족이 살 수 있는 지대가 남아 있다고 한다면, 그것은 아직 완전히 서유럽의 사회체 안에 흡수되어 있지 않은 문명으로부터 이어받은 곳일 것이다.

그와 같은 지역으로는 인도의 서북 국경이 특히 흥미롭고 또 중요성을 지니고 있다. 적어도 힌두 문명의 해체기에 세계 국가를 제공한다는 임무를 이어받은 서유럽의 지방 국가(영국을 가리킴) 국민에게 있어서는 그러하다.

힌두 사회의 동란 시대(1175~1575년경)에 인도 서북 국경선은 거듭 튀르크와 이란의 약탈적 전투 단체를 이끄는 통솔자에 의해 돌파되었다. 힌두 문명 세계에 무굴 제국이라는 세계 국가가 성립함과 동시에 경계선은 한동안 봉쇄되었다. '무굴 제국의 평화'가 18세기 초에 뜻밖에 붕괴되었을 때, 외래인에 의해 수립되었던 세계 국가에 대해 힌두 사회는 전투적 저항을 통하여 그 상대자 마라타족과 무굴 제국 지배자들을 살상했다. 그러자 그 시체를 빼앗을 목적으로 경계선을 넘어 쇄도해 온 야만족은 동이란의 로힐라족과 아프간족이었다. 그리고 아크바르의 사업이 다른 외래인의 손으로 또다시 이룩되어 영국령 인도 제국의 형태로 힌두 사회의 세계 국가가 재건되었을 때, 영국인들은 서북 국경의 방위라는 것이, 인도에서 영국인 제국 건설자가 이어받아야 할 모든 국경 임무 중에서 가장 힘든 일이라는 것을 알았다. 여러 가지 국경 정책이 시도되었으나 완전히 만족할 만한 성과를 거둔 것은 하나도 없다.

대영 제국 건설자가 최초로 시도한 정책은 힌두 문명 세계의 입구에 해당되는 동이란을 우즈베크 제국이나, 서이란의 사파비 제국과 병합해 버릴 계획이었다. 우즈베크 제국은 전부터 무굴 제국이 가장 먼 곳까지 세력을 확장하던 무렵에 옥수스강·약사르테스강(오늘날 시르다리야강) 유역에 위치한 무굴 제국 자신의 후계 국가이다. 1831년 이후 알렉산더 번스에 의해 모험적인 정찰 여행이 이루어져 그 뒤 1838년에는 아프가니스탄에 영국령 인도 부대를 출병한다는 한층더 위험한 수단이 취해졌다. 그러나 서북 국경 문제의 '전면적'인 해결을 노리는 야심적인 기도는 불행한 결과로 끝났다. 1799년부터 1818년 사이에 인더스강 유역의 동남쪽인 인도 전체 정복에 훌륭한 성공을 거두어 승리에 취한 대영 제국 건설자가 자신의 힘을 과신하고, 그들을 침략으로 제압하려 했으나 실패하고 말았던 것이다. 가장 큰 원인은 순화되지 않은 야만인들의 격렬한 저항과 그 효과를 무시했기 때문이다. 1841~1842년에 있었던 이 작전은 사실상 1896년에 아비시니아고원에서 겪었던 이탈리아의 실패보다도 더 참담하게 끝났다.

그야말로 유명한 실패를 겪은 뒤 고원 지대를 영원히 정복하려는 영국인의 야망은 단순히 시험적·과시적으로만 부활되었을 뿐이다. 1849년의 펀자브 정복 이후 국경 정책은 전략적이라기보다는 오히려 전술적인 것이었다. 실제로 이 지역은 기원후 최초의 몇 세기에 있어서 로마 제국의 라인·다뉴브선(線)과 정치적으로 동일한 종류에 속하는 경계선이다. 영국령 인도 제국의 지배적 소수자가 내적 프롤레타리아트인 인도인의 말을 듣고 차츰 감사해하는 마음이 희박해지는 그들의 인도 통치에서 손을 뗄 경우, 우리 집 주인이 된 해방된 내적 프롤레타리아트가 이 서북 국경 문제를 어떻게 해결할지 볼만할 것이다.

다음으로 서유럽 사회가 그 역사의 온갖 시기에 세계의 각 방면에서 쏟아낸 외적 프롤레타리아트가 과연 그들의 시련에 자극되어 시(詩)나 종교 영역에 있어서 어떤 창조적인 활동을 했는가를 문제로 삼는다면, 곧바로 독자적인 문명을 낳기 위해 노력했음에도 서유럽 그리스도교 세계의 발생기 문명과의 경쟁에 패해서 결국 유산으로 끝난, '켈트 외곽 지대'와 스칸디나비아 야만족 후위 부대의 빛나는 창조 활동을 상기하게 된다. 이들 야만족과 서유럽 문명과의 만남에 대해서는 이미 이 책 속에서 다른 것과 관련지어서 논했으므로, 우리는 곧바로 근대 서유럽 문명 세계가 확대됨에 따라 산출된 외적 프롤레타리아트에 대한 고찰로 들어갈 수 있다. 이 광대한 영역을 바라봄에 있어 야만족의 창조력이 발휘되는 시와 종교의 두 분야에서 각기 예를 하나씩만 들고 만족하기로 하자.

시의 분야에서는 16~17세기에 걸쳐 다뉴브강 유역 합스부르크 왕국의 동남쪽 국경 건너편에 살던 보스니아 야만족 사이에서 발달한 '영웅시(英雄詩)'를 들 수 있다. 이 예가 우리의 흥미를 끄는 이유는, 그것이 언뜻 보기에 해체기 문명의 통례, 즉 외적 프롤레타리아트가 '영웅시'를 창조할 때 그 문명은 이미 세계 국가의 단계를 지나 야만족의 민족 이동을 유발하는 공백 기간으로 들어간 뒤의 일이라는 예외적 통칙이 적용되는 것처럼 보이기 때문이다. 그러나 서유럽의 창구로서 비서유럽인들의 자극을 받아온 다뉴브강 유역의 합스부르크 왕국은 과연 런던이나 파리의 입장에서 보면 정치적으로 분열한 서유럽 세계의 몇 지방 국가 중 하나에 지나지 않았다. 하지만 그 무렵 왕국의 시민 입장에서 보거나 그 이웃이나 적인 비서유럽인의 입장에서 보면, 서유럽 사회 세계 국가로서의 외관과 특성을 훌륭히 갖추고 있으면서 서유럽 그리스도교 사회 전체를 지키는 '거북 등딱지' 또는 방패 역할을 하는 안정된 상태에 있었다. 그리고 이 거북 등딱지의 수호를 받고 있던 서유럽인은 합스부르크 왕국의 세계적 사명의 은혜를 받으면서도 그 일을 모르고 있었던 것이다.

보스니아인은 그 전에 두 침략 문명, 즉 서유럽 그리스도교 문명과 그리스 정교 문명의 협공을 받은 이상하고도 몹시 괴로운 경험을 맛본 유럽 대륙 야만족의 후위 부대였다. 최초로 보스니아인이 미친 그리스 정교 문화는 정통적인 형태로는 받아들여지지 않고 겨우 보고밀파(Bogomilism)라는 분파의 형태로 침입한 데 불과했다. 이 이단을 받아들인 대가로 보스니아인은 두 그리스도교 문명으로부터 적대를 당했다. 이러한 상황 아래서 그들은 이슬람교도인 오스만족이 들어오는 것을 환영했고, 보고밀파의 신앙을 버리고 종교에 대한 한 '튀르크화' 했다. 그 이후 이슬람교로 개종한 이들 유고슬라브인은 오스만의 보호를 받았고, 오스만·합스부르크 국경의 합스부르크 왕국 지역에서 오스만 지배 아래 들어간 뒤 피난해 온 그리스도교도 유고슬라브인이 맡았던 것과 같은 역할을 하게 되었다. 즉 이렇게 두 쌍이 서로 대립하는 유고슬라브인은, 한편은 오스만 제국 또 한편은 합스부르크 왕국인 것처럼, 상대는 다르나 다 함께 침략이라는 같은 상황에 종속되었던 것이다. 그와 동시에 국경선이라는 같은 비옥한 토양 위에, 똑같이 세르보·크로아트(Serbo-Croat)어를 사용하는 '영웅시'의 두 유파가 서로 영향을 미치는 일 없이 병립하여 싹트고 융성했다.

종교 분야에서 외적 프롤레타리아트의 창조성을 나타내는 예는 전혀 다른 방면에서 구할 수 있는데, 그것은 19세기 미국의 적색 인디언에 접한 변경 지역에서 구할 수 있다.

북미 인디언은 최초 영국인 개척자가 도착한 그 순간부터 280년 후인 1890년까지의 수(Sioux) 전쟁에서 침략자의 무력이 사그라질 때까지 저항하면서 거의 '도망쳐 다니기만' 했다. 그리하여 인디언들이 유럽인의 침략이라는 도전에 대해 창조적인 종교적 응전을 할 수 있었다는 사실 자체가 주목할 만한 일인 데다 이 인디언의 응전이 온건한 성질이었다는 점은 한층 더 눈여겨봐야 한다. 인디언의 전투 단체에서 예상된 창조적 응전은 어느 정도 그들 자신의 모습을 본뜬 이교적 종교—이로쿼이족의 올림포스 또는 아스가르드 같은 것—를 창조하거나, 아니면 그들 공격자인 칼뱅적 신교의 가장 전투적인 요소를 받아들이거나 둘 중 하나였다. 그런데 1762년의 델라웨어족 무명 예언자를 비롯해, 1885년경 네바다에 출현해 인디언들의 마음을 사로잡은 워보카에 이르기까지 일련의 예언자들은 그와는 전적으로 다른 종류의 복음을 설파했다. 그들은 평화를 내세우고 그들의 제자들에게 화기 사용을 비롯해 그들의 적인 백인으로부터 배운 일체의 기술적·물질적 '개량품'의 사용을 금하도록 요구했다.[16]

그들은 자기들의 가르침에 따르면 인디언은 반드시 산 사람이 조상의 영혼과 재회하는 지상의 낙원에서 더없이 행복한 생활을 보낼 수 있다고 말하고, 또 이 인디언의 메시아 왕국은 토마호크(인디언이 무기로 사용한 도끼)로 정복되는 일이 없으며 총으로 정복되는 일은 더욱이 없다고 말했다. 만일 인디언이 이 같은 가르침을 받아들였더라면 어떤 결과가 생겼을까 하는 문제는 말할 수 없다. 음침한 지평선 위에 희미한 광명을 비치는 이런 온화한 경향 속에 미개인의 가슴속에 깃드는 '태어나면서부터 지닌 그리스도교적인 영혼'의 반짝임을 보고 마음이 끌릴 뿐이다.

현재 지도상에 남아 있는 예부터의 소수 야만 사회로서 절멸을 면하고자 한

---

16) 인도에서 펼쳐진 외래품 배척 운동(특히 영국 제품)에서 뚜렷한 예를 본다.(엮은이주)

다면, 그 유일한 가능성은 중세 서유럽 사회가 팽창할 때, 도저히 대항할 수 없는 강대한 문명의 공격을 받자 자발적으로 전향함으로써 강제적으로 병합될 운명을 모면한 아보트리트인이나 리투아니아인의 술책을 받아들이는 것뿐이다. 현존하는 옛날 그대로의 야만 세계로 완전히 포위당한 가운데 더욱 분발하고 있는 두 야만의 성채가 눈에 띄는데, 두 군데 성채 모두 진취적인 기상이 넘치는 야만족 무장들이 활발한 문화적 공세에 방어함으로써 아직 완전히 절망적이라고는 할 수 없는 형세를 구제하기 위해 단호한 노력을 기울이고 있다.

동북 이란에서는 인도·아프가니스탄 국경의 인도 쪽에 있는 순화되지 않은 야만족에 대해 어떤 강제 수단을 취하지 않고 오히려 아프가니스탄 자체의 자발적인 서유럽화에 의해 인도 서북 국경 문제가 아마 최종적으로 해결되는 게 아닌가 하는 생각이 든다. 왜냐하면 만일 이 아프가니스탄의 서유럽화 노력이 성공을 거둔다면, 그 한 가지 결과로서, 인도 쪽에 있는 전투 단체를 협공하는 셈이 되며 결국 그들의 지위를 유지할 수 없게 되기 때문이다.

아프가니스탄의 서유럽화 운동은 아마날라왕(재위 1919~1929년)에 의해 개시된 것인데, 너무 열심히 실행했기 때문에 이 혁명적인 국왕은 왕위를 잃었다. 그러나 중요한 일은 아마날라 개인의 실패가 아니라 이 운동의 치명적 걸림돌이 된 것은 왕좌가 아니었다는 사실이다. 1929년에는 이미 서유럽화 과정이 꽤 진행되었는데, 아프가니스탄의 주민은 반란군의 두목 바차이사카의 순수한 야만적 응전을 견뎌내지 못했다. 그리고 나디르왕과 그 후계자 시대에 서유럽화의 과정은 신중한 형태로 재개되었다.

하지만 포위된 야만족의 다른 성채에 들어박혀 유달리 눈에 띄는 서유럽화를 주장한 자는 나지드와 히자드의 왕, 압둘아지즈 알사우드이다. 그는 군인 겸 정치가이며 1901년 이래, 태어나면서부터 정치적 망명자의 지위에서 세력을 일으켜 마침내 아라비아 전체——룹알할리(사우디아라비아 남동부) 사막 서쪽과 사나(예멘의 수도)의 야마니 왕국 북쪽——의 지배자가 되었다. 야만족의 무장으로서 계몽된 점으로 보면 이븐사우드왕은 서고트 왕 아타울프에 견줄 만하다. 그는 근대 서유럽 사회 과학 기술의 큰 힘을 깨닫고, 지하수 분수정이나 자동차, 비행기 등 중앙 아라비아의 초원 기후에 특히 도움이 되는 과학 기술 응용에 크게 관심을 가졌다. 그러나 그중에서도 그의 위대했던 점은 서유럽적인 생활 양식에서 빼놓을 수 없는 기초가 법과 질서라는 사실을 알아차린 것이었다.

　서유럽화된 세계라는 문화 지도 위에서 어떠한 방법으로든지 끝까지 완강하게 버티던 것이 제거된다면 우리는 단지 야만 그 자체가 마침내 자취를 감추었다고 좋아할 수 있을까? 하지만 외적 프롤레타리아트의 야만이 완전히 제거되었다고 해서 무턱대고 좋아할 수는 없다. 왜냐하면(만약에 이 '연구'에 어떠한 가치가 있다고 한다면) 이미 과거의 수많은 문명이 파멸의 비운을 만난 것은 결코 외부 힘의 작용에 따른 것이 아니라, 언제나 자살적 행위의 결과였음에 확신을 얻었기 때문이다. "우리는 마음속에 있는 거짓에 배신당한다."[17] 이제는 세계 모든 전선에서 문명과 야만의 경계선은 자연에 의해 만들어진 한계까지 후퇴하여, 경계선의 저쪽 자투리 지역에 남아 있던 최후의 '무인(無人) 지대'를 제거해 버렸으므로 재래의 낡은 형의 야만인은 어쩌면 완전히 말살되었는지도 모른다. 그러나 이 전대미문의 승리도 야만인이 경계선의 저쪽에서 자취를 감춘 바로 그 순간에, 우리들 사회에 숨어들어 다시 모습을 드러낸다고 하면 우리에게 이득될 것이 없었으리라.

　그런데 사실 오늘날 야만인이 진을 치고 있는 것은 우리 자신 한가운데에서가 아닌가? "고대의 문명은 밖에서 수입한 야만인 때문에 멸망했다. 우리는 우리들 자신의 야만인을 키우고 있다."[18] 우리는 우리의 세대에서 우리의 바로 눈앞에서 한 국가 또는 국가라는 한 형태로, 이때까지 그리스도교 세계였던 그 사회의 주변이 아니라 중심에 다수의 신야만인 전투 단체가 편성되는 것을 봐 오지 않았던가?

　파쇼 전투 부대와 나치스 돌격대의 전투원들은 그 정신에 있어 야만인이 아니고 무엇인가? 그들은 자신들이 그 사회의 의붓자식이며 풀어야 할 원한을 가진 학대받은 인간으로서 당연히 가차 없이 무력을 써서 '해가 비치는 곳'을 획득할 도덕적 권리를 갖고 있다고 그렇게 선동하지 않았던가. 그리고 이 선동이 바로 가이세리크(반달족의 왕)나 아틸라(훈족의 왕)와 같은 외적 프롤레타리아트의 수령들이, 스스로의 잘못으로 방위 능력을 잃은 세계를 약탈하러 갈 때에 언제나 부하 전사들에게 들려주던 가르침이 아니었던가.

---

17) Meredith, G. : *Love's Grave.*(원주)

18) Inge, W.R. : *The Idea of Progress.*(원주)

1935~1936년의 이탈리아·아비시니아 전쟁(제2차 이탈리아·에티오피아 전쟁)에서 검은 피부가 아니라 검은 셔츠가 야만의 표지였음은 확실하며, 검은 셔츠를 입은 야만인 쪽은 그가 희생물로 했던 검은 피부의 야만인보다 훨씬 무서운 흉조였다. 검은 셔츠를 흉조라고 하는 것은 선조로부터 이어받은 광명을 배반하는 죄를 범했기 때문이며, 위험한 까닭은 죄를 범하는 수단으로서 마음대로 사용할 수 있는 선조 전래의 기술을 갖고서 그것을 신에 대한 봉사에 쓸모 있게 쓰는 대신 악마에 대한 봉사에 전용했기 때문이다.

그렇긴 하나 이러한 결론에 도달해도 아직 문제의 근본까지 가닿은 것이 아니다. 우리는 아직 이 이탈리아의 신야만주의가 도대체 어떤 원천에서 나왔는가 하는 것을 조사하지 않았기 때문이다.

무솔리니는 전에 "내가 이탈리아를 위해 하고 있는 것은 대영 제국을 건설한 위대한 영국인이 영국을 위하고, 또 위대한 프랑스의 식민지 개척자가 프랑스를 위해 한 것과 조금도 다르지 않다"고 말한 일이 있다.[19] 이 이탈리아인의 말을 우리 자신의 선조가 이룬 업적의 캐리커처라고 일소에 부치기 전에 우리는 캐리커처라는 것도 인물의 특징을 실로 잘 잡아서 표현하는 수가 있다는 사실에 반성할 필요가 있다.

문명의 길을 외면한 이탈리아 신야만인의 흉측한 얼굴 속에 그가 모범으로 찬양한 영국인—로버트 클라이브와 프랜시스 드레이크와 존 호킨스 등—의 모습이 조금 보인다고 인정하지 않을 수 없으나, 우리의 질문을 좀 더 깊이 파고들 필요가 있다. 지금까지의 조사에 의하면, 지배적 소수자와 외적 프롤레타리아트의 싸움에서 처음에 공격을 거는 것은 지배적 소수자 쪽이라는 사실을 상기해야 하지 않을까?

이 '문명'과 '야만' 사이에 벌어진 싸움의 역사를 쓴 것은 거의 모두가 '문명' 진영에 속하는 필자였음을 잊어서는 안 된다. 따라서 저 고전적이고 죄 없는 문명의 아름다운 영토 안에 야만의 전화와 살육을 들여오는 외적 프롤레타리아트의 모습은 아무래도 사실의 객관적인 묘사가 아니라, '문명 쪽이' 자기가 도발하여 반대 공격의 목표가 되자 그 분노를 표현한 것처럼 여겨진다.

---

19) 무솔리니가 프랑스 정치평론가 앙리 크릴리와의 인터뷰에서 한 말. 1935년 8월 1일자 《타임스》지에서 인용.(원주)

야만인의 적에 의해 쓰인 야만인에 대한 고소장은 결국 다음의 시와 그다지 다를 바가 없을 것이다.

이 동물은 맹랑한 놈이다
때리면 덤벼든다![20]

6. 외래 자극과 고유 자극

시야(視野)의 확대

이 책의 첫머리에서 영국의 역사를 예로 들어 한 나라의 역사는 같은 부류에 속하는 다른 나라들의 행동에서 따로 떼어 그것만을 다루어서는 이해할 수 없다는 점을 논했다. 우리가 '사회'라고 부르는 한 무리의 동종 공동체—그것은 문명의 이름으로 알려져 있는 특수한 종류의 사회임을 알았다—야말로 '이해 가능한 연구 영역'이라는 가정을 세웠다. 다시 말해 어느 한 문명의 생애가 거쳐가는 과정은 그 문명 스스로 결정하는 것이며, 따라서 그것은 그 자체 단독으로 연구하고 이해할 수 있는 것이므로, 다른 사회의 세력 역할을 고려에 넣을 필요는 없다고 가정한 것이다. 이런 가정은 문명의 발생과 성장에 대한 연구에 의해 뒷받침되었고, 또 이제까지로 보아, 문명의 쇠퇴와 해체 연구에 의해서도 그것을 부정하는 반증은 별반 생기지 않았다. 과연 해체기의 문명은 몇 개의 조각으로 분열되나 그 조각 하나하나가 결국 원래 조립되었던 1개의 나뭇조각일뿐이기 때문이다.

외적 프롤레타리아트도 해체되어 가는 문명의 방사권 내에 있는 요소에서 편성되는 것이다. 그러나 동시에 해체기 사회가 분열하여 생기는 낱낱의 조각을 조사함에 있어—이 점은 단순히 외적 프롤레타리아트뿐 아니라 내적 프롤레타리아트와 지배적 소수자에 대해서도 해당되는 일이지만—안에서의 작용뿐 아니라 밖에서의 작용도 고려해야 할 필요성이 생기게 되었다.

사실 사회를 '이해 가능한 연구 영역'으로 정의하는 것이 사회가 성장을 계속

---

20) Théodore P.K. : *La Ménagerie*.〔원주〕

하고 있는 동안은 무조건으로 받아들여지나, 해체 단계가 되면 이 정의도 조건부가 아니면 유지할 수 없다는 것이 뚜렷해졌다. 문명의 쇠퇴는 내부적인 자기 결정 능력의 상실로 인해 일어나는 것이지 결코 외부의 타격으로 일어나는 것은 아니라는 점이 사실이라 하더라도, 쇠퇴한 문명이 사멸에 이르는 도중 지나야 할 해체 과정도 외부의 힘이나 작용 없이 이루어졌다고 이해하는 것은 옳지 않다.

해체 단계에 있는 문명의 생애를 연구하는 데 있어서 '이해 가능한 영역'은 관찰의 대상이 된 단일한 사회 범위 외에도 관련 변수 지역이 개입됨으로 인해 명백히 넓다는 것을 알았다. 이 사실은 해체 과정에 있어 사회체의 실체는 단순히 이제까지 고찰해 온 세 가지 구성 요소(코로스, 휴브리스, 아테)로 나누어질 뿐 아니라, 동시에 다른 사회체에서 나온 요소와 새로 결합하여 자유를 되찾는 경향이 있음을 뜻한다. 이리하여 우리는 이 책의 첫머리에서 우리의 입각지(立脚地)를 정했다. 그러나 처음 이 연구를 시작할 때부터 이제까지 우리가 단단하다고 믿었던 지반이 발끝에서부터 허물어져 내려감을 느낀다. 최초에 문명을 우리의 연구 대상으로 택한 것은 문명이 단독으로 떼어내어 연구할 수 있는 '이해 가능한 영역'처럼 보였기 때문이었는데, 이런 관점에서 보니 문명 상호의 접촉을 조사해야 하는 관점으로 옮겨가고 있음을 알게 된다.

문명의 접촉 문제를 다루기에 앞서 지금 여기서 문명이 해체기를 거치며 깨어져 생기는 조각 하나하나의 활동 속에 인정할 수 있는 외래 자극과 본래의 자극이 낳은 결과를 구별하고 비교하는 일이 차라리 쉬울 것이다. 지배적 소수자와 외적 프롤레타리아트의 활동에 있어서는 외래 자극은 불화와 파괴라는 결과로 끝나는 경우가 많으나, 이에 반해 내적 프롤레타리아트의 활동에 있어서는 정반대의 조화와 창조라는 결실을 얻어내는 경우가 많음을 알 수 있다.

지배적 소수자와 외적 프롤레타리아트

앞서 본 바와 같이 세계 국가라는 것은 지배적 소수자에 의해 제공된다. 세계 국가 건설자들은 때로는 정치적 통일을 덮어씌워 평화라는 은혜를 주는 자로서 세계 이곳저곳에서 온 이방인인 경우가 있기는 하지만, 출신이 그렇다고 해도 그것만으로는 반드시 그들의 문화 속에 외래 문명 요소가 포함되어 있다고는 할 수 없다. 이 또한 앞서 말한 바이지만 지배적 소수자의 도덕적 붕괴가 매우 급속하게 일어나고, 그 결과 해체되어 가는 사회가 세계 국가의 단계에 들어갈 기운이 무르익었을 즈음에는 이미 제국을 세울 만큼 뛰어난 소질을 갖춘 지배적 소수자가 완전히 자취를 감추게 되는 경우도 있다. 그렇지만 그런 경우에도, 제공된 임무가 수행되지 않은 채 세계 국가가 방치되는 일은 좀처럼 없다. 누구든 어느 외래의 제국 건설자가 나와서 난국에 임해 고민하는 사회를 위해 마땅히 토착민의 손으로 행해졌을 임무를 수행한다.

세계 국가에서는 외래의 것이나 안에서 생긴 것이나 똑같이 열광적으로 환영받는 일은 없다고 하지만, 그래도 거의 감사와 체념의 태도로 받아들여진다. 세계 국가는 거기 선행하는 동란 시대에 비하면 물질적인 의미로는 어쨌든 하나의 진보이다. 그러나 때가 지남에 따라 "요셉을 알지 못하는 새 왕"《출애굽기》 1 : 8)이 나타난다. 쉽게 말하면 동란 시대와 그 공포의 기억은 후퇴하여 잊힌 과거가 되고 현재가―세계 국가가 사회의 구석구석까지 미치고 있는―역사의 전후 관계로부터 분리하여 그것 자체로서 변하지 않고 있는 것으로 판단된다. 이 단계에서 토착민에 의한 세계 국가와 외래인에 의한 세계 국가의 운명이 갈라진다. 토착의 세계 국가는 날이 갈수록 실제의 공적 여하를 막론하고 그 백성에게 있어 더욱더 받아들이기 쉬운 것이 되고, 또 그들의 생활에서 가능한 유일의 사회적 테두리로 보이게 된다. 이에 반해 외래의 세계 국가는 더욱 인기가 없어진다. 그 외래적 성질에 백성들은 더욱더 강하게 반감을 품게 되고, 그 세계 국가가 과거에 그들을 위해 행한 또는 아마 현재까지도 행하고 있는 유용한 봉사에 대해 한결 굳게 눈을 감아버린다.

이렇게 차이를 보이고 또 누구의 눈에도 분명한 2개의 세계 국가를 들자면, 헬라스 문명 세계에 토착의 세계 국가를 제공한 로마 제국과 힌두 문명에 두 번째의 외래 세계 국가를 제공한 영국 통치(영국령 인도 제국)이다. 로마 제국이, 이미 만족스럽게 그 임무를 수행할 수 없게 되고 분명히 멸망의 모습을 나타내고 있던 말기에 있어서도 백성이 로마 제국을 사랑과 존경의 일념으로 바라보고 있었음을 입증하는 증거를 얼마든지 모을 수가 있다. 이러한 찬미 가운데 아마도 가장 눈길을 끄는 것은 400년에 알렉산드리아의 클라우디아누스가 라틴 6보격으로 쓴 시, 《스틸리코의 집정관에 대해서》의 한 구절이다.

로마는 다른 정복자가 갖지 못한 긍지를 갖고 있다.

로마는 포로들을 다정하게 그 가슴에 끌어안고

주인으로서가 아니라 인자한 어머니로서 노예를 한집안으로 만들어

그 날개 아래 모든 나라들을 불러들였다.

오늘날 저 지구의 끝에 있는 나라의 백성까지

어엿한 시민권을 갖고 있는 것은 이 어머니의 다스림 덕이 아니냐.

영국의 인도 제국 통치가 여러 점에 있어 로마 제국보다도 온정적이었고, 또한 아마도 보다 많이 은혜를 베풀었음을 증명하는 것은 쉬운 일이다. 그러나 힌두스탄의 어느 알렉산드리아에서도 클라우디아누스를 발견하기는 어려울 것이다.

다른 외래 세계 국가의 역사를 바라보아도 그 지배에 굴복하는 사람들 사이에, 영국령 인도의 경우와 마찬가지로 커져가는 절대적 감정이 보인다. 페르시아 왕 키루스가 바빌로니아 사회를 무너뜨리고 강요한 시리아적인 외래 세계 국가는 성립되고 200년쯤 지난 뒤 심한 증오를 받게 되어, 기원전 331년에 마케도니아의 알렉산드로스가 정복해 오자, 같은 외래인임에도 바빌로니아의 신관들은 이 외래 정복자에 대해 진심으로 환영의 정을 나타내었을 정도였다. 그것은 마치 현대 인도의 극단적인 민족주의자 가운데 누군가가 일본에서 온 클라이브를 환영할지도 모르는 것과 마찬가지이다. 그리스 정교 세계에서도 똑같은 일을 목격할 수 있는데, 오스만 제국 건설자들도 14세기 초에는 마르마라해의 아시아 쪽 연안 각지의 그리스인에게 환영을 받은 외래의 '오스만의 평화'도 1821년에 와서 그리스 민족주의자들의 혐오의 대상이 되었다. 5세기라는 시간이 흐르면서 그리스인 사이에 감정을 변하게 한 것이다. 그것은 갈리아에서의 베르킹게토릭스가 반란을 일으킴으로써 나타난 반로마주의로부터 시도니우스 아폴리나리스의 친로마주의로의 변화와 정반대의 것이다.

이제 또 하나의 이질적인 문화를 갖는 제국 건설자에 의해 비롯된 증오심으로는 혼란한 동아시아 문명 세계가 절실히 그 필요성을 느끼고 있던 세계 국가를 제공해 준 몽골인 정복자에 대한 중국인의 증오심이다. 이 증오는 이 사회가 그 뒤 2세기 반에 걸친 만주족의 지배를 받아들인 관용과 기묘한 대조를 이

루고 있는 것처럼 보일지도 모른다. 그러나 그 이유는, 만주족이 전혀 외래 문화에 물들지 않은 동아시아의 미개척지 주민이었음에 반해 몽골족의 야만성은 아주 약간이기는 하나 네스토리우스파 그리스도교의 개척자로부터 유래하는 시리아 문화의 색조를 띠고 있었으며, 출신 성분이야 어떻든 유능하고 경험이 풍부하기만 하면 누구든 기꺼이 등용하는 열린 사고를 가졌다는 사실 속에서 찾을 수 있다. 이것이 중국에서 몽골 정권이 인기가 없었던 참된 이유였음은 몽골의 한족 주민(피지배층)과 그리스 정교도의 군인 및 이슬람교도 관리와의 거센 충돌에 대해 말하고 있는 마르크 폴로의 기록에 의해서도 확실하다.

힉소스족의 지배에 이집트인이 저항한 것도 힉소스족이 지닌 수메르 문화 색조 때문이다. 하지만 그 뒤를 이은 완전한 야만인인 리비아인의 침입은 반감을 사지 않고 받아들여졌다. 사실 우리는 전혀 다른 문화의 영향을 받고 있지 않은 야만적인 침략자는 성공하는 일이 많으나, 민족 이동에 앞서 다소나마 다른 문화 또는 이단설의 영향을 받은 야만족은 쫓겨나거나, 아니면 멸망되거나 두 가지 가운데 하나가 피할 수 없는 운명이다. 또 그 운명을 벗어나려고 한다면 그 이질적 문화 요소를 제거할 수 있는 어떠한 일반적인 사회 법칙과 같은 것을 세워야 할 터이다.

외래 문명의 영향을 전혀 받지 않은 야만인의 예를 첫째로 든다면, 아리아족과 히타이트족과 아카이아족을 들 수 있다. 이들 야만족은 모두가 문명의 입구에 해당하는 곳에 머무는 동안에 독자적으로 야만족 제신을 만들어내고, 경계를 돌파하여 정복한 뒤에도 그 야만적 신앙을 계속 지켰던 것이다. 동시에 그들의 '정복되지 않은 무지(無知)'에도 저마다 인도 문명·히타이트 문명·헬라스 문명이라고 하는 새로운 문명의 창건에 성공했다. 또한 고유의 이교 문화에서 서유럽 그리스도교로 전향한 프랑크족·영국인·스칸디나비아인·폴란드인·마자르인 개종자들도 서유럽 그리스도교 세계의 건설에 한몫했을 뿐 아니라 지도적 역할을 할 기회를 얻었다. 그러나 이집트 창세 신화의 세트(전투의 신)를 숭배하고 있던 외래의 힉소스족은 이집트 문명 세계에서 쫓겨났고, 몽골족은 중국에서 쫓겨났다.

여기서 통칙의 예외처럼 생각되는 것은, 원시 이슬람교의 아랍족이다. 그들은 헬라스 입장에서 외적 프롤레타리아트에 속하는 야만족의 한 무리였으나, 헬라스 사회의 괴멸과 더불어 일어난 민족 이동 중에도 로마 제국으로부터 빼앗은 여러 지방 주민의 단성론 그리스도교를 채용하지 않고 그들 자신의 미개한 시리아 종교를 본뜬 형태의 신앙을 고집했음에도 큰 성공을 거두었다. 그러나 원시 이슬람교 아랍족의 역사적 역할은 전혀 예외적인 것이었다. 로마 제국의 동양 여러 영토를 차례로 공격해 승리를 거듭하는 동안에 뜻하지 않게도 사산 제국 전체를 정복하는 결과가 되었으므로, 아랍족이 시리아에 건설한 로마 제국의 후계 국가는 1000년 전에 아케메네스 왕조가 알렉산드로스에 의해 타도되었을 때에 얼마 안 가 멸망한 시리아 사회의 이집트 세계 국가가 부흥되는 형태의 성격을 띠게 되었다. 그리고 이렇게 거의 우연히 이슬람교 아랍족에 주어진 커다란 새로운 정치적 사명은 이슬람교 자신의 힘으로 새로운 지평을 열었던 것이다.

따라서 이슬람교의 역사는 특별한 경우이며 우리 탐구의 일반적 결과를 뒤엎을 수는 없다고 생각한다. 일반적으로 말해서 외적 프롤레타리아트 또는 지배적 소수자에게 있어서 외래의 자극은 해체기 문명의 분열에 의해 생기는 3개의 단편 가운데 다른 2개와의 교섭에 있어 갖가지 마찰과 실패를 낳는 원천이 되기 때문에 불리한 조건이라고 결론지어도 괜찮을 것이다.

내적 프롤레타리아트

지배적 소수자와 외적 프롤레타리아트에 대해 인정되는 이상의 사실과 대조적으로, 내적 프롤레타리아트에 있어서 외래 자극은 화근이 아니라 축복이다. 그것을 받는 사람들은 그들의 정복자를 사로잡아 그 외래 자극으로 그들이 태어난 목적을 달성한다고 하는, 얼핏 보기에 초인적 능력을 받는다는 것을 알 수 있다. 이 주장의 맞고 안 맞음을 확인하는 가장 좋은 방법은 내적 프롤레타리아트 특유의 사업인 '고등 종교'와 세계 교회를 조사해 보는 일이다.

우리가 조사한 바에 따르면 '고등 종교'와 세계 교회의 세력은 그 정신 가운데 밖으로부터 온 생명의 불꽃이 존재하기 때문이며, 또한 그 불꽃의 강도에 비례해서 변화하는 것임이 분명해졌다.

이를테면 이집트 사회의 내적 프롤레타리아트의 '고등 종교'였던 오시리스 숭배는 앞에서 말한 바와 같이 외래의 것으로서 일단은 수메르 사회의 탐무즈 숭배에서 비롯한다고 볼 수 있으며, 또한 헬라스 사회의 내적 프롤레타리아트의 서로 경합하는 많은 '고등 종교'도 모두 이 문명에서 유래하는 것임을 확실히 알아낼 수가 있다. 이시스 숭배는 이집트 사회에서, 키벨레 숭배는 히타이트 사회에서, 그리스도교와 미트라교는 시리아 사회에서, 대승 불교는 인도 사회에서 생명의 불꽃을 얻은 것이다. 이상의 '고등 종교' 가운데 처음 네 가지는 알렉산드로스의 정복에 의해 헬라스 사회의 내적 프롤레타리아트에 편입된 이집트·히타이트·시리아 사회의 각 주민이 창조한 것이며, 나머지 대승 불교 또한 기원전 2세기에 에우티데모스가 다스리는 그리스계 박트리아 왕국들의 정복으로 헬라스 사회의 내적 프롤레타리아트에 편입된 인도 사회의 주민에 의해 창조된 것이다. 이상 다섯 가지 '고등 종교'는 그 내면적인 정신적 본질에 있어서는 서로 근본적으로 다르지만 적어도 겉으로 외래 종교라는 특징만은 공통으로 갖고 있다.

고등 종교가 어떤 사회를 정복하고자 했다가 그 기도가 성공하지 못한 예가 몇 가지 있다. 그러나 그러한 경우에 있어서도 우리의 결론은 흔들리지 않는다. 이를테면 이슬람교의 시아파는 오스만 통치의 그리스 정교 세계의 세계 교회가 되려다가 실패했고, 또 가톨릭교는 동아시아 사회의 세계 교회가 되려다가 — 중국에서는 한족의 명조 마지막 세기와 만주족의 왕조 최초의 세기에, 일본에서는 동란 시대로부터 도쿠가와 막부로의 이행기에 — 실패했다. 하지만 그렇게 오스만 제국의 시아파와 일본의 가톨릭교가 다 함께 정신적 정복을 할 희망이 끊긴 것은 불법적인 정치적 목적에 이용되었기 때문이거나, 적어도 이용되고 있다는 혐의를 받았기 때문이다. 또한 중국에서 가톨릭의 실패는 교황청이 예수회 선교사들에 대해 이국적인 가톨릭 종교 용어를 동아시아 사회의 철학이나 의식의 전통적인 표현으로 번역하는 허가를 거부했기 때문이다.

외래의 불꽃이자 마음의 연인인 '고등 종교'가 개종자를 얻는 데 최소한 도움은 될지언정 결코 방해는 되지 않는다고 결론지어도 무방하다. 그리고 그 이유를 발견하기는 쉽다. 쇠퇴하는 사회에서 멀어져 그로부터 떠나는 과정에 있는 내적 프롤레타리아트는 새로운 계시를 찾는다. 그 새로운 계시를 제공하는 것이 외래의 불꽃이며, 외래의 불꽃은 그 눈에 새로움으로 다가와 사람들의 마음을 사로잡는다. 그러나 인심을 사로잡기 위해서는 거기에 앞서 먼저 새로운 진리가 이해 가능한 것으로 만들어져야 한다. 꼭 필요한 이 해설 작업이 이루어지지 않고서는 새로운 진리가 힘차게 사람 마음속으로 파고들 수가 없다.

예를 들어 성 바울을 비롯해 그에 이어지는 그리스도교의 고위 성직자들이 기원후 최초의 4세기에서 5세기 동안에 그리스도교의 교리를 그리스 철학의 용어로 번역하고, 로마의 관료 제도를 본떠 그리스도교회의 교계(教階) 제도를 세웠으며, 그리스도교 의식을 밀교 의식을 본떠서 만들고, 또한 이교적인 최고 가치를 그리스도교적 최고 가치로 바꾸고 이교적인 영웅 숭배를 그리스도교의 성자 숭배로 바꿔놓는 노력을 하지 않았다면, 아마도 그리스도교회는 로마 제국에서 승리할 수 없었을 것이다.

중국의 예수회 선교사들의 전교 활동에 대한 바티칸의 교시에 의해 봉오리가 꺾인 것은 이런 종류의 사업이었던 것이다. 〈사도행전〉과 바울의 초기 서간 속에 기술되어 있는 것과 같은 회의와 충돌에서 만일 성 바울의 반대자인 시온주의의 그리스도교도가 승리를 얻었었다고 한다면, 헬라스 문명 세계의 개종은 그리스도교 전도자가 이방인의 땅에 최초로 전도 여행을 하자마자 중국의 경우와 마찬가지로 즉시 치명적인 좌절을 당했을 것이다.

고유의 자극에 의해 태어난 것처럼 보이는 '고등 종교' 가운데는 유대교와 조로아스터교와 이슬람교(이 세 가지 종교의 활약 무대는 시리아 문명 세계이며 영감의 출처도 같은 곳이다), 그리고 또 힌두교(자극으로 보나 활약 무대로 보나 분명히 인도 사회의 종교이다)가 포함된다. 이 가운데 힌두교와 이슬람교는 외래의 정신적 불꽃이 성공적이었다는 우리의 '법칙'에서 벗어난 예외로 보아야 하지만, 유대교와 조로아스터교는 잘 조사해 보면 결국 우리 법칙의 예증이 됨을 알 수 있다.

기원전 8세기에서 9세기 사이의 유대교와 조로아스터교 사이에서 태어난 시리아 사회의 여러 민족은 바빌로니아 사회의 지배적 소수자인 아시리아군 때문에 강제적으로 바빌로니아 사회의 내적 프롤레타리아트에 편입되어 학대받은 사람들이었다. 혹독한 시련을 받은 시리아인의 영혼에서 유대교와 조로아스터교라고 하는 종교적 응전을 불러일으킨 것은 이 바빌로니아 사회의 침략이었다. 그러고 보면 분명히 유대교와 조로아스터교는 바빌로니아 사회의 내적 프롤레타리아트에 편입된 시리아인에 의해 유래된 종교로 분류해야 한다는 셈이 된다. 사실 유대교는 마치 그리스도교가 헬라스 세계에서 바울의 설교 순회 가운데 이루어진 것과 마찬가지로 '바빌로니아의 강가'에서 형성되었던 것이다.

만약 바빌로니아 문명의 해체가 헬라스 문명의 해체와 같은 정도로 오래 걸렸고 같은 단계를 모조리 경과했다고 한다면, 유대교와 조로아스터교의 탄생과 성장은 역사적으로 보아 바빌로니아 사회의 역사에 일어난 사건이라고 보여질 것이다. 마치 그리스도교와 미트라교의 탄생과 성장이 사실 헬라스 사회의 역사에 일어난 사건이었던 것과 마찬가지로 말이다. 그러나 그렇게 되지 않은 것은 바빌로니아 사회의 역사가 의외로 빨리 종말을 고했기 때문이다. 바빌로니아 사회의 세계 국가를 수립하려고 한 칼데아인들의 계획은 수포로 돌아가고, 바빌로니아 사회의 내적 프롤레타리아트로 편입된 시리아인은 단순히 그들의 쇠사슬을 벗어던졌을 뿐 아니라, 형세를 역전시켜 그들을 정복한 바빌로니아인을 정신뿐 아니라 육체까지 포로로 할 수 있었다. 그 뒤 이란인은 바빌로니아 문화가 아니라 시리아 문화로 전향하고, 키루스가 건설한 아케메네스 제국은 시리아 사회의 세계 국가가 되었다. 유대교와 조로아스터교가 자기 땅 고유의 자극을 가진 시리아 문명의 종교인 것처럼 보이는 것은 이러한 역전적·역사적 사정에 따른 것이다. 이제 우리는 이 두 종교 또한 그 기원이 외래적인 시리아 문명으로 받아들여 탄생한 바빌로니아 사회의 내적 프롤레타리아트의 종교였음을 알 수 있다.

만약에 '고등 종교'가 외래의 자극에 의해 탄생되는 것이라면—사실 이것이 단 2개의 뚜렷한 예외를 빼놓고는 통칙임을 발견했지만—적어도 두 문명의 접촉, 즉 새로운 외래 종교의 바탕이 될 내적 프롤레타리아트의 문명과 그 종교의 외래 자극(자극이 하나로만 그치지 않고 복수인 경우도 있다)의 원천이 되는 문명(자극이 복수인 경우는 이것도 복수가 된다)과의 접촉을 시도하지 않는 한 그 종교의 성질을 이해할 수 없음은 확실하다. 사실 우리는 전혀 새로운 출발을 해야만 한다. 왜냐하면 그런 시도를 하지 않을 경우 이제까지 해온 이 '연구'를 포기해야 할지도 모르기 때문이다.

지금껏 우리는 문명이라는 관점에서 문제를 취급해 왔고, 개개의 문명은 어느 것이나 그 사회의 공간적·시간적 한계 밖에서 어떤 사회적 현상이 일어나든, 거기서 분리하여 이해할 수 있는 하나의 사회체이기 때문에, 단독으로 취급할 수 있는 '연구 영역'을 제공한다는 가정 위에 작업을 진척시켜 왔다. 그러나 이

제 우리는 이 책의 처음 몇 페이지에서 우리가 자신을 가지고 한 국가의 역사를 다른 것으로부터 분리하여 취급해도 이해할 수 있다고 믿는 역사가를 몰아친 것과 같은 궁지에 몰렸다. 앞으로 우리는 이제까지 우리가 작업을 진척시킬 수 있었던 한계 범위를 넘지 않으면 안 된다.

제19장 정신의 분열

1 서로 대립하는 행동·감정·생활 양식

이제까지 조사해 온 사회체의 분열은 집단의 경험으로써 조사해 왔으며, 그것은 피상적인 관찰이었다. 말하자면 내적·정신적인 분열을 외적이고 가시적으로 보이게 나타난 부분에서 살펴보자는 것이다. 갖가지 역할을 지니고 행동하는 인간 개개인이 활동하는 장소의 공통된 기반인 사회 표면에 분열이 나타난다면, 그 밑바닥에는 반드시 인간 정신의 분열이 발견된다. 이 내면적인 분열이 취하는 갖가지 형태를 이제부터 살펴 나가기로 한다.

해체기 사회에 속하는 사람들의 정신 분열은 온갖 형태로 나타나는데, 그것은 문명의 발생과 성장에 관여하는 인간 활동의 특징이었던 행동, 감정, 생활의 여러 양식 가운데 모든 것에서 분열이 생기기 때문이다. 해체기에 들어서면 단일했던 이들 활동 방법이 저마다 서로 대조적이고 성질이 상반되는 두 가지의 변형 또는 대체물로 분열하고, 도전에 대한 응전이 양자택일적인 2개의 극, 즉 한쪽은 수동적이고 다른 한쪽은 능동적이거나, 아니면 어느 쪽도 창조적이 아닌 것을 선택해야 하는 2개의 극으로 나누어진다.

능동적인 양식과 수동적인 양식 사이에서 하나를 선택함으로써 사회 해체의 비극 속에서 하나의 역할을 떠맡는 것이며, 또한 그것이 창조적인 활동의 기회를 잃게 되어—물론 그 능력을 잃어버리는 것은 아니지만—정신에 남겨지는 유일한 자유이다. 해체 과정이 진행됨에 따라 이 양자택일적 선택의 제한이 한결 엄격해지게 되고 그 차이가 더욱 심해지게 되면, 그 결과 또한 더 증대하게 된다. 영혼의 분열이라는 정신적 경험은 이렇듯 동적인 운동이지 정적인 상태가 아니다.

첫 번째로, 창조력 행사를 위해 둘 가운데 하나를 고르는 인간이 취하는 두 가지 개인적 행동 양식을 들 수 있는데, 모두 자기표현의 시도라고 할 수 있다. 수동적인 시도는 방종, 즉 '아크라테이아'(그리스어로, 자기를 누르는 힘이 없는 것)이다. 방종 속에서 정신은 '자기 멋대로 놀도록' 한다. 우리의 정신은, 자기의 자연적인 욕망이나 혐오를 억제하지 않는 것이 '자연을 따라 생존하는' 까닭이라고 믿고, 또한 그렇게 하면 잃어버린 귀중한 창조성의 재능을 신비로운 여신(자연)에게서 자동적으로 다시 돌려받는다고 믿어 자신으로부터 '분리'한다.

한편 양자택일의 능동적인 선택은 자제, 즉 '엔크라테이아'(그리스어로, 자기를 제어하는 것)의 노력이다. 이 경우 정신은 전자와는 달리 자연은 창조성의 원천이 아니라 창조성을 손상하는 해독이며, '자연을 지배하는' 것이 잃어버린 창조성을 회복하는 유일한 방법이라고 믿고서 '자기를 통제해' '자연의 감정'을 훈련하려고 한다.

다음으로는 위험하기는 하지만, 사회가 성장하기 위해 필요한 지름길이었던 창조적 인격에 대한 모방의 양자택일적인 사회적 행동의 두 길을 들 수 있다. 이 모방을 대신하는 두 길은 '사회적 훈련'이 이미 효과가 없어진 부대의 대열에서 이탈하려고 시도한다.

이 사회적 정체 상태를 해결하려는 수동적인 시도는 낙오라는 형태를 취한다. 병사는 부대가 그때까지 그의 사기를 지탱해 준 규율을 상실한 것을 알고 당황한다. 그리고 이런 상황 아래서는 자기의 임무를 수행하지 않아도 될 것이라고 멋대로 결정해 버린다. 이처럼 좋지 않은 생각으로 낙오자는 궁지에 빠진 전우를 죽게 내버려두고 자기만 살려는 이기심으로 헛된 희망을 지니고 전열을 벗어나 후퇴한다.

그런데 같은 시련에 맞닥뜨리는 또 하나의 다른 태도가 있는데, 그것을 순교라고 이름 붙일 수 있다. 순교자는 요컨대 자발적으로 전열을 벗어나서 앞으로 나아가 그에게 요구된 의무를 넘어선 행동을 하려고 하는 병사를 말한다. 보통의 경우 병사에게 요구되는 의무는 상사의 명령을 수행하는 데 필요한 최소 한도에서 자기의 목숨을 거는 것뿐이지만, 순교자는 그것과는 달리 어떤 이상(理想)을 지키기 위해 스스로 죽음을 택하는 것이다.

행동에서 감정으로 눈을 옮기면, 먼저 눈에 띄는 것은 성장의 본질이 나타나는 저 '비약'의 운동과 그 반대 현상에 대한 양자택일적인 반응으로서, 개인적 감정의 두 가지 양식이다. 이 두 감정은 모두 지배권을 수립하고 공세로 바뀐다. 그리고 마침내 우세를 확립한 악의 세력으로부터 '도망치고 있다'는 비통한 깨달음을 불러온다. 잇달아 일어나면서 차츰 심해지는 이런 정신적 패배감이 수동적으로 나타나면 표류 의식이 된다. 패배하는 그의 영혼은 환경을 지배할 수 없게 된 것을 알고 매우 의기가 저하된다. 그리고 정신 자체를 포함하여 우주는 아무래도 쳐부술 수 없는 동시에 비합리적인 두 힘이며 두 얼굴을 가진 사악한 여신이 마음대로 움직인다고 믿는다. 이 여신은 우연(티케)이라는 이름 아래 비위가 맞추어지고, 또한 필연(아난케)이라는 이름 아래 참고 견디는 신─토마스 하디의 극시 《패왕 Dynasts》의 코러스 부분 속에 문학적으로 표현되어 있는 한 쌍의 신─들이다.

이와 반대로 싸움에 져서 달아나는 영혼을 안타까운 심정으로 몰아넣으며 정신적으로 패배하는 것은, 영혼이 자기를 지배하고 제어하는 힘을 잃어버렸기 때문이라고 생각하는 경우가 있다. 그런 경우에는 표류 의식 대신에 죄의식이 나타난다.

우리는 또 양식(樣式)에 대한 의식(고유한 문화 양식에 대한 자각)─성장을 통한 문명의 분화라는 객관적 과정에 대응하는 주관적 측면─을 대체하는 양자택일적인 두 종류의 주관적·사회적 감정에 주목하게 된다. 이 두 감정은 어떤 도전에 대해 응전하는 방법은 전혀 다르지만, 둘 모두가 어떤 양식에 대해 감수성이 없는 점에서는 같다. 수동적인 반응은 혼효(여러 가지 것을 뒤섞음) 의식으로서, 정신은 모든 것을 녹이는 도가니 속에 자신을 맡긴다.

언어나 문학, 그림 따위의 표현 수단에서 이 혼효 의식은 혼합어('링구아 프랑카' 또는 '코이네')의 보급 형태로, 그리고 혼성적인 표준화된 문학·그림·조각·건축 양식의 보급 형태로 나타나며, 철학과 종교의 영역에서는 싱크리티즘(혼합주의)을 낳는다.

또한 문화 양식 의식에서 능동적인 반응은, 지방적·일시적 생활 양식이 사라진 것을 보편적·영구적인 성질을 띤 다른 양식, 즉 "언제나, 어디서나, 모든 인간에 의해 행해지는 것"(성 빈첸시오의 말)을 채용해야 할 좋은 기회이며 호소라고 여긴다. 이 능동적인 응전은 통일 의식의 각성이므로 그것은 시야가 확대되고,

인류의 통일에서 우주의 통일을 거쳐 신의 유일성을 포용하게 됨에 따라 점점 넓어지고 또 깊어진다.

해체기에 나타나는 분열 현상의 세 번째로서 생활 면으로 옮겨가면 여기서도 선택적인 두 쌍의 반응에 마주친다. 그러나 여기에서는 이제까지의 형식이나 모양과 다른 점이 셋 있다. 첫째로 이 경우에 성장기의 특색인 단일 운동을 대신하는 양자택일적 반응은 성장기 운동의 대체물이라기보다는 오히려 변형이다. 둘째로 두 쌍의 양자택일적인 반응은 둘 다 같은 단일 운동, 즉 앞서 우리가 활동의 장인 소우주로부터 대우주로의 전환이라 부른 운동의 변형이다. 셋째로 두 쌍은 서로 이렇게 나뉠 만큼의 충분한 이유가 되는 커다란 차이에 따라 구별된다. 즉 한쪽에서는 반응의 성질이 폭력적이고 다른 한쪽에서는 온건적이다. 폭력적인 쪽의 수동적인 반응은 복고주의라고 할 수 있고, 능동적 반응은 미래주의라고 할 수 있다. 온화한 쪽의 수동적 반응은 초탈, 능동적 반응은 변모라 부를 수 있다.

복고주의와 미래주의는 성장기의 특유한 운동 활동의 하나인 정신으로부터 다른 정신으로의 전이를 단순한 시간 차원의 전이로 바꾸려는 양자택일적인 시도이다. 둘 모두 대우주 대신 소우주 속에 살려는 노력을 포기한다. 그리고 정신적 풍토의 거센 변화에 직면하거나 도전하지도 않고 이를 수 있는 유토피아를 추구한다. 단, 그것이 실제로 '현실 생활' 속에서 발견된다고 가정한 데서 비롯된 일이지만 말이다. 이 외면적인 유토피아에게 '이상적 세상'의 역할을 수행케 하려는 것이다.

그러나 그것은 단순히 천박하고 만족스럽지 못한 의미에서 지금 여기에 있는 현 상태의 대우주에 대한 부정이라는 의미의 '이상적 세상'에 지나지 않는다. 정신은 사회가 해체해 가는 현 상태를 떠나 하나의 목표로 나아감으로써 자기에게 요구되는 임무를 수행하려는 것인데, 이러한 경우 그 정신의 목표는 단순히 과거에 언젠가 있었던, 또는 미래에 언젠가 실현될 것으로 생각되는 모습의 동일한 사회가 될 따름이다.

실제로 복고주의는 같은 시대의 창조적 개인의 모방으로부터 부족 선조의 모방으로 되돌아가는 것이라고 할 수 있다. 즉 문명의 동적인 운동으로부터 오늘날 미개인이 놓여 있는 정적인 상태로 하락하는 것이다. 그것은 또 만약에 성공한다면 여러 사회적 '대죄악'을 일으키게 될 변화를 강제적으로 멈추려는 하나의 시도라고 볼 수 있다.

또한 셋째로 복고주의는 전에 다른 문제를 논할 때 살펴본 바와 같이 유토피아 작가들 모두의 공통 목표로서 발견한, 즉 쇠퇴하고 해체되어 가는 사회를 '못 박아'두려는 시도의 일례로 볼 수도 있다.

이에 비하여 복고주의에 대응하는 미래주의는 모든 모방에 대한 거부인 동시에 무리하게 변화를 실현하려는 시도의 하나라고 정의 내려도 된다. 만약 그 시도가 성공한다면 사회적 혁명을 일으키겠지만, 그 혁명은 마침내 역전되어 반동으로 본래의 목적을 뒤엎는 결과가 된다.

활동의 영역을 소우주로부터 대우주로 전환하려는 인간에게는, 두 가지 방침 가운데 어느 쪽을 신뢰하든지 모순된 운명이 기다리고 있다. 이들 '손쉬운' 길의 어느 한쪽을 택함으로써 사실 이들 패배주의자들은 반드시 오고야 말 폭력적인 결말에 스스로를 빠뜨리는 것이다. 그들의 시도가 자연 질서에 어긋나는 것이기 때문이다. 내면적인 생활에 대한 추구는 사실 곤란한 일일지 모르지만, 결코 불가능한 일은 아니다. 그러나 영혼이 외면적인 생활 속에 생존하고 있는 한 획기적으로 비약해, 물결을 거슬러 올라가 과거 속으로 빠지거나 또는 반대로 물결을 헤치고 미래로 도망침으로써 '삶의 끊임없는 물결' 속에서 현재 위치로부터 탈출하기란 본질적으로 불가능한 일이다.

복고주의와 미래주의자의 유토피아는 어느 쪽이든 본래의 그리스어 문자 그대로의 의미인 '유토피아', 즉 '아무 데도 없는 곳'일 뿐이다. 이 두 매혹적인 '다른 것'은 처음부터 '가설에 따라서'는 실현이 불가능하다. 그 어느 쪽으로 나아가더라도 유일하고 확실한 결과는 결코 해결을 가져오지 못하는 폭력에 의해 파탄을 일으키게 할 뿐이다.

그 비극의 정점에서 미래주의는 악마주의라는 형태를 취한다.

"이 신념의 본질은 세계의 질서가 악과 허위투성이며, 선과 진리가 박해를 받는 반역자가 되어 있다고 여기는 데 있다. ······이 신념은 많은 성자와 순교자, 특히 〈요한계시록〉의 지은이가 지닌 믿음이다. 그러나 주목해야 하는 것은 이 신념이 거의 모든 위대한 도덕 철학자의 교설과 정면으로 대립한다는 점이다. 플라톤과 아리스토텔레스, 스토아 철학자, 성 아우구스티누스와 성 토마스 아퀴

나스, 이마누엘 칸트, 존 스튜어트 밀, 오귀스트 콩트, 토머스 힐 그린 등은 모두 어떠한 의미에서 조화 또는 신의 질서라고 할 만한 것이 존재하며, 선이란 이 질서와 조화하는 것이고, 악이란 질서와 조화하지 않는 것이라고 주장하거나 또는 그렇게 가정하고 있다. 현재 그노시스파 무리는 교부 히폴리투스의 저서 속에서 악마를 '우주의 힘에 반항하는 영물'이라고 정의하고 있다. 즉 전체의 의사를 거역하고 자기가 속하는 공동체에 맞서려는 반역자 또는 반항자라고 말하는 것이다."[21]

악마적이라고 비난받는 혁명적 정신이 반드시 이상과 같은 결말에 이르지 않을 수 없는 것은, 혁명가 이외의 모든 인간 사이에 충분히 알려진 마땅한 일로 인정되고 있다. 그리고 이러한 정신적 법칙의 작용을 나타내는 역사적 사례를 지적하는 것은 쉬운 일이다.

이를테면 시리아 사회에서는 메시아의 사상 형태를 취해 나타난 미래주의가 처음에는 분명히 온유한 길을 걷는 기도에서 출발했다.

이스라엘 사람은 아시리아의 군국주의 공격에 저항하여 자기의 정치적 독립을 유지하려는 유해무익한 기도를 고집하는 대신, 눈앞의 정치적 권력에 얌전히 따랐다. 미래에 언젠가는 구세주가 나타나 멸망한 이스라엘 왕국을 다시 일으킬 것이라는 희망에 그들은 모든 정치적 보화를 양도한 것이다.

유대 민족 사이에서 이 메시아적 희망의 역사를 더듬어 올라가면, 유대인이 네부카드네자르 때문에 바빌로니아로 끌려간 기원전 586년부터 그들이 안티오코스 에피파네스(현신왕)로부터 헬레니즘화하려는 박해를 받은 기원전 168년까지 400년 이상에 걸쳐 온건주의로 지내온 것을 볼 수 있다. 그러나 확신을 가지고 기다리는 미래의 생활과 견디기 어려운 고통을 주는 현재의 생활 사이의 불일치가 마지막으로는 폭력 속에서 해결의 실마리를 찾게 되었다.

엘르아살과 7인 형제의 순교로부터 2년이 채 지나지 않은 때에 유다 마카베오의 무장봉기가 일어났다. 그리고 이 마카베오의 무력 저항을 시초로 그 뒤 잇달아 차츰 열광의 도를 높여간 전투적인 유대 젤롯당—갈릴리의 수많은 드다

---

21) Murray, Gilbert : 'Satanism and the World Order,' *in Essays and Addresses.*〔원주〕

와 유다, 유대인과 비슷한 사람들—이 나타나 66~70년과 115~117년, 132~135년의 악마적인 유대인 폭동에서 폭력은 절정을 이루었다.

이 전형적인 유대인의 사례가 보여주는 미래주의의 네메시스(복수)는 조금도 진기한 일이 아니다. 그러나 얼핏 보아 그것과 정반대의 길을 걷는 복고주의 또한 결국 마지막에 같은 네메시스에 홀린다고 한다면, 그것은 아마 뜻밖으로 느껴질 것이다. 과거로 향한 이 역행 운동 또한 피치 못할 흉포한 폭력 행위로 결말이 난다는 것은 결코 케케묵은 말이 아닌 참으로 생소하고 모순되는 생각으로 여겨진다. 그럼에도 역사적 사실은 여전히 그대로라는 것을 보여주기 때문이다.

헬라스 사회의 정치적 해체기에서 복고주의의 길을 택한 최초의 정치가는 스파르타 왕 아기스 4세와 로마의 호민관 티베리우스 그라쿠스였다. 이 둘은 흔히 볼 수 없는 감수성과 온화한 기질의 소유자였으며, 또한 둘 모두 이미 반쯤 건설되어 있는 쇠퇴기 이전 '황금시대'에 있어 그들 국가의 낡은 제도와 그들이 믿고 있는 상태로 복귀함으로써 사회적 악폐를 뜯어고치고 사회적 파멸을 피해보고자 했다. 그들의 목적은 화합의 회복이었다.

그러나 그들의 복고주의적 정책은 사회생활의 흐름을 역행하려는 시도였으므로 아무래도 폭력의 길을 택할 수밖에 없었다. 그리고 그들의 본의 아닌 폭력이 반동적 폭력을 불러일으켰는데, 그들이 극단적인 수단을 취하지 않고 오히려 자기의 생명을 희생하는 길을 선택한 그들의 정신적인 온화함도 폭력 사태를 막는 데는 아무런 도움이 되지 못했다. 그들의 자기희생은 대업을 이어받은 후계자들을 자극해 이 순교자들이 원치 않았던 폭력으로 일을 성공시키게 만들었다. 그래서 온화한 아기스 4세 다음에는 폭력적인 클레오메네스 3세가 뒤를 이었고, 온화한 티베리우스 그라쿠스 다음에는 폭력적인 동생인 가이우스 그라쿠스가 뒤를 이었다.

그런데 어느 쪽도 이야기가 그것으로 끝난 것은 아니다. 두 사람의 온화한 복고주의가 한꺼번에 터뜨린 폭력의 홍수로 인해, 그들이 구제하려고 노력한 국가의 조직이 모조리 없어질 때까지 좀처럼 물러나려고 하지 않았다.

그러나 이와 같은 헬라스 사회와 시리아 사회의 예는 역사의 그다음 단계까지 추적해 가면, 한쪽은 복고주의에 의해, 다른 한쪽은 미래주의에 의해 일으켜진 흉포한 폭력이 결국은 그때까지 세차게 소리 지르는 폭력에 압도되어 밑바닥에 가라앉아 있던 온유한 정신이 놀랍게도 복귀됨으로써 진정되었다는 사실을 알 수 있다.

헬라스 사회에서 지배적 소수자의 역사에는 기원전 마지막 2세기 동안 난폭한 자들 뒤에서 세계 국가를 조직하고 유지하는 양심과 능력을 갖춘 한 무리의 관리가 나타났다. 이와 함께 폭력 수단을 사용한 복고적 개혁자의 후계자는 아리아누스·카이키나 파이투스·트라세아 파이투스·세네카·헬비디우스 프리스쿠스(이상은 스토아학파 철학자) 등 귀족 출신 철학자 무리였다. 이들은 설령 그것이 공공의 이익이 되는 경우라 할지라도 그들의 세습의 권세를 행사하는 것을 바라지 않았고, 그러한 그들의 극기는 철저한 것이어서 압제적인 황제(네로·베스파시아누스·클라우디우스)의 명령을 좇아 순순히 자살할 만큼 자기희생에 철저했다.

헬라스 문명 세계의 일익을 담당하게 된 시리아 사회에서도 폭력적 복고 바람이 불었으나, 무력에 의해 '이 세상에 메시아 왕국'을 세우려고 한 마카베오의 기도가 실패했다. 그 뒤에 나타난 것은 '이 세상의 것이 아닌 왕국'을 세운 유대인의 왕(그리스도)이었다. 한편 다음 세대에는, 정신적 관점에서 범위가 더욱 좁은 전투적인 유대 젤롯당의 필사적인 반항이, 전멸당하기 직전에 랍비(율법학자) 요하난 벤 자카이가 숭고하고 영웅적인 무저항주의로 구제했다. 요하난은 전투의 소음이 들리지 않은 곳에서 조용히 가르침을 설교하기 위하여 유대 젤롯당과 거리를 두고 있었다.

피할 수 없는 파국의 소식이 전해졌을 때, 그 소식을 가지고 온 제자가 슬픔에 빠져, "아아, 이 얼마나 슬픈 일입니까? 이스라엘이 속죄할 제단이 파괴되었습니다"라고 했다. 그때 스승은 "내 제자여, 슬퍼하지 마라. 우리에게는 아직도 그에 못지않은 속죄의 제단이 하나 남아 있다. 그것은 이웃에 애정을 베푸는 것이다. 성경에도 '내가 긍휼(矜恤)을 원하고 제사를 원치 아니하노라'(《마태복음》 9 : 13)고 쓰여 있지 않은가?" 이렇게 대답했다.

이들 두 가지 경우에 있어서, 가는 길을 막는 모든 장애를 없애며 승승장구하는 것처럼 생각된 폭력의 조류가 이처럼 멎고 역류하게 된 것은 도대체 무슨 까닭인가? 어느 경우든지 이 기적적인 역전은 생활 태도의 변화에서 비롯한다. 헬라스 사회의 지배적 소수자의 일부분이었던 로마 사람의 정신 속에는 복고주의의 이상이 초탈의 이상으로 바뀜으로써, 헬라스 사회의 내적 프롤레타리아트의 일부분인 유대인의 정신 속에서는 미래주의의 이상이 변모의 이상으로 대체되었던 것이다.

이 두 가지 온화한 생활 태도는 먼저 어느 한 전향자를 주목해 그 성격과 경력을 통해 각자에게 접근해 간다면, 아마 그 역사적 발생뿐 아니라 그 특질도 이해할 수 있을 것이다. 이를테면 복고주의자로부터 스토아학파 철학자로 전향한 로마인 소(小)카토와 미래주의자였다가 예수의 제자 베드로가 된 바요나 시몬을 주목할 수 있다.

이 두 사람의 위대한 인물은 모두 처음에 그들이 몸 바치기로 마음을 정한 저마다의 유토피아를 추구하는 동안에는 어딘지 정신적으로 맹목적인 데가 있었다. 그리하여 그들의 에너지는 그릇된 방향으로 흘렀고 그들의 위대성이 감춰지게 되었다. 그 일로 둘 모두 오랫동안 어찌할 바를 모르고 난감해하다가 각자의 정신이 새로운 생활 방식에 의해 바뀌어가게 되었고 마침내는 그 최고의 가능성을 이룰 수 있게 되었다.

과거의 어떠한 시대에도 '실생활' 속에 존재한 적이 없고, 다만 낭만적으로만 공상되었을 뿐인 로마의 '파트리오스 폴리테이아(조상 시대의 국가 제도)'를 되찾으려는 돈키호테적 투사로서 카토는 거의 우스꽝스럽게 보이는 인물이었다. 그는 그즈음의 정계에서 있는 그대로 받아들이기를 거부하고 언제나 그림자만 쫓다가 실체를 포착하는 데는 실패했다. 그리고 그는 마지막까지 자신의 실패를 인정하려고 하지 않았으나 내란 발발에 대해 그가 한 부분의 커다란 책임이 있음을 깨닫게 되었다. 또한 자신이 그 내란에서 지도적 역할을 맡는 처지에 빠지게 됨으로써 결과가 어떻게 되었든 그의 정치적 환상은 산산이 부서지고 말았다. 이를테면 카토 무리가 승리를 거두었다고 하더라도 그 결과 이루어지는 정치 체제는 결국 승리자인 카이사르의 독재 체제와 그리 다를 것 없이 카토의 복고주의적 이상에 어긋났을 것으로 생각되기 때문이다.

이 궁지에 빠져 있던 카토는 돈키호테적 정치가에서 스토아학파 철학자로 전향함으로써 미망에서 구제되었다. 그때까지 복고주의자로서 헛되이 살아온 카토는 이제 스토아 철학자로서 죽음을 맞았으나 그의 죽음은 결코 헛되지 않고 마침내 카이사르에게—그리고 카이사르의 사망 후 1세기 이상에 걸쳐 그의 후계자들에게—다른 공화 정치 지지자를 모두 합친 것보다 더 큰 곤혹을 안겨주게 되었다.

카토가 죽음을 맞이한 순간의 이야기가 그 무렵 사람들에게 준 감명은 오늘날에도 플루타르코스의 《영웅전》을 읽어보면 생생하게 알 수 있다. 카이사르는 천재적 직감으로 생전에는 그다지 중요시할 필요를 느끼지 않았던 정적이 스토아 철학자적 죽음으로써 자기의 정치적 입지에 커다란 타격을 주었다는 것을 알았다. 그러므로 카이사르는 군사적으로 승리를 거두고 독재로 내란의 여세를 모는 한편 세계를 재건한다는 거인적인 사업을 한창 벌이면서 날아드는 카토의 칼에 펜을 휘둘러 응수했다.

카이사르의 천부적인 융통성을 보여주는 펜이야말로 카토가 자신의 칼을 자기 가슴으로 돌려 스스로 의표를 찌름으로써 군사학에서 철학으로 옮긴 공격을 격퇴하는 유일한 무기였다. 그럼에도 카이사르는 카토에게 펜의 일격을 가했지만, 세상을 떠날 때까지 카토를 이길 수는 없었다.

카토의 죽음은 카이사르의 독재 체제에 반대하는 철학자 무리가 탄생하는 계기가 되었다. 그리고 이들 철학자는 이 무리의 창시자가, 당면한 정치 국면에 고무되었으나 시인하고 싶지 않고 그렇다고 개혁할 수도 없게 되자, 자발적으로 후퇴함으로써 새로 출현한 독재자를 당황하게 했던 것이다.

복고주의에서 초탈하려는 전환은 플루타르코스에 의해 전해지고, 셰익스피어에 의해 되풀이되고 있는 마르쿠스 브루투스의 이야기에서도 그 생생한 예증을 볼 수 있다. 브루투스는 카토의 사위이며 동시에 이목을 집중시킨 저 율리우스 카이사르 암살이라고 하는 무익한 복고주의적 폭력 행위에 가담한 한 사람이었다. 그러나 그는 암살을 결행하기 바로 전까지도 과연 자기가 하려는 일이 옳은지 끊임없이 의문을 품었으며, 암살의 결과를 본 뒤에는 그런 의혹을 한결 더 깊이 품었던 것이 묘사되고 있다. 필립피(그리스 북동부의 고대 도시) 전투 뒤에 셰익스피어가 브루투스로 하여금 이야기하게 한 마지막 말 가운데, 브루투스는 앞서 자신이 비난한 카토의 해결책을 시인하고 있다. 그는 자살하기에 앞서 다음과 같은 대사를 읊조린다.

카이사르여, 이젠 편안히 눈감아라.

내가 너를 죽일 생각은 절반도 안 될 만큼
마음이 내키지 않았다.

베드로의 경우, 그의 미래주의 또한 처음에는 카토의 복고주의와 마찬가지로 완고한 것으로 생각되었다. 그는 예수를 메시아로서 맞아들인 최초의 제자였으며, 동시에 그 뒤 스승으로 섬기는 예수에 의해 그의 메시아 왕국이 결코 키루스의 세계 제국 이란의 유대적 복사판이 아니라는 것이 밝혀졌을 때 그의 계시에 대해 맨 먼저 항의한 자였다. 그는 천진한 신앙에 대한 보답으로 예수로부터 축복을 받았으나, 스승 왕국의 비전이 제자인 자신의 '고정 관념'에 맞아떨어져야 한다고 고집스럽게, 또한 대들 듯이 주장했기 때문에 예수로부터 크게 꾸중을 들었다.

"사탄아, 내 뒤로 물러가라. 너는 나를 넘어지게 하는 자로다. 네가 하느님의 일을 생각지 아니하고 도리어 사람의 일만 생각하는도다."(《마태복음》16 : 23)

스승의 엄한 꾸짖음으로 베드로는 자기 잘못이 눈앞에 제시되었음에도 받아들이지 못하고 다음 시련에서 또다시 실패했다. 그는 그리스도의 변모를 목격하는 세 사람 가운데 하나로 선정되어, 스승 곁에 모세와 엘리야가 서 있는 환영을 목격했을 때 '해방 전쟁' 개시 신호로 착각했다. 그 장소에 갈릴리의 드다와 유다 등은 로마의 관리들이 그들의 활동에 대한 정보를 받고 토벌군을 보내 무찌를 때까지의 짧은 유예 기간 동안, 황야에 진영 본부('세 채의 이동식 건물' 또는 천막)를 세우자고 제의함으로써, 세 환영이 뜻하는 바를 산문적으로 잘못 이해한 것을 폭로했다. 이렇듯 잡음이 끼어들자, "메시아의 길은 메시아 자신의 계시를 받아들이는 것이다"라는 훈계의 소리를 남기고 환영은 사라져버렸다.

그러나 이 두 번째 훈계에서도 베드로의 눈은 뜨이지 않았다. 스승의 생애 마지막—스승이 스스로 예언한 모든 일들이 뚜렷한 사실로서 나타나려고 하는 그 순간—에도 다루기 힘든 미래주의자는 겟세마네(겟세마니) 동산에서 칼을 들고 싸웠다. 그리고 같은 날 밤늦게 그가 스승을 '배반한' 것은 마침내 미래주의적 신념을 잃었지만, 아직도 그것을 대신 채울 만한 것을 확신 있게 파악하지 못한 혼란한 인간 심리를 나타냈다고 할 수 있을 것이다.

그의 생애에서 이렇게 더할 수 없는 경험을 한 뒤에도, 즉 그리스도의 십자가 위에서의 죽음과 부활과 승천에 의해 겨우 그리스도의 왕국이 '이 세상'의 것이 아님을 가르쳐준 뒤에도 여전히 베드로가 믿고 싶어 하는 바는, 변모한 이 왕국에서도 시민이 되는 권리는 유대인에게만 국한되는 것이었다. 마치 하늘나라의 신을 왕으로서 받드는 사회가, 신의 지상에의 신의 창조물이자 신의 아들인 여러 종족 가운데 단 하나의 종족만을 그 사회의 경계선 안으로 받아들이고 다른 종족은 모두 몰아내기라도 하는 것처럼 생각했다.

〈사도행전〉에서 베드로가 등장하는 마지막 몇 장면 가운데 하나는 참으로 그다운 면이 보이는데, 그는 하늘에서 내려온 커다란 보자기의 환영과 함께 들려온 또렷한 명령에 대해 이의를 제기하고 있다.(〈사도행전〉 10 : 9∼16).

그러나 베드로가 이야기의 주역이 되는 지위를 바울에게 양보한 것은, 바리새인이었던 바울이 단 한 번의 강렬한 정신적 경험에 의해 순간적으로 진리를 깨달았다는 이야기가 기록된 뒤의 일이다. 베드로의 깨달음이 이루어지는 긴 과정은 지붕 위의 환영을 보고, 바로 뒤에 코르넬리우스(고르넬리오)의 3명의 사자가 문간에 도착했을 때 완성되었다. 코르넬리우스의 집에서 신앙 고백을 하는 것이나 예루살렘으로 돌아간 뒤 유대인 그리스도교도 앞에서 코르넬리우스의 집에서 자기가 한 행동을 변명하는 데 있어서, 베드로는 이미 그리스도의 꾸중을 받을 염려가 없는 말로 신의 나라에 대해 설교하고 있었다.

하나는 카토에 의해 복고주의 대신에 채택되고 또 하나는 베드로에 의해 미래주의 대신에 채택됨으로써 이와 같은 커다란 정신적 결과를 낳은 이 두 가지 생활 태도는 어떠한 것인가? 우리는 먼저 초탈과 변모가 복고주의 및 미래주의와 다른 점에 주목하면서 이어 초탈과 변모 사이의 차이점으로 넘어가기로 한다.

변모와 초탈이 둘 다 미래주의와 복고주의와 다른 점은 문명의 성장을 나타내는 기준이면서 활동의 영역인 소우주로부터 대우주 전환을 단순한 시간적인 차원의 전이로 대체하는 것이 아니라, 참다운 정신적 풍토로의 변화에 의해 대체하려는 점에 있다. 그 둘이 저마다 목표로 삼고 있는 왕국은 모두 현세적 생활을 공상적인 과거 상태로 옮겨가려는 것도 아니고, 또 미래의 상태로 옮겨가려는 의미도 아니다. 단지 둘 모두 '현세를 초월한' 것이다. 그러나 둘 사이의 유사점은 이 공통된 '현세를 초월한' 성격뿐이고, 다른 점에서는 모두 대립한다.

우리가 '초탈'이라고 한 생활 태도는 갖가지 유파의 철인으로부터 여러 명칭으로 불렸다. 해체기의 헬라스 문명 세계로부터 후퇴한 스토아학파는 '아파테이아'(정념이나 외계 자극에 흔들리지 않는 초연한 마음의 경지) 속으로 물러났으며, 에피쿠로스학파는 "비록 이 세상이 무너져 박살이 난다고 하더라도 나는 끄덕도 하지 않을 것이다" 말한 시인 호라티우스의 조금은 과장된 에피쿠로스학파다운 선언에 의해서도 나타나 있는 것처럼 '아타락시아'(잡념에 사로잡히지 않고 동요 없이 고요한 마음의 상태) 속으로 물러났다. 해체기의 인도 문명 세계로부터 후퇴한 불교도들은 '열반' 속으로 물러났다.

초탈은 '이 세상'으로부터 나가는 길이며, 그 목적지는 피난처이다. 그리고 그 피난처가 '이 세상'을 제외하고 있는 점이 매력이자 특색이다. 철학자에게 이 길을 걷게 하는 힘은 혐오라는 밀어내는 힘이지 소원이라는 끌어들이는 힘은 아니다. 그는 자기 발에서 '파멸의 도시'의 먼지를 떨어내지만, '저 멀리 반짝이는 빛'(이상은 존 버니언의 《천로역정》에서 인용)의 환상을 바라보는 것은 아니다.

"속인은 '오, 내 사랑하는 케크롭스의 도시여(아티카)'라고 말한다. 그러나 당신은 '오, 내 사랑하는 제우스의 도시여'라고 말해야 하지 않는가?" 이렇게 아우렐리우스는 이야기한다.[22]

하지만 마르쿠스 아우렐리우스의 '제우스의 도시'는 '살아 있는 신의 도시'인 아우구스티누스의 '신의 나라'와 같은 것은 아니다. 그리고 거기에 이르는 행로는 계획적 후퇴이지 신앙에 의해 격려된 순례가 아니다. 철학자로서는 성공적으로 '이 세상'으로부터 빠져나가는 것 자체가 목적이며, 일단 '피난의 도시' 입구를 지나 제우스의 도시 속으로 들어가버리면 나중에는 어떻게 되어도 실은 상관없는 것이다.

헬라스 사회의 철학자들은 해방된 현자의 경지를 기쁨 넘치는 명상(테오리아)의 경지로서 묘사하고 있으며, 석가모니 또한—만약에 그의 가르침이 소승 불교 속에 충실히 반영되고 있다고 한다면—복귀의 가능성이 최종적으로 모두 제거만 된다면 그것에 대체되는 여래(如來. 부처의 여러 명칭 가운데 하나)가 안주하

---

22) Marcus Aurelius Antonius : *Meditations*.(원주)

는 경지가 어떠한 성질의 것인가는 그다지 중요한 일이 아니라고 뚜렷이 밝히고 있다.

초탈의 목표로서, 눈에 보이지 않는 중립적인 이 '열반' 또는 '제우스의 도시'는 변모라는 종교적 체험을 거쳐 들어가는 '천국'과 전적으로 정반대의 것이다. 철학자가 말하는 '저세상'은 요컨대 지상에 있는 우리의 세계를 제외한 세계인데 대하여 신의 '저세상'은 현세의 생활을 넘어서면서도 여전히 안에 포용하는 것이다.

"바리새인들이 하느님 나라가 어느 때 임하나이까 묻거늘 예수께서 대답하여 이르시되 하느님의 나라는 볼 수 있게 임하는 것이 아니요, 또 여기 있다, 저기 있다고도 못하리니 하느님의 나라는 너희 안에 있느니라."《〈누가복음〉 17 : 20~21》

'제우스의 도시'가 소극적인 성질인 데 반해 '하느님 나라'가 적극적인 것이라는 것, 그리고 초탈의 길은 단지 은퇴의 운동인 반면에 변모의 길은 앞서 우리가 '후퇴와 복귀'라고 명명한 운동임을 알 수 있을 것이다.

이상으로 우리는 해체기의 사회 속에서 살도록 운명지어진 인간의 정신에 나타나는 여섯 쌍의 양자택일적인 행동과 감정, 생활 양식을 간단히 설명했다.

모든 정신적 경험은 반드시 누군가 어느 한 인간의 경험이어야만 한다면, 우리는 이제까지 살펴온 온갖 경험 중 해체기 사회의 어느 단편에 속하는 인간이 겪는 특유한 경험이 있다고 할 수 있을까? 우리는 해체기의 정신적 분열 현상으로서, 네 가지 개인적인 행동과 감정의 양식─즉 수동적인 방종과 능동적인 자제, 수동적인 표류 의식과 능동적인 죄의식─은 모두 지배적 소수자의 성원에게도, 내적 프롤레타리아트의 성원에게도 똑같이 인정된다는 것을 발견할 것이다.

그러나 이와 반대로, 사회적인 행동과 감정의 양식을 말한다면, 우리의 당면 목적에 부응하기 위해서는 수동적인 한 쌍과 능동적인 한 쌍을 구별해야만 한다. 두 가지 수동적인 사회적 현상─탈락에 의한 타락과 착란 의식에 의한 굴복─은 먼저 프롤레타리아트 사이에 나타나, 거기에서 보통 '프롤레타리아화'라는 전염병에 걸리는 지배적 소수자 사이로 번져가는 경우가 많다. 반대로 두 가지 능동적인 사회적 현상─즉 순교의 추구와 통일 의식의 각성─은 먼저 지배적 소수자 사이에 나타나, 프롤레타리아트 사이로 퍼져가는 경우가 많다.

마지막으로 네 가지의 양자택일적인 생활 태도를 살펴보면, 앞서 말한 것과는 반대로 수동적인 한 쌍, 즉 복고주의와 초탈은 먼저 지배적 소수자 가운데서 생겨나고, 능동적인 한 쌍, 즉 미래주의와 변모는 프롤레타리아트 가운데서 생겨난다는 사실을 알 수 있다.

2. 방종과 자제

해체기 사회 특유의 방종이나 자제의 출현을 확인한다는 것은 조금 곤란할지도 모르겠다. 이 두 가지 형태의 개인적 행동 양식은 어떠한 사회적 환경에서도 인간 개개인이 드러내는 것이기 때문이다. 미개 사회의 생활에 있어서도 난행적 경향과 금욕적 경향을 찾아볼 수 있고, 또한 이 두 가지 기분은 해마다 계절따라 주기적으로 바꿔가며 구성원의 감정을 집단적으로 표현하는 부족 전체의 의식 형태를 취해 나타난다. 그러나 해체하는 문명이 생활 속에서 창조성을 대신해 나타내는 방종에 따라 우리가 뜻하는 것은 이와 같은 원시적 감정의 유출보다도 더욱 엄밀히 규정되어 있는 것이 있다. 우리가 뜻하는 방종은 창조 활동 대신 계율에 반대되는 설—의식적이건 무의식적이건, 또 이론적이건 실천적이건—이 받아들여지는 심적 상태이다. 그러면 이런 뜻에서의 방종의 예를 어디서 찾을 수 있을까? 창조성 대신 나타나는 또 하나의 현상으로서 그것과는 정반대의 태도인 자제의 예와 병행하여 동시에 살펴 나가면 가장 확실하게 밝힐 수가 있다.

예를 들어 헬라스 사회 동란 시대에, 쇠퇴 후 최초의 세대에서 찾아볼 수 있는 방종과 자제의 대립에 대한 구체적인 예가 플라톤이 묘사한 《향연》 속의 알키비아데스와 소크라테스, 《국가》 속의 트라시마코스와 소크라테스의 모습에 나타나 있다. 감정의 노예가 된 알키비아데스는 실천상의 방종을 대표하고 있으며 "힘이 정의이다"는 설을 주장하는 트라시마코스는 똑같은 분위기를 이론상으로 대표한다.

헬라스 사회 역사의 다음 단계에서 창조 대신 행해지고 있는 이 두 가지 양식의 자기표현을 시도한 각 대표자가 자기들의 행동 방식이야말로 '자연에 따라 사는' 길이라고 주장함으로써 여기에다 관록을 붙이려고 했던 것을 인정할 수 있다. 방종이야말로 지금 말한 것 같은 장점을 지니고 있다고 주장한 것은 에피쿠로스의 이름을 함부로 인용하여 그 이름을 더럽혔기 때문에 에피쿠로스학파 시인 루크레티우스로부터 그 당치 못한 행위를 심하게 힐책당한 저속한 쾌락주의자들이었다. 다른 한편 금욕 생활이야말로 '자연적' 생활 태도로서 승인되어야 한다는 것이 키니코스학파─그 대표적 인물은 그 옛날 나무통 속에서 생활했던 디오게네스이다─에 의해, 좀 더 세련된 형태로 스토아학파에 의해 주장되었다.

헬라스 문명 세계에서 동란 시대의 시리아 문명 세계로 눈을 돌리면, 이와 똑같은 방종과 자제가 서로 받아들여지지 않는 대립으로서 〈전도서〉 속의 차분하고 회의적인 이론에 의해, 그리고 은둔 생활을 하고 있던 에세네파(신비주의적 금욕주의를 내세운 유대교의 한 파)의 경건하고 금욕적인 실천에 의해 대립하는 모습을 찾아볼 수가 있다.

그리고 이 밖에도, 해체기에 들어가는 것과 동시에 그들 종교의 타락한 성욕주의와 그들 철학의 극단적인 금욕주의 사이에 틈이 벌어지는 것을 전혀 개의치 않는 점에서 미개인 기풍으로 되돌아간 것이 아닌가 하는 생각이 드는 우리의 문명이 있다. 인도·바빌로니아·히타이트·마야의 각 문명이 바로 그렇다.

인도 사회의 경우, 남근 숭배와 요가 사이에는 언뜻 보기에 불가해한 모순이 있다. 그리고 우리는 여기에 대응하는 해체기 바빌로니아 사회의 사원 매음과 점성 철학 사이, 마야족의 인신 공양과 참회 고행 사이, 히타이트 사회의 키벨레와 아티스 숭배의 난행적 측면과 금욕적 측면 사이의 모순에 대해 마찬가지로 놀란다. 이 4개의 해체기 문명에서, 구성원의 정신 속에 방관자의 차가운 분석적인 눈에 도저히 서로 융합될 수 없는 것처럼 비치는 관례적인 행위들 간에 정서적인 조화가 이루어지고 있는 것은 방종의 실천 속에도 모두 공통의 정도를 넘지 않는 사디즘(가학성애)적 경향이 가미되어 있었기 때문일 것이다.

이 두 가지 상반되는 행동 양식이 오늘날 서유럽 사회 역사의 근대기라는 광대한 무대 위에서 또다시 그 역할을 재연하고 있는 것은 아닐까? 방종의 증거를 들기는 어렵지 않다. 이론의 영역에서 "자연으로 돌아가라"는 매혹적인 부르짖음을 던진 장 자크 루소가 방종의 예언자였고, 한편 오늘날의 방종의 실천에 대해서는 그야말로 "만일 당신이 그 기념비를 구하려거든 주위를 둘러보라"는 실례를 곳곳에서 찾아볼 수 있다.

이것과는 반대로 여기에 대항하는 금욕주의 부활의 징조는 아무리 찾아도 보이지 않는다. 이 사실에서 일단 잠정적으로 분명히 서유럽 문명은 쇠퇴했지만, 그 해체는 아직 그다지 진행되고 있지 않다는 냉소적인 결론을 내려도 좋을 것이다.

3. 탈락과 순교

특별한 의미가 아니고 일반적인 의미에서 탈락과 순교는 단순히 한쪽은 비겁이라는 악덕, 다른 한쪽은 용기라는 미덕의 소산에 지나지 않는 것으로, 여기에 대한 한 모든 시대, 온갖 유형의 인간 행동에서 공통적으로 나타나는 현상이다. 그러나 지금 우리가 여기서 살펴보고 있는 탈락과 순교는 특수한 생활 태도에 힘입어 생겨난 특수 형태이다. 단순한 비겁에서 생겨난 탈락, 순전한 용기에서 생겨난 순교는 우리가 문제 삼을 것이 못 된다. 우리가 따르고 있는 탈락자의 정신은 그 정신이 봉사하고 있는 주의 내지 신념이 진정으로 봉사를 받을 만한 값어치가 없다는 것을 통감하고 그 감정에 이끌려 탈락한 정신이다. 마찬가지로 우리가 좇는 순교자의 정신은 단지 또는 주로 그 주의 내지 신념을 촉진하는 데 있어서 실제적으로 쓸모 있는 일을 하기 위해서가 아니고 오히려 그 정신 자체의 이해할 수 없는 이 세상의 무겁고 고달픈 짐[23]에서 벗어나기를 바라는 절박한 소망을 만족시키기 위해 순교자가 되는 것이다. 이와 같은 순교자는 숭고하긴 하지만 심리적으로는 절반 이상 자살한 것과 마찬가지이다. 다시 말해 그는 도피자이다. 물론 탈락자는 더 비겁한 도피자이다. 그들은 자신들의 더없이 높은 행위에 의해 자기 스스로의 생명을 끊는다는 생각보다 자기 자신으로부터 해방하는 것이라고 느꼈다. 그리고 만일 같은 헬레니즘 시대의 똑같은 계급에서 탈락자의 예를 찾는다면 마르쿠스 안토니우스의 이름을 들 수 있다. 그는 반쯤 동양화한 클레오파트라의 팔에 몸을 던지고, 로마로부터, 그리고 로마의 장중한 이상으로부터 도망친 탈락자였던 것이다.

그로부터 200년 뒤, 검은 구름이 차츰 짙게 드리워지던 2세기의 끝 무렵 마

---

23) Wordsworth, W. : *Tintern Abbey.*(원주)

르쿠스 아우렐리우스라는 이름의 군주가 나타난다. 그가 순교자의 관을 쓸 자격은 죽음이 결정적인 일격을 가해 이 순교자의 고난의 생애를 중도에서 끊어 버리지 않은 덕에, 그의 자격은 무효로 돌아가기는커녕 오히려 한결 강화되었다. 한편 이와는 반대로 마르쿠스의 아들로 그 후계자가 된 콤모두스에게서 탈락자로 전락한 황제의 모습을 엿볼 수 있다. 그는 아버지에게서 이어받은 중책을 이행할 노력은 조금도 하지 않고 등을 돌려 프롤레타리아화한 어두운 자갈길을 단숨에 달려가 도덕적 도피를 꾀했다. 황제가 될 신분으로 태어났는데도 그는 아마추어 검투사로서 쾌락에 빠지는 길을 택했다.

죽음을 맞이할 고통을 만나 광폭하게 된 헬라스 사회의 지배적 소수자에게 있어 마지막 공격의 주목표는 그리스도교회였다. 죽음의 지경에 이른 이교도의 지배적 소수자는 그들의 몰락과 파멸을 불러온 것은 그들 자신이라는 비통한 진실을 똑바로 바라보기를 거부했다. 죽기 직전까지도 그들은, 우리는 프롤레타리아트의 비열한 공격의 희생이 되어 멸망하는 것이라고 믿음으로써 자존심의 마지막 한 조각이나마 지키려고 했다. 게다가 외적 프롤레타리아트는 이미 강력한 전투 단체로 편성되어 있어서 로마 제국 정부가 그들의 성가신 공격에 대해 보복을 꾀한다 해도 그 기획을 좌절시키거나 회피할 만한 힘을 가지고 있었기 때문에, 자연히 공격의 화살이 내적 프롤레타리아트의 가장 중요한 제도인 그리스도교회로 돌려졌다. 이런 시련 아래서 신앙을 버리거나 생명을 희생시키는 중대한 선택의 필요성에 몰려 교회라는 우리 안에 갇힌 그리스도교도는 양과 염소의 2개 집단으로 뚜렷이 갈라졌다. 배교자(背教者)의 수는 무수했고—사실상 그 수가 너무나 엄청났으므로 배교자를 어떻게 처치할 것이냐 하는 문제가 박해가 끝난 직후 교회 정치의 가장 중대한 문제가 되었을 정도였다—순교자는 고작 얼마 안 되는 숫자였지만, 이 극소수의 순교자가 그 수와는 전혀 어울리지 않을 만큼 강대한 정신력을 발휘했다. 결정적인 순간에 그리스도교도의 대열에서 걸어 나와 생명을 희생시키며 증명하는 이들의 영웅적인 용감한 행위 덕분에 마침내 그리스도교회는 승리자가 되었던 것이다. 그리고 저 소수의, 그러면서도 숭고한 남녀로 이루어진 부대가 이교도인 로마 제국 당국의 요구에 따라 성스러운 경전과 교회의 성스러운 제기(祭具)를 내어준 '배신자'와는 반대로, 역사상 승리적 의의에서의 '순교자'로서 기록된 것은 마땅히 그러한 영예를 받을 만한 값어치가 있다고 할 수 있다.

아니 그것은 한편에는 단순한 비겁, 다른 한편에는 순수한 용기만 있어 이 예는 우리의 당면한 목적, 즉 탈락은 어떤 주의나 신념에 실망해 비롯되고 순교는 완전한 영혼의 해방을 갈구하는 데서 비롯된다는 우리의 앞선 정의와는 맞지 않는다고 이의를 제기하는 사람이 있을지도 모르겠다. 탈락자에 대한 한 우리에게는 이 비난에 대답할 자료가 없다. 그들의 동기는 불명예스러운 망각 속으로 매장되고 말았다. 그러나 순교자의 동기에 대해서는 이해관계를 도외시한 순전히 용기 이상의—혹은 만일 독자가 좋아한다면 순전히 용기 이하라고 고쳐 말해도 좋지만—그 무엇인가가 그의 자극의 주요 동기가 되었다는 것을 밝히는 증거가 많다. 사람들은 죄를 용서받고 천국으로 가는 확실한 방법으로서, 하나의 성례(聖禮)이자 '두 번째 세례'로서 순교자가 되기를 열렬히 추구했다. 2세기의 저명한 그리스도교 순교자의 한 사람인 안티오키아의 이그나티우스는 자기는 '하느님의 밀'이며 '야수의 이빨에 물리고 찢기어 그리스도의 순결한 빵이 되는' 날이 오기를 고대한다고 말하고 있다.

근대 서유럽 문명 세계에서도 이 두 가지 형태와 같이 전혀 정반대의 사회적 행동 양식의 행적을 찾아볼 수 있을까? 우리는 틀림없이 저 '지식 계급의 배신'을 근대 서유럽 사회의 무서운 탈락 행위로서 지적할 수 있다. 더욱이 이 배신의 뿌리는, 이런 표현을 만들어낸 재능이 풍부한 프랑스인은 거기까지 거슬러 올라가기를 혹시 망설일지 모를 만큼 매우 깊은 곳에—우리는 근대의 '지식 계급'을 표현하고 그것을 고발하기 위해 Clercs, 즉 성직(聖職)이 중세 교회의 명칭을 선택함으로써 이 해악이 얼마나 뿌리 깊은 것인지를 사실상 스스로 인정한 셈이지만—있다. 그리고 지식 계급의 배신은 최근 아직 기억에 닿는 시기에 그들이 범한 한 쌍의 배신행위—즉 매우 최근에 확립된 자유주의 원칙에 대한 신앙의 냉소적 상실과 아주 최근에 획득한 자유주의의 무기력한 노획물의 방치—에서 비롯한 것은 아니다. 근년에 이르러 이상과 같은 형태로 나타나게 된 이런 탈락 현상은 이미 몇 세기 전에 벌써 지식 계급이 서유럽 그리스도교 문명이라는 뛰어난 조직을 종교적 기초에서 세속적 기초 위에 옮겨놓으려고 시도함으로써, 원래 그들이 성직자 출신이라는 사실을 부인할 때부터 비롯해 온 것이다. 이 최초의 '휴브리스' 행위에 대한 응보가 몇 세기라는 기간 동안에 복리식으로 쌓이고 쌓여서 오늘날의 '아테'를 부른 것이다.

400년 남짓한 옛날로 눈을 돌려 잉글랜드라는 서유럽 그리스도교 세계의 일부분에다 초점을 맞추어보면, 토머스 울지—그는 시대를 앞지른 근대적인 사상을 지니고 있는 성직자로 정치적으로 실각했을 때, 자기는 국왕을 받들기만 하고 신은 그다지 받들지 않았다고 자기 죄를 변명했다—라는 탈락자가 나타난다. 울지의 이런 탈락에서 보인 사악함은 그가 면목 없는 최후를 고한 지 5년도 채 못 되어 그와 한 시대 사람인 성 존 피셔와 성 토머스 모어의 순교로써 남김없이 폭로되었다.

4. 표류 의식과 죄의식

성장의 '비약'을 잃었다고 느낄 때 나타나는 수동적 감정인 표류 의식은 사회 해체 시대에 살아야 하는 사람들의 정신을 들볶는 고뇌 속에서 가장 큰 것 중의 하나였다. 그리고 이 고통은 아마도 창조주 대신 피창조물을 숭배함으로써 범한 우상 숭배의 죄에 대한 형벌인 듯하다. 왜냐하면 이 죄야말로 이미 보아온 바와 같이 문명 쇠퇴의 원인 중 하나이며 쇠퇴 후에 해체가 일어났기 때문이다.

표류 의식으로 늘 고민하는 인간이 볼 때 우연과 필연은 세계를 지배하는 것처럼 보이는 힘의 양자택일적인 형상이다. 이 2개의 관념은 언뜻 서로 모순되는 것처럼 보일지 모르지만, 깊이 들여다보면 실은 같은 환상인데 단순히 다른 면을 보일 뿐이라는 것이 드러난다.

우연의 관념은 이집트 사회의 동란 시대 문학에서는 눈부시게 돌아가는 도공의 돌림판에 빗대어 표현되었다. 헬라스 사회의 동란 시대 문학에서는 바람과 파도에 실려 표류하는 키잡이 없는 배에 비유되고 있다.[24] 그리스인의 신인동형설(神人同形說)은 자유로운 의식 속의 인간이 숭배하는 우연을 일개의 '자동성 여신'으로 바꾸어놓았다. 시라쿠사의 해방자 티몰레온(그리스의 장군·정치가)은 이 여신을 위해 신전을 지어 희생을 바쳤고, 호라티우스는 이 여신에게 송가를 바쳤다.[25]

우리들 자신의 마음속을 들여다보면, 거기에도 이 헬라스 사회의 여신이 모

---

24) 플라톤, 《정치가》.〔원주〕
25) 호라티우스, 《서정시집》, 제3권.〔원주〕

셔져 있다. 여기에 관해 H.A.L. 피셔가 쓴 《유럽의 역사》의 서문 속에 실려 있는 다음과 같은 신앙 고백에서도 증명되고 있다.

"하나의 지적 흥분 속으로…… 나는 아무래도 잠길 수가 없었다. 나보다도 총명하고 학식이 풍부한 사람들이 역사 속에서 하나의 줄거리, 하나의 리듬, 하나의 미리 정해진 (영적인) 형상을 인정하고 있다. 그러나 그러한 조화가 나의 눈에는 보이지 않는다. 나의 눈에 보이는 것은 오직 파도가 잇달아 밀려오듯이 잇달아 일어나는 돌발 사건이나 독특한 사실이기 때문에 결코 일반적 결론을 내릴 수 없는 하나의 중대한 사실뿐이고, 또한 역사가는 전개되는 인간의 운명 속에서 우연한 것과 예견할 수 없는 작용을 인정해야 한다는, 역사가에게 유일하고도 안전한 규칙뿐이다."

이렇듯 근대 서유럽 사회에서 우연의 전능에 대한 신앙이 아직도 서유럽인에게 만사 순조롭게 진행되고 있다고 여겨지던 19세기에, 자유방임 정책이라는 기적적 계몽 신앙에 바탕을 둔 하나의 실천 생활 철학이 나타났다. 일시적으로 만족스러운 경험을 한 19세기의 우리의 조부들은 "우연의 여신을 사랑하는 사람들에게는 모든 일이 서로 작용하여 이롭게 된다는 것을 우리는 알고 있다"고 주장했다. 그리고 이 여신이 마침내 어금니를 드러내기 시작한 20세기에 이르러서도 영국의 대외 정책은 이 여신의 신탁에 따라 수행되었다. 1931년 가을에 비롯되었던 저 중대한 위기를 낳은 수년 동안 대영 제국 내각은 물론 국민 간의 일반적 견해는 다음과 같은 영국 자유당계의 한 유력한 신문 사설의 한 구절 속에 정확하게 표현되어 있다.

"비록 몇 년 동안만이라도 평화가 유지된다면 그만큼 이득을 보는 것이다. 그 몇 년 안에 일어났을지도 모를 전쟁이 전혀 일어나지 않을지도 모른다."[26]

이러한 '자유방임' 사상은 서유럽 사회가 인류 지식을 늘리는 데 독창적으로 공헌한 것이라고는 할 수 없다. 왜냐하면 그것은 거의 2000년 전에 중국 문명 세계에서 이미 일반적으로 유포되었던 사상이기 때문이다. 그러나 이 중국 사회

---

26) *The Manchester Guardian.* 13th July, 1936.(원주)

에서의 우연 숭배가 서유럽의 우연 숭배와 다른 점은 좀 더 고상한 동기에서 비롯되었다는 점이다. 18세기의 프랑스 부르주아가 '자유방임, 관세 철폐'를 신조로 삼게 된 것은, 그들의 경쟁 상대인 영국의 번영에 주목하면서 그것을 선망한 끝에 분석한 결과였기 때문이다. 루이왕을 설득해 조지왕이 한 대로 부르주아에게 제한 없이 제조시켜 그 상품을 어느 시장이건 관세 없이 수출할 수 있도록 허가해 준다면 곧 프랑스에서도 영국과 마찬가지로 부르주아가 번영하리라는 결론이었다. 이와는 반대로 기원전 2세기 첫 무렵에 문명을 낳는 일에 지친 중국 문명 세계가 밀려난 최소 저항선은, 기계가 요란하게 돌아가는 공장에서 번잡한 시장으로 통하는 짐마차가 오가는 길이 아니었다. 중국이 밀려가 찾아든 곳은 진리와 생명의 길, 즉 '우주가 작용하는 길'—궁극적으로는, 신, 다만 추상적·철학적인 의미의 신—을 뜻하는 도(道)라고 생각했던 것이다.[27]

도(道)란 떠도는 배와 같아서
이쪽으로도 갈 수 있고, 저쪽으로도 갈 수 있다.(노자 《도덕경》)

그러나 '자유방임'의 여신은 또 하나의 다른 얼굴을 지니고 있기 때문에, 우연으로서가 아니고 필연의 여신으로서도 숭배된다. 필연과 우연 두 관념은 하나를 단지 다른 견해로 보는 데 지나지 않는다. 예를 들어 신의 버림을 받아 혼돈 속에 빠진 우주의 상태를, 플라톤은 노를 잃은 배의 무질서한 운동으로 여기는데, 그 무질서한 운동도 필요한 역학과 물리학의 지식을 갖추고 있는 사람이 볼 때 바람과 물이라는 매질 속에서 파도와 조류가 질서 있는 운동을 하는 좋은 예증이 되는 것이다. 자유로운 인간의 영혼은 자신을 좌절시키는 힘은 단순히 자기 자신의 의사를 부정하는 힘에 의해 생겨나는 것이 아니라 그 좌절의 힘 자체가 독립적 산물이라고 생각하게 된다. 그와 동시에 눈에 보이지 않는 이 여신의 얼굴은 우연이라는 주관적·소극적 모습으로부터—나의 불행이 내 의사와 무관한 자연의 물리적 질서에서 비롯된다고 보는—필연이라는 객관적·적극적인 모습으로 변화한다. 하지만 변화하는 것은 외면일 뿐, 여신의 본질과 여신의

27) Waley, A. : *The Way and its Power.*(원주)

희생이 되는 인간의 곤경이 거기에 따라 별다르게 변화하는 것은 아니다.

존재의 물리적 면에 있어서 필연이 전능의 권력을 휘두른다는 주장은 데모크리토스가 비로소 헬라스 사회의 사상계에 도입한 것 같다. 이 사람은 장수한 철학자로 헬라스 문명의 쇠퇴가 시작하기 전에 이미 성인이었고, 그 뒤 70년 동안에 걸쳐 해체 과정을 지켜본 철인이다. 그러나 그는 결정론(決定論)의 영역을 물질적 세계에서 정신적 세계에까지 넓혔을 경우 생기는 여러 문제는 무시했던 것 같다. 물리적 결정론은 또한 바빌로니아 문명 세계의 지배적 소수자가 우주의 주기적 자연 현상을 통해 확립한 점성 철학의 바탕이 되고 있는데, 칼데아인은 이 원리를 인간의 생활이나 운명에까지 적용하는 데 주저하지 않았다. 스토아 철학의 창시자인 제논이 스토아학파에게 전했고, 또 제논의 제자 속에서도 가장 고명한 사람인 마르쿠스 아우렐리우스 황제의 《명상록》에 여러 번 쓰여 있는 저 철저한 숙명론은, 데모크리토스보다는 오히려 바빌로니아 사회의 원천에서 제논이 얻어왔을 가능성이 짙다.

근대 서유럽 세계는 필연의 영역을 경제 분야에까지 넓힘으로써 처녀지를 개척한 것 같다. 사실 경제적 분야야말로 다른 사회의 사상 지도자들 거의 모두가 보지 못했거나 아니면 무시해 온 사회생활 영역 가운데 하나이다. 경제적 결정론을 역설한 전형적인 예는 두말할 것도 없이 카를 마르크스의 철학 또는 종교인데, 오늘날의 서유럽 세계에서 실제적 행동에 의해 의식적 또는 무의식적으로 경제적 결정론을 믿고 있다는 것을 입증하는 인간의 수는 마르크스주의자라고 자칭하는 사람들의 수보다 훨씬 많으며, 그 가운데에는 대자본가의 집단도 포함되어 있다.

또한 필연이 심리적 영역도 장악하고 있다는 주장이 보금자리를 뜬 지 얼마 안 되는 근대 서유럽 심리학에서, 적어도 그 일파 사람들에 의해 주장되고 있다. 이 사람들은 심적 행동 과정을 분석하는 노력이 거둔 당초의 성공에 흥분하여 정신, 인격 또는 자기결정의 능력을 구비한 전체라는 의미에서 존재까지 부정하려 했던 것이다. 그리고 이 정신분석학은 성립된 지 아직 얼마 안 되는 학문인데도 정신 세계에서의 필연의 숭배는 당대의 가장 악명 높은 정치가 아돌프 히틀러를 그 짧은 시간에도 자기 개종자로 만들었다고 주장할 수 있다.

"나는 다만 신의 섭리가 나에게 부여해 준 길을 몽유병자처럼 어김없이 걸어갈 뿐이다."

이 말은 히틀러가 1936년 3월 14일 뮌헨에서 행한 연설 속에서 인용한 것인데, 그날로부터 7일 전에 있었던 독일군의 라인란트 재점령 때문에 받은 충격에서 채 회복하지도 못하고 있던 제3제국 국경 안팎 몇백 만이라는 유럽인들을 차가운 전율로 온몸을 떨게 했다.

필연을 우러르는 또 하나의 정신적 결정론의 교리가 있다. 그것은 지상에서의 한낱 인간의 생애라는 좁은 시간적 범위를 넘어서, 원인과 결과의 연쇄를 시간적으로 앞뒤로 늘리려는 것이다. 앞이라는 것은 인간이 처음으로 이 지상 무대에 등장했던 때까지를 말하는 것이고, 뒤라는 것은 인간이 최후로 거기에서 퇴장할 때까지를 말하는 것이다. 이 가르침은 서로 완전히 독립해 발생한 것으로 여겨지는 2개의 다른 종교 형태를 취하여 나타난다. 하나는 그리스도교의 원죄 사상이고, 또 하나는 불교 철학과 힌두교 모두에 파고든 인도 사회의 '카르마'(업 또는 업보) 사상이다. 똑같은 가르침인 이 두 가지 표현은 정신적 원인 결과의 연쇄를 하나의 지상 생활에서 다른 지상 생활로 끊임없이 질서라는 끈으로 엮어 연속시키려 한다는 본질적인 점에서 일치하는 것이다. 그리스도교적 견해나 인도 사회적 견해로서도 현재 살고 있는 한 인간의 성격과 행위는 과거에 살고 있던 다른 몇몇 인간 또는 한 인간이 행한 행위에 의해 인과적으로 결정되었다고 생각한다. 여기까지는 그리스도교의 사상과 인도 사회의 사상은 일치한다. 그런데 여기서 더 나아가면 양자 사이에 다른 점이 있음을 알게 된다.

그리스도교적 원죄의 교리는 인류의 시조가 범한 특정한 개인적 죄가 그 자손인 모든 인간에게 이전되었으며, 만일 아담이 신의 기분을 상하게 하지만 않았다면 면할 수 있었을지도 모를 정신적 결함을 인간에게 유산으로 남겨주었다고 주장한다. 또한 아담의 자손이라면 누구라도 개개의 영혼은 저마다 정신적으로 고립하고 있으며, 개성을 가지고 있다는 것은 그리스도교도로서 본질적인 것임에도 어쩔 수 없이 아담의 결점을 이어받는다고 주장한다. 이 교리에 따르면 아담은 자신의 정신적 특성을 자기의 육체적 자손에게 전하는 능력을 가졌으며, 인류의 시조로서 그 혼자만이 그런 능력을 가졌다.

원죄의 교리인 이 마지막 특징은 카르마 사상에서는 찾아볼 수 없다. 인도 사회의 교리에 의하면, 어떤 인간이든 자기 행동을 얻는 정신적 특성은 모두 처음부터 끝까지 좋건 나쁘건 예외 없이 유전한다. 그 정신적 특성은 차츰 잇달아 탄생하는 개개의 인간 행렬의 계통수를 나타내는 것이 아니고 한없이 되풀이되면서 육체 속에 깃들어 감각 세계에 나타나는 정신적 연속체이다. 불교 철학에 따르면, 카르마의 연속성이라는 것이 불교 사상의 근본 원리 가운데 하나인 '영혼의 전생' 또는 윤회인 것이다.

마지막으로 우리는 유신론적(有神論的)인 형태의 결정론에 눈을 돌려보자. 이것은 아마 모든 결정론 가운데 가장 기괴하고도 처치 곤란한 것이리라. 왜냐하면 유신론적 결정론에서는 참된 신의 모습을 그대로 닮은 우상이 숭배되고 있기 때문이다. 이 숨은 우상 숭배에 골몰하는 사람들은 이론적으로는 의연히 그들의 숭배의 대상에게 신성한 모든 속성을 돌리고 있지만, 그와 동시에 초월성이라는 하나의 속성만을 다른 것과는 전혀 어울리지 않게 강조함으로써 그들의 신은 저 '잔혹한 필연'과 마찬가지로 설명할 수 없는 무자비하고 비인격적인 존재로 바뀌어버린 것이다. 시리아 사회의 내적 프롤레타리아트 속에서 나타난 몇몇 고등 종교는 초월적인 유신론의 우상 숭배적 왜곡이 가장 일어나기 쉬운 정신적 영역이다. 그 대표적인 두 가지 전형적인 예는 이슬람교의 '키스메트'(운명 또는 숙명)의 관념과 제네바의 전투적 프로테스탄티즘의 창시자이며 조직자인 칼뱅이 주장한 예정론(豫定論) 사상이다.

칼뱅파 그리스도교라고 하면 여태껏 많은 사람들이 설명하기 힘들어했고, 또한 우리도 그것에 대해 어떤 해결책을 찾아내는 노력을 해야 할 문제를 하나 안고 있다. 우리는 먼저 결정론적 신조는 사회 해체의 심리적 징후의 하나인 표류 의식의 징조라고 말했다. 그런데 이제까지 결정론자라고 공언해 온 사람들 가운데 대부분이 실제로는 개인적·집단적으로 흔히 찾아볼 수 없는 견고한 신념의 소유자일 뿐만 아니라, 또한 흔히 찾아볼 수 없는 정력과 활동력, 결단력의 소유자였다는 것은 부정할 수 없는 사실이다.

"이 종교적 윤리의 중심적 역설—즉 세계를 뒤엎을 만한 용기를 지닌 인간은 이미 더욱 높은 의미에서 어떤 신적인 힘에 의해 좀 더 좋아지도록 예정되어 있으며, 그 신의 힘은 자신이 그 힘의 미천한 도구에 지나지 않는다고 확신하는 인간에게만 한정되어 있다는 생각—은 '칼뱅주의' 안에서 특히 뚜렷이 나타나 있다."[28]

그러나 숙명론적인 교리와 그 신자의 실제적 행동이 얼핏 모순을 일으키고 있는 듯이 보이는 것은 칼뱅파의 경우에만 한정된 것이 아니다. 칼뱅파는 몇 개의 저명한 예 가운데 하나에 불과할 뿐이다. 칼뱅주의자들—제네바의 칼뱅파 위그노, 네덜란드·스코틀랜드·잉글랜드·아메리카의 칼뱅파—에게 나타나는 기질은 다른 일신교적 예정론자에게서도 똑같이 찾아볼 수 있다. 유대교 젤롯당, 원시 이슬람교 아랍족을 비롯한 그 밖의 시대, 온갖 종족의 이슬람교도, 예를 들어 오스만 제국의 예니체리 병사나 수단의 마디(Mahdi)파 교도 등이다. 그리고 19세기 서유럽 사회의 자유주의적 진보론 신자와, 20세기 소련의 마르크스주의적 공산주의자 속에서 필연의 우상을 숭배하는 유신론자의 기질과 틀림없이 비슷한 기질을 가진 무신론적 예정론자를 인정할 수 있다. 공산주의자와 칼뱅주의자 교도 간의 유사점을 영국의 역사가가 재치 있는 문장 속에서 다음과 같이 멋들어지게 그리고 있다.

"칼뱅은 비록 그 활동 무대는 좁았지만 강력한 무기를 사용해 19세기의 프롤레타리아트를 위해 마르크스가 행한 것과 똑같은 일을 16세기의 부르주아를 위해 행했다. 또한 예정설은 다른 시대에 역사적 유물론에 의해 해소된 갈증, 즉 우주의 모든 힘은 선택받은 모든 인간 편이라는 보증을 얻고자 하는 갈망을 만족시켰다고 한들 그리 황당무계한 말은 아니다. 칼뱅은……부르주아들에게 그들이 선민이라고 느끼도록 가르쳤고 신의 계획 속에서 정해져 있는 그들의 위대한 운명을 자각시켜, 그 운명을 실현하는 결의를 굳히게 했던 것이다."[29]

16세기의 칼뱅주의와 20세기의 공산주의 사이를 잇는 역사적 중간자는 19세기의 자유주의이다.

"그 무렵 결정론이 크게 유행하고 있었다. 그런데 어째서 결정론이 우울한 교리라고 생각할 필요가 있겠는가? 우리가 피할 수 없는 이 법칙은 매우 행복한 진보의 법칙인데, 그것은 '통계에 의해 측정할 수 있는 진보'의 법칙이다. 우리는 다

---

28) Tawney, R.H. : *Religion and the Rise of Capitalism*.〔원주〕
29) 같은 책.〔원주〕

만 우리를 그런 환경에 놓이게 해준 운명에 감사하고 자연이 우리를 위해 정해준 발전 방향을 실현하는 일에 힘껏 노력하면 되는 것이며, 여기에 역행한다는 것은 불경하고 무익한 것이다. 이렇게 해서 진보라는 미신이 확실하게 세워졌다. 미신이 일반에게 널리 받아들여지는 종교가 되려면, 뭔가 어떤 철학을 노예로 만들기만 하면 된다. '진보의 미신'은 적어도 3개의 철학, 헤겔과 콩트와 다윈을 노예로 만드는 유례없는 행운을 가졌다. 다만 기묘한 일은 이들 철학 모두가 그 진보의 법칙이 지지한다는 신념을 갖기에는 안성맞춤이 아니라는 사실이다."[30]

그래도 우리는 결정론적 철학을 받아들이기만 하면 그것만으로 자신에 가득차고도 훌륭히 성공할 수 있는 활동을 불러일으키는 자극이 된다고 추론해도 좋을까? 아니, 그렇게 되지는 않는다. 그러나 그렇게 되리라는 신앙 때문에 이와 같이 커다란 자신과 자극을 부여받은 예정설의 신봉자는 한 사람도 빠짐없이 그들 자신의 의사가 신의 의사나 자연의 법칙 또는 필연의 계율과 합치함으로써, 처음부터 틀림없이 승리를 거두리라는 대담한 가정을 세웠던 듯하다. 칼뱅주의자의 야훼는 그 선민을 옹호하는 신이고, 마르크스주의자의 역사적 필연은 프롤레타리아트의 독재를 이루는 수단인 비인격적인 힘이다. 이와 같은 가정은 전쟁의 역사가 가르치듯이, 사기(士氣)의 원천의 하나인 필승의 신념을 주었고, 따라서 미리부터 마땅히 그렇게 되리라고 예상했던 결과를 달성하기 때문에 역시 옳았다고 여겨지는 것이다. "가능하다고 생각하기 때문에 가능하다"라는 말이 베르길리우스가 《아이네이스》 속에 그린 보트 경주에서 승리를 거둔 성공의 비결이었다. 요컨대 필연을 유력한 동맹자라고 가정한다면, 그것은 유력한 동맹자로서 작용한다. 그러나 이런 식의 가정은 물론 하나의 '휴브리스', 그것도 가장 교만한 휴브리스의 행위여서 결국은 믿었던 사실이 논리에 의해 무참하게도 부정당하는 쓰라림을 맛보아야 한다.

골리앗의 연전연승이 다윗을 만나 무너졌을 때, 필승의 신념은 마침내 골리앗에게 파멸의 원인이 되었다. 마르크스주의자가 그들의 가정을 생활신조로 삼은 지 100년, 칼뱅파로부터는 400년 가까이 되지만 아직 그 꿈은 깨어지지 않았

---

30) Inge, W.R. : *The Idea of Progress.*〔원주〕

다. 그런데 약 1300년 전에, 이와 마찬가지로 자랑스럽기는 하지만 실증되지 않은 신념을 품고 시작했던 초창기 동안 이슬람교도는 그 신앙의 힘으로 강력한 사업을 해왔으나 오랜 세월 뒤에 마침내 쇠락한 신세가 되었다. 좀 더 자세히 말하면 17세기 이후 이슬람교는 수피즘의 출현으로, 체험을 중시하고 지식과 이성에 의한 규제를 경시했으며, '신으로의 귀의'가 적극적인 활동이 아닌 무위·무활동·현세에 대한 무관심으로 이루어진다고 주술화됨으로써, 이슬람 세계의 침체를 정당화하는 사상이 되어버렸다. 그리고 최근의 시련에 대한 그들의 반응이 대단히 미약한 것을 보면, 결정론은 만나는 도전에 대해 유효한 응전을 할 수 있는 동안은 사기를 북돋지만, 일단 쇠퇴기의 곤경에 처하게 되면 거꾸로 사기를 떨어뜨린다는 것을 알 수 있다. 냉혹한 경험으로 결국 신은 자기편이 아니라는 것을 뼈저리게 알았고, 환멸을 맞본 예정론자들은 어차피 자기와 같은 인간들은 보잘것없다는 자포자기의 결론에 이르게 된다.

> 창조주가 가지고 노는 하찮은 장기 말.
> 흑백, 밤과 낮의 장기판 위에서
> 이리저리 옮겨 다니다 몰리어 죽어
> 하나씩 하나씩 원래의 상자 속으로 되돌아간다.[31]

표류 의식은 수동적인 감정이지만 그것과 한 쌍을 이루면서도 정반대의 능동적 감정인 것이 죄의식인데, 그것은 도덕적 패배의 자각에 대한 또 하나의 다른 반응이다. 그 본질이나 정신에 있어서 죄의식과 표류 의식은 두드러진 대립을 보인다. 표류 의식이 마약 역할을 하여 자유의 힘으로는 어떻게도 할 수 없는 외적 환경 속에 깃들어 있다고 여겨지는 악을 묵인하는 태도를 영혼 속에다 몰래 감추고 있는 데 비해, 죄의식은 악을 파헤치고 없애려는 비수 역할을 한다. 왜냐하면 죄를 범한 인간에 대하여 악은 결국 밖에 있는 것이 아니고 그 안에 있는 것이므로, 신의 목적을 수행하고 신의 은총을 받을 생각만 있으면 얼마든지 그의 의사에 따라 제어할 수 있음을 가르치기 때문이다. 여기에는 저 크리스천(

---

31) Fitzgerald, E. : *Rubáiyát of Omar Khayyam.* (원주)

《천로역정》의 주인공)을 얼마 동안 바르작거리게 한 '절망의 늪'과 그를 '저 멀리 보이는 좁은 문'을 향해 달리게 한 최초의 충동 사이에서 드러나는 크나큰 차이가 있다.

그렇다 해도 인도 사회의 '카르마' 사상이 암묵 속에 가정하고 있듯이 이 두 종류의 기분이 포개지는 일종의 '무인 지대'가 있다. 하긴 카르마는 '원죄'와 마찬가지로 좋든 싫든 간에 전면적으로 영혼에게 억지로 떠맡겨지는 거부할 수 없는 정신적 유산이라고 여겨지고 있지만, 어떤 주어진 순간에서의 누적된 카르마의 부담은 그 주어진 순간에 영혼 속에 깃들고 있는 개인의 계획적·자발적 행위에 의해 늘릴 수도 있고 줄일 수도 있는 것이다. 그러므로 극복할 수 없는 숙명에서 극복할 수 있는 죄로 향하는 이행은 그리스도교적 생활 태도에 있어서도 가능하다. 왜냐하면 그리스도교도의 영혼은 단지 인간의 노력에 대한 신의 대답으로서만 받을 수 있는 신의 은총을 구하고 발견함으로써 아담에게서 이어받은 원죄의 더러움을 깨끗이 할 수 있는 가능성이 주어지기 때문이다.

죄의식의 각성은 이집트 동란 시대의 사회생활에서 발달한 이집트적 사상 속에서도 찾을 수 있는데, 그러나 무엇보다도 전형적인 예는 시리아 동란 시대의 이스라엘과 유대 예언자들의 정신적 경험이다. 이들 예언자가 진리를 발견하고 신의 의사를 전달한, 그리고 그 안에서 출현하고 그들 성원을 향해 호소했던 사회는 아시리아의 호랑이에게 붙잡혀 꼼짝도 할 수 없는 비참한 상태에 놓여 있었다. 그 사회체가 이처럼 심한 곤경에 놓인 가운데 그 영혼들은 그들의 불행이 불가항력적인 외부의 힘 때문이라는 쉬운 설명을 물리치고 표면적으로는 어찌 보이든 그들의 고난을 불러온 원인은 그들 자신의 죄이며, 따라서 참된 해방을 쟁취하는 수단은 그들 자신의 손안에 있다는 것을 간파했다는 사실은 참으로 영웅적인 정신적 위업이었다.

시리아 사회가 그 쇠퇴와 해체의 시련을 만남으로써 발견하게 된 진리는 이스라엘의 예언자로부터 헬라스 사회의 내적 프롤레타리아트의 일익이 되었던 시리아인에게 이어져 그리스도교적 형태로 바뀌며 전파되었다. 이처럼 서로 다른 사회에 속하는 시리아인으로부터, 완전히 비헬라스적인 인생관을 가지고 있던 시리아인의 영혼에 의해 파악된 원리를 배우지 않았다면 헬라스 사회는 본래 그 기질과는 전혀 동떨어진 그리스도교적 교훈을 배울 수 없었을 것이다. 이와 동시에 헬라스인이 만일 스스로 원해서 같은 방향을 향해 나아가지 않았다면, 시리아인에 의해 발견된 이 진리를 깨닫는 데 있어서 헬라스인들은 실제로 느꼈던 것보다 훨씬 더 커다란 곤란을 느꼈을 것이다.

이러한 고유의 죄의식에 대한 각성은 헬라스 문명 정신사에 있어서 헬라스 사회의 작은 흐름과 시리아 사회의 작은 흐름이 합류해 그리스도교라는 커다란 흐름이 되는 몇 세기 이전의 시대에까지 거슬러 올라갈 수 있다.

만일 오르페우스교의 기원과 본질, 의도에 대한 우리의 해석이 옳다면, 헬라스 문명이 쇠퇴하기 이전에 이미 적어도 몇 사람의 그리스인이 고유의 문화적 전통에서 정신적 공허를 절실히 느꼈기 때문에, 어버이 문명인 미노스 문명이 그들에게 줄 수 없었던 '고등 종교'를 인위적으로 만드는 뛰어난 묘기를 부렸다는 증거가 있다. 어쨌든 기원전 431년의 쇠퇴가 시작된 직후 세대에 이미 오르페우스교의 온갖 방법이 죄를 자각하고 비록 암중모색이긴 했지만, 죄로부터의 해방을 갈구하던 영혼에게 만족을 주는 목적에 이용되거나 악용되었다는 것은 틀림없다. 이 점에 대해 마치 루터가 쓴 것이 아닌가 할 정도의 플라톤이 쓴 《국가》의 한 구절이 그 증거가 된다.

"사기꾼이나 점쟁이가 부자들에게 온갖 것을 팔아먹으려고 찾아온다. 그리고 이들 행상인은 어떤 인간이나 그 인간의 선조가 범한 다른 죄를 흥과 법석으로 떠들면서 마치 희생과 주법에 의해 여러 신에게서 부여받은 능력으로 고치는 것이라고 믿게 한다. ……그들은—무사이오스와 오르페우스의—서적에 따라 술법을 행한다. 그리고 일반 시민은 물론 정부 당국까지도 죄로부터의 해방과 정화는 희생과 유해한 장난을 함으로써 얻을 수 있다고 믿게끔 한다. 더욱이 그들은 이런 부질없는 장난을 '의식'이라 부른다. 게다가 이러한 의식은 현재 살아 있는 인간뿐만 아니라 죽은 자에게도 효험이 있다고 주장한다. '의식'은 우리를 무덤 저쪽 세계의 고뇌에서 해방시켜 주지만, 만일 현세에서 희생을 제공하지 않으면 끔찍한 운명이 우리를 기다리고 있다는 것이다."

이상의 구절 속에서 엿볼 수 있듯이 헬라스 사회는, 그 지배적 소수자의 영혼 속에 있는 고유의 죄의식이 처음에는 그 그림자가 혐오감을 자아내고 또한 앞날에는 희망이 없는 것같이 보이는데도, 4세기 뒤에 헬라스 사회 고유의 죄의식이 고뇌의 불길로 정화되어 완전히 변화된 모습을 볼 수 있다. 베르길리우스의 시를 통해 들을 수 있는 아우구스투스 시대의 헬라스 사회는 지배적 소수자의 목소리에 거의 그리스도교적인 울림이 있다. 《농경시》 제1권 끝머리의 저 유명한 한 구절은 마음을 몹시 괴롭히는 표류 의식으로부터의 해방을 기원하는 기도로서 죄의 고백 형식을 취한다. 그리고 시인이 여러 신에게 용서를 비는 죄는 면목상으로는 전설적인 트로이의 조상으로부터 이어받은 '원죄'라고 쓰여 있지만 그 구절 전체의 가락으로 보아 이것은 비유적 표현이며, 베르길우스 시대에 로마인이 실제로 보상한 죄는 한니발 전쟁 발발과 함께 비롯된 2세기에 걸친 도덕적 부패의 진행 중 로마인 자신이 범한 죄를 인식한 결과였다는 것을 알 수 있다.

베르길리우스의 이 시가 쓰인 지 그리 길지 않은 시간이 흐른 10년 뒤에 그의 시구 속에 나타나 있는 정신은 그리스도교의 영향을 그때까지도 입고 있지 않았던 그 무렵의 헬라스 생각에 잠겼던 일부 사람들에게서 힘을 얻게 되었다. 나중에 뒤돌아보면, 세네카나 플루타르코스·에픽테토스·마르쿠스 아우렐리우스 등의 세대들은 저도 모르는 사이에 프롤레타리아트 속에서 나온 정신적 광명을 받아들일 마음의 준비를 하고 있었던 것이다. 단 교양 있는 헬라스 사회의 이들 지식 계급은 프롤레타리아트 속에서 아무것도 의존할 것이 없는 가운데 좋은 것이 나오리라고는 꿈에도 예상하지 않았을 것이다. 이 생각지도 알지도 못하는 사이에 이루어진 마음의 준비와, 그리고 교양이 방해가 되어 프롤레타리아트가 제공한 정신적 광명을 솔직하게 받아들일 수 없었던 사정이 로버트 브라우닝의 성격 연구 《클레온》 속에 놀랄 만한 통찰력과 적절한 표현에 의해 묘사되고 있다. 1세기경 헬라스 사회의 지배적 소수자에 속하는 가상의 철학자 클레온은 역사를 연구한 결과 '크게 실망'한다. 그럼에도 그는 자기 자신으로서는 해결할 수 없다고 인정하고 있는 문제를 '바울이라는 자'에게 가지고 가서 가르침을 받는 것이 어떻겠느냐는 질문을 받았을 때 자존심이 몹시 상해 매우 화를 낸다.

바울같이 할례받은
그런 야만적인 유대인 따위에게

우리에게 숨겨져 있는 비밀을 알리다니 말도 안 된다.

오랜 옛날부터의 사회 구조가 무너지는 것을 또렷하게 본 끝에 입은 충격에 의해 죄의식이 일깨워진 문명은 헬라스 사회와 시리아 사회뿐만이 아니다. 그러나 그와 같은 사회를 열거하는 일은 생략하고, 결론적으로 서유럽 사회를 그 안에 넣을 수 있느냐 하는 것을 문제 삼기로 한다.

죄의식은 분명히 근대 서유럽의 허약하고 왜소한 인간들이 가장 익숙하게 느끼는 감정이다. 거의 강요되었다고 해도 과언이 아니다. 왜냐하면 죄의식은 우리가 이어받은 '고등 종교'의 가장 주요한 특색 중 하나이기 때문이다. 하지만 지나침은 멸시를 낳는다는 속담이 있듯이, 이 경우 너무나 지나치기 때문에 요즈음에는 멸시 정도가 아니라 혐오감을 불러일으키는 것같이 보인다. 그리고 근대 서유럽 세계의 기풍과 정반대인 기원전 6세기 헬라스 세계의 기풍을 대조해 보면 인간성 안에 있는 어떤 비뚤어진 경향이 뚜렷이 나타나 있다. 야만적인 여러 신밖에 몰랐고, 빈약하고 시원치 않은 종교적 유산을 받아 그 생애를 시작한 헬라스 사회는 자기의 정신적 빈곤을 깨닫고 오르페우스교라는 형태로 다른 몇 개의 문명이 선행 문명으로부터 이어받은 '고등 종교'와 같은 종류의 종교를 만들어내어 그것으로 공허감을 메우려 했던 것 같다. 그리고 오르페우스교의 의식과 교리의 성격상 죄의식이, 6세기경의 헬라스인이 먼저 그 정상적인 배출구를 찾아내기 위해 열중한 것 같은 울적한 종교적 감정이었다는 것을 알 수 있다.

그런데 서유럽 사회는 헬라스 사회와는 대조적으로 '고등 종교'의 비호를 받아 세계 교회라는 번데기 속에서 성장해 풍부한 유산을 이어받은 문명의 하나이다. 그리고 서유럽인은 아마도 항상 그리스도교의 유산을 이을 권리를 마땅한 권리라고 생각할 수 있었기 때문이겠지만, 가끔 그 가치를 얕보아 거의 그것을 내버리는 지경에까지 이르렀다. 사실 이탈리아의 르네상스 이후 헬레니즘 예찬이 서유럽 사회의 세속적 문화에 있어 대단히 유력한 구성 요소가 되었고 여러 방면에서 풍부한 성과를 가져왔다. 이처럼 헬레니즘 예찬이 육성되어 살아난 이유 가운데 하나는 헬레니즘이 근대 서유럽 사회의 모든 장점과 재능을 구비하고 있는 데다가, 서유럽인이 오늘날 열심히 그리스도교에서 이어받은 정신적 전통으로부터 없애려고 노력하는 죄의식에서 조금도 힘들이지 않고 태어났던 때부터 헬레니즘을 더없이 멋있는 해방된 생활 태도라고 여태껏 여겨왔기 때문이다. 최근에 출현한 여러 프로테스탄트파가 천국의 개념을 보존하면서 지옥의 개념은 말없이 버렸고 악마의 개념을 풍자가와 희극 작가에게 넘겨버린 것은 우연한 일이 아니다.

오늘날 헬레니즘은 자연과학 예찬 때문에 궁지에 몰려 있으며, 이런 사실로 죄의식의 회복 가능성은 조금도 나아지지 않았다. 사회개혁가와 자선사업가는 빈민 계급의 죄를 외면적 환경에 기인한 불운으로 여기기 쉽다. "어쨌든 그 사람은 빈민굴에서 태어났으니 별수 없지 않습니까?" 또 정신분석가도 마찬가지로 환자의 죄를 정신적 열등감이나 신경증 등의 내면적 환경에 기인하는 불운으로 생각하는 경향이 짙다. 즉 죄를 설명하되 죄를 병으로 치고 발뺌하려는 것이다. 이런 식으로 생각한다는 점에서 그들의 선배 격이라고 할 수 있는 사람들이 새뮤얼 버틀러의《에레혼》속에 나오는 철학자들인데, 독자들도 기억하듯 불행한 노스니보르는 공금 횡령이라는 병에 걸렸기 때문에 단골 '교정사(straightener)—의사'를 불러야 했다.

근대 서유럽인은 '아테'라는 보복을 받기 전에 '휴브리스'를 회개하고 그칠 수 있을 것인가? 지금으로서는 뭐라고 예측할 수 없지만 우리는 현대의 정신생활을 그대로 바라보면서 이제까지 무조건 짓누르기만 하던 정신을 건강하게 되돌리고 있다는 희망을 품을 만한 징조를 발견하고 싶은 것이다.

5. 혼효 의식

풍속의 저속과 야만

혼효(混淆) 의식은 문명의 성장과 '보조를 같이하여' 발달하는 양식 의식과 맞먹는 수동적 감정이다. 이 심리적 상태는 잡다한 것을 용해시키는 도가니 속에 자포자기하여 몸을 던져 넣는 행위로 실제적인 효과를 거둔다. 그리고 사회 해체 과정에서는 사회생활의 모든 분야, 즉 종교·문학·언어·예술뿐만 아니라 '풍속과 관습'이라고 부르는 한층 더 넓고 막연한 영역에도 나타난다. 편의상 후자의 분야부터 살펴보기로 하자.

이 감정에 대한 증거를 구하는 마당에서 아마 내적 프롤레타리아트에 가장 큰 기대를 걸고 눈을 돌리고 싶어질 것이다. 이미 앞에서 말한 바와 같이 내적 프롤레타리아트에게 공통적이고도 특유한 고통은 생활의 근거를 빼앗긴다는 점이며, 이 사회적 배회라는 무서운 경험이야말로 다른 어떤 경험보다도, 강하게 이를 겪어낸 사람들의 마음속에 마구 뒤섞인 의식을 남길 것이기 때문이다.

그런데 이 '선험적' 예상은 사실과 맞지 않는다. 내적 프롤레타리아트가 겪는 시련은 자극으로서 작용하기에 가장 알맞은 정도의 엄격함일 때가 많아서, 내적 프롤레타리아트를 구성하는 사람들이 고국에서 쫓겨나 부랑화하고 노예화되어서도 그들의 사회적 유산에 달라붙어 있을 뿐만 아니라, 실제적으로 그 사회적 유산을 지배적 소수자에게 나눠주는 것을 알 수 있다. 선험적인 견지에서 생각할 때 지배적 소수자야말로 강제적으로 멍에를 씌운 부랑자에게 자기들의 문화형을 억지로 지우기를 기대했음에도 자기들이 쳐놓은 그물에 걸러든 것이다.

한층 더 뜻밖의 사실은 실제로 보듯이 지배적 소수자는 외적 프롤레타리아트의 문화적 영향도 마찬가지로 받아들이는 경향이 있다. 이들 사나운 전투 단체는 군사적인 경계로 지배적 소수자와 격리되어 있고, 또 그들의 야만적인 사회적 전통에는 비록 누더기처럼 비참한 모습으로 변하긴 했지만 내적 프롤레타리아트 속에 억지로 편입됨으로써 이들 중 적어도 몇몇 사람들이 이어받아 원숙한 문명의 발자취 속에 그대로 뚜렷이 남아 있는 매력과 신망이 그들 외래 사람들에게는 모두 결여되어 있기에 지배적 소수자가 외적 프롤레타리아트의 문화적 영향을 받는다는 것은 도저히 있을 수 없는 일처럼 여겨진다.

그럼에도 우리는 실제로 해체기의 사회가 분열하는 데서 생기는 세 가지 단편 속에서 가장 혼효 의식에 사로잡히기 쉬운 자가 지배적 소수자임을 발견한다. 그리고 이 지배적 소수자가 프롤레타리아화하는 최종적 결과로서 생기는 사회 쇠퇴의 지표이자 형벌인 사회체의 분열은 모습을 감추게 되는데, 지배적 소수자는 결국 자기가 만들어낸 갈라진 틈을 막고 프롤레타리아트와 합류함으로써만 자기의 죄를 보상하기 때문이다.

이 프롤레타리아화의 과정에서 서로 병행하는 2개의 방향인 내적 프롤레타리아트와의 접촉에 따른 저속화와 외적 프롤레타리아트와의 접촉에 의한 야만화로 더듬어 나아가기 전에 제국 건설자의 수용성을 나타내는 2, 3개의 증거를 잠깐 살펴보면 편리할 것이다. 왜냐하면 이 경향이 그 뒤에 일어나는 현상을 어느 정도까지 설명할 것이기 때문이다.

이들 제국 건설자들이 세우는 세계 국가는 그 대부분이 군사적 정복의 산물이므로 군사적 정복 측면에서의 수용성의 예를 찾아보기로 하자.

예를 들어 폴리비오스의 말에 따르면, 로마인은 고유의 기병 장비를 버리고 그들이 정복해 가고 있던 그리스인의 장비를 빌려 썼다. 이집트의 '신왕국'을 건설한 테베인은 그들이 무찌른 적으로부터, 즉 지난날의 유목민인 힉소스족으로부터 전차를 무기로 차용했다. 승리를 거둔 오스만족은 서유럽인이 발명한 화기를 차용했고, 또 이 서유럽과 오스만족과의 투쟁에서 형세가 역전하여 서유럽 쪽이 우세해지자, 이번에는 서유럽 세계가 오스만족에게서 오스만족의 매우 강력한 무기, 즉 군기가 엄정하고 훈련이 잘 돼 있으며, 제복을 입은 직업적 보병부대 제도를 차용했다.

그러나 이와 같은 차용은 군사적 기술 면에만 일어난 것이 아니었다. 헤로도토스는 페르시아인이 주위의 어느 민족보다도 우수하다는 것을 자부하면서도, 일반인의 복장을 메디아인에게서 빌려왔을뿐더러 변태와 악덕을 비롯한 갖가지 기괴한 악취미를 그리스인에게서 차용했던 사실을 기록에 남기고 있다.

또 저 '노장 과두정치주의자'는 기원전 5세기 무렵 아테네에 대한 신랄한 비판 속에서, 그의 동족은 바다의 지배를 통해 진취적 기상이 적은 다른 그리스 도시에 비해 한층 더 광범위하게 이국의 풍습에 의해 타락할 위험성이 많아졌다고 진술했다. 서유럽인들의 담배를 피우는 습관은 북아메리카의 붉은 피부 인디언을 절멸시킨 기념이고, 커피나 홍차를 마시고, 폴로놀이를 하고, 파자마를 입고 증기탕에 들어가는 습관은 프랑크인 실업가가 오스만 제국의 '카이자르 이 룸'('로마 황제'라는 뜻)이나 무굴 제국의 '카이자르 이 힌두'('인도 황제'라는 뜻)의 자리를 차지한 기념이다. 또한 재즈 음악은 아프리카 흑인이 노예가 되어 대서양을 건너 아메리카로 가게 되었을 때 적색 인디언의 수렵지가 모습을 감추어버리고 대신 큰 농장이 나타나 그곳에서 일하게 된 기념이다.

이상으로써 해체기 사회에서 지배적 소수자가 나타내는 수용성을 비교적 잘 알려진 증거 몇 가지로 앞서 설명했으니 이제부터 본격적인 조사를 하기로 한다.

먼저 육체적으로 지배적 소수자의 지배 아래 있는 내적 프롤레타리아트의 평화적 교섭으로 일어나는 지배적 소수자의 저속화 과정을 살펴보고, 다음에는 지배적 소수자의 권력이 미치지 않는 곳에 있는 외적 프롤레타리아트와의 군사적 교섭으로 일어나는 지배적 소수자의 야만화 과정을 살펴보기로 한다.

지배적 소수자의 내적 프롤레타리아트와의 교섭은 프롤레타리아트가 이미 정복당하고 있다는 뜻에서는 평화적이지만, 지배자와 피지배자 둘 사이의 최초의 접촉 단계에서는 프롤레타리아트가 된 인간을 제국 건설자의 상설 수비대나 상비군으로 편입시키는 형태를 취하는 경우가 이따금 있다. 이를테면 로마 제국 상비군의 역사로 보자면, 이들 프롤레타리아트 군인은 로마군이 아우구스투스의 칙명에 따라 필요할 때마다 징집되었고, 경험 없는 병사들로 이루어진 군대가 상설적·직업적인 지원병들로 구성된 군대로 바뀐 바로 뒤 점진적인 이분자 혼입의 과정을 밟았다.

처음 얼마 동안은 거의 모두가 지배적 소수자 출신의 병사로 이루어졌던 군대가 고작 이 3세기 동안에 거의 모두 내적 프롤레타리아트 출신자로 구성되었고, 마지막에 가서는 아주 많은 외적 프롤레타리아트 출신자까지 가담하게 되었다. 군사적 수용성에 있어 로마군의 역사는 그 뒤 대동소이한 형태로 17세기에 만주족 제국 건설자의 손으로 재건되었던 동아시아 사회 세계 국가의 군대사에도 되풀이되었고, 옴미아드 왕조에 이은 아바스 왕조에 걸쳐 양 칼리프국의 아랍족 상비군의 역사 속에 되풀이되었다.

전우들 사이의 친교가 지배적 소수자와 내적 프롤레타리아트 사이의 장벽을 없애는 데 얼마만큼 중요한 역할을 했는가를 알아보면 마땅히 예측했던 대로였다. 즉 지배적 소수자가 단순한 변경 거주자가 아니고 제국 건설자가 경계선 반대편의 사람일 경우, 이 야만적인 제국 건설자에게는 그런 전우적 교제 요소가 가장 중요했다는 사실이 판명된다. 그것은 야만적인 정복자가 변경 거주자보다도 그가 정복한 민족 사이에 영위되고 있는 생활의 즐거움을 받아들이는 경향이 강하기 때문이다. 적어도 만주족과 만주족의 피지배자가 된 중국 민족 간의 전우 관계가 낳은 결과는 그러했다. 만주족은 중국 민족에게 완전히 동화되고 말았다. 그로 인하여 사실상의 공동생활에서 일어날 수 있는 계층 간의 격차를 없애고 그 덕에 원시 이슬람교 아랍족은 서남아시아를 정복했다. 그리고 그 민족의 역사는 뜻밖에도 다른 역사에 비해 먼저 쓰러진 아케메네스 제국 형태로 시리아 사회를 성립시켜 세계 국가로 부흥하는 임무를 완수한 것으로 보아 이 역사 또한 같은 과정을 거쳤다는 사실을 인정하게 된다.

해체하는 사회 내부에서 출현한 대부분의 지배적 소수자가 그러하지만 역사에 눈을 돌려보면, 이 경우 군사적 요소를 전혀 도외시할 수는 없다 할지라도 전우들 사이의 친교가 사업상의 협력 관계로 바뀌는 수가 많다. '노장 과두 정치주의자'가 말하기를, 해상을 지배하게 된 아테네에서는 외국에서 온 노예를 거리에서 만나도 하층 시민들과 구별할 수 없게 되었다. 또한 로마 공화제 말기에는 많은 직원을 거느렸고, 복잡한 조직을 갖고 있던 로마의 귀족 집안 관리가 이미 명목상의 해방 노예 속에서 가장 유능한 자의 부수입으로써 충당되었다. 그리고 카이사르 일가가 원로원과 로마 시민에게 협력해 세계 국가로서의 로마를 경영하게 됨과 동시에 카이사르의 해방 노예 중 몇 사람이 각료가 되었다. 제정 로마 초기 황제의 해방 노예는 튀르크 수상직 오스만 술탄의 노예 가족 성원이 가진 권력에 견줄 만한 권력을 장악했는데, 그 권력은 동시에 그만큼 지위가 불안전한 것이었다.

지배적 소수자와 내적 프롤레타리아트의 공동생활 전체를 통해 그 둘은 함께 영향받았고, 그 결과 쌍방이 서로 다가와 동화해 갔다. 풍속이라는 외형적인 차원에서는 내적 프롤레타리아트는 해방하는 쪽으로 향했고, 지배적 소수자는 저속화하는 쪽으로 향했다. 이 두 가지 운동은 서로가 서로를 보충하는 가운데 양쪽 모두에게서 끊임없이 일어났다. 그러나 초기에 두드러지게 눈에 띈 것은 프롤레타리아트의 해방이었고, 특히 후기에 우리의 주의를 끈 것은 지배적 소수자의 저속화였다. 그 전형적인 예는 이른바 '은(銀)시대'에 로마 지배 계급의 저속화이다. 이 한심스런 비극은 겨우 풍자 분야에서만 재능을 드러냈으며, 그 무렵의 라틴 문학 속에서 참으로 잘 희화화되었을 뿐 기록적인 면이나 다른 모든 부문에는 부족함이 있었다.

마치 윌리엄 호가스의 풍자화를 보는 듯한 일련의 풍자 속에서 로마의 도덕적 퇴폐를 더듬을 수 있는데, 그 각개 중심 인물은 귀족뿐만이 아니고 칼리굴라·네로·콤모두스·카라칼라 등의 타락한 황제들이 포함되어 있다. 이 가운데 마지막 황제에 대해 에드워드 기번은 다음과 같이 쓰고 있다.

"카라칼라의 태도는 오만하고 거드름을 피웠다. 그런데 병사들을 대할 때는 그 신분으로 보아 마땅히 지켜야 할 위엄까지도 잊고, 병사들이 버릇없이 굴어도 기뻐했으며, 군 통솔자로서의 중요한 임무를 저버리고 한낱 병사의 복장이나 태도를 즐겨 흉내 냈다."

카라칼라의 '프롤레타리아화'는 만담가가 돼보기도 한 네로나 검투사가 돼보기도 한 콤모두스의 경우만큼 충격적인 것도, 병적인 것도 아니었지만, 사회적 징후로서는 아마도 가장 중대한 의의를 지니고 있을 것이다. 그것이 자기가 태어날 때부터 지니고 나온 권리라는 바로 그 이유 때문에 아카데메이아적 스토아의 자유를 견디기 어려운 것으로 여기고, 이로부터 도피하여 프롤레타리아트의 자유스런 병영 생활 속으로 뛰어든 이 황제의 모습에서 우리는 자기의 사회적 전통을 유기하는 최후의 단계에 도달한 헬라스 사회의 지배적 소수자 모습이 그대로 표현되고 있음을 본다. 실제로 아우구스투스 시대의 재기로 잠시 저지되었던 헬라스 사회의 붕괴가 또다시 계속된 이 시기에 지배적 소수자와 내적 프롤레타리아트의 각각 상반되는 방향에서 흘러나온 두 가지 영향력의 흐름은 그 상대적인 양과 힘, 속도가 변해 프롤레타리아트의 흐름 쪽이 우세하게 된 것을 보고 후세 사람들은 의아하게 생각한다. 결국 하나의 흐름은 다만 어떤 시기에 그 방향이 거꾸로 된 데에 지나지 않는 게 아닌가 하고 생각할지 모른다.

이번에는 극동 사회로 눈길을 돌려보면, 로마 지배 계급이 프롤레타리아화하는 제1기에 해당하는 현상이 근대 중국에 일어나고 있음을 알 수 있다. 그 예증으로서 현대 서유럽 사회의 어떤 학자가 쓴 기록에 따르면, 만주화한 중국인 아버지와 프롤레타리아화한 자식 사이에 가로놓인 불과 1세대 동안 해방을 지향하는 프롤레타리아화의 추세가 강해졌던 사실을 그려내고 있다.

"본래는…… 중국 본토에서 온 어느 중국인이 만주에서 한 세대 동안에 완전한 '만주인'이 될 수 있었다. 내가 이 현상의 일례를 몸소 경험한 것은 어떤 중국인 장교와 그의 늙은 아버지를 알게 되었을 때이다. 아버지는 허난(河南) 태생으로 젊었을 때 만주에 와서 동쪽 세 성의 가장 변방 지역을 전전한 끝에 치치하얼에 정착했다. 어느 날 나는 젊은 장교에게 이렇게 말했다. '치치하얼에서 태어난 당신은 대다수의 만주 주재 중국인과 조금도 다르지 않은 말을 쓰는데, 허난 태생인 당신의 아버지는 말뿐만 아니라 태도나 몸짓까지도 만주 토박이들과 똑같은 것은 무슨 까닭입니까?' 그러자 그는 웃으며 대답하기를 '아버지가 젊었을 땐 민인(民人 : 기인이 아닌 중국인, 군인이 아닌 한 민간인)이 북부 지방에서 출세하기가 힘들었습니다. 어쨌든 모든 고삐를 만주인이 잡고 있었으니까요. ……그런데 내가 어른이 되었을 무렵에는 이미 '기인(旗人)'이 된대도 아무런 소용이 없었습니다. 그래서 나는 나와 동년배인 다른 청년들 모두와 같이 되었습니다.'

이 이야기는 과거의 과정을 설명하는 동시에 현재의 과정을 설명하고 있다. 즉 바야흐로 만주 청년들은 급속도로 만주 태생의 중국 본토인과 구별할 수 없게 되어가고 있다."

그러나 1946년 현재 영국인은 프롤레타리아화의 과정을 연구하기 위해 기번의 저서를 읽거나 시베리아 횡단 철도의 급행 침대권을 사려고 애쓸 필요는 없다. 자기 나라에서도 충분히 연구할 수 있기 때문이다. 영화관에 가면 온갖 계급의 인간들이 프롤레타리아트 대중의 취미에 영합하도록 만든 영화를 보며 즐기는 모습을 볼 수 있고, 클럽에 가면 '황색 신문'(흥미 본위의 선정적인 신문)이 검은 공(클럽 입회의 가부를 결정할 때 반대자는 검은 공을 던졌다)에 의해 배척당하지 않고 있음을 알 수 있다. 실제로 만일 현대의 유베날리스(고대 로마의 시인. 스토아 사상에 입각한 모럴리스트)가 가족을 거느리고 있었다면 그는 집 안에 들어앉아 있으면서도 시제(詩題)를 발견했을 것이다. 그는 다만 어렵게 귀를 닫으려 하지 않고 열어둔 채로 자신의 아들이 틀어놓은 라디오에서 흘러나오는 재즈나 '버라이어티'를 듣기만 하면 되는 것이다. 그리고 그는 아이들이 방학이 끝나 공립 학교—이 배타적 제도가 민주적인 인사들의 증오의 대상이었다—로 돌아갈 때 배웅하러 나가서 플랫폼에 모여드는 학교 친구 속에서 '순혈종'(상류 계급의 자제)을 잊지 않고 가리켜주는 것이다. 잠시 기다리는 동안 친구 품평회에서, 현대의 가장 놀리기를 좋아하는 유베날리스 눈에 우리 익살맞은 아들의 콤모두스 황제 같이 트릴비 모자(챙이 좁은 중절모)를 프롤레타리아트식으로 멋지게 삐딱이 쓰고 있는 모습이 띌 테고, 아무렇게나 두른 것같이 보이는 아파치풍의 스카프가 실은 규칙상 꼭 달고 다녀야 하는 흰 옷깃을 조심스럽게 가리고 있음을 그는 알 것이다. 여기에 프롤레타리아트풍이 '최신 유행' 스타일이라는 것을 표시하는 틀림없는 증거가 된다.

그리고 지푸라기 하나로 바람의 방향을 알 수 있듯이, 풍자가가 들추어내는 사소한 일이 역사가의 진지한 연구를 위한 중요한 자료가 되지 않는다고 누가 단언하겠는가?

내적 프롤레타리아트와의 평화적 교섭에 의한 지배적 소수자의 저속화로부터, 경계선 저쪽 외적 프롤레타리아트와의 군사적 교섭에 의한 지배적 소수자의 야만화로 옮겨 검토해 보면 두 극의 줄거리가 대체적으로 같은 구조임을 알 수 있다. 나중 극의 무대는 지배적 소수자와 외적 프롤레타리아트는 그 선을 중심하여 서로 마주 보고 있는 인위적 군사 경계선—세계 국가의 '리메스'—으로 막이 열렸을 때 양쪽 모두가 차가운 적의에 가득 찬 태도로 노려보고 있다. 극이 진행됨에 따라 냉정함은 친밀함으로 바뀌어가지만 평화는 오지 않는다. 그리고 전쟁이 계속되면 차츰 야만족 쪽이 유리하게 되어 마침내는 경계선을 넘어 지금까지 지배적 소수자 수비대가 보호하고 있던 지역을 침략하게 된다.

제1막에서 야만인은 먼저 인질에 이어 용병으로서 지배적 소수자의 세계로 들어가는데, 어느 쪽 자격이든 그는 먼저 대체적으로 유순한 수습생 역할을 한다. 제2막에서 그는 누가 원하지도, 필요로 하지 않는데도 제멋대로 밀고 오는 침략자로서 들어와 결국 이주자나 정복자의 자리에 앉는다. 이와 같이 제1막에서 제2막으로 옮기는 도중 군사적 우세가 야만족의 손으로 옮겨진다. 그리고 지배적 소수자의 깃발 밑에 있던 왕국과 권력과 영광이 야만족의 깃발 밑으로 옮겨지게 되면서 이런 충격적인 사실이 지배적 소수자의 견해에 커다란 영향을 미친다. 지배적 소수자는 차례차례로 야만족의 행동을 흉내 내고, 급속도로 악화되어 가는 자기의 군사적·정치적 지위를 만회하고자 애쓰는데, 이 경우의 모방은 확실히 가장 허위 없는 아부의 형태이다.

이와 같이 극의 줄거리를 설명한 데서 다시 처음으로 되돌아가 야만인이 맨 먼저 지배적 소수자의 수습생으로 무대 위에 모습을 나타내는 장면을 보기로 하자. 그리고 지배적 소수자가 미개인화되는 장면이라든지, 또 대치하는 적끼리 마치 가장행렬 시합이라도 하듯 앞다투어 가며 상대를 본떠 그리핀과 키메라처럼 서로 비슷하게 기괴한 모습을 보이는 짧은 순간들을 살펴본 다음, 끝으로 지난날의 지배적 소수자가 그들의 처음 모습은 모두 던져버리고 승리를 거둔 야만족처럼 완전하게 야만적인 수준으로 타락해 가는 과정을 관찰해 보자.

강대한 '문명'국에 사로잡힌 인질로서 등장하는 야만족의 무장 가운데에는 몇몇 유명한 인물이 있다. 테오도리크는 콘스탄티노플의 로마 궁정에서, 스칸데르베그는 아드리아노플의 오스만 궁정에서 인질로서 그 수습 기간을 보냈다. 마케도니아의 필리포스 2세(알렉산드로스 대왕의 아버지)는 에파미논다스가 활동할 무렵 테베에서 전쟁과 평화의 기술을 습득했고, 1921년 앙왈에서 에스파냐 원정군을 전멸시킨 뒤 그로부터 4년이 채 되기 전에 모로코에서의 프랑스 지배권을 뿌리째 흔들리게 해놓았던 모로코의 수령 압드 알카림은 멜리야에 있는 에스파냐 감옥에 11개월 동안 수습 기간을 보냈다.

정복자로서 쳐들어오기 이전에 용병으로 '와서' 미리 '본' 야만인의 수는 많았다. 5세기와 7세기에 로마령 여러 지역을 정복했던 야만족 튜턴족과 아랍인은 몇 대에 걸쳐 로마군에 복역한 튜턴인과 아랍인의 자손이었다. 9세기의 아바스 왕조 칼리프의 튀르크인 친위대는 이 이슬람교국을 11세기에 아바스조 칼리프국을 분할함으로써 몇 개의 후계 국가를 세운 튀르크인 해적들을 위해 준비 공작을 한 셈이 되었다. 이 밖에도 몇 가지 예를 더 들 수 있고 문명의 단말마적 고통을 그린 역사적 기록은 자칫하면 단편적으로 되기 쉬운데, 만일 그렇지 않다면 좀 더 많은 예를 덧붙일 수 있다. 그러나 적어도 기원전 1400년경 미노스 해양 왕국의 바깥쪽 변두리 이곳저곳에 나타나 크노소스를 약탈한 해적 야만인은 미노스왕의 자리를 차지하려는 야심을 품기 이전에 틀림없이 미노스왕의 용병으로서 수습했고 봉사했을 것으로 추측되는데, 바꾸어 말해서 켄트의 브리턴족 왕 보르티게른이 실재 인물인지 아닌지는 확실치 않으나 약탈자이자 색슨족의 족장 헹기스트와 호르사라는 약탈자에게 타도되기 전에는 색슨족을 용병으로 쓴 것으로 전해진다.

야만족 용병이 그 '명백한 운명'을 달성하지 못한 예도 몇 개인가 보인다. 예를 들면 만일 동로마 제국이 노르만족과 셀주크족의 침략을 받지 않고 프랑스인과 베네치아인이 와서 분할하지 않았으며 마침내 오스만족에 의해 통째로 합병되는 일이 없었다고 한다면, 그들은 바랑(바랑기아) 친위대(동로마 제국 황제의 친위대로서 북게르만족의 일파로 구성)의 먹이가 되었을지도 모른다. 더욱이 오스만 제국 또한 프랑스인 실업가들이 알바니아 병사들의 바로 뒤를 따라와 오스만 제국 역사의 최후 단계에 이르렀을 때, 레반트 지역 일대에 맨체스터의 상품과 함께 서양풍의 정치 사상을 범람케 했던 뜻밖의 전환이 없었다면, 분명 18세기에서 19세기로 넘어가는 시기에 주지사에 대해, 또 중앙 정부에 대해서까지 급속도로 지배력을 계속 뻗쳤던 보스니아인 용병과 알바니아인 용병에게 분할되어 버렸을 것이다. 더욱이 캄파니아 지방과 마그나 그라이키아, 시칠리아섬의 그리스인 도시 국가에 고용되었던 오스크족 용병들은 기회만 있으면 그들의 고용주인 그리스인을 쫓아내든가 절멸시키는 것이 관례로 되어 있었는데, 만약 결정적인 순간에 로마인이 오스크족의 본국을 배후에서 습격한 일이 없었으면 계속 그들의 기도를 밀고 나아가 끝내는 오트란토 해협 서쪽의 그리스인의 도시는 하나도 남지 않게 되었을지도 모른다.

이상으로 든 두세 가지 예들이 우리에게 오늘날의 사태를 암시해 줄지도 모른다. 우리는 지금 용병들이 과연 약탈자가 된다면 변신하는지 어떤지, 또 예를 들어 약탈자가 된다면 그들의 기도가 오스크족이나 알바니아족의 경우처럼 꽃봉오리일 때 딸 수 있는 것인지, 아니면 튜턴족이나 튀르크인의 경우처럼 열매를 맺게 될 것인지 현재로서는 예상할 수 없다. 오늘날 인도에서 1930년대, 인도 정부의 통치가 미치지 않는 지역에 군사적 독립을 유지하면서 굳게 버티고 있는 야만족 가운데에서 징모된 병사가 인도 정규군의 9분의 1에 이르는 숫자가 되었으니, 그들이 오늘날 인도의 역사에게 행하는 역할에 대하여 여러 가지 억측을 할지도 모른다. 1930년의 구르카족(네팔 왕국을 건설한 부족) 용병과 파슈툰족 침략자들은 앞으로 힌두스탄 평원에 영국 통치의 후계 국가를 건설하게 되는 야만족 정복자의 아버지와 할아버지로서 기억될 운명을 짊어지고 있는 것일까?

이 인도의 예에서는, 극의 제2막이 어떻게 될지 예측할 수 없다. 제2막에 있어서의 극의 진행을 보기 위해서는, 헬라스 사회의 세계 국가와 로마 제국의 북방 경계선 저편에 있는 유럽 여러 야만족과의 관계로 되돌아가야 한다. 이 역사 무대에서 우리는 지배적 소수자가 야만 상태 속으로 빠져들어 감과 동시에 야만족이 지배적 소수자를 희생으로 딛고 번영해 가는 두 가지 과정을 처음부터 끝까지 살펴볼 수 있다.

이 연극의 막은 총명한 이기주의의 너그러움 속에서 오른다.

"로마 제국은 결코 야만족의 증오의 대상이 된 것은 아니었다. 사실 그들은 이따금 제국의 병사로 채용되기를 간절히 바랐고, 또 그들의 많은 수령, 이를테면 서고트의 왕 알라리크나 아타울프같이 제국의 군사령관으로 임명되는 일이었다. 한편 로마인 쪽에서도 그에 호응하고 기꺼이 야만족 부대를 전쟁에 가담시키려는 경향이 있었다."[32]

4세기 중간 무렵에 로마군에 복무 중인 게르만인 병사들이 고유의 게르만 이름을 그대로 보존하는 새로운 관습이 시작된다. 급속히 일어난 듯한 이런 습관의 변화는 그때까지 무조건 로마인의 흉내를 내는 데 만족을 느끼고 있던 야만적인 '병사들'의 영혼 속에 갑자기 자부심과 자신감이 대두되었음을 나타낸다. 이러한 새로운 야만족의 문화적 개성 주장에 대해, 로마인 측에서는 야만인을 배척하는 대항 수단을 쓰지 않았다. 그뿐 아니라 마침 그 무렵부터 로마군에 복무 중인 야만인은 황제가 주는 최고 영예인 집정관직에 임명되기 시작했다.

야만인은 이처럼 로마의 사회적 계급에서도 가장 높은 단계로 올라간 데 비해, 로마인 자신들은 그 반대 방향으로 내려가고 있었다. 이를 테면 그라티아누스 황제(재위 375~383년)는 저속이라기보다 야만이라는 새로운 형태에 골몰해 야만인풍의 의복을 걸치고 야만인의 야외 경기에 빠져들었다. 그리고 나서 100년 뒤에는 지배에 복종하지 않는 야만인 대장이 독립적으로 이끄는 전투 단체에 로마인이 입대하게 된다. 예를 들면 507년에 부이예에서 서고트족과 프랑크족이 서로 갈리아 지방을 점유하려고 싸웠을 때, 서고트족의 전사자 중에 시도니우스 아폴리나리스의 손자가 전투에 가담했다. 할아버지 대에는 아직 이럭저럭 교양 있는 고전 문인의 생활을 보냈던 데 비하면 대단한 변화였다.

6세기 초엽 로마 속령 주민의 자손이 '퓌러'(총통)의 명령에 응해 팔팔하고 힘찬 전투 태도를 보인 점에서, 이 시대로부터 과거 몇 세기 동안이나 전쟁놀이를 삶의 가장 큰 보람으로 여겨온 야만족 자손보다 활기가 뒤떨어져 있다고 생각되는 증거는 하나도 없다. 이 무렵에는 이미 둘 모두가 세련되지 못했다는 점에서 문화적으로 대등한 상태에 이르러 있었다. 우리는 앞에서 4세기 무렵부터 야만족 출신의 로마군이 야만족일 때의 이름을 그대로 보존하는 관습이 시작되

---

32) Dill, S : *Society in the Last Century of the Western Empire.*(원주)

었던 일을 서술한 바 있는데, 그다음 세기에는 갈리아 지방에서 반대로 순수한 로마인이 게르만 이름을 짓는 경향의 가장 초기적인 예가 나타나서, 이 관습은 8세기 끝 무렵 이전에 이미 보편적으로 행해지게 되었다. 샤를마뉴 시대의 갈리아 주민은 선조가 누구든 너 나 할 것 없이 득의양양하게 게르만 이름을 따서 지었다.

이로써 로마 제국 쇠망의 역사와 그와 비슷한 중국 문명 세계의 야만적인 역사를 비교해 보면, 처음부터 끝까지 로마에 비하여 200년이 앞서 있다. 중국 문명의 경우에는 중대한 차이가 있음을 알 수 있다. 중국 사회에 세계 국가의 여러 후계 국가를 건설한 야만족은 그 야만스러운 바탕을 감추고자 세심한 주의를 기울이며, 올바른 형태의 중국 이름을 채용했다. 언뜻 하찮아 보이는 이 점에 있어 관습의 차이를 극복한 중국 사회의 세계 국가가, 그에 대응하는 샤를마뉴에 의해 초청된 로마 제국의 '망령'보다 훨씬 효과적인 형태로 재흥되었던 사실과 연관이 있음을 찾아내는 일이 전혀 쓸데없는 망상이라고만 할 수는 없을 것이다.

지배적 소수자의 야만에 대한 조사를 끝내기에 앞서, 근대 서유럽 세계에도 이러한 사회적 현상의 징후가 인정되는지 어떤지 생각해 보자. 얼핏 생각하면 서유럽 사회는 전 세계를 그 촉수 안에 끌어안고 있으며, 이미 서유럽을 야만화할 정도의 규모를 지닌 외적 프롤레타리아트는 남겨져 있지 않다는 사실에 의해 벌써 이 문제에는 최후의 대답이 주어져 있는 것으로 여겨질지도 모른다. 그러나 서유럽인은 오늘날 서유럽 사회의 '신세계'인 북아메리카 한가운데에 잉글랜드와 스코틀랜드의 로랜드 출신으로서 프로테스탄트적 서유럽 그리스도교의 사회적 전통을 지니면서 사는데, 그들은 이미 유럽의 '켈트 외곽 지대'에서 유배 생활을 끝마친 뒤 애팔래치아산맥의 미개척지에서 고립 생활을 보냄으로써 분명 심하게 야만화된 상태로 광범한 지역에 다수의 인간이 퍼져 있다는 사실은 서유럽인을 몹시 당황케 하고 있음을 상기해야 한다.

아메리카 변경민이 야만화된 결과에 대해 이 문제의 권위자인 미국의 한 역사학자는 다음과 같이 진술하고 있다.

"미국의 정착 과정에 있어서, 우리는 어떻게 하여 유럽의 생활이 이 대륙에 들어왔는지, 또 미국이 그 생활을 어떤 방식으로 바꾸어 발전시켰으며 반대로 유럽에 영향을 미치게 되었는지를 관찰해야 한다. 우리의 초기 역사는 유럽에서 온 씨앗이 미국의 환경 속에서 발전해 가는 과정의 연구이다. ……변경 지역은 미국화가 가장 빠르고도 효과적으로 행해지는 곳이다. 황야는 식민지 개척자를 지배한다. 최초에 개척자가 변경 지역에 오면, 그는 복장·생업·도구에 있어서도, 여행 방법이며 사물을 생각하는 방식에 있어서도 완전히 유럽인임을 발견한다. 그런데 황야는 그를 철도 차량에서 끌어내려 자작나무 통나무배에다 태운다. 문명인의 의복을 벗기고 수렵용 셔츠에 모카신을 신게 한다. 황야는 그를 체로키족과 이로쿼이족의 작은 통나무집에서 살게 하고, 인디언들이 하던 방식으로 집 주위에는 울타리를 두르게 한다. 이윽고 그가 옥수수(인디언 콘)를 심어, 끝이 뾰족한 막대기로 가꾸게 한다. 또한 정통적인 인디언 방식에 따라 함성을 지르며 머리 가죽을 사냥하게 한다. 요컨대 처음 무렵의 변경 지역에서는 환경이 인간에게 너무나 강렬하다. ……그는 황야를 조금씩 변형해 간다. 그러나 결과는 자기 자신도 절대로 본래의 유럽인은 아니다. ……사실 이리하여 산출되는 것은 새로운 미국적 산물이다."[33]

만일 이 논제가 옳다면, 적어도 북아메리카에 있어서 서유럽의 지배적 소수자에 대해 외적 프롤레타리아트가 미친 사회적 힘은 매우 크다고 말할 수 있다. 이런 미국의 예를 통해 서유럽 사회의 지배적 소수자가 야만적인 정신적 질병을 송두리째 무시할 수 있다는 가정은 아무래도 지나친 생각인 것 같다. 정복되고 제거된 외적 프롤레타리아트까지도 수용되어 복수하는 힘을 지니고 있는 듯이 보인다.

예술에 있어서의 저속과 야만

풍속과 관습이라는 일반적인 영역에서 예술이라는 특수 영역으로 넘어가면, 여기서도 또한 혼효 의식이 저속과 야만의 양자택일이라는 형태를 취해 나타나는 것을 알 수 있다. 해체기 문명의 예술은 이상하게 광범한 지역으로 급속히 퍼져갔던 결과로, 뛰어난 양식의 독자성을 잃음으로써 이 두 가지 가운데 어

---

33) Turner, F.J. : *The Frontier in American History.*(원주)

느 한쪽의 형태에서 저속의 두 가지 전형적인 예는 해체기의 미노스 문명과 해체기의 시리아 문명의 예술 양식이다. 미노스 해양 왕국 멸망 뒤의 공백 기간(기원전 1425~1125년 무렵)은, 더욱 뛰어났던 그 이전의 미노스 양식 가운데 어느 것보다도 넓은 범위에 걸쳐 유포되었던 '후기 미노스 제3기'라 불리는 시기의 저속한 양식을 특색으로 하고 있다. 그리고 시리아 문명이 쇠퇴한 뒤의 동란 시대(기원전 925~525년 무렵) 또한 마찬가지로 저속하고도 넓게 유포되었던 페니키아 예술의 잡다한 목적에 의해 기계적으로 조립된 형태를 특색으로 하고 있다.

헬라스 문명의 예술사에서 이에 상당하는 저속함은 화려한 코린트 양식의 건축(어느 한도를 넘는 것을 몹시 꺼리는 그리스 정신과는 정반대인)과 함께 유행했던 복잡다단한 장식 속에 나타나고 있다. 그리고 로마 제국 아래서 최고조에 이르렀던 이 양식의 뚜렷한 실례를 찾는다면, 그것은 헬라스 세계의 중심부에서는 발견되지 않고 바알베크(다마스쿠스 북쪽에 있었던 로마의 식민지. 그리스어로는 '헬리오폴리스')의 비헬라스적인 신을 모시는 신전의 유적이나 이란고원 동쪽 끝에 헬레니즘에 심취했던 야만족 무장들의 유해 안치를 위해 헬라스 사회의 묘석 제작자가 만든 석관 속에서 발견된다.

헬라스 사회의 해체를 나타내는 이들 고고학적 자료에서 문헌 자료로 눈을 돌리면, 기원전 431년의 쇠퇴 직후 몇 세대의 지식인들이 그리스 음악의 저속화를 개탄하고 있는 것이 눈에 띈다. 또 '디오니소스 예술단'('예술가 협회'라고도 할 수 있는 것)의 손에 의해 아티카의 연극이 저속화됐던 일은 이미 다른 문제와의 연관에서 진술했던 대로이다. 근대 서유럽 세계에 있어서 17, 18세기의 자유로운 바로크 및 로코코라는 서유럽의 헬라스풍 양식이 태어나는 자극이 되었던 것은 헬라스 예술의 화려하고 아름다운 퇴폐적 양식이었던 엄격한 고전 양식은 아니었으며, 또한 서유럽 빅토리아 왕조 시대 상업 예술의 이른바 '초콜릿 상자' 양식은 바로 '후기 미노스 제3기' 양식과 비슷한 것이었는데, 이는 오늘날의 서유럽 사회의 독특한 기술적 시각을 통한 상품을 광고에 봉사하면서 지구의 전 표면을 정복하는 기세를 보이고 있다.

'초콜릿 상자' 양식의 바보스러움에 몹시 싫증난 현대의 서유럽 예술가들은 어떡하든 사태를 개선하려고 필사의 노력을 기울이고 있다. 저속함에서 라파엘로 이전의 비잔틴풍으로 돌아가려는 복고적인 도피에 대해서는 뒤의 장에서 논하기로 하고, 지금 여기서는 그것과 동시에 행해지고 있는 또 하나의 도피, 즉 저속에서 야만으로의 도피에 주목해 보자. 비잔틴 양식 속에서 자기의 취미에 맞는 도피처를 찾아내지 못한 현대의 자존심 강한 서유럽 조각가들은 그들의 눈을 베냉(아프리카 서부, 기니만에 면한 나라)으로 돌렸다. 그리고 다분히 창조력의 샘이 고갈된 서유럽 세계가 서아프리카의 야만족에게서 새로운 감흥을 얻으려 했던 것이 단지 조각 분야만이 아니다. 서아프리카의 조각과 병행하여 서아프리카의 음악과 무용이 미국을 경유하여 유럽의 중심부에 수입된 것이다.

비전문가의 눈으로 보면, 베냉이나 비잔티움으로 도피해 본들 도저히 현대 서유럽 예술가들은 그 잃어버린 혼을 되찾을 가망이 없는 것 같다. 마치 원래 서유럽인으로 돌아가지 못하는 미국의 뉴잉글랜드인처럼 말이다. 그러나 비록 그들이 그들 자신을 구할 수는 없을지라도 어쩌면 타인을 구제할 수 있는 수단이 될는지 모른다. 베르그송은 이렇게 말했다.

"평범한 교사는 천재에 의해 창조된 학문을 기계적으로 가르치는 데 지나지 않지만, 그의 학생 가운데 누군가에게 그 자신이 지금까지 느껴본 일이 없는 사명의 자각을 일깨울지도 모른다."

해체기 헬라스 세계의 '상업 예술'이 인도에서 계속 해체되고 있는 또 하나의 세계 종교적 경험과 잘 어우러졌더라면 매우 새롭고 창조적인 대승 불교 예술을 불러일으키는 경탄할 만한 위업을 완수했을 터이다. 그랬다면, 우리는 근대 서유럽의 '초콜릿 상자' 양식이 온 세계 곳곳에서 광고용 게시판이나 옥상 광고 위에 커다랗게 자리 잡고 자랑스럽게 게시되고 있는 동안 똑같은 기적을 일으킬 힘은 없었다고 쓸데없는 변명만 하고 있지는 않았을 것이다.

혼합어

언어 영역에서는 뒤섞인 의식으로 인해 언어의 지방적 특수성을 잃고 일반적 혼합성의 형태로 나타난다.

언어 제도는 인간 상호 간의 의사소통 수단으로서 존재하는 것인데, 이제까지의 인류 역사에 있어서 그 사회적 효과는 전체적으로 보아 인류를 결합한다기보다는 오히려 분열시킨 실정이었다. 그것은 언어가 실제로 천차만별의 형태를 취하고 있어서 가장 널리 통용되고 있는 언어조차도 아직 극히 일부분에서 인류의 공유물 상태에 있기 때문이며, 또한 말이 통하지 않는다는 것이야말로 무엇보다도 '이국인'으로 표시되기 때문이다.

몰락 과정이 꽤 진전된 해체기 문명에서 서로 상대를 멸망시키는 싸움을 하고 승리를 얻은 언어는—그것을 모국어로서 사용하는 인간의 운명에 따라—패배한 경쟁 상대의 영토를 제 것으로 만들어 광대한 지역을 점유하게 된다. 그리고 만일 저 시날(바빌론의 평지) 땅의 새로이 건설된 도시 바벨에 있는 미완성 탑 아래에서 일어난 언어 혼란의 전설[34]이 조금이라도 역사적 사실에 연결되어 있다면, 아마도 수메르 사회의 세계 국가가 분열하고 있던 시대의 바빌로니아일 것이다. 왜냐하면 수메르 사회 역사의 파국적인 최후 시기에 수메르어는 수메르 문화를 전파하는 본래 언어적 수단으로서의 역사적 역할을 완수하고 난 뒤 사어(死語)가 되었으며, 한편 수메르어와 대등한 지위로 밀고 올라간 아카드어조차, 유기된 영토 안으로 야만족 전투 단체가 가지고 들어온 외적 프롤레타리아트의 수많은 토속어와 다툼을 벌여야만 했기 때문이다.

언어 혼란의 전설은 이렇게 서로 말이 통하지 않는 상태가 최대의 장해로 여겨지는 점에서 진실을 지니고 있다. 더욱이 전례 없는 사회적 위기를 앞두고 사회적 행동을 통일하는 데 언어 혼란이 최대한으로 가로막는 것이다. 그리고 이러한 언어의 혼란과 사회적 마비의 관련은 위에 확실히 기록되어 있는 역사상의 몇 가지 뚜렷한 예로써 입증할 수 있다.

현대 서유럽 사회에서는 이러한 언어의 다양성이, 1914~1918년의 제1차 세계 대전에서 멸망한 다뉴브강 유역 합스부르크 왕국의 치명적인 약점의 하나였다. 또한 비인간적인 방식으로 유능함을 드러냈던 오스만 파디샤의 노예 세대조차도, 이 제도가 성숙기에 이르렀던 1651년에 바벨의 저주가 튀르크 궁전 안에서 술탄의 근신들 위에 내려져 궁정 혁명의 결정적인 순간에 그들을 완전히 무능한 상태로 빠뜨렸던 사실이 인정된다. 소년들은 매우 흥분한 나머지 그들이 인위적으로 배워 익힌 오스만어를 잊어버렸다. "놀라 이상하게 여기는 목격자의 귀를 울린 음향은 가지가지 소리와 언어의…… 떠들썩함이었다. 어떤 자는 조

---

34) 인간이 벽돌을 가지고 하늘에 닿는 성과 탑을 쌓으려 하자, 하느님이 그때까지 하나였던 인류의 언어를 혼란시켜 의사소통을 할 수 없게 만들었다고 한다. 〈창세기〉 11 : 9 참조.

지아(그루지야)어, 어떤 자는 알바니아어·보스니아어·밍그렐어·튀르크어·이탈리아어 등등 제각기 편리한 말로 소리쳤다."[35] 오스만의 역사에 일어난 이 사건을 〈사도행전〉 제2장에 기록되어 있는 '성령 강림'이라는 저 중대한 사건에 비유하면 매우 사소한 일이다.

성경의 이 장면에서 나오는 말은 이야기하는 사람으로서는 미지의 여러 가지 언어, 즉 그때까지 자기 나라말인 아람어 이외의 언어를 한 번도 사용한 적이 없고 들은 적도 배운 적도 없는 갈릴리인으로서는 생소한 미지의 여러 언어였다. 그들이 갑자기 그러한 방언으로 이야기할 수 있게 되었던 것은 신이 내린 기적적인 능력 때문이라고 기술되어 있다.

이 수수께끼의 한 구절은 이제까지 여러 가지로 풀이되어 왔지만, 오늘 여기서 우리가 살펴보고 있는 점에 대해서는 이론의 여지가 없다고 생각한다. 〈사도행전〉의 필자가, 여러 언어를 말하는 능력이야말로 새로이 계시된 '고등 종교'에 온 인류를 귀의시키는 중대한 임무를 짊어진 사도들이 우선 그 타고난 능력을 높여서 달성해야만 되는 필수 조건이라고 그 견해를 밝히고 있었던 것이 틀림없다. 그런데 사도들이 태어났던 사회는 오늘날의 서유럽 세계에 비해 훨씬 '언어 혼란'이 적었다. 갈릴리인의 모국어인 아람어는 북쪽으로는 아마누스산, 동쪽으로는 자그로스산맥, 서쪽은 나일강까지의 범위에서밖에 통용되지 못했지만, 〈사도행전〉에 쓰여 있는 그리스어를 사용하면 그리스도교 전도자는 바다 건너 로마까지, 아니 더욱더 그 앞까지 가르침을 전할 수가 있었다.

다음으로 지방적인 모어(母語)가 세계적인 혼합어로 변화하는 원인과 결과를 조사해 보면, 어느 한 언어가 경쟁 상대를 물리치고 이러한 승리를 획득하는 것은 사회 해체기에 군사적 또는 상업적으로 커다란 세력을 얻은 어느 민족의 도구로서 사용되어 온 사회적 약탈자가 행하는 일임을 알 수 있다. 이와 동시에 언어는 인간과 마찬가지로 희생을 치르지 않고서는 승리를 얻을 수 없다는 사실을 알 수 있다. 그리고 어느 한 언어가 세계어가 되기 위해서는 그 언어 고유의 정교성을 희생하는 일이다. 왜냐하면 말이라는 것은 자연의 선물이어서, 그것을 어릴 때부터 습득한 인간의 인위적인 입만으로는 도저히 다 해낼 수 없는

---

35) Rycaut, P. : *The Present State of the Ottoman Emprie*(1668).(원주)

완벽함을 지니고 있기 때문이다. 이러한 단정은 사실을 조사해 보면 옳다는 것이 증명된다.

헬라스 사회 해체의 역사에서, 두 가지 언어가 연달아—처음에는 아티카 그리스어가, 다음으로는 라틴어가—제각기 2개의 작은 지역 즉 아티카와 라티움에서 모국어로서 출발해 그 뒤 차츰 밖으로 퍼져 나가 마침내 그리스도 기원 직전의 시기에 아티카 그리스어는 젤룸강 서쪽 연안의 대평원에서 사용되었고, 라틴어는 라인강 서쪽 연안의 야영지에서 사용되었다. 아티카 그리스어의 통용 범위가 확대된 것은 기원전 5세기에 아테네의 지중해 지배가 확립되었던 때부터였다. 그 뒤 마케도니아의 필리포스가 아티카 방언을 대법원의 공용어로 채택했는데 그 일을 비롯해 터무니없이 넓은 범위로 퍼져 나갔다. 라틴어 쪽은 거침없이 뻗어 나가는 로마 군단의 깃발 뒤를 바짝 뒤좇아 퍼져 나갔다. 그런데 이 두 언어의 확대에 눈을 크게 뜬 뒤, 그동안 두 언어가 변화해 온 내력을 언어학자 및 문학비평가의 입장에서 살펴보면, 그 저속화에 또한 놀라움을 느낀다. 소포클레스나 플라톤이 쓴 아름다운 지방적인 아티카 그리스어는 《구약성서》나 폴리비오스의 《역사》, 《신약성경》의 저속한 '코이네'(고대 그리스의 공통어)로 추락했다.

키케로나 베르길리우스의 문학적 표현 수단이었던 고전 라틴어는 이른바 '개의 라틴어'가 되어버렸다. 이러한 변칙 라틴어는 헬라스 사회의 자식인 서유럽 그리스도교 사회에서 18세기의 초엽까지는 모든 종류의 중요한 국제적 의사소통 수단으로서 사용되었다. 이를테면 밀턴은 크롬웰 정부의 '라틴어 비서'였다. 헝가리 의회에서는 1840년까지 '개의 라틴어'가 의사(議事) 진행 용어로 쓰였는데, 이 라틴어 사용이 폐지됨으로써 1848년에 뒤섞여 살고 있는 여러 민족 사이에 내란이 일어나는 도화선의 하나가 되었다.

바빌로니아와 시리아 문명의 해체에 있어서는 이들이 동시에 붕괴한 사회의 잔해가 공통의 '폐허'라는 좁은 장소 위에 뿌려짐에 따라 점점 더 서로 잘 뒤섞이어 구분할 수 없게 되었다. 이렇게 혼잡하게 겹쳐진 파편 위를, 그리스어나 프랑스어와는 달리 성공한 정복자의 비호를 거의 또는 전혀 받지 못했음에도 아람어가 마치 잡초적인 왕성한 기세로 퍼져 나갔다. 그러나 아람어의 보급은 과연 그 무렵에는 눈부신 바 있었지만, 아람 문자의 보급에 비하면 단명하고 범위가 좁은 것으로 생각된다. 아람 문자의 한 변종은 인도에까지 이르러 불교도인 아소카왕이 오늘날까지도 남아 있는 그의 비문 14개 가운데 2개에다 프라크리트어(고대·중세 인도의 일상어)의 원문을 표현하기 위해 사용했다. 소그드 문자라고 불리는 또 하나의 변종은 동북쪽으로 향하여 약사르테스강에서 아무르강까지 서서히 진출해 1599년에 만주족의 문자로 채용되었다. 아람 문자의 제3의 변종은 아랍어를 글로 써서 표현하는 문자가 되었다.

다음에 이른바 '중세' 시대의 서유럽 그리스도교에서 발생한 북이탈리아를 중심으로 하는 유산된 도시 국가 세계에 눈을 돌려보면, 마치 아티카 방언이 경쟁 상대인 다른 고대 그리스어 여러 방언을 누른 것과 마찬가지로 이탈리아의 토스카나 지방이 경쟁 상대를 눌렀으며, 그와 동시에 베네치아와 제노바의 무역상이나 제국 건설자의 손에 의해 지중해 연안 일대에 퍼져 나갔음을 발견한다. 그리고 이 지중해 일대에 토스카나 이탈리아어가 유포된 것은 이탈리아 도시 국가의 융성기가 끝난 후에도, 아니 독립을 상실한 뒤에도 계속되었다. 16세기에는 이탈리아어가 레반트 수역에서 이탈리아 군대를 축출한 오스만 해군의 군용어로 되어 있었다. 19세기에도 이탈리아어가 1814~1859년에 걸쳐 이탈리아의 국민적 통일의 간절한 소망을 이루지 못하도록 방해하는 데 성공한 합스부르크 제국 해군의 군용어였다. 온갖 잡다한 외국어의 요소가 덧붙여짐으로써 토대로 되어 있던 본래의 이탈리아어는 거의 매몰되어, 레반트 지역 일대에서 쓰이는 이탈리아어의 혼합어는 이 언어의 훌륭한 표본으로 그 역사적 명칭이 이 종류의 언어 전체를 나타내는 이름이 되었다.

그런데 그 뒤 이 저속화한 토스카나어는 가장 많이 쓰였던 레반트 지역에서 조차도 저속화한 프랑스어에게 그 자리를 빼앗겼다. 프랑스어의 세력이 증대한 것은 이탈리아와 독일과 플랑드르(프랑스 북부에서 벨기에 서부에 이르는 지방)의 쇠퇴한 국가 세계의 동란 시대로 14세기에 시작해 18세기 말까지 계속되었던 소사회 해체 역사의 한 단계였지만, 계속 팽창해 나가고 있던 열강 사이에 쓰러져 가는 중심부에 대한 지배권을 잡으려고 경쟁한 결과, 프랑스가 승리했기 때문이다. 루이 14세 시대 이후의 프랑스 문화는 프랑스 무력이 증대함에 따라 더욱더 사람들의 마음을 강하게 끌어당겼던 것이다. 그리고 나폴레옹이 마침내 그의 선행자인 부르봉 왕조의 야망을 실현하고 아드리아해에서 북해 및 발트해에 걸쳐 프랑스의 바로 문전에 해당되는 유럽의 명소 각처에 흩어져 있는 도시 국가의 붕괴된 파편을 주워 모아 프랑스가 설계한 대로의 모자이크를 완성했을 때 그 나폴레옹 제국은 군사적 질서뿐 아니라 문화적 세력임이 증명되었다.

사실 나폴레옹 제국 파멸의 원인이 된 것은 바로 그 제국의 문화적 사명이었다. 왜냐하면 나폴레옹 제국은 그 무렵까지 오랜 기간에 걸쳐 근대 서유럽 문화의 한 현상이었던 혁명 사상의 '보균자'였기 때문이다. 나폴레옹의 사명은 서유럽 그리스도교 세계 중심부에 있는 도시 국가 세계라는 '작은 세계'에 '작은 세계 국가'를 제공해 주는 데 있었다. 그 세계 국가의 임무는 장기간의 동란 시대로 말미암아 고통받아 온 사회에 휴식을 주는 일이었다. 그런데 격심한 혁명 사상에 힘입어 성립된 세계 국가란 그야말로 이름부터가 모순이었으며 트롬본으로 자장가를 연주하는 격이었다. 이탈리아인이나 플랑드르인, 라인란트 주민, 한자 동맹 여러 도시의 주민들이 그들에게 '프랑스 혁명 사상'을 주입해 준 프랑스 제국 건설자들의 지배를 받고 얌전하게 순종했는가 하면, 그 사상은 진정제로서 가장 부적당한 것이었다. 진정제로 쓸모가 없을 뿐만 아니라 결과적으로 나폴레옹 시대의 프랑스 혁명 사상은 침체한 이들 국민에게 강한 자극을 주어 그들을 동면 상태에서 흔들어 깨워 근대 서유럽 세계 속에서 신생 국가로서의 지위를 차지하는 첫걸음으로서 프랑스 제국을 무너뜨리기 위해 일어서게 했다. 이와 같이 나폴레옹 제국은 그 체내에 혁명적 요소를 담고 있었기 때문에 한때 먼 옛날의 전성기에 찬연하게 빛을 뿜었던 피렌체·베네치아·브루게·뤼베크 등의 영광을 창조한 바 있는 세계의 세계 국가로서 임무를 수행한다는 보수적 역할에서 아무래도 실패하지 않을 수 없었던 것이다.

나폴레옹 제국이 뜻하지 않게 실제로 수행한 임무는 내버려진 채 있었던 중세 함대의 좌초한 군함을 서유럽 생활의 격류 속으로 다시 끌어들이는 동시에, 그다지 내키지 않아 하는 선원들을 몰아붙여 그들의 배가 항해를 이겨내게 하는 일이었다. 그리고 이런 프랑스의 행적은, 일의 성질상 비록 나폴레옹이 그 본래의 활동 영역으로 여겨지는 도시 국가, 세계 밖의 도저히 정복할 가망성이 없는 국민 국가들—영국·러시아·에스파냐—을 적의로 도발케 하지 않았다면 결국 누구에게도 도움이 되지 않는 일로 단기간에 끝이 났을 것이다. 그럼에도 오늘날의 '큰 사회'를 위해 도시 국가 세계 최후의 국면에 100년간에 걸쳐 프랑스가 해낸 역할로서, 그 짧은 나폴레옹 시대에 최고조에 달했던 역할의 실질적인 유산이 하나 남아 있다. 즉 프랑스어는 서유럽 세계 중심부에서 혼합어의 지위를 확립하는 데 성공했을 뿐만 아니라 나아가서 그 영역을 넓혀 지난날 에스파냐 제국과 오스만 제국의 영토였던 훨씬 먼 나라 끝까지 이르렀다.

오늘도 프랑스어를 알고 있으면 여행자는 벨기에·스위스·이베리아반도·라틴아메리카(중남미)·루마니아·그리스·시리아·터키·이집트 등 어디를 가든지 자유로울 수 있다. 이집트가 영국에 점령당했던 기간에도 한결같이 프랑스어가 이집트 정부 대표자와 영국인 고문 간의 공적인 의견 교환을 위한 언어로 쓰였다. 따라서 1924년 11월 23일에 영국 고등판무관 앨런비 경이 이집트 총리를 향해 시르다르(이집트의 영국인 군사령관) 암살 사건에 항의하는 최후통첩 문서 2통을 영어로 읽은 것은, 이 이례적인 언어를 선택함으로써 상대편이 불쾌한 감정을 느끼게 하려는 뚜렷한 목적이었던 것이다. 그럼에도 그 영어 통고문 사본은 프랑스어로 작성되어 동시에 전달되었다. 이 점으로 미루어 보아 중세 이탈리아 항해자를 본받아 감행한 나폴레옹의 이집트 원정에 대해 흔히 말하기를 이 유럽 정복자의 생애 가운데 엉뚱하고 무익한 탈선이었다고 하지만, 멀리 떨어져 있더라도 수용할 용의가 있는 토지에 프랑스 문화의 씨앗을 뿌리려 한 노력이었고, 또한 그 일은 커다란 성과를 올린 것으로 여겨진다.

'혼합어'로서의 프랑스어가 서유럽 사회체 내부에 있던 중세적 '작은 사회'의 쇠망에 대한 기념이라면 '혼합어'로서의 영어는 근대 서유럽 세계를 확대했고, 갖가지 요소를 내포하며 온 세계를 망라한 '큰 사회'로 만든 저 거대한 '팜믹시아'(범혼합) 과정의 산물이라고 할 수 있다. 영어의 승리는 대영 제국 자체가 동서의 해외 신세계에 대한 지배권을 획득하기 위해 행한 군사적·정치적·통상적 경쟁에서 얻은 승리의 필연적 결과였다. 영어는 미국의 모국어가 되었고, 또 인도 아대륙의 가장 유력한 혼합어가 되었다. 영어는 또한 중국이나 일본에서도 널리 쓰인다. 이탈리아어가 이탈리아 여러 적대 국가의 해군 군용어로 사용되고 있다는 사실을 앞에서 이야기했지만, 그와 마찬가지로 1923년 중국에서 러시아 공산당의 외교 대표 보로딘은 개항장에서 영국인을 축출하는 정치 공작을 할 때 중국 국민당 대표와의 전달 수단으로 영어를 사용했다. 영어는 또한 여러 중국어 방언이 쓰이는 여러 성(省)에서 온 교양 있는 중국인들끼리의 소통 언어로 쓰이고 있다. 그리고 마치 고전 토스카나어나 고전 아티카어를 외국인이 씀으로써 저속화된 것과 마찬가지로 영어가 저속화된 것이 인도의 '바부 영어'와 중국의 '피진 영어'이다.

아프리카에서는 아랍어를 모태로 하는 혼합어가 아랍인과 거의 모든 부분에서 아랍화된 목축업자·노예 약탈자·상인들의 행렬과 함께 서쪽으로는 인도양 서해안에서 호수 지방까지, 남쪽으로는 사하라 사막 남단에서 수단 지방까지 진출했던 과정을 더듬을 수가 있다. 그리고 그런 이동의 언어적 결과는 오늘날도 여전히 생생하게 관찰할 수 있다. 왜냐하면 아랍인의 실제 침략은 유럽의 간섭에 의해 끝이 났지만, 토착어에 대한 아랍어의 언어적 침략은 최근 아랍인의 손에서 되찾은 아프리카의 개발이 진보되어 가는 과정에서 더욱 활발히 쓰이고 있기 때문이다. 서유럽의 지배를 받는 유럽 여러 나라의 국기 아래에서 아랍어는 유례없이 크게 진출할 수 있는 기회를 얻었다. 유럽 여러 나라의 식민지 정부에 의해 아랍어에 주어진 편익 가운데 아마도 최대의 것으로 여겨지는 것은, 이들 정부가 그들 자신의 행정상 필요성 때문에, 아랍어가 밀물처럼 홍수림 무성한 습지대를 지날 때 조용히 스며들고 있던 다른 문화적 해안의 몇 가지 혼합어를 널리 장려하는 정책을 취한 일이다. 플라니어(아프리카 서부와 중앙부에 흩어져 사는 플라니족의 언어)·하우사어(나이지리아 북부에서 니제르 남부에 걸쳐 사는 하우사족의 언어)·스와힐리어(탄자니아·케냐 지역에서 쓰는 공통어)를 융성하게 했던 것은 제각기 상부 니제르 지방의 프랑스 제국주의와 하부 니제르 지방의 영국 제국주의, 동아프리카의 잔지바르(탄자니아에 있는 섬) 배후지의 영국과 독일 제국주의였다. 그리고 이 세 가지 언어는 모두 아프리카 토착어의 바탕 위에 아랍어의 요소가 덧붙여져 아랍 문자로 표기하게 된 혼합이었다.

종교에 있어서의 혼합주의

종교 분야에서는 혼합주의, 즉 의식·제신·신앙의 혼합이 사회 해체기에 있어 영혼의 분열에서 생긴 내면에서 마구 뒤섞인 의식이 밖으로 표현된 것이다.

이러한 현상은 자신 있게 사회 해체의 징후로 여겨도 무방하다. 왜냐하면 성장기 문명의 역사에서는 언뜻 보기에 종교적 혼합주의처럼 여겨지는 현상이 나타나더라도 잘 살펴보면 겉보기뿐인 것임을 알 수 있기 때문이다. 예를 들면 헤시오도스나 그 밖의 고대 시인들이 기울인 노력에 의해 수많은 도시 국가의 지방적 신화가 정리 통합되어 헬라스 전체에 공통되는 하나의 체계로 완성되었지만, 그것은 단순히 신들의 이름을 여러 번 들먹였을 뿐 실제로 거기에 대응하는 다른 제식의 융합이나 여러 가지 종교적 감정의 혼합이 이루어진 것은 아니었다. 또한 라틴 민족의 신들이 여러 올림포스의 신들과 동일시되어 유피테르는 제우스, 유노는 헤라라는 식으로, 요컨대 원시적인 라틴 민족의 애니미즘(정령 신앙)이 그리스 민족의 신인동형설로 대체된 것뿐이다.

또 한 가지는, 이들과 종류를 달리하는 신들의 이름을 동일시하는 것이 있다. 이것은 해체기에 일어나는 현상이며, 또한 확실히 혼효 의식을 입증하는 것인데, 잘 살펴보면 실은 참된 종교적 현상이 아니라, 단순히 종교의 가면을 쓴 정치적 현상임을 알 수 있다. 해체기의 사회가 일찍이 성장기 동안 분화함으로써, 그리고 서로 다른 지방 국가 상호 간의 정보 전쟁의 결과 정치 면에서 강제적으로 통일됨으로써, 서로 다른 지방신(神)의 명칭이 동일시되는 것이 그것이다. 예컨대 수메르 사회의 역사 말기에 니푸르 주신(벨)의 엔릴은 바빌로니아의 마르두크에게 흡수 합병되었으며, 그 바빌로니아의 마르두크벨(Marduk-Bel)은 다시 잠시 동안 카르베라는 이름으로 불리고 있었는데, 이와 같은 형태로 기념된 '범혼잡'은 전적으로 정치적인 것이었다. 전자의 변화는 바빌로니아 왕조의 무력에 의해 수메르 사회의 세계 국가가 재흥된 사실을 반영하는 것이며, 후자의 변화는 세계 국가의 카시트족의 무장들에게 전복당한 사실을 나타내는 것이다.

해체기 사회의 서로 다른 지방 국가가 통일된 결과로서, 또는 통일된 제국 정권의 일군의 무장들로부터 다른 일군의 무장들로 이동하는 결과로서 동일시되는 2개의 서로 다른 지방신은 주로, 그 지배적 소수자의 조상 중 다른 지역 출신으로부터 전래된 신이므로 어느 정도의 유사성을 지니고 있는 경우가 많다. 그러므로 '정치적 이유'에 의해 요구되는 신들의 혼합은 일반적으로 종교적 관습이나 종교적 감정에 그리 심하게 어긋나는 것은 아니다. '정치적 이유'보다 한층 더 깊이 파고들어 종교적 관행이나 신앙의 급소에 접촉하는 종교적 혼합주의의 예를 발견하려고 한다면, 지배적 소수자는 서유럽의 눈길을, 행복한 과거에서 이어받은 종교로부터 그들이 동란 시대의 도전에 응답하기 위해 만들어내는 철학으로 돌려야 한다. 그리고 대항하는 철학의 여러 유파가 단순히 상호뿐만 아니라 내적 프롤레타리아트의 새로운 고등 종교와 충돌해 섞이는 과정을 관찰해야 한다. 그런데 이들 고등 종교 또한 그렇게 철학과 충돌하는 것 이외에 상호 간에 충돌하는 것이므로, 가장 먼저 고등 종교의 '상호 관계'와 철학의 '상호 관계'를 저마다 별도로 관찰한 다음, 철학과 고등 종교가 접촉했을 경우에 생기는 더욱 역동적인 정신적 결과를 고찰하는 것이 편리할 것이다.

헬라스 사회의 해체기에서 포세이도니오스(기원전 135~51년경) 시대는, 그때까지 활발하고 신랄한 논쟁을 벌이는 것을 좋아한 철학의 여러 유파가 단 하나 에피쿠로스학파만을 예외로 하고 나머지 모두 일치하여 상호 간의 차이점보다는 오히려 공통점에 주목해 그것을 강조하는 경향을 보이기 시작한 시기인 것으로 생각된다. 그리고 로마 제국의 첫 100년이나 200년에는 마침내 에피쿠로스학파를 제외한 헬라스 세계의 모든 철학자가 어느 파이건 간에 거의 동일한 절충설을 주장하게 되었다. 철학에서 이러한 혼효 경향은 중국 사회의 해체 역사에 있어 그 대응하는 시기에 나타나고 있다. 기원전 2세기라면 한 제국의 첫 100년에 속하는 시기인데, 그 무렵 가장 먼저 궁정에서 인기가 있었던 도교의 뒤를 이어 대체된 유교의 특색도 절충주의였다.

대립하는 철학 상호 간의 절충주의 현상은, 대립하는 '고등 종교' 상호 관계에서도 나타난다. 예를 들면 시리아 문명 세계에서도 솔로몬왕 시대 이후 이스라엘의 야훼 숭배와 이웃 시리아 여러 민족의 여러 지방적 주신과의 사이에 뚜렷한 '접근'의 경향을 볼 수 있는데, 이 연대는 중요한 뜻을 지니고 있다. 왜냐하면 앞에서도 말했듯이 솔로몬왕의 사망이 시리아 사회 쇠퇴의 조짐이 되었다고 생각되기 때문이다.

사실 그 무렵 이스라엘 종교사의 뚜렷하고도 중요한 특징은 예언자들이 혼효 의식과 싸워 이스라엘 종교 발전의 방향을 손쉬운 혼합주의로부터 이스라엘의 독특하고 새롭고 분투적인 방향으로 돌리는 데 이례적인 성공을 거둔 점인 것은 의심할 여지가 없다. 그러나 시리아 사회의 여러 가지 종교에서 상호 간 대차(貸借) 계정의 손실 쪽이 아니라 이득을 살펴보면, 시리아 사회의 동란 시대에 아시리아의 군국주의자들 때문에 고국에서 쫓겨나 '디아스포라'(분산)가 된 이스라엘인이 서이란에 가져간 야훼 숭배가 그곳 사람들의 종교 의식에 충격을 주었다고 생각된다. 어쨌든 아케메네스 제국 시대 및 그 이후에, 이번에는 반대로 이란이 유대인의 종교 의식에 의해 강력한 반격이 있었던 것은 확실하다. 기원전 2세기가 되도록 유대교와 조로아스터교가 상호 침투하고 합류해 하나의 흐름을 이룰 만큼 진행되어 있었기 때문에, 현대의 서유럽 학자가 이들 두 원천에서 비롯된 요소를 각기 확인하고 식별하는 데 극도의 곤란을 느낄 정도이다.

마찬가지로 인도 문명 세계에서도 내적 프롤레타리아트의 고등 종교 발달이 크리슈나 숭배와 비슈누 숭배 사이에 단순한 명칭의 동등화 이상으로 진행되었던 융합 흔적을 볼 수 있다.

해체기에서 그때까지 종교와 종교 혹은 철학과 철학 사이를 헐뜯고 있던 장벽에 생기는 이상과 같은 균열이 오히려 철학과 종교 사이에서는 '접근' 길을 열어준다. 그리고 이 철학과 종교와의 혼합에 있어서 그 둘은 서로 상대편을 끌어당기며 접근해 온다. 앞서 우리는 세계 국가와 군사적 경계선을 사이에 두고, 세계 국가의 수비대의 군인과 야만족 전투 단체 병사의 생활 양식이 차츰 접근해 가다가 마지막에는 두 사회적 유형을 분간할 수 없게 되는 것을 보았는데, 그것과 똑같은 접근이 세계 국가의 내부에서 철학의 여러 유파에 속하는 사람들과 민중적 종교의 신봉자 사이에서 이루어진다. 그리고 이 두 가지 과정 즉 세계 국가와 야만족 생활 양식의 상호 접근, 그리고 세계 국가의 철학 유파와 민중 종교의 상호 접근은 완전히 같은 방향을 향하고 있다. 왜냐하면 이 경우에도 앞의 경우와 마찬가지로, 프롤레타리아트의 대표가 지배적 소수자의 대표와 합류하기 위해 다가가면, 지배적 소수자가 프롤레타리아화를 위해 훨씬 먼 거리를 달려 접근해 있었으므로, 결국은 그 융합이 거의 완전히 프롤레타리아트의 지반에서 행해지기 때문이다. 그러므로 그 둘의 '접근'을 고찰함에 있어서 가장 먼저 프롤레타리아트의 짧은 정신적 여행을 살펴보고, 그 뒤에 지배적 소수자의 긴 정신적 여행을 살펴보는 편이 편리할 것이다.

내적 프롤레타리아트의 고등 종교가 지배적 소수자와 마주칠 경우 그 고등 종교는 적응 과정에서 지배적 소수자의 예술 양식 가운데 외면적인 형식을 채용함으로써 지배적 소수자의 주의를 끌어 예비적인 단계에 머무는 수가 있다. 이를테면 헬라스 세계의 해체기에 그리스도교와 경쟁해 패배한 모든 고등 종교들은 그들 신의 시각적 표현을 헬라스 사회 사람들의 마음에 드는 형태로 고침으로써 헬라스 사회 안의 전도 활동을 성공으로 촉진하려 시도했다. 그러나 한 걸음 더 나아가 단순히 외면뿐만이 아니고 내면적으로도 헬레니즘화하는 움직임을 조금이라도 나타낸 종교는 하나도 없었다. 자기의 교리를 헬라스 사회의 철학 용어를 빌려 표현하는 데까지 간 것은 그리스도교뿐이었다.

그리스도교의 역사에서 본래 그 창조적 본질이 시리아로부터 비롯되었던 이 종교가 사상적으로 헬레니즘화하는 운명은 아람어가 아닌 아티카어 '코이네'가 《신약성경》의 언어로서 채용되었을 때부터 정해져 있었다. 왜냐하면 오랫동안 학자의 용어로 사용되어 온 이 언어의 어휘 자체가 이미 다분히 철학적 함축성을 담고 있었기 때문이다.

"공관 복음서(마태, 마가, 누가의 세 복음서를 통틀어 이르는 말)의 예수는 하느님의 아들로 여겨지는데, 이런 신앙은 제4복음서(《요한복음》)의 본문에서도 지켜져 있을뿐더러 한결 심화되어 있다. 그러나 그와 동시에 제4복음서의 서언에 보면 구세주는 하느님의 창조적인 로고스(신학에서는 하느님의 말씀, 철학에서는 이성을 뜻함)라고 하는 사상이 쓰여 있다. 따라서 뚜렷이 언명되어 있는 것은 아니지만, 암묵리에 하느님의 아들과 하느님의 로고스는 똑같은 것이라고 주장하고 있는 셈이다. 로고스로서의 아들은 하느님의 창조적인 지혜 및 목적과 동일시되고, 아들로서의 로고스는 아버지의 인격과 대응하는 하나의 인격적 존재로서 실재화되어 있다. 로고스의 철학이 갑자기 종교가 된 것이다."[36]

이와 같이 철학 용어를 빌려 종교를 전도하는 방법은 그리스도교가 유대교에서 이어받은 유산의 하나였다. 알렉산드리아 시민이자 그리스도교도였던 클레멘스와 오리게네스가 2세기 뒤에 거둘 수 있도록 풍부한 수확의 종자를 뿌린 사람은 마찬가지로 알렉산드리아의 유대인 철학자 필론(기원전 15~기원후 45년경)이었다. 그리고 제4복음서의 지은이가 육체화된 하느님과 동일시하고 있는 하느님의 로고스 사상을 얻은 것 또한 아마 같은 철학자로부터였을 것이다. 알렉산드리아에서 그리스도교 교부들의 선구자가 된 이 알렉산드리아의 유대인 학자는 그리스어라는 문호를 통해 그리스 철학의 길로 들어간 것이 틀림없다. 왜냐하면 그곳에 사는 유대인이 성경을 이방인의 말로 옮긴다는 모독적인 행위를

---

36) More, P.E. : *Christ the Word : The Greek Tradition from the Death of Socrates to the Council of Calcedon*, vol. iv.(원주)

감히 해야 했을 만큼 히브리어는 물론 아람어까지도 모조리 잊어버리고, 아티카어인 '코이네'를 자기들의 말로 삼고 있었던 마을에 필론이 살며 철학을 했다는 것은 분명 그냥 지나칠 일이 아니기 때문이다. 그러나 유대교 자체의 역사를 살펴본다면 이 그리스도교 철학의 아버지가 된 유대인은 고립된 존재였다. 그리고 모세의 율법에서 플라톤 철학을 끌어내려고 한 그의 능숙한 노력도 유대교로서는 아무 쓸모없는 곡예에 지나지 않았다.

그리스도교로부터 헬라스 세계의 정신적 정복을 노려 그리스도교와 겨룬 미트라교로 옮기면, 발상지인 이란을 나와 서쪽으로 항해하는 미트라의 배가 바빌로니아 문명의 점성 철학을 가득 싣고 있음을 알 수 있다. 마찬가지로 인도 문명의 고등 종교인 힌두교는 노쇠한 불교 철학으로부터 빼앗은 무기로써 경쟁 상대인 불교 철학을 두 종교의 공동 발생지인 인도로부터 몰아내고 말았다. 그리고 적어도 오늘날의 뛰어난 한 이집트 학자의 견해에 의하면 프롤레타리아트의 신앙이었던 오시리스 숭배가 이집트 사회의 지배적 소수자들이 숭배한 세습 신들의 성채로 뛰어들 수 있었던 것은, 오시리스 신앙과는 본래 전혀 관계가 없는 레(태양신)로부터 정의를 지키는 윤리적인 역할을 가로채었기 때문이다. 하지만 이 '약탈' 때문에 프롤레타리아트의 종교는 값비싼 대가를 치르게 되었다. 즉 오시리스교는 옷을 빌려 입은 대신에 그 옷을 강제로 빼앗으러 온 상대편의 손에 몸을 던져야만 하는 처지에 빠졌다. 예전 이집트 사회 신관 계급의 뛰어난 솜씨도 신흥 종교 운동을 억압하거나 한쪽 구석으로 몰아넣을 수 없다고 생각한다면, 이번에 생각되는 일은 그 말을 순순히 들으면서 그 운동의 지배권을 쥐고 아직 한 번도 올라간 적이 없었을 만큼 높은 권력의 자리에 앉는 일이었다.

오시리스교가 재래 이집트 여러 신의 신관에게 포섭되어 포로가 된 예에 속하는 것으로, 힌두교가 브라만 계급의 포로가 되고, 조로아스터교가 마기족(페르시아의 제사장 계급)의 포로가 된 예를 들 수 있다. 그런데 또 한 가지 더 방심할 수 없는 방법으로 프롤레타리아트의 종교가 지배적 소수자의 손에 들어갈 수가 있다.

프롤레타리아트 교회의 지배권을 쥐고 그 권력을 악용함으로써 교회를 지배적 소수자의 생각대로, 또한 그들의 이익이 되도록 운영하는 신관 계급은 반드시 지배적 소수자에게 소속되는 종전의 신관 계급 집안 출신이어야 할 필요가 없다. 실제로 프롤레타리아트의 교회 자체의 지도적 인재가 그와 같은 역할을 수행하는 경우가 있다.

로마 공화정 시대의 초기 정치사에서 플레브스(평민 계급)와 파트리키(귀족 계급) 사이의 계급투쟁이 사라진 것은, 이들 비특권 계급인 평민의 지도자가 민중의 신뢰를 저버리고 민중을 죽게 내버려둔다는 묵계 아래 귀족 계급이 평민 계급의 지도자를 한패로 끌어들이는 '거래'가 행해졌기 때문이다. 종교에서도 마찬가지로, 유대 민중은 그리스도 시대 이전에 그들의 옛 지도자였던 율법학자와 바리새인에 의해 배반당하고 버림받았다.

이 유대의 '분리주의자'들은 최초에 의도한 뜻과는 반대의 뜻으로 그들이 스스로 선택한 이름에 어울리는 행동을 했다. 바리새인은 원래 헬레니즘에 물든 유대인이 외래의 지배적 소수자 진영에 참가했을 때 이들 변절자로부터 분리된 유대의 청교도였다. 그러나 그리스도 시대에 바리새인의 뚜렷한 특징은 유대인 사회의 충실하고 또 신앙이 깊은 성원인 민중으로부터 떨어져 나가면서도 민중에 대해 위선적으로, 자기들의 행동이야말로 유대인의 모범이라고 일컬었던 점에 있었다. 이것이 복음서의 여러 곳에 나오는, 바리새인에 대한 통렬한 비난의 역사적 배경이다. 바리새인은 유대를 정치적으로 지배하는 로마인 지배자와 함께 유대를 종교적으로 다스린 유대인의 지배자였다. 실제로 그리스도 수난의 비극에 있어서 그들은 적극적으로 로마 당국에 가담하여 그들을 욕보인, 그들과 같은 종족의 예언자를 죽이려고 꾀했던 것이다.

이제 이상의 사실을 상호 보완하는 것으로서, 지배적 소수자의 철학이 내적 프롤레타리아트의 종교로 접근해 가는 운동에 대한 검토로 옮겨보자. 이것은 접근하는 거리가 길 뿐만 아니라 더 이른 시대에 시작된 것을 알 수 있다. 쇠퇴 직후의 시기에 시작되고 호기심에서 출발해 곧 성실한 신앙이 되어 마지막에 가서는 미신으로 끝난다.

종교적인 색채의 혼입이 매우 빨리 시작된다는 것은, 전형적인 헬라스 사회의 예, 즉 플라톤의 《국가》 가운데 '무대 장치'에서 입증된다. 장면은 아테네·펠로폰네소스 전쟁이 아테네의 패배로 끝나기 이전의 피레우스—저 헬라스 세계에서 가장 오래전부터 사회적 '범혼잡'이 행해진 도가니—를 보여주고 있다. 대화가 이루어진 것으로 되어 있는 집의 주인은 체류 외국인이다. 그리고 이 이야기 전체를 말하는 사람으로 되어 있는 소크라테스는 "트라키아의 여신 벤디스에게 경의를 표하기 위해서, 그리고 이번에 처음으로 피레우스항(港)에서 이 여신을 위해 열리는 축제가 어떤 식으로 열리는지를 구경하고 싶은 호기심에서" 아테네의 도시로부터 이 항구로 걸어서 왔다는 말로써 이야기를 시작한다. 이와 같이 이 그리스 철학의 걸작을 그 배경에 종교적인 분위기와 외래의 이국적 종교 분위기가 감돌고 있음을 본다. 분명 우리는 여기서 그 뒤 현대 서유럽의 한 학자가 다음과 같은 말로 기술하고 있는 사건의 전주곡을 볼 수 있다.

"놀라운 것은…… 이 새로운(즉 그리스도교의) 신화가 외국으로부터 온 것임에도 그리스어로 저술한 그리스도교 교부들의 신학과 철학이 본질적인 점에서 플라톤적인 것임이 밝혀졌다. 아니 더 정확하게 표현한다면 거의 수정을 가하지 않고 플라톤을 빌려 쓴다는 것이다. 이와 같은 융합으로 미루어 플라톤이 옛날 신들의 이야기로 대체하려고 한 신화는 그리스도교의 신앙에 어긋나는 것이 아니라, 오히려 불완전한 그리스도교 자체였다는 점이 된다. ……그리고 여기저기서 볼 수 있는 암시를 통해 플라톤 자신은 곧 오고야 말 새로운 신의 출현을 어렴풋하게나마 느끼고 있었던 것이며, 그의 우화는 이것의 예언일지 모른다는 것이다. 소크라테스는 《변명》 속에서 자신의 죽음 뒤에 나타나 죽음에 보복할 영혼의 존재를 증언하는 다른 증인이 있음을 아테네 시민에게 경고하고 있다. 그리고 다른 곳에서 그는 철학이 아무리 추리를 하고, 높고 원대한 상상을 전개해도 참다운 진리는 신의 은총에 따라 인간에게 계시되기 전에는 결코 알 수 없는 것임을 인정하고 있다."[37]

철학이 종교에 몸을 맡기는 역사적 기록은 헬라스 사회에 매우 풍부하므로 우리는 그 과정을 처음부터 끝까지 단계를 좇아 살펴볼 수 있다.

플라톤이 묘사하는, 트라키아의 벤디스 여신 신앙에 대한 소크라테스의 태도는 냉정한 지적 호기심이었으며, 역사적으로 소크라테스와 같은 시대의 헤로도토스의 태도, 즉 그가 때때로 부수적으로 행하고 있는 비교 종교학적 고찰의 태도 또한 그와 같았다. 종교에 대한 그의 관심은 본질적으로 학문적이었다. 그

---

37) More, P.E. : *Christ the Word.*(원주)

러나 알렉산드로스에 의해 아케메네스 제국이 무너진 뒤 그 후계 국가들의 헬라스 사회 출신 지배자는 온갖 인종이 뒤섞인 민족들의 종교적 요구를 만족시키기 위해 어떤 식으로든 종교적 의례를 정해야 했다. 동시에 지배적 소수자에 의해 신학적 문제가 그때까지보다도 조금 큰 실제 관심사로 떠올랐다. 또한 스토아학파와 에피쿠로스학파 창시자들이나 전파자들이 정신적 황야에서 절망해 방황하는 인간 저마다의 영혼에 어느쯤의 정신적 위안을 주고 있었다. 하지만 플라톤학파의 경향과 기풍을 이 시대 헬라스 사회 철학의 지배적 경향을 측정하는 기준으로 본다면 우리는 플라톤의 제자들이 알렉산드로스 이후 200년 동안 차츰 회의적인 방향으로 나아갔음을 알 수 있다.

결정적인 정세의 변화는 스토아학파의 문호를 크게 열어 민중의 종교적 신앙을 맞아들인 시리아의 그리스인 스토아 철학자와 아파메이아(시리아의 지방)의 포세이도니오스(기원전 135~51년경)와 함께 일어났다. 그로부터 200년이 못 되어 스토아학파의 지도권은 갈리오(로마 제국의 아카이아 총독)의 동생이며 성 바울과 같은 시대의 철학자 세네카로 옮아갔다. 세네카의 철학적 저작 가운데에는 바울의 서한 가운데 여러 대목을 떠올리게 하는 똑같은 글귀가 여러 군데 나오므로 후세의 멍청한 그리스도교 신학자는 로마 철학자 세네카가 그리스도교 전도자 바울과 서신을 주고받았다고 상상하고 있을 정도이다. 그와 같은 억측은 사실에 어긋날 뿐만 아니라 쓸데없는 짓이다. 왜냐하면 같은 시대에 같은 사회적 체험으로 촉진된 정신적 음악의 두 가지 작품에 이와 같이 가락이 일치되는 대목이 있다고 하더라도 그것은 조금도 이상한 일이 아니기 때문이다.

앞서 해체기 문명의 변경을 지키는 군인과 경계선 저쪽의 야만인 전투 단체의 관계를 살펴봤을 때, 우리는 제1기에 그 둘이 서로 접근함으로써 거의 분간할 수 없게 된다는 것, 다음에 제2기에 둘 모두 같은 야만의 평면에서 합류함으로써 뒤섞인다는 것을 알았다. 그것과 병행하는 지배적 소수자인 철학자와 프롤레타리아트의 종교 신봉자가 서로 접근한 역사에서는 세네카와 성 바울이 높은 평면에서 '접근함'으로써 제1기를 마무리한다. 제2기에 철학은 자기보다 덜 계발된 종교의 영향에 굴복해 성실한 신앙으로부터 미신으로 빠진다.

지배적 소수자의 철학적 말로는 이처럼 가련한 것이다. 그리고 비록 힘껏 노력해 고등 종교의 온상이면서 보다 호젓한 프롤레타리아트의 정신적 토양에 침입할 수 있었더라도 이 운명을 피할 수는 없다. 철학도 그곳에서 겨우 꽃피지만 모처럼 꽃이 피었더라도 씨를 늦게 뿌려 마지못해 피는 이 꽃은 건전하지 못한 타락 상태에 빠진 나머지 철학에 위해(危害)를 끼치므로 아무런 쓸모가 없다. 문명의 사멸이라는 마지막 막이 오르면 철학은 사멸하지만 고등 종교는 살아남아 미래의 지위를 확보한다. 그리스도교는 합리성의 포기 가운데 불사의 영약을 발견하지 못한 신플라톤학파의 철학을 밀어젖히고 살아남았다. 실제로 철학과 종교가 만날 때, 종교는 꼭 세력을 늘리고 반대로 철학은 반드시 쇠퇴해 간다. 그러므로 이 둘이 만나는 데 대한 고찰을 마침에 있어 왜 철학의 패배가 기정사실인가 하는 문제를 생각해 보지 않을 수 없다.

도대체 종교와의 경쟁에서 처음부터 철학이 패배하도록 정해지게 하는 약점은 무엇일까? 다른 모든 약점의 바탕이 되는 치명적이고 근본적인 약점은 정신적 활력의 결핍이다. 즉 삶의 '비약'이 없다는 것은 두 가지 방식으로 철학을 무능하게 만든다. 이 결핍은 철학이 대중을 끄는 힘을 감소시키는 동시에, 철학에 매력을 느끼는 소수의 사람들이 철학을 널리 알리는 일에 모든 힘을 쏟아붓도록 놔두지 않는다. 또한 실제로 철학은, 시집이 팔리지 않을 때 자기 시가 뛰어나기 때문이라고 여기는 고답파(19세기 후반 예술지상주의를 주장한 프랑스 시의 한 유파) 시인과 마찬가지로, 철학은 지적 엘리트나 '소수의 감당할 수 있는' 사람에게만 받아들여지기를 바란다. 세네카보다 1세대 앞선 호라티우스는 〈로마의 노래〉(《서정시집》 제3권)의 철학적·애국적인 송시에서 다음과 같은 서문으로 시작하면서 조금도 부조화를 느끼지 않았다.

> 가거라, 너희들 속물들이여!
> 닥쳐라, 너희들의 더러운 혀로
> 신성한 노래의 의식을 방해하지 마라.
> 아홉 여신의 제사장인 나는
> 오직 젊은이와 소녀들만을 위해 새롭고 숭고한
> 노래를 만든다.

이 호라티우스의 말과 다음의 예수의 '큰 잔치의 비유'(《누가복음》 14 : 23) 사이에는 커다란 차이가 있다.

"주인이 종에게 이르되 길과 물가로 나가서 사람들을 강권하여 데려다가 내 집을 채우라."

이와 같이 철학은 최선을 다해도 도저히 전성기의 종교의 힘에 맞설 수 없었으며, 다만 열등한 신자의 결점을 졸렬하게 모방할 수 있었을 뿐이다. 세네카와 에픽테토스 시대에 겨우 잠시 동안 윤곽이 단정한 대리석상 같은 헬라스 사회 사람들의 지성에 생명을 불어넣은 종교의 숨결은, 마르쿠스 아우렐리우스 시대 이후 빠르게 맑고 산뜻한 기운을 잃고 숨 막히는 듯한 광적 신앙으로 떨어졌다. 철학적 전통의 계승자는 양다리를 걸치고 있다가 마침내 아무것도 얻지 못하는 결과가 되고 말았다. 그들은 지성에 호소하는 것을 멈췄으나 달리 마음속으로 들어가는 길을 찾을 수 없었다. 현인(賢人)이기를 거부함으로써 그들은 성인(聖人)도 못 되고 그저 기인(奇人)이 되고 말았다. 율리아누스 황제는 소크라테스에게 등을 돌리고 디오게네스를 그의 철학적 모범으로 삼았다. 주행자(柱行者)인 성 시므온(Simeon)을 비롯한 추종자인 고행자에게 '그리스도교적' 금욕주의의 원천은 그리스도로부터 나온 것이 아니라 전설적인 디오게네스에서 비롯한 것이다. 희비극적인 종막에서 플라톤과 제논의 마지막 유파들은 내적 프롤레타리아트의 모방에 몸을 맡김으로써 그들의 스승으로 받들어 모범으로 삼고 있는 위대한 철학자의 불충분함을 고백한 것이다. 이것이야말로 바로 앞서 호라티우스가 청중에게 한 말을 거부한, '저속한 민중'과의 거짓 없는 영합이다. 최후의 신플라톤학파 철학자였던 이암블리코스와 프로클로스는 철학자라기보다는 공상적이고도 비실제적인 거짓 종교의 성직자이다. 성직자의 세력을 지지하고, 종교적 의례에 열의를 보인 율리아누스는 그들의 계획을 실행한 사람이라고 자칭하고 있었는데, 그의 사망과 동시에 국가에 의해 지지받고 있던 그의 교회 조직이 무너진 것은 현대 심리학의 한 학파 창시자가 한 다음 판단이 옳음을 입증한다.

"위대한 혁신은 결코 위에서부터 내려오지 않는다. 언제나 어김없이 아래에서부터 올라간다. ……아주 바보 취급을 받고도, 말을 하지 않는 지상의 민중— 흔히 높은 사람에게서 볼 수 있는 학문적 편견에 그다지 물들지 않은 사람—

들로부터 일어난다."[38]

지배자가 나라의 종교를 결정한다?[39]

우리는 앞 절의 끝에서 율리아누스가 철학자로서 심취한 사이비 종교를 황제로서 백성들에게 강요하다 실패한 데 대해 말했다. 이것은 더 좋은 상황 아래서였다면 지배적 소수자가 그들의 정신적 약점을 물리적인 힘을 행사함으로써 보충하고, 부당하기는 하지만 그래도 효과적인 정치적 압력에 기대어 그들의 피지배자에게 철학이나 종교를 강요함으로써 그들의 정신적 약점을 메꿀 수 있겠는가 하는 일반적인 문제를 제기한다. 이 문제는 이번 편의 우리 연구에서 논점의 줄거리를 벗어났지만, 앞으로 나아가기 전에 그것에 대한 해답을 찾아볼까한다.

이 문제에 대한 역사적 사실을 살펴보면, 일반적으로 그와 같은 기도는 마침내 실패로 끝난다는 것을 알 수 있다. 이러한 사실의 발견은 헬라스 사회의 동란 통에 나타난 계몽기의 사회학설 가운데 하나와 정면으로 충돌한다. 그 학설에 따르면 종교적 관습을 위해서 하급 계층을 향해 계획적으로 강요한다는 것은 결코 불가능한 일도 아니거니와 또 이례적인 것도 아니며, 오히려 그것이야말로 실제로 문명의 과정에 있는 사회에서 종교 제도의 정상적인 기원이다. 다음에 게재된 폴리비오스의 유명한 한 구절《역사》 가운데 이 설이 로마의 종교 생활에 적용되었다.

"로마의 정치 체제가 다른 나라에 비해 가장 뛰어난 점은 종교를 다루는 방식에 있다. 로마는 다른 나라가 몹시 싫어하는 것, 즉 미신을 교묘하게 이용해서 사회 질서를 유지하는 주요한 기반으로 만들어냈다. 로마는 미신을 그럴싸하게 포장해서 사적 생활과 공적 생활에 극단적일 만큼 침투시켰기 때문에, 많은 관찰자는 이것이 부당한 짓이라고 여겼다. 그러나 나의 의견으로는, 로마인은 일반 대중을 겨냥해서 그렇게 한 것이다. 현인들로만 구성되어 있는 선거민을 가진다는 것이 가능하다면 이러한 기만은 필요하지 않았을 것이다. 하지만 실제

---

38) Jung, C.G. : *Modern Man in Search of a Soul*.〔원주〕
39) 1955년 아우크스부르크 조약에서 독일 각 지방 국가의 지배자는 구교든 신교든 종교를 선택하고 자기 백성들에게 강권할 권리를 인정받았다.〔원주〕

문제로서 대중은 언제나 불안정하며, 또한 무한한 정욕과 비이성적인 기질과 광포한 분노에 차 있다. 그러므로 '미지의 것에 대한 공포' 유발과 그와 같은 연극을 꾸며대는 이외에 그들을 다스리는 방법이 없다. 나는 우리들의 선조가, 이제는 전통적인 것이 되어 있는 신학적 신앙이나 지옥에 대한 관념을 대중 속에 심은 것은 이러한 이유 때문이라고 생각한다. 또 그와 같은 일을 행함에 있어 우리들의 선조는 아무렇게나 그때그때의 방식으로 한 것이 아니고 의식적·체계적으로 한 것이라고 생각한다. 오히려 오늘날 종교를 절멸시켜 버리려는 현대인이야말로 그 무분별과 무책임을 책망받아야 할 것이다."

종교의 기원에 대한 이 이론은 국가의 기원에 대한 사회 계약설과 거의 같은 정도로 진실에서 먼 것이다. 역사적 사실을 조사해 보면 알 수 있듯이 정치권력이 정신생활에 주는 영향력이 전혀 없는 것은 아니지만, 그 영향력이 작용할 수 있는 것은 특수한 사정이 만들어졌을 때뿐이며 그런 경우에도 작용 범위는 매우 한정되어 있다. 성공하는 것은 예외이며 실패하는 것이 통칙이다.

예외의 쪽을 먼저 보면, 때로 어떤 숭배가 참된 종교적 감정의 표현이 아니고 종교의 가면을 쓴 어떤 정치적 감정의 표현인 경우에 실제로 그 숭배를 국교로 하는 데에 성공하는 수가 있다. 예컨대 동란 시대의 쓰라린 경험을 뼈저리게 체험한 사회가 정치적 통일을 갈망하는 표현으로서 행하는 유사 종교적 의식이 그것이다. 그러한 경우에는 이미 인간 구세주로서 피지배자의 마음을 손에 넣은 지배자는 그들 자신의 지위와 그의 가계가 예배의 대상이 되는 숭배를 국교로 삼는 데 성공한다.

이러한 '곡예'의 전형적인 예는 로마 황제의 신성화이다. 그러나 황제 숭배는 평온무사한 때에만 쓰이는 숭배인 데 반해, 참된 종교는 '괴로운 때에 가까이 있는 구원'이다. 그 신성화는 2세기에서 3세기로 옮겨갈 무렵 로마 제국의 최초의 붕괴와 함께 사라지고 말았다. 그리하여 그 뒤 부흥기의 군인 황제는, 완전히 신의를 잃은 수호신으로서의 황제의 배후에 있는 무언가 이제까지의 수호신을 넘어서는 어떤 초자연적인 신성(神性)을 구하기 시작했다. 아우렐리아누스(재위 270~275년)나 콘스탄티우스 클로루스(재위 305~306년)는 추상적이고도 보편적인 '솔 인빅투스'(무적의 태양신)의 깃발 아래 따라갔으며, 1세대 뒤의 콘스탄티누스 대제는 솔(태양)과 카이사르(황제)보다도 힘이 있다는 것을 보여준 내적 프롤레타리아트의 신인 강력한 하느님에게 귀의했다.

헬라스 세계에서 수메르 세계로 눈을 돌리면, 황제 숭배에 상당하는 지배자 숭배가 수메르 사회의 세계 국가를 건설한 우르엥구르(우르남무)에 의해서가 아니고, 그의 후계자인 둥기(기원전 2280~2223년경)가 세운 황제 자신의 인신(人身) 숭배였다. 이것 또한 태평한 때에만 쓰인 숭배와 같이 보인다. 어쨌든 수메르 사회의 역사에서, 꼭 로마 제국 역사에서 콘스탄티누스와 같은 지위를 차지했던 아모르 왕조의 함무라비는 인간으로 현신한 신으로서가 아니라 초월신인 마르두크벨의 종으로서 지배했다.

안데스 사회와 이집트 사회, 중국 문명 등 다른 사회의 세계 국가 속에서 볼 수 있는 '황제 숭배'의 흔적을 조사해 보면, 정치적 권력자가 위에서 아래로 넓혀가는 숭배는 원래 무력하다는 우리들의 인상을 한결 강하게 만들 뿐이다. 그와 같은 숭배는 실은 그 본질이 정치적인 것이어서, 단지 형태만이 종교적인 것이고 순수하게 대중적 감정과 맞닿는다 하여도 모든 폭풍우를 이겨내며 살아남을 만큼의 능력을 주지 않음을 보여주고 있다.

다음으로 위에서 말한 것과는 달리 정치적 권력자가 단순히 종교적 외관으로 꾸며낸 정치 제도가 아니고 진실로 종교적인 성격을 강요하는 경우가 있는데, 그러한 시도가 어느 정도 성공을 거둔 예를 볼 수도 있다. 그러나 성공하기 위해서는 조건이 있다. 강요된 종교가 '이미 확립되어 있는 종교'여야 하며, 적어도 그 정치적 비호자의 지배 아래 있는 민중의 소수 사이에 벌써부터 전도되고 있어야 한다. 더구나 이러한 조건에 성공한다 해도 엄청나게 비싼 값을 치러야 한다. 그리고 그 값은 거론할 수 없는 것임이 틀림없다. 왜냐하면 종교를 힘으로 다스리는 자가 그 육체가 예속되어 있는 모든 영혼에 대해 정치권력을 무리하게 강요하게 되므로, 원래 그것이 가지고 있던 세계 교회가 되거나 세계 교회로서 존속할 수 있는 가망을 모두 잃기 때문이다.

예를 들면 마카베오 일족이 기원전 2세기가 끝나기 이전에 강제적인 헬레니즘화 정책에 반항하고 유대교를 지키는 전투적인 옹호자의 지위에서 셀레우코스 제국의 후계 국가를 만들었다. 박해에 대한 거센 저항자였던 그들은 이번에는 스스로 박해자가 되어 그들이 정복한 유대인 이외의 민족에게 유대교를 강요하기 시작했다. 이 정책은 유대교의 세력 범위를 이두미아(고대 팔레스타인에 인접한 사해와 아카바만 사이 지역)와 '이방인 갈릴리'로, 그리고 요르단강 동쪽의 좁은 페레아 지방 일대로 넓히는 데 성공했다. 그럼에도 불구하고 이 강요된 승리 범위는 좁게 제한되었다. 그것은 사마리아인의 배타주의를 견뎌낼 수 없었으며 또 마카베오 왕가 영토의 양측 접경 지역, 즉 팔레스타인의 지중해 연안과, 팔레스타인과 사막의 경계인 데카폴리스에 있던 헬레니즘화한 도시 국가군의 시민적 긍지도 이겨낼 수가 없었다. 사실 무력으로 얻은 이익은 그렇게 대단한 것이 아니었으며, 유대교는 그로 말미암아 그들의 정신적인 미래를 그 대가로 치렀음이 확인되었다. 유대교 역사의 최대 아이러니는 알렉산드로스 얀나이오스(기원전 102~76년)가 유대교를 위해 얻은 새로운 땅이 그 뒤 100년도 안 되어 그때까지 유대 민족의 종교적 체험 전체의 완성을 사명으로 하는 갈릴리의 유대인 예언자를 낳았으며, 그 뒤 영감을 받고 유대교로 개종한 갈릴리의 이방인 자손이 뒷날 그 무렵의 유대 민족 지도자들에게 배척되었던 일이다. 그 때문에 유대교는 그 과거를 망치고 미래를 잃었다.

이번에는 유럽의 현대 종교 지도에 눈을 돌리면, 마땅히 우리는 현재의 가톨릭과 프로테스탄트 영역의 경계가 어느 정도 중세의 '그리스도교 공화국' 후계자인 지방 국가의 무력이나 외교 정책에 의해서 결정된 것은 아닌지 조사해 보고 싶어진다. 군사적·정치적 외적 요인이 16, 17세기의 종교적 분쟁의 추이에 미친 영향을 과대평가해서는 안 된다는 것은 의심할 여지가 없다. 왜냐하면 두 가지 극단적인 경우를 생각하면, 어떠한 세속적 권력이 작용해도 발트 제국을 가톨릭교회의 울 안에 남겨두거나, 지중해 제국을 프로테스탄트의 진영으로 끌어들이는 일은 불가능했었다고 생각되기 때문이다. 동시에 군사적·정치적인 힘의 작용이 분명히 영향을 끼친 논의할 여지가 있는 중간 지역이 있다. 그 지역은 독일과 저지대 국가들, 프랑스, 그리고 영국이다. "지배자가 종교를 결정한다"라는 유명한 문구가 나오고 적용된 곳은 그중에서도 특히 독일에 있어서였다. 그리고 적어도 중앙 유럽에서는 세속적 군주가 권력을 이용해서, 서로 다투고 있는 서유럽 그리스도교의 몇 가지 변종 가운데 권력자의 마음에 드는 것을 피지배자에게 억지로 받아들이게 하는 일에 성공했다고 보아도 좋을 것이다. 또한 우리는 그 뒤 서유럽 그리스도교, 가톨릭과 프로테스탄트를 포함해서 정치적 보호에 기대고, 그에 따라서 '국가 이성'에 무릎을 꿇어 그 벌로서 크게 피해를 입을 것을 알 수가 있다.

가톨릭교회가 치러야 했던 대가로 맨 처음 당한 일은, 일본에서 가톨릭교회가 전도지를 상실한 일이었다. 16세기에 예수회 전도사에 의해서 일본에 심어진 가톨릭교의 뿌리를 17세기 중엽 이전 일본 세계 국가의 지배자가 계획적으로 뿌리째 뽑아버렸다. 그것은 이들 정치가 가톨릭교회는 에스파냐 국왕의 제국주의적 야망의 수단이라는 결론에 이르렀기 때문이다. 그러나 이 유망한 전도지의 상실도 "지배자가 종교를 결정한다"는 정책이 마침내 유럽 본국에 있어서 서유럽 그리스도교에 입히게 된 정신적 불모에 비하면 보잘것없는 손실이라고 보아야 한다. 종교 전쟁 시대에 서로 경쟁하는 서유럽 그리스도교의 각 파는, 정치적 권력을 배후에 지고 대립하는 종파의 신자에게 자파의 교리를 강요할 뿐 아니라 요청함으로써 종교를 통해 승리로 이어지는 지름길로 이용했다. 그러나 그 때문에 서로 적대적인 교회들이 각자 자파에게 귀속시키려고 다른 영혼 속의 모든 신앙의 기초를 서서히 파괴해 갔다. 루이 14세의 야만적인 수법은 프로테스탄티즘을 프랑스의 정신적 토양에서 뽑아버렸으나, 그것은 회의주의라는 대체 작물을 위해 땅을 비운데 지나지 않았다. 낭트 칙령(가톨릭인 앙리 4세가 1598년 프로테스탄트인 위그노교도에게 신앙의 자유를 인정한 칙령) 폐지 후 9년도 되기 전에 볼테르가 태어났고, 영국도 청교도 혁명(1649년)의 종교적 호전성의 반동으로 회의적인 풍조가 시작되었다. 이 절의 첫머리에 내건 폴리비오스의 인용 중에 명시된 것과 비슷한 새로운 계몽 사상과 종교 그 자체를 조소의 대상으로 취급하는 사상 경향이 나타났다. 그래서 1736년에 버틀러 주교는 그의 저서 《자연 종교·계시 종교와 자연의 구조와 진로의 유사성》에서 다음처럼 기술하고 있다.

"이유는 알 수 없지만, 그리스도교는 연구의 대상마저도 될 수 없으며, 이제 드디어 허구인 것이 판명되었다는 생각이 마땅한 일로 받아들여지기 시작했다. 그래서 그들은 마치 이와 같은 견해가 현대의 모든 식자의 일치된 견해인 것처럼, 또 말하자면 오랫동안 이 세상의 즐거움을 방해받은 보복으로 조소와 우롱의 대표적인 대상으로 하는 그리스도교를 취급하고 있다."

광신을 뿌리 뽑기는 했지만 그 대신 참다운 신앙의 불이 꺼져버린 그들의 심적 상태는 17세기에서 20세기까지 이어져, 서유럽화한 '대사회'의 모든 면에서 극단적인 형태로까지 추진되었기 때문에, 이제 겨우 그 본질이 인식되기 시작했다. 즉 그것은 서유럽 사회체의 정신적 건강은 물론 물리적 존재까지 위협하는 가장 큰 위험으로 인식되고 있으며, 열렬하게 논의되고 시끄럽게 선전되는 우리들의 정치적·경제적 병폐의 그 어느 것보다도 훨씬 더 치명적인 위험이 된다는 것도 깨닫게 되었다. 이 정신적 해악은 이제 너무나도 뚜렷한 사실이라 무시할 수도 없다. 그러나 이 병은 진단하기는 쉬워도 치료법을 처방하기는 어렵다. 신앙은 주문하면 곧 손에 넣을 수 있는 표준화된 상품과는 다르다. 그럭저럭 2세기 반이나 이어진 종교적 신념의 점진적 쇠퇴에 의해 서유럽인의 정신적 공허를 다시 채운다는 것은 실제로 여간 어려운 일이 아니다. 서유럽은 아직도 16, 17세기에 서유럽 조상이 저지른 죄, 즉 종교의 정치 예속 때문에 후유증을 보이고 있다.

현존하는 서유럽 그리스도교 지파의 상태를 훑어보고 그 생명력을 비교해 보면 그것이 이들 종파 저마다 세속적 권력의 지배에 굴복한 정도에 반비례한다는 것을 알 수 있다. 서유럽 그리스도교 가운데 오늘날 가장 왕성한 생활력을 나타내고 있는 것은 두말할 것도 없이 가톨릭교이지만—가톨릭교를 신봉하는 근대 국가는 나라와 시대에 따라 군주가 영토 내의 교회 생활에 강한 세속적 권력의 지배를 가한 일이 있었음에도—단 한 사람 최고의 교회 권위자의 통솔 아래 단일 종교 단체로서 뭉쳐져 있다는, 이러한 커다란 강점을 아직 한 번도 잃은 일이 없다. 생존력 면에서 가톨릭교회에 다음가는 것은 세속적 정부의 지배에서 벗어난 프로테스탄트파에 속하는 '자유 교회'일 것이다. 그리고 오늘까지도 현대의 어느 한 지방 국가의 정치체에 묶여 있는 '국립' 프로테스탄트가 규모상 가장 상위를 차지하고 있는 것이 확실하다.

마지막으로 영국 교회와 같이 많은 파로 나누어져 온갖 형태를 가지는 '국교회(國敎會)'의 조금씩 서로 다른 종교적 사상과 실천 면에서 그 활력의 크기를 굳이 구별한다면, 1874년에 '위장된 미사' 탄압을 목적으로 하는 법령이 나온 이래 오늘에 이르기까지 세속적 법률을 경멸하며 냉담한 태도를 보여온 영국 국교회의 가톨릭파인 여러 영국 성공회(聖公會)에 최고의 영예를 주어야 할 것이다.

이 불유쾌한 비교의 교훈은 뚜렷하다. 현대에 서유럽 그리스도교회 여러 분파의 운세는 다양하다. 종교는 정치적 권력의 보호를 구하거나 그것에 굴복함으로써 이익을 얻기는커녕 끝내 마지막에는 손해를 본다는 우리의 명제가 옳다고 완벽히 증명한다고 생각될 것이다. 그런데 이처럼 얼핏 보면 통칙이라고 생각되는 것이 검열을 통과해 정말로 통칙으로서 인정받기 위해서는 그 전에 아무래도 설명을 달지 않으면 안 되는 분명한 예외가 하나 있다. 그 예외는 이슬람교이다. 이슬람교는 이때까지 조사해 온 어느 종교보다도 빠른 시기에 언뜻 보기에 한층 결정적인 방법으로 정치와 타협했음에도 멸망해 가는 시리아 사회에서 보편적 교회가 되는 데 성공했기 때문이다. 사실 이슬람교는 다름 아닌 창시자 자신이 생존하기 위해 취한 조치에 의해서 정치적 타협을 한 것이다.

예언자 무함마드의 공적 생애는 언뜻 모순되는 것같이 보이는 뚜렷한 두 시기로 나누어진다. 제1기에 그는 평화적 전도 방법으로, 제2기에는 정치적·군사적 권력을 내세워 종교적 계시를 전파하는 일에 종사했다. 무함마드가 메디나 시기에 새로이 가진 물질적 권력을 그의 생애의 전반기에 그가 메카에서 메디나로 이주하기 이전에 창시한 종교를 적어도 외면적 형식에라도 따르도록 강요했던 것이다. 이 점에서 보면 '헤지라'는 이슬람교 파멸의 연대가 되어야 할 것이며, 그 이후 실제로 그렇게 간주되고 있는 바와 같이 이슬람교 성립의 연대로 표시할 까닭이 없는 것이다. 야만족 전투 단체의 전투적인 신앙으로서 세상에 나온 종교가, 다른 모든 예에서 미루어보아 당연히 금기적으로 작용되었을 것으로 예상되는 정신적으로 불리한 조건을 짊어지고 발족했음에도 세계 교회가 된, 이 이해하기 어려운 사실을 어떻게 설명하면 좋을까?

문제를 이런 식으로 풀고자 한다면, 몇 가지 부분적인 설명이 나오게 된다.

첫째로 종래 그리스도교 사회에서 일반적인 현상이지만 이슬람교의 포교는 무력 행사의 정도를 과대시하는 경향을 에누리 형태라고 생각할 수 있다. 예언자의 후계자들이 요구한 새로운 종교에 순종하는 표정은 매우 작고 그리 힘들지 않는 외면적인 의식의 이행에 한정되어 있었다. 더구나 이 정도의 요구마저도 이슬람교의 발상지인 아라비아의 '무인 지대'에 머무는 이교적인 미개 민족의 범위를 넘어서 시도된 일은 없었다. 정복된 로마 제국이나 페르시아 사산 왕조의 옛 영토 여러 지역에 주어진 양자택일은 '이슬람이냐 죽음이냐'가 아니고,

'이슬람이냐 부가세냐'였다. 그것은 훨씬 뒤에 영국에서 종교 문제에 비교적 무관심했던 엘리자베스 여왕이 채용해 전통적으로 현명한 방침으로서 칭송되어 온 정책과 같은 것이었다. 더구나 그 선택은 옴미아드 왕조 지배 아래 아랍 칼리프국에 거주하는 비이슬람교인들에게 반감을 불러일으키는 방식으로 강요된 것은 아니다. 그 뒤 옴미아드 왕조의 칼리프들은 겨우 3년밖에 통치하지 않았던 단 한 사람의 예외를 제외하고는 모두가 종교에 그다지 열성이 없었기 때문이다. 사실 옴미아드 왕조의 칼리프들은 그 칭호만은 이슬람교의 통솔자가 되어 있지만, 개인적으로는 숨은 이교도였으며 이슬람교의 포교에 냉담했거나 또는 심한 경우 적극적으로 반대했다.

이와 같은 특이한 사정 아래서 이슬람교는 스스로의 종교적 가치만을 의지하여 칼리프국의 비아랍계 피지배자 사이에 스며들어야 했다. 이슬람교의 보급은 더디기는 했으나 착실했다. 그리고 이슬람교는 명목만의 이슬람교 교주인 옴미아드 왕조 군주들의 기분을 상하게 한 것은 아니더라도 적어도 무관심한 태도였지만 새로운 종교를 받아들인 지난날의 그리스도교도와 조로아스터교도의 마음속에 파고듦과 동시에 그때까지 아랍 민족 전사들이 받은 정치적 특권의 표시로서 과시하던 신앙과는 전혀 다른 신앙으로 바뀌었다. 새로이 이슬람교에 귀의한 아랍계 민족은 이슬람교를 사물에 대한 그들 자신의 지적인 견해와 맞아떨어지도록 개조해 예언자 무함마드의 조잡하고 일관성 없는 언설을 그리스도교 신학자가 받아들인 그리스 철학의 정치적이고 일관된 표현으로 고쳤다. 그때까지 모든 것을 휩쓸었던 아랍 민족의 군사적 정복에 의해 다만 표면적인 정치 면만 재통일되어 있었던 것에 불과한 시리아 세계를 이슬람교가 정신적으로 통일하는 종교가 될 수 있었던 것은 참으로 이러한 그리스도교와 그리스 철학의 의상을 몸에 걸쳤기 때문이다.

무아위야(재위 661~680년)가 정권을 장악해 옴미아드 왕조를 세운 지 100년도 채 되기 전에 칼리프국의 비아랍계 이슬람교 백성은 종교에 냉담한 옴미아드 왕조를 그 자리에서 물리치고 그 대신 자기들의 종교적 기질을 반영해 가장 신앙이 두터운 왕조를 힘으로 왕위에 올렸다. 아랍계 교도가 아닌 사람들의 후원으로 아바스 왕조가 옴미아드 왕조를 무너뜨린 750년에는 이처럼 한순간에 형세를 뒤바꾼 종파의 수는 미미한 것이었다. 아랍 제국의 총인구에 대한 그 비율은 콘스탄티누스 대제가 막센티우스를 넘어뜨린 그즈음 로마 제국의 그리스도교도의 수—노먼 헵번 베인즈 박사는 그 수를 총인구의 약 10퍼센트로 보고 있다[40]—만큼이나 적었다. 칼리프국 백성들이 이슬람으로 대거 개종하기 시작한 것은 겨우 9세기부터 시작해 13세기에 압바스 제국이 멸망할 때까지 이어졌다. 그리고 이슬람의 전도지에서 이루어진 이러한 때늦은 수확에 대해 확신을 가지고 말할 수 있는 것은, 그것은 민중의 자발적인 움직임의 결과이며, 정치적 압력의 결과는 아니었다는 사실이다. 500년에 걸친 역대 아바스 왕국의 칼리프들 가운데 그들 종교에 이익이 된다고 믿고 정치적 권력을 악용한 로마의 황제 테오도시우스나 유스티니아누스에 해당하는 왕은 거의 없었다.

이러한 사실들은 '얼핏 보기에' 서유럽의 통치와는 다른 것처럼 생각되는 이슬람교의 경우를 충분히 설명한다고 보아도 된다. 서유럽의 통칙이란 또 한 번 말하자면 세속적 권력이 이미 일부 사람들 사이에서 행해지고 있는 종교를 피지배자에게 강제적으로 떠맡기는 데 어느 정도 성공을 거둘 수는 있으나, 정치적 지지를 받았기 때문에 종교가 치러야 하는 대가는 결국 따지고 보면 종교가 직접 얻는 어떤 이익보다도 훨씬 비싸다는 점이다.

종교가 정치적 비호로 직접 얻은 이익이 전혀 없는 경우에도 역시 대가를 치르는 벌은 받아야 한다. 종교에 유해한 세속적 권력의 지지를 얻음으로써 철저한 손실을 입은 실례를 들 수 있다. 토로스산맥 저쪽의 이단설을 신봉하는 피지배자에게 가톨릭의 정통과 신앙을 강요하려다가 실패한 동로마 제국의 유스티니아누스, 그리스와 이탈리아의 성상 예배를 행하는 피지배자에게 성상 파괴를 강요하려다가 실패한 레오 3세와 콘스탄티누스 5세, 아일랜드의 가톨릭을 믿는 피지배자에게 프로테스탄티즘을 강요하려다가 실패한 영국 국왕, 힌두교를 믿는 피지배자에게 이슬람교를 강요하려다가 실패한 무굴 제국의 아우랑제브 황제 등등.

강요되는 종교가 기성 종교인 경우에도 위와 같다면 정치적 권력이 지배적 소수자의 철학을 강요하려고 하여 성공할 가망은 더욱 없다. 율리아누스 황제의 실패에 대해서는 이미 앞에서 말했다. 사실 그것이 지금 탐구의 출발점이 된

40) Baynes, N.H. : *Constantine the Great and the Christian Church.*[원주]

것이다. 마찬가지로 완전한 실패를 한 것은 인도 사회의 피지배자에게 대승 불교를 강요하려고 한 아소카왕이었다. 그 무렵 불교 철학은 학문적으로나 도덕적으로나 전성기였기 때문에, 율리아누스의 신플라톤주의 철학보다는 오히려 마르쿠스 아우렐리우스의 스토아 철학에 비할 만한 것이었음에도 불구하고 아소카의 뜻은 잘 이루어지지 않았던 것이다.

끝으로 또 한 가지 고찰해야 할 것은 지배자나 지배 계급이 이미 민중 사이에 행해지고 있는 기성 종교나 지배적 소수자의 철학도 아닌, 자기가 고안한 새로운 '공상적 종교'를 강요하는 경우이다. 이미 고유의 생명력을 지닌 종교나 철학조차도 그것을 강요하려고 하면 앞에 말한 바와 같은 실패를 하는 것이고 보면, 이 후자의 기도는 일부러 역사적 사실을 조사할 것도 없이 어느 시대 어디서 시도되었던 실패로 끝났을 것이라고 믿어도 괜찮으리라 여겨진다. 아니, 사실이 그렇다. 그러나 이들 '공상적 종교'는 역사상 매우 진귀한 현상의 하나이니 별다른 이유 없이, 이 이유만으로 대충 훑어보기로 하자.

기록에 남아 있는 가장 극단적인 예는 아마 이슬람교 시아파의 한 분파인 이스마일파의 이설을 세운 알하킴(996~1020년)일 것이다. 다른 곳에서 어떤 요소를 믿어왔건 간에 이른바 드루즈파 신학의 독특한 교리는 알하킴을 전후 10회에 걸쳐 출현하는 신의 화신의 마지막뿐 아니라 가장 완전한 것으로서, 즉 잠시 나타난 뒤에 이 세상에서 신비적으로 모습을 감추었다가 곧 다시 승리자로서 자랑스럽게 돌아오는 신성한 불사의 메시아로서 신격화하고 있는 점이다. 이 새로운 전도자가 거둔 단 한 가지 성공은 1016년에 사도 다라지(드루즈파의 모체인 이스마일파의 포교자)가 시리아의 헤르몬산 기슭에 있는 와딜타임 지방의 한 작은 마을을 개종시킨 일이었다. 그로부터 15년 후에는 이 새로운 신앙으로 세계를 전향시키는 전도 활동은 분명히 끝났고, 그 뒤부터 드루즈교도의 사회는 새로운 개종자를 받아들이지도 않고 또 배교자를 묵인하지도 않은 채 폐쇄된 세습적 종교 단체로서 존속해 왔다. 그리고 그 구성원들은 교단명을 그들이 숭배하는 신의 화신의 이름이 아니라, 처음으로 그들에게 알하킴의 이상한 복음을 전한 전도자의 이름을 따서, 즉 다라지의 파생형인 드루즈로 칭하고 있다. 실패한 드루즈교 보편적 교회는 헤르몬산과 레바논산맥의 고지에 몸을 숨기고 '성채를 고수하는 화석'의 완전한 견본이 되고 말았다. 동시에 그것은 알하킴의 '공상적 종교'가 실패로 끝났음을 뜻한다.

그래도 알하킴의 종교는 아직 적어도 '화석'으로는 존속하고 있으나 이와 마찬가지로 시리아 태생의 배교자 바리우스 아비투스 바시아누스(황제 칭호는 마르쿠스 아우렐리우스 안토니누스)가 로마 제국 공인의 판테온의 주신으로서 차마 자기 자신을 앉히지는 못했다. 그는 자신의 조국 에메사의 태양신 엘라가발을 앉히려고 대담한 시도를 했으나 그 일 또한 아무런 결과도 얻지 못했다. 그는 엘라가발의 세습 제사장으로 218년에 뜻밖의 행운을 만나 로마 황제의 자리에 올라, 이 태양신의 이름을 자기 이름으로 하여 스스로를 엘가라발루스라 칭하기도 했다. 4년 뒤 그는 암살되어 그의 종교적 실험은 뜻하지 않은 최후를 맞고 말았다.

정치적 권력을 종교적인 일에 봉사하도록 시키려 한 엘라가발루스나 알하킴 등이 완전한 실패를 맛본 것은 그다지 놀랄 일이 아닐지도 모르나, 자기 개인의 기분을 만족시키고 싶은 욕망에서가 아니라, 좀 더 진지한 동기에서 관심을 갖고 있는 종교적 목적을 촉진하기 위해 정치적 권력을 이용하려고 계획한 지배자도 마찬가지로 완전한 실패로 끝났음을 보았다. 정치적 수단에 의해 배후에서나 아니면 물밑으로 교리나 의식을 퍼뜨리는 일이 곤란하다는 사실이 아마 좀 더 뚜렷하게 인식될 것이다. '공상적 종교'를 퍼뜨리려고 하다가 실패한 지배자 중에는 비종교적인 것이었는지는 모르나 결코 부끄러운 것은 아니고, 또한 훌륭한 정치가로서 어울리지 않는 것도 아닌 국가적인 이유 때문에 시도한 경우도 있었다. 또 그들 가운데에는 자기 자신이 그것을 마음속으로부터 믿고 있음으로써 암흑 속에 있는 동포에게 광명을 주고 평화의 길로 이끌기 위해 자기가 이용할 수 있는 온갖 수단을 써서 그것을 동포에게 전할 자격을 가지고 있을 뿐 아니라, 오히려 그렇게 할 의무가 있다고 생각해서 '공상적 종교'를 퍼뜨리려다가 실패한 지배자도 있다.

정치적 목적에 쓰기 위해 신종교를 계획적으로 만들어낸 전형적인 예를 이룬 사람은 프톨레마이오스인데, 이집트에 아케메네스 제국의 그리스도계 후계 국가를 세우고 세라피스(이집트 신화에서 오시리스와 아피스의 합성신)의 모습과 제식을 만들어내었다. 그의 목적은 공통의 종교에 의해 그의 지배 아래 있는 이집트인과 그리스도인 사이의 간격을 없애는 일이었다. 그리고 그의 계획을 실행하기 위해 많은 전문가를 동원했다. 이 새로운 합성 종교는 목표로 했던 양쪽 민족에게서 많은 신자를 얻었으나 둘 사이의 정신적인 차이를 없앤다는 점에서는 완전히 실패했다. 양 민족은 각각 다른 모든 점에서 그러했듯이 세라피스 숭배도 따로따로 했다. 그즈음 프톨레마이오스 제국 내부의 두 민족 간의 정신적 간격이 겨우 메워지게 된 것은 프톨레마이오스 정권이 완전히 자취를 감춘 지 꼭 1세기나 지난 뒤였으며, 그것도 이전에 프톨레마이오스 제국의 영토였던 코엘레시리아의 프롤레타리아트가 자발적으로 일으킨 다른 종교에 의해서였다.

프톨레마이오스 치세로부터 1000년 이상 이전에도 이집트의 지배자 파라오 이크나톤이 정통의 이집트 사회 판테온 대신에 성부, 성자, 성령의 삼위일체(三位一體) 하느님의 신성을 아톤, 즉 태양 원반으로서 사람의 눈에 나타나는 영묘하고 유일하며 참된 신에의 숭배를 확립하려고 했다. 생각건대 그가 시도한 동기는 프톨레마이오스를 움직이게 한 것과 같이 정치에서 모든 수단을 불사하는 마키아벨리즘적 이유도 아니고, 또한 알하킴이나 엘라가발루스의 시도의 원동력이었다고 생각되는 과대망상도 아니었다. 이크나톤을 움직인 것은 거룩한 종교적 신앙이며 그것이 아소카왕의 철학적 신념과 마찬가지로 전도 활동으로서 나타난 것으로 생각된다. 이크나톤을 움직인 종교적 동기는 이해를 넘어선 진지한 것이었다. 그는 마땅히 성공할 만한 자격을 갖추고 있었다고 말할 수 있다. 그럼에도 그는 완전히 실패했는데, 실패의 원인은 그의 계획이 정치적 권력자가 위에서 아래로 '공상적 종교'를 퍼뜨리려 했다는 사실 속에서 찾지 않을 수 없다. 그는 그의 왕국 내에서 지배적 소수자의 심한 반감을 샀다. 더욱이 프롤레타리아트의 관심을 얻지 못해 그들의 마음을 움직일 수가 없었다.

오르페우스교의 전파는 아테네의 페이시스트라토스가(家)의 참주들로부터 최초의 추진력을 얻었다고 믿어지는 점도 있으나 만일 그것이 사실이라고 하면 오르페우스교의 실패도 마찬가지로 설명할 수 있다. 오르페우스교가 마침내 작게나마 성공할 수 있었던 까닭은, 헬라스 문명의 쇠퇴 이후 헬라스 세계가 외래 사회를 희생시키며 물리적으로 팽창해 감에 따라 대두해 온 뒤섞인 의식이 헬라스 사회의 인간의 영혼 속에 침입하고 난 다음의 일이었다.

자기의 제국 내부에 '딘 일라히'라는 '공상적 종교'를 확립한 무굴 제국의 티무르 왕조 황제 아크바르의, 어떻게 해석해야 좋을지 분명치 않은 복잡한 동기이다. 프톨레마이오스의 마키아벨리즘과 같은 부류로 볼 것인지, 아니면 이크나톤의 이상주의와 같은 부류로 볼 것인지 판단하기에 곤란하다. 왜냐하면 이 비범한 인물은 위대한 실제 정치가인 동시에 심원한 신비가이기도 했기 때문이다.

어쨌든 그의 종교는 결국 뿌리를 박지 못하고 창시자의 죽음 직후에 사라지고 말았다. 사실 전제 군주의 이와 같은 헛된 꿈에 대한 최후의 말은, 이미 아크바르 자신의 선배 격이며 모범으로 삼던 옛 할지 왕조의 술탄 알라우딘의 고문관 가운데 한 사람에 의해 내려오고 있었던 말이며 아크바르도 아마 그것을 알고 있었던 것으로 생각된다. 지난날 할지 왕조 시절 그 고문관은 알라우딘이 언젠가 자문 회의의 석상에서, 300년 뒤에 아크바르가 행한 것과 같은 무분별한 행위를 할 의향이 있다고 다음과 같이 말했다.

"그때 왕의 고문관은 이렇게 언명했다. 종교와 율법과 신조, 이 세 가지는 결코 폐하께서 논의하실 일이 아닙니다. 이런 것들은 예언자의 관심사이지 국왕의 일은 아니기 때문입니다. 종교와 율법은 신의 계시에 의해 탄생하는 것이지 인간의 계획이나 설계에 의해 만들어지는 것이 아닙니다. 아담 이래 오늘에 이르기까지 그러한 종교적 일들은 예언자와 사도들의 사명이었습니다. 통치와 정치 같은 국왕의 임무를 예언자가 행한 예가 몇몇 있습니다만, 예언자의 직무가 왕에게 귀속한 일은 이제까지 한 번도 없었으며 또 앞으로도 세계가 존속하는 한 그러한 일은 결코 일어나지 않을 것으로 생각합니다. 저는 폐하께서 다시는 이런 이야기를 하시지 않도록 충고드립니다."[41]

우리는 아직 근대 서유럽 사회의 역사에서 정치적 지배자가 피지배자에게 '공상적 종교'를 강요하려다가 실패한 예를 들지 않았으나, 프랑스 혁명 역사에서 보면 몇 가지 예가 있다. 18세기 끝 무렵, 열병에 걸린 듯한 10년 동안에 잇달아 나타난 프랑스의 혁명가들의 온갖 종교적 망상 끝에 그것이 이미 시대에 뒤떨어진 망상임을 깨달은 가톨릭교회에서는 그러한 옳지 못한 생각들을 바꾸려고 했으나 그들의 생각은 조금도 변함이 없었다. 1791년의 시민 헌법인 그리스도교 종교 사회의 여러 민주화 계획이나, 1794년 로베스피에르의 '최고 존재' 숭배나

---

41) Smith, V.A. : *Akbar, The Great Mugul*.(원주)

집정관 라르벨리에르 레포의 '박애주의 정신' 등 모두가 그렇다. 이 마지막에 든 집정관에 대해서는 다음과 같은 이야기가 전해지고 있다. 언젠가 그는 동료 집정관들에게 자기의 종교 체계를 설명한 긴 논문을 읽어주었다. 그러자 대부분의 집정관들이 온갖 말로 칭찬했는데, 외무 담당인 탈레랑만은 이렇게 말했다.

"나로서는 오직 한마디 말해 주고 싶은 것이 있소. 예수 그리스도는 그의 종교를 세우기 위해 십자가에 못 박히고 부활하셨소. 당신도 뭐든 그와 비슷한 일을 해야 되지 않겠소?"

얼빠진 박애주의자를 이렇듯 지독하게 우롱한 탈레랑은 다만 저 알라우딘의 고문관이 말한 충고를 거친 말투로 반복한 데 불과하다. 만약에 라르벨리에르 레포가 종교의 보급에 성공하고 싶었다면 그는 집정관의 지위를 떠나 프롤레타리아트의 예언자로서 새로이 출발했어야 했다.

이제 마지막으로 수석 집정관 보나파르트는 요컨대 프랑스는 가톨릭 국가이며 따라서 프랑스에 새로운 종교를 강요하기보다는 예전 종교를 새로운 지배자의 편으로 만드는 것이 목적을 이루는 것보다 쉽고, 지혜롭다는 점을 발견했다.

이 마지막 예에서 "지배자가 나라의 종교를 결정한다"는 것은 요컨대 함정이며 망상이라는 것을 보여주려는 우리의 논증이 증명된다. 그리고 동시에 진리가 다분히 포함된 반대 명제에 도달하는 길이 제시된다. 우리는 그것을 "국민의 종교는 왕의 종교가 된다"라고 표현할 수 있을 것이다. 일반적으로 피지배자의 대다수, 또는 적어도 가장 활발한 계층이 지지하는 종교를 채용한 지배자는 그것이 참된 종교심에 의한 것이어도 성공하고, 또한 "파리는 미사드릴 가치가 있다"(파리의 인심을 잡기 위해 프로테스탄트를 버리고 가톨릭으로 전향하는 것도 어쩔 수 없다)고 말한 앙리 4세처럼 정치적 견유주의에 따른 것이냐는 문제가 안 된다. 이처럼 피지배자의 종교로 전향한 지배자 가운데는 그리스도교를 받아들인 로마의 콘스탄티누스 황제와 중국의 한무제(漢武帝)가 있다. 또한 클로비스와 앙리 4세, 나폴레옹 등도 그에 해당될 것이다. 그러나 가장 주목할 만한 예는 영국 헌법 중의 제1조항인데 여기에는 매우 색다른 면이 있다. 그 조항에 따르면 연합 왕국의 원수는 잉글랜드에서는 감독 교회의 신도이며 '국경'을 넘은 스코틀랜드에서는 장로교 신도로 되어 있다. 이 영국 왕의 교회적 신분은 1689년도부터

1707년까지 정치권력과 교회 사이에서 이루어진 화해의 결과이나, 그때부터 사실상 연합 왕국 체제의 수호신 역할을 다해 왔다. 왜냐하면 양국 국교회의 형식적인 법에 있어서 평등이 '국경'의 양쪽 '국민들이 이해할 수 있도록' 국왕이 어느 쪽에서나 각 나라에서 공인되고 있는 종교를 신봉한다는 사실을 명백히 상징하고 있기 때문이다. 그리고 왕권의 통합과 의회의 통합 사이에 개입되는 1세기 동안(1603~1707) 매우 부족했던 이러한 구체적인 형태의 보증된 교회 평등의식은 그때까지 오랫동안의 전통적인 적대 감정에 의해 서로 멀리했다. 두 왕국 사이에는 그 뒤에도 인구와 부의 커다란 불균형 때문에 오래도록 서로 차별을 일삼았다. 그러나 그들이 종교가 두 왕국 사이에 자유롭고 평등한 정치적 통일을 이루는 심리적 기초를 제공했다.

6. 통일 의식

앞서 조사한 바에 따르면 사회 해체로 인한 시련을 받아들일 때 인간의 영혼이 보이는 행동·감정·생활상의 반응에는 여러 양식이 있었다. 그 양식의 상호관계에 대해 예비적인 개관을 했을 때 우리가 바로 조금 전까지도 그 갖가지 발언을 고찰해 온 수많은 의식은 아직 성장의 길에 있는 문명이 개개의 윤곽이 흐려지고 서로 뒤섞이면서 보이는 뚜렷한 심리적 반응이라고 말했다. 그와 동시에 그러한 경험이 또 하나의 다른 반응, 즉 통일 의식의 각성을 불러일으킨다는 것과 이 통일 의식은 단순히 혼효 의식과 구별될 뿐 아니라, 그와 전혀 반대되는 역반응임을 말했다. 눈에 익은 형태가 모습을 감추어 마음을 아프게 하고 동요시키는 경험은 용기 없는 인간에게 있어 사실 결국은 혼돈 이외의 역반응이 아니라는 느낌을 갖게 하지만, 당황하지 않고 사물을 좀 더 정신적으로 볼 수 있는 인간에게는 영화의 한 장면처럼 빠르게 변화하는 현상 세계는 환영이며, 그 배후에 영원한 통일이 있음을 감출 수가 없다는 진리를 계시한다.

이런 정신적인 진리는 같은 종류의 다른 진리와 마찬가지로 처음에는 무언가 어떠한 눈에 보이는 외면적 징후로부터 유추함으로써 파악되는 수가 많다. 그리고 궁극의 정신적인 통일을 최초로 암시하며 나타나는 외면 세계의 징후는 사회가 세계 국가에 의해 통일된다는 사실이다. 사실 로마 제국이건 다른 어느 세계 국가건 간에 동란 시대가 정점에 가까워지면서 최고조에 달하는 정치적 통일 요구 기운에 잘 편승하지 못했더라면, 그 성립과 존속은 불가능했을 것이다. 헬라스 사회의 역사에서는 그러한 갈망, 아니 통일이 겨우 이루어졌다는 사실에서 오는 안도감이 아우구스투스 시대 라틴 시의 여러 군데에 숨 쉬고 있다. 그리고 현대 서유럽 사회의 자식인 서유럽인 자신의 체험을 통해서, 인류의 통일이 요구되면서 좀처럼 실현되지 않는 시대에 이 '세계 질서'에 대한 동경이 서유럽인에게는 얼마나 절실한 것인지 잘 알 수 있다.

알렉산드로스 황제의 '호모노이아', 즉 화합(和合)의 이상은 헬라스 세계에서 사라지지 않고, 실제로 알렉산드로스 사후 300년이 지난 뒤에까지도 아우구스투스는 '로마에 의한 평화' 수립이라는 대사업의 영감의 원천에 대한 감사의 표시로서 그의 반지에 알렉산드로스의 머리를 그려 넣었을 정도였다. 플루타르코스는 알렉산드로스의 말을 전하고 있다 ─ "신은 모든 인간의 아버지이지만 가장 뛰어난 사람에 대해서는 특히 친자식으로서 돌보아준다." 만약에 이 '어록'이 믿을 만한 것이라면, 알렉산드로스는 인간이 형제이기 위해서는 먼저 신이 아버지여야 한다는 것이 필수 조건이라는 진리를 깨닫고 있었다. 그가 깨달은 진리는 동시에 반대의 명제를 내포하게 되는데, 인류 가족의 참된 아버지로서의 신을 버린다면 오직 인류를 통일하는 힘으로서 진실로 인간적인 관계를 맺으려고 해도 그것은 도저히 불가능한 것이 된다. 인류 전체를 포용할 수 있는 유일한 사회는 초인간적인 '신의 나라'이며 인류를, 더구나 인류만을 포용하는 사회란 도저히 실현성이 없는 망상이다. 스토아 철학자인 에픽테토스도 그리스도교의 사도 바울과 마찬가지로 이 더없이 높은 진리를 잘 알고 있었다. 그러나 에픽테토스가 이 사실을 철학의 하나로서 말하고 있는 데 대해 성 바울은 그것을 그리스도의 생애와 죽음을 통해 신이 인간에게 새로이 계시한 복음으로서 전했다.

중국 사회 전국 시대에 있어서도 통일에 대한 동경은 결코 현세적인 면에만 한정되어 있지는 않았다.

"이 시기의 중국인에게 있어 하나라는 말은 통일·단일 등의 뜻을 가지고 있는 매우 강한 감동을 수반하는 말로서, 그 사실이 정치론과 도가의 형이상학 속에도 똑같이 나타나고 있다. 사실 확고한 신앙의 기준에 대한 동경─아니 좀 더 정확하게 말해 그 심리적 필요성─은 정치적 통일에 대한 동경보다도 더욱 절실하고 집요한 것이었다. 결국 인간은 정통설, 즉 확고한 기본적 신앙이 없으면 살아갈 수가 없는 것이다."[42]

　중국 사회와 같이 포괄적으로 통일을 탐구하는 태도야말로 정상적인 것이며, 근대 서유럽 사회와 같이 마음대로 인간만을 따로 떼어내어 예찬하는 것은 예외적이며 병적이라고까지 말할 수 있다고 한다면, 다른 여러 분야에 동시에 나타나지만 한 가지와 다름없는 정신적 노력에 의해 인간의 실천적 통일과 우주의 관념적 통일이 병행하여 이루어지는 경우가 있을 것이다. 사실 앞에서 말한 대로 지방 국가가 융합해서 하나의 세계 국가가 됨에 따라 지방신이 섞여 하나의 판테온을 형성한다. 게다가 그 판테온 가운데서도 정치적 면에 있어서의 '왕 중의 왕'과 '군주 중의 군주'에 상당하는 정신적 존재로서, 테베의 아몬레나 바빌로니아의 마르두크벨과 같은 혼합신이 모습을 나타낸다.
　그러나 이런 종류의 판테온 가운데 초인간적인 형태로 나타나는 인간 생활의 상태는 세계 국가 발생 직후의 상태이지 세계 국가가 결국에 가서 귀착하는 체제는 아니다. 왜냐하면 세계 국가가 다다른 최종 체제는 세계 국가로 구성된 부분이 본래와 조금도 다름없는 형태로 보존되는 것이지, 단지 그때까지 서로 주권 국가로서 대등한 관계에서 있었던 국가들 가운데 하나가 나머지에 대한 패권을 잡아 떠오른 데 불과한 계층 제도에 머물러 있지는 않기 때문이다. 시간의 경과에 따라 세계 국가는 더욱더 결속을 굳게 하여 일원적인 국가가 되어간다. 사실 완성의 경지에 이른 세계 국가에 있어서는 사회생활의 모든 영역을 지배하는 두 가지 뚜렷한 특징을 볼 수 있다.
　하나는 지상권을 갖는 인격적인 군주이며, 다른 하나 또한 지상권을 갖는 비인격적인 법률이다. 그리고 이러한 구조에 의해 통치되는 인간 세계에서는 우주 전체가 거기 대응하는 형태로 묘사되기 쉽다. 세계 국가의 인간 지배자가 강대한 권력을 갖는 동시에 자비심이 많아서 피지배자가 쉽게 신의 화신으로서 받들 마음이 생기게 하는 그러한 인물이라면, 말할 것도 없이 그들은 그 지배자를 같은 지상권을 찾는 전능한 천상의 지배자 — 아몬레나 마르두크벨과 같이

---

42) Waley, A. : *The Way and its Power*, Introduction.〔원주〕

단순한 '신 중의 신'이 아니라 유일한 참된 신으로서 군림하는 신—의 지상에서의 모습이라고 보게 된다. 또 인간 황제의 의지를 실행에 옮기는 법률은 불가항력적이고도 편재적인 힘이어서 그로부터의 유추에 의해 비인격적인 '자연의 법칙'에 대한 관념, 즉 물질적인 우주를 지배할 뿐 아니라 황제의 명령이 미치지 않는 인간 생활 심층에 있어 인지를 가지고는 짐작할 수 없는 불가사의한 기쁨과 슬픔, 선과 악, 상과 벌의 배분까지 지배하는 법칙의 관념이 생겨난다.

이 두 가지 개념은 널리 퍼져 있으면서 불가항력이 존재하는 법칙 개념과 유일무이하고 전능한 신의 개념은 세계 국가라고 하는 사회 환경에 놓여 있는 인간의 마음속에서 형성된 거의 모든 우주론에 있어서 중심적 위치를 차지한다. 그러나 이러한 우주론을 조사해 보면, 두 가지 다른 유형 가운데 어느 한쪽으로 기울어지는 경향이 있음을 알 수 있다. 하나는 신을 희생시키고 법칙의 위치를 높이는 것이며, 또 하나는 법칙을 희생시키고 신의 지위를 높이고 있는 것이다. 그리고 법칙에 중점을 두는 것은 지배적 소수자의 철학의 특징인 데 반해 내적 프롤레타리아트의 종교는 법칙의 주권을 신의 전능에 종속시키는 경향이 있음을 발견한다. 하지만 이 구별은 단순히 어느 쪽에 중점을 두느냐는 문제에 불과하다. 둘의 비율이 어떻든 간에 이러한 우주론 전반에는 두 가지 개념이 나란히 존재하고 서로 섞여 있다.

우리가 입증하려고 하는 구별에 이상과 같은 구분 단서를 붙이고 나서 우선 신을 희생시켜 법칙의 지위를 높이고 있는 우주 통일관을 살펴보고, 다음은 신이 공포하는 법칙의 상위에 서 있는 우주관을 들여다보기로 하자.

"법은 만물의 왕이다"[43]라는 체제에서 우주를 지배하는 법칙이 뚜렷한 형태를 취함에 따라 신의 모습은 더욱더 희미해진다. 이를테면 서유럽 문명 세계에서 자연과학이 존재의 분야를 차례로 정복하고 그 지적 영토를 확대해 감에 따라 아타나시우스(알렉산드리아의 주교)파의 신조인 삼위일체의 신은 더욱더 많은 서유럽인의 마음속에서 차츰 존재가 희미해졌다. 그리고 자연과학이 물질적 우주는 물론이거니와 정신적 우주까지 전면적으로 지배하려는 오늘날에는 마침내 그럭저럭 수학자로서의 위치를 유지하고 있던 신의 모습이 희미해져서 바로

---

43) 헤로도토스, 《역사》, 제3권 38장.(원주)

공허의 신으로 바뀌려 하고 있다. 이렇게 근대 서유럽 사회의 신을 추방하고 법칙을 위해 자리를 비우는 과정은 기원전 8세기의 바빌로니아 문명 세계에서 그 선례를 찾을 수 있다. 천체 우주의 운행에 주기가 있음을 발견한 칼데아의 '수학자들'은 점성술이란 새로운 학문에 열중하여 마르두크벨에게 등을 돌리고 그들의 신앙을 '7개의 행성'으로 돌려버렸다. 또 인도 문명에서도 불교 철학이 심리적 법칙인 '카르마'의 논리적 귀결을 끝까지 밝혀냈을 때, 그 공격적이고 '전체주의적'인 정신적 결정론 때문에 가장 심한 타격을 받은 것은 베다의 판테온 신들이었다. 이들 야만적인 전투 단체의 야만적인 신들은 이제 낭만의 시대가 지난 중년을 맞아, 방종한 청춘 시대에 범한 너무나도 인간적인 방탕에 대한 값비싼 대가를 치르게 된 것이다. 불교의 우주관에 있어 일체의 의식과 욕망, 그리고 목적은 정의상 융합하여 지속적이 되거나 안정된 인격이 되거나 할 수 없는 각개의 원자적 심리 상태의 연속으로 환원되어 버리므로, 신들도 자동적으로 인간과 같은 정신적 지위로 끌어내려져 인간과 마찬가지로 무(無)가 되고 말았다. 사실 불교의 철학 체계에서 만일 신들의 지위와 인간의 지위 사이에 차이가 있다면, 그것은 모두 인간에게 이로운 것이다. 왜냐하면 적어도 인간은 금욕 생활의 고통을 견딜 수만 있다면 출가해 승려가 될 수 있으며, 또 이처럼 속계의 쾌락을 포기하면 그 보답으로서 윤회에서 해방되어 열반의 망각 속에 들어갈 수가 있기 때문이다.

헬라스 문명 세계의 올림포스 제신이 입은 피해는 그들의 사촌뻘이 되는 베다 제신에 대해 불교가 정한 형벌에 비하면 훨씬 가벼운 것이었다. 헬라스 사회의 철학자는 우주에 대해 생각하기를, 그 구성원 관계는 법에 의해 규제되고 '호모노이아', 즉 화합의 정신에 의해 움직여지는 것이라고 상상했다. 세계적인 '대사회'라고 여겼다. 동시에 올림포스의 무뢰한 전투 단체 두목으로서 그 생애를 시작한 제우스는 완전히 도덕적으로 개선되어 많은 금액의 연금을 받고 퇴직한 모습의 '우주 국가' 주재자로 추대되었다. 그 지위는 후대의 입헌 군주, '통치는 하지만 지배는 하지 않는'—운명의 법령에 순순히 부응하고 자연의 작용에 싫은 얼굴을 하지 않고 자기 명의를 빌려주는—왕과 닮았다.[44]

---

44) 그러나 과연 제우스가 정말 살아 있을까? 파산한 올림포스 상회 대신, 철학자가 임명한 비인격적인 관리자가 영업 정책상 고인이 된 그 상회의 사장 명의를 이용했다는 것이 진상에 가깝

이상의 개관에서 우리는 신의 모습을 이지러지게 하는 법칙이 취하는 갖가지 형태를 보았다. 바빌로니아 사회의 점성학자나 근대 서유럽 사회의 과학자를 노예로 삼은 것은 수학적 법칙이었으며, 불교 고행자를 포로로 한 것은 심리학적 법칙이요, 헬라스 사회의 철학자를 따르게 한 것은 사회적 법칙이었다. 법칙의 개념이 번영하지 못했던 중국 문명 세계에 있어서도 신의 존재는 인간의 행동과 환경의 움직임 사이에서 하나의 불가사의한 일치나 교감으로서 나타난 어떤 '질서'에 가려져 그림자가 희미해졌다. 인간에 대한 환경의 작용은 중국 사회의 토점술(土占術)에 의해 인식되고 교묘히 조종된다. 그리고 그 반대로 인간 환경에 대한 인간의 작용에는 제례 의식이 반영되는데, 때로 변경되는 우주 구조와 마찬가지로 잔손질이 가해지는 무게 있고 엄숙한 제례와 예절에 의해 통제되고 지도된다. 중국 사회에서는 세계를 운행시키는 인간 주재자가 세계 국가 군주로서, 그 직무가 초인간적인 범위에 이르는 데서 황제는 공식적으로는 '천자(天子)'라 불린다. 그런데 중국 사회의 우주관에서 주술사의 우두머리이자 황제의 양아버지라고 생각되는 '하늘'은 얼어붙은 중국 북부의 매서운 겨울 하늘처럼 창백한 비인격체이다. 현실적으로 이처럼 중국인의 머리에서 인격신의 관념이 말살되어 있었기 때문에 예수회 선교사들은 '데우스(하느님. 그리스도교의 신을 나타내는 라틴어)'를 중국어로 옮기는 데 어려움을 겪었다.

다음은 법칙을 신과 인간의 행동을 규제하는 통일의 지배력으로 보는 것이 아니라 신의 의지 발현으로 보고, 통일을 전능한 신의 사업으로 보는 우주관을 고찰해 보기로 하자.

지 않을까? 토인비는 그의 다른 저작에서 마르쿠스 아우렐리우스의 1절을 인용한 뒤 다음처럼 덧붙이고 있다. "이렇게 비통한 절규 속에서 제우스가 주재자의 자리에서 모습을 감춘 일을 갑자기 알게 된 우주 국가의 충실한 시민의 소리가 들리는 것 같다…… 하지만 마르쿠스를 읽는 그리스도교도들은 마르쿠스의 제우스를 너무 심하게 책망해서는 안 된다. 요컨대 제우스는 자기가 원해 우주 국가의 주재자로 선출된 것은 아니다. 제우스는 야만족 전투 단체의 무뢰 두목으로서 그 생애를 개시한 것인데, 그에 대해 우리가 알고 있는 일체의 사실은 이 생활이 그에게 참으로 유쾌했음을 보여준다. 철학자가 간신히 붙잡아 울 속에 넣은 제우스가 스토아적인 감화원(感化院) 수용자의 제1인자로서 영원히 계속되는 강요당한 품행 방정에 견디지 못했다 하더라도 우리는 이 불쌍한 노인의 소행을 결국 바로잡지 않았다고 해서 비난할 생각이 들까? 그러나 제우스는 스크루지의 동업자인 말리(둘 다 디킨스의 《크리스마스 캐럴》 속 인물)처럼 '훨씬 이전에 죽었기 때문에' 비난하거나 동정할 필요도 없을 것이다.(엮은이주)

앞서 살펴보았듯이 신에 의한 만물 통일 사상은 그에 대립하는 법칙에 의한 만물 통일 사상과 마찬가지로 세계 국가가 조금씩 그 결정적 형태를 갖추어 나감에 따라 거의 예외 없이 채용한다. 그 체제에서 인간은 유추에 따라 어느 것이든 사람의 마음에 품어지게 된다. 이 과정에서 본래 '왕 중의 왕'이었던 인간 지배자가 전에 그의 동료였던 종속 군주를 제거하고 엄밀한 뜻에서의 '독재 군주'가 된다. 이번에는 세계 국가에 병합된 여러 민족이나 국토의 신들에게 일어나는 현상을 조사해 보면, 마찬가지로 같은 변화가 생김을 발견한다. 전에 그와 동격이었고, 또한 유일무이함을 본질적 성격으로 하는 단일신이 독립성은 잃었으나 아직 그 신성을 잃지 않은 한 무리의 신들 위에 군림하는 판테온의 자리에 단 하나의 신으로 나타난다.

이 종교 혁명은 일반적으로 신들과 그 숭배자의 관계가 변화함으로써 시작된다. 세계 국가의 테두리 안에 들어감과 아울러 신들은 그때까지 하나하나 어느 특정한 지방 공동체에 결부했던 인연을 뿌리치는 경향이 있다. 어떤 특정한 부족·도시·산악 또는 하천의 수호자로서 그 생애가 시작된 신이 바야흐로 활약 무대를 넓혀, 한편으로는 저마다 인간의 영혼에, 다른 한편으로는 인류 전체에 호소하게 된다.

후자, 즉 무대를 인류 전체로 하는 기능을 이행하는 데 있어 그때까지 지방적 수장에 상당하는 천상적 존재였던 전부터의 지방신은 그 지방 공동체를 집어삼킨 세계 국가의 지배자로부터 빌려온 특징을 몸에 지닌다.

예를 들어 정치적으로 유대인을 압도한 아케메네스 제국이 유대교 이스라엘 신의 개념에 영향을 미치고 있다. 이 새로운 야훼 개념은 〈다니엘〉 7 : 9~10의 묵시적 부분이 쓰인 연대로 생각되는 기원전 166~164년에는 이미 완성되었다.

"내가 보니, 옥좌가 놓이고 옛적부터 항상 계신 이가 좌정하셨는데, 그 옷은 희기가 눈 같고, 그의 머리털은 깨끗한 양의 털 같고, 그의 보좌는 불꽃이요, 그의 바퀴는 타오르는 불이며, 불이 강처럼 그의 앞에서 나오며, 그를 섬기는 자는 천천이요, 그 앞에서 모셔 선 자는 만만이며, 심판을 베푸는데 책들이 펴 놓였더라."

이처럼 전에 지방신이었던 신들이 새로이 수립된 지상의 전제 군주 표장을 달고서 그 표장이 뜻하는 독점적·배타적인 지배권을 둘러싸고 경쟁한다.

그리고 마지막으로 경쟁자 가운데 한 사람이 다른 경쟁 상대를 멸망시켜 '유일한 참된 신'으로서 숭배받을 자격을 확립한다. 그런데 단 한 가지 '세속적 군주들의 싸움'과 '신들의 싸움'에 있어 중요한 점은 그 둘이 비슷하지만 분명 다르다는 사실이다.

세계 국가 체제의 진행에서 최고 주권자의 지위에 오르는 세계 군주는 이 과정의 막을 끊은 파디샤, 즉 종속 제후 위에 군림하는 패왕(霸王)의 원래 모습으로서 중단하는 일 없이 연속되는 직계 후계자임이 보통이다. 아우구스투스는 카파도키아나 팔레스타인에서의 지방적인 제후나 분봉왕(황제의 허락하에 한 나라의 일정 지역을 다스리던 군주)에 대한 전반적인 감독권을 유지함으로써 권위를 떨치는 것으로 만족하고 있었다. 하드리아누스가 그 뒤를 이어받아 이전의 제후국을 로마의 직할 영지로 바꿔서 통치했지만, 제후들의 권리가 중단되는 일 없이 계속되었다. 그런데 그에 호응하는 종교상의 변화에 있어서 연속은 예외로서, 그 역사적 예증을 한 가지라도 들기가 어렵다.

이 책의 필자는 판테온의 주신이 전능한 만물의 창조자로서 신의 출현을 위해 매개자 역할을 했다는 예를 하나도 생각해 낼 수가 없다. 테베의 아몬레도, 바빌로니아의 마르두크벨도, 올림포스의 제우스도 그 변화무쌍한 가면을 벗고 '유일한 참된 신'의 연속적 면모를 드러낸 일은 한 번도 없다. 또 왕실이 존숭하는 신이 이상과 같은 합성적인 신도 아니고, 또 국가적 이유의 소산도 아니었던 시리아 사회의 세계 국가에서도 '유일한 참된 신'의 존재이자 그 성질이 인류에게 명백해진 신은 아케메네스 왕조의 신이었던 조로아스터교의 아후라마즈다가 아니었다. 그것은 아케메네스 제국의 지배 아래 있었던 미미한 소민족 유대인의 신인 야훼였다.

이러한 신들의 궁극적인 운명과 그들 신 하나하나를 신봉하는 인간의 일시적인 운명 사이에서 볼 수 있는 차이점은, 이제까지의 예에서 보듯이 세계 국가의 정치적 비호 아래 태어나서 자란 세대의 종교 생활과 종교적 체험의 '역할이 역전되는' 신데렐라식 이야기의 무수한 민간 설화에서 주제가 된 뚜렷한 실례를 제공하는 역사 연구의 분야임을 입증한다. 그렇지만 비천한 태생이 보편성을 얻는 신의 유일한 특징은 아니다.

《구약성경》에 묘사되어 있는 야훼의 성격을 보면, 또 다른 두 가지의 특징이 곧 눈에 띈다. 하나는 야훼의 태생이 지방신이었다는 것이다. 야훼가 아라비아 서북부의 어떤 화산에 살며 그것을 분출시키는 신령으로서 비로소 이스라엘 민족 속에서 나타났다는 설이 믿을 만한 것이라면, 문자 그대로 '땅에 귀속된' 신이다. 어쨌든 그는 기원전 14세기에 이집트 '신왕국'의 영토였던 팔레스타인으로 침입한 야만족 전투 단체인 수호신으로서 에브라임과 유다의 산악 지대에 들어온 뒤에 특정한 지방의 땅과 특정한 지방 공동체의 사람들 마음속에 뿌리 박은 신이 되었다. 또 하나로 야훼는 '질투의 신'으로서 그의 숭배자에게 내린 첫 훈계로서 "너는 나 외에는 다른 신들을 네게 두지 말라"《출애굽기》 20 : 3)고 한 것이다. 야훼가 이처럼 지방성과 배타성이란 두 특징을 동시에 나타내는 것을 보고 놀랄 일은 아니다. 자기 세력권을 굳게 지키는 신은 마땅히 다른 신의 침입을 허용치 않을 테니 말이다. 그런데 놀라운 일은—처음 보았을 때 야훼가 반감을 사게 하는 사실은—이스라엘과 유대의 왕국이 쓰러지고 시리아 세계 국가가 세워진 뒤에도 전부터 두 고지대 공국의 지방신이었던 신이 보다 드넓은 세계로 나아가 인접 지역의 지방신과 마찬가지로, 모든 인간의 존숭을 얻으려는 대망을 품게 된 뒤에도 여전히 야훼는 자진하여 싸움을 걸면서 그 경쟁 상대인 신들에 대해 모두 불관용의 태도를 고치려 들지 않았던 점이다.

시리아 사회의 세계 국가 시대에서도 더욱 야훼가 이처럼 옛 지방신 시대의 습성인 불관용의 태도를 고집했다. 이것은 그때의 수많은 지방신이었던 야훼며 동류의 신들 사이에서 일반적으로 볼 수 있었던 현상으로서, 기풍과 가락이 조화를 이루지 못하는 시대착오였다. 그럼에도 야훼 성격의 한 요소였던 시대착오의 편협함이 오히려 눈부신 승리를 얻는 데 힘이 되었던 것이다.

이 지방성과 배타성이라는 특징을 좀 더 상세히 조사해 보면 배울 점이 많다고 생각된다. 먼저 지방성부터 고찰해 보기로 한다.

지방신이 편재적이며 유일한 신의 매개자로 선출된다는 일은 언뜻 보기에 설명 불가능한 패러독스처럼 생각될는지 모른다. 왜냐하면 유대교·그리스도교 및 이슬람교에서 신의 개념이 역사적 사실로 볼 때 부족신(部族神)으로서의 야훼에서 왔음은 말할 나위도 없기 때문이다. 그러나 동시에 이 세 가지 종교에 있어 공통된 신의 관념인 신학적 내용이 그 역사적 기원과는 반대로 원시적 야훼의 개념과 차이가 있다.

역사적 사실로서는 이슬람교·그리스도교·유대교 신관(神觀)에 조금도 영향을 끼치지 않았던 다른 몇몇 신관과 훨씬 가까운 유사점을 나타내고 있는 점 또한 재론의 여지가 없기 때문이다. 보편성이라는 점에서 이슬람교·그리스도교·유대교의 신관은 원시적인 야훼의 관념보다 어떤 뜻에서는 전 우주에 군림하는 아몬레나 마르두크벨이라는 판테온 주신의 관념과 한결 많은 공통점을 갖고 있다. 그리고 정신적인 면을 기준으로 하면, 이슬람교·그리스도교·유대교의 신관은 모든 파의 철학적·추상적 개념, 이를테면 스토아학파의 제우스나 신플라톤학파의 헬리오스 등과 공통된 점이 다분하다. 그렇다면 도대체 신이 인간 앞에 시현하는 일이 줄거리를 이루는 기적극에서 가장 주요한 역할이 천공의 지배자 헬리오스나 제왕 같은 아몬레에게 주어지는 것이 아니라, 오늘 여기서 본 바와 같이 대역의 자격 미달로 실패한 경쟁 상대에 비해서도 명백히 뒤떨어져 있는 것처럼 생각되는 야만적인 지방신 야훼에게 주어지게 됨은 웬일일까?

그 해답은 유대교·그리스도교·이슬람교의 신관 속에 포함되어 있는, 아직 언급하지 않은 한 요소를 떠올림으로써 엿볼 수 있다. 우리는 앞서 신의 법칙의 철학적 보편성과 신의 전능한 유일성이라는 성질에 대해 논했다. 이러한 그들의 신적 속성은 확실히 숭고한 것이긴 하지만, 요컨대 인간의 오성 결론에 불과하지 인간의 마음으로 직접 느낀 체험은 아니다. 일반적인 인간에게 신의 본질은 살아 있는 인간이 살아 있는 다른 인간과 맺는 정신적 관계처럼 신과도 정신적 관계를 맺을 수 있다는 점에 있다. 신이 살아 있다는 사실이 전능한 신과 영혼이 접촉되기를 바라는 인간 영혼에 있어 신의 성질 가운데 가장 중요한 점이다. 그리고 유대교나 그리스도교도 또는 이슬람교도가 오늘날 숭배하고 있는 신의 본질을 이루는 인격신이라는 특성은 《구약성경》에 나타나는 야훼의 본질이기도 하다. "육신을 가진 자로서 우리처럼 살아 계시는 하느님의 음성이 불 가운데에서 발함을 듣고 생존한 자가 누구입니까?"(《신명기》 5 : 26) 하는 것이 야훼의 선민들의 자랑이었다. 이스라엘의 살아 있는 신이 이윽고 철학자의 갖가지 추상 개념과 만나는 때를 오디세우스의 말을 빌려 말하자면, "오직 그만이 홀로 숨 쉬고, 다른 자들은 모두 그림자"라는 것이 드러난다. 원시적인 야훼의 모습은 이들 추상 개념에서 갖가지 지적 속성을 가로채 그리스도교 신의 개념으로 만들었지만, 그 은혜에 대해 결코 감사하지도 않고 가차 없이 추상 개념의 명칭을 말살해 버렸다.

살아 있는 신이라는 특성이 야훼의 원시적 지방성의 표현이라고 한다면, 야훼의 성격 가운데 원시적인 동시에 영속적인 배타성 또한 이스라엘의 신이 신성한 인간 앞에 현신함으로써 수행한 역사적 역할에서 빼놓을 수 없는 가치를 지니고 있음이 인정된다.

이 가치는 '질투의 신'의 궁극적인 승리와 함께 시리아 세계의 정치 조직을 분쇄한 두 인접 사회의 판테온 주신의 궁극적인 패배를 대조하여 그 의의를 생각하면 즉시 또렷해진다. 흙 속에 뿌리를 박고 눈에 보일 만큼 생명력이 가득 차 있다는 점에서는 아몬레도 마르두크벨도 결코 야훼에게 지지 않을뿐더러 오히려 야훼를 능가하는 이점을 지니고 있었다. 즉 이들 신은 그 숭배자의 머릿속에서 이들 신의 고향인 테베와 바빌로니아의 거대한 세속적 성공과 이어져 있었으나, 야훼의 국민은 굴욕과 억류의 환경에서 위급 존망할 때에 부족민을 버린 듯이 보이는 부족신의 힘을 어떡하든 변호하는 문제를 해결하지 않으면 안 되었다. 아몬레와 마르두크벨이 이처럼 유리한 입장에 놓이면서도 '신들의 싸움'에서 끝내 패배의 괴로움을 당했다면, 우리는 그들이 야훼처럼 '질투의 신'이 아니었다는 사실이 그들의 패배 원인이라고 결론지을 수밖에 없다. 이에 대한 시비는 별도로 하고 배타적인 정신이 없었던 일은, 이들의 합성적인 신의 명칭이 말해 주듯이 두 신의 명칭을 잇는 연결고리가 되고 있다. 아몬레와 마르두크벨이 변환하는 자아와 다른 신이 단일화하지 않은 채, 통일성 있는 개성의 범위 밖에서 다신적 상태에 머무는 것에 대해 관용의 태도를 나타낸 것은 조금도 이상한 일이 아니다. 그들은 모두 힘은 뒤떨어지지만 신성에 있어서는 서로에게 뒤지지 않는 많은 신들에 대해 주권을 행사하는 주신의 지위를 수여할 수 있으면 그것으로 만족하도록 타고난, 아니 보다 정확히 말하면 서로 관용적으로 합성될 운명으로 태어난 것이다. 그리고 이처럼 선천적으로 패기가 없었던 점이 신성의 득점을 노리는 경쟁에서 둘을 낙오시키는 치명적 원인이었으며, 야훼의 거센 질투심이 계속 야훼를 몰아붙여 이 경쟁에서 궁극적인 승리자로 이끈 것이다.

어떠한 경쟁 상대에 대해서도 '가차 없는 불관용'은 또한 이스라엘의 신이 그리스도교회의 신이 된 뒤에도 로마 제국의 내부에서 이루어진 '신들의 싸움'에서 다시 한번 모든 경쟁 상대를 이겨내는 원인이 된 특성의 하나였다. 다른 경쟁자들—시리아 사회의 미트라나 이집트 사회의 이시스, 히타이트 사회의 키벨레—은 그들이 저마다 만난 다른 어떤 숭배자와도 곧 타협했다. 절대적인 승리를 얻을 수 없으면 자기 본질 그 자체가 부정된 것이나 마찬가지로 생각하고, 따라서 절대적 승리를 얻지 못하는 한 절대로 만족할 수 없는 적에 대해 맞서지 않으면 안 되게 되었을 때, 그리스도교 교부인 테르툴리아누스(카르타고 출신의 신학자)의 하느님의 경쟁자들에게 파멸의 근원이 된 것은 바로 이 안이한 타협적 정신이었다.

야훼의 기질 속에 있는 깊은 전투 경향의 가치가 좀 더 강한 인상을 주는 것은 아마 인도 문명 세계에서 볼 수 있는 한 편의 소극적인 증거일 것이다. 여기서도 다른 사회의 경우와 마찬가지로 사회 해체의 과정에 따라 종교 면의 통일 의식이 발달했다. 인도인의 영혼 속에서 신의 통일을 원하는 소망이 차츰 강해짐에 따라 인도 사회에서는 내적 프롤레타리아트의 무수한 신들이 서서히 합체하여 시바와 비슈누라는 두 강대한 신 가운데 어느 하나에 녹아들었다. 이 신이 통일에 이르는 길의 목적지 직전의 단계에 힌두교가 다다른 것은 적어도 오늘부터 1500년 전의 일이었다. 그럼에도 이 시기에 마침내 야훼는 동료라도 한 사람도 허용치 않고 상대편을 모조리 삼켜버림으로써 아후라마즈다(조로아스터교의 주신)를 처치했을 때, 힌두교는 시리아 사회의 종교가 내딛은 마지막 한 발짝을 내딛지 않았다. 힌두교에서는 전능한 신의 개념이 하나로 통일되지 않고 두 극으로 나뉜 채였는데, 엇비슷한 힘을 지니고 서로 모자라는 것을 채워주는 정반대 성격의 두 신이 최후의 결말을 짓는 일을 완고히 피해 갔던 것이다.

이처럼 낯선 상황을 앞에 놓고 우리는 유일한 존재라는 조건이 마련되지 않는 한, 시바와 비슈누가 각기 주장하는 것 같은 보편적이고 전능한 두 신이라는 것은 생각할 수 없을 테니, 신을 통일해야 하는 문제의 해결법으로서 왜 힌두교가 전혀 해결할 수 없는 타협이라는 방안을 받아들였는가 하는 것을 문제로 삼을 수밖에 없다. 그 답은 시바와 비슈누가 서로 '질투'하지 않는다는 점이다. 그들은 지배권을 나누어 갖는 일로 만족해 왔다. 그리고 그들이 그들과 똑같은 지위에 놓여 있던 헬라스 세계의 미트라나 이시스나 키벨레와는 달리 오늘날까지 존속해 온 것은 야훼와 같은 신이 경쟁 상대로 나타나지 않은 데 불과하다고 생각된다. 그리하여 절대로 타협을 허용하지 않는 배타적 정신의 소유자라고 숭배자들에게 믿게 해온 신만이 이제까지 신은 하나라는 심원하고 잡기 힘든 진리를 인간의 영혼에 굳게 포착시킨 유일한 매개자라는 결론에 이른다.

7. 복고주의

해체기 사회에 태어난 인간의 영혼이 나타내는 행동과 감정의 형태에 대한 조사를 이상으로 마치고, 그와 같은 해체기의 도전에 맞닥뜨려 채용되는 여러 가지 양자택일적인 생활 태도로 옮겨가기로 한다. 먼저 살펴볼 것은, 앞서 우리의 예비적 개관에서 '복고주의'라는 명칭을 붙이고, 그 정의를 동란 시대로부터 아주 오랜 시대일수록 한결 통절하게 여기고 한층 더 비역사적으로 이상화되는 보다 행복했던 과거의 어느 한 상태로 복귀하려는 생활 태도이다.

> 아아, 걸어온 길을 되돌아가
> 옛날의 그 오솔길을 밟고 싶다.
> 첫 발자국을 남긴
> 그 들판으로 다시 한번 가고 싶다.
> 거기서라면, 밝아진 정신으로
> 그 울창한 종려나무 그늘지는 도시를
> 볼 수 있으리.
> (…)
> 앞으로 나아가기를 좋아하는 사람들도 있으나,
> 나는 차라리 뒤로 되돌아가고 싶구나.

이 몇 줄의 시구 속에 17세기의 시인 헨리 본은 소년 시절에 대한 어른들의 향수를 표현하고 있다. 벌티튜드 같은 사람은 진심이든 아니든 상관없이 모든 청년들에게, "여러분, 학창 시절은 일생 중에서 가장 행복한 때입니다"라고 말한다. 동시에 이상의 몇 줄은 자기가 속한 사회생활을 옛 상태로 회복하려는 복고주의자의 기분을 잘 나타내고 있다.

복고주의의 실례를 조사함에 있어 앞서 이야기한 인간의 뒤섞인 의식을 논했을 때와 마찬가지로 전체를 몇 가지로 나누어 행위·예술·언어·종교 분야를 차례대로 고찰해 보기로 하자. 그런데 혼효 의식이 자연 발생적·무감각적인 감정인 데 반해, 복고주의는 흐름을 거슬러 올라가려는 계획적·의식적인 의도, 즉 하나의 '역작'이다. 따라서 복고주의는 행위의 분야에서는 무자각적인 풍속보다는 오히려 제대로 형식이 갖추어진 제도나 계통이 서 있는 사상 체계 속에 나타나고, 언어 분야에서는 논점이나 주제 등에 나타난다.

먼저 제도와 사상부터 이야기해 보기로 하겠는데, 가장 좋은 방법은 자살하여 소멸된 사항에 대한 제도상의 복고주의의 예로부터 출발해 계속 복고적인 기분이 차츰 광범한 범위로 퍼져가서 마침내는 생활 원리로서의 복고주의이기에 생활의 모든 분야에 침투하는 사상상의 복고주의가 되는 과정을 더듬어 나가는 일일 것이다.

이를테면 헬라스 사회의 세계 국가 전성기에 해당되는 플루타르코스(기원전 46~120년경) 시대에 스파르타의 소년을 아르테미스 오르티아의 제단 앞에서 매질하는 의식이 부활해 복고주의에 따르기 마련인 병적으로 과장된 형태로 실시되었다. 그것은 스파르타의 번성기 때 원시적인 풍요 숭배에서 전해 내려온 것으로, 기원전 9세기경 스파르타의 전설적 입법자이자 집권자 리쿠르고스의 '아고게'에서 채택된 시련이다. 마찬가지로 로마를 파멸로 이끌어가던 무정부 시대에 로마 제국이 일시적으로 숨 쉴 틈을 얻었던 기원후 248년에 필리푸스 황제는 아우구스투스가 창설한 백년제(百年祭)를 다시 거행하고 싶었다. 2년 뒤 옛 감찰관직이 부활되었다.

현대의 이탈리아 파시스트당은 그들이 수립한 '협동조합주의 국가'를 놓고 중세 이탈리아의 도시 국가에서 행해졌던 정치·경제 체제의 부흥이라고 주장했다. 마찬가지로 이탈리아에서 기원전 2세기에 그라쿠스 형제는 200년 전에 설치된 처음의 취지에 따라 호민관의 직무를 수행하고 있는 것이라고 주장했다.

국가 조직에 대한 복고주의로 가장 성공한 예는 로마 제국의 창설자인 아우구스투스가 원로원에 베푼 처우였다. 그 무렵 원로원은 명목상 황제와 병립하는 로마 제국령의 공동 통치자로 되어 있었으나 실제로는 이미 실권을 넘긴 과거 제도로서 정중한 취급을 받았다. 그것은 영국에서 승리를 얻은 의회가 국왕에게 베푼 대우에 비할 만한 것이었다. 어느 경우나 모두 실질상의 정권 이양—로마의 경우는 과두 정치로부터 군주제로, 영국의 경우는 군주제로부터 과두 정치로—이 이루어졌고, 또 어느 경우나 다 그 변화가 복고적인 형식으로 위장되었다.

해체기인 중국 문명 세계로 눈을 돌리면, 좀 더 폭넓게 나타난 복고주의로서 공적 생활에서 사적 생활에까지 미치는 국가 제도상의 복고주의가 출현한 것을 알 수 있다. 중국 사회 전국 시대에는 도전에 의해 중국 사회의 사람들 마음속에 정신적 격동이 일어나 그것이 기원전 5세기의 유교 휴머니즘과 그 뒤의 가장 급진적인 '책사(策士)·변사(辯士)·법가(法家)' 등의 여러 학파로 나타났다. 그러나 이러한 일시적인 정신적 활동의 격발은 곧 과거를 향한 반동으로 나타났다. 이 점은 유교 휴머니즘에 빠져든 운명에서 가장 뚜렷이 인정할 수 있다. 유교는 인간성 연구에서 의식화된 예절의 체계로 떨어져버렸다. 행정 면에서의 복고주의는 모두 역사적 전례를 따르는 것이 전통이 되었다.

다른 면에서의 원칙에 따른 복고주의의 예로 들 수 있는 것은 튜턴주의인데, 근대 서유럽 세계의 전반적인 복고적 운동이었던 낭만주의의 지방적 산물의 하나로서 대부분 공상에 의해 이루어진 유행이다. 이 원시 튜턴족의 가공미에 대한 예찬은 19세기의 몇몇 영국 역사가에게 죄 없는 만족감을 주고, 또한 몇몇 미국 민족학자에게 조금 성가신 인종적 우월감을 불어넣은 뒤에 독일 제국에서의 국가 사회주의 운동의 교의가 되었으므로 튜턴주의는 만전의 준비를 갖추게 되었다. 이 운동이 실은 하나의 복고주의의 등장이며, 만일 그처럼 흉악한 형태를 취하지 않았던들 오히려 서글픔을 느꼈을 것이다. 근대 서유럽 사회의 한 강국이 근대의 정신적 질병 때문에 국민적 붕괴 직전까지 쫓겨, 최근의 역사적 과정들을 지나면서 굴러떨어진 구멍에서 어떡하든 빠져나오려고 필사적인 노력을 기울였다. 이 나라는 역사적 함정에서 벗어나려고 몸부림치다가 갑자기 가공의 역사적 과거의 야만적인 상태로 복귀하려고 했던 것이다.

서유럽에 있어서 이러한 야만으로의 복귀 형태는 이보다 앞서 또 하나가 있었는데, 그것은 루소의 "자연으로 돌아가라"와 '고귀한 야만인' 예찬 복음이었다. 이 18세기의 서유럽 복고주의자는 《나의 투쟁》(히틀러가 쓴 책)의 여러 곳에 겁도 없이 얼굴을 내밀고 있는 것과 같은 피비린내 나는 계책을 저지르지 않았지만, 그렇다고 해로움이 없었던 것은 아니다. 루소는 바로 프랑스 혁명과 그 혁명이 일으킨 전쟁의 '원인'이 된 것이다.

예술에서 근대 서유럽인은 이 복고주의에 완전히 익숙해져 그것을 마땅한 일로 생각하려고 한다. 예술 속에서 가장 눈에 띄기 쉬운 것은 건축인데, 19세기의 서유럽 건축은 복고적인 '고딕 양식의 부흥' 때문에 무익한 것이 되어버렸다. 이 운동은 자기 정원 안에 모의로 '폐허'를 만들고 중세의 수도원 양식의 거대한 저택을 세운 지주 계급의 변덕에서 발단하여 마침내는 교회 건축과 부흥으로 번졌으나, 그쯤에서 같은 복고적인 '옥스퍼드 운동'(옥스퍼드대학을 중심으로 일어난 국교회 재건 운동)이라는 유력한 동료를 얻었다. 그리고 마지막으로 호텔, 공장, 병원, 학교 등 모든 건물에 이 양식이 쓰이게 되었다. 그러나 건축상의 복고주의는 근대 서유럽인이 발명한 것은 아니다. 런던 사람이 콘스탄티노플로 여행하여 스탬불(이스탄불)의 산 너머로 지는 해의 황혼 경치를 바라본다면, 지평선을 배경으로 한 이슬람교 사원의 돔이 그림자가 되어 눈에 비칠 것이다. 이들 사원은 오스만이 이슬람 제국을 다스리면서부터 크고 작은 두 하기아 소피아 성당의 양식을 본떠 그것을 복고적으로 충실히 건축한 것이다. 고전적인 헬라스 풍의 기본 건축 양식을 대담하게 무시한 이 두 비잔틴의 사원은 사멸한 헬라스 세계의 잔해 속에서 새로운 그리스 정교 문명이 싹텄음을 선언한 것이었다.

마지막으로 헬라스 사회의 '인디언의 여름'으로 눈을 돌리면, 교양 있는 황제 하드리아누스가 교외의 별장에다 고대—즉 기원전 7세기와 6세기—의 그리스 조각들 가운데 역작들을 교묘히 모조해서 진열해 놓은 것을 볼 수 있다. 그것은 하드리아누스 시대의 미술 감상가들이 '라파엘 전파'(라파엘로 이전처럼 자연에서 겸허하게 배우는 예술 표방)적이고 지나치게 기호가 섬세한 나머지 페이디아스와 프락시텔레스(둘 다 그리스의 최대 조각가) 같은 당당하고 원숙한 예술의 장점을 이해하지 못했기 때문이다.

복고적 정신이 언어와 문학 분야에 나타나는 경우, 활용할 수 있는 가장 큰 재주는 사멸한 언어를 부활시켜 그것을 살아 있는 국어로서 통용케 하는 일이었다. 그리고 그와 같은 시도가 사실상 오늘날 서유럽화된 세계의 여기저기에서 행하여지고 있다. 이런 불합리한 계획을 실행케 하는 원동력은 열광적 민족주의로서 독자성과 문화적 자족을 이루고자 하는 소망에서 온 것이다. 고유한 언어 수단이 결여되어 있음을 자각하고 자족을 염원하는 국민은 모두 그들이 구하고 있는 언어 수단을 손에 넣는 가장 쉬운 방법으로 복고주의의 길을 택했다. 현재 적어도 다섯 국민이 학문적 연구의 대상이 되어 있을 뿐이며, 이미 먼 옛날에 쓰이지 않게 된 언어를 거듭 통용시킴으로써 독자적인 국어를 만들어내려 하고 있다. 노르웨이인·아일랜드인·오스만 튀르크인·그리스인, 그리고 시온주의 운동에 참가하고 있는 유대인이 바로 그들이다. 주목되는 일은 이들 국민은 모두가 본래 서유럽 그리스도교의 세계에 속해 있지 않았다는 점이다. 노르웨이인과 아일랜드인은 유산되어 버린 스칸디나비아 문명의 영향을 최초에 받은 한편, 마찬가지로 극서 그리스도교 문명의 잔존자들이다. 오스만 튀르크인과 그리스인은 최근 새로운 시기에 서유럽화한 이란 사회와 그리스 정교 사회의 우연한 분파들이며, 시온주의 유대인은 서유럽 그리스도교 세계가 생기기 이전부터 시리아 체내에 파묻혀 있었던 시리아 사회의 한 조각 화석이다.

노르웨이인이 오늘날 통감하고 있는 국어 창조의 필요성은, 노르웨이가 덴마크에 병합된 1397년부터 스웨덴과 분리된 1905년에 이르는 동안, 노르웨이 왕국이 정치적으로 침체했던 역사적 귀결로서 떠오른 것이다. 1905년이 되어 겨우 노르웨이는 완전한 독립을 회복하고 거듭 독자적인 국왕을 받들게 되었지만, 그 국왕은 근대 서유럽풍의 세례명인 카를이란 이름을 폐하고, 10세기부터 13세기에 걸쳐 성장 정지된 스칸디나비아 문명 사회의 4명의 노르웨이 왕이 붙였던 호콘이라는 고풍스런 왕명을 채용했다. 노르웨이가 침체했던 500년 동안에 옛 노르웨이어 문학은 근대 서유럽 문학의 한 변종인 덴마크어로 쓰인 문학에게 자리를 양보했다 단, 덴마크어의 발음만은 노르웨이의 토착어에 맞도록 개량되었다. 1814년에 노르웨이가 덴마크에서 스웨덴으로 넘어간 지 얼마 안 되어 노르웨이인이 독자적인 국민 문화를 정비하려고 노력하기 시작했을 때, 그들은 외국제의 문학적 수단 이외의 다른 문학적 수단이 없고, 오래전에 이미 문학 용어로서 쓰이지 않게 된 '방언' 말고는 모국어가 없음을 알게 되었다. 독립된 국민으로서의 체제를 갖추고자 했을 때 언어가 없음을 깨닫게 된 것이다. 먼저 언어 면에서 이처럼 곤란한 결함에 직면한 그들은 그 뒤 토착적인 것인 동시에, 고도의 문화적 언어로서의 성질을 겸비함으로써 농민에게도 도시민에게도 쓰이는 국어를 만들어내려고 오늘도 노력하고 있다.

아일랜드의 민족주의자가 맞닥뜨리고 있는 문제는 훨씬 더 곤란한 상황이다. 아일랜드에서는 영국 왕이, 노르웨이에서 덴마크 왕이 이행한 것과 같은 정치적 역할을 했고 언어 면에서도 마찬가지였으나 한 가지 다른 점이 있었다. 영어가 아일랜드 문학의 언어가 된 것이다. 영어와 아일랜드어의 언어적 뚜렷한 차이가 덴마크어와 노르웨이어의 비교에서 본 얕은 차이와는 달리, 도저히 연결성을 가질 수 없는 것이었기 때문에 아일랜드어는 사실상 절멸 상태나 다름없는 처지에 빠졌다. 아일랜드의 언어적 복고주의자에게 지워진 임무는 살아 있는 '방언'을 세련되게 하여 '문명어'로 완성시키는 데 있는 것이 아니라, 거의 절멸한 언어를 다시 만들어내는 데 있다. 그러나 그 노력의 결과물은, 아직도 어머니 무릎 위에서 배운 게일어를 쓰고 있는 아일랜드 공화국 서부의 군데군데 흩어져 있는 농민 집단에게 잘 이해되지 못한다고 한다.

무스타파 케말 아타튀르크 대통령 치세 때부터 행해졌던 오스만 튀르크의 언어적 복고 운동은 위의 경우와는 성격을 달리하고 있다. 현대 터키인의 선조는 현대 영국인의 선조나 마찬가지로 쇠퇴한 문명의 종족이 버린 영토에 침입해 그곳에 자리 잡은 야만인들이다. 이 두 야만적 후예들은 모두 언어를 매개로 하여 문명을 획득했다. 영국인이 그들의 빈약한 튜턴계 어휘를 풍부히 하고자 다량의 프랑스어·라틴어·그리스어의 어휘나 표현 형식을 빌려 써 덧붙인 것과 마찬가지로 오스만 튀르크인도 아무런 장식도 없는 소박한 튀르크어에 페르시아어와 아랍어에서 취한 무수한 보석들을 박아놓았다. 터키 민족주의자의 언어 복고 운동이 추구하는 목적은 이들 보석을 제거하려는 데 있으나, 터키어가 외국어에서 빌려온 범위가 서유럽에서 영어가 쓰이는 경우만큼이나 광범위함을 알면 이 일이 결코 쉬운 일이 아님을 명백히 알 수 있다. 그런데 그 터키의 영웅 무스타파 케말이 이 여과 작업에서 사용한 방법은 이전에 그가 나라 주민 속에서 외래 분자를 가려내어 추방했을 때 했던 것처럼 매우 꼼꼼하게 이행되었다.

이전에 더욱 중대한 위기에 처한 케말이 터키에서 예부터 살아와 필수 요소로 생각되었던 그리스인 및 아르메니아인의 중산 계급을 터키에서 내쫓는 일은 언어의 보석을 없애는 것보다 중대한 일이었다. 그 위기에서 케말은 사회적 진공 상태를 만들어내면 터키인은 그 구멍을 막을 필요성에 쫓기어 부득이 이제까지 게을리 남에게 맡겨왔던 사회적 임무를 자기가 감당하게 되리라는 계산을 했던 것이다. 같은 원칙에 따라 그는 오스만 튀르크족의 어휘에서 페르시아어와 아랍어에 속하는 낱말들을 걷어내었다. 그런 철저한 조치는 일상생활에서 흔히 쓰는 필요하고 간단한 말까지도 사람들의 입과 귀에서 사정없이 몰수해 버리면, 정신적으로 나태한 민족이라도 얼마나 큰 자극을 받는지 실증해 보였다. 궁지에 몰린 터키인들은 뒤늦게 쿠만어(쿠만인이 사용한, 튀르크어족의 킵차크어파의 언어)나 오르콘 비문(돌궐 문자, 즉 초기 튀르크인이 사용하던 문자로 쓰인 비문), 위구르 경전, 그리고 중국 왕조사까지 탐색하며 엄중히 금지된 페르시아어와 아랍어를 대신할 순수한 터키어를 찾아내기 위해 애를 썼다.

이 광적인 어휘 창조의 노력은 그것을 바라보는 영국인에게 공포심을 자아내게 한다. 그것은 앞으로 누군가 전횡적인 서유럽 사회의 구세주가 나타나 '순수한 영어'만을 써야 한다고 명령할 날이 닥쳐왔다고 가정했을 경우, 영어를 쓰는 자들의 고난을 암시하기 때문이다. 사실 그러한 경우에 대비해 이미 선견지명이 있는 호사가에 의해 보잘것없는 준비가 되어 있다. 약 30년 전에, C.L.D라는 익명의 인물이 서유럽의 영어에 압박을 가하고 있는 '노르만의 멍에를 벗어나기'를 바라는 사람들을 위해 《영어 단어집》이라는 책을 내었다. 저자는 "오늘날에도 여전히 말하는 사람이나 듣는 사람의 대부분이 영어라고 하는 것은 결코 영어가 아니며 사실 프랑스어일 뿐이다"라고 했다. 그의 말에 따르면 유모차(perambulator)는 childwain, 버스(omnibus)는 folkwain이라 해야 한다. 이런 단어는 그렇게 고치는 편이 좋을지도 모른다. 그러나 옛날부터 영어 속에 들어와 있는 외래 요소를 깡그리 걷어내는 일이 그렇게 순조롭지만은 않을 것이라 했다. 부인·입증이라는 뜻의 disprove 대신 hiss나 boo 또는 hoot 등 '야유한다'는 의미의 어휘를 사용할 것을 제안하고 있으나, 얼마쯤 빗나간 느낌이 들며 또 너무 강하다. 또 logic·retort·emigrant(논리·반박·이주자) 대신 redecraft·backjaw·outganger를 사용하도록 권하고 있는 것도 칭찬할 만한 일이 못 된다.[45]

그리스의 경우는 노르웨이나 아일랜드의 경우와 비슷하다. 그리스의 경우에 덴마크 왕과 영국 왕이 같은 역할을 이행한 것은 오스만 튀르크 제국이었다. 그리스인은 민족적 자각에 눈을 떴을 때 노르웨이 농민과 마찬가지로 '방언'밖에

---

45) Squire, J.C. : *Books in General*.(원주)

언어 수단이 없음을 알게 되었다. 그래서 그들은 100년 뒤의 아일랜드인이 한 것과 마찬가지로 '고대어'라는 주사액을 그들의 '방언' 여러 군데에 불어넣어 앞으로 다가오는 무거운 임무에 견뎌낼 수 있도록 '방언'을 되찾는 일에 들어갔는데, 이 실험을 실시함에 있어 그리스인은 아일랜드인이 맞닥뜨린 문제와는 정반대되는 장해물과 격투를 해야만 했다. 고대 게일어의 자료가 너무 적어서 문제인 데 비해, 고전 그리스어의 자료는 지나치게 많아서 문제였다. 사실 근대 그리스의 언어적 복고주의자들의 자칫 빠지기 쉬운 함정은 무심코 고대 아티카어의 요소를 지나치게 받아들여 현대풍을 좋아하는 비지식층의 반감을 산 일이었다. 근대 그리스어는 '순수 언어'와 '대중 언어'가 서로 다투는 싸움터가 되었다.

가장 주목할 점은 다섯 번째의 예로 수천 년을 흩어져 살다가 팔레스타인에 정주한 시온주의 유대인들이 히브리어를 일상어로 회복한 사실이다. 왜냐하면 노르웨이어나 그리스어는 원래부터 그렇거니와 아일랜드어도 '방언'을 쓰지 않은 경우가 없는 데 반해, 히브리어는 팔레스타인에서 느헤미야(기원전 5세기의 유대교 지도자) 시대 이전에 아람어로 대치된 이후 2300년 동안 사어(死語)가 되어왔기 때문이다. 이 오랜 세월 동안 매우 최근까지 히브리어는 단지 유대교회의 예배식과 유대 율법학자의 언어로서 존속한 데 불과하다. 그 뒤 기껏해야 1세대 동안에 이 '사어'는 유대교회의 밖으로 걸어 나와 근대 서유럽 문화를 전달하는 수단으로—처음에는 동유럽의 이른바 '유대인 지역'의 한 신문에서, 지금은 팔레스타인의 유대인 사회의 학교나 가정에서—쓰인다. 오늘날 팔레스타인의 유럽에서 이주해 온 이디시어(고지 독일어에 히브리어·슬라브어 등이 섞인 언어)를 말하는 사람도, 미국에서 이주해 온 영어를 말하는 사람도, 예멘에서 이주해 온 아랍어를 말하는 사람도, 그리고 부하라(우즈베키스탄 제라프샨강 하류의 도시)에서 이주해 온 페르시아어를 말하는 사람도 모두 예수 세대의 500년 이전에 '사멸'한 고대의 언어를 공통 국어로 쓰는 일을 배우면서 성장하고 있다.

다음은 헬라스 세계로 눈을 돌리면, 여기서는 언어적 복고주의가 단순히 지방적 민족주의의 부속물이 아닌 좀 더 광범위한 분야에 걸쳐 이루어졌음을 알 수 있다.

만일 현존하는 고서 중 7세기 이전의 고대 그리스어로 기록된 책을 한곳에다 모아 꽂아놓은 책장을 본다면, 두 가지 사항을 알게 된다. 첫째는 그 수집 서적이 아티카 그리스어로 쓰였다는 것이고, 둘째는 아티카 방언으로 쓰인 책을 연대순으로 배열하면, 두 가지 다른 흐름으로 나뉜다는 점이다. 먼저 기원전 5세기에서 4세기 동안에 아테네에서 아티카어를 모어로 하는 아테네인에 의해 쓰인 본래의 아티카 문헌이 있고, 또 하나는 기원전 1세기에서 기원후 6세기까지 약 700년에 걸쳐 아테네에 살지 않았고 또 아티카어를 모어로 사용하지 않았던 저술가가 쓴 복고적인 아티카어 문헌이 있다. 실제로 이와 같은 신아티카어 저술가들의 지리적 범위는 헬라스 사회의 세계 국가 영토 판도와 일치한다. 그 속에는 예루살렘의 요세푸스, 프라이네스테(로마 동부의 도시. 오늘날 팔레스트리나)의 아일리아누스, 로마의 마르쿠스 아우렐리우스, 사모사타(시리아의 도시. 오늘날 튀르키예의 삼삿)의 루키아노스, 카이사레아의 프로코피우스 등이 포함되어 있다. 신아티카어 저술자는 이처럼 출신지가 광범위함에도 어휘·문장·문체에 있어서 놀라울 만큼 일관성을 나타내고 있다. 그것은 그들 전체가 가장 좋은 때의 아티카어를 주저함 없이 명백히 하나에서 열까지 맹목적으로 모방했기 때문이다.

그들의 저작들이 보존된 것은 그것이 의고체(擬古體)로 쓰여 있었기 때문이다. 헬라스 사회가 마지막으로 멸망하려고 할 시기에 고대 그리스어 저술가 한 사람 한 사람에 대해 '존속할 것인가, 아닌가'라는 문제가 당시의 지배적 문학 취미에 의해 결정되었을 때, 사본 제작자가 판별 기준으로 결정한 것은 '뛰어난 문학인가 아닌가' 하는 것이 아니라, '순수한 아티카어인가 아닌가'였기 때문이다. 그 결과로서 오늘날 신아티카어로 쓰인 졸작이 여러 권 남아 있기는 하나, 만일 교환할 수 있는 것이라면 기원전 3세기와 2세기에 상실된 그리스어 문학과 바꾸고 싶은 것이다. 아티카 방언판(版)의 몇 분의 일도 되지 않는 극소량의 문학이지만 말이다.

헬라스 사회 문학의 복고 시대에 승리를 얻은 아티카적 취미는 헬라스 문학 실천의 유일한 예가 되었던 것은 아니다. 그와 병행하여 기원전 2세기 로도스섬의 아폴로니오스(장편시 《아르고나우티카》의 작자)에서 비롯하여 기원후 5세기 내지 6세기 파노폴리스의 논노스(대서사시 《디오니소스 이야기》의 작자)에 이르는 하나의 긴 계열을 만드는 고대 예술품 애호가들에 의해 신호메로스풍의 문학 풍조가 시작되었다. 오늘날 남아 있는, 복고적이 아닌 알렉산드로스 이후 그리스 문학의 표본은 대체적으로 두 종류의 작품에 한정되어 있다. 즉 그 귀중한 도리스어를 위해 보존된 기원전 3~2세기의 전원시와 그리스도교·유대교의 경전이 그것이다.

아티카 그리스어의 복고주의적인 부흥과 똑같은 예로는 인도 사회의 역사에서의 산스크리트어의 부흥이 있다. 원래 산스크리트어는 기원전 2000년대에 초원 지대에서 나와 서남아시아와 북부 이집트, 그리고 동시에 북부 인도 일대에 침입한 유라시아 유목민인 아리아 민족의 고유 언어였다. 이 언어는 인도 땅에서 인도 문명의 문화적 초석 가운데 하나가 된 종교 문학의 집성인 《베다》 속에 보존되어 있었다. 그런데 인도 문명이 쇠퇴하고 해체 과정에 들어갔을 무렵에 산스크리트어는 이미 일반적으로 쓰이는 언어가 아니었고, 이 언어로 쓰인 문학이 여전히 존중되고 있었으므로 그 문학을 위해 연구되는 고전어가 되어버렸다. 일상생활의 전달 수단으로서 산스크리트어는 이미 그 무렵 산스크리트어 원형에서 분리되어 나온 것이었지만, 전혀 다른 언어로 잘못 볼 만큼 분화한 몇 가지 지방어로 대체되어 있었다. 이 프라크리트어의 하나인 실론섬의 팔리어는 소승 불교 경전의 용어이며, 또 다른 몇 종류는 아소카왕(기원전 273~232년)에 의해 포고 용어로 사용되었다. 그런데 아소카왕이 죽은 뒤—또는 그가 살아 있었을 때부터 이미—산스크리트어의 인위적인 부활이 시작되어 차츰 범위를 확대해 가다가 기원후 6세기에는 마침내 신산스크리트어가 프라크리트어에 대해 승리를 거두고 인도 대륙에서 완전한 것이 되었다. 단지 팔리어가 실론섬에 문학적 골동품으로서 남았을 뿐이다. 그러므로 현존하는 산스크리트어 문헌은 현존하는 아티카 그리스어 문헌과 마찬가지로 두 가지 별개 부분으로 나뉜다. 본래의 독창적인 저작과 후대의 모방적·고의적인 저작으로 나누어진다.

언어, 예술, 제도와 마찬가지로, 종교 분야에서도 현대 서유럽인은 자신들의 사회적 환경 내부에서 복고적 운동이 이루어지고 있음을 본다. 이를테면 영국의 앵글로 가톨릭 운동은 16세기 '종교 개혁'의 완화된 형태인 영국 국교파마저도 지나치게 개혁적이라고 평가하고 있다. 그리고 그 운동의 목적은 400년 전—이 파의 견해에 의하면 무분별하게도—이미 버림받고 폐지된 중세적인 사상이나 의식을 부활시키려고 했던 것이다.

헬라스 사회의 역사에서는 아우구스투스의 종교 정책 속에서 그 복고적 예를 엿볼 수 있다.

"아우구스투스에 의한 국가 종교의 부활은 로마 종교사에서 가장 주목할 만한 사건이나, 그와 동시에 종교 역사상 여간해선 있을 수 없는 사건이다. ……옛 종교의 효능에 대한 신념은 이미 지식 계급 사이에서 흔적을 감추었다. ……잡다한 도시의 민중은 먼 옛날부터 옛 신들을 비웃는 일을 예사롭게 여기며 …… 종교의 외적인 의식도 쇠퇴하는 대로 내버려두고 있었다. 그런 상황에서 단 한 사람의 의지로 종교적 의식이나 신앙을 부활시킨다는 일은 우리에게 있어 거의 있을 수 없는 일처럼 생각될 것이다. ……왜냐하면 그런 부활이 사실이 되어 나타난 일과 '신들의 평화'라든가 '신법(神法)'이라든가 하는 표현이 또다시 힘과 뜻을 갖게 된 일을 부정할 수는 없기 때문이다. 낡은 종교는 적어도 300년 동안은 외적인 형식에 있어, 또 어느 정도까지 민중의 신앙으로 살아왔다."[46]

헬라스 세계에서 동아시아 사회의 끝인 일본으로 눈을 돌리면, 근세 일본에 있어 일본 고유의 원시적 이교 형태인 신도(神道)를 부활시키려는 노력을 볼 수 있다. 그것은 아우구스투스의 정책이나 튜턴족의 이교를 부활시키려는 독일의 기행적 기획과 공통점을 갖는 단 하나의 종교적 복고 운동의 시도이다. 이 기획은 로마의 절묘한 솜씨보다도 오히려 독일의 솜씨를 닮은 데가 많다. 아우구스투스가 부활시킨 로마의 이교는 몹시 쇠퇴하기는 했으나 아직도 현행 종교인 데 반해, 일본의 이교는 독일과 마찬가지로 고등 종교로 바뀌고 흡수된 뒤 1000년이나 흘렀다. 일본에서는 그 대체 종교가 대승 불교였다. 이 운동의 첫 단계는 학구적이었고 신도 부흥 운동의 창시자는 게이추(契沖)라는 승려인데, 그의 관심은 주로 언어학적인 것이었다고 생각된다. 그런데 다른 사람들이 그의 사업이 좀 더 철저함을 기하도록 재촉하였고, 히라타 아쓰타네(平田篤胤)는 대승 불교와 유교 철학 그 둘에 대해 외래 사상이라고 하며 공격을 퍼부었다.

이 신도 부흥은 아우구스투스의 이교 부흥과 마찬가지로 일본은 전국 시대에서 세계 국가로 이행한 바로 직후부터 시작되었다. 그리고 새로운 신도 운동은 일본 세계 국가가 침략적으로 팽창하는 서유럽 문명의 압박을 받고 쓰러질 위기에 있을 때 이미 전투적 운동 단계에 다다랐다. 1867~1868년의 혁명 후 일

---

46) Warde-Fowler, W. : *The Religious Experience of the Roman People.*(원주)

본이 서유럽식의 민족주의적 방침에 따라 스스로를 근대화함으로써 거의 서유럽화된 대사회 속에서 자기 위치를 유지한다는 근대 정책을 취하게 된다. 그때 신도 운동이 새로운 국제적 환경 속에서 일본의 민족적 개성을 주장하는 데 꼭 필요한 것을 제공해 줄 것처럼 생각되었다. 새로운 정부가 종교에 관해 행한 최초의 조치는 신도를 국가 종교로서 공인한 일이었다. 그 일로 한때 불교는 박해로 절멸될 것처럼 보일 정도였다. 물론 이것이 사상 최초의 일도 아니고 또 최후의 예도 아니라고 생각되나, '고등 종교'는 강한 활기를 드러내며 적을 놀라게 했다. 불교와 신도는 서로 관용의 태도를 취하는 데 동의해야만 했다.

이제까지 알아본 복고주의의 예는 거의 다 실패했거나 아니면 실패라고까지는 말할 수 없지만 헛수고의 경향이 보이는데, 그 이유를 찾는 일은 결코 어렵지 않다. 복고주의자의 기획은 그 성질 자체로 보아 계속 과거와 현재를 조화하는 노력이 필요하다. 그리고 과거와 현재가 서로 대립해 내세우는 요구가 양립하지 않는 게 복고주의의 약점이다. 복고주의자는 어느 방향을 택해도 순조롭지 못할 궁지에 빠져 있다. 현재를 생각지 않고 과거를 부흥시키고자 한다면, 계속 멈출 줄 모르고 앞으로 달리는 삶의 힘이 마침내 그가 이제까지 지은 부실한 건축물들을 산산이 부숴버릴 것이다.

한편 과거를 부흥시키려는 생각으로 어떡하든 현재를 원활히 운영해 갈 수 있게 하려고 무리수를 둔다면, 그의 복고주의는 협잡꾼이 되고 만다. 하여간 복고주의자는 심한 고생을 한 끝에 모르는 사이에 미래주의자의 이익이 되도록 꾀해 왔음을 알게 된다. 시대착오적인 것을 영속화하려고 노력함으로써 복고주의자는 사실 침입의 기회를 노리고 밖에서 기다리고 있던 가차 없는 혁신의 힘에 밀려 어쩔 수 없이 문을 열어주는 셈이 된다.

8. 미래주의

미래주의와 복고주의는 지상에서의 평안한 세속적 생활을 버리는 일 없이 시간의 흐름이 다른 구역으로 뛰어듦으로써 싫증난 현재로부터 탈출하려는 기도이다. 그리고 시간의 차원을 떠나지 않고 현재로부터 도피하려는 이 양자택일적인 두 형태의 기도는 실제로 시도해 보면, 반드시 실패로 끝난다는 점에서 서로 비슷하다. 둘의 차이는 불유쾌한 현재의 경지에서 절망적인 탈출을 시도하는 그 탈출 방향의 차이, 즉 시간의 흐름을 위로 거슬러 올라가느냐, 아래로 내려가느냐 하는 차이에 지나지 않는다. 그러나 그와 동시에 미래주의는 복고주의에 비해 한결 인간 본래의 성질에 부합하지 않는 경향을 띤다. 왜냐하면 마음에 맞지 않는 현재로부터 달아나기 위해 경험한 과거로 되돌아가는 일은 인간으로서 있을 법한 일이지만, 이에 반해 인간성은 미지의 미래 속으로 들어가기보다는 오히려 마음에 들지 않는 현재에 매달리는 편을 좋아하는 경향이 있기 때문이다. 따라서 미래주의에 있어 심리적인 곡예는 복고주의의 경우에 비해 한결더 긴장도가 높아진다. 실제로 미래주의의 발작은 절박해진 영혼이 복고주의적방침을 시도해 보고 실망한 다음에 그 반동으로서 나타나는 일이 많다. 그런만큼 미래주의는 한층 큰 실망을 불러오는 원인이 된다. 그러나 미래주의의 실패는 때때로 전혀 다른 결과로 보답되는 수가 있다. 즉 미래주의는 가끔 자기를넘어서서 되돌아가 다른 모습으로 나타나는 경우가 있다.

복고주의의 파국을, 이제까지 달려오던 길을 도중에 갑자기 방향을 전환해서반대 방향인 파멸을 향해 돌진하는 자동차 충돌 사고에 비교할 수 있다면, 미래주의가 행복한 결과로 끝나는 경우의 경험은, 마치 자기가 지상을 달리는 버스를 타고 있는 것으로 믿는 항공기 승객의 경험에 비교할 수 있다. 그는 자기가 실려 가는 지형이 차츰 요철이 심해짐을 보고 간담이 서늘해진다. 그리고 금세라도 사고가 일어나는 것이 아닐까 생각하는 그 순간에 갑자기 항공기는 지상에서 떠올라 바위산과 깊은 골짜기를 내려다보며 유유히 공중을 날아간다.

현재와의 연결을 끊는 한 방법으로서 미래주의도 복고주의와 마찬가지로 몇가지 다른 사회적 활동의 분야로 나누어 살펴볼 수 있다. 풍속의 분야에서 미래주의자가 나타내는 최초의 몸짓은 자주 전통적인 복장을 버리고 이국풍의복장을 채용한다는 형태를 취한다. 그리고 현재 아직 표면적인 서유럽화에 머무르고 있으나 곳곳마다 서유럽화된 오늘날의 세계에서, 다수의 비서유럽 사회조차 전통적인 특색 있는 복장 대신 자발적으로 또는 본의는 아니지만 서유럽사회의 내적 프롤레타리아트에 편입됐음을 나타내는 외면적 표정으로서, 단조롭고 이국적인 서유럽풍의 복장을 채용하고 있음을 인정할 수 있다.

강제적인 외적 서유럽화의 과정에서 가장 유명하고 가장 심한 예는 모스크바 제국에서 표트르 대제의 칙령에 의해 턱수염을 자르게 하고 카프탄(셔츠 모양의 기다란 상의)의 착용을 금지한 예이다. 19세기의 후반기에는 모스크바 제국의 개혁과 같은 복장 혁명이 일본에서도 이루어졌고, 또 1914~1918년의 제1차 세계 대전 이후 몇몇의 비서유럽국에서도 같은 사정 아래 같은 강행 조치가 취해졌다. 예를 들면 1925년에 모든 터키인 남자에게 차양이 달린 모자를 쓰도록 강요하는 터키의 법률이 나왔고, 이란의 리자 샤 팔레비(팔레비 왕조 창시자)와 아프가니스탄의 아마날라가 1928년에 같은 칙령을 내렸다.

그러나 전투적인 미래주의의 표식으로서 차양 달린 모자를 채용한 것은 20세기의 이슬람 세계뿐은 아니었다. 기원전 170~160년 시리아 세계에서도 그런 일이 있었다. 친헬레니즘파로서 유대인의 지도자였던 제사장 여호수아는 자기 이름을 이아손이라 바꾸었지만, 단지 그런 식의 어휘로 자기 계획을 선전하는 데 만족하지 않았다. 예루살렘의 유력 일족 마카베오 왕가의 반대를 불러일으킬 만큼 적극적인 그의 조치는, 젊은 성직자들에게 차양 넓은 중절모를 쓰게 한 일이었다. 아케메네스 제국의 모든 헬라스 후계 국가에서 이교를 신봉하는 지배적 소수자들이 쓰고 있던 특유의 모자였다. 이와 같은 유대의 미래주의 시도는 궁극적으로 표트르 대제의 경우와 같은 성공이 아니라, 아프가니스탄의 아마날라와 같은 실패로 마무리되었다. 즉 셀레우코스 왕조가 유대교를 정면 공격한 일은 유대인의 거센 반항을 불러왔고, 그 맹렬함에 안티오코스 에피파네스 및 그 후계자는 대항할 수 없다. 하지만 이 특수한 미래주의적 기획이 실패로 끝났다 하더라도 그것이 중요한 교훈을 주는 예임에는 변함이 없다. 미래주의의 성격은 본질적으로 전체주의적인 것으로서 이 진리는 이아손에게나 또 그의 적에게도 똑같이 인식되고 있었다. 그리스인의 모자 '페타소스'(넓은 차양의 모자)를 쓴 유대인은 그리스의 '팔라이스트라'(레슬링, 복싱 등 격투기 연습장)에 출입하게 되겠지만, 자기네 종교 규칙을 지키는 것은 구식이고 비문명적인 일로서 경멸했다.

정치 영역의 미래주의는 지리적으로 현존하는 경계표나 경계선을 계획적으로 말살하든가, 사회적으로 현존하는 단체·정당 또는 종파를 강제적으로 해산하든가 아니면 어떤 사회 계급을 안전하게 숙청하든가, 그 어느 한쪽의 형태를 취하고 나타난다. 정치적 연속성을 타파하는 일을 특별히 목적으로 하여 경계표나 경계선을 계획적으로 말살하려 한 전형적인 예는 기원전 507년경에 클레이스테네스가 혁명에 성공해 아티카의 지도를 새로 제작한 일이다. 클레이스테네스의 목표는 이제까지 혈족의 요구가 국가 전체의 요구보다 훨씬 앞서 있었기에 결속이 약했던 국가의 정치 체제를 일원적으로 하고, 나아가 시민으로서의 의무가 일체의 충성보다 앞서도록 하는 데 있었다. 그의 철저한 정책은 훌륭한 성공을 거두었다. 더욱이 이러한 헬라스 사회의 선례를 서유럽 세계가 추종했으며, 그것은 바로 프랑스 혁명의 수행자들에 의해서였다. 단 그들의 헬라스 문화 숭배의 한 결과로서 의식적으로 한 일인지, 아니면 독립하여 같은 목적을 이루기 위해 우연히 같은 수단을 발견한 것인지는 분명치 않다. 클레이스테네스가 아티카의 정치적 통일을 목적으로 한 것처럼 프랑스의 정치적 통일을 목적으로 한 그들은 재래의 봉건적 지방 구분을 폐지하고, 프랑스 전체를 국가 재정상 단일 지역으로 하고자 재래의 국내 관세 장벽을 철폐했다. 다만 행정 편의상 전국을 83개 데파르트망(우리의 도(道)에 해당)으로 구분했으며, 이들 도는 지방적 차별과 지방적 충성의 잔재를 깨끗이 씻어버리기 위해 완전히 획일화되어 엄격히 중앙 정부에 종속케 되었다. 한동안 나폴레옹 제국 속에 병합되었던 프랑스 이외의 여러 지역 지도를 다시 그려 프랑스식의 도로 구분됨으로써 프랑스 바깥의 옛 경계선이, 또한 근접국이 이탈리아와 독일에서 통일 국가 성립의 길을 열어준 것만은 의심할 여지가 없다.

현대는 스탈린이 지리적 영역에서 아무래도 볼셰비키적인 방법을 나타내고 있다. 그는 소비에트 연방 내에서 훨씬 철저하게 재구분을 완료했다. 그것이 얼마나 완벽한 일이었는지는 세계 지도에서 소련 공산당 볼셰비키 행정 지역과 러시아 제국의 옛 행정 지도를 포개어보면 일목요연해진다. 그러나 스탈린은 같은 목적을 수행함에 있어 그가 처음으로 시도했던 교묘한 방침을 썼다. 그의 선배 모두가 전부터 있었던 지방적 충성심을 약하게 함으로써 목적을 수행하려 했던 점에 반해, 스탈린은 지방적 특수성에 대한 동경심을 만족시켜 줌으로써 경우에 따라서는 그를 앞서는 정책을 취했다. 그것은 식욕은 단식으로 물리치기보다는 실컷 먹고서 가라앉히는 편이 성공할 가능성이 크다는 것을 계산에 넣은 빈틈없는 방법이었다.

이 점에 관련해, 스탈린 자신이 조지아인이라는 것, 또 1919년의 파리 평화 회의에 멘셰비키파인 조지아인 대표단이 출석해 자기네를 러시아와는 별개의 나라로서 승인할 것을 요구했던 사실을 떠올리는 일은 결코 헛된 일은 아니다. 그들은 그들 주장의 한 근거로서 조지아어가 러시아어와는 다른 언어라는 점을 내세우고, 또 그들의 색다른 조지아어를 프랑스어로 번역시키기 위해 통역관을 한 사람 대동하고 있었다. 그런데 어느 기회에 우연히 러시아어를 알고 있는(조지아어는 모르지만) 영국의 신문 기자가 그들의 통역관과 서로 러시아어로 이야기하고 있음을 알게 된 것이다. 이 때문에 이루어진 결론은, 오늘날의 조지아인은 그 정치적 지향이야 어찌 되었건 러시아어의 사용을 강제적으로 과하지 않았는데도 정치 문제를 논할 때는 무의식중에 러시아어를 사용하게 된다는 사실이었다.

세속적 문화 영역에 있어 미래주의의 전형적인 표현으로는 분서(焚書)하는 상징적인 행위가 있다. 중국 사회에서 혁명적인 최초의 세계 국가 건설자 진(秦)시황제가 중국의 전국 시대에 활약한 철학자들의 저서를 몰수하여 불살랐다고 한다. 그 이유는 그와 같은 위험 사상이 전해진다면, 완전히 새로운 사회 질서를 시작하려는 모처럼의 계획에 방해된다는 두려움이 앞섰기 때문이다. 헬라스 문명이 1000년 동안 지배하고 시리아 사회에서도, 세계 국가를 부흥한 칼리프인 우마르는 알렉산드리아시(市)의 항복을 받아들인 직후에, 유명한 도서관을 어떻게 처리해야 할지 명령을 내려달라는 어느 장군의 요청에 다음과 같은 말로써 대답했다고 전해지고 있다.

"만일 그리스인이 쓴 이 책들이 하느님의 책과 일치한다면 쓸데없으므로 보존할 필요가 없다. 만일 일치하지 않는다면 해로운 것이므로 없애야 한다."

전설에 따르면 900년 넘도록 쌓여온 이 도서관의 장서는 이 명령에 따라 공중목욕탕의 연료로 남김없이 태워졌다고 한다.

현대에는 히틀러가 책을 태우기 위해 갖은 수단을 다 썼다. 그러나 인쇄술이 발달한 우리의 세계에서는 독재자가 이런 수단에 의존해 '완전한' 성과를 거두기는 매우 어렵다. 히틀러와 같은 시대의 무스타파 케말 아타튀르크는 좀 더 교묘한 방법을 생각해 냈다. 이 터키 독재자의 목표는 자신과 같은 동포의 정신을 전통적인 이란 문화의 배경에서 분리해 강제로 서유럽 문화의 틀 속에 밀어 넣으려는 아주 어긋난 의도에서였지만, 그는 책을 태우는 대신 문자를 바꾸는 것만으로 만족했다. 1929년 이후 모든 서적과 신문은 라틴 문자로 인쇄되고 또한 법적으로 유효한 모든 정식 문서는 라틴 문자로 제작하게 했다. 이 법률의 통과와 시행으로 터키의 가지(Ghazi)는 중국 사회의 황제나 아라비아의 칼리프 흉내를 낼 필요가 없어졌다. 페르시아어·아랍어·터키어로 쓰인 고전은 사실상 자라나는 세대의 손이 닿지 않는 곳에 놓이게 되었다. 이 책을 이해하는 열쇠인 문자가 폐지된 이상 이미 분서는 필요치 않았다. 책장에 꽂아놓아도 그것을 꺼내보는 사람은 문서를 자세히 살펴봐야 하는 극소수의 고고학자뿐이므로 안심하고 책장에 편안히 놓아두는 것이다.

과거로부터 이어받은 현재의 세속 문화가 미래주의의 공격을 받게 되는 것은 물론 사상이나 문학의 영역에만 한정되는 것은 아니다. 그 밖에도 미래주의는 시각 및 청각 예술 세계를 정복한다. 사실, '미래주의' 또는 '미래파'라는 명칭을 만들어낸 자들은 시각 예술 부문에 속하는 예술가들로서 그들은 그러한 명칭과 더불어 혁명적인 걸작을 발표했다. 그러나 시각 예술 분야 속에는 세속 문화와 종교 사이의 공통 기반 위에 있는 이미 알려진 한 미래주의의 형태가 있는데, 바로 우상 파괴주의이다. 우상 파괴자는 전통적인 예술 양식을 부정한다는 점에서는 현대의 입체파 회화 주창자와 비슷하나, 그가 적의를 나타내는 것은 종교와 결부된 예술에 한정되어 있다는 점과 그런 식으로 적의를 품는 것은 예술적 동기에서가 아닌 신학적 동기에서라는 점이 특이하다. 다시 말해서 우상 파괴주의의 본질은 신 또는 신보다 낮은 지위에 있는 피조물이라도 거의 그 모습이 우상 숭배의 대상이 될 우려가 있는 일체의 것으로 보고 시각적으로 표현하는 일에 반대하는 데 있다. 하지만 이 원칙이 실제로 적용될 때에는 그 엄격함의 정도에 차이가 있었다. 가장 유명한 우상 파괴주의의 일파는 유대교와 유대교를 모방한 이슬람교에 의해 대표되는 '전체주의적'인 우상 파괴주의이며, 그것은 모세 십계의 두 번째 계명 속에 표현되어 있다.

"너를 위해 새긴 우상을 만들지 말고, 위로 하늘에 있는 것이나 아래로 땅에 있는 것이나 땅 아래 물속에 있는 것의 아무 형상이든지 만들지 말며, 그것들에 절하지 말며, 그것들을 섬기지 말라."[47]

---

47) 이슬람 예술에서는 이처럼 자연 사물의 묘사를 금했기 때문에 예술가는 비사실적인 모양의 구성으로 만족해야 했다. 여기서 '아라베스크'라는 말이 나온 것이다.(원주)

이에 반해 그리스도교회의 내부에서 일어난 우상 파괴 운동은 그리스도교가 최초부터 인정해 온 것처럼 생각되는 구별된 형식의 것이었다. 8세기에 그리스 정교 세계에서 일어난 우상 파괴 운동과 16세기에 서유럽 그리스도교 세계에서 일어난 우상 파괴 운동에 있어 전자는 이슬람교에서, 후자는 유대교의 예에서 적어도 부분적으로 자극을 받았음에도 둘 모두 시각 예술을 금지시키는 일은 하지 않았다. 그 둘이 공통적으로 세속적 영역에는 공격의 화살을 돌리지 않았을뿐더러 종교 영역에서까지도 그리스 정교의 우상 파괴자들은 마침내 기묘한 타협을 묵인했다. 즉 시각 예술에 있어서 종교적 예배 대상의 3차원적(입체적) 표현은 금지되었지만, 그 대신 2차원적(평면적) 표현은 인정한다는 암묵의 양해가 성립되었다.

9. 미래주의의 자기초월

정치 분야에서 미래주의적 방책이 때마침 성공을 거두는 일이 있는 데 반해, 생활 태도로서의 미래주의는 그 길을 더듬으려고 하는 인간에게 처음부터 이루지 못할 것으로 정해져 있는 목표를 헛되이 추구케 하는 셈이 된다. 그러나 이를테면 그 탐구가 헛된 것이고 비극적인 결과로 끝난다고 해도 반드시 전혀 무가치한 것은 아니다. 그것은 좌절하고 있는 탐구자를 평화의 길로 끌어들이는 경우가 있기 때문이다. 순전한 미래주의는 궁여지책으로, 그것도 할 수 없이 채용하는 최후의 수단이다. 현재는 절망하고 있지만 아직 현세에 대한 욕망을 버리지 않은 영혼이 최초에 의지하는 수단은 시간의 흐름을 거슬러 올라가 과거 속으로 도피를 시도하는 일이다. 그리고 이 복고주의적 도피를 실제로 시도해 보고 헛수고로 끝났거나 처음부터 불가능한 일로 단념한 뒤에 비로소 그 영혼은 용기를 내어 더욱 부자연한 미래주의 방향으로 나아가게 되는 것이다.

이 순수한 미래주의—즉 순수한 현세적인 미래주의인 셈인데—그 성질을 몇 개의 전형적인 예를 들어 설명하는 것이 가장 좋겠다.

예를 들어 헬라스 세계에서 기원전 2세기에 계속되는 전쟁과 동요로 몇천 몇만이라는 다수의 시리아인과 기타 교양 있는 동양인이 자유를 박탈당하고 고향에서 쫓겨나 유랑길에 오르고 가족과 헤어져서 바다 건너 시칠리아섬이나 이탈리아반도로 끌려가 한니발 전쟁 때문에 황폐한 지역의 농장이나 목장에서 노예로 혹사당하는 몸이 되었다. 고국에서 쫓겨나 현재에서 도피하는 길을 절실히 구하고 있던 이들 노예들에게 복고적인 과거로 되돌아갈 가능성은 남아 있지 않았다. 단순히 물리적으로 고국에 돌아가는 일이 불가능할 뿐 아니라, 그 때까지 그들의 마음을 즐겁게 해주던 고국의 모든 것이 이미 되찾을 가망 없이 상실되었기 때문이다. 되돌아갈 수 없었던 그들은 다만 앞으로 나아갈 수 있을 따름이었다. 그러나 압제에 견디지 못하게 되었을 때 마침내 그들은 실력으로 반항했다. 수차례에 걸친 대규모적인 노예 폭동의 필사적인 목적은 현재의 노예가 주인이 되고 주인을 노예로 하여, 이를테면 뒤바뀐 로마 공화정을 세우는 일이었다.

그보다 앞선 시리아 사회의 역사에서도 자기네 유대 왕국이 멸망함으로써 비운을 만난 유대인이 같은 반응을 나타내고 있다. 신바빌로니아 제국과 아케메네스 제국에 병탄되어 국외로 흩어져 이방인 사이에서 생활하게 된 유대인들은 독립된 지방 국가였던 '유형(流刑) 이전'의 상태로 복귀할 수 있다는 확실한 희망을 가질 수가 없었다. 이미 되찾을 수 없는 지난 옛 상태를 목표로 삼고 거기에 희망을 걸 수는 없었다. 더구나 아무래도 참을 수 없는 현재에서 언젠가는 탈출할 수 있다는 강한 희망을 지니지 않고는 살아갈 수 없었기에, '유형 이후' 이제 대제국 페르시아가 지배하는 세계에 포로로 와 있는 유대인들이 생각할 수 있는 것은, 유대의 과거 정치 사상 선례가 없는 유일한 형태의 다윗 왕국이었고, 그들은 이 왕국이 앞으로 건설될 날을 고대하게 되었다. 새로운 다윗이 나타나 그 지배 아래 전 유대 민족이 또다시 결집한다면—그의 사명이 이것 말고 무엇이 있을 수 있겠는가?—그들은 현재 왕권을 쥐고 있는 자의 손에서 왕권을 빼앗아 내일의 예루살렘을 오늘날의 바빌론이나 수사와 마찬가지로 세계의 중심으로 만들 것이다. 스룹바벨(유대인은 이 사람을 메시아로 받들려고 했다)이 페르시아의 다리우스왕처럼, 마카베오의 유다가 안티오코스처럼, 또 바르 코크바가 하드리아누스 대제처럼 세계를 지배할 가능성이 없다고 어떻게 단언할 수 있겠는가?

이와 비슷한 꿈은 러시아 '구신자(舊信者)'들의 마음을 사로잡은 일이 한 번 있다. 이들 '라스콜니키'(러시아 정교회에서 분리된 종파. 즉 분리파)의 눈으로 보면 표트르 대제가 개혁한 정교는 전혀 정교와는 비슷하지도 않은 것이었지만, 그렇다고 해서 오래된 교회의 질서가 악마적인 동시에 전능의 힘을 지니고 있는 세속 질서에 맞서 그것을 물리친 뒤 부활한다는 것은 상상조차 불가능했다. 거기서 분리파는 아직까지 선례가 없었던 일, 즉 순수한 정교 신앙을 부흥하는 의지와 능력을 겸비한 황제, 즉 메시아의 출현에 희망을 걸게 되었다.

이런 순수한 미래주의의 예에서 공통되는 중요한 특징은 미래주의자가 도피처를 구한 희망이 모두 평범한 현세적 방법에 의해 실제적으로 완전히 이루어졌다고 생각되다는 점이다. 그리고 이 특징은 풍부한 자료를 남기고 있는 유대인의 미래주의에서 특히 눈에 띤다. 신바빌로니아 왕국의 네부카드네자르에게 자기들의 왕국을 멸망당한 이래 유대인은 전반적 정치 정세가 조금이라도 유리한 방향으로 향하게 되면 자신들의 귀중한 것들을 걸고 몇 번이고 되풀이하면서 새로운 유대인 국가를 세우는 일에 희망을 걸었다. 캄비세스(페르시아 왕)의 죽음에서 페르시아의 마지막 왕 다리우스가 대두되기까지의 사이에 아케메네스 제국이 통과한 단기간의 무정부 시대에 스룹바벨이 다윗 왕국 재건을 시도(기원전 522년경)했다. 그 뒤 알렉산드로스 대왕의 장군 셀레우코스가 세운 시리아 왕국이 몰락한 이래 로마 군단이 다시 레반트 지역에 모습을 나타낼 때까지의 비교적 긴 공백 기간을 유대인은 마카베오 왕가의 승리 덕이라고 잘못 생각했다. 팔레스타인의 유대인 대다수는 경솔하게도 이 현세적 성공의 신기루에 기뻐 날뛰었고, 그 결과 400년 전에 〈제2이사야〉가 한 것과 마찬가지로 새로운 나라의 창설자는 이미 오랫동안 신성시되어 온 다윗의 후예여야 된다는 전설을 내동댕이쳐 버렸다.

어떻게 유대인이 전성기의 강대한 로마의 힘과 맞서면서 노쇠한 셀레우코스 왕조에 저항할 수 있었겠는가? 이 물음에 대한 해답은 유대의 이두미아 출생 독재자 헤롯왕에게는 불을 보듯 분명하고 뻔한 일이었다. 그는 자기가 로마의 아량으로 팔레스타인의 지배자가 되었다는 것을 결코 잊어버린 일이 없다. 그리고 그가 통치한 전 기간을 통해 그의 국민이 경솔한 행동으로 곤란을 겪지 않도록 마음을 썼다. 그런데 유대인은 그처럼 유익한 정치적 교훈을 가르쳐준 헤롯에게 감사를 하기는커녕 헤롯의 생각이 아무리 올바르다고 해도 그를 용서할 수가 없었다. 자신들을 교묘하게 제지하고 있던 헤롯의 손이 제거되자마자 그들은 이빨을 드러내기 시작하더니 미래주의의 길을 피할 수 없는 파국으로 급속히 몰아갔다. 더구나 단 한 번 로마의 막강한 실력을 보는 것만으로는 단념할 줄을 몰랐다. 66~70년의 무서운 경험에도 유대인은 여전히 지치지 않고 다시 115~117년에, 그리고 132~135년에 스스로 재난을 불러들여 심한 곤욕을 치렀다. 기원후 132~135년 바르 코크바는 기원전 522년의 스룹바벨과 똑같은 수단으로 똑같은 목적을 이루려 시도했다. 이러한 종류의 미래주의가 아무 소용이 없다는 사실을 유대인들이 깨닫기까지는 600년이 넘는 시간이 걸렸다.

만일 이것으로 유대인에 대한 이야기가 완전히 끝났다고 한다면, 이는 그다지 관심을 끌 만한 이야기가 되지 못한다. 물론 이제까지 말해 온 것은 이야기의 절반, 특히 중요하지 않은 이야기의 절반에 불과하다. 일부 유대인들은 부르봉 왕조와 마찬가지로 "그 어떠한 것도 배우지 못했으며 그 어떠한 것도 잊지 못했다"고 말하는 것과 달리 다른 유대인들—또는 같은 유대인 가운데에서도 마음이 바뀌어 다른 견해를 갖게 된 자들—은 쓰디쓴 경험에 비추어 점차 다른 곳에 희망을 두게 되었다. 미래주의의 파탄을 발견해 가는 과정에서 유대인들은 하느님의 나라가 존재한다는 또 하나의 중대한 발견을 했다. 그리고 한편은 소극적이고, 다른 한편은 적극적인 이 두 부류의 유대인들이 나란히 걸어온 길은 세기가 지나면서 서서히 모습을 드러냈다. 대망의 새로운 현세적 유대 왕국을 건설하는 유대인은 그 임무에 알맞게 피와 살을 갖춘 헌신적 왕으로서, 세습적인 왕조를 세운다는 식으로 멋대로 생각되었다. 그런데 마침 이 제국 건설자의 출현이 예언되고, 또 스룹바벨에서 시작해 바르 코크바에 이르는 동안 차례로 나타난 이 역할의 자청자들을 환호로 맞아들였을 때 사용된 칭호는 '멜렉'(왕)이 아니라, '메시아'(주로부터 기름 부음을 받은 자)였다. 이처럼 뒤편의 희미한 존재에 불과했다 하더라도 처음부터 유대인의 신은 언제나 유대인의 희망과 결부되어 있었던 것이다. 그리고 현세적 희망이 소멸되어 감에 따라 차츰 신의 모습이 크게 드러나면서 마침내 시야를 독점하게 된 것이다.

신의 도움을 구한다는 것 자체는 물론 이상한 일은 결코 아니다. 어떤 큰일을 이루어내고자 하는 민족이 자기들 수호신의 가호를 기원한다는 것은 아마 종교 그 자체가 그러하듯이 오래된 풍습일 것이다. '메시아'라는 칭호로 표현된 유대 민족의 지도자가 신의 가호를 받고 있다는 주장은 결코 새로운 것이 아니다. 새롭고 동시에 중요한 점은 수호신의 성격·직무·권능에 대한 생각이었다. 야훼는 어떤 의미에서는 유대 민족의 지방신으로 여겨졌으며, 다른 의미에서는 '기름 부어진 자'의 보호자로 묘사된 것은 이와는 별도로 더 넓은 측면에서였다. 바빌론 유수(幽囚) 시대 그 뒤로 유대 미래주의자들이 한 일은 세상에 흔히 있는 정치적 사업은 아니었다. 그들은 인간으로 말하면 불가능한 사업을 꿈꾸고 있었다. 자신들의 조그만 지방 국가 하나도 독립을 유지할 수 없었던 그들이 어떻게 세계 지배자가 될 수 있었겠는가? 이 사업을 멋지게 이루어내기 위해서는 그들은 단순한 지방신이 아니라, 그들의 미래주의적 야심을 포용하면서도 안정된 신을 수호신으로 지녀야만 했다.

이러한 깨달음을 얻자마자, 이제까지는 종교 역사에서 '흔해빠진 형태'를 취해 왔던 종교 드라마가 한결 더 높은 정신적 차원으로 옮겨가게 된다. 그들의 지도자는 조연의 자리로 물러나고, 신이 주연으로서 무대를 지배하게 된다. 인간 메시아로는 불충분하므로 신 자신이 구세주의 역할을 하지 않으면 안 된다. 지상에서 신의 백성을 옹호하는 자는 스스로가 신의 아들이어야 한다.

현대 사회의 정신분석학자라면 이쯤에서 자못 어이가 없다는 듯 눈썹을 곤두세우며 다음과 같이 말할 것이다.

"숭고한 정신적 발견이라고 내세우는 것은 사람의 마음이 빠지기 쉬운 유혹의 하나이다. 현실에서 도피하려는 어린애 같은 욕망에 굴복한 데 불과한 것일 뿐, 그 외에 아무것도 아니다. 당신은 어리석게도 도저히 이룰 수 없는 목표를 지향한 불행한 민족이 불가능한 과업의 무거운 짐을 견디다 못해 이를 자기 어깨에서 다른 사람의 어깨 위로 옮겨놓는 과정을 말해 왔다. 최초에는 단순히 인간 지도자를 받들었다. 그것으로도 충족되지 않자 공상적인 신의 후원을 얻어 보강된 지도자를 추대해 받들었다. 그리고 마지막으로 그들은 절망한 나머지 어리석게도 공상적인 신에게 구조 요청을 보내 직접 이 일을 맡아달라고 청한다. 임상심리학자에게는 이러한 현실 도피병의 항진 과정은 매우 흔해빠진 싫증나는 이야기일 따름이다."

이러한 비평에 대해, 우리가 스스로 선택해 온 세속적인 일을 해낼 능력이 없기 때문에 초자연적 힘에 기대는 어린애 같은 일을 벌인다는 것은 우리도 흔쾌히 인정한다. "나의 뜻이 이루어지리라"와 같은 기도에는 이루어지지 못하리라는 자기 확신이 담겨 있다. 지금 여기서 비평을 받은 유대인들 가운데, 야훼가 그 숭배자들이 스스로 선택한 세속적 사업을 받아들여 줄 것으로 확신하고 있던 유대 미래주의자들의 유파가 몇 개 있었으나, 이 유대인 미래주의자들은 이미 말했듯이 비참한 최후를 마쳤다. '만군의 주' 야훼는 싸우는 날에 오직 한 분의 힘으로 만군의 힘을 발휘한다는 망상에 빠져서 도저히 이길 수 없는 대군과 맞서다 패배하고 만 '젤롯당'의 통속극적인 자살 행위가 그 예이다. 또 신이 정해 준 일인 듯 인간이 정한 세속적 일에 손을 대는 일은 삼가야 한다는, 위와는 반대이지만 결국은 똑같이 잘못된 전제로부터 주장을 이끌어낸 정적주의자(靜寂主義者)들도 있다. 그러나 이와는 다른 반응을 보인 사람들도 있었다. 요하난 벤 자카이의 반응과 그리스도교회의 반응이 그러하다. 이 두 반응은 비폭력적이라는 소극적 특징에 있어서는 정적주의자들과 비슷하나, 한층 더 중요한 적극적인 점에 있어서는 정적주의자들이나 젤롯주의자들과는 모두 다르다. 즉 요하난이나 그리스도교회는 세속적 목적을 지향하던 기존의 미래주의를 그만두고, 인간의 목적이 아닌 신의 목적에 그 가치를 둔다. 그러므로 신은 인간의 동맹자로서가 아니라 오로지 정신 세계의 작전을 지휘하는 자로서 추구되었다.

이 점은 특별히 중요하다. 왜냐하면 위에 든 정신분석학자의 비평은 젤롯주의자들과 정적주의자들에게 치명적인 타격을 줄 수 있다. 또 요하난이나 그리스도교의 경우에는 영혼의 문제를 도피 수단으로 이용한다고 비난받을 수 있기 때문이다. 신의 도움을 원하는 인간이 이제까지 현세적 목적에 열정을 쏟아붓다가 그만둔다고 해서 이를 어리석은 현실 도피라고 비난할 수는 없다. 또 반대로 신을 부르는 행위가 인간의 영혼에 너무나 위대하고 훌륭한 결과를 가져온다면, 그것만으로도 인간이 부르짖는 신적 존재는 결코 인간의 상상만으로 만들어진 것이 아니라는 생각이 든다. 우리는 이 정신적 방향 전환을 '유일한 참된 신'의 발견이며, '이 세상'의 미래에 대한 인간의 상상이 '저세상'에 대한 신적 계시에 자리를 양보한 것으로 생각하고 싶다. 현세적 희망이 좌절됨에 따라, 인간이 만든 좁은 무대 위에서 일어나는 갖가지 사건의 뒤에 늘 존재하고 있던 실재(實在)의 모습이 우리에게 계시된 것이다. "성소의 휘장이 위로부터 아래까지 찢어져 둘이 된" 것이다(《마태복음》 27 : 51).

마지막으로 이 훌륭한 정신적 방향 전환의 위업이 성취되어 가는 주요한 몇 가지 단계들을 살펴보자. 이 정신적 방향 전환의 본질은, 초인간적 존재의 도움이 있고 없음에 관계없이 이제까지 인간이 주역으로 활약하는 무대로 생각되었던 현세는 이제 '신의 나라'가 서서히 실현되어 가는 장소로 보이게 되었다는 점에 있다. 그런데 마땅히 예상되는 바대로 이 새로운 관념은 최초에는 기존의 미래주의적 관념에서 온 비유적 표현으로 나타난다. 〈제2이사야〉는 이 같은 생각을 배경으로 현세적 왕국의 관념을 넘어서는 동시에 이를 포함하는 '신의 나라'의 모습을 묘사하고 있다. 그의 '신의 나라'는 아케메네스 제국과 똑같다. 오직 구세적 영웅 키루스가 수사 대신 예루살렘을 그의 수도(首都)로 선택하고, 페르시아인이 아닌 유대인을 지배 종족으로 선택한 점이 다를 뿐이다. 왜냐하면 야훼가 키루스에게 말씀하기를, 세계 정복자로 만든 것은 야훼(아후라마즈다가 아니라) 자신이라고 말했기 때문이다. 이러한 백일몽에 열중한 점에서 〈제2이사야〉는 우리 정신분석학자에게 심한 공격을 받을 수도 있다. 이 예언자의 사상이 현세적인 미래주의 사상을 초월하고 있는 부분은 인간과 자연이 함께 어떤 기적적인 지복의 혜택을 받고 있다는 식으로 묘사되어 있는 점뿐이다. 그의 '신의 나라'는 실은 지상 낙원에 불과한 에덴동산을 그 시대의 흐름에 맞게 고쳐 만든 것이다.

다음 단계에서 이 지상 천국은 아마 1000년 동안 이어지리라 생각되나, 이 또한 정해진 기간이 다하면 '이 세상' 자체의 소멸과 함께 사라져버리는 과도기적 상태일 따름이라고 생각한다. 그러나 만일 '이 세상'을 넘어선 곳에 있는 '저세상'에 자리를 양보하기 위해 사라지는 것이라면, '저세상'이야말로 참된 '신의 나라'가 존재하는 곳이다. 왜냐하면 천년 왕국을 다스리는 왕은 아직 신 자신이 아닌 단순한 신의 대리자, 즉 메시아에 불과하기 때문이다. 그러나 이 세상이 저세상으로 대체될 때까지 '이 세상'에 출현한다는 기적적인 '지복 천년'의 사상은 단순히 다를 뿐만 아니라 결국 서로 일치되지 않은 두 사상을 타협시키려고 하는, 지지할 수 없는 시도이다. 제1의 사상 즉 〈제2이사야〉 사상은 기적적으로 '개선'된 미래주의적 현세 왕국에 대한 관념이다. 제2의 사상은 '신의 나라'는 시간 속에 존재하는 게 아니라, (수직의) 다른 정신적 차원에 있는 것으로서 이처럼 차원을 달리하고 있기에 오히려 우리의 현세적 삶 속에 들어와 변화를 일으킬 수 있다는 사상이다. 미래주의의 신기루로부터 변화된 비전에까지 이르는 힘든 정신적 등반을 행함에 있어 천년 왕국의 종말관 사상이 불가결한 사상적 사다리의 역할을 이행했는지도 모르지만, 일단 위로 올라가게 되면 그 사다리는 없어도 상관없다.

"바리새파(派)의 경건주의자는 이미 하스몬 왕조 시대에 '이 세상'에 대한 집착을 버리고 천국 즉 미래에 마음을 쏟게 되었다. 그리고 헤롯 시대에는 이미 과거 여러 세대 동안 거칠게 요동쳐 온 민족적 감정의 흐름이 큰 벽에 부딪쳐 바리새인들이 파놓은 수로 말고는 출구를 찾을 수 없게 되었다. 바리새파 사이에서 길러진 초월적 신앙인 메시아적 희망이 새로운 생명력을 지니고 전해진 곳은 필연적 압제 아래 눌려 있던 민중들 속이었다. 오늘날 남아 있는 소수의 바리새파 경건주의자들의 글들 —〈에녹서〉·〈솔로몬의 시편〉·〈모세 승천기〉(모두가《구약성경》의 외전) 등— 을 보면, 이 글의 필자가 어떤 사상을 품고 있었는가를 알 수 있으나, 복음서에서 배울 수 있는 것, 즉 어떻게 해서 이런 종류의 사상이 민중들 사이에 골고루 퍼져 나갈 수 있었는가 하는 점, 어째서 '앞으로 오실 왕', '구세주', '다윗의 아들'의 모습이, 또 '부활'이나 '저세상'에 대한 한정된 관념이, '주'의 말에 의지해 살아가는 평범한 이들의 일상적인 관념이 되었는가 하는 점은 가르쳐주지 않는다. ……그러나 ……그리스도교도가 숭배한 그리스도는 예언자들의 마음에 떠오른 이런 갖가지 형태의 관념들 가운데 어느 하나가 구체화된 종교가 아니었다. 그것은 그리스도 안에서 과거의 모든 희망과 이상이 만나 어우러진 것이다."[48]

10. 초탈과 변모

미래주의와 복고주의의 성질을 살펴본 바에 따르면, 이 두 가지는 현세적인 시간의 흐름을 초월하지 않고 현재에서 탈출하려는 시도이기 때문에 실패한다는 결론에 도달했다. 또 우리는 미래주의가 파탄에 이르면서 깨우쳐진 자각이 우리가 변모라는 이름을 붙인 신비의 이해에 다다르는 경우가 있다는 점, 그리고 현재 한 가지 중요한 역사적 사례를 보고 이미 실제로 그렇게 되었음을 알았다. 그런데 복고주의의 파탄 또한 결과적으로 정신적 발견을 낳게 하는 수가 있다. 복고주의로는 불충분하다는 참된 인식이 도전을 받아, 이번에는 좌절한 복

---

48) Bevan, E. : *Jerusalem under the High Priests.*(원주)

고주의가 반대로 방향을 바꿔 미래주의의 '가다라(Gadara)의 비탈길'을 뛰어내리는 경우가 있다. 하지만 그리 가지 않고 도전에 대한 다른 응전 방법으로서 새로운 정신적 만족을 찾는 수가 있다. 그때 복고주의자가 더듬은 최소의 저항선은 파멸로부터 벗어나기 위해 지상에 영구히 이별을 고함으로써 착륙 문제를 회피하는 비행으로 전환하는 일이다. 이렇게 하여 생겨난 것이 초탈의 철학인데, 앞에서 그다지 설명을 하지 않고 다루었던 유대 정적주의자들의 경우가 그 한 예라고 할 수 있다.

서유럽인 연구자들에게 가장 친숙한 이 철학을 담고 있는 저술은 에픽테토스와 마르쿠스 아우렐리우스에 의해 우리에게 전해진 '스토아 철학자들이 써내려 간 단편들'이다. 그러나 초탈의 길을 더듬어 나가다 보면, 조만간 헬라스 사회의 철학자들을 버리고 인도 사회의 철학자를 안내인으로 삼아야 할 때가 닥쳐오게 된다. 그리스의 역설 철학자 제논의 제자들도 상당히 앞서 나아갔으나, 용감하게 초탈의 길을 최후까지 추구하여 그 논리적 귀착점인 무아(無我)에 이르게 된 것은 인도의 사상가 가우타마의 제자들이기 때문이다. 이것은 지적 업적으로서는 참으로 훌륭한 것이며 또 도덕적 업적으로서도 우리를 매우 놀라게 하는데, 예상을 뒤엎는 도덕적 귀결을 이끌어낸다. 즉 완전한 초탈은 모든 사악한 정념을 떨쳐버리는 것과 아울러 동정과 사랑의 마음 또한 아낌없이 떨쳐버린다.

"그 모든 행동에 사랑과 목적이 결여되어 있고, 그 하는 일들이 지식의 불로 태워진 사람, 깨달음을 얻은 사람들은 '지자(知者)'라 부른다. 지자는 생명력을 잃은 사람이나 또 죽어가는 모든 사람에 대해서 슬퍼하지 않는다."[49]

인도 사회의 철인들에게는 이 무정(無情)함이야말로 변하지 않는 중심 철학이다. 헬라스 사회의 철학자들 또한 스스로 똑같은 결론에 이르렀다. 에픽테토스는 자기 제자들에게 다음과 같은 훈계를 하고 있다.

"여러분은 여러분의 아이들에게 키스를 할 때 ……그 행위 속에 전적으로 감정을 내맡겨서는 안 된다. ……실제로 아이들에게 키스하면서 귓가에 대고 '너

---

49) 《바가바드기타 *Bhagavadgîtâ*》, 4장 19절 및 2장 11절.[원주]

는 내일 죽는다'고 속삭인다 해도 조금도 해가 되지 않는다."[50]

세네카 또한 주저하지 않고 다음과 같이 말했다.

"동정심은 다른 이들의 불행을 보고 일으키는 마음의 병이다. 또는 다른 이들이 부당하게 괴로움을 겪고 있다고 믿을 때 저속한 정신이 타인의 괴로움에 감염되는 것이라고 정의를 내려도 좋다. 현자는 그 같은 마음의 병에는 굴복하지 않는다."[51]

논리적으로 불가피하나 도덕적으로는 받아들일 수 없는 결론으로 밀고 나아가는 초탈 철학은 우리에게 저항감을 불러일으켜 패배의 길을 걷는다. 요컨대 이 철학은 스스로 해결해야 할 문제를 해결하지 않는다. 단지 머리로 생각하는 것만으로 감정을 무시함으로써 이 철학은 신이 합쳐놓은 것을 마음대로 떼어놓으려 하기 때문이다. 초탈의 철학은 인간 본성에 변형을 가하려는 시도로 말미암아 빛을 빼앗길 운명에 있다.

우리가 굳은 결의로 넓은 해체의 길에서 빠져나와 이 네 번째이자 마지막 길 모퉁이를 돌아가려 할 때, 비난과 조소가 우리에게 쏟아진다. 그러나 우리는 기가 죽을 필요는 없다. 왜냐하면 그 목소리는 철학자들과 미래주의자들—초탈의 '고답적' 지식인들과 정치적·경제적 유물론의 광신자들—이 지르는 소리이니, 누가 올바르다고 해도 적어도 이자들이 잘못임은 앞서 말한 그대로이기 때문이다.

"하느님께서 세상의 미련한 것들을 택하사 지혜 있는 자들을 부끄럽게 하려 하시고, 세상의 약한 것들을 택하사 강한 것들을 부끄럽게 하려 하시며……." 《〈고린도전서〉 1 : 27》

이 진리는 사실로 밝힐 수 있지만 동시에 직감에 의해서도 얼마든지 알 수 있다. 이 진리의 힘에 비추어 보고 의지하여 우리는 미래주의자들과 철학자들의 비난을 개의치 않고, 바르 코크바도 가우타마도 아닌 안내자의 발자취를 따라 용감하게 걸어 나아갈 수 있다.

---

50) 에픽테토스, 《담화록 *Dissertations*》, 제3권 24장.(원주)
51) 세네카, 《관용론 *De Clementia*》, 제2권 5장.(원주)

"유대인은 표적을 구하고 그리스인은 지혜를 찾으나, 우리는 십자가에 못 박힌 그리스도를 전하니 유대인에게는 거리끼는 것이고 이방인에게는 어리석게 보이는 것이로되……."(《고린도전서》 1 : 22~23)

왜 십자가에 못 박힌 그리스도가, 자기들의 현세적 일들을 함에 있어 신이 지지하는 표적을 얻는 일에 한 번도 성공한 적 없는 미래주의자들에게 거리끼는 존재가 되는가? 또 자기들이 구하는 지혜를 한 번도 발견한 적 없는 철학자들에게 왜 그리스도가 어리석은 자가 되는가?

철학자들에게 십자가에 못 박힌 그리스도가 어리석은 자로 여겨지는 것은 철학자의 목표가 초탈에 있으며, 또한 철학자에게는 일단 그 이루기 힘든 목표에 도달한 이성 있는 인간이 어렵게 손에 넣은 것을 일부러 내버리는 일이 이해할 수 없는 사항이기 때문이다. 다시 한번 돌아간다면, 속세에서 스스로 물러난 일이 무의미해져 버리지 않겠는가? 하물며 신이 그 신성으로 인해 인간 세계로부터 완전히 떨어져 있기 때문에, 마음에 들지 않는 세계에서 굳이 물러날 필요가 없으나 오히려 일부러 인간 세계 속에 들어가 거기서 인간이라는, 신보다도 훨씬 뒤떨어진 존재 때문에 신이나 인간이 겪을 수 있는 가장 큰 괴로움을 받는다는 것은 철학자에게는 더욱더 이해할 수 없는 일임에 틀림없다. "하느님은 이 세상을 그토록 사랑하여 독생자를 내주었다는 것인가?" 초탈을 추구하는 인간의 관점에서 보면 이보다 어리석은 질문은 없다.

"만일 평정이란 것이 궁극 목적이라고 한다면, 모처럼 현자의 마음에서 그를 외부 사물에 종속시키는 공포와 욕망을 끊고, 평정을 혼란케 하는 원인을 제거한다 해도, 바로 뒤이어 사랑과 연민으로 이루어진 그의 마음이 주위 인간의 열에 들뜬 마음에 연결되는 신경 조직을 통해, 속세의 고통과 불안이 그의 마음속에 흘러드는 100개의 통로를 모두 열어준다면 무슨 소용이겠는가? 100가닥의 신경도 필요치 않다. 틈이 한 군데 있기만 하면 그것으로 충분하며, 그 틈으로 짜디짠 바닷물이 흘러들어와 그의 심장을 가득 채운다. 배 밑에 뚫린 아주 작은 구멍 하나라도 그대로 내버려두면 배는 가라앉고 말리라. 스토아 철학자는 조금이라도 사랑과 연민이 가슴속에 들어오는 것을 허용하면 연이어 들어오게 되어, 마음의 평정을 즉시 포기한 것이나 다름없는 결과가 됨을 아주 철저하게 꿰뚫어본 것으로 생각된다. ……그리스도교도의 이상적 인간상은 결코 스토아 철학자에 의해 전형적인 현자의 예로서 받아들여질 수 없다."[52]

그리스도의 십자가 위의 죽음이 미래주의의 앞길을 가로막는 커다란 걸림돌이 되는 것은, 그 때문에 "내 나라는 이 세상에 속한 게 아니라……"(《요한복음》18 : 36)라는 예수의 말이 뒷받침되기 때문이다. 미래주의자가 구하는 표적, 만일 그것이 이 세상의 성공이 아니라고 한다면, 현실의 모든 의미를 상실해 버릴 것 같은 왕국이 선포되는 것이다. 그의 관점에서 메시아의 임무는 〈제2이사야〉가 키루스에게 맡긴 임무와, 뒤이어 출현한 유대의 미래주의자들이 그 무렵의 유다 또는 드다 같은 자들, 다시 말해 스룹바벨이나 시몬 마카베오·시몬 바르 코크바 등에게 맡겨진 임무이다.

"야훼께서 그의 기름 부음을 받은 키루스에게 말씀하신다. '내가 너의 오른손을 붙들고 그 앞에 열국을 항복하게 하며 내가 왕들의 허리를 풀어 그 앞에 문들을 열고 성문들이 닫히지 못하게 하리라. 내가 너보다 앞서 가서 험한 곳을 평탄하게 하며 놋문을 쳐서 부수며 쇠빗장을 꺾고 네게 흑암 중의 보화와 은밀한 곳에 숨은 재물을 주어 네 이름을 부르는 자가 나 야훼 이스라엘의 하느님인 줄을 네가 알게 하리라.'"(《이사야》 45 : 1~3)

이는 어김없는 미래주의적 메시아 관념이다. 그런데 이러한 관념에 따르면 어떻게 빌라도에게 "네 말과 같이 내가 왕이니라" 대답한 뒤 곧이어, 하느님이 자신을 보냈다고 주장하며 장엄한 사명을 말하는 이러한 죄수의 말들을 양립시킬 수 있겠는가.

"나는 진리를 증명하려고 태어났으며 이를 위하여 세상에 왔다."(《요한복음》18 : 37)

이 뜻하지 않은 말들은 어쩌면 무시당할 수도 있을 것이다. 그러나 이 죄인의 죽음은 돌이킬 수도 교묘히 넘어갈 수도 없었다. 그리고 베드로의 시련은 이—

---

52) Bevan, E.R. : *Stoics and Sceptics*.〔원주〕

갑작스런 죽음으로 인한—장애물이 얼마나 큰 고통을 주는 것인가를 그대로 보여주고 있다.

그리스도가 왕으로서 통치하는 '신의 나라'는 아케메네스의 왕이 유대인 왕으로 바뀌었으며, 이 나라는 세계 정복자로서 메시아에 의해 세워지는 미래의 어떠한 왕국에도 비교할 수 없다. 이 '신의 나라'가 적어도 시간의 차원에 들어오는 한, 그것은 미래의 꿈으로서가 아니라 현재 속으로 꿰뚫고 들어오는 정신적 실재로서 존재해야 한다. 만일 우리가 실제로 어떻게 신의 뜻이 하늘에서와 같이 땅에서도 이루어질 수 있는가 묻는다면, 그 답은 신학 특유의 표현을 사용해서 말할 수 있다. 즉 신의 보편성이라는 개념은 초현세적 평면에서의 신의 초월적 존재성뿐만 아니라, 현세에서 그리고 현세에 사는 모든 인간의 영혼 속에 존재하는 신의 편재성(遍在性)을 포함한다. 그리스도교의 신의 개념에서 신의 초월적인 면(또는 삼위일체인 신의 독립적인 실체인 '페르소나')은 '성부(聖父) 하느님'(제1페르소나)에게서 볼 수 있으며, 내재적인 면은 '성령(聖靈) 하느님'(제3페르소나)에게서 볼 수 있다. 그러나 그리스도교 신앙의 가장 독특하고 중요한 특징은, 신이 이원적 존재가 아니라 삼위일체를 이루는 존재라는 것이다. 이는 '성자(聖子) 하느님'(제2페르소나)으로서의 면에 다른 두 가지(성부 하느님, 성령의 하느님) 면이 따로 독립적 주체로서 하나를 이루는데, 이러한 신비성은 인간의 오성(human understanding)으로서는 이해할 수 없을지 모르나 인간의 가슴으로서는 다가갈 수 있는 것이다. 신의 사회와 현세 사회에서 그리스도 예수라는 페르소나(인격적 실체)는—참된 신이면서 참된 인간인—하나의 존재로서, 이 세상에서는 프롤레타리아트라는 지위로 태어나 살다가 죄인으로서 죽게 되지만, 이와 반대로 저 세상에서는 신의 나라의 왕, 바로 그 자신이 신이며 왕인 것이다.

한편은 신적이며 다른 한편은 인간적인 두 가지 성질이 어떻게 해서 하나의 인격 속에 나타날 수 있는가? 이 물음에 대한 몇 가지 답이 교리 형태로 그리스도교 교부들의 손에 의해 헬라스 사회 철학자의 전문 용어로 기록되어 나왔다. 그러나 이러한 형이상학적 접근 방법이 우리에게 허용된 유일한 방법이라고 할 수는 없을 것이다. 우리는 다른 하나의 출발점을 적어도 신성이 우리에게 가까이 다가올 수 있는 것이라면, 신성 속에는 뭔가 인간성과 공통된 요소가 있으리라는 가정 속에서도 찾을 수 있을 것이다. 그리고 우리가 그 신성을 소유하고 있음을 스스로 깨닫고 있으며, 동시에 그러한 신성이 지니는 신적 존재에 대해 절대적으로 확신할 수 있는—만일 그 능력이 신에게는 없고 인간에게는 있다고 한다면, 신은 정신적으로 인간에게 뒤떨어진다는 불합리한 결과가 되므로—그러한 정신적 능력을 구한다고 한다면, 인간과 신에게 공통되는 능력으로서 가장 먼저 머리에 떠오르는 것은 철학자가 억제하려는 능력, 즉 사랑의 능력일 것이다.

제논과 가우타마가 그토록 부인한 이 옥석이 《신약성경》 한쪽 귀퉁이의 주춧돌이 되었던 것이다.

11. 재생

이것으로 인간의 삶에 대한 네 가지 실험적 고찰을 마쳤다. 이것은 모두 이제까지 익숙해져 있던 성장기 문명에서 안락한 생활과 행동 습관에 대응하여 실행 가능한 다른 삶의 방식을 탐구하는 시도이다. 사회 해체라는 파국으로 안락한 길이 무자비하게 막혔을 때 이 네 가지 생활 태도가 그를 대신하는 우회로로서 모습을 나타낸다. 그리고 우리는 그 가운데 세 가지가 '막다른 길'이며, 단 하나의 길, 즉 그리스도교의 예를 들어 설명하면서 우리가 변모라고 부른 길만이 앞이 트인 길임을 발견했다.

이 책 첫머리에서 사용한 개념으로 돌아가 변모와 초탈, 이 두 가지는 미래주의와 복고주의의 두 가지와는 대조적으로 '에테르화' 곧 '영성화(靈性化)'라는 정신적 현상으로서 나타나는 저 대우주로부터 소우주로의 활동 영역 전이의 한 예라 생각해도 좋다. 우리가 내릴 수 있는 유일한 결론은, 초탈(인간의 지적 철학)과 변모(그리스도의 영성으로의 귀의)의 운동은 문명과는 다른 어떠한 종류의 사회가 성장해 가고 있음을 나타내는 증거라 할 것이다. 활동 영역의 전이와 영성화라는 것은 성장의 징후이며, 또한 인간 성장의 예들은 모두 개인적인 면과 사회적인 면을 지니고 있다고 생각하는 것이 옳다면, 그리고 그러한 가정 아래 초탈과 변모의 운동으로 성장기에 있음이 입증되는 사회는 결코 우리가 문명이라 부르는 종류의 사회가 아니라고—해체해 가는 문명 사회는 '파멸의 도시'이며 이 두 가지 움직임은 거기서 벗어나려는 노력이므로—생각해야 한다면 말이다.

그런데 이 두 가지 운동이 일어나는 사회는 단수일까, 복수일까? 이 물음에 대한 답을 찾는 가장 좋은 방법은 사회적 성장이라는 관점에서 본 경우에 초탈과 변모 사이에 어떠한 차이가 인정되는가 하는 또 하나의 물음을 던져보는 일일 것이다. 그 답은 분명히 초탈이 단순히 물러날 뿐인 단일 운동이라는 데 대해, 변모는 물러난 뒤에 또 한 번 복귀하는 복합 운동이 되는 것이다.

이 복합적 움직임은 예수의 생애에서는 갈릴리 전도에 앞서서 황야에 숨었던 사실, 그리고 성 바울의 생애에 있어서는 새로운 종교를 한쪽 구석에 있던 시리아의 묘상(苗床)에서 헬라스 세계의 중심으로 가져온 저 중요한 전도 여행 이전에 3년간 아라비아에 머문 사실을 들 수 있다.

만일 그리스도교의 창시자와 그의 사도, 즉 전도사들이 초탈 철학의 심취자였다고 한다면, 아마 그들은 지상에서 그들 삶의 나머지를 황야에서 머물렀을 것이다. 초탈 철학의 한계는 초탈 철학을 가르치는 열반이 영혼의 여정의 종착역이 아니라, 단순히 도중의 정거장에 불과하다는 것을 빠뜨리고 있는 점에 있다. 종착역은 '신의 나라'이다. 그리고 이 널리 편재하는 왕국은 오늘 여기 지상에 살고 있는 그 시민들에게 봉사를 요구한다.

문명의 해체는 중국 문명의 표현을 빌려 말한다면, '음양(陰陽)' 교체의 리듬 운동을 완전히 한 바퀴 돌고 나서 수행된다. 이 리듬의 최초의 한 박자에서 파괴적인 '양'의 운동(해체)이 '음'의 상태(초탈)—그것은 동시에 피곤한 끝의 평화이기도 하다—로 변한다. 그러나 거기서 리듬 운동이 완전히 멈추어버리는 것이 아니라 창조적인 '양'의 운동으로 옮겨간다. 이 두 가지 박자로 이루어지는 '음—양' 운동은 일반적인 '후퇴—복귀' 운동의 하나로서 특수한 형태이며, 그것을 '분열—재생' 운동이라 부를 수 있다.

'재생(Palingenesia)'이라는 말은 그리스어로 '출생의 반복'을 뜻하는 것인데, 이 용어 자체는 모호성을 띠고 있다. 이 말은 전에 태어났던 어떤 존재가 다시 태어나는 것, 말하자면 회복할 수 없을 만큼 파괴된 문명을 대신해 같은 종류의 다른 문명이 태어남을 뜻하는 것일까? 그렇지 않다. 왜냐하면 여기서의 재생은 변모가 그 목적이 아니며, 시간의 흐름에 따른 움직임—우리가 이제까지 사용해온 의미에서의 복고주의나 미래주의가 아닌, 이것들과 같은 계통에 속하지만 다른 움직임—이 목적이기 때문이다.

또한 재생이 이런 의미라면, 불교 철학이 전제로 삼는 열반 속으로 후퇴함으로써 세상의 번뇌를 끊으려는 '윤회'와 똑같은 것이 되고 만다. 그렇다고 재생이 또 열반의 성취를 뜻하는 것도 아니다. 왜냐하면 이 절대 부정의 경지에 이르는 과정은 탄생이라 할 수 없기 때문이다.

재생이 열반의 성취를 뜻하는 것이 아니라면, 그것이 뜻하는 것은 또 하나의 다른 초현세적 경지에 이르는 것을 뜻할 수 있을 뿐이다. 이 경지는 '이 세상'의 삶보다 한층 더 높은 정신적 차원에 있는데, 이는 적극적인 삶의 상태이며 따라서 이 경지로 들어가는 것을 탄생의 비유로 표현한 것은 마땅한 일이다. 이것이 야말로 예수가 니코데모에게 설교한 재생이다.

"사람이 거듭나지 아니하면 하느님 나라를 볼 수 없느니라."(〈요한복음〉 3 : 3)

그리고 다른 대목에서는 이러한 거듭남이 그가 몸을 가지고 태어난 가장 큰 목적이라고 선언하고 있다.

"내가 온 것은 양(羊)들이 생명을 얻게 하고 더 풍성히 얻게 하려는 것이니라." (〈요한복음〉 10 : 10)

한때 성장기의 헬라스 문명이 화려하게 꽃을 피웠을 때 무사이(뮤즈) 여신들이 아스크라의 양치기 헤시오도스(그리스 시인)에게 불러준 신의 탄생을 위한 송가는, 해체기의 헬라스 사회가 동란 시대에 단말마의 고통을 겪으며 세계 국가가 혼수 상태에 빠져들고 있을 때, 천사들이 베들레헴의 양치기들에게 들려준 또 다른 신에 대한 찬미의 노래이다. 천사들의 노래에 의해 알려진 '탄생'은 헬라스의 재생(다시 태어남)도 아니고, 헬라스 사회와 같은 종류의 사회가 새로 태어난 것도 아니었다. 그것은 '신의 나라' 왕이 육체를 가지고 오는 탄생이었다.

제20장 해체기의 사회와 개인과의 관계

1. 구세주로서의 창조적 천재

문명과 개인의 관계라는 문제는 이미 앞부분에서 살펴보았듯이 우리가 사회라 부르는 제도는 일정수의 개인들이 활동하는 영역의 공통된 기반을 말하는 것이다. 이는 활동의 원천이 사회 자체라는 것은 결코 아니며, 사회란 언제나 개인 하나하나에 기반을 둔다는 것이다. 창조 행위가 되는 활동은 늘 어떠한 의미에서 초인간적이지만 천재도 또한 동료에 대한 작용으로 자기를 표현한다는 것, 어떠한 사회에서도 창조적 인격의 수는 언제나 소수라는 것, 그리고 평범한 인간들에 대한 천재의 작용은 때로는 직접적 계몽이라는 더할 나위 없는 방법으로 행해지기도 하지만, 보통은 비창조적인 일반 민중의 영혼 속에 모방의 능력을 일깨움으로써 민중의 자발적 활동만으로는 도저히 완수할 수 없는 진화를 '기계적'으로 수행하게 함으로써, 하나의 사회적 훈련이라는 차선책으로서 행해진다는 결론을 내렸다.

이러한 결론은 성장에 대한 분석 과정에서 다다른 결론인데, 또 일반적으로 사회 역사의 모든 단계에 있어서 개인과 사회가 서로 작용해 일어나는 것임에 틀림없다. 우리가 고찰하는 사회가 쇠퇴해 해체 과정을 걸을 때 이들이 서로 작용함으로써 어떠한 세부적 차이가 나타나는 것일까?

문명의 성장기에 나온 창조적 개인들을 배출하던 창조적 소수자들은 이미 창조력을 잃고, 단순한 '지배적 소수자'로 타락해 버렸다. 그러나 해체의 본질적 특징인 프롤레타리아트가 떠나는 현상 자체는 민중을 압박하는 비창조적 '당국자(powers that be)'에 대한 저항 운동을 조직하는 것일 뿐만 아니라, 이미 활동의 여지가 남아 있지 않은 창조적 인격의 지도 아래 이루어졌다. 따라서 성장으로부터 해체로의 변화와 함께 창조의 불씨가 모두 꺼져버리는 것은 아니다.

여전히 창조적 개인이 나타나고 그 창조력에 의해 지도자가 되는 것이지만, 다만 이제 그들은 새로운 입장에 서서 자신들의 창조 활동을 행하지 않을 수 없게 된다. 성장기의 문명에서는 창조자가 도전에 대해 승리의 응전으로 답하는 정복자의 역할을 수행하도록 요구되지만, 해체기의 문명에서는 도전이 이미 창조성을 잃은 소수자들을 물리쳤으므로 응전할 수 없었던 사회를 구제하는 구세주의 역할을 수행하도록 요구된다.

이런 구세주들에게는 여러 유형이 있다. 이는 그들이 사회적 질환에 어떤 치료법을 적용하려고 시도하느냐에 따라 달라진다. 어디까지나 현재에 희망을 잃지 않으며, 어떻게 해서든지 사회의 방향을 바로잡아 새로운 진보의 길로 바꾸기 위해 결사대를 이끌어 해체해 가는 사회를 구하려는 구세주들이 있다. 이 구세주들은 지배적 소수자에 속하는 사람들로서, 그 공통된 특징은 끝내 구제에 실패한다는 점에 있다.

그러나 이 밖에도 앞서 이미 살펴본 4개의 가능한 탈출구 가운데 어느 하나에 도달하는 방법으로 구제를 실현하려고 하는, 해체해 가는 사회로부터 떨어져 나간 구세주들이 있다. 이 뒤의 4개 다른 유파에 속하는 구세주들은 현재 사태에서 벗어나게 하려고 시도하지 않는다는 점에서는 모두 일치한다. 복고주의적인 구세주는 공상적인 과거를 다시 일으켜 세우려 들며, 미래주의적인 구세주는 상상으로 그린 미래 속으로 뛰어들려 한다.

초탈의 길을 말하는 구세주는 왕의 가면을 쓴 철학자로서 나타나며, 변모의 길을 말하는 구세주는 인간으로 변신한 신으로서 나타난다.

2. 칼을 가진 구세주

해체하는 사회의 자칭 구세주들은 반드시 칼을 가지고 있는데, 그 칼은 빼어져 있는 때도 있으며 칼집 속에 들어 있을 때도 있다. 그는 칼을 휘둘러 모두 쳐서 쓰러뜨려 버리든가, "모든 원수를 그리스도의 발아래 둘 때까지"(〈고린도전서〉 15 : 25) 승리자로서 칼을 칼집에 집어넣고 위세를 부리며 앉아 있든가 어느 하나이다. 그는 헤라클레스일 수도 제우스일 수도 있으며, 다윗이나 솔로몬일 수도 있다. 일생 동안 수고롭게 살다가 죽은 다윗이나 헤라클레스 쪽이 영화를 누린 솔로몬이나 위풍당당한 제우스보다 낭만적으로 보일지도 모르지만, 만일 제우스의 온정과 솔로몬의 번영이 목적이 아니라면, 이들의 노고도 이렇다 할 기대도 걸 수 없는 헛수고로 끝나고 만다. 칼을 휘두르는 것은 이를 적절히 사용함으로써 결국 칼을 사용치 않게 할 수 있다는 희망이 있기 때문이다. 그러나 이 희망은 덧없는 몽상이다.

"네 칼을 도로 칼집에 꽂으라. 칼을 가지는 자는 모두 칼로 망하느니라."(〈마태복음〉 26 : 52) 그런데 이 세상의 것이 아닌 왕국을 선언한 구세주의 말은 19세기 서유럽 정치가들 가운데 가장 냉소적인 현실주의자 중의 한 사람(탈레랑)이 자기 행동을 후회하며 이런 복음에 동의를 하고 있다. 그는 복음서의 말을 자신이 살아 있던 시대와 장소에 알맞은 표현으로 바꾸어 "총칼을 가진 사람이 절대로 해서는 안 되는 일은 총칼 위에 편하게 앉아 있는 일이다"라고 말한다. 폭력을 쓰는 인간이 진심으로 폭력을 후회하면서 언제까지나 폭력의 도움을 빌린다는 일은 있을 수 없는 것이다.

칼을 가진 구세주들 가운데 전형적인 인물들은 세계 국가를 세우려고 했거나, 이 일에 성공한 장군 또는 군주들이었다. 동란 시대로부터 세계 국가 시대로 이행하면서 매우 공로가 큰 직접적 구원을 가져다주었으므로 세계 국가 건설자는 신으로서 숭배되는 일이 많았다. 그렇지만 세계 국가라는 것은 아무리 좋은 경우라 해도 수명이 짧기 때문에, 무리하게 그 수명을 연장하려 하면, 부자연스러운 장수의 보답으로서 그 대가를 치러야 한다. 세계 국가에 선행하는 동란 시대나 세계 국가가 무너진 뒤의 공백기에서 보듯 해로운 사회적 현상들이 일어난다.

한번 피를 본 칼은 언제까지나 다시 피를 부를 수 없도록 멈출 수 없다는 것이 진리이다. 이는 마치 한번 사람의 고기 맛을 본 호랑이는, 다시 사람을 잡아먹지 않고는 못 배기는 것과 마찬가지이다. 물론 사람을 잡아먹는 호랑이는 죽을 운명에 처해 있다. 총탄은 모면한다 해도 옴에 걸려 죽을 것이다. 그러나 가령 자기 운명을 내다볼 수 있었다 하더라도 호랑이는 아마도 그 탐욕스런 식욕을 억제할 수는 없었을 것이다. 한번 칼로 구제한 사회 또한 꼭 그러하다. 그 지도자는 도살 행위를 후회할지도 모른다. 그들은 카이사르처럼 적에게 자비를 베풀며, 아우구스투스처럼 자기 군대를 해산할 수도 있다. 그리고 지난 잘못을 후회하면서 그들의 칼집에 칼을 집어넣을 때, 여전히 그들의 영토 안에 남아 있는 범죄자들이나 국경 밖 암흑 속에서 더 끈질기게 반항하는 야만족을 쳐서 평화를 유지한다는, 확실히 유익하고 정당한 목적을 위한 일 말고는 결코 두 번 다시 칼을 뽑지 않으리라 맹세할 수도 있다. 그러나 제법 훌륭하게 보이는 그들의 '팍스 오이쿠메니카'(세계 평화 또는 천하태평)가 100년이나 200년 동안은 지하에 묻은 칼날의 불유쾌한 기초 위에 꿋꿋이 서 있을지도 모르지만, 조만간 때가 오면 그들의 사업은 무(無)로 돌아가버릴 것이다.

제우스처럼 군림하는 세계 국가의 지배자가 키루스의 목숨을 잃게 한 그 끊임없는 정복욕을 억제할 수 있을까? 또 '거만한 자를 정복하고 싶은' 유혹을 억제하지는 못한다 해도 "귀순한 자를 용서하라"는 베르길리우스의 충고(《아이네이스》)에 따라 실제로 행동할 수 있을까? 세계 국가의 지배자의 행위에 이 두 가지 시금석을 적용해 보면, 지배자가 그런 훌륭한 결심에 따라 오랫동안 행동하기는 매우 어렵다는 사실이 판명된다.

먼저 세계 국가와 그 밖의 여러 민족들과의 관계에서 팽창 정책과 비침략 정책 사이의 갈등을 다루어본다면, 가장 먼저 중국 사회를 예로 들 수 있다. 칼을 칼집에 집어넣겠다는 결의로서 진시황제가 유라시아 초원 경계선을 따라 만리장성을 쌓은 것보다 더 인상적인 일은 없을 것이다. 그런데 유라시아의 말벌집을 건드리지 않겠다는 그의 그럴듯한 결의는 그가 죽은 지 100년도 안 되어 후계자인 한무제의 '전진 정책'으로 깨어져버렸다. 헬라스 사회의 세계 국가 역사에서는 아우구스투스가 취한 온건 정책이 파르티아 제국(이란) 정복을 꿈꾸는 트라야누스(재위 98~117년)의 계획에 의해 깨어지고 말았다.

유프라테스강에서 자그로스산맥의 기슭과 페르시아만(灣)에 일시적으로 진출한 대가로 로마 제국은 자원 부족 때문에 견디기 힘든 부담을 안게 되었다. 트라야누스의 후계자인 하드리아누스는 트라야누스의 칼이 그에게 남긴 엄청난 부채를 청산하기 위해 온 힘을 기울여야 했다. 하드리아누스는 그의 전임자가 정복한 모든 지역에서 즉시 군대를 철수했다. 그러나 그는 겨우 영토만 전쟁 전의 상태를 회복할 수 있었으며, 끝내 정치 상황을 원래 상태로 되돌릴 수는 없었다.

오스만 제국의 역사에서는, 정복자 메흐메드(1451~1481년)가 신중하게도 자신의 야심을 억누르고 그의 '오스만의 평화' 땅을, 러시아를 제외하고 오직 그리스 정교의 역사적인 영토에 일치하도록 제한했으며, 인접한 서유럽 그리스도교 사회나 이란 사회의 영역을 침략하고 싶은 유혹을 모두 물리쳤다. 그런데 그 후계자인 '냉혈한' 셀림(1512~1520년)은 메흐메드의 자제 방침을 아시아에서 깨어버렸으며, 셀림의 후계자인 술레이만(1520~1566년) 또한 유럽에 대한 자제 방침을 버린다는, 한결 더 큰 재난을 불러오는 과오를 범했다. 그 뒤로 오스만 제국은 두 전선에서 계속 적과 맞서 싸워야 했고, 그 때문에 힘이 소모되어 점차 쇠퇴해 갔다. 오스만인들은 몇 번이나 전쟁터에서 적을 물리칠 수는 있었지만 끝내 그 움직임을 완전히 막아내지는 못했다. 그리고 그 비뚤어진 고집은 정부의 정책 속에 깊이 뿌리를 내리더니, 심지어 술레이만의 죽음 뒤에 일어난 붕괴에도 메흐메드의 영속적인 온건 정책으로 돌아갈 기미를 조금도 보이지 않았다.

오스만 제국의 낭비된 국력이 쾨프륄뤼가(17세기 후반에서 18세기 초에 대대로 재상을 배출한 명문 집안)의 뛰어난 정치적 수완으로 겨우 회복되자마자 카라 무스타파(메흐메드 4세의 재상)는 오스만 국경선을 라인강 선까지 밀고 나갈 것을 목표로 프랑크인들을 상대로 새로운 침략 전쟁을 꾀함으로써 다시 소진되었다. 카라 무스타파는 끝내 이 목표 지점을 바라보는 곳까지 이르진 못했지만, 오스트리아의 빈을 포위 공격하는 데 있어서는 슐레이만에게 지지 않았다. 그러나 1682~1683년에도 1529년(슐레이만의 빈 포위 공격)의 경우와 마찬가지로, 이 서유럽 그리스도교 세계를 지켜 온 '거북 등딱지'에 해당하는 다뉴브 왕국의 견고한 보루를 오스만의 무력은 결코 무너뜨릴 수 없었다. 그뿐만 아니라 이 두 번째 공격에서 오스만인들은 빈 앞에서 큰 상처를 입었다. 오스만에 의한 두 번째 포위 공격은 서유럽 측의 반격을 일으켰으며 특별한 방해를 받지 않고 1683년에서 1922년까지 공격이 계속되었는데, 그 뒤 오스만인들은 그 제국의 모든 영토를 잃고 다시 본래대로 아나톨리아 고지에 갇히게 되었다.

　이처럼 함부로 서유럽 그리스도교 세계의 벌집을 쑤신 카라 무스타파는 앞서 슐레이만과 마찬가지로 크세르크세스가 저지른 전형적인 과오를 범하고 말았던 것이다. 다리우스의 후계자 크세르크세스는 대륙 유럽의 그리스에 대해 침략 전쟁을 시작했는데, 이로 말미암아 헬라스 사회의 반격을 불러일으켜 삽시간에 아케메네스 제국의 아시아 영토의 외곽 지역을 그리스인들에게 빼앗겼을 뿐만 아니라, 아테네의 테미스토클레스에 의해 시작된 반격이 마케도니아의 알렉산드로스에 의해 완성됨과 동시에 마침내 제국 자체가 멸망하고 말았다.

　힌두 세계의 역사에서는 무굴 제국의 아우랑제브(1659~1707년)가 페르시아의 크세르크세스에 맞먹는 인물이 되었다. 그도 마하라슈트라를 무력으로 제압하려 했던 아우랑제브의 실패로 끝난 시도로 말미암아 마라타족의 반격을 불러일으켜 마침내 아우랑제브의 후계자들은 대도시들이 집중해 있는 힌두스탄 평원 여러 지방들의 지배권을 잃게 되었다.

　위와 같이 칼을 칼집에 넣는 능력을 시험하는 두 시금석 가운데 제1의 시금석에 비추어 보았을 때 세계 국가의 지배자가 보여주는 성적이 그다지 좋지 않음이 명백해졌으리라 생각된다. 이번에는 국외인에 대한 비침략 방침이 언제까지 유지되느냐는 점으로부터 제2의 국내인에 대한 관용 정책이 언제까지 지켜

지니냐는 점으로 시선을 돌려 살펴보면, 이 제2의 의미에 있어서도 세계 국가 지배자의 성적은 또한 좋지 않음이 증명된다.

이를테면 로마 제국 정부는 유대교에 관용의 태도를 취하는 방침을 정하여 유대교도의 반복적인 심한 도발 행위들에도 이러한 방침을 지켜 나갔다. 그러나 로마 정부도 헬라스 세계를 개종시키는 일에 들어간 유대교의 이단설(그리스도를 말함)에 이 관용성을 확대할 만큼 인내력을 드러낼 수는 없었다. 로마 제국 정부가 그리스도교를 관대히 보아 넘길 수 없었던 한 가지 이유는, 정부가 그 피지배자에게 자신들의 양심에 어긋나는 행위를 요구하는 정부의 강제권에 대해 그리스도교도들이 거부했기 때문이다. 그리스도교는 칼의 특권에 저항했다. 그리고 마침내 그리스도교 순교자의 정신이 로마 지배자의 칼을 물리침으로써, 그리스도교도의 피야말로 그리스도교의 종자라고 하는 테르툴리아누스의 승리감에 찬 말을 뒷받침하는 결과가 되었다.

아케메네스 정부도 로마 왕조 정부와 마찬가지로 원칙적으로 피지배자의 동의 아래 다스리는 정책을 펼쳤으나, 이 또한 부분적으로 성공했다. 그들은 페니키아인들이나 유대인들과 손을 잡을 수는 있었으나, 이집트인들이나 바빌로니아인들과 화해하는 데에는 실패했다. 오스만 튀르크 또한 '라이예'를 복종시킬 수 없었다. 더구나 그들은 라이예에 대해서는 '밀레트' 제도에 의해 광범위한 문화적 자치권뿐만 아니라 시민적 자치권까지 주었다. 그러나 이 제도의 이론적 관대함은 그 적용 과정의 고압적 방법 때문에 아주 못 쓰게 되었다. 오스만의 잇따른 실패로 반역의 기회가 주어지자마자 라이예는 노골적으로 반란의 기세를 드러냈지만, 그 위험하고 실제적인 방법에 골치를 앓은 '냉혈한' 셀림의 후계자들은 이 무자비한 행동가(만일 그 이야기가 사실이라면)가 그 나라의 재상과 이슬람교 교주 세이흐 알 이슬람의 저지로 말미암아 피정복자들 가운데 그리스 정교를 신봉하는 다수파를 절멸시킬 수 없었던 일—그는 실제로 소수파인 이맘 시아파를 학살하기도 했다—을 후회했을 것이다. 인도 무굴 제국 역사에서도 6대 황제 가운데 아우랑제브는, 아크바르가 자기 후계자들에게 가장 소중한 정치의 비결로 남긴 힌두교에 대한 관용 정책에 등을 돌렸으나 이로 인해 급속히 무굴 제국이 내리막길을 걷게 되는 보복을 받았다.

위의 몇 가지 예만으로도 칼을 가진 구세주는 세상을 구할 수 없다는 결론이 충분히 증명되었으리라고 생각한다.

3. 타임머신을 가진 구세주

허버트 조지 웰스의 초기 공상 과학 소설 가운데 《타임머신》이라는 것이 있다. 시간을 4차원으로 생각하는 사고방식이 아마도 이미 그 무렵(1895년경) 일반 사람들에게 널리 퍼져 있었던 것으로 보인다. 웰스의 소설 주인공은 시간·공간 속을 이리저리 마음대로 여행할 수 있는 어떤 자동차 ─자동차 또한 그 무렵에는 획기적이며 기발한 발명이었다─를 발명한다. 이 소설의 주인공은 이 자동차를 타고 세계사의 현재로부터 멀리 떨어진 세계들을 차례로 방문하는데, 마지막으로 방문한 세계를 제외한 다른 모든 세계에서 무사히 돌아와 여행에서 보고 들은 것들을 이야기하는 형식으로 되어 있다. 이 웰스의 동화는 현재 사회의 현상이나 이에 따른 미래는 희망이 없다고 생각해 이상화된 과거로 돌아가거나 이상화된 미래로 뛰어듦으로써 세상을 구하려는 복고주의자 또는 미래주의자 구세주들의 기발한 행위를 비유한 것이다. 우리는 이 구세주들의 노력에 대해 더 말할 필요는 없다. 우리는 이미 복고주의와 미래주의가 다 헛된 노력이며, 파멸을 불러오리라는 것을 분석하고 명백히 했기 때문이다. 한마디로 이들의 '타임머신'은 ─이것은 웰스의 소설에 나오는 것처럼 단 한 사람의 탐험자가 타는 차가 아니라 그 사회의 인간 전체를 태우는 '옴니버스'(이 말의 통속적인 용법보다는 좀 더 엄밀한 뜻에서)로 생각되는─반드시 잘 움직이지 않는다. 그래서 이렇게 실패로 일을 망친 자칭 구세주는 타임머신을 버리고 칼에 의지하게 되며, 그 결과 앞서 말한 노골적인 '칼을 가진 구세주'를 기다리고 있는 좌절의 운명에 빠진다. 이상주의자에서 폭력주의자로의 이러한 비극적 변형(變形)은 복고주의적 구세주에게도, 미래주의적 구세주에게도 일어난다.

18세기 서유럽 세계에서 복고주의의 기본적 신조가 루소의 《사회 계약론》 첫머리에 있는 "인간은 자유롭게 태어났지만 어디에서나 사슬로 묶여 있다"는 한 문장 속에 압축적으로 표현되었다. 루소의 가장 유명한 제자는 일반적으로 1793~1794년 프랑스의 '공포 정치'를 자아낸 장본인으로 여겨지고 있는 로베스피에르였다. 19세기에 원시적 이교도인 '북유럽' 인종을 이상화한 죄 없는 색다른 학자들도 현대의 나치 공포 정치에 대해 전혀 책임이 없다고 말할 수는 없다. 앞서 이미 말한 대로 온화한 복고 운동의 대표자 티베리우스 그라쿠스가 동생 가이우스의 선구자가 되어 그 뒤 100년간 지속된 혁명을 끌어들인 것처럼, 자신의 의도와는 달리 공격적이고 폭력적인 후계자를 위해 준비를 하는 경우도 있다.

복고주의와 미래주의의 차이는 어제와 오늘의 차이만큼 뚜렷한 것으로 생각될지 모르나 어떤 특정한 운동, 또는 어떤 특정된 구세주를 어느 부류에 넣으면 좋을지 결정짓기 어려운 경우도 때로 있다. 왜냐하면 역사에 '원상태로'(이전 상태로의 복귀)가 가능하다는 망상을 추구해 가는 동안 원래 의도에 반해 미래주의로 빠지는 일이 복고주의에서 이따금 일어나기 때문이다. 원래 역사에는 '원상태로'가 있을 수 없다. 일단 그곳을 통과해 앞으로 갔다 다시 한번 되돌아왔다는 사실만으로도 복귀한 장소―복귀했다는 가정 아래―는 원래 장소와 다른 장소가 되었을 것이다. 루소의 제자들은 '자연 그대로의 상태'를 이상화해 '고귀한 야만인'을 예찬하며, '기술과 학문'을 개탄함으로써 혁명을 촉발할 수 있었을지도 모르지만, 의식적인 미래주의자였던 혁명가들―예컨대 '진보'론에서 영감을 얻은 콩도르세(프랑스의 철학자·수학자·정치가)처럼―쪽이 확실히 좀 더 명확하게 사물을 보는 관찰력이 있었다고 하겠다. 복고주의를 내세우는 운동의 결말은 언제나 새로운 출발점이 될 것이다. 복고 운동 전반에 있어 그 복고적 요소는 본질적으로 미래주의적인 알약을 싼 당의(糖衣)―이는 '열광적인 사상가'에 의해 결백한 마음에서 입힌 것이든, 선전의 명수에 의해 교묘하게 입힌 것이든 관계없이 그러하다―에 불과하다. 어떠한 경우에도 달콤한 외피로 감싼 약은 삼키기 쉽다. 불확실한 미래는 미지의 일에서 오는 여러 가지 불안을 느끼게 하나, 과거는 해체하는 사회가 마치 황야처럼 황량한 현재 속에 빠져들기 전, 오랫동안 잃고 살아왔던 안락한 나의 집으로서 떠올릴 수 있기 때문이다.

예를 들어 제1차 세계대전과 제2차 세계대전의 중간 시기의 어떤 종류의 영국 사회주의 창시자는 복고적인 중세 숭배자로서 등장했다. 그리고 그들의 계획을 길드 사회주의라 이름 붙이고, 중세의 길드(동업자 조합) 제도와 비슷한 것을 부활시킬 필요가 있다고 말했다. 그러나 만일 그 계획이 실현되었다고 한다면, 결과는 13세기경 서유럽 그리스도교 세계로부터 타임머신을 타고 온 여행자들을 깜짝 놀라게 했으리라.

복고주의자와 미래주의자의 구세주들 칼을 가진 구세주와 마찬가지로 약속

대로 훌륭한 것을 주기로 한 일에 실패한다. 세계 국가 속에 구제의 길이 없는 것처럼 현세적이며 혁명적인 유토피아 속에도 없다.

4. 왕의 가면을 쓴 철학자

'타임머신'의 도움도 받지 않으며, 또 칼의 도움도 받지 않은 한 가지 구제 방법을, 헬라스 사회의 동란 시대가 시작된 지 얼마 지나지 않은 시기에 헬라스 사회에서 가장 먼저 초탈의 길을 부르짖은 가장 위대한 철학자가 제안하고 있다.

"모든 헬라스 국가의 재난을 끝나게 하기 위해서는—또 인류의 재난을 제거하는 방법도 나의 생각으로는 마찬가지이나—한 사람 속에 정치권력과 철학과 통일을 실현하며, 현재 이 두 가지 일 가운데 어느 한쪽에만 종사하고 있는 평범한 인간을 강제적으로 실격시키는 것 말고는 다른 방법이 없다. 이 통일은 두 가지 방법 가운데 어느 하나에 의해 이루어질 수 있다. 철학자가 우리나라의 왕이 되든가, 아니면 현왕 및 주권자로 불리고 있는 이들이 철학을 아주 철저하게 바로잡든가 해야만 할 것이다."[53]

이러한 구제 방법을 제안함에 있어 플라톤은 앞질러 보통 사람들의 비평의 화살을 피할 궁리를 하고 있다. 그는 그의 제안을 비철학적인 인간들의 비웃음을 불러일으킬 것 같은 패러독스(역설)의 형태로 들고나왔다. 그러나 만일 플라톤의 처방이 문외한—그것이 왕이든 일반 민중이든—에게 받아들여지기 힘든 말이라면 철학자에게는 더욱더 힘든 말이 될 것이다. 철학의 본래 목적은 삶으로부터의 초탈에 있는 것이 아닌가? 그리고 개인의 초탈을 구하는 일과 사회의 구제를 구하는 일은 서로 양립하지 않는 것이며, 서로 배제하는 바가 다르지 아니한가? 정당하게도 탈출하려고 애쓰고 있는 '파멸의 도시'를 구제하려는 것이라고 어떻게 말할 수 있겠는가?

철학자의 눈으로 보면, 자기희생의 화신—즉 십자가에 못 박힌 그리스도—이라는 것은 어리석기 그지없는 것이다. 그러나 이 신념을 거리낌 없이 표명할 만한 용기를 가진 철학자는 드물었으며, 이 신념에 따라 행동하는 용기를 가진

---

53) 플라톤, 《국가》.(원주)

철학자는 더 드물었다. 왜냐하면 초탈의 길을 걷는 달인은 인간의 보편적 감정을 지닌 존재로서 출발해야 하기 때문이다. 그는 자기 마음대로 이웃 사람의 괴로움을 무시할 수 없으며, 자기 스스로 체험을 통해 깨달은 구제 방법은 타인에게 그것을 가르쳐줘 봐야 도움이 될 수 없다는 식의 태도를 취할 수는 없다. 그렇다면 우리 철학자는 이웃 사람에게 구제의 손길을 뻗침으로써 자기 스스로를 불리한 처지에 빠뜨려야 하는가? 이 도덕적 딜레마를 앞에서, 연민이나 사랑은 악덕이라는 인도 사회의 가르침이나 '행동은 명상의 약해진 형태'라는 플로티노스의 가르침 속으로 도망쳐 들어가봐야 헛수고일 뿐이다.

또 플루타르코스는, 크리시포스(그리스의 스토아 철학자)가 논문 속 문장에서 인도 철학이나 플로티노스적 철학을 권하는 원문을 인용하여 스토아학파 사부들의 지적·도덕적 자기모순을 심하게 공격하고 있으나, 우리의 이웃 철학자는 그러한 자기모순에 대한 비난을 그대로 받아들일 수만도 없다. 플라톤 자신에 따르면, 초탈의 길을 깨달은 달인은 수고스럽게도 노력하여 간신히 찾은, 햇빛이 밝게 빛나는 곳에서 언제까지나 기쁨을 누리고만 있어서는 안 된다. 무거운 표정으로 플라톤은 그의 철학자들에게 여전히 '불행과 사슬에 묶이어' 있는 불행하고 무지한 동포들을 구하기 위해 저 '동굴' 속으로 다시 내려가도록 명했다. 그리고 이 플라톤의 명령이 에피쿠로스에 의해 충실히 지켜지는 것을 보는 것은 매우 인상적이다.

어떠한 일에도 흔들리지 않는 부동의 경지―'아타락시아'―를 이상으로 삼은 이 헬라스 사회의 에피쿠로스 철학자는 나사렛 예수보다 앞서 구세주를 뜻하는 그리스어 '소테르'라는 칭호로 불린 단 한 사람의 개인이었던 것으로 생각된다. 그 영예는 보통 군주의 독점물로서, 정치적·군사적 공적에 대한 보상이었다. 에피쿠로스의 선례 없는 영예는 이 이성적인 철학자가 대항할 수 없는 마음속 외침에 기꺼이 따른 데서 온 예상치 않은 결과였다. 그리고 그 에피쿠로스의 구제 활동을 극찬하는 루크레티우스의 시에 나타난 감사와 찬미의 열렬함을 보더라도 적어도 이 경우 이 칭호는 형식적인 의례가 아니라, 직접 그의 생전에 이미 그를 알고 존경한 에피쿠로스의 동시대로부터 시작되고 전승되어 그 라틴 시인에게 전해진, 깊고 생생한 감정의 표현이었음을 알 수 있다.

에피쿠로스의 역설적인 생애는 철학자가 플라톤의 또 다른 처방대로 무지한 동포들을 구하려고 왕이 되는 길을 선택했다면 자기 어깨 위에 짊어질 무거운 짐이 얼마나 괴롭고 고된 것인가를 나타내고 있다. 따라서 플라톤이 제시한 또하나의 길, 즉 왕이 아닌 철학자로서 나아가는 길이 플라톤 자신을 비롯한 사회적 양심을 가진 모든 철학자들의 마음을 끌게 된 것은 결코 이상한 일이 아니다. 플라톤은 그 생애 중 적어도 세 번, 마음은 내키지 않았지만 어쨌든 자발적으로 아티카의 본거지에서 나와 바다 건너 시라쿠사로 간 다음, 시칠리아의 독재자에게 군주의 임무에 대한 아테네 철학자의 생각을 관철하려고 했다. 그 결과는 너무나 이상하고 애석하게도, 헬라스 사회 역사에서 전혀 중요치 않은 하나의 장을 이루고 있을 따름이다. 역사상 이름을 떨친 군주들 가운데—정도의 차이는 있으나—철학자들과 의견을 주고받는 일로 여가를 보낸 이들이 한둘이 아니다. 서유럽의 역사에 가장 잘 알려진 예는 18세기 서유럽 세계의 이른바 '계몽 전제 군주'로서, 이 군주들은 볼테르로부터 여러 프랑스의 '철학자'들을 어떤 때는 몹시 아끼기도 하고 어떤 때는 그들과 논쟁하는 일을 즐거움으로 삼았다. 그러나 우리는 프로이센의 프리드리히 2세나 러시아의 예카테리나 2세를 만족스러운 구세주로 보기는 어렵다.

이 밖에도 몇 세대 전에 세상을 떠난 스승의 진정한 철학을 채득한, 주목할 만한 지배자들도 몇 명 있다. 마르쿠스 아우렐리우스의 학문은 그의 사부 루스티쿠스와 섹스투스의 덕분이라고는 하지만 마르쿠스의 이러한 언명이 없었다면 이 두 스승은 과거의 뛰어난 스토아학파 학자, 그 가운데에서도 특히 마르쿠스 시대로부터 300년 전인 기원전 2세기에 살았던 파나이티오스 철학의 두 전파자에 불과했으리라는 것은 거의 의심할 여지가 없다. 인도 사회의 아소카왕도 자신이 즉위하여 200년 전에 이미 세상을 떠난 석가모니의 제자였다. 아소카 시대의 인도 세계와 마르쿠스 시대의 헬라스 세계의 상황은, 플라톤의 "사회는 가장 지배자가 되고 싶어 하지 않는 인간이 지배자가 될 때 가장 행복하며, 가장 조화로운 사회가 된다"는 주장을 뒷받침하는 것이라고 말할 수 있을지 모른다. 그러나 그들이 이룬 업적은 그들의 죽음과 함께 사라져버렸다. 마르쿠스 자신은 마르쿠스의 전임자들이 100년 동안 그런대로 충실히 지켜서 성공을 거두어온 헌법상의 양자 세습의 관습을 어기고 친자식을 후계자로 선택했기 때문에 그의 철학적 노력들은 물거품이 되고 말았다. 아소카도 그 자신은 실제로 훌륭한 성왕이었지만, 그 높은 덕에도 마우리아 제국이 다음 세대에 찬탈자 푸샤미트라의 일격을 받아 덧없이 사라지는 운명을 막을 수는 없었다.

이처럼 철인왕은 결국 해체기 사회의 난파 상태에서 그 동포들을 구해 낼 수 없다. 사실 이 일은 저절로 명백해진다. 그러나 우리는 계속 이러한 사실에 대해 설명해 줄 수 있는 근거들을 찾아볼 필요가 있다. 거기서 나아가 좀 더 상세히 살펴보면 확실히 그 설명들을 찾게 될 것이다.

그 설명은 《국가》에서 플라톤이 태어나면서부터 철인(哲人) 군주를 등장시키고 있는 한 구절 속에 살며시 나타나 있다. 언젠가, 어디서 적어도 그런 철인 군주가 한 사람 나타나 아버지의 뒤를 이어 왕위에 오르고, 자기의 철학적 원리를 정치적 실천에 옮기는 일을 임무로 한다는 가정을 세운 뒤 플라톤은 단번에, "그런 지배자가 한 사람 있기만 하면, 그리고 피지배자의 동의를 얻을 수만 있다면, 현재 상태로는 전혀 실행 불가능해 보이는 계획을 충분히 실천할 수 있다"는 결론을 내리고 있다. 그리고 그런 식으로 논리를 펼쳐온 플라톤은 이번에는 그의 낙관론의 근거를 설명한다. 즉 그는 말을 이어 "지배자가 이상적인 법률을 제정하고, 이상적인 사회적 습관을 채용했다고 하면, 피지배자가 지배자가 바라는 대로 행동하는 일에 동의한다는 것은 가능한 일임에 틀림없다"고 말한다.

이 마지막 가정은 플라톤의 계획이 성공하기 위한 불가결의 조건임은 분명하지만, 마찬가지로 그것은 분명히 모방의 능력을 잘 이용할 수 있느냐 없느냐에 달려 있다. 그런데 앞서 말했듯이 이처럼 하나의 사회적 훈련에 호소하는 것이 지름길이기는 하지만, 그 지름길은 목적지에 이르기 위해 나아가는 동안 오히려 파멸로 이끌 우려가 다분히 있다. 따라서 철인왕의 사회적 전략 속에 정신적인 것이든 물질적인 것이든 조금이라도 강제적 요소가 포함되어 있다면, 그것만으로도 그가 제공할 구제를 실현할 수 없는 충분한 이유가 될 것이다. 따라서 철인왕의 전략을 좀 더 주의 깊게 살펴보면, 강제 수단을 쓸 필요가 특히 크다는 점을 알 수 있다. 왜냐하면 플라톤은 백성들이 철인 정치에 동의할 경우 이에 따른 이점을 역설하고는 있지만, 모처럼 철학자가 철학자인 동시에 주권자를 겸하여 전제 군주가 된다는 놀라운 일이 이루어졌더라도 언제든 필요한 경우에 독재자의 물리적 강제력을 발동할 채비가 되어 있지 않다면 어떠한 일도 이룰 수 없기 때문이다. 바로 그 필요한 경우라는 것은 명백히 예상되며, 또 실제로 일어날 가능성이 있다.

"민중의 성질은 변하기 쉬운 것인지라 그들에게 어떤 일을 설득해 믿게 하기는 쉽지만, 언제까지나 그 신념을 지키게 하는 일은 어렵다. 따라서 그들이 신념을 잃어갈 때 강제적으로 그들을 믿게 할 수 있도록 준비해 두는 편이 상책이다."[54]

이와 같은 건전하면서도 잔인한 말로 마키아벨리는 플라톤의 배후에 진심스럽게 감춰져 있는 철인왕의 전략 가운데 사악한 일면을 온 세상에 드러낸다. 철인왕은 그의 인간적 매력으로는 목적을 이룰 수 없다는 사실을 알게 되면, 철학을 버리고 대신 칼을 손에 잡게 된다. 마르쿠스 아우렐리우스도 그리스도교도에 대해 이 무기를 사용했다. 또한 우리는 오르페우스가 갑자기 훈련 부사관이 되는 소름 끼치는 광경을 보게 된다. 사실 철인왕은 하나의 인간 속에 서로 대립하는 두 성질을 통일하려고 시도하기 때문에 반드시 실패하게 된다. 철학자는 왕이라는 강압적 세계에 들어감으로써 자기모순에 빠지게 되며, 반대로 왕은 철학자의 냉정한 관조 세계에 들어감으로써 자기모순에 빠진다. '타임머신'을 가진 구세주(이 또한 순수한 형태에 있어서는 마찬가지로 정치적 이상주의자라고 말할 수 있지만)와 마찬가지로 철인왕은 칼을 빼듦으로써 자신 또한 위장한 '칼을 가진 구세주'임을 폭로하여 스스로의 실패를 선언할 처지에 몰리게 된다.

5. 인간으로 변신한 신

이제까지 우리는 해체기 사회에 창조적 천재가 태어나 그 재능과 정력을 이용해 사회 해체의 도전에 맞서 싸우는 세 가지 다른 방법을 검토해, 그 어느 경우에 있어서도 구제의 방법이 직접적으로나 궁극적으로 파국에 이르게 될 뿐이라는 사실을 알았다. 지금까지 다루어온 구세주들이 모두 실패한 사실에서 우리는 도대체 어떤 결론을 얻게 되는가? 이러한 사실은 해체기 사회에 세상을 구하려는 어떠한 시도도 구세주를 뜻하는 자가 보통 인간에 불과하다면, 반드시 파멸로 끝날 운명임을 뜻하는 것일까? 이제까지 경험적 사실에 근거하여 진리임을 증명해 온 이 고전적인 말(언어)의 문맥을 상기해 보자. "칼을 가진 자는 칼

---

54) 마키아벨리, 《군주론》, 제6장.〔원주〕

로 망한다"는 말은 제자 한 사람이 칼을 빼 들고 내리쳤을 때, 그에게 방금 사용한 칼을 칼집에 다시 넣기를 명하는 이유로서 구세주가 한 말이다. 나사렛의 예수는 먼저 베드로의 칼이 낸 상처를 치료한 뒤에 가장 극단적인 모욕과 고통을 받기 위해 스스로 자기 몸을 내맡긴다. 나아가 그가 칼을 뽑기를 거부하는 동기는 이 특수한 상황에서는 도저히 적의 힘을 당해 내지 못하리라는 실제적인 타산 때문이 아니다. 나중에 재판관에게 말했듯이 그는, 만일 칼을 뽑는다면 '12개 군단의 천사들'의 도움을 받아 칼을 휘두르는 인간이 얻을 수 있는 어떠한 승리도 반드시 이루어낼 수 있다고 믿고 있다. 이렇게 믿으면서도 여전히 그는 무기 사용을 거부한다. 칼로 정복하기보다는 오히려 그는 십자가 위에서 죽기를 바란다.

위기에 처한 순간에 예수는, 지금까지 연구해 온 다른 자칭 구세주들이 선택한 전통적 방법들과는 완전히 동떨어진 행동 노선을 선택한다. 무엇이 나사렛 태생의 구세주에게 영감을 불어넣어 이런 중대한 새로운 출발을 하게 만들었을까? 이 물음에 답하려면 또 하나의 물음을 던져야 한다. 최초의 선언과는 달리 마침내 칼을 들어 스스로의 주장을 거부하는 자칭 구세주들과 예수의 차이는 어디에 있는가? 이러한 차이는 다른 구세주들이, 자기는 보통 인간에 불과함을 알고 있음에 대해 예수는, 자기를 하느님의 아들이라고 믿고 있었다는 점에 있다. 〈시편〉의 작자와 함께 "구원은 야훼께 있사오니……"〈시편〉 3 : 8)라 단정하고, 어떤 의미에서 신적인 존재가 아니고서는 인류의 구제자가 되고 싶어도 그러한 사명을 수행할 능력이 없다고 결론을 내려야 하지 않을까? 이미 그들 스스로가 인정하고 있듯이, 단순한 인간에 불과했던 자칭 구세주들을 저울에 올려놓고 보니 마침내 기대를 배신하는 자들임을 알게 되었으므로 이번에는 마지막 기대를, 신으로 출현한 구세주에게로 눈을 돌려보겠다.

신으로 출현한 구세주들을 차례로 살펴보고, 과연 자신들이 선언한 대로 행하는지를 평가하는 일은, 이제까지의 경험적 연구와는 다른 주제넘은 적용 방법으로 보일지도 모른다. 그러나 그 방법은 실제로 어떠한 방해도 일으키지 않는다는 사실이 바로 드러날 것이다. 우리 앞에 잇달아 나타나는 인물들 가운데 오직 한 사람 말고는 모두, 그 신성에 대한 주장들이야 어떻든 그 인물에 대한 주장들이 너무나 의심스럽기 때문이다. 다시 말해 우리는 실체가 없는 그림자들과 추상물들, 오직 그 존재가 '지각될' 뿐, 그 밖에 '실재(實在)'를 갖지 않은 버클리(영국의 철학자·신학자)의 비실재(非實在) 사이를 지나가야 하리라. 다시 말해 우리의 선조들이 아테네의 솔론과 마찬가지로 제대로 연대를 추측할 수 있는 실존 인물로 확신한 '스파르타의 왕 리쿠르고스'에 대해서도 이제까지 현대의 연구가 지나쳐버린 것과 똑같은 선언—그는 인간이 아니라 오직 신이라는—사이를 우리는 순례해 가야 할 것이다. 그러나 어쨌든 조사 연구를 시작하기로 하겠다. 먼저 가장 하위 개념에 있는 '데우스 엑스 마키나'(기계 장치의 신. 고대 그리스 연극에서 기중기 같은 것을 이용해 신이 나타난 무대 기법)를 거의 인간 이하의 낮은 단계에서 점차 상승하여, '데우스 크루키 픽수스'(십자가에 못 박힌 신)라는, 말로는 다할 수 없는 가장 높은 단계에 이르게 하자. 만일 십자가 위에서 죽는 일이 그 신성을 증명하기 위해 인간이 다다를 수 있는 가장 높은 경지라면, 신으로서 받아들여지는 동시에 구세주임을 밝히기 위해 무대 위에 모습을 나타내는 일쯤은 문제가 되지 않을 것이다.

헬라스 문명의 쇠퇴가 일어난 세기에 아티카 연극의 무대에 나타난 '기계 장치의 신'은 이미 계몽 시대에 들어가 있음에도 인습에 매여 극의 줄거리를 전통적인 그리스 신화에서 선택해야 했으므로, 난처한 극작가에게는 그야말로 하늘이 내려주신 선물이었다. 극의 진행이 자연스러운 결말에 이르기도 전에 어떤 도덕적 이상, 또는 실제로 일어날 것 같지도 않은 상황에 빠져 꼼짝달싹 못 하게 되면, 작자는 하나의 극작법 관습으로 말미암아 빠지게 된 그 함정에서 또 다른 관습의 도움을 얻어 간신히 빠져나올 수 있었다. 그는 공중에 매달거나 차에 실은 '기계 장치의 신'을 무대 위에 등장시켜 결말을 지을 수 있었다. 옆에서 얼굴을 내미는 올림포스 신들에 의해 제시되는 인간 문제의 해결법이 인간의 마음에 확신을 주지 못하고, 또 인간의 가슴에 호소하지 못하므로 이 아티카 극작가의 속임수는 학자들 사이에서 물의를 일으켰다.

이 점에서 에우리피데스(그리스의 비극 작가)는 중죄인이었다. 현대 서유럽의 어느 학자가 말한 바에 따르면, 에우리피데스는 '기계 장치의 신'을 등장시킬 때마다 빈정대지 않은 때가 없었다고 한다. 아서 울가 베럴(영국의 고전학자)에 따르면, 그가 일컫는 '합리주의자' 에우리피데스는 예로부터 지켜온 이러한 관습을 잘 이용해, 더 공공연하게 행했더라면 심한 꼴을 당하지 않고는 끝나지 않았을 사태를 염려하여, 풍자와 신성 모독의 익살을 덮개로 사용하고 있었던 것이다. 이 덮개는 이상적인 천으로 만들어져 있어서 교양 없고 저속한 적들의 화살은 뚫고 들어가지 못하게 하지만, 자기와 같은 회의주의자들의 지각 있는 눈에는 속까지 환히 들여다보이기 때문이다.

"에우리피데스의 무대에서는 신이 하는 말은 모두가 신의 언어라는 그 사실 때문에 불신을 품게 한다고 해도 과언은 아니다. 그것은 어떤 경우에서나 창작자의 눈으로 보면 이의가 있는 것이며, 거의 언제나 허위이다. 에우리피데스는 신들을 무대에 올림으로써 신은 존재하지 않는다는 것을 사람들에게 믿게 했다."[55]

위대함과 비참함이라는 인간의 운명과 멀리 떨어져 있지 않은 존재들로서 인간을 어머니로 하며, 초인간적인 존재를 아버지로 태어난 반신반인들―그리스의 헤라클레스, 아스클레피오스(의술의 신), 오르페우스 등―이 있다. 인간의 몸을 가진 이 반신적인 존재들은 온갖 방법으로 어떻게 해서든지 인간의 운명을 가볍게 하려고 애쓴다. 그리고 질투하는 신으로부터 벌을 받아 그들이 헌신하는, 언젠가는 죽어야 할 인간의 고뇌를 나누어 갖는다. 이 반신반인은―이 점이 반신반인의 자랑이지만―인간과 마찬가지로 죽어야 할 운명에 있다. 그리고 이 죽어가는 반신반인 모습 뒤에는 여러 다른 세계에서 죽은 참된 신들의 위대한 모습과 온갖 이름들이 떠오른다. 미노스 세계에서는 자그레우스, 수메르 세계에서는 탐무즈, 히타이트 세계에서는 아티스, 스칸디나비아 세계에서는 발데르, 시리아 세계에서는 아도니스, 시아 세계에서는 후사인(시아파의 이맘), 그리스도교 세계에서는 그리스도라는 이름이 떠오른다.

갖가지 모습으로 나타나는, 모두가 같은 수난의 길을 걷는 신들은 도대체 무엇인가? 이 세상의 무대 위에서 여러 가면을 쓰고 등장하는 이 신의 정체는 늘 비극의 마지막에서 고통을 겪으며 죽음을 맞이함으로써 드러나게 된다. 그리고 인류학자가 제공하는 지식에 따르면 늘 변함없이 반복되는 극의 역사적 기원을 알아낼 수 있다. "그는 주 앞에서 자라나기를 연한 순 같고 마른 땅에서 나온 뿌리 같아서……"(《이사야》 53 : 2) '죽어가는 신'의 가장 오래된 구현은 바로 '에

---

55) Verrall, A.W. : *Euripides the Rationalist.*(원주)

니아우토스 다이몬'(연신)의 역할 속에 존재한다. 이는 봄에 인간을 위해 태어나 가을에 인간을 위해 죽어가는 식물의 정령이다. 인간은 이 자연신의 죽음에 의해 이익을 얻게 되므로, 만일 인간에게 은혜를 베푸는 이 신이 인간을 위해 되풀이해 죽어주지 않으면 인류는 사라져버린 것이다.

"그가 찔림은 우리의 허물 때문이요, 그가 상함은 우리의 죄악 때문이라, 그가 징계를 받으므로 우리는 평화를 누리고, 그가 채찍을 맞음으로 우리가 나음을 입었도다."(《이사야》 53 : 5)

그러나 겉으로 드러난 업적이 훌륭한 것이라도, 또 아무리 비싼 대가를 치렀다 해도 비극의 핵심에 있는 신비를 모두 파헤칠 수는 없다. 만일 그 비밀을 이해하려 한다면, 은혜를 입는 인간의 이익과 비극의 주인공인 신의 손실을 넘어서 바라보지 않으면 안 된다. 신이 죽고 인간이 이익을 얻는다는 것이 이야기의 전부는 아니다. 극의 뜻을 이해하기 위해서는 주인공이 맞닥뜨린 상황과 기분들을 파악해야 한다. '죽어가는 신'의 죽음은 강제에 의한 것인가, 아니면 신이 스스로 죽음을 선택한 것인가? 아낌없이 주려고 한 것인가, 아니면 마지못해서인가? 사랑인가, 아니면 절망인가? 구세주의 정신 세계에 대한 이러한 의문에 대해 답을 모르는 동안은 이 구원이 신이 손해를 본 만큼 인간이 이익을 얻음을 뜻하는 것뿐인지, 아니면 인간이 정신적 교감으로, 순수한 자기희생의 행위로서 신이 인간에게 베풀어준 신의 사랑과 연민을 "타오르는 불꽃의 빛같이"[56] 내 것으로 함으로 은혜에 보답한다는 것인지 판단하기 어렵다.

'죽어가는 신'은 어떤 마음의 상태로 죽음에 임할까? 이러한 물음을 던지고 다시 한번 수많은 비극의 가면들을 바라보면, 완전한 희생과 불완전한 희생의 구별이 있음을 알 수 있다. 오르페우스의 죽음을 슬퍼하는 칼리오페(오르페우스의 어머니)의 아름다운 애가(哀歌) 속에도 그리스도교도에게 충격을 주는 비통한 가락이 담겨 있다.

왜, 우리 인간은 자식들의 죽음을 슬퍼하는가? 신들도 죽음이 그들의 자식

---

56) 플라톤, 《서한집》.(원주)

을 잡아가는 것을 막을 힘이 없지 않은가.[57]

이러한 '죽어가는 신'의 이야기는 얼마나 교훈적인가? 즉 오르페우스의 어머니였던 여신은 가능하다면 오르페우스를 죽게 하고 싶지 않았으리라. 그리스 시인은 자신의 시에서 마치 태양을 가리는 구름처럼 오르페우스로부터 빛을 빼앗고 있다. 그러나 안티파트로스의 시는 더 위대한 작품으로 답한다.

"하느님이 세상을 이처럼 사랑하사 독생자를 주셨으니 이는 그를 믿는 자마다 멸망하지 않고 영생을 얻게 하려 하심이라."《요한복음》 3 : 16)

복음서가 앞의 애가에 대해 이처럼 답할 때, 그것은 신의 뜻을 전하는 것이다. "하나만이 남고, 많은 것은 변화하여 지나가버린다." 그리고 이것이야말로 우리 구세주가 전하는 마지막 결론이다. 최초로 이 탐구를 시작했을 때 우리는 대단히 많은 무리 속에 있었으나, 점차 나아감에 따라 한 무리씩 행진하는 경주 밖으로 탈락해 갔다. 최초로 탈락한 것은 칼을 든 사람들이며, 다음에는 복고주의자들과 미래주의자들, 다음은 철학자들 순으로 차츰 낙오되더니 마침내 달리기에 남은 것은 신들뿐이었다. 이들 구세주와 자칭 신들마저도 마지막 시험에서 얼음처럼 차가운 강물에 몸을 던져 그 칭호의 정당성을 보여주는 자는 거의 없었다. 그리고 지금, 우리가 이렇게 서서 강 건너편을 바라볼 때 단 한 사람의 모습만이 물 위로 떠올라 곧바로 지평선을 가득 채운다. 그곳에 있는 존재야말로 참된 구세주로서, "또 그의 손으로 야훼께서 기뻐하시는 뜻을 성취하리로다. 그가 자기 영혼의 수고한 것을 보고 만족하게 여길 것이라."《이사야》 53 : 10~11)

제21장 해체의 리듬

우리는 앞 장에서 성장기 사회와 해체기 사회에서 창조적 인물들이 저마다

---

57) 시돈의 안티파트로스(기원전 90년경)가 쓴 〈오르페우스의 죽음을 슬퍼하며〉.(원주)

맡은 역할의 유사성—동시에 그것은 피하기 어려운 차이점들을 포함하고 있다—을 조사해 찾아냈다. 이번에는 주제의 다른 부분에서, 같은 조사 방법에 따라 성장의 주기와 해체의 주기라 부를 수 있는 것 사이에 인정되는 유사성—여기에도 아마 차이점들이 있겠지만—을 찾아내기로 한다.

어느 쪽이든 기본 방식은 하나인데, 이 연구를 통해 이미 우리에게 익숙한 도전–응전의 형식을 취한다. 성장기 문명에서 하나의 도전은 그것을 훌륭하게 극복하는 응전에 의해 극복되며 그 응전이 또 다른 도전을 낳는데, 그 도전 또한 새로운 응전으로 극복된다. 이 성장 과정은 그 문명이 더는 대항할 수 없는 도전이 나타날 때까지—성장의 정지를 뜻하는—우리가 쇠퇴라는 이름으로 부르기로 한 비극적인 사건이 일어날 때까지 계속 이어진다.

쇠퇴기에 들어가면 동시에 그것에 대항하는 주기가 시작된다. 막아내지 못해도 도전은 여전히 계속된다. 그것에 대항하기 위해 두 번째의 필사적인 시도가 이루어진다. 만일 이것이 성공한다면, 물론 성장은 다시 시작된다. 그러나 부분적·일시적인 성공 뒤에 이 응전 또한 실패로 끝나버린다고 가정해 보자. 그렇게 되면 다시 정세가 악화되기 시작하며 잠시 사이를 두고 또 새로운 응전의 시도가 일어난다. 이것은 일시적 또는 부분적으로 여전히 빈틈없는 도전에 대항하는 데 성공한다.

하지만 이 응전도 마침내 실패하고 만다. 그리고 이 실패를 마지막으로 그 사회의 파멸을 초래하는 적도 있으나, 그렇게 되지 않은 경우도 있다. 이 리듬을 군사 용어로 나타낸다면 패주–회복–패주–회복–패주…… 이런 식으로 표현할 수 있으리라.

이 책의 첫 부분에서 사용해 온 용어로 되돌아가 말한다면, 쇠퇴 뒤에는 계속되던 동란 시대가 패주하여 세계 국가 수립이 회복되며, 또한 세계 국가의 붕괴 뒤에 이어지는 공백 기간이 패주에 해당됨을 곧 알 수 있다. 그러나 세계 국가의 하나, 즉 헬라스 사회의 세계 국가 역사에서는 180년 마르쿠스 아우렐리우스가 죽은 뒤에 로마가 다시 무정부 상태로 빠지면서, 디오클레티아누스의 시대로 회복되고 있다.

어느 특정한 세계 국가의 역사에 한 번 이상의 정세 악화와 회복이 일어나는 경우가 없는 것은 아니다. 실제로 이 같은 정세 악화와 회복의 횟수는 조사 대상에 맞추는 렌즈의 배율에 따라 달라진다. 이를테면 저 '네 황제(갈바·오토·비텔리우스·베스파시아누스)의 해'라고 하는 기원후 69년은 짧은 기간이지만, 놀라운 정세 악화가 일어나고 있다. 그러나 여기서 우리는 두드러진 현상만을 다루기로 한다. 그리고 동란 시대의 도중에 부분적 회복의 시기가 나타나기도 한다.

만일 동란 시대 중에 부분적인 회복의 시기가 나타나고, 세계 국가의 존속 기간 중에 부분적으로 정세 악화 시기가 나타난다고 한다면, 패주-회복-패주-회복-패주-회복-패주……라는 공식을 얻을 수 있는데, 이것을 우리는 패주-회복 주기의 3박자 반이라 불러도 좋을 것이다.

물론 이 3개 반이라는 수에 특별한 가치가 있는 것으로 보이지는 않는다. 어느 특정한 해체의 사례가 3박자 반, 4박자 반, 또는 5박자 반을 나타내는 경우도 있을지는 모르나, 그래도 본질적인 점에서는 해체 과정의 일반적인 주기에 일치한다. 하지만 실제로는 3박자 반이라는 주기가 숱한 해체기 사회의 역사에 맞는 유형인 것 같다. 그 예증으로써 몇 가지 해체기 사회의 역사에 대해 살펴보자.

헬라스 사회가 쇠퇴기에 들어간 시기는 정확히 기원전 431년, 그리고 아우구스투스가 세계 국가를 수립한 시기는 400년 뒤인 기원전 31년으로 생각할 수 있다. 이 400년 동안 회복-정세 악화의 주기를 어디에서라도 찾아볼 수 있을까? 물론 찾아볼 수 있다.

그 징후의 하나는 둘 다 기원전 4세기 후반 시라쿠사의 티몰레온에 의해 전해졌으며, 또한 알렉산드로스에 의해 훨씬 더 넓은 지역으로 퍼져 나간 '호모노이아', 즉 화합이라는 사회적 복음이다. 두 번째 징후는 철학자 제논과 에피쿠로스, 그리고 그의 제자들에 의해 퍼져 나간 '코스모폴리스', 즉 세계 국가 사상이다. 세 번째는 새로운 국가 체제를 확립하려는 시도—셀레우코스 제국과 아카이아 동맹, 아이톨리아 동맹, 로마 공화정—로서, 이는 모두 전통적 도시 국가의 주권 범위 한계를 넘어서려는 시도였다.

이 밖에도 몇몇 징후들을 들 수 있지만, 우리가 추측한 '회복'의 주기들이 추측이 아님을 보여주기 위해 그 대략적인 시기를 제시하는 데에는 이것만으로도 충분하리라고 본다. 그 회복의 시도는 실패로 끝났는데, 이는 새로이 확대된 정치 단위가 개별적 도시 국가의 한계를 넘어서는 데는 성공했지만, 그 도시 국가들 사이의 관계가 아테네·펠로폰네소스 전쟁을 시작으로 헬라스 사회의 쇠퇴를 가져온 기원전 5세기의 도시 국가들처럼 옹졸하고 비타협적이었기 때문이다.

이 두 번째 정세 악화 시기, 또는 (같은 말이지만) 최초 회복의 실패 시기는 기원전 218년 한니발 전쟁이 일어나던 때라고 볼 수 있다. 우리는 이미 앞서 로마 제국의 역사 과정에서 1세기에 걸친 오랜 정세 악화 시기가 있었으며 그 뒤에 회복의 시기가 온 데 대해 말했는데, 이것은 꼭 3박자 반이 된다.

이번에는 중국 사회의 해체기로 눈을 돌려보자. 이는 기원전 634년 진(晋)·주(周) 두 나라의 불행한 충돌로 쇠퇴가 시작된 시기로서, 기원전 221년 진나라가 제(齊)나라를 무너뜨린 시기가 중국 사회의 '세계 평화'가 확립된 시기로 볼 수 있다. 만일 이 두 연대가 중국 사회 전국 시대의 시초와 종말의 시기라고 한다면, 그 중간에 회복-정세 악화 주기의 흔적들을 찾아볼 수 있을까?

그렇다. 중국 사회 전국 시대 중 공자 시대인 기원전 546년, 초기에 실패로 끝났으나 군비 축소 회의에서 시작된 그 회복의 시기가 인정되기 때문이다. 그리고 중국 사회의 세계 국가 역사를 살펴보면, 기원 1세기 초 전한(前漢)과 후한(後漢) 중간의 공백 기간에 한 차례 뚜렷한 정세 악화와 회복이 일어나고 있다. 따라서 여기서도 중국 사회 문명의 시기는 모두 이에 대응하는 헬라스 사회 문명의 시기보다 규칙적으로 약 200년씩 앞당겨져 있기는 하지만 마찬가지로 3박자 반의 주기를 나타내고 있다.

수메르 사회의 역사에서도 같은 사실을 인정할 수 있다. 왜냐하면 수메르 사회의 동란 시대 중에 한 차례 회복-패주의 주기가 뚜렷이 나타나는 한편 수메르 사회의 세계 국가 생존 기간에 한 차례 매우 뚜렷한, 이와는 반대되는 패주-회복 주기가 정확하게 그어져 있기 때문이다.

만약에 동란 시대의 시작을 저 호전적인 에레크(우르크의 성서명)의 루갈작기시(재위 기원전 2677~2653년경)가 활약한 무렵으로, 그 종말을 우르의 우르엥구르(재위 기원전 2298~2281년경)에 의한 수메르 사회의 세계 국가 수립 시기로 본다면, 그동안 한 차례 회복의 징후, 적어도 하나의 징후를, 나람신(재위 기원전 2254~2218년경) 시기의 매우 진보된 시각 예술 속에서 찾아볼 수 있다.

'수메르의 평화'의 기간은 우르엥구르의 즉위 때부터 함무라비의 사망(기원전 1905년경)까지인데, 이는 잘 살펴보면 오랜 기간에 걸친 무정부 시대의 혼란기를 감싸고 있는 엷은 껍질이었음을 알 수 있다. 우르엥구르가 즉위한 100년 뒤에 그의 '사해(四海) 제국'은 산산조각으로 분열되었으며, 그 뒤부터 멸망하기 직전이 세계 국가를 함무라비가 건져내어 다시 일으켜 세울 때까지 그 상태는 200년 이상 이어졌다.

우리에게 익숙해져 버린 이러한 유형은 이제 그리스 정교 사회 본체의 해체 역사에서도 재현된다. 이 문명의 쇠퇴는 977~1019년 로마·불가리아 대전과 함께 시작되었다고 보아도 좋으며, 마침내 '세계 평화'가 다시 확립된 시기는 1371~1372년 오스만에 의한 마케도니아 정복의 시기로 볼 수 있다.

그리스 정교 사회 동란 시대의 기점과 종점에 해당하는 이 두 시기 중간에 회복을 위한 시도가 동로마 제국 황제 알렉시오스 콤네누스(재위 1081~1118년)의 지휘로 실현되어, 1세기 동안 이어졌다. 이러한 '오스만의 평화'는 마침내 1768~1774년 러시아·튀르크 전쟁에서 패배해 타격을 입고 좌절되었다.

이 좌절은 오스만 정권이 무너지는 결정적인 계기가 되었는데, 오스만의 역사는 그 전에 한 차례 정세 악화가 일어났으며, 회복의 시기가 있었음을 보여주는 명백한 증거가 된다.

그 정세 악화는 1566년의 '장엄왕(莊嚴王)' 술레이만의 죽음 뒤에 파디샤의 노예들이 급격히 타락했던 것에서 찾아볼 수 있으며, 회복의 징후는 그 뒤 파디샤가 그리스 정교도 '라이예'를 국정에 참가하도록 인정하며 이슬람교로 개종할 것을 요구하지 않음으로써, 정치 실권을 장악하게 된 이슬람교들도 자유 시민의 협력자로 만들려고 시도했던 일에서 찾아볼 수 있다.

쾨프륄뤼 가문의 재상들에 의해 채택된 이 혁명적인 개혁은 후대 터키 사람들이 오늘날에도 '튤립 시대'라 부르며 돌아가고 싶어 하는 여유로운 시대를 일으켰다.

인도 사회의 해체 역사에서 '영국령 인도 제국'이라는 형태로 이루어진 두 번째의 세계 국가 수명이 다하지 않았으므로, 마지막의 반 박자는 아직 일어나지 않았다. 그러나(네 번째) 패주 전의 패주-회복 3박자는 이미 기록을 남기고 있다. 세 번째의 패주는 무굴 제국이 무너지고 그 후계자 '영국령 인도 제국'이 수립되기 전까지 1세기 동안 무정부 상태로 나타났다.

두 번째 '회복'에 해당하는 부분도 마찬가지로 뚜렷하게 아크바르(재위 1566~1602년) 치세의 무굴 제국 수립에 의해 나타났다.

이에 앞선 두 번째 패주에 해당하는 부분은 그리 분명치 않다. 그러나 12세기 후반에 힌두 사회의 지방 국가들 간의 내분과 함께 시작되는 동란 시대 역사를 잘 살펴보면, 12~13세기에 걸쳐 힌두 사회 지배자들이 이슬람교도 침략자들에 의해 겪은 고난과, 그 뒤 15~16세기에 걸쳐 물밀 듯이 들이닥친 이슬람교도 침략자들—그 속에 아크바르 자신의 선조도 포함되어 있었다—에 의해 가해진 고난의 시기 가운데, 14세기의 알라우딘과 피루즈의 치세에 의한 일시적 회복 시기의 흔적들을 찾아볼 수 있다.

다른 문명들의 해체기에 대해서도, 충분한 자료가 주어져 있는 한 모두 같은 분석을 할 수 있다. 그 가운데에는 주기의 완전한 구분이 어려운 경우도 있으나, 이것은 그 문명이 자연사를 하기 전에 살아 있는 상태로 이웃 문명의 하나에 흡수되었기 때문이다.

그러나 해체의 리듬 주기를 입증하는 증거는 이제까지 든 예들만으로도 충분하리라 보며 이 주기의 유형을 서유럽 문명의 역사에 비추어 보고, 이제까지 몇 차례나 물음을 던지면서도 한 번도 답을 낸 적이 없는 문제, 즉 서유럽 문명이 이미 쇠퇴를 경험했는지 아닌지, 그리고 만일 경험했다고 한다면 우리 문명은 현재 해체 과정의 어느 단계에 와 있는지에 대한 문제를 푸는 실마리를 찾을 수 있을지에 대해 살펴보기로 한다.

한 가지 뚜렷한 사실이 있다. 그것은 우리가 아직도 세계 국가 수립에 대한 경험을 하지 않았다는 점이다. 20세기 전반에 두 차례에 걸쳐 독일인이 우리에게 세계 국가를 강요하려 한 필사적인 노력도, 100년 전 나폴레옹 시대의 프랑스와 마찬가지로 모두 실패로 끝났다.

또 한 가지 명백한 사실이 있다. 그것은 세계 국가가 아니라 어떠한 형태의 세계 질서가 우리에게 필요하다는 것이다. 아마도 저 헬라스 사회의 동란 시대에 몇몇 그리스 정치가들이나 철학자들에 의해 헛되이 창조된 '호모노이아', 즉 그리스 세계의 화합을 이루다시피 한 세계 국가의 치명적인 저주를 받지 않도록, 세계 국가의 은혜가 모두에게 보증될 수 있는 세계 질서에 대한 열망이 우리의 마음속에 있다는 점이다.

세계 국가에 대한 저주는, 세계 국가 내의 군사 세력들 가운데 한 무리가 다른 모든 세력에 재기 불능의 타격을 주고 홀로 살아남은 결과가 바로 세계 국가라는 점에 있다.

세계 국가는 '칼에 의한 구제'의 소산이지만, 그와 같은 구제는 결코 궁극적인 구제를 성취하지 못한다. 우리가 바라는 것은 자유로운 여러 국민들이 자유로운 동의에 의해 더불어 사이좋게 살아가는 일이며, 또 이 이상을 실현하기 위해 빠뜨릴 수 없는 조건이 있다면 그것은 광범위한 영역에 걸친 조정과 양보를 강제력 없이 행하는 일일 것이다. 이것은 오늘날 몇천씩이나 되는 수많은 논문들이 다루고 있는 매우 평범한 주제인 만큼 더 긴 설명을 늘어놓을 필요는 없으리라. 1918년 11월 제1차 세계대전이 끝나기 전, 수개월의 짧은 기간 동안 미국 대통령 윌슨이 유럽에서 얻은 저 놀라운 신뢰—하지만 그 자신의 나라에서는 그렇지 못했다—는 서유럽 세계의, 앞서 말한 소원들이 얼마나 열렬한 것이었던가를 보여주고 있다.

윌슨 대통령에 대한 찬사는 전체적으로 산문 형식으로 이루어졌지만, 이제까지 가장 잘 알려져 있는 아우구스투스에 대한 찬사는 베르길리우스와 호라티우스의 시에서 찾아볼 수가 있다. 산문과 운문의 차이가 있기는 하지만 이 신념과 희망, 그리고 감사를 불러일으킨 이 두 정신은 틀림없이 같은 것이었다. 그러나 결과는 달랐다. 아우구스투스는 세계 국가를 이루는 데 성공했으나, 윌슨은 세계 국가를 넘어서는 것을 이루려고 시도하다가 실패하고 말았다.

> 저 낮은 자는 하나에 하나를 보태어
> 마침내 목적인 백에 이른다.
> 이 높은 자는 백만을 노렸으나, 하나도 얻지 못한다.[58]

이 같은 고찰과 비교는 이미 우리가 동란 시대의 훨씬 끝부분까지 이르렀음을 보여준다. 그리고 만일 가까운 과거에 있어서 우리에게 가장 뚜렷하고 특별한 재앙이 무엇이었던가 물으면, 그 답은 이 책 앞부분에서 지적했듯이 근래에 해방된 민주주의와 산업주의의 두 힘이 결합해 낳은 뒤 추진력이 가해져 한층 격렬해진, 국가주의적 살육 전쟁이라고 분명히 말할 수 있다. 이 재앙이 처음으

---

58) Browning, R : *A. Grammarian's Funeral*.[원주]

로 모습을 나타낸 것은 18세기 말 프랑스 혁명이 발발한 때였다고 보아도 좋다.

그러나 앞서 이 문제를 살펴보았을 때 우리는 서유럽 역사의 근대기에 이처럼 격렬한 전란 시기가 나타난 것은 이것이 처음이 아니라 두 번째라는 사실에 맞닥뜨렸다. 전의 전란기는 16세기 중엽부터 17세기 중엽에 걸쳐 서유럽 그리스도교 세계를 황폐화시킨 이른바 '종교 전쟁'에 의해 대표된다. 그리고 이 두 번의 사나운 전쟁 시기 중간의 100년 동안에는, 전쟁이 열광적인 종파 대립 감정과 민주적 국가주의의 어느 쪽으로부터도 영향을 받지 않는 비교적 가벼운 증세였던, '국왕의 유희' 시기가 있었다. 이와 같이 서유럽 역사에서도 동란 시대의 전형적인 유형으로 인정되는 쇠퇴–회복이라는 두 번째 정세 악화의 주기 유형을 발견할 수 있다.

우리는 서유럽의 동란 시대 동안에 일어난 18세기의 회복 기운이 왜 유산되어 일시적인 것에 그치고 말았는가를 밝힐 수 있다. 이것은 그 무렵 '계몽주의'에 의해 이루어진 관용이 그리스도교의 믿음과 소망, 사랑의 덕에 바탕을 두는 관용이 아니라 환멸과 불안, 냉소주의라는 메피스토펠레스적 질환에 바탕을 둔 관용이었기 때문이다. 이는 열정으로 뜨겁게 쟁취한 게 아니라, 열정이 사라짐에 따라 생긴 안이한 부산물이었다.

18세기 계몽주의의 정신적 결함 때문에 서유럽 세계가 빠진, 더욱 격렬한 두 번째 전란기의 결말을 우리는 조금이라도 예측할 수 있을까? 우리의 미래를 예측하려면, 우리에게 알려진 서유럽 문명 역사 이외의 모든 것이 이미 사멸해 버렸거나 아니면 빈사 상태에 있거나 어느 한쪽이기는 하지만, 그렇다고 해도 문명은 유기체인 동물과 다르기 때문에 미리 정해진 운명에 의해 생명 곡선을 지난 뒤에 사멸하는 것은 아님을 기억해야 한다. 이제까지 출현한 다른 모든 문명이 이와 같은 길을 걸었다고 하더라도, 우리가 참기 어려운 동란 시대의 뜨거운 불 위에서 뛰쳐나와 천천히 지칠 줄 모르고 타오르는 세계 국가의 불 속에 다시 몸을 던짐으로써, 거기서 조만간 재가 되어버리도록 강요하는 역사적 운명론의 법칙은 아직 알려진 것이 없다.

그렇기는 하지만 다른 문명들의 역사나 자연계 생물들의 수명이 보여주는 선례들은 현재 우리가 놓여 있는 험악한 상황과 대조해 볼 때 그냥 지나칠 수 없는 것으로 생각된다. 첫째로, 이 장 자체는 1914~1918년 제1차 세계대전을 경험한 독자들을 대상으로 제2차 세계대전 전야에 쓰였으며, 재간행을 위해 고쳐 쓴 것은, 인간이 인간의 생명과 업적에 대한 전례 없는 대규모적 파괴를 목적으로 새로 개발된 원자력을 사용함으로써 일생에 두 차례나 겪은 세계대전 가운데 두 번째 전쟁이 끝난 바로 뒤의 일이었다. 이처럼 파국적인 사건이 잇달아 가파른 상승세를 그리며 일어나는 것을 볼 때 아무래도 우리의 장래에 대해 어두운 의혹이 솟아나지 않을 수 없다.

그리고 이러한 의혹은 우리를 구제할 수 있는 정신적 능력인 신념과 희망을 최고도로 발휘할 필요가 있는 위급한 생사의 갈림길에서, 그 소중한 신념과 희망을 뒤엎을 염려가 있다. 여기에 우리가 피할 수 없는 도전이 있으며, 우리의 운명은 우리의 응전 방법에 달려 있다.

"나는 꿈을 꾸었다. 꿈속에서 누더기를 걸친 한 남자가 손에 한 권의 책을 들고, 등에는 커다란 짐을 진 채, 자기 집을 바라보면서 어떤 곳에 서 있었다. 가만히 살펴보니, 그는 책을 펴고 읽다가는 울면서 몸부림을 쳤다. 그러고는 더는 참을 수 없다는 듯이, '나는 어떻게 해야 하지?'라고 소리치면서 비통하게 울부짖었다."

존 버니언의 '크리스천'이 이처럼 비탄에 젖은 것은 물론 이유가 없는 것은 아니었다.

"나는 확실히 알고 있소. 우리의 이 도시는 하늘이 내린 불에 의해 불타 사라져버릴 것이오. 그 무서운 파멸의 날에 어딘가 도망할 길을 찾아(어떻게 도망칠 수 있는지 나는 아직 모르지만) 구조받을 수 없다면, 나는 당신과 사랑하는 아이들과 함께 비참하게 죽게 될 것이오."

이 도전에 대해 크리스천은 어떠한 응전을 하게 될까? 도망치려고 여기저기 둘러보지만, 어느 길로 가야 할지 몰라 가만히 서 있기만 할까? 또는 그는 달리기 시작할까? "삶! 삶! 영원한 삶이다!" 외치면서 반짝거리는 불빛에서 눈을 떼지 않고 멀리 저쪽에 있는 작은 문을 향해 달려갈까?

만일 이 물음에 대한 답이, 크리스천 자신에게 달려 있다고 한다면, 인간성에 변함이 없음을 알고 있는 우리는 크리스천에게 닥친 운명이 '파멸의 도시'에서 죽음을 맞이하는 것이라고 예언하고 싶어진다.

그러나 《천로역정》에서 주인공은 결정적인 순간에 결코 그 혼자의 생각에만 맡겨지지는 않았다. 존 버니언에 따르면, 크리스천은 '전도자'를 만나 구제받는다는 것이다. 하느님의 본성이 인간의 본성보다 쉽게 변하지는 않을 것이므로 우리 인간들은 겸손한 마음으로 깊이 회개하며 다시 한번 간절히 구함으로써, 하느님이 그 옛날 우리 인간 사회에 내려주신 일시적 집행 유예 상태를 거부하시지 않도록 기도할 수도 있으며, 또 기도해야 한다.

제22장 해체에 따른 표준화

이제 우리는 문명의 해체 과정에 대한 탐구의 막바지에 이르렀는데, 이 논제를 떠나기 전에 생각해야 할 문제가 하나 더 있다. 우리는 우리가 지나온 길을 되돌아보게 될 때 거기에 어떤 지배적인 경향—표준화와 획일성—이 작용하고 있음을 알 수 있다.

이것은 앞서 문명 성장기의 특징으로서 밝혀낸 분화와 다양성의 경향에 대응하여 상관성과 대립성의 경향이 작용한다. 우리는 바로 전에 외면적으로 보았을 때 해체의 리듬이 똑같이 3박자 반이 되는 경향이 있음을 지적했다. 그러나 이보다 한결 더 중요한 획일성의 징후는 해체기의 사회가 모두 세 계급으로 뚜렷이 분열하고, 또 이들 각 계급이 똑같이 창조적인 일을 수행한다는 점이다.

앞에서 살펴보았듯이 지배적 소수자는 똑같이 철학을 만들어내고 세계 국가를 낳으며, 내적 프롤레타리아트는 똑같이 세계 교회로서 자기를 구현하기 위해 '고등 종교'를 발견하고, 외적 프롤레타리아트는 똑같이 '영웅시대'에 활약하는 전투 단체를 결성한다. 이 제도들은 문명의 해체기에 반드시 똑같이 생겨나는 것으로, 이 해체 과정의 모습을 이번 장 뒷부분(번역본에는 2권 뒷부분)에 도표로 제시해 두었다. 더한층 주목할 만한 것은 영혼의 분리에 대한 연구에 의해 밝혀지는 행동, 감정 및 생활 양식의 획일성이다.

이 성장의 다양성과 해체의 획일성 사이의 대조는 이를테면 저 페넬로페의 길쌈 이야기와 같은 간단한 비유를 떠올린다면 마땅히 예측되는 일이다. 남편 오디세우스가 없는 동안 그의 정숙한 아내 페넬로페는 귀찮게 구애해 오는 남자들에게 늙은 시아버지 라에르테스의 수의(壽衣)를 다 짜면 그들 가운데 한 사람과 결혼하겠다고 약속했다. 그러나 그녀는 낮 동안에는 열심히 짜지만, 밤이 되면 낮에 짠 것을 모두 풀어버린다.

아침마다 날실을 걸어 씨실로 짜기 시작할 때 페넬로페는 옷감의 무늬를 얼마든지 선택할 수 있었는데, 만일 원한다면 날마다 다른 무늬로 짤 수도 있었다. 하지만 그녀의 밤일은 단조롭고 똑같았다. 이미 짜놓은 옷감을 풀 때는 무늬는 달라도 푸는 작업은 달라질 수가 없기 때문이다. 낮 동안의 동작이 아무리 복잡했다 하더라도 밤일은 다만 실을 빼는 것뿐인 단순한 동작에 지나지 않았다.

이 단조로운 밤일을 어쩔 수 없이 되풀이해야 하는 페넬로페는 확실히 가련한 여성이었다. 만일 이 단조롭고 지루한 일에 어떤 목적이 없었다면 이는 도저히 견딜 수 없는 고역이었으리라. 페넬로페를 늘 격려한 것은 〈나는 그분을 다시 만날 거야〉라는 영혼의 노래였다. 그녀는 희망을 가지고 살면서 열심히 일했다. 마침내 그녀의 희망은 이루어져서 오디세우스는 돌아왔고 페넬로페가 여전히 자기 사람임을 알게 된다. 그리하여 《오디세이아》는 두 사람의 재회로 끝이 난다.

이와 같이 페넬로페의 실을 푸는 일조차 헛되이 끝나지 않았는데, 하물며 우리의 연구 같은 더 큰일이야 그보다 못할 이유가 없지 않겠는가? 다음 괴테의 시가 노래하고 있는 사람은 누구인가?

> 삶의 격류 속, 행위의 폭풍우 속에서
> 이리로 저리로
> 올라갔다 내려갔다
> 나는 파도를 헤치며 나아간다.
> 탄생과 죽음,
> 영원한 바다의 밀물과 썰물.
> 가로세로 짜 나아가는
> 소용돌이의 삶,
> '시간'의 분주한 베틀을 움직인다.

하느님의 살아 있는 옷을 짠다.[59]

'시간의 베틀' 위에서 실을 짜기도 하고 풀기도 하여 만들어내는 '땅의 영혼'의 작품은, 인간 사회의 발생·성장·쇠퇴·해체로 나타나는 이 세상에서의 인간의 역사이다. 그리고 이 모든 삶의 격랑과 행위의 폭풍우 속에서 우리가 도전과 응전, 후퇴와 복귀, 패주와 회복, 어버이 문명과 자식 문명, 분열과 재생이라고 부르는 다양한 변화로 나타나는 하나의 기본적 리듬의 박자 소리를 들을 수 있다. 이 기본적 리듬은 '음'과 '양'이 교체하는 리듬이다.

가만히 귀를 기울여 들으면, 비록 스트로페(그리스 합창극에서 왼쪽으로 춤추면서 부르는 노래)는 안티스트로페(오른쪽으로 춤추면서 스트로페에 응답하는 노래)의 응답하는 소리를 듣고 승리는 패배의, 창조는 파괴의, 탄생은 죽음의 응답 소리를 듣는다 하더라도, 이 리듬이 만들어내는 움직임은 승패가 결정되지 않은 싸움의 일진일퇴도 결코 아니며, 또 물레방아의 회전도 아님을 우리는 알았다.

바퀴가 끊임없이 회전할 때마다 그만큼 수레가 목적지에 가까이 다가간다면, 결코 헛된 되풀이가 아니다. 만일 재생이 새로운 탄생을 뜻하며 이전의 삶과는 관계가 없다고 한다면, '생존의 수레'는 지옥으로 떨어진 익시온에게 영속적으로 고문을 가하는 무서운 도구만은 아니다. 이처럼 생각한다면, '음'과 '양'의 리듬을 타는 음악은 창조의 노래이다. 그리고 그것을 우리의 착각이라고 잘못 생각할 염려는 없다. 귀를 기울이면, 창조의 선율이 파괴의 선율과 교체하는 것을 뚜렷이 들을 수 있기 때문이다. 이 이중의 선율은 존재의 노래가 악마의 위작이 아니라 진품이라는 증거이다. 잘 들어보면 2개의 선율이 부딪칠 때 불협화음이 아니라 조화로운 소리가 나는 것을 알 수 있다. 만일 창조가 자기 안에 자기와 반대의 것을 포함한 모든 것을 흡수해 소화하지 않으면 새로운 것을 만들 수 없다.

그러나 '땅의 영혼'이 짜는 살아 있는 피륙은 어떠한가? 그것이 완성되면 곧바로 하늘나라로 올라가는가, 아니면 이 지상에서도 그런대로 그 영묘한 옷감 조각을 엿볼 수 있는가? 직공이 짰던 피륙을 다 풀어놓으면 어떻게 될까?

문명의 해체에서 펼쳐지는 야외극이 비록 헛된 것일지라도 반드시 뒤에 흔적

---

59) 괴테, 《파우스트》, 제2권.(원주)

을 남기고 가는 것임을 우리는 알았다. 문명이 사라질 때에는 언제나 세계 국가와 세계 교회와 야만족 전투 단체를 뒤에 남긴다. 이들 잔류물들을 어떻게 해석해야 하는가? 아무 쓸모 없는 헛된 결과물들인가? 아니면 이 잔류물들을 집어 들어 살펴보면, 직공이 이제까지 온 마음을 기울이고 있는 듯이 보인 요란한 베틀보다 더 영묘한 베틀이며, 마치 요술처럼 모르는 사이에 짜낸 새로운 걸작품들일까?

이런 새 물음을 염두에 두고 이제까지의 연구 결과를 돌아보면, 이 연구 대상물들이 단순한 사회 해체의 부산물, 또는 그 이상이라고 믿어도 좋은 이유가 드러난다. 우리가 처음으로 이 대상들과 마주친 것은 '부자 관계'의 증거로 다룰 때였다. 그런데 이 관계는 하나의 문명과 또 다른 문명 사이의 관계이다. 분명이 세 가지 제도는 어느 단일 문명의 역사만으로는 완전히 설명할 수 없다. 이 제도들의 존재는 하나의 문명과 다른 문명과의 관계를 포함하고 있으며, 따라서 독립된 존재로서 연구할 가치가 있다.

그러나 그 독립성은 어디까지 유지되는가? 우리는 이미 세계 국가를 다루었을 때 세계 국가가 가져오는 평화는 참으로 대단한 것이지만, 일시적인 것임을 알았다. 야만족 전투 단체를 다루었을 때에도 우리는 죽은 문명의 시체 속에 들끓는 구더기와 같은 이 전투 단체들은 부패하는 시체가 분해되어 깨끗한 원소로 돌아가면, 더는 살아갈 수 없음을 알았다.

하지만 비록 전투 단체들이 아킬레우스처럼 일찍 죽을 운명에 놓여 있다 하더라도 야만족의 짧은 생애는 적어도 영웅시대를 기념하는 서사시 속에 여운을 남긴다. 그런데 모든 고등 종교가 자신을 그 안에 구현하기를 희망하는 세계 종교의 운명은 어떻게 되는가?

지금으로서는 우리의 새 물음에 바로 답할 수는 없지만, 이 물음을 그냥 지나쳐버릴 수 없는 것만은 틀림없다. 왜냐하면 이 물음이야말로 그 직공의 작품이 뜻하는 바를 이해할 수 있는 열쇠를 쥐고 있기 때문이다. 우리의 '연구'는 아직 끝난 것이 아니다. 이제야 우리는 연구의 마지막 단계에 가까이 간 것이다.

옮긴이 홍사중

서울대학교 문리대 사학과를 거쳐 미국 시카고대 대학원 사회사상학과와 위스콘신대
대학원 서양학과 졸업. 서울대학교·한양대학교·경희대학교 교수 역임. 〈중앙일보〉 논설
위원을 지내다가 1980년 제5공화국 신군부에 의해 강제퇴직당하고 1987년부터 〈조선
일보〉 논설위원과 논설고문 역임. 지은책에 《근대시민사회사상사》《세계문화사》《한국
지성의 고향》《역사와 문학》《한국인의 미의식》《한국인, 가치관은 있는가》, 옮긴책에
펄 벅 《대지》 등이 있다.

세계사상전집048
Arnold Joseph Toynbee
A STUDY OF HISTORY
역사의 연구 I
아널드 조지프 토인비/홍사중 옮김
동서문화창업60주년특별출판
1판 1쇄 발행/2016. 6. 9
1판 5쇄 발행/2024. 3. 1
발행인 고윤주
발행처 동서문화사
창업 1956. 12. 12. 등록 16-3799
서울 중구 마른내로 144(쌍림동)
☎ 546-0331~2 Fax. 545-0331
www.dongsuhbook.com
잘못된 책은 구입하신 곳에서 바꾸어드립니다.
＊
사업자등록번호 211-87-75330
ISBN 978-89-497-1456-1 04080
ISBN 978-89-497-1459-2 (세트)